Peter Ritter von Chlumecký

Carl von Zierotin und seine Zeit

1564 - 1615

Literaricon

Peter Ritter von Chlumecký

Carl von Zierotin und seine Zeit

1564 - 1615

ISBN/EAN: 9783959135870

Auflage: 1

Erscheinungsjahr: 2015

Erscheinungsort: Treuchtlingen, Deutschland

Literaricon Verlag Inhaber Roswitha Werdin, Uhlbergstr. 18, 91757

Treuchtlingen, www.literaricon.de

Carl von Zierotin

und seine Zeit.

1564—1615.

Von

Peter Ritter v. Chlumecky.

~~~~~~

Brünn, 1862.

Verlag von A. Nitsch.

Druck von Georg Gastl in Brünn.

Vorrede.

Schon vor mehreren Jahren hatte ich aus Anlaß eines in der historischen Section unserer Landes-Gesellschaft gehaltenen Vortrags über den literarischen Nachlaß Carls von Zierotin den Entschluß gefaßt und ausgesprochen, das Ergebniß meiner Forschungen über das Leben dieses ausgezeichneten Mannes zu veröffentlichen.

Das Studium eines solchen Lebens war aber in Wahrheit das Studium der Epoche. Je weiter ich in meinen Forschungen kam, desto deutlicher wurde es mir, daß Carl von Zierotin ein Träger der Gedanken seiner Zeit war, daß sich diese in ihm individualisirten. Meine Arbeiten mußten tiefer und breiter werden; die Stunden aber, welche ich ihnen widmen konnte, waren karg zugemessen; — häufig wurde ich auch unterbrochen durch physische Leiden. So kam es, daß mehr als ein Lustrum verging, bevor ich den Entschluß des Jahres 1853 ausführen konnte.

Eine lange Periode des politischen Indifferentismus trennt uns von jenen Tagen, in welchen Carl von Zierotin gelebt — und dennoch konnte diese lange Periode das Andenken an ihn nicht verwischen.

Wahrlich nicht Verdienst der Gelehrten ist es, daß der Name jenes Mannes mit so viel Pietät und mit so großer

Befriedigung in Mähren genannt wird. Das Volk, für dessen Wohl, Ausbildung und geistige Freiheit Zierotin gelebt und gelitten, hat über ihn geurtheilt. Mit richtigem Instincte wußte es diesem seinem warmen Freunde den Platz anzuweisen, den er in der Geschichte behalten wird, so lange der Sinn für Ehre, Wahrheit und Recht wach sein wird. Diese fast zärtliche Neigung für ihn, die man in einzelnen Gegenden selbst bei der ländlichen Bevölkerung noch unge= schwächt und lebendig findet, wurzelt in der evangelischen Reinheit und Uneigennützigkeit seines Characters. Ein Mit= glied der Brüderunität, war er von jener echt christlichen Gesinnung beseelt, welche in dem Nebenmenschen wirklich den Bruder sieht, für dessen geistiges und leibliches Wohl kein Opfer scheut. Diesen Gesinnungen blieb er treu bis zu seinem Ende; sie waren es, welche ihm die Kraft gaben, selbst noch in hohem Greisenalter jenes Ungemach freiwillig zu theilen, welches seine Glaubensgenossen im Exile zu erdulden hatten.

Ich habe es versucht, diesen erhabenen Character zu zeichnen. Dieser Theil meiner Aufgabe war leicht. Zierotin's Tagebücher, seine Briefe, — ein unverfälschter Ausdruck seiner Gesinnungen, boten mir hiezu ein reiches Material.

Dagegen war die Geschichte der öffentlichen Laufbahn Carls von Zierotin, deren Bedeutung für die Länder Oesterreichs nicht verkannt werden kann, die Bezeichnung jener Stellung, welche er in den Kämpfen der Zeit ein= genommen hatte, und seines Einflußes auf die öffentlichen Angelegenheiten der größere und schwierigere Theil der Aufgabe, denn hier mußte ich ein wenig bekanntes, fast noch unaufgeschlossenes Gebiet betreten. Ich war auch deshalb genöthigt zurückzugreifen und die Ereignisse des fünfzehnten und sechzehnten Jahrhunderts in allgemeinen Umrissen zu schildern.

Ich bin ohne Vorliebe und ohne Mißtrauen den Entwicklungen der Zeit gefolgt; ich war in den Stand gesetzt, die organischen Veränderungen in derselben zu beobachten, vornehmlich an der Politik, welche Zierotin verfolgte, und an den staatsrechtlichen Theorien, welche er aufgestellt und vertheidigt hat. Ich habe constatirt, wie er von der geistigen Bewegung, deren innerer sittlicher Kern und Ideal die Freiheit des Gewissens war, bis zu einem gewissen Grade fortgerissen wurde, derselben aber doch Gestalt und Disciplin zu geben wußte.

In der ersten Zeit seines Wirkens erblickte Zierotin in der absoluten Wiederherstellung des altständischen Staates den Zielpunct seines Strebens. Sobald er aber die Ueberzeugung der Unzulänglichkeit und der Unhaltbarkeit jenes Organismus erlangte, war er bereit, die altgewohnten Bahnen zu verlassen und andere einzuschlagen, auf welchen er die einzige Bürgschaft für Freiheit und Wohlfahrt zu finden glaubte. Diese Erkenntniß brachte ihn jedoch mit den Strömungen der Zeit in Gegensatz und in Kampf; in diesem unterlag er und zog sich dann von der öffentlichen Laufbahn auf immer zurück.

Der erste Versuch des Uebergangs aus der feudalen Staatsverfassung zur neueren Staatsidee, fand in jenem Kampfe einen Ausdruck, und indem das — ich möchte sagen — tragische Unterliegen Zierotins in seinem Leben einen natürlichen Abschluß bildet, begränzte es auch zugleich meine Aufgabe. Da dieses Buch den Staatsmann in seinem öffentlichen Wirken schildern soll, war kein Grund vorhanden, nach der Epoche seines Rücktrittes einen Stoff weiter auszuspinnen und noch eine Zeit zu schildern, in welcher jener Mann nur eine untergeordnete und wehmüthige Rolle spielte. Meine Untersuchungen umfassen daher einen für sich abgeschlossenen Theil jener Bewegungen, welche der Schlacht am weißen Berge vorausgingen und diese Katastrophe zur Folge hatten. Die Erzählung dieser selbst lag außer der Anlage und dem Bereiche meines Vorwurfs und wird in Gindely einen beredten und sachkundigen Darsteller finden.

Die Häupter einer großen ständischen Partei, welche zur Zeit Zierotin's die Lehre des absoluten Rechtes in der Politik aufstellten, schufen hiemit einen permanenten Revolutionszustand, weil das absolute Recht unfindbar ist und weil es mit den practischen Gestaltungen des Lebens immer im Gegensatze steht. Diesen rief er zu: „Wenn ihr Stände besiegt werdet, dann habt ihr keine Hoffnung mehr, eure alten Freiheiten je wieder hergestellt zu sehen. Gebt von euerem Rechte etwas nach, um die Hauptsache zu retten, seid mäßig und bescheiden!"

Wenn eine Lehre practisch durchgeführt wird, büßt sie etwas von ihrer Reinheit und Schärfe ein, allein es ist dieser Verlust die Bedingung ihres Wirkens. Von diesem Gesichtspuncte hatte Zierotin die Kämpfe seiner Zeit, die Lehre des absoluten Rechtes der Stände aufgefaßt. Auf die Erkenntniß dieser Gesetze stützte er seine staatsrechtlichen Reformen: seine Vorschläge einer Real-Union für die Länder Oesterreichs, deren Annahme er seinen Standesgenossen so dringend empfohlen hatte.

Sie aber verwarfen die Reform.

Von diesem Augenblicke angefangen war keine andere, als eine gewaltsame Lösung der Wirren zwischen der Krone und den Ständen denkbar. Die Schlacht am weißen Berge zerschlug in der That die feudale Staatsverfassung; aber noch nicht den feudalen gesellschaftlichen Organismus.

Das characteristische Merkmal des politisch-socialen Lebens des Mittelalters war die Disciplinirung des Individuums durch die Körperschaft. Durch sie allein hatte es

Geltung und konnte nur in dieser Atmosphäre leben. Damit sich die gesellschaftlichen Organismen constituiren und erhalten konnten, umgaben sie sich mit den Attributen der Staatsgewalt: den der Selbstgesetzgebung und Selbstverwaltung. Sie waren die Bedingung der Existenz der Corporation und der positive Ausdruck des Gesellschaftsstaates.

Als die Individualität durch die Reformation allmälig Geltung erlangte und sich auch außerhalb der Corporation zu entfalten begann, als einzelne große und mächtige Körperschaften, durch die Tradition Jahrhunderte langer Vorherrschaft verleitet, ihre politische Macht und die Staatsattribute mißbrauchend, ihre genossenschaftlichen besondern Interessen jenen der aufkeimenden freien Individualität, also den allgemeinen überordnen mochten: — erschien der fernere, früher so sehr begründete Bestand der absoluten Selbstgesetzgebung und Selbstverwaltung der Corporation nicht mehr gerechtfertigt, weil schon die neuere Staatsidee sich über die Corporation emporgeschwungen hatte. Es mußte daher dieselbe jene souveränen Attribute an das Allgemeine, an den Staat abgeben; denn es konnten die wesentlichen Befugnisse eines höheren Organismus nicht länger im Dienste eines jedenfalls untergeordneteren bleiben. Von dem Zeitpuncte, in welchem nicht mehr die Körperschaft allein, sondern die neuere Staatsidee als die höchste Anstalt zur Erreichung der Culturzwecke der Menschheit erschien, von dieser Zeit hatte sich die welthistorische Mission der Körperschaft überlebt und ging unaufhaltsam ihrer Auflösung entgegen. Was früher als ein natürliches Recht der Corporation erschien: die Verbindungen mehrerer solcher zu gemeinsamen Zwecken a u c h ü b e r d i e T e r r i t o r i a l g r ä n z e n hinaus, wurde später ein Verrath gegen das Allgemeine, Höhere: den Staat, weil in jenen internationalen Körperschaftsverbindungen sich das Streben bethätigte, das corporative Interesse über das staatliche zu stellen. Immer mehr entwickelte sich der Kampf zwischen dem Staate und den gesellschaftlichen Bildungen, aber immer siegte die Staatsidee, mochte der Kampf mit einer mächtigen socialen Kaste, mit der Suprematie einer Kirche der mit dem Nationalismus geführt worden sein.

Es ist ein inneres Gesetz dieser gewaltigen socialen Potenzen, daß sie ihre Herrschaft durch Unterdrückung und Vernichtung des Gegners erringen und befestigen, daß sie sich vom Staate die Macht erborgen wollen, diese Unterdrückung rascher durchzuführen, daß sie also zu den Zeiten hin- und zurückstreben müssen, wo sie im Besitze der vollsten Autonomie waren. Aber gerade in dem Walten jenes inneren Gesetzes und Triebes liegt die hohe Berechtigung des Staates, das Gleichgewicht herzustellen, jene Gelüste zurückzuweisen und das Recht für Alle und durch Alle zu verwalten.

Die Geschichte der Periode von 1564 bis 1615 gibt einen deutlichen Beweis der schrankenlosen Entwicklung jener gesellschaftlichen Mächte. Es wird wohl Niemand jetzt schwärmen können für den Zustand, in welchem ein nur kleiner Theil der Gesellschaft mit der größten Summe politischer Rechte ausgestattet war, während der größere Theil in Dienstbarkeit schmachtete; es werden wohl sehr Wenige den Ausspruch des berühmten venetianischen Staatstheologen Paolo Sarpi billigen: daß es nur dann Frieden auf Erden geben werde, wenn Eine Religion allein vorhanden und der Papismus aus Italien herausgetrieben sein würde; es wird nur sehr Wenige geben, welche behaupten, daß in Ländern mit gemischter Nationalität nur die eine herrschen könne und die andere vernichtet werden müsse. Und doch trennt uns eine nicht lange Zeit von der Epoche, in welcher diese Theorien aufgestellt und dafür blutige Schlachten geschlagen wurden. — Dahin hatte die gewaltsame und unnatürliche Ueberordnung der gesellschaftlichen Potenzen über die Staats-idee geführt.

Das natürliche Gleichgewicht zwischen diesen herzustellen, die Gegensätze zu versöhnen, war Zierotin's erhabenes Streben.

Allein der endliche Sieg der Staatsidee erfolgte nicht in jener organischen Weise, welche Zierotin gedacht und gewollt hatte; dieser Sieg geschah unter Umständen, welche die Staatsidee selbst bedeutend compromittirten. Zuerst trat diese im absoluten Kleide auf, dann aber war dieses Kleid von sehr bestimmter religiöser und nationaler Farbe. Es war dies ein hinreichender Grund, daß jene Idee von Anderen, welche diese Farben nicht trugen, mit Mißtrauen und Haß aufgenommen wurde. Indeß sie vollzog ihre Mission, indem sie den corporativen Geist verflüchtigte und alle die Waffen, die autonomen Attribute wegnahm, mit welchen sich die Corporationen umgeben hatten!

Die Ueberschau der Zierotin'schen Zeit und der darauf folgenden Entwicklungen führt demnach zur Ueberzeugung, daß der altständische Staat, der Corporationsstaat, mit den Culturzwecken der Menschheit unvereinbar war, daß aber auch die Staatsomnipotenz ohne lebendige Wechselwirkung mit den gesellschaftlichen Elementen auf die Dauer ihrer Aufgabe nicht genügen konnte.

Es sei mir gestattet, noch einige Worte über die formelle Seite meiner Arbeit zu sagen. Ich glaube, daß ich nicht in jene laus boswelliana, in jene Lobkrankheit verfallen bin, von welchen Biographen zuweilen heimgesucht werden. Wer das Leben Zierotin's kennt, wird zugestehen müssen, daß es nicht leicht ist, von diesem Manne mit Uebertreibung zu schreiben. Ich habe demungeachtet keinen Anstand genommen zu tadeln, wo ein Tadel gerechtfertigt war; allein wenn ich denselben in milder Weise vorbrachte, so geschah es, weil das Licht, das seiner Gestalt entströmt, die kleinen Flecken vollständig deckt.

Wenn in den nachfolgenden Blättern eine Welt von Eigennutz und Selbstsucht geschildert wird, so ist darin niemals die Tendenz zu suchen, ein egoistisches Princip als Triebfeder der menschlichen Handlungen aufzustellen. Ich habe die Dinge wiedergegeben, wie ich sie fand. War ich so glücklich, die Ueberzeugung zu erlangen, daß es höhere Ideen gab, welche die Bestrebungen beherrschten, und daß diese Ideen in hochherziger Weise vertheidigt wurden, dann ist dies mit lebhafter Theilnahme constatirt worden. Ich habe mir aber nicht läugnen können, daß manches Edle und Gute, das sich entwickelt hatte, oft sehr dunklem Boden entsproß und mit sehr zweifelhaften Mitteln erreicht wurde.

Es ist ein Gesetz organischer Entwicklung, daß aus Zerstörung neues Leben entsteht. Man muß mit frohen Hoffnungen daran festhalten, um den Muth nicht zu verlieren, wenn die düstern Bilder der Zerstörung an uns vorüber ziehen, wie sie vorwiegend in der Geschichte des siebzehnten Jahrhunderts hervortreten. Die Nebel, welche aus jenen Epochen aufsteigen, sind so dicht und stark, daß sie selbst unsere Zeit häufig verfinstern. Es können aber jene Epochen nicht ohne lebhaftes Interesse betrachtet werden, weil sie die Epochen des Zusammenbrechens sind und nichts lehrreicher ist, als das Beobachten des Verfalles eines Organismus; denn die Fehler und Schwächen desselben und seines inneren Baues treten dann deutlich hervor, — an diesen können die Aerzte der Zeiten deren Krankheiten studiren, — vielleicht auch Heilmittel finden.

Ich war bemüht, um das Verständniß zu erleichtern, die alten Ausdrücke und Begriffe in neuere Sprechweise zu

übertragen. Bei solchem Verfahren muß aber der Staatsmann wie der Geschichtsschreiber die größte Vorsicht beobachten. Denn auch die Begriffe haben nothwendig ihre Entwicklung, ihre Veränderung, ihre Geschichte; das Leben
gibt den Begriffen Inhalt, es modificirt denselben und gießt
häufig einen ganz neuen hinein.

Die Veränderungen aber geschehen allmälig und unmerklich, innerhalb der alten Form, welche ungeachtet der
Metamorphose doch fest zusammenhält, — dann aber ergreift
jener stille, plastische Proceß auch sie, und indem sie mit
einem Male zusammenbricht und das Neue im neuen
Gewande hervorleuchtet, ist man geneigt, selbst die innere
Veränderung für eine urplötzliche und selbst revolutionäre
zu halten, weil die Phasen des organischen Processes sich
unter der alten Hülle dem Auge des Beobachters entzogen
hatten. Der alte Ausdruck gibt dann den neuen Begriff
nicht mehr wieder.

Darin liegt auch die Ursache verderblichen Mißver-
ständnisses und des Mißbrauchs, welcher mit der „Historie“
und dem „historischen Rechte“ getrieben wird. Ein Stückchen
jener alten Form klebt noch dem neuen Inhalt an und bestimmt
oft Anhänger derselben zur Annahme, daß noch der alte
Inhalt vorhanden sei, während doch das Leben diese Annahme
Lügen straft. Das Recht ist aber der Ausdruck des Lebens;
demnach ist jedes Recht historisch, welches sich Anerkennung
und Gemeingiltigkeit erworben hat; aber allein darin, und
nicht im Begriffe des Gewesenen, also des Ueberwundenen,
Todten, kann der Maßstab der Anwendbarkeit historischen
Rechtes liegen. Wer sich auf das historische Recht beruft,
beruft sich in Wahrheit auf die Producte des Gesetzes ewiger
Bildung und Bewegung. Wer sich darauf, wie auf etwas
Bestimmtes und Unwandelbares beruft, verwechselt den
formalen mit dem inhaltlichen Theile und ist eben so

gut ein Doctrinär, wie der Pfadfinder der Revolution, nur ein retrospectiver.

Die Anschauung, welche in der Pflege des historischen Rechtes überhaupt eine eifrigst vertheidigte, politische Lehre aufstellte, hat die Aufgabe des Geschichtschreibers erschwert, indem sie immer trachtet, seinen Standpunct zu beeinflußen.

Der Umschwung, welcher sich seit anderthalb Jahren in Oesterreich vollzogen, hat stattgefunden, während der größte Theil dieses Buches vollendet war. Vor dieser Zeit, bevor das öffentliche Leben unseren Staatsorganismus durchströmte und neu belebte, konnte die Theilnahme der Leser für unsere Geschichte nur eine gewissermaßen theoretische sein. Wenn dieser Umstand das Interesse für ein Geschichtswerk geschmälert hatte, so lag aber darin eine wesentliche Erleichterung der Arbeit des Geschichtschreibers. Er konnte unbefangen sein und wurde als unbefangen angesehen, ohne den Vorwurf kalter Objectivität auf sich zu laden; es war eine lebendige, farbenreiche Schilderung möglich, ohne der Gefahr der Parteilichkeit zu begegnen. Jetzt aber ist es anders geworden. Eine Zeit ist hereingebrochen, in welcher in Archiven geforscht wird, nicht allein um akademische Vorträge zu halten oder Geschichtsbücher zu schreiben, sondern um für zweifelhafte politische Rechte und für bestrittene staatsrechtliche Verhältnisse Beweise für und wider zu sammeln; nicht blos die Abhandlungen gelehrter Forscher, auch Adressen, Proteste und andere Staatsschriften sind mit alten Daten und Citaten versehen und beschäftigen sich eifrig mit der Auslegung des dunkeln Sinnes vergilbter Pergamente.

In dieser Zeit wird der Geschichtschreiber nicht blos als Schriftsteller, sondern auch als Parteimann beurtheilt und es ist ihm unmöglich, sich der Kritik zu entziehen, welche der Publicist und der Politiker ausüben.

Die Pflicht des Geschichtschreibers aber ist es, die Behelfe zu liefern, der Diener jenes heiligen Gerichtes zu sein, das die Geschichte ausübt.

Dann erst keimt in den Lebenden das Bewußtsein, daß auch sie bereinst vor jenes unbestechliche Gericht treten müssen, um das Urtheil zu vernehmen, — daß nichts so geheim geschieht, es müßte nicht endlich zu Tage kommen, — daß kein Gold, keine Bestechung und Fälschung der öffentlichen Meinung, — daß keine Stellung, und sei sie noch so hoch und ehrwürdig, sich jenem Richterspruche entziehen kann, — daß der Parteiführer für den Gebrauch des Schatzes von Vertrauen, welchen das Volk in seine Hände legte, vor jenem Richter sich zu verantworten haben wird. — Der Heuchler, er mag seine Maske noch so täuschend tragen, der leichtsinnige, politische Prahler, der fanatische Schwärmer, der eitle Enthusiast, diese alle mögen ein noch so großes Publikum, das gläubig nachtritt, finden, es kommt endlich der Tag, wo Maske, eitler Tand und Phrasen zu Nichte werden und die wahre Gestalt nackt vor Aller Augen dasteht.

Aber auch diejenigen, die von ihren Zeitgenossen verkannt und verfolgt, den bittern Kelch des Leidens geleert, auch diesen wird ihr Theil, sie finden — Gerechtigkeit!

Der Umfang meiner Arbeit, ursprünglich auf einen Band von beiläufig dreißig Bogen berechnet, überschritt um Vieles diese Grenze, in Folge der großen Menge höchstwichtigen Materials, das mir, nachdem schon ein Theil des Werkes unter der Presse lag, zukam. Dieser Band wurde dadurch unhandlicher, das Werk selbst ist etwas unruhig und epigrammatisch geworden, die Bausteine liegen vielleicht in ihrer architektonischen Ordnung, aber das Gefüge ist manchmal lose. Die Erwerbung jenes Materials lag ursprünglich ganz außer meiner Berechnung, und doch war es zu interessant und bedeutend, als daß ich auf dessen Benützung hätte verzichten müssen. Durch diese Benützung gewann die Schilderung der Zeit an Vollständigkeit und Tiefe und ich kann daher den ganz ungewöhnlichen Glücksfall nur preisen, der mir, wenn auch etwas spät, diese bedeutenden archivalischen Schätze zuführte.

Mein hochverehrter Freund, Herr Dr. Anton Gindely in Prag, dessen ausgezeichnetes Werk zur Geschichte der böhmischen Brüderunität ein verdientes Aufsehen erregt hat, unternahm zur Vervollständigung seiner Studien über den böhmischen Aufstand und den dreißigjährigen Krieg eine Forschungsreise nach Deutschland, Holland, Belgien, Frankreich und Spanien. Er besuchte die bedeutendsten Archive und Bibliotheken dieser Länder und sammelte eine ungemein große Masse des werthvollsten und zum größten Theile noch unbenützten historischen Materials. Nur der eiserne Fleiß, die Liebe zur Wissenschaft, die Aufopferung — wie sie ihm in so hohem Maße zu eigen sind, konnten alle die Schwierigkeiten, die sich ihm entgegenthürmten, überwinden und es möglich machen, daß er in dem verhältnißmäßig kurzen Zeitraume dreier Jahre einen Schatz fast durchgehends eigenhändig geschriebener Copien sammelte, welche zwölf starke Bände im Drucke umfassen dürften und wohl die bedeutendste und vollständigste Quellensammlung bilden werden für die Geschichte des siebzehnten Jahrhunderts in Oesterreich und Deutschland. Es ist hier nicht der Ort — auch selbst nicht in den weitesten Umrissen — auf den Inhalt dieser merkwürdigen Sammlung hinzudeuten; es sei mir nur gestattet zu bemerken, daß durch dieselbe die dunkelsten und interessantesten Perioden jener Zeit ein unerwartetes Licht erhalten werden und daß durch jene Arbeiten und Sammlungen Gindely's die Forschungen zur Geschichte des dreißigjährigen Krieges einen Abschluß finden werden. Dr. Gindely begann seine Forschungen mit den ersten Jahren des siebzehnten Jahrhunderts, — deren geschichtliche Darstellung ursprünglich außerhalb seines Planes lag, — und übergab mir die Früchte dieser seiner Forschungen, an dreihundert größtentheils eigenhändig geschriebene Bogen aus den früher erwähnten Archiven, die Zeit 1600—1616 umfassend, zur Benützung.*) Diesem so ganz uneigenützigen und hochherzigen Acte verdanke ich eine wesentliche Bereicherung und Vervollständigung meiner Arbeit. Ich fühle mich gedrängt, meinem Freunde Gindely hier ein Zeugniß seines Edelmuths und seiner Bescheidenheit zu geben und die That einer seltenen Freundschaft mit innigstem Danke hervorzuheben.

Wenn Gindely's Arbeiten, seine Quellen und seine Geschichte des dreißigjährigen Krieges veröffentlicht werden — und wir hoffen recht bald — dann werden seine Verdienste um die Geschichte Deutschlands und Oesterreichs an den Tag treten, Lohn und Anerkennung dafür gewiß nicht ausbleiben. Das Vaterland schuldet ihm diese.

Auch Herrn Aimé de Champollion in Paris und Herrn Dr. Nicoló Nobile Barozzi in Venedig muß ich hier meinen wärmsten Dank sagen. Diese beiden Herren haben mir mit großer Uneigennützigkeit und Bereitwilligkeit die Benützung eines sehr bedeutenden und nicht minder interessanten Materials durch Mittheilung umfangreicher Abschriften aus den berühmten wissenschaftlichen Sammlungen von Paris und Venedig ermöglicht.

---

*) Die in diesem Buche citirten Actenstücke aus den Archiven von Simancas, München, Brüssel, Haag und Dresden, sind alle der Gindely'schen Sammlung, aus der k. Bibliothek zu Paris und aus dem herzogl. Archive zu Bernburg aber diejenigen entnommen, bei welchen im ersten Falle die Bezeichnung „Harlay,“ im zweiten „Landesarchiv“ fehlen.

Es ist dem Beilagenbande vorbehalten, die Schicksale des kostbaren Zierotin'schen literarischen Nachlasses,
welcher selbstverständlich die Hauptquelle eines großen und
insbesondere des biographischen Theiles meines Werkes war,
zu erzählen und jene Männer zu nennen, welche sich um dessen
Erhaltung Verdienste erworben haben. Ich hoffe, daß der
Beilagenband, wovon zwei und zwanzig Bogen bereits gedruckt
sind, noch im Laufe dieses Jahres erscheinen wird. Dieser
Band wird den literarischen Nachlaß und die Correspondenzen des Herrn Carl von Zierotin überhaupt besprechen,
und eine reichhaltige Lese aus seinen Briefen und Denkschriften enthalten, dann aber eine Anzahl interessanter Actenstücke zur Zeitgeschichte, zum ersten Male, veröffentlichen.

In dem Beilagenbande habe ich auch dem größten
Theile der Noten und Citate der letzten Capitel dieses Buches
einen Platz einräumen müssen, weil sonst der Umfang desselben noch vermehrt worden wäre.

Mancher Druck- und Satzfehler ist dem Umstande zuzuschreiben, daß ich durch längere Zeit vom Druckorte
abwesend war; der gütige Leser möge daher Nachsicht üben.

Brünn, im Jänner 1862.

Der Verfasser.

Inhalt.

Capitel III.

Carl von Zierotin, seine Jugend und Bildungszeit. — Französische Kriegsfahrt.

(1564—1598.)

Capitel IV.

Zierotin's Eintritt in die öffentliche Laufbahn. — Er wird wegen Hochverrath und „Härefie" angeklagt.

(1594—1603.)

Capitel V.

Zierotin's literarische Thätigkeit. — Culturgeschichtliches.

Capitel VI.

Der Aufstand Bocskay's, dessen Einfall und Verheerungen in Mähren. — Wiener Friede.

(1604—1607.)

Capitel VII.

Die Bewegung in Mähren. — Die Brünner Märztage.

(Jänner — April 1608.)

Capitel VIII.

Die Verträge von Liben. — Rudolph tritt an Mathias Ungarn, Mähren und Oesterreich ab.

(Mai — Juni 1608.)

Capitel IX.

Zierotin, Landeshauptmann von Mähren, und die Horner Unruhen. — Die europäischen Gegensätze: Frankreich und Spanien.

(Juli 1608 — März 1609.)

Capitel X.

Der Majestätsbrief Kaiser Rudolphs für Böhmen.

(Jänner — Juli 1609.)

Die böhmischen Stände verlangen von Kaiser Rudolph Religionsfreiheit. — Der Kaiser weist diese Forderung zurück. — Die Parteien am Hofe und im Landtage. — Zbenk Ad. von Loblowitz. — Wenzel von Budowa. — Ausschreibung eines neuen Landtages durch die Stände wider Rudolphs Verbot. — Er nimmt das Verbotsmandat zurück. — Wenzel von Kinsky und dessen Reformvorschläge. — Der Kaiser verweigert auch dem neuen Landtag die verlangte Gewissensfreiheit. — Der Landtag beschließt Rüstungen, um diese Forderungen zu erzwingen, und vertagt sich. — Abermals Unter-

Capitel XI.

Rudolph wider Mathias und die Protestanten Deutsch= lands. — Zierotin's Vorschläge einer Realunion für die Länder Oesterreichs.

(Juli — December 1609.)

Capitel XII.

Versöhnung zwischen Rudolph und Mathias. — Intriguen und Täuschungen. — König Heinrich IV. mit Churpfalz und Anhalt gegen das Haus Habsburg.

(Jänner — December 1610.)

Capitel XIII.

Der Passauer Einfall. — Rudolph dankt ab und Mathias wird König von Böhmen.

(Jänner — December 1611.)

Capitel XIV.

Die Wege der Gewalt. — Der Generallandtag in Prag. — Zierotin's Unionsvorschläge scheitern, er tritt auf immer in das Privatleben zurück.

(1612—1615.)

Tod Rudolphs. — Familienübereinkommen der Erzherzoge. — Zierotin's
Maßnahmen zur Verhinderung des Türkenkrieges. — Mathias wird

Capitel I.

Die Hussitenzeiten. — Georg von Podiebrad. — Organisation der
Gesellschaft zu Gunsten des hohen Adels. — Untergang des niederen
Adels. — Patrimonial-Gerichtsbarkeit. — Bildung großer Gutsterri-
torien. — Leibeigenschaft. — Das Bürgerthum und seine Rettung vor
gänzlichem Verfall. — Die Lehre vom Widerstande. — Gegensatz
zwischen Böhmen und Mähren. — Kirchliche Zustände. — Sectenwesen. — Entwicklung der Brüderunität. — Paul Sperat. — Die
Bischöfe von Olmütz.

Die Bedeutung der Persönlichkeit Carl's von Zierotin erheischt,
daß der geschichtliche Hintergrund unserer Darstellung wenigstens in
weiten Umrissen gezeichnet werde.

Um aber das Verständniß der Geschichte dieser Zeit zu erleichtern, ist es unumgänglich nöthig, die Aufmerksamkeit des Lesers
auf jene Perioden zu lenken, welche den Ereignissen, die diese Erzählung berührt, vorangehen und welche mit diesen im Zusammenhange stehen.

Seit jener großen Umwälzung, welche Mähren mit einem
Schlage von der Höhe eines ausgedehnten und unabhängigen Reiches in die Reihe eines, den Herrschern Böhmens untergebenen
Landes geworfen hatte, seit jenem großen Nationalunglücke, welches
die Westslaven traf, gibt es in der neuern Geschichte Mährens kein
bedeutungsvolleres Ereigniß, als die Einführung des deutschen Rechtes
und die Kriege der Hussiten.

Zierotin und seine Zeit.   1

Hätte sich durch die von den Landesfürsten geförderten Ein-
wanderungen der Einfluß deutschen Rechtes und deutscher Gesittung
nicht geltend gemacht, so wäre das städtische Element wahrscheinlich
nur sehr unvollkommen oder sehr spät entwickelt worden und wir
hätten die Segnungen eines blühenden Gewerbsfleißes eben so lange
entbehren müssen, als die Länder, welche östlich von unseren Gränzen
liegen.

Den emsigen Tuchhändlern von Ypern und Gent, von Brüssel
und Mecheln ist es zu danken, daß eine Industrie hier heimisch
wurde, welche die Erwerbsquelle von Tausenden und Tausenden
durch Jahrhunderte ist, und die in den jüngsten Tagen bei den
modernen gewerblichen Wettspielen den Siegespreis gewann, gleich den
altberühmten Mutterstädten. — Fränkische Berg- und Hüttenarbeiter
erschloßen der Erde edle Metalle, Einwanderer aus dem nordwest-
lichen Deutschland verwandelten die großen Waldwildnisse der Kar-
pathen- und Sudeten-Abhänge in blühendes Ackerland und überall,
wohin deutsches Recht und deutsche Sitte verpflanzt wurde, sind jene
Zinsbauern, die oft schlimmer daran waren, als Pächter[1]), wirkliche
Nutzungseigenthümer geworden, die nicht mehr von den Launen und
der Willkür des Oberherrn abhingen, deren Rechte und Pflichten
durch milde und billige Verträge gesichert waren. Im 14. Jahrhunderte waren die Städte Mährens, größtentheils von Deutschen
bewohnt — reich und mächtig. Urkunden aus jener Zeit wissen
uns zu erzählen, wie die betriebsamsten Völker West-Europas
blühende Factoreien in unseren größeren königl. Städten besaßen
und wie ausgedehnt der Handel mit Polen und Rußland war.

Die Ordnung der Brünner Tuchhändler vom J. 1328 ist ein
sprechendes Denkmal des Aufschwunges dieser Industrie. Die höhere
Gerichtsbarkeit, welche die Städte über einen großen Theil des
flachen Landes ausübten, das Recht der Freizügigkeit nach den
königl. Städten, welches der Unterthan des Grundherrn damals
noch besaß, hatten denselben einen überwiegenden Einfluß auf das
Landvolk eingeräumt. Das Iglauer Bergrecht war weit über die

---

[1]) Palacky Geschichte von Böhmen. II. B. 1. A. S. 357. Cod. dipl. Mor.
VI. S. IX. und „Dorf-Weißthümer" S. 13. n. 1. Urk. 1342. 2. Feb.
Copie in Chlnm. Sammlung. (Landesarchiv.)

Gränzen des Landes bekannt und geachtet — ein Musterrecht für viele in- und ausländische Bergstädte; die Sprüche der Brünner Schöffen, voll juridischer Weisheit, sind Grundlagen jener Stadtrechte geworden, welche auch im Schwesterlande Böhmen allgemeine Geltung hatten; Denkmale der Baukunst, insbesondere der bewunderte Kreuzgang in Tischnowitz — das Portal des Frauenklosters zur Himmelsrose — die erhabene Krypta in Trebitsch — der leichte und zierliche Bau der Kreuzkirche in Altbrünn, stammen aus jenen beiden Jahrhunderten, die dem Constanzer Concil vorangingen; prachtvolle Miniaturmalereien, die Ausschmückungen des Evangelienbuchs der k. k. Hofbibliothek und das Missale zu St. Jakob von der Hand eines Johannes von Troppau und Vanšk von Olmütz [2]) mit den ersten Mustern deutscher Kunst wetteifernd, sind der Ausdruck einer gereiften Cultur.

Am Hofe unserer Könige blühte die Dichtkunst. Vornehme Landherren suchten auch darin ihren Ruhm, den Dank ritterlicher Sänger zu verdienen. Im Auftrage des Landeshauptmannes von Mähren, Raimund von Lichtenburg, mußte Heinrich von Freiberg den Tristan Gottfrieds von Straßburg vollenden. Die deutsche (die Hofsprache) war bald neben der lateinischen die Sprache der Kanzleien und wir finden deutsche Urkunden zu einer Zeit, in welcher noch keine solchen Schriftstücke in der nationalen slavischen Sprache bekannt sind.

Die Namen stolzer Burgen und edler Geschlechter, der Pernsteine, Cimburge, Kunstadte, Riesenburge, Landsteine u. s. w., verkündeten die Zeiten des Einzugs deutscher Gesittung. Es ist sehr wahrscheinlich, daß, wenn nicht jene mächtige Reaction gegen die kirchliche und die politische Fremdherrschaft entstanden wäre, welche in Huß und Žižka ihre Vorkämpfer fand, wir schon jetzt, wie es gegenwärtig in Schlesien der Fall ist, nur in den äußersten Winkeln des Landes die Ueberreste einer Sprache finden würden, welche ehedem allen Einwohnern geläufig und theuer war. Die Slaven in Böhmen und Mähren, ein tapferes und scharfsinniges

---

[2]) Johann v. Troppau, Domherr von Brünn. 1368 Pfarrer von Landskron, vorzüglicher Miniaturmaler. Boczek's Reisebericht V. 62. Vanšk von Olmütz, Miniaturmaler. Boczek Reisebericht über das Stadt Olmützer Archiv.

Volk, hatte den richtigen Tact, das Gute der fremden Gesittung anzunehmen, ohne in der fremden Nationalität, wie die
Schlesier, aufzugehen. Als ihm Gefahren dieser Art vor Augen
traten, erhob es sich, um mit kräftiger That seine nationale Unabhängigkeit zu wahren.

Die Reformation hatte gleich in ihrem Anfang einen nationalen und gesellschaftlichen Character angenommen. Die Lehren des
Huß sollten die Grundlagen einer böhmischen Kirche werden, in
welcher die socialen Mißverhältnisse und Auswüchse durch die Wiedereinführung einer reinen, evangelischen Moral gehoben und die
fremde Autorität in Glaubenssachen gestürzt werden sollte.

Die Restauration dieser bedrohten Autorität, die mit der Ver-
dammung und Verurtheilung Hußens eine agressive wurde, war in
den Augen der Böhmen zugleich, die Wiederherstellung einer verhaßten
Fremdherrschaft überhaupt.[3] Fast alle Kräfte der Nation zogen auf
das Schlachtfeld. Ganz Böhmen war nur ein Kriegslager, in welchem ein Volk, einen Cultus zn feiern, ein religiöses Gebot zu
befolgen glaubte, wenn es für seine Independenz von Rom und
vom Reiche kämpfte.

Rasch spielte diese Bewegung in die benachbarte, stammver-
wandte Markgraffschaft hinüber,[4] wo das deutsche Element so feste
Wurzel geschlagen hatte. Ein Mährer war es, welcher zuerst auf
die Nothwendigkeit einer kirchlichen und Sitten-Reform hinwies.
Milič von Kremsier war der kühne und entschlossene Mann, welcher,

---

[3] Wenzel v. Jglau gibt jenen Ansichten über das Verhältniß der Kirche
zum Staate, welche die Anhänger Hußens so entschieden bekämpften, aus
Anlaß der Darstellung des Olmützer Kirchenschismas einen deutlichen Ausdruck... als sich Keczerey im Behem vnd nemlich in Prag begunde an-
zuheben vnd das Generale studium zurutt war etc. entstand das Schisma
zwischen den Olmützer Gegenbischöfen, für den von Wenzel ernannten
Bischof Ales wollten die Olmützer nichts thun, troy des directen königlichen
Befehles... der sunder als gelawbige vnd getrewe frumme christen
got vnd der römischen Kirchen mer gehorsam waren dann Ires leiblichen Herrn unczimliche gebot vnd vil lieber Leib vnd gut in grosse
gevere satzten dan das sie wider geistliche Ordenung getan hatten.
Boczef. Ms. I. S. 28 b. W. v. Jgl., Landes Archiv.

[4] Dudik's Geschichte von Raygern. S. 480. 1424. Žižka eilte nach Mähren,
um, wie er sagte, der Fremdherrschaft ein Ende zu machen.

selbst zur evangelischen Armuth zurückkehrend, der erste in der geliebten vaterländischen Sprache gegen die allgemeine Verderbtheit zu Felde zog und mit keckem Muthe seinen kaiserlichen Herrn den großen Antichrist zu nennen wagte. Der öffentliche Zustand Mährens im Beginne der Reform war geeignet, der Ausbreitung derselben einen unheilvollen Character zu geben. Die goldene Bulle und das Testament des Markgrafen Johann hatten das Eine Mähren in mehrere Gebiete zerrissen. Die ehrsüchtigen Kämpfe, welche zwischen den markgräflichen Brüdern[5]) und gegen den Bischof von Olmütz, um eine Wiedervereinigung zu ertrotzen, ausgebrochen waren, beförderte die Neigung der Landherren mit bewaffneter Hand fremdes Eigenthum zu gefährden. Das einst so blühende Land ward bald zum Schauplatz grauenvoller Anarchie. Der Handel stockte und die Gewerbe feierten, während rauchende Trümmer und blutige Leichen den Platz bezeichneten, wo früher ein heiteres, reges Leben herrschte. Dem Bunde der Städte, um ihre politische Existenz, ihre municipale Freiheit, so wie um Leben und Vermögen der Bürger zu schützen, folgte ein Bund der Barone, um die Folgen dieser municipalen Freiheiten unwirksam zu machen. Die Städte waren deutsch und katholisch; dies war genug, um den Herrenbund so gut hussitisch zu machen, daß er „an Eifer hiefür sogar Böhmen übertraf."

Es lag im natürlichen Interesse des Adels, jenem Bunde der Städte entgegen zu treten. Letztere besaßen eine ausgedehntere Gerichtsbarkeit, sie kamen dadurch in die Lage, den Landmann gegen seinen Grundherrn in Schutz zu nehmen, sie gründeten durch ihr Ansehen und Einfluß eine Clientel weit über die Grenzen ihres Weichbildes hinaus. So ließ es sich erklären, weshalb ein großer Theil dieses Adels sich von der alten Kirche abgewendet hatte, welche

---

[5]) Die Inwoner diser Markgrafschaft vnd nemlichen geporne Bruder Markgraf Jost vud Markgraf Procop ubergrossen Krig gegen einander gefurt haben, dorynnen vil frummer lewt vorgangen vnd umb Ir narung kumen sein. In denselbigen Krigen di do lang wereten auch merkliche Stet, Snoym, Laa, Pohorliz vnd andre stet in Merhern uncz an vier stet derstigen vnd verloren waren.
Wences. de Iglavia Cod. Boczek Slg. I. S. 27 und Reisebericht Boczek's I. S. 16, 47, 53.

auch von ihrem Standpuncte aus für die schon bedrohten Men-
schenrechte des Bauers lebhaft das Wort führte; es war natürlich,
wenn jener Abel sich der Reformation, dem Feinde dieser seiner
Feinde, anschloß. Indem er sich an die Spitze dieser Bewegung
stellte, durfte er aber zugleich hoffen, dieselben beherrschen und
reichen Gewinn machen zu können an den Ländereien der Geistlichen, die sich nach der neuen Lehre ihres Besitzes entäußern
und in primitiver Armuth leben sollten.⁶)

⁶) ...Non solum totum regnum bohemie, sed et omnes barones Moravie in pessimum deduxit errorem, qui magnam marchionatus partem
tam immaniter infecit ut in omnibus préscriptorum Regni et Marchionatus finibus nec non in adjacentibus provinciis, tot exorte sunt
gwerre, depredaciones, homicidia, totque possessionem fortaliciorum,
Civitatum deploracionis (sic) commitebantur (besonders geistliche Güter)
qd calamo universa exarari non sufficit.
    Wences. de Igl. B. Slg. I. Heft. S. 10. ff.
    und dann weiter:
...Tantus erat in hominibus timor et tremor ut quod quam omnis
populus eis adherere compellabatur, itaque in hoc confinio hec
Olomucensis civitas, solum Lutoviam, Redish, Brunam propinquiores
habebat amicicia vicinas...
    1. 29. 4.
    ...Als K. Wenzel starb, nahm die Ketzerei in Böhmen überhand,
wann die Behem mit einem Puben Ziska genant den Sie In zu einem
Kunig (Oberhaupt) derwelt, wider Got und wider recht zu Felde zogen
Städte die sich ihnen widersetzten betwangen, mit den sie furbas here
gen Merhern manichmol (oft) gen Vngern, gen Oesterech, vmb Nürnberg etc. etc. czogeten, die Lewt und stet zu In notten, vil frumme
lewt dermartern, Stete, Hewser vn vesten derstigen etc.
    Huss... presertim pro eo quod possessionibus spiritualium de-
trahebat, plurimos potentes laycos sibi blandiebat attrahere...
    Codex Wences. de Iglavia Boczek Slg. S. 10. I. Heft.
    Dieser Wenzel von Iglau, Stadtschreiber von Olmütz, unter dessen
Regiment und wahrscheinlich auf dessen Veranlassung (S. Bischof. Ol.
deutsch. Recht) die Olmützer Stadtbücher neu angelegt wurden, war ein
höchst geistreicher und gelehrter Mann. Die wenigen Aufzeichnungen
seiner Hand über die Ereignisse der ersten Hälfte des XV. Jh., gehören
zu den besten unserer Chronikenliteratur; sie zeichnen sich durch Leben-
digkeit und Klarheit des Ausdrucks aus. Er weiß das Wichtigste her-
auszufinden und mit wenigen kräftigen Worten zu skizziren. Er ist ebenso
gewandt im lateinischen wie im deutschen Ausdruck. Auf den Schilde

Die schlimmen Leidenschaften, die in diesen Kämpfen ent-
fesselt wurden, erhielten dadurch eine ungewöhnliche Stärke, daß
den Acten öffentlicher Gewalt der Schein der Erfüllung einer
heiligen Pflicht gegeben wurde.

Das Plündern von Kirchen und Klöstern, das Ausrauben
von Kaufleuten und Pilgern, das erbarmungslose Hinmorden ganzer
Bevölkerungen, das Zerstören eroberter Städte, geschah unter dem
Vorwand, den beschimpften Namen der Nation zu rächen und für
das Gottesgesetz zu streiten.

Ein Irrthum der Anhänger der Reformation war es, daß
sie die Meinung hatten, christliche Gesinnung und christliche
Moral, wären die alleinigen Bedingungen zur Regelung der
staatlichen Gesellschaft so, daß die äußere Ordnung derselben, der
weltliche Arm vom Uebel sei und entbehrt werden könne.

Sofort traten die socialen Gesetze mit dieser Meinung in
lebhaften Gegensatz, indem gerade jene religiöse Bewegung die
größten Wirren und ein höchst unchristliches Treiben zur Folge
hatte. So kam es, daß Diejenigen, welche die Reform ohne Rücksicht auf jenen Factor durchführen zu können glaubten, diese selbst
einer vollkommenen Verweltlichung Preis gaben. Kein politischer
Fortschritt, kein Versuch, das Loos des unglücklichen Theils der
Gesellschaft zu bessern, bezeichnet die Bahn der Reform. Im Gegentheil, sie unterbrach auf ein halbes Jahrtausend die Durchführung eines großen Werkes: der Umstaltung der bäuerlichen
Verhältnisse, zu welchen die katholische Kirche durch Wort und
Beispiel das Signal gegeben hatte.

Katholische Oberpriester waren die ersten, welche jene schlimme,
den Wohlstand des Landvolks und das Aufblühen der Landescultur
hemmende Gewohnheit brachen, nämlich das unter dem Namen

rungen in deutscher Sprache ruht ein zarter poetischer Hauch, welcher
der Geschichtstreue keinen Abbruch thut.

Wir kennen außer dem Rathsherrn Ludwig von Brünn, welcher
Anfangs des XVII. Jahrh. ein höchst merkwürdiges Tagebuch schrieb
(herausgegeben von uns, Schriften der hist. stat. Section) keinen
mährischen Chronisten, welcher mit Wenzel von Iglau verglichen werden
könnte.

Heimfallsrecht bekannte Befugniß des Grundherrn, die Habe seiner Unterthanen nach deren Ableben an sich zu ziehen, wenn sie keine Verwandte in auf- oder absteigender Linie hinterließen.

Die Grundsätze, nach welchen ein Mensch als Gegenstand des beweglichen Eigenthums eines andern betrachtet wurde, hatten um so rascher Eingang gefunden, als es dem Grundherrn nahe lag, materielle Bürgschaften aufzustellen für die aus seinem Obereigenthume fließenden Rechte: den nach „Purgrecht" (emphiteutisch) vergabten Grund des Zinses halber immer besetzt und bebaut zu erhalten. Während man zur Zeit der Einführung des deutschen Rechts die Colonisten durch Privilegien und Eremtionen zu locken und zu gewinnen trachtete, überging man, als die Bevölkerung mit dem Bedarfe nach Arbeitskräften nicht gleichmäßig wuchs, zu den wohlfeileren Mitteln, diese Kräfte mit Gewalt an den Zinsgrund zu fesseln. Im zweiten und dritten Viertel des XIV. Jahrhunderts finden sich, in Mähren wenigstens, Landtagsschlüße und k. Privilegien, welche die Freizügigkeit der Unterthanen wesentlich beschränkten, ein Beweis, daß der verhängnißvolle Proceß der Leibeigenschaft thatsächlich den Anfang genommen hatte.[1]

Aber fast gleichzeitig stand ein gelehrter katholischer Priester dagegen auf: Kuneš von Třebowel, der erzbischöfliche Generalvikar in Böhmen, hatte den Muth, gegenüber den auftauchenden Unterdrückungsgelüsten und jenen ständischen Beschlüßen, die durch feierliche Eintragung in die Landtafel gesetzliche Sanction erhalten hatten, das Unrecht der Leibeigenschaft mit beredtem Worte zu brandmarken.

Diese glücklichen Versuche sind nicht fortgesetzt worden. Wirkungslos verhallten die Worte des edlen Priesters. War man vielleicht besorgt, den katholischen Theil des Adels damit zu verletzen und in das andere Lager zu treiben? —

---

[1] Anfänge der Hörigkeit. Cod. dipl. Mor. VII. S. 335. und ff. und „Landtafel" a. a. 1306. Beschluß die Freizügigkeit aufzuheben.

Kniha města Gewička; jus terra bohemio fol. CCXXI.; über die Einantwortung einer Domäne. Darin wird den Bauern, welche allenfalls den neuen Herrn nicht anerkennen wollten, befohlen: infra Septimana (duas) a die hodierna alias cum bonis et rebus vestris trahatis

Mit den Fortschritten des Hussitismus in Mähren nahmen auch der Bürgerkrieg und die Anarchie größere Dimensionen an. Der Geist der Ordnung und Disciplin war vollständig gewichen. Selbst innerhalb der so hart angegriffenen Olmützer Kirche entstand ein Schisma, in Folge dessen die Kirchen uff dem Haws wol czwai Jar öd geslossen vnd vnbesungen bleib...[8]) Die Bande der weltlichen Autorität wurden zugleich mit jenem der geistlichen gelockert. Die souveräne Macht eines Wenzel's, Sigismund's und Albrecht's, die oft nur jenes Stück Land beherrschten, auf welchem ihre Heere lagerten, war nicht im Stande, dem Lande Gräuel zu ersparen, die wir nur mit den Mordscenen vergleichen können, welche in unseren Tagen die indische Raçe der angelsächsischen in Asien bereitet hat.[9])

Wenn die Hussiten den katholischen Mönchen, die gegen die neue Lehre gepredigt, die Zunge ausschnitten und die Schädel einschlugen, so waren auch die dem Glauben treu gebliebenen Städte bereit, sectirerische Frauen und ketzerische Priester zu verbrennen,[10])

---

[8]) Wences. de Igl. I. 29. a.

[9]) Wolny. Mähren, Brünner Kreis, II. A. S. 444, N. 173. Bei dem Ueberfalle und der Einnahme von Pohrlitz durch die Hussiten schnitten diese jenen Individuen, welche die wilden Eroberer an das Gericht Gottes mahnten, um sie von Grausamkeiten abzuhalten, als Antwort die Zunge aus.

Ueber die Grausamkeit einer hussitischen Frau erzählt ein gleichzeitiger anonymer Reimchronist:

Privilegia franguntur.	Imolas demoniis
Thevtinici expelluntur.	Cum gente ydolatrio
....	Cogis eos ambulare
Illa de .... domina	In Wicleph Huss viis
Ignobilisque femina	Tu sevissima Gezabel
Ut lamia crudelis	Justum virum ut Abel
Ipsa quos fetus generat	Plebanum persequeris
Ablactatos devorat	Qui a te contumelias
Tu mater infidelis	Patitur sicut Helyas
Tuos proprios natos	In inferno torqueris.....
A deo übi datos	Boczek. Privat Slg. Nr. 12,246. L. Arch.

[10]) In octava cumbustionis Huss wurden in Olmütz zwei Hussiten verbrannt. W. de Igl. I. 10. ... et cives urbis pretacte, primum illius dampnate Secte Joh. Huss professores, quos reperit (sic) ignis

ober gefangenen Häuptern des Herrenbundes ohne Umstände den Kopf abzuschlagen. In Mitte dieser Scenen roher Grausamkeit fehlt es jedoch nicht an Zügen bewundernswerther Tapferkeit und Hingebung, die für die Zukunft dieses Landes von größter Bedeutung waren.

Freudeerfüllt beglückwünschen die Bürger von Olmütz die Kurfürsten, als sie vernahmen, daß diese doch einig wurden und mit Armeen deutscher Zunge gen Böhmen rüsten. [11]) Sie sprechen ihnen Muth zu und versichern, daß die Städte Mährens mit Herzog Albrecht zahlreiche Heere in's Feld schicken würden, den Feind im Rücken anzugreifen.

Die heldenmüthige Vertheidigung jener Stadt [12]) gegen eine zwanzigjährige, fast ununterbrochene Belagerung, die tollkühnen und siegreichen Ausfälle der Brünner Bürger, als die sonst unüberwindlichen Hussitenheere einen Ring von Eisen um die Stadt

cremacione et capitum truncacione eradicare nitebantur Ibi. III. 2. a. In Proßnitz ähnliches — Wengersky Slavonia reformata. S. 168.

[11]) Schreiben der Stadt Olmütz an die Churfürsten Ibi. 15. 1423. Sie hofft Rettung durch diesen heilsamen Entschluß der Fürsten, sie hofft, daß in solcher weis das jammergeschray z plutvergiessen und twankes der Cristglawbigen geistlicher und weltlicher mannes und weiplichs gebildes die mit mort, noteczog, brante, bestimlungen und manigen andern twang und bedruch beswert sein — aufhören werde.
Boczek. Privat. S. Nr. 12,239.
Häufig schloßen die Städte einen Bund gegen jeden Feind und Friedensstörer, so z. B. im J. 1448 luden die Städte Brünn und Olmütz andere Städte und den Adel ein, einen solchen Bund zu schließen. Boczek's Reisebericht. I. S. 88. Sie beziehen sich darin auf die Erhaltung des nach dem Tode Albrecht's 1446 geschlossenen Landfriedens. Orgl. im L. A.

[12]) Als die Hussiten Krieg führten, hat die Stadt Olmütz mannhaft gekämpft, nicht allein das eigene Vermögen ausgegeben, sondern auch Schulden gemacht; die Stadt hatte den böhmischen Städten Soldtruppen zu Hilfe gesandt, und war dabei von den benachbarten Feinden immer belagert, welche in Tobitschau, Kremsier, Prerau, Majetin, Namiest, Neustadt, Hlubok, Sowynec, Bistritz, Alst. Hradisch, Horka, Trübau, et alliis quam plurimis circam civitatibus ubique in universis quasi castris et locis degebant, die noctuque Civ. Olomucensi insidias ponendo necessabantur etc. etc.
Wences. de Igl. III. 2. a.

zogen, haben in Verein mit der Ausdauer und Kraft des Bischofs
von Olmütz und der katholischen Minderheit des Adels die Con-
tinuität der landesfürstlichen Herrschaft, wenn auch nur in kleinen
Gebieten, aufrecht erhalten.

Es konnte dies freilich nicht hindern, daß die Mehrzahl der
Bevölkerung utraquistisch wurde, aber es bewirkte in entscheidendem Augenblicke glückliche Diversionen der Hussitenmacht, die sonst
viel früher und wirksamer vom Defensiv- zum Offensivkriege übergangen wäre.

Es war des Unglücks und Jammers noch nicht genug gewesen, daß die Söhne der Markgrafschaft einander zerfleischt hatten,
noch brachen böhmische Hussitenheere[13]) herein, die Burgen der
Anhänger des Markgrafen und viele der friedlich gesinnten Städte
erobernd. Große Strecken Landes wechselten ihre Besitzer und es
tauchten Erscheinungen auf, welche an die Zeiten der Völker-
wanderung erinnern. In Städten, wo früher nur Deutsche lebten,
ward dann plötzlich von einer andern Bevölkerung nur böhmisch
gesprochen. [14])

Der bestrittenen Herrschaft Albrechts folgte die Zeit der

---

[13]) Die Hussiten hatten ein System zur Vergrößerung ihrer Heermassen,
welches an die Vorgänge gewisser Revolutionsheere der neuern Zeit, an
den Landsturm erinnert. In den Gegenden, die sie durchzogen, trieben
sie die Bauern zusammen und zwangen die schlecht bewaffneten und
schlecht angezogenen Landleute, mit ihnen zu ziehen, um dem Feinde durch
diese (gewiß unverläßlichen und sehr gern davonlaufenden) großen Haufen
zu imponiren.

Duci Alberto... die veinde sammeln sich etc.... vnd notten dy
pawern alle ym Krais dy zy zusampmen trayben. S. 10. Codex
Boczek. Priv. Slg. Nr. 12,239.

Auf das wellen ewre Gnaden wissen das sie an gemerken hie-
nyden zusampmen getrieben haben, die gepawern puffen vnd lotern,
nakt vnd plos an gewere wie sie die gehaben mochten nur zume-
rung irer hawffen, als sie das auch in behem pflegen zuthun....
Ebendaselbst S. 15.

[14]) Die Sieger verbannten die Bevölkerung eroberter Orte. ... loca cir-
cumveniebant, traditione aquirebant, homines inhumane occidebant.
ceterosque exulare cogebant....
C. W. de Igl. III. 1. a., Boczek's Reisebericht im Landesarchiv
und meine Regesten. I. B. 1. A. S. 180 Nr. 75.

Minderjährigkeit des Königs Ladislaus. Nach kurzen Perioden der Ruhe kamen lange Perioden, wo alle die Schrecken der Selbsthilfe wieder erstanden. Die von den Landherren aufgerichteten Friedensverträge zeigen, wie lebhaft, wie groß das Bedürfniß nach Ruhe und wie gering die Hoffnung war, den durch die Eifersucht der adeligen Parteihäupter genährten Haber jemals zu schlichten.

Ein halbes Jahrhundert verzweiflungsvoller Barbarei hatte dieses einst so blühende Land in eine unheimliche Wüste verwandelt. Ein Zeitgenosse, der geistvolle Bischof von Siena, erzählt von unserem Vaterlande, „es sei ein wildes Land und die Heimath von Dieben. Niemand würde daselbst für einen Edelmann gehalten, der nicht vom Raube lebe,“ fast wie bei den antiken Klephten von Anatolien, welche das Rauben mit Geschick und Geist für ehrenhaft hielten.

Jenes ausgedehnte Marchthal, jetzt von einer Hauptader des mitteleuropäischen Verkehrs durchschnitten, wo dichtbevölkerte Orte zwischen üppigen Triften und anmuthigen Baumgruppen liegen, wo die Segnungen freier Arbeit den Hauch blühenden Wohlstandes verbreiten, und vornehme Schlösser die Stelle bezeichnen, wo die Reichsten dieses reichen Landstriches in behaglicher Sicherheit wohnen — da war der öde und verwüstete Schauplatz jener mörderischen Gefechte und räuberischen Ueberfälle, umgränzt von dunkeln dichten Wäldern, aus welchen die Wartthürme unwirthbarer Burgen emporstiegen.

Die Hussitenkriege waren nicht Kriege, um die Gelüste eines Eroberers zu befriedigen, sie waren Kämpfe um die Herrschaft einer Race und einer mit dieser identificirten Glaubensmeinung; ein solcher Kampf vergeistiget sich zwar immer mehr und mehr, kann jedoch nicht aufhören, bis nicht die eine oder die andere das Uebergewicht erringt.

So weit verschieden waren diese Ergebnisse der böhmischen Reformation von ihrem Ausgangspuncte, von jenen Lehren der Bethlehemscapelle, die ein tugendhaftes evangelisches Leben predigten, und für die in der stolzen Burg wie in der bescheidenen Wohnung des Landmanns eine begeisterte Bewegung entstanden war! Man hätte erwarten können, daß, wenn einmal der alte böhmische Geist, jener den Standesunterschieden feindliche Geist, die Herrschaft erringt, wenn die Anhänger Zižka's und die der Taboriten die Grundsätze der Gleichheit nach dem andauernden Waffen-

glücke im ganzen Lande einbürgern, daß dann selbst nicht die
geringste Spur mehr vom deutschen Feudalismus sich erhalten,
daß, wie Böhmen für Deutschland und Rom, der Feudalismus
für Böhmen auf immer verloren gehen würde, daß kein Landherr
einen echten Böhmen mehr finden würde, um diesen gegen die
Taboriten und Waisen zu bewaffnen, daß die Zinsbauern, alsbald
von Schloß zu Schloß eilend, mit den Mordwaffen in der Hand
den Gehorsam aufsagen würden, wenn man sie zwingen wollte,
jene geharnischten Apostel zu bekämpfen.

Und doch fand der Herrenbund (dessen Glieder kurz vorher
im Volke fast untergegangen waren) mit einem Male die Kraft,
um hier die religiös-agrarische Secte der gemäßigten und wahrscheinlich auch die der maßlosen Brüder, dort die furchtbaren Männer
von Tabor in einer Schlacht niederzuwerfen und so aufzureiben,
daß diese Geißeln zugleich mit ihren demokratischen Lehren bald
darauf vom Schauplatze unserer Geschichte klang- und spurlos
verschwanden.

Es ist dies eine Erscheinung, welche besonders beachtet zu
werden verdient.

Die Nation stand einmüthig auf, um sich von den verhaßten
Fremdherrschaften zu befreien; als es aber dazu kam, dieser tiefen
Bewegung einen Ausdruck zu geben, die überraschenden und schnellen
Erfolge zu sichern, war sie nicht im Stande, aus sich einen Organismus zu erzeugen,[13] welcher die Früchte dieser Erhebung und
Bewegung gesichert, Freiheit und Ordnung im Lande dauernd ein-
gebürgert und die Herrschaft der Privilegien verbannt hätte; der
leitenden Kraft bar wuchsen und wucherten Parteiungen auf,
die einander bekriegten, deren außerordentliche Programme für
Ausnahmszustände, nicht aber zur dauernden Begründung eines
großen, geordneten Gemeinwesens tauglich waren.

Eine Herrschaft demagogisch-despotischer Kriegsgemeinden,
ohne höhere Ideen als die Schlagworte, welche abtrünnige Mönche
durch verwegene Deutungen des göttlichen Wortes erfanden, eine
Gemeinde, die ihre Priester mit dem Schwerte weihte, deren „Gottesgesetz“ die Willkür und die Macht des Stärkeren war, — eine
Reform, deren Jünger des Nächsten Blut in ihrem Namen und

---

[13] S. Palacky's Geschichte Böhmens. III. A. III. B. S. 7 und 8.

für ihre Ausbreitung vergoßen, eine Gesellschaft, welche an Stelle der, für eine Classe der Bevölkerung beginnenden Hörigkeit jetzt alle Classen derselben mit dem eisernen Joche des Terrorismus in Sklaverei hielt, konnte keinen Halt im Volke finden.

Eine schreckensvolle Zukunft entstieg dem Lande, „das mit Ruinen bedeckt und mit Blut getränkt war."

Nichts characterisirt lebhafter die Zustände der Zeit, als das wilde, gestaltlose Friedens-Denkmal bei Prag: einen Stein wälzten sie auf den andern, ähnlich den rohen Erdhaufen, womit Tatarenhorden das Andenken an merkwürdige Ereignisse verherrlichten.

Es bedurfte nur eines kühnen Entschlußes, um die Männer von Tabor mit ihrem Städte-Anhange zu isoliren.

So kam es, daß, als die Landherren das siegreiche Schwert zogen, sich Niemand im Landvolk rührte und die Kriegsbanden auf immer verschwanden.

Es war in der That kein Zweifel mehr darüber, wer jetzt die Herrschaft zu übernehmen hatte.

Der größte Theil der Aristocratie des Landes war in den ersten Zeiten der Bewegung aufgestanden, um Huß zu rächen, um Böhmen von den Fremdherrschaften zu befreien.

Jetzt war es derselben Aristocratie gelungen, jene fürchterlichen Feinde des Volks und seiner Wohlfahrt: die Rotten zu vernichten und die Böhmen unter einer Fahne zu vereinigen, unter der Fahne der nationalen Unabhängigkeit.

Die Zügel der Herrschaft fielen wie von selbst in die Hände der glücklichen Sieger von Lipan und die Landherren traten die reiche Erbschaft an, welche die erlöschende Bewegung zurück ließ. So kam es, daß in den Jahrhunderten, in welchen Böhmens Volk unerhörte Siege feierte, Böhmens Volk um die Früchte des Sieges gebracht wurde.

Eine gewaltsame Bewegung arbeitet nie für ihre Urheber, immer sind es andere, welche die Früchte ernten.

Für diese Verluste, für die Zerstörung einer Cultur, für die ungeheure Kraftanstrengung — sollte uns der Ruf glänzender Tapferkeit entschädigen, der Ruhm, den Anfang in der kirchlichen Reform gemacht und das Bewußtsein, ein letztes, das 15te Jahrhundert mächtig durchhallendes Wort in den Angelegenheiten dieses Welttheils gesprochen zu haben.

Es gleichen diese Hussitenkriege jenen großartigen und furchtbaren Elementarereignissen, womit die Vorsehung von Zeit zu Zeit die Länder heimsucht, und welche die Luft in weitem Umkreis zwar reinigen, aber auf den Platz, wo sie niedergehen, nur eine zerstörende Wirkung äußern.

Die darauf folgende Geschichte Böhmens und Mährens ist auf lange Zeit nichts anderes, als eine Geschichte der Befestigung und Erweiterung jener Adelsherrschaft, welcher die Idee der nationalen Independenz zu Grunde lag. Es war natürlich, daß die große Mehrzahl des Adels utraquistische Gesinnungen hatte und sich als Vorkämpfer derselben betrachtete. Keine Sympathien, keine Verpflichtungen — wie etwa bei der katholischen Minderheit, zogen jene außerhalb der Landesgrenzen; der utraquistische Edelmann war durch sein Vaterland ganz und gar erfüllt.

Unter anarchischen Bewegungen und Spaltungen, die durch die unaufhörliche Eifersucht der Parteihäupter genährt wurden, organisirte sich in Böhmen und in Mähren der Adel während Ladislaus' Minderjährigkeit.

In Böhmen wird Georg von Podiebrad halb durch eine Art Staatsstreich und halb durch Wahl zum Verweser des Landes erhoben.

Georg von Podiebrad, kühn aufstrebend, tapfer und klug, war die Personification des böhmischen Geistes, ein Mann des Kelches und des Schwertes, so recht nach dem Herzen der Nation.

Wenn im Völkerleben die Gefahr und Noth am höchsten drängt, dann bilden sich Gestalten, welche der wahre Ausdruck sind der Zeit und welche die Mission erhalten, die noch dunkel empfundenen, wahren Bedürfnisse zu erkennen und denselben zu entsprechen. Georg von Podiebrad war ein solcher Mann; ein Typus und eine Lieblingsthat der Zeit, an welcher sie lange gesonnen, versucht und gebaut hatte.

Ptaček von Birkstein, Aleš von Risenburg, Ulrich von Rosenberg und Johann von Cymburg waren eben solche unvollendete Typen, rudimentäre, unvollkommene Erscheinungen, die der Periode vorausgingen, in welcher Herr Georg von Podiebrad mit starker Hand die Zügel der Regierung ergriff. — In Mähren stand Johann von Cymburg an der Spitze der Geschäfte, und wußte das Land für den König glücklich zu erhalten, obwohl eine mächtige Partei sich an Böhmen anschließen wollte und eine andere für die alte Zuchtlosigkeit und Unordnung das Schwert gezogen hatte.

Ladislaus' Herrschaft in Mähren war eine Herrschaft nur dem Namen nach.

Es existirt ein Document,[16]) in welchem dieser König für seine Abwesenheit die oberste Regierung des Landes einem Collegium von Landherren überlassen hatte, auf zwei Jahre, als ob er geahnt hätte, daß ihm die Vorsehung das Recht hiezu auch nicht auf längere Zeit einräumen würde.

Des jungen Königs Schwäche wurde von seiner Umgebung ausgebeutet. Das berühmte Edict, welches den Juden den Aufenthalt in k. Städten untersagt, und jenes andere, das alle Liegenschaften der Juden confiscirt, und die Christen von der Bezahlung ihrer mit Juden contrahirten Schulden entband, sind von Ladislaus erlassen.[17])

König Georg's Regierung war ebenso unglücklich in ihrem Ausgange, als sie glänzend begonnen hatte. Die Ordnung war wieder hergestellt, der Handel blühte und der Wohlstand des Landes nahm einen schnellen Aufschwung, während die westlichen und nördlichen Nachbarländer ein Bild großer Zerfahrenheit darboten, so daß auch jetzt, wie vor zwei Jahrhunderten, die Worte jenes großen Bischofes von Olmütz Anwendung finden konnten: „Ich will nicht reden," schrieb er dem Papste Gregor X., „von den Fürsten Deutschlands. Diese sind so uneinig, als ob sie keinen Oberherrn hätten und jeder von den anderen die Zerstörung seines Landes erwarten würde, sie sind unfähig, das Reich vom Verderben zu bewahren, und es scheint, als ob dem Königreiche Böhmen allein diese Aufgabe zugefallen wäre."

Die Macht und das Ansehen des Böhmenkönigs waren ungemein groß, seine auswärtige Politik griff entscheidend in die Geschicke Deutschlands und Europa's ein. Man betrachtete ihn schon als Haupt eines neuen Fürsten-Conciliums und Fürsten-

---

16) Urkunde ddo. Wien am hl. Alexiustage 1455. Nr. 47, ständ. Privileg. im L. A.

17) Original ddo. Wien Samstag an Judica 1455, im Brünner Stadtarchiv. L. 6/II. und ddo. Prag nach Jakob. 1454. L. 7./II. daselbst.

bundes außerhalb des päpstlichen Primates. Er hatte die Erwartungen, die man bei seiner Erhebung gehegt, vollkommen gerechtfertigt. Er hatte rasch die Opposition in Mähren niedergeworfen.
Die begründeten Ansprüche, welche Erzherzog Albrecht auf die
Markgrafschaft geltend machte, fanden keine nachhaltige Unterstützung [18]). Georg's Herrschaft schien hier auf keinen Widerspruch
mehr zu stoßen.

Da brachen plötzlich Bewegungen hervor, welche zunächst
durch seine eigenthümliche Regierungs - und Verwaltungspolitik
veranlaßt waren. Der König erkannte und erfaßte jene Grundsätze, welche die Verwirklichung der neueren Staatsidee bedingen:
die Herstellung des Gleichgewichts zwischen den verschiedenen Classen
der Gesellschaft. Sein genialer Blick hatte ihn über die Gränzen
der Gegenwart hinausgeführt und ihm die fernen Zielpuncte der
Staatenbildung nahe gerückt. Er mußte die zu Ausschweifungen
geneigte Macht und die Vorrechte der Landherren bekämpfen, sie
selbst einer starken, bis dahin ungekannten Disciplin unterwerfen, [19])
um die königliche Macht, welche ein Befreiungswerk unternommen
hatte, nicht zum Schattenbilde herab sinken zu lassen. Die Ver-

[18]) Ueber diese Ansprüche des Erzherzogs kraft der Verträge v. J. 1364
und als Erbe Ladislaus, S. die Briefe im Znaimer Copiar 1458.
Nr. 5, S. 83, 84, 87, 88, und ff. Versuche, die Markgrafschaft von
Böhmen zu trennen, die dann auch unter K. Mathias gelangen.

Albrecht hatte sich, und wie die Folge zeigt, nicht mit Unrecht, an
die l. Städte zuerst gewendet, um diese zum Abfall von Böhmen zu
bringen.

Einige der erwähnten Briefe hat Herr Reg.-Rath Chmel in den
fontes rerum Austr. II. XIX. abgedruckt.

[19]) K. Georg befahl, daß die Landrechtsbeisitzer schwören sollten (zuerst am
Olmützer Landrecht 1464), früher hatten sie keinen Eid zu leisten.
K. Georg befreite die Weingartenbesitzer von dem bedeutenden Wein-
zinse. Parteidinge und Weißthümer in meiner Sammlung im. L. A.
Knih. Tovačovská. Ausgabe v. Demuth, hist. stat. Sect. S. 47.
Přísaha panská k saudu.
K. Georg verordnete auch, daß Bürger landtäfliche Güter besitzen
dürfen, was früher nicht zulässig war. Daselbst S. 67 erstes Alin.
Meine Sammlung, Landes-Archiv. Nr. 19.
K. Georg verbat den Geistlichen, den Weinzehent zu erhöhen. Das.

theibigung ber böhmifchen Glaubensinbepenbenz fiderte ihm bie innigen Sympathien eines großen Theils ber Nation. Indem er aber
bie Städte burch Gewährungen von Rechten, in beren ausfchließen-
ben Befit fich ber Abel gefett hatte, gewann, erbitterte er jene
mächtige Claffe, welcher er felbft angehörte unb bie ihn erhoben
hatte. Als er bann mit ben Landherren in offenen Kampf trat,
war es wohl großentheils biefem Umftanbe zuzufchreiben, baß ber
Bannfluch Rom's eine fo ftarke Wirfung äußerte, [20]) unb ber
Bürgerfrieg in Mähren losbrach [21]). Die Katholiken: Abel, Geift-
lichfeit, felbft bie Städte unb alle bie Landherren, bie er gebe-
müthigt, ftanben wiber ihn auf im Bunbe mit bem oft verletzten

[20]) Ueber bie Gleichgiltigfeit vornehmer Katholifen in Glaubensfachen äußert
fich ein gleichzeitiger Chronift: „de fide vero orthodoxa numquam
mencio facta est, quare quia fidem in bursa habebant, considerat
atque propensot igitur qui uti hominum utrum pro fidei orthodoxa
dilacione, proh dolor ex contumacia, magnaque voluptate plerumque
tam spiritualium quam secularium bellum hoc inchoatum est quod
nunc vero omnes abhorrent.

Horty's Reifebericht Beilage O im Landes-Archiv. Bericht eines
(Iglauer) Stabtnotars 1467.

[21]) Der Iglauer (?) Stabtnotar (bei Horty's Reifebericht. Beilage O. ??.)
erzählt über ben Krieg b. J. 1467:

Sic eciam universam per teram Moraviæ opida municiones ecclesias amenissimas, Claustra nobiliter structa, villas pene innumera-
biles depredatas vastatas exustas ac prorsus in ruinam datas oculis
lacrimabilibus jam intuemur, pacem tranquillitatem et unionem cor-
detenus optantes hec autem in Dei velle et manu ést. Quare omnibus
liberis posterioribus et successoribus tam dictarum quatuor civitatum
diligenter notandum consulendum et observandum est, ut lites gwerras
inimicias et studeant in posterum renuere, refutare et penitas vitare,
fidem etc......

Insuper ipse depositus (rex) propria in persona magno cum
exercitu ...., supervenit (gegen Iglau), qui mandat segetes cete-
raque frumenta virencia circum totam civitatem penitus annulare, la-
tiunculi quippe sui domini parente mandatis, qui mox hii falce, hii
falcastro, hii ense, hii cultello spicas fructiferas segetum cidunt secant
atque amputant .....

Näheres über biefen Krieg erzählt ber Anonymus in ber Boczef'fchen
Sammlung. S. Meine Regeften B. 1. A. 1. S. 33. Nr. 177.

Selbstgefühl der Markgrafschaft, welche Böhmens Suprematie immer so schwer ertrug.

Der mittelalterlichen Gesellschaft galt es: einen Neuerer, einen mächtigen Feind, der Kirche, einen Abtrünnigen zu bekämpfen. Wenn auch oft Sieger im materiellen Kampfe, unterlag doch Georg, da er nicht im Stande war, der von ihm aufgenommenen Politik Dauer und Erfolge zu sichern. Ein Mittel, welches wahrscheinlich in kurzer Zeit die Opposition zum Schweigen, die Aufrührer zum Gehorsam gebracht hätte, wurde von Georg nicht angewandt. Er vollendete nicht die begonnenen Reformen in der Verfassung. Die Versuche, auch den unterdrückten Classen der Gesellschaft einen ge- setzlichen Schutz zu sichern, die Versuche, ein Gleichgewicht in der politischen Berechtigung der Stände einzuführen, sind nicht fort- gesetzt worden. Der König verschmähte es vermuthlich auf gewalt- samem Wege neue Elemente und neue Träger seiner Ideen zu schaffen, gegen welche seine Feinde machtlos gewesen wären.

Nach Georg's Tode begannen die Kriege zwischen Wladislaw und Mathias, welche dem Letzteren die Markgrafschaft zuführten.

In diesen Kriegen wurden Fehden, Raubzüge und die alten Zeiten der Anarchie vom Neuen wach gerufen. Die Briefe des Bischofs von Olmütz, Stanislaus Thurzo, sind voll bitterer Klagen darüber.

Wladislaw, dem die Markgrafschaft nach dem Tode Mathias und nach K. Friedrichs kraftloser Bemühung um dieselbe zufiel, [22] dann sein unglücklicher Sohn, waren zu schwach und ohnmächtig, um die siegreiche Entwicklung der ständischen Macht, und jene mittelalterlichen Recrudescenzen zu verhindern.

Wladislaw und Ludwig waren Herrscher ganz nach den Wünschen der Landherren: sie ließen diese gewähren. Bezeichnend für diese Zustände sind die Worte eines böhmischen Chronisten: „es war kaum mehr möglich wegen der übergroßen Unbilligkeit der Mächtigen das Haupt zu erheben. Viele hatten sich daran gewöhnt, einen solchen Herrn zu haben, dessen Gebote sie, wann

---

[22] Das merkwürdige, energische Schreiben Wladislawe, und die im un- entschiedenen Tone gehaltene Aufforderung Friedrichs. (1480.) in Nr. 12,239. Codex Boczek P. Slg. S. 34 und 35.

2*

und wie sie wollten, erfüllten, er sollte das königliche Amt ohne
Macht und Wirksamkeit inne haben."²³)

In dem Zeitraum von 75 Jahren, welcher der Regierung
des ersten Ferdinand voranging, constituirte sich die Adelsherrschaft, sie prägte der Landesverfassung den Character ein, den sie
durch ein Jahrhundert unverändert behielt, und welcher in wesentlichen Zweigen auch noch durch zwei weitere Jahrhunderte nicht
verloren ging.

Ich beabsichtige demnach bei diesem „Werden" Etwas länger
zu verweilen, erstlich weil es sich um die Darstellung der Blüthe
des aristokratisch-ständischen Staates, und um den Anfang eines
Processes handelt, dessen Ende wir selbst noch erlebt haben, dann
aber, weil ohne die nachfolgenden Erörterungen, die Verfassungskämpfe zur Zeit Carl's von Zierotin nur schwer zu begreifen
wären. Denn es ist eine Eigenthümlichkeit der auf aristokratische
Privilegien und aristokratische Gewohnheiten gegründeten, organisch entwickelten Gemeinwesen, daß man bei Untersuchung der
Rechte der herrschenden Gewalten auf vorausgegangene Jahrhunderte blicken muß, daß man die Kämpfe um derlei Rechte,
welche Gegenstand einer historischen Darstellung sind, nicht verstehen, die Gewohnheiten, welche durch die Länge der Zeit Kraft
von Gesetzen erhielten, nicht auffassen kann, ohne in die veran-
lassenden, oft weit zurückliegenden Ursachen einzudringen.

Nachdem der Friede mit Oesterreich, dann zwischen Wladislaw und Mathias geschlossen wurde und das Land freier auf-
athmen konnte, beeilten sich die Landherren, die großen gesellschaftlichen und politischen Veränderungen zu registriren, welche die
Bewegung des XV. Jahrhunderts zu Gunsten der Aristokratie
erzeugt hatte. Die Landherren beauftragten den rechtserfahrenen
und staatsklugen Landeshauptmann Ctibor von Cymburg²³ᵃ) auf
Tobitschau mit dieser Arbeit, deren erster Theil in kurzer Zeit voll-

---

²³) Gindely's Böhmen und Mähren im Zeitalter der Reform. Gesch. der
    böhm. Brüder. I. 208.

²³ᵃ) Eine sehr interessante Biographie dieses Staatsmannes hat Palacky im
    Slovník, Art.: Cymburg, mitgetheilt.

eubet wurbe (1480). Auf biefe Art entftanb jenes merkwürdige
Buch, welches nach bem Schloffe feines erlauchten Compilators
bas Tobitfchauer Buch (kniha tovačovska) heißt.

Es war bas erfte böhmifch gefchriebene Landrecht ber Markgraffchaft ober, wenn ich mich fo ausbrücken barf, eigentlich bas
Recht ber Abelsgemeinbe Mährens. In biefem Buche codificirten
bie Lanbherren ihre Siege! —

Es werden bafelbft bie Namen jener fünfzehn Gefchlechter
angeführt, welche ben alten Herrenftanb bilben unb bie mit Recht
bie „regierenben Familien" genannt werden können, ba bie oberften
Lanbesämter nur burch Mitglieber berfelben befetzt wurden. Es
waren bies bie Herren von Cymburg, Lipa, Lomnic, Reuhaus,
Pernftein, Sternberg, Liechtenftein, Boskowic, Kunftabt, Lichtenburg, Walbftein, Pöfing, Wlafin, Sovinec unb Kragik. Einige
biefer Familien haben fich von ber Zeit ber Premifliben bis auf
bie unfere in unveränbertem Glanze erhalten.

Rach ber Bewältigung ber extremen Huffitenpartei erließen
bie Lanbherren ftrenge Ebicte, um Orbnung unb Sicherheit wieber
herzuftellen, Friebensftörer unb Räuber wurden mit Lebensftrafen
bebroht, bie Schleifung von Raubburgen angeorbnet unb Schieds-
gerichte niebergefetzt, welche bis zur Conftituirung bes Lanbrechtes
über bürgerliche Klagen entfchieben. Auch wurde beftimmt, bie
Lanbtage regelmäßig wieber abzuhalten.

Von ber Ausübung ber oberften Gewalt fchloßen aber bie
Lanbherren bie anberen Stänbe aus. Im Lanbrecht ber höchften
Gerichts- unb Verwaltungsbehörbe burften weber ber kleine Abel
noch bie Stäbte repräfentirt fein, an ber Wahl bes Lanbeshaupt-
manns konnten nur bie Barone Theil nehmen. —

Sie weigerten fich beharrlich, verbiente Männer von geringerer Herkunft in ihre Mitte aufzunehmen, und gaben baburch ber
Strömung bes menfchlichen Ehrgeizes eine anbere, ihren Intereffen
feinbliche Richtung. Sie bekämpften zwar mit Erfolg bie Fremb-
herrfchaft, aber fie hielten feft an jenen fremben Inftitutionen,
welche fchroffe Stanbesunterfchiebe in Mähren eingeführt hatten.
Sie achteten nicht auf jene milben unb menfchlichen Lehren, welche
bie Hörigkeit als etwas Unchriftliches verbammten, und verfäumten
baburch bie Löfung jener großen Aufgabe, welche fich bie böhmifche
Reform in ihrem Anfange geftellt hatte. Die älteren Recenfionen

des Tobitschauer Buches lassen uns über diese Bestrebungen der Landherren in keinem Zweifel.

Während die königlichen Güter in Mähren durch abgedrungene Schenkungen und Verpfändungen vermindert, zahlreiche k. Lehen in Allobe verwandelt und in die Landtafel eingetragen wurden, Klöster und Kirchen verarmten, ist die Besitzkarte Mährens zum Vortheile der Barone rectificirt worden.

Die kleinen Edelleute (Zemane) hatten vor dieser Periode ein geringeres Maß politischer Rechte und einen Rang, welcher weit unter jenem der Herren oder der eigentlichen Abeligen (Nobiles) stand.[24] Es war damals zwischen den Herren und diesen Edelleuten beiläufig gesagt, derselbe große Unterschied vorhanden, welcher in England zwischen Nobility und Gentry besteht. Es war zwischen dem kleinen Edelmann des flachen Landes und dem Kaufherrn in der Stadt keine wesentliche Verschiedenheit in der Berechtigung, ja sie waren durch gleiches und gleichgeringes Maß politischer Rechte einander nahe gestellt, sie bildeten die eigentliche Mittelclasse und keine Spur war vorhanden, von jenem Abstande, welcher sich zwischen Ritter und Bürger später entwickelt hatte.

Es kann wohl nicht angenommen werden, daß jeder aus dieser höchst zahlreichen Classe des kleinen Adels als Eigenberechtigter die Landtage besuchte;[25] es ist gewiß, daß die Städte nur durch Abgeordnete daselbst vertreten wurden, und daß die Herren Virilstimmen besaßen. Man weiß nicht, ob die Curialberathungen schon vor dieser Zeit bestanden oder ob sie eine Frucht der schärferen Standesunterschiede in der zweiten Hälfte des XV. Jahrhunderts waren. Es läßt sich jedoch vermuthen, daß diese

----

[24] Unter Markgraf Jost erschienen nur páni zemské, und kein niederer Adel beim Landrecht. Kn. tov.

Im J. 1421 sind nur Herren die Siegler des Landfriedens. Nur die Mitglieder des Herrenstandes hatten das Recht, Landrechtsbeisitzer zu werden, die obersten Landesämter zu besetzen u. a. m.

[25] Die Einrichtung, eine Körperschaft durch Wahl von Abgeordneten im Landrechte zu vertreten, war ohnehin bekannt. S. Boczek Priv. Slg. Nr. 775. Der Herrenstand behauptete, berechtigt zu sein, diese Rechte (Landtagsmitgliedschaft) viritim auszuüben, während er dieses Befugniß dem niederen Adel absprach und anführte, dieser könne die Ausübung seiner Rechte nur an gewählte Ausschüße übertragen.

Curialberathungen sofort unter dem Einfluß des beginnenden Kampfes zwischen hohem und niederem Abel in bedeutungsvolle Curialschlußfassungen übergegangen wären, wenn nicht für die Städte und vorzüglich für den kleineren Abel eine Zeit verhängnißvoller Krisen durch die Hussitenkriege begonnen hätte. Diese Kriege schwächten und verminderten zugleich den niederen landsässigen Abel, der sich nach bewährten Zeugnissen gleichzeitiger Schriftsteller durch einen ungewöhnlichen Grad von Bildung und hohe Thatkraft in den Wissenschaften und auf dem Schlachtfelde bemerkbar machte. In großer Zahl erhoben sich die Vesten dieser freien Grundbesitzer zwischen der Burg des Landherrn und der Hütte des Landmanns, in großer Zahl bewohnten sie die Städte und Märkte des Flachlandes.[26]) Aber die Bürgerkriege trieben nicht nur viele dieser unerschrockenen Männer als Condottieri in fremde Länder, wo sie den Ruhm mährischer Tapferkeit[27]) verbreiteten, sondern beraubten viele andere ihres Besitzthumes. Verarmt suchten sie Dienste bei den vornehmen Baronen und der Mann, welcher dereinst ein kleiner aber unabhängiger Gebieter in seiner Veste war und in den Angelegenheiten des Landes ein Wort mitsprechen konnte, mußte nunmehr als Kämmerling den Glanz des Dienstgefolges eines Landherrn vermehren oder als Burggraf und Herrschaftshauptmann die Befehle desselben im stummen Gehorsam vollziehen.

---

[26]) Der niedere Abel und die kleinen adeligen Vasallen lebten auch in Städten und Märkten unter den Bürgern, — sie waren verpflichtet, gewisse Gemeindelasten mitzutragen. Item Kdyžby Měsstanuom Most Sssel tehdy Panossie todž osobu stawu rytiřzkého bud Mann, kdož tu mezy nimi Sedi a w Miesteczka swe obydleni ma, Každy ten povinnen gest, dwakrat tolik.... ist klar und deutlich gesagt, „welcher im Städtchen ansässig ist und daselbst wohnt“. Nicht jeder Edling hatte ein „Gesäß“ oder eine „twrz“ — es vermischten sich Viele mit den Stadt- und Marktbewohnern des flachen Landes.

S. die Artikel des Städtchen Kanitz aus dem XVI. Jh. im Stadtarchive. Diese Stadtartikel, obwohl in jenem Jh. niedergeschrieben. stammen aus dem XIV. Jh. Cop. im Landesarchiv.

[27]) Die heldenmüthige Vertheidigung von Trebič durch den Herzog Victorin. Die Vertheidigung von Wischau. S. meine Regesten S. 182. Die zum Drucke vorbereiteten Forschungen des Hrn. Dr. J. Beck über die mährischen Condottieri in Ober-Ungarn werden dafür merkwürdige Belege bringen.

Ein noch anſehnlicher Theil der Zemane, welcher ſich im Beſitze ſeiner Güter zu erhalten wußte, begnügte ſich mit dem alten Zuſtande nicht mehr und rang nach Vermehrung ſeiner politiſchen Rechte.

Sei es nun, daß der hohe Adel befürchten mochte, die Curialberathungen würden zu tieferen materiellen und formellen Gegenſätzen, zu einer innigeren Verbindung zwiſchen Zemanen und Städtern und daher auch zur entſchiedenen Bekämpfung des Landherrenſupremats führen, oder daß der niedere Adel die politiſchen Vorrechte mit dem höheren einfach theilen wollte: das iſt gewiß, daß der letztere Beſchlüße faßte, welche jedenfalls ſein Ziel, eine ſolche Oppoſition unmöglich zu machen und ſich aus dieſen achtungswerthen Elementen treue und verläßliche Bundesgenoſſen zu ſchaffen, vollſtändig erreichten. Gleichzeitig haben dieſe Beſchlüße weſentlich beigetragen, die Zemane verſchwinden zu laſſen.

Um ihre alten Vorrechte nicht ganz zu verlieren, erweiterten die Landherren freiwillig den Kreis der Berechtigten und retteten dadurch Rechte des Herrenſtandes, die ſich dann naturgemäß auch unter den Schutz der neu Privilegirten ſtellten. Die Claſſen der niederen Adeligen, welche wir als Z e m a n e [28]) verließen, erſtehen im letzten Drittel des XV. Jahrhunderts als W l a d y k e n wieder. [29])

---

[28]) ...Unſeren Hawbtmann vnd anderen Herren Ritter vnd Knechten in Merhern so yecz auf den Landtag zu Brunn beyeinander sein werden, Copiarb. der St. Znaim. Nr. 5. P. 29.

Reg. in Chmel fontes rerum. II. B. XXIV. Nr. 6.

Item prelaten herren ritterschaft l a n d l e w t (zemane) vnd stet sprechen... Ibidem S. 84.

[29]) Der Edelmann: panoš, welcher die rein perſönliche Ritterwürde erworben hatte, und Güter beſaß, die in der Landtafel eingetragen waren, wurde nach jenen Beſchlüßen der Barone zum Wladyk (gleichſam Ritter als Stand und nicht als perſönliche Würde) erhoben. — Die Bezeichnung panoš z Rytiřstva (Edelmann mit Ritterwürde), der Titel statečny rytiř (tapferer Ritter) als Titel für den Panoš mit Ritterwürde und slovutny panoš (wohltüchtiger Edelmann), als Titel des Edelmannes ohne Ritterwürde, verſchwanden, und an deren Stelle trat der Titel Urozený Wladyk (Wohlgeborner Wladyk). Bezeichnend für den Umſchwung war es, daß die frühere Titulatur nach perſönlichen

Jetzt besaß der Wladyk gleichartige Vorrechte mit dem Baron: das Recht zur Besetzung der Oberstlandesofficiersstellen den Vorschlag zu erstatten, wovon der niedere Adel früher ausgeschlossen war, die Virilstimme im Landtage, das Recht durch andere

Eigenschaften, tapfer, wohltüchtig, in eine solche verwandelt wurde, welche die gute Geburt andeuten sollte. Wenn ein Wladik auch die persönliche Ritterwürde besaß, wurde er urozený a statečný rytíř genannt, während früher der Ritter blos den Titel statečný führte. Der dazu gefügte Titel urozený erscheint immer nur nach der erwähnten Erhebung und Erhöhung des niederen Adels.

S. Nr. 658. d. J. 1434, dann 1470. Nr. 749 und 751. der Bocz. Sammlung.

Der Ausdruck „wohltüchtig" für slovutný wird in gleichzeitigen Urkunden angewendet. 1408. Artikel Trübau, Landesarchiv.

Die Originalurkunde (aus meiner Sammlung im Landesarchiv) d. J. 1462 hat statečný rytíř und slovutný panoš... pani a zemane nálezli. 1375. kn. Tov. Exemplar der Landschafts-Registratur. zwisch. S. 40 und 52. Siehe übrigens S. 83 daselbst d. J. 1437. páni a zemané als Collectivum, dann Artikel „Wehrgeld."

1493 find.t sich schon páni a Wladyky, a 1486 páni a rytířstwo vor. S. 115 u. a. 1482 páni a rytířstwo. Ebendaselbst der Wenzeslaische Landfriede 1411, hat šlechtici, páni, rytíři, panoši, zemané. —

Im J. 1475 wird noch von slovutní panoši gesprochen. M. IV. 14. S. 146. Arch. Bibl. und 1475. Znaimer Stadt-Copiar 5. S. 181 und ff.

Auch unter den panošen — Zemane — gab es zwei Kategorien: solche, die es von Altersher waren, die mit den Herren und Rittern zu einer socialen Kategorie gezählt werden und Zinsbauern besaßen, und dann solche, die nicht von altersher Panossen waren, aber doch als freie betrachtet wurden und keine Zinsbauern hatten, wie dies aus dem Znaimer Stadt-Copiarbuch Nr. 5, Landtagsschluß 1459 zu Apollonia hervorgeht.

Ein chlap war kein Leibeigener, sondern ein Freigeborener, aber nichts Besitzender, ich möchte sagen, ein nichts besitzender Zeman.

Ein besitzender Freier gehörte dann zum niederen Adel, wenn er das Dominium directum besaß.

Bei der gemeinen Zusammentretung der Stände Mährens zu Olmütz 1459 an Apollonia, ist „aus gutem Willen (also nicht· als Verpflichtung) der Herren, Prälaten, Ritter, Landleute, Edelleute und Städter des gemeinen Besten und der Landesnothdurft" willen bewilligt worden, dass im ganzen Land jeder der da gult vnd czins auf dem Land hat er sey weltlich oder geistlich oder an briefen, das der halben teil seiner iarlichen czins gab. Hieraus ist Folgendes zu entnehmen:

Wladyken im Landrecht repräsentirt zu sein, während früher blos die Barone Landrechtsbeisitzer werden konnten, die Besetzung gewisser Landesämter, die früher auch im Besitze des Herrenstandes

Nachdem die Panoße, die nicht Panoße von altersher sind und die Richter, Fogte und Locatoren nach Lahnen zinsen (gleichwohl ob sie diese unter eigenem Pfluge haben oder noch Zins dafür geben) dagegen aber die Bestandler und Emphyteuten oder Zinsbauern die grundherrl. Höfe in Bestand haben, — ebenso die Mánowé — die Hälfte von dem steuern, was sie zinsen, so ist es klar, daß die Herren, Ritter, Geistliche und die alten Panoßen keine Steuer von dem zahlten, was sie unter eigenem Pfluge (aratura) hielten.

Item von erben oder von den die von altersher nicht panossen sein, die da ir frey gesass haben wie das sey, oder hoff die schollen geben aine mark von ainem lehen. Es sind dies offenbar die Lanei liberi des XIII. und XIV. Jh. und hier folgt nicht daraus, daß er diese Lahne bebauen mußte, vielmehr muß angenommen werden, daß denselben auch ein Zins gezahlt wurde — weil oben im Eingange heißt, der da Gult und Zins am Lande hat.

Item welche hoff bestanden wurden sie sein der geistlichen oder weltlichen, solche, die wenigstens von Alter her Panoße sind, davon scholl man geben halben tail was man ain Jor davon gibt, das ist an Zins.

Die Müller, welche Mühlen als Erb und Eigen besitzen... dagegen Müller, welche Mühlen in purgrecht sind (emphiteutisch) die sollen halben tail geben was sie ain Jor geben.

Die Capitalisten sollen auch die halben jährl. Interessen geben.

Item Die richter und vorster, bestandler von yczlichen freyen lehen von erben schollen 1 mark geben und pey den pergen (Weinbergen) 1 fierdung.

Es sind diese soiten die Nachkommen deren, die eine Location (Colonie) veranlaßten und es ist hier von jenen freien Lahnen die Rede, die der Grundherr als Lohn für die Mühewaltung des Locators frei ließ, freyes lehen, oder erben, weil das Eigenthum hereditas ein Merkmal der Freiheit war von altersher.

Item die landlewt die manowe heissen vnd naprawniken die da ir hoff habent in iren czinsen — geben des halben teil was man ain Jor davon gibt, schollen si auch geben. Manovo gleich Vasallen; naprawnik, Zinsmann des Vasallen.

Naprava ist aber auch Dienstlehen — ein Lehen gegen Verpflichtung zu gewissen Diensten, sei es als Richter, Beamter rc.

Item von Steten, burgen zahlen die Hälfte dessen, was sie von ihren Häusern nehmen.

Es sein dann eczliche stadt oder purger die eczliche dörfer vnd

waren, endlich das Recht landtäfliche Güter zu erwerben und Landtafeleinlagen zu machen, während Jemand, der nicht Wladyk war,
davon ausgeschlossen wurde. [30])

guter haben oder wysmud die si gekawst hieten die davon czins
nemen sollen auch ½ geben. (Beweis, daß damals die Städter noch
Burgen und Landgüter kauften.)

Strafe für den säumigen Zahler. Die Kreis-Steuer-Einnehmer
sollen ihn verpieten (na zavazku vzit).

Jeder Herr oder Landmann soll von seiner Herrschaft den Amtmann mit dem Register zu dem erwähnten Einnehmer senden und
von jedem Dorf den Richter und zwei Schöffen, daß sie unter Eid aussagen, was sie ihren Herrn geben (Cataster, welcher schon zur Zeit entstanden sein muß, in welcher nach Lahnen gesteuert wurden, unter K.
Johann) und als zweite Controlle der Eid der Bauern selbst.

Gesaß oder Vesten, die wegen der räuberischen Unthaten ihrer Gebieter zerstört wurden, sollen ohne Willen des königl. Hauptmanns oder
der Herren nicht wieder aufgebaut werden. Gesaß, Beste, twrz oder
municio? sind die Sitze kleiner Edelleute. Cop. Buch der St. Znaim
Nr. 5. S. 166.

Das Notizenblatt der histor. stat. Section Nr. 10 und 11 d. J.
1860, enthält das vom m. Landesausschuße im J. 1830 erstattete Gutachten über den Begriff Panos und Wladyk. Dieses Gutachten löste die
gegebene Aufgabe nicht ganz, weil die politisch-socialen Zustände des
XIV. und XV. Jh., auf welchen diese Standesunterschiede fußten, dem
Verfasser nicht ganz klar gewesen zu sein scheinen.

[30]) Man unterschied, wie zwischen dem alten und neuen Herrenstande zwischen Wladyken aus altem und neuem Geschlechte. — Als vom alten
Adel wurde Derjenige betrachtet, dessen Familie durch drei Generationen
diesem Stande angehörte; später wurden Wladyken von altem Adel zur
Unterscheidung von Wladyken jüngeren Adels, Ritter genannt, um
den Angehörigen eines Standes und nicht eine blos persönliche Würde
zu bezeichnen. Hiemit war die Scheidung auch im niederen Adel vollzogen.
Wäre diese Classe kleiner Edelleute, welche auf das Landvolk einen
naturgemäßen bedeutenden Einfluß ausübte, erhalten worden, so hätte sich
wahrscheinlich die Macht der Barone nicht einseitig entwickelt, sie hätte
ein heilsames Gegengewicht gefunden. Die Königsgewalt, welche nach
den Kämpfen des XV. Jh. sich zu erstarken versuchte, würde in den
kleinen Land-Edelleuten eine Stütze gewonnen haben, um im Verein
mit den Städten jenen Zustand zu ändern, welcher Aristokratie die
Summe alles Glücks, aller Freiheit und Herrschaft gesichert hatte, während er den anderen Theil der Gesellschaft aus Rechtlosen und Dienern
bestehen ließ.
Aber diese Bedingung eines Gleichgewichts wurde vernichtet und ein

Die rittermäßigen Edelleute, jetzt als Glieder eines besonderen Standes Wladyken genannt, sind in den Zauberkreis der Herrschaft und der Vorrechte als Dii minorum gentium, eingeführt worden, während der einfache Edelmann noch durch einige Zeit ohne politische Privilegirung sich erhielt, dann aber als die Besitzungen desselben durch die fortwährende Vereinigung mit großen Gütern sich verminderten und ihm landtäfliche Güter zu erkaufen verwehrt, hiemit eine Ergänzung dieses Standes nicht mehr möglich war, in völlige Unbedeutendheit versank und mit dem Landvolke verschmolzen wurde.

Das Zemanenthum (in wörtlicher Ueberfetzung Zeman, Grundbesitzer) war verschwunden und der lange Auflösungsproceß desselben zum Abschluß gebracht.

Die Aristokratie: die Herren und die Ritter waren im Vollgenuße der Gewalt, ohne daß unbezähmbare Eifersucht oder gefährliche Spaltungen im eigenen Lager wie ehedem diesen Genuß

starkes Traggewölbe aus dem Gebäude der mittelalterlichen Gesellschaft gerissen.

Der Architectonik dieser Gesellschaft fehlte das Ebenmaß und die Harmonie; es mußte eine Zeit kommen, in welcher Stürme von Außen den ganzen stolzen Bau leicht zertrümmern konnten.

Wenn wir den Verlust dieses ländlichen Mittelstandes tief beklagen müssen, weil damit in den Kämpfen der Krone mit den Baronen der ersteren ein wesentlicher Bundesgenosse, der Gesittung ein mächtiger Vertreter verloren ging, wenn dieser Mittelstand, als Regulator der Gewalten in der Gesellschaft, wahrscheinlich es nie zu den Bewegungen und zur Katastrophe im ersten Viertel des XVII. Jh. hätte kommen lassen, so müssen wir vom volkswirthschaftlichen Standpuncte aus auch jetzt noch die Folgen jenes Verlustes und der gleichzeitig entstandenen, damit in engster Verbindung stehenden Concentrirung ungeheurer Länderstrecken in wenigen Händen einerseits, andererseits die übergroße Parcellirung der Bauerngründe constatiren. Der ländliche Mittelstand wäre auch ein landwirthschaftlicher geworden, wie es seine spärlichen Reste zeigen, die sich bis zu uns in den Junkereien und Freihöfen erhalten haben, er hätte die Fortschritte des Ackerbaues vermittelt und die Anwendung derselben für den kleinen Grundbesitzer durch sein Beispiel und seine Mitwirkung möglich gemacht.

Seit jener Zeit, seit dem Entgange eines so wichtigen Gliedes und seiner Functionen, liegt etwas Ungesundes in dem innern Organismus unserer Gesellschaft.

trübten. Eine weite, tiefe Kluft trennte sie von den andern Ständen und Bewohnern des Landes.

Das Tobitschauer Buch in der neueren Recension ist schon
ein formeller Ausdruck dieses so bedeutsamen bisher zu wenig beachteten Umschwungs.

Das System, mit welchem uns dieses Buch bekannt macht,
dachte sich nun stark genug, der gesellschaftlichen Entwickelung die
Bahnen, auf welcher sie schreiten soll, vorzuschreiben.

Die Großjährigkeit eines Herrenjünglings wird mit dem
16., jene eines Ritters mit dem 17. und jene des Landmanns
mit dem 18. Jahre erreicht. In den Dörfern durften sich keine
Juden[31]) und keine Handwerker, ausgenommen Flickschuster, Schmiede
und (im Gebirge) Trog- und Radmacher, ansiedeln, in den Land-
gemeinden keine Jahr- oder Wochenmärkte abgehalten werden. Das
Vorrecht der Grundherren, ein beliebtes und berauschendes Getränke zu bräuen und zu schänken, stammt aus dieser Zeit.

Nur wenn der Bischof von Olmütz ein Mitglied des Herrenstandes war, saß er von Rechtswegen im Landrecht — sonst nur
aus Gnade. Aber der Bischof von Olmütz sollte nur aus diesem bevorzugten und nicht aus niederm Stande gewählt werden, „damit
nicht der Olmützer bischöfl. Stuhl so bemackelt werde, wie der
Prager, als unadelige zur Würde eines böhmischen Erzbischofs
erhoben wurden". Dem Seelsorger wird mit dürren Worten befohlen, die Sacramente unweigerlich zu spenden, sonst würde ihm
der Zehent vorenthalten werden. Im Wehrgelde fand der Werth
des Lebens eines Herrn, Ritters und Bauers einen tarif- und
ziffermäßigen Ausdruck. Die im Tobitschauer Buche enthaltene
Scala bestimmte, daß 99 Bauern oder 9 Ritter erschlagen und das
Wehrgeld dafür bezahlt werden konnte, ohne daß die Höhe der
Buße erreicht worden wäre,[32]) welche für das Leben eines einzigen
Herrn bestimmt war.

---

[31]) Nr. 12,239 Boczek P. Slg. S. 88. 1513.

[32]) Ein weiteres Beispiel ähnlicher Verschiedenheiten: ...Si vero magnifice
nobilis (sive) sschlechtice wladikowy aut qui allapam dederit, Tunc
idem perceciens duas alapas et unam percussionem ad nasum ab
eodem percusso debet sustinere.

Si autem Wladika sschlechticzowi aut civis Wladikowi aut
sschlechticzowi alapam dare presumpserit, Tunc eidem percutienti

Auch Zweikämpfe als Rechtsmittel waren gestattet nicht allein bei Ehrenbeleidigungen, sondern auch im Civilprocesse.

Die reizende Gewohnheit ein unabhängiges Lagerleben zu führen, von leichtem Siege auf leichte Beute zu ziehen und sich zu Kriegsdiensten in fremden Landen zu verbingen, hatte in diesem Jahrhunderte starke Wurzel gefaßt und war ein treffliches Auskunftsmittel, um böse Neigungen unschädlich zu machen. Diese Gewohnheit wurde als eine kostbare Berechtigung der mährischen Ritterschaft gewahrt und verbrieft. Selbst kleine Kriege im Innern des Landes waren für zulässig erklärt, wenn nur eine gewisse, regelrechte Form beobachtet wurde, die übrigens das einzige Merkmal war, welches diese Kämpfe von gewöhnlichen Raubzügen unterschied.

Eine Gesellschaftsclasse, die sich großer Privilegien und einer hervorragenden Stellung im Lande erfreute, mußte darauf be

mox manus debet amputari, et deinde inter ipsos, sic se percucientes cautio fidejussoria sufficiens ponatur quia de cetero pro eo non debebant perturbare.

Si vero rusticus (sive) ohlap aliquem ex prœdictis superioribus se alapizaverit, tunc idem alapizatus de eodem rustico facere debet prout sibi videbitur expedire. Kniha mĕsta gewička. Jus terrœ bohemiœ. Fol. CCXIX 2.

Notandum: si „par" parem in genere ad Judicium pro capite citauerit, duellare cum gladiis et clipeis debent. Si autem minus nobilis (sive) wladika alium magnificum nobilem id est Slechticzonem magnificum (sic) pro capite citauerit, et si idem citatus, antequam ad querimoniam respondit, nolens duellare, excipit Jus suum...... et dicendo: si in causa hac procedetur ulterius ut uti debeam iure meo, quia cum actore (meo) ipso tamquam minore, me in genere duellare non debeo tunc idem citatus suam innocenciam purgando met VII. Jurare debet. Si vero hoc non excipit nec munit in hoc ius, suum, antequam ad querimoniam respondit, ut predicitur, tunc tenetur cum actore duellare nobilitate sua, quamvis magnifica non obstante. Si vero ipse nobilis magnificus minus nobilem uel alium quamcumque inferiorem se pro capite citauerit et nollens duellare eum citato, excipit Jus suo nobilitatis præscriptum, cupiens ut ipse citatus contra eum met septimus expurget, Et si ipse citatus consentire uoluerit....

(Hier bricht das Rechtsbuch ab.)

Kniha mĕsta Gewička. Fol. CCXXVII. verso. f. Archiv Českÿ: Ordo judicii terrœ §. 34.

dacht sein, mögliche Usurpationen und hiemit auch die Anmaßung
kostbarer Rechte wirksam hintanzuhalten.

Wie es die höchste Ehre war, ein guter d. h. adeliger Mann
zu sein und der Adelsgemeinschaft anzugehören, eben so war es
die höchste Schmach, aus dieser Gemeinschaft gestoßen und damit
als ehrlos erklärt zu werden. Es bestand eine Einrichtung, welche
über diese Integrität der Adelsgemeinde zu wachen hatte. Es war
dies der Gerichtshof des Marschalls von Böhmen. Die Herren, Edelleute und die besitzlosen Freien gehörten vor das Forum desselben.
In den für diesen Gerichtshof bestimmten Satzungen ist der Ursprung
und die Entwicklung des Begriffes der Ebenbürtigkeit enthalten.

Nur Derjenige, dessen Vater dem Adel angehörte, war als
Adeliger anzusehen. Der Sohn einer adeligen Mutter und eines
unadeligen Vaters war unadelig, wenn auch beide Großältern
mütterlicher Seits dem Adel angehörten; dagegen hatte derjenige
einen besseren Adel, dessen Vater und dessen Mutter wie die
Großältern mütterlicher Seits von Adel waren, als derjenige, dessen
Vater allein adelig war. Jener gehörte zum alten, dieser zum
jüngeren Adel.

Hiedurch wurde die sehr wichtige Bestimmung getroffen, daß
die Geburt allein einen Vorzug gebe. Es sind Schranken geschaffen
worden, welche nicht die Größe des Verdienstes durchbrechen konnte.
Der verdienstvollste Edelmann war von der Verwaltung der obersten
Landesämter ausgeschlossen und weniger vornehm, weil sein Großvater einen unadeligen Vater und eine Mutter hatte, welche kein
Wapen besaß. — Durch diese Bestimmungen war das Streben
eines Jeden, ebenbürtig zu heirathen, gerechtfertigt und gleichsam
geboten. Derjenige, welcher den Adel erwarb, war zwar Wladyk;
allein es konnte Niemandem verwehrt werden, ihn den Sohn
eines schlechten d. h. unadeligen Mannes zu nennen.

Der gesellschaftlichen Stellung des Adels entsprachen genau
dessen politische Rechte. Die Steuerbewilligung stand ausschließend
dem Landtage zu. Das Besteuerungssystem war sehr einfach, eine
gewisse Summe wurde von jedem Lahne, den der Grundherr nicht
unter eigenem Pfluge hielt, bezahlt. Die Größe dieser Summe
wurde nach dem Bedarf bemessen, sie erreichte im XV. Jahrhundert
manchmal die Höhe des einjährigen Zinses, welchen der Grundhold
zu entrichten hatte.

Der Landtag sollte zwar nur mit königlicher Bewilligung abgehalten werden. Allein es war dies kein ausschließliches Recht des Landesherrn, weil nur solche Versammlungen Landtage, Postulats-Landtage (snémy) hießen, welche der König einberufen ließ; dagegen konnten Stände-Versammlungen im Brünner Kloster St. Michael oder wo anders stattfinden, welche man „Zusammenkünfte" (sgezdy) nannte und wozu die k. Bewilligung nicht eingeholt zu werden brauchte.

Die verschiedenen Privat- und öffentlichen Rechte, die im Lande galten, gaben oft zu Competenzstreitigkeiten Anlaß. Wenn z. B. ein nach Landrecht Lebender innerhalb des Weichbildes einer Stadt ein Verbrechen verübte, oder ein Vasall, der zugleich Allodialgüter besaß, gestorben war, entstanden zwischen Landrecht und Stadtgericht, oder zwischen Land- und Lehenrechte Conflicte, wobei das Landrecht immer begünstigt war, weil der Landeshauptmann bei Entscheidung aller dieser Competenzstritte einen wesentlichen Einfluß hatte.

Aus dem Herren- und Ritterstande wählte der König seine Räthe und die Kreishauptleute.

Kein Fremder durfte ein Landesamt erhalten und kein Inländer vor fremde Gerichte geladen werden.

Unter dem Titel von Landesartikeln gab der Landtag Normen, welche keiner höheren Sanction unterzogen wurden und wenn es wichtigere Beschlüße gab, welchen der König sein Siegel anhängen ließ, so schien dies mehr ein fein erdachtes juridisches Auskunftsmittel zu sein, um den König selbst zu verpflichten, als um dem Beschlüße des Landtags die Kraft und das Ansehen eines Gesetzes zu verleihen.

Auf den Domänen der k. Kammer (Klöster, Städte) war der König berechtigt, durch seinen Unterkämmerer und durch den Hofrichter eine beschränkte Gerichtsbarkeit auszuüben, während der Adel, welcher schon damals den größten Theil des Landes als Allod besaß, diesen Landestheil frei nach Wissen und Gewissen und altem Brauch zu verwalten das Recht hatte.

Die politischen Privilegien, welche die Landherren vom Ritterstande unterschieden, waren: das Recht der ersteren, eine größere Zahl von Beisitzern (14) für das Landrecht zu wählen, während der letztere nur 6 aus seiner Mitte, die aber dem König allein unterthan sein durften,[33]) dem Herrenstande vorschlug; ferner die ausschließliche Besetzung der hohen Landesämter: Landeshauptmann, Oberstkämmerer, Oberstlandrichter, und des Olmützer Bischofsstuhles (bei letzterem nicht immer); das Recht Adelspersonen in den Herrenstand aufzunehmen, während der Landesfürst allein berechtigt war, Personen in den Wladykenstand zu erheben.

Es ist nicht zeitraubend, die Prärogative des Markgrafen zu schildern. Der Markgraf war durch ein reiches Ceremoniell, das bei Huldigungen und Theilnahme desselben an den Sitzungen des Landrechtes entfaltet wurde, ausgezeichnet. Er hatte ein gewisses Recht, Steuern zu beziehen und ein gewisses Recht, Vertheidigungs- und Angriffsmittel zu begehren; doch durfte der Landesfürst von diesen Rechten keinen Gebrauch machen, bevor ihm nicht gehuldigt wurde und die Landherren huldigten nicht, wenn der Landesfürst nicht zuvor den Verfassungseid geleistet hatte. Aber auch dann besaßen die Stände Privilegien, welche die Steuerforderungen des Markgrafen beschränken oder auch ganz zurückweisen konnten.

Der Markgraf konnte einen vor das Landrecht Vorgeladenen in gewissen Fällen entschuldigen;[34]) über Injurienklagen durfte sein Hofgericht entscheiden, aber er besaß nicht jenes kostbare Recht, die strenge Auslegung des Gesetzes zu mildern oder dem Sachfälligen eine nochmalige Untersuchung zu gewähren.

Dem Markgrafen standen die Rechte eines obersten Lehnsherrn zu, allein das Recht der freien Vererbungen bis ins sechste Glied und der Gütergemeinschaften machte jene Befugnisse ganz unwirksam.

Er war nicht im Stande, das schöne Vorrecht, bedeutende Dienste, die ihm und dem Lande erwiesen wurden, mit der größten aller Belohnung, mit der Erhebung in den Herrenstand zu ver-

---

[33]) Da nur solche Adelige Landrechtsbeisitzer werden konnten, welche keinem andern Herrn als dem Könige von Böhmen, Markgrafen von Mähren unterthan waren, so war es natürlich, daß Troppauer Stände und Olmützer Vasallen, wenn sie in Mähren keinen Allodialbesitz hatten, nicht zu Mitgliedern des mähr. Landrechtes ernannt werden konnten. L. O. 1545.

[34]) Wenn nämlich der Markgraf erklärte, daß er einen vor Gericht vorgeladenen Landherrn in landesfürstlichen Diensten verwende. so konnte dieser das Nichtbefolgen der landrechtlichen Vorladung gültig entschuldigen. Knih. Tow. Exempl. der Landschaftsregistratur. S. LII.

gelten; wenn er einen ausgezeichneten Mann den Landherren beigesellt sehen wollte, so konnte er nur durch Bitte seine Absichten erreichen.

Manchmal waren die Stände bereit, das Begehren, welches der Landesfürst durch Commissäre ihnen vortragen ließ, zu erfüllen. Wenn aber der König, auf den versprochenen Gehorsam bauend, bestimmte von den Ständen selbst als gemeinnützig anerkannte Verfügungen erließ, blieben diese aus Furcht vor möglichen Privilegienverletzungen und bindenden Präjudicaten oft unbeachtet und unbefolgt.

Vor den Hussitenkriegen ernannte der König den Landeshauptmann nach Gutdünken. Jetzt war der Landesherr bei Besetzung dieser Stelle an den Vorschlag und Beirath des Landrechtes gebunden. Die königliche Ernennung eines Landesöfficiers, welche ohne diesen Beirath erfolgte, wurde vom Landrechte als ungültig anerkannt und der neu Berufene mußte die Ernennung ablehnen. Ein anderes Mal ernennt sogar das Landrecht den Landeshauptmann, ohne daß vom Hofe auf die Annullirung eines solchen Vorganges gedrungen wurde.[35])

Die leichten Siege über die schwachen Vertheidiger der kön. Prärogative hatten die Stände immer kühner gemacht.

Wir besitzen ein Instrument, worin diese ihrem Könige vorschrieben, wie und wo er seine Kinder erziehen, welche Sprachen er dieselben lehren lassen mußte; sie beanspruchten auch bei der Wahl eines Gemals für die Prinzessin Anna einen Theil jener entscheidenden Rechte, welche sonst allein dem Vater zustehen.

Die Prälaten des Landes, als Grundherren einen landtagsberechtigten Stand bildend, waren aufgeschreckt durch das um sich greifende Sectenwesen, durch die Hussitenkriege und die Kriege unter Georg. In Folge der gewaltsamen, langandauernden Occupationen geistlicher Güter verarmt, boten sie dem Landesfürsten schwache Stützen, den Landherren schwachen Widerstand. Jede Vermehrung der den Landtag besuchenden Priester wurde dadurch verhindert, daß man den Geistlichen die Einlagen von Gütern in die Landtafel untersagte. Mit der Abnahme der materiellen Macht

---

[35]) Die Stände wählen den H. Arkleb v. Boskowic eigenmächtig zum Landeshauptmann. 1519. Boček Off. Slg.

ist das Ansehen des ganzen, auch des utraquistischen Priesterstandes geschwächt worden. Es scheint, daß die Außerachtlassung der für den geweihten Diener des Herrn schuldigen Rücksichten nicht ganz ungerechtfertigt war. Sie ist in dem Umstande zu suchen, daß die damalige Generation in Bezug auf üppiges und heiteres Leben keinen bedeutenden Unterschied fand zwischen einem ritterlichen Lebemann und vielen Derjenigen, welchen die Seelsorge anvertraut war. [26])

Auch das **Bürgerthum** Mährens erlitt einen gewaltigen Umschwung. Es hatte sich in den Hussitenkriegen innerhalb seiner Mauern zwar siegreich behauptet, aber der riesigen Anstrengung folgte ein Zustand der Erschöpfung. Die Gewerbe feierten und der Handel, insbesondere die commerziellen Beziehungen zu Wälschland, jener Quelle des Reichthums der Städte, waren durch die häufigen Gefährdungen der öffentlichen Sicherheit unterbrochen. Mit der Macht schmolz auch die Zahl der freien k. Städte. Es ist nicht bekannt, wie groß die Zahl derselben vor dem Ausbruche der Hussitenkriege war. Aber das Testament des Markgrafen Johann zeigt, daß die Zahl der markgräflichen Städte sehr groß gewesen sein mußte, [27]) daß theils durch gewaltsame Besitzergreifungen, theils durch Verpfändungen derselben an die Land-

---

[26]) Ueber die verderbten Sitten des Clerus S. Dubik Gesch. v. Mähgern. S. 406, dann Faßeau Slg. Olmützer Kirchensynoden I. 43. über Putzsucht, Concubinat, ꝛc. u. A. wurde verordnet: ne clerici visitent domos mulierum conjugatarum juvenum.. maxime eorum maritis invitis vel absentibus... dann, Synode des Bischofs Johann. Codex dipl. VII. II.

[27]) In der Zeit, welche den Hussitenkriegen voranging, haben nachstehende Städte zur k. Kammer gehört: Bisenz, U. Brod, Schönberg, Pohrlitz, (Castrum Pralic), Prerau, Sternberg, Eibenschitz, (C. Mohelno), Neutitschein, Littau, Brünn, Znaim, Hradisch, (C. Kunowic), Göding, Neustadt, Iglau, Olmütz, Lundenburg, Wsetin, (C. Lukow), (Reisebericht. Boczek II. S. 22), Jamnitz, Auspitz, Ostrau, (Ibidem P. 23), Zlabings, (Ibidem P. 37), Teltsch, (Ibidem V. P. 32), Proßnitz, Wischau, (C. Pustimir), Tißnow (C. Eichhorn), Trebitsch, (C. Přibislavic), M. Budwic, Kostel, (C. Raidberg), Klobauk, (C. Brumow). Im Ganzen 30.

In der Nähe und unter dem Schutze der k. Burgen des Hauptortes der Zupa oder aus diesem Hauptorte selbst, entstanden die königlichen

herren[38]) diese Zahl bis auf sechs vermindert wurde, während die übrigen, gleich den nicht rittermäßigen Zemanen in der Landbevölkerung aufgingen und unterthänig wurden.

Als das Tobitschauer Buch redigirt wurde, waren diese Körperschaften, welche selbst von den Heeren eines Žiška und Procop nicht bewältigt werden konnten, die kurze Epoche der Erholung unter K. Georg ausgenommen, durch die Folgen der langen Anarchie ohnmächtig und es konnten die Landherren ohne Furcht vor einem gefährlichen Widerspruch mit einem Federzug decretiren, daß Bürger nicht mehr wie ehedem Landgüter in die Landtafel einlegen durften.

Dem ungeachtet müssen wir staunen, daß in den langen Jahren, in welchen keine Handelscaravane zwei Schritte vor den Stadtthoren vor Ueberfällen von Räubern und Mördern sicher war, die Städte nicht in bewohnte Ruinen und die stolzen Patrizier nicht in elende Bettler verwandelt wurden. Wir müssen staunen über die Zähigkeit dieses so oft gemißhandelten Bürgerthums. Es erhebt zuweilen noch kühn das Haupt, es verweist mit harten Worten den Landherrn, daß feierlich verbriefte Verträge nicht gehalten wurden, es schließt Verträge mit seinen Gegnern und gibt sich den Anschein dabei, einen Sieg erfochten, den Adel zu Concessionen gezwungen zu haben.

Die Stütze fanden die Städte weder in der Festigkeit ihrer Mauern noch in dem Schutz der k. Kammer, sie fanden diese Stütze in der Nothwendigkeit des Handels und in den Segnungen der productiven Arbeit. Wo hätten die Erzeugnisse der in der Friedenszeit wieder aufblühenden Landwirthschaft — durch Jahrhun-

---

Städte. — Während einige Städte, wie z. B. Wisenz, Brünn, Prerau, Znaim, Göding, Neustadt, Iglau, Olmütz, Lundenburg. Jamnitz unmittelbar an und um die k. Burg angelegt wurden, mit dem Hauptorte der Zupa den gleichen Namen trugen, sind die anderen Städte im Gebiete der Zupa und nicht weit von den k. Burgen gegründet worden.

[38]) K. Ladislaus verpfändete Pohrlitz an Joh. Zagimal von Kunstadt. Die Stadt wollte sich dessen Pfandherrschaft nicht gefallen lassen. Darauf gestattete der König 1456 dem Herrn Joh. Zagimal die Stadt zum Gehorsam zu zwingen.
Znaimer Cop. Nr. 5, S 51.

derte an einen sichern Absatz gewohnt — ihren Markt gefunden, wenn nicht die Städte ihren eigenen großen Bedarf gedeckt und die aus Oesterreich, Böhmen, Ungarn und anderen Ländern kommenden Nachfragen nach mährischer Wolle und mährischen Cerealien durch Handelsvermittlung befriedigt hätten? Auf welche Art würden die reichen Landherren die Bedürfnisse ihres luxuriösen und üppigen Lebens gedeckt haben, wenn nicht der betriebsame Kaufherr von Olmütz und Brünn köstliche Südfrüchte, Gewürze Indiens, Sammt und Seide Italiens, Tuche Flanderns in seinen Magazinen aufgespeichert hätte?

In den Städten allein wohnten Künstler und Handwerker, die Agenten schweizerischer, wälscher und holländischer Handelshäuser, in den Städten wurden Jahrmärkte abgehalten, auf welchen der heimische Gewerbfleiß seinen reichen Absatz fand.

Darin wurzelte der Lebensnerv des mährischen Bürgerthums.

So kam es denn, daß zur Zeit, als schon alles verloren schien, die kleine Zahl k. Städte wieder das Recht Güter zu kaufen erwarb und die absolute Competenz des Stadtgerichtes innerhalb des Weichbildes anerkannt wurde, daß der Adel rücksichtlich seiner Häuser in der Stadt den allgemeinen bürgerlichen Satzungen wie jeder andere, welcher mit der Stadt „leidet und schoßt," unterworfen wurde.³⁹) Dennoch war die Stellung der Städte wesentlich verändert, sie war eine rein wirthschaftliche, stark genug, um ihre Existenz zu behaupten, aber zu schwach, um einen entscheidenden Einfluß auf die Landesangelegenheiten zu üben. Die alte Macht, der alte Glanz waren verloren. Während sie früher gefürchtet waren, mußten sie sich jetzt begnügen, geduldet zu werden.

Bezeichnend ist es, daß, als die k. Städte Böhmens die mährischen um Hilfe gegen die Landherren baten, die letzteren den Rath gaben, den Schutz des königlichen Vormunds zu suchen, und in gewandter Form zu verstehen gaben, keinen Beistand leisten zu wollen.

In dieser Schwäche mußten sie sich's gefallen lassen, vom Schutzherrn und von dem Gegner gleichmäßig ausgebeutet zu werden.

---

³⁹) Verträge der oberen Stände mit den Städten v. J. 1486 und 1493. Die Originale im Landesarchive (ständ. Arch. A. Privilegien).

Jede k. Stadt sandte mehrere (oft vier) Abgeordnete zum Landtag. Die Abgeordneten waren mit Instructionen versehen.

Auf dem Städtetag,[40]) welcher unter dem Vorsitz des Landesunterkämmerers abwechselnd in Olmütz und Brünn gewöhnlich während des Landtages abgehalten wurde, sind diese Instructionen und die gemeinschaftlichen finanziell-administrativen Angelegenheiten berathen worden. Weitere Entwicklungen dieser Anfänge zur Organisirung des mähr. Bürgerstandes — dieser Rudimente einer zweiten Kammer, sind nicht vorhanden. Es sind auch nicht einmal Versuche wahrzunehmen einer näheren Verbindung der Städte mit dem kleinen Adel zur Zeit, als die Landherren die anderen Stände von der obersten Landesverwaltung ausschlossen. Welche Kraft hätten die Städte und der kleine Adel gewonnen, wenn sie gegen jenes Supremat gemeinschaftliche Sache gemacht und nach einem formellen Ausdrucke dieser Verbindung getrachtet hätten? Religions- und Stammesverschiedenheit mochte das Zustandekommen einer so glücklichen, politischen Allianz verhindert haben; das Stadtrecht zog sich auf das Weichbild zurück, während das Landrecht auf immer größere Kreise der Landbevölkerung Anwendung fand. Die höhere Gerichtsbarkeit — ein Vorrecht der Städte und weniger Barone — ging jetzt bald als persönliches, bald als erbliches Amt auf die oberen Stände über und schloß den Kreis jener Jurisdiction, welche unter dem Namen der Patrimonialgerichtsbarkeit einen wesentlichen Theil der an den Besitz des landtäflichen Gutes geknüpften Rechte bildete, und die für die Beherrschung und Disciplinirung der bäuerlichen Arbeitskraft von der höchsten Bedeutung war.

Das alte Recht des Dorfgerichtes und seiner Jurisdicenten, die Einholung von Rechtsbelehrungen und die Anfechtung des Wahrspruches bei den rechtskundigen Stadtschöffen, war jetzt nur in Folge einer besonderen Genehmigung des Grundherrn gestattet.

Die einst so viel sagenden Verbindungen der Stadt mit dem Lande wurden unterbrochen und auf den wirthschaftlichen Verkehr beschränkt.

---

[40]) Zusammenkunft der Städte zur Berathung gemeinsamer Angelegenheiten. Boczek Priv. Slg. Nr. 2243.

Der Bauer war der mit Grund und Boden entlohnte Arbeiter des Grundherrn.

Unbefelderte Arbeiter hatten keinen eigenen Herd, sie wohnten
als Gesinde am Hofe des Edelmanns oder im Hause des Bauers.
Die tiefe Kluft, welche zwischen diesem und seinem Herrn bestand,
füllte ein dichter Nebel, durch welchen kein Strahl der k. Gnade
zur Hütte, kein Hülferuf zum Throne gelangen konnte.

Eine Garantie gegen Bedrückung der Hörigen war das
Landrecht selbst und da in dieser erlauchten Körperschaft die Brüder,
Schwäger und Vetter des Bedrückers saßen, so gewinnen wir
eine hohe Vorstellung von der Unparteilichkeit des Landrechts,
wenn wir jene strengen Beschlüße lesen, welche dasselbe zum Schutze
der klagenden Landleute faßte, deren wohlmeinende Tragweite
freilich oft bei der Ausführung beschränkt oder unwirksam gemacht wurde. Wenn es viele Grundherren gab, die in dieser Zeit
(Ende des XV. und Anfang des XVI. Jahrhunderts) das Ohr
für begründete Klagen ihrer Hintersaßen nicht verschlossen hielten,
lästige Robotleistungen häufig in minder lästige Geldleistungen
oder ungemessene Frohne in gemessene umwandelten, das Heimfallsrecht und die Wachdienste mit und ohne Entschädigung auf-
hoben, Loskäufe von der Erbvogtei gestatteten,[41]) so waren es
zunächst vielsagende Kundgebungen der Stimmung des Landvolkes,[42]) blutige Aufstände und das massenweise Verlassen der

---

[41]) Nr. 10855. Boczek Priv. Slg, d'Elvert Gesch v. Iglau P. 143 und
zahlreiche andere Urkunden im Landesarchive, insbesondere meine Regesten. 1. B. 1. A. S. 158 und 163. Nr. 17. Verkauf der Erbvogtei
von Bitesch, dann Jarmeritzer Urbar. 1522. Landesarchiv.

[42]) Boczek P. S. Nr. 10,105. 1516. Mikulas Karlik erzählt, als er von
Budwic nach Znaim zog, in Paulic viele Fußangeln am Boden liegen
gesehen zu haben, an welchen sich die obrigkeitlichen Draben verwun-
deten. Hynek Bocek von Kunstadt ließ einige Bauern deshalb erschlagen.

Herr Dr. Fr. Palacky hat die besondere Güte gehabt, mir eine für
jene Zustände höchst bedeutsame Belegstelle aus der ersten nicht bekannten Recension des Werkes (1495—1508) von Cornelius Victorin
von Wschehrd, Capitel „prodávajicim" mitzutheilen:

„Hiebei geschieht zuweilen dieser Unfug, daß die Einen den Andern,
Dörfer verkaufend, die Roboten ausdrücklich in die Landtafel nicht ein-

Wirthschaften an manchen Orten, welche jene Concessionen herbeiführten, aber als ernste Mahnung, einen gesetzlichen Schutz für den Bauer zu schaffen und ihn von den Banden der Hörigkeit zu befreien, völlig unbeachtet blieben.

Von großer Bedeutung für das Los des Landvolkes waren die Bestimmungen, welche jedem andern als dem rittermäßigen Edelmann das Einlegen eines zinsherrlichen Gutes in die Landtafel verboten. Dieser Maßregel ist die Bildung der heutigen Güterterritorien zuzuschreiben. Im XVI. Jahrhundert hört die Güterzer-

legen (und besonders, wo diese von Altersher bei dem Volke nicht waren) auch sich diese durch eine Bedingung im Kaufe nicht vorbehalten, und dennoch fordern diejenigen, welche beim Kaufe keine Robot gekauft, auch keine in der Landtafel haben, an den Leuten Robot, und die armen Leute müssen schwere und ungerechte Robot verrichten und ihnen roboten, gegen alle sowohl göttliche als menschliche, christliche und weltliche Gerechtigkeit, da ein solches weder die Türken noch andere Heiden thun.

Aus diesem früher im Böhmerlande unerhörten Unrecht entsteht viel Uebles, so daß die Menschen, die solche neue unbarmherzige Lasten nicht ertragen können, von ihren Gründen, ihr Habe verlassend, fliehen, und nach der Flucht dem Diebstahle, dem Morde, der Brandlegung und andern Verbrechen sich ergeben, und das Land dadurch veröbet und Theuerung hiedurch und Hunger im Lande entstehen, Diebstähle und Morde sich mehren. Andere, durch diese Belastung genöthiget, erheben sich gegen ihre Herren, und befestigen militärisch die Anhöhen, indem sie ihre Höfe, Dörfer, Güter, Weiber und Kinder verlassen. Wie es unlängst in Mähren geschah, daß die Hohenstädter wegen ungewohnter und nicht schuldiger Lasten und Roboten gegen ihren Herrn (Tunkl) sich empört, ihren Herrn besiegt, verwundet, geschlagen und fast auch erschlagen haben, so daß er von diesen Prügeln, ohne mehr aufzustehen, gestorben ist. Und nur in Böhmen, wie man hört, im Prachiner Kreise ꝛc."

Die Angabe des Wöehrd über Tunkl sind bezüglich Schönberg durch die Urkunde S. 43, des Coder Nr. 12,239 aus Boczek's Priv. Slg. erhärtet. (Beschwerde der k. Städte Mährens beim K. Mathias wegen Verpfändung derselben. S. Znaimer Copiar.... Verpfänd. Pohrlitz. Dann wegen Bedrückung durch die Pfandinhaber, so z. B. Schönberg durch Tunkl v. Bernißko. 1472—1480.)

Das Verfahren Bauern einzufangen, wahrscheinlich in Folge Landtagsbeschlußes d. J. 1505 Kn. tow. Landschaftsregistratur. fol. 207 und Boczek's P. Slg. 2271.

Ueber die Bauernzustände jener Zeit gibt ein böhmisches Gedicht aus dem XV. Jh. im Wittingauer Archive A. 7. Fol. 119 ein unge-

splitterung⁴⁷) auf und die Landtafeleinlagen jener Epoche haben größtentheils Gutscomplexe oder mindestens ganze Dörfer oder Dorfantheile zum Gegenstand. Jene Maßregel bewirkte es, daß die kleinen Güter nur von einer sehr geringen Anzahl reicher

schminktes Bild in sehr derber Ausdrucksweise. Die Schlußstrophe lautet: (es ist die Rede von Bauern):

> Osklebit zubi hrziebietczi
> Omastit piski praseczi
> Postavit uši osliczy
> Czinit chlap skoki teleczi. Amen.

Ueber das Räuberunwesen. Der Briefwechsel aus Boczek's off. Slg. v. J. 1509 und 1510 zwischen der Stadt Olmütz einerseits und Hanns Weitfelder, dann Hanns Greif, Ritter aus dem Voigtlande und deren Gesellen andrerseits.

Daselbst. Landtag 1509 zu St. Johann. Verbot für die Bauern, Gewehre zu tragen, auch wenn sie reisen — nur eine Armbrust ist gestattet. Erneuert 1518. Boczek's P. S. Nr. 2274.

Daselbst. 1508. Briefe K. Wladislaw, in welchen von Unruhen gesprochen wird, die in Mähren und Böhmen ausgebrochen. Vermuthlich der des Guttensteiners. S. Gindely a. a. O. 1508—1511.

Die Klage der Stadt Olmütz, daß die verpfändeten k. Städte von den Pfandherren bedrückt werden, daß die Einwohner ganzer Dörfer — wegen unerträglichen Druckes davon laufen. Codex Nr. 12,239. Boczek Priv. Slg. S. 43.

Ein Schreiben des Kaufung an die Stadt Olmütz 1533. Codex Nr. 12,239. B. P. S. P. 125. — Kaufung bemerkt, daß die Herrnstädte in Unterthänigkeit sind und das machen müssen, was die Herren wollen, und sich maltraitiren lassen, wie es vor einiger Zeit geschehen ist.

Die unterthänigen Städte kehrten die Waffen gegen ihre Herren in dem Kriege des XV. Jh. und verbanden sich mit den königl. S. Meine Regesten S. 182. u. 183. Groß = Meseritsch.

Die Städte waren gegen den Adel erbittert; die unterthänigen, weil sie gern der Oberherrschaft der Landherren los werden wollten, die königlichen, weil sie sich fürchteten, unter dieselbe zu gerathen, durch das häufig angewendete Mittel der Verpfändung an die Landherren.

⁴⁷) Der häufige Besitzwechsel und die Parzellirung der Güter lag in dem Mangel an Capital, das Bedürfniß nach Baargeld veranlaßte die Zerstückelung und den so häufigen Umsatz; als der hohe Adel im XVI. Jh. wohlhabender wurde, stabilisirte und arrondirte sich der Besitz.

Käufer gesucht wurden, welche ihren großen Grundbesitz arrondirten und auf diese Art ausgedehnte Ländereien in den Händen weniger Landtafel-Berechtigter vereinigten, während das Institut der Gütergemeinschaften für die ungeschmälerte Erhaltung der Gutscomplexe in der besitzenden Familie sorgte. Diese Maßregel bewirkte es ferner, daß der Grundherr immer auch Gerichtsherr wurde, was früher selten und nur bei den Besitzern größerer Güter der Fall war, da zur Zeit der Güterzersplitterung oft sechs und mehrere verschiedene Zinsherren in einem Dorfe vorhanden waren, während der Dorfrichter nur einem dieser vielen oder einer Stadt untergeben war. Durch die Verbindung des Rechtes der Gerichtsbarkeit mit dem Obereigenthume eines Gutes wurde der Landmann seinem Herrn näher gerückt, einer schärferen Controle unterworfen und zu strengerer Erfüllung seiner Leistungen verhalten, während die Ausübung einer so großen Gewalt zugleich die Versuchung des Mißbrauches derselben vermehrte.

In dieser Zeit war es, in welcher der Grundherr das gesammte wirtschaftliche Leben seiner Arbeiter: der Bauern, durch gegebene Ordnungen zu organisiren begann.[44]) Diese Ordnungen waren wesentlich verschieden von den durch die Bauerngenossenschaft selbst gewillkürten Satzungen und alten Rügungen, in welcher noch von Rechten des Landmannes die Rede war. Während im XIV. Jahrhundert nichts im Wege stand, daß der Bauer durch Ankauf eines zinsherrlichen Grundes aus seiner Classe trat, um sich in die Reihen der freien Grundbesitzer und des kleinen Adels aufzuschwingen, war dies jetzt nicht mehr möglich. Er mußte es sich sogar gefallen lassen, wie der Herr von Tobitschau erzählt, daß man seiner Ehre, Treue und Glauben einen viel geringeren Werth beimaß, als einer sehr kleinen Summe Geldes. Das Tobitschauer Buch hat eine Darstellung der Entlassung eines Bauers aus einem Herrschaftssprengel in einen anderen gegeben, eine Darstellung, welche von der bilderreichen Phantasie eines mittelalterlichen Rechtsgelehrten mit interessanten und sinnreichen Symbolen geschmückt wurde, und welche zeigt, daß ein solcher Bauer nicht viel besser daran war, als eine athmende Sache.

Der Proceß, welcher im XIV. Jahrhundert entstand, war

---

44) S. Meine Dorfweißthümer.

nunmehr abgeschlossen, und die Leibeigenschaft ein verfassungsmäßiger Zustand geworden.

In dieser Zeit, wie wir sie dargestellt, [45]) tritt das Princip
des Adelstaates nicht als bloße Restauration, sondern als mächtige
Fortbildung desselben auf, in der Abgränzung, Einschließung, ich
möchte sagen, Befestigung der Classe gegen jeden Versuch von
Auswärts in dieselbe einzudringen. Es war natürlich, daß dieses
Abschließungssystem zu den anderen Classen der Gesellschaft bis
zur Landbevölkerung hinabgetragen wurde.

Während unsere Zeit stolz ist, sagen zu können: ein gleiches
Recht für Alle und Alle für dieses eine Recht, gab es damals
ein Landrecht für den Adel, ein Lehenrecht für Vasallen, ein geist-
liches Recht für den Priester, ein Stadtrecht für den Bürger und
ein Bauernrecht für die Dorfsgemeinden, jedes mit unzähligen
Abzweigungen und Unterscheidungen in den materiellen und formellen Theilen. Jeder vertheidigte sein Recht gegen die Angriffe
von unten, war aber stets bereit, sich die Vorzüge des Höheren
anzumaßen.

Während jetzt Regierungen und Männer der Wissenschaft
auf Congressen und in Lehrbüchern sich mit der Auflösung des
Problems: Jedem den möglichst größten Genuß von Rechten zu
verschaffen, angelegentlichst befassen, schloß damals jede Classe Diejenigen, die ihr nicht angehörten, von dem Genuße ihrer Rechte
und Privilegien aus, und man erschwerte auf jede Art den Uebergang von der niederen Classe in die höhere.

Zur Versöhnung dieser in ihrer Absonderung oft bis zur
Aufeindung gegensätzlichen Corporationen war der Landtag vorhan-
den, aber die überwiegende Stimmenmehrheit besaß der Adel. Die
Landtagsglieder aus dem Prälaten- und Bürgerstande [46]) waren nur

[45]) Diese Darstellung der Verfassung beruht durchaus auf Original-Ur-
kunden und Privilegien, die im m. st. Landesarchiv in der Abtheilung:
„Ständisches Hausarchiv" aufbewahrt werden, auf die ältesten und besten
Handschriften des Tobitschauer Buches, des k. k. Landtafelamtes, des
m. st. Archives und der st. Registratur, dann der Olmützer Universitäts-
Bibliothek.

[46]) Der Bauer war im Landtage durch seinen Grundherrn vertreten. S.
Memorial des Olmützer Domcapitels zur Erlangung der Sitz- und
Stimmrechte im mähr. Landtag. XVI. Jh. Land. Arch. Art. Kremsier.

Repräsentanten ihrer Körperschaften, um dem Ganzen der Landesgemeinde einen äußerlichen Ausdruck zu geben; ihr Antheil an
der Gesetzgebung ist nur ein formeller gewesen. Der Landesfürst
war das majestätische Symbol der obersten Gewalt. Er war es,
welcher das Gleichgewicht in diesen Systemen autonomer Corporation mit so ungleichen Rechten erhalten sollte. Aber es konnte
nur ein willenstarker und kluger Landesfürst, wie ein Otakar II.,
ein Carl von Luxemburg, ein Georg von Podiebrad mehr als
ein Symbol der Souveränität werden, sonst konnte er nur das
sein, was eine lange Reihe von Markgrafen seit Johann waren:
der Erste unter Seinesgleichen. Nach der Sitzordnung des Landrechtes sollten die Köpfe der Landherren nur bis zum Knie des
Markgrafen reichen. Aber auf die Entscheidungen dieser obersten
Verwaltungsbehörde hatte er nicht den mindesten Einfluß. Er
war in der That nur die äußere Spitze dieses Baues.

Der Organismus der Gewalten, die Gränzen derselben waren
nirgends genau gezogen, ein undefinirtes Gebiet trennte die verschiedenen Gewalthaber, jeder scheute eine klar bestimmte Linie
zu ziehen, weil man Berechtigungen, die streitig waren, lieber
strittig sein ließ, als durch Begränzungen Ansprüche aufgeben wollte.

Ebenso war es mit den Landesgränzen; seit undenklichen
Zeiten gab es einen Theil der Landesgränzen, der strittig war,
seit undenklichen Zeiten wurden zur Regelung derselben Commissionen ernannt, welche immer wieder erneuert wurden, ohne je
zum Ziele zu gelangen.

Man dachte sich die Gesellschaft nicht einer nothwendigen
und abänderlichen Regel unterworfen; es waren nur Verträge,
welche eine gewisse Ordnung auf eine bestimmte Zeit feststellen.
Derlei Verträge sind unter dem Namen „Landfrieden" bekannt;
nur derjenige Landstand, welcher sein Siegel an die Landfriedensurkunde hing, erachtete sich an deren Bestimmungen gebunden.
Der gewöhnliche Zustand der Gesellschaft war im Beginn des
XV. Jahrhunderts der Krieg Aller gegen Alle, der leichte Er-
werb durch Raub war dem schwierigen durch Intelligenz und
Arbeit vorzuziehen. Die lästigen Schranken der Ordnung sollten
nur eine Ausnahme sein von der reizenden Regel. Mit dem Aufhören geordneter Zustände beginnen die Landfrieden. Je häufiger
die Landfrieden, desto größer die Anarchie, und sie werden nicht

mehr geschlossen, als geordnete Zustände wieder Platz greifen.
So nöthig die Herstellung der Ordnung war, so war man damals
doch nicht übereingekommen, einen ewigen Landfrieden zu schließen.

Die Gesetzgeber jener Epoche construirten nicht eine systematisch gegliederte Verfassung, wie man es später zu thun pflegte.
Die Verfassung bestand aus Privilegien und Gewohnheiten und
Landesartikeln. Unbrauchbare Gesetze veralteten, ohne ausdrücklich
aufgehoben zu werden. Normen entstanden aus lebendigen Bedürfnissen und wurden nach stillschweigendem Uebereinkommen
beobachtet, ohne feierlich sanctionirt zu werden, wie anderseits
verfassungsmäßige Bestimmungen factisch erloschen, so ist z. B.
das Heimfallsrecht durch kein specielles Gesetz aufgehoben und
doch sind Jahrhunderte vorüber gegangen, seitdem ein Grundherr
zum letzten Mal das Erbe kinderloser Leibeigenen einzog. Es gab
daher keine allgemeinen und dauernden Codificationen; man trug
eine Landesordnung zusammen, in welcher die ehrwürdigen Grundgesetze des Landes niedergeschrieben waren und erneuerte sie später
sehr häufig, nicht um das Alte aufzuheben, sondern um Ergänzungen vorzunehmen, weil das Leben immer Neues hinzufügte.
Es war aber nur ein kleiner Theil der Grundgesetze des Privatund öffentlichen Rechtes, dann der Gerichtsordnung, die niedergeschrieben wurden; das weite und nebelhafte Gebiet der alten
löblichen Gewohnheiten, der Gerichtspraxis, der Präjudicate wurde,
gewiß mit Absicht, nicht codificirt.

Es waren dies weniger bekannte Normen, womit die Körperschaften jener Zeit ihr Rechtsgebiet umgaben, ein juristisches
Zeughaus, worin sie immer Waffen fanden, um ihre Autonomie
zu vertheidigen.

Die Stände nannten die darauf bezüglichen Instrumente
„Landesfreiheiten," aber nicht ganz mit Recht, es waren dies
eigentlich Privilegien der Adelsfamilie und der Adelsfamilien,
welchen die höchste Aufmerksamkeit geschenkt wurde, die wie ein
anvertrautes Gut mit größter Sorgfalt in ihrer Integrität erhalten und den Nachfolgern ungeschmälert übertragen werden
mußten. Daher kam es auch, daß die Vaterlandsliebe des Adels
so stark war, denn sie war eigentlich ein Familiengefühl. Es war
die Liebe zu jenen Einrichtungen, welche der Aristokratie die Herrschaft sicherten.

In dem Streben jedes Mitgliedes der Corporation, diese Rechte ungeschmälert den Nachfolgern zu überliefern, lag das stabilisirende Moment der Verfassung. Ein formeller Fortschritt war nicht möglich, jede Aenderung war als Landesverrath angesehen.

Die absolute Entfaltung dieser Herrschaft fand in zwei Richtungen den reinsten Ausbruck: sie wollte auch in Kirchensachen das Supremat erlangen, sie wollte den Priestern geistliche Gesetze geben, sie ertheilte Gottesdienst- und Schulordnungen, sie duldete nicht eine freie Kirche, dann betrachtete sie Jeden, welcher ihre Freiheiten antastet, als Feind, der angegriffen und geschlagen werden muß. Der König (es war Wladislaw) hing sein Siegel an die Urkunde, welche die darauf abzielenden Beschlüße der Stände verbriefte; sie machten dann keine Ausnahme mehr und vermeinten auch gegen diesen, die Verfassung bewaffnet vertheidigen zu dürfen. [47]) Die Adelsherrschaft ward zur Adelsdictatur.

Von dieser Höhe herab erscheinen ihr die Menschen anderer Classe auch anderer Natur, als Menschen, die nach gröberen Gesetzen denken und fühlen; Treue und Glauben des Bauernvolks haben kein Gewicht [48]) und ein wegen Blutthaten jeder Art als ehrlos erklärter vornehmer Wegelagerer wird im Tobitschauer Buche als ein ganz passender Umgang für Bauern, Priester und Mönche erklärt.

Wäre das Tobitschauer Buch verloren gegangen, so würden wir um eine zweifellos sehr kostbare, historische Quelle ärmer sein, der Ruhm des Herrn von Tobitschau hätte jedoch nicht ge-

---

[47]) Der Landfriede unter Wladislaw 1518, dem der König sein Siegel beidrückte, enthält den berühmten Artikel:

Na tomto jsme se taky jednostejné vůle všychni, ustanovili: Jestli to by nás pak kdo nyní, neb po smrti krále Pána našeho, nimo spravedlivé, řad a svobody naše k čemu nutiti a tisknauti chtěl, a k své vůli připravovati, v tom abychom podle sebe stáli, a sebe neopauštěli. Než zjednostejné vůle to jednali, coby dobrého a poctivého tohoto Markrabství podle Svobod našich bylo. A to pod pokutami v Landfrydě položenými. Abgedruckt in der Land. Ord. v. J. 1604. Archiv-Bibliothek. D. IV. 11. fol. VII.

[48]) Diese Behandlung des Bauers war noch immer besser als die des polnischen; u. a. gestattete der Adel Polens, daß nur immer ein Sohn aus der Bauernfamilie Schulunterricht genieße.
S. Oest. Blätt. für Lit. u. Kunst. Samstag 12. Dec. 1857.

litten, wenn er uns mit den Mißbräuchen nicht vertraut gemacht hätte, welche eine Anzahl unserer Vorvordern mit der Gewalt trieben.

Aber diese Mißbräuche dürfen uns nicht blind machen gegen die überwiegend guten Dienste, welche diese Adelsherrschaft zur Zeit einer fast hoffnungslosen Verwilderung dem Lande geleistet hatte. Denn ein Zustand, in welchem der Adel Jedermann, der nicht zu seiner Classe gehörte, von der Regierung des Landes ausschloß, war jedenfalls erträglicher als ein Zustand, in welchem Jedermann der beständigen Gefahr ausgesetzt war, beraubt und ermordet zu werden. Es war für das Wohl der Gesellschaft weniger verderblich, daß der Grundherr das Recht hatte, den Bauern das Wirthshaus zu bezeichnen; in welchem sie trinken und tanzen durften, wem und um welchen Preis sie ihre Kälber zu verkaufen hätten, als wenn der Landbevölkerung das Tanzen bei Todesstrafe verboten gewesen und die Erzeugnisse der bäuerlichen Wirthschaft gar nicht abgekauft worden wären.

Das Firiren des Wehrgeldes nach Ständen, was doch einen gewissen Schutz der persönlichen Sicherheit gab, so wie die Einführung der Absagebriefe, welche das Faustrecht in eine Methode brachten, waren vergleichsweise viel geringere Uebel — als wenn bei völliger Erlöschung der Standesunterschiede und regellosem Raube das Leben und die Habe des Landherrn wie des Hintersassen von dem Winke eines wilden Taboritenhäuptlings abhängen, oder die Bevölkerung ganzer Dorfschaften in der Gefahr schweben würden, unter dem Freudengeschrei entmenschter Kriegsrotten in brennenden Kirchen und Scheuern langsam verkohlt zu werden.

Die Gewalt in Händen von Menschen, welche sich gewissen Regeln und Beschränkungen unterwerfen, kann nie in dem Maße ausarten, wie die Macht im Besitze von Banden, welche nur den Eingebungen einer grausamen Raubgier und eines erbarmungslosen Fanatismus folgen.

Als in jener fürchterlichen Zeit Symptome einer weit gediehenen Fäulniß sich in der Gesellschaft offenbarten, hatte die Aristokratie die Herrschaft übernommen. An die Stelle des Atomismus schuf sie Centralpuncte, um welche sich die Individuen organisch gruppirten. Die Adelsdictatur hatte eine Berechtigung, sie wollte sich von Niemandem stören lassen, in dem Vollzuge des Rettungswerkes.

Es lag aber auch eine Berechtigung darin, daß die Nation gewohnt war, den Abel nicht nur an der Spitze der Geschäfte und im reichsten Besitze, sondern auch an der Spitze des Fortschrittes und der Gesittung zu sehen. Er war der erste in der Wissenschaft und im Felde; die bedeutenden Männer der Zeit mußte man entweder unter den Priestern oder unter dem Abel suchen.

Es konnte dieser auf keine eblere Art seine Siege feiern, als indem er sich den sittigenden Studien antiker Literatur widmete.

Ein Häuflein geistreicher Männer erhielt in diesem Lande auch den guten Geschmack, der sonst in Mitten des geräuschvollen Wortgeklappers streitsüchtiger Sectirer und vandalischer Kriegshorden unfehlbar zu Grunde gegangen wäre.

Ein Stanislaus Thurzo, Ctibor von Cimburg, Ladislaw von Boskowitz, Augustin Käsebrod, Dubravius, Johannes von Zwole, waren die Häupter jener Gelehrten-Republik, in welcher die altclassischen Studien und der Humanismus gepflegt wurden, die aber durch Betreibung dieses Studiums in fremder Sprache auch die Literatur vom deutschen wie vom böhmischen Volke in vornehmer Abschließung erhielten.

Es begann damals Sitte zu werden, daß der Abel seinen Söhnen eine gründliche Bildung gab. Der junge Cavalier wurde nach Vollendung der Vorstudien auf Reisen geschickt nach Italien, Deutschland und Frankreich, um ihn mit fremden Sprachen, fremder Sitte und berühmten Männern des Auslandes bekannt zu machen.

Nur eine Ausnahme war es, wenn ein Landherr nicht die Befähigung hatte, Kriegsmann, Diplomat und Richter zu sein und zugleich nicht den Beruf gefühlt hätte, den Virgil oder den Plinius, den Cicero oder den Plutarch in der Ursprache zu lesen.

Die Errichtung zahlreicher Schulen durch die Grundherren fällt in diese Zeit.

Den Landherren gelang es auch im XVI. Jahrhundert einen Zustand herzustellen, in welchem die verfassungsmäßigen Gewalten in geordneter Thätigkeit waren und der im Vergleiche mit der Anarchie im XV. Jahrhundert ein glücklicher genannt werden muß.

Der Oberstkämmerer Kuna von Kunstadt erzählt, [40] daß

---

[40] In einem Briefe an die k. Stadt Olmütz. Boczek's off. Slg. 1526.

die in Mähren herrschende Ordnung ein Gegenstand des Neides und der Bewunderung für andere Länder war.

Gleichförmig entwickelte sich jene bedeutungsvolle social-politische Umwälzung in Böhmen, und influenzirte förderub den verwandten Proceß im Markgrafthum. Wiewohl Böhmen und Mähren von einem und demselben Volke bewohnt waren, so bestanden doch gewisse Unterschiede zwischen diesen Ländern, und zwar in der inneren und äußeren Politik, dann in der geographischen Vertheilung der beiden Nationalitäten, in Böhmen waren die Städte mehr von Slaven, in Mähren mehr von Deutschen und germanisirten Slaven bewohnt.

Das eigenthümliche Verhältniß der Markgrafschaft zu Böhmen erklärt das Ganze und verdient eine sehr ernste Beachtung, da es in der Periode des XVII. Jahrhunderts, die wir zum Gegenstand unserer Erzählung wählten, auf die Geschicke dieser Länder Einfluß genommen hat.

In Böhmen war häufig das Verlangen, eine Art Supremat über Mähren geltend zu machen, in Mähren eine starke Neigung, das Lehen-Verhältniß zur Krone Böhmens zu lockern und auch eine formelle Unabhängigkeit von dieser anzustreben.

Das alte staatsrechtliche Verhältniß der Markgrafschaft zu Böhmen ist nicht dunkel; Mähren war wie das Herzogthum Troppau und das Bisthum Olmütz ein Lehen der Krone Böhmens und unveräußerlich mit derselben verbunden. Der König von Böhmen war Lehensherr, oder wenn die Markgrafschaft nicht zu Lehen gegeben wurde, als König von Böhmen zugleich Markgraf und Landesherr in Mähren. Die böhmische Kanzlei, die k. Kammer, das Hofgericht übten als Aemter des Königs-Markgrafen eine Jurisdiction in Mähren aus. Dagegen hatten die Stände und Landesämter Böhmens kein Recht, sich in die Angelegenheiten der Markgrafschaft einzumengen. [50]) Das mährische Landrecht führte

---

[50]) Die Stadt Znaim wandte sich an Georg v. Podiebrad, Landesverweser und Landhofmeister von Böhmen, um Schutz gegen den Herrn von Lichtenburg, welcher von einigen Znaimer Bürgern in Schattau ungebührliche Zahlungen abverlangte — da ihre Schritte an den Landeshauptmann und Unterkämmerer von Mähren fruchtlos waren; sie bittet den Herrn Georg v. Podiebrad, als ihren Herrn und Stellvertreter des

die oberste Verwaltung durchaus selbstständig ohne irgend eine Einflußnahme von Seite der böhmischen Landesofficiere.

Diesen Sinn hatte die Declaration des Tobitschauer Buches, daß Mähren frei, keinem Herrn und keinem andern Lande unterthänig und zu keiner Appellation verpflichtet sei. Die Mährer gaben dem Landesherrn nur ein Versprechen ab, während die Böhmen den Eid des Gehorsams leisteten. Die Besorgniß, die Autonomie zu verlieren, veranlaßte die Stände Mährens, um die Ausfertigung von königlichen Reversen und Versicherungen zu bitten, daß die Beschickungen des General-Landtags zu Prag den Privilegien und Rechten der Markgraffschaft nicht abträglich sein sollten.

Die Mährer ordneten zum General-Landtage nur Gesandte ab mit sehr beschränkten Vollmachten, um nicht den eigenen Landtag in die Stellung eines böhmischen Kreistages herabzudrücken.

Das Erbmarschallamt (wiewohl der Marschall „von Böhmen" genannt wurde) war ein mährischer Gerichtshof. Die Belehnung empfing der Marschall vom Markgrafen.

Die Verbindung Mährens mit Böhmen, welche schon unter den Söhnen des Markgrafen Johann gelockert wurde, schien während der Hussitenkriege ihrer völligen Auflösung entgegen zu gehen. Ein Theil des Landes hielt fest an der römischen Kirche und blieb auch dem Landesfürsten treu, ein Theil des Landes trat außer Verbindung mit Böhmen, indem er dem Markgrafen Albrecht als Landesherrn huldigte. Nach Albrechts Tode anerkannten die Mährer Ladislaus' Erbrecht; in Böhmen war dieses Recht in Zweifel gezogen. Während der Minderjährigkeit des Markgrafen ist die oberste Gewalt in Mähren einer nationalen Regentschaft übertragen worden; in Böhmen war Podiebrad Gubernator. Als Ladislaus die Regierung übernahm und nach Böhmen ritt, huldigten ihm die Mährer vor der Krönung. Die Stände Böhmens waren darüber erzürnt, und erklärten es für unziemlich, daß die Mährer mit der Huldigung nicht bis nach jenem feierlichen Acte gewartet haben, weil Ladislaus nur durch die Krönung den Titel

---

Königs, dem Herrn v Lichtenburg diese Uebergriffe zu untersagen. A. a. o. 1457. Znaimer Cop. Nr. 5 P. 62. Aber nicht G. v. Podiebrad, der Landverweser, sondern der König traf die nöthigen Maßregeln, um die Znaimer zu schützen ꝛc. Ibidem. S. 67.

zur Herrschaft in Mähren erwerben könne und weil „die Mährer Vasallen der böhmischen Krone seien." Die Stände Mährens, in ihrem Namen Herr Bank von Boskowic, erwiderten, daß sie nicht Vasallen der Böhmen sind, daß sie den Böhmen an Adel und Güterbesitz gleichen. Der gefährliche Stritt wurde glücklicher Weise beigelegt. Herr Aleš Holický nahm die früher von ihm aufgestellte Behauptung, daß die Mährer Vasallen Böhmens seien, zurück. Die Mährer erklärten darauf, nach dem Beispiele Böhmens als dem Haupte sich richten zu wollen, doch nicht als Vasallen, sondern als Freunde und Brüder.

Der Unterschied zwischen einem Könige, der den Thron kraft seines Erbrechts besteigt, und einem gewählten Könige wurde in das öffentliche Recht Mährens aufgenommen. Dem ersteren durften die Mährer vor der Krönung, dem letzteren konnten sie erst nach derselben huldigen. Dennoch lag in diesen Bestimmungen bei näherer Betrachtung ein großes, der Autonomie des Landes gemachtes Zugeständniß; denn selbstverständlich beurtheilten lediglich die Mährer, wem das Erbrecht zukomme (wie sie es bei der nachträglich von den Böhmen gebilligten Huldigung Ladislaw's gethan); es konnte daher der Fall gedacht werden, daß die Böhmen die Ansichten der mährischen Stände in diesem Puncte nicht theilten und dann gab sich die Markgrafschaft selbst einen Herrn, der nicht zugleich König von Böhmen war.

Als Ladislaus nach Ungarn zog und Georg von Podiebrad an der Spitze der Geschäfte war, beeilten sich die Mährer mit dem Könige einen Vertrag abzuschließen, nach welchem die oberste Verwaltung einem Collegium von Landherren übertragen wurde. Wenn die Action der Krone aufhörte, war in Böhmen keine Autorität mehr vorhanden, welche auch in Mähren eine verfassungsmäßige Gewalt ausübte.

Nach Ladislaw's Tode war nur ein Theil des Adels in Mähren bereit, den neuen König anzuerkennen, die Widerspänstigen mußten dazu gezwungen werden. K. Georg, dem es nicht entgangen war, daß, wie er sich selbst ausdrückte, die „politische Einheit die Grundlage der Macht und Größe der Staaten ist," fand es nothwendig, die Union Böhmens mit Mähren feierlich zu verbriefen. Treu diesem Grundsatze, vermied er neue Souverainitäten zu gründen. Sein Sohn Victorin war zugleich sein erster Beamte und nicht, wie es ehedem in solchen Fällen Brauch war, Markgraf in Mähren.

Das schließliche Ergebniß der Kriege zwischen Georg, Mathias und Wladislaw war, daß Mathias Landesherr in Mähren und nicht zugleich König von Böhmen wurde. Ungeachtet der so unzweideutig stylisirten Unionsurkunden war dies in kurzer Zeit die zweite Trennung von Böhmen. Später unter Wladislaw und Ludwig trat das alte Verhältniß wieder in Kraft, aber die nie rastende Eifersucht schuf zur Zeit der Minderjährigkeit des letzteren wieder eine thatsächliche Trennung der beiden stammverwandten Länder. Oft ließen die Mährer ihren Unmuth sogar dadurch fühlen, daß sie den Böhmen buchstäblich den Weinkorb höher hingen, indem sie den Wein, welcher durch Mähren dahin geführt wurde, mit starken Zöllen belegten. Diese Eifersucht und Abneigung der Markgraffchaft gegen die Suprematie Böhmens hatten aber auch ernstere Folgen; sie bewirkte es, daß Mähren späterhin mit den südlichen und südöstlichen Nachbarn, mit Oesterreich und Ungarn in nähere Verbindung trat. Wie gefährlich für die Unabhängigkeit und Macht Böhmens, wenn die Nachbarn diese Stimmung der Markgraffchaft angeregt und für sich ausgebeutet hätten!

So erhob der Geist, welcher zwischen den Classen der Gesellschaft eines Landes Grenzen gezogen hatte, auch Scheidewände zwischen Land und Land und begründete fast ein internationales Verhältniß nicht blos zwischen diesen, sondern auch zwischen dem Herrscher und den einzelnen Classen der Gesellschaft eines und desselben Landes.

Wo an der Stelle des allgemeinen Staatsinteresses die Interessen einzelner Länder und einzelner Corporationen vorwalten, wo die Anstalten der Regierung des Landesfürsten nichts als ein Symbol sind, da ist es denkbar, daß die Politik des Herrschers eine andere ist, als die der Beherrschten, daß das Wohl der einen Classe das Wehe einer andern sein kann, da ist es denkbar, daß einzelne Classen der Gesellschaft Bündnisse schließen, welche über die Grenzen des Landes hinausreichen, weil die verwandten Bevölkerungs-Classen in den Ländern verschiedener Souveraine auch verwandte Interessen haben konnten. Wie das XIV. Jahrhundert in diesen Ländern durch die staatliche Anerkennung die Classe als gesellschaftliche Unterscheidung, durch Begabung mit politischen Rechten zum Stand erhoben hatte, so umstaltete das XV. unter dem Einflusse deutscher Feudalinstitutionen den Stand, indem es aus demselben eine Kaste schuf. Es war der Gesellschaft in diesem Zustande nicht gegönnt, die Verbindung und den Zusammenhang ihrer verschiedenen Kategorien unter einander, wie es in einem glücklicheren Insellande geschehen ist, zu vermitteln. Die Aristokratie ist aristokratischer, das Bürgerthum philisterhafter, der Bauer bäuerischer geworden. Der Fortschritt der Gesittung erstarrte in dem Labyrinth von Formeln. Die Rechte der Intelligenz und Arbeit durften nur kraft eines Privilegiums ausgeübt werden. Die stärkere Kaste unterdrückte die schwächere und der Preis war ein ungehemmtes Verfolgen des Vortheils der Herrschenden auf Kosten der Beherrschten. Der Corporationsstaat trat hiemit in seine letzte Phase, er hatte zwar die Gesellschaft vor Anarchie und Fäulniß bewahrt, aber er setzte an die Stelle des unbeschränkten Egoismus des Einzelnen den Egoismus der Kaste; der Corporationsstaat hat als Durchgangs- und Uebergangspunct der Gesellschaft des XV. Jahrhunderts große Dienste geleistet, aber indem er stabilisirt wurde, verzögerte er die Entwicklung des socialen und politischen Fortschrittes.

Wenn schon Mähren nach den geschriebenen Rechten und nach den Privilegien zu den beschränktesten Monarchien gezählt werden mußte, treten noch einige besondere Umstände hervor, welche wesentlich beitrugen, die Macht der Stände zu vergrößern und in demselben Maße den Einfluß und die Befugnisse der königlichen Gewalt zu vermindern.

Mähren war durch die Entfernung von Prag, die nicht wie jetzt nach Stunden, sondern nach Tagen und Wochen bemessen wurde, der Action der königlichen Regierung entrückt. Die häufige Abwesenheit, die zweimal in kurzer Zeit wiederholt eingetretene Minderjährigkeit des Königs gaben dem Adel Anlaß, die oberste Regierungsgewalt in die Hand zu nehmen; Befugnisse, die nur durch widerrufliche Concessionen oder unter ausnahmsweisen und ungewöhnlichen Umständen erlangt wurden, sind durch lange und unwidersprochene Uebung, durch eine Art Ersitzung, Rechte geworden. Zustände, die nur geduldet wurden, weil man nicht die Macht hatte, sie zu beheben, sind als recht- und verfassungsmäßige betrachtet und beobachtet worden, und übergingen als Präjudicate und Gewohnheiten in die Schatzkammer der ungeschriebenen Palladien ständischer Freiheiten.

Selbst diejenigen, welche die Rechte der Krone vertreten sollten, waren vorerst stark bevorrechtete, mährische Landherren und dann des Königs Beamte, sie waren auf Vorschlag ihrer Standesgenossen ernannt, und stets geneigt, die Privilegien ihres Landes gegen Jedermann zu vertheidigen. Der bekannte Artikel des Landfriedens vom Jahre 1516, welcher jeden Landmann auch zur bewaffneten Vertheidigung der Verfassung verpflichtet, schloß die Theorie der Verantwortlichkeit der Landesbeamten in sich. Die Stände hielten sich für berechtigt, die höchsten Functionäre anzuklagen, zu richten und zu stürzen oder ihre Entfernung zu verlangen, wenn sie ihr Amt nicht nach der Landesverfassung verwalteten. Unter dem Einfluße solcher Zustände entwickelte sich in der mährischen Aristokratie ein Geist unbeugsamer Independenz, wofür in der gleichzeitigen Geschichte des Schwesterlandes kein Beispiel zu finden ist und der uns die Behauptung glaubwürdig macht, „daß mehr noch wie in Böhmen sich jeder Grundherr in Mähren als Souverain benahm."

Aber auch eine völlige religiöse Freiheit und Toleranz hat in Mähren geherrscht.

Es war dies eine nothwendige Folge der Entwicklungen auf religiösem Gebiete. Auch hier waren die Bande der Autorität gelockert, eine Gemüths- und Glaubensanarchie die unmittelbare Folge davon. Die Schismen in der katholischen Kirche sind der willkommenste Vorwand gewesen für diejenigen, welche, nach der angeblichen Wahrheit suchend, jede oberste Autorität verwerfen wollten und durch die Eingebungen ihrer erhitzten Phantasie das Verständniß der göttlichen Lehre erlangt zu haben glaubten. Da keine Autorität vorhanden war, welcher man das Recht eingeräumt hätte, das Wahre festzustellen, dachte sich jeder berechtigt und verpflichtet, seine Meinung für die wahre zu halten.

So viel Burgen, so viel Könige hieß es damals; man hätte auch mit Recht sagen können: so viel Köpfe, so viel verschiedene Ansichten über die heiligsten Interessen des Menschen. Ein Uebermaß von Gemüth erschlafft die Willenskraft und trübt die Fähigkeit gesunde Schlüße zu machen. In keinem Lande war der Frauengeist von den religiösen Bewegungen so tief ergriffen wie hier. Be-

geisterte Frauen legten die Bibel aus, predigten öffentlich unerhörte Lehren, bestiegen freudig den Scheiterhaufen, der ihnen den
erwünschten Märtyrertod brachte.[51]) Die babylonische Verwirrung steigt und findet ihre Grenzen auch selbst im Unsinn nicht
mehr. Einige predigten, daß Christus nicht Gott sei; es consti-
tuirten sich Gemeinden, deren Glieder für die Behauptung, daß
man die Taufe wiederholen müsse, sich verbrennen ließen, andere
machten es sich zur Aufgabe zu zweifeln, daß Christus zur Rechten
des Vaters sitze, behaupteten, daß der hl. Geist nicht die dritte
Person sei, andere wieder klärten das Volk darüber auf, daß es
nur vor dem wahren Gotte knien solle, nicht aber vor dem falschen in einer Oblate; man war eine Zeit der Ansicht, daß Secten
vorhanden seien, welche selbst eine Fliege als das oberste Wesen
anbeteten.[52]) Es gab Religionsgemeinden, welche die Entfernung
gewisser Kleidungsstücke als Bedingung zur Erlangung des Seelen-
heiles ansahen und die wie Praxagora sagten:

„Hört: Alles wird künftig Gemeingut sein, und Alles wird Allen gehören,
Sich ernähren wird Einer wie Alle fortan, nicht Reiche mehr gibt es noch Arme.“

Es waren dies wohl Symptome einer Krankheit, die sich schon
dem ganzen Körper mitgetheilt hatte, und nicht die Zeichen einer
hereinbrechenden heilsamen Krise. — Das Land war vom Secten-
gifte inficirt, vergebens trachteten die Utraquisten das Fortschreiten
dieser Glaubensanarchie aufzuhalten. Wie hätten sie Gehorsam
fordern können, da sie selbst Beispiele von Ungehorsam gaben?
Gerieth nicht K. Georg in Widerspruch, als er die böhm. Brüder
im Namen des nämlichen Princips verfolgte, welches auch seine
katholischen Gegner gegen ihn selbst geltend machten? Wie hätten
die Utraquisten eine Vereinigung jener Sectirer mit dem Kelche
erwarten können, da sie selbst sich vom Ausgangspuncte der Reform
entfernt hatten?

---

[51]) Ueber das Ergriffensein der Frauen. S. Gindely a. a. O. I. 126. Johanna
v. Kraik und Marta v. Boskowic.

Die Jungfrau, die in Proßniz verbrannt wurde. Wolny. K. T. 1. A.
II. B. S. 8. und hist. pol. Blätter. 1860. 46. Band. II. Heft S. 99,
was Henricus de Hassia darüber sagt: Istis temporibus surgunt mu-
lieres, virgines et viduæ et apprehendunt disciplinam &c.

[52]) S. Gindely a. a. O. über den Fliegengott.

Gleichzeitige Urkunden erzählen, daß die utraquistischen Prie=
ster nichts weniger als ein reines tugendhaftes Leben führten,
daß die weltliche Macht über die geistliche eine unrühmliche Herr=
schaft ausübte. In der Lehre der gemäßigten Calixtiner war
die Verschiedenheit nicht groß und doch waren sie der Meinung,
eine Kirche ohne Rom bilden zu können, Rom nachzuahmen, ohne
Rom zu folgen. Schon sahen sie in Rokycana den böhmischen
Papst, sie glaubten ernstlich wie später Heinrich VIII. von Eng=
land daran, sich in diesem Widerspruche behaupten zu können.
Als die Lehren Luthers und Calvins Verbreitung fanden, trat
sofort der Zersetzungsproceß ein. Sie mußten zwischen Rom und
Witenberg wählen. Daß dieser Proceß nicht schneller vor sich
ging, konnte der Utraquismus nur den stolzen nationalen Tra=
ditionen zuschreiben.

Wie das Supremat des Adels eine Reaction war gegen die
taboritische Soldaten=Demagogie, so erscheint auf religiösem Ge=
biete die Unität der böhmischen Brüder als Reaction gegen die
Lehren eines Johannes Čapek, „die reicher an Blut waren, als
ein Teich an Wasser" und gegen jenes Verläugnen der Grund=
principien der Reform. Peter Chelčicky, der reinste und äußerste
Ausdruck dieser Reaction, haßte den Krieg und verdammte die
Todesstrafe. Den Verderbnissen dieser Welt setzte er ein tugend=
haftes evangelisches Leben entgegen. „Jede Zwangsgewalt, jede
weltliche Regierung kommt von der Sünde, der wahre Christ
darf mit dieser in keine Berührung treten." Es handelte sich daher
bei der Unität ursprünglich mehr um die Reform des Lebens, als
um eine Reform der Lehre.

Die ersten Senioren derselben wollten eine strenge Dis=
ciplin einführen, sie waren der Meinung, das Volk einer eisernen
Klosterregel unterwerfen zu können, fast wie es Fra Girolamo
Savonarola, jener fanatische Mönch von Florenz, gethan. Es
war dies ausführbar, insolange die Zahl der Brüder noch klein
war. Man hielt die böhmischen Brüder für Heuchler, so verderbt
war die Zeit und so gering die Ueberzeugung, daß ein uniformes,
streng sittliches Leben möglich, daß das Evangelium die Haus=
ordnung einer Gemeinde werden könnte.

Als sich der Kreis der Anhänger ausgedehnt hatte, mußten
sie sich reformiren und jenen Bedingungen des Volkslebens, ohne

welche ein großes Gemeinwesen nicht bestehen kann, unterwerfen — sie nahmen Antheil an den Aemtern und Stellen, aber sie behaupteten mit Nachdruck und Erfolg die Freiheit ihrer kirchlichen Gemeinschaft. Die Reform des Lebens konnte sich auf die Dauer nicht ohne eine Reform der Lehre entwickeln. Den veränderten Thatsachen mußte der formelle Ausdruck in der Verfassung einer Confession folgen. Immer aber blieb die erstere die Hauptsache und als es sich darum handelte, mit der großen westlichen Reformation in Verbindung zu treten, war es der Calvinismus, dem die Brüder sich entschieden zuneigten, weil sie in Bezug auf Moral, Lehre und kirchliche Freiheit mit demselben eine innige Verwandtschaft fühlten.

Die Unität der Brüder war in Mähren sehr verbreitet; das Gemüthsleben des Volkes hatte in den sanften, schwärmerischen Lehren der Brüder, in ihrem strengen und einfachen Leben eine tiefe Befriedigung gefunden. Auch unter dem Adel zählte sie viele Beschützer und Anhänger. Eine kirchliche Genossenschaft, die sich in ihren Angelegenheiten dem Einflusse der weltlichen Gewalt entzog, sagte dem starken Unabhängigkeitsinstincte des Adels zu. Ein Widerstand kann leichter erhoben und rücksichtsloser geleistet werden, wenn es religiöse Pflicht war, die bedrohte Freiheit zu vertheidigen. Die weltlichen Herrschaften hatten in den Augen der Brüder noch immer etwas Sündhaftes an sich. Sie mußten es sich dann gefallen lassen, daß man, um die Maßregeln der Unterdrückung nachhaltiger zu machen, die Brüder für staatsgefährlich erklärte. Den Landesfürsten dieser Perioden (Anfang des XVI. Jahrhunderts) fehlte die Kraft etwas Ernstliches gegen das Sectenunwesen zu beschließen, oder das ernstlich Beschlossene mit Nachdruck durchzuführen, und wenn es einmal gelang, die Stände zu Zwangsmaßregeln zu bestimmen, unterblieb sehr oft die Ausführung, weil man immer besorgt war, dadurch der Krone einen ungebührlichen Einfluß in Landessachen einzuräumen. Waren die Glieder einer Secte brauchbare Arbeiter und Handwerker, treue und verständige Hausofficiere, so entschied blos das wirthschaftliche Interesse und sie wurden von den Grundherren in besonderen Schutz genommen, wie es mit den Anabaptisten in den deutschen Landestheilen der Markgrafschaft der Fall war. Die ausgedehnten Rechte, die ein Grundherr in seiner Besitzung hatte, das Befugniß, wenn er Utra-

quist war, die kirchlichen und Unterrichtsangelegenheiten seiner Unterthanen zu ordnen, verleiteten sogar Manchen, die Stiftung einer
eigenen Secte zu versuchen. Es mußte für denjenigen, welcher
der kleine Souverain und der kleine Bischof einer Gegend war,
der die leibeigene Gemeinde zugleich zu seiner Herde machen konnte,
auch einen eigenthümlichen Reiz haben, diese Herde in höchst sum-
marischer Weise zur neuen Secte zu bekehren und sich der raschen
Erfolge des grundherrlichen Apostolats zu erfreuen. [43])

Nur in einzelnen Fällen und auf dem Gebiete der k. Kammer
konnte der König mit Kraft, aber ohne sonderlichen Erfolg, den
Irrlehren entgegen treten.

Paulus Speratus, der die deutsche Reformation in den
königlichen Städten einführte, konnte zwar verbannt werden, aber
der hingeworfene Same ging rasch auf und trug seine Früchte.
In Olmütz, wo man das Lesen einer hussitischen Messe nur einmal zuließ, ist Luthers Lehre bereitwillig aufgenommen worden.

Daß die Secten nicht noch größere Fortschritte gemacht, war
nur denjenigen zu danken, die schon im Hussitenkriege den Katholiken den größten Schutz boten; den Bischöfen von Olmütz,
welche in den, der Gründung ihres Bisthums folgenden sechs
Jahrhunderten durch ihren bedeutenden Besitz, durch die hervorragende, in der goldenen Bulle normirte Stellung, durch die
große Zahl der Vasallen und durch die ausgezeichneten Persönlichkeiten, die jene Würde bekleideten, in den Landesangelegenheiten einen sehr gewichtigen Einfluß besaßen. Wenn auch der
Bischof von Olmütz kein verfassungsmäßiges Vorrecht vor den
Landherren hatte, so ist in Mähren doch nichts Wichtiges unternommen worden, ohne daß seine Meinung zuvor gehört worden
wäre. Wenn die Akatholiken dem Könige Opposition machten, war
der katholische Bischof immer eine Stütze der Krone. Der Bischof
von Olmütz war die Pulsader, nach deren Schlage sich das
Leben der mährischen Katholiken bewegte, und war auch dadurch
stark, daß sich seine Gegner, die Akatholiken, in viele einander
feindliche Secten zersplitterten und daß selbst die Anhänger des

---

[43]) Ueber die Neigung der Grundherren, eigene Secten zu gründen. S.
Wolny kirchliche Topographie. 1 A. II. B. S. 8 und 9, dann über
Dubkansky in den Landtagepamatkenbüchern. L. A.

Utraquismus keine centrale kirchliche Autorität hatten, wie für Böhmen das Prager Consistorium.

So gestaltet waren die politisch-socialen und religiösen Zustände des Markgrafthums, als Erzherzog Ferdinand an der Hand seiner Gemalin Anna den alten Thron der Přemisliden bestieg. Ein kleines Land zwischen zwei großen Reichen eingekeilt, konnte Mähren keine selbstständige Politik befolgen, seine Kraft und Bedeutung gewann es aber durch die klug gewählten Allianzen.

So lange die Kämpfe zwischen der Krone und den Ländern, und zwischen diesen unter einander dauerten, war Mähren stark genug, um jener Seite den Sieg zuzuwenden, zu welcher es sich neigte.

Capitel II.

Die Hoffnungen, welche an die Erbverträge des Jahres 1364 geknüpft wurden, gingen jetzt in Erfüllung: Oesterreich, Böhmen und Ungarn wurden unter einem Scepter vereinigt. Der Preis so vieler und langer Kämpfe, das Ziel, welches weder Otakar's Schwert für die Přemisliden, noch Carl IV. diplomatische Künste für die Luremburger erringen konnten, wurde durch friedliche Mittel von den Habsburgern erreicht. Der erste Segen, welchen dieser Anfang der österreichischen Monarchie brachte, bestand darin, daß jene verheerenden Kriege um die äußere Einheit der Länder des mittleren Donaugebietes für immer ein Ende nahmen.

Andere Kämpfe traten jedoch an die Stelle dieser Kriege. Gleich bei den Unterhandlungen, die der Huldigung vorausgingen, zeigte sich der Character derselben. Sie mußten beginnen in dem Augenblicke, als der neue König das kleine und verkümmerte Gebiet der landesherrlichen Prärogative in Besitz nahm. Sie wurzelten zunächst in seiner Persönlichkeit.

Ferdinand liebte die Geschäfte, er war sein eigener Minister des Aeußern. Mit denjenigen, welche Hülfe bei ihm suchten, verkehrte er gerne unmittelbar. Auch geringfügige Angelegenheiten untersuchte und entschied er selbst. Er wollte in seinem Reiche die einzige Quelle der Macht sein. Er war eifersüchtig auf seine Rechte und zugleich, was selten bei solchen Characteren vorkommt, freigebig mit seinem Vertrauen, er war auch freigebig mit Geld, für sich und seine zahlreiche Familie begnügte er sich mit nur 30,000 fl. jährlich — aber seine Diener wurden reich. Nicht leicht vergaß er Beleidigungen, und hierin war er zuweilen hart. Er besaß, wie die Menschen scharfen nüchternen Verstandes, große Willensstärke. Ferdinand lebte sehr mäßig, er war das Muster eines guten Familienvaters, eines frommen eifrigen Katholiken. Gerechtigkeit war eine Eigenschaft, welche selbst die Feinde an ihm priesen. [1])

Kurz nach dem Tode Ludwig's sandte Ferdinand den Kämmerer Georg Zeisner nach Mähren, um die Erbrechte seiner Frau und die eigenen als österreichischer Prinz geltend zu machen und um die Versicherung zu ertheilen, daß er des Landes Freiheiten und Gewohnheiten beschützen würde, wenn man diese Rechte anerkenne.

Gleichzeitig trug Sigismund von Polen den nun „verwaisten" mährischen Ständen seinen königlichen Schutz an. Der Herzog von Siebenbürgen dünkte sich als König von Ungarn, schon kraft der Verträge zwischen Wladislaw und Mathias berechtigt, in Mähren zu herrschen und den Titel Markgraf anzunehmen; er forderte von den Ständen Gehorsam und schrieb einen Landtag aus. [2])

[1]) Alberi Relazioni degl' Ambasciatori veneziani. Marin Giustinian. Vol. II. Ser. 1. P. 120. e Lorenzo Contarini Vol. I. Ser. I. P. 456 et ff.

[2]) Uebrigens scheint es, daß die mähr. Stände noch unter Ludwigs Regierung auf den Fall seines kinderlosen Absterbens sich in Verabredungen mit den ungarischen Ständen eingelassen hatten. V. Landpamatkenbuch. I. Doch auch von diesem Gesichtspuncte aus mußte Mähren den Herzog von Siebenbürgen zurückweisen, da Ferdinand der rechtmäßige ungarische König war.

Die mährischen Stände verstanden nicht die leisen Andeutungen des Königs von Polen und gaben den vorlauten, anmaßenden Befehlen des ungarischen Prätendenten eine trockene und ablehnende Antwort. Dagegen erklärten sie sich bereit, Ferdinand als Herrn anzuerkennen, doch nur kraft des Erbrechtes seiner Gemalin und aus keinem anderen Titel.

Damit wurde der Vorgang der böhmischen Stände, welche, ungeachtet bestimmter Zusicherungen gemeinsamer Schritte, ohne Mitwirkung Mährens Ferdinand zum König wählten, getadelt und gleichzeitig das Erbrecht Ferdinands nicht anerkannt. Die anderen Bedingungen, welche ihm von Mähren gestellt wurden, betrafen die Religions- und Gewissensfreiheit, bei welcher das Land zu belassen sei, die baldige Einberufung eines allgemeinen Concils, um den kirchlichen Spaltungen ein Ende zu machen, die Bestätigung der Privilegien und Freiheiten des Landes, endlich die Zusicherung, keinen neuen Markgrafen bei Lebzeiten des regierenden Königs zu ernennen. Ferdinand wurde eingeladen, bald nach Mähren zu kommen, den verfassungsmäßigen Eid zu leisten, worauf die Stände ihm huldigen würden.

Daß die böhmischen Stände Ferdinand ohne Zuziehung der Mährer gewählt hatten, wurde in der Markgrafschaft schwer empfunden. Die mährischen Stände vermochten den König auch einen Schritt zu thun, welcher jene Wahlvorgänge thatsächlich mißbilligte und den Titel, durch welchen die Mährer ihn als Herrn annahmen: das Erbrecht Anna's und nicht sein eigenes anerkannte. In einem Reverse entschuldigte sich Ferdinand, daß er nicht, wie es einem Könige nach Erbrecht gebührt, (laut der Bestimmung des Tobitschauer Buches) vor der böhmischen Krönung die Huldigung in Mähren empfangen könne, und erklärte feierlich, daß die von den Ständen ertheilte Erlaubniß, die Huldigung zu verschieben, ihren Rechten nicht nachtheilig werden solle. Als er in Iglau die erste Huldigung der Böhmen empfing, ritt er zur linken Hand seiner Gemalin.[3] Ueberdies verlangten die Mährer, daß von dem böhmischen Privilegium in Betreff der Besetzung böhmischer Landesämter nur mit eingebornen Böhmen, zu ihren

[3] D'Elvert Geschichte von Iglau. S. 201.

Gunsten eine Ausnahme gemacht werde, daß nur bei des Königs
Lebzeiten Erlässe durch die böhmische Hofkanzlei⁴) ihren Weg nehmen
dürfen. Zur Krönung nach Prag sandten die mährischen Stände
nur nach eindringlicher Einladung des Königs Abgeordnete, doch
wollten sie von einer Versöhnung mit Böhmen, welche bei diesem
feierlichen Acte stattfinden sollte, nichts wissen; erst später am
Budweiser Generallandtag erfolgte dieselbe.

Es war der Augenblick gekommen, in welchem Ferdinand
den kläglichen Zustand der landesherrlichen Gewalt deutlich über-
schauen und fühlen konnte. Lange sträubte er sich dagegen, daß
in Mähren die Städte allein ihm Gehorsam schwören, der Adel
aber nur ein Versprechen des Gehorsams leiste, und daß auch
dieses Versprechen nicht unbedingt abgelegt werde. Den Ständen
schien es unbegreiflich, daß der König von der Correspondenz
seiner Unterthanen mit dem Prätendenten Zapolya Kenntniß haben
wollte. Es war dies nach ihrer Anschauungsweise eine Bevor-
mundung, welche die Ehre und Würde der Stände empfindlich
verletzte. Sie wünschten die Huldigung noch von der königlichen
Erklärung, daß sie in ihrer Ehre und Reputation künftig besser
geschützt werden sollen, abhängig zu machen. Als die oberen Stände
(Herren, Prälaten, Ritter) nachgewiesen hatten, daß sie ihrem
Könige nie einen Eid geschworen, begnügte sich Ferdinand mit der
Abgabe des feierlichen Versprechens und versicherte den geforderten
Reputationsschutz.

Nachdem der König an der Landesgränze in Lettowitz von
den Abgeordneten der mährischen Stände empfangen wurde, in
Brünn am 7. April 1527, die Privilegien und Gewohnheiten
des Landes, wie jeder Markgraf es gethan, bestätigt hatte,⁵)
fand bald darauf die Huldigung Statt.

Sofort ergriff der König die Zügel der Regierung, forderte
von den Ständen, daß sie gute Gerichtspflege halten, arm und
reich unverweilt Recht werden lassen, daß die bedrohte öffentliche
Sicherheit wieder hergestellt, die Streitigkeiten, welche zwischen
den Ständen entstanden und den Lauf der Justiz hemmten, rasch

---

⁴) Priv. ddo. 24. April 1537 Statt. Landes-Archiv. Priv.

⁵) ddo. 7. April 1527. (Judica.) Landes-Archiv. Privilegien.

beendet werden. Zur Abwendung drohender Türkengefahr verlangte
er 5000 Mann Fußsoldaten und 1500 Reiter auf sechs Monate,
er schrieb eine Steuer aus, die sofort zu entrichten sei, verordnete,
daß die mährischen Einkünfte des Königs namhaft gemacht und daß
die Güter des aufgehobenen Klosters Kaniß ihm überwiesen werden.

Waren die Stände schon betroffen über die vor der Huldigung laut gewordenen Ansichten des Königs, so schienen die
nach derselben gestellten Forderungen völlig unerhört. Es war
nach ihren Begriffen seltsam, daß ein König wirklich König sein
wollte, daß er sich in Angelegenheiten, die sie als die ihrigen betrachteten (die inneren des Landes), die ihn nichts angingen, so
sehr einmengte, daß er Geld und Mannschaft verlangte, da sie
doch beides, ohne hiezu verpflichtet zu sein, nur „aus gutem Willen"
zu bewilligen hatten.

Die Stände erwiderten, daß die Landesordnungen und Landfrieden für gute Gerichtspflege und öffentliche Sicherheit genugsam
Sorge tragen, daß die verlangte Mannschaft unerschwingliche Lasten
verursache, daß sie nur 2000 Mann Infanterie und 200 Pferde
bewilligen können. Nach langer Debatte gab der König im Puncte
der Mannschaft nach, dagegen versprachen die Stände die Steuer
zu zahlen und die Kanißer Güter auszuliefern, ein Beschluß, welcher
dem Könige zugleich die Gesinnungen der einzelnen Curien offenbarte. Die Herren und Ritter knüpften an die Auslieferung dieser
Güter die Bedingung, daß nur ein Mährer damit belehnt werde.
Bischof Stanislaus von Olmütz, die Curie der Prälaten und Städte
stellten diese Bedingung nicht.

Zur Beilegung der Streitigkeiten zwischen den Ständen —
es waren Rangstritte — versprach der König eine Commission
niederzusetzen.[6]

So endete der erste Landtag, in welchem Worte voll Sinn

---

[6] Zum Beweise, wie empfindlich die ständischen Curien in Rangsangele-
genheiten waren, führen wir Nachstehendes an: Eine Urkunde, worin
die Frau Barbara Kropal v. Newiedoma ihrem Gemal den Ritter
Albrecht Woykowsky die den Herrenstandpersonen gebührende Titulatur
gab, wurde wegen dieses Formfehlers durch ein Urtheil des großen
Landrechtes für ungültig erklärt.
Landtag 1529 zu St. Lucia. Landtagspamatkenbuch I. 1518—1546.
P. 80/b.

and Sorge für das öffentliche Wohl vom Throne aus erlangen. Sie waren das Zeichen, daß sich über die Interessen der Corporationen jene des gemeinen Besten empor zu schwingen begannen, daß es einen Willen und eine Institution gab, die entschlossen waren, auch die letzteren zur Geltung zu bringen.

Ferdinand war jetzt Herr eines ausgedehnten Gebietes, allein seine Herrschaft war in Ungarn bedroht und bestritten, in Mähren nur eine nominelle, in Böhmen von jener zahlreichen Classe angefeindet, welche in ihm den Fremden und den Herrscher erblickte. Er mußte eine materielle Macht schaffen, nicht blos um die bewaffneten Neider der steigenden Größe seines Hauses und die Türken abzuwehren, sondern um sich im Innern zu behaupten.

War Ferdinand im Stande, eine solche Macht aufzustellen, wenn die Stände Geld und Mannschaft nach Gutdünken bewilligen oder verweigern konnten? Wenn er wichtige Landtagsbeschlüße, Aufstellung von Truppen und neue Gesetze, die seine königliche Autorität bedrohen konnten, erst dann erfuhr, wenn das ständische Heer schon gemustert oder die neue Landesordnung vom Oberstlandschreiber ausgegeben wurde?

War eine Bereitwilligkeit von jener mächtigen Körperschaft zu erwarten, da ihre und des Königs Ansichten über die königliche Prärogative und die Befugnisse des Landtages soweit auseinander gingen?

Die Verfassung der Markgrafschaft, als Ferdinand zur Regierung kam, glich fast der einer aristokratischen Republik, der König-Markgraf war nicht mächtiger als der Doge von Venedig, die Stände mächtiger als die berühmten Generalstaaten.

Wenn Ferdinand bereitwillige Hilfe in den Reichs= und Türkenhändeln nicht um den Preis einer fortwährenden Abschwä-

---

Der König hatte den Joh. v. Zierotin zum Oberstlandeskämmerer ernannt. Die Stände widersprachen, weil Johann nicht zum alten Herrenstand gehörte. Als dieser jedoch den Beweis führte, daß sein Großvater Oberstlandrichter war, (eine Würde, welche auch nur ein Mitglied des alten Herrenstandes erlangen konnte), wurde die gemachte Einwendung zurückgenommen und Joh. v. Z. blieb Oberstkämmerer. Ibi P. 190. S. Boczek's Priv. Slg. Nr. 12,239. Protest der Stände, als Joh. v. Lomnic ohne Beirath der Stände zum Oberstlandrichter ernannt wurde.

5

chung königlicher Macht und königlichen Ansehens erkaufen wollte, war jetzt zwischen Krone und Stände ein Zusammenstoß unvermeiblich. Auf der einen Seite war das Streben, die Uebermacht der Aristokratie zu brechen, die königliche Gewalt auszudehnen, auf der andern der Vorsatz, die Krone in Ohnmacht zu erhalten.

Wir sehen, wie die Religionsfragen diesem Kampfe dienen, wie sie nach einander von den Parteien ergriffen werden und die Confession zugleich eine Farbe wird von tief politischer Bedeutung. Ferdinand war katholisch, die Stände in ihrer großen Mehrheit dieser Religion feindlich gesinnt. Sie fanden auch hier einen willkommenen Boden, um dem König Widerstand zu leisten, der um so nachhaltiger war, weil er angeblich für Denjenigen geschah, Dem mehr zu gehorchen ist, als den Menschen. Ferdinand hatte als Katholik die Verpflichtung, den Irrthum zu bekämpfen, aber indem er dies that, bekämpfte er auch diejenigen, welche die königliche Prärogative antasten wollten. Um die katholischen Interessen zu fördern, wurden Particularrechte geschmälert, was aber zunächst der Centralgewalt Vortheil brachte. Aus diesen Gründen hätte die ständische Opposition nicht aufgehört, wenn auch Ferdinand Protestant geworden wäre; die Verfolgungen der Andersglaubenden hätten nicht abgenommen, nur das Object wäre geändert worden. Die katholischen Stände hätten, insolange von dem protestantischen Könige mit Eifer und Erfolg die Ausdehnung seiner Prärogative zum Nachtheile der Stände betrieben worden wäre, von dem Geiste des Widerspruches genährt, ihrem Glaubensbekenntniß mehr Ausbreitung zu verschaffen gesucht, und auch die politisch-religiösen Secten hätten einen größern Zuwachs erhalten. Der Kampf gegen die Krone wäre wahrscheinlich von den Katholiken mit jener Kraft geführt worden, welche die Ligue später bewährt hat. Die Waffen wären nicht minder furchtbar gewesen, als die, womit man gegen Heinrich III. und den Prinzen von Oranien kämpfte. Den Katholiken hätten sich dann alle nicht lutherischen Sectirer angeschlossen, und wenn die ersteren einen mächtigen Rückhalt an Spanien und den Jesuiten gehabt hätten, so wären die letzteren stark gewesen durch den glühenden Haß, womit sie die Anhänger Luthers verfolgten. Doch Ferdinand war ein viel zu treuer Katholik, als daß er eines irdischen Vortheils willen den Glauben seiner Väter verlassen hätte.

Unter Wladislaw war die Trennung der Utraquisten von der Mutterkirche noch keine ausgemachte Sache; man war unter Ludwig gewohnt, die Könige seines Hauses als einheimische zu betrachten. Ferdinand fand dagegen die Irrthümer über ein weites Gebiet ausgebreitet, und Ferdinand war ein Fremder, er konnte sich im Böhmischen nicht recht ausdrücken.

Weder Wladislaw noch Ludwig kannten jene Stahlkraft des Schwertes ständischer Opposition, welche Ferdinand empfand, als diese sich mit den Religions- und Nationalitätsideen verbunden hatte.

König Ferdinand fand jedoch eine Stütze an einer Stelle, wo man sie am wenigsten vermuthet hätte: in der Bekämpfung des Erbfeindes der Christenheit, dann in jenen Reformen der Kriegsverfassung, welche das scheidende Mittelalter erzeugt hatte.

Die Sitte, Männer zu miethen, welchen die Kriegsführung ein Gewerbe war, machte es dem Landesfürsten möglich, eine kriegsgewohnte Macht um sich zu sammeln, welche den Interessen der Krone unbedingt gehorchte, ohne über Verfassungsverletzungen zu debattiren oder ihre Mitwirkung von der Erörterung politischer Fragen abhängig zu machen. Die Kriegspflicht der Vasallen war durch Geldbewilligungen gleichsam abgelöst worden, und legte auf diese Art den Grund zu einem völlig neuen Gegenstand der öffentlichen Verwaltung, sie schuf die Staatsfinanzen; diese waren bisher von der fürstlichen Kammer repräsentirt und mit deren Einkünften vermengt. Die Mittel welche bis zu jener Zeit die Bedürfnisse der einzelnen Länder deckten, hatten nur eine schwache und formelle Aehnlichkeit mit der Bedeutung jener Macht, die man Staatsschatz nennt; jene dienten den Interessen der Länder, dieser war ein Bundesgenosse für die neu auftauchenden Interessen der Gesammtheit. Die häufige Türkennoth brach thatsächlich das Privilegium der Mährer, nur innerhalb der Landesgrenzen Kriegsdiensten obzuliegen, und nöthigte den König, ein Heer in Bereitschaft zu halten, welches auch gegen einen Widerstand im Innern verwendet werden konnte.

Die Vertheidigung der bedrohten Landstriche war ein Punct gemeinsamen Interesses für alle Länder; indem ihre Politik in dieser Hinsicht eine einheitliche Richtung erhielt, wurde eine gewisse parlamentarische Vereinigung der Kronländer, freilich wohl unter Wahrung ihrer vollen und unbedingten Autonomie, durch die

Generallandtage, eigentlich Reichscongresse in Böhmen angebahnt.
Darin lag die Bedeutung der Türkenkriege für die österreichische
Monarchie.

Hatte der Landesfürst die Macht des Schwertes, so lag
aber in dem Rechte der Steuerbewilligung, welches den Ständen
zweifellos zukam, eine große Bürgschaft für die Erhaltung ihrer
Privilegien und Freiheiten.

Krone und Stände hatten daher Streitkräfte von gleich
großem Gewichte.

In einer Zeit, in welcher Verfassungen nicht nach einem
Systeme theoretisch ausgearbeitet werden, in welchen sie mehr auf
politischen Sitten und ehrwürdigen Gewohnheiten als auf geschriebenen Urkunden und verbrieften Rechten beruhen, ist die
Individualität derjenigen, welche die Verfassung angreifen, und
derjenigen, die sie vertheidigen, vorzugsweise entscheidend. Wie
Ferdinand die Pflichten seines königlichen Amtes auffaßte, warf
er den Handschuh hin; — wie die Stände sich ihre Freiheiten
dachten, hoben sie denselben unbedenklich auf.

Es begann der bedeutungsvolle Kampf, welcher der Geschichte jener Zeit den wesentlichen Inhalt gab, dessen Verständniß
der wahre Schlüssel zu allen gleichzeitigen und späteren Entwicklungen in den Ländern der heil. Wenzelskrone ist.

Die Stände behaupteten das Recht, einen Landtag ohne
Genehmigung des Königs einberufen zu können, und die Beschlüße des Landtages nur dann der königlichen Sanction zu unterziehen, wenn sie es für nöthig erachteten. Insolange derlei
Grundsätze in der Verfassung eines Landes zu Recht bestehen, kann
eine Monarchie nicht gedacht werden, der Landesfürst ist nicht
einmal ein Factor jenes souverainen Processes: die öffentlichen
Angelegenheiten durch Gesetze zu regeln, er erscheint nur wie eine
erhabene Zierde und nicht wie ein wesentliches Glied des Staatsorganismus.

Hier zeigt sich gleich der anfängliche Character dieser Kämpfe.
Das Ziel war nicht die Verwandlung einer beschränkten Monarchie
in eine absolute, wie es die Stuarts versuchten, wie es in Spanien
und Frankreich gelang; es war, wie man sieht, vorerst der Kampf
eines Schattenherrschers, welcher nach königlichen Befugnissen rang.

Für Ferdinand war es eine nicht zu lösende Aufgabe, jene für ihn so unbequemen Rechte der Stände in Bezug auf Einberufung der Landtage und Sanction der Gesetze auf verfassungsmäßigem Wege, d. i. mit ihrem Einverständnisse, abzustellen. Er hatte im Drange der Nothwendigkeit alle Rechte, Privilegien und löblichen Gewohnheiten des Landes bestätiget, er war dem Landfrieden, freilich im Augenblicke höchster Türkengefahr, beigetreten, und hatte damit den Widerstand gegen jeden Friedensbruch und Angriff auf die Verfassung gutgeheißen. Doch war er auf jeden Fall entschlossen, die alte Usurpirung der Rechte, die ihm als König zustehen, nicht mehr zu dulden. Die bei der Huldigung in Brünn durch Ferdinand vorgenommenen Bestätigungen waren nämlich mit dem Vorbehalte geschehen, daß das in Bausch und Bogen Confirmirte nichts enthalte, was die königliche Ehre und Würde verletzen würde. Wenn nun die Stände ein das königliche Ansehen schmälerndes Recht behaupteten oder einen Beschluß faßten, welcher nach der Meinung Ferdinand's in die Sphäre der königlichen Prärogative eingriff, dann bestand der König darauf, daß eine solche Ausnahme und Verzichtleistung auf ein königliches Recht auch durch ein königliches Privilegium bewiesen werden müsse. Er verlangte dann immer das Vorzeigen einer solchen Urkunde. So war es z. B. mit dem Befugnisse des Landrechtes, ohne königliche Genehmigung einen Landtag auszuschreiben.

Die Stände beriefen sich zwar auf die uralte Uebung und Gewohnheit, auf den Landfrieden, der das Besuchen sowohl der königlichen Postulatenlandtage als auch die ständischen Zusammenkünfte gebiete; allein da sie kein königliches Privilegium dafür vorzeigen konnten, so verbot der König das Ausschreiben von Landtagen durch die Organe der Stände und befahl, daß jeder ständische Beschluß seiner Genehmigung zu unterziehen sei.

Als der König um einen Schritt weiter ging, die Vorlage jeder Landtags-Tagesordnung und jener Privilegien anordnete, worauf die Stände die jeweiligen Beschlüsse gründeten, baten diese, sie nicht mit Neuem zu beschweren, und erklärten feierlich, von ihren Freiheiten und dem Landfrieden, der Solches nicht vorschreibe, nicht abgehen zu wollen. Türkeneinfälle bedrohten im J. 1541 abermals die Erbländer; die Stände benützten diesen Augenblick, um ihr Recht thatsächlich zu wahren, und ließen einen Landtag ausschreiben. Der König begnügte sich damit, diesen Vorgang einfach zu rügen und das Verbot zu erneuern.

So sehr liebten die Stände die regellose Freiheit, daß sie Maßregeln, ohne welche die Begründung einer dauernden Ordnung unmöglich war, für eine dauernde Unterdrückung ansahen. Sie waren so naiv zu fragen: „Wenn unsere Bauern das Befugniß haben, ohne Bewilligung eine Hromada (Gemeindeversammlung) auszuschreiben, warum sollen wir nicht auch ein solches Recht geltend machen?"

Das Tobitschauer Buch genügte nicht mehr. Neue Landtagsbeschlüße zur Regelung öffentlicher und privatrechtlicher Verhältnisse, neue Verträge und Landfrieden traten seither in Wirksamkeit. Es war nothwendig jenes Buch zu ergänzen. König und Stände waren dafür, eine neue Landesordnung redigiren zu lassen, doch aus ganz entgegengesetzten Gründen. Die Stände, um bei diesem Anlaß alle jene bestrittenen Rechte und Gewohnheiten, jene Satzungen des Tobitschauer Buches, welche die ständische Machtvollkommenheit, das Gesetzgebungsrecht, ausschließlich dem Landtage garantirten, durch Aufnahme in die Landesordnung und durch die königliche Confirmation derselben vor Anfechtungen auf immer zu schützen; der König, um solche Bestimmungen und Grundsätze aus der Landesordnung und damit vielleicht auch aus der Landesverfassung ein für alle Mal auszuscheiden und überhaupt zu unterdrücken. Der König bestätigte die Landesordnung vom J. 1535, allein erst dann, nachdem zuvor die Artikel über das ständische Recht, ohne königliche Sanction Gesetze zu geben, daraus entfernt wurden. Hierauf faßten die Stände den Beschluß, dieses Recht zu wahren, und ließen denselben in die Landtagsgedenkbücher feierlich eintragen.

Der Einfluß des Landesfürsten auf die Rechtspflege war, wie früher gezeigt wurde, äußerst gering; selbst die Berufung an denselben in Ehrensachen wurde Anfangs des XVI. Jahrhunderts auch noch gewissen Beschränkungen unterzogen.

Ausländische Schöffencollegien ertheilten den Stadtgerichten der böhmischen Kronländer die nöthigen Rechtsbelehrungen.

Der König schien die Absicht zu haben, jeden Theil der Verfassung zu revidiren und zu reformiren. In Spanien waren Heer, Gerichtspflege und Finanzen die

mächtigen Mittel zur Erlangung der absoluten Gewalt. Wir
glauben nicht an directe spanische Einflüsse bei den Entschlüssen
des Hradschiner Hofes; aber genug an dem, daß auch Ferdinand
versuchte, in diesem Geiste Aenderungen in der Verfassung Mährens einzuführen. Mit dem Heerwesen hatte er begonnen, oder
wenigstens das vor der Zeit Begonnene weiter ausgeführt. Darauf kam die Gerichtspflege an die Reihe, und hier waren die
tollen mährischen Sectirer ein willkommener Anlaß. Er begann
damit, dem von ihm abhängigen Hofgerichte eine bisher unbekannte Jurisdiction in Mähren zu geben. Johann Dubčansky,
ein mährischer Ritter, besaß den Ehrgeiz, eine eigene Secte in
Habrowan zu gründen, und suchte in der That eine den Grundsätzen Zwinglis verwandte Lehre zu verbreiten. Ueberdieß ließ er
Schmähschriften gegen Kirche und König drucken.¹) Dieser Dubčansky wurde mit seinem Verwandten und Anhänger Albrecht
Woglowsky auf Milhostic nach Prag vor das Hofgericht citirt
und eingekerfert. Vergebens protestirten die mährischen Stände
dagegen, sie erklärten laut ein Verfahren als Landfriedenbruch,
welches mährische Edelleute ihrem ordentlichen Gerichte (dem Landrechte Mährens) entzog, Leben und Eigenthum derselben einer
Versammlung ausländischer und abhängiger Richter unterwarf.
Als die Angeklagten endlich entlassen wurden, geschah dies mit
der Bedingung, daß Dubčansky auswandere oder sich der Verbreitung von Irrlehren enthalten müsse. Die Stände agnoscirten
diese bedingte Freilassung nicht. Die Citirung von ausländischen
Gerichten war eine Verfassungsverletzung, Dubčansky mußte be-
dingungslos entlassen werden. Der König von Polen, die Stände
Böhmens verwendeten sich für ihn; da scheint es doch, daß der
König den Ständen zu Willen war.

Auch auf die vielen Allode, welche früher k. Lehen waren,
richtete Ferdinand sein Augenmerk. Als Lehensherr hatte er über
seine Vasallen eine ungleich größere Macht, als über die freien
Allodbesitzer. Im Laufe der Zeiten und unter den schwachen Königen hatten sich einige Vasallen als freie Eigenthümer gerirt; jetzt
befahl der König seinem mährischen Hofrichter eine Revision vorzunehmen und diejenigen Besitzer ehemaliger Lehen, die keine k.

---

¹) Landtagspamatkenbuch I. 1518—1546. fol. 89.

Freibriefe vorzeigen konnten, in den alten engeren Verband und in die frühere Unterordnung zurückzuführen.

Die Idee der Förderung des Gemeinwohls zog eine Classe der Gesellschaft in den Bereich königlicher Action, auf welche bisher der Landesfürst (die königlichen Domainen ausgenommen) keinen verfassungsmäßigen Einfluß besaß. König Ferdinand empfing die Klagen der Leibeigenen und traf Entscheidungen, welche ihren begründeten Ansprüchen gerecht wurden. Ferdinand erließ die wahrhaft königliche Verordnung, daß Jeder, welcher sich den Wissenschaften widmete, von der Unterthänigkeit thatsächlich befreit sein und von Niemanden, selbst nicht von seinem Erbherrn, in den Studien gehindert werden solle.

Verfassungsmäßig sollte dem König der Rath von Mähren zur Seite stehen, es war dies eine Einrichtung, um auch der Central- und Hofregierung eine particularistische Färbung zu geben. König Ferdinand entfernte dieses unbequeme Hemmniß, indem er die Glieder des Rathes nicht ernannte. Bis zu den Zeiten des Kaisers Mathias ist von dieser merkwürdigen Einrichtung nicht mehr die Rede.

Einen völligen Umschwung bewirkte König Ferdinand mit Hilfe der Türkenkriege in der Steuerverfassung des Landes. Nur bei gewissen festlichen Ereignissen, welche die königliche Familie betrafen, und bei wirklichen „Landesnothständen" bewilligte der Landtag nach einer geringen Schätzung einen Theil der Capitalsrente und des Einkommens von Grund und Boden. Jetzt wiederholten sich auf Verlangen des Königs diese Giebigkeiten jedes Jahr mit einer Tangente von 18 bis 20 pCt. des Einkommens, und es wurden dazu noch neue Steuern eingeführt: das Scheffelgeld, die Kopf- und die Haussteuer. Den Biergroschen bewilligte man auf zwei und mehrere Jahre. Ursprünglich schätzte jeder Grundherr selbst sein Gut; dann mußten die Bekenntnißbriefe als Controlmittel den ständischen Einnehmern abgeliefert werden, und als auch diese (als Mitglieder der Stände) nicht unbefangen genug erschienen, ließ sich der König die Abgabe-Register selbst vorlegen. Die Steuer wurde noch zur Deckung speciell angeführter Ausgaben: Königin, Schulden, Türkenkrieg, Reichsfeinde, u. a. nicht aber im Allgemeinen für Staatsbedürfnisse verlangt, und das Postulat mit einem Präliminar und einer Rechnung nicht begründet.

Die Abgaben waren unter allen Kronländern in Mähren besonders stark. Die Stände erklärten einmal, Seiner Majestät mehr bewilligt zu haben, als, so weit die Erinnerung zurückreicht, allen früheren Königen zusammengenommen; ein anderes Mal muß der König eine billige Ausgleichung versprechen, weil sie im Verhältniß weit mehr als andere Länder steuern. Ein glaubwürdiger Zeitgenosse erzählt, daß Mähren an directen Abgaben fast dieselbe Summe bezahlte, wie Böhmen.[8]) Ueberdies unterhielten die Stände Mährens 2- bis 3000 Mann im Felde, und organisirten ein Aufgebot, sobald sich bringende Gefahren zeigten. Die daraus erwachsenden Auslagen nöthigten die Stände, selbst einen Landesschatz zu gründen, indem sie von der bewilligten Steuersumme oft bis 20 pCt. für den „Domesticalfond" zurück behielten, und darüber öffentlich Rechnung legten. Kriegs- und Finanzlandesbeamte, Kreishauptleute und Steuereinnehmer mußten aufgestellt werden; die Zahl der ständischen Functionäre, die aus öffentlichen Geldern entlohnt wurden, vermehrte sich, während nur wenige Beamte noch bestanden, die für ihre Dienste mit dem Genuße eines Beneficiums entschädigt wurden.

Die Stände verweigerten selten die verlangten Geldhilfen;

---

[8]) L. Contarini, bei Alberi's Relazioni. I. 1. P. 389. Contarini erzählt, daß der Grundbesitz der drei oberen Stände Böhmens auf zehn, jener der Bauern auf fünf Millionen geschätzt wurde; erstere zahlten 236,000 Thl., letztere 228,000 Thaler. In Mähren ist die Schätzung bei den oberen Ständen 5 Millionen Thaler, die Mährer zahlten jedoch 400,000 Thaler. Es scheint aber ein Druckfehler hier unterlaufen zu sein, denn nach unserer freilich auch nur problematischen Berechnung betrugen die mähr. Abgaben in jener Zeit beiläufig 300,000 Thaler.

Nach Palacky's Gesch. Böhmen IV. B., 1. Ab. Nr. 290, war die Schätzung der Güter des

Herrenstandes mit 2.400,000 Schock Groschen.
Ritterstandes mit 2.600,000 „
Bürgerstandes mit 1.800,000 „

in der Landtafel eingetragen, dagegen die Schätzung des Werthes der Güter nach den Landtagspamatkenbüchern, Landtag 1556, bei drei Millionen Schock Gr. Jedenfalls zahlte Mähren verhältnißmäßig mehr Steuer als Böhmen.

sie beschränkten sich darauf, die Summen und die Dauer einer Finanzperiode zu kürzen. Die häufig drohende Türkengefahr begründete die königlichen Postulate von selbst. Abgaben, die mit der Klausel „einmal und nicht wieder" genehmigt wurden, nahmen nach und nach einen bleibenden Character an.

Wenn auch keine Bestimmung in die Verfassung aufgenommen wurde, welche die k. Prärogative erweitert hätte, so ließen sich's die Stände gefallen, wenn der König sich mit weit mehr Befugnissen umgab, als seine Vorgänger, — mehr als K. Georg. Sie standen in dem Kampfe entschieden auf der Defensive, sie konnten nicht läugnen, daß der König manchen Sieg über sie erfochten, aber sie mußten gestehen, daß er diesen Sieg nicht gemißbraucht hatte. Den Boden, den sie ernstlich vertheidigen wollten, wissen sie auch zu behaupten. Sie bringen es dahin, daß sich der König wegen des directen Verkehrs mit den Leibeigenen entschuldigte, daß er versprach, diese immer an das Landrecht zu verweisen, und keinen Mährer vor ein fremdländisches Gericht zu laden.

Als der König einmal, gleich nachdem die Stände die k. Postulate bewilligt hatten, vom Landtage wegritt, ohne die Landessachen und Beschwerden zu erledigen, da schrieben sie ihm, es sei verfassungswidrig und unerhört, daß der König nicht auch ihren Angelegenheiten gerecht werde! Es war dies die Zeit, in welcher die Stände eine Landesordnung ohne königliche Sanction (1545) drucken ließen, worin alle die in der Landesordnung von 1535 entfernten Artikel von der Freiheit und Machtvollkommenheit Mährens an der Spitze derselben als erster und vornehmster Grundsatz, sowie jenes Recht des Landeshauptmanns,[9]) (ohne Genehmigung des Königs) einen Landtag auszuschreiben, wieder aufgenommen wurden. Es war dies die Zeit, in welcher der König das Recht der mährischen Stände, den Landesherrn zu wählen anerkannte,[10]) und jenen Ungehorsam mit Stillschweigen aufnahm. Vielleicht weil ein Sturm sich erhoben und ein Brand das Reich ergriffen hatte, welcher Böhmen in den Flammenkreis zog! Ein Theil der böhmischen Stände trat in offenem Ungehorsam wider den König auf; der Vorwand hiezu war zugleich

---

ein Mittel die Massen aufzuregen, man sprengte das Gerücht
aus, daß der König nach Besiegung des protestantischen Churfürsten Johann Friedrich den Glauben sub utraque ausrotten
würde. In der That aber war den böhmischen Ständen die
Herrschaft Ferdinands unbequem. Seit der Zerstörung der Landtafel und der daselbst eingetragenen Privilegien hielten sie sich
in manchem Rechte verkürzt. Die Anordnung eines Aufgebotes
durch Ferdinand ohne Zustimmung der Stände gab den formellen
Anlaß. Die Widerspänstigen schrieben einen Landtag eigenmächtig
aus und stellten ein Heer auf. Mit dem geächteten Churfürsten
traten sie in Verbindung, und begannen damit jene Reihe unglücklicher Bündnisse und Unionen mit fremden Standes- und
Glaubensgenossen, die endlich das Verderben des Landes nach
sich zogen. Ja man warf ihnen die Absicht vor, einen Wechsel
in der regierenden Dynastie eintreten zu lassen.[11])

Auch die Mährer wurden aufgefordert, sich der Empörung
anzuschließen. Anfangs verhielten sie sich neutral; als der König
im September 1546 gegen die Reichsfeinde Hilfe begehrte, entschuldigten sich die Stände, dieselbe nicht leisten zu können, da sie
alle ihre Mittel zur Vertheidigung Ungarn's erschöpft hatten.
Doch sie veränderten bald ihren Entschluß. Auf längere Zeit läßt
sich eine Neutralität nur auf Kosten der Unabhängigkeit und Selbstständigkeit eines Landes behaupten. Dazu kam noch, daß die nüchternen Staatsmänner von Mähren gefunden hatten, daß dasjenige, was die Böhmen in so gefährlicher Weise anstrebten,
Mähren schon in erfreulichem Besitz hatte: Religionsfreiheit, wie
in keinem andern Lande, und den ungetrübten Genuß eines großen
Theils jener Rechte, welche die Böhmen jetzt mit dem Schwerte
in der Hand erobern wollten, darunter das Recht der Initiative
im Landtage, und die Besetzung des Landrechtes nach der alten
Uebung.[12])

Wenn der König die aufrührerischen Böhmen versicherte, er
wolle ihrer Religion nichts anhaben, sie bei ihren Rechten er-

---

[11]) Lorenzo Contarini schreibt: Wäre Joh. Fried. gleich in Böhmen eingefallen, hätte er mehr Energie und Muth gezeigt, so hätten ihm die Aufständischen die Krone angetragen. Alberi a. a. O. Vol. I. S. 1. S. 420.

[12]) Bucholz Gesch. Ferd. 6. 380.

halten, so hatten die Mährer keine Ursache, dem k. Worte zu
mißtrauen. Sie hatten es erfahren, daß Ferdinand verbriefte Rechte
achte. Ein für die Aufständischen ungünstiger Erfolg konnte den
glücklichen Zustand des Landes in Frage stellen; durch einen glänzenden Sieg der Empörung konnten sie nicht viel mehr gewinnen,
als was sie bereits besaßen. Dann handelte es sich, einem Lande
beizustehen, welches bei der Königswahl vor zwei Jahrzehenten
die Rechte Mährens so empfindlich gekränkt hatte; auch der alte
Gegensatz zwischen Böhmen und Mähren war erwacht. Die mährischen Stände sandten also den Feldmarschall Carl von Zierotin [13])
dem König zu Hilfe. Nach des Kaisers Sieg bei Mühlberg war
dadurch auch der böhmische Aufstand unterdrückt. Der König zog
nach Prag.

Eine Commission aus den Abgeordneten der Kronländer
saß unter dem Vorsitze Wenzel's von Lubaniß, des mährischen
Landeshauptmanns, über die Rebellen zu Gericht. Der Bischof
von Olmütz, Hanuš von Lichtenstein, Berthold von Lippa, Dietrich
von Kunowitz, Wenzel Tettauer, Johann Kropač von Newiedoma
und Přemko von Wickow waren die Beisitzer aus Mähren.

Ferdinand benützte maßvoll den Sieg. Wie ein weiser —
nicht wie ein herrschsüchtiger Eroberer wollte er nur die Schuldigsten
treffen, die verbrieften Privilegien Böhmens jedoch unangetastet
lassen. Er war nur bedacht, Bürgschaften aufzustellen, um die
königliche Prärogative vor künftigen Angriffen wirksam zu schützen.
Landtagsausschreibungen ohne seine Bewilligung wurden bei Todesstrafe verboten. Beamte wurden in jeder k. Stadt aufgestellt,
um dafür zu wachen, daß in den Bürgerversammlungen nichts

---

[13]) War ein Vetter des Herrn Carl v. Zierotin. Libet hic referre, (in der
„Chronologia Regni Hungariæ Auth. Elia Pergero Historico Cæsareo
et poeta laureato,") quemadmodum etiam in Ms. commentariis Petri
Forgacii Dynastæ Hungari ac tempori illi coëvi lego: Moravia immu-
nis ac pura a Bohemorum perduellione novis gratiis et legibus exor-
nata est a Ferdinando: in qua tunc præter alios Carolus Zierotinus
vetusta et clara gente, maxima vero bellica virtute præstans eminuit,
Hungari illum ob militiæ laudem, dum continui annis pro Ferdinando
apud eos versabatur, magno amore prosequuti, a pusilla statura Carolum parvum, itemque a labore animi Carolum fortem vocabantur.
Fol. 19. Pessina Mars Moravicus. MS. L. A.

wider den König beschlossen werde. Die Berufung an ausländische Schöffenstühle wurde untersagt, und ein Appellationsgericht in Prag errichtet, (dessen Beisitzer vom König ernannt wurden) mit der Absicht, eine größere Rechtseinheit zu begründen. Nicht so klug war Ferdinand gegenüber den treuen mährischen Ständen. Neuerungen, die durch das Appellationsgericht, dessen Jurisdiction die k. Städte Mährens unterworfen waren, auch die Markgrafschaft trafen, noch mehr aber die vom Könige am Brünner Georgi-Landtag ausgesprochene Absicht, die Glaubenszustände vom J. 1526 zu restauriren, und die in Mähren so sehr verbreitete „Häresie" gewaltsam auszurotten, veränderte plötzlich die Stimmung der Stände. Dem Beispiele von Treue und Hingebung, das die Cavaliere im J. 1547 gaben, folgte nun, da sie sich in ihren höchsten Interessen gefährdet glaubten, ein Beispiel furchtloser und kühner Vertheidigung ihrer Rechte und Freiheiten. Sie meinten, daß Ferdinand jetzt gesonnen war, den Sieg auszubeuten, daß jener Entschluß des Königs den Anfang bilde, die Verfassung zu reformiren.

Wenzel von Lubanitz, der Landeshauptmann von Mähren, obgleich noch im J. 1547 ein bereitwilliges Organ des königl. Willens, trat jetzt in dem denkwürdigen Georgi-Landtag (1550) vor den König und erklärte feierlich im Namen der Stände, daß Mähren eher in Feuer und Asche aufgehen werde, als daß es in Bezug auf Religionssachen Gewalt erdulde. Alle Landtagsglieder, Mann für Mann — sieben Personen ausgenommen — erhoben sich, um der Erklärung des Landeshauptmanns beizutreten, und wie um den König vor weiterem Beginnen zu warnen, las Wenzel von Lubanitz mit lauter Stimme den Eid ab, welchen Ferdinand vor der Huldigung geschworen hatte.

Empört über das kühne Wagniß des Landeshauptmanns, verließ der König den Saal, und die Stände traten zusammen, um jene merkwürdige Declaration der Rechte, welche die Grundlage der Landesverfassung waren, in feierlicher Weise zu wiederholen:

„Das Markgrafthum Mähren ist ein freies Land, keinem Herrn unterthan, daher die Herren und Ritter nicht, wie in Böhmen dem Könige Treue und Gehorsam schwören, sondern ihm und seinen rechtmäßigen Nachfolgern nur ein Versprechen der

Unterwürfigkeit und des Gehorsams, und zwar innerhalb der Landesgränzen abgeben."

„Ebenso die Städte nach ihren Privilegien."

„Mähren hat freie Rechte und darf darin vom Landesherrn nicht beschränkt werden, auch ist das Land nicht verpflichtet, an den Kaiser oder an den eigenen Landesherrn zu appelliren."

„Die Mährer haben das Recht, nach altem Gebrauche und Herkommen, nach Gutdünken und Gewissen zu richten und in fremde Länder Urtheile zu senden. Sie können ihre Verfassung bessern, ändern und vermehren wie freie Leute, nur in wichtigen Fällen holen sie die Genehmigung des Königs ein."

„Das Fürstenthum Troppau genießt dieselben Freiheiten wie Mähren und hat ein eigenes Gericht. In schwierigen Fällen pflegen die Troppauer das Mutterland Mähren um Rath zu fragen."

Diese Erklärung war nicht ohne Wirkung. Der König hatte es erfahren, daß die Stände Mährens gegen die Kräftigung des Königthums keinen Widerstand erhoben hatten, daß sie aber entschlossen waren, eingreifende Aenderungen in den Grundgesetzen des Landes zurückzuweisen. Ferdinand war mit Türkennöthen und Reichshändeln beschäftigt. Er kannte die oft bewährte Tapferkeit und Unerschrockenheit der Mährer.[14]) Er unternahm nichts gegen die eisernen Barone. Es war, als wolle er den Vorgang am Georgi-Landtag ganz ignoriren. In der That wurde nichts an den alten Verhältnissen geändert: das Appellationsgericht blieb

---

[14]) Die Tapferkeit des mähr. Adels bewährte sich immer im glänzendsten Lichte. Wie bei Crecy um Johann, fielen bei Mohač um Ludwig eine Schaar mähr. Edler. Darunter die Tapfersten: Johann v. Wickow, Sigmund Kropač von Newiedoma und Hynek v. Zaštrizl. — Als zu jener Zeit immer wieder neue Türkenhorden heranwälzten und ein allgemeines Aufgebot an die Kronländer erging, zog Johann v. Pernstein dem Feinde entgegen und schrieb nach Böhmen: „Wisset, daß wir Mährer beschlossen haben, entweder die Gefahr zu beseitigen, oder wenn es das Schicksal will, geloben wir, den Tod für den christlichen Glauben und das Vaterland zu erdulden. Joh. v. P. besiegelte mit seinem Blute dieses Versprechen (Peß. M. M. S. 9. Mk. L. A.) Johann v. Mezeritsch, Joh. v. Kunstadt, Wenzel v. Drnowic, Jakob Horečky, Wenzel Wlašowec fanden bei Essek den Heldentod, nachdem sie Beweise wahren Heldenmuthes geliefert. Wir würden noch zahllose Beispiele des mährischen Heroismus anführen können.

nur für die k. Städte Mährens competent, dafür beschränkte man neuerlich das Berufungsrecht der oberen Stände an den König in Ehrensachen. Eine neue Landesordnung sollte zwischen dem König und den Ständen vereinbart werden. Doch genehmigten die Stände nicht, daß die mit der Redaction derselben beauftragte Commission ihre Arbeiten außerhalb Mährens (in Prag) vornehme, so sehr fürchteten sie einen ungünstigen Einfluß des Hofes. [14]) Der König hatte das Recht in den Ritterstand zu erheben, auf diesem Wege konnte er sich jedoch keinen Anhang schaffen, da die Ausübung ständischer Rechte an den Besitz von Gütern geknüpft war, und Niemand Güter kaufen durfte, ohne in die Genossenschaft der Stände aufgenommen zu sein; diese Aufnahme war aber ein ausschließendes Recht der Stände. Wenn ein Mitglied des Herren- oder Ritterstandes sich um ein k. Amt oder um eine Commission bewarb, verfiel er in strenge Strafen. Es war dies derselbe Geist der Unabhängigkeit, welcher einige Jahre zuvor den Herrn Kuna von Kunstabt zwang, das Amt eines k. Unterkämmerers niederzulegen, weil er die Ernennung auf Lebenszeit durchgesetzt hatte. Zugleich sprachen die Stände ein strenges Verbot gegen solche Ernennungen aus.

Gelang es daher selten dem König, auf directem Wege die k. Befugnisse zu vermehren, so versuchte er das Königthum dadurch zu befestigen, daß er jene Elemente, welche bereit waren es zu stützen, kräftigte: Das Olmützer Bisthum und das Fürstenthum Troppau waren zur Zeit der alten Grafschaftsverfassung weder in politischer noch in administrativer Beziehung von Mähren getrennt. Erst durch Carl IV. goldene Bulle wurden sie, wie Mähren unmittelbare Lehen der Krone Böhmens. Man versuchte, aus einem Lande drei von einander unabhängige Gebietstheile zu schaffen, den altbekannten autonomen Geist der Markgrafschaft in möglichst enge Gränzen zu bannen. Wenn diese Trennung in dem letzten Drittel des XIV. Jahrhunderts verheerende Kämpfe (zwischen den markgräflichen Brüdern, dann zwischen diesen und dem Olmützer Bischof) veranlaßte, so waren die beiden Fürstenthümer Troppau und Olmütz im XVI. ein wahrer Zankapfel für

<hr>

[14]) Die neue Landesordnung wurde 1562 veröffentlicht, war aber nur ein unveränderter Abdruck der Landesordnung v. J. 1535.

Krone und Stände. Diese verlangten, daß der Bischof und seine Vasallen der obersten Landesbehörde: dem Landrechte unterstehen sollen, daß der Fürst von Troppau nur wie die anderen großen mährischen Barone, wie die Lipa's, die Pernsteine, als ein einfaches Glied des Landrechtes den Sitzungen desselben beiwohne, damit, den Absichten des Prager Hofes entgegen, auf diesem Wege die materielle Macht und das Gebiet der Markgrafschaft thatsächlich vermehrt werde; der König wieder unterstützte jene Partei Troppau's, die dieses Land als integrirenden Theil Schlesiens betrachten wollte. Die Machtvergrößerung dieses Landes konnte dem Könige nie so viel Schwierigkeiten bereiten, wie die Machtvergrößerung der stolzen und unabhängigen Cavaliere Mährens. Die Frage der Wiedervereinigung Troppau's mit Mähren wich nicht von der Tagesordnung des mährischen Landtags und die Beständigkeit und Consequenz im Festhalten dieses Programms glich nur der Erfolglosigkeit der dafür unternommenen Schritte.

Ein Vertrag zwischen Bischof und Ständen (1531) bezeichnete genau die Competenz des Landrechts und des bischöflichen Lehenrechtes und bestimmte die Fälle, wann die bischöflichen Unterthanen vor das erste oder das letzte Gericht belangt werden sollten; nur rücksichtlich der bischöflichen Güter, die in der Landtafel eingetragen sind, soll der Bischof vor das Landrecht vorgeladen werden.

Die Gebietsspaltungen haben zwar die Einholung der ständischen Zustimmung in so vielen Ländern zeitraubender und mühsamer gemacht, dafür war ein etwa sich geltend machender Widerstand gegen den König gefahrloser, weil der herrschende Particularismus auch selbst in solchen Fällen Uneinigkeit und Zwietracht bestehen ließ.

Zwischen Böhmen und Mähren war ein alter und tiefer Gegensatz. Deutsche und Ungarn waren einander nicht hold, beide überboten sich in feindlicher Gesinnung gegen Böhmen.

Wiewohl innerhalb des Weichbildes der k. Städte die deutsche Reformation festen Fuß gefaßt hatte, so standen diese immer auf des Königs Seite. Ferdinand nahm sie gegen die Uebergriffe der oberen Stände kräftig in Schutz und brachte Compromisse zu Stande, welche die Competenzen des Stadtrechts und Landrechts — jene Ursache unaufhörlicher Differenzen — genau feststellten. Zugleich trachtete er die Zahl der k. Städte zu vermehren, um neue Stützen zu schaffen und das Gebiet der k. Kammer zu er-

weitern. Unter ihm traten Gaya und Neutitschein in die Reihe
derselben. Weitere Versuche, ehemalige k. Städte loszukaufen, schlugen fehl, vermuthlich weil die Forderungen der Erbherren über-
spannt waren, und der Plan des Königs von diesen durchschaut
wurde.

Das Königthum hätte in den Massen der Landbevölkerung
eine große Clientel gefunden, wenn es Ferdinand gelungen wäre,
die Beschwerden der Unterthanen vor die königl. Behörden zur
Entscheidung zu bringen, und die Sonne königlicher Gnade durch
Ertheilung von Privilegien an unterthänige Ortschaften, auch auf
diese tiefer gelegenen Schichten der Gesellschaft scheinen zu lassen.
In beiden Richtungen hatte er schon den Anfang gemacht. Die
Stände bewiesen jedoch, wie dieses Vorgehen ganz und gar verfassungswidrig sei. Der König mußte versprechen, klagende Unterthanen an das Landrecht zu verweisen und keine Privilegien ohne
ständisches Gutachten zu ertheilen; er begnügte sich, den Grundherren schonende Behandlung der Leibeigenen zu empfehlen.

Betrachten wir das Ergebniß dieses 37jährigen Kampfes
zwischen Krone und Stände. Das Auftreten gleicher Kräfte gegen
einander erzeugte ein harmonisches Entwickeln, ich möchte sagen
eine innere Verbesserung derselben, eine ideelle Ausmarkung der
Rechtssphäre der Krone und der Stände, welche Uebergriffe nicht
zuließ.

Es gelang Ferdinand, die gesunkene Autorität der Krone
wieder herzustellen, doch war er nicht im Stande, diese Autorität
in sorgfältigen Formeln ausgedrückt in die Landesverfassung und
Landesordnung hineinzutragen. Als die Regimenter Philipp's II.
über Arragon gesiegt, zertrümmerte der König die Verfassung;
als Ferdinand I. den böhmischen Aufstand niederwarf, entfernte
er nur jene Rechte der Stände, welche der Verfassung Böhmens
einen republikanischen Character gaben. Dies war Ferdinand's
Grundsatz: mehr durch consequentes Festhalten an dem Geforderten, mehr durch den Nachweis, daß das Geforderte auf Recht
beruhe, als durch vorschnelles Anwenden von Gewalt seine Politik
zur Geltung zu bringen. Seine Gegner sind ihm dafür dankbar,
sie machen keinen Versuch mehr, einen Landtag eigenmächtig einzuberufen, die letzte Landesordnung, die unter Ferdinand's Regierung entworfen wurde, unterbreiten sie ihm zur Bestätigung.

Nur um ihn innerhalb der Gränzen jener Marime zu halten, zählen sie in wilder Begeisterung ihre alten Rechte und Freiheiten auf, sie klirren nur mit ihren Schildern und Schwertern im Land-tagssaale, in der Gewißheit, rechtzeitig verstanden zu werden.

Jenes maßvolle Ausüben der k. Gewalt erzeugte einen neidens-werthen Zustand. Auf dem Gebiete der öffentlichen Verwaltung war eine rasche und sorgfältige Gerichtspflege und Sicherheit des Eigenthums: auf jenem der Religion ein Geist der Duldung, der dem inneren Frieden und den materiellen Interessen so gut diente, das nothwendige, wenn auch nicht immer von beiden Seiten er-wünschte, Resultat.

Mähren wurde bekannt als ein Land, in welchem Jeder nach seiner Weise Gott ungestört anbeten durfte. Ueberläufer aus Böhmen, insbesondere apostasirte Geistliche, zogen häufig nach Mähren. Die Brüderunität fand hier ein sicheres Asyl gegen böhmische Verfolgung und rasch stieg die Anzahl ihrer Anhänger. Die Wiedertäufer, seit dem blutigen Erempel, das an Hubmeyer in Wien statuirt wurde, oft verjagt, kehrten immer wieder zurück, vermehrten sich und wurden nach und nach ein wesentlicher Factor des Nationalwohlstandes, so zwar, daß die Stände, als der König in der letzten Zeit seiner Regierung die Austreibung der Ana-baptisten aus Mähren verlangte, dieses Ansinnen entschieden ab-lehnten, weil die Mitglieder dieser Secte „ausgezeichnete Chirurgen, Gewerbsleute und Feldarbeiter sind," die das Land ohne bedeutenden Verlust nicht missen kann. Als Colonisten, wie als Hausofficiere waren sie den Grundherren unentbehrlich geworden. [15])

Der Hammer, der sonst mit so viel Muth die Ketzer schlug, befand sich seit langer Zeit in milden Händen, die besser das Staatsruder zu führen oder antike Redensarten zu drechseln, als die Sectirer zu unterdrücken verstanden. Der Olmützer Bischof Dubravius war als Staatsmann und Schriftsteller berühmter, denn als Kirchenfürst. Sein Nachfolger Markus Khün glich ihm nur in der vollkommenen Erfolglosigkeit des oberhirtlichen Wirkens. Markus war reich an Klagen über das Ueberhandnehmen der Secten und arm an Thaten.

---

15) Pilat & Mor. hist. Mor. III. 453. Contarini a. a. O. I. I. 349. Mars Moravicus, Pessina Ms. Palacky. P. 9.

Mähren hatte lange keinen äußeren Feind gesehen. Nur einzelne verwegene Räuberhorden, welche den waldigen Gebirgsstock zwischen der Waag und der Beèwa bewohnten, hatten das reizende Rojnauer Thal beunruhigt. Sonst erinnerte nichts Aehnliches an die dunklen Zeiten der Anarchie und Verwilderung des vorigen Jahrhunderts. Eine natürliche Folge dieses Zustandes war ein großer Aufschwung der Gewerbe und des Handels. Das dichtbevölkerte Mähren war die Kornkammer für die Nachbarländer, es hatte bedeutende Viehzucht, berühmten Weinbau, es stand weit im Rufe wohlfeiler Lebensmittel.[10] Durch starke Ausfuhren seines Erntesegens wurde es reich. Es konnte die Erzeugnisse der südlichen Industrie mit seinen Cerealien bezahlen, während die meisten anderen Kronländer es nur mit barem Silber thun konnten.

Die Fischzucht, damals ein Monopol der Grundherren, war für diese eine ergiebige Quelle des Wohlstandes.[11] Es war bekannt, daß das Haus Pernstein ein Einkommen von 170,000 Thln. besaß, in der That für jene Zeit eine ungeheure Summe. Die Lipa, Boskowic, Zierotin, Kunowitz, Neuhaus, Kragiř, Dubsky, Waldstein, Lichtenstein, Zampach, dann im Ritterstande die Tettauer, Zwole, Podstacky, Diniz u. a. waren im Besitze großer Reichthümer. Aber auch die Städte erwarben durch Handel und Gewerbe namhafte Capitalien. Bedeutend sind die Summen, welche Bürger dem Könige oder einzelnen Adeligen vorstreckten. Der Zinsfuß wurde von zehn auf sechs von Hundert herabgemindert, ein untrügliches Zeichen der Capitalszunahme.

Diese Vermehrung des Nationalwohlstandes war von entscheidendem Einflusse auf den Geist der Regierung und der Gesetzgebung. Das Mittelalter hatte die Rechtsanstalten localisirt; die Unabhängigkeit der mit politischen Rechten ausgestatteten Körperschaften war durch eifersüchtiges und sorgfältiges Abwehren centraler und centralisirender Verfügungen geschützt worden. Die Folgen davon sind in die Augen springend: die Freiheit der privilegirten Körper und ihrer Glieder wurde zwar größer, dafür war die Unsicherheit allgemeiner. Der öffentliche Verkehr war mit bedeutenden Schwierigkeiten verbunden, weil oft auf einem

---

[10] Contarini ibi. l. l. 393.
[11] Contarini ibi. l. l. 389.

Districte, der kleiner war als gegenwärtig der Sprengel eines Steuerbezirks, verschiedene Rechte, verschiedene Maße und Gewichte in Gebrauch standen. Der Grundherr war zwar unbeschränkt auf seinem Gebiete, aber dieses Gebiet war arm, man überließ es seinem Ermessen eine Polizeiordnung vorzuschreiben oder nicht vorzuschreiben, und wenn er dazu entschlossen war, kümmerte sich Niemand, ob er die Bierglocke um 6 oder um 8 Uhr läuten ließ, ob er Brünner oder Olmützer Maße zum Gebrauche vorschrieb.

Unter Ferdinand's Regierung ist es anders geworden. Die Stände haben die Annehmlichkeiten des Reichthums empfinden, die Ursache der Zunahme desselben und die Nothwendigkeit eines gleichen Schutzes des Verkehres begreifen gelernt, sie folgten willig jenen centralisirenden Impulsen, die von der Krone ausgingen. Sie legten sich Beschränkungen auf, und unterwarfen sich allgemeinen Verordnungen. Verhältnisse, die früher jeder selbst und jeder nach eigenem Ermessen auf seinem Territorium durch Gemeinde- und Herrschaftsordnungen regelte, wurden jetzt von der ständischen Körperschaft für's ganze Land geregelt. Es wurden Bestimmungen über die Preise der Lebensmittel: Satzungsvorschriften, wenn auch nicht als bleibende Regel, erlassen. Eine Landesgensdarmerie vorerst auf Kosten der k. Städte ist zum Schutze des Eigenthums und der Person der Reisenden errichtet worden. Die Erhaltung und Säuberung der öffentlichen Straßen nach gewissen technischen Regeln wurde den Grundherren zur Pflicht gemacht. Die ersten Grundzüge eines Jagd- und Waffengesetzes entzogen den Unterthanen die Möglichkeit die Jagd auszuüben und das Befugniß Waffen zu tragen. Ueber Münzen, Maß und Gewicht wurde beschlossen, daß jene vollwichtig [18]) auszuprägen sind, diese im ganzen Lande gleich sein sollen. Endlich wurden entsprechende Maßregeln zur Disciplinirung und Regelung des Gesindewesens: der bezahlten Arbeitskraft, beschlossen. Patente zum Schutze des literarischen Eigen-

---

[18]) Die Erhaltung der Ordnung im Münzwesen war immer ein Gegenstand der größten Sorgfalt der Stände. Besonders bedeutungsvoll für unsere Münzgeschichte ist die im Znaimer Copiar L. A. Nr. 5. aufgenommene Landtagsverhandlung zu Brünn, Samstag nach Gottsanfahrt, 1460.

thums, freilich noch in Gestalt von Privilegien, ermunterten und
belohnten den fleißigen und talentirten Schriftsteller. [10])

So war jeder Schritt des Königs und der Stände zur einheitlichen Gestaltung der inneren Politik, damals ein großer Fortschritt in der Gesittung.

Unmerklich aber entschieden bereitete sich in Mähren auf
diesem Wege und als Ergebniß jenes friedlichen Kampfes zwischen
Krone und Ständen der Uebergang zu der modernen Staatsidee
vor, in langsamer aber organischer Entwicklung, indem an der
Stelle des zerbröckelten veralteten Baues das Neue, Lebenskräftige
emporwuchs, von der schöpferischen Idee getragen, dem öffentlichen
Wohle das Interesse der Einzelnen zu unterordnen. Mit diesen
Anfängen kann auch das Aufdämmern einer anderen damit eng
verschwisterten gesellschaftlichen Umwälzung beobachtet werden. Das
Abgaben-System trat an die Stelle der verkümmerten Domainen-
wirthschaft, die Geldleistung statt der Heerfolge. Die Regierung
benöthigte häufig Geld und war nicht im Stande, es auf dem
Wege der Besteuerung zu erhalten. Da wurden Anleihen gemacht,
über deren Verwendung man keine Rechenschaft gab. Es war
dies ein höchst einfaches Mittel, den Staatssäckel zu füllen, aber
auch das Mittel, jene Selbstständigkeit der Action, die man auf
einem Wege gewonnen hatte oder zu gewinnen hoffte, auf dem
anderen zu verlieren. Die Gläubiger des Staates waren an seiner
Verwaltung interessirt. Es war für diese Art Geld zu machen
gerade eine günstige Zeit gekommen. Capitalien hatten sich ange-
sammelt, welche den Bedürfnissen der k. Kammer entgegen kamen
und im öffentlichen Schatze eine ebenso sichere als vortheilhafte
Anlage fanden, denn es war damals nicht so leicht, ein Capital
fruchtbringend anzulegen; da das todtliegende gemünzte Silber der
Steuer unterworfen blieb, wurde es in Trinkgefäße verwandelt,
um es dadurch wenigstens abgabenfrei zu machen. Die bäuerlichen Naturalabgaben und Arbeitsleistungen wurden häufiger
als sonst in standhafte Zinsungen verwandelt. Das Abfordern
der unter dem Namen „Hemdgeld" bekannten schmachvollen Abgabe wurde vom Landtage untersagt. Die Naturalwirthschaft war
nicht mehr allein herrschend; eine andere Wirthschaft begann sich

[10]) Meine Regesten I. l. P. 193. n. 46.

zu entwickeln, die erst in neuester Zeit die erstere vollständig verdrängte —: die Geldwirthschaft. Sobald sich diese geltend macht, findet sie mächtige Vogte und Schirmherren, welche die fleißige Arbeit und den Trieb zur Capitalsansammlung pflegen und beschützen; wie sie die Reformation unterstützt, wird sie auch von dieser mächtig gefördert, Handel und Wandel bringen der Markgraffschaft Reichthümer, mit dieser schmuggeln sich bald neue Secten bald unternehmende Reformatoren in den k. Städten ein, welchen die Maske des Kaufmanns ein sicheres Schutzmittel ist. Wiedertäufer und Juden werden geduldet, weil sie enorme Abgaben zahlen, — sie zahlen enorme Abgaben, da sie im Handel und Gewerbe Meister, und eben so sehr eine Erwerbs- als eine Religionsgenossenschaft sind. Denn die Wiedertäufer widmeten ihr Leben nicht blos dem Gebete, sondern auch der Arbeit. Das Geheimniß ihrer vorzüglichen technischen Leistungen beruhte auf Arbeitstheilung, die nicht allein ihr gewerbliches, sondern auch ihr sociales Leben umfaßte.

Sonderbar ist, daß gerade die Barone jene Geldwirthschaft mit aller Macht fördern, welche später der größte Widersacher ihrer Privilegien wurde.

Neben der Schand- und Schund-Literatur, die durch geist- und witzlose Pamphlete auf Andersgläubige vertreten war, gab es Männer, welche dafür Sorge trugen, den guten Geschmack zu erhalten, das Antike mit dem Christenthum in der Wissenschaft zu versöhnen, sie warben Gesellen für das edle geistige Handwerk und gründeten die ersten gelehrten Zünfte. Schulen sind vermehrt, Talente aufgemuntert worden. Die Städte blieben dort nicht zurück, wo die Cavaliere mit so edlem Beispiele vorangingen; wie oft wurde nicht ein vaterländischer Dichter, trotz des erbärmlichen Lateins und der leeren Phrasenflöskeln seiner Verse durch die freigebige Hand eines Stadtrathes belohnt. Iglau allein konnte ein namhaftes Dichter-Contingent stellen: Jakob Holzer, Math. Eberhart, Paul Zuber, Jakob Sorgenfrei, Martin Neumayer, Caspar Stolzhagen, Bernard Sturm, Michael Abel, Johann Hynko, Johann Kergelius u. A.[20]) Es gehörte zum guten Ton, im Budget der Commune eine Rubrik der Wissenschaft und ihren Jüngern zu überlassen.

---

[20]) D'Elvert Gesch. v. Iglau, 232 & ff.

Wenn es Ferdinand gelang, die Macht und Würde der
Krone zu behaupten, so war seines Nachfolgers Maximilian Herrschaft hingegen ganz nach dem Sinne der Stände. Wollte diese erlauchte Körperschaft unbequeme Verordnungen des Kaisers unwirksam
machen, so war sie des Erfolges gewiß, wenn sie ihren Widerspruch auf irgend ein Privilegium oder selbst auf eine ehrwürdige
Gewohnheit stützen konnte. Der mährische Adel protestirte einst
gegen die Bestimmung daß die utraquistische Geistlichkeit unter des
Olmützer Bischofs Aufsicht gestellt,[21]) daß Generalvisitationen durch
diesen gehalten werden. Darauf bemerkte Maximilian, daß es den
Ständen ganz frei stehe, dies anzunehmen oder abzulehnen, wenn
jene Bestimmungen den Landesfreiheiten zuwiderlaufen.

Kurz vor dem Tode des alten Kaisers hatte Maximilian
einem Landtage in Mähren beigewohnt, er bewilligte und bestätigte
Alles, nur in der Troppauer Sache konnte er nichts thun, da er
sich mit Schlesien schon zu tief eingelassen hatte.

Mit dem Gefühle, die Stände werden zufrieden, ihm sehr
dankbar sein, verkündete er ihnen, daß sein Sohn und Nachfolger
Erzherzog Rudolph aus Spanien kommen würde, um Sitten, Gebräuche und die Sprache des Landes kennen zu lernen.

Einmal, am Anfange seiner Regierung, versuchte er Etwas
gegen die Wiedertäufer zu unternehmen. Als die Stände einigen
Widerstand machen, ließ er davon ab. Seither wird in keiner
königlichen Botschaft der Religionsfrage mehr erwähnt. Nicht allein
diese, auch andere öffentliche Angelegenheiten, die vom alten Hofe
beachtet wurden, sind jetzt aus dem Programme der königl. Postulate
verbannt worden. Maximilian beschränkte sich darauf, den wichti-
geren Landtagsartikeln, welche die Stände Mährens zur Vorlage
geeignet fanden, wie z. B. über Volljährigkeit der Herren und
Ritter, über Testamente, Einlagen, Schmähschriften und andern,
das königliche Siegel anzuhängen.

Die Geldfrage erscheint in den k. Postulaten um so häufiger.
Es ist nicht anders, als ob ein Compromiß zwischen Max und
den mährischen Ständen zu Stande gekommen wäre. Er fordert
bedeutende Beisteuer; sie wünschen unbeschränkte Selbstverwaltung
und Selbstgesetzgebung. Der Kaiser fand sie immer bereitwillig,

---

[21]) Gindely a. a. O. II. 36.

den Säckel zu öffnen, die Stände haben keinen Anlaß wirkliche Beschwerden einzubringen, er läßt sie in Allem gewähren.

Die Befriedigung der Stände zeigte sich in den Geldsummen, die sie dem Kaiser bewilligen. Durch viele Jahre wird eine namhafte Haus-, Kopf- und Verzehrungssteuer gewährt. Die Trank- steuer steigt bis auf 5 Groschen für das Faß. Unter Ferdinand betrug die Gesammtsumme der Steuern in einem Jahre 300,000 Thaler. Mar bezieht allein durch die Haus- und Verzehrungs- steuer 230,000 Thaler im Jahre. Die Finanznoth zwingt ihn, Geldabgaben der Aushilfe durch Mannschaft vorzuziehen, allein bei großen Türkengefahren stellen die Stände auch noch 600 Reiter, Aufgebot und Gränztruppen auf. Zur Erwerbung der polnischen Krone versprachen sie ihm das Möglichste zu thun; für Proviant und Kriegszufuhr — obwohl dazu Niemand verpflichtet ist — wollen sie gerne Sorge tragen. Bei der Einhebung und Verrech- nung der Abgaben und bei den Controlmaßregeln gestatten sie ihm einen entscheidenden Einfluß. Als die ständischen Einnehmer mit den öffentlichen Geldern Wucher trieben, stellen sie ihm frei, die Steuern durch andere von ihm ernannte, verläßliche Personen einheben zu lassen. Dafür werden nie Klagen erhoben über Vor- ladungen mährischer Landherren vor das f. Hofgericht, Niemand wird seinem ordentlichen Richter entzogen. Die Landtagsartikel erhalten Gesetzeskraft ohne Mitwirkung des Königs; das früher so sehr verpönte Tobitschauer Buch ist, insolange die neue Lan- desordnung nicht compilirt wurde, als Grundgesetz in vollster Wirk- samkeit.[21ᵃ]) Sogar in der Troppauer Frage erwirken sich endlich die Stände ein günstiges Interim. Die böhmischen Reichs-Con- gresse, welche von den Kronländern beschickt wurden, bestanden seit alter Zeit, wir haben auf ihre Bedeutung unter Ferdinand's Regierung aufmerksam gemacht. Wenn auch die Abgeordneten, welche immer nur der mährische Landtag wählte, Instructionen hatten und die Beschlüße des Congresses an die Ratification der Provinziallandtage gebunden waren, so wurden diese Beschlüße in der Regel agnoscirt; dann aber, als sie sich zu willfährig zu zeigen glaubten, geschieht das Gegentheil, um ihre Autonomie zu

---

wahren. Als Kaiser Max einen Congreß berief, sandte Mähren Abgeordnete, allein die Stände erwirkten. den Revers, daß jene Beschickung ihrer Selbstständigkeit nicht abträglich sei. Um ein Beispiel zu geben und ein Präjudicat zu schaffen, beschließt der Landtag einmal das Gegentheil von dem, was am Congresse vereinbart wurde; dann wieder verweigern sie die Beschickung als zu kostspielig.[22]) Nur höchst selten traten die Congresse zusammen, da am Ende doch Alles vom Provinziallandtage abhing.

Diese Politik ließ den Ständen völlig freie Hand. Die alte Lust am Regieren, am Maßregeln und Discipliniren, zur Zeit und durch das Beispiel Ferdinand's mächtig angeregt, kam nun zur vollen Reife und Entfaltung. Es war die wahre Zeit der gegebenen Statuten. Dorf und Stadt, Literaten und Zünfte, Krieg und Polizei, Schule und Kirche empfanden die ordnende Hand der Landherren. Characteristisch ist der Eingang der meisten Gemeindestatuten; nach der Anordnung über den Besuch des Gottesdienstes werden gleich die Pflichten gegen den Grundherrn aufgezählt. Diese Statute sind nichts anderes als eine Hausordnung für die grundherrlichen Arbeitskräfte. Die nicht ständischen Corporationen bestehen nur äußerlich, ein Reichthum juristischer Formeln umgibt sie, allein der alte autonome Geist ist nicht mehr, die Stände und ihre Genossenschaft treten als Erben aller Selbstherrlichkeit ein. Alle besondern politischen Berechtigungen und Existenzen gehen in der ständischen auf.

Durch die octroyirten Ordnungen wollten sich die Stände allen politischen Einfluß und eine absolute Herrschaft sichern, und dann den schmalen Kreis socialer Berechtigungen, welche den anderen Corporationen übrig geblieben waren, generalisiren, den Zunftgeist nach einem starren Zuschnitt bilden, den Vorrang der Formel begründen. In dem Maße, als Gesetze, Ordnungen und Statuten, vom Landtage und von den einzelnen Gliedern desselben gegeben, zunahmen, stieg naturgemäß die Anzahl der Organe, welche die Befolgung jener Normen zu überwachen hatten. Mit den Herrschaftsbeamten wurde innerhalb des Gutsterritoriums ein Organismus eingeführt, welcher den Unterthanen den Vorgeschmack

---

²²) Der Landtag mußte eine Umlage von 2 fl. auf 1000 fl. bewilligen, um die Kosten der Deputation (welche aus 16 Mitgliedern bestand) zu decken.

des Polizeiftaates gab. Man sieht, daß die Grundherren die Erfinder eines Systems waren, dem sie später, als sie die Kehrseite desselben empfanden, eine entschiedene Opposition machten. Die einst autonomen Markt- und Stadtgerichte werden von grundherrlichen Beamten gehegt; die Civil- und Kriminaljustiz stand nur den Grundherren zu.[23]) Die Verwaltung des Gemeinde- und Waisenvermögens wurde einer strengen buchhalterischen Controle unterworfen. Der Bauer durfte die Wolle nur in Städten veräußern, er mußte die Feilschaften des Grundherrn vorkaufen, konnte nicht mehr als einen Bauerngrund besitzen und ohne Genehmigung des Grundherrn-Obereigenthümers sich für Niemanden verbürgen oder Theile seines Grundes verkaufen. Die öffentlichen Lasten stiegen mit den Leistungen an den Grundherrn, welche mit den ersteren bei der Eintreibung ein gleiches Vorrecht genoßen. Die indirecten Steuern wurden von der Regierung den Ständen durch die Begründung mundgerecht gemacht, daß sie ohnehin auf den gemeinen Mann überwälzt werden und er „dessen nicht inne wird."[24]) Sie benehmen sich wie Könige, zuweilen sind sie ihren Städten gnädig; die Stadt Proßnitz erhielt von ihrem Herrn das Privilegium, nicht eher zu huldigen, als bevor jener nicht alle ihre Rechte confirmirt hatte.[25])

Die Bauern mußten einmal sogar je 35 einen gerüsteten Reiter stellen. Winkelschreiber, welche Beschwerden der Unterthanen zu Papier brachten, strafte man mit Strenge; derjenige, welcher sie wider seinen Erbherrn vertrat, büßte sein Vergehen sogar mit dem Tode. Dagegen konnte sich der Mörder eines Unterthans[26]) mit einer mäßigen Geldsumme noch immer loskaufen.

Diese strenge, auf sinnreiche Art vervollkommnete Disciplin, diese ehernen Schranken und Bande, womit der dienstbare Theil der Gesellschaft umgeben war, ist nothwendig, um die Unabhängigkeit des herrschenden Theiles zu sichern. Auf diese Art basirte die absolute Freiheit der Einzelnen auf einer Unterdrückung der Uebrigen. Alle Kräfte der Gesellschaft sind in Bahnen geleitet, welche

[23]) Contarini a. a. O. I. I. 389.
[24]) Buchholz a. a. O.
[25]) Codex Prosnic. MS. Boczok'sche Slg. Fol. 69/b.
[26]) Böhm. L. O. 1579.

convergent nur zu dem einen Ziele führen und dem einen Zwecke dienen, der Macht und Herrschaft der ständischen Genossenschaft. Die einzelnen Glieder derselben erfahren nur jene Beschränkungen zur Förderung des Wohles des Ganzen, die wir vorher gezeichnet haben und die zuletzt doch den Einzelnen zu Gute kommen. Die Unterwerfung des niederen Adels, des kleinen freien Grundbesitzers ist durch die Zuweisung ihrer Güter unter der Realgerichtsbarkeit der Landherren vollendet und abgeschlossen.[27]) Das bürgerliche Element ist seit lange nicht mehr agressiv, es beschränkt sich, wie der Bischof von Olmütz, darauf, das eigene kleine Gebiet autonomer ständischer Rechte zu vertheidigen. Katholiken und Protestanten stellen sich keinen Widerstand entgegen, wo es sich um die grundherrliche Macht handelt. Die heißesten Kämpfe, die im Landtagssaale gekämpft wurden, sind Competenz- und Rangstreitigkeiten der oberen Stände unter einander.

Näherte sich Mähren unter Ferdinand der monarchischen Verfassung, beschränkt durch ständische Institutionen, so wurde es unter Max eine Oligarchie, gemildert durch das Dasein eines Königs. In einem Puncte glaubten die Stände das Staatsschiff fest am Grunde geankert zu haben. In Mähren herrschte unbeschränkte Freiheit der Culte und des Gewissens, durch diese waren mächtige Interessen an den Bestand einer Verfassung geknüpft, welche jener Freiheit so ausgedehnten Schutz gewährte; dann aber war die Herrschaft der Stände eine nationale. Die ganze Bevölkerung stimmte darin überein, diese einer fremden vorzuziehen. Es war ein characterischer und bedeutungsvoller Zug unseres Volks, daß es die Neigung hatte, den nationalen und den kirchlichen Bestrebungen bei Conflicten den Vorrang einzuräumen. Auf diese beiden Elemente stützte sich vorerst die Herrschaft der Stände.

---

[27]) Der verarmte niedere Adel widmete sich jetzt dem Gewerbestande oder der Beamtenlaufbahn. „Wenn sich der niedere Adel in der Stadt (Proßnitz) niederläßt, so darf er nicht Gewerbe treiben, wenn er sich nicht den städt. Lasten unterwerfen oder Stadtämter übernehmen will." 1538. Cod. Prosnic. Boczek N. B. S. 66.

Der Forstmeister, der Herrschaftshauptmann, der Burggraf, der Secretär des Herrn J. v. Pernstein waren vom Adel. Ibi S. 53.

Antonius, Diener, d. i. Agent des Brucker Abtes, war vom Adel. Brucker Copiar Nr. 7. S. 312—322, und so durchgehends.

Das Streben Ferdinand's, keine anderen Bekenntniſſe zu
dulden, als die verfaſſungsmäßigen — das katholiſche und utraquiſtiſche — war erfolglos, verſchwunden die Hoffnung, durch
Gewährung des Layenkelchs auch dieſe beiden endlich zu vereinigen
und die Früchte des Tridenter Concils in den böhmiſchen Erblanden zu ernten. Dieſe Verſuche waren geſcheitert, weil die
Utraquiſten in ihrer großen Mehrheit den Umbildungsproceß unter
der alten Hülle vollendet hatten. Die ſogenannte evangeliſch-deutſche
Reformation hatte ſie ganz und gar ergriffen. Die Annahme, als
ob die Utraquiſten doch Katholiken wären, hatte ſich als leere
Fiction erwieſen. Selbſt der Widerſpruch, zu dem ſich Ferdinand
mit ſeinem Grundſatze, verbriefte Rechte zu reſpectiren, bewegen ließ,
indem er das Recht der böhmiſchen Stände, das utraquiſtiſche
Conſiſtorium zu beſetzen, ſelbſt ausübte, führte die entgegengeſetzten
Reſultate herbei. Er war der Meinung, auf dieſem Wege die
lutheraniſirenden Utraquiſten ſchwächen und die alten Utraquiſten
ſtärken zu können, allein die trennende Kluft wurde nur noch
größer, der Riß ſichtbarer, da die erſteren die Autorität jener Behörde nicht anerkannten.

Nichts iſt bedeutungsvoller und characteriſtiſcher, als die
Auflöſung der Compactate. Jene denkwürdigen Verträge, für welche
Böhmens Volk die ganze Welt in Angſt und Schrecken jagte,
Unerhörtes geleiſtet und Unerhörtes gelitten hat, ſind ein Jahrhundert ſpäter von Böhmen aus verurtheilt und vernichtet worden. Ein böhmiſcher König war es, der ſie bekämpfte, weil das
Volk ſie vertheidigte und abgedrungen hatte, und wieder ein böhmiſcher König war es, der ſie gegen dies Volk in Schutz nahm,
weil dieſes Volk in der Politik Ferdinand's, die Compactaten zu
erhalten, nur die Entnationaliſirung der Kirche, die Reſtauration
politiſcher und kirchlicher Fremdherrſchaft erblickte. Die Schwäche
derjenigen, welchen die Pflege der katholiſchen Herde anvertraut
war, der Zerſetzungsproceß im Utraquismus, der Mangel einer
Disciplin bei der katholiſchen Oberleitung, erzeugte Licenzen, eine
tiefe und allgemeine Unſittlichkeit und Corruption in der utra-
quiſtiſchen Prieſterſchaft. Aber auch die katholiſche war moraliſch
verkommen. Klagen häufen ſich auf Klagen über zahlreiche Apo-
ſtaſien. Am erſten Tage, erzählte man von einem katholiſchen
Prieſter, las er die erſte Meſſe, am zweiten ließ er ſich trauen!

Sogar ein Prior von St. Thomas, Georg Koller, apostasirte und entlief. Man bekriegte sich mit Zehentverweigerung. Wenn der Bischof einer Gemeinde befiehlt, dem abtrünnigen Seelsorger den Zehent zu entziehen, so wartete ein protestantischer Grundherr auf keinen höheren Impuls, um einen rechtgläubigen Pfarrer sofort auf's Trockene zu setzen. Daher ein ewiger Wechsel, Elend und Noth der Seelsorger; oft gehen sie in Bauernkleidern und Lumpen umher, andere sind Bierschänker und Feldarbeiter, nur um den Bettelstab nicht ergreifen zu müssen. Mancher Landherr bemächtiget sich der Pfarreinkünfte, überläßt der Gemeinde die Collatur, die sich um den billigsten Preis einen Seelsorger auf kurze Zeit miethet. Die Grundherren unterwarfen eine Zeit hindurch die Geistlichen ihrer Gerichtsbarkeit. [28]) Das Verbot, daß die Geistlichkeit, der Bischof ausgenommen, Güter kaufe, war immer in Wirksamkeit.

Was den strengen und ernsten Maßregeln Ferdinand's in Religionssachen nicht gelang, konnte von Max nicht einmal versucht werden. Der Ruf, ein Freund der Protestanten zu sein, war ihm vorausgegangen; die Folgen sind leicht zu ermessen. Zugleich mit dem Tode des Kaisers Ferdinand sinken die letzten Schranken. Mancher, welcher aus gewohntem Gehorsam den alten Glauben bewahrte, hatte nun keine Ursache, seine Ueberzeugungen zu verläugnen und seiner Leidenschaft Zügel anzulegen. Pfarren, die bisher noch mit katholischen Seelsorgern besetzt waren, wurden jetzt nur akatholischen Pastoren überlassen; fast in jeder Pfarre ist dieser Proceß vorgegangen. Eine solche Umstaltung war immer das Signal für den Ausbruch von Zuchtlosigkeiten unter den Pfarrlingen. Ausgelassene Lustbarkeiten, unehrbare Kleider, Tanz, Kartenspiel und Völlerei waren an der Tagesordnung, der Ehebruch und andere Vergehen mehrten sich in bedenklicher Art. Der Landtag sieht sich sogar veranlaßt, sittliche Uebertretungen mit harten Strafen zu belegen, und den Grundherren zu empfehlen, den

---

[28]) Die Kinder utraq. Priester waren Leibeigene des Grundherrn. Codex Zierot. Strazn. Meine Bibl. S. 32. 6. Joh. v. Zierotin befreit 1552 den Pfarrer von Lipow vom Heimfallsrecht und dessen Kinder von der Leibeigenschaft. Auch die Bürger unterthäniger Städte waren Leibeigene; wenn der Kaiser einen solchen Bürger adeln wollte, mußte sich dieser von seinem Grundherrn die „Entlassung" erwirken.

Unterthanen ein gutes Beispiel zu geben. Es war dies eine Eigenthümlichkeit der Nation, daß die practische Seite der Reform durch die Laienwelt immer Nachdruck erhielt.

In Znaim, einer der volkreichsten Städte Mährens, das im J. 1560 beinahe noch ganz katholisch war, wohnten nach einem Decennium der Frohnleichnamsprocession aus den Stadtbewohnern nur zwei Bürger bei, die anderen waren alle der Reformation beigetreten. [29]) Unter dem hohen Adel Mährens war der einzige Zacharias von Neuhaus katholisch. [30]) Die Zahl der Akatholiken war im raschen Zunehmen begriffen, die Katholischen schmolzen dagegen auf ein kleines Häuflein zusammen, so daß man sagen konnte, der Protestantismus sei in Mähren vorwaltend. Listige in Lumpen gehüllte Schwärmer zogen von Ort zu Ort, das Evangelium predigend; da dieselben Armuth zur Schau trugen und Unkenntniß im Lesen und Schreiben affectirten, durch genaue Bibelkenntnisse jedoch die Zuhörer in Staunen versetzten, wollten sie an die ersten ehrwürdigen Verkünbiger des Christenthums, erinnern; sie verdrehten dem schwärmerischen Volke den Kopf und ließen sich als Propheten verehren! [31])

Es war nicht allein die Zahl der katholischen Geistlichen eine sehr geringe, auch die Hoffnung auf genügenden Nachwuchs schwand immer mehr, man mußte junge Geistliche ganz gegen die Vorschrift, aus andern Diöcesen kommen lassen.

Bischof Wilhelm, ungleich seinen Vorfahren, war ungemein thätig, er hielt Synoden [31a]) und Missionen ab, schrieb Generalvisitationen aus, vergrößerte das Olmützer Jesuitencollegium, suchte die gesunkene Disciplin der Geistlichen durch Wort und Beispiel zu heben. In Troppau, das Bischof Wilhelm auf einer Missionsreise besuchte, wurde er von der Bürgerschaft verhöhnt und beinahe gesteinigt. Reclamationen, welche der Bischof in Gemeinschaft mit den Jesuiten am Prager Hofe erhob, wurden nicht beachtet, und deren Erledigung durch den Einfluß der Patrone der Sectirer verschoben. In Schmähschriften gegen die Katholiken feierte man

[29]) Brucker Copiar Nr. 7. 284. L. A.
[30]) Wolny's kirchl. Topographie I. I. 78.
[31]) Brucker Cop. a. a. f 329.
[31a]) Gindely a. a. O. II. 49.

diesen Sieg der rohen Gewalt; die Kaufleute und Handwerker in andern Städten Mährens folgten diesem Beispiele, erklärten sich in Massen für die Lutherische Lehre und bedrohten in Spott-liedern die katholischen Seelsorger mit der Behandlung, die dem Bischofe in Troppau widerfahren war.

„Die Angelegenheiten des Katholicismus", schrieb ein Zeit-genosse, „nehmen täglich eine schlimmere Wendung. Wenn nicht Gott Hilfe sendet, ist dieser Zustand nicht mehr zu ertragen. Der weltliche Arm ist unmündig und steht unter dem Einfluß nordischer Götter. Die deutschen Fürstlein beherrschen ihren Herrn, so daß er ein Schattenkönig wirklicher Könige ist. In Prag pro-phanirten vier der Vornehmsten: der Sachse, der Brandenburger, der Braunschweiger und der von Brieg die heilige Fastenzeit — durch Bachanalien. Schundelin und andere streuen durch ihre Predigten Gift unter den Pöbel. Wenn wir (Katholiken) ultra-montane Patrone suchen wollten, würde man uns mit Abscheu zurückweisen."... [32])

Zu früh sank Bischof Wilhelm in's Grab und in rascher Folge die zwei Bischöfe Johann XIV. und Thomas, zu früh, um den Missionen und Visitationen Erfolge zu sichern.

Das, was der akatholischen Lehre so viele Proseliten ge-wann: der Mangel einer Kirchenverfassung und Zucht, durch wel-chen die ungebundenen Geister sich zu jener Confession hingezogen fühlten, war übrigens zugleich die Ursache des inneren Verfalles derselben, und gewiß, sie wäre bei dem ersten energischen Anprall rasch in sich gesunken, wenn nicht eben die politische und nationale Seite der Frage den Anhängern der akatholischen Lehre eine seltene Energie und einen starken Halt gegeben hätte. So stützten und ergänzten einander Reformation, Vaterlandsliebe und der Un-abhängigkeitssinn der oberen Stände.

Eine kirchliche Oberbehörde für die Lutherischen war in Mähren nicht vorhanden. Nicht zu allen Zeiten und nicht durch-greifend läßt sich die Jurisdiction des utraquistischen Consistoriums in Mähren nachweisen, höchst wahrscheinlich, weil man der Ab-hängigkeit von fremdländischen Behörden in Mähren so entschieden

[32]) Hurtado Perez. Briefe des Rectors des Brünner Jesuitencolleg. 1570. L. Arch.

abhold war. Graf Harbegg verfuchte, doch fruchtlos, die Begrün-
bung eines folchen für Luthers Anhänger in der Markgraffchaft.
Die Anarchie und Gefeßlofigfeit auf diefem Gebiet war, wie es
fcheint, ein durchdachtes Princip der Barone, um fich damit neue
Feffeln fern zu halten, denen fie überhaupt fo feindlich waren.

Zu der Corruption der Sitten gefellte fich eine noch größere
Verderbtheit, die der Ueberzeugungen. Wenn das heiligfte, der
Glaube, ein Diener der Leidenfchaften war, was gab es denn,
das nicht ein Spiel des Eigennußes und der Käuflichkeit geworden wäre?

Anders waren die Zuftände der Brüder-Unität. Sie war
ein lebendiger Proteft dagegen, ein wohlthuender Gegenfaß zu
der herrfchenden Zuchtlofigkeit. Der Hauptfiß der Regierung der
Brüder-Unität war jeßt Mähren. Ferdinand's fcharfe Mandate
vertrieben viele Brüdergemeinden aus Böhmen. Ein großer Theil
wanderte nach Preußen und Polen aus, andere zogen nach Mähren;
hier waren fie vor Verfolgungen ficher. Vergeblich forderte Ferdinand vom Landtage die Auslieferung apoftafirter und nach Mähren
geflüchteter Geiftlichen. Die Stände vertheidigten immer erfolgreich
das religiöfe Afilrecht — die Freiheit der Gewiffen. Selbft die
Bifchöfe (vor Wilhelm) duldeten die Brüder-Unität auf ihrem
Gebiete. Gefchah dies unter Ferdinand, um wie viel freier mußte
die Bewegung fein während der Regierung feines Sohnes. Nicht
als ob diefer den Brüdern befonders geneigt gewefen wäre; im
Gegentheil, fie erfchienen in feinen Augen mit Unrecht wie Leute,
die doppelt abtrünnig, die von Rom und Luther zugleich abgefallen waren. Aber fie konnten fich freier bewegen, weil es in Marimilian's Wefen lag, gewähren zu laffen. In der That wir fehen,
daß die vornehmften Senioren in Mähren ihren Siß auffchlugen,
daß hier die wichtigften Synoden abgehalten wurden, daß fich
die Brüder faft auf jedem Herrfchaftsgebiete befanden.

Die Gefchichte der Brüder im XVI. Jahrhundert ift vornehmlich die Gefchichte des Einfluffes und der Einwirkung der deutfchen
Reformation auf ihre Lehre. Zahlreiche Verfuche find gemacht worden, um bald mit Luther, bald mit Calvin in innige Beziehungen
zu treten; fie glaubten, ihre Genoffenfchaft würde mehr beachtet
werden und fich befeftigen, wenn fie den Schuß und die Sanction
der großen Häupter jener Reformation fuchen. Mehr aus diefer

Anschauung als aus dem Bedürfnisse, eine völlige Uebereinstimmung in der Lehre festzustellen, lassen sich jene Schritte erklären, und wenn die Verbindungen bald wieder abgebrochen wurden, wenn die Brüder in der Lehre schwankten, wenn sie in dem Wortlaute derselben z. B. in der Lehre vom Abendmal mit diesem, im Sinne mit den andern Reformatoren mehr übereinstimmen, so lag dies eben in dem Umstande, daß sie selbst nicht das größte und ausschließliche Gewicht auf die Lehre legten, und dann daß sie sich immer bewußt waren des nationalen und socialen Unterschiedes, der sie von den Lutheranern und Calvinern trennte. Für diese Eigenthümlichkeit wollten sie gleichsam auch mit der Lehre einstehen und sich gefallen lassen, daß man ihnen vorwarf, ihr Lehrgebäude sei nicht abgeschlossen. Dennoch kann nicht geläugnet werden, daß die Brüderconfessionen dieses Jahrhunderts tiefe Spuren tragen des Schwankens und des Einflußes der Reformation; aber gleichviel formuliren sie auf dem Lehrgebiete ihre Trennung von Rom immer schärfer. Entscheidend in diesen Entwicklungen waren die Resultate und die practischen Folgen der Reformation, welche die Brüder immer genau beobachteten. Endlich sprechen sie sich bestimmt gegen das Lutherthum aus. Die tiefe Verderbtheit derjenigen, die sich Evangelische nannten, die Unsittlichkeit ihrer Priester, das ganze wirre gesetzlose Wesen, die unwürdige Botmäßigkeit der Seelsorger unter der eisernen Hand weltlicher Zwingherren flößte den Brüdern Haß und Verachtung ein. Sie, die sich einer schärferen Zucht rühmen konnten, empfanden den stärksten Widerwillen gegen das wüste Treiben. Nichts ist bezeichnender, als das Urtheil Bruder Blahoslaw's über die lutherische Geistlichkeit: „Die Glieder derselben greifen nach den Büchern Luthers und brüsten sich mit dem Evangelium; doch sind sie ganz und gar gottlose Leute und thun alles Mögliche um Gewinn, ohne alle Ordnung führen sie einen nichtswürdigen Lebenswandel."[33])

Je mehr sich die Brüder von den Lutheranern entfernten, desto mehr näherten sie sich den Calvinern. Der Berührungspuncte mit diesen in Bezug auf Lehre und Leben gab es viele. Handelte es sich um eine Sanction des Brüderbekenntnisses, um eine Verbindung, die der Unität Halt geben sollte, so wurde diese

---

[33]) Gindely a. a. O. I. 16.

in der Schweiz gesucht. Nicht mehr nach Wittenberg, sondern nach
Heidelberg, Straßburg, Genf und Basel wurden junge Glieder der
Unität, auch Jünglinge vom Adel, zur Vollendung ihrer Studien
gesendet. Theodor Beza suchte bald durch persönlichen Verkehr,
bald durch briefliche Mittheilungen die letzten Unterschiede in der
Lehre zwischen den Reformirten und den Brüdern zu beseitigen.
Auch in Deutschland gab es Theologen, welche eine Einigung
zwischen den Calvinern und den Brüdern zu Stande bringen
wollten. Die Cavaliere der Unität gründeten eine Schule für die
adelige und nicht adelige Jugend zu Eibenschitz und anvertrauten
Esrom Rüdiger, welcher aus Sachsen fliehen mußte, die Leitung
derselben. Seine Absicht war es, zugleich für jene Vereinigung
zu wirken, er befaßte sich in dieser Richtung mit der Drucklegung
einer Bibel, mit der Erklärung der Psalmen, und lenkte den
Unterricht im calvinischen Geiste.

Die Brüder Senioren wollten die vom Pfalzgrafen einberufene Synode der Reformirten zu Frankfurt beschicken, sie erklären damit ihren Beitritt zu einer der großen politisch-religiösen
Liguen, die sich in Deutschland organisirten, deren fürstliche Häupter
auf die Bildung und Befestigung der politisch-religiösen Parteien
in den Erbländern Oesterreichs einen wesentlichen Einfluß nahmen.

Aber selbst bei den innigen Beziehungen zum Calvinismus
hat sich die Unität nicht aufgegeben, sie constatirt sorgfältig die
Unterscheidungsmomente; die Brüder halten sich immer für die
wahren Nachfolger Huß's, für die Verkörperung der kirchlichen
und nationalen Ideale desselben. Diese Tradition, die sich immer
lebendig erhielt, fesselte die Brüder an Böhmen und Mähren und
war eben der vornehmste Punct, welcher sie von den Reformirten
unterschied. Das Land, in welchem ihre Genossenschaft entstand, der
Boden, auf welchem das Blut ihrer Märtyrer floß, die Sprache,
in welcher Augusta predigte, Blahoslaw seine berühmte Gram-
matik schrieb, war der Gegenstand der zärtlichsten Liebe der Brüder.
Von diesem Boden vertrieben — in Ländern zerstreut, wo fremde
Sprache an fremde kalte Vergangenheit mahnte, entarteten in der
Folge die Brüdergemeinden und gingen in verwandte Secten auf.

Die innigen Berührungen mit Deutschland und der Schweiz
blieben nicht ohne Einfluß auf die Entwicklung der Brüderliteratur. Die Brüder begriffen, wie sich classische Bildung mit dem

Christenthum versöhnen, wie man den Geist an den Schriften des Stagiriten schärfen könne, ohne ein Heide zu werden, daß Kunst und Wissenschaft die Seele adle, ohne die Sitten zu corrumpiren, daß man das Vaterland wie Cato oder Themistokles lieben und doch noch die Liebe zu Gott über Alles stellen könne. Den Purismus der Gesinnung übertrugen die Brüder auf Sprache und Styl. Die Wirkungen von Wort und Schrift sind rascher und nachhaltiger, wenn das Gesagte und Geschriebene klar und in anmuthiger Weise vorgetragen wird. Das Wort ist der Geist —; die classischen Producte der Brüderliteratur dieser Epoche sind ebenso sehr ein Beweis, daß die Unität durch die Kämpfe sich abklärte, ihres innersten Wesens deutlich bewußt wurde, als dafür, daß sie auf die künstlerische Gestaltung des Ausdrucks einen besonderen Accent legte.

Die Ruhe, welche die Brüder in Mähren genossen, trug viel dazu bei, daß der kirchliche Organismus der Unität sich befestigte. Durch die Wendung zum Calvinismus wird in ihrer Geschichte ein Abschluß gemacht, die inneren Entwicklungskämpfe treten in den Hintergrund, um einer Wirksamkeit nach Außen: der Feststellung des Verhältnisses zur weltlichen Gewalt und zu den lutherischen Protestanten Platz zu machen.

Man denke sich jene trefflich organisirte, von Vaterlandsliebe durchglühte Genossenschaft, zwar nur eine Minderzahl der Bevölkerung, aber mächtig durch ihre Disciplin, im scharfen Gegensatze zum König und zum Papst; ihre Mitglieder, wenn nicht zu Gewaltschritten geneigt, doch des Märtyrerthums in höchstem Grade fähig, geleitet von erleuchteten energischen Männern, gestählt durch Kämpfe und Entsagung — und man wird darin die Elemente einer ebenso heftigen als nachhaltigen Opposition finden. Durch die nahen Beziehungen zum Calvinismus konnten die Brüder in dieser Richtung nur bestärkt, durch die calvinischen Traditionen kecken und trotzigen Widerstandes zu thätigem Eingreifen angespornt werden.

Wie gefährlich, wenn die passive Opposition in eine active übergeht, wenn diese Opposition bei der satzungsmäßigen Gegnerschaft gegen die weltliche Gewalt den Kampf gegen die Krone in ihr Programm aufnimmt!

Die Unität hatte aber auch eine andere, tief eingreifende Be-

deutung. Die Disciplin traf alle ihre Glieder, auch den mächtigen
Adel, er muß sich den Priestern unterwerfen, sie geleiten und führen
ihn in den wichtigsten Schritten des Privat- und öffentlichen Lebens.
Als Dionys von Slawata eine geharnischte Rede im Landtag
1575 für die Brüderunität hielt, war es ein Priester, der ihm
diese Rede dictirte.[34]) Die stolzen Cavaliere, die in einem unrichtig
stylisirten Hofkanzleidecret sofort einen Verfassungsbruch erblickten
oder bei Wünschen des Königs, die in ungewöhnlicher Form eröffnet wurden, in starke Aufregung geriethen, unterwarfen sich
demüthig und schweigend peinlichen Kirchenbußen, welche die Senioren über sie verhängten, oder öffneten bereitwillig und freigebig auf Geheiß der Kirchenobern den Säckel, um Arme zu unterstützen.

Wenn die Verfassung Mährens in dieser Zeit auf den Punct
gediehen war, den Grundherren auf ihren Territorien fast eine
Souverainität zu gewähren, wenn der alte und auch der luthe-
ranisirende Utraquismus eine kirchliche Jurisdiction selbst den
Cavalieren einräumten, wenn zu Gunsten dieser edlen Classe ein
Mißverhältniß von Rechten, zum Nachtheil der anderen Theile
der Bevölkerung ein Mißverhältniß von Pflichten vorhanden war:
so sind es stets die Senioren der Brüderunität, welche den schlimmen
Leidenschaften der Mächtigen Zügel anlegten, und einen starken
Schutz dem unglücklicheren Theil der Gesellschaft gewährten, sie
zwangen den Grundherrn, in dem Leibeigenen den Bruder zu erkennen und zu achten; sie konnten zwar die Verfassung nicht
ändern, aber sie beherrschten das Gewissen des Trägers der
Gewalt.

Durch diese Einrichtung füllte die Unität eine Lücke, in der
Verfassung freilich dürftig genug aus und ebnete die vorhandenen
Mißverhältnisse.

Utraquisten und Brüder waren von der römischen Kirche
abgefallen. Doch der Irrthum der Utraquisten war größer und
abscheulicher durch die Corruption, die alle Classen derselben
ergriffen hatte. Der Irrthum der Brüder war gemildert durch
das reine sittliche Leben, das sie führten. Die Seelsorge des verderbten Volks der Utraquisten lag in Händen geweihter Bettler

---

[34]) Ibidem. I. 147.

und Wüstlinge; jene der Brüder wurde von strengen und tugendhaften Männern geleitet.

Unter den Katholiken lebte der reine starke Glaube in
wenigen reinen Herzen, auch sie waren der Corruption nicht entgangen und auf seltene Vorbilder heiligen sittlichen Eifers kommen
sehr zahlreiche Beispiele wüster Zuchtlosigkeit.

Wenn die Brüder unter Allen glänzend hervortreten und
die Verachtung gegen alle andern Confessionen unverblümt zur
Schau tragen, vergalten es diese mit unauslöschlichem Hasse. Die
Brüder allein waren der Kern einer ernsten politischen Partei,
und ihr Einfluß wäre ungewöhnlich groß geworden, wenn die
Elemente ihrer Stärke nicht auch die Ursache ihrer Schwäche gewesen wären. Die strenge Disciplin schreckte Viele vom Eintritte
ab, so daß die Unität keinen erheblichen Zuwachs erhielt.

Wir haben gezeigt, wie die Beseitigung der Compactaten
der Schlußmoment in der Geschichte des Utraquismus war. Ein
neuer kirchlicher Organismus, dem Lutherthum angemessen, aber
nicht das deutsche Lutherthum, ein Lutherthum im böhmischen
Gewande, mußte geschaffen werden. Nur die verfassungsmäßigen
Bekenntnisse hatten den Schutz der Regierung genossen. Da eines
davon nicht mehr vorhanden war, mußte der neuen Lehre ein
rechtlicher Bestand und die Anerkennung erkämpft werden. Für
die neuen Zustände waren neue Regeln nothwendig, welche auf
dem Landtag zu Prag im J. 1575 vereinbart werden sollten. Der
Kaiser wollte die Glaubens- und Gemüthsanarchie, das Sectenunwesen unterdrücken, indem er erklärte, nur ein akatholisches
Bekenntniß anzuerkennen; dieses Verlangen war auch der Mehrheit im Landtag willkommen, denn die Brüder waren, wie wir
wissen, verhaßt; mit Gewalt konnten sie jedoch nicht unterdrückt
werden. Die Utraquisten versuchten es daher, sie durch eine List
zur Verläugnung ihrer Genossenschaft und ihrer Lehre zu bringen.
Dieser boshafte Plan gelang nicht. Die Confession, welche auf
diesem Landtag vereinbart wurde, die sogenannte böhmische: ein
Gemisch der Augustana und des Bruderbekenntnisses, war weder
eine Glaubensunion, noch enthielt sie eine Anerkennung der Unität,
sie war eigentlich die Formel einer politischen Verbindung, einer
akatholischen Liga, um die Glaubensfreiheit und die ständischen
Privilegien zu wahren und zu vertheidigen. Die daraus ent-

wickelte neue Kirchenverfassung nennt richtig diejenigen, welche die Rechte der Utraquisten zu wahren hatten, Defensoren. Sie war nicht ein Friedensvertrag nach einem Kriege, sie war eine Verabredung, ein Bündniß zum Kampf für den Majestäts= brief, für die formelle Anerkennung der Glaubensfreiheit.

Mähren schlug einen andern Weg ein, es war überflüssig nach einem Gute zu streben, das man schon hatte; die Freiheit des Gewissens war alt im Markgrafthum, ja ein solches Streben wäre gefährlich gewesen, man hätte darin vielleicht eine factische Anerkennung, daß jene Freiheit nicht vorhanden sei oder nicht zu Recht bestehe, erblicken können. Die Wirren des Prager Landtages 1575, in welchem die böhmischen Stände keinen Ma= jestätsbrief, sondern nur eine mündliche Zusicherung des Kaisers erhielten: Niemanden in seinem Glauben zu behindern — ließen Mähren unberührt. Nur in einem Puncte nahm jener Landtag auf die Markgraffschaft einen Einfluß, der sich jedoch erst später geltend machte. Indem sich nämlich die Unität in Böhmen durch die böhmische Confession den Protestanten genähert hatte, ent= stand eine Scheidung zwischen den Brüdern in Böhmen und den Brüdern in Mähren. Sie war für den Augenblick zwar un= merklich, in der Folge aber war sie von Bedeutung. Die Unität in Böhmen hat von da ab eine andere Geschichte als die Unität in Mähren. Die Brüder in Böhmen sind mit den Protestanten ein Bündniß eingegangen, welchem sich die Brüder in Mähren nicht anschlossen. Die akatholischen Stände Böhmens hatten an Einheitlichkeit Etwas gewonnen; die Brüder in Böhmen nichts. Es konnte daher eine Zeit kommen, in welcher die Brüder in Böhmen andere Wege wandeln mußten, als die Brüder in Mäh= ren. Bei der politischen Bedeutung der Unität war diese Scheidung unter ihren Gliedern in Böhmen und Mähren auch wieder ein Moment zur Trennung in der Politik dieser beiden Länder. Der Landtag vom J. 1575 war ein erster Versuch der Gliederung der politisch=religiösen Parteien — ein Versuch, ein starkes Kirchen= regiment zu organisiren. In der That aber war dieser Versuch ganz und gar gescheitert, die Compromisse der Parteiungen unter einander, die Versicherungen des Kaisers übertünchten nur mit dünner Hülle die Anarchie. Die Tünche verschwand, der Schleier zerriß und die alte Unordnung war wieder sichtbar.

Man hat häufig erzählt, daß Kaiser Maximilian dem Grundsatze der Freiheit des Gewissens huldigte; es war dies eine für
jene Zeit seltene Eigenschaft. Man ist gewohnt, ihn als Anhänger, sogar als Gönner der deutsch-evangelischen Reformation
zu betrachten. Ein Dichter sang von ihm:

> Groß war Einer nur in Oesterreich:
> Maximilian der Zweite.
>
> Und die Duldung war der schönste
> Diamant in seiner Krone![25])

Die Resultate neuerer Forschungen sind jedoch nicht durchwegs
geeignet, diese Anschauungsweise zu bestätigen. Der tolerante Sinn
des Kaisers, der sich in Religionssachen offenbarte, zeigte sich auch
auf politischem Felde; sein Verhältniß zu den Ständen Mährens
ist ein schlagender Beweis hiefür. Er war nicht wie jener König
in Berlin, welcher zwar Jedem gestattete, nach seiner Façon selig
zu werden, der aber Jeden, welcher seine königliche Machtvollkommenheit hätte beschränken wollen, gewiß augenblicklich vernichtet
haben würde. Wir fürchten, daß Maximilian's berühmter Grundsatz weniger in einer philosophischen Anschauung der Menschen-
rechte, als in den geheimnißvollen Tiefen eines zaghaften Gemüthes
wurzelte.

Maximilian wollte nichts unternehmen, was Unzufriedenheit erregen könnte. Ein solcher Charakter opfert leicht seine Ueberzeugungen auf. Ein solcher Charakter faßt nicht gern einen festen
Entschluß, und wenn er es thun muß, dann wird er sich nicht
so binden, daß nicht gleichzeitig für irgend einen Vorwand gesorgt
wird, um zurückzutreten. Maximilian vermied es, formelle Anerkennungen auszusprechen, thatsächlich gewährte er Alles, weil er
der Meinung war, dadurch nichts vergeben zu haben. Er vergaß
jedoch, wie bedenklich factische Anerkennungen waren in Zeiten,
in welchen Gewohnheiten und Präcedenzfälle so mächtig wirkten.
Maximilian hatte zwar keines der unter Ferdinand bestrittenen
ständischen Rechte verbrieft, er hat aber auch nie Etwas unternommen, was auf die Unterdrückung derselben abgesehen hätte.

---

[25]) (Bauernfeld), Rustico campius. Ein Buch von uns Wienern. Leipzig
1858. S. 178 und 179.

Die Stände waren dann im vollsten Rechte, wenn sie in solchem Vorgehen eine Anerkennung ihrer Ansprüche erblickten.

Wie Maximilian war, dachte er sich die andern Menschen. Weil ein klar formulirter Beschluß unbequem werden konnte, war er der Ansicht, daß auch Andere das Bedürfniß nach Ungewißheit hatten. Hierin erkennen wir den Vater Rudolph's II., nur besaß dieser eine eiserne Consequenz in der Rathlosigkeit, Maximilan war selbst darin schwankend. Um nicht eine Seite stark zu verletzen, verletzte er ein wenig Alle und da er wieder Alle befriedigen wollte, konnten selbst große Zugeständnisse Niemandem genügen.

Wie wäre es anders zu erklären, daß Kaiser Max die Bewilligung ertheilte, in Iglau in der Jakobskirche auf einem Altare katholischen, auf dem Nachbaraltare protestantischen Gottesdienst abzuhalten! Daß er auf Anregung Bischof Wilhelm's ketzerische Bücher verbot, katholische Missionen gestattete und in einem Athem den Ständen frei stellte, sich daran zu halten oder nicht! Daß er den Jesuiten in Olmütz die Vergrößerung ihres Hauses und die Gründung der Universität gewährte, daß er sie von Brünn fortjagen wollte und zugleich ihr Collegium zu Olmütz mit wichtigen Privilegien begnadete, [36]) daß er den Oberhirten den schmachvollsten Beschimpfungen lutherischer Spießbürger preisgab, daß er vom Papste angeeifert [36a]) den Utraquisten die Ausfertigung des Majestätsbriefes verweigerte und wieder dem Prager Erzbischof verbot, katholische Synoden abzuhalten, um die Protestanten nicht aufzuregen! Daß er und mit ihm sein Sohn und Nachfolger Rudolph versicherte, Niemand solle wegen Religionssachen verfolgt werden und bald darauf gegen die Unität der Brüder einen Proceß einleiten ließ, daß er Spanien haßte und doch seinen Sohn in Spanien erziehen ließ!

[36]) Schmidl, Historiæ Societatis Jesu. P. I. P. 384, n. 106.

[36a]) Gregor XIII. schrieb mit Bezug auf jene Anforderungen der Böhmen an Max, 9. April 1575: ...Hortamur et obsecramus ...ut Christi causam constantissime tuearis ...hominumque insaniam ...repudies, animarum salutem, quæ extra catholicam religionem nunquam esse potest... anteponas... debes advertere regiam potestatem tibi...maxime ad Ecclesiæ præsidium esse collocatam... Schon früher ... ddo. 1574, fordert Gregor den Kaiser auf. „häretische" Bücher zu verbieten. Dudik röm. Mat. Land. Arch.

Der venetianische Gesandte Paolo Tiepolo[31]) erzählt: „König Maximilian ist ein Melancholiker, er besitzt Talent und ist Meister in der Kunst, seine Gedanken zu verbergen. Ohne es mit den Katholiken zu verderben, hat er die Protestanten gewonnen, er wohnt deßhalb der Messe bei, während sein Prediger ein beweibter Priester ist, welcher öffentlich lutherisch predigt. Er hat eine würdevolle Haltung, und doch ein sanftes liebenswürdiges Benehmen. Die Befürchtungen seines Vaters, die nicht ihm als dem ältesten, sondern dem entschlosseneren jüngeren Bruder Ferdinand die Statthalterschaft in Böhmen 1547 übertragen ließen, waren nicht unbegründet. Maximilian spricht mit Fertigkeit fünf Sprachen; wenn er von herzhaften Männern erzogen worden wäre, die ihn über das Kriegswesen belehrt und Geschichte: die wahre Lecture und das wahre Studium für Könige, vorgetragen hätten, so bin ich der Meinung, daß man die größten Erfolge einer solchen Erziehung hätte erwarten können."

Maximilian starb nach kurzer Regierung. So kurz diese Regierung war, so sind die Früchte derselben von der größten Bedeutung — der Zeitraum weniger Jahre war hinreichend, um die Bemühungen Ferdinand's erfolglos zu machen, die Macht, welche die Krone errungen hatte, zu verlieren. Die Stände der Markgrafschaft nannten die Zeit der Regierung Maximilan's II. die wahre goldene Zeit. Als Rudolph den Thron bestieg, stellen ihm die Stände den Vater als das Vorbild eines Regenten auf, als das Vorbild der Duldung und der Achtung ihrer Rechte und Privilegien. Er war ein Regent ganz nach dem Wunsche der Stände, er ließ sie in Allem gewähren. Sie sprechen den innigsten und höchsten Wunsch aus, indem sie Rudolph empfehlen, indem sie ihn bitten, so gut, so milde wie Maximilian zu sein.

Die Idee der Restauration des Katholicismus, der im nördlichen und westlichen Europa so empfindliche Verluste gegen den siegenden Protestantismus erlitt, hatte die römische Curie tief ergriffen. Während sie aus sich heraus durch die Reformen

---

[31]) Alberi Relazioni. Ser I. Vel. III.... e quando fusse stato allevato da nomini valorosi che avessero seco ragionato di guerra, e lettogli le istorie che sono veramente lezioni e studii da prencipi, credo che si saria potuto aspettare ogni gran riuscita da Lui...

des Tridenter-Concils eine verjüngende Kraft schuf, Herz und
Glieder des alten Körpers zu neuem Leben und Thätigkeit an-
regte, sandte sie eine Schaar von begeisterten und disciplinirten
Männern in die Welt, welche nach einem Zwecke und in gleicher Weise von Cadix bis zum Nordcap, von der Themse bis
zur Weichsel die Gläubigen für die einzig wahren Lehren der
katholischen Kirche entflammten, durch Seminarien und Schulen
eine neue Generation eifriger Hirten und Gläubigen erzogen. Im
Collegium Romanum wurden durch jene Männer Kirchenfürsten
herangebildet, welche in kurzer Zeit unglaubliche Erfolge für die
katholische Kirche in Deutschland errangen. Die päpstlichen Nuntien
wirkten auf die Fürsten und Höfe und gewannen diese durch
Bündnisse und materielle Unterstützung, die sie von den Ständen
unabhängig machte. Während der Papst durch Anregung religiöser Begeisterung, durch eine gewandte Diplomatie rasche Erfolge für die Sache Roms gewann, war Spanien der starke Arm
des Hauptes der Kirche. Indem es die Wiederherstellung und
Befestigung des Katholicismus als den heiligen Zweck seiner
Kämpfe hinstellte, beherrschte es alle jene Fürsten und Völker,
die zur alten Kirche gehörten. Spanien schritt an der Spitze dieser
welthistorischen Bewegung; unermeßlich war sein Einfluß, die Weltherrschaft war das Ziel, welches auf jenen Wegen erreicht werden
sollte; durch Päpste, die dem Könige ergeben waren, unterwarf
er sich die Curie; [31a)] die anderen Könige und Fürsten sind wie
Vasallen dieses Reiches, die schönsten Provinzen im Herzen Europa's sind ihm unterthan, es denkt sich bald die englische, bald
die französische Krone an sein Haus gebracht. Was Carl dem V.
nicht gelang, seinem Sohne die Kaiserkrone zu geben, erreichte
wenigstens thatsächlich Don Philipp. Er besaß eine wahrhaft
kaiserliche Macht.

Die Angelegenheiten des katholischen Deutschlands bewegen
sich nach dem Tacte des geheimnißvollen Cabinets in Escurial, der
Kaiser selbst ist von dem gewaltigen Einflusse Spaniens umstrickt.
Eine inquisitorische erbarmungslose Justiz, ein unerschöpf-

[31a)] Ueber die Papstwahl 1590 schreibt Olivarez an Philipp II.: Von jetzt
ab, sei Philipp Señor absoluto desta corte... (von Rom). Archiv
von Simancas 1870.

licher Schatz, ein fast unüberwinbliches Heer standen Don Philipp
zu Gebote; gewandte Agenten sind bereit, seine Gedanken in allen
Theilen der bekannten Welt auszuführen. Nie hatte sich die Kraft
der Monarchie so entfaltet; der König dünkt sich so erhaben über
menschliche Satzungen, daß er selbst andere Könige, wenn sie sich
ihm nicht fügen wollten, durch ihre eigenen Unterthanen strafen
läßt. [38])

Kein Wunder, wenn diese spanisch-römische Politik, die nur
Unterwerfung oder Vernichtung kannte, ein Gegenstand des Schreckens
wurde, wenn sie den tiefsten Eindruck auf die Zeitgenossen hervorbrachte. Kein Wunder, wenn ihre Anhänger auch in Deutschland
herausfordernd wurden, wenn sie kein Mittel vernachläffigten, um
den Protestantismus auszurotten.

Die katholischen Fürsten und Herren Deutschlands machten
von dem Reformationsrechte den ausgedehntesten Gebrauch und
änderten dabei die Verfassung zu Gunsten der fürstlichen Macht.
Der Katholicismus, welcher kurze Zeit vorher so rasch zurückgedrängt wurde, feierte unerhörte Siege. Rom dachte an die Wiederherstellung der alten Gewalt in Deutschland. Ein großer deutscher
Geschichtschreiber [39]) zählt die Mittel auf, deren sich die Curie damals bediente, um jenes Ziel zu erreichen: Sie suchte den „Adel
zu gewinnen: den höheren Bürgerstand im römischen Interesse zu
erziehen: die Jugend in diesem Sinne zu unterweisen: den alten
Einfluß auf die Stifter wieder herzustellen, obwohl sie protestantisch geworden: bei dem Kammergerichte das Uebergewicht zu erlangen: mächtige Reichsfürsten zu bekehren... "

So blühende und reiche Provinzen, wie die Oesterreichs, der
edlen Vormauer der Christenheit — einst so treue Anhänger Rom's
— konnten sich jener allgemeinen Bewegung nicht entziehen. Mähren,
von Sectengift angegriffen, durch das herrschende Princip der Toleranz bei den Eiferern jeglicher Farbe verrufen, [40]) im Besitz völliger Glaubensfreiheit, die Katholischen in entschiedener Minorität,
zog wohl mit Recht die Aufmerksamkeit an sich. Die Jesuiten
wurden schon 1558 von den Herren von Haugwitz in Mähren ein-

---

[38]) Wir meinen den Antheil Philipp's an der Bewegung der Guisen.
[39]) Ranke Fürsten und Völker ꝛc. ꝛc. III. 141.
[40]) Gindely a. a. O. II. II. 247.

geführt,[41]) wir wissen, daß Bischof Wilhelm mit aller Kraft das
fromme Werk begann, wir kennen aber auch die Klage des Hurtado Perez über die Erfolglosigkeit aller dieser Bemühungen, da
der Kaiser keinen Schutz, keine Unterstützung gewährte.

Maximilian starb. Rudolph, in Spanien erzogen, bestieg den
Thron. Die Katholiken hofften mit Recht, es werde jetzt anders werden, die Protestanten waren mit Besorgniß erfüllt. Gleich am Anfange seiner Regierung trat der eigenthümliche Charakter Rudolphs
hervor. Der Unterschied in der Politik des Kaisers und derjenigen,
die nur Organe seines Willens sein sollten, ist nicht zu verkennen.
Um den Herrscher und neben ihm macht sich ein entschiedener Einfluß geltend. Manchmal gelingt es den Trägern desselben den
Kaiser aus seiner meditirenden Ruhe, aus der edlen, der Wissenschaft geweihten Muße aufzuschrecken, ihn doch zu bestimmen. Oefters
und plötzlich durchkreuzen sich jedoch diese zwei Strömungen und
die fein angelegte Intrigue der Umgebung scheitert an der Unentschlossenheit oder an einem kaiserlichen Befehle, der außer aller
Berechnung lag.

Ursprünglich gab Rudolph selbst keinen Anlaß, die Katholiken in ihrer freudigen Erwartung, die Protestanten in ihrer
Besorgniß zu bestärken. Aber diejenigen, die ihn umgaben, „die
geheimen" (Räthe), unterlagen dem Einfluße der romanischen Diplomatie, hier entwickelte sich eine Thätigkeit voll Frische und
Muth, die ganz im Dienste war jener spanisch-römischen Politik.
Auch hier waren die Väter der Gesellschaft Jesu das so trefflich
organisirte Instrument derselben, wie nicht minder die Bischöfe
von Olmütz, welche jetzt schon aus dem Collegium romanum hervorgegangen waren (Johann Mezon, Stanislaw Pawlowsky).
Auch in diesem Lande wollen die Jesuiten die Schule beherrschen,
auch hier bewältigen sie die Zuhörer durch die begeisterten Mis-
sionspredigten, auch hier trachten sie die Barone, die Häupter der
nationalen Partei, die im schroffsten Gegensatze zu der Idee des
romanischen Fürstenthums stand, für sich zu gewinnen. Wie groß,
wie überraschend mußte der Erfolg sein, wenn es ihnen gelang,
diese Barone, die auf ihren Territorien absolute Herren waren,

---

41) Pilat & Mor. a. a. O. III. 520.

katholisch zu machen. [42]) Anfangs zählen sie das Haus Haugwitz allein unter den Landherren zu den Freunden. Aber bald wird es anders. Es sind zarte Beziehungen, die der romanischen Politik den Weg in die Schlösser des Adels bahnen. Nach dem Beispiel des Hofes versippen sich böhmisch-mährische Große mit spanisch-italienischen Häusern, wie ein Berka, ein Dietrichstein, ein Pern-stein; die Träger der edelsten Namen wurden in Spanien erzogen, vermälen sich mit den Töchtern Madrids.

Friedrich von Zierotin, ein Glied der Brüderunität, erbittet sich vom Bischofe von Olmütz Reliquien für eine katholische Ita-lienerin, die seine Frau war. Ein Graf Gasoldo ist der Schwager Peter Wok's von Rosenberg. Ein Arco, Malaspina, Manriquez, Castiglione, Trivulz, Ottavio Spinola [43]) sind hier begütert und genießen das höchste Ansehen. Auch ihre Wapen sind in den Stammbäumen der vornehmsten böhmisch-mährischen Geschlechter zu finden.

Orden und Titel, schon damals ein Gegenstand des Ehr-geizes — Aemter und Stellen — ein Weg zum Reichthum, wur-den vorzugsweise den katholischen Familien zu Theil.

Die Zahl der Anhänger der Jesuiten im Adel wächst, zu ihnen gehören zuerst: die Wrbna, ein Wenzl, dann Bernhard, dessen Tod dem Orden einen Novizen entzieht, ihm aber dessen Vermögen einbringt, Johann und Georg, die in Olmütz erzogen wurden, mit diesen zugleich Joachim, ein Sohn des ältesten Freun-des der Gesellschaft, Hanns Haugwitz, dann Max Lew von Roz-mital und Blatna. Adam von Dietrichstein war es, welcher in Nikolsburg, Zdenko Berka, der in Groß-Meseritsch die Glaubens-restauration durchführte. Der Papst, der Herzog von Baiern, Erzherzog Carl priesen in besonderem Schreiben das glückliche Ergebniß der Nikolsburger Bekehrung. Wratislaw von Pernstein überläßt die Besetzung der Pfarre in Plumenau dem Olmützer Bischof, verjagt muthig die Prädicanten und setzt katholische Pfarrer an vielen Orten ein. Nicolaus von Hrabek, Unterkämmerer, refor-

---

42) Nach dem Grundsatze: cujus regio illius et religio waren zahlreiche Restaurationen in Aussicht. Gindely a. a. O. 239.
43) Gindely öst. Blätt. f. L. u. Kunst Nr. 40 — 1855.

mirt auf seinen Gütern und veranlaßt zwei andere Barone, die Waldenser aus ihren Herrschaften zu vertreiben.[44])

Sogar der Brünner Senat ist den Vätern der Gesellschaft freundlich gesinnt, beschenkt sie, besucht die Frohnleichnamsprocession, die sie zum ersten Mal wieder veranstalteten. Sie bewirken es, daß viele die Irrthümer feierlich abschwören, daß andere, die unter beiderlei Gestalt communicirten, nunmehr unter Einer es thun; schwer erkrankte, von den Aerzten aufgegebene Personen, welche schon lange nicht gebeichtet, fühlen sich nach Empfang der heil. Sacramente plötzlich wohl. Durch häufige wundergleiche Heilungen setzen sie das Volk in Staunen. Die Errichtung von Brüderschaften, die Abhaltung von Missionen kam in Schwung.

Der protestantischen Adelsschule in Eibenschitz wurde ein Convict und Seminar zu Olmütz entgegen gesetzt, deren Schüleranzahl bald darauf im raschen Steigen begriffen war. Ueber Vorschlag des berühmten Poissevin wurde unter der Leitung der Jesuiten eine Art nordisches Collegium für Schweden, Polen, Ungarn, Liefland, Norwegen, Dänemark, Rußland vom Papste in Olmütz errichtet, dessen Zöglinge wohl auch in Mähren ein reiches und braches Feld zu bearbeiten fanden, und wirklich erbat sich der Bischof vom Papste die Gnade, bei dem großen Mangel an Weltpriestern die Hälfte der Alumnen des Collegiums für seine Diöcese verwenden zu dürfen.[45]) Für jene Schulen erlangen die Jesuiten vom Papste und vom Kaiser die Privilegien einer Universität.

Als sie zur Zeit der Pest 1584 und 1585 die Muthigsten unter den Muthigen sind, Arme speisen, Kranke trösten, Jedem Beistand leisten, als selbst von vierunddreißig Gliedern des Brünner Collegiums zwölf in rascher Folge starben, und die anderen auf ihrem Posten beispielvoll[46]) ausharrten, da war ein Augenblick, wo sie die aufrichtigen und vollen Sympathien von Freund und Feind für sich hatten.

Sie eröffnen ein Gymnasium in Brünn und bringen es dahin, daß die akatholischen Lehrer diese Stadt verlassen müssen.[47])

44) Schmidl Histor. a. a. O. I. 490—560. Chlum. Reg. I. 185.
45) Wolny K. T. I. 81.
46) Schmidl a. a. O. I. 545.
47) D'Elvert Gesch. der Studien in Mähren.

So ist ihr Wirken. Vorerst kein Versuch, die Verfassung des Landes, die der schroffe und antimonarchische Ausdruck der nationalen Politik ist, zu ändern; sie warten ab, sie suchen sich der Gesinnung der Gesellschaft zu bemächtigen, die Menschen zu umstalten, wohl wissend, daß die Aenderung der Verfassung zu ihren Gunsten, zum Vortheil des Fürsten, werde dann gewissermaßen von selbst kommen. Mit raschem Kennerblick hatten sie die Citadelle der nationalen Politik erkannt, gegen das Brüderthum, dessen Kirchenverfassung ihnen Achtung einflößt, [46]) richten sie ihre besten Kräfte, die schärfsten Waffen. Der Papst selbst und der Nuntius unterstützen die Väter, sie entwerfen das Programm, das Vorgehen der Gesellschaft in Böhmen und sanctioniren es. Handelt es sich um irgend eine Maßregel, so ist es der Nuntius, bei dem sie zuerst berathen und dann erst wird dem Kaiser der Vortrag erstattet; auch nehmen sie die Intercession des spanischen Gesandten und wohl auch seiner Frau in Anspruch.

Jetzt unter Rudolph empfanden sie selbst schon die wohlthätigen Folgen ihrer weit aussehenden Entwürfe. Joh. Mezon ist der erste Bischof von Olmütz, welcher ein Zögling des Collegium romanum war. Als die Stände Mährens nach dem Tode des Kaisers Maximilian's den K. Rudolph um Aufrechthaltung der Gewissensfreiheit baten, verweigerte der Bischof die Unterschrift des Documents. Im Landtagssaale erzählte man mit Verwunderung, „es sei unerhört, daß ein Bischof und Landstand sich dem Beschluße der Stände so entschieden wiedersetze"; so ganz und gar war der Muth katholischer Ueberzeugung abhanden gekommen! Und als Mezon ein erstes und ernstes Beispiel gab, da konnte man es ihm nicht vergeben. Als Rudolph in Olmütz von den Ständen 1577 empfangen wurde, überhäuften sie den Bischof mit Schmach. [49])

Sein Nachfolger Stanislaus Pawlowsky, ein Edelmann aus Schlesien, wie Mezon ein Zögling des römischen Collegiums,

---

[46]) Der Jesuit P. Alexander erzählt vom Bruderhause zu Bunzlau: „So sei es in der alten Kirche unter den ersten Mönchen gewesen." Gindely a. a. O. II. II. 308. — Wie echte Ritter bekämpften die Jesuiten diesen Feind mit aller Schärfe, doch achteten sie ihn zugleich. Ibidem, S. 259 über P. Sturm.

[49]) Wolny a. a. O. Die Biographie der Olm. Bischöfe.

war einer von jenen Männern, die in Rom die Ueberzeugung erlangten, daß sie die Aufgabe von Sendboten haben, daß es ihre Sache ist, die gefährdete Kirche zu retten, gleichsam das Christenthum nochmals in Mähren zu predigen und einzuführen.

Bischof Stanislaus war ein ungewöhnlicher Mann, er besaß eine seltene Rührigkeit, die vor nichts zurückschreckte, er führt persönlich die Frohnleichnamsprocession in Brünn und Olmütz, in Nikolsburg leitet er selbst das Bekehrungswerk; nicht allein den religiösen Zustand der Diöcese, alle andern Verhältnisse zieht er in den Bereich seiner Thätigkeit. Zahllos sind die Berichte an den Kaiser, an den Oberstkanzler, immer bat er, den Edelleuten und Städten bei strenger Strafe die Ausweisung der Prädicanten zu befehlen, diese aus ganz Mähren zu verbannen oder dem Nuntius nach Prag und Wien zur Bestrafung zu übergeben.[50] Nur katholische Barone sollen zu Landesämtern berufen, häretische Bücher sollen verboten und die Censur eingeführt werden; akatholische Ausländer dürfen nicht zu Pfarrern ernannt werden. Er begnügt sich damit nicht, auch im eigenen Hause will er die Schäden mit aller Entschiedenheit beseitigen; wie mit den Protestanten, so ist er auch mit seinen schlechten und ungehorsamen Priestern unerbittlich. Ein scharfer praktischer Verstand leuchtet aus seinen Verfügungen. Als des Kaisers Gesandte in Polen[50a] wirkte er mehr durch sein gerades offenes Wesen, durch Kenntniß der Verhältnisse, wie durch schlaue Berechnung. Mit dürren Worten nannte er die Dinge bei ihrem Namen. Als Rudolph einen Hofsänger zu einem Canonicate vorschlug, erklärte er dem Kaiser, daß Canonicate keine Sinecuren für Ausländer seien, sondern Belohnungen für verdiente, der mährischen Sprache kundige Priester, später wieder: er könne nicht mehr (als zwei) Alumnen im Collegium Romanum erhalten, da er Seelsorger und keine Aspiranten für Prälaturen brauche.[51] Er ließ, was ehedem an dem Widerstand der Barone scheiterte, seine Diöcese visitiren, den ungehorsamen Domdechant einkerkern; treulose Priester verjagte er ohne Um-

---

[50] L. A. Krems. Akt. Briefe ddo. 1583.

[50a] Ueber die Thätigkeit Pawlowsky's in Polen S. des Olm. Bischofs Stanislaus Pawlowsky Gesandschaftsreise nach Polen, von Eduard Edlen v. Mayer. 1861. Kremsier. I. B. 483. S.

[51] Wolny a. 0. 0. I. 84. n. 1.

ſtände; die erimirten Klöſter wollte er auch unterſuchen, um die alte Zucht und Ordnung wieder einzuführen.

Wie treffend löſt er die ſchwierigſten Fragen. Die Jeſuiten durften verfaſſungsmäßig wie andere Geiſtlichen — der Olmützer Biſchof ausgenommen — keine landtäflichen Güter erwerben. Gleich iſt er mit einem praktiſchen Mittel zur Hand. Die alters-ſchwachen, die zucht- und fruchtloſen Klöſter: die Nonnen von Brünn und Puſtomier, ſpäter die ungehorſamen und liederlichen Mönche von Saar wurden depoſſeſſionirt und auf dem alten Stamm der lebenskräftige Jeſuitenbaum oculirt. Das Bisthum zog die Güter jener Klöſter ein und dotirte dafür mit Geld die Collegien der Väter dieſer Geſellſchaft.

In Troppau und Neutitſchein gelingt es ihm, die häretiſchen Prieſter zu vertreiben, in Olmütz den Stadtrath mit Katholiken zu beſetzen[32]) und ihn zur Theilnahme an der Frohnleichnams-proceſſion zu bewegen. Aus dem eig'nen biſchöflichen Hofe ent-fernte er die Hausofficiere, welche ſich einer Religionsſtörung ſchuldig machten. Auf ſeinen Befehl wurden die unter beiderlei Geſtalt Communicirenden ohne Prieſtergeleite begraben.

Die zwei Prieſter der Brüderunität Adelfus von Proßnitz und Thomas von Plumenau ließ er, unbekümmert um die Juris-dictionsnormen, gefangen ſetzen[33]) und er hätte die Verjagung des Adelfus aus Proßnitz durchgeſetzt, wenn nicht Joh. v. Pern-ſtein von der Stadt ein Darlehen von 12,000 fl. erhalten und dafür deſſen Verbleiben genehmigt hätte. Von ähnlichen Geſin-nungen war übrigens die Stadt Proßnitz ſelbſt erfüllt, als dieſelbe die ſchon ausgeſprochene Verbannung der Juden zurücknahm, weil ſich dieſe verpflichteten, eine dreifache Steuer zu zahlen.[34])

[32]) Cerroni Slg. im L. A. Miscell. Nr. 56. P. 595.

[33]) Gindely a. a. O. 273.

[34]) Wenn Joh. v. Pernſtein der Sohn, ungeachtet ſeiner Ueberzeugung und ſeiner ſpaniſchen Verſippungen, den Proßnitzern nach des Vaters Tode erlaubt, ihren Paſtor Adelfus zu behalten, ſo war dies eine Folge ſeiner häufigen Geldverlegenheiten. Die Stadt lieh ihm vorerſt 12,000 fl.; aus Dankbarkeit ward er tolerant.

Der Landeshauptmann Herr von Waldſtein hatte eine unmäßige Freude über das Zugeſtändniß Pernſteins. Codex Prosnic. a. a. O. und rückſichtlich des Zugeſtändniſſes für die Juden, 1575 und 1589 P. 156.

Ein Wunder (1463 geschehen), wodurch Mährisch-Neustadt
von einem Kriegsunglücke befreit wurde, beeilt sich der Bischof
auf Bitten einiger alten Damen dieser Stadt urkundlich zu bekräftigen. Nichts unterläßt er, was zur Befestigung des wahren
Glaubens beitragen kann. Ungeduldiger als die Jesuiten will er
den neuen Errungenschaften schon einen gesetzlichen Ausdruck geben,
gleich jenem Wolf von Raitenau, Erzbischof von Salzburg, und
dem Herzog von Baiern, welche die Restauration mit der Begründung monarchisch-absoluter Gewalt, also mit der Aenderung
der Grundgesetze des Landes, mit der Zerstörung der ständischen
Privilegien begannen. [55])

Vorerst versuchte er es mit den vernachlässigten Vorrechten
seiner Kirche, mit der Exemtion der Geistlichkeit von der Gerichtsbarkeit des Landrechts in Criminalsachen. Diese Exemtion wurde
jetzt von dieser Behörde nicht zugestanden, wiewohl noch im XV.
und im Beginn des XVI. Jahrh. Geistliche in Criminalsachen vor
den geistlichen Gerichten geklagt werden mußten. Allein die Suprematie, die der Abel erlangte, bewirkte es endlich, daß auch in
diesem Verfahren eine andere Gewohnheit entstand und sich lange
erhielt, daß nämlich in Criminalsachen ein Geistlicher auch vor
dem Landrecht belangt werden konnte.

Der Archidiacon Sigismund Scuttelan beleidigte und beschimpfte den Ritter Ablar von Valkoun; aus dem Processe, welcher trotz der Einsprache des Bischofes und des Capitels bei dem
Landrechte anhängig gemacht wurde, entstand eine Principienfrage.
Die gegenseitige Erbitterung war groß. Noch ist uns eine Rechtfertigung des Bischofs aufbewahrt gegen die Klage, die ihm die Stände
an den Kopf warfen. [56]) Sie nennen ihn einen Denuncianten, der
die Verfassung verletzt, der sie um die Gnade des Kaisers bringt.
Der Bischof wieder, beweist, daß sie Rebellen sind und einen
Bürgerkrieg entzünden wollen, da sie sich das Wort geben, alle
zusammen gegen ihn aufzutreten und die Ueberreste der Katholiken
ganz zu vernichten. [57]) Nach langer Zeit erwirkte der Bischof vom

---

[55]) Ranke a. a. O. 273.

[56]) Gindely, öst. Blätt. f. Litt. u. K. Nr. 39 und 40. 1855.

[57]) Hæreticorum aliqua puncta contra Episcopum et statum ecclesiasti-
cum, Krems. A. Arch. L. A. Nr. 10. Diese interessante Schrift scheint

Hofe ein Proviſorium, nach welchen nur die Klagen der Geiſtlichen gegen Weltliche vom Landrecht entſchieden werden ſollten,
die der Weltlichen gegen Geiſtliche aber bis zur definitiven Entſcheidung auf ſich zu beruhen hatten. Wilhelm von Roſenberg
und Adam von Neuhaus erſchienen als k. Commiſſäre, um dieſen
Stritt im gütlichen Wege zu beenden. Es wurde in der That
ein Vergleich geſchloſſen ganz zum Vortheile der Sache des Biſchofs. Criminalklagen gegen Geiſtliche ſollen nur vor geiſtlichen
Gerichten vorgebracht werden; der Kaiſer beſtätigte dieſen Vergleich.[58]) Der Sieg war bedeutungsvoll. Der Biſchof hatte zum
Vortheile der Kirche in dem Gewohnheitsrechte, in der Verfaſſung
eine principielle Aenderung durchgeſetzt. Er hatte die Wichtigkeit
derſelben tief empfunden; während der Dauer der k. Commiſſion
ordnete er in der ganzen Diöceſe Gebete an, für den glücklichen
Ausgang dieſer Verhandlung.[59]) Eigens unternimmt er eine Reiſe
nach Prag, um dem Kaiſer zu danken. Wenn ein ſo wichtiges
Vorrecht gerettet wurde, ſo konnte der Biſchof hoffen, allmälig
die übrigen verlorenen Rechte ſeiner Kirche zu gewinnen. Mit
hohem Selbſtgefühl ſchrieb er dem päpſtlichen Nuntius, „daß er ein
von Andern uſurpirtes Recht ſeiner Kirche vindicirt habe.“[60])

Der Biſchof beſchwor den Oberſten Kanzler Wratislaw von
Pernſtein 1579[61]) den Zacharias von Neuhaus zu überreden,
die Landeshauptmannſchaft nach Zdenko Lew von Rozmital zu
übernehmen, weil er im Herrenſtand der einzige Katholik ſei.

Die vom Biſchof aufgeſtellte Behauptung, daß in Mähren
nur zwei verfaſſungsmäßige Confeſſionen beſtehen dürfen, die katholiſche „unter einerlei und den beiden Geſtalten,“ das Verlangen
der Reſtitution katholiſcher in ketzeriſchen Händen befindlicher Kirchen, wurzelte in jenem Gedanken, die Landesverfaſſung zu reformiren. Mit wenigen Worten bezeichnete er das Gebahren der
Stände, ihre Politik und die Folgen derſelben für das Anſehen

Ende 1585 oder Anfangs 1586 vor dem kaiſ. Interventionserlaß verfaßt worden zu ſein.

[58]) Wolný k. T. l. 80. ddo. 18. October 1586.
[59]) Wolný ibidem.
[60]) Biſchöfl. Correſpond. XXIII. 99. Kremſierer f. e. Archiv.
[61]) Wolný ibi. 78.

des Kaisers. „Bei dem frechen Auftreten der Akatholischen," sagte er, „ist der gänzliche Ruin der k. Macht unvermeidlich."[62]) In einem Berichte an den Kaiser im J. 1583 bezeichnet er die Calviner als Feinde jeder Obrigkeit. Er war bemüht, dem Kaiser zu zeigen, daß die Akatholiken eben so sehr der kaiserlichen Autorität wie der römischen Kirche feindlich sind.

So trachtete er unaufhaltsam die Interessen der Kirche mit jenen der königlichen Macht zu identificiren und zu zeigen, wie aus der Pflege der ersteren Stärkung, aus der Vernachläßigung die Schwächung des königlichen Ansehens entstünde. Er begründet hiemit die Nothwendigkeit, daß es im Interesse beider gelegen sei, die ständische Verfassung anzugreifen. Er wußte sich den Kaiser zu verpflichten durch die Dienste, die er dem Erzhause in Polen geleistet hatte. Er setzte es in Warschau durch, daß Erzherzog Maximilian von einem Theile der Wähler zum Könige gewählt wurde. Als Maximilian später von den Herren der Gegenpartei geschlagen und gefangen wurde, da war es wieder Bischof Stanislaw, der nach Polen eilte, eine ehrenvolle Entlassung des Erzherzogs und den Frieden zu Stande brachte.

Der Kaiser war ihm dafür sehr gnädig. Der Herzogs- und der Fürstentitel wurde dem Olmützer Bischofe restituirt, das Bisthumswapen vermehrt.

Ein so großartiges Wirken wie jenes des Bischofs, stand nicht vereinzelt da. Andere Priester folgten dem Aufschwunge mit nicht geringerem Eifer, mit nicht minder hingebender Begeisterung für die Sache der alten Kirche. So vor allen Sebastian Freitag von Czepiroch — auch ein Jesuitenzögling — er war Doctor der Rechte und Soldat, erzherzoglicher Lehrer und Sieger bei Lepanto, ein Gelehrter und ein Held zugleich. Die ganze Energie eines Seecapitäns nahm er mit in's Kloster, als er Abt zu Bruck wurde. Kurze Zeit nach seinem Eintritte in das Kloster erhielt er die Priesterweihe. Er begann die Reform im Convente. An Zucht nicht gewohnt, entliefen von sechs Profeßen zwei mit den Kirchenschätzen; er fand jedoch bald einen Ersatz nach seinem Sinne, denn er war einer der wenigen Prälaten, die dem kais. Befehle sogleich Folge leisteten: daß jeder Abt und Propst in Mähren in

---

[62]) Wolny ibi. 89.

seinem Kloster eine gewisse Zahl von Alumnen auf eigene Kosten in der Wissenschaft, Andacht und guten Sitten unterrichten lasse, um sie bereinst in der Seelsorge verwenden zu können.⁶³) Unter Leitung der Jesuiten blühte diese Anstalt, die bald durch ein philosophisches und theologisches Studium ergänzt wurde.⁶⁴)

Es sind früher die confessionellen Zustände Znaims geschildert worden. Sie mußte alsbald Anlaß zu Reibungen bieten. Georg Schild, einer der wüthendsten und wildesten Prädicanten, hatte die Bürgerschaft ganz der alten Kirche entfremdet. Der Abt von Bruck war Collator der Pfarrkirche zu St. Niclas. Dieses Verhältniß gab den ersten Anlaß zu dem Kampf gegen die Protestanten und deren Pastor. Einmal wird die von ihm geführte Frohnleichnamsprocession unterbrochen, Bürgerinen und Bürger sehen bedeckten Hauptes vom Fenster zu und verhöhnen den frommen Zug; dann war es ein lutherischer Baccalaureus, der den Pfarrer von St. Niclas, Sebastian Angerman, in der Kirche ohrfeigte. Georg Schild verspottet in obscenen Liedern das Heiligste des katholischen Ritus, ein anderer Theologus verlästert das katholische Glaubensbekenntniß, weil es zugleich das der kaiserlichen Majestät ist. Der Senat raubt dem Abte die Bibliothek der Niclaser Kirche und verwandelt die anstoßende Capelle in ein Pulvermagazin. Junge Leute aus Znaim feuern ihre Gewehre in der Nähe des Klosters ab, verletzen die Stucaturarbeiten der Gebäude, zertreten die Gartenanlagen. Abt Sebastian klagt hierüber dem Kaiser und bittet um Schutz, zugleich schreibt er an H. v. Pernstein, seinem besondern Gönner, und fordert den Landesunterkämmerer auf, den Greueln in Znaim ein Ende zu machen. In fünf Berichten, die schnell auf einander folgten, bittet er den Kaiser um die Absendung einer Commission zur Untersuchung und Ausweisung der Frevler, dann zur Bestrafung des widerspänstigen Senats. Er läßt sogar Lutheraner als Kläger gegen Schild auftreten, damit sich auch unbefangene Stimmen gegen diesen erheben.

Die kais. Commission wird abgehalten und ein Erkenntniß zu Gunsten des Abtes gefällt, doch wird dasselbe nicht erequirt.

---

⁶³) Wolny ibi. I. 79.
⁶⁴) D'Elvert Gesch. der Studien in Mähren. 1858. S. XXXIX. Sect. Schrift.

Abt Sebaftian berichtet wieder, und da erlebt er die Freude,
daß der Befehl zur Ausweifung Schild's erlaffen wird. Die Znaimer
laffen fich dadurch nicht abfchrecken und verklagen den Abt bei Hof;
fie befchuldigen ihn fchlechter Klofterpolizei. Der Ausweifungsbefehl
für Schild wird hierauf vom Kaifer fiftirt. Der Abt befchwört den
Kaifer, fich nicht irre führen zu laffen, er bittet die Herren von
Dietrichftein, Pernftein, Rumpf, Trautfon den fpanifchen Legaten
und deffen Frau für ihn zu intercediren, er beftürmt des Kaifers
Vertrauten den Grafen Trivulz ein Brieflein direct in Rudolph's
Hände zu fpielen. Endlich wird der Befehl zur Ausweifung Schild's
nochmals ertheilt. In allen Berichten an den Kaifer fagt er mit
edlem Freimuthe, daß des Kaifers Autorität und Anfehen, die
Macht des Erzhaufes verloren feien, wenn Rudolph den unge-
horfamen Ketzer nicht exemplarifch ftrafe. — Wie Pawlowfky und
alle anderen Männer diefer Schule, verwebt er die katholifchen
mit den Intereffen des Monarchen. Mit der fpanifch-römifchen
Partei in Prag fteht Abt Sebaftian in innigfter Verbindung.
Und wenn der Kaifer endlich den vielfachen Bitten nachgab, fo
folgt er dem ungeftümen Drängen des Prälaten, der von jener
Partei geftützt wurde. Mit den Spaniern war er ohnehin von Lepanto her vertraut. — Mit gleicher Entfchloffenheit greift er Alles
an. Er denuncirt nach Hof die Aebtiffin von St. Clara zu Znaim,
fie ift ihm zu lau, duldet Wiedertäufer in Teßwitz auf ihrem
Grunde und überließ dem proteftantifchen Stadtrath die Collatur
der Pfarre zu St. Michael. Mit feinem Freunde dem Jefuiten
Pater Laurenzius vifitirt er die Pfarren feines Patronatsfpren-
gels, um beffere Ordnung einzuführen. Der Abt von Premonftrat
befiehlt ihm, als einem fo eifrigen und fo frommen Priefter die
Klöfter feines Ordens in Mähren, Oefterreich und Ungarn zu
vifitiren. — Die Bekehrung eines Akatholiken verfetzt ihn in Entzücken. Einmal bittet er den Erzherzog Maximilian, dem Kaifer
zu berichten, wie es ihm gelang, einen Hauptfchwärmer und Häretiker, einen zweiten Johann von Leyden, in den Schoß der
wahren Kirche zurückzuführen. In Sachen des Schild öffnete einft
der Abt eigenmächtig ein von der Hofkanzlei an den Landeshauptmann gerichtetes Schreiben, er entfchuldigt fich durch das
Vorgeben, daß die Eröffnung unwillkürlich gefchah, beklagt es,
daß der Befehl viel zu mild fei, fendet das erbrochene Schreiben

zurück und bittet um schärfere Faſſung. Dann meldet er dem Erzherzog Ernſt: der Pfarrer Lorenz von Unterretzbach (in Oeſterreich nah an Mährens Grenze) mache ſich fürchterlicher Ketzereien
ſchuldig, und er bittet S. Durchlaucht ihn abzuſetzen, ſonſt würden ſeine (des Abtes) Unterthanen angeſteckt. [65])

So waren dieſe Zöglinge der Jeſuiten! Vor nichts ſchrecken
ſie zurück, ſie ſcheuen nicht davor, ſelbſt ihr Leben auf's Spiel zu
ſetzen, ohne Rückſicht ſtürmen ſie auf das Ziel los. Die Italiener
haben eine gute Bezeichnung für Mönche und Prieſter, die wahrſcheinlich aus dieſer Zeit ſtammt. Sie nennen dieſe Soldati di
Christo — Chriſtusſoldaten —. Der Abt von Hrabiſch, der Prior
von St. Thomas waren aus dieſer Schule und in dieſem Sinne
thätig. Die Hausannalen der Jeſuiten ſind voll ihres Lobes.

Die Erfolge dieſer Rührigkeit ſind zahlreich, doch ſtehen
ſie nicht im Verhältniß zu der angewendeten Kraft; noch iſt die
Macht der Proteſtanten vorwaltend. Zwei Elemente gibt es, die ſie
ſtützen, direct die Stände, indirect der Kaiſer, der aber bei
ſeinem merkwürdigen Schwanken gleichzeitig den Jeſuiten Beweiſe
unzweideutigen Wohlwollens gab und wie der Großvater Ferdinand ſtreng nach den Gebräuchen der katholiſchen Kirche lebte.
Soll man dieſes Schwanken ſeinem durch eigenthümliche körperliche Complexion bedingten Seelenzuſtand zuſchreiben, einer vis
inertiæ, die erſt nach langer Zeit zu einer ſtoßweiſen, verworrenen
und ſtürmiſchen Thätigkeit gebracht wurde, oder einer Averſion
gegen die Umgebung, der Rudolph mit höchſtem Mißtrauen begegnet
und von welcher er ſich verkauft und verrathen hielt? Kurz Rudolph war nicht jener raſche eiſerne Arm, der, wie ſich die Katholiken dachten, zermalmend auf die Ketzer fallen würde. Im
Gegentheil. Nur nach langem Anſtürmen erläßt er die Mandate.
Wurden ſie publicirt, dann ſorgte man nur läßig für die Exequi-
rung. Umſonſt wurde geltend gemacht, daß man die Ungehorſamen
ſtrafen müſſe, um des kaiſ. Anſehens willen; gewöhnlich gerieth
das Verbot in Vergeſſenheit und das Verbotene blieb. Vielleicht
war es auch das Verſprechen, das er den Ständen noch bei des
Vaters Lebzeiten gab, Jeden bei ſeiner Religion zu ſchützen, das

---

[65]) Brucker Copiar Nr. 7. S. 230, 240, 284, 290, 292, 302, 309, 312,
320, 323, 334. L. A.

ihn vor energischen Schritten abhielt. Die protestantischen Stände
wußten, daß das Censur-Mandat, die Ausweisung der Fremden
Priester, der Befehl zur Sperrung der Schulen zu Eibenschitz und
Meseritsch doch am Domplatze in Olmütz oder im Kremsierer
Schloße und nicht in Prag entstanden waren. Die obersten Lan-
desbeamten, bei welchen die Executive ruhte, waren größtentheils
Protestanten; nur der Landesunterkämmerer, der Präfect der k.
Städte war Katholik. Kein Wunder, daß die Maßregeln der Re-
gierung ohne Wirkung blieben.

Wie Maximilian, scheute Rudolph definitive Beschlüße. Ein
selbst mit Opfer erkauftes Verschieben zog er jeder bleibenden
wenn nur irgend wie schwierigen Lösung einer Frage vor. Er
hatte am Regieren keine Freude und doch gefiel es ihm, der ge-
bietende Herr zu sein, er war mißtrauisch und doch mußte er
Jemandem vertrauen, der ihm die unerfreuliche Last abnahm, diesem warf er sich dann ganz in die Arme. Wie leicht konnte er
mißbraucht werden, da er nur durch andere Augen sehen, durch
andere Ohren hören wollte. Die Sorge, den gegenwärtigen Zustand zu erhalten, die Furcht vor dem ungewissen Ausgang, der
schlechter als der schlechte Zustand der Gegenwart sein konnte,
das Bewußtsein, die Verhältnisse nie beherrschen zu können —
lähmten die kais. Action. In der Mitte des Jahrhunderts war
Ferdinand der Mittelpunct der Bewegung, er ergriff selbst die
Initiative: unter Rudolph rollte der Schwerpunct im Kreise um
die Majestät.

Es war damals wohl kein Zweifel über die katholische Gesinnung Rudolph's vorhanden. Aber die Finanzen waren nicht
geordnet, der Schuldenstand groß, und so war er Anfangs gezwungen, den Compromiß seines Vaters zu halten: für Geldbewilligungen mußte die Duldung gewährt werden.

In der That, in dem Zeitraum von zwölf Jahren, 1576
bis 1588, wird von religiösen Principienfragen nur einmal
im Landtage gesprochen, es war gleich beim Regierungsantritte
Rudolph's. Die Stände verlangen Gewissensfreiheit, der Kaiser
verspricht Schutz der „wahren Religion", damit ist die Sache abgethan. Wieder treten die Stände mit den alten Ansprüchen hervor, sie berufen eigenmächtig den Landtag, sie gewähren dem
Kaiser nichts, bevor er nicht in Mähren die Verfassung beschwört

und die Huldigung empfängt. [66]) Ganz wie in Böhmen war in Mähren die Auffassung des Erbrechts Rudolph's: die Stände erkennen es an, doch sanctioniren sie dieses Recht durch eine Zustimmung, die auch in vorkommenden Fällen verweigert werden könne.

Nach drei Jahren (1579) hängt endlich Rudolph dem Landfrieden sein Siegel an; er war gleichlautend mit dem Wladislaw'schen. Die Clausel der Vertheidigung der Verfassung war durch Rudolph mit bestätiget.

Die Stände hatten ihre Macht entwickelt und gekräftiget; [67]) indem sie die Interessen der Verfassung und des Glaubens zu gegenseitigem Schutz und Trutz verbanden, blieb der spanisch-römischen Partei nichts übrig, als mit gleicher Waffe zu kämpfen. Wir haben früher erzählt, wie sie es versuchten, dem Kaiser zu beweisen, daß seine Macht und Autorität durch die Akatholischen untergraben werde, daß sie der weltlichen Obrigkeit nicht gehorchen, daß sie Bürgerkriege anzetteln und sich des Hochverrathes schuldig machen. [68]) Das Ziel war von beiden Seiten Unterjochung, Extermination. „In Sachen der Religion," hieß es, „sei die wahre Gnade, ungnädig zu sein." [69]) Der Kampf zwischen der Krone und den Ständen, der unter Max geruht hatte, war unvermeidlich und mußte jetzt mit erneuerter Kraft und intensiver Energie beginnen, da es ein Kampf um die politische Existenz wurde. Wenn dem Kaiser jene Ueberzeugung eingeimpft werden konnte, so war dann zu hoffen, daß er sich den Gegnern der Stände gleich in die Arme werfen würde; daß dies aber nicht sofort geschah, war der Besorgniß des Kaisers zuzuschreiben, dafür der Herrschaft Spaniens in die Hände zu fallen; es blieb ihm nur die Wahl zwischen dieser Herrschaft und jener der Stände, keiner mochte er sich unterwerfen. Sein Leben war ein fortwährendes Ringen, aus diesem Dilemma herauszutreten. Er besaß nicht die Energie, eine selbstständige Politik zu befolgen.

Die Bemühungen der Jesuiten die gesellschaftlichen Potenzen

---

[66]) Landtagsgedenkbuch a. a. 1576 und 1577.
[67]) Ranke 3. 77.
[68]) Hæreticorum aliqua puncta... a. a.
[69]) Ranke 3. Nr. 110.

zu gewinnen, um sie für Verfassungsänderungen empfänglich zu
machen, fanden auch auf dem Landtag einen Ausbruck. Zur Aufnahme in das Consortium der Stände wurden Katholiken: Spanier vorgeschlagen, ein Manriquez, dann ein Tobar; gleich aber
in derselben Sitzung haben die Stände als Gegengewicht einige
erklärte Protestanten bei der Hand; am Tage der Aufnahme des
Spaniers wurde der berüchtigte Bischof von Czanad, A. Dubith,
Landstand in Mähren.

Zu Aebten und Prälaten wurden römische Geistliche bestimmt.
Sie waren Gegner der nationalen Politik und im Sinne der
großen römischen Restaurationsidee thätig.[69a] Gleich jenem römischen Nuntius am Hofe des Erzherzogs Carl in Steiermark,
war der Hof in Prag bemüht, alle Prälaten für ein Programm
zu gewinnen und eine kais. Partei am Landtag zu gründen.
Rudolph selbst schreibt jedem Prälaten und ersucht ihn für die
kaiserlichen Interessen wirksam zu sein.[70] Die Stände beschließen
dagegen, daß kein Ausländer und speciell kein Italiener Prälat
im Markgrafthum werden dürfe, und um die Zahl der dem Hofe
ergebenen Votanten im Landtag zu verringern, bestimmen sie,
daß, wenn ein im Lande aufgenommener Landmann nicht binnen
Jahr ein Landgut erkauft, er das Recht der Landmannschaft thatsächlich verliere. Es war auf jene Landsleute gemünzt, die über
Aufforderung des Kaisers aufgenommen wurden.

Einmal setzen es die Katholischen durch, daß ein Katholik —
H. von Haugwitz — Landeshauptmann ward. Aehnliches gelingt
ihnen nicht mehr, trotz der größten Anstrengung. Ein Waldstein
wird es,[71] dann ein Wrbna, beide Utraquisten; einmal ist sogar
davon die Rede, daß der Oberstlandrichter Joh. v. Boskowitz,
ein Glied der Brüderunität, das hohe Amt erlangen soll![72]

Wie lässig wurde der glaubensstarke Johann von Olmütz
beschützt, als die Stände ihn für die verweigerte Unterschrift so
hart strafen. Wie rasch wurde der Versuch Rudolphs gegen die

[69a] Auch die Dominikanerprioren waren Wälsche. Znaims Denkwürdigk.
Hübner II. 21.

[70] Archiv des Klost. S. Thomas. Reg. im L. A. 1583.

[71] Abdicirt am 26. Sept. 1588. Prosnic Codex P. 46.

[72] Cerroni Miscell. Nr. 58. Auch Dubik Olmützer Sammelchronik 1858.
Sect. Schrift.

Sectirer von Gaya streng zu sein, über Fürbitte der Stände aufgegeben! In Znaim wurde im Auftrage des protestantischen Rathes
eine Inquisition durchgeführt, die Abgeordneten gingen von Haus
zu Haus und constatiren das Bekenntniß der Einwohner. Als
einer der inquirirten Bürger stolz antwortete, er bekenne sich zur
Religion seines Kaisers, verwies man es ihm mit den Worten:
„Wenn der Kaiser seine Seligkeit verwirkt, willst Du es ihm
nachthun?"[13])

Gegen Esrom Rüdiger und die Schule zu Eibenschitz, gegen
den Sectirer Kirmetzer wurden Mandate erlassen, aber sie wurden doch nicht vollzogen. Herr Joh. v. Lipa, der den Esrom,
Herr v. Kunowitz, welcher Kirmetzer beschützte, wissen sich zu entschuldigen.[14])

In Brünn gelang es der protestantischen Partei, einen Calviner aus Niederlanden Namens Habicht in den Stadtrath zu wählen. In Iglau, das außer dem Bereich der Jesuiten stand, war der
Protestantismus in voller Blüthe. Das gegen die Brüder erlassene
Mandat des Kaisers (31. Juli 1584)[15]) wurde, außer von Rosenberg, von Niemanden beachtet. Selbst in Olmütz wurde, ungeachtet strenger Verbote, protestantischer Gottesdienst gehalten.[16])

Der Bischof beklagte es tief in einem Briefe an den Jesuiten-
general, daß Perez eine andere Bestimmung erhielt, er bezeichnete
Mähren als ein den Umtrieben der Häretiker noch ganz preisgegebenes
Land; die Eigenschaft, die er von den Jesuiten, „die etwas ausrichten wollen," fordert, ist: Comitas et discreta in agendo pru-
dentia. Der Bischof hatte wohl dabei die Stände im Sinne. —
Die letzten Zielpuncte des Hofes und der römisch Gesinnten konnten
den mährischen Cavalieren nicht entgehen. Sie waren auf der Hut,
um nicht die geringste Aenderung in den alten Verfassungszuständen
zu gestatten. Gegen Rudolph sind sie viel weniger freigebig; zum
Bau der Grenzfestung Vyvar tragen sie jedoch mehr bei als andere Länder, weil ein national-mährisches, militärisches Talent:
Friedrich von Zierotin den Bau führte. Sonst aber lehnen sie

13) Brucker Cop. a. a. O. S. 240.
14) Gindely a. a. O. 272.
15) Ibi. 287.
16) Woluň a. a. II. 287.

entschieden ab eine Million kaif. Schulden zu übernehmen oder
zum Witthum der Kaiserin Mutter beizutragen. Nicht weil der
Kaiser es befohlen, nur aus Achtung für ihn nehmen sie den
Gregorianischen Kalender an. Die Steuerrechnungen, die Rudolph
verlangt, verweigern sie zuerst entschieden, endlich lassen sie sich
nur zur Mittheilung von Auszügen herbei.

Im Valkaun'schen Proceß gaben sie nach, da sie wußten,
im offenbaren Unrecht zu sein.

Dann aber, als der Kaiser es versucht, zu Gunsten einer
Dame aus der sehr bevorzugten Familie Dietrichstein in die Justiz
und die Bestimmungen des Landrechtes einzugreifen, indem er eine
Fristung von diesem erwirken will, da läßt diese oberste Landes-
behörde der Frau Esther von Dietrichstein ihren Zorn fühlen. „Es sei
unerhört und ganz gegen Gesetz und Ordnung, daß Ihr Frau Esther
Euch ein Intercessionsschreiben vom Kaiser erschlichen habt. Das
Landrecht wird S. M. bitten, künftighin die Verfassung und das
Rechtsgesetz nicht mehr durch solche Zumuthungen zu verletzen." [17])
Die Unabhängigkeit der Justiz war auch den mährischen Cavalieren
das Palladium ihrer Freiheiten und ihrer Verfassung.

Sie erwirken vom Kaiser für die Geldbewilligungen, dann
für die Uebernahme gewisser Lasten die Testirungsrechte bis in's
sechste Glied [18]) und die Beschränkung des Appellationszuges (in
Schoßprocessen) an den König, an dessen Stelle der Landeshauptmann zu treten hatte. Ebenso soll in den Fällen, in welchen
Unterthanen Rechtsbelehrung von Städten mit obrigkeitlicher Genehmigung einholten, nicht wieder (an den König) appellirt werden. [19])

Die Schulden mehrten sich, von fast jeder k. Stadt hatte
Rudolph Darlehen erhalten, oder es waren die k. Städte Bürgen
bei Schulden, die er mit reichen Baronen im Lande contrahirte.
Die Aussichten eines Krieges mit den Türken drängten jetzt diese
Schulden zu bezahlen, um die Regierung unabhängig zu machen

---

[17]) Dies geschah am 23. Sept. 1588. V. Protokolle des großen Landrechtes
im k. k. Landtafelamte 1588. Cunigundenlandrecht in Brünn und Landtagspam. Supp. Buch 1569—1003. Schreiben ddo. 23. Sept. und
Samstag vor Látare 1588.

[18]) L. A. st. Privil. Montag nach Cantate 1587.

[19]) Ibi. Montag post Lucas 1586.

und den Credit nicht zu verlieren. Die Stände wollten zwar diese Schulden nicht übernehmen, allein zur Tilgung derselben Beiträge zu leisten, ließen sie sich doch nur unter der Bedingung herbei, daß ihnen der documentirte Beweis über diese Verwendung geliefert werde, und daß zunächst des Kaisers Gläubiger in Mähren befriedigt werden. So gering war das Vertrauen der Stände! Wie oft muß zum Mißtrauen ein Anlaß gegeben worden sein, da es die Stände wagen konnten, diese Forderung zu stellen und der Kaiser keinen Anstand nahm, derselben nachzugeben.

Dieser traurige Zustand der Finanzen lähmte die Politik der Staatsmänner Rudolph's, und war der Keim der Schwäche und der Verwirrung, durch welche sich die Verwaltung charakterisirte. Hiezu kam auch jene unselige Gewohnheit, die dringendsten Angelegenheiten langsam oder gar nicht zu erlebigen,[80]) nicht zu einem festen Entschluße zu kommen. Schon 1587 erheben die Stände bittere Klagen, daß die Nichtbesetzung der vielen erledigten Stellen im Landrechte: der Oberstlandbeamten und der Landrechtsbeisitzer, die Abhaltung der Sitzung verhindern und daß dadurch Witwen, Waisen und Arme verkürzt wurden, da „diese nicht zu ihrem Rechte kommen können." Sofort weisen die Stände auf das alte doch bestrittene Befugniß des Landrechtes hin, „sich selbst zu ergänzen" und versuchen es, auf diese Art einem der wichtigsten Rechte der Majestät nahe zu treten.

In der polnischen Angelegenheit, an welcher so sehr dem kaiserlichen Hause gelegen war, schon um sich eine Bundesgenossenschaft gegen die Türken zu sichern, blieb die Hilfe der mährischen Armee aus; zwar stand sie bereits bei Neutitschein schlagfertig, als durch Abberufung des commandirenden Generals Friedrich von Zierotin das Heer seinem Stellvertreter, einem schwachen Manne überlassen blieb, welcher, statt zu Erzherzog Max zu stoßen, in Schlesien verblieb, angeblich um dieses Land vor den Einfällen der Kosaken zu schützen.[81])

Der Widerspruch der Stände und die Unentschiedenheit des

---

[80]) Instruction des Landtages, Dienstag nach Pfingsten 1587. Es wird um endliche Besetzung der längst erledigten Gerichtsbeamtenstellen gebeten, weil sonst ein Justizstillstand entstehen würde. Landtagspam.-Supp.-Buch 1569—1601.

[81]) Ibi. Mittwoch an Fab. u. Seb. 1588.

Kaisers waren wohl im Stande, die Fortschritte und Erfolge der katholischen Restauration zu erschweren, indeß sie konnten dieselbe nicht mehr hemmen, den organischen Anstoß, der ein energisches, kräftig pulsirendes Leben unter die Führer der letztern gebracht, nicht mehr zurück drängen. Die Stellung der beiden Parteien war anerkanntermaßen jetzt eine ganz andere geworden. Die Katholiken, bisher der verfolgte und gedehmüthigte Theil, ward zum angreifenden, die Zaghaften, Zweifelnden dieser Partei wurden entschieden, die Muthigen, muthiger. Sie hofften sogar, die weltliche Macht sich dienstbar zu machen, indem sie demonstrirten, wie die Wege, die zur Gründung einer Monarchie führen, nur die katholischen seien. Die Protestanten gewöhnten sich jetzt einen Gegner zu achten, der durch seine innere Organisirung wie durch äußere Verbindungen ebenbürtig wurde und sie aus der bisherigen Zuversicht der Alleinherrschaft emporschreckte.

Wie mit Einem Schlage hatte das energische consequente Wirken eines Mannes mit voller Episcopalmacht, unterstützt von den Vätern der Gesellschaft Jesu, die Lage des Landes verändert. Wie der Führer eines Kriegshaufens, der schon zu weichen beginnt, die Fahne schwingt und jegliche Gefahr verachtend, plötzlich sich gegen den Feind stürzt, durch sein hochherziges Beispiel die Fliehenden zum Stehen bringt, Muth einflößt und die schon verlorene Schlacht wieder aufnimmt: so war Bischof Stanislaus mit dem Häuflein seiner Getreuen, voll Siegeshoffnung kämpfend, auch siegreich.

In Böhmen traten die Aenderungen deutlicher zu Tage. Mächtige Barone, die für die Sache der Kirche gewonnen wurden, standen auf der Seite der Krone, ihr Einfluß hatte es durchgesetzt, daß die Stände, von dem Entschluße keine Steuer zu bewilligen, bevor nicht der schon unter Max begehrte Majestätsbrief ertheilt wird,[82] zurücktraten. Für die Befreiung des Erzherzogs Max aus polnischer Gefangenschaft, für den Schutz der schlesischen Grenze, bewilligten die Stände doch Geld und Mannschaft, obwohl sie kurz zuvor dem Kaiser sagen ließen, daß, nachdem die Stände übergangen wurden, diejenigen, welche den Rath ursprünglich zum Krieg ertheilten, nun auch jetzt die Mittel dazu herbeischaffen sollten.[83]

---

[82] Gindely a. a. O. II. II. 219.
[83] Diarium Caroli Zierot. Blaub. Archiv. 29. Feb. 1588.

Hiemit gelangen wir zum Schluße der Schilderung des gesellschaftlichen und politischen Zustandes jenes Landes, in welchem Carl v. Zierotin zu wirken berufen war. Es dürfte sich nun seine bedeutungsvolle Thätigkeit richtiger beurtheilen lassen, da die Bedingungen derselben in deren genetischen Entwicklung blos gelegt wurden. Die Situation war um diese Zeit deutlich markirt. Der Gegensatz zwischen der Krone und den Ständen rang nach einem klaren Ausdruck in der Verfassung des Landes. Die Glaubensbekenntnisse gruppirten sich nach jenem Gegensatz und trugen zur Verschärfung und Vertiefung desselben wesentlich bei, indem sie den selbstsüchtigen politischen Strebungen der Machthaber ein religiöses und darum allgemein faßliches Gewand gaben. Die abstracte Terminologie der politischen Parteien beburfte, um deren Programme dem Volke verständlich zu machen und es dafür zu gewinnen, der Bundesgenossenschaft mit der ergreifenden und concreten Sprache des Gefühls.

Capitel III.

Herr Carl v. Zierotin und sein Vater Johann. — Studien in Deutschland und in der Schweiz, J. J. Grynäus und Theodor von Beza. —
Reisen in Deutschland, England, Frankreich und Italien. — Heinrich
von Navarra. — Gelehrte Verbindungen Carl's von Zierotin. — Bedeutung der Herrensitze, Namiest. — Carl von Zierotin wirbt um Barbara von Kragik. — Wandelung in den politischen Zuständen. —
Die Reformirten in Deutschland und Frankreich, dann die Mitglieder
der Brüderunität. — Zierotin will König Heinrich IV. mit Gut und
Blut unterstützen. — Die Vorbereitungen zur Kriegsfahrt. — Vor-
schnelle Rückkehr, der Gattin Tod. — Zweite Reise nach Frankreich. —
Belagerung von Rouen. Enttäuschungen.

Die Zierotine, im J. 1480 in den mährischen Herrenstand
aufgenommen, waren ein altes vornehmes Geschlecht; es bedarf
nicht fabelhafter Legenden von Hermelin und Bügelkrone, um
den Glanz dieses erlauchten Hauses zu vermehren. Es sind Urkunden vorhanden, welche das Andenken an Hynek von Zierotin
erhalten haben, der um 1187 nach Palästina zum Kampf gegen
die Ungläubigen zog, und dessen zurückgebliebene Familie vom
Papste Gregor VIII. in Schutz und Schirm genommen wurde.
„Die Zierotine zählten,“ sagt Hormayer, „in ihren Reihen groß-
müthige Freunde, standhafte Beschützer, liebende Genossen des classischen Alterthumes, der Historie, der redenden und bildenden Kunst.
So mancher Zierotin war ein Gott der Schlachten, so mancher

das Orakel im Landtag und Gerichtshof." Aber im XVI. und
XVII. Jahrhundert hat dieses an Talent und Gütern so reiche
Geschlecht den größten Glanz entwickelt. Unter den vielen Feldherren aus diesem Hause, unter allen Helden Mährens hervor-
leuchtend, war der Feldmarschall Carl von Zierotin — ein Oheim
Carl's v. Zierotin, mit welchem sich diese Erzählung beschäftigt
— in Deutschland unter den Kaisern Carl und Ferdinand und
in Ungarn schon seit Ludwigs Regierung pflückte er unverwelkliche
Lorbeeren. Dem Kaiser Ferdinand und seinem gleichnamigen Sohne
war er ein treuer Diener und Rathgeber, er war der Stolz des
Landes, eine wahre Zierde seines Geschlechtes.

Der Markgraf von Burgau, um den Feldmarschall Zierotin
den Freund, Lehrer und Kriegsgefährten seines fürstlichen Vaters
zu ehren, wollte die kurze Biographie des Feldmarschalls[1]) in
einem Druckwerke veröffentlichen lassen.

[1]) Um dem Autor verläßliche Daten zu verschaffen, trat Dr. Joh. Martin
Robmann, des Markgrafen v. Burgau Rath, mit Herrn v. Zierotin in
Verbindung. Die Anfrage Robmanns beantwortet dieser ddo. 14. October 1602. Er dankt für die Ehre, welche dadurch dem Hause Zierotins
erwiesen wird und bittet mit der Edition noch zuzuwarten, bis er nach
Prag kommt. Er (Zierotin) habe inzwischen den zweitgeborenen Sohn
des Verstorbenen aufgefordert, eine kurze Biographie zusammenstellen und
auf den Gütern des vor drei Jahren verstorbenen älteren Sohnes nachforschen zu lassen, doch hierüber noch keine Antwort erhalten. Hätte der
Herausgeber des Buches Eile, so würde er vorschlagen, in allgemeinen
Ausdrücken die Thaten des Feldmarschalls folgendermaßen aufzuzählen:

Carolus Baro Zierotinus, clara apud Marcomannos, qui nunc
Moravi, familia natus, primis adolescentiæ annis, plerisque, Europæ
regnis peragratis, in Patriam reversus, prima tyrocinij specimina
apud Hungaros, sub exitum regni Ludovici et primordia Ferdinandi
edidit reliquo ætatis tempore in Hungaria et Germania sub auspicijs
Caroli et Ferdinandi Impp. stipendia meruit, tandem copiarum sæpius
ductor, clarus jam militia, Ferdinando Archiduci summa cum potestate
in Hungariam a Patre Cæsare cum exercitu misso, juventutis ejusque
moderator et consiliorum princeps adfuit: Interea legationibus et
sæpius honorifice perfunctis, carus Cæsari, carus Archiducibus filiis
præcipue a Ferdinando, magna cum laude et authoritate in Aula
residuæ vitæ annos confecit, vir spectatæ in Principem et serenissi-
mam Domum Austriæ fidei, gratus exteris, acceptus civibus, omnibus
longe carissimus, magnum Patriæ et familiæ suæ ornamentum, vixit
an... men... dieb... obiit... — Diese noch fehlenden Daten wer-

Das Zeitalter der Reformation war für jenes erlauchte Haus das Zeitalter des Ruhmes und der Größe. Die Zierotine waren die wärmsten Freunde und Beschützer derselben. Mit einer Art Stolz erzählt Carl v. Zierotin, daß seit den Zeiten Huß's seine Familie keinen Anhänger der katholischen Religion in ihren Reihen zählte; „seit 140 Jahren, wir können es documentirt nachweisen," schrieb er, „waren unsere Vorfahren die eifrigsten Vertheidiger des göttlichen Wortes in diesem Lande."[2])

ben, eben nach der Andeutung Carl's bei Herrn Caspar v. Zierotin, dem Sohne des Feldmarschalls, zu erfragen sein.

Carl ersucht in einem Schreiben ddo. Rossitz 8. Nov. 1602 seinen Agenten in Prag, Caspar Luck, dem Dr. Rohmann mitzutheilen, daß die genaue Darstellung der Thaten des Feldmarschalls aufgefunden wurden, daß er sie nach Prag mitbringen werde. Dieses Buch scheint übrigens nicht edirt worden zu sein.

Der ältere Sohn Carls des Feldherrn, von dem oben die Rede ist, war Victorin v. Zierotin, die Tochter des ersteren, Elisabeth, war mit dem Freiherrn Weitmühl vermält.

Jenes Schreiben an Luck hat noch ein weiteres Interesse. Man findet den Namen Zierotin häufig Zerotin und auch Zierotin geschrieben. Nur scheint es, daß Carl erstere Art mit Hinweglassung des ersten i damals vorgezogen hatte, denn er bittet den Luck darauf Einfluß zu nehmen, daß der Autor des Buches nicht in die Fehler der Deutschen verfalle, die das Z in Sch verwandeln, und statt Zierotin — Scherotin schrieben. (C. A. 5. a. Brief an Rohmann Nr. 38. v. J. 1602 und Nr. 48 desselben Jahres.) Später schrieb Carl auch „Zierotin," wie z. B. das Facsimile der Unterschrift auf dessen durch Herrn Prof. Sembera herausgegebenem Portrait zeigt. Wir haben die letzte Schreibart als die auch von der gräfl. Familie adoptirten beibehalten. Uebrigens wurde in allen Kanzleiausfertigungen diese Schreibart angewendet.

[2]) Codex A. 5. a. ddo. 2. März 1600, Nr. 1. Zierotin an Heinrich von Eberbach. M. S. im gräfl. Zierotin'schen Archive zu Blauda in Mähren. Dieser kostbare, fast ganz durch Zierotin eigenhändig geschriebene Coder enthält die Concepte seiner Correspondenz aus den J. 1598—1612 in fremden Sprachen und gehört zu jener Sammlung Carl v. Zierotin'scher Handschriften, welche ich im VII. Hefte der Schriften der hist. stat. Section der mähr. Ackerbaugesellschaft beschrieben habe. Die Vorrede des Beilagen=Bandes, in welcher viele Briefe aus diesem Coder abgedruckt sind, wird eine nähere Beschreibung dieses wie der andern merkwürdigen Codices dieser Sammlung mittheilen. Da dem Coder A. 5. a. sehr viele Briefe Zierotin's entnommen sind, so werde ich, bei Citirung dieses

Johann von Zierotin auf Namiest, war einer der angesehensten und reichsten unter den angesehenen und reichen Baronen des
Landes. Er vertrat häufig den Oberstlandkämmerer, den Oberstlandrichter, er war Kreishauptmann des Brünner Kreises, repräsentirte sein Vaterland bei den Reichscongressen, war Mitglied
der Commission, welcher die Redaction der neuen Landesordnung
übertragen war und Mitglied anderer Comités, die der Landtag in
wichtigen Gesetzgebungs- und Verwaltungsfragen niedersetzte. Noch
bedeutungsvoller war seine Stellung als das einflußreichste Glied
der Brüderunität in Mähren. Man kann von ihm zwar nicht sagen,
er sei das Haupt derselben gewesen, aber alle Autorität und alles
Ansehen, die in der Unität einem Laien übertragen werden konnte,
besaß er in Mähren, wie die Krajek's in Böhmen, im vollsten
Maße. [3]

Blahoslaw war sein Lehrer. An den Früchten dieser Erziehung erkannte man den erleuchteten Mentor; die Errichtung der
Druckerei in Kralitz, [4] die berühmte Bibelübersetzung, die Gründung
der Schule in Eibenschitz sind nur durch die großherzigen Unterstützungen des Freiherrn Johann von Zierotin möglich geworden.

Im Sterbejahre K. Ferdinand's, und im Beginne der Re-
gierung K. Maximilian's, am 14. September 1564, gebar zu
Brandeis an der Adler Marianna von Boskowic ihrem Gemahl
Johann von Zierotin einen Sohn, den Freiherrn Carl v. Zierotin. [5]

Ein Mann, wie Johann von Zierotin, wollte in dem Erben

Coder die Signatur und den Namen des Herrn v. Zierotin weglassen
und nur das Datum und den Adressaten bezeichnen. Die Codices der
erwähnten Sammlung wurden durch Herrn Dr. Palacky signirt; diese
Signatur ist auch von mir beibehalten worden.

[3] Gindely a. a. O. II. 71, 105, 241.

[4] Gindely a. a. O. II. II. 309. Einen trefflichen Aufsatz über die Kralitzer
Bibel und deren Uebersetzer enthält das Werk: Rozpravy z oboru Historie &c. S. 9. Wien. 1860, herausgegeben von den Gebrüdern Jirček.

[5] Laut Diarium in der Blaudaer Slg. ddo. 10. Mai 1588. Das Datum
14. Sept. ist alten Styls, 24. Sept. neuen Styls. Die Mutter Marianna von Boskowic war 1545 geboren und starb 29jährig zu Wien
Donnerstag vor Galli 1574. S. Bieneberg Versuch über einige merkwürdige Alterthümer im Königreiche Böhmen. III. Stück. 36.

seines Namens auch einen würbigen Nachfolger seiner ausgezeichneten Stellung zur Unität heranbilden.⁶) Es ist sehr wahrscheinlich, daß Carl einen Theil seiner Jugend unter Esrom Rüdiger's Leitung in der berühmten Schule zu Eibenschitz, wo auch Carl v. Liechtenstein gebildet wurde, zugebracht hatte.⁷) Männer, wie Laurenz

---

⁶) Herr Johann v. Zierotin bemerkt am Schluße seines Testamentes: Na posledyZato Panuow Porucznikuow swych duwiernie ziadam Zie Potud Pokudz Synowe mogij w moczi a w opatrowanij gich budau, gich z Vczieny toho kdezbykoly ode mne dany saucze byly bez bedliweho Vwazieny strhowaty nebudau, Pakliby wto dulezite Przicziny w kroczily a ony z ste sskoly w kterez by na ten czias byly wzaty beyty musely tehdy aby gie y hned zase bez wsseliyakych odtahuow na Vezeny Sskolny w ta mista kdezby odporne tomu nabozenstwy w Prawdie krzestianskemu giemuz ode mne wyuczeny a wniem wychowany gsau nebylo a wieku y Stawu gich Przilezite bylo beze wssech odkladuow wyslaty a ge Czlowiekem Bohabognym a Rozumnym kteryzby ge w wieku gich mladem Pocztiwie sprawowaty a westy k dobremu rozumnie vmiel a ginegmy Potrzebamy nalezitie opatrzitý nepominau, a k ginemu nabozenstwy a Raligy mimo na Przed oznamene mity nebudau, &ct....

Genz gest dano a psano na Namiesczy w Patek Przed Pamatku Swatych Ssymona a Judy Letha Panie Tisiciho Pietysteho Osmdesateho druheho poczitagicz. Landtafelquatern Nr. 26. S. 81. V.

⁷) Esrom Rüdiger, in Bamberg geboren 19. März 1523, Schwiegersohn des Joach. Camerarius und Schwager des jungen Joach. Camerarius, war zuerst Magister in Leipzig, Rector der Schule zu Zwickau, dann Professor der Philosophie, der griechischen Sprache zu Wittenberg und mußte, weil er reformirten Glaubens war, die Professur niederlegen, er ging dann nach Mähren, lehrte zu Eibenschitz einige Jahre in der Schule der mähr. Brüder, wurde an Füßen und Hänben vom Schlage gerührt und begab sich im Mai oder Juni 1588 nach Nürnberg oder Altorf. Er schrieb Paraphrasin psalmorum in etlichen Theilen. Hypothesin astronomicarum positionum Procli translatam, apologiam Socratis platonicam, cum versione lat. et scholiis. Synesii Cyrenaei disputat. de providentia cum ejusdem epistol. &c. Er starb 69 Jahre zu Altdorf 2. Dec. 1591. Nach Gindely II. S. 105, wurde die Schule zu Eibenschitz 1575 eröffnet. Der bekannte Dubith sandte einen Sohn, Herr von Kaunitz zwei Söhne dahin: Gindely a. a. O. II. 249. Sie war Ende des XVI. und Anfangs des XVII. Jahrh. in Flor.

Daß Carl von Zierotin und Carl von Liechtenstein Unterricht bei E. Rüdiger nahmen, zeigt das Diarium 29. Jänner und 25. März 1588

Circlerus, wie der Senior Joh. Aeneas,[8]) wie Paul Novo-
dworsky von Pozbietina[9]) standen ihm als Erzieher und Lehrer
zur Seite.

Es lag im Interesse der Senioren der Unität, jede Mühe
auf die Bildung eines jungen Mannes zu verwenden, der durch
Geburt, Rang und Reichthum berufen war, an der Regierung
des Landes Theil zu nehmen. Wenn sie in ihm die strengen
Grundsätze, wie den Styl und die Rednergabe Blahoslaw's heranbilden konnten, wenn er in der classischen wie in der christlichen
Wissenschaft excelliren, sein Name weit und breit mit Achtung genannt werden würde, so war es nicht allein ein höchst vortheilhaftes, thatsächliches Zeugniß, das sich die Unität gab, sondern
sie durfte erwarten, daß er sich dankbar erweisen, und für die
Ausbreitung, Sicherheit und den Einfluß der Unität mit Erfolg
wirken würde, da die Zeiten der Gewissensfreiheit so günstig
waren.

Der Knabe Carl zeigte vortreffliche Anlagen. Die Erziehung
einer solchen Persönlichkeit war in der That eine dankbare Aufgabe. Im Jüngling entwickelten sich schon stark die Keime jenes
Mannes, dessen Name, so lange der Sinn für Tugend, Charakter-
stärke und Ueberzeugungstreue nicht erloschen ist, mit Achtung genannt werden wird. Wie die meisten seines Geschlechtes war er
klein von Gestalt. Er kränkelte oft, aber seine Seele war gesund,
er faßte rasch und richtig auf, sein genialer Blick traf immer das
Wesen der Dinge, ein vortreffliches Gedächtniß führte ihm die Stoffe
seiner Conceptionen, die sich durch correcte nüchterne Urtheile aus-
zeichneten, rasch zu; er war leicht erregbar und hatte ein tiefes
und reiches Gemüth, jenes edle Erbtheil der Slaven; ein leichter

---

[8]) Senior der Brüderunität zu Eibenschitz, wurde im J. 1577 dazu gewählt. Er war einer der bedeutendsten Männer der Unität, kenntnißreich
und geistvoll. Er gehört zu den Uebersetzern der Kralitzer Bibel. Gindely
a. a. O. II. 309.

[9]) **Paul Nowodworsky v. Pozbietina**, einst Hofmeister des Herrn
v. Zierotin, war früher Secretär des Herrn Joh. v. Zierotin. Diar.
15. Jänner 1588, wurde Schreiber des kleineren Rechts in Mähren am
20. Juli 1588. Cerroni 251/II. fol. 25. Land. Arch.
  Auch J. J. Huber war ein Lehrer Zierotins. C. 20. Octob. 1605,
Ruppa.

Anflug religiöser Schwärmerei ist auch bei ihm zu entdecken. Frühzeitig gewohnt seine Leidenschaften zu bekämpfen, in der Selbstüberwindung den Ruhm eines christlichen Ritters zu finden, erlangte er jene sittliche Kraft, welche ungetrübte geistige Heiterkeit verleiht, und die es vermag, Sinn und Leib sich unterthan zu machen und zugleich aufrecht zu erhalten. Er wurde in den strengen Grundsätzen der Unität und in den stolzen Traditionen seines Hauses erzogen. Seine Sitten waren rein, er war mäßig in Speise und Trank; — ein einziges Mal, wie er selbst erzählt, war er berauscht. Er sah einen Theil der Menschen seines Vaterlandes frei, glücklich und wohlhabend; es war leicht, in sein empfängliches Gemüth tief einzuprägen, daß der Glaube, die reine Lehre, wie man sie nannte, die von den Vätern überkommene Verfassung, die Palladien dieses glücklichen Zustandes sind. [10]) Es waren ihm dadurch schon die Bahnen vorgezeichnet, auf welcher sein edler Geist wandeln sollte.

Carl wurde noch in den Knabenjahren nach Straßburg geschickt in Begleitung des Laurenz Circlerus und des Lavinus. [11]) Die Akademie dieser Stadt war im Rufe großer Wissenschaftlichkeit. Männer, wie Conradus Dasypodius, Johann Lobecius, Melchior Junius, Michael Bosch [12]) lehrten ihn Mathematik, Rhetorik, die lateinische und griechische Sprache, die Anfänge des Studiums der Classiker und der Geschichte. Hier wurde der Grund zu jener

---

[10]) Die Jugendjahre Carls von Zierotin, gerade die Zeit der lebhaftesten Eindrücke, fallen in die ruhigsten und glücklichsten Zeiten Mährens. Während des unbeirrten Waltens der Brüderunität und zur Zeit Maximilian's ist Herr v. Zierotin erwachsen.

[11]) Zierotin liebte diesen Lavinus sehr; er wollte ihm nach seinem Tode ein Denkmal setzen. C. 24. Mai 1605. Nach den pädagogischen Principien jener Zeit leitete der eine jener beiden die Studien, der andere die Erziehung C. 9. Mai 1598. Dasypodio. Der Erzieher hieß præceptor, der Leiter der Studien hieß pædagogus oder studiorum Director. C. pr. Cal. Sept. 1598. Bei dem jungen Herrn v. Lipa war Polanus der Lehrer. C. 31. März 1600 und Pomerus der Erzieher. C. VII. Id. Mai 1600. 26. Octob. 1600.

[12]) Conradus Dasypodius war Professor der Mathematik zu Straßburg. Melchior Junius, Lehrer der Beredsamkeit. Michael Bosch, Prof. der Geschichte und griechischen Sprache.

Liebe für die Wissenschaften und zur Achtung für literarische Größen gelegt, die ihn so sehr ausgezeichnet und durch das ganze
Leben begleitet hat. [13]) Nach der entschiedenen Wendung der Brüderunität zum Calvinismus war es nicht mehr zweifelhaft, in
welchen Ländern der junge Carl seine Studien und seine Erziehung
zu vollenden hatte, denn zur Bildung des Gemüthes und Characters war Straßburg nach der Meinung der Brüder nicht so geeignet wie Basel, in Straßburg und in Basel waren sehr gelehrte Professoren, doch in Bezug auf Reinheit der christlichen Lehre
verdienten die reformirten Basler vor den Ubiquitätsdoctoren Straßburgs den Vorzug. [14])

Der Adel der Brüderunität sandte daher die Söhne nach
Basel und Genf. Ein Beza hier, dort ein Grynäus nahmen die
jungen Cavaliere in ihr Haus, in ihre Familien auf und prägten
ihnen jene Grundsätze der Genfer Schule ein, welche der Verbreitung des reformirten Glaubens und des Einflußes desselben
auf die Regelung der öffentlichen Angelegenheiten dienten. Sie
wußten wohl, daß sie nicht bloß junge Männer, die viele Ländereien, ausgedehnte Marställe und zahlreiche Koppeln Windhunde
besitzen, sondern daß sie die künftigen Staatsmänner des Vaterlandes in dieser goldenen Jugend heranbilden. Die classischen Studien
wurden dort eifrig betrieben und den jungen ritterlichen Gemü-
thern eine Welt gezeigt, in welcher die Liebe zum Vaterlande alle
anderen Gefühle beherrschte. Sie wußten geschickt diesen abstracten
Cultus durch die sanften Lehren des Evangeliums zu erwärmen
und zu kräftigen, indem sie die Interessen des Vaterlandes mit
jenen des Glaubens identisch machten. Sie brachten den jungen
Baronen die Größe und Bedeutung ihrer künftigen Mission zu
klarem Bewußtsein, sie stachelten ihren Ehrgeiz auf, indem sie
auf die Vorbilder des Alterthums hinwiesen und es ihnen deutlich
machten, was Glaube und Vaterland von ihnen erwarte.

---

[13]) C. 8. Dec. 1598 Ropulio. 8. Mai 1598. M. Junio. 23. Aug. 16. Nov.
1600 Quetlino.

[14]) S. Beilagen Nr. CIII. und CXIII. Diese Bezeichnung gilt für die Briefe
und Documente des Beilagenbandes, die römische Ziffer deutet auf die
Nummer des Briefes oder Documentes.

Zum Jüngling herangereift, zog Carl demnach nach Basel
und wohnte hier bei dem Theologen, Johann Jakob Grynäus, der
unter allen Lehrern den größten und bleibenden Einfluß auf die
Erziehung Carls hatte, er war sein Lehrer in der Geschichte und
zugleich sein väterlicher Freund. Auch mit dem theologischen Profeſſor in Basel, Amand Polanus von Polansdorf, [15]) Schwie-
gerſohn des Grynäus, ſchloß Carl einen innigen Freundſchafts-
bund. Außer dieſen war er mit Jakob Zwinger, Wilhelm Aragoſius
Jakob Kovettus, Felix Plater und Caſtiglioni [16]) in lebhaftem
Verkehr. Alle dieſe Männer gehörten der ſtreng calviniſchen Richtung an und glänzten ebenſo ſehr durch Gelehrſamkeit wie durch
Tugend. In dieſer Umgebung fühlte ſich Carl ganz heimiſch
und wohl, er ſagte: Baſel ſei ſein zweites Vaterland. [17])

Nach Genf, dem calviniſchen Rom, nach der Stadt der ein-

[15]) J. J. Grynæus, Profeſſor der Theologie und Geſchichte in Baſel. Geb.
zu Bern 1540, geſtorben 30. Auguſt. Baſel 1617. Beil. CXIII. 1565
als Paſtor zu Röteln wollte er die Concordienformel nicht annehmen,
ging deshalb als Profeſſor nach Baſel 1575 und im J. 1584 nach
Heidelberg; im J. 1586 wurde er als oberſter Prediger nach Baſel berufen, woſelbſt er bis zu ſeinem Tode blieb; er war ein ſehr frucht-
barer theologiſcher Schriftſteller. Er hatte für junge Studirende vom
Adel ein Convict errichtet, welches von mehreren Mitgliedern der Familie
Zierotin beſucht worden war. Die Aufnahme daſelbſt ward als eine beſondere
Gunſt betrachtet. Beil. CXV. — Hagenbach. Die theologiſche Schule Baſels.
Baſel. 1860. S. 16.
Amandus Polanus v. Polansdorf, Theologe, geb. Oppeln
in Schleſien, 16. Dec. 1561, lehrte Theologie zu Tübingen. Da er mit
Andreä in Streit gerieth und in puncto electionis Lamb. Danäi Mei-
nung war, zog er von dort weg und ging als Profeſſor der Theologie nach Baſel, wo er 18. Juli 1610 ſtarb. Er war ein ſtrenger
Vertheidiger des Calvinismus und der erſte bedeutende Dogmatiker unter
den Baſler Theologen. Ein Mann von großem Scharfſinn und außerordentlichen Kenntniſſen. Er hinterließ viele theologiſche Schriften von
hohem Werthe. Hagenbach a. a. O. S. 20.
A. Polanus war Hofmeiſter des Dionys v. Zierotin. Diar. 22. Nov.
1588 und nach Wolny's kirch. Top. II. A. 1. B. S. 263. n. I. war
es dieſer A. Polanus der nach Wengersky, nomen suum voluit profiteri
inter Ministros fratrum in Eibenſchiz 1591 und 1592.
[16]) C. 13. Decemb. 1602, Quetlino.
[17]) 22. Mai. 1603, Quetlino.

fachen Sitten, zog ihn auch der große Ruf Theodors von Beza und der Akademie. [18])

Zwischen den kirchlich-politischen Einrichtungen in Genf und jenen der Brüderunität fand Carl v. Zierotin eine große Aehnlichkeit; auch in Genf hat die kirchliche Reform die Entfernung der Fremdherrschaft beabsichtigt, politische Ideen waren hier wie dort mit den religiösen eng verwebt, hier wie dort war die Unabhängigkeit und Freiheit der Kirche, ihr Einfluß auf das äußere Leben und strenge Disciplin wesentliche Merkmale der kirchlichen Verfassung. Unterricht und Umgang steigerten die Achtung des Jünglings für Beza [19]) den Rector der Akademie, bis zur Verehrung und Bewunderung, er sah in dem Genfer Reformator den größten Mann des Jahrhunderts. Beza war damals, hochbetagt, auf dem Gipfel seines

[18]) C. 1. Febr. 1599. Für die römische Curie war Genf: il nido degl' eretici apostati d'Italia. Ranke Fürsten und Völker IV. 140.

[19]) Wahrscheinlich wohnte Herr v. Zierotin im Hause Beza's, welcher vornehme Jünglinge, die in Genf studirten, beherbergte, so z. B. den schottischen Grafen Johann Dundas C. 19. März 1598.

In Gesellschaft Carl's lebte der junge Zacharias Slawata, ein Verwandter von Carl's Stiefmutter Magdalena Slawata in Genf. Es war damals Sitte, daß Söhne des höheren Adels, welche die großen Auslagen eines Aufenthalts im Auslande, die Erhaltung des Hofmeisters und Lehrers und eines Gefolges von Dienern nicht bestreiten konnten, in Gesellschaft des Sprossen einer vom Glücke mehr bevorzugten Familie ausgebildet wurden. Desgleichen schlossen sich die weniger wohlhabenden Söhne des niederen Adels einem solchen, auf Reisen als Gesellschafter an, so z. B. Jaroslaus v. Bubna, welcher Carl auf der ersten französischen Reise begleitete. Diar. 9. Juni 1588. Unter den mährischen Adeligen, die in Genf studirten, lebte auch Georg Sigmund v. Zastřizl im Hause Theod. v. Beza. Ziegenheim S. 140 erwähnt, daß Zastřizl die schöne Bibliothek des Reformators um 600 Louisd'or erkaufte und daß diese Bibliothek nach Mähren geschickt, während der Kriege in Deutschland geplündert worden sein soll. Die Briefe Carl's von Zierotin bestätigen diesen Ankauf. Nach Beza's Tode macht Zastřizl Schritte, um diese Bibliothek nach Mähren zu bringen. C. a. 5. 6. Dec. 1605 an Cesaro Lombardo in Genf und 7. Mai 1606 an denselben. Diese Bibliothek ist in Buchlau, dem Stammsitze der Zastřizl, in der That nicht vorhanden, es ist auch nicht bekannt, wann sie für Mähren verloren wurde und wohin sie kam. De obitu et vita Clariss. Viri D. Theodori — Autore A. Fayo Genevra apud J. Chonet. S. 59.

Ruhmes; er hatte der Synode aller reformirten Kirchen Frankreichs zu Rochelle, wo das Glaubensbekenntniß der französischen Kirche bestätiget wurde, präsidirt, er stand am Hofe des Königs von Navarra in hoher Gunst, und wurde zu Sendungen nach Deutschland verwendet, um Verbindungen mit den deutschen Glaubensgenossen und den reformirten Fürsten zu vermitteln.

Carl's Verhältniß zu Beza war für seine Zukunft, für die Politik, die er als Staatsmann verfolgen sollte, von großer Bedeutung. Die innigen Beziehungen Theodor's von Beza zur reformirten französischen Kirche, zum Hofe von Navarra, zum Pfalzgrafen führten Carl von Zierotin frühzeitig in diese Kreise ein, er erwartete von da aus einen Sieg, einen vollständigen Triumph der reformirten Kirche, mit welcher die Unität so sehr übereinstimmte. [20]) Er wurde begeistert für die Idee eines großen evangelischen Bundes, der alle Anhänger jener Kirche vereinige, und dem mächtigen Andrang der römisch-katholischen Restauration die Stirne bieten sollte. Es war aber nichts selbstsüchtiges in dieser Begeisterung, er lernte von Beza, wie man das Vaterland lieben und auf sich ganz vergessen konnte.

Ein großer Theil der vornehmen Jugend reformirten Glaubens des Auslandes besuchte die Schule zu Genf, um den berühmten Beza zu hören; Flüchtlinge aus Frankreich und Italien fanden dort eine Freistätte. Unter den Fremden, die dort Bildung empfingen, entstand nothwendig eine Gemeinsamkeit von Grundsätzen, und eine Solidarität im Programm ihres Handelns, welche zur Verbreitung der Lehre und der Politik der Genfer Schule wesentlich beitrugen. Es war dies eine Art Propaganda, welche ihre Fäden über ganz Europa gesponnen hatte und die um so mächtiger war, als sie nur Männer von Verstand, Reichthum und Ansehen in ihrer Mitte zählte. — Die Verehrung Carl's für

---

[20]) Carl von Zierotin entwickelte seine Ansichten über die Verwandtschaft der Unität mit dem Calvinismus, in einem Schreiben vom 31. März 1600 Beil. N. CIII., an Polanus in Basel. Er wollte damals einen jungen Vetter, der in Straßburg studirte, nach Basel senden. Ein Hauptmotiv dieses Entschlußes war der Genuß des Abendmals. Zierotin hatte nämlich diesem Vetter den Empfang desselben mit den Lutheranern Straßburgs ausdrücklich untersagt, und hiezu die Bemerkung gemacht: ad vestras itaque ecclesias (die reformirte Kirche in Basel), quibuscum nobis unánimis consensus, fuit remittendus.

Beza, das innige Verhältniß zwischen diesen beiden mochte einige
Schriftsteller, darunter Pelzl, zu der Meinung verleitet haben,
als ob Carl durch Beza's Einfluß zum Calvinismus übergetreten
wäre. Nichts ist irriger, als diese Nachricht. Carl bewunderte
den Reformator und dieser hatte den größten Einfluß auf ihn;
doch verläugnete er nie den Glauben seiner Väter. Das Studium der griechischen und lateinischen Sprache betrieb er in Genf
mit ganz besonderem Eifer. Das Lesen Sallust's, Jul. Cäsar's,
Cornelius Nepos, Tacitus, Suetonius war nicht blos ein Mittel,
Sprache und Schreibart elegant und wohlklingend zu machen,
sondern es waren da große Doctrinen für Krieg und für Friedenszeiten zu holen.[21]

Carl von Zierotin war in Genf befreundet mit dem Theo-
logen Anton de la Faye, dem Biographen und treuen Freunde
Beza's, mit dem Kritiker Laurenz und andern hervorragenden
Männern. Die Stadtbehörde von Genf überhäufte Carl mit Aufmerksamkeiten. Es lag in ihrem und der Akademie Interesse, den
vornehmen Jünglingen mit Zuvorkommenheit zu begegnen, um
den Besuch derselben zahlreich zu erhalten.[22] Oft dachte er, als
Decennien verstrichen waren, als die Leiden des Vaterlandes seine
Seele mit tiefem Schmerz erfüllten, an die glücklichen Tage von
Genf! Der Aufenthalt in dieser Stadt war ein Uebergang von
den theoretischen zu den practischen Studien. Jetzt sollte er hinaus-
treten in die Welt, durch Beobachtung der Menschen und Einrichtungen der verschiedenen Länder, durch Bekanntschaft und
durch Verkehr mit hervorragenden Männern sich zur künftigen
staatsmännischen Laufbahn vorbereiten. Von Genf aus besuchte
er in Gemeinschaft mit Jaroslav von Bubna und Carl von Liechtenstein[23] Frankreich, um die Männer zu sehen, die ihm durch
Beza sehr bekannt waren, an deren Schicksal er den lebhaftesten
Antheil nahm und die alle zum Kampf für die französische Reformation gerüstet waren, Heinrich von Navarra, Plessy, Parre-
sius, Paget, Throgmortonus, Vollrad, Brossiniere, Marsigliere,
de Roches. Es ist gewiß, daß diese die seltenen Eigenschaften des

[21] C. 29. Dec. 1602 an Rupa, 20. Oct. 1605 an denselben.
[22] Beil. VII.
[23] Diar. 25. März und 25. Juni 1588.

Herrn v. Zierotin bald erkannten, daß sie von einer innigeren Verbindung mit ihm Erfolge für die gemeinschaftliche Sache, für die reformirte Kirche erwarteten und Freundschaft mit ihm schloßen.[23a]) In England weilte er am Hofe der „nie genug gelobten" Königin Elisabeth und fand bei den englischen Baronen die wärmste Aufnahme. Noch in späten Jahren gedenkt er mit Vergnügen jener Zeit und des Wohlwollens, das ihm, dem Jünglinge, der Graf von Salisbury[24]) erwiesen hatte. Auch nach den Niederlanden kam er und lernte Peter Brederode, einen der hervorragendsten holländischen Staatsmänner, kennen.[25])

In Heidelberg fand er seinen geliebten Grynäus als Professor. Der Pfalzgraf war ihm sehr gnädig; er besuchte ferner Daniel Toffanus, Otto von Grünwald, Paul Melliffus und Joachim Camerarius.[26]) Die Länder, welche Carl von Zierotin bereiste, die Fürsten und Gelehrten, die er aufgesucht, bezeichnen die Absicht dieser Fahrten: seine Kenntniß der protestantischen Welt, besonders der reformirten Länder und ihrer hervorragenden Männer zu erweitern. Von nicht protestantischen Ländern besuchte er mit Peter von Prazma Italien, die berühmten Universitäten von Padua und Bologna, die Pflanzschule der Natur- und Rechtswissenschaften, dann die alte Weltmetropole Rom.[27]) Italien kennen zu lernen, war ihm wichtig, weil es mit Mähren und Böhmen durch den kaif. Hof, durch die Beziehungen zum deutschen Reiche, durch einen ausgebreiteten Handel in enger Verbindung stand. Während Carl von Zierotin sich noch auf seinen Reisen befand, erkrankte daheim sein Vater Johann von Zierotin und starb am 25. Februar 1583.[28]) Es ist höchst wahrscheinlich, daß Carl um diese

---

[23a]) Receuil des lettres missives de Henri roi de france. T. II. p. 432. Wir heben daraus hervor den Brief des Königs an Zierotin vom 12. Febr. 1589. Heinrich schrieb: Monsieur le Baron, envoyant le sieur Bongars l' un de mes serviteurs vers les princes protestants, je lui ai commandé vous voir de ma part et de vous faire entendre de mes nouvelles et vous assurer de plus en plus de mon amitié.....

[24]) Beil. CXXXIX.

[25]) Diar. 9. Dec. 1588.

[26]) C. 14. Mai 1598.

[27]) In Begleitung des Herrn v. Wrbna. Diar. 19. März 1590.

[28]) Diar. 25. Febr. 1583.

Zeit nach Hause zurückgekehrt war; es ist aber gewiß, daß er bald
wieder auswärts weilte und wir wissen, daß er noch im Februar
oder März des J. 1587 in Frankreich und dann in den Niederlanden war. In Leyden wurde er mit dem berühmten Rechtsgelehrten und Professor Hugo Donellus (Douneau) bekannt, welcher
für den Verfasser des Buches: Reveille matin gehalten wird.

Carl von Zierotin hatte die Studien des Alterthums in
lebhafter Erinnerung; von den frischen Lorbeern der großen Zeitgenossen, mit welchen er selbst verkehrt, von der Bedeutung der
angestammten Pflichten tief ergriffen, eilte er noch im Laufe des
Jahres 1587 nach Hause, den Augenblick mit Spannung er-
wartend, in welchem er selbst Proben seiner Kraft ablegen sollte.
Die in der Jugend empfangenen gewaltigen Eindrücke wurden
durch seine noch fortdauernde Verbindung mit den alten Lehrern
wach erhalten und gekräftigt; der frühere Einfluß eines Beza,
eines Grynäus war nicht erloschen, nur die Form, in welcher sich
derselbe geltend machte, war geändert, und was früher der Meister als Lehre einimpfte, empfing Carl später vom Freunde in
Gestalt eines verehrten Rathes. Die Zurückkunft Carl's von Zierotin unterbrach daher nicht diesen vielsagenden Verkehr. Ein
Briefwechsel erhielt die Beziehungen zu den Schweizer Lehrern, zu
König Heinrich und Plessy, zu den Freunden in Italien und
Deutschland stets lebendig. Auch noch ein anderer Zweck wurde
mit diesem Briefwechsel erreicht: die Briefe waren nicht selten
Styl- und Sprachübungen. Mit den alten Studiengenossen wurde
die Aufstellung gewisser Thesen verabredet, um von einer Seite angegriffen, von der andern vertheidigt zu werden, und um gleichmäßig
jede Sprache zu üben, hat man derlei literarische Spiele jedesmal in
einer andern Sprache mit einem und demselben Correspondenten
ausgeführt. Herr von Zierotin widmete sich auch, nachdem die
Lehrjahre vorüber waren, den Studien, er suchte den Umgang
mit wissenschaftlichen Männern auf, er hielt es für seine Pflicht
für sie zu sorgen, mit den ihm zu Gebote stehenden reichen Mitteln
zu unterstützen, seinen großen Einfluß und die mächtigen Verbindungen für deren Versorgung zu verwerthen. Er selbst umgab
sich mit Männern von gelehrter Bildung, oder trachtete solche als
Erzieher, Lehrer, Secretaire oder Gesellschafter in den Häusern des
verwandten und befreundeten Adels zu unterbringen. Durch jenen

brieflichen Verkehr, durch diesen Umgang entstand eine Gemeinschaft erleuchteter Männer, deren belebender Mittelpunct zu sein,
ein Stolz Carl's von Zierotin war. Wir müssen es zum Ruhme
seiner Standesgenossen sagen, daß Herr von Zierotin nicht vereinzelt da stand; ein Theil der Barone des Landes wurde von
demselben Ehrgeiz geleitet. Dieser edle Bund des Adels mit der
Wissenschaft gab dem Leben auf den Herrensitzen eine tiefe Bedeutung. Sie waren nicht bloß der Sitz der Familie, des Hausstan-
des, der Beamten und der Verwaltung, es lebten dort Gelehrte
und Künstler als Lehrer oder Freunde, wie Glieder der Familie
selbst; in den ausgedehnten Räumen des Schlosses lebten die Secretaire des Landherrn, zumeist Ausländer: ein Franzose oder
Schweizer für die französische, junge Leute vom Adel aus Como oder
Bergamo für die italienische Correspondenz, um durch Gespräch und
Umgang die Kenntniß der betreffenden Sprache unter den Schloß-
bewohnern zu befestigen: ein Arzt, der seine Studien in Padua
auf Kosten des Schloß-Herrn vollendet, und eben seine Kunst er-
proben sollte. Bald war ein Maler aus Wälschland beschäftigt, den
Saal mit Fresken zu schmücken, bald ein Bildhauer mit der Herstellung einer Brunnengruppe beauftragt, bald hatte ein Geschichtsschreiber, der für seine Forschungen Schutz und Aufmunterung im
Schlosse gefunden. Inmitten dieser fehlte nie der Seelsorger, welcher
in der Familie eines Barons der Brüderunität der Gewissensrath
des Hauses war und dem Alle mit Ehrfurcht begegneten. Es war
dies nicht eine Haus-, sondern eine wahre Hofhaltung mit all dem
Glanze und dem Ernst der Macht und des Reichthums, ein Ort, wo
Bildung und feine Sitten, Geschmack an Wissenschaft und Kunst zu
erwerben waren. In der That wurden junge Herren aus adeligen
Häusern dahin geschickt, um ihre Ausbildung an einem solchen
Hofe als Pagen[29]) zu beginnen, sie hatten ihre Lehrer und ihre
Pagenmeister, und einen edlen leichten Dienst bei dem Herrn oder
der Dame des Hauses, sie begleiteten den Schloß-Herrn auf Reisen.
Nach ihrer Entlassung aus der Pagerie wurden sie ins Ausland
geschickt, um die classischen Studien in Deutschland oder der Schweiz
mit den Söhnen des Hauses zu vollenden, besuchten Italien, um
sich in der Sprache Dante's zu üben, in Padua oder in Siena

---

[29]) C. 9. Febr. 1600.

das Fechten, Reiten, Tanzen und alle jene Künste zn lernen, deren fertige Ausübung man im XVI. Jahrhunderte von einem vollendeten Cavaliere verlangte.[30]

Waren es arme Sprößlinge verschollener Adelsgeschlechter, so blieben sie im Dienste des Herrn bald als Hausofficiere, bald als hohe Hausbeamte, die man die Gentiluomini di Corte die Edelleute des Hofes nannte.

Als Friedrich von Zierotin starb, war Carl von Zierotin als das Haupt der vornehmen und reichen Zierotine, angesehen und als solcher genöthigt seinen Haushalt noch zu vermehren. Sein Schloß wurde häufiger als sonst von Herren und Damen besucht. Die Opfer, welche in der Gegenwart — für gesellige Vereinigungspuncte gebracht werden, sind vergleichsweise gering zu nennen. Einige Thees, einige Dinérs, einige große Bälle verursachen zuweilen Auslagen, aber die Hauptstadt versammelt alles an einem Orte. Als jedoch die Städte noch keine Centralpuncte des geselligen Verkehrs für den Adel waren, dauerten die Besuche auf dem Schlosse mehrere Tage und mehrere Wochen. Da Herr von Zierotin viele Verwandte, viele sociale und politische Beziehungen hatte, nicht allein Chef eines großen Hauses, sondern auch das Haupt einer großen Partei war, nahm das Bewirthen der Besuchenden Jahr aus Jahr ein kein Ende; wenn nicht dann und wann große Calamitäten, wie die Pest und Kriegsgefahren oder Familientrauer diesen Verkehr unterbrochen hätten, wäre es auf dem Schlosse zu Ramiest nicht einsam geworden. Sonst herrschte Ueberfluß ohne Verschwendung, heiterer Ton ohne Ausgelassenheit, Sittsamkeit ohne Kopfhängerei. Das zahlreiche Heer von Hof- und Hausbeamten des Herrn und der Herrin: Seelsorger und Edelleute der Kammer, Pagenmeister, Pagen aus Herrn- und Ritterfamilien, Secretaire, Sprachgesellschafter, Haushofmeister, Stall- und Jägermeister mit einem Stall- und Jagdpersonale, Kammerdiener, Lakaien, Hei-

[30] Der Codex genannt „Prostyborsky" ist das Briefcopiar des Edelmannes dieses Namens, welcher auf Kosten Zierotins in Siena studirte. Jenes System, den ärmeren Adel in Gemeinschaft mit den jungen reichen Baronen zu erziehen, bildete eine Clientel heraus, welche dem Baron in der künftigen kriegerisch-politischen Laufbahn eine bedeutende Stütze und Einfluß gab.

bufen, Wächter und das Corps der Boten bedingte wieder eine
große Anzahl anderer Menschen, welche die Bedürfnisse dieses
Hofes zu befriedigen hatten, Schneider, Schuster, Barbiere, Satt-
ler und andere Gewerbsleute. [31])

Ein Herrensitz diente mehr dem Vergnügen, in einem anderen war dieses zwar nicht ausgeschlossen, aber es herrschte strenge
Zucht und man lebte jener höheren Gesittungsidee, als deren Träger der Adel betrachtet wurde.

So ein bedeutungsvolles Leben herrschte auf dem Schloße
zu Namiest, das Carl von Zierotin mit der Grafschaft gleichen
Namens vom Vater geerbt, nun zu seinem Wohnsitze ausersehen
hatte. Die Grafschaft Namiest, eine sehr ausgedehnte Domaine
über fünf deutsche Quadratmeilen war aus vierzig kleinen Gütern,
die sich zumeist noch im XV. und Anfang des XVI. Jahrhunderts in Händen von Familien des niedern Adels befunden hatten,
durch Ankauf entstanden, und gibt einen concreten Beweis für jene

---

[31]) Befähigten Unterthanen ließ Herr v. Zierotin die Arzneikunst in Padua,
die Pharmacie in Brünn und Znaim, die Schneiderkunst, die Bau-
meisterkunst in Italien, in Wien und Prag, die Kochkunst in Genf und
Wien erlernen. Die culinarische Kunst war damals ausgebildet, die weit
gereisten vornehmen Herren konnten Kritik üben und zogen die französische Küche den andern vor. Es war auch bei dem großen Haushalt
die Küche ein wichtiges und großes Department, das von einem Küchenmeister geleitet wurde. Unterköche: als Pasteten-, Zucker- und Bratenbäcker,
standen ihm zur Seite. Zuweilen verschmäht Herr von Zierotin nicht,
selbst in die Küche zu steigen und den Künstler zu prüfen. C. 12. April
1604, 30. Jänner 1599 Lombardo. 9. Feb. 1600 Eberbach. Nr. 53
b. J. 1607. 1. Mai 1598 al Bagli di Siena. 29. Mai 1605 Bonacina.
28. August 1601 Pierio. 11. Dec. 1606 Polano. 3. August 1601 Bonacina. 3. August 1601 Orchi. 25. Octob. 1601 Bonacina. 27. Juli
1606 demselben. 12. April 1604 an Pierio. 30. August 1605 Polano.
2. October 1605 Bonacina u. s. f. 6. Dec. 1606 Lombardo. 29. Juli
1606 Schuchart. 25. März 1603. Orchi.

Ein Rossitzer, welcher durch zwei Jahre in Genf die Kochkunst lernte,
war nicht gewandt und befriedigte Herrn v. Zierotin nicht. Ein Ein-
gemachtes a la sauce d'Allemagne konnte er gar nicht zubereiten; es
wurde ihm aufgetragen Pigeons a l'estoufè zu kochen. Doch er braute
eine sehr geschmacklose Sauce. Dagegen war er ein guter Mehlspeisen-
und Pastetenbäcker. 13. Dec. 1598 und 30. Jänner 1599 Lombardo.

gesellschaftliche Umwälzung des Verschwindens des niedern Adels, deren Bedeutung früher dargestellt wurde.

Die waldbedeckte Hochebene, die sich westlich von Brünn wellenförmig erhebt, trägt die Strasse nach Iglau. Bei Rositz erreicht sie das Gebiet des Granit- und Glimmerschiefers, das seine geradlienigen Mulden einförmig und parallel bis an den fernsten Punct des Horizontes schiebt, ohne dem Auge einen Ruhepunct und Abschluß zu gewähren. Die schnelle Osla, wie um dieser kalten Eintönigkeit zu entgehen, gräbt in dem Granulit von Namiest tiefe Furchen, die dann als liebliche Thäler mit sanftaufsteigenden, waldumkränzten Abhängen, dann wieder als schroffe Felsenwände emporstarren, hie und da thurmartige und kegelförmige Steinmassen dem Hochplateau abringend, — bald Anmuth, bald kecken Trotz dem Thale verleihen.

Auf einem solchen Felsenkegel erhebt sich das Herrenschloß Namiest, — zu seinen Füßen liegt — ein slavisches Langsdorf bildend, — der Marktflecken gleichen Namens. Gezinnte Mauern und Thürme umfrieden des Schloßes Weichbild. Der Felskegel ist tief gespalten, ein kühner Bogen, die Zugbrücke, schwang sich über den jähen Abgrund, die beiden Kegelspitzen verbindend. Ringsum ein prächtiger Hirschpark mit uralten Eichen, riesigen Buchen und Fichten. Auf der einen der Spitzen des Kegels waren die Wohnungen der Herrschaftsbeamten aufgebaut, auf der zweiten, die in das Thal vorspringt, das eigentliche Schloß, das noch mit einem Gürtel von Hofgebäuden für Hausofficiere umgeben war. Hinter diesen erhob sich dreistöckig das Herrenhaus im römischen Style, dem herrschenden Geschmacke der Zeit huldigend, von Johann von Zierotin erbaut und vollendet im J. 1578, wie es die stolze Inschrift am ersten Schloßthore verkündet: Joannes Bederici filius. Baro Zierotinus . natu maximus. Patriæ. sibi. suis et posteritati extrui curavit . absolutum anno 1578. — Vom äußeren Schloßraume führt eine breite und hohe Flügelstiege von behauenem Marmor mit Statuen und Hautreliefs verziert in den Schloßhof — das Portal ist von grauen, kolossalen Marmormonolithen mit Lisenen jonischer Ordnung. Die Hofseiten des Schloßes bilden ein Viereck, jeder Stock von breiten Corridoren umgeben — die schlanken Tragsäulen sind dorischer Ordnung und mit Hautreliefs, größtentheils Wapen der großen Geschlechter: Lomnitz, Boskowitz,

Pernstein geschmückt; diese Wapen wiederholen sich auf den Ge-
simsen der Fenster. Inmitten des Schloßhofes erhebt sich der Brun-
nen, mit Neptuns Statue geziert; ihn umgeben Delphine, welche
fast bis zur Höhe des Dachfirstes das Wasser spritzen, die zurück-
fallenden Tropfen werden in großen Metallmuscheln am Fuße der
Gruppe aufgefangen. An hundert Zimmern reihen sich in den
verschiedenen Stöcken an einander. — In diesem Style wurden fast
alle Schlösser damals aufgeführt; die alte Ordnung, die corporative
Einrichtung gothischer Burgen ist schon aufgelöst. Diese Burgen
waren ein organisches System individueller Wohnungen, die in
malerischer Mannigfaltigkeit sich neben einander gliederten. Doch zur
Zeit Johannes von Zierotin war das — kasernartige — Schloß nur
e i n e Wohnung nach dem nivellirenden System geradliniger Zimmer
erbaut. Der Baumeister ahnte die kommende Zeit, die Räume sind
fertig, in welche das Zopfthum einziehen wird.

Herr v. Zierotin bewohnte nach der Rückkehr von seiner Bildungsreise das Schloß zu Namiest. Die Vormundschaft, welche bisher
die ererbten Güter: Namiest, Kralitz Rositz in Mähren und Brandeis
an der Adler in Böhmen ³²) verwaltet hatte, übergab ihm
diese Güter am 25. Februar 1588, dem Jahrestage des Todes seines
Vaters. Im oberen Schloßhof zu Namiest waren die Gutsunterthanen
versammelt, und als Carl erschien, vollzogen Osowsky und Wa-
necky³³) — der dritte Vormund Friedrich v. Zierotin war in Staats-

---

³²) Die Güter (ererbte und erkaufte), welche Carl von Zierotin in Mähren
besessen hatte, waren: Namiest, Kralitz, Rositz, Strutz, Lomnitz, Dřewohostitz, Prerau und Turnitz; in Böhmen: Brandeis an der Adler.
Nach und nach verkaufte Zierotin die Güter in Mähren bis auf Prerau,
das ein Substitutionsgut war.

³³) B a r t h o l o m ä u s Wanecky von Gemnitta, aus einem alten mährischen
Rittergeschlecht, Herr auf Dřewohostic. Wanč und Walč. — Das Geschlecht
hatte seinen Beinamen von dem Dorfe Wanec (jetzt mit Namiest vereinigt). Bartolomäus und sein Bruder G e o r g besaßen Wanč, der erstere
überließ 1574 seiner Gattin Anna Zamrsky v. Zamrsk seinen Antheil
an Wanč. W e n z e l Wanecky, ein Sohn Georgs und Neffe Bartholomäus, besaß noch 1613 Wanč und Walč, das ihm 1589 durch Bartholomäus Wanecky letztwillig vermacht wurde. 1560 erkaufte Bartholomäus
Wanecky das Gut Dřewohostitz von Wilhelm v. Zierotin, vermachte es
letztwillig an W. Mohl v. Modrlitz, dem er die Brüder Carl und

und Kriegsgeschäften abwesend — die symbolische Uebergabe, worauf die Unterthanen durch Berührung der Hand des neuen Gutsherrn die Huldigung darbrachten und Gehorsam versprachen, nach der Art, wie die Stände dem Landesfürsten huldigten. Ein neuer Herrschaftshauptmann in Namiest wurde ernannt und bei diesem Anlaß den Anwesenden vorgestellt. Am folgenden Tage war feierlicher Gottesdienst. Herr von Zierotin versammelte seine Hausofficiere und Diener; an der Spitze standen Heinrich Eberbach und Lavinus, sein früherer Lehrer, dann Wenzel und Johann Wanecky. In sinniger Rede ermahnte er Jeden an seine Pflichten. Damit schloß die Feier. Durch die Besitzergreifung und Uebernahme der Verwaltung der Güter trat er in's praktische Leben und war verfassungsmäßig befähigt, an der Leitung der öffentlichen Angelegenheiten als Landtagsmitglied theilzunehmen.[34] Zuvor mußte er dem kaiserlichen Hofe und der großen Welt zu Prag vorgestellt werden. Ein junger Mann von hohem Range, der schon den Ruf gelehrter Bildung hatte,[35] der mit den weltlichen Vertheidigern und Beschützern der reformirten Kirche in Frankreich, wie mit ihren geistlichen Häuptern in offenkundiger inniger Verbindung stand — der Sohn eines der mächtigsten und einflußreichsten Glieder der Unität, lenkte die allgemeine Aufmerksamkeit auf sich.

Dionys von Zierotin substituirte. Der Gattin Friedrichs v. Zierotin, welche zugleich die Witwe Johann's v. Zierotin war, und der Tochter Johann's v. Zierotin (Bohunka, gestorben Montag nach drei König 1590, 23 J. alt), hinterließ B. Wanecky 1000 fl. — In diesem Jahre pflanzte Herr von Zierotin eigenhändig in Namiest eine Lindenallee. Diar. a. a. Einige Bäume am Schloßberg haben sich noch bis heute erhalten; es sind dies die ehrwürdigen Ueberreste jener Allee, welche in der Gegend des heutigen Schießstandes in Namiest zu sehen sind.

[34] Jeder Siegler des Landfriedens mußte im Lande ansäßig d. i. begütert sein und war berechtiget, dem Landtage beizuwohnen. Memorial des Olmützer Domcapitels an den Kaiser 1599. Krems. Act. Land. Arch.

[35] Johannes Durantius ein Pariser sagt in einer Widmungsschrift d. J. 1688 an Herrn Dionys v. Zierotin über Carl v. Zierotin..... quod facies, dum, toto Orbe clarum, et quem honoris causa nomino, generosissimum Fratrem tuum, Dominum Carolum Baronem a Zierotin, Tibi propones, eiusque vestigiis constanter insistes. Mitgetheilt durch die Güte des Herrn Archivars Dr. Wattenbach.

Die Vorstellung bei Hofe war nothwendig und wurde auch von dort aus erwartet.

Mit Empfehlungsbriefen versehen, die ihm sein Vetter Friedrich von Zierotin an den Obersthofmeister Adam von Dietrichstein und den Minister Rumpf gab, unternahm er die Reise nach Prag. Peter Wok von Rosenberg, Herr auf Bechin, einer der reichsten und mächtigsten Barone Böhmens, der eben zur Brüderunität übergetreten war,[36] hatte sich bereit erklärt, Herrn von Zierotin bei Hofe vorzustellen.

Von Namiest fuhr Herr von Zierotin im Mai über Teltsch, wo er Zacharias von Neuhaus in der prachtvollen Burg besuchte, nach Bechin, dem Sitze Peter Wok's; hier fand er eine Versammlung von Brüdern, darunter den berühmten Senior Kalef, das Oberhaupt, den Bischof der Unität,[37] mit dem er die alte Freundschaft erneuerte. Von Bechin eilte Carl nach Brandeis, um die Huldigung seiner Unterthanen daselbst zu empfangen, und reiste nach Prag. Herr von Rosenberg führte ihn bei dem Obersthofmeister Adam von Dietrichstein, den einflußreichsten Ministern des Kaisers: Trautson und Rumpf, ein; von diesen erbat er sich eine Audienz beim Kaiser. Von Dietrichstein, Rosenberg und Rumpf wurde er Seiner Majestät vorgestellt. Der Kaiser empfing ihn sehr gnädig.

Rudolph hatte einen auserlesenen Kreis von Gelehrten und Künstlern in Prag versammelt. Zierotin trat mit dem Glanze seiner Stellung auf, er lud viele dieser ausgezeichneten Männer zu seiner

---

[36] Peter Wok von Rosenberg auf Bechin und Helfenstein, S. k. M. Rath und Kämmerer. S. Titularkalender d. J. 1589, Herrenstand. Wenzl v. Schwamberg besaß die Herrschaft Bechin 1558. Diese gelangte hierauf an die Herren v. Rosenberg, welche dieselbe nicht lange besaßen, denn schon Peter Wok, der bekannte letzte Sprößling dieses Hauses, verkaufte im J. 1596 die Herrschaft Bechin und die Herrschaft Seltsch für 119,000 Schock. — Die Apostasie P. Wok's scheint vernehmlich ein Werk des Unitätspriesters Heinrich Schwarz zu sein; er war dann Hauscaplan Rosenberg's. Mit diesem Priester war Zierotin in intimen Beziehungen.

[37] Der geistliche Führer der Unität am böhm. Landtage. (1575. Gindely a. a. O. II. 242.) Er war ein durch sein hohes Alter und seine Erfahrungen höchst einflußreicher Unitäts-Priester.

Tafel, so den berühmten Bildner Abundius, die Doctoren Thad-
däus Hajek und Jul. Cäsar Strabalius u. A. Auch Rosenberg
und Ançel, der Gesandte des französischen Königs, ein Mann,
welcher im Leben Carl's eine hervorragende Rolle spielte, dann
Andreas Pauli und Dorstedl, Gesandte Sachsen's, Wenzel von
Budowa, Adam Huber von Riesenbach, ein bekannter Arzt und
Schriftsteller, waren seine Gäste.[38]

Es war die Zeit herangerückt, in welcher Carl einen eigenen
Herd gründen wollte. Hiebei gedenken wir einer alten sinnigen
Sitte in Mähren, die sich bis heute, freilich nur noch in einzelnen
Orten, und nur in den Gesellschaftsschichten, die am längsten
socialen Umstaltungen widerstehen, erhalten hatte. Es war zur
völligen Mündigkeit, zur Theilnahme an der Verwaltung öffentlicher Angelegenheiten, Bedingung, verheirathet zu sein. — Diese
Frage, wie früher jene der Güterübernahme und die der Vorstellung bei Hofe, wurde dem Gutachten seiner Verwandten, Freunde
und der Senioren der Unität unterworfen. Hier tritt der entscheidende Einfluß derselben auf das Leben der Mitglieder deutlich
hervor. Herr von Zierotin begnügte sich nicht, mit Smil Osowsky,
Friedrich von Zierotin und Wanecky, mit Rosenberg im schriftlichen
und mündlichen Verkehr die Heirathsangelegenheit zu erörtern,
er besuchte auch häufig den Bischof der mährischen Brüder im benachbarten Eibenschitz, Johann Aeneas; oft ist dieser in Namiest, mit
Heinrich Schwarz und mit Kalef wird alles durchgesprochen und
erwogen. Sie sind nicht allein mit dem Rathe zur Hand, wir
sehen, wie sie bei der Ausführung bestimmend eingreifen, wie sie
die Erfolge mit kluger Berechnung vorbereiten. Die Annäherung
zwischen Carl und Peter Wok von Rosenberg, das väterliche Verhältniß des Letzteren zu Herrn von Zierotin, wird zunächst durch das
Zuthun des Bruders Schwarz vermittelt. Als Herr von Zierotin
die Absicht hatte, sich zu vermählen, sprach er zuvor viel darüber
mit Rosenberg. Er dachte die Tochter des Fürsten von Ostfriesland,
Ludowika zu heirathen, die ihm von seiner Stiefmutter Magdalena

---

[38] Zierotin besuchte auch das Haus der Frau Marie v. Pernstein, geb.
Manriquez de Lara. Das Haus dieser Dame war der sociale Vereini-
gungspunct der spanischen Partei in Prag. Zierotin wurde dort mit
dem spanischen Botschafter Don Guillen de San Clemente bekannt.

von Slawata vorgeschlagen wurde. Daß aber aus dieser Heirath Nichts wurde, daß er eine andere edle Jungfrau zur Frau nahm, kann nur dem Einfluße der Senioren zugeschrieben werden; indem diese sein Hausglück begründeten, wollten sie auch der Unität und ihren Traditionen dienen.

Bevor Zierotin jedoch den Ehebund schloß, wurde im Familien- und geistlichen Rathe bestimmt, daß er die ihm noch unbekannten Gegenden des nördlichen und mittleren Deutschland's besehen möge. Er sollte jene Fürsten und gelehrten Männer kennen lernen, welche sich gegen die Concordienformel erklärt hatten und die durch das gemeinschaftliche Interesse für die Aufrechthaltung der reformirten Kirche verbunden waren.

Von Prag aus unternahm er die Reise mit nicht unbedeutendem Gefolge — der gelehrte Schotte Alexander Hepburn und Lewenclajus, ein Geschichtsschreiber von Ruf, die früher mit ihm in Namiest lebten, begleiteten ihn. [39])

[39]) Ein kurzer Besuch fand in Jungbunzlau bei Calef statt. Carl verrichtete dort seine Andacht; wir sind überzeugt, daß er zunächst aus diesen Gründen die berühmte Bruderstadt besuchte, wiewohl Jungbunzlau noch den Töchtern des Herrn Ernst von Kragiř: der Magdalena und Barbara von Kragiř, seiner nachmaligen Gattin, deren Vormund Rosenberg war, angehörte; denn Carl erzählt nicht, daß er auch die Damen des Schloßes gesehen hätte.

Zierotin berührte Dresden und wurde bei Hofe sehr gut aufgenommen, er speiste mit dem Churfürsten Christian und mit dem Churfürsten Johann Georg von Brandenburg, den Herzogen Johann von Weimar und Wenzel Heinrich von Teschen und dem Fürsten Christian von Anhalt. In Dessau wurde er mit dem durch seine vieljährige Gefangenschaft berühmten Schwiegersohne Melanchthons D. Peucer und mit Gregor Horstmans bekannt. Herr von Zierotin war in Dessau Gast des Fürsten Johann Georg von Anhalt. In Weimar und Wolfenbüttel behandelten ihn die Landesfürsten mit jener Auszeichnung, die einem Gleichgestellten zukommt; in Weimar tanzte er mit der Prinzessin des Hauses und anderen edlen Jungfrauen; — in Wolfenbüttel ließ ihm der Herzog die großartigen Magazine zeigen, welche von dem Reichthum wie von dem Speculationsgeiste des fürstlichen Eigenthümers Zeugniß gaben. Zierotin bewunderte jene colossalen Speckkammern, wo 60,000 Seiten dieses kostbaren Fettes prangten — jene herzoglichen Heerden in der Stärke von 3000 Stück, unter welchen Carl Schweine von 9 Ctr. und Ochsen von wunderbarer Größe sah; er besichtigte die sehr großen

Zierotin lernte auf dieser Reise nicht allein Personen und Zustände kennen, er wurde auch mit den Denkmälern der Vergangenheit derselben vertraut. Kirchen, Paläste und Statuen waren Gegenstand seiner besonderen Aufmerksamkeit, überall registrirte er genau deren Geschichte und Bedeutungen; wunderbar sind ihm „die Verse, welche Carl der Große auf den Tod seines Neffen Roland selbst verfaßte," er las sie auf einer Statue des letzteren in Magdeburg, sie lauten:

In patriam repetis, tristi nos orbe relinquis,
To tenet aula nitens, nos lachrymosa dies
. . . . . . binos superannos
Ereptus terris justus ad astra redis.

Eigene Reflexionen sind in seinem Tagebuche selten, Andeutungen auf die politische Situation gar nicht vorhanden; allein

---

Vorräthe an Vitriol und Blei; die Bibliothek, die schon damals berühmt war und trank Bier, das über ein halbes Jahrhundert zählte. In Quedlinburg fesselte ihn die Liebenswürdigkeit der Aebtissin, einer Gräfin Stolberg und die Anmuth ihrer Damen. Er besuchte den Dr. Jakob Horst in Magdeburg, einst Iglauer Stadtphysikus, dann Professor in Helmstadt, ferner den berühmten und fruchtbaren Geschichtschreiber Reiner Reineccius; — zu Rostock wohnte er den Vorlesungen des David Chyträus, dann jenen seines Schwiegersohnes Gudelmann und des gelehrten Joh. Capel bei.

In Bremen, das ihm so ausgezeichnet erscheint, weil dort zuerst ohne Scheu die reformirte Lehre angenommen wurde, wird er mit dem Theologen Heinrich Möller und Christoph Pezel bekannt, beide wurden aus Wittenberg vertrieben und verfolgt wegen calvinischer Richtung. Er sucht die französischen Diplomaten auf und ist ein Gegenstand ihrer besonderen Aufmerksamkeit; in Hamburg verkehrt er häufig mit dem französischen Gesandten Sicurgus, den Herrn von Tuillere und Bongars, beide im Dienste des Königs von Navarra und beide im Interesse französischen Einflusses thätig, — besucht oft Herrn von Tringsville, einen französischen Edelmann, welcher bekannt wurde durch ein Buch über die Versöhnung der Ubiquitarier mit den Calvinern. Caspar Cruciger, ein Sohn des alten Cruciger, ein aus Wittenberg Verbannter und Thomas Majus waren in Cassel seine Tischgenossen. Von Worms fuhr er mittelst eines Marktschiffes am 28. August nach Mainz. Carl durchwanderte Franken und kam nach Nürnberg, wo er den Dr. Jngler und den berühmten Joachim Camerarius sah, auch traf er daselbst seinen alten Freund aus Eibenschitz den Schwager des Camerarius, Gerom Rüdiger. Ueber Regensburg und Waldmünchen kehrte er nach Prag zurück.

die Personen, mit welchen er verkehrt und noch besser jene, deren
Verkehr er sorgfältig meidet, kennzeichnen unzweideutig den Zweck
der Reise. — Auch Ackerbau, Viehzucht und Industrie erregen
seine Aufmerksamkeit, er macht einen Ausflug nur um die schönen
Gärten des Franz Lichfeld in Frankenthal in Augenschein zu nehmen.

Nach einer nahezu fünfmonatlichen Abwesenheit war Carl
wieder in Namiest und nun ist er von dem Vorsatz sich zu vermählen, ganz erfüllt. Merkwürdig ist jetzt der Vorgang. Keine
romantische Werbung, kein selbstthätiges, liebeglühendes Zuthun,
keine interessanten Kämpfe und Leiden, die unsere Theilnahme
für die jungen Liebenden im hohen Grade beleben oder meine
schöne Leserin — wenn dies Buch in ihre Hände fiele — an-
muthen würde, nichts von Allem dem. Der Entschluß ist ein Gegenstand reiflichster und ruhigster Erwägung; zuerst erfolgte mit
Johann Aeneas eine lange ernstliche Besprechung, dann wird dem
alten treuen Vormund Wanecky, den geliebten Oheimen Friedrich
von Zierotin und Joh. Boskowitz, der Entschluß mitgetheilt und
von diesen die volle Zustimmung erwirkt. Er reist eigens nach
Leipnik, wo eine Synode der böhmischen und mährischen Unitäts-
priester stattfand und welcher der greise Kalef beiwohnte, um
noch mit diesem, dann mit Wanecky und Lawin die Herzensan-
gelegenheit zu erörtern. Alle sind damit einverstanden; dann erst
schreibt Zierotin dem väterlichen Freunde Peter Wok von Rosenberg. Selbst bei der Wahl der künftigen Gefährtin scheint Carl
fremdem Rathe gefolgt zu sein. Die Allianz der Häuser Zierotin
und Kragir,[40]) welch letztere die ältesten Beschützer der Brüder
auf Jungbunzlau waren, mußte der Unität von hoher Bedeutung
sein. Rosenberg und Heinrich Schwarz waren höchst wahrscheinlich in der Zeit des Sommers thätig, ihn für die Wahl Barbara's
von Kragir zu stimmen.[41]) Heinrich Schwarz correspondirt häufig
mit Carl, er begleitet ihn auf der Fahrt nach Jungbunzlau. Daß
er seine Wahl von der Billigung seiner Familie abhängig machte,
ist ein Beweis, welche hohe Bedeutung die Familie in unsern Ländern hatte, so daß das Individuum verpflichtet war, die Meinung

---

[40]) Ueber die Bedeutung des Geschlechtes der Kragir. S. Gindely a. a. O. 241.
[41]) Die Versuche, Jungbunzlau, den vornehmsten Sitz der Unität, den Herren
   von Kragir zu entreißen theilt Gindely mit a a. O. 301.

und Zustimmung derselben in wichtigen Lebensfragen einzuholen. Sobald der Entschluß gefaßt war, dann tritt Zierotin in die zweite Linie und überläßt die Bewerbung anderen Händen. Er reist sofort nach Brandeis, wo Kalef eben weilte. Nachdem dieser sein und Zierotin's Eintreffen in Bunzlau angekündigt, reisten beide dahin und stiegen im Collegium der Brüder ab. Kalef ging zu den Schwestern Kragir's voraus; kurze Zeit darauf folgte ihm Carl. Er fand die Schwestern im Gespräch mit Kalef vertieft. Carl saß neben Kalef und man sprach von gleichgiltigen Dingen, endlich war vom Zwecke jener Reise, von der Heirath mit Barbara der jüngeren Schwester die Rede. Kalef sprach zuerst, dann bat Carl das Fräulein um die Zustimmung, die auch sofort ertheilt wurde. Barbara und Carl gaben sich die Hände — damit war die Sache zwischen Beiden abgemacht. Es war dies am 25. October 1588. Noch am selben Tage reiste Zierotin zurück. Einmal am 1. November schrieb er der Braut; am 18. December reist Carl mit großem Gefolge nach Bechin, wo Barbara nach der Verlobung wohnte und warb förmlich um sie bei Ulrich Kragir, einem Vetter Barbara's, der seine Zustimmung gab, falls die Verwandten einverstanden seien. Er schenkte ihr einen Ring, sie ihm nach alter slavischer Sitte ein Kreuzchen. Die Hochzeit sollte im nächsten Jahre in Bechin stattfinden und Carl beginnt schon Einladungen zu machen.

Charakteristisch ist sein Benehmen bei diesen so wichtigen Entschlüssen. Am Tage der Werbung empfiehlt er Gott dem Allmächtigen das Gelingen seiner Angelegenheit, zu Ostern betet er, daß es ihm vergönnt sei, den alten sündigen Adam auszuziehen, und einen heiligeren Weg zu wandeln. An den Senioren Aeneas, Kalef und Schwarz hing er mit schwärmerischer Liebe und Verehrung; er sagte einst, es sei der glücklichste Tag seines Lebens, an welchem Aeneas die Bitte erfüllte, seine Trauung vorzunehmen.[42] Aber nichts Kopfhängerisches war in seiner Frömmigkeit. Carl ging auf die Jagd, freilich mehr um seinen Gästen Vergnügen zu bereiten, als um selbst Hirsche zu erlegen. Er war ein Freund der Reitkunst und sein Marstall war reich an edlen Rossen, er gedenkt einst ihrer in seinem Tagebuch, er zählt sie

---

[42] Diar. 23. Nov. 1588.

auf nach Namen und Abstammung und rühmt ihre vortrefflichen
Eigenschaften. Auch an Gastmälern und Tanz nahm er Antheil,
manchmal ist er sogar ungewöhnlich heiter, doch jede Anwesenheit bei Gelagen und Kartenspiel in Herrengesellschaft kürzt er
möglichst.

Auch die öffentlichen Angelegenheiten begannen ihn zu beschäftigen.

Kurz vor der Verlobung wohnte Carl einer Ständeversamm-
lung bei; es war eine vom Landeshauptmann Hinko von Wrbna
(kurz vorher hatte Hinek von Waldstein 26. Sept. 1588 abgedankt)
berufene Zusammentretung (sgezd), die nicht im Palaste am Do-
minikanerplatz, sondern in der Wohnung dieses hohen Beamten
stattfand. Es handelte sich um Durchführung der Vertheidigungsmaßregeln gegen drohende Türkengefahr. Das Schreiben des Kaisers und des Erzherzogs Ernst, der Drohbrief des Pascha von Ofen
wurden vorgelesen. Nach Beendigung der Berathung, welche in
einem Nebenzimmer stattfand, wurde dem Landeshauptmann eröffnet, daß die Herren dem Friedrich von Zierotin das Commando
über das Landesaufgebot übergeben und daß dieses Aufgebot sich
beim Herannahen der Gefahr schlagfertig machen solle.

Die Weltlage, die politisch-religiösen Wirren, die brennenden
Tagesfragen in Frankreich nahmen Carl's ganze Aufmerksamkeit
in Anspruch. Ohne Urtheile niederzuschreiben, trägt er die bedeu-
tungsvollsten Ereignisse in seinem Tagebuche ein. Ein Wort verräth
hie und da die Freude oder den Schmerz und gibt seiner innersten
Ueberzeugung den Ausdruck. Er war bemüht, immer die Fäden
zu verfolgen, um die Hand zu entdecken, welche die Parteien be-
wegte — Geschäftseifer und süße Pflicht führten ihn Anfangs des
Jahres 1589 nach Prag. Es war ein Rechtsstritt mit dem Herrn
Eustach von Althann, dessen friedliche Beilegung auf Befehl des
Kaisers versucht wurde, und der Verkauf Bunzlau's, bei welchem
Carl's Braut, die sich damals in Prag aufhielt, betheiligt war.

Hier tritt uns wieder der große Einfluß der Senioren auf
das Familienleben entgegen. Durch Umtriebe Georg Popel's von
Lobkowitz ging Bunzlau für die schutzlosen Schwestern Kragiř's
verloren. Durch die Heirath erhielten die Schwestern in Herrn
von Zierotin eine mächtige Stütze; es war auch dann Hoffnung
vorhanden, Bunzlau den Brüdern zu erhalten. Der häufige Ver-

fehr Zierotin's mit katholischen Herren, insbesondere mit dem Oberstkanzler Adam v. Neuhaus, die Besuche bei den Ministern, die zahlreichen Empfehlungsbriefe, welche ihm der Oheim Friedrich mitgab, deuten auf die Bemühungen Zierotin's, Bunzlau wieder zu erwerben, als Georg v. Lobkowitz mit Bunzlau nicht zufrieden, das Gut an Herrn Bohuslav v. Lobkowitz den 12. Jänner 1589 verkaufte[43]) und damit jene Hoffnungen der Brüder zerstört wurden.

Carl wurde in Prag mit Auszeichnung empfangen, den Kaiser geleitete er häufig zur Messe und es ist ihm die Ehre zu Theil geworden, Seiner Majestät die Hand zu reichen; er speist häufig bei Hof, bei dem Minister Rumpf, beim Oberstkanzler Ab. v. Neuhaus, bei dem Kronobersthofmeister Dietrichstein, dann gibt er diesen Herren wieder Bankette zurück; er, ein so eifriges Glied der Bruderunität, besuchte den Antonius de Puteo, Erzbischof von Bari und päpstlichen Nuntius, und einmal weilt er über eine Stunde in tiefem Gespräche mit Don Guillen de San Clemente, dem Botschafter Sr. katholischen Majestät. Die diplomatischen Studien über römische und spanische Politik hielten ihn jedoch nicht ab, einen zahlreichen Kreis von Freunden zu besuchen, die sich beeilen, ihn festlich zu bewirthen, Peter Wok von Rosenberg, Martin Graf Thurn, Rudolph Trčka, Wenzel Smiřicky, den Grafen von Guttenstein, H. Wenzel Berka v. Duba, den Grafen Gasold, Schwager Rosenberg's, den Marquis v. Malaspina und sogar der strenge Katholik Zdenko Popel von Lobkowitz, Johann von Pernstein, Burian Trčka, Heinrich Křinecky, Carl von Riesenberg und Joh. Kinsky.

Täglich besuchte er seine Braut und verehrte ihr zum Andenken an den Aufenthalt in Prag ein kostbares Halsband.

Bald darauf reiste Zierotin auf kurze Zeit nach Wien, um Erzherzog Ernst und den dortigen Hof zu besuchen, alte Freunde, wie Herrn Joh. v. Molart, Herrn Carl v. Liechtenstein, zu sehen.

Das heitere Leben zu Prag deckte noch oberflächlich die tiefen Risse im Boden des gesellschaftlichen Organismus, Risse, aus welchen die Flammen des aufgeregten Parteigeistes und wilden Religionshasses schon emporzüngelten. — Zierotin hatte Gelegenheit gehabt, in Prag die königliche Burg und die Paläste der

---

[43]) Diar. Sept. 1588.

Großen kennen zu lernen, die Scene und die handelnden Personen, die Grundsätze der Politik der Regierung und der Stände, die Stärke und Hoffnungen der Parteien, den mächtigen, unausgesetzt wirkenden Einfluß des Auslandes und die Vorbereitungen zu dem großen Kampfe zwischen der aufdämmernden Idee des modernen Staates und der schon welkenden ständischer Freiheiten zu beobachten. Es war zwischen diesen Potenzen keine Versöhnung möglich, seitdem jener Kampf zu Poděbrad's Zeiten begonnen, gleichzeitig auf dem religiösen Boden geführt wurde.

Zierotin war bei der Rückkunft von seiner letzten deutschen Reise von den Fortschritten in der Entwicklung der Parteien so ergriffen, daß er sagen konnte: es habe sich der Stand der kirchlichen und weltlichen Dinge in seinem Vaterlande, im Vergleiche zu den unter den ersten Regierungsjahren Rudolph's noch fortwirkenden Principien Maximilian's, völlig geändert.[44]) Es waren dies die Früchte, die großen Resultate der katholischen Restauration, welche wir im vorhergehenden Abschnitte untersucht haben und die nunmehr unzweideutig und klar zu Tage treten.

Während Zierotin die Erfolge der spanisch-römischen Politik in Böhmen und Mähren übersah, erlangten die Einigungsbestrebungen der deutschen Reformirten, welche zur Zeit der Frankfurter Synode begonnen hatten, eine Bedeutung für unsere Länder, welche er tief erfaßte. Er sah darin das Mittel, die Fortschritte jener Politik zu hemmen, und dem Uebergewichte Spaniens und des Katholicismus entgegenzutreten. Auch jene katholischen Fürsten, welche die steigende Macht Spaniens fürchten mußten, dachten an bewaffneten Widerstand, vornemlich Venedig und Frankreich. Obwohl in Frankreich mächtige katholische Parteien, welche für Spanien offene Sympathien zur Schau trugen, vorhanden waren, fühlten sich die reinen Royalisten und die Protestanten stark genug, um den antinationalen Bestrebungen der katholischen Ligue und den weit aussehenden Plänen Don Philipp's Trotz zu bieten; wie ein eiserner Keil schob sich dieses Frankreich zwischen die Niederlande und das spanische Italien, unterhielt Aufregung unter den holländischen und deutschen Protestanten, unterstützte Genf und die reformirten Cantone. Um jeden Preis mußte Spanien

---

[44]) Diar. 6. Sept. 1584.

trachten, diesen Feind zu besiegen, den einzigen wirklich mächtigen Feind, der die ehrgeizigen, hochfliegenden Gedanken der spanisch-römischen Weltmonarchie gefährden und vernichten konnte, da in Frankreich selbst die Neigung vorhanden war, dieser katholischen Weltmonarchie eine protestantische Weltrepublik entgegen zu stellen.

Besonders von Navarra aus wurden die Unionsgedanken in Deutschland lebhaft unterhalten. Wir wissen es, wie Beza's Talent für diese Zwecke verwendet wurde.

Die Unterstützung für Gebhard von Cöln, durch Heinrich von Navarra bevorwortet, scheiterte an der Theilnahmslosigkeit Sachsen's und Brandenburg's, deren Beherrscher dem Lutherthum anhingen und daher den Reformirten gram waren.[45]) Indeß machte Spanien unaufhaltsame Fortschritte, die Ligue in Frankreich stellte die königliche Macht in Schatten, die Siege Spanien's gegen die Aufrührer in den Niederlanden, die Unterdrückung der Protestanten

---

[45]) Die lutherischen Hoftheologen in Sachsen Andreä und Selnecer gaben in ihren Berichten an den Churfürsten August nicht undeutlich zu verstehen, daß die Opfer der Pariser Bartholomäusnacht, welche sich „zu Unrecht ihrer Obrigkeit wiedersetzt hatten," nicht Märtyrer oder Blutzeugen seien, sondern daß sie das Blutbad als gerechte Strafe herbeigeführt hätten. — Die lutherischen Reichsfürsten machen von dem Reformationsrechte den ausgedehntesten Gebrauch, der lutherische Churfürst von der Pfalz brachte gegen die von seinem Vater begünstigten Calviner die härtesten Maßregeln in Anwendung. Ebenso war August von Sachsen gegen die Anhänger Melanchthons fast strenger als die Inquisitionsgerichte Spaniens gegen Ketzer. Als Johann Casimir, nach Ludwigs Tode die Vormundschaft des jungen Friedrich von der Pfalz übernahm, führte er den Calvinismus wieder ein, und da machte sich der Grimm der Lutheraner durch maßlose Angriffe auf den Landesherrn Luft, sie nannten ihn einen Jerobeam und Achab, — und wenn Churfürst August auf den Triumph des strengen Lutherthums über die melanchthonische Schule eine Denkmünze schlagen läßt, so mußte er es erfahren, wie seine eigenen Lutheraner, als er sich barmherzig gegen Peucer erwies, eine Medaille prägten, deren Gepräge den Begriffen des Anstandes widerstreitet. Es war natürlich, daß zur Abwendung der Unterdrückung, welche der calvinischen Lehre durch die Concordienformel drohte, die Anhänger derselben in Deutschland und Oesterreich sich zu vereinigen und mit den Häuptern der Reformirten in Frankreich und in England in einen Bund zu treten suchten.

in Frankreich, bewogen die protestantischen Fürsten Deutschlands für den Augenblick zu einmüthigem Handeln. Ein deutsches Heer wurde im Einvernehmen mit dem König von Navarra geworben, welches unter des Grafen Fabian von Dohna Befehl, in Frankreich einfiel; wenn auch dieser Feldzug nicht ruhmvoll beendet wurde, so war er doch ein bedeutungsvolles Symptom der Stimmung des protestantischen Deutschlands und seiner Fürsten im Jahre 1588.

Die Unterhandlungen der Gesandten zur Unterstützung der Sache Heinrich's mit Geld und Mannschaft hatten sich nicht auf Deutschland beschränkt, sie wußten wohl, daß der größte Theil des Adels in den Erbprovinzen des Kaisers protestantisch war, und daß Viele der reformirten Kirche freundlich gesinnt waren, Andere der glaubensverwandten Secte der mährischen Brüder angehörten. Wenn auch die Bewerbungen der Gesandten nicht öffentlich geschehen durften, denn des Kaisers naher Verwandter Don Philipp von Spanien, hatte den Herzog von Parma zum Entsatze der Stadt Paris, das von Heinrich von Navarra belagert war, geschickt, so waren sie nicht minder thätig im geheimen Wege. Die französische Idee der christlich-europäischen Republik, nach welcher Böhmen mit den Nebenländern ein unabhängiges Wahlreich werden sollte, fiel in diesen Ländern auf keinen unfruchtbaren Boden. Vorzugsweise waren es die Anhänger der reformirten Kirche und der Unität, welche diesen Einflüsterungen zugänglich waren. Die Sympathien zwischen den Calvinern in der Schweiz und Frankreich mit den mährischen Brüdern hatten für die Unions- und Unterstützugsplane vorgearbeitet.

Carl von Zierotin lernte diese Stimmung, die Hoffnungen und die Absichten der Reformirten in Deutschland selbst kennen. Seine ununterbrochene Verbindung mit den französischen Reformirten, der freundschaftliche Verkehr mit dem französischen Agenten Ançel, welcher im J. 1588 in Prag häufig sein Tischgenosse war, und mit Sancerre, einem Hofcavalier aus Navarra,[46]) deuten wohl dahin, daß die Idee der Wirksamkeit eines evangelischen Bundes, für die er in Genf begeistert wurde, allmälig zur Reife gediehen war, daß er die Ueberzeugung gewann, nicht in

---

46) Diar. 1., 21. Jänner, 21., 29. Febr., 2., 7., 9., 20. März 1588.

Mähren, nicht in Prag, sondern in Frankreich sei der eigentliche, immer mächtiger werdende Feind seiner Kirche und der Landes- freiheit die spanische Politik zu bekämpfen. Es müssen daher die französischen Hugenotten und Royalisten, diese stärksten Gegner Don Philipp's und Roms, durch Bündnisse, durch Zusendung von Geld und Mannschaft für König Heinrich noch stärker gemacht werden. Wird an der Seine Don Philipp's Macht gebrochen, dann gewinnt ein großes Reich, eine große Politik, welche die reformirte Kirche und die Idee der nationalen Herrschaft in Schutz nimmt, wieder die freie Action.

Der Entschluß des Herrn von Zierotin, mit Gut und Blut den französischen Reformirten beizustehen, kam zur Ausführung, als Heinrich von Navarra, mit welchem Carl im Briefwechsel stand, König von Frankreich wurde, und in Mähren katholischer- seits alles aufgeboten wurde, um Zierotins Eintritt in die höchste Verwaltungsbehörde im Landrechte zu verhindern.

Der Anmarsch von Alexander Farnese gegen Paris hatte Heinrich genöthigt die Belagerung aufzuheben; man war der An- sicht, daß dem Herzog von Parma der Sieg gewiß ist, daß Hein- rich aus Frankreich verdrängt werden wird, und es verstand sich von selbst, daß der König Hilfe von denjenigen erhalten mußte, welche in seinem Falle die Niederlage, in seinem Siege einen Triumph ihrer eigenen Sache sehen mußten.

Die Königin von England sicherte und gab ihm den er- wünschten Beistand. Als Sachsen später der Mittelpunct einer Con- föderation der reformirten deutschen Staaten zu Gunsten Heinrich's von Navarra wurde, als dort die Subvention des bedrängten Siegers von Ivry mit Geld und Mannschaft beschlossen wurde, da unterlag es wohl keinem Zweifel, wem die Brüderunität in Böhmen und Mähren ihre Theilnahme zuzuwenden hatte.

Unter den Gliedern des in Genf erzogenen Adels gab es Einzelne, welche sich zum Calvinismus neigten und Grundsätzen huldigten, die, nicht so friedlich wie die der Brüder, mit Kraft und Energie das Bekämpfen der Gegner zur Pflicht machten.

Ein Cavalier solcher Gesinnung, wie Carl von Zierotin, in Genf und seinen strengen Grundsätzen erzogen, beseelt vom wärm- sten Eifer für Glauben und Vaterland, meinte er beiden zu dienen, wenn er dem Könige von Frankreich Beistand gewährte. Die per-

fönliche Theilname an der Belagerung von Rouen, die Heinrich
eben eröffnet hatte, schien ihm ein Gott gefälliges Werk zu sein,
und gleichzeitig ein Tyrocinium für den Krieg, eine Schule der
Entbehrungen, eine Uebung für alle Tugenden des christlichen
Ritters, welchem daheim in Reichthum und Bequemlichkeit, in den
weichen mährischen Federn, wie er sich ausdrückt, Gefahr droht.[47])

---

[47]) C. A. 4. a. An Herrn Hynek v. Waldstein, Oberstkämmerer von Mähren. Staden 28. November 1591. Herr v. Zierotin war verhindert, von
diesem Herrn Abschied zu nehmen und sich über die beabsichtigte Reise
bei ihm Raths zu erholen; in diesem Schreiben entschuldigt er sich,
hofft daß der Herr v. W. als ein weiser, loyaler und gerechter Herr den
Verläumdungen seiner Feinde kein Gehör schenken, dagegen seinen (Carls)
Gründen zugänglich sein wird. Als er die erste Reise nach Frankreich
unternehmen wollte, war der Herr v. Waldstein einverstanden. Carl's
Triebfeder sind bei diesen Zwecken dieselben geblieben, warum sollten
sich denn W.'s Ansichten geändert haben? Mug wiek, schreibt Carl, mug
spusob, mug zwyk, my powolany, wsseczko se spolu na tom snassy,
abych let swych daremnie nestrawil, abych nieczemu se nauczyti, nie-
czeho skusiti se snažil, abych toho, czieho mi Pan Buh dal, giž
dogiti nesmařil a pod zem nezatopowal, a tak cziasu tohoto užiti
hledieł, abych niekdy wrchnosti swe, a wlasti tym platniegi a uži-
tecniegi sluziti mohl! Dieser subjective sittliche Zweck seines Unter-
nehmens entfaltet sich in seiner vollen Reinheit und stolzen Höhe, als er
dem feilen Chore derjenigen entgegentritt, die daheim in bequemer Sicherheit seine Entschlüße bekritteln. Raczte mi wierziti — schreibt er an
Friedrich von Zierotin — zie nicz nezawidim tiém, kterzi doma u
pecze sedie, peczene gabka gedi, a tepli piwo s maslem pigi, ge-
gichžto misl od dnieska až do zeytrka, a nedale se wztahuge, aniž
litugi toho, zie moha sam dobry bidlo miti, yako kdo giny, dobro-
wolnim sem zly wywolil nebo když saudim, zie žiwot nenj nam
dán k zahálcze než k praczy a czim wicze ty než ony se przidrzim,
zie tjm wicze powinosti swe nasledugi, a k przirozeny lydskemu
prawymu se nachylugi, tak se w tom utwrdugi, zie bych y Syziphi
kamen miel waleti, nessanowal bych se w tom, nybrž s radosti
bych te praczy podnikl; ale mnohy mnohem ginacz smisly, a podly
swyho smislu bez pochyby taky my czistie saudj, než malo na ty
dbam nybrž tim wicze sobie swy sslechetny misly wažim, czim
znam žie malo kterymu gi Pan Buch dal a zwlasstnie w Kraginach
Tyrskych a Sydonskych! Der Kampf gegen seine Leidenschaften, die er troppo potenti nennt,
war sein höchstes Streben! (S. Beil. XII.) Dieses Schreiben ist nach
einer andern Richtung von Bedeutung. Zierotin empfiehlt sich und die

In der ungeduldigen Ueberfülle von Kraft und Jugend drängte es ihn eine Kriegsfahrt mitzumachen, in welcher er die Ehre eines Glaubensstreiters, den Ruhm der Tapferkeit gewinnen konnte; es drängte ihn den Erwartungen zu entsprechen, die man von ihm, dem vornehmsten Gliede der Brüdergenossenschaft, hegte.

So bedurfte es denn keiner bringenden Aufforderung von Seite der Diplomaten Heinrich's, um ihn zur thätigen Beihilfe zu bewegen und dem Könige die für jene Zeit bedeutende Summe von 40,000 Thalern vorzustrecken. An Castiglioni schrieb er: es sei sein Wunsch, dem allerchristlichsten Könige zu dienen, stets gleich lebendig geblieben. Er kannte den König und verehrte nicht allein in Heinrich den Träger eines großen Princips, er bewunderte ihn auch als tapferen Kriegsherrn und theilte jene Sympathien, welche die protestantische Welt dem liebenswürdigen Sohne Johanna's von Navarra, dem kühnen Sieger von Courtras entgegen trug. Der Kanzler von Sachsen verwunderte sich über die streitbaren Ritter, welche noch zögern konnten für Heinrich die Waffen zu ergreifen. „Wär' ich frei," sagte er, „würd' ich mit 20 Pferden aufbrechen."

Was Nikolaus Crell dachte, hat Carl von Zierotin gethan.

Die Ausführung des Planes wurde vorerst etwas verzögert, da Zierotin schon Vorbereitungen und Einladungen zu seiner Hochzeit gemacht hatte.[48] Im Sommer 1589 hat die Vermählung mit

---

Seinigen dem Schutze des sehr angesehenen und einflußreichen Herrn von Waldstein, in der Ueberzeugung, daß wenn er sich unter dessen Schutz begeben würde: tolik gest, gakobych od biloho a czerwenyho Orla přikryt byl." Als Landesfarben wurden damals die rothweißen angesehen.

Castiglioni in Basel benachrichtiget er, daß non essendo sminuito in parte alcuna l' ardente desiderio mio servir il Christimissimo, ne punto inferiore di quello ch' era prima, la cupidità di voltarmi all' esercizio delle armi, nunmehr die Reise nach Frankreich unternommen wird. C. A. 4. a. Staden 12. Nov. 1591, Nr. XVII.

[48] Diar. 10. April 1589. Leider ist in diesem interessanten Tagebuche eine Lücke, und zwar vom 15. April 1589 bis 11. Sept. 1590, also von fast 17 Monaten vorhanden. Es ist wahrscheinlich, daß die Vorbereitungen zur Hochzeit, diese selbst, die Flitterwochen, die Reiseanstalten,

Barbara von Kragiř ſtattgefunden. Es ſcheint jedoch, daß Zierotin noch die Anfangs Juli 1590 erfolgte Niederkunft ſeiner Frau abgewartet hatte,[49]) um ſofort nach Frankreich aufzubrechen und dem König ſeine Dienſte anzubieten.

Carl umgab die Ausführung dieſer Abſicht mit dem größten Geheimniſſe; die nächſten Verwandten ausgenommen, wußten ſelbſt viele Edelleute und Hausofficiere ſeiner Begleitung nichts von dem eigentlichen Ziele der Reiſe.

Die Verwandten, welchen er dies Vorhaben mittheilte, mußten ſchwören, nichts davon zu verrathen.

Zwar war es ein Grundgeſetz des Landes und ein Recht des mähr. Adels, fremde Kriegsdienſte zu nehmen,[50]) doch hatte Rudolph ein Mandat publicirt, nach welchem zuvor die Erlaubniß des Kaiſers eingeholt werden mußte. Zierotin war wohl mit Grund der Meinung, daß die Unterſtützung Heinrich's bei Hofe ſehr übel aufgenommen und unterſagt werden würde, da der König von Frankreich der Feind des mächtigſten Alliirten des Kaiſers, der Bundesgenoſſe der Gegner Spaniens und der Katholiken war. Heinrich ſtand im Verdachte, im geheimen Einverſtändniſſe mit Venedig die Türken in Ungarn zum Friedensbruche bewogen zu haben, um dadurch eine Diverſion der römiſchen Truppen und vielleicht eine Theilung der ſpaniſchen Kräfte zu bewirken.[51])

Trotz der großen Vorſichten und der dem Herrn von Zierotin von den Verwandten geſchwornen Eide, erfuhr der Kaiſer das wahre Ziel der Reiſe.[52]) In der That ein eigenthümlicher Cha-

Herr v. Zierotin ſo ſehr beſchäftigten, daß er die Fortſetzung des Tagebuches unterlaſſen mußte. — Jenes Tagebuch iſt für die ganze Periode der Jugendzeit Zierotin's und ſeiner Reiſen eine der vornehmſten Quellen.

49) Die Niederkunft fand wahrſcheinlich zwiſchen 4. und 11. Juli ſtatt.

50) Monum. Rer. Bohemico-Moravicarum. Sect. II. Leges et Statuta. Kniha towačowská, herausgegeben von Demuth. S. 117. O lidech, kteříž po službách jiezdie.

51) Relazione del nobil uomo Francesco Soranzo eletto Ambasciatore a Vienna nell' anno 1601. Preceduto dal Duodo e succ. Mar. Cavalli, Biblioteca Marciana, Classe VII., Codice DCXCVI. Ich verdanke dieſe höchſt intereſſante Relation der freundlichen Vermittlung des gelehrten Dr. Nicolò Barozzi.

52) Diar. 1590.

rakter der Regierung Rudolph's, daß kein Schritt geschah, um Carl von Zierotin ein Hinderniß in den Weg zu legen, so daß er selbst vermuthen mußte, der Kaiser sei mit der französischen Reise einverstanden! Während Carl von Zierotin sich zum Aufbruch rüstetete, trat ein zweiter mährischer Baron, aber ein Katholik, Johann v. Pernstein, gleichfalls die Reise nach Frankreich an, doch mit einem Empfehlungsbriefe Rudolph's an den kaiserlichen Gesandten in Madrid, Khevenhiller versehen, welcher dahin zu wirken hatte, daß Johann von Pernstein, der Abkömmling eines großen Hauses, bald in jener spanischen Armee eine militärische Stellung erhielte, gegen welche Carl von Zierotin, der Vasall eben dieses K. Rudolph's und ein Landsmann Pernstein's, bewaffnet zu Felde zog.[33]) Kurze Zeit darauf eilt ein anderer Cavalier aus Mähren, Franz von Dietrichstein, mit Briefen des Kaisers für die Cardinäle Commendone, Madruz, Gasualdo, Gaetano ꝛc.[34]), nach Rom, um dort seine Studien im Collegium germanicum zu vollenden. So bereiteten sich zwei junge Männer von hoher Begabung, Kinder Eines Landes: ein Zierotin und ein Dietrichstein, zur künftigen Wirksamkeit in eben diesem Lande doch

[33]) Divi Rudolphi, II. Imp. Epistolæ ineditæ. Bernard. Com. a Pace. Wiennæ 1771. S. 254. ddo. Prag 21. Sept. 1591. — Ein anderer katholischer Cavalier focht damals auf der gleichen Seite mit Pernstein in Frankreich: Herr Heinrich v. Berka auf Duba und Lipa und Herr auf Reichstadt und Zwickau. Justa panegyrica etc. etc. zu Ehren desselben, facta per Joan: Cyaneum, lib. art. et philosophiæ baccalaureum. Typis Georg. a Nigrin. anno 1591. Pragæ. 4°. 10. Blatt.

[34]) Pontifici (Gregorio XIV.) Commendatur Franciscus a Dietrichstein. Beatissime in Christo Pater! Ut Sanctitati vestræ nobilem, fidelem, nobis dilectum Franciscum de Dietrichstein, ad persequenda virtutis, pietatis ac literarum studia, Romam redeuntem commendemus, propter Patris ipsius promerita non vulgaria libenter facimus. Præstitit enim se talem nobis, inclitæque Domui nostræ, illius Pater, ut singularis ejus fides et egregia virtus multos annos in Aula nostra enituerit. Hunc itaque præstantis viri filium, si Sanctitas vestra commendationis nostræ causa dignum judicaverit, ut benigne ipsum aspicere, ac paterne complecti dignetur, gratum id nobis futurum est, qui Sanctitati vestræ pro filiali studio nostro cuncta a summo Deo felicia precamur. Datum Pragæ die 14. Mensis Decembris 1590. Rudolphus. Aus dem oberwähnten Druckwerke. S. 287.

in so verschiedenen Lagern vor: Zierotin unter den Hugenotten, Dietrichstein in Rom. Sie holten Kenntnisse und Instructionen für ihre künftige Laufbahn von dort ab, um einen heftigen, unerbittlichen Kampf zu führen, dessen Schauplatz Mähren werden sollte! Auch jetzt sehen wir eine Regierung, welche Spanien unterstützt und einen Unterthan des Kaisers, der dort Kriegsdienste nimmt, warm anempfiehlt, es aber nicht hindert, daß ein anderer Unterthan desselben Kaisers bei der Macht, mit welcher dieses Spanien im Kriege steht, einen Feldzug mitmache. Sie scheint beides zu billigen, zugleich Freund und Feind Einer Sache zu sein, sie verliert aber dann auch das Vertrauen beider, wird als unverläßlich verlassen und steht isolirt, ohne entschiedenen Gegner, aber auch ohne Freunde!

Carl von Zierotin hatte alle Vorsichtsmaßregeln beobachtet; um nicht den Verdacht der katholischen Fürsten Deutschlands oder der spanischen Truppen, durch deren Garnisonsplätze er reisen mußte, zu erwecken, sandte er einen Theil seines Gefolges voraus, nämlich Heinrich Eberbach nach Bamberg, der drei Tage vor Carl's Abreise von ihm Abschied nehmen sollte, damit es den Anschein gewinne, als ob Eberbach nach Hause fahre. Marc Antonio Lombardo, der Stallmeister, sollte vorgeben daß die Pferde, welche er führe, als Geschenke für den französischen König bestimmt seien. — Zierotin selbst trat auf einem andern Wege, Prag meidend, mit einem geringen Gefolge die Reise am 11. Sept. 1590 an, nachdem er von der geliebten Gattin, dem Töchterchen Bohunka, der Schwester seiner Gattin und der Dame Wanecky, die in Namiest blieben, Abschied genommen. Nur der Haushofmeister Johann Derfinger, ein Schlesier, der Küchenmeister Joh. Baptist Cocle, ein Genuese, die Edelknaben Ernst von Bubna und Beneš Prajma von Bilkowa, die Kammerdiener Johann Peter Orchi aus Como und Johann Wolf aus Meseritsch, und der Arzt Dr. Laurenz Suchart begleiteten ihn. Diesmal kam er höchst wahrscheinlich nur bis Babenhausen. Das Tagebuch ist voll merkwürdiger Einzelheiten, die sich zunächst doch nur auf das große Vorhaben beziehen, das ihn ganz erfüllt und auf Nachrichten vom französischen Kriegsschauplatze. Einmal weicht er von dieser Regel ab. Er lobt die Klattauer Hopfencultur und das dortige Bier, welches nach Deutschland exportirt würde. Bei diesem Anlasse fällt er ein hartes Urtheil über die Arbeitstüchtigkeit des böhmischen Volkes. „Das Volk in Böhmen," sagt er, „habe keine Industrie, es liebe nur dasjenige, was von selbst ohne viel Mühe producirt wird. Ich glaube, daß wenn das Land nicht so fruchtbar wäre, ein großer Theil des Volkes Hungers sterben müßte. Es lebt in den Tag hinein und kümmert sich nur um die Gegenwart. Die böhmischen Städte (Prag ausgenommen) können mit den Städten Deutschlands nicht verglichen werden, nur der Platz wird mit mittelmäßigen Gebäuden geziert, sonst haben sie nichts Sehenswerthes." In Horajdiowic spricht er mit Ançel über die sicherste Route nach Frankreich; letzterer schrieb auch an die k. französischen Gesandten, Bongars und Sancerre in Deutschland, damit auch sie ihre Meinung über diese wichtige Frage Herrn von Zierotin eröffnen. Gerüchte, welche ihm Zbinek Berka (damals noch Domherr) mittheilt, von einer Niederlage des Königs bei Paris, von Siegen des Marschalls Joyeuse schrecken ihn, erweisen sich jedoch später als unwahr. In Nürnberg angelangt, fand er die erwarteten Briefe jener französischen Diplomaten. Mit Derfinger, Lombardo und Eberbach wird Kriegsrath gehalten, von den drei vorgeschlagenen Wegen durch Elsaß, Holland und Hamburg (letzterer zu Schiffe, um dann in der Normandie zu landen) wird vorläufig keiner festgestellt und Frankfurt als nächstes Ziel gewählt.

Am 29. September 1590 schließt das Tagebuch, und zwar in Babenhausen.

Es scheint, daß Carl von Zierotin veranlaßt war, nach Hause zurückzukehren. Unsere Quellen lassen uns über die Ursache dieses Entschlußes im Dunkeln. Es ist jedoch zu vermuthen, daß seine Frau, die er kurz nach dem Wochenbette verließ, bedenklich erkrankte und daß er dadurch genöthigt wurde, die weitere Ausführung der Reise zu verschieben. Er kehrte nach Mähren zurück; seine Frau starb am 21. Juni 1591.

Noch war der Schmerz über diesen Verlust nicht vorüber, als er den Entschluß faßte, die Reise nach Frankreich wieder aufzunehmen. Nichts konnte ihn mehr zu Hause fesseln, nicht einmal die kleine Tochter Bohunka, die kaum einjährig die Mutter verlor. Der Drang, den Plan auszuführen, war jetzt noch verstärkt durch die Hoffnung, im Kriegsgetümmel Trost und Zerstreuung nach dem herben Verlust zu finden. Zierotin ordnet seine Hausangelegenheiten,

wie Jemand, der mit dem Leben abschließt und trat die Reise im
October 1591 an.

Die Kriegsfahrt des Herrn von Zierotin fand in Mähren
von vielen Seiten Mißbilligung; Katholiken und Lutheraner mußten
sie als eine Unterstützung der Calviner verdammen, einige ältere
Barone tadelten das Unternehmen, weil es ohne ihren Rath beschlossen, ohne Abschied zu nehmen, ausgeführt wurde.

Carl von Zierotin war daher auch jetzt bemüht, den Zweck
der Reise und wo möglich die Reise selbst zu verheimlichen. Ge-
räuschlos traf er alle Vorbereitungen. Die Leitung seiner Güter
übergab er seinem Vetter Friedrich von Zierotin auf Seelowitz.
Ueber Carl's Hauswesen und als treue Hüterin der kleinen Bohunka ward die Dame Wanecky, geborene Zamrsky, gesetzt, die
Wittwe des am 8. September 1589 verstorbenen Bartholomäus
Wanecky.

Das Gefolge Zierotin's (Marc Antoine Lombardo, der
Stallmeister mit den Pferden wurde vorausgeschickt) [55]) für diese
zweite Reise war kleiner als für die erste; demungeachtet waren
die Auslagen nicht unbedeutend. Zuvor ließ er sich in Prag einen
Betrag von 3000 Ducaten ausbezahlen und schrieb dem Herrn Peter
Wok von Rosenberg, daß Johann Wolf und Daniel — der Haus-
geistliche Peter's — vorsprechen werden um Auszahlung jener
Schuldforderung von 12.000 fl., welche er von seiner verstorbenen
Frau geerbt hatte und die er zur Deckung der Reisekosten verwen-
den müsse. Am 2. October verließ er Namiest, am 4. war er in
Brandeis, am 8. in Prag, und stieg bei seinem Freunde Ançel ab.
Obwohl Zierotin das Incognito streng bewahren wollte, sprach
doch die ganze Stadt von seiner Anwesenheit und von seiner Reise.
Nach zwei Tagen setzte er ungehindert die Fahrt fort. In den
Briefen, die er regelmäßig seinen Freunden und Verwandten
schrieb, lesen wir eine fortlaufende Chronik seiner Erlebnisse und
der Zeit. Die Ereignisse in Frankreich nehmen seine ganze Auf-

---

[55]) Die Quellen zur Darstellung der Reise nach Frankreich sind die Briefe
Zierotin's, deren Concepte in dem Codex A. 4. a. des Blaudaer Ar-
chivs vorkommen. Einige derselben an P. W. v. Rosenberg sind in
Jungmann's Slovesnost, Prag, 1820. S. 240. die meisten im Beilagenbande L—XVI. abgedruckt.

merkſamkeit in Anſpruch. Um die Politik und die Allianzen des
Königs und der Ligue bewegt ſich immer die Erzählung. Wir
können davon nur das mittheilen, was Zierotin perſönlich angeht,
oder was zum Verſtändniß der Tendenz ſeiner Kriegsfahrt nothwendig iſt.

Die mähriſchen Freunde weiſt Carl an, Briefe für ihn nach
Frankreich dem Herrn Ançel in Prag einzuhändigen, ebenſo beauftragt er den Bruder Dionis, der mit dem Hofmeiſter Herrn
Nicolaus von Eberbach in Italien war, allenfällige Antworten
dem Herrn von Sillery, Geſandten des Königs in der Schweiz,
zu geben.

Zur Zeit konnte Carl ſeinem Vetter Friedrich wenig Erfreu-
liches über Frankreich mittheilen. Das tiefſte Bedauern ſprach er
aus über den Tod La Roues; während die Liguiſten Joyeuſe
und Mercoeur, dann die Anhänger des Königs Montmorency
und Dombes einander feſte Plätze abnahmen, fiel jener tapfere
Kriegshauptmann Heinrich's bei einem Sturme auf das Caſtel
Lamballe. Zierotin hoffte unter ihm die Kriegslaufbahn zu beginnen.
Der Fürſt von Guiſe war ſeiner Haft entſprungen und die Verbindung von Heinrich's Heere mit den deutſchen Hilfstruppen
(welche im September in der Champagne ſtattfand) noch nicht bekannt. Auf dem Stuhle Petri ſaß ein Mann ganz nach dem
Sinne Philipps des II. Gegen Heinrich ſprach er die Excommunication aus, den dem Könige ſo feindlichen Pariſern ſchenkte er
15.000 Scudi. Zwar hatte Heinrich Royon unterworfen und engliſche Hilfe erhalten, aber Gregor XIV. ſandte unter dem Herzog
von Montemarciano ein päpſtliches Heer nach Frankreich und
den Oberſten Luſi nach der Schweiz, um noch andere Truppen zu
werben.

In Verdun vereinigte ſich Montemarciano im Sommer 1591
mit dem Herzog von Lothringen, der auf die Seite der Liguiſten
trat. Nach vollzogener Verbindung mit Farneſe ſollte ein neuer
großer Verſuch zur Einſetzung eines katholiſchen Königs gemacht
werden.

Aber die ſchlimmſte Nachricht, die Zierotin ſeinem Vetter
mittheilt, war der am 5. October nach 28tägiger Krankheit erfolgte
Tod des Churfürſten Chriſtian von Sachſen, welcher die Seele
der Verbindung der deutſchen Fürſten zu Gunſten Heinrich's war.

Zierotin ahnte die Größe des Verlustes, doch seine Hoffnungen schwanden nicht, „ma pazienza," ruft er aus, „Gott ist noch nicht gestorben." [56])

Mit der Entfernung Crell's, welche nach Christian's Tode erfolgte, beginnt die Isolirung Heinrich's; noch kurz vor seinem Tode wollte Christian noch Mehreres für den König thun, aber es blieb unausgeführt.

Ein nach Staden an den Kaufmann Johann Calandrinus gesendeter Edelmann seines Hauses, brachte Herrn von Zierotin nach Münster die Nachricht, daß der Seeweg nach der Normandie, wo er den König vermuthet, einzuschlagen möglich ist, während es höchst gefährlich wäre, ohne tüchtige Bedeckung dem deutschen Heere nachzureisen. Carl faßte neuen Muth. Bald darauf erhielt er von Polanus aus Heidelberg Nachrichten, daß das deutsche Heer sich „nemine resistente" mit dem des Königs glücklich vereinigt habe.

Am 18. October war Zierotin in Magdeburg und am 24. in Stade, um daselbst die englische Flotte zu erwarten, mit welcher das vom Kaufmann Calandrinus für ihn zur Reise nach der Normandie gemiethete Schiff ankommen sollte. Staden beschreibt er als einen jüngst entstandenen Ort, ausgezeichnet durch öffentliche Ausübung des reformirten Bekenntnisses und durch den lebhaften Handel mit Belgien, England und Italien. Stade versorgt Italien mit Getreide; an einem Tage gingen sechs damit beladene Schiffe nach Genua ab. Man versichert ihm, daß alljährlich um eine Million Gulden Cerealien aus Stade und der Umgegend exportirt werden.

Von Calandrinus wurde Zierotin auf das freundlichste aufgenommen, anfangs selbst in Calandrin's Wohnung beherbergt und mit Aufmerksamkeiten aller Art überhäuft. Bald war jedoch Stade ein peinlicher Aufenthalt; denn fünf volle lange Wochen mußte Zierotin müßig und unthätig warten, während die Kriegs-

---

[56]) Am 7. September erkrankte der Churfürst, es trat das im Tagebuch näher beschriebene Uebel mit solcher Heftigkeit auf, daß alle Aerzte, auch Peucer alle Hoffnungen aufgaben. Zweimal wurde ihm die Ader geöffnet. Das erste Mal blieb sie acht, das zweite Mal vier Stunden offen, doch alles war umsonst — am 5. October erfolgte der Tod.

ereigniſſe in der Normandie eine für ſeine Zwecke zu raſche Entſcheidung befürchten ließen.

Die engliſche Flotte, durch widrige Winde aufgehalten, kam
nicht zum Vorſchein. Schon wollte er ein anderes Schiff miethen,
und das Fahrgeld mit 800 Thalern bezahlen, allein Calandrinus
widerrieth die Abreiſe. Endlich kam die Flotte, mit dieſer ſein ſtatt-
liches, um 1250 Franken gemiethetes Schiff von 30 Kanonen und
160 Tonnen Gehalt, aber nun waren Wind und Wetter ungün-
ſtig, noch zehn Tage mußten verſtreichen, bis die Stunde der Er-
löſung ſchlug, bis er mit dem Gefolge „die hölzerne Burg oder
das hölzerne Pferd,“ wie er das Schiff nannte, am 30. November beſtieg.

Vor der Abreiſe ſchrieb er ſeinem jungen Bruder nach Italien einen Brief, der durchweht iſt von den Gedanken, die ihn
ſo ſehr begeiſterten; er vergleicht ihn mit Herkules und ermahnt
ihn, den herben und ſchwierigen Pfad. der Tugend zu wählen, er
ſchrieb nicht, ohne hiebei an den Weg zu denken, den er ſelbſt
wandelte, den Weg des Ruhmes und der Ehre, die ihn ſo ganz
erfüllten.

In Staden’s langen Stunden denkt er wohl an ſein liebes
Mähren; wenn ihm Waldſtein, damals Oberſtkämmerer von
Mähren, wohlwollen wird, ſchrieb er dieſem, ſo ſieht er ſich bedeckt mit den Fittigen jenes mächtigen rothweißen Adlers, unter
deſſen Schuß er vor des Raben Schnabel ſicher iſt. Aber ſeine
Entwürfe und Vorſätze unterdrückten noch die weichen Gefühle,
welche ihn zuweilen überraſchen. Die Freude der endlichen Abreiſe
überbot alles, ſie jauchzt tief auf in dem merkwürdigen Briefe an
ſeinen Straßnitzer Vetter Dietrich, der als ein wahres Muſter hu-
moriſtiſcher Darſtellung gelten kann. [37]) Die Lage Heinrich’s geſtaltet
ſich jetzt günſtiger, Carl beeilt ſich, Herrn Friedrich v. Zierotin zu
berichten, daß es dem Könige gelang, durch die Vermählung Tur-
renne’s mit der Erbin von Sedan dieſen wichtigen Platz an der
Maas zu erwerben und bald darauf mit Hilfe der deutſchen Truppen
und des Herzogs von Nivernois St. Valery am Ausfluß der
Somme, in der Picardie zu erobern; dieſer Platz war nicht minder

---

[37]) An Dietrich v. Zierotin auf Straßnitz, ddo. 1. Adventſonntag 1591.
Beil. X.

wichtig, weil dadurch den Belagerten in Rouen die Zufuhr der Subsistenzmittel abgeschnitten wurde; der König selbst begab sich zur Belagerung nach Rouen, dessen Besitz ihm das nördliche Frankreich unterworfen hätte. In Rouen befehligte Villars die Liguistische Besatzung der Stadt. 58) Der stärkste Widersacher Heinrich's, Papst Gregor XIV. war inmitten seiner Unternehmungen gegen jenen gestorben; in Spanien erhoben sich für ihre alten Fueros, für Antonio Perez, die Arragonesen gegen Don Philipp.

Lesdiguières, ein Feldhauptmann Heinrich's, schlug 7000 Spanier und Italiener in die Flucht. 2800 blieben am Platze, 2000 ergaben sich dem Sieger. Zwar verlor das französische Heer einen Helden, den Herrn von Chastillon, Sohn des verstorbenen Admirals, allein dafür blieben in einem Kampfe zwischen des Königs und des Papstes Truppen der Fürst du Maine und der Marquis von Pontan-Mousson Sohn des Fürsten von Lothringen.

Montmorency siegt über die Liguisten bei Carcassone und der Fürst von Ascoli wird in die Flucht geschlagen. Der Herzog von Parma, welcher seit dem Entsatze von Paris in den Niederlanden weilt, soll zur Befreiung Rouens heranrücken, allein er eilt nicht stark, wofür der Herzog von den Seinen als Ketzer und Feind des spanischen Königs ausgeschrieen wird. Ein Bild: Judas, worunter die Worte Parma standen, wurde an einem öffentlichen Orte gefunden. Die Schweizer sandten 2000 Mann dem Könige Heinrich, für ihn warb und erhielt auf eigene Kosten der Marschall von Retz 800 Reiter und 600 Arquebusiere; dem Herzog von Savoyen, einem harten Gegner Heinrich's, war das Waffenglück in der Provence abhold. „Auf diese Art," schließt Zierotin seinen Bericht, „blüht überall des Königs Sache!"

Mit frohen Hoffnungen beseelt landet er nach 7tägiger glücklicher Meerfahrt am 6. December in Dieppe in der Normandie. Nach kurzem, der Erhohlung gewidmeten Aufenthalt daselbst (denn er war durch zwei Tage seekrank) traf er mit dem Grafen von St. Paul, einem Bruder des Fürsten von Longueville

---

58) Il Re con esercito potente assedia Roano e lo batte con quaranta canoni grossi con speranza di ridurlo presto all' ubidienza sua. C. A. 4. a. ddo. an Dionys v. Zierotin 15. Nov. 1591.

(beide Prinzen aus königl. Geblüte), im Lager vor Rouen zusammen. Auf Befehl des Königs wurde ihm in demselben Städtchen ein Quartier angewiesen, das der König selbst früher bewohnte. Schon als dieser die Anwesenheit Zierotins in Dieppe
durch den dortigen Lieutenant erfahren hatte, war er darüber sehr
erfreut, und sprach von Zierotin in ehrenvoller und lobender Weise.
Er durfte einen überaus zuvorkommenden Empfang hoffen, wenn
der König ihm schon vom Weiten so viele Huld bewies.

Am 17. December wurde Zierotin dem Könige vorgestellt.
Heinrich bewillkommte ihn liebreich und gnädig, richtete an ihn
verschiedene Fragen über sein Befinden, über die Reise und zeigte
durch diese huldvolle Unterredung, daß er ihm sehr dankbar sei.

Auch die anderen vornehmen Herren des Hofes, die er in
des Königs Gegenwart begrüßte, der Cardinal von Bourbon, welcher, von den Liguisten zum Gegenkönig ausgerufen, sich in den
Händen Heinrich's als Gefangener befand, der Marschall Biron,
der Großkanzler und Andere, nahmen ihn sehr freundlich auf.

Wenn der König ihn immer so gnädig wie bisher behandeln wird, so hofft er mit dem Erfolge der Reise zufrieden zu
sein. So schrieb Carl an Herrn Friedrich v. Zierotin am 2. Jänner
1592 — und doch bereute er vielleicht schon damals, diese Reise
unternommen zu haben.

Während er in diesem Briefe Alles im günstigen Lichte
darstellt, während die Schilderung hier mehr ein Ausfluß seiner
begeisterten Wünsche und Hoffnungen ist, schreibt er gleichzeitig
an Ançel und erzählt hier nackte Thatsachen. „Le Roi," berichtet Carl, „me monstra assez bon visage, freute sich über
meine Ankunft, unterhielt sich jedoch mit mir nicht lange, da er
das englische Lager besuchen wollte. Man sucht mir Geheimnisse
zu verbergen, darum kann ich nicht vollständige Nachrichten geben,
und auch (Ançel) keinen wirksamen Beistand leisten, weil ich an
diesem Hofe nicht jenen Credit habe, den ich zu besitzen wähnte,
ja ich fand das Gegentheil von dem, was ich mir selbst glauben
machte!"

Derselbe merkwürdige Unterschied findet sich zwischen der
Schilderung, welche er über die Lage des Königs dem Vetter und
dem Ançel mittheilte; diesem erzählt er, daß man mit der Belagerung nicht sehr weit fortgeschritten sei, daß man in sechs

Wochen den Platz zu erobern hofft, wenn nicht der Herzog von Parma zum Ersatze komme, um Rouen zu retten, wie er vor einem Jahre Paris gerettet hatte. In dem Briefe an Friedrich von Zierotin hat er dagegen noch die besten Hoffnungen, „es wird dem Farnese der Ersatz nicht gelingen, weil der König Leute genug hat für die Belagerung und für eine Schlacht; der Fürst von Anhalt, am Fuße verwundet, ist nun hergestellt; 2000 Engländer unter dem Grafen Esser sind im Anzuge."

Allein ungeschminkt und nicht ohne Bitterkeit erzählt er die genaueren Details dem vertrauten Freunde Ançel. „Man schätzt das Menschenleben hier im Lager nicht höher als in der Zahlenwelt die Nullen. Zwei Monate leitete Biron die Belagerung, fünf Wochen ist der König selbst gegenwärtig und nichts ist geschehen, als die Eröffnung eines Laufgrabens. Man belagert das Fort St. Catherine und läßt die Stadt ganz unbelästigt, worin Truppen und Lebensmittel ungehindert eingeführt werden können. „Des Königs französische Truppen dienen ungern, da man sie nicht zahlt; die Landsknechte und die Engländer sind fast alle todt oder krank, es scheint nicht, daß man unter solchen Umständen Rouen bald erobern wird, dazu kommt noch der bevorstehende Anmarsch des Herzogs von Parma, der 16,000 Fußsoldaten und 14,000 Reiter hat."

Nur in einem Puncte sind diese Berichte ganz übereinstimmend. Zierotin ist voll des Lobes über den wunderbaren, unbeugsamen Muth, über die kalte Todesverachtung des Königs.

Dem Herzog von Parma will der König eine Schlacht liefern: le roi crie tousiours Bataille! und obwohl jener die Feldschlacht vermeiden will, so dürfte doch das Gegentheil geschehen, weil in des Königs von Spanien aufgefangenen Briefen aufgetragen wurde, lieber eine Schlacht zu wagen, als Rouen zu verlieren. Auch Wolf, Zierotin's in Mähren zurückgebliebener Kämmerling, erhält gleich nüchterne Mittheilungen: für Essen und Trinken ist wohl gesorgt, aber das Quartier ist schlecht. Zierotin allein hat ein Bett, die anderen müssen auf Stroh liegen; er wäre heiterer, wenn er mit einer treuen Seele von seinen Angelegenheiten plaudern könnte. Wenn er sich vereinsamt fühlt, besucht er das Lager oder den Hof, und sieht, wie in den Gefechten, an welchen er immer unerschrocken Theil nimmt, der eine dort, der andere hier todt zusammenstürzt; nach seinem tapferen Tagewerke, von welchem er bescheiden sehr wenig spricht; kehrt er nach Hause, schreibt oder liest. Die Augenblicke, welche er in seinem Zimmer zubrachte, waren die angenehmsten, er dachte da an seine theure Heimath, an seine fernen Lieben, an die Unterthanen. „Ich erinnere Euch," schrieb er seinem Amtmanne in Namiest, „meine Unterthanen zu schützen. Gestattet nicht, daß man ihnen Unrecht thue."

Der König besucht bald die Laufgräben, bald die Batterien, auch bei der Nacht wagt er sich an die äußersten Vorposten, wo die Kugeln um die Ohren sausten, er hat nie Rast an einem Orte, alles will er selbst überwachen, überall selbst nachsehen, von allem sich selbst überzeugen, er begibt sich mit kaltem Blute in die größten Gefahren, das ganze Heer staunt darüber; wer bei ihm in Gnaden stehen will, der muß es machen wie er. Daß ihn Zierotin überall begleitete, versteht sich von selbst, denn er wollte an alle jene Orte gehen, wo Gefahr vorhanden war, wo es Etwas zu lernen gab.

Als Zierotin mit dem Könige in's englische Lager ritt, wurde in seiner unmittelbaren Nähe der treue Curtin auf jämmerliche Art erschossen, einem Andern durch eine Kanonenkugel der Kopf abgerissen. Zierotin selbst blieb durch Gottes Barmherzigkeit immer unversehrt.

Aber auffallend ist doch jener Gegensatz zwischen dem, was Zierotin seinem Vetter Friedrich über das bisher in Frankreich Erlebte mittheilt, und dem, was er dem Freunde Ançel anvertraut. Zierotin konnte wohl voraußetzen, daß man in Frankreich die von ihm gebrachten persönlichen und materiellen Opfer anerkennen wird; wir haben gesehen, wie er so ganz erfüllt war von der Größe seiner Unternehmung. Es lag ganz in der Art einer so reinen jugendlichen Seele, sich den Streit des Königs Heinrich als eine heilige, von allem Menschlichen befreite Sache um das höchste Gut, um den Glauben zu denken, wie einen Kampf, wo nur die edelsten Tugenden in Waffen standen. Er glaubte, und wohl mit Recht, nicht der Letzte zu sein in der Runde tapferer Ritter, die den König umstanden. Er war dessen so überzeugt, daß er wohl mit diesen Gedanken alle daheim gemachten Versuche, ihn von der Reise abzubringen, zurückgewiesen, alle Einwürfe widerlegt haben mochte. Vielleicht wollte er nicht bekennen, daß er sich darin irrte, oder war es die Besorgniß, der Sache des Königs in Mähren zu schaden, welche ihn bestimmte, in den Briefen an Friedrich von Zierotin anfangs zurückhaltend zu sein.

Genug an dem, Carl war bitter enttäuscht; der Brief an Ançel zeigt, daß der Empfang bei Heinrich weit unter den gehegten Erwartungen stand, er dachte wie ein Freund willkommen zu sein, und man verbarg ihm Geheimnisse, die Allen anvertraut wurden, er hoffte einen Einfluß zu erlangen, und er muß es sehen, daß sein Credit gering ist.

In dieser peinlichen Situation tritt uns eben der Charakter Zierotin's in seinem vollen Adel entgegen. Der tiefe Schmerz beugt ihn nicht nieder, kein bitterer Haß, kein wildes, krankhaftes Gefühl bemächtigt sich seiner, er kehrt nicht der Sache den Rücken, die für ihn nicht mehr die geträumte Würde hat, er bleibt, und es tritt hervor die andere höhere Mission, die der sittlichen Veredelung, er bleibt und die eigenen Leidenschaften führt er in den Kampf, um aus demselben als Sieger hervorzugehen. Der Preis des Sieges ist jetzt nach der Enttäuschung ein höherer, entkleidet von allen Triebfedern menschlicher Eitelkeit; er harrt aus in der Schule des Ungemachs und der Opfer, um Geist und Körper zu stählen.

„Mein Geist," schreibt er an Ançel in den Tagen der Reue, „ich kann es Ihnen als Freund gestehen — hatte bisher keine Beruhigung, ich fand hier nicht jene Befriedigung, die ich zu erlangen überzeugt war, ich bin von dem lebhaftesten Eifer und von der vollsten Neigung zu des Königs Dienst gedrängt und von dem ehrenwerthen Wunsch beseelt worden, den Weg der Tugend zu wandeln, in der Besorgniß, daß eine lang andauernde Ruhe und die Bequemlichkeiten meines häuslichen Herdes mich nicht zu einem müssigen, wollüstigen Leben verführen, und nicht die Funken jener Neigung zu den großen und tugendhaften Dingen ersticken, einer Neigung, die mein ganzes Sehnen und alle meine Bestrebungen begleitet hat. Und gewiß wär' ich nicht von dieser natürlichen Neigung beseelt, die immer Ehre und Pflicht vor den Augen führend mich hindert, meinen Leidenschaften die Zügel schießen zu lassen, und mir die Kraft gibt, alles zu überwinden und zu

besiegen, was sich jener Neigung entgegenstellt, ich hätte wohl gedacht, mich aus diesem Reiche der Verwirrung und Anmaßung zu
entfernen und mich dorthin zu begeben, wo ich mit mehr geistiger
und leiblicher Ruhe leben könnte, und mit mehr Würde, als es
hier der Fall sein kann; da es aber keinen schönern Sieg auf
Erden gibt, als sich selbst zu besiegen, so will ich denn ausharren
und alle Versuche, die mich zum Nachgeben zwingen wollen, zurückweisen, bis die Stunde gekommen ist, die ich mir als Gränze und
Erlösung von meinen Leiden bestimmt habe, jene befreiende Stunde,
die ich übrigens in demüthiger Ergebung und Andacht erwarte.“

Und diese Stunde kam lange nicht. Denn noch lange Zeit
brachte er im Dienste des Königs zu. Schon die in Frankreich
erlebte Enttäuschung macht ihn vorsichtig, mißtrauisch und damit
erkaltet jene Sympathie, die er dem Könige und seiner Sache
früher ungeschmälert geschenkt hatte.

Zuweilen, als ihm diese Enttäuschung deutlicher als sonst
vor Augen trat, flammt sogar ein Zug tiefen Unmuths auf. „Wäre
Ancel im Stande, jene vertraulichen Ergüße zu verrathen, nicht
allein würde er ihm die Freundschaft aufsagen, sondern er würde
den Tag verfluchen, in welchem er Frankreich und die Franzosen
lieben lernte.“

In dem Maße, als ihn die Dinge vor Rouen und am Hofe
Heinrich’s nüchtern machen, in eben dem Maße wird er unbefangen, und beobachtet mit parteilosem Auge die Ereignisse, die
sich in Frankreich abwickeln. Er übt eine strenge Kritik aus, er
tritt aus dem Kreise zurück, in welchen ihn früher sein Gemüth
bannte, und gewinnt ein richtiges Urtheil von dem Bilde, dessen
Gestalten er näher kennen lernte, und wozu ihm die Belagerung
jener normänischen Stadt, die Haltung Heinrichs und die Politik
des spanischen Königs in der That hinreichenden Stoff boten.

Am 19. März hatte die Belagerung von Rouen noch keinerlei Fortschritte gemacht, die Dinge standen wie vor vier Monaten,
als jene Belagerung angefangen hatte. Die Untreue einiger Anhänger des Königs und mehr noch der Belagerer Nachlässigkeit
und Ungeschicklichkeit, wurden als Ursache angeführt.

Hiezu kam noch der Einfall des Herzogs von Parma nach
Frankreich, um Rouen zu entsetzen. Am Ende des Jahres 1591
verließ der Herzog die Niederlande; statt seinen Angriff abzu-

Die Fräulein, deren Namen Ihr genannt habt, mögen sich nur einen Mann suchen, sonst würden sie, wenn sie auf mich warten wollten, noch lange Zeit Jungfrauen bleiben." Dame Wanecky fürchtete, daß Carl eine Fremde heirathe; sie ließ daher sein Töchterlein Bohunka ihn bitten, er möge ihr keine französische oder italienische Stiefmutter mitbringen. Carl verspricht es und hielt auch Wort.

Er sandte einen vertrauten Boten an Dame Wanecky, um die Schuldscheine in Namiest zu erheben, welche vom Könige ausgestellt sind; er denkt daran, sein Geld zurückzunehmen.

Zweifellos ist es, daß der Gedanke, selbst nach Hause zurückzukehren, die Verbindungen mit Heinrich abzubrechen, damals in seinem Herzen Wurzel geschlagen hat. Denn Liebe zum Dienste des Königs hielt ihn wohl nicht mehr zurück, er wollte nur die Schule der Entbehrungen noch mitmachen, er wünschte noch den bittern Kelch ganz zu leeren.

Indeß wurde die Lage der Royalisten vor Rouen täglich unhaltbarer. Wenn auch ein Ausfall der Belagerten in das holländische Lager siegreich zurückgeschlagen und der Mangel an Lebensmitteln in Rouen fast unerträglich wurde, so war doch der Anmarsch des Herzogs, welcher eine Verstärkung durch den Grafen Carl von Mannsfeld erwartete, unausweichlich und dann der Entsatz der Stadt beinahe gewiß.

Die Folgen einer Niederlage: der sofortige Verlust des nördlichen Frankreichs, haben wohl des Königs Seele mit schweren Sorgen erfüllt! Ja vielleicht stand dann Frankreich auf dem Spiele.

Sobald das Waffenglück Heinrich zu verlassen drohte, mochte er an andere Mittel denken, die Krone zu retten. Gerüchte gingen im Lager umher, daß der König nicht anerkannt werden würde, wenn er nicht die Messe besuche. Würde Heinrich katholisch werden, dann ist den Bestrebungen Spaniens: die französische Krone an Philipp II. zu bringen, so wie dem Widerstand der Ligue die Spitze gebrochen.

Wie, wenn er, der legitime König, appelliren würde an jenen wunderbaren Geist, an den nationalen Geist der Franzosen, der nicht erstorben sondern nur gebannt war? Wenn er nicht mehr der Hugenotten König sein, sondern ein katholischer werden würde?

wenn er die Franzosen von der herben Nothwendigkeit befreien
würde, Unterthanen eines fremden Herrschers zu werden?

Daran hat wohl Heinrich gedacht. — Zierotin schrieb am
12. April 1592 seinem Vetter Friedrich: „Gewiß ist es, daß der
König von Spanien den Liguisten durch den Herzog von Parma
wissen ließ, daß, wenn er sich mit seiner ganzen Macht und ernstlich ihrer annehmen wolle, sie seine älteste Tochter als Königin
anerkennen und ihr huldigen müssen, worüber sich einige unter
den Liguisten so verletzt fanden, daß sie mit ihrem Volke abzogen.
Hieraus schöpft der König Heinrich die größte Hoffnung für den
Frieden."

Schon kurz nach dem Tode Heinrich's III. hatte der Staatsrath in ihn gedrungen, katholisch zu werden, nur dadurch könne
er Frankreich und die Krone für sich retten. Heinrich war kein
fanatischer Protestant, er gab damals ein allgemeines Versprechen,
um die gemäßigten, die katholischen Royalisten an sich zu fesseln.
Doch war dies genug, um die Politik Heinrich's zu kennzeichnen.
Ein rascher Abfall hätte ihm wahrscheinlich die englisch-deutsche
und schweizerische Bundeshilfe unmöglich gemacht, ohne die Liga
zu gewinnen, die den excommunicirten katholisch werdenden König
nicht anerkannt hätte und nicht anerkennen wollte, weil dort auch
andere Absichten, die spanischen nämlich, und die ehrgeizigen der
Guisen, dann jene der municipalen Freiheit festen Fuß gefaßt
hätten. Der Augenblick war für Heinrich noch nicht gekommen,
die Waffen sollten entscheiden und die Präponderanz der spanischen
Herrschaft mußte eine Gährung zuvor in der Liga bewirken, den
französischen Unabhängigkeitssinn, den Stolz der Nation erwecken.
Erst dann, wenn man sich in Frankreich durch jene Anmaßungen
verletzt und beleidigt gefühlt, die daran geknüpften liberalen Hoffnungen getäuscht hätte, konnte der König mit Erfolg den letzten
Vorwand brechen, welcher die Katholischen von ihm abhielt, erst
dann würde der Uebertritt wirksam und er als Befreier begrüßt
werden.

Von dieser Tragweite waren die Hoffnungen Heinrich's auf
den Frieden, die uns Carl von Zierotin in seiner kurzen, markigen
Weise überliefert hat.

Kein Zweifel mehr, daß Heinrich nicht für den Protestantismus, nicht für die Reform gekämpft hat! Es galt die Krone zu

erobern, Frankreich zu besitzen, er war verpflichtet nach dem Mittel zu greifen, das allein der allgemeinen Verwirrung, dem Untergange Frankreichs ein Ziel setzen könnte.

Wie so ganz anders hatte man im fernen Deutschland und in Mähren den bourbonischen König aufgefaßt. Blicken wir zurück auf den begeisterten Kriegszug Zierotin's, auf die zahllosen Opfer, die er dem Könige gebracht hat, auf die religiöse Tendenz dieser Opfer!

Nicht unbegründet waren die Tagesgerüchte von der Nothwendigkeit, die Messe zu besuchen, damit Heinrich als König in ganz Frankreich anerkannt werde. Dieses Gerücht und die Ereignisse, auf welche Heinrich, nach Carl's Zeugniß, ein großes Gewicht legte, lassen uns in keinem Zweifel, daß sich der König schon damals zu dem großen Schritte vorbereitet hatte. Es konnte dem Scharfblicke Zierotin's auch nicht entgehen, daß dieser Uebertritt in einer nicht fernen Zeit vor sich gehen werde. Die Gedanken der Rückreise, unter dem Einfluße seiner ersten Enttäuschungen entstanden, reiften jetzt zum festen Entschluß.

Zierotin's Absicht war, dem Könige zu dienen, welcher für den Triumph der „reinen Lehre, des wahren christlichen Lebens" kämpfte. Dieser König war nun im Begriffe, selbst der erste diesen Zweck aufzugeben. Nichts konnte ihn mehr an den Abtrünnigen fesseln! „Ich weiß nicht," schreibt er an den Unitätspriester Zacharias, [60]) „ob wir siegen werden, wir dürfen uns weder auf unser zahlreiches Volk noch auf unsere Kraft verlassen, nur auf die Hilfe Gottes, weil er der Gott der Krieger und der Herr der Heerschaaren ist. In Betreff des Standes unserer kirchlichen Dinge kann ich euch nur mittheilen, daß es schlecht geht, unsere Glaubensgenossen haben viel zu leiden, wenig kann der König dafür thun, doch er könnte es, wenn er ernstlich wollte, allein er kümmert sich wenig um die Religion und um die Freiheit des göttlichen Wortes, daher kommt es wohl, daß nach meiner Ansicht ihn Gott nicht seguet. Viele Gläubigen klagen, daß er nicht im Stande war, das Recht der öffentlichen Versammlungen zu ertheilen."

In allen Briefen aus dieser Zeit spricht er von seiner bal-

---

[60]) Beil. XVI.

digen Abreiſe. „Wenzel Wanecky möge erfreut ſein, daß er mich
hieher nicht begleitet hat. Ich reiße mich auch nicht ſehr um Frankreich,
und bin ich einmal fort, ſo werd' ich wohl nicht ſobald wieder
hin eilen. Ihr habt nicht zu fürchten, daß mich die Franzoſen von
Mähren und Böhmen abwendig machen." [61])

Zierotin blieb ungefähr bis October 1592 im kön. Lager, [62])
alſo noch ſechs Monate von dem Zeitpuncte der erſten Kundgebung ſeiner Abſicht, nach Hauſe zurückzukehren. Es müſſen ihn
daher gewiſſe Ereigniſſe beſtimmt haben, die Abreiſe zu verſchieben,
vielleicht hatte ihm ſein ritterlicher Sinn geboten zu bleiben, als
bald nach dem April 1592 der König vom Unglück heimgeſucht
wurde und das ſpaniſche Uebergewicht dieſen zu vernichten drohte.
Denn wir wiſſen aus anderen Quellen, daß der Herzog wirklich
gegen Rouen zog und der König genöthigt wurde, die Belagerung aufzugeben; aber Heinrich erhielt Verſtärkung und war
wieder im Stande den Feind zu einer Schlacht einzuladen. Als
Zierotin den König wieder im Glücke ſah, mag er die Zeit zur
Abreiſe gewählt haben. Es iſt nicht wahrſcheinlich, daß Herr von
Zierotin direct nach Hauſe fuhr.

Noch einige Monate hatte er ſeinen Reiſen gewidmet, er beſuchte
im Jahre 1593 den in Florenz mit dem Hofmeiſter Eberbach lebenden Bruder Dionys. Im Juli 1593 war Zierotin wieder in
Mähren. [63])

<hr>

[61]) Seinem Freunde Ançel will er nicht mehr die Abſchrift eines verlorenen Briefes ſenden, weil er es vorzieht, wenn er ſo glücklich ſein
wird zurückzukehren — ihm mündlich den Inhalt mitzutheilen; den
Tag ſeiner Zurückkunft kann er zwar der Dame Wanecky nicht mittheilen, allein dieſer wird früher kommen, als er es bei ſeiner Abreiſe
dachte. „Jedenfalls iſt jener Tag nicht fern, und nur bedingt von der
Erfüllung jener Verpflichtungen, die ihm die Ehre und des Königs
Dienſt auferlegen." Cod. A. 4. a. Pred Roanem. Montag nach dem
weißen Sonntag. — Unbat. Schreiben. Nr. XXVI. an Ançel. Leider
brechen die Briefe mit dieſem ab. Das Schreiben an Bruder Zacha-
rius ddo. 13. April und das Bruchſtück Nr. XXVI. des Briefes an
Ançel ſind die letzten dieſer Sammlung. Ich fand bisher nichts in
Carls Nachlaß, das weitere Aufſchlüſſe über das J. 1593 geben könnte.

[62]) C. 26. Auguſt 1598. Illyezházy.

[63]) S. Wolny's kirchliche Topographie I. l. S. n.

König Heinrich hatte sich nicht getäuscht, als er auf die Folgen der spanischen Anmaßung gerechnet; der französische Nationalstolz fand sich tief verletzt, es bedurfte nur der Ausführung des längst gefaßten Entschlußes: des Glaubenswechsels, um den letzten Vorwand seiner französischen Gegner zu entfernen.

Am 25. Juni 1593 in der Kirche zu St. Denis, zu den Füßen des Erzbischofes von Bourges, erklärte der König, in der römisch-katholischen Kirche leben und sterben zu wollen.[64]) Der Umschwung der Gesinnungen in Frankreich war ein vollständiger.

Am 27. Februar 1594 wurde Heinrich gekrönt, am 22. März hielt er seinen Einzug in Paris, und bald darauf unterwarfen sich Orleans, Rouen und noch die übrigen Städte. Heinrich war jetzt nicht mehr dem Namen nach, sondern ein wirklicher König von Frankreich. Zehn Monate war Zierotin in Diensten Heinrich's; so lange und große Opfer glaubte er seiner Ehre schuldig zu sein, nachdem die Neigung zu diesem Dienste kurz nach dessen Antritt schon verschwunden war.

Die Verbindungen mit dem undankbaren Frankreich sind nicht abgebrochen, er erhält sie, aber ohne sein Gemüth, seine Ideale einzusetzen; jetzt wird er sie zum Wohle seines Vaterlandes nur ausnützen und sich für die großen Ereignisse des ersten Fünftels des kommenden Jahrhunderts, „quorum pars,“ wie er sich bescheiden ausdrückt, „exigua fui“, vorbereiten.

Herr von Zierotin lernte kennen, daß die damaligen Kämpfe keine Kreuzzüge waren um die Sache der Kirche; die Weltlichen hatten Anderes im Sinne. Es handelte sich doch zuletzt nur um die Herrschaft und um politische Freiheiten.

----

[64]) Ranke a. a. O.

Capitel IV.

Beginn der öffentlichen Laufbahn des Herrn Carl v. Zierotin. — Im Lager vor Gran. Ernennung zum Beisitzer des mährischen Landrechtes. — Vermälung mit Elise von Kragix. — Kampf im Landrechte zwischen den Katholiken und den Protestanten. — Herr v. Zierotin, das Haupt der Opposition, er vertheidigt die Gewissensfreiheit und die Verfassung. — Ladislaus von Berka, Führer der Katholiken. — Franz, Cardinal von Dietrichstein, Bischof von Olmütz. — Handstreich gegen die Anhänger der Verfassung. — Herr von Zierotin wegen Hochverrath und Härese angeklagt, öffentliche und geheime Klagepuncte. — Citation nach Prag. — Zierotin von seinen Anhängern in Mähren verlassen, denkt an Auswanderung. — Zierotin geht als Sieger aus der Anklage hervor. — Unterdrückung der Gewissensfreiheit und Fortschritte der Restauration. — Ausstoßung Zierotin's aus dem Landrechte. — Cardinal v. Dietrichstein an der Spitze der Geschäfte in Mähren: wird später vom Hofe desavouirt. — Berka zum Landeshauptmann ernannt.

Mit Erfahrungen und Kenntnissen bereichert, kehrte Herr v. Zierotin nach den kriegerisch politischen Wanderjahren in die Heimath zurück, um nur kurz zu rasten.

Es war nach diesem Kriegszuge, in welchem er den Feind Philipp's von Spanien unterstützte, für ihn wenig Aussicht, ein öffentliches Amt im Vaterlande zu erlangen.

Die in Frankreich erlebte Enttäuschung, die fruchtlos gebrachten Opfer, mochten ihn bestimmt haben, ein Mittel zu ergreifen,

welches ihn in den Augen des Hofes und feiner Gegner rehabi-
litiren, wodurch er gleichzeitig dem Vaterlande einen Dienst erweisen würde. Er zog nach Ungarn in's kaiserliche Lager, um
gegen die Türken zu kämpfen. Schon früher wurden der Beginn
der Feindseligkeiten, die Motive, welche die Türken zum Kriege
bestimmt haben, hervorgehoben. Seither loderte die Kriegsflamme
mächtig auf. Unter Sultan Amurath besetzten die Türken Sißek,
Vesprim, Palota. Bei Stuhlweißenburg siegten die kaiserlichen
Truppen und besetzten Filek.

Im Jahre 1594 wurde unter Oberbefehl des Erzherzogs
Mathias die wichtige Festung Gran belagert. Hier im Lager vor
Gran kämpfte Herr von Zierotin, als ihm daselbst am 22. Mai
1594 ein kaiserliches Schreiben zukam. Der Kaiser ernannte ihn
zum Beisitzer des Landrechtes, der höchsten Verwaltungsbehörde
des Landes und befahl ihm, sich bei der nächsten Landrechtssession
in Mähren einzufinden, um vom Landeshauptmanne eingeführt
zu werden.[1]

Diese plötzliche Veränderung in den Gesinnungen des Hofes,
welcher früher Herrn von Zierotin, über Andringen des Bischofs
Pawlowsky, von der öffentlichen Laufbahn fernhielt, war der Ernennung seines Vetters, des Herrn Friedrich von Zierotin zum
Landeshauptmann von Mähren, zuzuschreiben. Das Ansehen Friedrich's von Zierotin war im Steigen; durch seine Erfolge in Ungarn als Kriegsoberster der mährischen Truppen, durch die Er-

---

[1] Gerichtsdiarium S. 4. im Blaudaer Archiv. Dieser Coder, wovon im
Beilagenbande eine nähere Beschreibung mitgetheilt werden wird, ent-
hält das Tagebuch, welches Herr v. Zierotin über die Ereignisse, Vorträge und Debatten in jeder Landrechtssitzung führte. Die Bedeutung dieser
Handschrift ist in die Augen springend, denn sie gibt uns ein treues
Bild der höchst interessanten Verhandlung der obersten Regierungs- und
Justizbehörde des Landes. — Der Werth dieses Coder ist ein ungemein
großer, da die Aufzeichnungen von Zierotin selbst herrühren, dann,
weil wir unseres Wissens außer einigen ähnlichen Aufzeichnungen des
Herrn Hinek v. Wrbna keine andere Quelle für die gleichzeitigen Landrechtsverhandlungen besitzen, hiemit dieses Diarium ein wahres Unicum
ist. Wir haben bereits im VII. Bande der Sectionsschriften diesen Coder
einer Würdigung unterzogen. Da derselbe häufig bezogen werden wird,
so wählten wir hier der Kürze halber, die dort gebrauchte Bezeichnung:
Cod. Diar. IV.

bauung der Festung Wywar, hatte er sich einen großen Namen
erworben; da es dem Kaiser zu thun war, die Landeshauptmanns-
stelle in Mähren, das zunächst von der Türkenmacht bedroht war,
einem tapferen General zu verleihen, wurde Friedrich's Glaubensbekenntniß — er war ein Glied der Brüder-Unität — nicht als
Hinderniß der Ernennung angesehen. Mit der Berufung Carl's
v. Zierotin, welche kurz nach dieser Ernennung Friedrich's erfolgte,
begann die öffentliche Wirksamkeit des Ersteren. Er war nun an
das Ziel seiner Wünsche gelangt. All' sein Streben, seine Studien,
seine Reisen, sein Kriegstirocinium hatten nur den Zweck, ihn zum
Dienste des geliebten Vaterlandes, welches „damals ein ruhiger
und müßiger Zuschauer fremden Unglücks war", heranzubilden.
Gewiß, es konnte keine für Mähren glücklichere Wahl getroffen
werden als durch Carl v. Zierotin's Berufung. Zierotin war gerade
30 Jahre alt, Besitzer eines großen Vermögens, Herr der Herrschaften Rossitz, Namiest, Dřewohostic und Brandeis 2c., der Abkömmling eines vornehmen Geschlechtes, eines Geschlechtes von Helden und Staatsmännern, bekannt als Redner und Schriftsteller, ein
Mäcen und ein Gelehrter zugleich. — Es war am 6. Juli 1594,
als er nach Olmütz kam; das Landrecht forderte ihn noch am selben
Tage auf, durch die Ritter Heinrich Blekta und Přepicky, im Gerichtssaale zu erscheinen. Zuerst entschuldigte sich Herr v. Zierotin.
Am darauf folgenden Tage sandte das Landrecht die Ritter Kra-
warsky und Blekta und wiederholte die Einladung, Zierotin zö-
gerte nicht länger und erschien. Nachdem er im Saale eine kurze
Weile gewartet, wurde er vom Landeshauptmann Friedrich von
Zierotin in das Berathungszimmer der Landherren gerufen; der
Landeshauptmann sprach:

„Herr Vetter! Da Ihre Gnaden (die Herren vom Landrecht)
die Tauglichkeit Eurer Person erkannten, und auf Befehl des
Kaisers wollen sie Euch in das Landrecht aufnehmen. Tretet inner-
halb der Schranken und thut, was Eure Pflicht ist." Bescheiden
lehnte er die Berufung ab; in einer zierlichen Rede suchte er den
Landrechtsbeisitzern zu beweisen, daß ihm die Eigenschaften eines
Richters fehlen, dagegen habe er die Absicht, dem Kaiser und dem
Vaterlande mit dem Schwerte zu dienen. Er wollte sich in der
Kriegskunst üben; da bei Hause keine Gelegenheit vorhanden war,
wurde diese von ihm früher auswärts gesucht; nun da der Türken-

krieg ausgebrochen, begab er sich in das Lager vor Gran. — Die Ablehnung des Amtes wurde vom Landrechte nicht angenommen und ihm nicht einmal eine dreitägige Bedenkzeit gegönnt. Carl v. Zierotin nahm sofort seinen Platz innerhalb der Schranken und wurde beeidet. Er sprach alle Worte der Eidesformel, welche ihm Ctibor Sirakowsky von Pierkowa, Oberstlandschreiber des Markgrafthums, vorlas, getreulich nach, nur verstummte er bei jener Stelle, in welcher von der h. Jungfrau und den Heiligen die Rede ist und die, wie er sich ausdrückt, „Gottes Wort und der reinen christ= lichen Lehre widerstreitet." Herr Smil Osowsky von Daubrawitz, der Stellvertreter des in Baden bei Wien weilenden Oberstkäm= merers Hynek von Waldstein, führte ihn zu dem bestimmten Sitze, rechts vom Landeshauptmanne, neben Herrn Arkleb von Kunowitz.

Im Jahre 1594 kam es zu keiner Landrechtssitzung mehr, auch das Fastenlandrecht des Jahres 1595 wurde vertagt.

Herr v. Zierotin lag nur kurze Zeit vor Gran. Im Jahre 1593 war er aus Frankreich zurückgekehrt, im Juni 1594 hat seine Berufung zum Landrecht stattgefunden. Es ist wahrscheinlich, daß er sich verpflichtet sah, nachdem dasselbe ihn nicht zurückhielt, noch fernere Beweise seiner Treue und Hingebung für Kaiser und Vaterland an den Tag zu legen.[2]) Im Frühjahre 1595 kehrte er mit zahlreichem Gefolge nach Ungarn zurück, um die kriegerische Laufbahn fortzusetzen. Er war der Ansicht, dadurch seine Feinde und Verleumder zum Schweigen zu bringen, und ein Beispiel zu geben, wie den Gesetzen der Ehre zu folgen ist. Er nahm an vielen Gefechten vor Gran thätigen Antheil, ohne daß er verwundet worden wäre, oder der Zustand seiner Gesundheit durch die im kaiserlichen Heere herrschenden ansteckenden Krankheiten gelitten hätte. Wenige Tage vor dem 26. August 1595, nach dem Siege der kaiserlichen Truppen über den Pascha von Ofen und vor der am 2. September erfolgten Besetzung Gran's, kehrte er nach Mäh= ren zurück, wohin ihn starke Bande zogen. Zuerst die Nothwen= digkeit, Ordnung in dem durch lange Abwesenheit zerrütteten Zu= stande seiner Güter herzustellen, dann — ein zartes Verhältniß.

---

[2]) Ein Landtagsschluß im J. 1594 (Lt. Felix. 1594. fol. 17. Cop.) ver= ordnete, daß junge Leute des Herren= und Ritterstandes bei 100 fl. Strafe in kaiserliche Kriegsdienste zu treten haben.

Vor der zweiten Kriegsfahrt nach Gran lernte er in Mähren Fräulein Elise Kragiř, eine entfernte Verwandte seiner ersten Frau, kennen. Sie war die Tochter des Heinrich Wenzel von Kragiř auf Mladoniowitz und der Frau Helene v. Zastřizl, welche in zweiter Ehe mit Herrn von Rupa vermält war und mit jenem Fräulein in der Nähe von Namiest wohnte.

Letztere, die einzige Tochter des Heinrich Wenzel v. Kragiř, wird uns als eine sehr junge und sehr schöne Dame, ein Muster seltener weiblicher Tugenden, geschildert. Jetzt, nachdem er beschlossen hatte, das Soldatenleben aufzugeben und die staatsmännische Laufbahn zu betreten, dachte er daran, wieder einen Haushalt zu gründen, und seiner Bohunka eine Mutter zu geben. Im November 1595 wollte Carl nach Venedig reisen, um Ankäufe und Vorbereitungen zur Hochzeit zu machen, die auch wirklich im Februar 1596 in seinem Schlosse mit großem Pomp gefeiert wurde.[3]

Durch die raschen Fortschritte der katholischen Restauration in Mähren wurden auch die Kräfte der Gegner organisirt. Die besten übernahmen bald und ohne Widerspruch die Führerstellen.

Carl von Zierotin stand jetzt inmitten der Geschäfte und war thatsächlich das Haupt der Partei, welche für die Erhaltung der alten Landesfreiheiten und für die Freiheit des Gewissens kämpfte. In dieser Zeit war sein Oheim Friedrich Landeshauptmann. Mit dem Gewichte seiner Stellung und dem persönlichen Einflusse und der Achtung, die der Landeshauptmann bei Hofe und im Lande, selbst bei den Gegnern genoß, hielt er jeden gewaltthätigen Ausbruch der Parteileidenschaft zurück.

Die Erlangung der hohen Landesämter bildete zunächst den Gegenstand des Strebens der Katholiken und der Protestanten. Die Besetzung der Landrechtsbeisitzerstellen und die Aufnahme in die Landsmannschaft war auch ein Feld lebhaften Kampfes. Der Kaiser ernannte zwar die obersten Landesofficiere, doch war er selbst bei der Ernennung des Vorstehers seiner Kammer in Mähren, des Landesunterkämmerers, an den Vorschlag des Landrechts

---

[3] Bieneberg a. a. O. III. B. — C. 12. März 1605. Schuchart. — Codex Prosliborsky, Siena 19. Juli 1595, an Orchi und 3. August 1595 an Timino. — Cod. Diar. S. 28. — dann Beil. Nr. XVII.

gebunden. Die Landrechtsbeisitzer wurden vom Landrechte[1] gewählt und vom Kaiser bestätiget.

Die bei weitem größte Anzahl der obersten Landesofficiere
und der Landrechtsbeisitzer, oder wie sie damals genannt wurden,
der „Rechtssitzer" war nicht katholisch und bestand aus Protestanten, Utraquisten, Lutheranern oder Mitgliedern der Unität. Außer
dem Bischofe von Olmütz waren Joachim von Haugwitz[2] und
Nicolaus von Hrábek römische Katholiken.

Es war leicht vorauszusehen, daß die Vorschläge dieser Körperschaft im Sinne der Mehrheit ausfallen und sonach nur Protestanten treffen würden. Die wichtigsten und höchsten Aemter:
der Landeshauptmann, der oberste Kämmerer, der Landrichter, der
Obersthofrichter, der Landesunterkämmerer waren in Händen alter
und kränklicher Herren, ein Wechsel stand in naher Aussicht. In
der That, ehe das Jahrhundert um war, in der kurzen Zeit von
vier Jahren starben alle Inhaber dieser Aemter. Die Katholiken
in Mähren, an der Spitze der Bischof von Olmütz, boten alles
auf, um den Kaiser zu bewegen, diese Aemter nur Personen ihres
Glaubens zu verleihen.[6] Der damalige Oberstkanzler Adam von

---

[1] Das Landrecht hatte im J. 1594 nachstehende Mitglieder: den Bischof
von Olmütz Stanislaus Pawlowsky. Aus dem Herrenstande: Friedrich
v. Zierotin,. Landeshauptmann; Johann von Lipa auf Kromau, Oberstmarschall des Königreichs Böhmen; Hynek Brtnický von Waldstein auf
Pirnitz, Oberstkämmerer; Protas Mezeřicky von Lomnitz, Oberstlandrichter; Hynek v. Wrbna und auf Freudenthal; Johann d. ä. von Zierotin auf Ullersdorf; Johann Heinrich Slawata von Chlum und auf
Chropin; Smil Osowsky von Daubrawitz auf Trebitsch; Hanuš Graf
Hardek auf Lettowitz; Arkleb von Kunowitz auf Ung. Brod; Carl
von Zierotin; Ulrich Krajek auf Datschitz; Joachim Haugwitz auf Bis-
kupitz und Roketnitz; Friedrich von Nachod auf Dannowitz. Aus dem
Ritterstande: Bernard Drnowsky auf Drnowitz, Obersthofrichter; Nico-
laus von Hrabek, Landesunterkämmerer; Johann von Hobiejowa auf
Markwartitz; Dietrich Podstacky von Prusinowitz auf Bodenstadt; Wenzel
Zahradecky von Zahradek auf Budiskowitz; Wenzel von Zastřizl auf
Boskowitz; Ctibor Strakowsky von Pierkowa, war Oberstlandschreiber.

[5] Olim discipulus noster. Schmidl a. a. O. Pars. II. S. 263.

[6] Um diese Zeit überreichte das Capitel von Olmütz eine Bitte an den
Kaiser um Erlangung von Sitz und Stimme im Landtage. Mem. des
Cap. im L. A. Kreme. Act. Diese Bitte ward jedoch damals nicht erfüllt.

Neuhaus war als eifriger Katholik bemüht, diese Bestrebungen zu unterstützen.

Als neue Landrechtbeisitzer ernannt werden mußten, gelang es den Katholiken noch nicht ihre Candidaten durchzusetzen. Herr von Rupa, Herr Carl von Lichtenstein — Glieder der Brüderunität — traten in das Landrecht, eine Aufforderung des Kaisers, den Georg von Wrbna und Wilhelm Dubsky bei den Beisitzerwahlen zu berücksichtigen, wurde abgelehnt. „Wir begriffen gleich," sagt Carl von Zierotin, „daß es die katholische Religion jener Herren war, welche zu dieser Empfehlung verhalf." Wenzel von Berka, Oberstlandrichter in Böhmen, damals in Brünn anwesend, wurde vom Landrechte eingeladen, in der Sitzung zu erscheinen und unter Vorweisung der alten Wladislaw'schen Privilegien und des Tobitschauer Buches gebeten, die Protestation des Landrechtes gegen jene verfassungswidrige Empfehlung bei Sr. Majestät zu beleuchten. Wenzel von Berka versprach es zu thun.

Nun versuchte der Prager Hof thatsächlich vorzugehen. Ein kaiserliches Schreiben verordnete die Vorlage von Vorschlägen für zwei Landrechtsbeisitzerstellen aus dem Herrenstande und für eine aus dem Ritterstande. Das Landrecht verwahrte sich dagegen, da es für die Landesofficiersstellen zwar Vorschläge zu erstatten, die Beisitzer des Landrechtes jedoch einfach zu wählen und nur zur Sanction dem Kaiser vorzulegen hatte. Sofort wurde Graf Hieronymus Thurn und Johann von Wrbna, zwei Protestanten, gewählt, und der Obersthofrichter, welcher Sprecher des Ritterstandes war, angewiesen, dem Herrenstande den Vorschlag des Ritterstandes zur Wahl des Beisitzers aus der Mitte dieses Standes mitzutheilen. Einstimmig wählten die Herren einen protestantischen Ritter. Der Landeshauptmann, der immer zu vermitteln suchte, wollte die Mehrheit bewegen, in dem letzteren Falle dem Willen des Kaisers zu entsprechen und einen Vorschlag zu erstatten. Dies gelang ihm zwar nicht, doch setzte er, ungeachtet des Widerstandes des Herrn Carl von Zierotin durch, daß der Kaiser um Gutheißung der Wahl und um Entschuldigung für den eigenmächtigen Vorgang gebeten würde. Der Landeshauptmann konnte aber die Fassung des weiteren Beschlußes nicht verhindern, daß in diesem Entschuldigungsschreiben der Beisatz zu machen sei: „obwohl

nach der Verfassung bei der Aufnahme von Rittern in das Landrecht die kaif. Sanction nicht einzuholen ist, daher der Vorgang
dieser Körperschaft ein ganz legaler war, so wolle man doch jetzt
Seiner Majestät zu Willen sein." —

Hiermit geschah der erste Schritt außerhalb der verfassungsmäßigen Bahn; es war dies eine kleine, aber bedeutungsvolle
Concession, welche den Hof und die Katholiken ermuthigte, weiter
zu gehen.

Noch ein zweites Mal wurden vom Kaiser zwei Personen
als Candidaten von Beisitzerstellen bezeichnet. Mit Klugheit jedoch
wurden nur solche Männer genannt, welche dem Landrechte angenehm waren, nämlich die beiden Protestanten: Victorin von
Zierotin und Nicolaus Kobilka. Nach langem Zögern willfahrte
das Landrecht dem kaiserlichen Begehren und begründete es mit
der Angabe, daß das Schreiben des Kaisers wie ein Wunsch und
nicht wie ein Befehl klang. Anders war das Verfahren des Hofes
bei der Ernennung der Landesofficiere. Das Recht der Ernennung
stand dem Kaiser zu. An den Vorschlag des Landrechtes erachtete
er sich jetzt gar nicht gebunden. Es darf dann nicht Wunder nehmen, wenn nur erprobte Anhänger der katholisch-spanischen Partei
zu den höchsten und wichtigsten Aemtern in Mähren berufen
wurden.[1]

Zuerst wurde Sigmund von Dietrichstein Unterkämmerer, der
Sohn einer Spanierin. Sein Vater Adam war lange kaif. Gesandter
in Madrid und durch die Erwerbung Nikolsburg's, seit Kurzem
Landherr in Mähren. Sigmund von Dietrichstein war in Spanien
erzogen, der böhmischen Sprache, der Landessitten und Gewohnheiten unkundig, dafür aber ein entschlossener Anhänger der spanisch-römischen Partei.[8]

---

[1] Cod. Diar. Fol. 93, 95, 101 und ff.

[8] Sigismund von Dietrichstein, des Erzherzogs Ernst Viceoberststallmeister
und Kämmerer der Erzherzoge Ernst und Maximilian, des Kaisers Rath
und Landesunterkämmerer von Mähren, war ein eifriger Förderer der
katholischen Religion; er vertrieb die Anabaptisten aus seinen Herrschaften. Rer. Gest. Gentis. Dietrichst. S. 144. Pilař & Morav. III. 40
Er bietet sich und seine Familie zu K. Philipp III. Diensten an.
Schreiben. Diet. an K. Philipp 24. Dec. 1600. Simancas, 707.

Am Brünner Fastenlandrecht (1598) wurde er auf Befehl des Kaisers als Landes-Unterkämmerer von Mähren installirt. Der Landeshauptmann hielt eine Anrede, selbstverständlich in der mährischen Amts- und Umgangssprache. Sigmund v. Dietrichstein beantwortete dieselbe nicht, weil er des Böhmischen nicht mächtig war. Als er schwören und die Eidesformel nachsprechen mußte, verdrehte er den Sinn der Worte; als er statt: „křivdu tupiti — křivdu kupiti" aussprach, da konnten viele Glieder des Gerichtshofes sich des Lachens nicht erwehren. Zudem wurde laut gesagt, daß seit Menschengedenken keinem Fremden dieses wichtige Amt anvertraut worden sei. Der Unterkämmerer war der Vorsteher der k. Kammer in Mähren, und ihm war die Gewalt über des Königs Städte und über die Klöster, welche zur Kammer gezählt wurden, übertragen. Er entschied mit dem Landeshauptmann in Competenzstreitigkeit zwischen Land- und Stadtrecht. An ihn wurde gegen die Sprüche des Stadtrichters appellirt.

Dieses Amt war überdies auch deshalb sehr gesucht, weil damit ein bedeutendes Einkommen verbunden und der Einfluß desselben auf die Regelung der Angelegenheiten des Bürgerstandes, auf das Stadtregiment und die Ernennung der Stadtbehörden ein tiefeingreifender war. Bei dem gemeinsamen Städtetagen, welche abwechselnd in Brünn und Olmütz abgehalten, und auf welchen gemeinsam finanzielle Fragen der k. Städte, dann die Instructionen für die Landtagsabgeordneten des Bürgerstandes berathen wurden, führte er den Vorsitz. Er war gleichsam der Sprecher und Vertreter der unteren Curie. *)

Noch auffallender als jene Dietrichstein's war Ladislaus von Berka's Ernennung zum Oberstkämmerer. Berka schrieb und sprach am liebsten spanisch, auch er war in Spanien erzogen, stand in Gunst bei Rudolph, war schon 1597 dessen k. Rath und Kämmerer. Ein entschiedener Anhänger der Jesuiten, war er nun plötzlich mitten im protestantischen Mähren im Besitze des zweithöchsten Landesamtes. Dem bittersten Feinde des Glaubens der Mehr-

---

*) So z. B. am Landtage zu Hradisch 1605, bei welchem kein Bürger anwesend war, weil die Deputirten dieses Standes wegen Einleitung von Defensivmaßregeln gegen die Einfälle der Ungarn zu Hause blieben. Der Unterkämmerer galt als ihr Vertreter bei dem erwähnten Landtag.

heit, wurde das Kleinod des Landes: die Landtafel anvertraut.
Die Stimmung der Gegner war sehr aufgeregt, es war nicht
anders, als ob der Antichrist an die Spitze der Geschäfte getreten
wäre. Man erzählte sich, daß einst, als Berka's einziges Kind, ein
Sohn, hinsiechte, ein Jesuit als Ursache dieses Unglück's die Strafe
Gottes angab, dafür, daß Herr v. Berka in seiner unmittelbaren
Nähe einen Wiedertäufer als Hausofficier im Dienste hatte. Darauf habe Berka den Wiedertäufer sofort davongejagt und das Kind
sei dann gesund geworden. [10])

Als der Landeshauptmann das kais. Ernennungsschreiben
für Berka vorlas, protestirte man laut und entschieden dagegen. [11])
Für Berka hatte man, als vor drei Jahren der Vorschlag zur
Besetzung des Amtes eines Oberstkämmerers erstattet wurde, keine
Stimmen gehabt, damals saß er noch nicht im Landrechte, und es
war nicht gebräuchlich, bei solchen Vorschlägen für die höchsten
Landesämter auf andere Personen als auf Mitglieder des Landrechtes zu greifen. Das Amt des Oberstkämmerers könne nach
den Landesgewohnheiten nur vornehmen und reichen Edelleuten,
die länger in Amt und Würde standen, verliehen werden, während Berka erst seit 1594 in Mähren ansäßig, nur seit 1596
Mitglied des Landrechtes war. Sein einziges nicht einträgliches
Besitzthum, die Herrschaft Groß-Meseritsch, werde ihm sogar vom
Bruder streitig gemacht. Der Oberstlandrichter Joachim von Haugwitz suchte diese Behauptungen zu widerlegen und es gelang ihm,
da Herr Johann v. Zierotin, Ulrich v. Kaunitz und die Ritter Podstacky, Zahrabecky und Hobiegowsky auf seine Seite traten, die
Opposition zum Schweigen zu bringen. Als Berka das Amt am
zweiten Tage antreten wollte, erhoben sich abermals seine Widersacher.

Es waren nicht alle Glieder des Landrechts anwesend, selbst
der Landeshauptmann fehlte. Die Einführung könne nur, sagte
man, in vollzähliger Sitzung des Landrechtes vor sich gehen. Dies-

---

[10]) Schmidl in seiner historia Soc. Jesu. II. 172, 203 und 236 erzählt
von Berka: Rerum nostrarum studiosus, Catholicæ religionis, idemque
societatis amantissimus. Berka erbaute später das Brünner Kapuziner-
kloster. Wolny a. a. O. I. 75.

[11]) Cod. Diar. S. 99.

mal war die Mehrheit für die Ansicht der Opposition, und Berka
mußte noch vier Monate warten; dennoch hielt sich der Gerichtshof für competent, auch ohne Oberstkämmerer anderweitige Beschlüße zu faßen.

Nach dem am 30. Mai 1598 erfolgten Tode des Landeshauptmann's Friedrich v. Zierotin, wurde Joachim von Haugwitz
auf Biskupitz Landeshauptmann, ein Enkel jenes Joachim, welcher die Jesuiten in Mähren eingeführt hatte. Haugwitz erlangte
die erwähnte Stelle zum Lohne der Ergebenheit für die Sache
der Katholischen.[12])

Der Tod Friedrich's von Zierotin, dessen vermittelnde Politik die Parteien im Gleichgewicht zu erhalten suchte, der, selbst ein
eifriges Glied der Brüderunität, doch von den Jesuiten hoch in
Ehren gehalten wurde,[13]) war an sich ein schwerer Schlag für die
nicht katholischen Landherren — ein sehr empfindlicher Verlust für
Herrn Carl von Zierotin. In den bis zum Todestage des Landeshauptmanns abgelaufenen wenigen Jahren öffentlicher Thätigkeit
hatte Herr von Zierotin die Erwartungen seiner Landsleute über-
troffen, er war der erste Redner im Gerichtshofe und im Landtage, seine juridischen Gutachten, seine staatsrechtlichen Erörterungen, die uns in den „Tagebüchern" glücklicher Weise erhalten
wurden, zeigen von ebensoviel Kenntniß der Verfassung und der
Landesgewohnheiten, als sie einen Beweis liefern seiner scharfen
Logik und der Anmuth seines Styls. Innerhalb des Zeitraums
von vier Jahren vertrat er zu wiederholten Malen das Amt des
Landeshauptmanns und des Oberstkämmerers. Er war im J. 1596
Abgeordneter zum böhmischen General-Landtag wegen des türkischen

---

[12]) Beil. Nr. XXXI. und Schmidl a. a. O. S. 109.

[13]) Friedrich von Zierotin beschützte das Brünner Jesuiten-Collegium, auch
erwirkte er die Befreiung ihres Hauses von den öffentlichen Lasten, und
stand mit ihnen in freundlichem Verkehr, sie sandten ihm nach Seelowitz
Bücher — zumeist historischen Inhalts — dafür erfreute er sie mit
guten Fischen. Ein anderes Mal schützte er sie gegen die Roheit säch-
scher Hilfstruppen (größtentheils Lutheraner), welche den Brünner Pöbel gegen die Jesuiten hetzten und die Besitzungen derselben bei Brünn
zerstörten. Schmidl hist. societ. Jesu. II. S. 46, 47, 55 & 107,
126, 172.

Defensionswerkes. Alle Gesetzes-Redactionen und die Entwürfe
gesandtschaftlicher Instructionen floßen unmittelbar aus seiner Feder.
Er hatte die Aufsicht über das Landesarchiv und war zugleich
Säckelmeister des Markgrafthums. Auf die Erhaltung der christlichen Religion, die Vertheidigung der Landesfreiheiten und der
Gewissensfreiheit gegen die immer stärkeren Angriffe der römisch-
spanischen Restaurationspartei war sein unablässiges Streben gerichtet, er war, um im heutigen Sinne zu reden, der Führer der
Opposition. Geachtet von seiner Partei, gefürchtet von den Gegnern, bekämpfte er muthig und rücksichtslos die wiederholt und
nicht ohne Erfolg versuchten Verletzungen der Verfassung. Die
Demonstrationen gegen Sigmund Dietrichstein und Ladislaus Berka
waren von ihm ausgegangen; die Vorstellungen gegen die directe
Correspondenz der Hofkanzlei mit unterthänigen Städten, gegen
die Truppen-Musterung in Austerlitz,[13*]) und die verfassungs-
widrige Vorladung mähr. Herren vor das böhm. Landrecht, hatte
Herr von Zierotin im Landtage angeregt und durchgeführt. Kein
Zweifel, daß er der Hoffnung lebte, der Erbe seines kinderlosen
Vetters, sein Nachfolger in Amt und Würden und im Besitze von
Seelowitz zu werden.

Anders dachten aber die Katholischen. Wie schon vor Jahren,
als es sich darum handelte den Herrn v. Zierotin in's Landrecht
zu berufen, der Bischof von Olmütz hievon entschieden abrieth, so
war man wohl auch jetzt in Prag nicht gewillt, den Siegeslauf der
Restauration durch die Ernennung Carl's von Zierotin zum Landeshauptmann, aufzuhalten. In dem Augenblicke, als man die alten
Grundgesetze des Landes, welche der Ausbreitung des Katholicismus und der Begründung der absoluten Monarchie im Wege
standen, nicht ohne Erfolg anzugreifen begann, konnte zum Stellvertreter des Kaisers nicht ein Mann gewählt werden, welcher
sich zur Aufgabe seines Lebens gemacht hatte, die Landesfreiheiten
und den Protestantismus zu vertheidigen. Als Haugwitz jene
erste Stelle im Lande erhielt und Zierotin's jüngerer Bruder
Dionys der Haupterbe Friedrich's wurde, empfand er einen tiefen
Schmerz, nicht aus gekränktem Ehrgeize oder enttäuschter Hab-

---

[13*]) Die Musterung kais. Truppen auf den Gütern des Adels war ohne
Genehmigung des Landtages unzulässig.

sucht, sondern weil „die Feinde der orthodoxen Religion, die Feinde der Freiheit und des Zierotin'schen Namens, einen großen Triumph gefeiert hatten."

Dem Herrn v. Zierotin fiel aus dem Nachlaß Friedrich's nur die kleine und verschuldete Herrschaft Prerau zu, während die bei weitem größere Domaine Seelowitz von seinem Halbbruder Dionys geerbt wurde Es war natürlich, daß des letzteren Mutter, zugleich Stiefmutter Carl's, in zweiter Ehe mit Friedrich von Zierotin vermält, ihren leiblichen Sohn dem Stiefsohne vorzog, und den Gatten vermochte, den größeren Theil des Vermögens jenem zurückzulassen. Aber selbst Prerau's Besitz wurde Herrn v. Zierotin von seinen Feinden und Neidern streitig gemacht. Mächtige politisch-religiöse Rücksichten waren mit diesen im Bunde. Prerau war eine „sedes hæresum," ein Hauptort der Unität. Die Schwägerin Friedrich's v. Zierotin (die Frau seines Bruders) und ihre Tochter, aufgestachelt von diesen Feinden, an deren Spitze Berka, ihr nachmaliger Gatte, trat, begannen gegen Carl von Zierotin wegen Prerau einen Proceß.[14]) Es war ein doppeltes Ziel zu erreichen: Herrn Carl v. Zierotin um ein Besitzthum zu bringen und der Unität eine Niederlage zu bereiten; denn man wußte, daß es Zierotin's Absicht war, in Prerau eine Unitäts-Schule zu gründen, nach dem Muster der Lehranstalt zu St. Gallen in der Schweiz.

---

[14]) In einem Berichte ddo. 5. Juli 1608 schreibt Peter Bischer dem Geheimsecretär des Erzherzogs Albrecht in Brüssel über die Ursachen der Feindschaft zwischen Zierotin und Berka Nachstehendes: „Den Abend... mit Mr. Tilly conferirt... von Herrn Carl von Zierotin aber wegen der Religion, weil Herr Berka die Pikarden sehr verfolgt, und überall da er zu gebiethen austilget auch weil er (Berka) seiner Verwandtinnen eine wider Ihren willen zur Ehe genommen und katholisch gemacht, davon weiß ich (Bischer) auch ziemlich bericht." Arch. General. de Brüssel. Secret. d'Etat d'Allm. Carton 159. — Die Frau Berka's war eben jene Nichte Friedrichs v. Zierotin, die den Besitz Prerau's streitig machte. — Beil. XCVIII. und Cod. 27. December 1603 an Eberbach. Die Hochzeit Berka's mit Elisabeth (Tochter des Herrn Dietr. d. ä. v. Zierotin auf Czernikowic) fand in Olmütz im Jänner 1604 statt. S. Einladungsschreiben Berka's an die Stadt Iglau ddo. 21. Jänner 1604. Igl. Stadtarchiv.

Berka eröffnete auf diese Art den Reigen der Feindseligkeiten gegen Herrn von Zierotin, um sich zugleich an der Opposition, welche gegen des Ersteren Aufnahme in das Landrecht protestirte, zu rächen.

Gleichzeitig trafen Zierotin häusliches Unglück und schwere Verluste: der Tod eines Kindes, und einiger ausgezeichneten Freunde, seines alten Hofmeisters Laurenz Circlerus, des Landeshauptmanns, des glaubenstreuen Heinrich von Slavata, des Unitätspriesters Georg Vetter, welcher die Psalmen und die Institutionen Calvins übersetzte, dann des frommen und gelehrten Pastors Adam Felinus in Austerlitz. In ernster Stimmung schrieb Herr von Zierotin ahnungsvoll seinem ehemaligen Lehrer Grynäus nach Basel: „Männer, die Gott und dem Lande dienen, sterben ab, die anderen, die müssigen bleiben am Leben, vielleicht nur um Zeugen zu sein des göttlichen Zornes. Ich fürchte, daß uns ein großes Unglück bevorsteht, daß Gott diese Männer zu sich nahm, um sie nicht die Folgen jenes Zornes erleben zu lassen. Es erschreckt mich, keine würdigen Nachfolger für diese zu finden, es ist nicht anders, als ob das Ende der Dinge herankommen sollte, als ob die Zeit (der Unabhängigkeit und Freiheit) dieser Länder vorüber wäre und wir dem Verderben zueilen, welches uns der unselige Türkenkrieg oder ein unsicherer Friede bereiten wird. Ich fürchte nicht für mich, wohl aber für das Vaterland, das ich, wenn es Gott nicht anders beschließt, nicht zu Grunde gehen lassen will."[15])

Wenn er in dem Schreiben an Polanus von einem wilden Feinde, welcher in Mährens Eingeweiden wühlt, und von dem Ansehen gewisser Personen spricht, deren Rath zum Untergang führt, so meinte er die stets wachsende Macht der Katholischen und das milde Wesen seines Oheims, des gewesenen Landeshauptmanns, welcher den Versuchen der antinationalen Partei, die Verfassung zu verletzen, nicht kräftig genug entgegen trat, und das entschiedene, rückhaltlose Geltendmachen der Rechte des Landes immer mit baumwollenen Entschuldigungs-Phrasen umwickelt hatte.

Die Veränderungen im Stande der öffentlichen Dinge waren, wenn auch weniger sichtbar, doch tief eingreifend.[16]) Der Tod Fried-

15) Beil. Nr. XCVII. über die Schule zu Prerau. Beil. Nr. XCVIII.
16) Beil. Nr. XCVIII. Cod. Diar. Fol. 149.

rich's von Zierotin war das Signal für die spanisch-römische Partei, von der Vertheidigung zum raschen energischen Angriff zu übergehen. Berka war das Haupt dieser Partei in Mähren. Schon konnte er auf eine Schaar entschiedener Anhänger zählen, auf Katholiken und auf Protestanten schwachen Geistes, auf Menschen, die um die Gunst der Mächtigen buhlten, deren Ehrgeiz nicht die Förderung des Wohles des Landes, sondern die Erlangung von Aemtern, Würden und Gütern zum Gegenstande hatte. Auf Berka's Seite standen der Bischof, und damals noch der Landeshauptmann Joachim v. Haugwitz, dann der Landesunterkämmerer Sigmund v. Dietrichstein, Basilius von Carpineto, Prior von St. Thomas,[17]) der Obersthofrichter Drnowsky, die Herren von Tobar, Ulrich Kragik, Nikolaus Kobilka und noch andere junge und ehrgeizige Glieder des Landrechts. Zu diesen gesellte sich bald Herr Carl von Liechtenstein, ein junger Mann höchst vornehmer Abkunft und von großem Vermögen, das er noch durch die Heirath mit der Erbtochter Joh. Sembera's von Boskowitz vermehrte. Liechtenstein's Pläne waren hochfliegend. Noch war er dem Glauben seiner Väter treu, aber sein Sinn war schon im katholischen Lager, er hatte den Weg kennen gelernt, den er betreten mußte, um zu steigen. In jungen Jahren war er Kriegshauptmann des Hrabischer Kreises. Kaum waren zwei Jahre nach dieser Ernennung abgelaufen, als er Oberstlandrichter von Mähren wurde. Endlich thut Liechtenstein den entscheidenden Schritt, er wird Katholik. Hofpoeten feiern in schlechten lateinischen Versen dieses Ereigniß. Kurze Zeit darauf erlangt er die so sehr gesuchte und selten ertheilte Würde und das Amt eines geheimen Rathes. Er zeigt sich besonders eifrig in der Verfolgung der Wiedertäufer, jener Secte, welche zu beschützen Liechtenstein's Vorfahren stolz waren. Ein besonderes päpstliches Breve belobt und belohnt ihn dafür![18]) Welcher Triumpf für die Jesuiten! Abkömmlinge starr-

---

[17]) Cod. 7. Juli 1599. Der Prior zu St. Thomas, Basilius, war ein Italiener, wurde päpst. Protonotar, starb im J. 1608. Altbrünner St. Thomas Klosterarchiv. F. 9. Nr. 157.

[18]) Clemens P. P. VIII. Dilecte fili, nobilis vir salutem et Apostolicam Benedictionem. Novi gaudii materiam quotidie fili nobis offers, et occasionem præbes, ut crebro de tua conversione patri luminum gratias agamus. Ex litteris enim Dilecti filii nostri Francisci Cardinalis

ſinniger Sectirer, Herren ausgedehnter Ländereien, die vornehmſten
Geſchlechter, ein Liechtenſtein in Mähren, ein Wilhelm Slavata in
Böhmen treten zum alten Glauben zurück. Wie hinreißend war
nicht dies Beiſpiel, wie viele Bekehrungen fanden nicht Statt und
ſtanden noch in Ausſicht, wie raſch mußte nicht die „Ketzerei"
auf den Gütern dieſer Barone verſchwinden!

Bald fand Zierotin nach jenen für ihn ſo betrübenden Ereig-
niſſen, den Niederlagen der „orthodoxen (proteſtantiſchen) Sache"
gegenüber, die alte Faſſung wieder. Wir ſehen aber zugleich hier die
Keime jener Beſcheidenheit, jener Geduld ſproſſen, welche in ſpätern
reifen Jahren ſeiner Energie und Thatkraft Abbruch thaten. Doch
jetzt waren es eben nur Keime, die er mit den Pflichten eines
Parteihauptes in Einklang zu bringen wußte.

„Ich ertrage es leicht," ſchrieb er einem Freunde über die
glänzende Carriére der katholiſchen oder katholiſch gewordenen
Barone, „daß Andere mehr des Hofes Gunſt genießen, als ich,
ich beneide nicht Diejenigen, welche das Glück anlächelt, denn ich
lege auf Ehren und Reichthümer dieſer Welt kein großes Gewicht."
Dem Freunde und Geſinnungsgenoſſen Wenzel von Budowa ſchrieb
er: „Ego Spartam meam ornabo, ich will mein Leben dem Vaterlande und den Freunden widmen." [19])

Er war entſchloſſen, gerade in dem Augenblick, wo die Gefahr für das Vaterland, den Glauben und die Landesfreiheit zunahm, den ſchweren Kampf zu beſtehen, und es fehlte ihm nicht
die Ausſicht auf Erfolg. Noch ſaßen im Landrecht Männer, auf
deren Mitwirkung er rechnen konnte; die Adeligen waren in ihrer
Mehrzahl Proteſtanten und durch das ungeſtüme Vordringen der
Gegner mehr verblüfft als entmuthigt; noch war die Gewiſſens-

---

Dietrichstanii cognovimus, quanto zelo et ardore causam Dei et fidei
catholicæ adiuveris, in proximo isto Moraviæ Conventu, præsertim in
hæreticis Anabaptistis coercendis·.... Datum Romæ apud sanctum
Petrum sub annulo Piscatoris die 8. Aprilis Anno Jubilei 1600 pon-
tificatus nostri Anno nono. Dudik, Iter Romanum. — C. 10. August
1599 an Th. v. Beza. VII. Id. Oct. 1608. Ropalio. 18. August 1599.
Budowa. (Leonhard v. Zierotin war ein eifriger Beſchützer der Wiedertäufer geweſen.)

[19]) Beil. Nr. XCIV. und XCVII. — Gindely a. a. O. II. II. S. 233 über
Wenzel von Budowa.

freiheit im Grundſatz nicht angegriffen, denn die Gegner waren
vorerſt nur bemüht, Veränderungen in den Perſonen der oberſten
Landesbeamten durchzuſetzen. Auf die Langſamkeit der Bewegung
des Hofes, welcher oft den entſcheidenden Augenblick zu handeln
verſäumte, konnte er rechnen. Die ſo reiche und angeſehene Familie
der Zierotine, in zahlreichen Aeſten blühend, erkannte ihn nach Friedrich's v. Zierotin Tode als das Haupt an.²⁰) Thatſächlich beſaß
er das Protectorat der Unität. Durch den Beſitz von Prerau und
die ihm vom Landrecht übertragene Vormundſchaft und Verwaltung
der Güter des minderjährigen Herrn v. Lipa, war er der Schutzherr
der zwei Hauptorte der Unität: Prerau und Eibenſchitz. Die Erhaltung und Befeſtigung der Brüdergenoſſenſchaft lag in ſeiner
Hand und darin fand er nicht nur in Mähren, ſondern auch in
Böhmen und Polen für ſeine Sache ſtarke und natürliche Stützen.
Auch fremde Hilfe wurde geſucht, die Sympathien der Glaubens-
genoſſen in den andern Ländern Europas rege erhalten; es er-
ſtand auf dieſe Art im Lande, der ſpaniſch-römiſchen Partei gegenüber eine nationale, welche mit der deutſchen und franzöſiſchen
Reformation in Verkehr trat. Die alten Verbindungen Zierotin's
mit der Schweiz und mit Frankreich kamen ihm trefflich zu ſtatten.
Mit dem rührigen Geſchäftsführer des calviniſchen Deutſchlands,
mit dem Fürſten von Anhalt ſtand Carl in „guter Correſpondenz,"²¹)
auch mit Churpfalz war Herr von Zierotin in nahen Beziehungen durch die Brüder von Eberbach, welche in churpfälziſchen und
Zierotin'ſchen Dienſten ſtanden; ebenſo mit Budowa, einem Gliede
der Unität und dem Grafen Stephan Illyezhaßy, beide Häupter
der nationalen Partei, dieſer in Ungarn, jener in Böhmen. Durch
den Ruf der Gelehrſamkeit, durch den Schutz, welchen Herr von
Zierotin den Schriftſtellern angedeihen ließ, wurde eine feſte Allianz ſeiner Politik mit der proteſtantiſchen Wiſſenſchaft begründet.

---

²⁰) Beil. Nr. XCV. Ein älterer Vetter des Herrn v. Zierotin, auch ein
Carl v. Zierotin, fügte ſeinem Taufnamen die Bezeichnung der „ältere"
bei. — Dieſer ſtarb 1600, von jetzt ab ſchrieb Herr v. Zierotin immer:
Carl der ältere Herr v. Z., zum Unterſchiede von einem andern jüngern
Carl v. Zierotin. Cod. Diar. Olm. Joh. Landrecht.

²¹) Auf der Reiſe Zierotin's nach Deutſchland 1588 hatte er den Fürſten
perſönlich kennen gelernt.

Durch seine Agenten und Novellisten wurde er über wichtige Ereignisse im In- und Ausland rechtzeitig und gut unterrichtet. Er war sich dieser seiner Stellung bewußt und konnte seinen Freunden mittheilen: daß er und seine Parteien entschlossen seien, die von den Ahnen überkommene Freiheit zu vertheidigen. Er konnte die Hoffnung aussprechen, daß man demnächst dem einbringenden Uebel abhelfen werde, daß, so lange er am Leben bleibe, die Feinde dem Vaterlande nichts Nachtheiliges zufügen werden. [22])

Bald setzte er es durch, daß das Landrecht den Beschluß faßte, eine Deputation nach Hof zu schicken, um sich über das schlechte und langsame Regiment der Hof-Kanzlei zu beschweren; er selbst entwarf die Instruction für die Abgeordneten; das Hauptgravamen lag darin, daß die Eingaben des Landrechts nie eines Bescheides gewürdigt wurden. Das Abdanken eines Regimentes in Mähren, das gegen die Beschlüße des Landtags und die Privilegien des Landes erfolgen sollte, lehnte das Landrecht entschieden ab. Die Stände beschloßen, um den Katholiken eine wichtige Stimme im Landtage zu nehmen, daß die Administratoren von Olmütz sede vacante keinen Sitz und keine Stimme im Landtage haben dürfen. [23])

Ein anderes Mal beklagt sich der Landeshauptmann, daß Berka das Amt vernachläßigte, worauf das Landrecht dem Oberstkämmerer einen Verweis ertheilt. Dagegen findet dieser eine Gelegenheit, sich an den Zierotinen zu rächen, indem er es ganz gegen die bestehende Uebung durchsetzt, daß die Ausfolgung einer von den Mitgliedern dieser Familie verlangten Abschrift des Testamentes Friedrich's von Zierotin verweigert wird. Ueber Zierotin's Antrag wird ein Protestant, Johann Czeyka von Olbramowitz, zum Landesburggrafen ernannt, — ein wichtiges Amt, da es zu den Obliegenheiten desselben gehörte, die zum Drucke bestimmten Landtagschlüße (es waren dies die Gesetzartikel) zu redigiren. Um den Centralisirungs-Bestrebungen der böhmischen Behörden entgegen zu treten, schlägt er vor, durch eine Manifestation des Landrechtes die Anmaßung der böhmischen Gerichtshöfe, als wären sie

---

[22]) Cod. 19. Feb. 1599. Beil. Nr. XCVIII. und XCIX. „proximo vere medebor" sagte Herr v. Z.

[23]) Das schon erwähnte Memorial des Capitels. Krems. Arch. im L. Arch.

berechtiget, einen mährischen Landherrn vorzuladen, entschieden zurückzuweisen. Als es sich um Ergänzung des Landrechts handelt,
werden eifrige Protestanten, wie der Graf Welthart Salm und
Arkleb von Widow, gewählt.

Wie groß schon damals Zierotin's Ansehen war, geht daraus
hervor, daß der Landeshauptmann, welcher inzwischen in's nationale
Lager übergegangen war, ihn zu seinem Stellvertreter ernannte.

Wenn bisher bei den Gegnern der Partei Zierotin's die
Intrigue das Talent, und die Autorität des Hofes die Zustimmung der öffentlichen Meinung ersetzen mußten, wenn jene durch
den Tod des obersten Kanzlers Georg Borita von Martiniß [24]
und des Bischofs Stanislaus Pawlowsky schwere Verluste erlitten,
so erlangten sie wieder mit der am 26. Mai 1599 erfolgten Wahl
des Cardinals Franz von Dietrichstein zum Bischof von Olmüß,
einen geistreichen und muthvollen Vorkämpfer. Er war in Madrid geboren, ein Sohn des kaiserlichen Gesandten am spanischen
Hofe, jenes Adam von Dietrichstein, welcher das unbedingte Vertrauen dreier Kaiser genoß. Wir wissen es, wie warm sich Kaiser
Rudolph um den jungen Cavalier annahm, als er seine theolo-
gisch-politischen Studien zu Rom im Collegium Germanicum begann.
Kaum einundzwanzigjährig wurde er zum Cardinal ernannt und
wenige Monate darauf erlangte er ein opulentes einflußreiches
Bisthum.

Dietrichstein war von dem ganzen Einfluße der spanisch-
römischen Partei gestützt, mit den vornehmsten Geschlechtern ver-
sippt. Ein Günstling des Papstes und des Kaisers zugleich [25]

---

[24] Benefactor noster, sagt Schmidl in seiner Hist. Soc. Jesu. II. 143.

[25] In einem Schreiben an Kaiser Rudolph, womit dem letzteren zu der
glücklichen Bischofswahl zu Olmüß und Breslau gratulirt wird, sagt
Clemens VIII.: ...Nam quod attinet ad dilectum filium Nostrum Cardinalem Ditrichsteinium ablectat nos maxime quod in eo amando et
ornando inter nos et Majestatem Tuam dulcis quædam et jucunda
veluti concertatio fuit, et ut speramus sæpius erit. Nos utramque elec-
tionem nostra apostolica auctoritate de more confirmavimus &c. &c.
Römisch. Rat. Land. Arch. — Schmidl. hist. Soc. Jesu. P. II. p. 197.
P. Joh. Miller Collectio MS. Nr. 9. P. 3168. — Der Papst ermuntert
Dietrichstein oft in Briefen voll Liebe, freut sich über die Erfolge gleich
im Beginn seiner Pastorirung, über die abgehaltene Frohnleichnams-

wurde er erzogen in den Grundsätzen der Gesellschaft Jesu. Er empfand den Beruf in sich, ein neuer Glaubensbote zu sein und er wußte es, daß Rom und die Katholiken die Wiedereinführung der wahren Religion in einer der schönsten und volkreichsten Provinzen des Reichs von ihm erwarteten.²⁶) Der Papst übertrug ihm gleichsam diese Mission, indem er ihn selbst zum Bischof consecrirte. Ein lebhafter, unermüdlicher Geist, ein zarter Körper, doch von fester Gesundheit, war er entschlossen, vor keinem Opfer, keinen Gefahren, aber auch vor keinem Wege zurückzuschrecken, der zur Vertilgung der „Ketzer" führen könnte. Wie jene spanischen Conquistadoren Amerika's, dachte er sich als Führer einer Armee, die bis auf's Aeußerste kämpfen müsse, die weniger durch die Anzahl wie durch die Unerschrockenheit der Streiter furchtbar sein müsse. Die Seinen konnten keinen andern Fehler entdecken, als daß sein Eifer zu tumultuarisch war. Kühne Unternehmungen, so durchdringend sein Scharfblick, so groß seine Klugheit und staatsmännische Begabung waren, scheiterten zuweilen, weil er noch nicht alle geheimen Künste der Verstellung erlernt hatte. Es war das mehr ein Fehler seines jugendlichen Alters, der gewiß später verschwinden würde. Als er den bischöflichen Stuhl bestieg, war es vorzugsweise die kais. Regierung in Prag, welche seine Stellung in Mähren erschwerte. Keine Antwort kam zur rechten Zeit, und die Maßregel, von welcher er die größte Wirkung erwartete, wurde oft gar nicht, meist nur halb ausgeführt. Die Ursache der späteren Zerrüttung der Finanzen des Cardinals ist theilweise auch den großen Auslagen zuzuschreiben, welche ihm die im Auftrage des Hofes unternommenen Reisen verursachten, und jenen theueren und häufigen Geschenken, welche er machen mußte, um die Prager Kanzleien in guter Laune zu erhalten. Die Trägheit des Prager Hofes legte die Initiative in Mähren in die Hände der katholischen

procession und über die stark besuchten Predigten. (ddo. 8. Juli 1600, 22. März 1602. Römisch. Mat. Land. Arch. 2, 3.)— Cardinal Dietrichstein starb zu Brünn 19. Sept. 1636 zwischen 1 und 2 Uhr Nachmittage. Nach dem Urbarium Ecc. Colleg. Nicolsburgensis. S. 38. im Archive derselben.

²⁶) Gleich dem Bischof Avitus sagte er: Speculator sum, tubam teneo, tacere mihi non licet!

Stände, die Einheit in der Politik ging dadurch verloren und die Kraft der Action wurde geschwächt, da nicht selten die Katholischen in Mähren von Prag aus desavouirt wurden.

Die Anwesenheit des Cardinals von Dietrichstein in Mähren machte sich sofort am Landrecht bemerkbar. Nach zwei Richtungen hin begann er zu wirken: die vollständige Exemtion der Geistlichkeit, auch in Bezug auf den weltlichen Besitz, von der Gerichtsbarkeit des Landrechts und die Unterdrückung der Gewissensfreiheit sollten in's Werk gesetzt werden; die katholische Religion müsse allein herrschen, sagte er. Unerhört war dies Verlangen; stürmische Kämpfe wurden im Landrechte gekämpft. Vor Allem verlangte der Cardinal, daß im Eide die alte Formel: bei der Mutter Gottes und den Heiligen zu schwören, wieder aufgenommen werde. Als Carl von Zierotin im J. 1594 diese Worte ausließ, wurde keine Bemerkung gemacht, als es jetzt der Oberstlandschreiber-Stellvertreter gethan, rügen es der Cardinal und mit ihm Berka und Liechtenstein. [27] Diese tragen darauf an, den Landesburggrafen Czeyka, welcher einen Artikel gegen die Wiedertäufer bei Publication des letzten Landtagsschlußes wegließ, abzusetzen. In einer Streitsache zwischen dem Domcapitel und seinen Unterthanen focht Berka die Competenz des Landrechtes an. Gestützt auf die Landes-Verfassung und das Gewohnheitsrecht, trat Zierotin jenem Verlangen der Katholischen entgegen. Es gelang ihm, die Mehrheit für sich zu gewinnen. Czeyka bleibt Burggraf und man erklärt feierlich, daß Gewissensfreiheit im Lande herrsche, daß Niemand zu bestimmtem Eide gezwungen werden dürfe. Sogar der Kaiser sprach sich für die von Berka bestrittene Competenz des Landrechts aus. Der Landeshauptmann verließ auch in dieser Frage die Reihen der Gegner und trat zu Zierotin's Ansicht über. Die Niederlage der Katholischen war vollständig. Indem sie die's zugeben mußten, machten sie die Wahrnehmung, daß es vorzüglich ein Mann war, — Zierotin — welcher alle ihre Pläne durchkreuzte der die Seele der Opposition war, und jetzt sogar persönliche Angriffe gegen die katholischen Parteihäupter unternahm.

In der Versammlung der Stände zu Znaim 1599 beschuldigte Carl von Zierotin den Unterkämmerer Sigmund von Dietrich-

---

[27] Cod. Diar. Olmützer Johann. Landrecht.

ſtein des Landesverrathes, weil dieſer dem Kaiſer angezeigt hatte, daß Herr von Zierotin die Stände aufgefordert, einträchtig zu ſein und ſich zur gemeinſamen Vertheidigung der von den Gegnern bedrohten Freiheit des Landes zu vereinigen. Die Katholiken waren darin übereingekommen, daß Zierotin's Talent und Thatkraft das Haupthinderniß ſei, gegen die Ausbreitung der Reſtauration, daß alle Aemter ohne Ausnahme in Händen erprobter Anhänger ſich befinden müſſen, um der katholiſch-monarchiſchen Sache zur Herr ſchaft zu verhelfen.

Hatten Sigmund von Dietrichſtein und Ladislaus von Berka, Anlaß, an Carl von Zierotin das Vergeltungsrecht für die bei dem Antritte ihrer Aemter widerfahrene Schmach auszuüben und ihre Privatſache mit der der Reſtauration zu verbinden, ſo mochte die Behandlung, welche dem Cardinal bei ſeiner Aufnahme in das Landrecht zu Theil wurde, nicht wenig dazu beigetragen haben, die Stimmung deſſelben gegen Zierotin auf's äußerſte zu erbittern.

Es war am Olmützer St. Johanns-Landrechte des J. 1600, als der Landeshauptmann Haugwitz dem Landrechte eröffnete, daß der Cardinal von Dietrichſtein als Biſchof von Olmütz in das Landrecht aufgenommen zu werden wünſche.[28]) Die Landherren gaben mit kurzen Worten ihre Meinung ab. Als aber die Reihe an Carl v. Zierotin kam, bat er um Erlaubniß, weitläufiger über dieſen Gegenſtand ſprechen zu dürfen. Er war der Anſicht, daß man verfaſſungsmäßig dieſe Frage vertagen müſſe, da zwei der vornehmſten Landesofficiere: der Oberſtlandeskämmerer und der Oberſtlandesrichter abweſend ſeien. Um aber den Cardinal nicht glauben zu laſſen, daß man aus andern Gründen, z. B. wegen der zwiſchen Herrn v. Zierotin und dem Herrn Sigmund v. Dietrich- ſtein ſchwebenden Differenzen die Aufnahme verſchiebe, war er dafür, ſich gleich mit dieſem Gegenſtande zu befaſſen. Auch über die Vorfrage, ob der Cardinalbiſchof zu dem alten Herrenſtande gehöre, ging er hinaus, da ſein Bruder Sigmund im alten Herren- ſtande aufgenommen wurde, ſomit auch der Biſchof dahin gehöre. Aus dieſen Gründen ſei letzterer als Mitglied des Herrenſtandes von Rechtswegen im Landrechte aufzunehmen, während eine Perſon

---

28) Cod. Diar. IV. St. Joh. Landrechte. Theilweiſe veröffentlicht im Čas. čes. mus. 1829. S. 104.

minderen Ranges, wenn sie auch die bischöfliche Würde bekleidet, doch nur „aus Gnade" im Landrechte sitzen könnte, denn nach dem Tobitschauer Buch ist das Landrecht ein Herrengericht (soud pansky). Es sei jedoch zu bedenken, daß der Cardinal noch ein junger Herr, mit der Landessprache und der Landesverfassung nicht vertraut, daß sein Selbstgefühl und der Mangel an Kenntniß der Verhältnisse des Landes eine Verletzung der Verfassung leicht herbeiführen könnten, weshalb auch bei dem Anlasse seiner Aufnahme im Landrecht insbesondere darauf gesehen werden muß, daß die Ordnung und die Gesetze aufrecht erhalten werden. Er schlage deshalb vor, daß zwei Abgesandte aus der Mitte des Landrechts sich zum Cardinal begeben und ihm im Namen des Landrechtes bemerken: die Herren haben zwar gegen seine Aufnahme als Magnat und Siegler des Landfriedens nichts einzuwenden, (obwohl, wie Zierotin ausdrücklich beifügte, es dem Cardinal frei stände von seinen Rechten auch keinen Gebrauch zu machen), doch dürfe im Landrechte nur böhmisch gesprochen werden, da man bisher eine andere Sprache nie geduldet habe, und auch jetzt nicht dulden werde, daß der Cardinal sich etwa der deutschen Sprache bediene. Man sei fest entschlossen, die alten Gewohnheiten nach allen Richtungen hin aufrecht zu erhalten, und eine Zurücksetzung der vaterländischen Sprache nicht zuzugeben." Herr von Zierotin wollte, daß diese Ansichten als Ansichten des Landrechtes besonders betont werden, damit nicht nachträglich Mißverständnisse entständen. Denn es war der feste Entschluß der Mitglieder des Landrechtes, wenn der Cardinal eine andere als die böhmische Sprache gebrauche, seinem Botum die Geltung zu versagen.

Einstimmig wurde dieser Antrag angenommen, der Landeshauptmann wiederholte den Beschluß, seine eigene vollste Zustimmung beifügend. Da der Cardinal der böhmischen Sprache nicht mächtig war, und die Herren davon wußten, so war dieser Beschluß fast gleichbedeutend mit einer thatsächlichen Ausschließung desselben, oder mit der Verurtheilung, ein stummer Zeuge der Landrechtsverhandlungen zu werden. Dieser Beschluß hätte nach Ansicht eines Landrechtsbeisitzers durch ein Mitglied des Landrechtes, welches deutsch spricht, dem Cardinal eröffnet werden sollen, allenfalls durch Herrn von Teuffl oder den Grafen Thurn oder den Herrn von Ruppa, die alle des Deutschen mächtig waren. Carl von

Zierotin machte darauf den richtigen Einwurf: daß, wenn das Landrecht auf die mährische Sprache [28a]) ein so großes Gewicht lege, der Cardinal das Verfahren sehr sonderbar finden werde, wenn das mährische Landrecht im Mährenlande eine Botschaft in deutscher Sprache mittheilen lasse. Herr von Zierotin beweist, daß es auch lächerlich und inconsequent wäre, wenn das Landrecht dem Cardinal in deutscher Sprache und in officieller Weise sagen lassen würde, daß der Gebrauch der deutschen Sprache verfassungswidrig sei und nicht geduldet werden würde. Als Herr von Zierotin hierauf die Mitglieder des Landrechtes beschworen hatte „dem Vaterlande und der Nationalsprache keine Schmach anzuthun," traten alle seiner Ansicht bei und forderten ihn auf, die Botschaft zu übernehmen. Er lehnte es jedoch ab, da der Cardinal sich verletzt finden könnte, wenn man einen „Picarden" zu ihm senden würde. Der Landeshauptmann und der Hofrichter erboten sich, in einer halbämtlichen Visite den Cardinal mit dem Beschluße bekannt zu machen.

Am folgenden Tage referirte der Landeshauptmann über seine Botschaft, insbesondere betonte er, daß er dem Cardinal einbringlich empfahl, Böhmisch zu lernen.

Der Cardinal ließ sich durch den Beschluß des Landrechts nicht einschüchtern; es war ihm vom Kaiser befohlen, den Sitzungen desselben beizuwohnen, weshalb sein Entschluß feststand, daselbst zu erscheinen. Jene Botschaft ließ ihn anfangs ruhig, dann aber, als er sah, daß man ihn die Rolle eines Stummen spielen lassen wollte, daß dies ein Mittel war, die Katholischen thatsächlich einer Stütze zu berauben, ward er zornig, ja wüthend. „Er werde lateinisch sprechen," bemerkte der Cardinal, „bis er das Böhmische erlernt, da doch früher die lateinische die Curialsprache war, übrigens wisse er, daß man sich der deutschen Sprache bedient habe, er sei entschlossen, nicht als Klotz da zu stehen, sondern zu sprechen; wenn man ihm aber das Sprechen verwehre, dann werde der Kaiser entscheiden."

Einige Herren waren der Ansicht, dem Cardinal die Aufnahme zu versagen, andere, darunter Carl von Zierotin, riethen,

---

[28a]) Herr v. Zierotin bedient sich selbst der ganz identischen Ausdrücke: böhmische Sprache, mährische Sprache, abwechselnd. Wir sind nur seiner Darstellungsart gefolgt.

ihn seines Rechts nicht zu berauben, zugleich aber unter allen
Umständen dabei zu verharren, daß er böhmisch oder gar nicht
reden dürfe. Das sei Gesetz, und der Kaiser, welcher die Verfassung, die Beobachtung der alten Gewohnheiten und Rechte beschworen habe, werde gewiß dieses Gesetz aufrecht zu erhalten wissen.
Mehrere Herren geriethen bei dieser Debatte so stark in Eifer,
daß sie erklärten, eher das Vaterland verlassen als zugeben zu
wollen, daß eine andere als die mährische Sprache im Landrechte gesprochen werde. Zum Beweise, wie die fremden Sprachen
den Vorfahren verhaßt waren, erzählte der Obersthofrichter, daß
ein alter Herr von Pernstein, als ihm zu Ohren kam, einer seiner
Söhne habe deutsch gesprochen, den Wunsch unumwunden kundgab, er (der Sohn) „möge lieber bellen wie ein Hund, statt in
deutscher Sprache reden." [29])

[29]) Der Oberstlandrichter erzählte noch eine Anecdote: Als einst Herr Zdenko
Kawka v. Rzičan, der ein scherzliebender Herr war, den obersten Kanzler
Wratislaw von Pernstein in Prag besuchte, habe Wratislaw's Sohn,
Johann, Herrn Rzičan an Stelle des abwesenden Vaters empfangen.
Jener sprach gerade damals mit Spaniern und Italienern; da nun
diesen Sprachen die particula affirmationis, si, si eigenthümlich ist,
welche wie schi ausgesprochen, im Böhmischen wie das Imperativum
von „Nähen" klingt, ärgerte sich Herr Rzičan darüber, verkehrte den
Sinn dieser Partikel und bemerkte: „Nähe, Nähe, Nähe eine alte Vettel
zusammen, nähe, aber so, daß Du trennen kannst." Es ist uns durchaus
unmöglich, den obscönen Sinn dieses Witzes verständlich zu machen.
Der Kaiser und die Hofkanzlei liebten es, die Patente und die Erlässe deutsch zu schreiben, daher diese Regierungsacte in Mähren als
Werke von Fremdlingen angesehen wurden. Der Kaiser will, daß die
Patente gegen die Häretiker in deutscher Sprache erscheinen. Walter
schreibt hierüber an den Cardinal v. Dietrichstein: Alhier sein behe-
mische Patente doch noch in geheim gefertigt wider die pichardos,
welche Ihr Maj. teutsch haben wollen. K. Act. Nr. 38 L. A. Das
Landrecht beschwerte sich häufig, daß der Kaiser an dasselbe Zuschriften
in deutscher Sprache richte, was ganz verfassungswidrig sei, da im
Landrecht nur böhmisch verhandelt werden dürfe. Landtagspamatkenbuch 1601—1610 Fol. II. — Betreffend die amtliche Correspondenz der
Städte, so führten nach meinen Erfahrungen die Städte Olmütz, Iglau
und Znaim die Correspondenzen vorwiegend deutsch, Hradisch vorwiegend
slavisch und Brünn in beiden Sprachen (paritätisch).
Bisweilen trug Herr v. Zierotin eine Nichtkenntniß der deutschen
Sprache zur Schau. „Sie sei ihm nicht geläufig," sagte er; einmal

Nach gefaßtem Beschluße, welcher mit der Ansicht Carl's von Zierotin ganz übereinstimmte, wurden die Herren Georg von Wrbna und Emerich von Doczy, dann die Ritter Wilhelm Zaubek und Johann Bukuwky abgeordnet, um den Cardinal abzuholen und in das „Mittel" der Landrechtsbeisitzer einzuführen.

Bald darauf erschien der Cardinal vor den Schranken des Landrechtes. Nach kurzer geheimer Berathung bewillkommte ihn der Landeshauptmann, gab ihm aber nur den Titel Bischof von Olmütz (die Fürstlichkeit und die Würde als Cardinal wurde ignorirt), und forderte ihn auf, den Eid zu leisten, um dann seinen Sitz einzunehmen. Der Cardinal dankte durch einen Dollmetsch und versprach dem Landrechte bei Handhabung der Justiz treu beizustehen, worauf er in die Schranken trat; die Eidesformel wurde durch Sigmund Ones, dem Stellvertreter des Oberstlandschreibers, welcher wegen einer Verwachsung der Nase nicht verständlich sprechen konnte, vorgelesen. Aller Augen waren auf den Cardinal gerichtet. Bei dem Schwure hielt er nach Priester Art die Hand auf der Brust, doch unter dem Cardinalkleide. Man fand die Aussprache des Böhmischen nicht schlecht, obwohl er bei einigen Worten fehlte. Nachdem er geschworen, ging er, ohne abzuwarten, daß ihn der Oberstkämmerer geleite, gleich auf seinen Sitz los, als ob er es nicht erwarten könnte, da zu sitzen und zu wirken.

Hierauf entspann sich eine lebhafte Conversation zwischen dem Landeshauptmann und dem Cardinal über die Sprachenfrage. Der Erstere kündigte wiederholt den bekannten Beschluß des Land-

---

schreibt er an Deutsche, z. B. Cola Eberbach und Hock französisch und italienisch, weil er „diese Sprache besser versteht als die deutsche, die er nicht fließend schreiben könne." Cod. 26. April 1606 an Eberbach und 27. October 1606 an Hock. Herr v. Zierotin unterschätzte offenbar seine Kenntnisse der deutschen Sprache. Wer die Briefe Beil. Nr. CXLVI. bis CCXL. liest, wird finden, daß Herr v. Zierotin durch sein wunderbares Sprachtalent die Schwierigkeiten des Deutschen vollkommen überwunden hatte. Er constatirt und beklagt die Fortschritte der deutschen Sprache in Mähren. Peregrinum idioma invalescere incipit III. Non. Octob. 1607. Polanus Nr. 36. — Herr von Zierotin ermahnte die Söhne des Richard Stahremberg, (die in Eibenschitz erzogen wurden,) eifrigst darauf bedacht zu sein, sich die böhmische Sprache eigen zu machen. Cod. IX. Cal. Decemb. 1607. Starnb.

rechtes an, worauf der Cardinal dreimal die Frage wiederholte, ob man es nicht zugeben wolle, daß er deutsch oder lateinisch spreche? Herr von Haugwitz wiederholte jedesmal den gefaßten Beschluß, worauf der Cardinal bemerkte, er wisse schon, was er zu thun habe. Die ordentlichen Gerichtsverhandlungen nahmen nunmehr ihren Fortgang. Als die Reihe zur Abstimmung an den Cardinal kam, begann er deutsch zu sprechen: da man ihm verbiete zu reden, so wolle er gar nicht mehr in's Landrecht kommen, er wolle nicht mehr zum Gespötte dienen; darauf producirte er über Aufforderung des letzten Znaimer Landtags gewisse Urkunden, nach welchen dem Bischof das Recht Mänthe zu errichten zustand. Gleichzeitig beschwerte er sich über den Landeshauptmann, der ihm den fürstlichen Titel nicht geben wolle, da er doch schon als Cardinal ein Fürst sei. Man antwortete ihm kurz: „es sei ihm nie zu nahe getreten worden, da er hier als Landherr und nicht als geistlicher Fürst sitze."

Der Cardinal blieb im Landrecht und nahm an den Verhandlungen Theil; es scheint, daß er sich vorläufig eines Dollmetsches bediente, bis die Zeit gekommen war, in welcher ihm das Mährische geläufig wurde.

Herr von Zierotin wußte, wie wir gezeigt haben, im rechten Augenblick das nationale Element anzuregen, die innige Verbindung desselben mit der Freiheit des Gewissens und den Freiheiten des Landes zum Bewußtsein zu bringen und den grellen Gegensatz dieses lichten, begeisternden Gedankens mit der beginnenden Fremdherrschaft und Unterdrückung klar hervorzuheben.

Der Entschluß der Katholischen stand fest; da man die Gewissensfreiheit nicht aufheben, die Verfassung in ihren Grundprincipien nicht verletzen konnte, so mußte Carl von Zierotin als Opfer fallen und den Schauplatz der öffentlichen Wirksamkeit verlassen; mit ihm — das wußte man — würde auch der Schild vernichtet werden, den er zum Schutze der Verfassung mit muthiger Hand hielt. Sie nannten ihn den Capo degl' eretici. Ist das Haupt der Unität unterdrückt, dann werden sich leicht Maßregeln gegen die Brüder selbst treffen lassen. Ist der Herr von Zierotin nicht mehr da, dann hört der Widerstand auf, dann fänden sich willige Werkzeuge genug, um thatsächlich die alte Ordnung über den Haufen zu werfen und jenem Zustande Eingang zu verschaffen, den die Katholischen Monarchie nannten. Die Dietrichsteine und Berka übernahmen es, jenen dunklen Beschluß auszuführen. [30])

Es war nun kein Zweifel mehr, daß die Katholiken am Hofe den Augenblick für nicht fern hielten, in welchem der Kaiser sich thätig zeigen, die bisherige Unentschlossenheit aufgeben werde. Die allgemeine Lage der Dinge in Europa war jetzt jenen Absichten günstig. Die, von Jesuiten erzogenen geistlichen und die weltlichen Fürsten Deutschlands, darunter Maximilian von Baiern, führten mit Gewalt und Erfolg die Gegenreformation in gleicher Art in ihren Ländern durch.

Im benachbarten Polen feierte der Katholicismus unerhörte Siege. Ein Nuntius sagte, daß der Katholicismus jetzt die Ketzerei dort zu Grabe trage. [31])

Der spanische Jesuit Mariana [32]) entwickelte jene Grundsätze, die in der katholischen Welt zur Anwendung kamen: „Es sei die erste Pflicht des Fürsten, den die Vorsehung zur Regierung beruft, den Gegnern der wahren Kirche keine Nachsicht zu gewähren und kein Mittel für zu streng, kein Opfer für zu theuer zu halten, um die durch die Religionstrennung erschütterte Grundlage der menschlichen Gesellschaft wieder zu befestigen. Zur Erreichung dieses Zweckes sei die zweifelfreieste Entschiedenheit nothwendige Vorbedingung. Die Macht der Ketzerei habe nur durch das Schwanken derer, die sie hätten bekämpfen sollen und können, Beistand und Stärke gewonnen. Duldung und Nachsicht seien übel angebracht und nicht einmal der Absicht, weltliche Vortheile zu erlangen, fördersam; denn wer sich beiden Parteien gefällig erweisen wolle, werde beiden verdächtig werden, statt der Gunst den Haß Aller erwecken, wie laues Wasser, welches weder kalt noch warm sei, ausgespieen werden.“

[30]) Cod. 14. Nov. 1600, 10. Octob. 1601. Beil. Dr. CXI. und CXV. — Qui catholicos fovent hoffen das Beste aus Zierotin's Verurtheilung. Wacker an Card. Dietrichstein. Krems. Acten L. A. — Hostes mei qui Christum in me persequuntur. C. Id. Nov. 1605. Casmanno.

[31]) Ranke's Fürsten und Völker v. Süd-Europa. III. 362, 364 und 388. — Khevenhiller, An. V. 1889.

[32]) In seinem Werke, de rege et regis institutione L. III. c. XVII. Fol. 1599, 4. Mog. 1605. 8. typis Wechel. 1611. 8.

Politisch-religiöse Tendenz-Proceſſe gegen hervorragende Männer waren in Deutſchland häufig. Was den Lutheriſchen bei Nicolaus Crell und ſo vielen anderen gelang, konnten die Katholiken in Mähren bezüglich Carl's v. Zierotin auch verſuchen.

Die Feinde des Herrn Carl v. Zierotin ſetzten zahlloſe ihm nachtheilige Gerüchte ſchon ſeit längerer Zeit am Prager Hofe in Umlauf. Schon im J. 1596, als Zierotin die Verwaltung der öffentlichen Gelder in Mähren hatte, klagte man über ihn bei Rudolph, daß er die Urſache der Nichtbezahlung der mähr. Truppen in Ungarn ſei. Es war ihm leicht, ſeine Unſchuld zu beweiſen, nachdem das vom Landtag bewilligte Geld zur Deckung der enormen Kriegsauslagen nicht hinreichte. Im J. 1598 beſchwerte ſich Erzherzog Mathias bei ſeinem kaiſerlichen Bruder, daß der Pfleger von Kromau (jener Herrſchaft, welche Carl zur Verwaltung anvertraut war) zwei kaiſ. Hauptleute der Artillerie gefänglich einziehen ließ, die kaiſ. Patente nicht geachtet und dadurch die Fortſetzung des Marſches der Artillerie verhindert hatte; worauf der Kaiſer dem Herrn Ladislaus Berka die Unterſuchung anbefahl. In einem Schreiben an den Hoftriegsrath-Präſidenten Chriſtoph Kinsberg rechtfertiget ſich Herr von Zierotin hierüber vollkommen und beſchwert ſich darüber, daß man dieſe Sache bis zum Kaiſer gelangen ließ.

Im Juli des J. 1599 verwirklichten ſich die Gerüchte eines gegen den Herrn von Zierotin beabſichtigten Anſchlags. Seine Feinde in Prag, die ihn perſönlich, dann als Haupt der Sectirer haßten, waren zahlreich und mächtig; der Oberſtkanzler Zdenko von Lobkowitz und der Landhofmeiſter Chriſtoph v. Lobkowitz[33]) ſtanden an der Spitze derſelben. Es iſt ſicher, daß Sigmund v. Dietrichſtein am Schluße des J. 1599 oder Anfangs 1600 eine förmliche Klage gegen Carl von Zierotin dem Kaiſer überreicht hatte.

Die Klagepuncte, welche öffentlich vorgebracht wurden, waren: die Gefangennehmung eines Italieners, Giovanni Batiſta Pierio, durch Herrn Carl von Zierotin, trotz der kaiſ. Salvaguardia, womit Pierio verſehen war, dann die im Landtage (1600) vorgebrachte Klage des Herrn Carl von Zierotin gegen den Landes-

---

[33]) Ein Panegyrikum über dieſen Edelmann hat Pontanus veröffentlicht. Prag. 1609. 4° Tip. Nic. Straus.

unterkämmerer Sigmund von Dietrichstein wegen Landesverrathes;
dadurch wurde nicht nur der Landesunterkämmerer beleibigt, sondern
es hatte sich, wie es in der Klage Dietrichstein's hieß, Zierotin
des Hochverrathes schuldig gemacht, weil diese Klage die Autorität des Kaisers, der doch der alleinige Richter seiner Kronbeamten sei, verletzte.[34] Es war dies eine Capitalanklage, denn es
handelte sich um Leib und Gut.[35]

Zierotin's Feinde waren unermüdlich, ihn beim Kaiser auch
auf andere Weise zu verdächtigen. Als er im Jahre 1589 dem
Kaiser vorgestellt wurde, empfing ihn dieser überaus gnädig; jetzt
gelang es diesen Feinden, den Kaiser gegen ihn zu stimmen. Bei
einem heitern Gastmale zu Prag hätte ihm die Weigerung, auf
des Kaisers Gesundheit zu trinken, bald das Leben gekostet. Rußwurm, ein aufbrausender excessiver Officier — von dem man erzählte, daß ihm dreifaches Glück: im Kriege, im Spiele und in
der Liebe hold sei und daß er im Besitze eines spiritus familiaris
wäre[36] — schlug hierauf Herrn von Zierotin mit einem Becher

---

[34] Carl v. Zierotin beschuldigte den Sigmund v. Dietrichstein in einer
Zusammenkunft der Stände zu Znaim 1599 (welche im Refectorium der
Znaimer Franziskaner gehalten wurde. Hübner, Znaims Denkwürdigkeiten. II. 120.) des Landesverraths, weil dieser dem Kaiser in einem
Memorial hinterbrachte, daß Herr v. Zierotin die Stände Mährens aufgefordert hatte, einträchtig zu sein und sich zur gemeinsamen Vertheidigung der bedrohten Verfassung zu vereinigen. Dietrichstein hatte in
jenem Memorial nicht allein Zierotin des Hochverraths angeklagt, sondern
die Stände überhaupt und insbesondere den Ritterstand bei Rudolph zu
verdächtigen gesucht, weil dieser die Staatsdiener des Kaisers angeblich
abgesetzt u. a. m. Ançel au Roi 30. Sept. 1600. Bibl. Imp. de Paris
Collect. Harlay. 238, dann Beil. Nr. CXI. ddo. 26. Oct. 1600 an
Polanus und 4. Novemb. 1600 an Drchi. — Landtagspamatkenbuch
ad XI. 1569—1601. L. A. Zeugniß für Herrn v. Zierotin vom 9ten
Februar 1600. Instruction ddo. letzten Montag in der Fasten 1600.

[35] „Meine Feinde dürsten nach meinem Blute." Beil. Nr. CVI.

[36] Bibl. imp. Harlay. 258. 13. April 1601. Beil. Nr. CXI. C. 8. März
1601 Lombardo. Ueber Rußwurm's Leben veröffentlicht der „Lumir" in
den ersten Nummern d. J. 1861 einen sehr anziehenden Aufsatz. Bassom-
pierre's Memoiren (in der Collect. Petitot). Lumir S. 108 n. 33 geben
interessante Scenen aus dem gesellschaftlichen Leben des böhmischen
Adels jener Zeit. (Beginn des XVII. Jh.)

und hätte ihn ohne Dazwischenkunft der Anwesenden niedergemacht. Carl v. Zierotin bewies die größte Mäßigung. Schon hatte er zum Degen gegriffen, um den Elenden zu durchbohren — doch ließ er sich von seinen Freunden zurückhalten, um den schon anhängigen Proceß nicht zu verwickeln. Nur um sich nicht zu berauschen, versicherte Herr von Zierotin das Gesundheittrinken abgelehnt zu haben, doch erklärte er zugleich, für des Kaisers Wohl beten zu wollen. Carl vermuthete, daß der Anschlag Rußwurm's auf Befehl geschah; denn dieser eilte nach der That, das Vorgefallene sofort bei Hofe zu erzählen. Wie sehr dieser Vorfall zu Carl's Nachtheil ausgebeutet wurde, wie übel es der Kaiser aufnahm, zeigte die Stimmung des Hofes. Dort war Alles gegen ihn, man nahm ihn mit eisiger Kälte auf und wich ihm aus, um den Schein zu vermeiden, „als ob man an seinem Verbrechen theilgenommen." Man sprengte sogar das Gerücht aus, Herr von Zierotin habe einen Italiener, einen Bravo gedungen, um Rußwurm ermorden zu laffen.

Im Geheimen legte man ihm noch andere Verbrechen zur Last. Es gäbe, erzählte man, keinen wildern Feind der Katholiken, keinen größeren Patron der „Ketzer" als ihn; werde Herr von Zierotin gestürzt, dann falle auch die „Häresie." Niemand sei ein größerer Gegner des Hauses Oesterreich und seiner Herrschaft, er allein mache allen kaiserl. Postulaten im Landtage Opposition; wenn Hilfsgelder verlangt werden, so verweigere er sie. Diese Gesinnungen machen seine Reise nach Frankreich, das Darlehen, das er dem Könige von Frankreich gegeben, um einen Schutzherrn gegen den Kaiser zu suchen, erklärlich. Selbst der Widerstand, den der Pfalzgraf mit seinem Anhange auf dem Reichstage gegen den Kaiser erhob, wurde Herrn von Zierotin zugeschrieben, seine Verbindungen mit dem pfälzischen und dem Anhalt'schen Hause galten als untrüglicher Beweis einer Verschwörung, die er in Gemeinschaft mit jenen Fürsten zum Verderben des Kaisers und des Königreichs Böhmen angezettelt. Die Frage der Nachfolge im Reiche und in Böhmen begann bei der Ehelosigkeit und dem vorgerückten Alter des Kaisers erörtert zu werden, man sprach schon damals davon, daß Churpfalz die böhmische Krone anstrebe. Man erzählte es ganz offen, daß Herr von Zierotin den Pfalzgrafen zum König von Böhmen machen wolle.[37])

Herr von Zierotin sandte Ende Februar 1600 seinen Hof-cavalier Joachim Prostiborsky nach Prag, um die schriftliche Ant-wort auf die Klage Dietrichstein's zu überreichen.

Zierotin erklärte die Klagen für einfache Verleumdungen, und bestritt, ohne sich in eine materielle Vertheidigung einzulassen, die Competenz des Kaisers, über dieselben zu entscheiden. Nach der mährischen Landesverfassung wurden Injurienklagen vor dem Lan-deshauptmann verhandelt, der König von Böhmen erkannte nur im Falle einer Berufung. Es wurde hiemit der alte Streit über die Vorladung mährischer Edelleute vor böhmische Gerichte wieder aufgenommen. Der Proceß begann mit einer Verletzung der Ver-fassung zu Gunsten des Centralisationsprincips, das von Prag aus immer aufgestellt und dessen Durchführung angestrebt wurde.

In seiner Antwort hatte Herr Carl von Zierotin bemerkt, daß er zwar in Prag erscheinen wolle, doch nur um dem Kaiser zu gehorchen, nicht um dem Unterkämmerer Sigmund von Dietrich-stein Rede zu stehen; worauf dieser die sonderbare Antwort gab, daß, wenn der Proceß im Falle der Berufung vor dem Könige anhängig gemacht werden müsse, es doch weit einfacher wäre, sogleich den Proceß vor demselben zu verhandeln. Dieser Vorgang war nach Ansicht Dietrichstein's um so mehr zu rechtfertigen, als es sich hier nicht um Privatschimpf, sondern um das Amt des Unter-kämmerers und die Jurisdiction des Kaisers handelte. Dietrichstein unterließ es nicht, bei dieser Gelegenheit auch dem mähr. Landtage an den Leib zu gehen, er bemerkte mit Hinweisung auf die durch Zierotin vorgebrachte Klage, daß die mährischen Stände befangen seien, und ihn ohne Verhör verdammen wollen. Herr v. Zierotin replicirte, daß der Kaiser die Landesverfassung zu beschützen habe; gern hätte er sich gerechtfertigt, wenn Herr von Dietrichstein die Verfassung geachtet und den Proceß vor dem Landeshauptmann begonnen hätte. Der Kaiser entschied in diesem Competenzstreite zu Gunsten Dietrichstein's; „da es sich nicht allein um dessen Ehre handle, sondern um sein Amt und andere wichtige Dinge (Hoch-verrath), müßte die Citation nach Prag aufrecht bleiben, und Herr

---

[37]) Cod. 16. März 1601, 29 Octob. 1601 Eberbach.

von Zierotin am bestimmten Tage, 1. December 1603, vor dem
Kaiser erscheinen."

Den Gegnern war damit nicht genug geschehen. Die Wirksamkeit Zierotin's mußte nach allen Richtungen eingeengt werden.
Er war Vormund des jungen Lipa und leitete die Erziehung
dieses Sprößlings einer der reichsten und angesehensten Familien,
er verwaltete die Herrschaft Kromau und hiemit war er thatsächlich der Schutzherr von Eibenschitz. Wenn man ihm diese Vormundschaft abnehmen und anderen Händen anvertrauen würde,
dann war es möglich, nicht allein den jungen Lipa in der katholischen Religion zu erziehen, sondern auch die Ruhe, welche die
Unität in Eibenschitz genoß, zu unterbrechen und vielleicht die
dortigen Brüder-Anstalten: Kirche und Schule zu sperren.

Ein Decret des Kaisers erklärte vorab den jungen Herrn
von Lipa, der eben mit Tobias Pomerius eine Bildungsreise nach
Deutschland und der Schweiz unternahm, für majorenn, ohne das
Landrecht, wie es gesetzlich war, zuvor zu vernehmen. Ein anderes
befahl dem Herrn Carl von Zierotin, die Vormundschaft niederzulegen und die Verwaltung der Herrschaft Kromau andern Herren
zu übergeben. [38])

Smil Osowsky von Daubrawitz, den der Kaiser auffordern
ließ, an der Stelle Carl's die Verwaltung Kromau's mit Ladislaus
Berka und Adam von Waldstein zu übernehmen, lehnte es ab;
wir besitzen das Concept dieses merkwürdigen Resignationsschrei-
bens. [39]) Osowsky war im Dienste des Kaisers ergraut, und hatte
für die Interessen des k. Hauses in Polen (1588) mit Auszeichnung gewirkt. Er bat den Kaiser, für den er Gut und Blut opfern
wolle, von ihm nicht zu verlangen, daß er sein Gewissen jetzt am
Abend seines Lebens mit einer Pflichtverletzung belaste. Was Rudolph von ihm fordere, sei wider die Landesverfassung, wider die
vom Kaiser selbst bestätigten Gesetze, und dazu lasse er sich nicht
gebrauchen. Er sei ein langjähriges Landrechtsmitglied und war
gerade bei dem Beschluße, durch welchen Herrn Carl von Zierotin
die Lipa'sche Vormundschaft übertragen wurde, anwesend. — Doch

---

[38]) Cod. 18. August 1600, Pomerio, 16. Sept. 1600, 18. August 1601,
25. Jänner 1601, Polano.
[39]) ddo. Trebitsch 21. Jänner 1601. Osowsky'sche Archiv im Land. Arch.

es fand sich bald an Stelle Osowsky's ein anderer, willfähriger: Herr Ulrich von Kragiř, dessen Feindschaft gegen Herrn von Zierotin schon bei der Bewerbung des letzteren um die Hand Barbara's von Kragiř hervortrat. Dieser hatte nicht die Achtung vor dem Gesetz, um eine ähnliche Antwort wie Herr Smil zu geben, noch weniger die Seelengröße, um die dargebotene Gelegenheit, dem Feinde zu schaden, zurückzuweisen. Er übernahm die Vormundschaft.

Vorerst versuchte Herr Carl von Zierotin jenem kaif. Befehle nicht nachzukommen, weil er dem bestehenden Gesetze zuwider war, dann aber, als eine wiederhohlte Weisung kam, „Lipa binnen sechs Wochen auszuliefern", wollte Herr v. Zierotin nicht mehr zögern, um seinen Feinden nicht Anlaß zu größeren Verfolgungen zu geben. Auch unterließ Herr von Zierotin, den Sohn seines Vetters Caspar von Zierotin in den Dienst des Fürsten von Anhalt treten zu lassen und ertrug es, um den Zorn der Gegner nicht noch mehr zu reizen, daß er am kaif. Hofe (gewiß als Papist, wie er sich besorgt ausdrückt,) erzogen werde. Man war ohnehin darüber sehr aufgebracht, daß er einen anderen Vetter, Carl den jüngeren, aus einem Jesuiten-Collegium entfernte und in der Schweiz erziehen ließ. [40])

Die Zeit war herangerückt, in welcher sich Carl in Prag stellen mußte. Wie die Klage Sigm. Dietrichstein's wegen Hochverrath, war die zweite wegen Gefangensetzung Pierio's eine Capitalanklage; denn wie wir wissen, wurde Zierotin beschuldigt, Pierio trotz der Salvaguardia des Kaisers in einer freien Stadt, in Iglau, gegen des Kaisers „Reputation" und gegen die Privilegien der Stadt mit gewaffneter Hand gefangen zu haben. Wiewohl Pierio sich auf die Unverletzlichkeit der Salvaguardien berufen hatte, habe er ihn gewaltsam geraubt, Monate lang in einem Kerker auf Grund verleumberischer Anklage gefangen gehalten und auf das Grausamste behandelt. [41])

---

[40]) Cod. 2. März 1600 an Eberbach, 29. März 1600 an Theob. v. Beza.

[41]) Beil. Nr. CXVII. 24. Mai 1602. S. Die Weisartikel Pierio's im Iglauer Stadtarchiv. Cop. im mähr. L. A. Art. Iglau. — Pierio verlangt vom Iglauer Stadtrath ein Zeugniß für die durch Zierotin angeblich erlittenen Mißhandlungen und stellt jene Weisartikel auf. — Pierio widersetzte sich der Gefangennehmung mit den Waffen in der

Zierotin hatte sofort die ganze Tragweite der verschiedenen
Klagen erfaßt. Er sah, daß er das Opfer eines Tendenzprocesses
sei, den die spanisch-römische Partei in Mähren und am Prager
Hofe gegen ihn begonnen hatte, daß daher auch seine Vertheidi-

Hand. Zierotin wußte nicht, daß P. im Besitze einer Salvaguardia war.
Cod. 2. März 1600. Daß Pierio wirklich ein außerordentlich verwor-
fenes Subject war, bestätigt uns ein in dieser Frage gewiß ganz unbe-
fangener Herr. Der Cardinal v. Dietrichstein ertheilt dem P. ein sehr
schlechtes Zeugniß. Krem. A. Corresp. Buch des Cardinals. 1601. —
Dieser Pierio, ein Venetianer, wurde zu Ende des J. 1598 durch Carl
von Zierotin auf Befehl des Landeshauptmann's gefangen genommen
und den Jglauern zur Bewachung übergeben, worüber Herr von Zierotin am Olmützer Dreikönig-Landrecht 1599 Bericht erstattete und
Klage vorbrachte: Pierio habe in Mähren viele Verbrechen begangen.
Man begann hierlands sich zu beschweren, daß durch Absendung solcher
schlechter, vagabundirender Subjecte von Prag aus, die Ruhe des Landes gestört werde. Das Landrecht wollte, da man in Brünn bereits
zahlreiche Fälle nächtlicher Gewaltthätigkeiten aufzählte, gleich Anfang's
ein Beispiel statuiren und gegen solche Subjecte strenge verfahren,
weshalb der Befehl zur Pierio's Arretirung vom Landeshauptmann ertheilt worden war. (Instruction für die mähr. Abgeordneten ddo. Freitag nach Dorothea 1600 am Znaimer Landtag. L. Pamatk. Buch ad
XI. 1567—1601 L. Arch.) Ueberdies scheint Pierio von der böhmischen
Hofkanzlei auch zum Spionendienst verwendet worden zu sein, um über
die Vorgänge in Mähren nach Hof zu berichten; wenigstens wurde er
später (3. und 4. October 1602) wirklich als Spion gebraucht; der
behördliche Schutz, der ihm während des Processes in Prag ward, bestätigte dies. Das Landrecht befahl, den Pierio bis zum nächsten Fastenlandrecht zu überwachen und Niemandem eine Unterredung mit ihm zu
gestatten, außer in Gegenwart von gewissen Personen. Am nächsten Landrecht wurde der Befehl ertheilt, Pierio nach Brünn zu überführen und
Carl v. Zierotin wurde ermächtigt, die Klage vorzubringen. (Cod. Diar.
Fol. 111. b. 112. b. Fol. 115. b.) Auf die Klage, die ihm im Kerker
durch den Hrn. v. Raitz und Georg v. Hodiß mitgetheilt wurde, wollte
Pierio keine Antwort geben, „da er mit kais. Salvaguardia versehen sei
und so lange er nicht auf freiem Fuße stehe, nichts sagen wolle, koste
es ihn das Leben.“ Die genannten Herren wurden abermals hingeschickt
mit dem Befehl, Pierio möge bei Vermeidung der Tortur antworten.
(Cod. Diar. Fol. 117.) Auf die nunmehr gegebene Antwort Pierio's
wurde beschlossen, denselben am nächsten Olmützer Landrecht 24. Juni
1599 zu verhören. Es wurden die Brünner beauftragt, Pierio auf Lan-
deskosten nach Olmütz in sicheren Gewahrsam zu bringen. (Cod. Diar.
Fol. 118.) Es scheint jedoch, daß der Brünner Rath nicht übel Lust

gung Sache aller Anhänger der alten Landesfreiheiten sein müsse, weil nicht ihm, sondern der Verfassung der Proceß gemacht wurde. Die offene Gewalt, der Haß des Hofes, die Nachstellungen seiner Feinde zeigen, daß sie seinen Untergang wollen: „das Recht," schrieb er, „wird in Mähren mit Füßen getreten, die wahre Religion verhöhnt und unterdrückt." [42])

Vor der Abreise nach Prag consultirte er die vertrautesten Freunde, Wenzel von Budowa und Georg Hobiß, über seine Haltung in Sachen seines Processes. Der erste gab ihm den Rath nachzugeben, seine Feinde milder zu stimmen. Einen so unmännlichen Rath hätte Carl von dem berühmten und gelehrten Manne nicht erwartet. Er gab ihm darauf jene merkwürdige Antwort, die uns ein so lichtes Bild seines Charakters gibt; ein Schriftstück, [43])

hatte, wahrscheinlich auf Anregung des Hofes, den Pierio durchgehen zu lassen, worauf es Zierotin erwirkte, daß drei von ihm und von der Stadt gewählte Personen ihn zu überwachen hatten. (Cod. Diar. Fol. 117 & 118.) Zierotin beschuldigte darauf den Stadtrath und insbesondere den Richter Kleinfeind, daß dieser wider des Landrechts Verbot Pierio besuchte, und wollte den Befehl erwirken, daß der Rath bei Strafe von 30,000 fl. solches nicht mehr thue. (Ludwig Chronik v. Brünn 46. 2. Beil. CIII. Puhonenbuch 1549—1600 im k. k. Landtafelamte.) Unerwartet kam ein Schreiben des Kaisers an den Landeshauptmann mit dem Befehle, den Pierio sofort nach Prag auszuliefern, worauf das Landrecht beschloß, sich beim Kaiser hierüber zu entschuldigen und zu bemerken, daß Pierio im Gewahrsam der Stände und nicht in dem des Kaisers sei und daher nicht ausgeliefert werden könne. (Cod Diar. Fol. 121), Die Stadt Olmütz bat das Landrecht um Verhaltungsmaßregeln, da der Kaiser auch ihr befohlen hatte, Pierio auszuliefern. Trotz der heftigen Opposition des Olmützer Stadtschreibers beauftragte das Landrecht den Pierio nicht auszuliefern und gut zu bewachen, um bei dem nächsten Landrechte den Proceß beginnen zu können. (Cod. Diar. 124 b.) Um Bartholomäi 1599 haben jedoch die Olmützer gegen den ausdrücklichen Befehl des Landrechts den Pierio nach Prag ausgeliefert; nun wurde die Klage bis zum nächsten Landrecht (Kunigunde 1600) verschoben, weil man inzwischen zum zweiten Male eine Deputation nach Prag um Rückauslieferung des Pierio sandte. (Cod. Diar. Fol. 132/b.) Der Proceß blieb jedoch auf sich beruhen, weil inzwischen die Klage auf Hochverrath gegen Zierotin erhoben worden war.

[42]) Cod. 13 März 1600. Illyezhazy. Beil. Nr. XXXXIX.

[43]) Beil. Nr. CVII. Mähr. Kromau 25. Mai 1600 an Budowa.

das allein hinreichen würde, den Mann, der es ersann und verfaßte, der Vergessenheit zu entreißen.

„Unser gemeinschaftlicher Freund," schrieb Carl, „Herr Georg
von Hobitz, hat mir umständlicher und deutlicher mitgetheilt, als
Dein Brief vom Monat März, und als es durch meinen von
Böhmen zurückkehrenden Prestiborius geschah, was Du wegen der
Begrüßung des Hoftanzlers, dann über die Rothwendigkeit, die
Unbilden der Feinde zu vergessen, die Rache Gott zu überlassen,
um Frieden zu bitten und vielleicht noch Anderes zur Versöhnung
meiner Gegner zu unternehmen, gesprochen und gerathen hast."

„In der That, ich erkenne Deine Freundschaft für mich, ich
achte und verehre Dein Urtheil so sehr, daß Deine Meinung mir
stets als Wahrspruch gilt und ich niemals die Absicht habe Deinen Rath zu verwerfen; daß ich jedoch zögerte, diesen jetzt zu befolgen, magst Du mehr meinem, Deine Absichten noch nicht recht
erfassenden schwankenden Gemüthe, als meinem Widerwillen zuschreiben. Du wirst es demnach natürlich finden, wenn sich mir
Zweifel aufdrängen, welche meinen Geist umfangen und beschäftigen; ich glaube mich also nicht gegen unsere Freundschaft zu
versündigen, wenn ich, ohne Dich zu verletzen, und lediglich zur
besseren Wahrung meiner Sache, diese und Deine Ansicht darüber ein klein wenig in Erwägung ziehe."

„Ich wäre kein Christ, wenn ich nicht mit der innigsten
Ueberzeugung die Rache für Beleidigungen dem Höchsten überlassen würde; die eigene Erfahrung lehrte es mich ja, daß die
Feinde, die mir meine Unschuld und fremde Bosheit geschaffen
hat, Strafen erlitten haben, Strafen der göttlichen Gerechtigkeit, die
weit härter und schrecklicher waren, als ich je hätte über dieselben
verhängen können; beispielsweise will ich (doch nur Dir allein)
unter andern den Fall mit Wilhelm Tray und Rudolph Kinsky
hervorheben, die mich mit allem Hasse verfolgten, obwohl ich sie nie
beleidigte, und deren trauriges Ende Niemandem unbekannt ist."

„Doch jetzt handelt es sich um Etwas ganz Anderes; nicht
auf mich und die Meinigen, nicht auf mein Hab und Gut ist
die Verfolgung gemünzt, sondern es beabsichtigen meine Feinde
sich dieses Landes zu bemächtigen, Gesetze und Recht mit Füßen
zu treten, unsere Verfassung umzustoßen und unsere Freiheiten
zu vernichten, daher ist meine Sache mit der Wohlfahrt des Vater-

landes so innig verbunden, daß ich letzteres nothwendig verrathen müßte, wenn ich erstere verlassen würde, und ich glaube nicht der göttlichen Vorsehung in die Zügel zu fallen oder durch übergroßen Eifer der Gerechtigkeit Gottes, des Allgütigen und Allmächtigen, vorzugreifen, wenn ich mein Vaterland beschütze, wenn ich nur im befreiten Vaterlande glücklich und frei leben will, wenn ich, um ihm und mir zu dienen, den Gefahren entgegentrete. Ich glaube vielmehr meine Pflichten zu erfüllen und doch Alles dem Willen des Höchsten zu opfern, wenn ich die Vertheidigung Mährens und meiner Sache gleichsam nur unter der Bedingung beginne, daß, falls das Schicksal zu anderem als dem hier angestrebten Ziele führt, ich leichthin diese Bahn verlassen kann."

„Ich brauche keine Gewalt, bediene mich vielmehr meines Rechts; ich will keine Macht aufbieten, sondern die Angriffe dieser nur zurückweisen, dies ist eine Naturnothwendigkeit, jenes gestattet das Gesetz; ich will meinen Ruf unbefleckt erhalten und meine Unschuld erglänzen lassen; dies dem Elendesten zu verwehren, wäre weder christlich noch menschlich."

„Was soll ich vergessen? Willst Du etwa, daß ich verstumme? Daß ich durch mein Schweigen und weil ich meine Rechte nicht vertheidigt, zu Grunde gehe, daß dadurch meinen Gegnern der Eingang in das Land geöffnet werde, um nach meiner Unterdrückung ganz Mähren zu mißhandeln! Auch entgegnest Du mir nicht: die Zeiten seien schlimm, oder der Zustand des Staates bedenklich, die Menschen feig und unverläßlich! Und würdest Du mir solche Einwendungen machen, so lasse ich den Muth nicht sinken, weil ich nicht einsehe, warum ich in einem solchen Falle eher weichen sollte, als der tapfere Soldat, dem es nicht ziemt die Waffen zu strecken oder seinen Posten zu verlassen, weil seine Kameraden hasenherzig waren, oder weil stürmische Wetter am Himmel dräuen. Während ich also meine Unschuld einem Schilde gleich den verbrecherischen Umtrieben schlechter Menschen entgegenhalte, schmiede ich nicht Rachepläne, während ich meinen Ruf bewahre, beleidige ich keinen meiner Feinde, ich fliehe nicht den Frieden, ich beginne nicht den Krieg, ja die rächende Strafe überlasse ich Gott dem Herrn. Den Schutz meiner Sache übernehmen die Gesetze, den Erfolg werd' ich, wenn nicht ganz beruhigt, doch wenigstens mit Geduld abwarten."

„Auf den Hofkanzler zurückkommend, muß ich bemerken, daß ich wenigstens keine Ursache habe, ihm Feind zu sein, und selbst dem Ladislaus Berka will ich Freundschaft nicht versagen, obwohl wir lange in Gegnerschaft leben, wenn er mich nicht abstößt. Dagegen wäre es offenbarer Wahnsinn, mich um die Gunst Christoph's v. Lobkowitz zu bewerben, welcher schwor mich zu verderben, der dieses mich bedrohende Feuer anlegte und es eifrigst schürt, und welcher der Schutzherr meiner Feinde ist. Du kanntest gewiß nicht diesen Menschen, diesen Feind des Erbarmens, unersättlich in seinem Geiz und Geldburst, unbeständig, hoffärtig, und dem von den vorgebrachten Thatsachen der Klage gegen mich eben so wenig als mir bekannt ist; Du kannst unmöglich wollen, daß ich mich in den Schutz eines solchen Menschen begebe. Drohe ich ihm mit der Gerechtigkeit Gottes, so verhöhnt er mich; will ich ihn mit Geschenken beschwichtigen, dann wird er mich ausplündern; wenn ich nicht täglich ihm auf dem Fuße folge oder das Hofiren nur ein wenig unterlasse, wird er den Verleumbungen meiner Feinde Gehör geben; wenn ich, um seinen maßlosen Stolz zu sättigen, mich ihm zu Füßen werfe, wird er mich zertreten; wenn ich von meinem Rechte spreche, wird er mich verurtheilen.“

„Was soll mich dann bewegen, seinen Schutz zu suchen? Etwa seine Macht? Eine Macht, durch unredliche Mittel erschlichen, wird er schwerlich durch weisen Gebrauch erhalten wollen, — oder die Gunst des Kaisers? Diese ist ihm nicht gewiß — oder endlich seine Klugheit? die vielleicht gar nicht vorhanden ist, und die er, wenn er sie besitzt, durch lasterhafte Neigungen an dunkle Bahnen gewöhnt hat. Mir scheint es daher besser, durch ehrbare Gleichgiltigkeit einen Menschen zu vernachlässigen, als ihn durch gemeine Schmeichelei doch nicht zu gewinnen; er ist ein Mensch, ein Sterblicher; blickst Du in die Höhe, so erreicht er bald den höchsten Punct, — blickst Du hinab, so fehlt wenig zum schauerlichen Sturz in den Abgrund, denn es sind die menschlichen Dinge nicht so beständig, daß sie nicht dem Wechsel wie einem Naturgesetze unterworfen wären.“

„Nachdem ich nun meine Angelegenheit erörtert und meine Ansicht begründet habe, erübrigt nichts, als daß Du sie jetzt noch erwägest; findest Du meine Gründe gewichtig, so neige Dich meiner Meinung zu, wenn nicht, so bringe mich auf Deine Seite, doch ich zweifle daran; denn meine Entschlüße sind, wie Du siehst, so begründet und gerüstet, daß sie nicht leicht wankend zu machen sind; allein ich kann irren, ist dies der Fall, dann will ich den Irrthum bekennen und mit schärferen Augen das Wahre vom Falschen unterscheiden. Du wirst Dich wahrscheinlich über die Kühnheit wundern, daß ich so wichtige Dinge einem Briefe anvertraue, doch die Macht der Wahrheit ist so groß, daß sie keine Furcht kennt; nichts destoweniger bitte ich Dich, bei der Treue, womit ich unseren Freundschaftsbund besiegele, sobald Du diesen Brief gelesen haben wirst, ihn zu verbrennen oder mit einer Scheere sorgfältig zu zerschneiden oder endlich in kleine Stückchen zu zerreißen, dies wird mich vor Nachstellungen meiner Feinde sichern, und Dich von dem Verdachte, mit mir eine Verschwörung begonnen zu haben, fern halten. Lebe wohl, erleuchteter Freund!"

Im Bewußtsein, daß auf seiner Seite das gute Recht ist, daß es sich in diesem Kampfe um die höchsten Güter seines Standes und Landes handelt, geht er der Gefahr mit heiterer Miene entgegen, muthig wie ein Wenzel von Ludaniz, beredt wie ein Blahoslaw. Er glaubte in der Mehrheit des Landtages eine feste Stütze zu haben und die Competenz des böhmischen Kammergerichtes bestreiten zu können, wenn er von Mähren aus nicht verlassen wird. So fest baute er darauf, daß er nur dann sich für verloren hielt, wenn die Freiheiten des Landes ganz unterdrückt sein werden.

Als die Dietrichsteine so hohe Stellungen im Lande einnahmen, ein fremdes Element nach der Herrschaft im Lande trachtete, regte sich der nationale Stolz. Man wollte thatsächlich den Cardinal zur Unthätigkeit durch die Sprachfrage verdammen. Die Klage Carls von Zierotin gegen Sigmund von Dietrichstein wegen Landesverrath hatte die Entfernung desselben von Amt und Würde zum Zwecke. Die Landrechtsbeisitzer erklärten in vorhinein, daß sie einen solchen Verräther anderen zum Exempel wohl werden zu strafen wissen. [44]) Der in Znaim versammelte Landtag richtete

[44]) Kremsierer Acten im Land. Arch. Nr. 32. Die mähr. Stände ergriffen damals noch sehr lebhaft Partei für Herrn von Zierotin und gegen Dietrichstein. Landtagspamatkenb. XI. 1569—1601. Montag nach Kunigunde 1599. Montag nach Latare 1601. Landtagspamatkenb. IV. 68 — Beil. Nr. CIX. 23. Aug. 1600 Budowa und 16. Sept. 1600 Pomerio.

zu Gunsten des Herrn von Zierotin am 9. Februar 1600 an den Kaiser die Bitte, denselben in der Hochverrathsklage, die ihm Sigmund v. Dietrichstein an den Hals warf, zu schützen, da ihm nichts zur Last gelegt werden könne, er sei ein treuer Unterthan des Kaisers und ein treuer Landfriedensgenosse. Der Landtag verlangte zugleich die Auslieferung des Pierio, welcher wider Recht und Gesetz der Gerichtsbarkeit des mähr. Landrechts entzogen wurde, es sei dies eine Bresche, welche in der Verfassung eröffnet werde, ein offener Weg, der zur Unterdrückung der Privilegien und Freiheiten des Landes führe: der Landtag beschwert sich endlich über die Hofkanzlei, die sich ebenfalls nicht mehr um die alte Ordnung kümmere.

Die von den Ständen neu redigirte Landesordnung wurde noch immer nicht sanctionirt. Der Versuch einen Artikel ohne k. Genehmigung in dieselbe aufzunehmen, zog den Ständen eine scharfe Rüge zu.[45]) Das Landrecht erlitt durch die Berufung Liechtenstein's als geh. Rath nach Hof und durch die Abwesenheit des Oberstkämmerers eine bedenkliche Unterbrechung, es war das ein Justizmoratorium zum größten Nachtheil der Witwen und Waisen und der Eigenthumssicherheit in Mähren.

Das frivole Benehmen des Oberstkämmerers, der die Ernennung des Nachfolgers Liechtenstein's zu verzögern wußte, empfanden die Stände schwer; in einer Beschwerdeschrift an den Kaiser stellten sie die Bitte um Erledigung dieser Frage, da ohne Oberstlandrichter kein Landrecht giltig abgehalten werden kann.[46])

Liechtenstein, der zugleich Stellvertreter des k. Obersthofmeisters war, sollte in Mähren im sitzenden Recht von seinem Amte als Oberstlandrichter entlassen werden; die Stände laden ihn ddo. ersten Mittwoch in den Fasten 1601 vor das Landrecht, ohne daß er diesem Begehren Folge leistete. Auch gegen die verfassungswidrige Erklärung, daß der junge Lipa volljährig werde, so wie die Uebergabe der Verwaltung Kromau's an Berka und Waldstein, legen sie bei Hof Protest ein, und befahlen unterm 10. März 1601 dem Herrn Carl von Zierotin diese Verwaltung

[45]) Decret 17. Decemb. 1600. Montag nach Mathias Landtagspamb. XI.
[46]) Montag nach Joh. d. T. 1600. Landtagspamatfenb. XI. Cod. 13. Juli 1601. Polano.

bis auf weiteren Befehl des Kaisers nicht zu übergeben. In einer weiteren Instruction für die nach Prag designirten ständischen Abgeordneten beschweren sie sich über die verfassungswidrigen Vorladungen, welche von dem böhmischen Landrecht und vom k. Hofgerichte ausgingen, insbesondere über die Vorladung des Herrn Carl von Zierotin.[47]) Sie bitten Seine Majestät, sie bei ihren Privilegien und Rechten zu belassen.

Voll Unmuth sind sie über Herrn Sigmund von Dietrichstein, „es habe dieser gewagt in einer Klage, von welcher die Stände am Znaimer Landtag Kenntniß nahmen, die Stände bei Se. Maj. verhaßt zu machen, und zwar in einem in deutscher Sprache geschriebenen Memoire."

Diese Beschwerden wurden von der k. Hofkanzlei nicht beantwortet. Ein Zeugniß, welches die Stände zu Gunsten des Herrn von Zierotin gaben, daß sie niemals gesagt hätten, Sigmund von Dietrichstein zum Exempel für andere bestrafen zu wollen, dann darüber, daß Herr von Zierotin nur auf des Landeshauptmanns Befehl Pierio gefangen nahm, blieb völlig unbeachtet. Die böhmische Hofkanzlei blieb auf der nun eingeschlagenen verfassungsfeindlichen Bahn stehen, in der sichern Aussicht, endlich das „Ketzerthum" und die politische Unabhängigkeit und Freiheit Mährens zu unterdrücken. Vorläufig erreichte der Hof seinen Zweck; durch die Erfolglosigkeit der Bemühungen eingeschüchtert, durch die gewaltthätigen aggressiven Maßregeln der Restauration aufgeschreckt, verloren die Stände das Vertrauen in ihrer Sache und versanken in Unthätigkeit. Eine bleierne Ruhe hielt die Geister gefangen, es herrschte eine Stimmung, die eher alles über sich ergehen ließ, als einen Schritt zur Aenderung der Lage zu thun. Niemand war da, der den Muth gehabt hätte, seine Ueberzeugungen rückhaltlos auszusprechen oder in entscheidender Art für die gute Sache Mährens zu handeln.

Diesen raschen Umschwung in der Stimmung der Stände empfand Herr v. Zierotin, da sie auch nichts weiteres versucht hatten, um ihn zu unterstützen.[48]) Die öffentlichen Verhältnisse des Landes

---

[47]) Landtagspamatkenb. a. a. O. ddo. letzten Montag in der Fasten 1601 und Montag nach Mathias 1600.

[48]) Beil. Nr. CIII. Pr. Kal. Apr. 1601. Polano und 8. April 1601. Budowa.

waren selbst einem gesetzlichen Widerstande gegen die Ausschreitungen der Gewalt im hohen Grade ungünstig. Denn die Katholiken gewannen im Landtage und im Landrechte täglich mehr Boden,
wiewohl in der Minderzahl, waren sie stark durch die Eintracht,
durch ihre Energie und Rastlosigkeit. Die Subsidien und Contributionen, durch deren Gewährung oder Zurückhaltung ein starker
Nachdruck auf die Beschwerden des Landes gelegt werden konnte,
standen fast außerhalb der Erörterung; denn der Erbfeind der
Christenheit war fast immer siegreich, drang vor bis an die Grenze
Mährens und war schon bei Brumow verheerend im Lande eingefallen. Die Sicherung des Lebens und Eigenthums zwang den
Landtag, Subsidien und Mannschaft ohne Bedingung zu gewähren.
Eine starke Truppenmacht lag im Lande und an den Grenzen,
welche auch zur Unterdrückung des inneren Feindes und einer
eventuellen inneren Bewegung benützt werden konnte;[49] Krankheiten, Truppendurchzüge und Steuerlast hatten dem Lande tiefe
Wunden geschlagen und erhielten es in dumpfer Ruhe.

Die k. Städte, in ihrer Mehrheit der Reformation zugethan, hatten gar keinen Anlaß, mit dem glaubensverwandten Adel
zu sympathisiren. Die Landherren hatten häufig den Wladislaw'-
schen Vertrag verletzt und in letzter Zeit den Beschluß gefaßt,
die Bürger von der Erwerbung von Landgütern auszuschließen;[50]
die Städte waren dadurch immer geneigt, den Ständen entgegenzutreten, wie es Brünn und Olmütz in dem Proceß Pierio's gethan. Nationalitätsunterschiede erweiterten die Kluft: denn in den
Städten war das deutsche Element überwiegend.

Im Landvolke offenbarte sich eine bedenkliche Stimmung.
Schon im J. 1597, während der Bauernbewegung in Ober- und
Unterösterreich, versuchten die österreichischen Bauern die mährischen
aufzuwiegeln. Die Stände sandten damals den österreichischen
Herren 400 Heiduken zu Hilfe. Auch in Mähren kamen Verweigerungen der Frohndienste äußerst häufig vor und, um die
herrschende Aufregung nicht zu vermehren, war das Landrecht ge-

49) Soranzo Relazioni. Bibl. Marciana, VII. 696. Bog. 8/9. Cop. im
Land. Arch.

50) Landtag zu Septuag. 1600 Znaim. Boczek Pr. Slg. Nr. 2245, 2246
und 2260.

nöthiget, die Einkerkerung der ungehorsamen Bauern zu untersagen, während es gegen die Wühler, welche das Landvolk wider die Obrigkeit so sehr aufhetzten, zu äußerst strengen Maßregeln sich veranlaßt sah. [51])

Die Bauern der damaligen Zeit machten einem venetianischen Staatsmanne, Geremia Ghisi, den Eindruck von Sclaven, welche von ihren Herren getödtet werden können, ohne daß diese darüber irgend Jemandem Rechenschaft zu geben schuldig wären. [52])

Die aufgeregte Stimmung des Landvolkes hätte vom Hofe leicht gegen den Adel benützt werden können. Die Mitglieder der Stände verloren das Gefühl der persönlichen Sicherheit und erlahmten. Es war, als ob sie „in einem verhängnißvollen Schlafe lägen." [53])

Carl von Zierotin gelangte nun zur Ueberzeugung, daß er auf keine Unterstützung seiner und Mährens Sache bauen, daß er nur auf seine Unschuld und die Macht der Wahrheit und des Rechtes, das er auf seiner Seite wußte, rechnen könne.

Es überkam ihn das Gefühl der Verlassenheit, das Gefühl, allein in die Hände zahlloser und wüthender Feinde gefallen zu sein, welche die Absicht und die Mittel hatten, ihn zu verderben. Einen Augenblick ließ er sich sogar hinreißen, von seinen muthigen Entschlüssen abzugehen, und er traf schon Vorbereitungen, Mähren zu verlassen: er wollte auswandern, doch es zu thun hielt ihn die Erwägung zurück, daß ihm nicht nachgesagt werde, er übergehe zu des Kaisers Feinden.

---

[51]) Cod. Diar 65. — Wolny's kirchl. Top. Biograph. des Bischofs Pawlowsky. I. B. I. A. — Hammer, Klesel I. 169. — Landtag, Brünn, Donnerstag nach Dorothea. Landtagspamatkenb. a. a. O. S. 121. Patent des Kaisers, Montag an hl. drei König. 1597: daß österreichische Emissäre anzuhalten sind. Bruder Copiar Nr. 4. Land. Arch.

[52]) In questo regno quelli che hanno poderi o campi hanno ancora sudii e schiavi lavoratori quali possono da loro patroni essere uccisi et fatti morti senza rendere conto ad alcuno si ben poi gli istessi contadini rispetto alle cose civili e alli delitti publici soggiacciono alli giudicij ordinari. 1620. Relazione di Geremia Ghisi intorno al suo viraggio fatto in Boemia, CCXXXIII. Fol. 440 b. Hofbibliothek. M. S. 6625.

[53]) Beil. Nr. CXI. 26. October 1600. CIX. 23. August 1600. Bud.

Auch viele vornehme Böhmen, welchen Mährens Unabhängigkeitssinn ein Dorn im Auge war, hatte Zierotin, als Repräsentant der Autonomie Mährens, gegen sich.[54])

Um wegen der beabsichtigten Auswanderung einen Theil
seines unbeweglichen Vermögens flüssig zu machen, verkaufte er
vorerst Lomnitz um den Betrag von 50,000 fl. mähr. an Ulrich
von Kaunitz.[55])

Er berieth sich mit seinen Freunden in der Schweiz, an Grynäus sendete er einen eigenen Boten, da er Gegenstand besonderer Ueberwachung seiner Feinde war und daher den gewöhnlichen Briefweg nicht wählen konnte. Er wollte den Rath seines
alten Lehrers und seines Freundes Polanus in dieser Sache vernehmen.

Als der Tag der Verhandlung seines Processes näher rückte,
glaubte er den Beschluß über seine Zukunft erst nach mündlicher
Unterredung mit Grynäus fassen zu können. Am 25. Mai 1600
reiste er nach Basel und blieb dort nur acht Tage, am 25. Juni
war er wieder in Mähren. Die so sehr verheimlichte Reise wurde
bekannt, man glaubte, er wolle sich durch eine Flucht dem Processe entziehen. Vergeblich hatte er sich am 1. December 1600,
dann im Mai und hierauf Anfangs September 1601 in Prag
gestellt, die Verhandlung wurde immer vertagt, da seine Feinde
und Ankläger um die Beweisführung verlegen waren; dann, weil
sie auf einen günstigeren Zeitpunct für ihr Unternehmen hofften,
als er sich jetzt gerade darbot.[56])

Es waren nämlich Ereignisse eingetreten, die auf diesen
Proceß einen für Zierotin vortheilhaften Einfluß nahmen. Diese
Ereignisse gaben in ganz unerwarteter Art der Lage der Dinge in

---

[54]) Die Differenzen wegen Aufnahme des Porta in den böhm. Ritterstand
(Čtw. po devitník. 1600 M. S. in meiner Bibl. A. III. 13.) zwischen
den Ständen Böhmens und Mährens. Herr v. Zierotin beklagt sich
bitter bei Budowa, Cod. 8. April 1601, über jene Aufnahme, die ganz
wider das von den Böhmen in Olmütz abgegebene Versprechen vorgenommen wurde. 20. Juli 1601 Budowa.

[55]) Cod. 26. Octob. 1600 Grynäus. — Landtafel, XXXIX. 18. Wolny.
Top. v. Mähren. 2. 2. 139.

[56]) Beil. Nr. CXI. 26. Octob. 1600 Pol. CXV. 10. Octob. 1601. Cod.
13. Juli 1601. Grynäus. 12. April 1601. Orchi.

Prag und in der nächsten Umgebung des Kaisers eine veränderte
Gestalt und warfen zugleich ein helles Licht auf die Verhältnisse
des Hofes. Wenn die Wogen jener gewaltigen nationalen Bewegung, die zwanzig Jahre später noch im Todeskampfe die eu-
ropäische Welt in Angst und Verwirrung setzte, wenn die dagegen
reagirenden Mächte an die Thore des Hradschin anschlugen, erwachte der Kaiser zu tumultuarischer Thätigkeit, langsam gereifte
Pläne und fein angelegte Intriguen durchkreuzend; er handelte
dann ganz nach eigenem Sinne, gleichsam um sich zu rächen an
Denjenigen, die es gewagt, seine Meditationen zu unterbrechen.
So erklärt sich die seltsame Erscheinung, daß, als die Umgebung
des Kaisers die Unterdrückung der „Häresie" anstrebte, er selbst
sich in Schmähungen gegen die katholische Religion ergoß, Widerwillen gegen die hl. Messe zeigte, sich durch „Häretiker" wider
die Katholiken einnehmen ließ; daß er einen höchst lüderlichen
Geistlichen, Mathias Beneschowsky, zum Abt von Emaus und einen
beweibten Priester zum Vorstande des Consistoriums ernannte,[57]
der Erzbischof, welcher darüber Beschwerde führte, daß die Bevölkerung, künstlich aufgeregt, hie und da katholische Pfarrer erschlug, keinen Zutritt bei ihm fand, sondern dem berüchtigten
Kammerdiener Philipp Lang Denkschriften überreichen mußte. So
lange Rudolph in diesem aufgeregten Zustande war, durfte von
Geschäften nicht gesprochen werden. — Bei diesem bedenklichen
Zustande der psychischen Gesundheit Rudolph's und da kein Thron-
folger zu erwarten war, mußte die vom römischen Stuhle schon
1589 und dann 1594 angeregte Frage der Erbfolge[57a] die Staatsmänner des Hauses jetzt wieder beschäftigen. Man wußte, daß
verschiedene Candidaten sowohl für die Kaiserkrone, wie für die
ungarische und böhmische genannt wurden: der König von Dänemark, der Churfürst von der Pfalz, sogar der König von Frankreich.[58] Die Anhänger des Kaiserhauses, die Katholiken zuvörderst,

[57]) Gindely a. a. O. II. II. 316 Hurter a. a. O. V. 74. n. 83. Soranzo
a. a. O. Bog. 31. I.

[57a]) P. Sirtus empfahl dem Kaiser seinen ältesten Bruder, den Erzherzog
Ernst zum Nachfolger. 13. Sept. 1589 Lib. Brev. Sig. 2924. P. 177.
Bibl. Vallicell.

[58]) Bibl. Imp. Harlay. 238. Fol. 469. Hurter Ferd. II. V. 75. — S. Cle-
mento al rey. 31. Jänner †603. Simancas. 767.

waren bedacht, diese Frage dadurch zu erledigen, daß der Kaiser vermocht werden sollte, sich mit der Bestellung des Nachfolgers zu befassen. Die in Aussicht gestellte Lösung war für die Katholiken ein Lichtpunct an dem verdüsterten politischen Horizont, der bald wieder verschwand, als des Kaisers Unentschlossenheit in Sachen der Nachfolge den fessellosen Ehrgeiz und alle andern schlimmen Leidenschaften eines Wahlreiches erweckten. Da kein Nachfolger bestimmt war, dachte eine Partei in Böhmen und Ungarn an die Wahl eines nationalen Königs. Kleine deutsche Fürsten hofften eine Krone für sich zu erringen, wenn in Oesterreich Bürgerkrieg und Anarchie die Oberhand gewinnen würden.

Rudolph glaubte in der Sorge um die Nachfolge ein Attentat seiner Umgebung auf die Krone zu erblicken. Er war von Natur aus so leicht erregbar, daß er förmliche Wuthausbrüche erlitt, als man ihn mit jenen wohlgemeinten Bestrebungen bekannt machte. [58a] Der Hang zur Einsamkeit und die Furcht vor Berührungen mit der Außenwelt entwickelte sich stärker von der Zeit an, in welcher, wie Augenzeugen versichern, er sein kaiserl. Ansehen besonders verletzt glaubte. Eine solche Verletzung erblickte er in der Vermählung der Infantin Isabella mit Erzherzog Albrecht, die er so gerne zur Frau genommen hätte. Zudem prophezeite sein Astrologe Ticho Brahe, Rudolph werde durch einen Mönch ermordet werden.

Vor allem thätig in der Richtung, den Kaiser zu einem Schritte zu bewegen, — vielleicht über Anregung Khlesels, — war Erzherzog Mathias. [59] Er schrieb darüber an seinen Bruder, den Erzherzog Max, an die Churfürsten, um sie zur Mitwirkung zu bewegen; mit den Erzherzogen Ferdinand und Max

---

[58a] Fast in jedem Berichte des spanischen Gesandten am Prager Hofe ist zu lesen: però ninguna cosa aborrece (der Kaiser) mas que esta platica... (die Nachfolge nämlich). Clem. a Felipe III. 22. Juni 1602. Sim. 707. Einige Gesandte der protest. Fürsten hatten den Kaiser in diesem Abscheu bestärkt, indem sie ihm zu verstehen gaben, Spanien und der Papst werden die für Ungarn zugesicherte Hilfe an Geld und Mannschaft dazu verwenden, um ihn mit Gewalt zur Lösung der Nachfolgefrage zu zwingen. 28. Mai 1601 Ibiden.

[59] Vorebbero che si pensasse a fermar in essa la posterità ed i regni e sopratutti l'arciduca Mathias che si disegna con piu fondamento cho gl'altri. Soranzo a. a. O. B. 9. 1.

fand in Schottwien eine Besprechung über die Frage der Nachfolge und Bestellung eines Mitregenten Statt.

Doch die thätigste Partei auch in dieser Beziehung war die spanisch-römische. Die Art der Regierung, der Zustand des Kaisers ließen nicht allein Verluste für das Haus Habsburg, sondern auch Verluste an dem für die katholische Religion schon gewonnenen Boden befürchten. Der Hof zu Madrid betrieb die Wahl eines römischen Königs mit großem Eifer, keine Mittel sollten gespart werden, um die Männer zu gewinnen, welche auf den Kaiser Einfluß nahmen; so wird der Churfürst von Köln, endlich sogar der Papst mit in's Interesse gezogen, denn würde ein Protestant Kaiser, so sind es die Geistlichen, welche zunächst verlieren. Es wurden dem Papste die Worte in den Mund gelegt, welche er an Rudolph richten soll. Wenn der Kaiser sich am Reichstag wegen Feststellung des Nachfolgers verwendet und seinen Einfluß zur Pacificirung Flanderns anwendet, dann würde es, sagte man ihm, an Geld und spanischen Soldaten gegen die Türken nicht fehlen.[59a]) Die spanisch-römische Partei war in der Umgebung des Kaisers stark vertreten, die Minister, die hohen Kronbeamten gehörten mit wenig Ausnahmen ihr an, sie hatte öfters wider den Willen des Kaisers Maßregeln durchgesetzt; die Energie und Rücksichtslosigkeit, mit welcher sie vorging, der Muth und die Kühnheit ihrer Anhänger hatten den Kaiser mit Abneigung gegen dieselbe erfüllt. Der römische Nuntius, welcher zunächst auf die Festsetzung der Nachfolge nach den Absichten und den Wünschen des spanischen Cabinetes drang, war ihm verhaßt, er mochte ihn deshalb nicht empfangen.[60]) Damals war Erzherzog Albrecht der spanische Candidat.

[59a]) Su Mag. ha resuelto... que por todos los medios que pudiere procurar ganar los que mas pueden aprovechar para reduzir la voluntad del Emperador a lo que se desea en lo dela eleccion de Rey de Romanos... D. Pedro Franquesa a Don Guillen de San Clemente, 6. Oct. 1601. Archiv von Simancas, 707.... porque los ecclesiasticos son los que han de padecer por ella (succesion) quando vacare el Imperio..: Guillen de S. Clem. al Rey Felipe III., dann der Bericht des Herzogs von Sessa spanischen Gesandten in Rom, 10. Sept. 1602. Bericht des Staatsrathes ddo. 10. Mai 1601 daselbst.

[60]) Bibl. Imp. Harlay. 288. 23. Feb. 1601 Lo cierto es que el Nuncio executa muy bien sus ordenes (nämlich in der Erbfolgefrage.) S. Clemente al R. Felipe III. 22. Juni 1602, 31. Janner 1603. Sim. 707.

Im September 1600 kam der Connetable von Caſtilien nach Prag, um den Kaiſer zu überreden, einen römiſchen König im Intereſſe Spaniens wählen zu laſſen; der Miniſter Rumpf, welcher ſchon früher in einem mit Trautſon und Hornſtein ge- meinſchaftlich verfaßten Gutachten ſich für die Erörterung der Frage der Nachfolge ausgeſprochen hatte, wurde zum Vermittler der Miſſion des Connetable auserleſen.

Als es Rudolph in Erfahrung brachte, ergrimmte er gegen Rumpf. „Ich werde keine Ruhe haben," rief der Kaiſer aus, „ſo lange dieſe Leute um mich ſind. Geht hin und ſaget Ihnen, ſie ſollen ſich entfernen, damit ich ſie nicht mehr ſehe."

Als der Befehl des Kaiſers dem Miniſter Rumpf über- bracht wurde, fiel er in Ohnmacht und mußte in ſeine Wohnung getragen werden. Auch Trautſon wurde entlaſſen. Beide zogen ſich auf ihre Güter zurück.[61]) Der Kaiſer war überzeugt, daß Rumpf und Trautſon wie der größte Theil ſeiner Umgebung im Solde Spaniens ſtänden. Der Gedanke, daß er von der ſpaniſch-römi- ſchen Partei bevormundet werde, war ihm unerträglich, daher ſein glühender Haß gegen ſie, der diesmal die zwei tüchtigen Staats- männer Rumpf und Trautſon traf.[62]) Schon früher hatte das kecke

---

61) Ançel au Roi. B. J. Harlay. 238. Fol. 470. 30. Sept. 1600.

62) Li Ministri dell' Imperatore sono per ordinario poco in grazia perchè di essi ne è malissimo sodisfatto, per conoscerli se non tutti la maggior parte interessantissimi col Re di Spagna principalmente, e sebbene questa fu una delle principali cause perche cacciasse di corte dal governo e dalla sua presenza il Trautson, e il Rumpf sogetti tanto stimati e tanto invechiati nel suo servigio nientimeno si è andata facendo lo stesso cogl'altri... di tutto vive sua Maesta in gran sospetto e di tutti ordinariamente poco si fida tanto sono potenti i mezzi che tiéne il Re di Spagna con commende e pensioni con favori con donativi palesi e occulti. Che faccia l'Imperatore quante provigioni può e se ne mostri disgustato quanto che vuole, si vede che non baste per rimediarvi. — Soranzo. Bibl. Mar. VII. 696. Bg. 22/4 und Bg. 23/1/2. — Faction des ministres de l'Empereur avec ceux du Roi d'Espagne. Bibl. Imp. Harlay 238/3. Fol. 503. 20. April 1602. Cod. 14. Nov. 1600. Schmidl II. 234. Harlay 238. 487. 9. Feb. 1600. Le baron de Liechtenstein est pratiquè par les Espagnols. Die Beſchreibung, welche der ſpaniſche Botſchafter ſelbſt von dem Charakter der kaiſ. Miniſter macht, beſtättiget jene Angabe der franzöſiſchen und

Auftreten gegen des Kaisers „Reputation" einem ihrer Glieder
die kaif. Ungnade zugezogen. Der Oberfthofmeister Georg von Lobkowitz büßte nämlich sein ehrgeiziges und illoyales Beginnen, trotz
seiner Verbindung mit der römischen Curie, mit ewigem Kerker.
Umsonst verwendeten sich die Jesuiten für diesen ihren Protector;
der Unwille des Kaisers war so groß, daß er in Rom gegen
sie klagend auftrat, und der Papst sich bewogen fand, ihnen zu
befehlen, sich in solche Dinge nicht einzumengen.⁶³)

Die Besetzung von Finale, eines kaif. Lehens durch spanische Truppen, konnte Rudolph nicht verschmerzen, er war der
Ansicht, daß durch diesen Act die Würde der kaiserlichen Majeftät
verletzt sei. — Spanien strebte offenbar nach der Eroberung Italiens, es war dies der Weg, wie die Diplomaten jener Zeit behaupteten, zur Weltmonarchie. Der Kaiser war faft entschloffen,
öffentlich mit Spanien zu brechen.⁶⁴) Die tiefe Abneigung Rudolph's gegen Spanien, die sich deutlich in dem unerwarteten
Sturz der beiden Minifter offenbarte, entmuthigte für den An-

italienischen Staatsmänner, so daß an die Käuflichkeit wohl nicht zu
zweifeln ift. Der Botschafter berichtet dem König: ...con procurar
V. M. tener prendadas las personas que tiene cabe si que se en-
tiende que no elevan otro fin en todo lo que aconsejan a su amo
sino su particular interesse y de lo que yo he podido saber de
aquella corte sospecho que es menester tratar con ellos no como
suelen principes grandes sino como mercadores... 10. Sept. 1602.
Simancas 707.

⁶³) Gindely a. a. O. II. II. 323.

⁶⁴) Bibl. Imp. Harlay. 238. 9. und 23. Febr. 1602, dann 20. April 1602.
16. Sept. 1600. Fol. 469. 2. Feb. 1602. Fol. 482. Soranzo a. a. O.
Bg. 4. S. Clem. al Rey. 21. Jänner 1602. Simancas 707. Ueber eine
andere Ursache der Abneigung des Kaisers gegen Spanien erzählt der
Benetianer Tommaso Contarini in der Relazione: M. S. Nr. 55. Bibl.
del Cav. Cicogna in Venedig Nachftehendes: Le nationi poi boema e
tedesca da un canto odiano tanto la Spagnuola, che dall' altro non vi
si può introdurre amicitia... et all' Imperatore ò sommamente mo-
lesto alle volte il modo di procedere che il re usa verso di lui,
perciochè il Re non l'ha chiamato qualche volta se non Imperatore
d'Allemagna, con gran dispiacere di tutte la natione tedesca che pre-
tende, come ò veramente, che l'Imperatore creato dai tedeschi sia
Re di Germania et l'Imperatore di Romani... — Cap. Disposizione
del Imperatore verso i Prencipi del mondo. Rè Cattolico.

genblick die spanisch-römische Partei und ihren Anhang in Böhmen und in Mähren.

Die Wirkungen dieser Ereignisse auf den Proceß Zierotin's machten sich fühlbar. Der Kaiser befahl, den Gang desselben zu beschleunigen, und die Intriguen gegen Zierotin fallen zu lassen, „sonst werde er die Urheber strafen." Einer der grimmigsten Gegner Zierotin's hatte offen gestanden, man habe keinen Beweis seiner Schuld herstellen können.

Die Abneigung, die der Kaiser gegen Spanien empfand und welche ihm die häufig angebotene Unterstützung K. Philipp's zurückweisen ließ, drängte ihn, sich dem Könige von Frankreich zu nähern, um bei ihm gegen die Fortschritte der Türken Hilfe zu suchen. Wenn dies, nach dem Gerüchte über die Sendung des Herrn Carl v. Liechtenstein nach Frankreich, wirklich in Aussicht stand, dann dürften sich die Freunde Zierotins der Hoffnung hingeben können, daß er an König Heinrich einen wirksamen Schutzherrn erlangen würde. Die Politik Heinrichs gestattete jedoch nicht die Gewährung der vom Kaiser begehrten Unterstützung. Die Schritte, welche Ançel bei Heinrich unternahm, um diesen zu einer Intervention zu Gunsten Zierotin's zu bewegen, blieben ohne Erfolg. [65])

Nach den häufigen Verlegungen des Processes kam es endlich im December 1601 zur Haupt- und Schlußverhandlung und zwar zuvor über Sigmund Dietrichsteins Klage.

Wiewohl Carl von Zierotin den Grafen Stephan Illyezhazy versichert hatte, man behandle ihn gerecht, so war es ihm doch bange, da diejenigen Personen, welche wider ihn zeugen sollten, zu dem feigsten Gelichter gehörten, diejenigen, welche das Urtheil

---

[65]) ...mai d'autant que le dit Dietrichstein est fils d'une Espagnole et que par consequent toute cette faction la demeura en sa faveur il y a apperence que le dechassement dudit Rompff ne viendra mal a propos pour Zierotin qui pourra avoir recour à la protection de Votre Majesté. Ançel au Roi. Bib. Imp. Harlay. 238/3. Fol. 471. 30. Sept. 1600. Soranzo Bg. 22/2. Harlay 19. Jänner 1602. Später berichtet Ançel, „daß der Proceß Zierotin's einen drohenden Verlauf anzunehmen scheine. Don Philipp will Herrn v. Liechtenstein das goldene Bließ geben. So unterstützt Spanien seine Freunde, und wir vernachlässigen die unseren." Harlay, 9. Febr. 1601.

sprechen sollten, waren theils Feinde und Nebenbuhler, theils solche
Freunde, welche, um den höher gestellten Personen nicht zu mißfallen, ihn zu verurtheilen bereit waren. [66])

Auf den Ausgang des Processes war die Aufmerksamkeit
nicht allein von Böhmen und Mähren, sondern auch von Deutschland gerichtet; denn auch dort wußte man, daß ein Sieg des
Herrn von Zierotin zugleich ein Sieg der großen protestantischen
Mehrheit der Bevölkerung, seine Niederlage zugleich eine Niederlage der Autonomie des Landes und der ständischen Freiheiten
war. Das Gericht war aus sechsundzwanzig der vornehmsten
Senatoren (Landrechtsbeisitzer) Böhmens zusammengestellt, eine
große Anzahl Zuhörer hatten sich eingefunden — Sigmund von
Dietrichstein trug seine Klage vor, durch drei Tage dauerte das
Verhör der Belastungszeugen — Herr Sigmund von Dietrichstein
ließ die ursprüngliche Klage wegen Ehrenbeleibigung und Hochverrath fallen, weil er keinen Beweis herstellen konnte, und brachte
drei neue Puncte vor:

„daß Herr von Zierotin in den Städten während der Dauer
des Landtags und des Landrechts in seiner Wohnung Calvinischen Gottesdienst abhalten ließ."

„daß Herr von Zierotin im Jahre 1591 in Diensten des
Königs von Frankreich stand, während kaiserliche Patente, die in
jenem Jahre erschienen, den Eintritt in fremden Kriegsdienst untersagten."

„daß Herr von Zierotin die vom Kaiser angeordnete Uebergabe der Vormundschaft Lipa's nicht vollziehen wollte."

Aber auch diese Angaben konnte der Kläger nicht vollständig
beweisen. Sigmund von Dietrichstein verwirrte das Klagebegehren,
und Thatsachen wurden erhärtet, die kein Gegenstand eines Verbrechens waren. Die Angabe wegen Abhaltung des calvinischen Gottesdienstes in den Städten erwies sich gerade durch die Belastungszeugen als falsch. Aus den Briefen, welche Carl aus Frankreich
an die Frau Wanecky schrieb und deren Besitz sich Dietrichstein erschlichen hatte, konnte nichts Compromittirendes entnommen werden;
bezüglich der Lipa'schen Vormundschaft sind zwar die kaiserl. Mandate wegen Abtretung dieser Vormundschaft producirt worden,

---

[66]) Beil. Nr. CXV. 10. Octob. 1601.

man konnte aber nicht nachweisen, daß Herr von Zierotin sich gegen den Kaiser offenen Ungehorsam habe zu Schulden kommen lassen. Noch bevor die Vertheidigung begann, war bei allen Anwesenden die Ueberzeugung der Schuldlosigkeit des Herrn v. Zierotin fest-gewurzelt. — Nun begann Carl seine Vertheidigungsrede, deren Wortlaut leider verloren ging; diese Rede und die Aussagen der Entlastungszeugen nahmen zwei Tage in Anspruch. Als Herr von Zierotin im Anfange seiner Rede einige Behauptungen des Gegners widerlegt hatte, wurde ihm schon der Sieg pro-phezeit; als er aber durch unwiderlegliche Gründe seine Un-schuld nachwies, dann war Niemand im Saale, der nicht gesagt hätte, „es sei ihm das größte Unrecht widerfahren." Die Gegner selbst schwiegen, erboßt ob der Ungeschicklichkeit des Klägers; der Vornehmste derselben versicherte, er hätte nicht gewußt, daß er es mit einem Schwachkopf (dem Herrn von Dietrichstein nämlich) zu thun habe." Der Advocat Dietrichstein's, die Niederlage ahnend, schützte eine Krankheit vor, um nicht mit dem Clienten auch sich lächerlich zu machen.

Die Nachricht von dem Ergebnisse dieser fünftägigen Ver-handlung verbreitete sich mit Blitzesschnelle über die Stadt Prag und das ganze Land; laut und freudig wird die Unschuld Carl's verkündet in jedem Kreise, in jedem Weiler des Vaterlandes.[67]

Da die Partei des Herrn v. Dietrichstein einsah, daß dieser Proceß verloren ist, ließ sie um doch eine Verurtheilung Zierotin's zu erzielen, bei der Schlußverhandlung die Wladislaw'-schen Edicte gegen die Picarden vorlesen, um ihn, wenn er der Ketzerei überwiesen würde, zu verderben. Doch die Krankheit des Advocaten Sigmund's v. Dietrichstein nöthigte das Gericht, die Anhörung dieser Klage bis zum 14. Februar 1602 zu verschieben.

Herr von Zierotin durfte sich noch nicht beruhigen, er hatte es mit kühnen, mächtigen und unermüdlichen Gegnern zu thun, die um Mittel nicht verlegen waren, und das Spiel noch nicht auf-geben mochten. Sie trösteten sich damit, daß noch der Proceß mit Pierio in der Schwebe sei, bei welchem die Vertheidigung schwieri-ger, die Verurtheilung des Herrn v. Zierotin sicherer sein dürfte. Sofort nach der Vertagung der ersten Gerichtsverhandlung erhielt

---

Carl den Befehl, Prag nicht zu verlassen. Am 19. December endlich, nach einem vierwöchentlichen Aufenthalte in Prag, wurde er vor den obersten Kanzler Zdenko Adalbert von Lobkowitz vorgeladen; dieser nahm ihm auf Befehl des Kaisers das Ehrenwort ab, an einem bestimmten Tage die Vormundschaft Lipa's abzutreten und nach vollzogener Uebergabe sich wieder vor den Oberstkanzler zu stellen.

Nach dieser Unterredung reiste Herr v. Zierotin nach Mähren, um im Februar wieder zur Urtheilsfällung in der Dietrichstein'schen Sache zu erscheinen. Doch ein höherer Richter hatte zwischenweilig in den Gang dieses Processes entscheidend eingegriffen.

Sigmund v. Dietrichstein war nach dem kläglichen Ausgange der Gerichtsverhandlung tief ergriffen; Scham und Zorn bemächtigten sich seiner, man sagte, er habe ausgerufen, daß er nun vor der Welt als überwiesener Lügner da stehe. Dietrichstein nahm sich die Sache so sehr zu Herzen, daß er in der Nacht nach der Niederlage im Gerichtssaale einen Schlaganfall erlitt. Als er kurz darauf vernahm, daß sein Sohn und seine Schwägerin plötzlich starben, daß seine Frau heftig erkrankt sei und sein Advocat sich der weiteren Verfolgung des Processes durch eitle Vorwände entzog, begann er vor allen Leuten zu weinen, sich als verkauft und verrathen anzusehen. Er fuhr darauf nach Mähren, trank aus Verzweiflung häufig und viel, worauf ihn ein heftiges verzehrendes Fieber ergriff, das ihn rasch (in acht Tagen) in's Grab brachte. Es durchflogen verschiedene Gerüchte das Land, einige beschuldigten den Herrn v. Zierotin ihn vergiftet zu haben, andere glaubten, er selbst habe Gift genommen auf Anrathen seiner Verwandten, um die Schande, die er durch die lügenhaften Angaben über sich und die Seinen gebracht, zu sühnen. Doch Alles dies war falsch, der Tod kam auf natürlichem Wege.[68]

Von einer Urtheilsschöpfung über die zuletzt vorgebrachte Klage gegen Zierotin wegen „Häresie" war nicht mehr die Rede. Es war kein Kläger, also nach unserer alten Verfassung auch kein Richter vorhanden. Im März erfolgte die Schlußverhandlung im Proceß Pierio's. Auch dieser konnte keinen Beweis vorbringen, da Herr v. Zierotin bei Gefangennehmung jenes Menschen

---

[68] Cod. 28. April 1602 Orchi, 20. Mai 1602 Eberbach. Chronik von Brünn des Rathsherrn Ludwig, herausgegeben von Chlum. S. 79. 2.

von der k. Salvaguardia nichts wußte und nur im Auftrage des Landeshauptmanns und der Landrechtsbeisitzer handelte.

Als Herr v. Zierotin alle Schändlichkeiten und Verbrechen dieses niederträchtigen Burschen aufdeckte und nachwies, wie er den Kaiser, die Hofkanzlei und jetzt die Richter täusche, als er das Gewebe der Intrigue Pierio's bloß legte; waren die Schuldlosigkeit des Angeklagten und ebenso die Verleumbungen des Klägers sichergestellt. Dieser Sieg war für die Sache des Herrn v. Zierotin entscheidender als der erste. Das Endurtheil wurde von ganz Prag mit größter Spannung erwartet. Die gesammte Bevölkerung hatte an Herrn v. Zierotin den lebhaftesten Antheil genommen. Seine Anhänger und Parteigenossen frohlockten; sogar unter den Katholischen hatte er Freunde, die über diesen Ausgang erfreut waren.[60]) Doch die Urtheilsschöpfung fand jetzt noch nicht Statt und wurde auf den kommenden September verschoben.

Da es der römisch-spanischen Partei nicht gelang, den Herrn von Zierotin durch dieses Mittel zu verderben, beschloß dieselbe, die Sache, die er vertrat, nunmehr direct und ohne Umschweife, Mann gegen Mann, anzugreifen.

Es war den Katholiken gelungen, fast alle obersten Landesämter an Glaubensgenossen zu übertragen.

Ketzerische Bürger wurden zur Rechtfertigung nach Prag citirt. Der Unterkämmerer hatte es dahin gebracht, daß in Brünn, was früher nicht geschehen war, die Rathsglieder die Frohnleichnamsprocession begleiteten, während noch vor wenigen Jahren dieselben Bürger Brünn's diese heilige Feier durch gewaltsame Störung unterbrachen. Kein Akatholik wurde in geweihter Erde begraben und während des Begräbnisses eines solchen durfte nicht geläutet werden. Es erging an den Rath von Brünn der Befehl, daß jedes Mitglied desselben unter Einer Gestalt bei St. Jakob communiciren, daß der Stadtschreiber ein Katholik sein müsse. Kurze Zeit darauf wurde die kais. Verordnung bekannt gemacht, kraft welcher nur Katholiken als Bürger in den königl. Städten aufgenommen werden dürfen.[70])

---

[60]) Wacker an Card. Dietrichstein 31. März 1602. Kremsierer Rot. V. VI. L. A. Cod. 15. Mai 1602.
[70]) Chronik Ludwigs 39, 2. 63, 3. 80, 4.

In Znaim gelang es dem Oberstlandeskämmerer Berka die Bürgerschaft einzuschüchtern, und ihr gegen das Recht die Rathspersonen frei zu wählen, mehrere Katholiken als Stadträthe aufzubringen. Niemand konnte Rathsherr bleiben, welcher nicht den katholischen Eid auf Maria und die Heiligen schwur. Ein gleicher Vorgang sollte zu Iglau beobachtet, mit Verletzung der Stadtprivilegien sechs Katholiken als Räthe eingesetzt werden, doch die Iglauer wehrten sich mannhaft. Ein guter weiblicher Genius, die Gräfin Salm, die Gattin des Oberstkämmerers und kaiserl. Commissärs Ladislaus von Lobkowitz, „vermahnete ihn treulich hie keine neuerung anzurichten." Der Hof und die Commission thaten den Bürgern weiter keine Gewalt an.[71])

Nicht minder thätig war der Cardinal — die Leuchte seiner Priesterschaft. Mit edlem Beispiele, voll Muth und Hingebung ging er voran. Er predigte, las die Messe, führte Processionen barfuß, trieb Teufel aus, saß im Beichtstuhle in der Jakobskirche zu Brünn, unermüdlich ununterbrochen durch die ganze Passions- und Osterwoche. Man staunte über diesen Kirchenfürsten, daß er sich wie der jüngste seiner Capläne der Seelsorge widmete. Kam aus Ungarn die Nachricht irgend eines Sieges der kaiserlichen Waffen über die Türken, so hielt er die Predigt selbst ab und mahnte, man solle den Feind nicht allein mit Geld und Mannschaft schlagen, sondern auch den Namen Christi ausrufen, wie jener Blinde im Evangelium, und Gott werde helfen zu weiterm Siege, ja zur Eroberung von Konstantinopel. Gewöhnlich war die ganze Landschaft, auch die Sectirer waren bei einer solchen Predigt anwesend. Alle Herren und Ritter mit ihren Damen folgten ihm bei den Processionen mit brennenden Lichtern. Vor dieser glänzenden Gemeinde communicirte der Cardinal Hunderte von Personen und weihte Priester; ein ander Mal ließ er einen lutherischen Geistlichen, welcher die Absicht hatte, zur katholischen Religion zu übertreten, widerrufen. Oeffentlich am Hochaltar legte der Convertit die Beichte ab, bekennt, daß er falsche Lehren gepredigt und erhält in feierlicher Weise die Absolution. Tief ergriffen von dieser Scene verließen die Andächtigen und die Zuhörer das Gotteshaus.

[71]) Chronik von Iglau vom Stadtschreiber Leupold; herausgegeben von d'Elvert. S. 208, 218, 222 und 229.

Die katholischen Barone waren die ersten bei allen frommen Uebungen, welche der katholische Cultus vorschrieb.[72]) Sie führten auf ihren Gütern die Glaubensrestauration durch.

Die Gemeine: die Bürgerversammlung, die fast immer besonders in Religionsfragen Opposition machte, die noch vor Kurzem einen eifrigen katholischen Bürger aus dem Fenster des Rathhauses herabwerfen wollte,[73]) verstummte jetzt. Ungeachtet aller der strengen Verordnungen gegen die Lutheraner kamen die lutherischen Bürger willig zur Gemeindeversammlung und hatten keine Beschwerden wie sonst vorzubringen, sie bewilligen die Stadtsteuer ohne Murren, ohne Bemerkung.

Aehnliche Veränderungen bewirkte der Cardinal im Landrecht. Er setzte den Beschluß durch, daß kein Landherr daselbst als Mitglied aufgenommen werden durfte, der nicht zur Mutter Gottes und allen Heiligen schwöre. Niemand hatte den Muth dagegen aufzutreten. Die Katholischen hielten den Augenblick für günstig, den ersten entscheidenden Schritt zu thun und die Gegner von Amt und Würden aus der Landstube und vom Rathhause gewaltsam zu entfernen.

Als Carl von Zierotin einige rasche Worte gegen das Landrecht fallen ließ, vermuthlich wegen des erwähnten Beschlußes, beantragte der Cardinal die Ausstoßung desselben. Dadurch gaben die Gegner selbst ihm, seinem Talente und Einflusse ein ebenso glänzendes Zeugniß, wie die Athener dem berühmten Redner Antiphon, dem sie verboten öffentlich zu reden, sobald er die Absicht hatte, ihre Wünsche und Ansichten zu bekämpfen. Kurze Zeit darauf wurde ihm der Schlüssel des Landesarchives abgenommen und dem Grafen Thurn übertragen. Niemand spricht dagegen, die Ausschließung Zierotins wird vollzogen und eine neue Klage wegen der Bemerkungen des Herrn von Zierotin gegen den erwähnten Landrechtsbeschluß vorbereitet.[74]) Der Landeshauptmann

---

[72]) Schmidl histor. Soc. Jesu II. 78. über die Wallfahrten der Maria von Pernstein und ihrer Töchter nach Maria Schein — dann II. 189, 198, 203, 302, über die auf den Gütern katholischer Barone durchgeführte Restauration.

[73]) Chronik Ludwigs, 30. 7.

[74]) Cod. 28. April 1602 Orchi. Landtag Dienstag nach Dorothea 1602. Landtagspamatkenb. Fol. 117. Ançel berichtet an den König: Le pauvre

Haugwitz, der es mit den Protestanten hielt, wird abgesetzt und wegen seiner Gebahrung mit Landesgeldern zur Verantwortung gezogen. Berka, wie schon früher Sigmund v. Dietrichstein in Olmütz, erscheint über Anregung des Carbinals in Brünn im Namen des Kaisers und entsetzt bei der Rathserneuerung alle Unkatholischen von ihren Aemtern. Den Fleischern wird von Rathswegen befohlen, an den Fasttagen kein Fleisch auszuschrotten. „Solcher Veränderungen," schreibt der Rathsherr Ludwig, ein Katholik, „so jetzt geschehen, gedenkt kein Mensch zu Brünn!" [75]) Selbst den Kaiser wußte die spanisch-römische Partei damals zu gewinnen. Rudolph war lange nicht zu bewegen — endlich gab er ihrem Wunsche nach. Die Gründe dieser Willfährigkeit des Kaisers lagen wahrscheinlich in der abschlägigen Antwort Frankreichs, die angesuchte Hilfe in Ungarn zu gewähren,[76]) und in den Bedingungen, an welche der Papst die Türkenhilfe knüpfte. Der Carbinal v. Dietrichstein war mit den Unterhandlungen in Rom beauftragt, der günstige Erfolg mochte davon abhängig gemacht worden sein, daß der Kaiser streng gegen die Ketzer in den Erblanden verfahre. Es ist nicht unwahrscheinlich, daß Rudolph um den Preis, den Drängern in religiösen Dingen nachzugeben, von diesen die Sistirung der Frage der Erbfolge zu erlangen hoffte. Einmal nimmt er sie scheinbar, wir wissen es, selbst in die Hand,[76a]) und deutet auf den jüngsten der jüngeren Linie, auf Erzherzog Leopold, als auf den Nachfolger in der Ueberzeugung, die übrigen Erzherzoge werden in Folge dessen die Frage eher ganz fallen lassen, als ihre gerechten Ansprüche auf diese Art zu-

---

Baron de Zierotin s'etant oublié en quelque chose de son office en Moravie nullement d'importance n' a été repris par l'animosité de ses ennemis et demit du dit office. Bibl. Imp. Harlay Fol. 487. 9. Feb. 1602. Puhonenbuch zum Jännerlandrecht 1602 im f. Landtafelamte zu Brünn.

[75]) Chron. Lud. 80, 5. 16. April 1602.

[76]) ...Necessité de donner assistance a l'Empereur dans la guerre de Hongrie — son Ambassadeur en France en fera la demande. Harlay a. a. O. Fol. 480. 19. Jänner 1602. ...Ançel n' a pas repondu a la demande de l'Empereur que le roi de france lui accorde un secour pour la guerre de Hongrie. Harlay a. a. O. Fol. 487. 9. Feb. 1602.

[76a]) ...ha respondido (der Kaiser) que dentro de tres meses se resolvera en lo que huviere de hazer... in der Nachfolge. S. Clemente a Felipe III. 28. Juni 1603. Sim. 707.

rückgeſetzt ſehen.[17]) Rudolph betrachtete das Drängen nach Feſt-
ſtellung der Erbfolge wie das Ausſtrecken der Hand nach ſeiner
Krone und vermengte ohne weitere Prüfung das Streben der
Erzherzoge, insbeſondere des Erzherzogs Mathias, der nur die
Erbfolge feſtſtellen wollte,[17a]) mit dem Programme ſeines proteſtantiſchen Adels, welcher mit des Kaiſers Regierung unzufrieden
war und nach Abſchüttlung der deutſchen Fremdherrſchaft rang.
Er glaubte hier an einen Zuſammenhang, welcher jedoch erſt durch
ſeine Politik herbeigeführt werden mußte.

Spanien hatte viel dazu beigetragen, die Dinge in dieſem
Lichte erſcheinen zu laſſen. Rudolph war gegen das Madrider
Cabinet mißtrauiſch. Es gewährte ihm Befriedigung demſelben
entgegen zu treten; Rumpf wird geſtürzt, weil er die Anſicht
Spaniens in der Erbfolgefrage vermittelt. Rudolph betrieb das
Reſtaurationswerk ohne Eifer, weil Spanien es unterſtützte.

Plötzlich verlaſſen die ſpaniſche Regierung und die Curie
die Reihen der Dränger in der Erbfolgefrage. Die Erzherzoge und
die deutſchen katholiſchen Fürſten ſind allein im Vordergrund.
Spanien mochte überzeugt ſein, daß kein anderer als ein öſterreichiſcher Prinz auf die deutſche Krone begründete Ausſicht haben
könne, daß Waffengewalt und die Macht des Geldes andere Prätendenten leicht beſeitigen würden, daß der Kaiſer für ſpaniſche
Zwecke zu gewinnen ſei, wenn jene Frage vorerſt bei Seite geſchoben werde.[18]) Es war nicht ſchwer, dem Kaiſer das Intereſſe
des Erzherzogs Mathias für die Erbfolge als etwas Aufrühreri-
ſches darzuſtellen; die rebelliſche Andeutung der Ungarn, daß ſie
dieſen zum König haben wollen, konnte den Kaiſer glauben machen,

---

[17]) Soranzo Relazione a. a. O. II. 1. 2.

[17a]) Die Miniſter riethen Mathias davon ab, mit dem Kaiſer von der Nachfolge zu ſprechen, ſonſt würde er in ewige Ungnade fallen. 31. Jänner
und 24. Feb. 1603. Sim. 707.

[18]) Soranzo a. a. O. I. 25. 1. Ueber die Politik Spaniens in der Kriegsfrage. Hurter a. a. O. V, 114. n. 209. Es iſt gewiß, daß im J. 1603
plötzlich die Thätigkeit des ſpaniſchen Botſchafters in Prag in der Frage
der Nachfolge aufhört, und er keine Weiſungen von ſeinem Hofe in
dieſer Angelegenheit erhält. Bis zum J. 1605 ruht dieſe Frage gänzlich.
Auch die Quellen, welche hierüber Hurter zu Gebote ſtanden, wiſſen nichts
mehr davon zu erzählen — und beginnen erſt wieder mit dem J. 1605.

daß Mathias eigentlich nur von jenem protestantischen Adel getra=
gen werde, welcher das Erbfolgerecht des Erzherzogs als Vorwand
benützen will, um Rudolph's Herrschaft abzuschütteln. Es wurde
dem Kaiser vorgestellt, wie gerade dieses Streben von den Pro=
testanten ausgehe, wie es sich in dem starren Festhalten an die alte
Verfassung, diese unzerreißbare Schranke gegen die Entwicklung
kaiserlicher Hoheit abspiegle, wie Mathias mit den Protestanten
nur eine Politik befolge, der man entgegentreten muß, weil
beide dann getroffen und besiegt werden können. Man überzeugte
den Kaiser, wie der Krieg nothwendig sei, um ein schlagfertiges
Heer in Waffen zu halten; wie die „Ketzerei ausgerottet" werden
müsse, weil diese der Deckmantel sei der rebellischen Gesinnung
gegen den Kaiser. Das Heer sei nicht allein gegen den äußern
Feind, auch gegen diese Rebellen und Ketzer zu verwenden. Die
Länder, erschöpft an Geld und Mannschaft, von der Türkenge=
fahr bedroht, waren zu keinem Widerstand fähig. Man schilderte
die Fortsetzung des Krieges als im wahren Interesse Rudolph's
gelegen, denn die Aufstellung einer schlagfertigen Armee würde
ihn von innern und äußern Feinden, von der Lösung der Erb=
folgefrage befreien. Durch solche Gründe gelang es jener Par=
tei in der Politik des Kaisers einen Umschwung herbeizuführen,
an welchen er festhielt.[79] Es war des Kaisers Absicht, in Un=
garn einen entscheidenden Schlag zu führen, er sammelte alle seine
Kräfte, um die Türken aus Ungarn vollends hinaus zu werfen,
da er wußte, daß die Finanzen nicht länger als durch zwei Jahre
die Lasten des Krieges tragen konnten. Schon einige Jahre zu=
vor war Rudolph Willens gewesen, Güter der Geistlichkeit zu
verkaufen, um aus deren Erlös den Sold für die Armee zu be=
streiten. Das den Brünner Nonnen gehörige Gut Auspitz ließ Ru=
dolph verpfänden, und die Besitzungen des Klosters Strahof sind
nur durch ein rechtzeitig eingetroffenes abmahnendes Schreiben
des Papstes dem Verkaufe entgangen.[80] — So hatte die römisch=

[79] Soranzo I. 9. 1.
[80] Clemens VIII. lib. Brev. Sign. 2931. ep. 222. Bibl. Vallicel. Cod. Ms.
3. 59. Dudik Iter Rom. ddo. 14. Aug. 1598. — Man erzählte, die Ab=
tretung Finales an Spanien habe der Kammer eine bedeutende Summe
eingetragen. Harlay a. a. O. 9. Feb. und 11. April 1602, 20. Dec. 1603.

spanische Partei am Hofe einen entschiedenen Sieg erfochten, das Restaurationswerk ward mit verjüngter Kraft wieder aufgenommen,
die Türken beschäftigten den Kaiser, und selbst vom Kriege in Anspruch genommen, räumt er Spanien das Feld in Angelegenheit
der kaif. Lehen Italiens, in Deutschland und in Flandern.

Jetzt wird er vermocht, einen festen Entschluß zu fassen, nachdem zuvor bereits das Gerücht erzählt hatte, daß etwas Energisches
gegen die Sectirer unternommen werden solle. Die alten Mandate
Wladislaw's, welcher die „Ausrottung der Ketzer" anordnete, wurden
mit äußerem Gepränge, über Anregung des Oberstkanzlers repu-
blicirt; vorerst waren diese Edicte für Böhmen giltig und für
Mähren nur in den k. Städten. [81])

Kein Widerspruch erhob sich, auch die Stände schwiegen,
dieselben Stände, welche vor kaum zwei Jahren im Landrechte feierlich erklärt hatten, daß in Mähren die Gewissensfreiheit herrsche.

Die neuerliche Klage, die gegen Carl von Zierotin wegen
seines Benehmens im Landrechte erhoben wurde, hatte aber demungeachtet keine weiteren Folgen. Er wurde nach Prag citirt. Der
Oberstkanzler Zdenko von Lobkowitz verhörte ihn, mit harten Worten die im Landrechte gehaltene allzufreie Sprache verweisend, und
befahl ihm, sich nicht von Prag zu entfernen, bis er nicht auf
des Landrechts Klage geantwortet haben würde. Der Kaiser aber
erwies sich Herrn v. Zierotin im Widerspruche mit seinem Kanzler
sehr gnädig: er zeigte ihm die Klagschrift; sogar ein Decret ließ
er zu seinen Gunsten ausfertigen, um die Uebergabe der Herrschaft Kromau an die neue Vormundschaft ohne Belästigung und
Verantwortung für Herrn v. Zierotin vollziehen zu lassen. Seither
wurde jene Klagsache, die abermals den Gegensatz zwischen Kaiser
und Minister offenbarte, nie wieder zur Sprache gebracht.

Wenn auch die Ankläger Zierotin's Verurtheilung nicht bewirkten, so hatten doch die Gegner ihren Zweck erreicht. Herr von
Zierotin ward dadurch aus dem Landrechte, von jener Warte
gestoßen, von welcher aus er mit scharfem Späherauge jede Bewegung des Feindes verfolgte und die Verfassung und Freiheit
vertheidigt hatte. Da sie ihn nicht verurtheilen konnten, so wollten
sie ihn unaufhörlich quälen, ihm Verluste an Geld und Zeit zu-

---

[81]) Cod. 11. Nov. 1602 Grynæo. — 30. Sept. 1602 Eberbach. Beil. CXVII.

fügen. Es erfolgte in dem Processe kein Endurtheil durch viele
Jahre noch, und in jedem Jahre mehrmals wurde er nach Prag
citirt, um den Richterspruch zu hören, der dann nie gefällt wurde.
Die traurigen Erfahrungen der letzten Zeit, die unerwartete Re-
publication der Jacobsmandate bestimmten Carl von Zierotin, die
Entfernung von dem öffentlichen Geschäfte nicht allein mit Ergebung, sondern sogar für den Augenblick mit Befriedigung zu
ertragen. Er räumte vorerst seinen Gegnern gänzlich das Feld
und zog sich, nachdem auch die Uebergabe Kroman's an die neue
Vormundschaft im August 1602 stattgefunden hatte, in das Privatleben zurück.[82])

Der Cardinal von Dietrichstein, der eine so gewaltige Aenderung in so kurzer Zeit bewirkte, stand nun an der Spitze der
Geschäfte.[83]) Er wurde jetzt Landeshauptmanns-Stellvertreter.
Der Kaiser bezeugte ihm großes Vertrauen, er sandte ihn wieder-
holt nach Rom, erbat sich von ihm häufig geistlichen Rath. Der
Einfluß, den der Cardinal besaß, wurde, wie er sich ausdrückte,
verwendet „um die heil. Religion fortzusetzen und vermöge unseres
Amtes und Berufes fortzupflanzen." Der Cardinal erwirkte das
kais. Mandat, daß jene Bürger von Olmütz, welche außerhalb der
Stadt den Gottesdienst besuchen (Protestanten), binnen vier Wo-
chen die Stadt verlassen mußten; hatten sie ihre Häuser in dieser
Zeit nicht verkauft, dann sollen sie dennoch entfernt werden und
der Verkauf nachträglich eingeleitet werden; auch das Verbot des
Begrabens der Protestanten auf kathol. Kirchhöfen, wurde auf
Veranlassung des Cardinals bekannt gemacht.[84])

---

[82]) Cod. 28. April 1602 Orchi. 4. Oct. 1602. 9. Dec. 1602 Polano. —
Krems. Act. Wacker an Cardinal Diet. VI. 15. Mai 1602. — Cod.
19. Sept. 1602 Lombardo 30. Sept. 1602, Eberbach und 9. Nov.
1602 Polano.

[83]) Landtagspamatkenbuch a. a. O. Sonntag nach Procopi 1602.

[84]) Der Cardinal von Dietrichstein unterhielt häufig durch mehrere Monate
zur Beförderung seiner Geschäfte in Prag und Rom Agenten, gewandte
vertrauenswürdige Männer, die mit dem Verhältniß der Höfe wohl bekannt waren. Beinahe durch das ganze Jahr 1602 war des Cardinals
Agent in Prag Johann Jakob Wacker von Wackerfeld, beider Rechte
Doctor, anfangs Offizial, dann Domherr von Olmütz und später von
Breslau, Secretär und Rath des Cardinals. (Boczek P. S. Nr. 10153

Die Absendung der kaif. Commission gegen die Bewohner von Wisowitz, welche, auf ihre Privilegien sich fußend, den katholischen Pfarrer nicht annehmen wollten und Widerstand leisteten; der Befehl, daß nur Katholiken in den Städten zu Rathsmitgliedern ernannt werden dürfen; die Commission wider die Bürger Troppau's, welche gegen die Uebergabe der Kirche zu unserer lieben Frau daselbst an einen katholischen Pfarrer Widerstand leisteten, war das Werk des Cardinals. Er setzte es durch, daß Papst Clemens die Verwendung von fünfzehn Zöglingen des Alumnats in Olmütz für die mährische Diöcese gestattete, da der Mangel an katholischen Priestern sehr groß war. Die Stadt Hrabisch überraschte ihn jetzt mit Uebertragung der Colatur ihrer Pfarre, während ihre Bürger noch im J. 1595 zu Weihnachten die katholische Feier dieses Festes störten.

Der Einfluß des Cardinals war so groß, daß er einen ansehnlichen Theil des protestantischen Adels bei einem Gastmale überredete, Beiträge zum Baue des Jesuitenconvents in Brünn zu geben; er selbst widmete 1000 Thaler zur Herstellung der Domus probationis.

Ungeachtet dieser Wirksamkeit des Cardinals fand die Sache der katholischen Restauration ganz unvermuthete Gegner in den

im L. A.) Die Correspondenz zwischen dem Cardinal und den Agenten, worin ohne alle Rücksicht die vertraulichsten Angelegenheiten des Cardinals behandelt wurden, sind treffliche Quellen nicht allein zu seiner Biographie, sondern auch zur Zeitgeschichte. Sie sind einer besonderen Herausgabe werth. Ein großer Theil hat sich im Kremsierer fürsterzbischöfl. Archive erhalten, worin aus den Jahren 1600—1606, dann 1622—1630 zahllose Briefschaften vorhanden sind. Im J. 1610 war Ritter Oliviero Agent des Cardinals in Rom. Röm. Mat. L. A. — Die Langsamkeit der Hofkanzlei, die rasche Art des Cardinals brachte Wacker oft in Verzweiflung, er sehnte sich häufig nach der Heimath. Der Cardinal nahm solche Wünsche nicht immer gnädig auf: Dass ihr gerne zu haus komben wollt glaub ich, ist aber mein ernstlicher beuelich euch bey leib nicht zu rieren von ortt, bis auf mein claren beuelich, denn ich will einmal bischoff oder poder (Vater) sein, die uncosten werden nicht so gross sein, die Ihr macht, weil ich glaub das ihr nicht Tag und Nacht fresst und sauft. K. A. Card. an Wack. 11. April 1602 n. 36. — Ueber die Abstiftung der prot. Bürger. S. Boczek Off. Slg. l. 425. w. pat. po proměnění Christa pána 1602.

Reihen seiner Feinde. Die hohe kirchliche Stellung des Cardinals, die großen Einkünfte des Bisthums, ein zahlreicher und glänzender Kreis von Vasallen,[85]) die beispiellosen Erfolge im Religionswesen nach kaum zweijähriger Regierung, verfehlten nicht, Neid und Mißgunst zu erwecken. Die Häupter seiner eigenen Partei am Hofe zu Prag, von welcher er die kräftigste Unterstützung zu erwarten berechtigt war, bereiteten ihm größere Verlegenheiten, als selbst die „Akatholischen" in Mähren. Die geheimen Räthe des Kaisers, Liechtenstein, Hornstein und Barvitius, ein Vasall Spaniens, und dem Hofe zu Madrid völlig ergeben,[86]) dann Pezz, zeigten sich ihm entschieden feindlich. Der Oberstkanzler Zdenko von Lobkowitz und seine Secretäre, der Landhofmeister Christoph von Lobkowitz waren keine zuverläßigen Freunde. Der Cardinal muß freigebig sein, um sie in guter Laune zu erhalten; wenn er werthvolle Geschenke macht, dann sind sie ihm dankbar und drücken die Hoffnung aus, er werde mit ihnen zufrieden sein.[87])

Herr von Liechtenstein faßte den Gedanken, ein Collegium der Jesuiten in Oesterreich zu gründen, doch ohne große Auslagen. Obwohl sein Haushalt zu Prag über 30,000 Th. jährlich, eine sehr bedeutende Summe für jene Zeit, erforderte, und sein Jahreseinkommen diesen Betrag nahmhaft überstieg, verlangte er doch vom Kaiser die Auflösung des Benedictinerstiftes Raigern, um das künftige Jesuiten-Collegium mit den Gütern dieses Klosters zu dotiren, und auf diese Art die eigenen Mittel zu schonen.

Diesem Ansinnen trat nun der Cardinal mit aller Kraft entgegen, „er als loci Ordinarius will mit den Ständen allen möglichen Widerstand leisten und wenn er persönlich Se. Majestät darum molestiren sollte." In der That behielt der Cardinal in dieser Frage Recht. Liechtenstein vergaß aber die Niederlage nicht.[88])

[85]) Krems. Act. 20. August 1602. 38. und III. Card. an W. — Ens das Oppaland I. 2. 80. — Krems. A. a. a. O. 36. X. G. XIII. — Boczef P. Slg. 8084. 1602. — Schmidl a. a. O. II. 263 & 267.

[86]) Bibl. Imp. Harlay 12. und 20. August 1602.

[87]) Chrst. v. Lobkowic an Card. Krems. A. 14. Febr. 1602. 19. Febr. 1602. Nr. 34. L. A.

[88]) Krems. Act. 19. Febr. 1602. Card. an Wacker. 34. 22. März 1602. Wacker an Card. 34 und 38 Rudolph an Card. 2. August 1602. Abaudt

Barvitius war mit dem Vorgehen des Cardinals in dieser Sache nicht ganz zufrieden. Auch Hornstein trat ihm aus unbekannten Ursachen entgegen, beide mochten von des Cardinals Nebenbuhlern gewonnen worden sein. Diese Stimmung der „Geheimen" (Räthe) hatte er empfinden müssen. Als er Maßregeln vorschlug zur Unterbrückung der „Ketzereien", wurde es ihm entgolten.

Er bat um Erwirkung eines Patentes zur Unterbrückung der picarbitischen Druckereien in Mähren, da diese eine große Anzahl von ketzerischen Tractaten in die Welt schickten. Man versprach ihm, daß ein Befehl an die k. Städte ergehen wird, damit ketzerische Bücher nicht verkauft werden; die verlangte Sperrung der Druckereien wollte aber der geheime Rath vorerst nicht aussprechen, sondern auf eine günstige Gelegenheit vertagen. Natürlich war ein Verkaufsverbot allein nicht wirksam. Der Cardinal erbat sich Patente zur Vornahme der so heilsamen Visitirung der Pfarreien; diese wurden geradezu verweigert und ihm der Rath ertheilt, seine eigenen Pfarren zuerst zu visitiren und das Weitere zu erwarten. Die Verleihung des Besetzungsrechtes der Eibenschitzer Pfründe, das vom Cardinal angestrebt wurde, um diesen Centralsitz der Brüderunität zu vernichten, wurde versprochen, aber nicht ausgeführt. Eine vom Cardinal in Vorschlag gebrachte allgemeine Verfolgung der Juden ist mit Stillschweigen übergangen worden.[**]) Wenn der Cardinal in Sachen der höchsten Wichtigkeit der Kirche und des Staates bald einen entschiedenen Widerstand und bald nur eine halbe Unterstützung fand, so kämpfte er ganz erfolglos, wenn es sich darum handelte, die Erledigungen persönlicher Angelegenheiten durchzusetzen. Der Cardinal wollte geheimer Rath und Cardinal-Protector von Deutschland werden. Liechtenstein machte Schwierigkeit in beiden Richtungen. Der Cardinal glaubte als Deutscher unter allen andern Cardinälen das größte Anrecht auf diese Würde zu besitzen; zwar versicherte Liechtenstein dem Agenten des Cardinals in Prag, dem Officialen Joh. Jak. Wacker, daß er sich für die Sache möglichst interessiren wolle; doch

---

Voigt Leben des Card. Dietrichstein. Leipz. 1792. — Ueber Liechtensteins dunkles Verhältniß zum Brünner Minoritenkloster. S. Wolny kirchl. Top. II. A. 1. B. S. 107 und 425.
[**]) Krems. Act. a. a. O. Nr. 34, 36 und 38.

seien andere sehr würdige Competenten vorhanden. Von der Bewerbung um die Stelle eines geheimen Raths glaube er abrathen zu sollen, da diese Stelle die Residenz in Prag erheische, was mit vielen Kosten verbunden sei. Es war dies eine Anspielung auf die vielen Schulden des Cardinals.[90])

Dietrichstein erwirkte zwei Empfehlungsschreiben des Papstes an den Kaiser in der Angelegenheit der Protectorswürde; demungeachtet glaubten Liechtenstein, Hornstein und Barvitius, daß man sich der Candidatur des Cardinals Paravicino nicht widersetzen dürfe, denn dieser hatte dem Kaiser bei den Chur- und andern Fürsten große Dienste geleistet.[91]) Wegen der Geheimenrath-Stelle kann Wacker keine tröstliche Nachricht mittheilen, er wagt es nicht stark zu sollicitiren, um den Cardinal nicht dem Affront einer abschlägigen Antwort auszusetzen. Der geh. Rath, welcher zur Zeit den größten Einfluß besaß, war Hornstein; er rieth, an diesen sich zu wenden. Wacker kannte genau den Boden des Hradschin, er hatte die Schwäche der Großen studirt und wußte, daß man es nicht mit Diesem und nicht mit Jenem verderben dürfe, daß ungeachtet

[90]) Jetzt hoffe ich meine sachen also einzustellen, das man nicht wirdt mehr schulden hören sondern abzahlungen. Card. an W. 20. Juli 1602. In der That hat der Cardinal die überkommene Unwirthschaft auf den Gütern ernstlich abgestellt und die Einkünfte des Bisthums zu vermehren getrachtet.

[91]) L'officio dè (Cardinali) Protettori di regni e nazioni propriamente consiste nel promuovere l'opera in consistorio publico (avanti Clemente XI.) ed altrove dove abbisogna appresso il Papa, il s. collegio e altri gl' interessi e le prerogative di que regni e principati de quali s'ha la protezione... — Der Card. wandte sich auch an Erzherzog Mar um Fürbitte bei Rudolph. Krem. Act. Not. 1603. Ablehnende Antwort des Erzherzogs. Boczek P. Slg. 3309. S. Brucker Protokoll Nr. 1. Fol. 80. 2. Oct. 1603. — Rom 13. April 1602. Clemens VIII. an Kaiser Rudolph II. Intercedirt für Dietrichstein, dessen Verdienste er besonders hervorhebt, damit der Kaiser ihm die Protectur von Deutschland conferire. Nr. 46. p. 100. Ep. 107. 30. Juni 1602. Der Papst wiederholt in warmen Ausdrücken obige Befürwortung: quia Franciscum Cardinalem paterne amemus et in filii singulariter dilecti loco habemus... totamque nobilem familiam Ditrichstuniam Tuo Augusto nomini devotissimam hoc etiam arctissimo vinculo tibi obstringet. V. 46. Fol. 197. Ep. 203. Römisches Vat. Land. Arch.

alles Bemühens die „Geheimen" einmal nicht zu gewinnen seien.
Er wußte, daß der Rath, den sie ihm gaben, nur eine diplomatische Intrigue war, um den Cardinal zu ermüden und ihm Auslagen zu verursachen. Eine vertraute Person machte sogar den
verfänglichen Vorschlag: der Cardinal möge einen Generalcom-
missär mit einem oder zwei Adjuncten nach Prag schicken, um seine
Sache dort zu vertreten.

Es scheint, daß Wacker die Schritte bei Liechtenstein, Barvitius und Hornstein aufgab. Dafür versuchte er die Macht der
Kleinen. Er trat mit dem Hoffecretär Menzel, der ehemals Stadtschreiber von Brünn war, mit Platteis dem Altstädter Kanzler
und dem Rath Erasmus Heydel in Verkehr. Ohnehin hatte ihm
der Cardinal empfohlen, sich nach diesen und nach Philipp Lang,
dem kaif. Kammerdiener, zu richten. Auch an den Letzteren und
an Machowsky, die bei dem Kaiser Zutritt haben, wandte er
sich jetzt. Der Erstere heuchelte ihm die tieffte Ergebenheit gegen
den Cardinal vor. Als Lang ohneweiters um eine Olmützer
Canonicatspräbende bat, versprach Wacker diese und andere Gna-
ben, wenn er ein Memorial unmittelbar ohne Vorwissen des
Barvitius in die Hände des Kaisers spiele, was Lang zu thun
zuficherte. Wenn dieses Mittel fehlschlägt und keine Erledigung
erfolgt, dann weiß Wacker nichts mehr zu machen, denn auch
die anderen Angelegenheiten gehen den langsamsten Weg.⁹²) In
Sachen der Commiffion zur Untersuchung der Auflehnung der
Saarifchen Unterthanen, der Recompens für die Witwe Sigmunds
von Dietrichstein, der Zurückweisung der schlefischen Fürsten und
Stände, welche Hotzenplotz und Miftek zu Schlesien schlagen wollten,
der Erwerbung Rentitscheins, als eines Erfatzes für verlorene
Lehengüter, war keine Antwort zu erlangen. Auch die vom Cardinal erbetene Vereinigung der Güter des Klosters Saar mit
den Besitzungen des Bisthums, wurde nicht genehmigt — der
Cardinal hatte nämlich die Aufhebung jenes Klosters beschlossen,
weil die Mönche rohe, böse und leichtfertige Menschen waren. —
Er war darüber höchst entrüstet, da man doch Anderen Güter

---

⁹²) Barviz ist allmächtig und Niemand wagt ihn zu offenbiren, es sei denn
Ph. Lang. K. Notiz Nr. 8. ddo. 2. Sept. 1602. W. an Card. Krems.
Act. Nr. 34 und 37. Schmidl a. a. O. II. 230.

von aufgelösten Klöstern gab, sogar bestehende Klöster Anderen zu Gefallen auflösen wollte. Er bemerkte darauf einem Priester seiner Umgebung: „Wenn er gar eine Abtei, die der Hof zu vergeben hatte, verlangen würde, dann hätte man ihn wohl gesteinigt!"

Wacker war über diese Langsamkeit, über die Erfolglosigkeit seines Wirkens in Verzweiflung „er bekomme immer schöne Worte aber keine Thaten, er wolle lieber in der Tartarei als in Prag sein." Er bat den Cardinal, um nicht nach langem Aufenthalte ihm zur Unehre und sich zum Schimpf abziehen zu müssen, mit der Hoffanzlei barsch und importun werden und jede Bescheidenheit ablegen zu dürfen. [93])

Die Feinde des Cardinals trachteten diesen auch bei denjenigen zu verdächtigen, durch deren Einfluß er die hohe kirchliche Stellung erlangt hatte und die seine natürliche Stütze waren, bei dem Nuntius nämlich und dem spanischen Botschafter. Man sprengte aus, der Cardinal habe über 200.000 Thaler Schulden, er werde das Bisthum in äußersten Ruin bringen und wolle mit den Geldern der Kirche die Seinigen bereichern; die Protectur könnte ihn nur zu mehr Schulden veranlassen. Diese verläumberischen Angaben konnte der Cardinal leicht widerlegen. Nichts lag damals dem Cardinal ferner, als Eigennutz. Er hatte wohl sehr bedeutende Schulden, doch seine Ausgaben, welche mit dem Einkommen des Bisthums von 30.000 Thalern, in keinem Verhältniß standen, sind im Interesse der Kirche und des Staates und zur Aufbesserung des Bisthums geschehen. Max Dietrichstein hatte ihm häufig Geld gegeben und nicht umgekehrt. Der Cardinal spielte nicht und lebte überhaupt sehr einfach. Doch die zwei Reisen nach Rom im Auftrage des Kaisers, eine nach Mailand und eine nach Graz im Auftrage des Papstes, die vielfachen Bauten auf den Bisthumgütern, die Mühle von Kremsier haben große Auslagen verursacht. Dem spanischen Botschafter, dessen Rath Wacker immer einzuholen hat, schickt er eine spanisch geschriebene Rechtfertigungsschrift über jene Anschuldigungen.

[93]) Wollte Gott dass ihr einmal nach glücklicher verrichtung wieder zu Haus kombt, oder auff's wenigst endlichen Bescheidt erlanget. Card. an Wacker. 20. Juli 1602. K. A. Nr. 37. Bona verba usque ad nauseam fastidiam. W. an Card. Ebendas. 20. Aug. 1602. Nr. 36, 38.

Der Brünner Propst Hovorius, ein unruhiger Kopf, der schon dem Bischof Stanislaus viel Kummer verursachte, benuncirte Dietrichstein dem päpstlichen Nuntius und dem Oberstkanzler, daß er das Lehen Kurowitz gegen Recht und Herkommen seiner Schwägerin geschenkt habe. Diese Angabe war unrichtig, der Cardinal hatte der Schwägerin nur einen besseren Witwengehalt angewiesen.

Hovorius hätte dies gewiß nicht gethan und ebensowenig im Streite mit dem Brünner Domherrn Eustach dem Cardinal den Gehorsam aufgesagt, wenn er nicht große Stützen in Prag gefunden hätte. [94])

Der Nuntius wunderte sich, daß directe Klagen mährischer Geistlichen nach Rom gelangen, er war gegen den Cardinal kalt und zurückhaltend und glaubte den Zuträgern, den Feinden Dietrichsteins.

Dietrichstein, noch jung und heißblütig, konnte sich nach solcher Behandlung kaum bemeistern, im April wollte er selbst nach Prag, nachdem er zuvor vom Kaiser durch Herrn von Liechtenstein um Erlaubniß dazu gebeten hatte, um endlich einen Bescheid zu erhalten. Der Cardinal fühlte sich durch dieses Benehmen der geheimen Räthe und der Hofkanzlei tief verletzt, er ist entschlossen lieber sein Leben zu lassen, als solche Demüthigung und Verachtung noch ferner zu dulden. Nicht Eigennutz, nicht Hoffart hatten ihn bestimmt, nach Ehre und Würden zu suchen, er wollte seinen Einfluß vermehren, nur um denselben zum Vortheile seiner apostolischen Mission zu verwenden, jener Mission, die ihn so ganz und gar begeisterte. Wenn er entschlossen war, die herabsetzende Behandlung sich nicht länger gefallen zu lassen, so war es nur wegen seiner kirchenfürstlichen Würde. Wenn aus dem katholischen Lager dem Bischofe keine Achtung erwiesen werde, was war vom protestantischen zu erwarten? Wenn statt Einigkeit unter den

---

[94]) Darauf spielt Dietrichstein an, als er an Wacker schreibt: præpositus brunensis... der alles vermag, dass er nicht allein an mich literas von Ihr kais. Majestät erlanget (was der Cardinal ungeachtet der häufigen Bitten für sich nicht erwirken konnte.) Carb. an Wacker. K. A. 11. April 1602. — Ebendaf. 20. Juli 1602. 34. VII. II. 36. Ueber Machinationen des Hovorius. S. Boczek P. S. Nr. 2621.

katholischen Häuptern Zwietracht herrschte, wenn statt gemeinsamer
Verfolgung des einen Zieles: Restauration des Katholicismus,
nur Jeder nach eigenem Vortheil ausging, wie sehr mußten nicht
die Hoffnungen der Protestanten steigen?

Diese Betrachtungen waren es, die dem Cardinal so große
Besorgnisse für die Zukunft der Kirche einflößten, als er dem
Domherrn Wacker über die feindselige Haltung und das Mißtrauen
des Nuntius klagte.[95]) Er selbst scheute kein persönliches Opfer,
als er beschwerliche kostspielige Reisen für Papst und Kaiser unternahm, als er bei den Processionen alles Ungemach der Witterung,
den Spott der Feinde mit heiterer Ergebung ertrug. Häufig sah
man ihn während des Gottesdienstes in dieser oder jener Kloster-
kirche erscheinen, den Prediger, der eben die Kanzel bestieg, ab-
lösen, dann aber den Armen an der Klosterpforte selbst die Speisen
austheilen, worauf er an dem frugalen Tische einfacher Mönche
theilnahm. Er war ein echter Feldherr und streitbarer Kämpfer für
die Kirche Christi, immer unermüdlich, immer der Erste auf der
Breche. Errang er einen Vortheil, von dem er Segen für seine
Heerde erwartete, so frohlockte er in der Tiefe seiner Seele, doch
ein bescheidenes Gemüth, wagte er davon nichts zu erzählen, selbst

---

[95]) Was unsere person die hiemit beschmutzt und verächtiglich ange-
tastet wurden, concernirt das können wir aus christlicher lieb vnndt
gegen genugsamen abtrag vnndt bekenndniss seines Verbrechens
woll hinlassen aber unsere Ehre, Würden und Dignität zu deffen-
diren und zu retten, will uns ja gebüren, glaub auch nicht das jemanden zu finden sei, der uns das Ubel deuten oder so verstehen
wollte, als hätten wir zu allen schmachreden schweigen (wollen) vnnd
dieselben zu unserer Verkleinerung mit Geduld übertragen. Carb. an W.
19. Febr. 1602. K. A. L. A. Nr. 34. Werdt also sehen das der brief
so hiemit ahn Ihr kays. Majestät in eigene handt gegeben werde
vnd das man eine antwort darauf erlange, den ehe ich so veracht
sein will, eher wollte ich unter der erden liegen, ich weiss nicht
ob man mich genzlich ver acht, oder was ist (es) das alles mir ne-
girt alles difficultirt wird? 11. April 1602. K. A. L. A. Nr. 36. Carb.
an Wacker. Vielleicht bestimmte ihn diese unwürdige Behandlung sich
mit den Gedanken, Mähren zu verlassen, vertraut zu machen und an
eine Bewerbung um das Bisthum Breslau zu denken. Cod. 12. Sept.
1604. Nr. 25.

nicht in dem vertrautesten Briefe. [96]) Er war ein loyaler, offener Freund, er haßte falsche Herzen. Als er Herrn Carl von Zierotin so hart verfolgte, war es nicht aus persönlichem Hasse, wozu wahrlich der Grund nicht fehlte, es war der Feind der Kirche, den der Cardinal bekämpfte. Zierotin that diesem daher Unrecht, als er die Reise des Cardinals im April 1602 nach Prag einem abermaligen Verfolgungsversuche zuschrieb; ganz Anderes hatte der Cardinal, wie wir sahen, im Sinne. An Wacker schrieb er, daß er weder dem Herrn von Zierotin noch irgend Jemandem Unglück wünsche. Jetzt, nachdem des Herrn v. Zierotin Unschuld erwiesen, denkt er nicht mehr an ihn. [97])

Auch in Mähren empfand der Cardinal die feindlichen Einflüße, die von Prag ausgingen. Er war nur kurz Stellvertreter des Landeshauptmanns. Statt ihm dieses Amt noch ferner anzuvertrauen, zog man es vor, diese Stelle sogar einem Gegner, dem Picarditen Johann d. ä. Bruntalsky von Wrbna, im September 1602 provisorisch zu verleihen. Wrbna neigte sich jedoch in der Streitsache zwischen Herrn Emerich Doczy und der protestantischen Gemeinde Wisowitz, auf die Seite der letzteren, ganz gegen die Befehle der kais. Kanzlei; eine hinreichende Ursache, um Wrbna abzusetzen. Sein Nachfolger war Anfangs 1603 der Oberstkäm-

---

[96]) Der Cardinal konnte ein Schreiben Wacker's nicht früher beantworten, „wegen meiner occupationes, welche, wie sie gewest, was für frucht der allmächtige durch mich armen geschafft, wird mir lieber sein, dass Ihrs von anderen verstehet, beger dessen kein lob auf dieser Welt, sondern in Himmel" scherzweise setzte er hinzu: — habeat praepositus Brunnensis (der unruhige Howorius) in hoc mundo... K. A. Card. an W. 11. April 1602. 236. Schmidl a. a. O. II. 264, 266. — „Gott strafe falsche Herzen," schrieb der Card. an Wacker. K. A. 11. April 1602. Der Cardinal verspricht dem Grafen v. Salm, für den Fall als er seinen Erstgebornen katholisch taufen ließe, die heil. Handlung selbst zu vollziehen, und „so den jungen Grafen zu einem christlichen Ritter zu weihen." K. A. ddo. 23. Mai 1603.

[97]) Card. an Wack. K. A. 11. April 1602. 36. Zierotin gibt dem Card. ein ehrenvolles Zeugniß, indem er einem Freunde schreibt, daß ein Edelmann in Mähren nirgends besser untergebracht werden könne, als am Hofe des Cardinals. Cod. 25. Oct. 1601. Bonacina.

merer Ladislaus v. Berka.[98]) Obwohl der Cardinal diesen unruhigen Herrn noch am Anfange des J. 1602 zu jener Stelle
vorschlug, war Berka ein Organ der dem Cardinal feindlich gesinnten geheimen Räthe in Mähren und höchst wahrscheinlich der
Urheber jener Denunciationen, welche dem Cardinal so viel Ver-
druß bereiteten.

Wir haben Grund, wie es Berka's späteres Gebahren mit
den öffentlichen Geldern zeigte, alles Schlimme von diesem ehrgeizigen Cavalier zu vermuthen. Auch ihm war die steigende Macht
des Cardinals ein Dorn im Auge, er betrachtete diesen als gefährlichen Nebenbuhler. Berka nahm kein Bedenken, zur Freude
der Protestanten das Beispiel zu geben, wie man sich für einen
höchst frommen Katholiken ausgeben, für die katholische Kirche
leidenschaftlich schwärmen und zugleich den Oberhirten der Diöcese, den Mann des Stuhles Petri, grimmig verfolgen könne.
So wußte er diesen vom Amte des Landeshauptmanns zu entfernen und selbst diese Stelle zu occupiren.[99])

Jene Umtriebe und Intriguen der geheimen Räthe waren
nur möglich bei der Art, wie der Kaiser die Geschäfte behandelte.
Er ward immer einsamer, nichts konnte ihn mehr beunruhigen,
als die Berührung mit der Außenwelt.[100]) Er war einmal nicht
zu bewegen jetzt thätig zu sein. In solchen Fällen sind die Männer
seiner Regierung wohl genöthigt gewesen, wieder selbstständig auf-

---

[98]) Landtagspamatkenbuch a. a. O. Am Landtage Dienstag nach Doroth.
und Dienstag nach Procop. 1602. Fol. 117. 126 war der Card. noch
Landeshauptmann-Stellvertreter; Wrbna hekleidete schon Montag nach
Kunigunde 1602 diese Stelle. Fol. 131. — Schmidl a. a. O. II. 304.,
rücksichtlich Wisowitz. Am Landtag Donnerstag nach Innocent. 1603.
Fol. 138 war Berka Landeshauptmann-Stellvertreter.

[99]) Der Cardinal schrieb über Berka: dieser ist zwar ein aufrichtiger, katholischer Herr aber... (nicht näher anzugeben). Krems. A. 11. April
1602. Nr. 36. Card. an Wacker.

[100]) Aber uno verbo — glaub' ich nicht dass Ihr Majestät ein Wortt von
allem diesem wissen sollen. 20. Aug. 1602. K. A. 38. Wack. an Card.
Selbst der Cardinal schreibt an Wacker über die Dificultäten, welche
Liechtenstein rücksichtlich des geh. Rathstitels macht: wir glauben es
werden mehr sein discursus dan Ihrer Majestät gnädige meynung
sein. Card. an Wacker 19. Feb. 1602. K. A. 34.

zutreten, im Namen des Kaisers zu sprechen und zu handeln. Natürlich sprachen und handelten sie in ihrem Sinne. Welche Autorität konnten nun diese Worte haben, die im Namen des Kaisers gesprochen, aber wie man wußte, nicht vom Kaiser ausgegangen waren? Wie oft wurde nicht diese Macht, die ein Zufall und ein krankes Gemüth in die Hände der Geheimen gelegt, mißbraucht von Männern, wie wir sie eben kennen lernten, welche alle Augenblicke bereit waren, das Wohl der Krone und der Länder ihrem Privatvortheil zu unterordnen? Welch' sonderbarer Contrast in der menschlichen Natur! Rudolph haßte und mißtraute denselben Leuten, welche er zu alter egos einsetzte und als solche handeln ließ, bis er sie eines Tages ohne triftige Ursache wegwarf, wie er sie ohne Grund und Verdienst erhoben hatte!

Während die Gegnerschaft Berka's und des Cardinals, die nunmehr bekannt war und selbst zu öffentlichen Scenen führte,[101] jene raschen Fortschritte der Restauration in Mähren etwas hemmte, wurde anderwärts, in Glogau und Troppau, mit aller Strenge gegen die Protestanten verfahren. Man ist mit Gewalt eingeschritten, hat Verhaftungen und Ausweisungen vorgenommen. In Mähren begnügte man sich, die zwei offenen Landesofficierstellen mit Katholiken zu besetzen, so daß nunmehr kein Protestant ein höheres Landesamt besaß. Herr Johann Kawka von Řičan auf Brumow, ein großer Protector der Jesuiten, wurde Oberstlandrichter, Herr Johann Moš von Moravičan Landesunterkämmerer in Mähren. Welch' ein Umschwung in der kurzen Zeit von acht Jahren! Als Herr von Zierotin seine öffentliche Laufbahn begann, war kein Katholik im Amte; jetzt: — kein Protestant![102]

---

[101] ...res meæ nunc parvæ sunt, per discordiam hostium, qui mutuis ictibus ipsi se conficiunt, intellexisti haud dubie, quam acriter Cardinalis in Camerarium Berkam invectus sit, quam hic accerbe illum repulerit. Beil. CXVIII. 6. Nov. 1602. Zierotin v. Budowa.

[102] Ens Oppaland I. 2. 80. — 20. August 1602. Wacker an Carb. K. A. Nr. 12. — Schmidl II. 119 über Herrn v. Kawka.

Capitel V.

Zierotin's literarische Muße. — Rositz. — Verlust der Gattin und des einzigen Sohnes. — Religiöse Zweifel. — Versuchung, Kampf und Sieg. — Casmann's Schola tentationum. — Die vaterländische Literatur. — Staatsrechtliche Studien. — Zierotin's schriftstellerische Wirksamkeit. — Sein Einfluß auf die Jugend. — Seine Freigebigkeit und finanzielle Verlegenheiten. — Culturgeschichtliches. — Er vermählt sich zum dritten Male, der Gattin frühzeitiger Tod. — Wiederaufnahme alter und Anknüpfung neuer politischer Verbindungen. —

Herr v. Zierotin wohnte seit seiner Heirath mit Elisabeth Kragiř in Rositz, da sein Bruder Dionys durch die Erbschaftstheilung die Herrschaft Namiest erhielt und daselbst residirte. Emporstrebende Waldwände umgaben einen tiefen Teich, an dessen östlichem Ufer ein steiler Fels das Schloß Rositz trug. Wo jetzt tausend geschäftige Hände die Kohlenschätze der Erde entlocken, das Dampfroß brausend die Thalschlucht durcheilt, lag die stille Walddomäne des ernsten Landherrn. — Ein tiefes Weh hatte sich seiner bemächtigt. Wir sind dem Kampfe gefolgt, den ihm die Liebe zu seinem Vaterlande auferlegte. Doch noch andere Leiden waren ihm beschieden, Leiden, welche diesen starken Geist ganz nieder zu beugen drohten. Wie Jeremias konnte er sagen, „Gott hat alle Pfeile seines Zornes gegen mich gerichtet." Vom August bis December 1599, fast durch ein halbes Jahr, war er schwer erkrankt, ein brennendes, giftiges Fieber brachte ihn dem

Tode nahe. Kaum fühlte er sich besser, starb seine theuere Elisabeth (24. Jänner 1600), mit welcher er vier Jahre der glücklichsten Ehe lebte. Mit schwärmerischer Liebe hing er an dieser Frau. Der größte Trost inmitten des häuslichen und öffentlichen Kummers waren seine Kinder und insbesondere sein Sohn und Erbe Friedrich, durch dessen Geburt seine innigsten Herzenswünsche erfüllt wurden; aber auch diese einzige Freude sollte ihm nicht erhalten bleiben, kaum drei Monate alt, wenige Wochen nach dem Tode seiner Frau, ward ihm auch dieser entrissen![1]

Manchen vertrauten Freund, und manchen treuen Diener raffte die Pest hin, die im Beginne des Jahrhunderts Mähren heimgesucht hatte; von anderen wurde er im Unglück verlassen und verrathen. Sein Seelenschmerz war so groß und nachhaltig, daß er „sehend nichts wahrnehmen, mit Verstand begabt, nichts begreifen konnte." Er empfand Lebensüberdruß, da das Leben jetzt nach den Verfolgungen für ihn keinen Reiz mehr hatte. Er sah nur den Ruin des Vaterlandes und seiner Familie. Er will diesen gebrechlichen Erdenschatten fliehen, um dem Wunsche nach dem Jenseits Platz zu machen, das er durch den gerechten, barmherzigen Richter Christus zu erlangen hofft. — Dieser Gemüthszustand hatte seine Gesundheit angegriffen, er verlor Schlaf und Appetit, weinte oft, sprach selten und floh alle Gesellschaft; es war Gefahr vorhanden, daß er wahnsinnig werde.

In seiner Ehre und in seinem Gemüthe tief verwundet, vom Schicksale wie mit den Leiden eines Job verfolgt, suchte er nur Trost in dem unerschütterlichen Vertrauen auf Gott, „der ihn in dieser Trauer der Sinne und des Geistes gewiß nicht verlassen wird," und er fand ihn auch in den tiefen religiösen Ueberzeugungen „ohne welche er die Leiden nicht ertragen könnte."[2]

Zuweilen, wenn er eben von dem Gedanken erfaßt wurde, daß er doch dem Hasse seiner böhmischen Gegner werde unter-

---

[1] Cod. 2. Jänner 1600 Pol. und Gryn. ...Filius meus, qui mihi est in his meis adversitatibus unico fere est solatio. Cod. 1. März 1600 Budowa, 8. August 1601 Eberbach.

[2] C. 12. April 1601 Orchi. Beil. Nr. XXXIX., CIII. und CXV. 1. März 1600 Bud. — Beil. Nr. CX. — 2. Feb. 1600 Gryn. und 20. Juli 1600 Bud.

liegen müssen, oder wenn neue Angriffe auf die alte halb zertrümmerte Verfassung des Landes drohten, da brach in ihm der
Wunsch abermals hervor, der wie ein geheimer Erbtheil der Brüderunität von Anbeginne her zu eigen war, der Wunsch: auszu-
wandern, Haus und Hof zu verlassen und an einen Ort zu ziehen,
„welcher keinem Herrn gehorcht,“ ganz wie Peter Chelčicky sagt:
„Seid Christen und ihr habt weder Könige noch Herren, noch
Heidensitten nöthig.“[3]) Herr von Zierotin suchte vor allem Kraft
im Kampfe mit den Versuchungen der Welt, die er besonders ins
Auge faßte, die er überall in versteckter Gestalt aufspürte. Wenn
zwischen Erhaltung des guten Namens und dem Seelenheil zu
wählen ist, muß das letztere auf Kosten des ersten unbedenklich
gerettet werden.

Er liebt sein Vaterland mit aller Kraft und Tiefe, aber
auch nicht ohne Anflug von Schwärmerei. Doch schreckt er auch
vor diesen Gefühlen zurück, sie erscheinen ihm wie etwas Heidnisches, wie eine Sünde, die ein Christ, dem Gott über Alles ist,
nicht begehen darf.[4]) Das Geheimniß der Erlösung beschäftigte
ihn zumeist in den Stunden der Versuchung. Er begann an seinem
eigenen Heile und an der Erlösung zu zweifeln; die calvinische
Prädestinationslehre beunruhigte ihn auf's Höchste, er nennt sie
eine Eingebung des Teufels, die seine Seele erfaßt hatte, die ihn
von dem süßen Verkehre mit Gott, von der Anrufung Gottes abwendig machen wollte. Meisterhaft schildert Herr von Zierotin in
Briefen an Otto Casmann, Rector und Prediger in Stade, die
teuflischen Sophismen, womit der Versucher seinen Glauben an
Gott, an das Wesen desselben, an die hl. Dreieinigkeit zu zer-

---

[3]) Cod. 26. Octob. 1600 Gryn. — Palacky, Geschichte von Böhmen. IV.
I. S. 475.

[4]) Beil. Nr. CXIX. Sed perturbant me et fateor plus quam decet peri-
cula patriæ, scio nihil in rebus humanis firmum, sed quod in hoc
tempore inciderim doleo, non ego amplius querelas illas miror quas
olim puer in Cicerone reprehendebat reipublicæ ruinam deplorante,
sed hoc magis demiror quod Christianus cum sim, hominis ethnici
affectus in me deprehendam, quos nisi reprimeram, perderent me...
Carl empfiehlt sich den Gebeten Grynäus ut ad æternam illam patriam
aspirans hanc non magis amem, quam conveniat amari in terrenas.
Cod. III. Non. Octob. 1607.

stören drohte. Durch logische Schlangenwindungen und unvermerkt schlich sich der listige Dämon in die feste Burg seines Glaubens, schon glaubte er sich von diesem gefangen als er nach Stunden, die er im Gebete und durch Lesung der Bibel zugebracht, von der Versuchung erlöst wurde. Er verlangte von einem Freunde zu wissen, wie Duplessis Mornay die Verfolgungen des Bischofs von Evreux ertrage, damit er durch das Beispiel aufgemuntert, seinem eigenen Unglück mit Ruhe die Stirn bieten könne. Voll Mißtrauen gegen sich selbst, beichtet Herr von Zierotin schriftlich berühmten Theologen, bittet sie um ihren geistlichen Rath und empfahl sich ihren Gebeten. Es waren diese: Grynäus, Casmann, Polanus und Theodor von Beza. Er schöpft mit Entzücken Klarheit und Trost aus dem Gesundbrunnen biblischer Lehren. Namenlos ist seine Freude, als er Casmann's Schola tentationum, die ihm durch Wenzel Budowa zugeschickt wurde,[5] während der Zeit seiner Leiden und Versuchungen durchlas, er fühlte sich gekräftigt und wie neugeboren; in seiner Freude sendet er an Casmann ein Schreiben voll überströmender Dankgefühle und ein Geschenk von zweihundert Ducaten. Das sechste Capitel mit der Ueberschrift: De demostrationibus, de luctu peccatoris respicientis in tentationibus, erfüllte ihn mit Wonne und Entzücken, er war getröstet und bis zu Thränen gerührt.

Aus dieser Zeit der Prüfungen trat Zierotin geläutert hervor, es war eine Sturmperiode, die ihn veredelt und gestählt hatte. Durch die fortwährende Betrachtung Gottes und des Jenseits schärfte sich das geistige Auge und entfernte sich der Blick von den irdischen Dingen. Wenn wir die Lehren der Secte, welcher Zierotin angehörte, beklagen müssen, so erscheint er doch in dem siegreichen Kampfe mit den Widerwärtigkeiten jeglicher Art wie ein echter christlicher Held.[6]

Eine große Veränderung ging in seinem Benehmen vor. Sie war auf jenen geistigen Gebieten, welche das Subject allein beherrschte, ganz zu seinem Vortheile. In den Berührungen mit

---

[5] Cod. 18. Octob. 1602 Casmanno; von Budowa sagt Zierotin: ich erhielt dieses Buch ab amico quodam, viro apud nos primario et non minus pietate, doctrina, professione veræ religionis quam nobilitate claro.

[6] Beil. Nr. CXII.

der politischen Welt gewahren wir jedoch eine Spur des entsitt-
lichenden Einflußes der Zeit. Er hatte die bittere Erfahrung ge-
macht, in dem Kampfe mit den Feinden der Verfaſſung und ſeines
Glaubens von ſeiner Partei verlaſſen zu werden. Er überzeugte
ſich, daß das Opfer, das er bald mit ſeinem Leben und ſeinen
Gütern gebracht, nutzlos geweſen wäre und gab vorläufig dieſen
Kampf auf. Er wird klug; in Briefen macht er ſelten vertrauliche
Eröffnungen, bittet ſeine Freunde mit Briefen ſehr· vorſichtig um-
zugehen, ſie zu vernichten, um ihn nicht zu compromittiren,[1] alle
Gerüchte, die man über ihn in Umlauf ſetzt, aufzuleſen und ihm
mitzutheilen. Seit der Zeit der Verfolgung meidet Carl die Correſpondenz in politiſchen Dingen. Nichts mehr von dem alten
Feuer und dem ſtolzen Selbſtgefühl, von jener Geſinnungen, eines
Märtyrers würdig, die er in jenem berühmten Schreiben dem
Rathe des erfahrenen, ſtaatsklugen Freundes Budowa entgegen-
ſetzte! Zierotin, der damals jede Connivirung mit Verachtung zurückwies, ſucht nun den im Erile lebenden ungariſchen Magnaten
Stephan von Illyezhazy zur Nachgiebigkeit zu bewegen. „Es iſt
kein anderer Weg jetzt vorhanden," ſchrieb Zierotin, „um kommenden Uebeln vorzubeugen, als ferendo et connivendo ad hæc, quæ
præsentia sunt." Herr von Zierotin, der ehedem an Budowa
ſchrieb, „man möge mich zerreißen, ich werde nicht nachgeben,"
rieth nun dem ungariſchen Freunde, ſeinen Frieden mit dem Hofe
zu machen, da es ſonſt für ihn kein anderes Heil gebe.[2]

Wenn er ſich aber auch unthätig verhielt, wenn er jene
äußerliche Unbeugſamkeit verlor, ſo änderte er doch ſeine Grundſätze nie. Deſpotiſche Gewalten erzeugen eine Uniformität der
äußern Stimmung; allein ſie ſind nicht im Stande. Ueberzeugungen zu ändern, ſie ſchaffen nur Gleichgiltige oder Heuchler.

---

[1] Beil. Nr. CXVIII. C. III. Non. Oct. 1607 Pol., 15. Oct. 1602 Rupa,
21. Juni 1601 Rößler, 26. Sept. 1601 Illyezhazy, Beil. Nr. L. 2. Nov.
1602 Grynão.

[2] . . . et non vulgaris est prudentiæ cum transilire nequeas, ita te de-
mittere, ut rependo saltem quo tendis, pervenias. Cod. Id. Jan. 1605.
Illyezhazy, Beil. Nr. XXXXIII. Vergl. die Briefe Beil. Nr. CXX. und
16. Dec. 1605, Illyezhazy, dann 17. Auguſt 1600 Ançel und 15. Juni
1600 Lombardo.

Zierotin beklagte sich, daß die Gegner die Freiheit des Schreibens und Redens unterdrückt haben, er empfiehlt die Kunst der Verstellung als das Klügste der jetzigen Zeit, er ist genöthigt, sie selbst auszuüben.[9] Dabei empfindet er den tiefsten Schmerz; seine edle offene Natur empört sich gegen die Verborgenheit des öffentlichen Geistes und gegen diejenigen, die ihn zwangen, sich selber, wenn auch nur nach Außen, untreu zu werden, Anderes zu reden als die lautere Wahrheit. Er hatte sich schweigend der herrschenden Strömung unterworfen. Doch war dies die äußerste Concession, welche er gemacht, nichts hätte ihn bewegen können, der herrschenden Partei seine Ansichten zu opfern, „er will lieber unter dem Kreuze Christi im Dunkeln vegetiren, als unter dem Berill des Antichrist's der Erste sein," er zieht jede Art von Leiden vor, als um den Preis des Uebertrittes zur katholischen Religion[10] Ehren und Würden zu erlangen, wie es Andere gethan. Zierotin sah in der göttlichen Vorsehung die oberste bewegende Ursache an; daher erschien es ihm wie etwas Sündhaftes, auch in der politischen Welt mit Superklugheit den Gang der Ereignisse regeln zu wollen, es führte ihn dies zu dem, wir möchten sagen fatalistischen, Grundsatze, die factischen Verhältnisse anzuerkennen. Er war ein entschiedener Gegner der politischen Eide.

Zierotin hatte die Genugthuung erlebt, daß viele Glieder des Landrechts es tief bereuten, das Ausschließungsvotum gefaßt zu haben; die Landtage besuchte er nur selten, zum ersten Male im J. 1603. Um so größer war die Thätigkeit, welche er innerhalb seines Hauses entwickelte.

Zierotin war damals nahe an die Vierzig. Seine von Natur aus schwächliche Gesundheit hatte durch den Kummer der letzten Jahre sehr gelitten, es zeigten sich schon Spuren jener

---

[9] Cod. 3. Mai 1598 Slavata. Cod. 10. Nov. 1603. Beil. Nr. XXXXII. ...minime negligenda est familiaris sed necessaria huic sæculo dissimulatio...

[10] Cod. VII. Id. Octob. 1602 Rupa. 6. Nov. 1602. Budowa Beil. Nr. CXVIII.: O mores! O tempora! ita ne ergo nec loqui vera nec scribere erit integrum! — 21. Nov. 1602, Gryn. — 19. Nov. 1602, Lomb. — 19. Octob. 1602, Renner. Publica de die in die in pejus ruunt — weiter wagt er nicht zu schreiben, weil seine Feinde ihn auflauern und nach seinen Briefen fahnden.

Krankheit, die im späten Alter ihm so viele Schmerzen bereitete, die Gicht. Zudem war er häufig vom katarrhalischen Fieber heimgesucht, die Aerzte nannten diesen Zustand febris erratica. Wie seine Stimmung ernst war und jetzt nach all' den herben Erfahrungen ernster wurde, so prägte sich dies auch in der Kleidung und Lebensweise aus. Er trug immer dunkelfarbige Kleider zumeist von schwarzbraunem Sammte. Ausnahmsweise an seinem Hochzeitstage nahm er ein Gewand von färbiger Seide. Er liebte zwar die Musik, aber auch diese mußte ernst und feierlich sein.

Sein Nervensystem war außerordentlich reizbar, er litt, wie er sagte, am morbus imaginationis, das er als großes Uebel schildert.[1] Seinen noch lebenden Töchtern, seinen Studien, dem Wohle seiner Unterthanen widmete er jetzt in der Zeit geistiger Sammlung alle seine Kräfte. In Rossitz beschäftigte er sich mit der Verbesserung der materiellen Lage seiner Unterthanen. Auf der Domaine Prerau, welche durch seine lange Abwesenheit sehr gelitten hatte, war Vieles in Wirthschaftssachen nachzuholen. Die Urkunde, womit er die Bürger von Brandeis aus der Unterthänigkeit entließ, wird ein unvergängliches Denkmal seiner Hochherzigkeit und seines tiefen Verständnisses der Stellung eines Grundherrn sein.[2]

Viele Stunden widmete er literarischen Arbeiten,[3] die er seit dem Beginne seiner öffentlichen Laufbahn fast aufgegeben hatte.

[1] Cod. 4º Id. Novemb. 1607. Timino Medico. — 24. April 1606 und 10. Mai 1605 an Eberbach. 8. Juli 1604 an Bonacina. Tagebuch ddo. 24. Jänner und 23. März 1588.

[2] Priv. 17. Decemb. 1607 im Stadtarchiv. — Cod. 31. März 1603 Bud. 1. Octob. 1603 Illyesh. — Boczek off. Slg. Nr. 10 282, und Prer. Cod. P. 112. Das Andenken an diese Wirksamkeit Zierotin's hat sich auf seinen Herrschaftsgebieten noch bis heute erhalten und trat besonders lebendig in Brandeis zu Tage; hier wird er wirklich hoch verehrt, ein Denkmal wurde der Familie Zierotin in Brandeis gesetzt, ein Zeugniß der Pietät der Einwohner für das Vaterland und seine großen Männer. Der verdienstvolle Baumeister Doftal hat unter dem Titel: „Rodopisni nastin" über die Familie Zierotin und besonders über Herrn Carl, die Familiengruft, eine trefflich genealogisch-topographische Arbeit entworfen und uns anvertraut. Wir sind hoch erfreut, dieses Werkchen in einem der nächsten Hefte der Sectionsschriften der Oeffentlichkeit übergeben zu können.

[3] In otio vetera studia recolo. Cod. 10. Dec. 1606. Gryn.

Die alten Classifer, Uebungen im Styl und in der Rede in verschiedenen Sprachen, waren die Studien, welchen er sich vorzugsweise hingab und durch welche er sich schon im Jünglingsalter
einen Ruf erworben hatte. Wie er unter den theologischen Dis-
ciplinen im wahren Geiste der Unität der Moral den Vorzug
gab, so unter den profanen Wissenschaften der Historie. Am liebsten
vertiefte er sich in die großartige Geschichte Roms. Auf diesen
Gebieten war er mit der Richtung, welche die Zeit in Mähren
jetzt genommen hatte, im Gegensatze. Indem Zierotin wohl als
einer der sehr wenigen Träger des reinen Geschmackes in den
classischen humanistischen Studien betrachtet werden kann, erscheint
er zugleich als das letzte Haupt jener praktisch-religiösen Ideen,
welche für nationale Sprache und für das nationale Leben in
der zweiten Hälfte des XVI. Jahrhunderts ein goldenes Zeitalter
begründet hatten. Er war der letzte Ring an jener Kette von bedeutenden Männern der Feder und der Tribune, welche wissenschaftlichen Ruhm und den Ruf tiefer politischer Einsicht diesem
Lande erworben hatten, die große Redner und zugleich große Staatsmänner waren.

In dem Zustande der Literatur im Beginn des XVII. Jahrhunderts trat jener Gegensatz zu Tage. An der Stelle der classischen
Studien der gelehrten und heiteren Donaugesellschaft entströmte
den mährischen Druckereien ein Wust enkomiastischer Gedichte und
schwülstiger Applause in schlechtestem Latein, welche bald Hochzeiten und Todesfälle, die Erlangung akademischer Grade, Einzüge
vornehmer Personen, bald Pestverheerungen, Apostasien mächtiger
Barone, die Pflichten eines Stadtmagistrats — letztere in elegischen
Versen — Wapenthiere u. a. m., besangen und die Schäfer-
stunden steifnackiger Stadtsenatoren im Tone der antiken Idylle
verherrlichten.

Aber auch Gesuche um einen Dienstposten, Bitten um Ausfertigung eines Reisepasses wurden in Versen verfaßt und dies
als etwas ebenso Selbstverständliches gefunden, wie die Pflicht,
dem Mäcen, welcher einen hungrigen Poeten mit dem Geschenke
eines Hasens, einer Gans oder einer Ente erfreut hatte, darüber in Epigrammen zu danken. Nicht der göttliche Funke ließ
den Dichter werden, sondern das Bedürfniß nach Lebensmittel;
Poesie wurde zum „Brobstudium", man betrachtete die Literatur

wie eine Milchkuh. Es gehörte zum guten Ton, ein Mäcen zu
sein und sofort fanden sich Schwärme von gebildeten Bettlern,
die dem Kenner und Gönner der Kunst ihre Dienste widmeten,
auf seinen Befehl und über jeden beliebigen Gegenstand dichten
mußten, ja mit ihm nicht anders als in gebundener Rede verkehren durften. Es darf uns dann nicht Wunder nehmen, wenn
einer der größten Barone Böhmens einen großen Dichter auf keine
andere Art zu belohnen nnd zu versorgen wußte, als indem er ihm
die Leitung eines ausgedehnten Bräuhauses übertrug.

Auch das Drama war nicht anders als ein dialogisirtes
Panegyrikum, in welchem die Lobhudelei keine Grenze für ihre
Ausartungen fand, es waren dies eine Gattung Huldiguugs-
adressen, doch in Versen und Dialog.

Wie in der Baukunst, so begann man in der Poesie die
romanischen Schablonen nachzuahmen und die Wiege für den Zopf
zu zimmern. Als Verfasser solcher Dichtungen, an welchen nichts
Lateinisches war als der erborgte Wortklang, wurden am häufigsten genannt: Georg Tarco, Prokop Claperinus, Magister Faber,
Pfarrer Spaldholz, Franz Möller, alle Vorläufer jenes Poeten-
geschlechts matter Süßlinge, deren Ahnherr ein Nicolaus des
Yvetaux war.[14]) Auch Frauen bestiegen den Pegasus; die Verse
der Elisabetha Vestonia standen den Erzeugnissen dieser Herren
nicht nach. Oft verbarg sich ein solcher Versedrechsler unter idyllisch
klingenden Pseudonymen, wie: Musophilus Philomeliacus; oft
fügte man zu dem Eigennamen, um sich ein classisches Ansehen
zu geben, die Bezeichnung der Nationalität, etwa: Marcomannus,
Juliomontanus, weil dies mehr an die Männer und Zeiten Cicero's
erinnerte, als wenn man gesagt hätte: Moravus (Marcomannus)
Olomucensis (Juliomontanus): ein Mährer aus Olmütz. Andere
wählten noch unverständlichere und prangendere Titel für ihre
Verse, wie z. B.: Euarchia, Nerusion, Epicedium, Elegidion[15])

---

[14]) Dieser hatte seine Gärten in arkadische Wiesen verwandelt, und spielte
darin im angemessenen Costüme den Schäfer.

[15]) Noch wollen wir hier einige der gebräuchlichen Titel anführen: Lugubra,
Euthanasia, Exoquia, Epitaphia, Nœnia, Epithalamion, Carmen heroi-
cum, hercynia idillia, hymnus Marcomanicus, Philomelicus Dialogis-
mus, Anagrammicum Ephonomicum, melicum Poema, Epigrammata

offenbar in der Ueberzeugung, daß, je bombastischer der Klang, desto größer die Freude sein würde des betreffenden Mäcen's, dem der poetische Erguß gewidmet wurde.

Glücklicherweise sind die Namen und Dichtungen dieser Leute in Vergessenheit gerathen und wir haben kein Begehr, diesen Schleier zu lüften. Das können wir uns jedoch dabei nicht verhehlen, daß dieser Wust poetastrischer Arbeiten Zeugen waren einer wahren Dichtsucht, die vielleicht wesentlich beitrug, den Geschmack für die keuschen Wissenschaften zu ersticken oder zu verleiden; darin mag auch ein Grund der häufigen Klagen gelehrter Zeitgenossen über die Vernachlässigung ernster Studien in Böhmen und Mähren zu suchen sein.

Es war dies auch die Zeit der Restauration des Meister-gesanges; in Iglau erfolgte sie mit starkem Anlauf und organi-sirte denselben zunftmäßig. „Nicht Talent, sondern die Tabulatur machte den Dichter", — wie die Phrase den Redner.

Wenn wir die lateinischen Gedichte Beza's, welche von seinem Schüler Sigismund von Zaßřizl in Brünn herausgegeben wurden, dann die Editionen einzelner Gespräche aus den Lust-spielen des Terenz, Briefe Cicero's und Virgils Eclogen ausneh-men, so verdienen die andern Erzeugnisse mährischer Latinität in jener Zeit keine Erwähnung.

Die Leitung des Unterrichts war eine ganz selbstständige. Die Schulvorsteher und die Lehrer bildeten gewissermaßen eine große privilegirte Corporation, deren Haupt die ehrwürdige Uni-versität zu Prag war, welche sowohl durch Feststellung der Lehr-pläne und Schuldisciplin, als durch Anstellung der Lehrer und durch Ausübung der Gerichtsbarkeit einen entscheidenden Einfluß auf das nationale Unterrichtswesen in Böhmen ausübte. Die Schule war frei und autonom. Weder Kirche noch Regierung konnte ver-fassungsmäßig auf dieselbe maßregelnd einwirken.

Geringer war der Einfluß der Universität in Mähren. Die vielen Schulen der Brüderunität entzogen sich jener Gewalt der Prager Akademie. Die lutherischen Städte und einzelne Grund-

gamelia, hypocoristhica genethliaca, Anatyponia hieroglyphicorum et tripodiphoricorum Stemmatis aquilæ...

herren übertrugen jene Befugnisse der Prager Universität auf die gelehrte Corporation von Wittenberg, wohin junge Leute aus den mährischen Städten zur Ausbildung gesandt wurden.

Die katholischen Schulen waren in Händen der Jesuiten und hier, auf katholischem Boden, hatte die Kirche naturgemäß die erste Stimme. Durch die Gründung der Olmützer katholischen Universität, der Gymnasien der Jesuiten, deren Schülerzahl in raschem Steigen begriffen war, ging der nationale Unterricht in gleichem Verhältniß mit dem Fortschritte der Restauration dem Verfalle entgegen.

Die Zeit lebte noch frisch in der Erinnerung, in welcher es nicht ungewöhnlich war, daß Bürger in Städten,[16]) Dank dem trefflich organisirten Schulwesen, die römischen Classiker in der Originalsprache lesen konnten, doch es waren jetzt schon selten die Fälle, daß ein Dichter, wie Carolides, in einem Patricier von Proßnitz, Paul Zwirzetina, einen Mäcen begrüßte; das Verständniß jener Autoren der lateinischen Sprache sank in diesen Kreisen immer mehr, so daß die Senatoren in Brünn daran denken mußten, das in mittelalterlichem Latein geschriebene Rechtsbuch: „Municipal" des bessern Verständnisses halber ins Deutsche über-setzen zu lassen.[17]) Die goldene Zeit der böhmischen Literatur war noch nicht vorüber und die Wirkungen jener akademischen Arbeiten der Bibelgesellschaft der Brüderunität, ihrer zahlreichen und ausgezeichneten Schulen zu Proßnitz, Prerau, Eibenschitz und Großmeseritsch, machten sich noch geltend. Die wundervollen Verse der böhmischen Brüderkancionale, welche noch in den letzten Jahren des scheidenden Jahrhunderts neu aufgelegt wurden, gaben das ideale Bild des slavischen Gemüthslebens. Der tief religiöse Sinn des Volkes ergoß sich in diesen Weisen, welche die Seele des Sängers zu Gott emporhoben. Wie das alte Epos waren die Kancionale nicht das Werk eines Einzelnen, man kann sagen, daß das Volk daran redigirt hatte, und es läßt sich daher mit Recht behaupten, daß in diesen Kancionalen die Geschichte der religiösen Entwicklung und der poesia sacra der mährischen

---

[16]) Jungmann Litt. Gesch. 120.
[17]) Chronik von Brünn a. a. O.

Slaven lag. [17]) Herr Carl von Zierotin selbst wußte einem österreichischen Cavalier, der sich wegen des beabsichtigten Uebertritts
mit dem Glaubensbekenntniß der Brüder vertraut machen wollte,
keine bessere Anleitung dafür zu geben, als das Studium jener
Kancionale. [18]) Es waren die Kancionale eine Blüthe des nationalen Lebens; als dieses zu pulsiren aufhörte, verstummte auch
jener Gesang.

Wir müssen hier der zahlreichen Wiedertäufer-Lieder, in
deutscher Sprache gedichtet, erwähnen. Wenn dieselben auf poeti-
schen Werth keinen Anspruch machen können, so sind sie doch
werthvolle Quellen zur Geschichte dieser Secte. Herr von Zierotin war ein Gönner der fleißigen und harmlosen Anabaptisten.
In ihren Chroniken gedenken sie dankbar seiner Verwaltung, die
für sie ein glückliches Zeitalter begründet hatte.

Aehnlich den Geschmacksverderbern, den Meistersängern, organisirten sich in Mähren unter dem Namen Literatenchöre: Ge-
sangsvereine, fast in jedem größern Ort, welche wie lucus a non
lucendo sich keineswegs der Pflege der Literatur widmeten, sondern
Anstalten waren, nur um Andacht und Vergnügen, Kirchenbesuch
und Kellerbesuch in eine Disciplin und einen Rhythmus zu bringen. Zahlreich waren jene Waffen, welche in den verschiedenen
theologischen Rüst- oder Zeugkammern geschmiedet wurden, um die
Gegner zu vernichten; theologische Schriften, Predigten, Postillen,
wie z. B. eines Pontan, die von ihm (in lateinischer Sprache)
herausgegebenen Reden, Synodalstatuten, die Statuten des Erzbischofs Berka — eines Zamrsky, Dikastus, Berlicky in böhmischer,
eines Scherer in deutscher Sprache. Die Predigten dieses Jesuiten, in prachtvoller Ausstattung erschienen, sind reich an er-
heiternden Wortwendungen. Wir heben nur die Darstellung der

---

[17]) In der Vorrede des Brüder-Cancionales Auflage d. J. 1576, C. A.
E. II. 10 wird nachstehende höchst interessante Bemerkung gemacht: A
mezy tjm kdyz Pán Bůh djlu swému žehnati rácil, netoliko rozmno-
ženjm lidu tak w jednotě wjry a čistých Páně služeb shromázděného,
ale y dopuštěnjm pokušenj těžkých k okušenj, y gako zlatta k pře-
čištěnj: y daly se k tomu přjčiny, aby nemálo pobožných zpěwůw
w těch časých, od Služebnjkůw Páně a téhož lidu slo-
ženo bylo, tak gakž se Duchu Páně kde dýchati ljbilo.

[18]) C. 12. April 1607, Stahremberg.

Eigenschaften eines Prälaten hervor: „der Prälat muß sein prin-
cipaliter und vornehmlich ein Hirt und nicht wie ein Wirth, ein
Seelsorger und nicht wie ein Mehlsorger, ein Paßor und nicht
Pißor, ein Schäfer und nicht Schaffner, Gott nicht Gold muß
das fürnembß sein."

Aus Bruck kamen die Schriften der Katholiken, aus Kralitz vorzugsweise jene der Brüder. Doch kein Aeneas, kein Ka-
pito, kein Blahoßlaw erßand mehr unter den geißlichen Häuptern
der Unität. Neben den Schriften eines Kepplers tauchten Cometo-
logien und alchymißische Arbeiten auf; und während Jeßenius
die erßen anatomischen Versuche leitete, herrschte in den medicinischen
Werken der Zeit jener myßische Geiß, welchen wir jetzt noch bei
den orientalischen Heilkünßlern beobachten. Die geschichtlichen Arbeiten hatten keinen hohen Werth. Zach, Theobald's Chronologie der
Kirche Böhmens mit dem hochtragischen, prophetischen Motto:

> Sanguine fundata est ecclesia sanguine cœpit
> Sanguine succrevit, sanguine finis erit.

folgte den acceptirten sagenhaften Traditionen wie Joh. Math.
a Sudetis in dem Buche de origine bohemorum, oder sein eifriger Gegner Mag. Nic. Troilus in der patriotischen Rede „über
Böhmen gegen die Rorolaner" diejenigen nämlich, welche uns
von den Scyten oder Rußen, Rorolanern abßammen laßen.

Das einheimische Recht mußte den generalißrenden römischen Satzungen weichen, um eine größere innere Rechtseinheit
zu begründen, während für die Centralißrung des formellen Theils
das königlich böhmische Appellationsgericht sorgte. Der Hof war
bemüht, daß Papinian und Tribonian das Bürgerrecht erhalten,
daß sie in Böhmen und Mähren populäre Geßalten werden. Antonius Faber überraschte in seiner Rationalia in pandectas mit
einer großartigen Gelehrsamkeit, ohne jedoch im Mindeßen den
beabsichtigten Zweck zu erreichen: das Volk für das römische
Recht, für die Pandecten, zu erwärmen.

Wenn auch die naturhißorischen Schriften eines Jordan,
und Zalujansky, die genealogischen und hißorischen Werke eines
Paprocky, Weleßavina, Harant, Zavěta, die biographischen Bacha-
czek's, welcher durch Darßellung des Lebens verdienßvoller Männer
Liebe zum Vaterlande und zur Tugend erwecken wollte, die Gedichte Lomnicky's und Waldßein's, die grammatischen eines Bene-

dikt, den Genannten einen bleibenden Namen sichern, so waren doch
jetzt schon Anzeichen vorhanden eines Verfalles auf dem Gebiete
der nationalen Literatur. Die gesellschaftlichen Zustände in Böh=
men und Mähren, wie sie Zierotin wiederholt geschildert, waren
der Entwicklung der Wissenschaften nicht günstig. Die Schöpfer=
kraft des nationalen Genius ruhte. Die Uebersetzungsliteratur,
die Imitationen römischer oder griechischer Autoren, wie in den
„Akty a Rozepře," waren nicht wenig vertreten. In der Vorrede
des Itinerarium für das gelobte Land, klagt der große Patriot
Weleslavina, daß viele seiner Landsleute sich auf fremde Sprachen
verlegen, während sie sich ihrer eigenen schämten, und keine böh=
mischen Bücher in ihren Bibliotheken dulden wollten. Auch hier
wirkte mächtig die andringende Restauration, der Hof bevorzugte
die deutsche Sprache, welche nunmehr die Kanzleisprache zu wer=
den begann. Zierotin selbst macht mit Schmerz die Wahrnehmung,
daß jenes fremde Idiom zu herrschen anfing.[19] Die Unterrichts=
sprache, auch in der sogenannten Trivialschule, war die lateinische,
und selbst jene Rede des Smil von Michalowitz, womit er die
Stände Böhmens aufforderte, für die Emporbringung der Prager
Akademie, „jener Anstalt in welcher die lumina gentis nostræ,
Huß und Hieronimus lehrten," zu sorgen, wurde in der gelehrten
Sprache vorgetragen.[20]

Die Maßregeln gegen die „ketzerischen" Druckereien und gegen
„häretische" Bücher waren Schläge, welche unmittelbar die nationale
Literatur trafen, da sie vorzugsweise protestantisch war; dagegen
wurde das literarische Eigenthum der Jesuiten, zumeist Werke, die
in fremden Sprachen geschrieben waren, durch ein kaiserliches
Patent geschützt.[21] Dazu kam der Umstand, daß die Träger der
Intelligenz ihre Bildung im Auslande fanden und sich mit Vor=

[19] ...peregrinum idioma invalescere... C. III. Non. Oct. 1607.

[20] Inventi tamen non multo post sunt qui quantum majores in patrio
sermone conservando, expoliendo atque propagando enisi sunt, tantum
in eodem foedando, inquinando et oblivione æterna delendo elabo=
rarent. Stranky Resp. Cap. IV. §. 4.

[21] ddo. 20. Sept. 1602. Schmidl a. a. O. II. 299. S. d'Elvert Geschichte
der Buchdruckerkunst. VI. B. der Sectionsschriften.

liebe dem Studium der ausländischen, der französischen, italienischen [22]) und deutschen Literatur widmeten.

Die Verbindungen des protestantischen Adels in Mähren
mit dem protestantischen Adel Deutschlands brachten deutsche, die
katholische Restauration romanische Elemente in das Land.

Mit dem Bewußtsein dieser doppelten Gefahr, mit der Absicht, derselben entgegen zu treten und für die Erhaltung der vaterländischen Sprache, der Freiheit des Glaubens zu kämpfen, konnte
sich Herr von Zierotin selbst nicht losmachen von den Einflüssen
fremder Bildung, ja auch er trug sie selbst herein, so daß man
sagen konnte, es beginne in Mähren ein romanischer und ein
germanischer Geist slavisch zu sprechen. Während Zierotin auf
dieser einen Seite dem Zuge der Zeit folgen mußte, erhob er sich
andererseits weit über dieselbe. Nichts Aeußerliches, keine Affecta-
tionen der Classicität in seinen Arbeiten; — er cultivirte die Sprache
Rom's, weil er aus den großen Vorbildern der Redekunst und
des Styles selbst classisch sprechen und schreiben lernte. Die lateinische Sprache war ihm die Grundlage aller Sprachen, alles
Wissens, die Zierde des Staatsmannes und des Gelehrten zugleich. [23]) Er wiederholte die früheren Studien: des Sallust, Cäsar's
und des Tacitus. Auch in der Ausschmückung der Wohnzimmer
offenbarte sich der Cultus großer Männer, die Vorliebe für historische Studien und Persönlichkeiten. [24])

[22]) C. 10. Juni 1606 Lomb.
[23]) C. 20. Oct. 1605 Ruppa.
[24]) Er ließ in Paris Porträts berühmter Männer anfertigen. Es waren
diese: Carl der Große, die Carolinger und Capetinger, Gaston de Foix,
Mr. d'Obigny, Philippe de Comines. Mr. de Chaumont, Robert der
Teufel Mr. de le Tremoville, Mr. de Lautrec aus dem Hause Foix,
Mr. de l'Escut, dessen Bruder. Herzog Claudius v. Guise, Großvater
des zu Blois ermordeten; Marschall v. Monluc. Mr. de l'Orye, der
Mörder Heinrich II., Mr. de la Noue, St. Bernhard, Berengar, Dechant
von Angers, der die Lehre des hl. Sacramentes am Lateranensischen
Concil widerrufen hat. Gerson, Cardinal Rohan, Cardinal du Prat, der
Kanzler Mr. l'Hopital, Anne de Bourg, Mr. du Plessis, Julius Cæsar
und Josef de l'Escale. 25. Juni 1600 Lomb. Dazu wurden noch andere Bilder in Paris bestellt und die Größe derselben angegeben, und
zwar die Porträts des Herzogs Louis von Orleans, Herzogs Joh. v.
Burgund. Die vier Herzoge von Burgund — nach dem Porträt in der

Um sich in den Sprachen zu üben, unterhielt er adelige
Jünglinge aus Italien, Frankreich und der Schweiz bald als
Beamte seines Hofes, bald als Secretäre. So hatte er z. B. einen
Secretär für das deutsche Concept, er hieß Albinus, einen anderen
für das französische u. s. w. Jünglingen, die zugleich auch grie-
chisch und lateinisch kannten, gab er den Vorzug. Da Herr von
Zierotin sehr beschäftigt war, so blieb den jungen Leuten viel Zeit
zur eigenen Fortbildung übrig. [23])

Der Briefwechsel in verschiedenen Idiomen, worin er wissenschaftliche Controversen theologischen und historischen Inhalts behandelte, wurde wieder aufgenommen. Die Buchhändler von Brünn
und Olmütz versahen ihn mit den neuesten Erscheinungen der
inländischen Presse, während er aus Frankfurt die anläßlich der
Messe veröffentlichten Cataloge bezog. Ueberdieß sandten ihm
Cesare Lombardo, ein Kaufmann aus Genf, Gian Pietro Orchi,
früher ein Edelmann seines Hofes, Hieronymus Bonacina, damals
Kaufmann in Wien, Baldassare Peverello aus Italien und besonders aus Venedig Bücher und vorzugsweise die gesuchtesten
Erzeugnisse der Tagesliteratur.

Domkirche zu Dijon; Thomas Morus, Kanzler von England; Fißer
Bischof von Rochester, durch Paul III. in Kerker zum Cardinal erhoben,
Gabriel Biel, Wilhelm Buder, der berühmte Rechtsgelehrte aus Bourges Cujacius. 14. November 1600. Lomb. Beil. Nr. CXII.
Die Arbeit fiel nicht nach Carls Wunsch aus, die Bilder hatten
nicht das gleiche Maß und nicht gleiche künstlerische Vollendung.
Einige entsprachen nicht den von Carl anderwo gesehenen Bildnissen;
jene Carl des Großen und seiner Nachfolger sind nicht nach der Natur
gemalt, sondern Phantasiebilder. Die Porträts der Herzoge von Burgund
scheinen eher das Werk eines Tischlers und nicht eines Malers zu sein.
Das Bild des Thomas Morus, den Lombardo sandte, steht einem Bild-
nisse dieses Mannes, das Carl anderwo sah, eben so wenig ähnlich, als
Zierotin dem Lombardo. Der Marschall von Monluc, ein alter Mann
von achtzig Jahren ist im Bilde ein Jüngling von zweiundzwanzig. Andere haben keine Aufschrift. Mr. de l'Escut und der Marschall v. Foix,
eine und dieselbe Person, sind durch zwei dargestellt, wovon die eine
jung, die andere alt erscheint. C. 9. August 1602. Lombardo.

[23]) C. 25. Oct. 1691 Renner. — 15. Oct. 1602 Rupa. — 7. Mai 1606
Lombardo. — 12. Juli 1606 Bonacina. — 8. Oct. 1606 Peverello.
— 14. Dec. 1606 Mallet du Pan. — S. 142 dieses Werkes.

Als im Beginne des Jahrhunderts die Successionsfrage im Reich ventilirt wurde, das Haus Wittelsbach mit Ansprüchen auftrat, die Presse, die katholische wie die protestantische, sich derselben bemächtigte und genealogische Tractate über das Haus Wittelsbach von Pfalz und von Baiern herausgegeben wurden, ließ sich Herr von Zierotin durch seine Agenten Philipp Renner und Eberbach alle diese Schriften, insbesondere den Tractat über die Präcedenz des Hauses Oesterreich vor Baiern, über die ungarische und böhmische Succession, dann die steier'schen Quästionen zusenden.[26]) Es hatte sich die Wissenschaft schon zu Anfang des Jahrhunderts jener Fragen bemächtigt, in der Voraussicht, daß bei dem Alter und der Kinderlosigkeit des Kaisers dieselbe bald eine praktische Bedeutung erhalten würde.

Die Werke über ungarische Geschichte des Elias Berger,[27]) dessen Bruder Pastor in Straßnitz war, nahmen sein lebhaftes Interesse ebensosehr in Anspruch, wie die Literatur, welche der Kampf zwischen Rom und Venedig, zwischen der Suprematie des Papstes in weltlichen Dingen und dem des Staates hervorrief, ein Kampf der die größte Aufmerksamkeit Europa's auf sich zog. Mit großem Interesse las er die Esortazioni des Baronius al Doge di Venezia (Parainesis) — die Disquisitiones controversiarum Hieronimi Vandrameni, — die Schriften des Giovanni Filetro d' Asti, des Fra Fulgenzio, des Biographen jenes berühmten Serviten-Mönches Fra Paolo Sarpi, der dem weltlichen Einflusse des Papstes

---

[26]) C. 3. Dec. 1606 Peverello. — 14. Octob. 1602 Luck. — 25. Feb. 1606 Philibert du Bois. Philibert du Bois war Agent des Fürsten Anhalt in Haag. Ebeling, welcher 1856 und 1857 zwei Bände Correspondenzen du Bois herausgab, erzählt, daß dieser Herrn v. Zierotin auf seinen Reisen begleitet habe und von Letzterem bedeutend unterstützt worden sei. S. in die Beilage Nr. CCLXXVII. — 28. April 1602 Renner. — 25. October 1601 Renner. — 29. October 1601 Eberbach. — 3. Juli 1602 Renner.

[27]) C. 13. Juli 1606 an Elias Berger, darunter hauptsächlich die „Censura hungarorum" Zierotin schreibt: ...Censuram legi, non sine gemitu, quod vocis loco, sententiam meam apud te exprimat. . Nach einer Mittheilung des hochverdienten ungarischen Geschichtsforschers und Archäologen v. Ipolyi-Stummer erscheint die „Censura" weder bei Horányi noch sonst in einem der Verzeichnisse über die Werke Bergers.

einen entschiedenen unversöhnlichen Haß weihte, dann die Angriffe auf Bellarmin's Lehren: Apologia contra Bellarminum, und
die Disputationen des Plessäus mit Perrone. [28])

Die staatsrechtlichen Studien des Herrn v. Zierotin waren
nicht ohne Einfluß, auf die Stellung, welche er später in den
Verfassungskämpfen einnahm. Es ist bezeichnend für seine politisch-
religiösen Grundsätze, daß er fast gleichzeitig mit dem Eintritte
in das öffentliche Leben es unternommen hatte, das Buch „Brutum
fulmen" zu übersetzen. Es war dies eine leidenschaftliche, von außerordentlicher Belesenheit und Bekanntschaft mit Kirchenvätern, Cano-
nisten, Decretisten, Scholastikern zeugende Lucubration des bekannten
Hotmann gegen den Bannstrahl, womit Papst Sixtus den König
von Navarra vernichten wollte. Sie athmet Haß gegen das Papstthum. Hotmann vergleicht darin den Papst mit einem gewissen
Thiere, „welches durch das Essen von Schirling in so tiefen Schlaf
versunken war, daß toscanische Bauern es für verendet gehalten
und schon angefangen hatten, ihm das Fell abzuziehen." Diese
Schrift mußte den gerechten Abscheu der Katholiken erwecken. Der
Einfluß, welcher die Studien calvinisch-hugenottischen Staatsrechtes
und die Verbindungen mit Männern, wie mit David Pareus [29])
auf Zierotin ausübte, ist nicht zu verkennen. Wir können ihn beobachten in der Darstellung seiner später umständlich zu bespre-
chenden Theilnahme an der Entthronung des Kaisers, als König von
Ungarn, wir finden ihn in den Worten, in welche er seine Be-
gründungen kleidet, und in dem Geist, der diese Gründe durchzieht.

Wenn ferner Zierotin von der Absetzbarkeit der die Gebote
Christi nicht achtenden „Obrigkeit" sprach; — wenn er, wie in
Calvin's Institutionen, sich der gemischten Staatsverfassung (Aristokratie und Demokratie) zuneigte und sogar dessen Worte gebraucht:
daß gegen die tyrannischen Machthaber eine „starke Medicin" nothwendig ist — die Gewalt nämlich, — wenn der berühmte oben
erwähnte Satz Chelčický's, den Zierotin auch zu dem seinigen gemacht, im Geiste mit den Aussprüchen Beza's übereinstimmte, „daß

[28]) C. 4. Nov. 1606 Orchi. — 22. März und 10. April 1607 Peverello.
— 18. Juli 1603 Polano., 28. August 1602 Renner. — Beil. Nr. CXI.
[29]) Polenz Geschichte des französischen Calvinismus. Gotha 1860. Perthes
III. 450.

die obrigkeitliche Gewalt schon an und für sich, oder wenigstens
in einer gewissen Beziehung von Gott verdammt sei": so ist nicht
zu zweifeln, daß Zierotin die Lehren der „Magdeburger Schrift",
„die kurze Abhandlung über den wahren Gehorsam, welche Unterthanen dem König schuldig sind, von Poynet", die „Franco Gallia"
von jenem Hotmann, dem Verfasser des Brutum fulmen, den „Junius Brutus" oder „Vindiciæ contra tyrannos" von Languet, den
„Reveille-matin" ein mit Flammenschrift geschriebenes Buch über
die Souverainitätsrechte — genau gekannt hatte. Darin wurden
Lehren vertheidigt, wie die: daß die monarchische Herrschaft ohne
Zügel dem Volke viel Verderben bringe, daß es Recht und Verpflichtung der Stände sei, bis zur Wiederherstellung der alten Verfassung sich einem Tyrannen zu widersetzen, daß die Könige zwar
von Gottes Gnaden sind, aber durch das Volk und für das Volk
regieren müssen, daß Wahlreiche vorzuziehen seien und die Souverainität in der Nation ruhe, daß Unterthanen nicht verpflichtet
sind, den Fürsten gegen Gottes Gebot zu gehorchen, daß ein Widerstand in diesem Sinn kein Aufruhr sei, sondern vielmehr ein Aufruhr dadurch unterdrückt werde. Am liebsten hätten alle diese Lehren
ihrem Fürsten das gesagt, was von dem arragonesischen Palatin
(Justicia) dem Könige gesagt wird: „Wir, die wir so viel sind
und vermögen als Ihr, erwählen Euch unter dieser und jener
Bedingung zum König; zwischen Euch und uns ist Einer, welcher
befiehlt mehr als Ihr, o König."[30]

In seinen staatsrechtlichen Studien wurde Zierotin auch nothwendig auf die Schriften der Jesuiten, welche die Beziehungen
zwischen Kirche und Souverain, Fürst und Volk damals behandelten, geführt; ganz besonders nahmen ihn in Anspruch Bellarmin's Tractat gegen „Gersons interprête," wie auch „de auctoritate conciliorum — de romano pontifice, — disputationes de
controversiis," wo Bellarmin in so kühnen Sätzen die Suprematie der Kirche und das Recht des Volkes die übertragene Gewalt
zurückzunehmen vertheidigt. Ihm, dem eifrigen Mitgliede der Unität,
dem Kenner des calvinischen Staatsrechts mußten diese Schriften,
welche die wesentlichsten Grundsätze katholischer Staatstheorien

[30] Robertson history of the reign of the Emp. Charles V. Vol. 1. n.
32. — Polenz a. a. O. 99.

entwickelten, von hohem Interesse sein.[31]) In ähnlichem Geiste
wie Bellarmin hatten die Jesuiten Lainez und Mariana gelehrt.
In jenen Grundsätzen war zwischen Katholiken und Calvinern eine
theoretische Uebereinstimmung vorhanden, allein bei der praktischen
Anwendung gehen sie auseinander. Die katholischen Schriftsteller
schmieden eine Waffe gegen die französischen Könige, die Calviner
gegen die deutschen Fürsten, und umgekehrt ein Calviner, Daniel
Tossanus, nimmt den bourbonischen Herrscher in Schutz, während
die Jesuiten die katholischen Fürsten Spaniens stützen. Ist dies
nicht ein deutliches Zeichen, daß die Kirche sich mit einer bestimmten
Verfassung oder mit einer staatsrechtlichen Frage überhaupt durchaus nicht identificirte, sondern daß nur das jeweilige Interesse
und das Streben, die Macht zu befestigen, auf die Theorien bestimmend einwirkten?

    Es gibt wohl nichts Charakteristischeres, als daß die Re-
gierung Spaniens jene staatsrechtlichen Schriften der Jesuiten, die
in Frankreich vortreffliche Dienste geleistet — wenigstens die in
Prag vorräthigen Exemplare — durch ihren Gesandten daselbst
Don Baltasar Zuñiga aufkaufen ließ, weil sie dort der Monarchie
gefährlich werden konnten?[32])

    Jene calvinischen Theorien beherrschten und beruhigten Zie-
rotin, als er entschlossen war, Rudolph's Herrschaft ein Ende zu
machen. Als er dieses Ziel erreicht, schloß er für immer mit jenen Lehren ab. Ihre Anwendung war dann nicht mehr im Interesse des Vaterlandes. Da man sie wieder zur Geltung bringen
wollte, bekämpfte er sie; er beweist, daß es sündhaft sei, das
Schwert zu ziehen gegen die Obrigkeit, er will mit Gebeten und
Bußen den Uebeln begegnen. Es lebt zuletzt in ihm jener Geist
der Brüderunität, welcher immer das Praktische und weniger die
Theorie im Auge behielt. Der weitere Verlauf der Erzählung
wird zeigen, daß er diesen gemäßigten Grundsätzen eigentlich immer
gehuldigt, daß er nur im jugendlichen Eifer sich manchmal zu
einer schroffen Auffassung jener calvinischen Lehren hinreißen ließ,
daß er während seiner staatsmännischen Laufbahn jedoch nur erst
nach fruchtlosen Versuchen und nach vergeblicher Anwendung ver-

---

[31]) C. 4. Nov. 1606, Orchi. — Ranke a. a. O. III. 181, 183.
[32]) Zuñiga al rey. 6. März 1610. 2496. Simancas.

föhnlicher Mittel ben Wiberstand gegen Rudolph aufnahm, daß er wie Bobinus im Buche vom Staate und wie la Noue [33]) in den „Discours politiques“ zu den genialen, ihrer Zeit voraus-eilenden Naturen gehörte, welche für Toleranz und Gewissens-freiheit und gegen die sofortige Appellation an die Gewalt mit aller Energie stritten, und wenn ich mich so ausbrücken darf, in einer beschränkten Monarchie das Ideal einer Staatsverfassung erblickten.

Aber auch die Lehren, welche mit jenen im schroffsten Gegen-satz standen (Barclay) die Lehren über das jus divinum des Mon-archen welche fast gleichzeitig in England auftauchten und die Filmer später in ein System brachte, hatte Zierotin zum Gegen-stand seiner Untersuchungen gemacht.

So nahm er durch diese Studien an den wichtigsten Fragen der religiösen wie der politischen Bewegung den lebhaftesten An-theil; die Zustände der protestantischen, besonders der reformirten Kirche, die Maßregeln der Engländer, um sich vor dem Andrang des „Papismus“ zu schützen, die anglicanische Confession, die er sich durch Polanus kommen läßt,[34]) die türkischen Angelegenheiten, beschäftigen ihn zu gleicher Zeit in seiner Zurückgezogenheit. Er hatte an allen Kreuzwegen des politischen Verkehres Vedetten ausgestellt, sogenannte Novellisten, welche ihn gegen Sold mit Nachrichten aus Prag, Wien, Paris, Venedig und Constantinopel versahen. Im Besitze dieser Zeitungen eröffnete er mit andern aus-wärtigen Freunden einen Tauschverkehr, indem diese ihm gleichsam als Gegenleistung für die von ihm mitgetheilten Nachrichten, die ihnen bekannten Neuigkeiten zu wissen gaben.[35]) Es gelang ihm auf diese Art rasch in die Kenntniß aller wichtigen Ereignisse, der Politik der Cabinete, wie der Umtriebe der Parteien zu kommen. Alles dieses will er ausnützen, zum Besten seines Vaterlandes, da er der Solidarität der europäischen Interessen klar bewußt ist. Er

---

[33]) Leicht ist daher der Schmerz zu begreifen, welchen Zierotin bei der Nach-richt vom Tode des la Noue empfand, zu dem er sich hingezogen fühlte und den er als seinen Lehrer betrachten wollte. S. S. 167 dieses Werkes.

[34]) Cod. 30. Sept. 1603, Bub. — 17. Nov. 1607, Bonaccina.

[35]) Beil. Nr. CCLXVII.

kennt die Verbindungen, die Mähren suchen und die es fliehen
soll, um das Eine zu erreichen: Unabhängigkeit, Wohlfahrt und
Gewissensfreiheit. Das ist sein letzter Zweck, wornach sich alles
richtet, sein Dichten und Trachten, seine Studien und seine Untersuchungen, die am Ende ihrem Wesen nach politisch waren.

Auch für die Naturwissenschaften, welchen im Beginn des
XVII. Jahrhunderts durch die wunderbare Erfindung des Mi-
kroskops ein unermeßliches Gebiet vorzugsweise auf dem Felde
der Forschung thierischer Organismen eröffnet wurde, hatte er
Sinn und die berühmten fünf Bände Aldovandos über die Geschichte der Vögel ließ er eigens aus Italien, für seine geographischen Studien aber Mercators Atlas aus Frankreich kommen. [30])

Für medicinische Studien hatte er eine starke Vorliebe.
Keine ungewöhnliche physische Erscheinung ließ er vorüber gehen,
ohne zu trachten, sich in dieselbe zu vertiefen. Er beschreibt Krankheiten mit ihren Symptomen wie ein Arzt, er correspondirt viel
mit Aerzten, auf die er große Stücke hielt, beobachtet den Verlauf
der Krankheit und zog Schlüsse und Folgerungen über den Charakter
derselben und der Heilmittel. [31]) Dagegen war er kein Freund
der Schilderungen fabelhafter Abenteuer, wie sie z. B. die Geschichte „von Balentino und Orso, zweien Brüdern, deren Vatter
ein Kayser und deren Mutter eines Königs Dochter aus Frankreich gewesen“ enthielt; auch fand er keinen sonderlichen Geschmack
an jenen anderen französischen Romanen, deren Frivolität und
abgeschmackte Sentimentalität dem ernsten Sinne durchaus nicht
behagte. Beaugy, welcher nach der Abberufung Ançel's Agent
des französischen Königs in Prag war, schickte ihm einst den
„Hermaphrodite“ und „le voyage de Jacophile.“ Herr von
Zierotin las diese Bücher, schrieb jedoch an Beaugy: er sei nicht
im Stande, den Liebenswürdigen oder Verliebten zu spielen, die
„schwimmende Insel,“ das „Reich des großen König“ zu besuchen.
Er hielt Jacophile für einen jener Philosophen, welche Monsieur
Hermaphrodite an seinem Hofe anstellte, um sich beim Haarkräuseln
von ihm unterhalten zu lassen. [38])

---

[30]) C. 3. Dec. 1606, Bonaccina. — 24. Feb. 1606, Philibert du Bois.

[31]) C. 1. August 1606, Maria v. Pernstein. — 10. und 22. Nov. 1605,
Timino. — 20. April 1605, Schuchart.

[38]) C. 18. Dec. 1605, Beaugy; 23. Feb. 1606 demselben.

Die schriftstellerische Wirksamkeit Zierotin's, die Ergebnisse seiner wissenschaftlichen Studien beglaubigen unsere Schilderung wohl am besten. Seine Apologie, die er Herrn Georg von Hodiß vorlegte, ist eine meisterhafte Untersuchung der damaligen politischen Lage. Jungmann versichert uns, daß das vierunddreißigste Lied im Leipziger Gesangbuche von Zierotin verfaßt sei. In seinen Tagebüchern über die Verhandlungen des Landrechts und der Landtage tritt Carl's erzählendes Talent wie seine dialectische Schärfe deutlich hervor. Diese Tagebücher werden zugleich seinen Ruf als einen der vornehmsten vaterländischen Juristen begründen.

Wer diese Arbeiten kennt, wird den Verlust leicht ermessen können, den die vaterländische Literatur erlitt durch das Abhandenkommen der von ihm geschriebenen „Geschichte seiner Zeit," der Memoriale über berühmte Processe, sowie noch manchen anderen Werkes und seiner schon erwähnten böhmischen Uebersetzung politisch-religiöser Streitschriften, die in lateinischer Sprache erschienen waren. [39])

Die böhmischen, lateinischen, italienischen und französischen Briefe, die Eleganz und Anmuth des Styls derselben sichern ihm einen bleibenden Platz unter den ersten Epistolographen und Sprachkennern. [40])

Er kannte die vorzüglichen Erzeugnisse der Literatur dieser Sprachen; wenn er durch deren Lecture in den Geist derselben eindrang, hatte er durch den langjährigen Verkehr mit den Völkern, denen sie angehörten, die correcte Aussprache gelernt, wie jene Phraseologie, welche die Nationaltracht des Wortes ist. Rücksichtlich seiner Kenntnisse des Böhmischen kann man den Herrn v. Zierotin unbedenklich unter die größten Meister der Sprache stellen. Seine Briefe sind ein unvergängliches Denkmal, das er der vaterländischen Sprache gesetzt. So sehr er diese liebte, so groß war seine Aversion gegen das spanische. Er fand zwar diese Sprache schön

---

[39]) Diarium 19. Octob. 1588. — Cod. Diar. S. 30 und 149.

[40]) Ein „Gentiluomo Sanese" (von Siena) beurtheilt Zierotin's italienischen Briefstyl nachstehend: „L'altro giorno io lessi la lettera che scrisse l'Illustrissimo Signor Carlo in lingua italiana, al Bagli, la quale è longa di due facciate, con un stile tanto bello che non si potrebbe scrivere meglio." Cod. Prostiborsky ddo. 1. Juny 1596.

und wohlklingend, aber für ihn und seine Standesgenossen unnütz. Ein bezeichnendes Urtheil; es war dies die vorzugsweise feindliche, die katholische Sprache.

Daß er im Schreiben excellirte und als Redner glänzte, zeigt von einer vollkommen abgerundeten Organisation seines Geistes. Tiefe und echte Religiosität erwärmte alle seine geistigen Schöpfungen. Er unterbricht häufig den ernsten Ton seiner Rede, um dem heitern Spiele des Humors Raum zu geben. Seine Sprache ist gewaltig, wenn er den Schuldigen straft, aber im antiken Fluß der Rede vergißt er nicht die menschlichen Verirrungen und Fehler, die dem Reuigen Vergebung sichern. Er vernichtet den Schuldigen nicht durch Hohn und Satyre, sondern gibt ihm die Hoffnung und die Mittel an die Hand, zum Guten zurückzukehren. Mit classischem Geiste durchdrang er alle seine Arbeiten, doch es ist nichts Heidnisches in ihm, das christliche Princip hat die vollständige Oberherrschaft gewonnen.

So erscheinen in ihm die edelsten Seiten des humanistischen Elementes, das längst in Wahrheit todt war, und des nationalen, das seine Blüthezeit zu verlieren begann, vereinigt.

In ahnungsvoller Sorge, daß der Same jenes Geschlechts ritterlicher Barone und Mäcenaten der Wissenschaft erlöschen könnte, widmete sich Herr von Zierotin mit Vorliebe der Oberleitung der Erziehung junger talentvoller Cavaliere.[41] Er hoffte ruhiger über des Landes Zukunft und die Kirche Gottes denken zu können, wenn er im Geist und in der Wahrheit das kommende Geschlecht heranbilden ließe. Zunächst waren es Verwandte, auf deren Erziehung Herr von Zierotin Einfluß nahm. Seine Verbindungen mit den reformirten Gelehrten Deutschlands und der Schweiz benützte er auch, um wenigstens den jungen Cavalieren, welche nach der alten Sitte dort ihre Ausbildung suchten, durch Empfehlung zu nützen. Es war sein Streben, diese Jugend in seinen Grundsätzen zu erziehen und ihr den Bildungsweg einschlagen zu lassen, auf welchem er selbst gewandelt. Sie sollten zu tüchtigen Söhnen des Vaterlandes, zu Staatsmännern und zu Kriegern herangebildet werden. Römische und griechische Classiker, Geschichte, Rhetorik, Styl, waren die Studien, womit sich diese Jugend be-

---

[41] C. 28. August 1601, Pierio.

schäftigen sollte; auf das philosophische Studium wurde weniger Gewicht gelegt. Musik, körperliche Uebungen und Behandlung der Waffen diente zur Erholung und Kräftigung der Gesundheit. [42]

Zunächst lag ihm die Erhaltung der Reinheit des Glaubens, des Sinnes für Tugend und Gottesfurcht am Herzen, obgleich er nicht so erclusiv war, um nicht auch katholischen Jünglingen seinen Schutz angedeihen zu lassen. Für die religiöse Bildung, für gründliche theologische Studien sorgte er, indem diese Jünglinge zu Basel und zu Genf in den christlichen Lehren unterwiesen wurden. [43] Den Elementar-Unterricht in den Wissenschaften erhielten sie häufig in Schlesien, dann wurden die Studien in Straßburg unter Melchior Junius, Joh. Lobecius und Con. Dasypodius fortgesetzt, in Basel unter Grynäus das historische Studium und unter Polanus das theologische vollendet. Auch nach Genf wurden die jungen Leute geschickt, um die dortige berühmte Akademie zu besuchen. Gewöhnlich dauerte dieser Curs im Auslande fünf bis sechs Jahre, [44] dann kehrten sie zurück, um die praktische Ausbildung, Bekanntschaften mit den verschiedenen Regierungssystemen, mit großen und gelehrten Männern, Sitten und Gebräuchen, Sprache und Volk — durch größere Reisen zu gewinnen oder Verbindungen anzuknüpfen, welche für deren künftige Carrière vortheilhaft sein konnten. So empfiehlt er dem Katholiken Wilhelm von Slawata Spanien, um dort die vornehmsten Männer kennen zu lernen und selbst bekannt zu werden und dadurch Einfluß im Vaterlande zu gewinnen. Protestantischen Jünglingen räth er den Besuch Deutschland's und England's, weil ein Katholik in England, Holland und Sachsen nicht gern gesehen war. Jeden aber sandte er nach Italien, um zu Siena die edle Kunst des Reitens und Fechtens, die zur Ausbildung eines vollkommenen Cavaliers nöthig waren, zu lernen, auch mußten sie dort die feinen höfischen Manieren, dann jene Sprache und Poesie kennen lernen, die am kaiserlichen Hofe geläufig waren.

---

[42] C. 15. Mai 1598, Slavata. — 20. Oct. 1605, Ruppa. — 10. Oct. 1601, Polano. — 15. Oct. 1602, Budowa. — 16. Nov., 27. August 1600, 23. Juli 1601 an Quetlin.

[43] Beil. Nr. CXIII. S. S. 135 b W.

[44] C. Kal. Sept. und 30. Oct. 1603, Quetlino.

Den Besuch Frankreichs widerrieth er Jedem; noch war ihm
das dort Erlebte und Erfahrene im frischen Andenken. Er fand
die Franzosen leichtsinnig, die Sitten höchst frivol; besonders sei
der Hof zu meiden, der nichts weniger als ein „Hort der Tugend"
genannt werden müsse, leicht vergesse man dort Coder und Pandecten, um Novellen zu studiren, die nicht jene Justinian's sind.[45]
Unter den Jünglingen, auf deren Erziehung Herr von Zierotin
Einfluß nahm, waren Sigmund Zaßtřižl, der unter Palubius Leitung in Genf seine Studien vollendete; Zdenĕk Waldstein, dem
Adam Ropalius als Hofmeister, Zdenĕk Ruppa, dem J. J. Huber
als Erzieher beigegeben war; Georg Rachod, Sigmund und Joh.
Bukuwky, Heinrich und Dionys von Slawata (Erzieher Daniel
Webersky), Joh. Kauniß (Erzieher Lucas Justus), und Wenzel
Zahradecky.[46]

Für Jünglinge, die ihm nah verwandt waren, ging seine
Sorgfalt weiter. Die Erziehung seines jungen Vetters Carl von
Zierotin leitete er selbst. Dieser war ihm theuer wie ein Sohn.
Er hatte ihn aus dem Jesuitencollegium, worin der vermögenslose
Vater den Sohn zu versorgen glaubte, entfernt, zu großem Ver-
druße des Hofes; eher ließ er den jungen Carl ganz auf eigene
Kosten erziehen, als ihn, wie sich Herr von Zierotin ausdrückte,
„dem sichern Verderben bei den Jesuiten preis zu geben."[47] Er
hatte den alten Circlerus, welcher sein eigener Hofmeister gewesen
war, bewogen, die Erziehung zu übernehmen; nach dessen baldigem
Tode wurde über Empfehlung des Dr. Grynäus ein gewisser
Quetlinus in dieser Eigenschaft aufgenommen. Auch auf die Erziehung seines Vetters von Straßnitz, Johann Friedrich v. Zierotin, und des jungen Marschalls von Böhmen, Berthold v. Lipa,
dessen Vormundschaft ihm so viel Kummer verursacht hatte, nahm

---

[45] S. Beil. Nr. CCLXXXI. C. 3. Mai 1598 Slav. — 15. April 1598
Slav. — 1. Dec. 1605 und 2. Juni 1606 Budowa. — 26. Septemb.
1605 und 12. Feb. 1606 Huber. — 8. Dec. 1598 Slav.

[46] Beil. Nr. CIV. und CVIII. — C. 14. Nov. 1602 Lombardo. — Dudik,
Iter Rom. Diar. Zdenc. a. Waldstein. — 23. Juli 1607 Quet. —
20. Oct. 1605 Rupa. — 24. Mai 1605 Webersky. — 24. Mai 1602
Pol. — 21. Dec. 1605 Pol.

[47] C. 29. März 1600 Beza. Beil. Nr. CII.

Herr von Zierotin directen Einfluß. Er fand es nothwendig, von Rostz aus auf die Behandlung des Zöglings, den Classenbesuch und auf die Studieneintheilung in Straßburg unverwandt sein Augenmerk zu richten. An Quetlinus, an Ropalius, den Hofmeister Zdenk's von Waldstein (zugleich mit der Oberaufsicht der Erziehung des jungen Carl betraut), schreibt er Briefe voll pädagogischer Weisheit. [48]) Er regelt den Haushalt und sogar die Kleidung; Carl soll nicht prächtig, aber auch nicht ärmlich einher gehen; er bestimmt, wie dessen Gesundheit gepflegt werden soll, empfiehlt Luftveränderung, mäßige Bewegung und wenn Milde nichts nützt, soll Quetlin gegen Ungehorsam und Trägheit Strenge, ja selbst die Ruthe anwenden. Zum Unterhalte des jungen Carl und seines Hauses bestimmt er 500 Thaler jährlich, eine für die damalige Zeit bedeutende Summe. Nach einiger Zeit, als der junge Carl die Stadt Straßburg und später Basel verließ, erinnert er den Hofmeister nach Maßgabe ihrer Casse ein kleines Abschiedsmahl den Lehrern und Mitschülern zu geben, ersteren überdies Honorare und Geschenke, welche nach der Sitte jener Zeit gewöhnlich in Geld oder in Silbergeräthen bestanden, zu verehren. [49])

In Basel, das seit zwanzig Jahren vom mährischen Adel besucht war, trachtet Herr v. Zierotin den Vetter bei Prof. Grynäus, in Kost und Quartier zu unterbringen — ein Haus, welches er Zierotinorum hospitium nennt, da schon drei Jünglinge aus seiner Familie hier gelebt hatten. [50])

Die Erziehung und der Haushalt Berthold's von Lipa waren in größerem Styl angelegt, wie es dem erlauchten Sprößling

---

[48]) Beil. Nr. CXIII. und CXIV. Epistolæ Selectæ L. B. Caroli a Zierotin Brunn. 1781. Svoboda. Diese Ausgabe einiger pädagogischen Briefe Zierotin's wurde durch Monse veranstaltet. S. auch Dudik's Geschichtsquellen S. 368. C. 13. Dec. 1601 Quet.

[49]) Cod. 30. Oct. 1603 Quet. und Beil. Nr. CXIII. — 25. Jänner 1601 1601 Pomerio. — 15. Feb. 1605 Pierio. — 20. Dec. 1606 Polano.

[50]) S. S. 136 n. 15, 16 und 17, dann S. 137 dieses Werkes. — C. 10. October 1601 Polano. — 8. Mai 1598 Ropalio. — 9. Decemb. 1598 und 13. April 1599 Quetlino. — 20. Decemb. 1605 und Beil. Nr. CXV.

eines mächtigen Geschlechts, dem Erbmarschall von Böhmen, ziemte. Lipa hatte einen Erzieher Pomerius und als Studiendirector einen jungen Troppauer, Heinrich Polanus. Herr v. Zierotin empfiehlt ihn den Schöffen und dem Senat von Straßburg, der Direction der Akademie, den ersten Professoren, welchen die Oberleitung der Studien Lipa's anvertraut war, auf das Wärmste. [51])

Herr von Zierotin stellte sich mit der reiferen Jugend in unmittelbaren Verkehr; es war ihm eine schöne Aufgabe, einen edlen Geist auf Bahnen hinzuleiten, auf welchen Ruhm, Ehren und das ewige Heil zu erlangen waren. Dafür war aber auch die Verehrung und Dankbarkeit der jugendlichen Standesgenossen für ihren gelehrten und väterlichen Freund eine große. Seine Freundschaft zu besitzen, war ein Ziel des Ehrgeizes vornehmer junger Herren. [52])

Der junge Wilhelm von Slawata, dem es beschieden war, später zur Zeit der Weißenberger Schlacht und nachher eine hervorragende Rolle zu spielen, übertrat zur katholischen Religion. Demungeachtet hat der Katholik Slawata Zierotin ersucht, ihm eine Reiseroute anzuempfehlen. Slawata befolgt sie, unterhielt immer die Correspondenz und theilte Herrn von Zierotin jedes wichtige Ereigniß, welches ihn betraf, so z. B. die Ernennung zum Kämmerer, die Rückkunft von der großen Reise, jederzeit durch besondere Boten mit. Es scheint, daß Slawata auch während des Processes sich des Herrn von Zierotin annahm. Wenn wir uns die damalige Auffassung der Apostasien, den Haß, womit ein solcher Abtrünniger von den früheren Glaubensgenossen verfolgt wurde,

---

[51]) Beil. Nr. CIV., CVI. und CXIII. — Cod. 31. Juli 1600 Pomerio. — 16. April 1600 an den Akademie-Director in Straßburg. — Nicht immer erreichte Herr von Zierotin seine wohlmeinende Absicht. Johann Friedrich von Zierotin, der jugendliche Erbe von Straßnitz entsprach durchaus nicht seinen Erwartungen; ungeachtet der häufigen, liebevollen und strengen Ermahnungen kehrte der unverläßliche Zögling ebenso ungebildet nach Mähren zurück als er es verlassen hatte. Die Kosten der Rückreise von Basel, die Geschenke, welche den Lehrern, dem Hausherrn, u. s. w. zu machen waren, betrugen 1000 Thaler. C. 28. Aug. 1601 Pierio. — 24. Nov. 1604 J. F. v. Zierotin. — 11. Dec. 1606 Polano.

[52]) C. 15. April, 3. Mai 1508 Slavata. — 16. Dec. 1605 Illyeshazy. — 4. April und 31. Mai 1600 Slavata.

dann den Abscheu der Katholiken vor den „Picarditen" vorstellen, so wissen wir nicht, ob wir mehr über das maßvolle Benehmen Zierotin's oder über die moralische Kraft Slawata's staunen sollen, der ein so inniges Verhältniß auch nach Ablegung des katholischen Glaubensbekenntnisses fortbestehen ließ.

Zdenĕk von Waldstein, dessen Mitvormund Herr von Zierotin war, oder Jaroslaus Smiřický munterte er in seiner anregenden Art auf, als sie ihm Briefe in anmuthigem Style schrieben, in welchem die Eleganz des Ausbrucks und der Reichthum an Ideen, zuletzt eine hochherzige Gesinnung, hervorleuchten. Er sagt ihnen, wie bald sie als ebenbürtig in die gelehrte Republik werden eintreten können, wie stolz das Vaterland auf sie sein werde, wie sehr er ihre Bescheidenheit, ihr reifes Urtheil bei so jungen Jahren bewundere, wie aufrichtig er sich nach einer innigern Gestaltung ihrer Freundschaft sehne, Früchte aus diesem Verkehr erwarte. Er beglückwünscht einen Hofmeister, daß er einen so ausgezeichneten Zögling herangebildet; er dankt ihm dafür, weil er in diesem Jünglinge eine Zierde und Stütze des Vaterlandes erzogen habe.

Mit Zdenĕk Ruppa stand er in lebhaftem Briefwechsel; da wurden einmal böhmisch, ein andermal deutsch, französisch oder italienisch wichtige und interessante Themata und wissenschaftliche Quästionen in akademischer Weise alle acht oder wenigstens alle vierzehn Tage erörtert; hiebei blieb übrigens die Politik ausdrücklich ausgeschlossen, um Verfolgungen auszuweichen. Wir danken diesem Verkehre das italienische Schreiben Zierotin's, ddo. 24. December 1602, welches wir in dem Beilagenbande als Muster vollendeten italienischen Styls mittheilen, und jenes andere Schreiben vom Ende December 1606, worin er Ruppa ermahnt, die Studien, die er mit so viel Ruhm begonnen, die jeden zieren, besonders aber den Cavalier, nicht zu vernachlässigen. Hunde füttern, Pferde tractiren und die Hausfachen beforgen, sei löblich, doch nicht ausreichend, um eine Stellung zu behaupten.

Er suchte den jungen Leuten jene Achtung vor berühmten Männern und besonders vor Männern der Wissenschaft einzuflößen, die ihn so ganz beseelte; er stellte sie ihnen als Vorbilder auf und zeigte, wie die Bekanntschaft mit solchen Männern ein Gegenstand ihres Strebens und ihres Ehrgeizes sein soll; von dem Rathe, von den Lehren dieser Männer sollen sie sich leiten

laſſen. Er ſelbſt war gerne erbötig, ſolche Bekanntſchaften zu vermitteln, er wußte wohl, daß nichts ſo tief auf Phantaſie und
Gemüth der Jugend aneifernd wirke, als ein lebendiges Vorbild.

Es iſt natürlich, daß es dem Herrn v. Zierotin auf dieſem
Wege gelang, einen tief eingreifenden Einfluß auf die Erziehung
der Jugend ſeines Vaterlandes zu gewinnen, dieſe Erziehung im
Geiſte der Brüderunität und jener politiſchen Grundſätze ſtän-
diſcher Unabhängigkeit und Gewiſſensfreiheit zu leiten, für die
er ſelbſt verfolgt wurde und gelitten hatte. Durch ſeine gelehrten
Bekanntſchaften war er in der Lage, den beſten Lehrkräften als
Erzieher oder Hofmeiſter Stellungen zu verſchaffen und auf dieſe
Art nicht allein ſich einen großen Kreis wiſſenſchaftlicher Männer
zu verpflichten, ſondern auch die Anhänglichkeit und Freundſchaft
vieler ſeiner Standesgenoſſen und den Dank zahlreicher Clienten
aus dem niederen Adel, für deren Erziehung und Fortkommen er
ſorgte, zu ernten.

Dieſer Einfluß aber eben war von den Katholiken ſehr gefürchtet und mit eine geheime Triebfeder zur Einleitung des
Hochverrathsproceſſes. Wie von dem berühmteſten Weiſen des
Alterthums, erzählten die Katholiſchen von ihm, er ſei ein Ver-
derber und Verführer der Jugend. [53])

53) Beil. Nr. CCLXXVIII. und CCLXXIX. Wir wollen nur ein Beiſpiel
bringen der Großmuth Carl's bei Unterſtützung armer talentvoller Jünglinge: Dr. Timinus war durch 17 Jahre — von 1590 bis 1607 — in
ſeinen Dienſten. Zuerſt war T. in Italien mit Dionys von Zierotin.
1594—1597 ſtudirte T. die Medicin auf Koſten Carl's daſelbſt. Er
reiſte nach Rom, Florenz, Neapel u. a. Orten, um ſich in ſeiner Kunſt
auszubilden. Dann erhielt er in Baſel den Doctorgrad auch auf Koſten
des Herrn v. Zierotin. Hierauf nahm dieſer ihn in ſeinem Hauſe auf,
gab ihm nebſt Koſt und Quartier noch 200 Thaler jährlich und freie
Praxis. Durch Carl's Verwendung wurde er adelig und erlangte eine ſehr
günſtige Stellung 1606 bei Roſenberg. Cod. Cal. Oct. 1607 Timino.
C. 20. Oct. 1602 Ropalio. — III. Non. Jul. 1607 Freiberg. — 28ten
Oct. 1602 Waldſtein. — 1. Juli 1607 Kauniß. — 25. Septemb. 1605
Smikßky. — 15. Octob. 1602 und 20. Auguſt 1605 Rupa, Je ſuis
amoureux, ſagte er dieſem, de votre bel esprit! — 1. Juni 1607 Joh.
Kauniß. — VII. Id. Oct. 1602 Waldſtein und Ropalio. O. D. 1599
Slavata Nr. 32. — 15. April 1598 Slavata. — Herr von Zierotin
ſandte, wie er ſich ausdrückte, ſeinen Vetter Carl zu Beja, damit jener

Es war die hochherzige Auffassung der Pflichten eines Edelmannes, wenn Herr von Zierotin die Herausgabe wissenschaft-
licher Werke unterstützte und die Arbeiten berühmter Gelehrten
durch Ehrengeschenke aufmunterte. Wir könnten eine lange Liste
von Männern mittheilen, auf welcher Namen, wie Theodor von
Beza, Grynäus, Paludius, Casmann, Melchior Junius, Bucholzer,
Monavius, vorkommen, die Honorare aus seiner Casse erhielten.
Häufig sandte er zweihundert Ducaten, Silberbecher und Gold-
ketten; dem Polanus gab er zur Herausgabe einer Expositio
Bibliorum sehr namhafte Summen. Und bei allen diesen Geschenken entschuldigt er sich noch, daß es seine vielen Verluste
und Ausgaben nicht gestatten, mehr zu thun. Seiner Muni-
ficenz konnte der Dank der Schriftsteller nicht fehlen. Poeten und
Theologen widmeten ihm ihre Werke; Jakob Zwinger von Basel
macht von Zierotin's Namen lobende Erwähnung in seinem Psal-
terium und dedicirte es der Familie Zierotin. Der Dichter Andreas Rochoz widmete ihm Gedichte, Antonius Fayus die berühmten
Commentarien, Polanus das Sintagma, Weleslavina das Itine-
rium Sacræ Scripturæ. Sogar ein medicinisches Werk wird ihm
von einem Arzte zugeeignet. Bei allen dem war er unendlich bescheiden, er strebte daher nicht nach solchen Anerkennungen. „Was
kann es Europa interessiren, an welchem Tage ich geboren wurde,“
schrieb er einst an Paludius, als ein Schriftsteller Zierotin's Ge-
burtstag in einem Jahrbuch aufnehmen wollte. [54])

Treue Dienste vergaß er nicht. Die zahlreichen Edelleute
seines Hofes waren sicher, bei dem Austritte aus dem Dienste
Gegenstand seiner großmüthigsten Sorgfalt zu sein. Es waren seine

in seinem reiferen Alter den Trost habe, Männer wie Beza und Grynäus gesprochen zu haben. 29. März 1600 Beza. — 13. Mai 1600
Pomerio. — C. 24. Mai und 19. Sept. 1602 Polano. — II. Cal. Ap.
und 1. Sept. 1605 Staubio. — 21. Feb. 1598 Camerario.

[54]) Cod. Id. Nov. 1609 Fayo. — Cod. 7. Cal. Jan. 1607. — 13. Oct.
1601 Quet. — 18. Octob. 1602 und 5. Id. Nov, 1609 Casm. —
29. März 1600 Beza. — 2. Feb. 1600 Pol. — 22. Octob. 1602 Monavio. — 12. Feb. 1606 Huber. — 9. Nov. 1602, 13. Dec. 1601 und
24. Mai 1602 Pol. — Prid. Kal. Op. 1600 Zwingero. — 12. April
1604 Pierio. — Beil. Nr. CVIII.

Freunde und nicht seine Diener, er suchte sie in andern Häusern, im öffentlichen Dienste zu versorgen oder gab ihnen glänzende Abfertigungen; so schenkte er dem Giovanni Pietro Orchi e Sappa, einem Edelmanne aus Como, der durch viele Jahre an seinem Hofe diente, die bedeutende Summe von 3000 Thaler; damit war es nicht abgethan; als dem Orchi ein Sohn geboren wurde, erhielt dieser ein Taufgeschenk von 400 Thaler und wieder bald darauf 200 Thaler.[55])

Für arme Edelleute, für schutzlose Reisende war seine Börse stets offen. Sein loyaler, ritterlicher Sinn bereitete ihm häufig manche Enttäuschung. Wenn auch einst ein Graf Alfonso de Montedolio und Santa Sophia, aus fernen Landen kommend, mit gewandten Manieren, häufigen Verkehr mit fürstlichen Personen und Kenntniß der Geschäfte der großen Welt affectirend ihn mit einem angeblichen Darlehen prellte, so hinderte dies nicht, daß ein anderer betrügerischer Schuft, der durch lügenhafte Schilderung seiner hilflosen Lage Zierotin's Herz zu rühren wußte, ihm abermals ein ansehnliches Geschenk abschwindelte. Edelleute, welchen er unter höchst günstigen Bedingungen Geld geliehen, waren schlechte Zahler; Diener betrogen ihn um große Summen; und doch war er stets gegen Jeden gütig. So übertäubten oft die Schläge seines warmen Herzens die Eingebungen der Klugheit.[56])

Wir wissen, mit welch' bedeutender Summe Zierotin die Sache der reformirten Religion unterstützte; es war ein Darlehen im Betrage von 40,000 Thaler, welche er im J. 1590 dem König Heinrich gegeben hat. Und doch erntete er nur Undank. Der Termin zur Rückzahlung war verstrichen und Herr v. Zierotin lange nicht im Besitze des Capitals. Er mußte seinen Haushofmeister Lombardo nach Frankreich schicken, die Verwendung der französischen Agenten und anderer Freunde nachsuchen, bedeutende Reisekosten bezahlen, um endlich spät zu seinem Gelde zu gelangen.[57]) Der Undank, der ihm widerfuhr, erbitterte die Stimmung gegen

[55]) Cod. 17. Juni 1606 Bonacina. 13. Juli 1604 Orchi. — 28. April 1606 Gola Eberbach. — 17. Juli 1602 und 28. Oct. 1604 Orchi.

[56]) Cod. 13. Jänner 1607 Stahremberg. — 22. Septemb. 1603 Lomb. — o. D. 1607, Nr. 13 Beaugy.

[57]) Beil. Nr. CCLXXX.

Frankreich; allein er war im Stande, diese Gefühle zu unterdrücken, als es sich darum handelte, seine Verbindungen mit Frankreich im vaterländischen Interesse zu verwerthen. [58]) Ebenso hatte Herr v. Zierotin dem Lande Mähren namhafte Summen vorgestreckt, deren Rückzahlung die öffentlichen Finanzzustände nicht gestatteten.

Diese mehr hochherzige als ökonomische Verwendung seines Vermögens führte ihn bald in Verlegenheiten; da er so viel für Andere gethan, kamen Augenblicke, in welchen er Geld für sich benöthigte und keins hatte; unmittelbar vor der Hochzeit im J. 1604 mußte ihm sein Freund Hieronymus Bonacina Geld vor-strecken. Er gestand selbst, zur Verwaltung seines Vermögens nicht so befähigt zu sein, als es nöthig wäre. Daß sein Körper schwächlich und für starke physische Anstrengungen nicht organisirt, daß der Geist durch die Sorge für öffentliche Geschäfte von der Verwaltung seiner Privatangelegenheiten abgewendet waren, gab er als Ursache an, er befürchtete einmal sogar nicht genug zu haben, um selbst leben zu können. [59])

Aus Allem sehen wir, wie wenig Werth er auf irdische Güter legt, und wenn er manchmal den unerfreulichen Zustand seiner Finanzen beklagte, so geschah es nur, „weil er unter solchen Umständen für Andere nichts thun könne." Nichts lag ferner von seinem Charakter, als Eigennutz und Habsucht. Als Illyezhazy ihm einen kostbaren Teppich zum Zeichen des Dankes für erwiesene Gefälligkeiten verehrte, sandte er diesen Teppich mit der Bitte zurück, in Hinkunft seine (Zierotin's) Freundschaft nicht zu erkaufen. Den Vorschlag, seine Feinde in Prag mit Ge-schenken milder zu stimmen, oder von dem Schurken Pierio Schweigen zu erkaufen, wies er mit Entrüstung zurück. [60]) Ein-

---

[58]) Cod. 15. und 17. Juni 1600 Lomb. — 29. Jänner 1599 — 15. Mai 1598 Molart. — 25. März 1603 Bonacina.

[59]) Beil. Nr. CVI. C. o. D. 1606 Nr. 37 Bon. — 13. Dec. 1601 und 2. Feb. 1600 Pol. — 18. Oct. 1602, 21. Mai, 22. Juli und 5. Aug. 1605, 3. Dec. 1606, 5. Feb. 1607 Bonacina. — 15. Juli, 28. Sept. 2. Oct. 1600, 18. August, Beil. Nr. XXXXI. 4. Sept. 1601 an Illyez-hazy. — Schreiben Zierotin's an den Znaimer Rath. Rossitz 18. April 1612 in Feifalik's Sammlung.

[60]) Tapete autem remitto, non quod liberalitatem M. D. V. non magni faciam, aut donum asperner sed quia semper a muneribus accipiendi

mal war er sogar im Zweifel, ob es einem Christen zieme, Zinsen von dargeliehenen Geldern zu nehmen.⁶¹) Carl von Zierotin war das gerade Gegentheil seines Bruders Dionys, der keinen Sinn hatte für die Unterstützung von Kunst und Wissenschaft.⁶²)

Durch die Länge der Zeit waren die alten Wunden fast vernarbt; auch die Gefahren der Untersuchungen, welche gegen ihn anhängig waren, zogen vorüber. Wenn sich Herr v. Zierotin jährlich einmal nach Prag vor Gericht stellen mußte, ohne daß je ein Urtheil erfolgte, so war dies nur eine formelle Quälerei ohne Folge.⁶³) Der brennende Schmerz über den Verlust der geliebten Frau und seines Söhnchens war allgemach auch schon gemildert. Dafür aber machte ihm jetzt die Erziehung seiner beiden Töchter: Bohunka und Helena⁶⁴) nicht geringe Sorge. Nach

abhorrui, proinde peto... ut si me in amicitiam constantem cupit quæ a me prestanda erunt non emat. 11. Jänner 1599 an Illyezhazi. Beil. Nr. XXXIII. Er weist wiederholt Geschenke an Wein zurück, weil sie zu groß sind, um als Beweis von Freundschaft zu gelten. Beneficium accipere est libertatem vendere sagt er. Beil. Nr. XXXVIII. & XXXIX.

⁶¹) Beil. Nr. CVI.

⁶²) Er war besorgt, den Ruf der Großmuth zu erhalten, und diese Tugend auch der Jugend einzuimpfen; so empfiehlt er dem Hofmeister des Joh. F. v. Zierotin nicht zurückhaltend zu sein, damit der Name Zierotin nicht mit dem Makel des Geizes befleckt werde (C. 20. März 1606); den Pomerus, Erzieher Lipa's in Straßburg, ersucht er, die Auslagen nicht zu sehr zu berücksichtigen, da dies wenig Ehre bringt, er müsse vielmehr seine Freunde bewirthen ꝛc. Cod. 13. Mai 1600 und 7. Dec. 1605 Bonacina.

⁶³) Vom J. 1602 bis 1607 mußte Zierotin jährlich zwei= bis dreimal sich in Prag vor Gericht stellen, immer wurde der Spruch verschoben, um das Damoclesschwert über dem Haupte Carl's halten zu können. Doch hatte die Sache ihr Gefährliches verloren; er genoß mehr Ruhe und Sicherheit. Seine Feinde waren theils todt, wie Nußwurm, der im J. 1605 geköpft wurde, theils nicht mehr anwesend. Der Hofkammerpräsident starb 6. Dec. 1605. Selbst der Kläger Pierio, dessen Niederträchtigkeit sich immer deutlicher herausstellte, wollte sich mit ihm verständigen auf eine für Carl höchst ehrenvolle Art, um der Sache, in welcher er sich so bloßstellte, ein Ende zu machen. Doch der noch lebende Gegner Carl's, der Oberstkanzler, gab dies nicht zu. Cod. 21. Mai 1603, 13. Jänner und 25. Mai 1604. 10. Kal. Aug. 1603, 20. Dec. 1605 Gryn.

⁶⁴) Carl's Tochter Bohunka war im J. 1603 vierzehnjährig, Helene aber war siebenjährig. C. 1. Febr. 1600 Beil. Nr. XXXVIII. Illyezhazy.

dem Tode der Gattin lebte Bohunka bei ihrer Stiefgroßmutter, dann, nachdem diese gestorben war, bei Zierotin's Schwägerin, der Frau seines Bruders Dionys. Nun wollte er selbst ihre Erziehung überwachen, weil sie sich jetzt dem jungfräulichen Alter näherte. Da er aber das Haus öfters verließ, war er genöthigt, eine treue Aufseherin für die beiden jungen Damen zu suchen. Eine ältliche Frau vom Stande, aus dem Hause der Kařenský, hatte ihm durch Gaspar Luck ihre Dienste angeboten und wurde als gottesfürchtig und fromm sehr empfohlen. Er war vor allem bemüht zu erfahren, ob sie der Brüderunität angehöre.[65]) Es war dieß jedoch nicht der Fall. Der Unitäts-Priester Němčanský hatte eine andere Gouvernante vorgeschlagen, .allein diese ging auf den Antrag nicht ein. So kam es schließlich dazu, daß Herr v. Zierotin seine beiden Töchter der Schwiegermutter übergab. Aber sie konnten nicht lange bei ihr verbleiben, denn am 1. August 1605 starb dieselbe nach längerer Krankheit.

Da faßte Herr v. Zierotin einen Entschluß, durch welchen ihm das gleichzeitige Erreichen mehrerer Zwecke möglich schien. Er war zwar zweimal vermält, lebte jedoch mit beiden Frauen im Ganzen nur sechs Jahre. Es war sein innigster Wunsch, einen Erben seines Namens und Stammes zu besitzen, die Töchter waren dem Alter nicht mehr fern, in welchem mütterlicher Rath und Leitung nöthig war. Diese Umstände mochten ihn bestimmt haben sich wieder zu vermälen; Freunde, Verwandte und die Senioren der Unität, durch welche er den Heirathsplan erwägen ließ, gaben einhellig ihre Zustimmung zu einem Schritte, der Leben und Freude in das Haus Zierotin's bringen sollte.[66])

[65]) Cod. 1. Juli 1603 Pierio und Němčanský. — 3. August, 7. Novemb. V. Cal. Aug. 1603, 26. Nov. 1603 an denselben. — 12. März 1605 Schuchart. — 1. August 1605 Drchi.

[66]) 10. Mai 1604 Lombardo. — Es war gebräuchlich die Zustimmung der ältern Verwandten und insbesondere des Hauptes des Hauses vor den Werbungen einzuholen. Carl nahm es seinem Vetter von Lundenburg, Ladislaus Wilhelm von Zierotin, dem Landeshauptmann v. J. 1619, sehr übel, daß er den Entschluß zu heiraten eigenmächtig faßte, ohne zuvor denjenigen zu hören, der befragt zu werden ein Recht habe. Cod. 12. Mai 1600 Pol.

Katharina Anna, ein Fräulein aus dem Hause Waldstein, war die Auserkorene. Sie hatte eben das zwanzigste Jahr vollstreckt, war in Gottesfurcht erzogen, wenn nicht schön, doch von anmuthigen Formen und zarter Gestalt, ihm ganz angemessen. Sie war eine Tochter des Herrn Wilhelm von Waldstein auf Hermaniß und der Frau Margaretha Smiřický, somit eine Schwester Albrecht's Eusebius von Waldstein, des nachmaligen Herzogs von Friedland und Meklenburg. Den Tag der Hochzeit hatten die Eltern der Braut zu bestimmen. Es war Sitte, daß dieser Tag für Fremde so lange ein Geheimniß blieb, bis derselbe allen Verwandten bekannt gemacht worden war.[67]

In einer Zeit, in welcher die Reise von Olmütz nach Jägerndorf, oder von Wien nach Brünn in drei Tagen, von Brünn nach Prag bei schlechten Straßen in acht Tagen zu Wagen zurückgelegt wurde, ein Brief aus Genf oder Siena erst nach zwei Monaten in Rositz eintraf, und oft den Weg über Breslau nahm, mußten lange Zeit zuvor Vorbereitungen, zu den durch die bevorstehende Vermälung nothwendigen Veränderungen im Hause getroffen werden. Weder in Brünn, noch in Trebitsch, Znaim oder Iglau waren jene Gattungen von Einrichtungsstücken und Stoffen zu kaufen, die Zierotin benöthigte, um Rositz aus Anlaß des Einzuges der neuen Herrin würdig einzurichten und auszustatten. Es mußten Zimmerverzierungen, Wagen, Livréen, Möbeln, die Tafel-Wäsche, Gold- und Silberstoffe, Schmucksachen, wie die feineren Fabrikate überhaupt, dann Delicatessen aus dem Auslande geholt werden. Nur die feinsten Erzeugnisse aus Leder, besonders Pferdegeschirre, wurden in Mähren am vorzüglichsten erzeugt.[68]

Die Knotenpuncte des kaufmännischen Verkehrs waren die Messen; Kaufleute aus Italien kamen mit ihren Waaren nach Linz, Krems und Nürnberg, wo diese Waaren von mährischen oder Wiener Kaufleuten übernommen wurden. Die Straßen waren

---

[67] 12. April 1604 Orchi. — 10. Mai 1604 Lomb. Förster Wallenstein's Briefe I. 4. Berlin. 1828. — 15. Mai, 8. Juli und 23. Juli 1604 Bonacina.

[68] S. Beil Nr. CCLXXXI. — Cod. 5. Mai 1604 Bonacina. — 9. März 1607 Lomb.

nicht beſſer als unſere ſchlechten Waldwege, die Communication durch zahlreiche Mauth- und Zollſtationen an den vielen Grenzen der Stadt- und Herrſchaftsgebiete, durch Stapelrechte erſchwert; die Unſicherheit der Straßen, das Arreſtirungsrecht von Gläubigern ausgeübt auf die Waaren von Kaufleuten, deren heimathliche Stadt Bürgſchaftspflichten für einen ſäumigen Schuldner übernommen hatte, vertheuerten die Waaren um ſo mehr, da auch ſehr hohe Selbſtverſicherungsprämien aufgeſchlagen werden mußten. Ein Fremder, welcher einem Fremden Geld ſchuldete, konnte wegen dieſer Schulden vor keinem mähriſchen Gerichte belangt werden, außer er würde zuvor einen Inländer vor Gericht citiren, und durch dieſe concludente Handlung ſich der Jurisdiction mähriſcher Gerichte freiwillig unterwerfen.⁶⁹)

Dieſe Unſicherheit in den Zuſtänden des kaufmänniſchen Verkehrs wurde um ſo tiefer empfunden, als derſelbe zugleich die Spedition von Briefen und Geld vermittelte. Während der Meſſen wurden Forderungen mit Gegenforderungen ausgeglichen, die Verfallzeit von Wechſeln nach denſelben firirt. Die regelmäßigen Poſtverbindungen, damals erſt im Entſtehen begriffen, waren höchſt unzuverläſſig; noch immer mußten die Städte und die Landherren eine Schaar von Boten beſolden, um die Verbindungen aufrecht zu erhalten. Bei den Hinderniſſen und Beſchränkungen, mit welchen der Verkehr zu kämpfen hatte, war in Mähren der Handel auf eigene Rechnung unbedeutend. Dagegen blühte der Commiſſionshandel,⁷⁰) derſelbe war größtentheils in Händen von italieniſchen Kaufleuten oder eigentlich von Agenten größerer italieniſcher Handlungshäuſer in Wien, Venedig u. a. O. In Brünn und Znaim, Iglau, Olmütz, ſelbſt in kleineren Städten wie Trebitſch gab es derlei Italiener; Antonio Truſi in Brünn, Francesko Caligardo in Trebitſch, waren geſuchte Firmen.⁷¹) Die Handelsſprache war die italieniſche. Dieſe Commiſſionäre waren zugleich

---

⁶⁹) Cod. 2. Oct. 1605 Bonac.

⁷⁰) Dieſe Art von Handel hatte einen beſonderen Aufſchwung erhalten durch das kaiſ. Privilegium für die Stadt Brünn d. J. 1463; ſie durfte mit venetianiſchen Waaren ungehindert durch alle kaiſerlichen Länder Handel treiben. d'Elvert Geſch. v. Brünn. 145. — C. 25. Auguſt 1601 Spinola. — 8. Oct. 1602 Renner. — 25. Auguſt 1598 Lomb.

⁷¹) Cod. o. D. 1607. Nr. 18. Bonacina. d'Elvert, Geſch. v. Iglau. 148.

Agenten der reichen und vornehmen Barone, sie lieferten nicht allein Waaren, sie theilten politische Nachrichten mit, versorgten sie mit den neuesten literarischen Erzeugnissen, warben für sie Diener und Lehrer, führten deren Geldgeschäfte, eröffneten laufende Rechnungen, ohne das ihnen anvertraute Geld zu verzinsen, und streckten zuweilen auch Geld vor u. s. w. Neben ihren starken Provisionen erhielten sie auch Geschenke, sie standen in einer Art scherzhaften feudalen Verhältnisses, indem sie ihren Mandanten in recognitionem dominii zu Neujahr eine Gabe überreichten. Der jährliche Tribut Sancerres, eines Agenten des Herrn v. Zierotin, bestand — in einem Päckchen Zahnstocher. [72])

Die Luruswaaren, welche Mähren benöthigte, bezahlte es mit Getreide, Safran, Anis, Fleisch, Wachs, Unschlitt; Jagdhunde und Hirschgeweihe, Brünner Gemüse — ausgezeichnet durch ihre Qualität — wurden exportirt; ebenso Iglauer Papier, Biere und grobe Tücher. Seinen Wohlstand dankte Mähren vornehmlich der lebhaften Ausfuhr von Urproducten. [73])

In der gewerblichen Production dieser Zeit war dagegen ein Rückgang eingetreten. Das Patricierregiment hatte in allen größeren Städten des Landes über die Versuche der Gemeinde und der Zünfte, die Geschlechter von der Stadtregierung zu verdrängen, gesiegt. Die demokratische Bewegung wurde vollständig niedergeworfen. Die Rathsfamilien befestigten innerhalb des Weichbildes ihrer Stadt den Primat, wie die Barone in der Landesgemeinde. Sie entfernten aus den Zunftstatuten jeden verfänglichen Artikel, welcher noch an die alte Zeit des corporativen Selbstregiments erinnerte. Sie maßregelten [74]) die Erzeugung durch Normalbestim-

---

[72]) Cod. 22. Mai 1603 Quet. — 15. Juni 1600 Lomb.

[73]) C. 22. Oct. 1602 Monavio.

[74]) Die k. Regierung hatte schon früher diese Bahn betreten in der Gewerbeordnung K. Ferdinand, v. J. 1550, S. Boczek P. Slg. Miscell. Nr. 8. Landesarchiv. — Chedem war der Gewerbebetrieb ohnehin ein „bürgerliches Monopol" gewesen; aber schon mit Wladislaw begann die Regierung in dieses Privilegium Breche zu schießen, und den Grundherrn das förmliche Recht zum Betriebe von Gewerben zu verleihen. Wlad. ddo. Wien. dom. a. f. S. Joh. Bapt. 1485. Wolny kirch. Top. I. II. 251. Die Bauern durften jedoch noch im Beginn des XVII. Jahrh. sich keiner gewerblichen Beschäftigung hingeben. S. Land. Ord. dieser Periode.

mungen: nur so und so viel Stück weißen Tuches durfte ein
Meister verfertigen, dabei mußten zehn Stück braungefärbtes ge-
webt werden. Niemand durfte mehr als ein Haus besitzen[15]) oder
mehr als ein Gewerbe betreiben. Wenn jemand mit sehr günstigem
Erfolge Boy verfertigte, so machte man Miene, es ihm zu untersagen. Ursprünglich freie Gewerbe, wie z. B. das der Mälzer in
Iglau, wurden vom Stadtrathe nur unter förmlicher Concession
verliehen. Meister, welche zugleich Rathsverwandte waren, konnten
eine größere Anzahl von Knappen oder Gesellen beschäftigen, als
solche, die nicht im Rathe saßen.[16])

Die Tuchhandlungsgesellschaft, welche 1592 in Iglau errichtet wurde, fügte zu der Herrschaft des Monopols auch jene
des Propols hinzu, denn nur an sie und um limitirte Preise
konnten die Handwerksmeister ihre Producte verkaufen. Glücklicherweise löste sich diese Gesellschaft auf; sie hatte ihr Möglichstes
gethan, um das Handwerk, das sie heben sollte, zu ruiniren. Den
Hauptanstoß zur Auflösung erhielt diese Compagnie durch das Verhältniß, in welches sie zu der kais. Finanzverwaltung gebracht wurde.
Es mußte in Wien einiges Kriegsvolk abgedankt und bezahlt
werden; da die Kammer kein Geld hatte, wurde die Compagnie
genöthigt, dem Kaiser Tücher um den Betrag von 60,000 fl. zu
leihen. Dies Geld sollte in drei Jahren zurückgezahlt werden. Die
Rückzahlung erfolgte jedoch erst viel später, indeß waren die Kräfte
der Gesellschaft dadurch geschwächt und ihr Credit so sehr angegriffen, daß sie bei dem auch sonst schlechten Fortgang ihrer Geschäfte die Auflösung beschließen mußte.[17])

Der Schutz, den der Producent fand und den er nicht unterließ zu mißbrauchen, führte zur Nothwendigkeit, den Consumenten
zu schützen. In Proßnitz wurde zuerst 1584 eine bleibende Satzung
für das Bäckergewerbe eingeführt, weil die Stadtbewohner nicht
mehr die Brotpreise zu erschwingen im Stande waren.[18])

[15]) S. Prerauer Coder, Boczek R. S. S. 82 Landesarchiv.

[16]) d'Elvert Gesch. v. Iglau 185, 190 und 191.

[17]) Leupold, Chronik von Iglau, herausgegeben von d'Elvert. S. 203 und
Beil. Nr. CCLXXXII.

[18]) S. Prerauer Coder a. a. O. S. 71. — In Brünn wurde die Satzung
bleibend eingeführt i. J. 1637. Chlum. Ludwig, Chronik von Brünn
a. a. O. Wir können uns nicht versagen, hier einer deutlichen Lehre Gr-

Es gelang zwar den Patriciern das Handwerk politisch un-
gefährlich, aber zugleich ihre Städte arm zu machen, es gelang
ihnen das Capital mit einer chinesischen Mauer einzuschließen, in
der Entfaltung seiner befruchtenden Kraft zu unterbrechen und gleichsam auszuhungern. Instinctartig wehrte sich auf diesem Wege die
Naturalwirthschaft gegen die nivellirende Macht des Capitals.
Der Besitz von Realitäten läßt sich bemessen, Rechte können daran
geknüpft und dadurch beschränkt werden; die freie Individualität
wird dann disciplinirt, indem man sie nur durch Realbesitz zur
socialen und politischen Geltung kommen läßt.

Anders ist es mit dem Capital, das dem künstlichen Baue
socialer Ueber- und Unterordnungen unter der Hand wegrinnt,
und auf eigenthümlichen, nicht zu beherrschenden Bahnen wandelt.
Da man sich dessen bewußt war, so konnte man dieses unbot-
mäßige Ding nur dadurch unschädlich machen, daß man seiner
Existenz und Vermehrung überhaupt Schranken setzte und es nicht
aufkommen ließ. Die hohe Besteuerung der gewerbsfleißigen Wiedertäufer und der handelstüchtigen Juden war eine indirecte Diferen-
tialsteuer, um die Production und den Handel der anderen Bürger
zu schützen. — Dort, wo das Capital nicht arbeiten kann, dort
fehlt auch der Reiz zur Capitalsbildung selbst.

Hierin lag die Ursache des Verfalls des Städtewesens, der
Armuth des Bürgers und Handwerkers. Der natürliche Zuzug
der Bevölkerung nach der Stadt wurde überdieß als gemeinschäd-
lich untersagt, da sich die bequeme Idee einer physiologischen Verschiedenheit der Kasten eingelebt hatte; der bäuerliche Mensch war
a priori und qualitätmäßig nicht tauglich, ein bürgerlicher Mensch
und dieser wieder nicht ein güterbesitzender u. s. f. zu werden.
Die oberen Stände unterstützten lebhaft diese Politik der Patricier.
Es war jenen sehr darum zu thun, daß sich kein Mittelstand

wähnung zu machen, welche der Markt seinen Verderbern gab, welche
Lehre aber unbeachtet blieb. Kaiser Max versuchte es 1570 den Preis
der wichtigsten Lebensmittel in Prag festzusetzen. Bäcker und Fleischer
verkauften in Folge dessen gar nicht. Mangel an den wichtigsten Artikeln
trat sofort ein. Der Kaiser war genöthigt, die Verordnung zurückzunehmen, worauf Fleisch und Brod in Ueberfluß zu haben war. Pubička
Gesch. v. Böhm. 10 B. S. 243.

am Lande zwischen dem großen und kleinen Grundbesitz festsetze, nachdem sie so viel Mühe darauf verwandten, jene für sie gefährliche sociale Kategorie zu unterdrücken. Um den Abfluß des städtischen Capitals auf's flache Land und die natürliche Anlage durch Ankauf landtäflicher Realitäten — was eben zur Bildung dieses Mittelstandes geführt hätte — unmöglich zu machen, legen die oberen Stände den Städten Hindernisse in den Weg. Sie sprachen zugleich das Verbot aus, daß ein Bauer mehr als einen Hausgrund besitze und verordneten, daß er ihn selbst bewirthschaften müsse.[19])

Bald wird das Stadtamt und das Handwerk nur eine Versorgungsanstalt für einzelne mit einander versippte Familien, für Meistersöhne und Meisterwitwen, für Nichten und Neffen von Rathsverwandten, das Fremde und die Fremden werden als ein diesen Zuständen feindliches Element verdammt, verurtheilt und man wagt keinen Versuch mehr sich diesem, alles ineinander verschlingenden bürgerlichen Rattenkönig vom Auswärts zu nähern. Eine rasche Verarmung beginnt, da der auf die oben geschilderte Art geschützte Producent endlich keinen Consumenten mehr findet und, um seine Waare an Mann zu bringen, sie selbst verbraucht.[80])

Das zähe Festhalten an dem Einheimischen, die blöde Liebe zum Kirchthurm des Geburtsortes, die aufgeblasene Verachtung alles Fremden, erzeugt geistige Versumpfung. Der Meistersänger ist in der That der wahre Poet dieser Epoche. Die Art der Oeffnung des Mundes, der Ton des Vortrags, nicht Talent und

---

[19]) Prerauer Cod. a. a. O. S. 49. Ueber den Kauf der Herrschaft Prerau durch die dortigen Bürger. Dieser Kauf wurde rückgängig gemacht, weil sie die Einlage des Vertrages in die Landtafel nicht erlangen konnten. S. Beil. CCLXXXIII. Die Stände verweigerten „standhaft“ den Städten das Recht Landgüter zu kaufen. In der erwähnten Beilage sind die darauf Bezug nehmenden Motive der Stände enthalten. Die Herren waren von der Besorgniß erfüllt, daß dieses Recht, von den Städtern häufig ausgeübt, den Adel „schwächen“ würde. Die Beschlußfassung über die Beschwerde der Städte wurde von einem Landtage zu dem andern verschoben und fand erst thatsächlich ihre Lösung im J. 1848.

[80]) Ein solches Beispiel können wir aus unsern Tagen anführen. In der Stadt R··· trinken die bräuberechtigten Bürger, welche „reihenweise“ bräuen, das (sehr schlechte) Bier aus purer gegenseitiger Gefälligkeit, da sich Niemand anderer herbeilassen will, das schlechte Gebräu abzunehmen.

Stimme machen den Sänger, wie die Perrücke und nicht die Weisheit den Senator. Die Herrschaft Krähwinkels beginnt und dauert
bis tief ins achtzehnte Jahrhundert. Zu den Ursachen des Verfalles des mährischen Bürgerthums, die wir in den ersten Ab-
schnitten dieses Werkes hervorgehoben, gesellten sich seit der Mitte
des XVI. Jahrhunderts die eben geschilderten gesellschaftlich-öko-
nomischen Zustände, welche annoch von einer kurzsichtigen Regierung
gefördert, den Städten den Rest ihrer alten Bedeutung nahmen.

Nachdem Herr von Zierotin alle Vorbereitungen zum würdigen Empfange seiner Auserwählten in Rositz vollendet hatte,
fuhr er mit zahlreichem Gefolge nach Böhmen, um die Braut abzuholen. Am 24. August 1604 ist die Vermälung gefeiert worden. Ein Gottesdienst gab dem Feste die kirchliche Weihe, Bankette
und Gelage, an denen viele Verwandte und Fremde Theil nahmen
und die sich mehrere Tage hindurch wiederholten, erhöhten dessen
äußeren Glanz.
Mit dieser Frau war er nicht glücklicher als mit den andern. Es war, als ob es Herrn von Zierotin, der geschaffen war,
eine Frau zu beglücken, und ein schönes inniges Familienleben
zu gründen, nicht beschieden sein sollte, in ehelicher Genossenschaft
zu leben.
Nicht ein ganzes Jahr dauerte die Ehe mit dieser dritten
Frau. Die zarten irdischen Fesseln der Seele ertrugen nicht die
kräftige derbe Berührung mit dem Leben. Nach langwieriger Krankheit (sie war sieben Monate bettlägerig) starb sie am 8. August
1605, ohne ihn mit dem ersehnten Erben und Stammhalter beschenkt
zu haben. Mit Demuth und Ergebung ertrug er das große Unglück, das sein Haus wieder einsam werden ließ. Er erinnert sich
an das, was der Apostel den Corinthern schrieb: nos undique
premi, sed non opprimi. [81]) Das Unglück verfolgt ihn, er läßt sich
aber von diesem nicht erdrücken.
Die Oede seines Hauses, die unter dem Einflusse der Verwaltung Berka's zunehmende Verarmung des Landes, die Kriegsdrangsale aller Art, machten in ihm den Wunsch rege, an der

---

[81]) Cod. 18. und 31. August 1605 Gryn. und Pol. — 1. August 1605
Manriquez. — 10. und 22. Nov. 1605 Timino.

Regelung der öffentlichen Angelegenheiten wieder Theil zu nehmen. Wir haben gesehen, daß er in der Zeit, die dem glanzvollen Siege über seine Feinde auf den Boden der böhmischen Gerichte folgte, zwar jede äußere Thätigkeit vermied, vorsichtig in seinen Handlungen, in Wort und Schrift geworden war, daß er jedoch seine alten Verbindungen und Freundschaften nicht aufgegeben hatte. Sie waren wie seine Studien vorwiegend politischer Natur. Er stand noch immer im Verkehr mit den Anhängern der reformirten Kirche in Deutschland, Frankreich, Ungarn, und im eigenen Lande, mit Gelehrten und mit Staatsmännern. Seine Correspondenz war ungemein umfangreich; leider hat sich aus jener Zeit nur die in fremden Sprachen geführte erhalten, die böhmische ging größtentheils verloren. Nur einzelnes davon hat in lateinischer Uebersetzung Peßina aufbewahrt.[82])

Herr von Zierotin war mit den Fürsten von Anhalt, mit Christian und Augustus in Verbindung; die Briefe an denselben sind mehr als leere Höflichkeitsbezeugungen, er bietet sich wiederholt zu Diensten an. Als Fürst Augustus nach Olmütz reisen wollte, eilte Herr v. Zierotin sofort nach dieser Stadt, ihn zu begrüßen. Fürst Christian weiß die Dienstwilligkeit Zierotin's zu würdigen, er schreibt ihm häufig, ersucht um Mittheilung seines erleuchteten Rathes. Heinrich von Eberbach wurde Amtmann in Auerbach, nachdem er die Dienste Zierotin's verlassen hatte. Heinrich's Bruder, Nicolaus, war Churpfälzischer Kanzler. Diese zwei Männer vermittelten seine Verbindung mit dem Pfalzgrafen. Mit Brederode, dem Gesandten der Generalstaaten in Deutschland, stand Zierotin in brieflichem Verkehr, ebenso mit Dr. Paräus in Heidelberg, mit dem Grafen Friedrich von Hohenlohe und dem Markgrafen Georg von Brandenburg; es waren dies die Koryphäen der pfälzisch-französischen Verbindung in Deutschland.[83])

[82]) Cod. 13. Dec. 1600 und 28. Mai 1602 Pol. — Peßina hat offenbar das Original-Mf. dieser Briefe benützt, welches in der Durer Bibliothek existirt. Leider haben sich nur die Briefe aus den J. 1612, 1613 und 1614 erhalten — wir werden in dem Beilagenbande über diesen interessanten Codex ausführlicher sprechen.

[83]) Cod. 25. Juli 1599, 7. März 1601 Ch. v. Anhalt. — 20. Mai 1602, 22. Jänner 1606 Eberbach. — 15. April 1604 Augustus von An-

Wiewohl Zierotin's Sympathien für Frankreich erkaltet waren, so ist doch nicht zu läugnen, daß es ihm darum zu thun war, die Gunst des mächtigen Königs zu erhalten, und daß er aus diesem Grunde mit den Agenten desselben in Böhmen immer auf freundschaftlichem Fuße zu stehen suchte. Zierotin war dadurch in nähere Beziehungen zu jener noch geheimen formell nicht durchgeführten Verbindung protestantischer Fürsten Deutschlands getreten,[84]) welche mit den Ständen in den österreichischen Landen das gleiche Interesse hatten, der katholisch-spanischen Partei Opposition zu machen. Es verbanden sich hier Principien, welche von einander sehr abwichen: die Träger suchten sich zu nähern, um gemeinsam einen Widerstand gegen Spanien und Rom auszuüben, der vereinzelt von diesen beiden leichter zu besiegen gewesen wäre.

Die correspondirenden calvinischen Fürsten, der König von Frankreich erklärten sich zwar bereit, die confessionell-politischen Tendenzen der protestantischen Stände Oesterreich's zu unterstützen, doch diese Fürsten hätten vermuthlich jeden Edelmann mit Kerker und Schwert gestraft, der es gewagt, in der Pfalz oder in der Provence diejenigen Principien zu verfechten, welche obenan im Programme der Stände in den Erbprovinzen des Kaisers standen. Während jene Fürsten den Lehren Filmer's anhingen, waren die Stände geneigt, in Bezug auf die Theorie der übertragenen Regierungsgewalt die Grundsätze Bellarmin's oder Languets als richtig anzuerkennen. Es war den protestantischen Reichsfürsten zunächst darum zu thun, die Macht des Kaisers zu schwächen, ihn daheim zu beschäftigen, um im Reiche ganz freie Hand zu gewinnen.

halt. — 9. Feb. 1600, 27. Dec. 1603 und 9. Mai 1604 Eberbach. — 5. Feb. 1600 Brederode. — 14. Octob. 1602 Luck. — 3. März 1607 Joh. G. v. Brandenburg.

[84]) Cod. 24. August 1602 Ançel. — Ançel berichtet dem König, daß Se. Maj. gewiß von der geheimen Versammlung der protestantischen Fürsten zu Friedberg gehört haben wird. Der Zweck dieser Versammlung ist die Erörterung der Frage, ob man bei dem nächsten Reichstag der Forderung des Kaisers nachkommen soll und wie man sich rücksichtlich der abschlägigen Antwort zu benehmen, welche ihrer Gesandtschaft vom Kaiser ertheilt worden war, 2c. — Bibl. Imp. de Paris. Harlay. 489—490. 23 Feb. 1603.

Seit dem J. 1598 war Zierotin mit Stephan Illyezhazy in freundschaftlichen Beziehungen. Dieser mächtige und reiche Magnat hatte in Mähren Besitzungen erworben; in Ungarn besaß er ein kleines Königreich, dessen Grenzen sich bis an den Hradischer Kreis ausdehnten. Zuerst erwarb Illyezhazy in Mähren Göding, dann Tobitschau. Zierotin war sein Beistand in allen Rechtsfragen, in welche Illyezhazy durch den Besitz jener Güter verwickelt wurde.

Das Band der Freundschaft zwischen diesen beiden Männern wurde durch ein gleichartiges Schicksal noch fester geschlungen. Beide waren warme Patrioten, beide Protestanten, beide stritten für die Freiheit des Glaubens und für die Privilegien und Rechte ihres Vaterlandes, beide waren reich und durch eminente Begabung ausgezeichnet. Auch gegen Illyezhazy wurde von der spanisch-römischen Partei ein Proceß wegen Hochverrath begonnen, in der Absicht, durch seinen Sturz den ungarischen Protestanten die mächtigste Stütze zu rauben.

Die Popularität Illyezhazy's hatte durch sein Exil, seine Verurtheilung und seine Leiden für Glauben und Vaterland in Ungarn so sehr zugenommen, daß er für den einflußreichsten Magnaten galt, dem die Palatinwürde nicht entgehen konnte. Zierotin bittet ihn fast in jedem Briefe um Nachrichten aus Ungarn, denn sie sind den Mährern höchst nöthig „ad dirigenda consilia nostra“[85])

Mit Peter Revay, mit Rimajus, mit den Häuptern der protestantischen Stände des Erzherzogthums: Georg Erasmus von Tschernembl und den beiden Stahrenberg, mit den Hofcavalieren und Vertrauten des Erzherzogs Mathias, in dessen Dienst durch Herrn von Zierotin's Vermittlung sein junger Schwager Albrecht Eusebius von Waldstein gebracht worden war, tritt Carl in regelmäßigen Briefwechsel.

In Böhmen waren ihm Wenzel Budowa und Peter Wock von Rosenberg Freunde; ohne diese Herren zu Rathe zu ziehen, unternahm Zierotin nichts von Wichtigkeit.[86])

[85]) Beil. Briefe Nr. XXIX.—LXII. Alle an Illyezhazy gerichtet. — S. Hormayer Taschenbuch 1821. S. 288.

[86]) Cod. 21. Jänner 1607 Revay. — XVI. Kal. Feb. 1607 an Tschernembl. — 13. Jänner 1607 Erasm. Starenberg. — 1. April 1607

Der Kreis seiner Anhänger und Freunde wurde durch den Proceß, durch die Leiden, die er so standhaft und ruhig ertrug, vermehrt. „Durch diesen Proceß," schrieb er an Lombardo, „wollten die Feinde mir eine Schmach anthun; allein sie täuschten sich, er brachte mir Ehre ein."

Vorerst beruhten diese Verbindungen auf persönlichen Sympathien und auf Verwandtschaft des Glaubens. Aus diesen Sympathien sind jedoch Bundesgenossenschaften, aus der Neigung gleichfühlender Herzen politische Freundschaften mit einem gemeinsamen Programme entstanden zu der Zeit, als ein allgemeiner Schrei des Jammers in den Ländern ertönte, Acte einer beispiellosen Willkür, einer gewissenlosen Verwaltung das Land mißhandelten und alle Schrecken eines kurzen aber blutigen Bürgerkrieges über Mähren hereinbrachen.

Diese Thatsachen, welche in ihrer letzten Entwicklung die Katastrophe am weißen Berge herbeiführten, sind von so großer und unmittelbarer Bedeutung für die Geschichte Böhmens und Mährens, sowie für jene des Freiherrn v. Zierotin, daß wir uns der Darstellung ihrer Genesis nicht entschlagen zu können glauben.

Reichard Starenberg. — 20. Feb. 1607 Molart, Forster, Waldstein als Feldherr ꝛc. 1834. — 1., 6. bis Cod. 10. April 1607 Molart & Cavriani. — 5. Oct. 1607 Bonacina. — 13., 16., 25. und 27. Oct. an Th. Hock, dem Vertrauten Rosenbergs.

Capitel VI.

Der türkische Krieg und die Verluste in Ungarn. — Die Kriegs- und Finanzverwaltung, Kanzleizustände. — Rudolph's Geistestrübung. — Lage Mährens, Steuerdruck, Kriegsdrangsale, Pest und Hungersnoth. — Excesse der Soldaten. — Fruchtlose Versuche der Stände, die Folgen dieses Uebels zu mindern. — Ladislaus Berka wird wirklicher Landeshauptmann. — Dessen baldige Absetzung. — Carl von Liechtenstein, Landeshauptmann von Mähren. — Fortschritte der katholischen Restauration. — Bocskay's Aufstand. — Einfälle und Verheerungen der Ungarn in Mähren. — Friedensunterhandlungen mit Bocskay. — Erzherzog Mathias auf Seite der Ungarn. — Die Frage der Nachfolge und das Verhältniß Spaniens zu derselben. — Der geheime Vertrag der Erzherzoge im J. 1606. — Ratification des Wiener Friedens und Friede von Sitva Torok. — Verabredung Mathias' mit den protestantischen Ständen. — Fauler Friede. — Kriegspolitik des Kaisers. — Bewegungen in Ungarn und Empörung der Heiduken. — Erzherzog Mathias beruft ohne des Kaisers Genehmigung den ungarischen Landtag und eine Versammlung der österreichischen Stände.

Der Türkenkrieg, welcher um das Jahr 1591 wieder losbrach — wie man sagte: über Anregung der Venetianer und König Heinrich's, um eine Diversion der spanisch-päpstlichen Streitmacht zu erzielen, in der That aber, wie Soranzo uns versichert, in Folge von Streifereien der Uskofen, wurde bis zum Jahre 1602 zwar mit abwechselndem Glücke geführt, doch immer so, daß die Oesterreicher größere Vortheile erlangten. Der Fall von Raab und Gran war sehr wichtig, die Grenze des türkischen Ungarn's rückte dadurch bis Ofen zurück, und eigentlich bis nach Belgrad, wohin die Kriegsmagazine verlegt werden mußten. Ihre besten Eroberungen hätten die Türken für Gran gegeben. Die Oesterreicher gewannen Siebenbürgen; die Wallachei, welche bisher die türkische Oberherrschaft anerkannt hatte, war neutral; Vesprim, Palota, Reograd, Filek, Szisek, Petrina befanden sich in den Händen der kaiserlichen Truppen. Die Türken führten den Krieg mit Lauheit, ihre Heere waren nicht mehr so zahlreich, es fehlte ihnen an Pferden und Geld. Die Truppen waren ohne Disciplin und ohne geschickte Führer, die Provinzen zu Aufständen geneigt, selbst die Janitscharen, jene einst so berühmten und tapferen Krieger, drohten mit Meuterei; die Kriegsvorräthe mußten aus weiter Ferne und immer auf dem Wasserwege nur in langwieriger Bergfahrt herbeigeschafft werden. [1] Es wäre zu erwarten gewesen, daß die Türken in Bälde aus Ungarn ganz vertrieben, der Friede in Constantinopel dictirt werden würde; — die schlauen venetianischen Staatsmänner dachten sogar schon damals auf die Erwerbung der Erbschaft des „kranken Mannes" wie auf eine unausbleibliche Eventualität. [2] Doch plötzlich ist das Kriegsglück den kaiserlichen Waffen nicht mehr hold. Pesth und das den Türken so theure Gran fällt mit Hatwan und andern Schlössern in ihre Hände zurück, ein Aufstand verbreitet sich mit Windesschnelle durch's ganze Land; Siebenbürgen und der größere Theil von Ungarn gehorchen nicht mehr dem Kaiser.

Die Ursachen, welche es früher nicht zuließen, daß der schwache und corrupte Feind aus Ungarn vertrieben wurde, bewirkten jetzt, daß, als dieser Feind noch schwächer und corrupter wurde, die Oesterreicher fast ganz Ungarn verloren hätten. Der Kaiser, unentschlossen und mißtrauisch, wechselte häufig mit den Obercommandanten und sandte oft zu spät, nachdem der Feldzug eröffnet und Zeit versäumt war, die Kriegsobersten zur Armee. Die Truppen wurden schlecht ausgerüstet, karg, oft gar nicht bezahlt. Es ist erwiesen, daß fast alle Festungen, welche den Türken über-

---

[1] Soranzo's Relazioni a. a. O. 2. B. Fol. 3.
[2] Soranzo a. a. O. 9. 4. ...Ma forse che il Signor Dio andarà un giorno aprendo la via...

geben wurden, durch Verrath fielen, oder weil die Truppen keinen Sold bekamen und in den nackten Mauern der vertheidigten Festung keine Mundvorräthe mehr vorhanden waren. Erlau, Arad, Papa, Canissa, Stuhlweißenburg, Pesth wichen dem türkischen Geld, nicht der türkischen Tapferkeit.

Man führte hungrige Wölfe in's Feld; wie bei Kerestes, wirkten sie Wunder von Tapferkeit, wie bei Kerestes aber vergaßen sie zugleich auf jegliches Commando, nur um den Hunger und die gereizte Raublust zu stillen, während der Feind die zerstreuten einzelnen Haufen überfiel und die schon verlorene Schlacht wieder gewann.

Die Landsknechte darbten, aber die Obersten wurden reich. Ein Theil des Abscheues, den jene raubgierigen und grausamen Horden einflößen, geht auf die Führer über, deren herzloser Wucher die Soldaten zu Thaten der Verzweiflung trieb, ein Theil des Abscheues, den ihre verruchten Thaten verdienen, mischt sich mit Mitleiden, wenn man die Entbehrungen und die Leiden kennt, welche die mißhandelten und betrogenen Kriegsknechte erdulden mußten. Es wird Niemand Wunder nehmen, wenn sie, von Hunger, Durst und Kälte gefoltert, das Land, welches sie beschützen sollten, ebenso plünderten und brandschatzten, wie dasjenige, welches sie zu erobern hatten. Sie waren indirect angewiesen, vom Raube zu leben.

Die Ergänzung des Heeres geschah durch Werbungen, welche als eine gewinnbringende Unternehmung angesehen wurden. Nach ganz natürlichen Gesetzen trachtete der Unternehmer hierbei am billigsten wegzukommen. Ein Reiterregiment, welches 1000 Mann zählen sollte, hatte in der Regel factisch nur die Hälfte und diese war schlecht beritten. Ein Infanterieregiment zählte 3000 Mann, deren Sold sehr verschieden war, da der Oberst mit jedem Gemeinen einen Separataccord abschloß; natürlich erregten die daraus entstehenden Ungleichheiten Unzufriedenheit, da jeder Soldat die höchste Besoldung zu erlangen anstrebte.[2a] Ein Regiment kostete dem Kaiser des Monats über 40,000 fl., von dieser Summe floß ein nicht unbeträchtlicher Theil in den Sack des Obersten.

[2a] Einzelne Gemeine erhielten 6 fl., andere 8 und 10 fl. Der Arkebusier 12 fl., der Pikenier 15 fl. und der Musketier wie der Reiter 20 fl. monatlich. Soranzo a. a. O.

Der Stand der Mannschaft bei der Musterung war maßgebend
für die Berechnung des Soldes; dieser blieb sich dann gleich,
wenn auch nach der Musterung jener Stand durch Deserteure,
Marode und Sterbfälle sehr vermindert wurde. Die Löhnung
für die ursprüngliche Gesammtzahl wurde vom Obersten dennoch
fortbezogen. Die Proviantmeister prellten Lieferanten und Soldaten zugleich. Auf tausend Pfund Brot rechnete der Proviantmeister hundert Pfund Schwendung; dieser erhielt zwar die tausend
Pfund, quittirte und vertheilte jedoch nur neunhundert Pfund.[3])

Ein höchst vortheilhaftes Geschäft, welches die Obersten
trieben, war der Handel mit Waffen und Rüstungen. Im Beginne des Feldzuges verkauften die Obersten dieselben den Soldaten um sehr hohe Preise, nach beendigtem Feldzuge erkauften
sie diese Waffen um einen höchst geringen Preis von den armen
Soldaten zurück. Bei dem nächsten Feldzuge begann dieser Schacher
von neuem. Da der Soldat kein bares Geld zur Bezahlung dieser
Waffen hatte, so machte sich der Oberst aus dem Solde desselben
für die ersten drei Monate bezahlt, in Folge dessen mußte der
Soldat ohne Geld und mit schlechter Verpflegung im Elende dar-
ben und hungern. So erklärt es sich auch, daß der Kaiser, welcher
in den letzten Türkenkriegen über sechs Millionen Gulden veraus-
gabte, zuletzt doch keinen Erfolg erntete. Die Armee war schlecht
bezahlt und meuterisch.

Häufig konnten die Obersten für die Nichtbezahlung des
Soldes nicht verantwortlich gemacht werden. Die Hofkammer hatte
kein Geld. Es war dies die Folge einer langandauernden ver-
schwenderischen Finanzgebahrung. Die Gesammtsumme der unter der
Benennung Römermonate bekannten Reichssteuer, welche im Betrage
von vier Millionen Gulden auf dem Regensburger Reichstage für
die Zeit von vier Jahren bewilligt wurde, war schon im ersten
Jahre erschöpft. Man schätzte die regelmäßigen Einkünfte der kais.
Kammer in Friedenszeiten auf drei Millionen Thaler; von diesen
Geldern wurden theils die sechs- bis fünfzehnpercentigen Interessen der Schuld, welche des Kaisers Vater und Großvater im
Betrage von sechzehn Millionen Gulden zurückgelassen hatten, verwendet, theils sind sie vergeudet und veruntreut worden, da man

---

[3]) Krems. Acten im Landes-Archiv, Nr. 46.

die Rechnungen nur ſehr oberflächlich prüfte. Andere Einkünfte, Geſchenke, Inveſtiturgelder, Darlehen, die nicht zurückgezahlt wurden, Heimfälle, Taren für Gnadenſachen, Gaben reicher Prälaten wurden zum Ankauf jener koſtbaren Geſchmeide und Anticaglien verwendet, die der Kaiſer mit Vorliebe ſammelte.

Dem Kaiſer und ſeinen Räthen wurden viele Finanzpläne vorgelegt: zwei Rechtsgelehrte überreichten das Project zur Gründung einer Art Nationalbank, um ſich dem „Wucher" der Capitaliſten zu entziehen, welche „das Geld als Waare" betrachten. Es ſcheint, daß dieſe beiden Ehrenmänner die Abſicht hatten, der Regierung das Schuldenmachen zu erleichtern, da der Credit derſelben ſo geſunken war, daß ſie ſich nur um hohe Procente Geld verſchaffen konnte. Indeſſen haben die geſunden Geſetze des Verkehres die Bildung jener Creditanſtalt glücklicher Weiſe verhindert.[4]) Unter der angedeuteten unregelmäßigen Finanzgebahrung konnte es nicht ausbleiben, daß die Geldquellen des Reiches immer ſpärlicher floſſen.

Die Zuſtände der Kanzleien in Prag waren, wie es ſchon der Verkehr des Cardinals von Dietrichſtein mit denſelben gezeigt hat, von gleich troſtloſer Beſchaffenheit wie die der Finanzen, ſie trugen das Gepräge der Corruption und des Egoismus.

Die Schnelligkeit der Expeditionen ſtand mit der Höhe der Geſchenke in gleichem Verhältniſſe, — es mochte ſich dabei um das Wohl des Staates oder das Intereſſe eines Einzelnen handeln. Der eigenthümliche höchſt ſchleppende Geſchäftsgang, welcher die Beſchlüße und deren Ausfertigung zweien von einander unabhängigen Kanzlei-Körperſchaften zuwies, erhöhte ungemein die Prämien, welche für die Beſchleunigung gefordert wurden. Die Sucht nach Aemtern war ungewöhnlich ſtark, denn es war damit der Ehrgeiz und der Beutel zugleich zu befriedigen; da aber auch die Vertheilung derſelben wieder Einkommenquelle war, ſo wurde alles käuflich und alles gekauft.[5]) Zu dieſem geſellte ſich, die Verwirrung mehrend,

---

[4]) Soranzo a. a. O. I. Abtheilung. — Dubik's Iter Romanum I. Th. S. 223. Relazione Anonima der f. f. Hofbibliothek Copie im LandesArchiv. Bog. 16. S. Beil. Nr. CCLXXXV.

[5]) Der ſpaniſche Botſchafter am kaiſ. Hofe bittet den Staatsrathsſecretär Prado um Abſendung von Geldern, dann: en esta corte non se puede

die Art, wie Rudolph die Geschäfte selbst behandelte. Seine me=
lancholische Stimmung, die Einsamkeit, in welcher er lebte und
die nicht gestört werden durfte, blieben sich immer gleich, ja man
konnte in des Kaisers Gemüthszustand eine bedenkliche Verschlim=
merung wahrnehmen: bald eine völlige Gleichgiltigkeit und bald
wieder eine fieberhafte Thätigkeit. Er schien der Ansicht zu sein,
als ob das Leben der Völker nach seinem Willen still stehen und
auf seinen Befehl wieder thätig werden könnte, fast wie die
Kingkraft Jacobs von England, die diesem so verderblich wurde.
Der höchst einflußreiche Kammerdiener Ph. Lang, Abenteurer aus
Italien, darunter der berüchtigte, aus dem Processe Carls von
Zierotin bekannte Pierio, waren die Organe, durch welche er mit
der äußern Welt in Verbindung stand. Selbst der Ofenheizer des
Kaisers scheint eine Person gewesen zu sein, deren sich große Herren
als Vermittler bedienten, um mit Rudolph zu verkehren.⁵ᵃ) Zu Zeiten
war Rudolph mit den Gesandten auswärtiger Mächte höchst liebens=
würdig, sie verließen ihn ganz entzückt ob der kaiserlichen Huld,
sie versichern, daß man selten so viel staatsmännische Klugheit mit
so tiefer Kenntniß der europäischen Politik vereinigt findet. Man
wäre nach seinen Theorien beinahe geneigt, ihn für einen weisen
Regenten zu halten.⁶) Zu andern Zeiten läßt er die Gesandten
jahrelang nicht vor, so den spanischen Botschafter, so selbst den
päpstlichen Nuntius; Graf Lelio Arrivabene, der Botschafter des
Herzogs von Mantua mußte mehr als zwei Jahre in Prag warten,
bis es ihm gelang, dem Kaiser vorgestellt zu werden!⁷) Audienzen

---

negociar sin dinero. 20. Septemb. 1605. Simancas. 2492. — Hurter
Ferdinand II. B. 5. S. 100. Soranzo a. a. O.

⁵ᵃ) Zuniga berichtet an König Philipp: Dieser Tage übergab der Ofenheizer
des Kaisers demselben (dem Kaiser) einen Brief des Herzogs Wilhelm
von Baiern... Sim. 2497.

⁶) Voigt in der Beschreibung der böhmischen Münzen sagt III. 233. über
Rudolph: Er wurde wegen der Pracht seines Hofstaates, seiner Reich=
thümer, seiner Weisheit, der böhmische Salomo genannt...

⁷) Bibl. Imp. de Paris. Coll. Harlay 4. Mai 1602: Die auswärtigen Ge=
sandten mußten sich gefallen lassen, die Gegenstände ihres Vortrages
bei Audienzen zuerst schriftlich dem Kaiser mitzutheilen. — Selbst Lich=
tenstein, als er Chef de Conseil war, sah den Kaiser monatelang nicht.
Harlay a. a. O. 29. Dec. 1601 und 20. April 1602.

waren überhaupt sehr schwer zu erlangen. Rudolph's Diener verkauften den Zutritt. Selbst die Erzherzoge, die natürlichen Räthe
des Reichs, suchte Rudolph von sich ferne zu halten.

Bocskay, ein vornehmer Edelmann, der eigens aus Ungarn
gekommen war, um dem Kaiser aufzuwarten, konnte nicht vorgelassen werden; wie zum Hohn bewerfen ihn die im kaiserlichen Vorzimmer spielenden Pagen mit ihren Bällen. Erfüllt von unheilvollen Gedanken und tief verletzt kehrte Bocskay nach Hause zurück.

Der Tatarenchan, dessen Horden durch Streifereien und
Raubzüge mehr Schaden thaten als die Türken, war zu friedlichen
Unterhandlungen nicht abgeneigt. Er schickte seine Diplomaten,
um Frieden zu schließen, nach der Wallachei, wo sie die Antwort
von Prag zu erwarten hatten. Der Prager Hof, gewohnt zu zögern,
ließ die tatarischen Gesandten Wochen und Monate vergeblich auf
eine Antwort harren; erbost kehrten die tatarischen Gesandten
zurück und bestimmten den Chan, die empfangene Schmach zu rächen.
Der Papst hatte den Kaiser ersucht, den Türkenkrieg mit mehr
Energie zu führen, sich dem Kriegsschauplatze zu nähern, in Wien
die Residenz aufzuschlagen, um durch die persönliche Anwesenheit,
durch die Ermahnungen des Kriegsherrn selbst die Armee aufzurichten und anzufeuern. Rudolph war jedoch nicht zu bewegen,
sich von Prag zu entfernen.[8]) Es hat sich ein Gedicht aus jener
Zeit erhalten, welches ein merkwürdiger Spiegel ist der Stimmung
über des Kaisers Zurückgezogenheit und gleichzeitig diesen warnt
vor den Gefahren, die Rudolph dann durch sein Verhalten auch
wirklich heraufbeschwor; das Gedicht lautet:

> O Römischer Kayser Ruedolph der Annder,
> Wie sehr last du so gar deine Erblander,
> Regierst Sie nicht nach deiner Pflicht,
> Wie man laida an der Haubtstat Wien sicht,
> Die du billig solt halten Inn allen Ehrn,
> Alda von herczen wohnen gern,
> Siczt zu Praag, als hetestu keinen Mund,
> Vnd wird dir vom Türggen gar nichts khundt.

[8]) Soranzo a. a. O. Bog. 7. Fol. 3. — Clemens VIII. Lib. Brev. Sig.
2929 Ep. 313, und Sig. 2929 Epist. 4. Beil. IX. und XIV. röm. Rat.
Dudik, Landesarchiv.

Ich Rath dir, thue recht zuer Sachen schawen,
Thue nicht deinem nechsten Rath alles vertrauen.
Wilt du behalten Lannd vnd Leuth,
Mach dich bald of Wien, es ist grosse Zeit.
Halt Justitia Im Regiment,
Gib den Grafen dem Zichtiger in seine henndt,
Wirstu solches nit thuen vnd aussbleiben,
Wirst Dich nit lang Khönig Inn Vngern schreiben,
So wol von Oesterreich dessgleichen,
Es wirt wahrlich von dir müessen weichen.
Was werden die Beheym darzue sagen,
Thuen zuvor nit vil nach dir fragen.
Traw Inen nicht, Ich raths dir fürwar,
Du steest bey Inen Inn grosser gevar.
Cito, Cito, Cito, Cito, Cito, bald of Wien,
So wird dein Regiment wol stehn,
Wo solches nit bald wirt bescheen
So hastus wahrlich obersehen.....⁹)

So war die Kriegs- und Finanzverwaltung beschaffen, so
der Geist der obersten Beamten, welche unter dem Einfluß jeder
Wandelung in der Politik des trübsinnigen Kaisers zu Gunsten der
spanisch-römischen Partei, das Restaurationswerk und den Krieg
gegen die Türken betrieben, eifrigst bedacht auf ihre eigenen Privat-
interessen und ganz unbekümmert um die Wohlfahrt der Länder.

Betrachten wir den Zustand Mährens, wie er sich in Folge
jener Wandelung und unter dieser Administration gestaltet hatte.
Der Kriegszustand lastete schwer auf dem Markgrafthum. Das
mährische Armeecontingent, das im J. 1592 einen Stand von 800
Pferden hatte, wurde bis auf 2000 Rosse und von 2000 bis
auf 3000 Mann Infanterie erhöht. Nebst diesen Truppen, welche
Mähren am Kriegsschauplatz unterhielt, wurden in den Tagen, in
welchen die Türkengefahr sich den Landesgrenzen näherte, wie in
den Jahren 1596, 1601 und 1604, Truppen im Lande aufgestellt
und erhalten, überdieß der Landsturm organisirt, bei welchem jeder
Grundherr den dreißigsten und auch den zehnten Mann stellen
und mit 4 fl. monatlich bezahlen mußte. In gleichem Maße stiegen

⁹) Chmel's Handschriften der k. k. Hofbibliothek I. 424. Fol. 202.

die Steuern und das Militär-Aversum. Einzelne Classen der Bevölkerung traf diese Erhöhung sehr hart, die Wiedertäufersteuer stieg
von 20 fl. pr. Haus auf den ungemein hohen Betrag von 80 fl.,
— das Haus eines Katholiken oder Protestanten in den Städten,
sowie Freigründe zahlten gewöhnlich nur 2—3 fl. — und da führte
die Regierung überdieß auf dem Wischauer Landtag 1605 neben
dieser hohen Steuer auch noch eine Kopfsteuer von 1½ Thaler für jeden Wiedertäufer ein; damit erkauften sich diese, wie die
Juden, die Duldung. Die Grundherren suchten die Lasten der
Unterthanen erträglich zu machen, indem sie die Kopfsteuer der
Bauern, wie die Kosten der Erhaltung eines Regimentes, welches
im J. 1604 zum Schutze des Landes aufgestellt wurde, aus eigenem Säckel bestritten.¹⁰)

Zur Deckung der Auslagen für die Landesregierung, Armee,
Kriegs- und Steuerbeamten rc. wurde auch noch speciell eine Kopf-
und Tranksteuer oder eine Grundsteuer von 10 fl. pr. Giltpferd
doch nur auf die Herrengründe und nicht auch auf jene der Bauern,
umgelegt.¹¹) Jene hohen Abgaben genügten trotzdem noch nicht. Im
Jahre 1604 und 1605 begehrte die Regierung Erhöhung der Häu-
sersteuer auf 80,000 Thal., der Biersteuer (zum Erhalt des kais. Hof-
standes), und des Beitrags für die Grenzfestungen, Uebernahme eines
Theils der kais. Schulden, unentgeltliche Haberlieferung für die in
Mähren liegende Cavallerie, unentgeltliche Proviantzufuhr und eine
Vermehrung der Armeecontingente. Der Kaiser verlangte sogar, daß
die noch nicht fälligen Raten des Darlehens in Voraus bezahlt
werden. Die Städte mußten für das Heer des Landes Munition
und die Artillerie beistellen und auch in dieser Richtung wuchsen
die Anforderungen mit der Vermehrung der Armee.¹²)

---

¹⁰) Ueber die Kriegsdrangsale des J. 1601, Beil. Nr. XXXVII. — Das
Militäraversum stieg von 120,000 auf 200,000 fl., die Haussteuer auf
56,000 fl., die Biersteuer von 5 auf 6 Groschen und der Beitrag zur
Erhaltung der ungarischen Festungen von 4- auf 10,000 fl. — Landtage
1599, 1600 und ff. Landtagspamatkenbuch a. a.

¹¹) Die Ueberschüsse wurden dem Domesticalfonde zugeschlagen, daraus wurden auch die Interessen für die im J. 1594, dann 1602 und 1604 aufgenommenen Darlehen bezahlt.

¹²) Landtag Dienstag nach Prokopi 1602. Landtag Montag nach Quinquagesima 1600.

Nach langer Zeit sah Mähren einen auswärtigen Feind an seinen Grenzen wieder, es war im Spätjahr 1599. Die Friedensunterhandlungen zwischen Oesterreich und den Türken hatten zu keinem Resultate geführt. Der Kaiser meinte es mit dem Frieden nicht ernstlich, und der Kampf wurde fortgesetzt. Die Türken und Tataren verheerten jene Theile Ungarns, die um Gran lagen bis zur Waag und zur Eipel auf das Grausamste;[13]) 13,000 Menschen wurden in die Sclaverei abgeführt, ein Schwarm Tataren drang über Hrozinkau nach Mähren, plünderte und zerstörte die Landschaft bis Ung. Brod, und wäre weiter gezogen, wenn nicht eine Abtheilung mähr. Truppen, welche bei Straßnitz eben gemustert wurden, unter Günther von Golz und Dionys von Zierotin den flüchtigen Schwarm ereilt und in den Schluchten der Jawornifen vernichtet hätte; die gemachte Beute wurde ihnen wieder abgenommen.[14])

Von der Burg Lobenitz (Lednitz) nicht weit von Mährens Grenze machte Michael Telekessi häufige räuberische Einfälle nach Mähren. Ein Tatareneinfall stand im J. 1602 abermals in Aussicht, das ganze Land war in Waffen, vier Landtage wurden gehalten, um außerordentliche Mittel zur Landesvertheidigung aufzubieten, als der Fall von Stuhlweißenburg einen Theil von Ungarn den Türken überlieferte.[15]) Die Kriege in Ungarn erzeugten dort Pest und Hungersnoth, große Quantitäten von Lebensmitteln wurden aus Mähren dahin ausgeführt und die Einkäufer, welche aus Ungarn nach Mähren kamen, ließen mit ihrem Gelde auch jene fürchterliche Krankheit zurück. Das Getreide wurde zu enormen Preisen: der Strich zu 10 Thaler verkauft. Der Wein war mißrathen; die starken Consumtions- und anderen Steuern, die Differentialzölle zu Gunsten mährischer Weine erhöhten noch mehr die ohnehin hohen Weinpreise. Hungersnoth bedrohte mit allen ihren Schrecken nunmehr auch das gesegnete Marchland. Umsonst be-

---

[13]) Harlay a. a. O. 11. April 1602, 1. Novemb. und 20. Dec. 1603. — Angel Geschichte von Ungarn. IV. 279.

[14]) Pešina, Mars Moravicus. II. 347. Schreiben Dionys v. Zierotin an Carl v. Zierotin. Ms. im Landesarchiv.

[15]) Engel a. a. O. IV. 280. Pešina a. a. O. 365. Cod. 3. October 1602 Orchi. — Chronik von Brünn v. G. Ludwig a. a. 1602.

mühte sich der Landtag durch das Verbot der Ausfuhr von Getreide und Silber, durch das Verbot, Branntwein aus Getreide
und Malz zu brennen, durch Verordnungeu, welche den Wirths-
häusern Wohlfeilheit empfahlen, den Uebeln zu steuern. Es konnte
den natürlichen Gesetzen des Verkehrs durch solche Mittel kein
Zwang angethan werden, so wenig, als die Pest durch Vermehrung der Anzahl der Landesärzte, die zur Bekämpfung der Seuche
aufgestellt wurden, in Mähren abnahm. Fast in jedem Jahre, mit
mehr oder weniger Heftigkeit trat die Seuche auf.[16]) Solange der
Krieg währte, waren diese wohlgemeinten Beschlüße ganz wirkungslos. — Das Land verlangte schon damals laut nach Ruhe.

Die Folgen des Kriegszustandes wurden noch unerträglicher
durch die Ausschweifungen der Mannschaft, durch Excesse, Mord
und Plünderung, die bei den Musterungen, bei Durchmärschen
und Einquartirungen verübt wurden. Ein großer Theil dieser
Unordnungen kommt auf Rechnung jenes Ausbeutungssystems der
Regimentshäupter, dessen wir früher Erwähnung gethan, und auf
Rechnung des Geldmangels in den Staatscassen. Ein anderer
Theil muß lediglich der bestialischen Rohheit jenes zuchtlosen
Gesindels zugeschrieben werden, das sich beim Schall der Werbe-
trommel aus aller Herren Ländern versammelte.[17])

Ein schöner Strich unseres Landes fiel den Kriegsknechten
des Grafen von Emben, welcher das ostfriesländische Regiment
in und um Neutitschein am 25. und 26. August 1602 zur Musterung vorführte, zum Opfer. Im Sommer dieses Jahrs zogen die
ersten Haufen nach Neutitschein, damals eine Stadt der k. Kammer,
und daher verfassungsmäßig verpflichtet, auf ihrem Territorium
die Musterung der kais. Truppen abhalten zu lassen. Bis zum Tage,
an welchem diese stattfand, durch volle neun Wochen hausten die
ostfriesländischen Knechte, zumeist Franken, Hessen und Wirtem-
berger, zuerst nur in der Stadt, dann als das Regiment sich bis
zur Zahl von 3000 Mann vermehrte, auch in den umliegenden

---

[16]) Landtag 1595, 1596, 1598, 1604 und 1605 Landtagspamatkenb. a. a.
[17]) Chronik von Brünn a. a. O. 1. Jänner und 2. April 1597; am 7ten
     November 1599 wurde sogar der Stadtrichter von Brünn von der Sol-
     datesca ermordet. 20. April 1600 und 1603. Landtag Montag nach
     Mathias 1602. — Landtag ersten Sonntag nach Ostern 1602.

Herrschaftsgebieten, welche nach der Landesverfassung mit Einquartirung nicht belegt werden durften. Am 27. August zog das
Regiment über Prerau, Mostieniß, Holleschau, Rapagebl und Ung.
Brob nach Ungarn, in Tagemärschen von zwei Meilen, an jeder
Station zwei bis drei Tage rastend. Vor und während der Musterung und auf dem Durchmarsch, und nicht allein an den Durch-
marschstationen, sondern in deren Umkreis tief in's Land hinein,
verursachten die Kriegsknechte unsäglichen Schaden, durch Plünderung, durch Räubereien und Mordthaten, so daß nach dem unbefangenen Berichte eines Augenzeugen selbst der erbittertste Feind
keinen ärgeren Schaden gethan hätte. Es war, als ob Mähren
ihnen als Beute überliefert worden wäre.

Die Kriegsknechte trieben überall Rindvieh, Pferde und
Schafe mit sich, erbrachen unter fürchterlichen Drohungen und Mißhandlungen die Kästen und Truhen, raubten Geld und Geldeswerth,
Kleider und Bettzeug und tranken in den Kellern den Wein aus.
Wehe Denjenigen, die sich beschwerten! Der Oberst, die Officiere
gaben nur böse Worte, die Beschwerdeführer wurden von den
Soldaten geschlagen und häufig auch erschlagen. An manchem Ort
waren die Einwohner bereit, sich durch Erlag von Geld abzufinden,
um Leben und Eigenthum zu erhalten. Die habgierige Rotte ließ sich
dies gefallen, aber plünderte und verheerte hinterdrein das Dorf
dennoch, als ob nichts vorgefallen wäre. Die Handwerker wurden
für ihre Arbeiten nicht nur nicht bezahlt, sondern statt dessen mit
Schlägen tractirt. Häufig waren es weder Hunger noch Entbehrungen, welche sie zu solchem Benehmen aufstachelten: sie marterten
die Bewohner, um auf Kosten des Vermögens der letztern Bankette
zu geben und Orgien zu feiern; viermal im Tag mußte ihnen der
Hauswirth das Beste auftragen, dazu weißes Brot, Märzenbier,
Wein und Zuckerwerk. Oft hatte ein Kriegsknecht mehrere Wirthe;
während er bei dem einen aß, ließ er sich von dem andern das
Essen und den Wein reluiren oft mit zwei Thaler den Tag. Es
lag ein dämonischer Zerstörungstrieb in diesen Horden. Die Speisen,
die sie nicht verzehren, den Wein, den sie nicht austrinken konnten,
wurden beim Fenster hinausgeworfen. Als sie abmarschirten, zerbra-
chen und zerhackten sie Tische und Bänke, zerstörten die Thüren, zer-
schlugen die Fenster und Oefen in ihren Quartieren, erwürgten
die Hausthiere; nur einzelne nahmen sie als Mundvorrath mit,

ben Reft fanb man am Wege und an den Felbern zerftreut. Sie
zwangen den Landmann zu langen Fuhren; von Oefterreich aus
mußte jener die Rüftungen holen; bis nach Ungarn fchleppten die
Solbaten die Fuhrleute mit, bann jagten fie bie Knechte einfach
nach Haufe und behielten Pferbe nnb Wagen.

In Wlcowitz bei Hochwalb ermorbeten zwei Kriegsknechte
vier Bauern ohne alle Veranlaffung. Als der Ortsrichter die
Mörder gefangen nahm und zum Lieutenant führte, um fie ab-
ftrafen zu laffen, entließ diefer die Mörder. Die Kameraben der
Letzteren erfchlugen aus Rache zwölf harmlofe Landleute, die fie
auf dem Wege nach Hochwalb trafen, bann zwei Wlcowitzer An-
faffen. Die Stabt Freiberg, die fich der mißhandelten Landbe-
wohner annahm, verfuchten fie an allen vier Ecken anzuftecken, —
bas Dorf Hakowitz wurde den Flammen preisgegeben und brannte
mit dem Hofe des Troppauer Landeshauptmanns Seblnitzky ab;
es gelang diefem Herrn nicht, eine Satisfaction zu erhalten. Auf
der Straße nach Ungarn wurden täglich Landleute wie Hunde
erfchlagen.

Die Kriegsknechte handelten nicht etwa in primitiver Leiden-
fchaft, fondern im vollen Bewußtfein ihrer Verbrechen. Wie zum
Hohne erpreßten fie durch Schläge und Branbbrohung von den
Landbewohnern Zeugniffe über das treffliche Verhalten und die
mufterhafte Disciplin des oftfriesländifchen Regimentes und bar-
über, baß es dem Lande nicht den geringften Schaden gethan. Es
war dies in der That ein Culminationspunct menfchlicher Ver-
ruchtheit. Die ftändifchen Durchmarfchcommiffäre, deren Pflicht es
gewefen wäre, die Bevölkerung zu befchützen und zu vertreten,
thaten nicht allein keinen Schritt zur Verminderung des Elends,
fondern fie fchwelgten und tafelten felbft, ohne zu bezahlen, und
wiefen die Klagenden ab. [18])

[18]) Dr. Beck's Gefchichte von Neutitfchein. 161. Der Schaben, welcher während der neun Wochen die Gegend von und um Neutifchein erlitt, wurde
auf 58,806 Thaler 29 Gr. und 2½ Den. beziffert, hievon entfielen
allein auf Hochwalb und die Herrfchaftsgebiete 12,971 Thaler 21 Gr.
3½ Den.; darin waren weber die vorfchriftsmäßigen Verpflegskoften,
wofür die Stadt Neutitfchein 16,000 fl. zahlte, noch der auf dem Durch-
marfche nach Ungarn verübte Schaden begriffen. Das Gebiet, worauf

Dies alles geschah in neun Wochen durch ein einziges Regiment; an andern Orten verübten die Kriegsknechte die gleichen Excesse, wie die Soldaten Preiners, weil man sie ohne Sold ließ.[19]) Iglau, Brünn, Olmütz und die Umgegend hatten eine ähnliche Leidensgeschichte zu erzählen. Kein Wunder, wenn das Jammergeschrei der mißhandelten Bevölkerung die Luft erfüllte, wenn an manchen Orten die verzweifelnden Bewohner, die nirgends Recht fanden, sich selbst Hilfe verschafften und ihre Peiniger erschlugen. Kein Wunder, wenn das ganze Land unter dem Drucke so schwerer Leiden nach Frieden seufzte und die Stände fast auf jedem Landtage um Verschonung mit Truppen-Durchzügen und um Erhaltung der Disciplin baten und über die häufigen Musterungen sowie über die

das Regiment jene Excesse beging, umfaßte eine Strecke von zehn Meilen Länge und vier Meilen Breite: Hochwald, die angrenzenden Theile Schlesiens, Fulnek, Wagstadt, Odrau, Altitschein, Hustopetsch, Schönstadt, (Wall. Meseritsch nicht Krasna), Weißkirchen, Drahotusch und Leipnik. S. Relation, so wegen des ostfriessländischen Regimentes gethanen Schadens halber Uebergeben. (Erstattet an den k. Hofkammer-Präsidenten über die zwischen 12. October bis 18. November 1602 durch einen kais. Commissär vorgenommenen Erhebungen an Ort und Stelle. Die Reise von Prag nach Neutitschein, wo die Erhebungsoperation begann, dauerte sieben Tage. Die Kosten der Commission betrugen 120 fl. Wenn es der kais. Commissär selbst ist, welcher die Schilderung der Excesse der kais. Truppen mittheilt, ist dieses Zeugniß gewiß sehr glaubwürdig). Darin wird erzählt: ... Sondern auch in denen dabey und abwegs im Umbkreis liegenden Städten, Märkten und Dörfern haben sy (die Soldaten des ostfriesländischen Regimentes) sich in lerem Lager vor der Musterung dann nach der Musterung im Durchzug zerstrait, allda überall grassirt vnndt grossen Schaden deromassen gethan, als ihnen das Land in prædam liberam gegeben were. Daneben nach jeren gefallen vnnd vorseczlich Freuel gewalt vnd mutwillen An denen armen leuten vnndt jeren sachen, ...vngöttlich und so tyrannisch geübt das es der Feindt, dessen sich die armen leute allerseits auff's höchst vnnd jamerlich beschweren, nicht erger uben vnd treiben konnte. ...Dadurch das Land (Mähren) sehr verwurstet vnd verderbet... Krems. Act. Bog. 2 im Landes-Archiv.

[19]) In der Gegend von Rohatec verursachten die Soldaten ungeheuren Schaden; das Volk jammerte, „daß seit 1000 Jahren nichts Aehnliches vorgekommen sei." Wznorower Handschrift Nr. 777. Boczek off. Slg. Landtag 1601 Montag nach Mathias.

Nichtbezahlung des Proviants Klagen erhoben! Wohl sandte der Kaiser Erhebungscommissionen, um den Schaden sicherzustellen, wohl tröstete er damit, daß er den Befehl erließ, jeder Rittmeister habe für den durch seine Leute verursachten Schaden mit seinem Solde zu haften; doch es hatte dies alles keine Wirkung, da die Rittmeister selten den Sold sahen, die Kammercommission kein Geld hatte, um den Schaden zu vergüten, und der Prager Hof es nicht zuließ, daß der Beschädigte durch die eingehenden Landsteuern befriedigt werde. [20] — Man versprach das Land zu schonen, aber das Land war doch noch wohlhabend genug, um die Wiege von Regimentern zu werden, und das Land stand zu Ungarn in einem so unglücklichen geographischen Verhältnisse, daß Truppen aus Norddeutschland, Böhmen und Polen durch Mähren ziehen mußten.

Die Stände bemühten sich die übeln Folgen des Krieges zu mildern. Die Last des Durchzugs und der Einquartirung der Mannschaft sollte auf das ganze Land vertheilt werden, weil dann jeder für die eventuelle Entschädigung für die Quartiergaben einen Steuerbeitrag als Prämie zahlen mußten. [21] Die Zustände des Landvolks waren Gegenstand der besonderen Aufmerksamkeit der Stände, besonders von der Zeit an, in welcher eine Gährung in Nieder-Oesterreich (1597) wahrnehmbar war und sich diese Stimmung dem mährischen Bauer mitzutheilen drohte. Das Landrecht nahm denselben in Schutz gegen die allzustrengen Maßregeln einzelner Grundherren, welche lästige Frohnden auferlegt hatten. [22] Ein großer Theil der Summen zur Deckung der Heeresauslagen wurde auf das Dominicale allein umgelegt. Die abscheuliche Abgabe, welche unter dem Namen des Hemd- oder Unterrockgeldes von manchen Grundherrn abverlangt wurde, ist wiederholt und bei Strafe von 50 Schock verboten worden. [23] Die Stände erfanden damals jene sinnreiche Polizeimaßregel, welche noch heut zu Tage angewendet wird, um die Städte von dem arbeitslosen Gesindel zu reinigen, und welche unter dem Namen

---

[20] Erster Landtag 1602. Landtag Montag nach Quinquagesima 1600, erster Sonntag nach Ostern 1603.

[21] Landtag am ersten Sonntag nach Ostern 1603.

[22] Landtag Montag nach Quinquagesima 1600.

[21] Landtag Mittwoch nach Invocavit 1596.

des „Schubes" einen Theil der Amtsgeschäfte unserer Sicherheits-
behörden bildet. Bettler und Krüppel, deren Zahl sehr überhand
nahmen und die mit den Zigeunern und andern Vagabunden
die öffentliche Sicherheit bedrohten, sollten in ihren Zuständigkeits-
ort zurückgeführt und erstere im Ortsspitale untergebracht werden.
Gleiches Maß und Gewicht wurde im ganzen Lande eingeführt;
da eine Verschlechterung gewisser Silbermünzen: der Groschen
eingetreten war, und Kaufleute sich diesen Umstand zu Nutze
machten, indem sie durch Aufgeben eines Agio die besseren Münzen
aufkauften und ausführten, wurde das Agiotiren und die Silber-
ausfuhr verboten. Der Werth der Ducaten ist mit 2 fl., jene
des Thalers mit 73 kr. festgesetzt worden. Die Anzahl der Ellen
bei einem Stück Tuch wurde auf 30 normirt. Die alten Güter-
Schätzungen erwiesen sich mangelhaft, die daraus entspringende
ungleiche Vertheilung der Lasten wurde bei der Vermehrung der
letzten doppelt empfindlich. Es wurde daher eine Commission nieder-
gesetzt, welche einen neuen Kataster durchführen sollte und welche
die Steuereinheit des Giltpferdes auf 20,000 fl. Gutswerth bestimmte.[24] Diese billigen Besteuerungs-Grundsätze hinderten nicht,
daß die Glaubens-Differenzialsteuer auf Juden und Anabaptisten
aufrecht blieb. Für Industrieritter, die mit erborgten Namen und
Adelstitel die Leichtgläubigkeit Einzelner ausbeuteten, wurden strenge
Strafen bestimmt. Die Stände versuchten es, durch Einführung
einer guten Polizei die Noth und das Elend zu lindern.

Wir haben früher von den außerordentlichen Erfolgen erzählt, welche Cardinal von Dietrichstein und die Väter der Gesellschaft Jesu in Mähren erlangt haben. Der Boden war hier
für das Gelingen des Werkes: der Restauration des katholischen
Glaubens, für die Stärkung und Vermehrung der königlichen Gewalt schon vorbereitet. Es wurde gezeigt, welche Spaltung im katholischen Lager selbst, insbesondere zwischen dem Cardinal und Berka
entstanden war und wie letzterer mit Hilfe der „Geheimen" in
Prag und wahrscheinlich unter Zuziehung der spanisch-römischen
Partei, bei welcher der Cardinal verdächtigt wurde, den Sieg davon
trug, obwohl dieser persönlich in Prag um Schutz gebeten hatte.

---

[24] Erster Landtag 1602. — Landtag Montag nach Rogate 1599, Montag
nach Quinquagesima 1600 und Montag nach Cautate 1598.

Der Cardinal drang nicht durch, weil die Regierung in Mähren jetzt eines gefügigen Werkzeuges bedurfte, um auf jener Bahn fortzuschreiten. Die kirchliche Würde Dietrichsteins, sein stolzer unabhängiger Geist, die großen Interessen, welche ihn an das Land knüpften, mochten dem Prager Hofe Befürchtungen ein- flößen, einem energischen Widerstand beim Cardinal zu begegnen, wenn man zur Ausführung des kriegerischen Programms schreiten würde. Der Cardinal war geneigt, den gesetzlichen Boden festzuhalten und sich der Willkür der Kanzleien mit Kraft und Nachdruck zu widersetzen. Man wußte in Prag, daß Berka in der Achtung des Landes nichts zu verlieren hatte, daß er ein „verwendbarer" Mann sei, und ernannte ihn jetzt zum wirklichen Landeshauptmann von Mähren, während er zugleich in seinem Amte als Oberstland- kämmerer belassen wurde.[25] Es war jetzt ein rücksichtsloses Vor- gehen nöthig, denn ungeachtet der Strenge, womit die Protestanten in den Städten behandelt wurden, feierten sie heimlich ihren Got- tesdienst und hatten die Gemeinden protestantisch organisirt. In einem Hause zu Olmütz, das angeblich dem Herrn Bernhard von Zierotin gehörte, wurde geprebigt und das Sacrament gespendet auch außer der Zeit, in welcher dies gestattet war, nämlich der Land- tagszeit. Die protestantischen Bürger unterhielten einen Pastor und traten in eine geheime Liga zusammen, ernannten Directoren und Defensoren und schworen, eher Gut und Blut zu lassen, als dem Glauben untreu zu werden. Dazu kamen die Ausschreitungen des katholischen Regular-Clerus, welche nur durch Strenge hintange- halten werden konnten, und Berka war der Mann dazu, die Zucht- ruthe des obersten Klosterschutzherrn — des Kaisers, schonungslos zu schwingen. Die Aebtissin von Tischnowitz, eine hübsche lebens- lustige Frau, unterbrach die Eintönigkeit des Klosterlebens durch lärmende Festlichkeiten und unterhielt ein heiteres Verhältniß mit einem schönen Landsknechte, Namens Opalilek, welcher mit ihr das Klostereinkommen verpraßte. Endlich wurde sie abgesetzt.[26]

---

[25] Kremsierer Acten im L. A. 8. October 1602. Landtag 9. April 1603. Zierotin schrieb an Polanus: Cod. 21. Mai 1603: æmulus meus Berka nuper promarchionis provinciæ dignitate auctus et ornatus est.

[26] Kremsierer Acten im Land. Arch. 22. Febr. 1603. — Brucker Protokoll- Nr. 1. Fol. 61 und ff. im Land. Arch.

Der Abt von Seblec verlangte vom Iglauer Stadtrathe die Rückgabe der Kloster-Kleinobien, welche in gefährlichen Zeiten — vor hundert Jahren — sicherheitshalber in die Iglauer Stadtcassa hinterlegt worden waren. Der Abt wußte, daß diese Rückgabe schon stattgefunden hatte, und wollte den bereits ungültig erklärten Revers des Stadtrathes nicht vorweisen. Der Stadtrath konnte die Quittung über den richtigen Rückempfang nicht auffinden. Das Kloster Seblec erwirkte eine kaif. Untersuchungscommission, deren Amtshandlung bald überflüßig wurde, weil der Stadtrath jenen Schein endlich auffand. Die Kleinobien waren auf 80.000 fl. geschätzt, eine Summe, welche der Abt auf jenem zweideutigen Wege zu erlangen hoffte. Zwei Drittel jener Summe, also über 50.000fl., waren im Falle des Gelingens dieser Finanzoperation den Kammerbeamten versprochen.[27])

Der neue Landeshauptmann hatte kein staatsmännisches und kein Feldherrntalent; die Absendung von mehreren tausend undiisciplinirten, schlecht bewaffneten Bauern zum Entsatz von Pesth war sein Werk. Nur einige wenige kamen zurück. Die Meisten gingen durch Hunger und Krankheiten zu Grunde. Er besaß viel Ehrgeiz und eine gewisse Pfiffigkeit, welche ihn zu Intriguen geschickt machte. Proben davon hatte er in dem Processe Zierotin's und in den Umtrieben gegen den Cardinal abgelegt. Katholik oder Protestant, es galt ihm gleich, mußte fallen, wenn er eine Nebenbuhlerschaft witterte. Eine wilde rastlose Energie, die vor nichts zurückbebte, zog die Aufmerksamkeit der „Geheimen" auf diesen Mann, und befähigte ihn vorzugsweise zur Ausführung der gewaltthätigen Absichten des Hradschiner Cabinets. Er hätte in der That ein brauchbares Werkzeug einer schlechten Regierung sein können, wenn, wie später gezeigt wird, seine Habsucht nicht noch stärker und schamloser gewesen wäre, als sein Ehrgeiz.

Ein Zeichen der geänderten und jetzt eingeschüchterten Stimmung der Stände, welche vor kaum fünf Jahren sich Berka's Ernennung zum Oberstkämmerer widersetzt hatten, war, daß derselbe Berka auf dem Landtag 1603 am 9. April sofort zum Oberbefehlshaber des mährischen Contingents des kaif. Heeres in Ungarn

---

[27]) Iglauer Chronik von Leupold. a. a. O. S. 203.

ernannt und ermächtigt wurde, die Officiersstellen zu vergeben und
die Mannschaft zu werben. In dieser Frage siegte der Einfluß der
Umgebung des Kaisers selbst über dessen Willen. Der Kaiser
war lange nicht zu bewegen, Berka als Obersten anzuerkennen, er
hatte einem erfahrenen Kriegsmanne den Oberbefehl anvertrauen
wollen.²³) Die Stände gingen noch weiter, sie baten sogar für ihn
beim Kaiser vor, damit er mit der Znaimer Burg belehnt werde.

Die Macht der Katholischen war ungemein groß. Niemand
wagte es jetzt, frei zu sprechen oder zu schreiben. Obwohl noch keine
Gewaltmaßregeln gegen die Schule zu Eibenschitz versucht wurden,
war es die Absicht der Machthaber, jene feste Burg des Brüder-
thums zu unterdrücken. Während der Herren- und Ritterstand in
den J. 1596 und 1599 noch darauf drang, daß die alten Gesetze gegen die todte Hand beobachtet werden, daß das Olmützer
Capitel nachweisen mußte, anstatt des erkauften Gutes Bystritz
andere Güter im Werthbetrage desselben veräußert zu haben,
damit der Grundbesitz des Capitels nicht vermehrt werde, gestatten die Stände im J. 1604, ganz gegen die Verfassung, dem
Abten von Hradisch, vierzehn erkaufte Rustikalgüter in die Landtafel eintragen zu dürfen. Den Fremden war dagegen die An-
siedlung auf Bauerngütern untersagt; damit beabsichtigte man der
Vermehrung der Wiedertäufer und den Mitgliedern der Brüderunität, die sich aus Böhmen rekrutirten, indirect entgegenzutreten.
Den Juden wurden die Synagogen gesperrt. Der Orden der
Kapuciner, bis dahin in Mähren unbekannt, wurde eingeführt.
Am 28. März 1604 hielten sie zu Brünn unter großem Ge-
dränge ihren ersten öffentlichen Gottesdienst, in Dalleschitz sollte
denselben das alte Augustiner Nonnen-Kloster eingeräumt werden. Es war des Ordens Bestimmung, auf die niederen Volks-
classen, wie die Jesuiten auf die höhern, einzuwirken und diese
zu bekehren. In Steiermark hatten diese Mönche ungemein günstige
Erfolge erzielt. — Berka jagte die protestantischen Pastoren von Kromau weg und setzte katholische Pfarrer ein.²⁴) Smil Osowsky, der

²⁴) Landtagspamatkenbuch Nr. IV. 1601—1611. Iglauer Chronik a. a. O.
S. 214.

²³) S. Briefe des Cardinals an D. E Heydelius. ddo. 8. Oct. 1603, worin sich
jener über die Eingriffe in seine Jurisdiction sowie darüber bitter beschwert,

Oberstlandrichter-Stellvertreter und ein Glied der Unität, wurde entlassen, wahrscheinlich weil sich Herr Smil der Mitgliedschaft jener Commission entzog, welche die Vormundschaft des jungen Lipa von Herrn Carl von Zierotin zu übernehmen hatte.

Die Regierung griff zu Gunsten des Abtes Lohelius in die Privatrechte der Commune Iglau ein, sie befahl, daß ein der Stadt gehöriger Hof diesem Priester verkauft werden müsse.

Die Bekehrungen mehrten sich. Am Tage Maria Reinigung 1604 sind in Brünn zum ersten Male alle drei Räthe mit Fackeln in der Kirche erschienen. Ein anderes Mal schließt der sitzende Rath drei seiner Glieder wegen protestantischen Glaubens aus.[30])

Das Olmützer Capitel verlangte jetzt die völlige Exemtion von der Gerichtsbarkeit des Landrechtes nicht nur in Criminal-, sondern auch in Civilstreitsachen und selbst dann, wenn es als Kläger auftrat. Der Kaiser schützte hiebei das Capitel gegen den

daß man ohne sein Wissen das Gut Dalleschitz, welches an Heydel versetzt war, den Kapuzinern einräumen wollte. Der Cardinal macht eine Anspielung auf den Ehrgeiz Einiger, welche ihn verkleinern wollen, und beruft sich auf die Landesverfassung, welche ohne Vorwissen der Stände die Einführung neuer Orden nicht gestattet. Die Jesuiten waren diesem neuen Orden nicht sehr hold. Der Rathsherr Ludwig von Brünn, auf dessen Chronik schon häufig hingewiesen wurde, war Augenzeuge des Mißfallens, welches die Väter der Gesellschaft anläßlich des ersten Kapuciner-Gottesdienstes in Brünn äußerten. Chronik von Brünn 28. März 1603. — Cod. 18. Juli 1601 Pol. — 21. Novemb. 1602 Gryn. — 10. Nov. 1603 Illyezhazy. — 18. April 1603 Bonacina. — 27. Nov. 1603 Oberbach; insbesondere wichtig wegen Zierotins Verbindung mit Anhalt und Churpfalz. — Kremserer Acten 20. August 1602 und 1603. — Landtage des J. 1604.

Die den Dominikanern zu Znaim entrissenen Güter mußten auf kais. Befehl zurückgestellt werden. Hübner, Znaims Denkwürdigkeiten. II. 170 und 179. Zu erwähnen ist, daß der Znaimer Stadtrath den katholischen Bettlern verordnet hatte, eigene Zeichen zu tragen. Hübner a. a. O. II. 65. — Berka als Vormund Lipa's, des jugendlichen Marschalls von Böhmen und Herrn auf Kromau, bewirkte die Entfernung der Prediger von dort. Correspondenzbuch des Cardinals Dietrichstein. a. a. 106. Fol. 37.

[30]) Landtag Mittwoch nach Kreuzerhöhung 1603 Fol. 4/b. — Chronik von Brünn a. a. 1604, 18. August. — Iglauer Chronik a. a. O. S. 201. Abt Lohelius wurde später Erzbischof von Prag.

offenbaren Wortlaut der Landesverfassung und forderte die Strei=
chung der vom Landrecht darüber gefaßten, dem Capitel ungünstigen
Beschlüße, aus dem Gerichtsprotokolle.

Katholische Herren aus Böhmen versuchten es, mährische
Herren vor das Hofgericht in Prag zu citiren, so Herr Jaroslaw
Bořita von Martinic den Herrn Smil Osowsky, weil dieser einen
Unterthan des Martinic, der sich nach Trebitsch flüchtete, um den
religiösen Verfolgungen zu entgehen, nicht auslieferte.[31]

Sogar der Landeshauptmann von Mähren, der doch die
Landesverfassung zunächst zu beschützen hatte, befahl Herrn Smil,
sich nach Prag zu stellen, welcher Aufforderung aber dieser, auf
die Verfassung fußend, nicht nachkam, indem er erklärte, nur einer
Citation des mähr. Landrechts folgen zu wollen.

Durch dieses gewaltthätige Vorgehen, durch die Vereinigung
aller Landesämter in Händen ergebener Personen machte die Re=
stauration rasche Fortschritte; die Häupter der Opposition wurden
zum Schweigen gebracht und gegen andere Mitglieder derselben,
wie gegen Herrn Wilhelm Dubsky[32] die Einleitung von Ten=
denzprocessen, ähnlich wie gegen Carl von Zierotin, versucht. So
wurde das Einschüchterungssystem, das mit so günstigem Erfolge
begonnen worden war, überallhin fortgesetzt. Den größten Sieg
errang der Prager Hof in einer wichtigen Principienfrage. Die
Revision der neuen Landesordnung war unter dem Einfluße Berka's
vollendet, die Privilegien des Landes, welche zu diesem Zwecke
von erprobten Katholiken, wie von Ladislaus von Lobkowitz, Wil=
helm Zaubek und Wenzel Nekeš durchgesehen wurden, waren darin
aufgenommen. Im J. 1604 wurde diese Landesordnung publicirt
und in Druck gelegt. Vergleicht man dieselbe mit dem Tobitschauer
Buche oder mit der Landesordnung vom J. 1545 und selbst mit

---

[31] Landtag Freitag nach Margaretha 1604 Ey. Supplementbuch Fol. 33.
Osowskysche Acten im Landes=Archiv. — Brief Osowsky's 21. Jänner
1605 an Kaiser Rudolph.

[32] Der Oberstkanzler räth dem Cardinal, beim Verfahren über diese Klage
gegen Dubsky vom Landesbrauch nicht abzugehen, weil eine Vorladung
des Angeschuldigten nach Prag zu nichts führen würde. Der Cardinal
möge sich ein Beispiel an seinem Bruder Sigismund nehmen, als dieser
den Herrn Carl von Zierotin vor das Hofgericht citirte. Krems. Act.
ddo. 16. August 1604. Regesten im Land. Arch.

dem, was noch in den ersten Jahren der Regierung Rudolph's Rechtens war, — welch' ein Unterschied!

Jene feierliche Declaration der Rechte, jene stolze Anführung der Freiheiten des Landes, der unabhängige autonome Geist, den die Stände in heiterem Bewußtsein ihrer Selbstherrlichkeit an die Stirne der Verfassung schrieben, mußte auf Verlangen der Regierung wegbleiben. Die Regierung hatte damit einen entschiedenen Schritt zur Centralisation gethan; der Triumph, der darin für sie lag, war weniger den Talenten und der Staatskunst ihrer Organe, als der Ohnmacht und Schwäche der mährischen Stände zuzuschreiben. Die Kriegsheere des Kaisers waren bereit, jeden Widerstand niederzuschmettern, den Malcontente vielleicht unternommen hätten. Durch die frühern gewaltthätigen Vorgänge eingeschüchtert, überlieferten sich die Stände lautlos der Gewalt der Gegner.

Der verderbte Geist, der den größten Theil der Gesellschaft ergriffen hatte, zeigte sich auch unter den, dem Hof ergebenen Männern, dort, wo man es am wenigsten vermuthen konnte, an der höchsten Stelle im Lande; damit wurde den Interessen der kathoschen Kirche und der Monarchie eine große Wunde geschlagen.

Berka war mit seiner raschen und glänzenden Carrière nicht zufrieden, er wollte auch reich werden; zu seinem Unglücke wählte er die Oberbefehlshaberstelle, die ihm im J. 1603 vom Landtage übertragen wurde, als Mittel, um seine Finanzen in Flor zu bringen. War er der Meinung, daß die Pflichten seines Amtes als Landeshauptmann ihm die Entfernung von Mähren nicht gestatten, so hätte er die Ernennung zum Ober-Commandanten ablehnen sollen. Es schien ihm aber möglich, Amt und Geld anzunehmen, und doch die Pflichten gegen Kaiser und Vaterland völlig zu vernachlässigen. Statt in's Feld zu ziehen, blieb er wie ein Feigling zu Hause und überließ es seinem Stellvertreter, sich den türkischen Kanonen auszusetzen.[33] Plötzlich ward Berka von der Stelle eines Statthalters des Kaisers in Mähren entsetzt. Schon früher hatte der Kaiser den Landtagscommissarien, den Herren von Waldstein, Talmberg und Gersdorf befohlen, den Ständen Mährens zu eröffnen, daß die Summe Geldes, welche sie Herrn von Berka für

---

[33] Landtag Dienstag nach Oculi 1604. Landtagspamatkenb. S. 20.

seine Bestallungen ausfolgten, nochmals zu erlegen ist, um den
Sold zu berichtigen, da Herr von Berka nicht in's Feld gezogen
war und das Geld für sich behalten hatte.³⁴) Die Absetzung war
für diesen Unterschleif eine zu geringe Strafe; nnd wenn auch,
was nicht nachzuweisen ist, Berka später die anvertraute Summe
zurückzahlte, so war es doch ein Zeichen der Corruption der öffentlichen Moral, daß Berka noch als Oberstkämmerer im Amte geduldet wurde. Durch drei Jahre hielt er sich vom öffentlichen
Schauplatze entfernt.

Kaum ein Jahr nach Berka's Ernennung und ganz kurz
nach dessen Absetzung war Herr Carl v. Liechtenstein schon Landeshauptmann von Mähren; damit gelang es der spanischen Partei
am Hofe, diesen unzuverlässigen Herrn aus dem geheimen Rathe
zu entfernen. Schon früher versuchte jene Partei diesen Zweck zu
erreichen, indem sie ihn zum kais. Gesandten in England designirte.
Allein es gelang damals nicht, weil Liechtenstein eine Forderung
von zweimalhunderttausend Thaler an den Kaiser hatte, deren
Rückzahlung er für den Fall seiner Entfernung von Prag verlangt hatte. Ançel hatte seinem Könige den Antrag gestellt, diesen
ehrgeizigen und einflußreichen Baron für die französischen Interessen zu gewinnen, der König ging jedoch darauf nicht ein, —
und so konnte nun Liechtenstein³⁵) der Convertit, als Landeshauptmann von Mähren, seinen Eifer für den Katholicismus
genugsam bethätigen.

In Böhmen wurden die Mandate Wladislaw's exequirt,
ohne daß die dagegen von den Rittern auf dem Landtage 1603

---

³⁴) Der Amtmann von Mürau hatte von dem Obersten Kollonitz Vergütung eines Kriegsschadens verlangt, dieser wies den Amtmann an, sich
aus den Liefergeldern, welche der Landeshauptmann sich zueignete, schadlos
zu halten. Nr. 9112. Boczek Priv. Slg. ddo. 10. August 1604. Das
Schreiben des Kaisers an die Commissäre Waldstein, Talmberg und
Gersdorf beantworteten die Stände am Dienstag nach Oculi 1604 mit
der Versicherung, „daß Berka befriedigt wurde;" sie fügten noch bei, „daß
er (Berka) wohl wissen werde, was er zu thun habe, um diesem Befehle des Kaisers nachzukommen;" die Stände wollten damit sagen, daß
Berka das Geld empfangen und behalten habe und nunmehr dem Kaiser
auszufolgen hätte. Rescript vom 3. März 1604. Boczek P. S. Nr. 862.

³⁵) Harlay a. a. O. 20. April 1602 und 27. Dec. 1603.

erhobenen Beschwerden von der Regierung in Erwägung genommen worden wären. Ja vielmehr wurde der Sprecher der Ritterschaft, Wenzel von Budowa, zur Verantwortung gezogen. — Der Erzbischof konnte im J. 1605 nach so langer Zeit wieder eine katholische Synode einberufen und abhalten; er ließ sich von Lannoy und Klesel Gutachten mittheilen über die Mittel, den Katholicismus im Lande zu verbreiten und zu festigen. Klesel empfahl die Jesuiten als die treuesten und ausdauerndsten Mitarbeiter.

Der Hauptsitz der Brüderunität in Böhmen: Jungbunzlau ging für diese verloren, die Kirche wurde auf Befehl des Oberstkanzlers Zbeněk von Lobkowitz, des Urhebers dieser Verfolgung, vermauert, die Güter derselben mit Beschlag belegt. Wie der Kaiser jetzt den Katholiken geneigt war, zeigt das Lob, das er Herrn Jaroslaw Boṙita von Martiniz, welcher auf seinen Gütern mit aller Strenge reformirte, spendete. [36]) Der Cardinal Dietrichstein kam im J. 1603 nach Troppau, um das Patronatsrecht der Pfarrkirche zu U. L. F., welches sich die protestantischen Bürger angemaßt, wieder in Besitz zu nehmen. Die Gährung war stark, man hätte den Cardinal bald gesteinigt. Der Kaiser, darüber erzürnt, befahl die Schließung der Kirchen und Entfernung der Prädicanten. Als die Bürger die Kirchen gewaltsam sprengten, erfolgte die Achterklärung gegen die Rebellen. Zwei Abgeordnete der Stadt, die nach Prag kamen, um den Kaiser zur Milde zu stimmen, wurden ins Gefängniß geworfen, Truppen nach Troppau geschickt, um die Acht ins Werk zu setzen.

In Steiermark wurden protestantische Kirchen niedergerissen, die Prediger verjagt; man verfuhr allerwärts mit größter Härte; dafür erlebte man die Genugthuung, daß im J. 1603 über 40,000 katholische Communicanten mehr gezählt wurden, als früher. Wer nicht katholisch wurde, mußte das Land verlassen.

In Ober= und Unterösterreich war die Reformationscommission ungemein thätig. [37])

Der gewaltthätigste Versuch wurde gegen die ungarischen Protestanten unternommen. Die kriegerische und unruhige magyarische Nation mußte durch Schrecken gebeugt werden, erst dann war der

[36]) Gindely a. a. O. II. 322, 341, 343, n. 170. Cod. 21. Nov. 1602.
[37]) Uns, das Oppaland 2, 82, 89. Ranke a. a. O. S. 394.

Sieg der Restauration auch in den anderen Ländern vollständig.[38]) Der kais. General Basta eroberte Siebenbürgen, er ließ vornehme Edelleute hinrichten und verwüstete das Land so sehr, daß die Bauern, ihres Viehes beraubt, den Pflug selbst zogen. Das Land wurde nun durch des Kaisers Commissäre regiert und es kehrten die Väter der Gesellschaft Jesu, die das Land verlassen hatten, zurück, um das Restaurationswerk zu beenden.

Wie Basta in Siebenbürgen, beeilte sich der neue Commandant in Oberungarn, Jakob Graf Barbian Belgiojoso, gegen die „Ketzer" strenge zu verfahren. In Kaschau wurde der protestantische Gottesdienst untersagt, der ungehorsamen Stadt die Güter confiscirt. Wie in Böhmen und Mähren, so wurde in Ungarn der verfassungsmäßige Lauf der Justiz gehemmt, und politische Angeklagte vor ein Hofgericht vorgerufen. Gegen die Häupter der protestantisch-nationalen Partei wurden wie in Mähren fast gleichzeitig Tendenzprocesse begonnen, die Verurtheilten mit Ausweisung oder Confiscationen gestraft, wie Illyezhazy, Sigmund Rakoczy, Georg und Valentin Hommonai und Magoczy. Die gefügigen Organe der Willkür wurden dann mit den Gütern der Abgeurtheilten belohnt.

Der Reichstagsabschied vom J. 1604 enthüllte mit dürren Worten die längst bekannten Absichten der Regierung. Die Bitte der Protestanten um Gewährung der freien Religionsübung beantwortete Rudolph mit jenem berühmten, aus eigener Machtvollkommenheit ohne Mitwirkung der Stände erlassenen XXII. Gesetzartikel, kraft dessen in Betreff der katholischen Religion alle frühern Gesetze, die seit K. Stephan erlassen worden waren, erneuert, die Irrthümer und Secten hintangehalten, alle Religionsbeschwerden auf Reichstagen verboten und solchen Bittstellern als unruhigen Leuten die gesetzlichen Strafen (unter Ludwig II. die Verbrennung) angedroht wurden.[39]

Die Aufregung im Lande zeigte sich bald in bedenklicher Weise. Georg Thurzo, der Obercapitän diesseits der Donau, legte sein Amt nieder. Es bedurfte nur eines geringen Anlasses, um den Geist des Widerstandes anzufachen und zum Ausbruche zu

[38]) Cod. 30. Octob. 1605 Polano. — Engel a. a. O. 4. 288 und 289.
[39]) Engel a. a. O. 4. 291 und 297.

bringen. Dieser Anlaß war bald geboten. Jener Stephan Bocskay, noch voll Ingrimm über die ihm im kaif. Vorzimmer zu Prag widerfahrene Schmach, saß auf seinem Felsenschloße Solyomkö und sollte von Belgiojoso gewaltsam aufgehoben werden, um sich wegen einer verrätherischen Correspondenz mit Bethlen Gabor zu rechtfertigen. Bocskay's Burgen wurden erobert. Die kaif. Armee unter Basta und Belgiojoso war, da die Türken den Krieg höchst nachläſſig betrieben, stark genug, um die Unzufriedenen mit einem Schlage zu vernichten. Die Regierung hätte einen vollen Sieg erringen können, wenn nicht jetzt im entscheidenden Augenblicke die Unfähigkeit und Habsucht der Beamten in ihrer ganzen Blöße hervorgetreten wäre. Der schlechten Verwaltung konnte Rudolph den Verlust von Krone und Reich zuschreiben. Wären die eigenen Haiduken Belgiojoso's besoldet worden, so hätten sie wahrscheinlich die deutschen Truppen, welche gegen Bocskay zogen, nicht überfallen und vernichtet.[40]) Adel und Städte von Oberungarn erklärten sich sofort für Bocskay. Noch einmal waren die kaif. Waffen glücklich. Basta eilte mit 20,000 Mann herbei und schlug Blasius Nemeth, Unterfeldherrn des Bocskay, Eperies öffnete ihm die Thore und jagte Bocskay in die Flucht. Doch weil man mit der Ausgabe von zwei- oder dreimalhunderttausend Gulden geizte, die Truppen Basta's unbezahlt ließ und diese mit Elend und Hunger so sehr zu kämpfen hatten, daß die Begleitungsmannschaft eines Proviranttransportes bei Filek sich nicht anders zu helfen wußte, als daß sie diesen Transport selbst plünderte, war das Losbrechen einer Meuterei unter den halb verhungerten Truppen die Folge und Basta wurde gezwungen, bis nach Preßburg zurückzugehen. Soranzo sagt ganz richtig, daß es sich in diesem Falle nicht darum handelte, dreimalhunderttausend Gulden zu ersparen, sondern um den Sack irgend eines Functionärs zu bereichern. Die schönste Provinz des Reiches ging verloren, zu deren Rückeroberung dann drei Millionen Gulden nicht hinreichten. Ganz Siebenbürgen huldigte dem Bocskay. Seine Truppen überschwemmten Nordungarn und drangen Anfangs Mai raubend und sengend bis an die Grenzen Mährens.[41]) Sie rechneten auf die

---

[40]) Am 14. October 1604. Engel a. a. O. 4, 294.
[41]) Drahotuscher Gedenkbuch Fol. 228 Landesarchiv. Osowskysche Acten im

Unzufriedenheit der proteſtantiſch-nationalen Partei dieſes Landes und forderten daßſelbe zum Aufſtande auf.

Es iſt kein Zweifel, daß die ungariſchen Rebellen von dem Zuſtande Mährens, den Maßregeln zur Unterbrückung des freien Religionsbekenntniſſes und der Landesfreiheiten, ſowie von den Klagen Kenntniß hatten, welche die unaufhörlichen Muſterungen und Truppendurchzüge, die ſchlechte und verſchwenderiſche Verwaltung Berka's und der Juſtizſtillſtand hervorriefen.[42]) Sie

Landes-Archiv, Pamatka a. a. 1605. Landtag 28. April 1605. — Engel a. a. O. 300.

[42]) Landtagspamatkenb. d. J. 1601 bis 1610 Fol. 8. Die durchziehenden Truppen verurſachten großen Schaden in Gr. Mezeritſch und andern Gütern, der kaiſ. Commiſſär Hanns Hermann von Roggendorf that nicht allein nichts dagegen, ſondern beſchimpfte auch noch den Landeshauptmann und die vom Lande ernannten Durchmarſch-Commiſſäre. Beſchwerde der Stände an den Kaiſer ddo. Freitag nach Miſericordia. 1603. — Ueber die Abgabe pr. 200,000 fl., welche zur Erhaltung des Heeres im J. 1602 bezahlt wurde, dann über 6000 fl. zur Hofhaltung und über Steuerreſte pr. 7070 fl., erhielten die Stände noch keine Quittung. Freitag nach Miſericordia 1603 Fol. 7/b. — Das Johannes-Landrecht 1603 konnte nicht abgehalten werden, da zu wenig Landrechtsbeiſitzer erſchienen waren. Der Sorgloſigkeit des Landeshauptmanns war es zuzuſchreiben, daß das nach Ungarn beſtimmte mähr. Kriegsvolk, obwohl der Feldzug ſchon eröffnet war, noch nicht gemuſtert wurde. Die Folge dieſer Nachläſſigkeit war, daß das unbeſchäftigte Kriegsvolk Schaden verurſachte und daß, als es zur Landrechtsſeſſion kam, viele der Beiſitzer wegen ihrer Verwendung als Marſch-Commiſſäre dieſer Seſſion nicht beiwohnen konnten und dieſelbe überhaupt zum Nachtheile der Rechtſuchenden nicht abgehalten wurde. Donnerſtag nach Maria Heimſuchung 1603 Landtagspamatkenſupplbch. — Ungeachtet der wiederholten Bitten und Beſchwerden der Stände über den vom oſtfriesländiſchen Regimente zugefügten Schaden zogen die ſchleſiſchen Truppen durch Mähren nach Ungarn und plünderten im J. 1603 dieſelbe Gegend, welche jenes Regiment im J. 1602 verwüſtet hatte. Landtag Dienstag nach Peter und Paul 1603. — Auf die Unordnungen im Lande und die ſchlechte Verwaltung Berka's ſpielt Liechtenſtein an in der Relation an den Kaiſer, Hradiſch 6. Juni 1605. Dobner Monumente II. 459. — Häufig wurden von Ungarn aus Raubanfälle gemacht, das Volk gemordet und Dorfſchaften niedergebrannt. Samſtag vor Letare 1604. — Die Juſtizgeſchäfte wurden nicht abgewickelt, weil Berka dem Oberſtlandrichter, der ſchon 1603 vom Kaiſer ernannt wurde, das Amt im J. 1604 noch nicht übergeben hatte. K. A. Regeſten. — Landesgelder wurden von

waren der Meinung, daß, sobald nur eine bewaffnete Macht zur Unterstützung an den Grenzen erscheint, die Stände sich schon erheben und mit ihnen gemeinsame Sache machen würden, um das verhaßte Regiment Rudolph's zu stürzen. Bocskay schrieb an die mährischen und die schlesischen Stände in diesem Sinne, er erwartete von ihrer Vaterlandsliebe, daß sie seine Armee als Befreier begrüßen werden, da er die Freiheiten des Landes und der Religion wiederherstellen werde. Briefe gleichen Inhalts sandte Michael Czobor an die vornehmsten Häupter der Stände, die Drohung beifügend, daß, im Falle sie seine Anträge ablehnten, das Heer die Grenzen Mährens überschreiten würde. Der heiße Wunsch nach Frieden, um dem mißhandelten Lande Erholung zu gönnen, war bekannt. Bocskay glaubte, daß die Furcht vor dem nah' bevorstehenden Kriege, der das Land in's Verderben stürzen mußte, die Stände bewegen würde, nach dem einzigen Rettungsmittel, nach dem Anschluße an Ungarn zu greifen.

Diesmal jedoch fand die ungarische Bewegung noch keinen Widerhall in Mähren. Die katholischen Stände hielten treu an dem Kaiser, die Häupter der Protestanten hofften noch immer, daß der Kaiser durch die Ergebnisse seiner Politik belehrt, anderen Sinnes werden und das Wohl der Länder im Auge behalten würde. Zudem wäre von ihrer eigenen ganz entmuthigten Partei und von den Katholiken keine Unterstützung zu erwarten gewesen. Ein Versuch zum Abfalle hätte ihr Leben gefährdet, ohne dem Lande und der Gewissensfreiheit zu nützen. Das Maß des Elends war noch nicht voll, noch stand die Religionsfrage trennend zwischen beiden.

Carl von Zierotin, welcher sich damals in Straßnitz befand,[43] um dieses Schloß an der Grenze in Vertheidigungszustand zu

---

einzelnen Mitgliedern der Stände in Empfang genommen, der Nachweis der Verwendung jedoch nicht gegeben, weßwegen sich der Landtag veranlaßt sah, die betreffenden Personen zur Rechenschaft zu ziehen. Freitag nach Oculi 1604 l. c. Fol. 24. — Der Landtag bat den Kaiser, jedoch ohne allen Erfolg, das Land mit „den Artillerie= und Proviantzufuhren" zu verschonen, die Musterungsplätze in die k. Städte zu verlegen und „die Unterthanen, die schon ganz verarmt sind, damit nicht zu belästigen, weil sonst die Kriegsabgaben nicht geleistet werden könnten." Samstag nach Oculi Fol. 30, Freitag nach Procopi 1604.

[43] Pilař und Morawetz, Hist. Mor. III. 69.

setzen, war dieser Ansicht, und sein Beispiel war wohl maßgebend.
Die beiden Schreiben Bocskay's und Czobor's, worin an Zierotin's Vaterlandsliebe appellirt und hervorgehoben wurde, daß Europa in diesem entscheidenden Augenblicke auf ihn blicke, sandte er dem Kaiser.[44] Den Grafen Illyeshazy, der noch Anfangs des J. 1605 im Exile lebte und Herrn von Zierotin um Intercession bei den mährischen Ständen bat, offenbar nur um dessen Gesinnung zu erforschen, verwies er an die Gnade des Kaisers allein, da von den Ständen nichts zu erwarten sei.[45]

Die Ungarn hatten sich getäuscht: sie rechneten auf die Unzufriedenheit der Länder, auf die Mitwirkung der Calviner im Reiche und auf den französischen König, aber die Frucht war damals noch nicht reif. Mähren widerstand also den Lockungen der Ungarn, die Stände beantworteten Bocskay's Schreiben nicht, sie übersandten dasselbe nach Prag und fügten Versicherungen ihrer unwandelbaren Treue hinzu.[46] Ein gleiches thaten die Böhmen und die Schlesier.

Es wurde nun beschlossen, sich zum Kampfe zu rüsten, freilich etwas spät. Während die Bewegung schon ganz Ungarn ergriffen hatte, war Mähren wehrlos und keine Vorbereitungen

---

[44] Dobners Monumenta II. 450. Bocskay an Zierotin, Kaschau 8. Mai; Czobor an Zierotin, Skaliz 18. Mai; Zierotin an Kaiser Rudolph, Hradisch 20. Mai 1605.

[45] Carl von Zierotin an Illyeshazy ddo. Olmütz Id. Jän. 1605. Beil. Nr. XXXIII. Zur Zeit als Illyeshazy an Zierotin schrieb, hatte Bocskay schon das Uebergewicht in Ungarn gewonnen, Basta war bis vor Preßburg zurückgedrängt worden. Der Brief Illyeshazy's war offenbar nur ein Fühler, um die Gesinnungen Carls und der Stände zu sondiren. Auch die Antwort Zierotin's war diplomatisch gehalten: von den Ständen sei bei der Gesinnungslosigkeit der Meisten nichts zu erwarten, man müsse conniviren, um zu leben — es bleibt also nichts übrig, als daß Illyeshazy sich an des Kaisers Gnade wende. — Wenige Monate darauf kehrt Illyeshazy aus dem Exil (aus Polen) zurück und wird von Bocskay nach dem Tage bei Szerencz, 16. April 1605, zum Obercapitän diesseits der Donau ernannt. a. a. O. 4. 299. Nun dachten Illyeshazy und Bocskay, die Nähe der Armee werde die Malcontenten in Mähren ermuthigen.

[46] Am Tage Christi Himmelfahrt 1605, Landtagsparatken = Supplement= buch, Fol. 39 b.

waren getroffen, bis zu dem Augenblicke, in welchem der Feind bereits an den Grenzen stand. Unzeitige Sparsamkeit und eine ungeordnete Verwaltung waren die Ursachen.[47])

Am 28. April versammelten sich die vornehmsten Ständegliedern in Brünn, um Maßregeln zur Landesvertheidigung zu berathen, sie sandten den Grafen Weikhard von Salm-Neuburg und den Herrn Wenzel Zahradecky zum Kaiser nach Prag, um ihm die Nachricht von der Annäherung des Feindes zu überbringen, ihn um Hilfe und um Ausschreibung eines ordentlichen Landtags zu bitten; auch sollten sie die Stände von Böhmen, Schlesien und der Lausitz wegen Zusendung von Hilfstruppen begrüßen, da die Gefahr imminent war. Eine andere nicht minder große Gefahr bedrohte Mähren. Das aus Ungarn zurückgedrängte unbezahlte kaif. Kriegsvolk sollte sich nach Mähren zurückziehen und hier auf den rückständigen Sold warten; es hieß dies mit anderen Worten: die Theile des Landes, in welchen die Quartiere für jene Truppen ermittelt wurden, der Raublust der hungrigen Truppen preisgeben. Die Stände beschworen den Kaiser, das Land in diesem verhängnißvollen Augenblick von dem Schrecken und der Last der Abdankung jener demoralisirten Söldner zu befreien.

In Prag schien man den Kopf verloren zu haben. Auf alle diese Bitten erfolgte keine Antwort, keine Entscheidung. In der Zeit, in welcher ein rasches Handeln, die Absendung von Truppen dem Lande namenloses Elend erspart hätte, überließ man das Land sich selbst. Der Feind war vor der Thüre, am 18. Mai stand Michael Czobor hart an der Grenze, und da keine Landtagsausschreibung von Prag aus erfolgte, versammelte sich über Einladung des Landeshauptmanns Carl von Liechtenstein nur der Herren- und Ritterstand am 15. Mai 1605, und zwar in Hradisch, um dem Orte der Gefahr näher zu sein.[48]) Die

---

[47]) Cod. 15. März 1610 Nr. 11 an Lavin.

[48]) Landtagspamatkenbuch Fol. 30. Der Landesunterkämmerer Mošowsky fordert die Iglauer auf, Munition nach Hradisch zu schicken, da diese Stadt von den Tataren, Türken und Ungarn zunächst bedroht sei. Hradisch 28. Mai 1605. Jgl. Stadtarchiv. — Czobor stand an der mährischen Grenze während jener Kreuzwoche, in welcher die Protestanten eine katholische Procession zu Donauwörth insultirten und dadurch zu der bekannten und folgenreichen Intervention Bayerns Anlaß gaben.

Prälaten blieben zu Hause, um durch ihre Gebete des Himmels Zorn abzuwenden, die Städte waren nur durch den Unterkämmerer repräsentirt, weil die Anwesenheit der Vertreter des Bürgerstandes zur Einleitung der Vertheidigungsmaßregeln und Beistellung von Munition für das Heer daheim nothwendig war. Auf diese Art gab die Sorglosigkeit des Prager Hofes den Ständen die bedenkliche Lehre, daß man sich selbst helfen könne. Man überließ Mähren seinem Schicksale.

Schon drangen ungarische Haufen mit Heiduken und Tataren in Mähren ein und verwüsteten einzelne Landestheile mit Feuer und Schwert. Rasche Hilfe war nöthig. Die Stände ernannten Carl von Liechtenstein zum Feldherrn, gaben ihm außerordentliche Vollmacht, die bis zum nächsten Landtage zu dauern hatte und ernannten einen Sicherheitsausschuß, bestehend aus den Herren: Ladislaus d. j. von Lobkowitz, Graf Weikart Salm, Joachim von Haugwitz, Carl d. ä. von Zierotin und Georg von Hodiz, dann aus den Rittern: Wilhelm Zaubek, Wenzel Zahradecky, Wenzel Rekeš, Joh. Zahradecky, Balczar Ombstein und Carl Perger. Auf Berka war keine Rücksicht genommen. Dieser Sicherheitsausschuß konnte Truppen ausheben und bezahlen, sowie auch Steuern ausschreiben. Wenn der Cardinal von Dietrichstein, welcher im kais. Auftrage nach Rom zur Papstwahl geeilt war, sich wieder im Lande befindet, so soll er von dem Ausschuße zur Theilnahme an den Berathungen eingeladen werden. [49])

Zugleich wiederholen die Stände die dringende Bitte an den Kaiser um schleunigste Hilfe, weil sie allein dem Andrange des Feindes nicht widerstehen können. Cardinal Dietrichstein, wel-

---

[49]) Krems. Acten im Landes-Archiv. Die Regesten Nr. 15. Der Kaiser forderte (2. März 1605) den Cardinal auf, nach Rom zur Papstwahl zu reisen, und erinnert ihn, bei der Wahl dahin zu wirken, daß ein Mann gewählt werde, welcher die Interessen des Hauses und des Kaisers vor Augen habe. Im Kremsierer Correspondenzbuche des Cardinals ist eine Lücke vom 16. Feb. bis 2. Juli vorhanden. Spanien hatte auch für die Vertretung seiner Interessen bei der Wahl gesorgt; nachdem der französischgesinnte neugewählte Papst Leo XI. zwei Monate nach der Wahl starb, bestieg Cardinal Borghese, eine Creatur Spaniens, als Paul V. den Stuhl Petri. — Dr. Gindely wird über die so interessanten und wichtigen Papstwahlen d. J. 1605 eine Monographie veröffentlichen.

cher sehr bald darauf wieder in Mähren eintraf, berichtete dem
Papste über den trostlosen Stand der Dinge, die bringende Gefahr für die Katholiken, für die Kirchen Mähren's und bat um
Geldhilfe. Der Papst entschuldigt sich mit der Armuth des päpstlichen Aerars, bemerkt aber, er habe den Magister Jakob Serra,
Präsident der Apostol. Kammer, beauftragt, Hilfstruppen in Ungarn zu werben; gleichzeitig ertheilt er dem Cardinal die angesuchte Erlaubniß, sich mit dem Schwerte zu umgürten und nach
der Sitte der alten Bischöfe die Feinde der Kirche zu bekämpfen.[50]
Cardinal Dietrichstein dachte einer jener mittelalterlichen Kirchenfürsten zu sein; in der einen Hand das Kreuz, in der andern
das Schwert, eilte er muthvoll in den Kampf, ein streitbarer Bischof und geweihter Held!

Bockskay wiederholte die Aufforderung an die Stände, sich
ihm anzuschließen, um das Land vom Verderben, sich selbst die
alten Rechte und die Gewissensfreiheit zu retten. Die Stände
beantworten die Schreiben nicht und legen dieselben abermals
dem Kaiser vor, mit dem Ersuchen um Belehrung, ob und was
sie zu erwidern haben; abermals bitten sie um Sendung von
Hilfe, da der Feind sich täglich mehre, die Streifzüge, das Sengen
und Morden zunehmen. Allein konnten die Mährer, obwohl Reiterei
und Fußvolk geworben, der zehnte, der fünfte Mann, ja oft von
Haus zu Haus Mannschaft ausgehoben, das Doppelte an Gilt-
pferden gestellt sei, dem Feinde nicht mit Erfolg die Spitze bieten.[51]

---

[50] Landtagspamatkenbuch Fol. 39, 19. Mai 1605. III. Id. Junii 1605.
Diet. an Papst. Breve des Papstes an Diet. ddo. 29. Juli 1605, römisches Material im L. A. — Dieser Entschluß des Cardinals wurde
von denselben Gedanken getragen, welche den kriegerischen Abt von Bruck,
Sebastian Freitag, dessen wir früher gedachten, beseelten. Während dieser
in einem Album, welches jetzt das Landesarchiv besitzt, seine Chorbrüder
abconterfeien ließ, jeden in dem weißen Habit von Prremonstrat und mit
den Emblemen der Demuth und der Vergänglichkeit irdischer Dinge umgeben, prangt Abt Sebastians Bild das erste, gleichsam als Titelkupfer
in kriegerischer Rüstung, den Commandostab in der Hand, Helm, Schwert
und Wapen zu den Füßen, als wollte er wie ein Mitglied der ecclesia
militans erscheinen, wie er denn früher auch in der That in der See-
schlacht bei Lepanto als Befehlshaber Lorbeeren errungen hatte.

[51] Slavičiner Gedenkbuch. Boczek off. Slg. Nr. 776 und Nr. 3109. Landtagspamatkenbuch Fol. 40. 21. Mai 1605.

Der Sicherheitsausschuß kaufte Pulver und Salpeter; ein Darlehen von 20,000 fl. wurde mit der Stadt Iglau, ein weiteres pr. 3000 fl. mit Olmütz abgeschlossen. Eine außerordentliche Auflage wurde ausgeschrieben, um das geworbene Kriegsvolk zu bezahlen. Der Sold desselben betrug allein 200,000 Thaler monatlich. Das in Eile zusammengeraffte undisciplinirte Bauernvolk, das, wo es konnte, eiligst wieder auseinander lief, war den kriegsgeübten Ungarn anfänglich nicht gewachsen,[52]) zumal auch bei der Leitung der Vertheidigungsmaßregeln kein Verständniß und keine Entschiedenheit, bei der Durchführung derselben keine Disciplin herrschte. Die in Amt und Würden befindlichen Ständemitglieder, Anhänger Berka's, von gleicher Unfähigkeit und gleichem Charakter mit ihrem Meister, zeigten jetzt ihre ganze Unbrauchbarkeit. Der Landeshauptmann Carl von Liechtenstein klagt in dem Schreiben an den Kaiser ddo. 6. Juni 1605[53]) über die großen Unordnungen, die in letzter Zeit in Mähren eingerissen, daß er, mit Ausnahme des General-Lieutenants Hobitz, — Herr Carl v. Zierotin war im Mai nach Hause zum Sterbebette seiner Frau geeilt — Niemanden vertrauen, auf die verläßliche und loyale Mitwirkung der Uebrigen nicht zählen könne, daß er mit Unfähigkeit und üblem Willen aller Art fortwährend zu kämpfen habe. Gleichzeitig bat er abermals den Kaiser um Absendung von Hilfstruppen, die unter diesen Umständen unerläßlich nöthig wären. Die Grenzen und die Pässe gegen Ungarn waren gar nicht oder schlecht verwahrt und keine verläßlichen Kundschaften bestellt. Von Landshut und Skalitz bis Hrozenkau stand der Feind.

Am 26. Mai fielen die Ungarn bei Brumow in Mähren ein und schlugen die Kosaken, welche die Städte Meseritsch und Neutitschein gegen den Feind abgeschickt hatten. Einzelne Haufen drangen bis Fulnek vor, wurden jedoch von der Bürgerschaft zurückgetrieben. An demselben Tage überschritten die Ungarn bei Skalitz die March und drangen verwüstend und das mährische Hauptquartier bei Hradisch umgehend, bis Zlin, Malenowitz und Holle-

---

[52]) Landtagspamatkenbuch Fol. 42. Samstag nach Frohnleichnam 1605, 12. und 14. Juni 1605. Dobner a. a. O. S. 458 und 459. — Boczek off. Slg. Nr. 425 und 426. 21. Juni 1605.

[53]) Dobner a. a. O. 459.

schau. Am 29. Mai wollten sie Straßnitz und Wessely über=
rumpeln, es mißlang jedoch und sie begnügten sich die Umgegend
zu plündern.[34]) Die mähr. Truppen, wie wir wissen, zumeist un=
disciplinirte Leute und schlecht geführt, waren an verschiedenen
Orten aufgestellt, weil die unbegreiflicher Weise offen gelassenen
Grenzen und Pässe den Einfall des Feindes überall besorgen
ließen. Eine Abtheilung lag bei Skalitz, eine andere wieder bei
Brumow und eine dritte wurde bei Landshut vorgeschoben. Diese
Truppe, deren Avantgarde einem stets betrunkenen Hauptmann
anvertraut war, wurde von einem ungarischen Truppencorps von
8000 Mann Heiduken und 1000 Türken, welches unter Thomas
Bosnyak, Czobor und Denghely bei Landshut und Rohatec am
1. Juni die March passirte, überrumpelt und geschlagen.[35]) Dieses
ungarische Corps theilte sich dann in zwei Haufen und zerstörte
die ganze Gegend vom Einfluße der Thaja in die March bis gegen
Austerlitz und Brünn und der zweite Haufe verrichtete dieses Zer=
störungswerk bis Auspitz hinaus, das den Ungarn 9000 Ducaten
Brandsteuer zahlen mußte.[36]) Die feigen Bürger von Gaya ent=
flohen und überließen ihre Stadt dem plündernden Feinde. Das
ungarische Corps unter Anführung von Bosnyak und Czobor wurde
erst auf dem Rückmarsche bei Göding von dem General=Lieutenant
Hobitz am 3. Juni ereilt und in die Flucht geschlagen; der Feind
hatte zuvor die Marchbrücke zerstört, so daß viele der versprengten
Ungarn von den nachjagenden Mährern in die March geworfen
wurden. Ein Versuch des General Hobitz, den Feind des Nachts
noch weiter zu verfolgen, mißlang, weil seine Kosaken nicht ge=
horchen wollten.[37])

Die andere ungarische Abtheilung unter Denghely wurde
nicht angegriffen und zog sich mit reicher Beute beladen unbe=
lästigt nach Skalitz zurück.

---

[34]) Beck Gesch. v. Neutitschein. 164. — Osowskysche Acten im Land. Arch.
Pamatka d. J. 1605. — Wsetiner Memorabilien. Boczek off. Slg. 778.
Dobner a. a. O. 457. Liechtenstein an Kaiser Rudolph 6. Juni 1605.

[35]) Pešina a. a. O. 350. — Wžnorower M. S. Boczek off. Slg. L. A.
Nr. 777.

[36]) Memorabilien von Auspitz. Boczek off. Slg. Nr. 3054.

[37]) Pešina 382. Dobner 458.

Von Tyrnau und Trentschin drangen am 9. Juni andere ungarische Haufen gegen Ung. Brod; hier wurden die zuerst an⸗ kommenden Schwächeren von Hobitz, welcher von Hrabisch aus den⸗ selben entgegenzog, in die Flucht geschlagen und verfolgt. Als Hobitz nach Brod zurückmarschirte, fand er ein zweites stärkeres ungarisches Corps unter Redey, 4000 Mann stark, das sich zur Belagerung anschickte. Mit nur 800 Mann und mit Hilfe der tapfern Bürger von Brod, die einen Ausfall machten, wurde Redey mit Verlust von 300 Mann und seines Sturmzeuges, dann der Kanonen in die Flucht gejagt.[58] Hobitz hatte in einer Woche mit einer Handvoll Leute den stärkeren Feind dreimal besiegt.

Während Hobitz mit seinen Leuten allein Muth und Ent⸗ schlossenheit zeigte, waren die andern mähr. Truppen und Heer⸗ führer in festen Plätzen gelagert und unthätig, auf die gräulichen Mordscenen mit Gleichgiltigkeit blickend. Dies Verhalten war so auffallend, daß sich darüber ganz eigene Gedanken im Volke bil⸗ deten, die ihren Ausbruck in dem damals allgemein verbreiteten Gerüchte fanden, welches den katholischen Landeshauptmann Liech⸗ tenstein die höhnischen Worte sprechen ließ: „daß an den Ketzern, die jetzt in Mähren umgebracht werden, nichts liege.“

Ein panischer Schrecken hatte sich Aller in Mähren bemäch⸗ tigt; in Brünn war dermaßen aller Muth geschwunden, daß man sich, wie ein Chronist erzählt, vor Maustritten und Windstößen fürchtete.

Ungeachtet der durch Hobitz errungenen Vortheile war Mäh⸗ ren's Lage höchst bedenklich. Eine kurze Waffenruhe war der ganze Erfolg. Die Grenzen standen noch immer offen und die Kund⸗ schafter aus Ungarn brachten die Nachricht, daß starke Tataren⸗ und Türkenhaufen nach Mähren ihren Marsch nehmen.[59] Die Hilfe aus Böhmen und Schlesien war noch immer nicht gekommen.

Die bringenden Bittschreiben der Stände hatten ganz andere Folgen als die erwarteten. Der Kaiser befahl dem Obersten Chri⸗ stoph Teuffl ein Cavallerie-Regiment auf Kosten der mährischen Stände zu werben, nachdem das Regiment, welches der Oberst zur Abdankung nach Mähren geführt hatte, aufgelöst und von den mähr.

[58] Ojowskysche Acten. L. A. Pamat. 1605.
[59] Wznorower Handschrift. — Dobner 463.

Ständen schon früher ausbezahlt wurde. Dem Obersten Althann wurde von Prag aus verordnet, das in Znaim geworbene Volk auf Rechnung der mähr. Stände mustern zu lassen. Das Hradschiner Cabinet, statt Hilfe zu bringen, schlug dem armen Lande nur noch neue Wunden. Die Mährer begehrten Hilfstruppen, weil das von Einquartierungen und Einfällen ausgesogene Land kein Geld mehr auftreiben kann, und der Hof antwortete mit neuen Einquartierungen und neuen Geldauflagen, um die Regimenter Althanns und Teuffels zu bezahlen. Wie dadurch den Ständen im Augenblicke der höchsten Noth und Geldbedrängniß neue Lasten erwuchsen, so wurden auch noch die vom Feinde verschonten westlichen und inneren Theile des Landes von den unbezahlten Reitern des Obersten Teuffel hart mitgenommen und geplündert.⁶⁰) Die Reiter des Herzogs von Teschen lagen müssig an den Grenzen Mähren's, während diese gegen Ungarn zu nicht hinlänglich bewacht waren.

Die kurze Waffenrast, welche durch die Tapferkeit des Generals Hobitz errungen war, ließ man unbenützt vorüber streichen, und während Meldungen vom Herannahen neuer feindlichen Truppen einliefen, geschah noch nichts zur Schließung der Pässe und zur Uebertragung des Kriegsschauplatzes nach Ungarn.

In diesem kritischen Augenblick trafen endlich die Hilfstruppen, welche die böhmischen und schlesischen Stände sendeten, in der Hälfte des Monats Juni in Mähren ein. Die böhmischen Reiter, an 1500 Mann, standen unter Adam von Sternberg und Oberst Wolfgang Wřezowský, die Infanterie 3000 Mann stark, unter dem Johanniter-Comthur Wilhelm von Wratislaw. Alle fremden Hilfstruppen zählten zusammen 10,000 Mann, überdieß hatten die Mährer deutsche Infanterie und Cavallerie selbst geworben.

Der Cardinal pflanzte seine Fahne in Kremsier auf, um die Vasallen mit ihrer Mannschaft um sich zu versammeln, Truppen

⁶⁰) Dobner 461. — Landtagspamatkenb. 15. und 16. Juni 1605, Fol. 42. Das Gedenkbuch von Drahotusch erzählt: Montag vor Stanislai sind die Ungarn, Slovaken und Türken in Mähren eingefallen, ... das Land Mähren litt nicht allein vom Feinde, sondern auch von den Soldaten, welche gegen den Feind ausgesendet wurden und die sich wie Feinde benahmen. Fol. 228, im Gemeindearchiv.

Zierotin und seine Zeit. 22

zu werben und an deren Spitze sich in das Lager zu begeben. Trotz seiner Strenge und Rührigkeit, von der jedes Blatt seiner Correspondenz lautes Zeugniß gibt, konnte er erst am 23. Juli mit dem Gros seiner Truppen in dem Hauptquartier eintreffen, nachdem er am 18. Juli nur ein kleines Commando zu Hobitz stoßen ließ.

Die fremden Hilfstruppen waren zwar in Mähren, allein sie durften nur, wenn Wien oder Komorn in Gefahr war, die Grenzen Mährens verlassen. Der Sicherheitsausschuß, welcher endlich beschlossen hatte, den Krieg in Ungarn zu führen, um die Schrecknisse desselben von Mähren abzuwenden, und durch Erbauung fester Plätze den Feind in seinem Lande zu fesseln, war genöthiget, sich um die Bewilligung dazu (25. Juli 1605) in Prag zu bewerben und abermals eine kostbare Zeit unthätig verstreichen zu lassen.[61])

Der „Geschäftsgang" jener Zeit und der üble Wille Derjenigen, welche denselben handhabten, bewirkten es, daß gerade von dem Augenblicke der Anwesenheit der Bundestruppen Drangsale aller Art und insbesondere die Schrecknisse eines Guerilla-Krieges überhand nahmen. Die Bundestruppen konnten es nicht verhindern, daß vom 26. Juni angefangen durch den ganzen Monat Juli und bis in die ersten Tage des August die noch verschont gebliebene Gegend — der südwestliche Theil von Mähren — verheert und verwüstet wurde. Die mährischen Truppen versuchten es zwar, dann und wann nach Ungarn zu streifen und das Vergeltungsrecht zu üben. Doch gelangen diese Raubzüge selten, weil die Ungarn gute Verhaue angelegt hatten.[62])

Es ist für den Leser im 19. Jahrhundert nicht leicht zu begreifen, wie 20,000 Mann, auf wenige Quadrat-Meilen zusammengedrängt, nicht im Stande wären, einen Feind, welcher die Absicht hat, auf Beute und Mord auszugehen, wirksam daran zu hindern. Wenn dies letztere den in Mähren concentrirten Truppen dennoch nicht gelang, so war die Unfähigkeit und Zwietracht der

---

[61]) Cod. 21. Juni 1605 Pierio und 22. Juli 1605 Lombardo. — Pešina 383 Landtagspam. - Supplementenbuch. 25. Juni 1605. Fol. 43/b. — Kremsierer Correspondenzbuch a. a. 1605.

[62]) Oſowskyſche Acten. L. A. Von. a. a. 1605.

oberſten Feldberren eine der Haupturſachen davon. Keiner wollte ſich dem Anderen unterordnen und den Kriegsplan des Anderen gutheißen. Unter den Mährern ſelbſt war das Verhältniß des Cardinals und des Landeshauptmanns Liechtenſtein ein ſehr ge-ſpanntes; jeder wollte der erſte ſein, jeder fürchtete ſeine Würde, ſein Anſehen durch Nachgeben zu compromittiren. Der Cardinal und Liechtenſtein waren mit unabhängigem Commando betraut; unter ſolchen Umſtänden konnten dieſe Herren nicht einträchtig handeln.[63])

Die Hilfs-Truppen durften nicht weiter ziehen, keine ent-ſcheidende Bewegung machen, weil die Erlaubniß noch nicht da war. Gegen die ſchnellen Reiterſcharen der Heiduken und Tata-ren, die heute hier und morgen anderswo zehn Meilen weiter erſchienen, ſich plötzlich zurückzogen, um an einem dritten fernen Orte, wo man es am wenigſten vermuthet, hervorzubrechen, und mit wilder Energie heranzuſtürmen, konnten die ſchwerfälligen deutſchen Truppen nicht Stand halten. Zudem mangelte es den Hilfstruppen an Mundvorrath, Geld und Disciplin. Die Ver-wirrung war grenzenlos, die unabhängige Stellung der einhei-miſchen und fremden Oberſten ließ es dahin kommen, daß faſt kein Befehl mehr ausgeführt wurde.

Einige biſchöfliche Vaſallen anerkannten nicht das Recht des Cardinals, den Oberbefehl zu führen und zogen nicht mit in den Krieg. Es gab Grundherren, die in dieſer unglücklichen Zeit, weil ſie ſich unbeobachtet wähnten, ihren Unterthanen neue Laſten und Giebigkeiten auferlegten.

Das Domcapitel bezahlte nicht ſeine Soldaten, und weil für ſie keine Lebensmittel mehr zu rauben waren, ſtarben die Meiſten vor Hunger.

Die Mannſchaft des Cardinals, welche ein Proviantconvoy begleitete, wurde einſt von den Leuten des Regiments Hodiß über-

---

[63]) Boczek off. Slg. 3467. Der Cardinal ſchuldete Herrn von Liechtenſtein bedeutende Summen, ein Capital von 13,000 fl. und eines von 40,000 fl. Dieſer mahnt zur Rückzahlung, worauf Dietrichſtein dem Erſteren einen ſehr harten Brief ſchrieb. Correſpondenzbuch Fol. 58. 139. In einem anderen Schreiben erhebt der Cardinal die Drohung, er werde alle Pfarrer aus der Liechtenſtein'ſchen Domaine Blumenau entfernen, weil dieſe von Liechtenſtein ſo ſtark behelliget werde. a. a. O. Fol. 135 u. 136.

fallen, niedergemacht und die Mundvorräthe von den Letzteren verzehrt.

Die Bauern rotteten sich in ihrer verzweiflungsvollen Lage in großen Haufen zusammen, fielen über die Reiter des Obersten Teuffel her und richteten ein Blutbad an. Die Aufregung im Landvolke stieg von Tag zu Tag und man war darauf gefaßt, daß die Bauern statt gegen den Feind, gegen die Grundherren ziehen würden. Auf der Herrschaft Wischau verursachten die zwischenweilig angelangten Hilfstruppen des Herzogs von Teschen solchen Schaden, daß die Unterthanen auf lange Zeit nicht mehr steuerfähig waren.

Der Carbinal sah sich veranlaßt die dringende Bitte zu wiederholen: der Kaiser möge jene „teuflischen“ Reiter und die Teschner Truppen um Gotteswillen abdanken.[64])

Es liegt daher nichts Uebertriebenes in der Behauptung eines Zeitgenossen, daß jene Theile Mährens, welche vom Feinde nicht geplündert und zerstört wurden, nicht allein von den Hilfstruppen, deren Sold die Regierung sehr unregelmäßig auszahlte, sondern auch von den gut besoldeten mährischen Miethstruppen verheert wurden. Es war nicht anders, als ob die Bande menschlicher Ordnung gelöst worden wären.[65]) Nach wiederholten Bitten Liechtenstein's war endlich die Erlaubniß gekommen, den Krieg nach Ungarn zu verlegen. Anfangs August begann die ganze mährische Armee unter Mitwirkung der Hilfsvölker die Belagerung der ungarischen Stadt Skalitz;[66]) die Besatzung unter Stephan

---

[64]) Correspondenzbuch des Carbinals. Fol. 42, 45, 47 und 52.

[65]) Zierotin berichtet an Polanus: Ohne Rücksicht auf göttliche und menschliche Gesetze verfahren diese Truppen gegen die Einwohner, sie sind grausamer als der Feind, sie glauben, alles gehöre ihnen — und gestehen, daß sie die Waffen ergriffen haben, um sich zu bereichern, nicht um das Land zu schützen. Cod. 1. August 1605. — Wir haben nun über diese Thatsachen Zeugen aus dem katholischen und protestantischen Lager, es sind Männer der Regierung und der Opposition, deren Aussagen über das Gebahren der kais. Truppen genau übereinstimmen.

[66]) Es ist sicher — obwohl unsere Quellen keinen bestimmten Tag der Belagerung und Einnahme von Skalitz angeben — daß diese Belagerung am 3. August begann und am 4. oder 5. August beendet wurde, nachdem die Stadt von den Heiduken unter Stephan Horváth verlassen und

Horwáth verließ jedoch bei Nacht die Stadt, welche sofort von den Belagerern besetzt wurde. Das Hauptquartier war in Skalitz aufgeschlagen; Saßin, Berencz und Holic wurden von den Mäh=rern erobert und besetzt. Diese Erfolge waren mehr der List des Feindes als der Tapferkeit der eigenen Truppen zuzuschreiben, der Feind wollte durch jenes Opfer seinen Rückzug decken und die gemachte Beute in Sicherheit abführen. Im Rücken des Haupt=quartiers von Skalitz setzte der Feind seine Verheerungen fort; dagegen führten mährische Truppen den Krieg in Ungarn mit derselben Wildheit wie die Soldaten Bocskay's in Mähren.

Der Papst übersandte besondere Schreiben an den Cardinal und an den Landeshauptmann Liechtenstein, Beglückwünschungs-schreiben zu den Erfolgen, welche sie über die Rebellen errangen; er lobte die Tapferkeit der Deutschen, auf welche alle Augen der Christenheit theilnahmsvoll gerichtet sind.⁶⁷)

von den mähr. Truppen unter Anführung des Cardinals und Liechten-steins eingenommen wurde, (bald darauf auch Holic und Berencz); Pedina, der auch aus gleichzeitigen Quellen schöpfte,, spricht davon, daß der Cardinal bei der Belagerung anwesend war. Aus dem Correspondenz-buche des Letzteren (für 1605, Kremsierer Archiv) geht hervor, daß der Cardinal vom 18. Juni, um welche Zeit er von Rom zurückkehrte, bis 22. Juli in Kremsier war und dort seine Truppen und Vasallen sammelte, daß er vom 23. bis 31. Juli im Hauptquartier zu Hradisch sich befand und am 1. August aufbrach. Am 2. ist er im Lager bei Straßnitz und am 3. August im Lager vor Skalitz, woselbst er bis 30. August blieb. (Corresp. Fol. 44 und 45.) Nun erwähnt Carl von Zierotin in allen Briefen vor dem 1. August nichts von der Einnahme von Skalitz, erst in den Briefen nach dieser Zeit erzählt er von der Einnahme Skalitz wie von einer Begebenheit aus der jüngsten Zeit. Cod. 15. August Nr. 16 und 18. August 1605 Nr. 19.

⁶¹) Paul V. gratulirt dem Cardinal Dietrichstein ob des Sieges über die Bocskay'schen Rebellen, die nicht nur geschlagen, sondern in ihrem Lande verfolgt und denen einige Städte entrissen wurden, lobt seinen Eifer, und bittet Gott, daß er ihn erhalte. Auf des Cardinals Bitte habe er (Paul V.) einen aufmunternden Brief an Carl v. Liechtenstein ge-schrieben und beauftragt überdies den Cardinal, dem letzteren zu eröffnen, wie die Dienste, die er (Liechtenstein) der katholischen Kirche erwiesen, ihm (dem Papste) angenehm seien. Interea Te ut Egregium S. R. E. Cardinalem et ut pium et zelantem Episcopum, atque ut fortem et prudentem ducem laudamus quod pie prudenter ac fortiter causam

Die kaiserlichen Feldherren waren der Meinung, noch andere Plätze zu erobern, um die Ungarn von den Raubzügen nach Mähren abzuziehen; schon rückten sie gegen Trentschin, als die Nachricht, daß die Ungarn mit großer Heeresmacht in Verbindung mit den Türken gegen Preßburg ziehen, die mährischen Truppen zum Rückmarsche nach Skalitz nöthigte, um nicht im Rücken gefaßt zu werden. Jetzt erst wurden die Grenzen Mährens besetzt, und überall Verhaue angelegt. Weniger diesen Maßregeln und der Besetzung der Pässe als dem Beginn der Frieden unterhandlungen zwischen dem Kaiser und Bocskay war es zuzuschreiben, daß die Ungarn ihre verheerenden Einfälle im Monate August einstellten.

Die Berichte von Augenzeugen über die Verwüstungen und den Zustand des Landes während jener dritthalb Monate des Jahres 1605, werden es einleuchtend machen, daß Ruhe und Friede das dringendste Verlangen Mährens war. Die ganze Gegend um Straßnitz, einst die fruchtbarste, jetzt die ödeste des Landes, glich einer Wüste; die Einwohner waren theils entflohen, theils ermordet, die noch unreifen Saaten abgemäht oder zertreten, die Weingärten zerstört, so daß man nichts anderes als das Bild gräulicher Zerstörung und statt Dörfer Ruinen sah. Jener so fruchtbare Theil Mährens von Straßnitz bis Auspitz und von da bis gegen Schlesien war ganz und gar verödet, kein Dorf, kein Marktflecken, keine Mühle oder Landschaft, die nicht durch Feuer zerstört, mit Blut und Leichen bedeckt worden wäre. An einem Tage war die ganze Gegend von Wznorow bis nach Oesterreich hin ein Flammenmeer. Die Früchte, das Getreide, das Obst und die Trauben, welche nicht vorzeitig vernichtet waren, fanden keine Hände, um geerntet zu werden; eine Hungersnoth war im Anzuge und schon begann die Pest jenen Theil der Bevölkerung heimzusuchen, welchen das Schwert des Feindes verschont hatte.

Dieses namenlose Elend und die Meuterei der Truppen demoralisirte die Bevölkerung des Landes, es war nicht Treue

Dei tueraris et saluti tuorum populorum consulas. 31. Aug. 1605. Paul V. Ann. I. Ep. 165. Röm. Mat. Landes-Archiv. — Kremsierer Correspondenzbuch 1605. Fol. 76. — Cod. 15. August Polano. — 18. August 1605 Pierio. — 31. August 1605 Lombardo. — Wznorower Handschrift.

und Glauben im Verkehr vorhanden, die Gerichtshöfe blieben geschlossen, die Verbrechen ungestraft und in Religionssachen herrschte Gleichgiltigkeit. — „Niemand war vor Jahren glücklicher, Niemand ist jetzt unglücklicher als Mähren," schreibt Zierotin in diesen Tagen.[68]) Die Fragen, welche Protestanten und Katholiken trennten, werden nicht berührt, es gab nur eine große Partei im Lande, deren Losungswort der Friede war.

Der Sicherheitsausschuß schloß mit Bocskay einen Waffenstillstand auf drei Monate; von nun an hörten die Einfälle auf. Das mähr. Hauptquartier blieb jedoch in Skalitz, die festen Plätze Berencz, Holic und Saßin wurden noch immer durch mähr. Truppen besetzt. Alles war gespannt auf den Ausgang der Unterhandlungen, welche Erzherzog Mathias im Vollmachtsnamen des Kaisers mit Bocskay führte. Den Bemühungen der Grafen Stephan Illyezházy und Georg Thurzo war es zu danken, daß sich Bocskay zum Frieden neigte. Illyezházy, dessen Güter noch mit Beschlag

---

[68]) Cod. 21. Juni 1605 Pierio. Dieser Pierio war der Hofmeister Joh. Fried. v. Zierotin und ist mit Pierio, dem bekannten Verläumder Zierotin's nicht zu verwechseln. — 22. Juli 1605 Lomb. Dobner 461 — Pešina 381. Der Unterkämmerer von Mähren befahl den Iglauern 13. Aug. 1605, Fuhrwerke zur Transportirung von Kanonen und Leitern nach Skalitz zu stellen, da wegen gänzlicher Zerstörung der näher liegenden Ortschaften keine Fuhrleute aufzufinden sind. Iglauer Stadtarchiv. — Auf einer nicht großen Herrschaft an der ungarischen Grenze wurden allein 400 Personen, darunter auch Frauen und Kinder erschlagen, mehrere tausend Einwohner, in die Gefangenschaft abgeführt, Weiber und Jungfrauen geschändet. Nach der Rottalowitzer Wiedertäufer-Chronik im Landes-Archiv wurden damals vierundachtzig Wiedertäufer niedergemacht und 221 als Gefangene weggeführt. Täglich wurden 15—20 Dorfschaften niedergebrannt. Eine fast gleichzeitige Darstellung der Einfälle der Ungarn in Mähren erschien im J. 1606 im Drucke, in Prag bei Georg Nigrin mit dem Titel: Lamentacy žalostiwe, Placz a Taužebne Natjkanj země Morawske na mnohe ohawnosti a rozlicne težkosti a Trapenj gegi, w nemž se gistotně a prawdiwě wyprawuge wssecko, co, gak a kdy se tam dálo a stalo leta 1605 k budaucy Wystraze a ku Politowanj Toho y ponauknutj k swatému Pokanj i k Slawu gezišs krysta, sepsany a Wubec Wydany Kterymzto kdoby se w poželenj nepohnul, musylby Srdce kameneho, a zatwrdileho byti. Wytjst. w Praze u Gitika Nigrina. 4⁰. 14 Bl.

belegt waren, befaß in Mähren Göding, und es war ihm sehr
daran gelegen, daß, wenn er wieder in Besitz dieser Herrschaft
gelangen würde, dieselbe nicht zwischenweilig durch die fortgesetzten
ungarischen Einfälle in eine Wüstenei verwandelt werde. Der
Frieden mit Bocskay hätte nach Illyeshazy's richtiger Berechnung
diesem die confiscirten Güter restituirt, den Ungarn ihre alten
Rechte und Freiheiten gesichert, den schwer heimgesuchten Ländern
Ruhe, den zerrütteten Staatsfinanzen Erholung gegeben und vielleicht den andern Ländern namentlich Mähren und Oesterreich
die Aussicht auf gleiche Begünstigung mit den Ungarn eröffnet.
Das Erzherzogthum Oesterreich hatte kurz vorher diesen Wunsch
deutlich manifestirt, indem eine Deputation der Protestanten dieses
Landes den Kaiser um Freigebung der Religion bat und dafür,
jedoch vergeblich, zwei Millionen Gulden anbot. Der Nuntius und
der spanische Gesandte arbeiteten mit aller Macht gegen die Gewährung.[69]) Die Befriedigung des allgemeinen Wunsches nach
Frieden stand um so sicherer in Aussicht, als die kaiserlichen
Waffen im Nachtheil, die unbezahlten Truppen meuterisch gesinnt
waren, Gran und Neuhäusel dem Feinde überliefert hatten und
kein Geld aufgetrieben werden konnte, um den Krieg gegen Ungarn fortzusetzen. Der Frieden mit Bocskay hatte jedoch eine tiefer
gehende Tragweite, da er die Frage über die Bestimmung des
Nachfolgers Rudolph's wieder angeregt, und sehr wahrscheinlich
zu Gunsten des Erzherzogs Mathias entschieden hätte; ja man
erzählte damals als öffentliches Geheimniß: die Ungarn verlangen
Mathias zum König. Es war wohl von der größten Bedeutung
für die Zukunft Rudolphs, wenn Mathias überredet werden konnte,
die Bewegung für sich auszubeuten. Wie anders konnte die gute
Freundschaft zwischen Illyeshazy und Khlesel, dem vertrauten Rathgeber Mathias gedeutet werden, als zu Gunsten einer näheren
Verbindung des Erzherzogs mit den Ungarn?

Von jetzt ab, tritt in der That ein gemeinsames Wirken
ein, nach dem einen offensiblen Zweck: nach dem Frieden. Illyez-

---

[69]) S. Clemente al rey. 25. Juni 1605. 2492 Simancas. — Auch Beangy
berichtet seinem Könige das Gleiche; Harlay 238. 19. Mai und 10ten
Juni 1606. — Cod. 30. October 1605 Polano. — 4. November 1605
Lombardo und Polano.

hazy und Thurzo erscheinen hier als Vermittler; man sagte, Ersterer halte sich mit Genehmigung des Erzherzogs bei Bocskay auf, um dem Kaiser und Mathias nützlicher zu sein, wie Thurzo und Revay aus denselben Gründen in des Erzherzogs Lager anwesend waren. Der Landeshauptmann Liechtenstein, schon früher zu gemeinsamer strategischer Unternehmung gegen Bocskay von Mathias nach Wien berufen, tritt mit diesem in nähere Verbindung und wirkt bei Rudolph für das Successionswerk zu Gunsten des Erzherzogs.[10]) Aber noch zaudert der Erzherzog, nur schwer folgte er den verführerischen und illegitimen Mahnungen der Ungarn. Zuvor wollte er versuchen, den Kaiser selbst zur raschen Erledigung der Nachfolge, zu entschiedener Aenderung des bisherigen Regierungssystems und zum Aufgeben der Kriegspolitik zu bewegen.

Schon im Frühjahre 1605 vereinigten sich die Erzherzoge zu Linz und hatten kräftige Verbindungen aufgerichtet. Sie beschloßen gemeinschaftlich nach Prag zu reisen und dort dem Kaiser die Gefahr für das Haus vorzustellen, wenn nicht Abhilfe gebracht werde; sie riethen des Kaisers Schatz zur Erhaltung der Länder zu verwenden, einen Vicekönig in der Person des Erzherzogs Mathias für Ungarn und Oesterreich zu ernennen, sonst würden diese Länder für das Haus verloren sein. Es waren dies Andeutungen auf die Unfähigkeit zu regieren, welche Rudolph verletzen mußten; er empfing die Erzherzoge gar nicht, sie mußten unverrichteter Dinge abreisen.[11]) Mathias, der den Reichstag in Ungarn leitete, sah sich durch die entschlossene Haltung Ungarns genöthigt, selbstthätig mit Bocskay in Unterhandlungen zu treten. Dieselben konnten jedoch zu keinem entscheidenden Ergebnisse führen, da der Erzherzog nur bedingte Vollmachten besaß. Thurzo und Illyezhazy trachteten unausgesetzt, Mathias für die ungarische Sache zu gewinnen.

Noch gab sich Mathias der Hoffnung hin, Rudolph umzustimmen. Ein großer Theil von Ungarn war verloren, Bocskay

---

[10]) Cod. 9. Nov. 1605 Pomer. Engel a. a. O. 4. 300. — Khlesl an Card. Dietrichstein. Boczek P. S. 867. L. A. Dobner a. a. O. 461. — Hurter a. a. O. 5. 86.

[11]) Hurter VI. 4 und 5. Engel 4. 291.

erschien am Felde Rakos, empfing das türkische Athname mit der
Fürstenwürde. [72]) Die Stimmung der Länder war höchst aufgeregt,
der schönste Theil Mährens und Steiermarks verwüstet, der Schatz
leer. — Rudolph kannte genau seine gefährliche Lage. Als der
Cardinal die fällige Steuer zurückhalten wollte, um daraus die
Verluste, die er und seine Unterthanen erlitten, zu decken, befahl
ihm Rudolph, dieselbe augenblicklich abzuführen, da dies ein böses
Beispiel geben könnte „und die Noth jetzt am größten sei, so
groß als nie zuvor." [73])

Die wichtigsten ungarischen Festungen waren in Feindes
Hand, [74]) die Unruhen im Reiche, der Kampf zwischen dem Herzog von Braunschweig und seiner Hauptstadt konnte vielleicht eine
Diversion der kaiserlichen Kriegsmacht bewirken. Rudolph trachtete, diese Differenz zu begleichen, um durch dieselbe in Ungarn
nicht gestört zu werden. Er sandte den Grafen von Hohenlohe
und Herrn von Minkwitz an den Herzog, um ihn zur Niederlegung der Waffen zu bewegen. Dieselben Besorgnisse konnte man
bei Rudolph wahrnehmen, als der Graf von Lippe ihm mittheilt, daß der Pfalzgraf Wolfgang Wilhelm auf die Cleve'sche
Erbschaft Anspruch machte. [75]) Unter solchen Umständen war der
Erzherzog der Meinung, daß ein letzter Schritt bei Rudolph Erfolge haben könnte. Im December ging Mathias mit den Erzherzogen Maximilian und Ferdinand nach Prag; sie wollten dem
Kaiser mündliche Vorstellungen vorbringen, und als sie auch jetzt

---

[72]) Engel. 4. 303.

[73]) Prag 26. Nov. 1605 Krems. Act. Pieg Nr. 18 Land. Arch.

[74]) Dazu kam, daß unter den kais. Truppen Meutereien ausbrachen; viele
Soldaten wurden zu Preßburg gehängt, der Graf Dampierre und mehrere
Officiere vor ein Kriegsgericht gestellt. Harlay a. a. O. 6. Feb. 1606.

[75]) Harlay a. a. O. 238. 23. Jänner, 4. Feb., 18. und 25. März 1606.
Der Kaiser war besorgt, den Frieden in Europa aufrecht zu erhalten,
um seine kriegerischen Absichten gegen die Ungarn und die Türken nicht
durchkreuzt zu sehen. Rudolph wollte den Frieden in Flandern herstellen
und übernahm die Vermittlung der Differenzen zwischen Venedig und
dem Papste, damit die Flammen in Italien nicht den Brand in Ungarn nährten; er sandte deshalb den Marquis Castiglione nach Rom.
Harlay 3. Juni 1606. Auch S. Clemente meldet dies; 21. October
1606. Sim.

nicht vorgelassen wurden, überreichten sie ihm am 10. December
1605 eine kurze Denkschrift. Sie beschwerten sich darin, daß der
Zutritt für die Erzherzoge und Reichsfürsten, welche in wichtiger
Regierungsangelegenheit Audienzen erbitten, so sehr erschwert, ja
geradezu unmöglich sei, wenn der Kammerdiener dafür nicht bezahlt
werde. [16]) Die Frage der Erbfolge wurde nun ganz deutlich zur
Sprache gebracht. Da der Kaiser keine Leibeserben hatte und für
die Nachfolge keine Bestimmung getroffen sei, würde im Falle
des Todes Seiner Majestät die Christenheit und das Haus von
den größten Gefahren bedroht; dann baten sie — und hier erscheint
das Begehren zum zweiten Male — dem ältesten Bruder, dem Erzherzoge Mathias die Leitung von Ungarn und Oesterreich zu überlassen, weil der Kaiser alle Geschäfte jetzt nicht übersehen könne.
Es wird unverblümt gesagt, daß die geringe Sorge des Kaisers
um die Regierung und das Wohl der Länder diese an den
Rand des Abgrundes gebracht hatte. Sie beschworen ihn, eine
Antwort zu geben.

Dieser Schritt war wie die früheren ganz erfolglos, er
war aber sehr bedeutsam, weil daraus die Absicht deutlich hervor-
leuchtete, den Kaiser zur Niederlegung der Regierung Ungarn's
und Oesterreich's zu vermögen, und weil das Postulat, Mathias
zum Gouverneur von Ungarn zu machen, eine von Bocskay selbst
aufgestellte Friedensbedingung war. Die Unfähigkeit Rudolph's,
das königliche Amt zu führen, war auch von den Erzherzogen

---

[16]) Der große Einfluß des Kammerdieners Philipp Lang war im Steigen.
Man ersieht dies aus der rücksichtsvollen Behandlung, die ihm Cardinal
Dietrichstein zu Theil werden läßt. Er durfte es wagen, den Cardinal zur
Hochzeit seines Sohnes, welche am 4. Juni 1606 stattfand, nach Prag
einzuladen. Der stolze Cardinal entschuldigte sich brieflich mit dringenden
Geschäften — sandte aber sofort, um seine Affection für Lang zu zeigen,
ein „untitulirtes Schreiben" an den Hofsecretär Plateis und Appellrath
Heydelius, damit sich diese mit Lang wegen der Wahl einer „Standes-
person, die Lang angenehm ist," besprechen, welche Person den Cardinal
bei der Hochzeit zu repräsentiren hätte. Der Cardinal bittet die Eheleute,
sie mögen sein geringes Präsent annehmen und wünscht ihnen Glück.
(21. Mai 1606. Nr. 48.) Das Schreiben an die noch unbekannte Stan-
desperson wird mitgetheilt. Ferner wird ihr empfohlen, bei der Hochzeitsfeier „den Rang des Cardinals zu beherzigen."

conſtatirt. Selbſt die geheimen Räthe, die Miniſter des Kaiſers, wollten ſämmtlich ihre Demiſſion überreichen, weil ſie „bei der Regierungsweiſe des Kaiſers Ehre und Reputation verlieren würden.“[11])

Mit der größten Spannung verfolgte Spanien die Vorgänge in den Ländern der deutſchen Zweige des Hauſes Oeſterreich. Die Ereigniſſe des J. 1605, die Empörung in Ungarn, zunächſt durch die heilloſe Verwirrung und Sorgloſigkeit des ganzen Hofes veranlaßt, die verheerenden Kriege, die ſchlechte Finanzwirthſchaft, der corrupte Zuſtand der Verwaltung, des Kaiſers zunehmende Melancholie, die ihn ſelbſt jetzt zu dem Ausſpruche geführt hatte, er wolle die Bürde der Regierung niederlegen, drängten auch dem ſpaniſchen Cabinete die Ueberzeugung auf, daß Rudolph zur Regierung nicht mehr tauglich ſei. Die Kaiſerkrone war eine Wahlkrone, Böhmen und Ungarn wollten Wahlreiche ſein — die zahlreichen Proteſtanten dieſer Länder hatten die Abſicht, nach des Kaiſers Tode einen Proteſtanten zum Kaiſer zu machen und die böhmiſche und ungariſche Krone, da Rudolph keinen Leibeserben hatte, einem Herrſcher zu übertragen, der dem Glauben der Mehrheit angehörte, der die Freiheiten der Länder achten und dieſe beſſer regieren würde. Der König von Frankreich und einige proteſtantiſche Fürſten Deutſchlands wurden ſchon ſeit Beginn des Jahrhunderts als die Candidaten dieſer Krone angeſehen. Das Haus Oeſterreich und die katholiſche Religion waren den größten Verluſten preisgegeben!

Aber auch der Herzog von Baiern wurde unter den Bewerbern um die Reichskrone genannt.

Dieſen Gefahren konnte nur dadurch begegnet werden, daß der Kaiſer vermocht wurde, einen Nachfolger aus den Prinzen des Hauſes zu ernennen im Reich und in den Erbländern. Auf dieſen einen Punct warf ſich Spanien mit ſeinem ganzen Gewichte, benützte alle ſeine mächtigen Mittel, um die erwünſchte Löſung endlich herbeizuführen. Die zweite Papſtwahl des J. 1605 war ganz zu Gunſten Spaniens ausgefallen, der Cardinal Borgheſe — jetzt Papſt Paul V. — ein ergebenes Organ des Königs. Der Papſt

---

[11]) Cod. 64. Blaub. Arch. Fol. 19/b. Beil. Nr. CCLXXXIV. Engel 4. 314. Anhalt an Churpfalz 19. April 1606. Münch. Staatsarch. 547/1. 175.

forderte auf Anſuchen Spaniens den Kaiſer wiederholt auf, ſich zu erklären und für die Nachfolge zu ſorgen.

Rudolph war zu keinem Entſchluße zu bewegen. Die große Geldhilfe, welche Spanien zur Bekämpfung des Aufſtandes in Ungarn geſpendet, wofür es ſich aber die Beſchleunigung der Löſung der Nachfolgefrage erbat, blieb ohne Wirkung. Einmal gab er die Abſicht kund, ſich zu vermählen, läßt ſich die Porträts einer ſavoyiſchen und einer württembergiſchen Prinzeſſin kommen. Doch der ſpaniſche Geſandte ſagt es gerade heraus, daß dies nur Täuſchungen ſeien, um die Löſung der Nachfolgefrage zu verſchieben. Der Kaiſer würde ſich nie entſchließen, einen Nachfolger zu ernennen, die einzige Hilfe ſei, daß die Fürſten ohne ſeine Zuſtimmung einen römiſchen König wählen, denn Rudolph werde nie das thun, was er thun ſolle; das Beſte ſei, ihn abzuſetzen. — So ſchrieb der ſpaniſche Geſandte, ein gewandter Kenner der Verhältniſſe in Deutſchland, ein treuer Anhänger ſeines Königs und des Hauſes!

Von hohem Intereſſe iſt das Vorgehen Philipps. Sein ganzes Trachten war dahin gerichtet, im Intereſſe der katholiſchen Kirche das Reich und die Länder dem Hauſe zu erhalten; das Individuum gibt er preis, er unterſtützt einen beſtimmten Erzherzog nur dann, wenn deſſen Perſönlichkeit der Politik des Escurial am beſten dient. Früher war Erzherzog Albrecht der Candidat Spaniens; jetzt, nur um den Kaiſer zu einem Entſchluße geneigter zu machen, überläßt ihm der König die freie Wahl des Nachfolgers, doch innerhalb des Hauſes.

Der ſpaniſche Staatsrath gibt dem König den Rath, den Churfürſten von Cöln durch eine Perſon dafür zu gewinnen, daß er den Kaiſer beſtimme, den Wunſch Spaniens zu erfüllen; ein außerordentlicher Geſandter, der Herzog von Feria, wird nach Deutſchland geſchickt, um die Wahl eines römiſchen Königs zu befördern.

Als Feria in Prag eintraf, wagte man es nicht, dem Kaiſer deſſen Ankunft zu melden. Wie Rudolph, nahmen die weltlichen Churfürſten Aergerniß an ſeiner und eines römiſchen Legaten Sendung, der Kaiſer aus den bekannten Gründen — dieſe, weil man glaubte, der König von Spanien werde einen ſeiner Schwäger, etwa ben ſtrengen Erzherzog Ferdinand, zum römiſchen König machen wollen. [78])

Mathias ſcheint jetzt, da von Rudolph nichts mehr zu erwarten war, einen folgenreichen Entſchluß gefaßt zu haben; er ließ ſich von den Ungarn für ihr Programm, für ihre Friedens- bedingungen gewinnen; es war nun ſeine erſte Aufgabe, die An- nahme dieſer Bedingungen bei Rudolph durchzuſetzen. Von dieſem Zeitpunct an, nehmen die Unterhandlungen einen raſchen Fort- gang. Noch am 6. December 1605 ſpricht Herr von Zierotin die Befürchtung aus, daß Mathias den Wünſchen der Ungarn nicht willfahren wolle — ciò che potrebbe mischiare le carte, wie ſich Zierotin ausdrückte; — doch ſchon am 20. Jänner 1606, alſo kurz nach der Prager Reiſe, ſchreibt Khleſel an den Cardinal von Dietrichſtein über die Friedensunterhandlungen, daß die politiſche Seite der Frage über die religiöſe die Oberhand gewonnen habe, „daß wir in puncto Religionis in den ſauern Apfel werden beißen müſſen.“ [79]) Es lag hierin der Beweis, daß die Ungarn Mathias unterſtützen, ſich für ihn erklären werden, weil er rückſichtlich der Religion Zugeſtändniſſe gemacht hatte, und daß das Abſchlagen jener zwei Mal vorgetragenen feierlichen Bitten zu Prag den Erzherzog in das Lager der Ungarn gedrängt hatte. Die Ungarn und Mathias waren jetzt ſchon einig; nur nach Außen hin mußte die Rolle von Gegnern, die ſich zu verſöhnen hatten, behauptet werden.

Bald nach Abſendung jenes Briefes Khleſel's erwirkte Ma- thias einen Waffenſtillſtand bis 24. Juni 1606, bei deſſen Be- kanntmachung der Erzherzog den feſten Entſchluß ausſprach, für die Aufrechthaltung desſelben zu ſorgen. Wenn der Friede nicht gleich darauf zu Stande kam, war dieſe Verzögerung dem Miß- trauen Bocskay's gegen die dunkle Faſſung der Artikel zuzuſchreiben, welche in Bezug auf freie Religionsübung einen Vorbehalt feſt- ſetzten, dann auch dem Streben Khleſel's und des Erzherzogs Ab- ſicht, der katholiſchen Kirche günſtige Reſervate zu erzielen. Mathias

---

[78]) S. Clemente al rey. 17. Juni, 18. October und 26. November 1606, 12. Jänner, 18. März und 12. Juni 1606.

[79]) Cod. 6. Dec. 1605 Lomb. — Boczek Pr. Slg. Nr. 867. L. A. Khleſel an Dietrichſtein, ddo. 20. Jänner 1606.

befürchtete mit allem Grund, daß bei der friedensfeindlichen Stimmung des Kaisers die Einflüsterungen des päpstlichen Nuntius, welcher wie Spanien diesen Frieden vom katholischen Standpuncte mißbilligen mußte, den Sieg davon tragen, das mühsam eingeleitete Pacificationswerk zerstören würden. [80])

Mathias sah voraus, daß die Ungarn in diesem Falle zu Thaten der Verzweiflung getrieben werden konnten. Es schien ihm nothwendig, für diese äußerste Eventualität die Erzherzoge zu vermögen, den zu Linz und Prag gefaßten Entschlüssen einen klaren Ausdruck zu geben. Was in jenen Zusammenkünften nur angedeutet wurde, mußte jetzt vertragsmäßig und für Alle bindend festgestellt werden, wenn die Erzherzoge genöthigt werden würden, zur Rettung des Hauses selbst einzuschreiten.

Die Frage der Succession wurde ungeachtet der Intervention der Churfürsten und insbesondere jenes von Köln, dann der Erzherzoge, von Rudolph entschieden abgelehnt, [81]) und die Schritte, die dafür geschahen, steigerten die Abneigung des Kaisers gegen Mathias, [82]) welcher bei jedem Anlasse von jenem auf das empfindlichste gekränkt wurde. Es war zu befürchten, der Kaiser werde des Hauses Ordnung umkehren und die Aeltesten zurücksetzen. [83]) Als ein großer Theil der ungarischen Magnaten und

---

[80]) Engel 4. 312. Harlay a. a. O. 28. Jänner 1606. — Die Ungarn hatten selbst keinen leichten Stand; die Heiduken konnten nur durch Auszahlung von 30,000 fl., welche Illyezhazy vorstreckte, zur Ruhe gebracht werden. Harlay 25. Feb. 1606. — Ueber die außerordentlichen Anstrengungen des Nuntius, um die Confirmation des Wiener Friedens zu hintertreiben, S. Harlay 5. April und 10. Juni 1605; die Mitwirkung des spanischen Gesandten constatirt Soranzo in seiner Relazione.

[81]) Der Churfürst von Köln — wie wir wissen durch Spanien gewonnen, nahm sich der Nachfolge für Mathias so sehr an, daß der Kaiser darüber „unlustig" wurde. Hurter V. 85. — Beaugy, erzählt der Churfürst, habe dem Kaiser gerathen, sich wie sein Großonkel (Carl V.) in ein Kloster zurückzuziehen.

[82]) Die eigentliche Ursache des Hasses Rudolph's gegen Mathias lag in dem Umstande, daß dieser der natürliche Nachfolger war. S. Clemente al rey 23. Juni 1607. 2393.

[83]) Die Schritte Mathias' und der Erzherzoge mußten dann freilich des Kaisers Mißtrauen vermehren. Die Versammlung derselben zu Wien im J. 1606 war Rudolph genau bekannt. Harlay 25. April 1606.

der unruhigen Heibuken auf dem Convente zu Kaschau den Entschluß kundgab, das Joch der Deutschen völlig abzuschütteln und
als das kaiserliche Haus nur zwischen der Entfernung Rudolph's
von der Regierung, oder dem Verluste Ungarn's zu wählen hatte,
erreichten die Besorgnisse des Erzherzogs Mathias den höchsten
Grad. Er entschied sich für das Erstere und erließ an die Erzherzoge die Einladung zu einer gemeinschaftlichen Berathung über
die Lage. Die Erzherzoge kamen im April in Wien zusammen.
Das Ergebniß ihrer reiflichen Berathungen war der Vertrag vom
25. April 1606.⁸⁴)

Sie erkannten, daß der Kaiser durch Gemüthszustände weniger geeignet sei, die Regierung zu führen. Sie ernennen, um
die Gefahren, die daraus entspringen konnten, abzuwenden, Mathias zum Haupte des Hauses (als remedium et ore et corde
unanimi constituamus), übertragen demselben Macht und Gewalt
(potestatem et authoritatem meliori quo possumus modo con-
ferimus) und genehmigen, was er in dieser schwierigen Sache
mit dem Papste, dem Könige von Spanien und andern Fürsten
gemeinsam unterhandeln würde. Sie stellen sich selbst Mathias
zur Verfügung und bezeichnen ihn als Nachfolger im Reiche. Da
aber dieses Geschäft ohne Mitwirkung ihrer Räthe und Unterthanen nicht abgewickelt werden könne, so gewähren sie allen Denjenigen Schutz, welche ihren Beistand zum Werke leihen.

Wenn auch in dem dunkel gefaßten Vertrage das Geschäft
(tantum tamque grave negotium), um welches es sich eigentlich
handelt, nirgends deutlich bezeichnet erscheint, so ist es doch nicht
schwer zu errathen, worin dasselbe bestand, wenn auf den Vor-
dersatz Rücksicht genommen wird, in welchem von der minderen
Fähigkeit Rudolph's Erwähnung geschieht. Deutlicher wird die
Absicht erkannt, wenn man diesen Vertrag mit der Denkschrift
vom 10. December 1605 vergleicht, wo von der Uebertragung der
für Rudolph so schweren Bürde der Regierung die Rede ist. Obwohl nun die Frage der Nachfolge in den Ländern des kaiserl.
Hauses, mit Stillschweigen übergangen ist, so scheint doch der
Vertrag der erste entscheidende Schritt gewesen zu sein, um erforderlichen Falls wenigstens eine Regentschaft einzuleiten. (Ein

---

⁸⁴) Harlay 25. und 29. April 1606.

Punct des Vertrags darf jedoch nicht übersehen werden: daß die Durchführung desselben an die Zustimmung des Papstes, Spaniens und der übrigen Fürsten geknüpft wurde. Der Vertrag blieb fortan zwar geheim, allein Mathias beeilte sich bald darauf, den spanischen Gesandten über den Zweck der Zusammenkunft und die Verbindung der Erzherzoge genau zu unterrichten und ihn zu ersuchen, die Zustimmung des Erzherzogs Albrecht, des Königs von Spanien und des Papstes hiefür zu gewinnen.

Der spanische Staatsrath empfiehlt zwar nicht die Wahl Mathias zum Nachfolger — doch setzte er ihr keine Hindernisse entgegen.[85])

Durch die Zustimmung der deutschen Mitglieder des Hauses gekräftigt, betrieb Mathias nun die Friedensunterhandlungen. Illyezhazy eilte mit andern Ungarn nach Wien und brachte einen modificirten Entwurf des Friedensvertrags mit, welcher zu den Schlußverhandlungen führte.[86]) Von Seite des Erzherzogs waren Trautsohn, Carl von Liechtenstein, Molart, Preiner, Thomas Erdödy, Georg Thurzó, Sigmund Forgach und Stephan Thurzó dabei anwesend. Die Ablegaten der Stände von Kaschau waren Illyezhazy, Paul. Apponyi, Thomas Viszkeleti nud Andreas Ostrocsich.

Diesen Verhandlungen folgte man in Mähren mit größter Spannung; denn der Krieg hatte im Lande zwar aufgehört, doch bei dem bekannten Streben des Kaisers, den Krieg fortzusetzen, nicht der Kriegszustand. Eine große Anzahl Truppen lagerte in dem ausgesaugten Lande, andere zogen durch Mähren nach Stalitz ins Hauptquartier.[87]) Bei der meuterischen und excessiven

---

[85]) Der spanische Staatsrath an den König ddo. 5. August 1606. Archiv von Simancas. Vergl. übrigens Hurter V. 95.

[86]) Der Standpunct der Ungarn hierbei war ein sehr günstiger. Die Neigung der Erzherzoge, wie der Länder zum Frieden war bekannt, die Gegner des Friedens waren untereinander uneinig. Bocskay konnte unter diesen Umständen auf seinen Bedingungen beharren. Ein Brief Khlesels an Dietrichstein läßt uns darüber in keinem Zweifel, Khlesel sagt: weil die Hungern umb unser vneinigung und sunderlich andere particular circumstantias mehr als uns nuczlich ist wissen. Boczek off. Slg. 867.

[87]) 4000 Mann Fußvolk und 1500 Reiter, es waren diese böhmische Truppen. Correspondenzbuch a. a. O. Fol. 68.

Haltung dieser böhmischen Truppen stieg die Aufregung des Volkes; besonders waren es jene Reiter Teuffels, dann die des Thurn und Wřesowsky, welche noch immer wie in Feindes Land hausten. Die Fremden: die Sachsen, Belgier, Schlesier und Polen[88]) entfernten sich von ihren Quartieren, um zu plündern und zu morden.[89]) Die Luft war mit Jammergeschrei erfüllt, aber die Klagen des Volkes wurden von den Landsknechten nur verhöhnt und verlacht.

Der Landeshauptmann Liechtenstein konnte den Zank und Hader unter den Häuptern der Landesregierung nicht schlichten, ermüdet verließ er das Land, und überließ die Leitung der Geschäfte an Ladislav von Lobkowitz. Die Friedensunterhandlungen in Wien waren nun Dinge von großem Gewicht für den ehrgeizigen Herrn, welcher schon die Morgenstrahlen der neu aufgehenden Sonne — Erzherzog Mathias — wahrnahm und sich jetzt diesem näherte.

Es ist gewiß, daß auch unter den andern Personen, welche an der Regierung des Landes theilnahmen, Meinungsdifferenzen herrschten, die zu einem entschiedenen Ausbruch, zu ärgerlichen Scenen führten, weil Herr von Zierotin in einem Briefe an Polanus darüber klagt, daß das Land durch Zwietracht, Nachlässigkeit und Unfähigkeit sehr leide, weil ferner der Kaiser selbst in der Instruction für die kaif. Commission zu dem Olmützer Landtage Montag nach Neujahr 1606 von den Ständen verlangt, sie mögen die Uneinigkeit bei Seite setzen und in guter Eintracht leben. Noch im Februar 1606 war eine Commission mit der Schlichtung dieser Differenzen thätig.[90])

---

[88]) Der Sold dieser Truppen blieb regelmäßig aus. Die Hoffammer entschuldigte sich mit Geldmangel. Cod. 9. Nov. 1605 Lomb.

[89]) Cod. 1. März 1606 Budowa.

[90]) Eine Ursache der Differenzen zwischen dem Cardinal und Berka lag darin, daß dieser es unterlassen hatte, den ersteren „um die Wohlmeinung" zu befragen über die Personen, welche zu Stadträthen ernannt werden sollten, während nach der alten Uebung der Cardinal ein Recht hatte, sich sowohl hierüber wie über die Candidaten für Oberstlandofficierstellen im Interesse der katholischen Religion auszusprechen. Der Cardinal verlangte dies nun vom Oberstkanzler (Correspondenzbuch d. J. 1606.) und als er eine abschlägige Antwort erhielt, erklärte er:

Es scheint, daß Liechtensteins Stellvertreter, Lobkowitz, wenig Luft und wenig Fähigkeit hatte, die Bürde des Amtes zu tragen. Die andern Oberstlandesofficiere Joh. Kawka und Mošowky kümmerten sich gar nicht um die öffentlichen Dinge und der Cardinal war zumeist im Lager bei Skalitz an der Spitze der Truppen. Mähren war thatsächlich ohne Regierung. Die Einquartirung und die Steuern, welche ungeachtet der Auslagen für das J. 1605 jetzt in ihrem frühern ganzen Ausmaße postulirt wurden, verzehrten das Einkommen des Landes und es gab viele Grundherren, welche die Mildthätigkeit ihrer Standesgenossen in Anspruch nehmen mußten. Aber selbst für die Armee war sehr schlecht gesorgt. Unter den Pferden der mähr. Truppen, die 3000 Mann stark bei Skalitz lagerten, brach eine so verheerende Seuche aus, daß in wenigen Tagen mehrere Hundert Pferde fielen und das böhmische vom mährischen Lager getrennt werden mußte. Die mährischen Truppen selbst waren demoralisirt und liefen theilweise nach Hause, weil sie bei der großen Kälte nicht bivouakiren wollten; auch die Schlesier, von Seuchen heimgesucht, desertirten. Auf die wiederholten Bitten des Cardinals um Sold und Verstärkungen erfolgte von Prag nie eine Antwort.

Die verschiedenen, einander widersprechenden Nachrichten aus Prag, Wien und Ungarn erhielten Mähren in Aufregung: bald wuchsen die Friedenshoffnuungen, bald schwanden sie wieder. Es war genau bekannt, daß der Prager Hof und die Katholischen nur dem Zwange weichen und jene, der Gewissensfreiheit und den Privilegien und Gerechtsamen des Adels günstigen Friedensbedingungen niemals freiwillig zugestehen würden. [91])

daß er auch, wenn er nicht Bischof von Olmütz wäre, anderswo sein Brod essen könne. Den Sohn und Erben Berka's, der in Zurückgezogenheit in Gr. Mezeritsch lebte, zu taufen, lehnte der Cardinal ab. L. c. F. 51 ddo. 22. Mai 1606. Die Zwietracht unter den obersten Landesbeamten wird in der Apologie Zierotins besonders betont. In dieser Zeit mag auch der Oberstlandrichter Kawka v. Ričan sein Amt niedergelegt haben. — Boczek off. Slg. Nr. 346. Correspondenzbuch des Cardinals 1605 Fol. 65 nnd 15. April 1606. — Landtagspamatkenb. Neujahrslandtag 1606 und Fol. 250. — Cod. 20. December 1605 Polano. — 9. November 1605 Lomb.

[91]) Cod. 1. März 1606 Budowa. — Krems. Correspondenzbuch, 1605, Fol. 74 und 76. 10. Decemb. 1605 und 1606 Fol. 37.

Man beschuldigte die hohe Geistlichkeit, den Krieg zu wün=
schen und das Land auf diese Art dem völligen Ruin preiszu=
geben. Diese feindselige Ansicht war in Mähren freilich in der
Minorität, doch wurde sie ernstlich vertreten. Den Friedensfreun=
den erscheint Bocskay nicht mehr als Gegner, da er einem fried=
lichen Uebereinkommen gerne die Hand bot und für Freiheit des
Gewissens, so wie für Vernichtung der Fremdherrschaft mannhaft
gekämpft hatte. Beides wollte auch die nationale Partei in Mähren,
wenngleich sie es jetzt noch nicht wagte, offen dafür zu wirken.

Mit dem größten Mißtrauen wurde die Haltung des Hofes
und der katholischen Gewalthaber betrachtet. Selbst in dem im
Februar 1606 zwischen Mathias und Bocskay geschlossenen Waffen=
stillstande erblickte man nur eine Falle, man war geneigt, darin
die Absicht des Prager Hofes zu erkennen, nur Zeit zu gewinnen,
um neue Rüstungen einleiten zu können. Die Forderungen des
Kaisers am Neujahrslandtage zu Olmütz, die Grenzen wohl zu
besetzen, ein Aufgebot in Bereitschaft zu halten, deuteten auf die
geheimen Kriegshoffnungen des Hofes und bestärkten die Mährer
in ihrer Vermuthung.[92])

In Folge jenes Waffenstillstandes wurden, obwohl der Car=
dinal Einsprache dagegen erhob, einige böhmische Truppenabthei=
lungen: die Cavallerie unter Wřesowsky entlassen, für die aber
Mähren das Abdankgeld flüssig machen mußte. Der Oberst Wra=
tislaw blieb mit der Infanterie zurück, nahm sich jedoch seine
Aufgabe nicht sehr zu Herzen; eines der von den Mährern besetzten
Schlösser wäre bald überrumpelt worden, wenn der Cardinal ihn
auf die Annäherung des Feindes nicht aufmerksam gemacht hätte.
Die Heiduken lagerten nicht ferne von Mährens Grenze, immer
bereit, loszuschlagen, besonders da sie den meuterischen Geist der
kaiserlichen Truppen kannten. Der Cardinal war genöthigt, die
Grenzen neuerdings besetzen zu lassen, er befahl dem Obersten

---

92) Der Cardinal ersuchte die böhm. Stände, den Sold der böhm. Hilfs=
völker flüssig zu machen, denn nach Ablauf des Waffenstillstandes werde
der Krieg wieder losbrechen. Correspondenzb. a. a. O. Fol. 79. — Als
die Friedensunterhandlungen begannen, weigerte sich der Cardinal Holic
herauszugeben (Das. Fol. 25.), ja er wollte trotz des Waffenstillstandes
sich einiger ungarischen festen Plätze bemächtigen. Ibidem Fol. 76.

Wratislaw fünf Compagnien nach Skalic, und je eine nach Holic, Göding, Berencz, U. Brod, Koritschan und Hrabisch zu schicken.

Der Hof erließ Patente, um Mannschaft in Mähren zu werben, Aushebungen des zehnten Mannes zum Aufgebote wurden angeordnet und die Obersten auf Wartgeld gestellt.[93]) Schon schwanden die Friedenshoffnungen, als mit einem Male die Nachricht von dem Friedensabschluß mit Bocskay und mit den Türken wieder festen Bestand gewann. Am 23. Juni 1606 kam wirklich der Friede zwischen den früher genannten Bevollmächtigten zu Stande. Herr von Zierotin wollte unter den Ersten sein, welche dem Grafen Illyezhazy für seinen, in Mährens Interesse bei den Friedensunterhandlungen bewiesenen Eifer Glück wünschten.

Die Ungarn erhielten freie Ausübung der Religion und Abschaffung der Gesetze wegen Verfolgung der Akatholiken und in Bezug auf die Verwaltung des Landes volle Autonomie. Ein Palatin sollte ernannt werden, mit diesen im Einvernehmen hatte Mathias das Reich zu regieren, der Friede mit den Türken mußte gleichzeitig zum Abschluße gebracht werden. Verleihung der Aemter an Eingeborne, ein weltlicher Schatzmeister, keine Vorladung vor Ausnahmsgerichte, Rückgabe der confiscirten Güter waren noch wesentliche Puncte des Friedensvertrages, welcher die alte nationale Herrschaft und die der oberen Stände restaurirte. Oesterreich, Böhmen und Mähren hatten die Garantie dieses Friedens zu übernehmen.

Kaiser Rudolph ließ in Folge der dringenden Mahnung des Erzherzogs Mar alle Bedingungen unverändert, ratificirte schon am 6. August 1606 den Friedensvertrag und übersandte sofort dem Erzherzog durch Strahlendorf die Urkunde.[94]) Es ist sehr warscheinlich, daß ungeachtet dieses, den Wünschen der Länder günstigen Entschlusses des Kaisers schon damals eine Verständigung zwischen den anläßlich der Friedensunterhandlungen in Wien anwesenden Häuptern der Stände stattfand. Als Bocskay

---

[93]) Correspondenzbuch 1606 Fol. 11, 15, 31, ddo. 19. Juni 1606, Krems. Acten im L. A. Reg. Nr. 20 und 19. August 1606, dann Nr. 44 und 50. — Harlay a. a. O. 25. März 1606. — Cod. 20. Juni 1606 Illyezhazy.

[94]) Harlay a. a. O. 5. und 12. August 1606.

ben Einfall in Mähren im Sinne hatte, lud er die Stände der Nachbarprovinzen ein, gegen das Prager Regiment mit ihm gemeinschaftliche Sache zu machen. Die Ereignisse, die wir seit dieser Zeit verfolgt haben, der günstige Eindruck, welchen Bocskay's Erhebung bei der großen Mehrheit der Protestanten in den Erbländern zurückließ, die Theilnahme der österreichischen Stände und des mährischen Landeshauptmanns an dem Wiener Friedensschluße, der Umstand, daß Jllyeshazy, der überhaupt die oberste Leitung der Friedens- und Unionsfrage hatte, Herrn v. Zierotin einlud, bei der Friedensunterhandlung zu erscheinen, deuten darauf hin, daß gleichzeitig mit jener Unterhandlung eine Verbindung zu gemeinschaftlichen Schritten, zur gemeinsamen Vertheidigung des Errungenen, an welchem wie der Erzherzog so auch die Länder so stark interessirt waren, angebahnt wurde. Wenn wir dann des Erzherzogs selbstständige Interpretation des Religionsartikels im Friedensvertrag durch einen Zusatz zu Gunsten der Protestanten, seine kühne Sprache, „er wolle mit den Ständen Leib und Leben lassen," in's Auge fassen, so gewinnt jene Vermuthung von einer tief eingreifenden Verständigung der Länder mit dem Erzherzog an Bedeutung. Des Erzherzogs Vertraute ertheilten ihm den Rath, die übrigen Länder, vornehmlich Böhmen, mit in das Interesse zu ziehen und die Ungarn zu bewegen, von Rudolph die Thronentsagung zu fordern.[95])

Die Ungarn suchten auch im Auslande nach einer Unterstützung dieser Plane, nach der mittelbaren Mitwirkung gleichgesinnter Reichsfürsten.[96]) Churpfalz hatte schon in einer Instruction vom 24. Jänner 1606 seinen Gesandten nach Polen, Dietrich von Winterfeld und Peter von Heille, den Auftrag ertheilt, auf alle Weise den Zustand der ungarischen Angelegenheiten zu erforschen, und gleichzeitig einen Vertrauten Bocskay's aufgefordert, eine Gesandtschaft an die drei weltlichen Churfürsten und auch an einige protestantische Fürsten abzuordnen, um diese über den Stand seiner Angelegenheit zu informiren, was ihm sehr nützlich sein könnte.

---

[95]) Cod. Dec. 1605 Jllyeshazy. — Engel 4. 323. — Hurter 5. 96. 99. Montag 10. Juni, 26. Aug. 1606.
[96]) Hurter 5. 108.

Inzwischen hatte Bocskay selbst die Initiative ergriffen und den Richter von Kaschau, Boccatius, zu dem Churfürsten von der Pfalz gesendet, um eine Intercession desselben bei Rudolph für die Ungarn zu erwirken. Der Kaiser möge jeden Rathschlag, — sagte Bocskay — der gegen das Evangelium gerichtet ist, zurückweisen und den Frieden in Ungarn aufrecht erhalten.

Der Fürst Christian zu Anhalt hatte über diese Frage dem Churfürsten ein Gutachten zu erstatten. Anhalt empfahl dem Churfürsten, sich nicht zu übereilen — dem Gesandten Boccatius nur allgemeine Versprechungen zu machen, „weil den Ungarn nicht zu trauen, sie seien listig, und mit denselben wäre nicht immer rathsam auf gut deutsch zu tractiren." Anhalt ist der Ansicht, daß die Frage der Unterstützung der Ungarn eine gemeinsame, alle protestantischen Mächte berührende Angelegenheit werden sollte, daß auch das Königreich Böhmen mit in diese „Conjectur" gezogen werden sollte. Doch dies war der geheime Zweck der Intervention. Zunächst hätten die Churfürsten, selbst Erzherzog Maximilian, über die Forderungen der Ungarn zu deliberiren.

Offenbar stand dem Fürsten die Idee einer Union der protestantischen Mächte vor Augen. Ungarns und Böhmens religiöse Zustände sollten den Anlaß sowohl dazu, wie zu der lang ersehnten Intervention der Reichsfürsten reformirten Glaubens in der Angelegenheit der österreichischen Länder bieten.

Zu Folge dieses Gutachtens Anhalts, welcher den Churfürsten zur Vorsicht mahnte, „da dem Boccatius nachgestellt werde", ertheilte Churpfalz dem letzteren die Zusicherung, jedoch in sehr allgemeinen Ausdrücken, er werde Bocskay's Wünsche erfüllen.

Die Einwirkung Churpfalz beschränkte sich darauf den churfürstlichen Gesandten zu beauftragen, auf dem nächsten Collegialtag zu Fulda für Abschluß des Friedens eifrig zu sprechen. Jene Mahnung zur Vorsicht war nicht überflüssig, denn Boccatius wurde bei seiner Reise durch Braunschweig von einem kais. Hauptmann verhaftet, wodurch die Mission des Ersteren zwar eine Unterbrechung erlitt, allein diese war bei dem bald darauf erfolgten Abschluß des Wiener Friedensvertrages für den Frieden von keiner Bedeutung.[97])

---

[97]) Harlay a. a. O. 8. April 1606. — 28. Jänner, 17. und 23. Febr., 26. März und 21. Aug. 1606. Münch. Staatsarch. 547/1. Fol. 16, 19, 27, 47, 98 und 419.

Die Stände Mährens wählten über Aufforderung des Kaisers mit aller Bereitwilligkeit jene Deputirten, welche bei der Verhandlung zu Preßburg, wegen der von den Ungarn verlangten Garantirung des ungarischen Friedens, von Seite der Stände der übrigen Länder des Hauses interveniren sollten. Die Personen, welche die mährischen Stände dazu ernannten, waren entschiedene Anhänger des Friedens: der Landeshauptmann Carl von Liechtenstein, welcher früher schon bei dem Abschluß im Namen des Erzherzogs gegenwärtig war, der Graf von Salm, und Georg von Hobiß, vom Ritterstande Wilhelm Zaubek, Günther von Golz und Zahradecky, — lauter Protestanten mit Ausnahme Liechtenstein's und Zaubek's. Die Instruction dieser Ablegaten wurde von den königlichen Commissären und deren Anhang den eingeschüchterten Landtagsmitgliedern in die Feder dictirt. Wie aus der Instruction zu ersehen war, nahmen es die Stände übel, daß der Kaiser ihnen zugemuthet, sich bei den Ungarn über Bocskay's Versuch, die Mährer zum Abfall zu bringen, zu beschweren, es wäre dies wie ein Zweifel an ihrer Treue. Sie verlangten Entschädigung für den durch die Ungarn in Mähren verursachten Schaden, sie wollten die durch ihre Truppen besetzten festen Plätze in Ungarn, Skalic, Holic, Berencz nur dem Kaiser überantworten. Die confiscirten, in Mähren liegenden Güter der ungarischen Rebellen wollten sie nur dann herausgeben, wenn Bocskay die Güter der treugebliebenen Ungarn zurückstellen werde. Sie wollten, es möge dem Erzherzog Mathias das Bedauern ausgedrückt werden, daß er sich in Friedensunterhandlungen mit den Ungarn eingelassen, ohne die Mährer davon verständigt zu haben. Wywar soll einen Böhmen zum Commandanten erhalten. Die mährischen Deputirten wurden bevollmächtigt, bei der Unterhandlung gewisse Artikel des Vertrages von der Mit-Garantirung durch die Stände der Länder auszunehmen und zu bestimmen, daß über solche Artikel bei andern Anlässen verhandelt werde.

Es lagen in dieser Instruction genügende Anlässe, die Unterhandlungen scheitern zu lassen, wenn die Deputirten selbst nicht von einer ganz andern Gesinnung, welche auch die der Mehrheit der Stände war, beseelt gewesen wären. Alle wollten den Frieden und die Verständigung mit Ungarn um jeden Preis. Indem die Stände obige Instruction, die das Gegentheil bewirken sollte, ent-

warfen, war es ihre Absicht, dem Hofe nur formell zu conniviren, da sie den Muth nicht hatten, gegen dessen Politik offen
aufzutreten. Bezeichnend war es für ihren Servilismus und für
ihre Schwäche, daß sie an jenem Kilianslandtage, welcher die Frie-
densdeputation nach Wien gewählt, zugleich eine andere Deputation
mit kriegerischer Vollmacht nach Prag sandten, um gemeinschaftliche Vertheibigungsmaßregeln mit den Ständen der böhmischen
Kronländer gegen Ungarn zu berathen. Es wurden Kriegsvorbereitungen in Prag gemacht, und selbst die nied. österr. Stände
hielten Bereitschaft. Der Kaiser hatte die Oberstcommandanten
schon ernannt: Hohenlohe, Mansfeld und Gaisberg.⁹⁸)

Die Verhandlungen wegen Garantirung des Wiener Friedens kamen am 23. September 1606 zu einem befriedigenden
Abschluße; die mährischen Abgeordneten konnten keine der in der
heuchlerischen Instruction gemachten Forderungen erlangen, im
Gegentheil, sie mußten sich verpflichten, die besetzten Festungen in
kurzer Zeit herauszugeben.⁹⁹)

Der Friedensabschluß mit den Ungarn befreite Mähren von
den drückenden Steuerlasten nicht. Wohl wurde das Aufgebot
suspendirt, doch mußten die Stände, da der Friede mit den
Türken nicht vereinbart war, am Kilianslandtage 9. Juli 1606,
abermals eine starke außerordentliche Kriegscontribution bewilligen.
Der Abschluß des Türkenfriedens lag den Ständen sehr am Herzen,
schon auf dem Neujahrs-Landtage baten sie den Kaiser, dafür zu
sorgen, daß sich die Unterhandlungen nicht abermals zerschlagen.
Carl von Zierotin sah sich veranlaßt, ein Schreiben Illyeshazy's
über die Rothwendigkeit des Türkenfriedens seinen Freunden in
des Kaisers Kammer mitzutheilen, damit diese für denselben bei
Rudolph wirken können.¹⁰⁰)

⁹⁸) Supplementb. zum Landtagspamatkenb. Fol. 70. Am Tage der heil.
Anna 1606. — Harlay a. a. O. 4. Feb. und 24. Juni 1606.

⁹⁹) Harlay 16. Sept. 1606. — Carl v. Liechtenstein überbrachte die Nachricht nach Prag, daß der Abschluß dieses Vertrages demnächst erfolgen
werde.

¹⁰⁰) Landtagspam. Supplb. Fol. 55. 14. Jänner 1606 Olmütz. — Cod.
20. Dec. 1605 Illyeshazy. — In einem an Churpfalz gerichteten Schreiben vom 30. Dec. 1605 klagt Bocskay, daß die kais. Friedenscommissäre,
Althann, Ernst und Johann Molart, dann Cäsar Gallo, bei den ersten

Ueberdies war die Zustandebringung des Friedens mit den Türken eine der Bestimmungen des Garantievertrages. Der Kaiser ließ den Unterhandlungen freien Lauf. Am 11. November 1606 wurde der Friede zwischen den Commiſſären des Erzherzogs, Bocskay's und den Türken abgeschloſſen. Weil die Verhandlungen an der Ausmündung des Fluſſes Sitwa (am 1. Jänner 1607) zu Stande kamen, nannte man diesen Frieden oder zwanzigjährigen Waffenſtillſtand den Frieden von Sitwa Torok.

Dieser Friede war für Rudolph nicht günſtig, da der Status quo während des Friedensabschluſſes als Baſis der gegenseitigen Gebiethsgrenzen gelten und der Kaiser zwar keinen Tribut zahlen, doch 200,000 fl. durch einen Gesandten sofort nach Konstantinopel senden sollte. [101]

Die Nachricht des Friedens drängte alle andern Fragen in Hintergrund, man sprach für den Augenblick von nichts, als von diesem segensreichen Ereigniſſe, es war Ausſicht vorhanden, daß nach jahrelangen Leiden der frühere glückliche Zuſtand zurückkehren, eine Zeit der Erholung eintreten werde. Diese Freude war aber nur von kurzer Dauer. Denn andere Uebel in nicht gekannter Ausdehnung ſuchten das Land heim: der ganze Oſten von Mähren, besonders die von den Einfällen getroffenen und die angrenzenden Gegenden litten jetzt durch die Peſt. Kein Ort war davon verschont. Man fand nicht genug Hände, um die Todten zu begraben. Die Kranken konnten nicht ordentlich gepflegt werden, weil seit der Zerſtörung von 1605 die Häuser noch nicht aufgebaut waren; die Menschen mußten in Ställen und Kellern wohnen. [102]

Conferenzen nichts weniger als friedliche Absichten an den Tag legten. Bocskay bittet Churpfalz, ſich bei Rudolph zu verwenden, damit das Friedenswerk nicht durch die Cabalen der Commiſſäre geſtört werde. Münch. Stadtarch. 546/11. Fol. 367. Auf diese Cabalen hatten die mährischen Stände in der oberwähnten Relation angespielt.

[101] Engel IV. 327.

[102] Man pries die Leute glücklich, welche den gegenwärtigen Zuſtand Mährens nicht erlebt hatten. Cod. 4. und 10. Nov. 1606 Drchi und Fayo. Die Heiduken ſtanden hart an Mährens Grenzen und drohten mit neuerlichen Einfällen. Cod. 20. Dec. 1606 Hock und Harlay. 17. Juni 1606 Wsetiner Memorab. a. a. O. Nr. 778. — Wznorower Handschrift. Cod. 14. Dec. 1606 Caſtiglione und 27. Dec. 1606 Bubowa.

Es war bekannt, daß keiner der Paiscenten des Sitwa Toroker Waffenstillstandes durch denselben befriedigt war. Die Türken als Sieger hatten auf bessere Bedingungen gehofft; der Prager Hof war tief gedemüthigt und höchst unzufrieden, denn wäre der Friede vor zwei Jahren geschlossen worden, als die Unterhandlung im Jänner 1604 zwischen dem Pascha von Ofen, Szuhai und Peß gepflogen wurde, so hätte der Kaiser selbst Bedingungen vorschreiben können, während sie ihm jetzt dictirt wurden; damals war gerade der Sultan Achmet gestorben, Pesth, Gran und Neuhäusel noch in den Händen der Oesterreicher.[103]

Diese Gründe waren es, welche die vorsichtigen Staatsmänner Mährens abhielten, sich den freudigen Gefühlen über den errungenen Frieden rückhaltslos hinzugeben. Herr Carl von Zierotin war überzeugt, daß ein abgedrungener Friede nicht gehalten, daß die Katholischen nicht ruhen, „bis die Ketzer ganz ausgerottet werden würden," und daß die letztern den in Ungarn erlangten Triumph in Mähren entgelten müßten.

Viele der Friedensbedingungen ließ der Prager Hof noch immer unerfüllt. Berencz, Skaliß und Holic, die von den mährischen Truppen schon lange zu räumen waren, blieben besetzt; die mähr. Güter Illyezhazy's wurden diesem noch nicht herausgegeben, aber auch Neuhäusel wurde dem Kaiser nicht zurückgestellt. Die Heiduken näherten sich plündernd der mähr. Grenze und drohten mit einem Einfalle, wenn man ihnen nicht 50,000 fl. zahle. So nährte das Mißtrauen der einen Seite jenes der andern. Die Ungarn ganz besonders hatten dazu gute Gründe, denn noch während der Friedensunterhandlung an der Sitwa ließen zwei katholische Cavaliere ein ungarisches Bethaus während des Gottesdienstes mit Gewalt räumen.[104]

---

[103] Engel 4. 292, Pešina 397. — Cod. Nr. 66—1606.

[104] Der Abschluß des Friedens war durch diesen Vorfall schon in Frage gestellt. Illyezhazy wollte seinen Glaubensgenossen mit bewaffneter Hand zu Hilfe eilen. Der Erzherzog ließ jedoch die Urheber jener Gewaltthätigkeit und den Obersten Puchheimb arretiren. Man erzählte, jener Anschlag wäre eine Intrigue gewesen, um den Friedensabschluß zu hintertreiben. — Harlay 24. Oct. und 4. Nov. 1606. — Die Friedensunterhandlungen wurden von Seite der kaiserlichen Abgeordneten mit

Die „Deutschen" d. i. die römisch spanische Partei in Prag, konnten den Verlust der Herrschaft in Ungarn nicht verschmerzen. Die Ungarn hätten eher alles über sich ergehen lassen, als daß sie von dem errungenen Boden zurückgetreten wären; sie wollten zu den alten noch neue Freiheiten erlangen. Bocskay und Jllyeshazy waren kränklich, zwischen dem Kaiser und Ungarn würde nach ihrem Tode um deren unermeßliche Erbschaft gestritten werden. In all diesem lagen Keime zum Ausbruch neuer Feindseligkeiten, neuer Kämpfe. Das unheimliche Gefühl eines faulen Friedens war allgemein, wenn auch dieser Friede für den Augenblick als unantastbares Gut betrachtet wurde, von dem das Heil der Länder abhing. [105])

Des Kaisers Zorn über den wenig ehrenvollen Friedensvertrag wandte sich gegen die Urheber desselben, zuvörderst gegen Mathias, für den er ohnehin ein Herz voll Haß und Mißtrauen hatte, dann gegen seine Minister: Fürstenberg, Barvitius und Corrabuz fielen in Ungnade. Rudolph hatte sich zwar herbeigelassen den Frieden von Sitwa Torok am 9. December 1606 zu bestätigen, doch gleich darauf gab er den Befehl, die Urkunde nicht hinauszugeben.

Als von der römischen Königswahl die Rede war, fiel sein Auge auf Leopold, auf Ferdinand, nur nicht auf Mathias,

Widerwillen geführt; die kaif. Commissäre wollten den Frieden zuerst nur auf fünf Jahre schließen, während die Türken geneigt waren, einen ewigen zu gewähren. Auch hätten bessere Bedingungen erlangt werden können, wenn nicht Althann, einer der Oesterreicher, eine List Jllyeshazy's und der Ungarn, welche sich den Anschein gaben, mit den Türken zu halten, um größere Concession von diesen zu erwirken, durch vorwitzige Fragen absichtlich aufgedeckt hätte, durch welche Entdeckung die Türken, derart über die Ungarn erbost wurden, daß sie keine Zugeständnisse mehr gewähren wollten. Harlay 16. November 1606, dann 16., 23. und 30. Dec. 1606. In einem Schreiben Anhalts an Ubesko rühmt sich ersterer des „pern, so er den Türken angebunden." 3. Octob. 1606. Wiener Staatsarchiv. Hung. Nr. 63.

[105]) Harlay 2. Dec. 1606. — Cod. 14. Novemb., 10., 11., 14., 20. und 27. Dec. 1606 — an Lombardo, Grynäus, Polanus, Castiglione, Hock und Budowa. — Beaugy berichtete 14. Feb. 1606 an den König, daß Georg Basta, Tilly und andere Kriegsoberste in Prag versammelt seien, um über die Fortsetzung des Krieges zu berathen. Harlay 14. Feb. 1606.

dann wieder dachte er an seine Heirath, nur um die Erbfolge=
frage abermals zu vertagen.¹⁰⁶) Die Kriegsobersten, der spa=
nische Gesandte und der Nuntius bestärkten den Kaiser mit aller
Macht in seinem Vorhaben, den Frieden nicht zu confirmiren.¹⁰⁷)
Sie ließen Unterstützung an Geld und Mannschaft aus
Madrid und Rom hoffen und stellten den Satz auf, ein abge=
drungener Friede müsse nicht gehalten werden. Sie suchten den
Kaiser zu überzeugen daß seine Autorität und der Gehorsam in
Böhmen, Mähren und Oesterreich nur durch den Bruch des Wie=
ner Friedens und den darauf folgenden Krieg in Ungarn erhalten
werden könne.

Der Kaiser war wohl geneigt, diesen Absichten beizustimmen,
denn er hatte nur die zwei Gedanken, den Krieg wieder zu be=
ginnen und dann den Bruder zu bemüthigen.

Der Cardinal von Dietrichstein und der Freiherr von Lam=
berg wurden vom Kaiser ausersehen, um von Mathias die Ent=
lassung gewisser Personen aus seiner Umgebung, welche als die
Leiter der Politik desselben galten, zu begehren.¹⁰⁸) Es mußte

¹⁰⁶) Harlay 11. Nov., 9., 16. und 23. Decemb. 1606. Avisen aus Prag.
6. Jänner 1607. Münch. Staatsarch. 547/3. 10. — Engel 4. 324. —
Beaugy nannte den Einfluß des spanischen Gesandten auf die Nach=
folgefrage und die Bemühungen desselben, um Rudolph zu einem Ent=
schlusse zu bewegen: Intrigues des Espagnols. Harlay 14. Oct. 1606.
¹⁰⁷) Harlay 30. Decemb. 1606 und 6. Juni 1607. — Rom wollte den ge=
wonnenen Boden nicht wieder durch den Frieden verlieren. Die Erfolge
der Glaubensrestauration hatten die Curie sehr befriedigt. Der Nuntius
Ferrero berichtet im J. 1606 über diese Erfolge: Da alcuni anni in
qua si è convertito alla nostra santa religione una grandissima
quantità d'anime, restorate le chiese, rivocate molte religioni di
regolari alli loro antichi monasteri, restituite in bona parte le cere=
monie ecclesiastiche, moderata alquanto la licenza degl' ecclesiastici
e domesticato il nome del pontefice Romano riconosciuto per capo
della chiesa universale. Ranke. 3. 396. 1. Ernst v. Molart empfahl
dem Kaiser noch während der Friedensunterhandlungen mit allem Eifer
Werbungen vornehmen zu lassen. 20. Juni 1606. Wiener Staatsarchiv.
Hung. Nr. 63.
¹⁰⁸) Harlay 6. Jänner 1607. Der Cardinal war jetzt sehr in des Kaisers
Gunst gestiegen, Rudolph erließ ihm zur Vergütung des den letzten
Kriegsjahren erlittenen Schadens einen Contributionsrest von 14,000 fl.
Krems. Acten im L. A. a. a. 1606.

dem Erzherzog sehr schmerzlich fallen, daß der Kaiser ihn durch
eine Commission zur Entfernung seiner Räthe: Khlesel, Cavriani
und Krenberg auffordern, daß er ihn über die Verwaltung in
Ungarn zur Verantwortung ziehen ließ. Der Erzherzog sprach
sich unverhohlen darüber aus. Das Begehren des Kaisers wurde
abgelehnt; der Erzherzog erinnerte den Cardinal an alle jene
bitteren Kränkungen, die ihm durch Rudolph geworden waren.
Er hatte die Absicht, selbst nach Prag zu reisen, um dort seine
Rechtfertigung vorzubringen; doch der Kaiser befahl ihm, sich bis
auf Weiteres nicht von Wien zu entfernen. Um seinen Unmuth
gegen Mathias zu zeigen, zeichnete der Kaiser seinen Vetter Erzherzog Leopold besonders aus, er überhäufte ihn mit Gunstbe-
zeugungen, eröffnete ihm die Aussicht auf die Erbfolge, wollte
ihn mit einer savoyischen Fürstin vermälen.[109] Erzherzog Maximilian übernahm die Vermittlerrolle, und wollte Mathias mit
dem Kaiser versöhnen. Wiederholte Bevorzugungen Leopold's waren
die Antwort, welche Maximilian darauf erhielt. Voll Sorge und
Trauer verließ der Letztere Prag.

Mathias, in ernster Besorgniß um sein Recht als des Hauses Aeltester, war entschlossen, sich eines fremden Einflußes zu
bedienen, um Leopolds Fortschritte in des Kaisers Gunst zu paralysiren. Er wandte sich an den Gesandten des Königs von
Frankreich in Prag, an Beaugy und gab diesem ein Schreiben
für Heinrich selbst; auch einen Vertrauten wollte der Erzherzog
nach Paris schicken.[110]

Als man es am Allerwenigsten vermuthete, erfüllte der Kaiser
des Erzherzogs Mathias Bitten rücksichtlich der Friedensbestätigung. Man erzählte sich jedoch, daß Mähren und Oesterreich,
welche bei dieser Ratificirung am Meisten interessirt waren, den
rechten Weg einschlugen, um das Ziel zu erreichen; durch eine
starke Summe Geldes gewannen sie den Kammerdiener Philipp
Lang, damit dieser den Kaiser zur Ratificirung bestimme. Erwägt
man nur den großen Einfluß Lang's, so darf man dieser Angabe

[109] San Clemente al rey 23. Jänner und 7. Sept. 1607 Simancas 2393.
— Harlay 17. und 24. Feb., 31. März und 19. Mai 1607. — Hammer,
Khlesel II. Beil. 194—197. Soranzo a. a. O.
[110] Harlay 10. März 1607.

immerhin Glauben schenken. Was nicht die Bitten der Länder, die Vorstellung der Erzherzoge, das Jammergeschrei der verzweifelnden Völker, die unaufhörlichen Mahnungen der Türken, die Drohungen, den Krieg wieder zu beginnen, vermochten, gelang den Künsten einer feilen Bedientenseele![111])

Am 21. April 1607 wurden die Schreiben betreffs der Ratification ausgefertigt; nach sechzehn Tagen erhielt der Erzherzog die Urkunde selbst, die vom 9. December 1606 datirt war. Vier Monate lag dieselbe in der Kanzlei.[112]) Doch kaum waren die Schreiben abgesendet, als der Kaiser, beherrscht von seinem alten Entschluße, den Erzherzog beauftragte, dieselben zurückzuhalten. Vergebens brachte der Erzherzog energische Vorstellungen dagegen ein, er eilte selbst nach Prag, um einen Schritt zur Versöhnung zu machen, er dachte Rudolph milder zu stimmen, wenn er die verlangte Entlassung Capriani's anbieten würde. Der Erzherzog hatte drei Audienzen bei Rudolph, um ihn zu bewegen, das Versprechen wegen der Friedensbestätigung zu halten. Diese Absicht wurde nicht erreicht, die Versöhnung kam nicht zu Stande. Der Kaiser gab vielmehr einen neuen Beweis seiner tiefen Abneigung gegen Mathias, er sandte den geheimen Rath Attimis zum Erzherzog Ferdinand nach Graz, um diesem seine mit Uebergehung des ältesten Bruders erfolgte Ernennung zum Stellvertreter des Kaisers beim Regensburger Reichstage zu überbringen.

Hatte nun der Entschluß den Krieg zu führen jetzt die Oberhand gewonnen, so mußten vor Allem die Mittel zum Kriege herbeigeschafft werden, da die Kammer kein Geld hatte.[113]) Nach Italien sandte er den Krausenek, um Contributionen für den Türkenkrieg von den dortigen Fürsten zu sammeln, ja sogar an Heinrich IV. wandte er sich mit der Bitte um Unterstützung; doch sollte das größte Geheimniß darüber walten. Heinrich gab ihm keine ablehnende Antwort; die Dinge im Osten zu verwirren, war für ihn doch nur von Nutzen.[114]) Rudolph berief die Landtage der Länder in der Meinung, diese zur Mitwirkung zu bestimmen,

---

111) Harlay 7. und 14. April und 26. Mai 1607.

112) Hurter V. 113.

113) Harlay 26. Mai, 29. und 30. Juni 1607.

114) Harlay 12. und 26. Mai, 23. Juni und 9. Sept. 1606.

er gab sich einen Augenblick der Hoffnung hin, selbst die Ungarn
zur Hilfe gegen die Türken zu bewegen.[115]) Endlich sollte der
demnächst einzuberufende Reichstag eine ausgiebige Unterstützung
gewähren. Da die Erfüllung dieser Forderungen nicht so bald eintreten konnte, mußte Rudolph vor Allem trachten, Zeit zu gewinnen; er suchte daher die Türken zu beschäftigen und sandte
einen Agenten zum Pascha von Ofen nach Bulgarien, endlich selbst
nach Konstantinopel, verlangte Canisa zurück vor dem Vollzuge
des Friedens und ließ dennoch bekannt machen, daß der Friede
demnächst vollzogen werde.[116]) Rudolph geberdete sich wie ein
Mann, der entschlossen war eher unterzugehen, als die Schmach
des Sitva-Torofer Friedens zu ertragen, der aber weder den
Muth zu diesem, noch die Kraft zu jenem Entschluße hatte. Während Rudolph von dem einen zu dem andern schwankte, drohte
sein Haus einzustürzen, ihn in den Ruinen zu begraben. So ist
es erklärlich, daß, während er den Erzherzog Mathias aus Ungarn und Oesterreich entfernen wollte, was er durch Absendung
desselben nach Regensburg hätte bewirken können, doch Ferdinand
dahin geschickt wurde und Mathias in Oesterreich zurückblieb. Er
war durch Mangel an Geld verhindert, Krieg in Ungarn zu führen,
den großen Schatz jedoch, den er besaß, wollte er nicht anrühren.
Er confirmirte den Türkenfrieden, läßt aber diese Confirmation
nicht vollziehen. Er gestattete den Ungarn den Wienerfrieden durchzuführen, erfüllte aber nicht die von ihm übernommenen Verbind-
lichkeiten, er beruft zwar auf Bitten der Ungarn und ihres Abgesandten Georg Thurzo, den Landtag nach Preßburg ein, zuerst für
den Juni, dann für den Juli; kaum ist jedoch Thurzo fortgereist,
widerruft er jedoch die Ausschreibung. Er begehrt Hilfe und weist
die Pläne Charley's, die Türken in Croatien und Dalmatien anzugreifen, zurück. Er ließ Rüstungen vornehmen, die wichtigen
Grenzorte waren jedoch ohne Garnison. Er hatte Soldaten geworben und ließ sie ohne Sold; schon war ein Aufstand in
Oesterreich zu besorgen, weil auch dort die Bevölkerung der Raub-

---

[115]) Doch zuvor sollten die Häupter der Opposition aufgehoben werden, vertraute Personen sollten mit Truppen nach Preßburg ziehen und dort
das Werk verrichten. Hurter V. 117 n. 218. Harlay 4. August 1607.

[116]) Harlay 26. Mai, 9. Juni, 18. Aug. und 8. Dec. 1607.

gier des unbezahlten Kriegsvolkes preisgegeben war. In diesen
Schwankungen verging der größte Theil des Jahres 1607. Bei
innerer Neigung für den Krieg konnte er sich für diesen nicht
entscheiden, weil ihn der Instinct der Ohnmacht und Schwäche
davon abhielt. [117])

Trefflich charakterisirt Carl von Zierotin in einem Briefe
an seinen Freund Orchi in Como den damaligen Zustand der
Prager Politik: Man will nicht den Frieden, man proclamirt
nicht den Krieg; einmal haben diejenigen die Oberhand, welche
aus dem Kriege Nutzen schöpfen, ein andermal die Friedensfreunde.
Es herrscht nicht ein sittlicher Wille, sondern der Privatvortheil
Einzelner. In diesen Zweifeln liegt das Unglück. Es ist zu fürchten,
daß der Feind, durch die Wortbrüche gereizt, die Waffen ergreife.
Dieser Geist der Schwäche war auch die Ursache des Fortschrittes
der Bocskay'schen Bewegung, die sich nie so rasch entwickelt hätte,
wenn man einen raschen Widerstand organisirt, oder einen raschen
Frieden geschlossen hätte; da man aber langsam in einer und der
andern Beziehung war, mußte der Aufstand Boden und Erfolg
gewinnen. [118])

Die Ereignisse in Ungarn drängten jetzt zu einer Krise;
tiefes Mißtrauen bemächtigte sich der Ungarn Angesichts des Systems,
Zugeständnisse zu machen und dieselben in einem Athem zu widerrufen; besonders erbost waren die Heiduken, jenes unbändige unruhige Kriegsvolk. Die Festungen, welche ungarische Commandanten
vertragsmäßig erhalten sollten, waren noch immer Fremden anvertraut. Diener des Illyeshazy wurden arretirt, um von denselben
Geständnisse zu erpressen. Die Ungarn, welche von Juli bis August vergeblich auf die königlichen Landtagspropositionen gewartet,
reisten mit Groll im Herzen ab, die Heiduken unter Fr. Nebay
waren in drohender Haltung bei Neutra versammelt. Valentin

---

[117]) Rudolph wollte den Türkenfrieden erst nach dem Preßburger Landtag
ratificiren, weil er sich der eitlen Hoffnung hingab, dieser werde die
Kriegspolitik gutheißen, andererseits verschob er die Berufung des Landtags, um nicht zum Vollzuge des Wiener Friedens genöthigt zu werden. Harlay 1. Aug., 13. Sept., 27. Oct. und 10. Nov. 1607. Molart
an Rudolph. W. Staatsarch. Nr. 63.

[118]) Cod. 25. Oct. 1607.

Zierotin und seine Zeit.   24

Hommonay wird zum König von Oberungarn ausgerufen. Als
von Prag aus noch immer nichts zur Ratification des Türkenfriedens unternommen wird, als ein anderer ungarischer Landtag,
welcher im November zusammentreten sollte, abermals vertagt
wurde, obwohl die Türken die Bewegungen der Heiduken begünstigten und laut erklärten, wie vor zwei Jahren in Mähren, nun in
Oesterreich und Steiermark einfallen und Alles zerstören zu wollen,[119])
eilte Mathias nochmals nach Prag. In dieser letzten Unterredung
vor der drohenden Katastrophe beschwor er den Kaiser, den Frieden
zu halten, da er den Krieg nicht führen könne und die Flamme
des Aufruhrs in Ungarn schon emporlobere; er gab ihm zu bedenken, wie die Aussicht auf neuen Krieg und neue Leiden die
Länder zu verzweifelten Entschlüssen treiben würde.

Umsonst, der Kaiser ließ sich nicht bewegen. Er hatte nur
die kalte Antwort: die Länder mögen sich helfen, wie sie
können, er sei dazu außer Stand.[120]) Auf die späteren
kläglichen Berichte Mathias' über die wachsenden Gefahren antwortete Rudolph nur damit, daß er die Landtage der Länder einberufen hatte, (die doch den Frieden um jeden Preis wollten),
um Hilfe zu erlangen.[121]) Jetzt mochte der Kaiser in seinem kriegerischen Entschluße bestärkt worden sein durch den Sieg, welchen
der König von Polen über den Rokos, über den insurgirten Adel
erfocht, wodurch dieser der katholischen Religion wie der königlichen
Autorität wieder Geltung gab. In Rom wurde darüber gefrohlockt,
„weil der König von Polen so standhaft sei, folge der Adel dem
Willen desselben.“

Der Kaiser baute endlich auch auf die Reichshilfe, mit
dieser hoffte er die Ungarn zu bewältigen. Rudolph war so sehr
von dem Glauben ergriffen, daß nur dieser Weg ihn aus der
peinlichen Lage erlösen könne, — daß er den Protestanten in Deutschland die größten Concessionen für den Fall der Gewährung seines
Begehrens zugesichert und die bezüglichen Depeschen für den Reichs-

---

[119]) Harlay 18. August, 15. und 29. Sept., 17. Oct., 17. Novemb. und
8. Dec. 1607.

[120]) Hurter 5. 120. 2. 232. — Harlay 28. Aug., 29. Sept. und 13. Oct. 1607.

[121]) Der Nuntius sagte dem Kaiser: das Heil sei nur im Kriege zu suchen.
Harlay 30. Dec. 1607.

tag an Erzherzog Ferdinand abgesandt hatte. Er dachte wohl: die Hilfe könne dann nicht fehlen. [122])

Im entscheidenden Augenblicke jedoch, als Rudolph die Reichs-hilfe zuversichtlich erwartete, brachte es Ferdinand nicht über sein Gewissen jene kaiserlichen Depeschen, die nach seiner Meinung den Rechten der katholischen Kirche Abbruch thaten, zu publiciren; die Protestanten versagten die Hilfe, da die in Aussicht gestellten Con-cessionen ausblieben.

Das spanische Cabinet war von allen Schritten des Erz-herzogs Mathias genau unterrichtet, auch von seinen Verbin-dungen mit Ungarn, und doch unternahm es nichts dagegen. Wir kennen die Ansichten jenes Cabinets über Rudolph. Da es das Vordrängen Leopold's entschieden mißbilligte, und keinen ernstli-chen Schritt unternahm, um Mathias vor dem Weg, den dieser eben betrat, zu warnen, so glauben wir nicht zu irren, wenn wir anneh-men, Mathias habe sein Werk nicht ohne Zustimmung Spaniens begonnen. Was später ostensibel zu Gunsten Rudolph's in Spanien und Rom versucht wurde, geschah aus Rücksicht für die kaiser-liche Würde; in der That, wir entnehmen aus den Berichten San Clementes, daß er dem Erzherzog 28,000 fl. vorstreckte. [123]) Das Beginnen des Letztern erscheint sonach jetzt in einem ganz anderen Lichte. Mathias war das Organ, welches einen Act der Nothwehr mit Zustimmung des Gesammthauses ausführte. Seine Mäßigung bis zu den letzten Augenblicken wird stets anerkannt werden müssen. Kein Mittel ließ der Erzherzog unversucht, um den Kaiser auf andere Bahnen zu führen. Die Reise nach Prag, die späteren dringenden Berichte, welche ungeschminkt die Lage der Dinge dar-stellten, erfolgten erst, nachdem der so oft zurückgesetzte Erzherzog die bitterste Kränkung empfinden mußte, nachdem Rudolph den jüngeren Vetter Erzherzog Ferdinand als seinen Stellvertreter nach Regensburg gesendet und Ferdinand, der Siegler des Ver-trages v. J. 1606, die Sendung angenommen hatte.

---

122) Ranke 3. 384. 401. — Cod. 22. Oct. 1607 Lombardo. — Harlay 1. und 8. Sept., 17. Nov. 1607.

123) Guillen de San Clemente a Phelipe III. o D. 1607. 2493 und 22. März 1608, Simancas.

Schon marschirten die Heiduken in offener Empörung, keiner
Vorstellung Gehör gebend und Geschenke zurückweisend, von Oberungarn herab, schon eilten die ungarischen Barone zum Pascha
von Ofen, um sich mit diesem zur Aufrechterhaltung der Friedensbedingungen zu verbünden. Da mußte wohl der Erzherzog Mathias
den ersten entscheidenden Entschluß fassen. Erst jetzt, als die Aufregung und der Geist der Empörung von Ungarn aus die andern Länder erfaßt hatte und keine Hilfe von Prag zu erwarten
war, erst jetzt, da Mathias zu wählen hatte, zwischen der Erniedrigung des glorreichen Hauses Habsburg und dem Ungehorsam
gegen den Bruder, der wie in zauberhafter Verblendung seine
Isolirung nicht wahrnahm, erst jetzt schritt Mathias zur That —
das Haus zu retten. Er ließ sofort den ungarischen Landtag einberufen, und lud mehrere Mitglieder der österreichischen Stände
zu sich, welche den lang vorbereiteten Entschluß, das Regiment
Rudolph's zu ändern, nunmehr ausführen sollten.

Capitel VII.

Der Aufruhr in Mähren. — Das Sendschreiben Zierotin's an Hodiş. — Steigende Finanznoth, Justizstillstand, Soldatenexceffe. — Verfolgung der Protestanten. — Berka wird wieder Landeshauptmann. — Deffen Intriguen und Gewaltthätigkeiten. — Zierotin zu bewaffnetem Widerstande entschloffen. — Der Preßburger Bund. — Die Zusammenkunft zu Rosiş. — Die Brünner Märztage. — Der Rumpf-Landtag zu Austerliş. — Des Kaisers Verfuche, die Bewegung zu bemeistern, scheitern. — Er wird von feinen Verwandten und der Curie nicht unterstüşt. — Zierotin ist Leiter der Politik der Bewegungspartei und des Erzherzogs Mathias. — Landtag zu Eibenschiş und Conföderation Mährens mit Ungarn und Oesterreich. — Abseşung Berka's und Errichtung der provisorischen Regierung; Carl v. Liechtenstein Director derselben. — Anmarsch des Erzherzogs Mathias; er wird als künftiger Markgraf von Mähren begrüßt.

Während Mähren aus zahllosen Wunden blutete, welche die Ereigniffe des J. 1605 geschlagen hatten und der Blick Aller auf eine Abhilfe unverwandt gerichtet war, fiel es schmerzlich auf, daß Herr v. Zierotin in der Einsamkeit zu Rosiş scheinbar theilnahmslos verharrte. Bei einer im Hause des Cardinals zu Brünn, vom Landeshauptmanns-Stellvertreter Ladislaus v. Lobkowiş am Ende jenes verhängnißvollen Jahres einberufenen Zusammenkunft sprach Herr von Zierotin über die Mittel, das Vaterland zu retten, nicht im Sinne des anwesenden Herrn Georg von Hobitz und anderer Ständemitglieder. Herr von Hobitz ergriff diesen Anlaß, um gelegenheitlich eines Besuches bei Herrn v. Zierotin die Ansicht auszusprechen, daß er (Carl v. Zierotin) nicht richtig handle, wenn er die eminenten Fähigkeiten, welche der Himmel ihm hatte zu Theil werden lassen, in der gegenwärtigen unheilvollen Zeit unter dem Scheffel halte.

Hobitz hatte auf jene Zurückgezogenheit und Entfernung von Geschäften hingedeutet, in welcher Zierotin seit seiner Ausstoßung aus dem Landrechte lebte und die er zum großen Nachtheile des Vaterlandes auch dann nicht verließ, als Mähren nach Bocskay's Einfall sich in so unglücklicher Lage befand. Georg von Hobitz hatte da eine sehr empfindliche Stelle berührt; vielleicht überzeugte sich Zierotin selbst, daß der Schein wider ihn sei; er fand sich daher veranlaßt, diese seine Haltung in Form eines Sendschreibens an Hobitz zu rechtfertigen.[1])

Jene Worte Hobitz's bedeuteten nichts weniger, als daß Zierotin, der sich einen treuen hingebenden Sohn des Vaterlandes nannte, es doch nicht sein konnte, weil er in dem Augenblicke, in welchem das Land der aufopferndsten Unterstützung Aller bedurfte, sich dem Dienste desselben entzog.

Es war aber der Umstand, daß er jetzt nicht mehr, so wie einst, für das Vaterland thätig war, kein Grund für die Behauptung, daß er die Liebe zum Vaterlande verloren habe.

Wie jenes Land, bemerkt Herr von Zierotin, nicht unfruchtbar genannt werden kann, welches zuweilen unbebaut bleibt, um auszuruhen, so konnte man ihm nicht die Liebe und Sorge für's Vaterland absprechen, wenn sein Benehmen jetzt ein vorsichtiges sei. Gleich dem erfahrenen Seemanne, der durch Sturm getrieben den gewählten Curs auf eine bestimmte Zeit verläßt, doch immer vom Compaß und Steuerruder unterstützt, sich auf der See behauptet, bis ihn ein besserer Wind zum ersehnten Hafen führt, so war Carl von Zierotin in diesen schlimmen Zeiten genöthiget,

---

[1]) Diese Denkschrift, welche Zierotin „Apologie" nannte, ist für die Zeitgeschichte, wie für die Literaturgeschichte von so großer Wichtigkeit, daß wir dieselbe obwohl schon einmal von Palacký, Čas. českéh. Mus. 1834. III. 239, herausgegeben, doch nochmals vollständig in dem Beilagenbande Nr. CCLXXXVI. mittheilen.

vom Schauplatze der öffentlichen Wirksamkeit abzutreten und während des Sturmes ein schützendes Dach zu suchen, bis die Zeiten kommen, um das, was in ihm verborgen und verschlossen war, wie aus einem Schatzkasten herauszuholen und zum Besten dieses Landes zu verwenden. Er liebte das Vaterland aus vollem Herzen, obwohl es sich für die Wohlthaten, welche seine Vorfahren demselben erwiesen, undankbar gezeigt, er empfand den tiefsten Schmerz über das Verderben und den Verfall desselben. Er sah in dem namenlosen Unglücke Mährens ein Gericht Gottes, das die Patrioten, die Stützen desselben niederwarf und die Feinde groß werden ließ. Er wandte sich „an Denjenigen, der heute die Völker emporhebt und morgen vernichtet," an Gott, weil nur von diesem Hilfe und Rettung erwartet werden konnte.

Indeß wenn wir das Leben Carls von Zierotin in dieser verhängnißvollen Epoche betrachten, so ließ er, wo es nöthig war, es nicht allein beim Gebete bewenden; er verglich sich mit den Juden, welche einst in der einen Hand die Waffe haltend, mit der andern arbeitend, Jerusalem erbauten. Er verband Gebet mit Arbeit.

In der That, wir finden ihn seit 1603 bei den Landtagen. Als die Bocskay'schen Einfälle drohten, war er in Straßnitz, um dieses Schloß, welches dem unmündigen Johann Friedrich von Zierotin gehörte, in Vertheidigungsstand zu setzen, wiewohl Carls Gattin, vom Fieber ergriffen, dem Tode nahe war. Er wurde Mitglied des Sicherheitsausschußes. Daran, daß er kurz nach dieser seiner Ernennung nach Rositz zurückeilte, war nur jene Krankheit schuld, die ihm bald darauf die dritte Frau nahm. Nach einer kurzen Erholung fuhr er wieder nach Straßnitz, um in Gemeinschaft mit dem Cardinal das Elend der Bewohner jener Gegenden zu mildern und diese vor weiteren Einfällen zu schützen.[2]

Später, am Kilians Landtage 1606, wurde er zum Mitgliede der Deputation gewählt, welche mit den Böhmen die Maßregeln zur Landesvertheidigung in Prag berathen sollte. Er sagt es selbst (in der Apologie), daß er die ordentlichen Landtage und Zusammenkünfte der Stände besuchte, daß er alle Lasten mit Freuden mittrug, um dem Vaterlande zu dienen und des treuen Sohnes

[2] Cod. . . . 1605.

Herz zu zeigen, während es ihm gewiß angenehmer und bequemer wäre, zu Hause zu sitzen, das Geld, welches durch das Hin- und Herreisen verausgabt wurde, zu ersparen und seinen Zerstreuungen wie den häuslichen Beschäftigungen nachzugehen. Würde er nicht dem Vaterlande aufrichtig zugethan gewesen sein, dann hätte er manchen Kummer und manche Demüthigung nicht erlebt. Die höchsten Ehrenstellen hätte er erlangt, wenn er sich mit seinen Feinden zum Verderben Mährens verbunden hätte. Indem er aber dieses unterließ und sich bereit zeigte, „Alles für das Vaterland zu opfern," hatte er nicht mit seinen Fähigkeiten gegeizt, sondern er hatte sich deren bedient, um von Mähren und von seiner eigenen Person größeren Schaden abzuwenden.

Er hatte die Ueberzeugung gewonnen, daß jetzt noch nicht der Augenblick zum Handeln gekommen sei. Er war der Meinung, daß in der Erwägung und Bestimmung der Oportunität einer Sache die politische Weisheit liege. In schlimmen Zeiten zu zögern und sich ruhig zu verhalten, und mit dem größten Eifer aufzutreten, wenn der rechte Augenblick gekommen, ist das Kennzeichen des schärfsten Verstandes. „Die Zeit," sagte er, „ist der Meister unserer Unternehmungen, darauf muß Rücksicht genommen werden, um nicht durch verfrühten Thatendurst zu Grunde zu gehen."

Hierin und in dem Charakter der Zeit lag die Ursache seiner Zurückhaltung, nicht aber in den Einflüsterungen der Selbstsucht.

In Zeiten, wie die des J. 1603 und 1605, welche, wie er schrieb, „so gefährlich waren, daß die menschliche Erinnerung keine gefährlicheren kennt," in scheinbarer Unthätigkeit zu verharren und ungeachtet der größten Versuchungen die gesteckten Grenzen einzuhalten, war wohl ein Beweis, daß Herr v. Zierotin sich selbst beherrschen und überwinden konnte.

Als Illyezhazy ihn einlud, an den Berathungen über den Wiener Frieden theilzunehmen, lehnte er es ab, weil „er alles denjenigen überlassen wolle, die regieren, deren Absichten er nicht kennt und nicht leiten kann." In den Briefen, welche vielleicht in unrechte Hände kommen konnten, wie z. B. an Illyezhazy, dessen Correspondenz sehr überwacht wurde, vermeidet er sorgfältig eine Meinung auszusprechen, welche ihn compromittiren könnte.[3] (Er

<hr>

[3] Cod. 26. Dec. 1605, Illyezhazy Beil. Nr. XXXIV.

lobt Illye8hazy für die treuen Gesinnungen gegen den Kaiser: „das Beste sei, den Kaiser als Herrn anzuerkennen." Zierotin war bemüht, in diesem Falle, wie auch damals, als Bocskay und Czobor ihn aufforderten, an dem Befreiungswerk theilzunehmen, die Gesinnung unerschütterlicher Treue offen zu bethätigen und selbst nicht durch Aussprechen einer freien Meinung Argwohn zu erregen. Gewiß nur jener Absicht ist es zuzuschreiben, daß er nicht zur Confirmation des Wiener Friedens mit Liechtenstein, Salm und Hobiß abgeordnet werden wollte.

Die Gründe, weshalb Zierotin die Jahre 1605 und 1606 nicht für den geeigneten Zeitpunct hielt, um mit aller Energie aufzutreten und als Parteihaupt die alte Rolle zu übernehmen, lagen in der Charakterlosigkeit der Parteien, in den Gesinnungen des Hofes, und in der Haltung des Kaisers. Weil Zierotin die Ueberzeugung hegte, daß jeder Schritt während jener Situation erfolglos, ja selbst gefährlich sein könnte, daß er nirgends eine Stütze finden würde und allein fallen müßte, weil er jene Stimmung genau kannte, welche schon seit 1600 in Mähren herrschte und die seinen Proceß und seine Verfolgung herbeiführte, blieb er in seiner Abgeschiedenheit zu Rosiß und übernahm nicht die Leitung der Angelegenheiten seiner Partei.

Wir wollen sehen, wie er selbst in der Apologie diese Gründe aufzählt und hiebei zugleich eine treffliche Charakteristik der Zeit entwirft.

Er vermied es, die erlittenen Leiden und Verfolgungen daselbst aufzuzählen, um nicht glauben zu machen, daß er sich durch jene beharrliche Zurückgezogenheit zu rächen beabsichtige, er wollte nicht sagen, daß er keinen Sohn besitzt, um nicht glauben zu machen, daß, da er keinen Nachfolger habe, dem er die von den Vätern überkommenen Landesfreiheiten ungeschmälert zurücklassen könnte, ihm an deren Erhaltung nichts gelegen sei. Er machte es nicht geltend, daß er im Auslande Verbindungen hatte, daß er im schlimmsten Falle dort einen Beschützer fände, weil er entschlossen war, im Vaterlande zu bleiben, die guten und bösen Tage desselben mitzuleben. Er war nur bemüht, die Gründe seines Verhaltens aufzuzählen, um sich von dem ihm durch Hobiß gemachten Vorwurfe zu reinigen. Vor Allem war es die Gleichgültigkeit, Nachlässigkeit und Demoralisation seiner Standesgenossen und der übrigen Ständemitglieder, die ihn sogar vom Schauplatze vertrieben hatten. Er verglich sich mit jenem berühmten athenischen Bürger, der gegen die Feinde der Freiheit seines Vaterlandes vergebens ankämpfte, weil er von seinen Mitbürgern nicht unterstützt wurde und der in einer Volksversammlung ausgerufen hatte: „O Athener! könnte ich verstummen oder ihr taub werden!" Auch Carl von Zierotin mochte dies den Mährern zurufen, weil seine Reden ungehört verklangen.

„Ist Jemand in Mähren vorhanden, der sich mehr um das Land als um seinen Privatvortheil kümmert? Wer wagt es, kühn in die Augen Derjenigen zu blicken, die das Vaterland mißhandeln?" Zierotin forderte Hobiz auf, einen solchen zu nennen.

Nicht allein zwischen Stand und Stand, sondern selbst unter den einzelnen Mitgliedern eines und desselben Standes herrschte weder Eintracht noch Treue. Die Herren und Ritter geizten nach Geld und Aemtern, sie widmen die Zeit Jagden, Gastereien, Spielen und andern Vergnügungen.

Die Mitglieder des Herrenstandes wollten die Könige spielen, die Ritter trachten sich von den Herren durch nichts zu unterscheiden, als durch die Farbe des Wachses, mit welchem diese siegeln, die Städte suchen den Herren- und Ritterstand von seiner Höhe herabzustürzen, die Prälaten wollen nur die „Ketzer" unterdrücken, kümmern sich sonst im Landtage um gar nichts. Die Entwicklung des Landes, die Sorge um das öffentliche Wohl ist ein ganz unbekanntes Ding. Man pflegt auf den Landtagen Fragen des öffentlichen Wohles dem Landrechte zu überweisen oder aber ganz zu vertagen. Mit scharfen Worten verwies Zierotin die Haltung der Stände am Landtage; hier sei doch das verfassungsmäßige Feld, um das mit Füßen getretene Recht zu vertheidigen. Obwohl die Stände die Intriguen der katholisch-spanischen Partei jetzt zu begreifen anfingen, so thaten sie nichts dagegen. „Wie die ungeschickten Fechter fürchten sie sich vor dem Stoß und indem sie denselben pariren möchten, erwarten sie ihn doch, ohne sich zu wehren. Sie sind so sehr terrorisirt, daß sie zum Landtage kommen, aber nie daran denken, Etwas Nützliches zu beschließen. Sie unterstützen einander nicht, sie nehmen sich das Vorgetragene nicht zu Herzen, ja sie schenken dem Vortrage kein

Gehör. Sie kommen nur, um Steuern zu bewilligen, und laufen dann schnell auseinander."

Carl von Zierotin hatte zu viel Schmerzliches erfahren, um sich nochmals in der Mitte dieser schwachen Elemente zu bewegen und für diese Etwas zu wagen, oder wie er sich ausdrückte, „ein Mantel zu sein, womit sich diese Herren gegen den Regen schützen, oder vor stechenden Sonnenstrahlen bewahren wollten," und auf diese Art sich jener Menschen anzunehmen, die in den Tagen der Noth ihn ganz verlassen hatten.

Zur Zeit, als Herr von Zierotin die Apologie schrieb, stand es in Mähren noch schlimmer, als während seines Processes. Es gab damals noch keine so gewaltigen Aenderungen in der Verfassung wie jetzt, „das Leiden war noch nicht zur Gewohnheit, das Betrügen noch nicht Handwerk und das Schinden nicht etwas Lobenswerthes geworden."

Die Zwietracht nahm so sehr überhand, daß nicht zwei Standespersonen einander gut waren. Aber noch andere Umstände waren es, welche Zierotin's Isolirung herbeiführten, nämlich die Unwissenheit und Unbekanntschaft der Barone mit den Rechten, Freiheiten und Gewohnheiten des Landes, — der Mangel an Festigkeit und Eifer.

Carl von Zierotin gestand dem Herrn von Hobiß zu, daß diese Charakteristik sich nicht ausnahmslos auf alle Mährer anwenden lasse, daß sie unthätig sind aus Mangel eines Hauptes, das sie durch das Meer führt. — „Wenn Carl v. Zierotin einen Ruf ergehen ließe," meinte Hobiß, „so würden die Mährer dröhnen und klirren, nicht anders als ein Panzerhemd." Hobiß selbst war der Erste dabei. „Ecco mi," rief dieser aus, „já sám chci pomahati, per saxa, per ignes!" Mehr wie die Unverläßlichkeit der Stände hielt Zierotin überhaupt die Größe der Aufgabe, die ihm zur Rettung des Vaterlandes zufallen würde, dann die Unzulänglichkeit der Mittel zur Lösung derselben zurück. Auch er war nicht frei von dem Hasse, mit welchem wohl nicht das Fremde, aber die Fremden und die Fremdherrschaft in Mähren verfolgt wurden.

Der mährische Adel hatte keinen Augenblick gezögert, deutsches Wesen und deutsche Bildung sich anzueignen, aber die Herrschaft der „Deutschen" war ihm verhaßt. Es war diese gleichbedeutend

mit Unterdrückung, mit Vernichtung der liebgewordenen Gewohnheiten und der alten Selbstregierung des Landes. Das nationale
Gefühl war in Mähren eben so stark wie in Ungarn und Böhmen. Die mährischen Landherren konnten nicht verschmerzen, daß
die alten Freiheiten, wie sie das Tobitschauer Buch vorzeichnet,
unterdrückt worden waren.

Erschütternd ist das Bild, welches Carl von Zierotin von
den Zuständen des Landes entwirft. „Das Recht wird mit Füßen
getreten, die alte Ordnung ist vergessen, tüchtige Männer wurden
vertrieben, die Fremden schlichen sich in's Land und führten fremde
Einrichtungen ein, die Einwohner sind verarmt, die öffentliche
Schuld hat sich ungeheuer vermehrt. Es wurde ein neues Be-
stechungssystem eingeführt und die öffentlichen Ausgaben wurden
vergrößert. Vom Kopfe bis zum Fuße hat dieses Land nur eine
eiternde offene Wunde und kein heilender Balsam wird angewendet. Mähren ist verödet, die Städte verbrannt, vor unsern
Augen sehen wir nur Fremde!"

Nach diesen Klagen erörtert Carl von Zierotin die Mittel
zur Heilung des Uebels und beweist, wie gerade hier der unent-
wirrbare Knoten liege.

Er ist der Meinung, daß keine rechtmäßige Abhilfe von
Anderen, als von dem Kaiser erwartet werden könne, da dieser
beschworen hatte, die Rechte und Freiheiten des Landes zu schützen.
Obwohl manches Nachtheilige verlaute, so spricht Carl von Zierotin doch die Ueberzeugung aus, daß, wenn der Kaiser von der
Lage der Dinge gut unterrichtet wäre, die Abhilfe nicht ausbleiben
könnte. Aber der Zutritt zum Kaiser war sehr schwer. Carl hatte
es selbst erfahren, da er eine Audienz auf keine Weise weder
durch Bitten noch durch Geld erlangen konnte, obwohl es sich damals um seine Ehre und sein Leben handelte.

Wenn Jemand eine Audienz erlangte, mußte sich der Bitt-
steller ganz kurz fassen, weil Seine Majestät langen Unterredungen
abhold war. Dies mochte angehen, wenn es sich um Personal-
angelegenheiten handelte. Wenn aber eine Audienz das Wohl und
Wehe eines ganzen Landes zum Gegenstande hatte, dann konnten
zum Vortrage nicht einige Minuten genügen, es waren Stunden,
Tage, Monate und Jahre nöthig, nur um die Beschwerden Mäh-

rens vorzutragen. Würde man dann gehört werden? Auch ist der
Kaiser nicht geneigt, jede Sache zu vernehmen.

Die zur Audienz Zugelassenen müssen die Vorsicht gebrauchen, den Vortrag unangenehmer Dinge mit jenem angenehmer
zu unterbrechen und immer Etwas bereit zu halten, was S. M.
gerne hört, um seine Aufmerksamkeit wieder zu spannen und auf-
zufrischen. Die Angelegenheiten Mährens sind jedoch derart, daß
sie die heitersten Zuhörer traurig stimmen müssen. Würde man
dem Kaiser Religionssachen vorbringen, so läßt er sich nicht gerne
in ein Gespräch ein; das Gleiche ist zu besorgen, wenn die Freiheiten des Landes zum Vortrage kommen würden, da der Kaiser
die Rechte und Prärogative der Krone in fester Hand hält; Per-
sonalsachen wurden immer verschoben. Dies Alles führt daher zu
keinem Ziele, wenn man auch so glücklich ist, eine Audienz zu erlangen; doch selbst die Wege, die dazu führen, sind unsicher.
Der Oberstkanzler hat selbst keinen Zutritt, das Oberstkämmerer-
amt wird fast jedes Vierteljahr einer andern Person verliehen.
Die Kammerdiener wechseln häufig; die Kosten der Deputationen,
die viele Mitglieder zählen müssen, sind sehr groß. Bei Hofe ist
der vornehme wie der geringe Mann gierig nach Geschenken;
wenn man nichts gibt, so sind die Höflinge zudringlich und verlangen selbst Geschenke, aber mit einer Spende ist es nicht abgethan, man muß die Hand fortwährend offen halten. Daher sind
die Schritte erfolglos, die man bei den Großen des Hofes und
bei den Kanzleien unternehmen würde.

„Die geheimen Räthe sind Deutsche, unsere Feinde von
altersher, und mit mährischen Angelegenheiten nicht vertraut." Die
böhmischen Räthe sind Gegner der Religion und unterstützen die
Feinde des Landes, von diesen ist also nichts zu erwarten.

Bedeutsam ist die Schilderung der Gesinnungen der Böhmen gegen ihre Brüder an der March. Die alte Feindschaft bestand
noch immer. „Die Böhmen," sagt Herr von Zierotin, „beneideten
die Mährer um das größere Ausmaß von Freiheit, sie wollten
die Mährer beherrschen, damit sie, die Böhmen, das Haupt, die
Mährer aber den Schweif des Königreichs Böhmen bilden." Ihre
süßen Worte verdienen keinen Glauben, „schon ihre Voreltern
hatten diese Gesinnungen gegen uns." Unter Ladislaw beschimpften
sie die Mährer, indem dieselben, von ihnen „Vasallen" genannt

wurden; unter Podiebrad gaben sie unseren Voreltern einen Nicht-
mährer, den Fürsten Victorin, zum Landeshauptmann. Unter Ferdinand schloßen sie die Mährer von der Königswahl aus. Es
war nicht zu zweifeln, daß, da sie von altersher trachteten, die
Mährer besitzlos zu machen und ihnen jede Geltung zu versagen, sie auch jetzt das Nämliche thun würden."

Zu der Erwägung, daß es ganz und gar vergeblich sei,
unter den gegebenen Verhältnissen Etwas zu unternehmen, was
zur Veränderung der beklagten Zustände führen und die alten
Freiheiten in den vorigen Stand wieder versetzen würde, kam
noch die Ueberzeugung, daß ein solcher fruchtloser Schritt zugleich
den Urheber selbst in's Verderben stürzen würde.

Herr Carl von Zierotin war, durch die früheren Erfahrungen belehrt, der Meinung, daß, wenn er irgend etwas in dieser
Richtung beginnen, die protestantische Partei um sich schaaren, gegen
das bisherige Vorgehen des Prager Hofes protestiren und den
Landtag und das Landrecht zur Faßung darauf bezüglicher Reso-
lutionen bewegen wollte: „seine Feinde wie Bienen über ihn
herfallen und stechen, seine Freunde ihn wie ein Lamm verlaßen
und opfern würden."

Die Zeit war damals für eine solche Unternehmung noch
nicht gekommen, er war überzeugt, daß es für das Vaterland und
für ihn zweckmäßig sei, jetzt zu schweigen und abzuwarten, um
sich nicht „unmöglich zu machen."

In Demuth und Gebet will er gedulden und erst dann
Größeres unternehmen, bis andere Zeiten kommen, Gott ihn erwecken und zur Befreiung seines Vaterlandes aufrufen würde.
Nur wenn sich Gottes Wille offenbaren wird, können seine Schritte
mit Erfolg gesegnet werden.

Indem Carl von Zierotin dem Herrn von Hobitz den Grund
seiner Zurückhaltung so umständlich anführte, indem er darstellte,
wie seine Standesgenoßen jetzt gesinnt sind, gab er einen deutlichen Wink darüber, wie sie es künftighin sein sollten, um für
das Vaterland zu wirken und es zu befreien. Zierotin wollte
damit sagen, daß seine Stunde noch nicht geschlagen habe; erst
wenn sich seine Standesgenoßen ändern, dann würde seine Zeit
kommen, in welcher er wieder handelnd auftreten wird. Ein
halbes Jahr nach der Verfaßung der Apologie, als Mähren

in der peinlichen Ungewißheit über die Friedensfrage war, als
es, von den Häuptern der Regierung verlassen, ein Schauplatz
für Mörder und Räuber war, kam Herr Carl von Zierotin
in einem Briefe an Wenzel von Budowa[*] nochmals auf diese
Frage zurück und wundert sich, daß, nachdem alle Mährer die ge-
wissenlose Haltung der obersten Beamten, das Elend des Landes wahrnehmen, dasselbe empfinden und darüber klagen, doch
jenen Beamten conniviren? „Wir schweigen dazu," ruft er aus,
„als ob die Zunge verdorrt wäre, die Nerven sind erstarrt, wir
sitzen, als ob wir den Gebrauch der Hände und Füße verloren
hätten. Mähren, du alte Burg! welch' andere Bewohner hast du
jetzt! Wo sind jene alten Marcomannen? Die Tapferkeit der
Altvordern? Wo die Tugend der Väter? Fuimus Troës, iacet
Ilium et ingens gloria Teucrorum!"

Noch waren zwei Jahre nicht verflossen, als die Nachricht
von der am Schluße des vorigen Abschnittes erwähnten Einberufung des Landtags in Ungarn durch Erzherzog Mathias, Ende
des Jahres 1607, in Mähren eine erschütternde Wirkung hervorbrachte, ein Strahl der Hoffnung belebend in alle Herzen drang.
Die Erfahrungen, welche in den letzten vierundzwanzig Monaten
in Mähren gemacht worden waren, hatten allmälig die Stimmung der Stände geändert und aus dem lethargischen Schlafe
wach gerufen. Zwar errang der Prager Hof in Mähren zu Gunsten der monarchischen Gewalt und der katholischen Kirche entscheidende Siege; doch man hatte in Prag weitergreifende Pläne,
die Gegenreformation sollte mit allen Mitteln der Gewalt durchgeführt, die alte Verfassung, welche der Entfaltung der „Monarchie" hinderlich war, in ihren vornehmsten Grundsätzen aufgehoben
und die in beiden Friedenschlüssen den Ungarn gemachten
Concessionen zurückgenommen werden. Man wußte, daß die
Kriegsdrangsale des Jahres 1605 und 1606 das Volk fast zur
Empörung gereizt hatten, daß die Forderungen der Oesterreicher
rücksichtlich der Religionsfreiheit ansteckend in Mähren wirken
könnten. Von dem alten unabhängigen Geist der Markgrafschaft,
wenn er wieder erwachen sollte, war Alles zu befürchten. Es wur-

---

[*] Cod. 1. März 1606 Beil. Nr. CXXIII. an Wenzel Budowa.

ben demnach die schärfsten Mittel angewendet, um dieses Mähren,
das ohnmächtig und zerbrochen da lag, noch schwächer und zum
Widerstande ganz unfähig zu machen.

Das Augenmerk war darauf gerichtet, die Autonomie aufzuheben, das Entscheidungsrecht in den wichtigsten Angelegenheiten
nach Prag zu ziehen und andere Neuerungen einzuführen. Es
wurde befohlen, die Proceßverhandlungen zwischen dem Olmützer
Dom-Capitel und den Unterthanen deßelben, wobei nur das
Landrecht verfassungsmäßig zu erkennen hatte, aus den Gerichts-
büchern deßelben zu streichen.

Das böhmische Landrecht wollte sich eine Jurisdiction in
Mähren anmaßen und citirte Personen vor seine Schranken, die
doch nur nach Mähren zuständig waren, um auf diese Art die
Mährer vor die Schranken eines fremden Gerichts zu ziehen. [5])

Der Kaiser befahl, diejenigen, welche mit der Steuer im
Rückstande waren, nach Prag vor die Hoffammer vorzuladen, um
sich zu rechtfertigen, was ehedem nie verlangt wurde, da die
Stände allein das Steuer-Execanrtionsrecht hatten. Die versprochenen üblichen kaif. Reverse über den „guten Willen" der Stände
bei außerordentlicher Hilfe erfolgten nicht. Die Erlässe der Hofkammer erschienen in deutscher Sprache; man erblickte darin das
unverkennbare Zeichen der Tendenz die Nation der deutschen Herrschaft zu unterwerfen und durch die fremden Sprachen die mährische zu verdrängen. [6]) Die Zustände der Kanzleien, die Langsamkeit in den Expeditionen, die Unkenntniß der Verhältnisse und
Verfassungen der Länder wurden in ihren Folgen unerträglich. [7])

[5]) Landtagspamb. Fol. 33. Landtag Freitag vor Margaretha, 1604, Fol.
57. Landtag an Felix 1606. Fol. 97 an Fab. u. Seb. 1608.

[6]) Boczek off. Slg. 26. Feb. 1604 Nr. 3464. 3. März 1604 Nr. 3460.

[7]) Der Cardinal Dietrichstein selbst, dem man gewiß nicht Befangenheit
in diesem Falle vorwerfen kann, erzählt, wie einst der Oberst Wratislaw in Prag vergeblich auf eine Kanzlei-Expedition im Interesse der
Vertheidigung gegen Ungarn gewartet habe und wie seine Klage nur
mit Spott und Hohn abgefertigt wurde. Der Cardinal bezeichnet dies
als einen alten schädlichen Brauch, der ihm und dem Lande viel Uebles
verursacht, „was allbekannt sei." Krems. Act. Nr. 46. 16. März 1606.
Hurter a. a. O. V. 100. Soranzo a. a. O. Cod. 4. Februar 1608
Illyez. Diesem schrieb Zierotin: Hier in Mähren ist man der Gewalt

Die traurige Lage der Staatsfinanzen zwang die Regierung, zu außerordentlichen Mitteln zu greifen, um auf sinnreiche Art dem verarmten Lande Geld zu entlocken. Wir wollen nur ein Beispiel der Kammerwirthschaft anführen; San Clemente erzählt, „daß einst kein Real vorhanden war, um Wein für Seine Majestät zu kaufen, was doch in Prag eine Hauptsache sei." Erst auf die Bürgschaft des Cardinals Dietrichstein ließen sich nun Kaufleute zu einer Lieferung herbei. Die k. Städte Brünn, Olmütz, Iglau und Znaim traten als Bürgen auf für ein Darlehen, welches die Gebrüder Tiefenbach im Betrage von 200.000 fl. und Herr Spanowsky im Betrage von 50.000 fl. der Regierung vorgestreckt hatten, überdieß die Stadt Iglau für eine Summe von 25.000 Thaler, welche der Kaiser Herrn v. Berka schuldete. Da die Hofkammer weder Interessen noch die bedungenen Capitalsraten zurückzahlte, so machten sich die erwähnten Gläubiger durch Verhaftung der Waaren von Brünner oder Olmützer Kaufleuten zahlhaft, und als ungeachtet wiederholter kostspieliger Deputationen nach Prag, welche um Zahlung baten, ungeachtet der Geschenke an Wein, Geld und Silber, welche die unglücklichen Städte mit vollen Händen den Kanzleiherren gaben, keine Befriedigung der Gläubiger erfolgte, mußten die Städte neben der drückenden Steuer die Zahlung der fälligen Raten der Schuld übernehmen. Die Bedeckung der andern Raten erfolgte auch aus den Stadtrenten, da die unbefriedigten Gläubiger fortwährend Arrestirungen unschuldiger Bürger und Kaufleute vornahmen und die Deputationen nach Prag, Geschenke u. s. w. erfolglos blieben.

Mit dieser Finanzmaßregel wurde eine andere von gleicher Natur angewendet, um den rückständigen Sold der Truppen auszahlen oder Truppen abbanken zu können. Das Regiment

der Auswärtigen ausgesetzt. Dann an Tschernembl: . .welche Verderbtheit der Sitten, Confusion in der Politik und Corruption im Gemeinwesen! Cod. VII. Id. Mai 1607.

8) Iglauer Stadtrath an den Landesunterkämmerer. C. D. Jgl. Stadtarch. Cop. L. A. Nr. 2. Reg. Jgl. Stadtrath an Kaiser. Donnerstag nach drei König 1604. Ibi. — Clemente al rey 15. März 1608. 2494. Sim. — Krems. Act. 27. Feb. 1607 Nr. 56. — Krems. Reg. 4. März 1607. Nr. 27.

Hohenlohe, welches in Folge der Friedensaussichten entlassen werden mußte, wurde nach Brünn und Umgebung verlegt. Während das Geld zur Abdankung von Prag erwartet wurde, begingen die Soldaten allerhand Excesse, raubten und plünderten auf bekannte Weise; bescheidene Bemerkungen wurden grob abgewiesen, ja es trat sogar einmal ein betrunkener Wachtmeister in die volle Rathsversammlung und beschimpfte die Väter der Stadt Brünn. Um dieser Plage los zu werden, bequemte sich die Stadt das Abdankgeld aufzubringen und nach Prag zu senden, in der sichern Hoffnung des Erfolges. Dieses Geld wurde jedoch zu andern Zwecken verwendet und die Hohenloheschen Reiter lagen noch immer unbezahlt in Brünn, ohne Geld und ohne Proviant, Excesse der grausamsten Art verübend. Endlich scharrt die Stadt das Abdankgeld noch zum zweiten Male zusammen, befriedigt das Regiment unter der Bedingung, daß keine weitere Truppe in Brünn aufgelöst werde; doch kaum war der letzte Reiter des Grafen Hohenlohe abmarschirt, sandte der Hof ein anderes Regiment, um auf diese, für die Kammer allerdings sehr bequeme Weise die unbezahlten Truppen zu befriedigen. Ein gleiches Schicksal widerfuhr der Stadt Iglau mit einer andern starken Abtheilung des Hohenloheschen und des Pezz'schen Regiments. [*)]

Die Städte wurden auch von anderer Seite ungebührlicher Weise in Anspruch genommen. Der Oberstlandeskämmerer und der Unterkämmerer betrachteten die Städte als ihre Privatbanquiers, von welchen sie nach Belieben Geld entlehnten und an die sie es, wie und wenn es ihnen eben genehm war, zurückzahlten. Der Kaiser, Berka, Liechtenstein, Haugwitz, Mošowsky u. a.

---

*) Hauptmann Valdivian an den Iglauer Stadtrath ddo. Pirnitz 4. März 1607. — Die Abgeordneten der Stadt Iglau am Hoflager an den Rath. 7. März 1607. — Stadt Brünn an die Stadt Iglau 20. April 1607. Jan Romanus an die Iglauer i. J. 1607. — Secretär Helmhart Jörger an Card. Dietrichstein. 27. März 1607. — Die Stadt Iglau an Carl v. Liechtenstein 17. März 1607. — Oberst Pezz an die Iglauer 23. März 1607. — Craft Graf von Hohenlohe, Herr zu Langenburg, an die Iglauer 7. März 1607. — Cardinal Dietrichstein an dieselben 29. April 1607. Brünner und Igl. Stadtarch. Kais. Pat. ddo. 23. August 1607 an den Unterkämmerer. S. Beil. Nr. CCLXXXVII.

standen in den Schuldbüchern der k. Städte. Diese mußten oft Einkäufe für die Haushaltung jener Beamten besorgen, oder wie für Moßowsky die Absendung von Kanonen, um die Privatbesitzung dieses kaiserlichen Kammervorstehers gegen die Excesse und Einfälle des kaiserlichen Kriegsvolkes zu beschützen.[10] Abgesehen von diesen Lasten hatten sich die Städte bei Hochzeiten und Kindstaufen und andern freudigen Ereignissen, welche jene beiden hohen Beamten betrafen, vertreten zu lassen und deren Abgesandte durften natürlich nicht mit leeren Händen erscheinen. Der geistliche Stand mußte außerordentliche Contributionen entrichten, die Casse des Abten von Hradisch war durch die Kriegsdrangsale und Einquartierung so sehr erschöpft, daß derselbe einen Theil seiner Güter verpfänden und verkaufen mußte, um jene Contributionen zu bezahlen. Andere waren ganz außer Stande, die auf sie entfallende Quote zu bezahlen.

Die Stände selbst waren oft genöthigt die bewilligten Steuern vorauszubezahlen, wodurch die ärmeren Glieder derselben sehr belastet wurden; die leere Staatscassa ergriff dann das Mittel der Darlehen.[11]

Die Stände Mährens verbürgten sich für die Kammer bei einem Darlehen von 100.000 Thaler gegen dem, daß der Schuldschein des Kaisers in böhmischer Sprache verfaßt und das Land mit Abbankungen verschont werde. Keiner dieser Puncte wurde erfüllt. Die Finanznoth wuchs aber mit den Vorbereitungen und Rüstungen, die zum Kriege gegen die Ungarn und Türken gemacht wurden. In der Correspondenz des Kaisers mit dem Cardinal Dietrichstein schildert der erstere mit ergreifenden Worten die Noth des Aerars. Nebst Tieffenbach streckten andere mährische Barone der Kammer bedeutende Summen vor, der Cardinal mußte mit Liechtenstein, mit Rekeß von Landek Darlehen negociiren. Die Stände selbst sahen sich veranlaßt, theils in Folge der Zahlungsunfähigkeit der

[10] Liechtenstein an die Iglauer 1. Jänner 1605, 10. Mai 1604. — Moßowsky an dieselben ddo. 9. Juli 1607. — Ein Verzeichniß der Schuldforderungen der Stadt Iglau bringt die Beil. Nr. CCLXXXVIII. Jgl. Stadtarch.

[11] Krems. A. 6. April 1606. Reg. Nr. 22. Landtagspam. Suppl. Buch Fol. 33, 1604.

Steuerholden jener Gegenden des Landes, die vom Kriege am meisten litten, theils in Folge der Kriegsbereitschaft, in welcher sie der unsichere Zustand hielt, bedeutende Schulden zu machen. Die Gedenkbücher des Landtages sind voll von Bitten der Stände an die Gläubiger der Landschaft um Zuwartung und Gewährung von Fristen zur Rückzahlung der fälligen Schulden. Diese Schuldposten erreichten die Höhe von 100.000 fl. Wie groß erst mögen die Forderungen geduldigerer Gläubiger gewesen sein![12])

Die angeführte Thatsache über die Verwendung der, für die Abdankung des Regiments Hohenlohe's von der Stadt Brünn gewidmeten Gelder zu andern Zwecken ist nicht das vereinzelte Beispiel einer gewissenlosen Gebahrung.

Die Stände sandten jährlich 56.000 fl. nach Prag, welche Summe dazu gewidmet war, die für die Grenzfestungen, besonders für Neuhäusel verwendeten Truppen zu besolden. Ueber die richtige Bezahlung wurden Quittungen ausgefertigt. Es zeigte sich jedoch aus einem, Ende des J. 1607 angelangten Schreiben des Obersten Kollonitz, daß die Truppen in Neuhäusel dieses Geld nicht empfangen haben. Die Gelder, welche die mährischen Stände zur Bezahlung ihrer Truppen vor Ofen verwandten, nahmen auch einen andern Weg, während die mährischen Soldaten ohne Sold darbten.[13])

Die Einwohner Mährens hatten nicht allein durch dieses Finanzsystem Verluste an ihrem Vermögen zu beklagen, es hatte die Langsamkeit und Unentschlossenheit des Prager Hofes auch einen vollständigen Justizstillstand hervorgerufen; vom Landrecht zu Maria Heimsuchung 1604 bis zum Landrecht Drei-König 1608, durch volle vier Jahre, war keine Gerichtssitzung abgehalten wor-

---

[12]) Mit Nekes wurde ein Darlehen von 50,000 fl. contrahirt. K. A. Nr. 21. 17. April 1606. Harlay a. a. O. — Berichte Beaugy's über die traurige Finanzlage. Es waren keine Fonds vorhanden, um die Reisekosten des kais. Botschafters nach Rom zu bestreiten. 9., 17. Juli und 2. Dec. 1606, dann 25. Jänner, 19. Mai und 17. Juni 1607. — Landtagspamatkenbuch Mittwoch nach Jakobi 1606. — Fol. 91, 21. Novemb. 1607. Fol. 93 und 102.

[13]) Landtagspamatkenbuch Fol. 92. 2. Dec. 1607. — Suppl. Buch Fol. 22. Samstag vor Lätare 1604.

ben.[14]) Man denke sich nur, daß jetzt plötzlich alle Gerichtshöfe
und Grundbuchsämter gesperrt würden, daß keine Verlaſſenſchaftsabhandlungen ſtattfänden, kein Urtheil über unrechtmäßige Beſitz-
ergreifung, keine Zahlungsauflage erwirkt werden könnte! Nicht
vier Wochen vermöchte ein derartiger Zuſtand aufzudauern, ohne
daß ſich die öffentliche Meinung mit ſolcher Gewalt erheben würde,
daß ſofort Abhilfe gebracht werden müßte. Und dieſer Zuſtand
dauerte nicht vier Wochen, nicht vier Monate, ſondern vier volle
Jahre! Wie viele Waiſen und Witwen und andere Privatleute
wurden in ihrem Eigenthumsrechte empfindlich verletzt; die Land-
rechtsprotokolle ſind voll von Klagen und Bitten um Recht, das
verweigert werden mußte, da bald die Eiferſucht der Aemterſüch-
tigen, bald die herrſchende Peſt, bald der Umſtand, daß der Kaiſer
noch immer nicht zu bewegen war, die Stelle eines Oberſtlandrichters
zu beſetzen, die Abhaltung der Sitzungen unmöglich machten.

Zum Johanni-Landrecht 1607 wurde zwar der Graf Hieronymus von Thurn vom Kaiſer zum Oberſtlandrichter ernannt,
doch ließen der Cardinal und Berka deſſen Einführung nicht zu,
weil er in der Eidesformel die Worte: „ich ſchwöre zur Mutter
Gottes und den Heiligen" nicht nachſprechen wollte; es mußte
daher abermals die Sitzung vertagt werden.[15]) Die Erceſſe des
oſtfriesländiſchen Regiments, der Teuffel'ſchen Reiter, der Truppen
Thurn's und des Herrn von Wrſſowic erneuerten ſich an den
Orten wieder, welche die Wildheit der Soldateska ſchon früher
ſchwer empfunden hatten. Schon die Abdankung der ſchleſiſchen
Hilfstruppen in Mähren bedrohte die ehedem hart mitgenommenen
Theile dieſes Landes. Die Interceſſion der Stände für die, durch
die Einfälle verarmten Quartiergeber wurde nicht beachtet. Die Erceſſe der Reiter Hohenlohe's in Brünn wurden überboten durch die
Brutalität der ſchleſiſchen Truppen, die in den mähriſchen Enclaven
lagerten, dann durch jene Grauſamkeiten, welche die Kriegsvölker
des Oberſten Pezz in Schönberg wie in der Umgebung verübten.
Auf eine Einſprache der Stände ſollte die Pezz'ſche Truppe von

[14]) Auszüge aus den Protokollen des großen Landrechts u. a. im k. k. Landtafelamte zu Brünn.

[15]) Landtagspamatkenbuch Fol. 69 und 77 Dienſtag nach Joh. d. Täufer und
4. Juli 1607. — Cod. Diar. Fol. 49.

dort entfernt werden, die Abbankung wollte der Prager Hof
darauf in Gaya vornehmen lassen — in Gaya, das vor zwei
Jahren von den Ungarn zerstört worden war.

Noch grausamer war die Haltung des Regiments des Obersten
Geisberg, welches aus Ungarn nach Mähren zog, um die kaiſ.
Acht über das noch immer widerspenstige Troppau zu vollziehen.
Im Frühjahre 1607 kam es nach Mähren. Beaugy berichtet,
daß dieses Regiment schon im April 1607 Mähren verwüstete.
Auf seinem Zuge nach Troppau nahm dieses Regiment am
9. Juni die Stadt Hof in Mähren ein und plünderte dort.[16]
Es lagerte dann ein Theil auf den bischöflichen Gütern. Der
Bericht des Cardinals an den Kaiser über den Aufenthalt des
Regiments in Hochwald gibt ein ergreifendes Bild der Erceſſe
dieser Leute. Auf eine Vorstellung des Cardinals antwortete der
Oberst mit Drohungen und Grobheiten. Die Geisberger begnügten
sich nicht, die Unterthanen so zu peinigen, daß die Meisten Haus
und Hof verließen und ihr Heil in der Flucht suchten, sondern
sie verwüsteten sogar die bischöflichen Meierhöfe, sie erbrachen die
Kirchen und stellten Wachen aus, um ihren Raub sicher zu vollziehen,
sie warfen die Dächer von den Kirchen ab, um sich in diesen zu
verschanzen und gegen die Bauern, die zur Wuth gereizt, an manchen Orten über die Soldaten herfielen, zu vertheidigen. So heillos
habe der Erbfeind selbst nicht gewirthschaftet. Der Cardinal bat
flehentlich um Abbankung dieses barbarischen Volkes.

Von da aus zogen die Geisberger nach Neutitschein, das
sie auch mit Gewalt nehmen wollten; bei der Berennung fielen
mehrere Bürger und Soldaten. Ein solches Vorgehen war den
Ständen doch endlich zu viel. Sie schrieben dem Obersten Geisberg in einem bis dahin unerhörten Tone, er möge sich sofort
aus dem Lande, das seine Leute mit Mord und Brand erfüllen,
entfernen. Sollte ein Unglück geschehen, das aufgereizte Landvolk
über das Regiment herfallen, so wollen sie es nicht verantworten.

[16] Landtagspamatkenbuch Fol. 48 und 58 an Felix und drei König 1606.
— Fol. 77. 14. Juli und 21. November 1607. — Harlay a. a.
21. April 1607. — Cod. 20. April 1607 Jllyezhazy. — Ens Oppaland 2. 91.

Anfangs August zogen die Geisberger nach Schlesien, um Troppau zum Gehorsam zu bringen. [17])

Auch über die Absichten des Prager Hofes in der Religionsfrage konnte man in keinem Zweifel sein. Der Carbinal hatte befohlen, daß jene Personen, welche von katholischen Pfarrern bisher sub utraque communicirten, nun sub una zu communiciren haben. Die Ausführung des Befehles: protestantische Bürger auszuweisen und nur Katholiken in den Stadtverband aufzunehmen, war so streng, daß sich die protestantischen Bürger Brünns und Olmütz, da die Stadträthe daselbst durchaus katholisch waren, durch die noch protestantischen Stadträthe von Iglau und Znaim an den Landtag um Schutz wandten. [18])

Die herrschende Partei im Landtage hatte höchst wahrscheinlich im Auftrage des Hofes die Festungen Berencz, Skaliß und Holiß noch immer nicht den Ungarn zurückgestellt, wozu Mähren vertragsmäßig verpflichtet war; sie bot dadurch einen Anlaß zu kriegerischen Bewegungen. Mit Absicht wurden Gerüchte von Einfällen der Heiduken nach Mähren ausgestreut, um Gründe zur Kriegsrüstung zu finden, während man die Truppen zu ganz andern Zwecken, nämlich gegen innere Unruhe verwenden wollte. [19]) Da man in Prag eine Bewegung, einen Widerstand besorgte, war man bedacht, einen Statthalter in Mähren aufzustellen, dem man jede Gewaltthätigkeit zumuthen durfte und der entschlossen war, auch jede Gewaltthätigkeit durchzuführen. So erhielt Mähren, das seit Ende 1605 bis zur zweiten Hälfte des J. 1607 in der traurigsten Zeit thatsächlich ohne Verwaltungschef war, in der Person desselben Ladislaus von Berka, welcher im Jahre 1604 wegen Unterschleifes diesen Posten verlassen mußte, einen provisorischen Landeshauptmann.

---

[17]) Krems. A. 18. Juny 1607. Beck, Geschichte von Neutitschein. S. 166. Landtagspamatkenbuch Fol. 69. 5. Juli 1607. — Ens. das Oppaland. 2. 94.

[18]) Polonides an Wacker, 4. Oct. 1606. Boczek P. Slg. 67 II. — Der Kaiser spricht sich in einer Antwort an die österreichischen Abgeordneten gegen die Gewissensfreiheit aus. Hurter V. 120. — Cod. 19. Juni 1607 Stahrenberg. Kaif. Mandat an die Stadt Brünn, Mont. nach Dreif. 1807. Br. Stadtarch. Beil. Nr. CCXCI.

[19]) Cod. 20. April und 26. Octob. 1607. Jllyczh. Ens. Oppaland 2. 94.

Nichts konnte die unglückliche Politik des Prager Hofes besser charakterisiren, als die Wahl Berka's, von dem Carl von Zierotin erzählt, daß er der Urheber alles Uebels sei, welches seit 1598 über das Land hereinbrach. [20]) Der Weg, welchen Herr von Berka einschlug, um jenes Amt zu erlangen, kennzeichnet den Mann. Liechtenstein war, wenn auch abwesend, noch immer Landeshauptmann. Mit einem Male, im September 1607, fällt er in Ungnade. Wir wissen, welchen Antheil Liechtenstein an dem Wiener Frieden hatte, schon 1605 leistete er dem Erzherzog Mathias wesentliche Dienste. Es ist anzunehmen, daß er in Wien während der Unterhandlungen mit den Ungarn und als er später die Garantie-Urkunde mitunterfertigte, in alle Plane der ungarisch-österreichischen Partei und in das Vorhaben des Erzherzogs eingeweiht wurde. Dies mochte im tiefsten Geheimnisse vollbracht worden sein, denn er steigt seither in des Kaisers Gunst, er ist am Hofe, wird Obersthofmeister, erlangt noch im März 1607 einen Palatinalbrief. Ein Mann, voll Ehrgeiz und Stolz, der schon einmal den Beweis lieferte von der Versabilität seines Charakters, ein Mann mit der seltenen Begabung, die Aenderungen der politischen Situationen voraus zu empfinden und der das trübe Ende des Prager Regierungssystems kommen sah, mochte sich, als er noch von Rudolph mit Gnade überhäuft war, mit Mathias tiefer eingelassen haben, als es dem Kaiser angenehm war. Gerüchte über solche Umtriebe waren gegen Liechtenstein im Umlauf. Rudolph selbst nannte ihn den fürnehmsten Rathgeber dieses schändlichen Friedens. Berka, dessen Neigung zur Intrigue bekannt war, hatte das doppelte Spiel seines Nebenbuhlers wahrscheinlich zu machen gewußt und dem Kaiser rechtzeitig vorgebracht. Bei dem tiefen Hasse des Kaisers gegen Mathias mußte eine solche Aufklärung den unvermeidlichen Sturz Liechtenstein's zur Folge haben. Liechtenstein ließ es nicht dazu kommen, sondern reichte selbst im November oder December 1607 seine Entlassung ein, indem er vorgab, daß die Gründe, welche ihn bei Hofe hielten, die Rückzahlung eines Darlehens von 200,000 fl. kraft seiner Stellung leichter erwirken zu können, nicht vorhanden waren. Sein Amt als Obersthofmeister half ihm nicht zu seinem

---

[20]) Cod. Diar. Fol. 149.

Gelbe. Die Enthüllungen Berka's wurden dann auch dadurch bestätigt, daß Liechtenstein sofort nach seiner Abdankung im Interesse
des Erzherzogs thätig war, als er mit den ungarischen Räthen
über die Maßregeln der Selbsthilfe in Wien Berathungen abhielt. [21]) — Die Stelle des Landeshauptmanns in Mähren war
ohne Zweifel der Preis jenes wichtigen Dienstes, den Herr von
Berka geleistet; dafür drohte ihm die gefährliche Feindschaft des
mächtigen Herrn Carl von Liechtenstein. — Am 15. September
1607, also kurz nach dem Zurücktreten Liechtenstein's, wurde Berka
als Landeshauptmanns - Stellvertreter in einem außerordentlichen
Landtag ad hoc eingeführt. Die Ernennung Berka's hatte bei einem
großen Theile der Stände einen höchst unangenehmen Eindruck
gemacht, sie fühlten sich verletzt. Herr Carl von Zierotin schrieb
seinem Freunde Richard von Stahrenberg, daß die Stände entschlossen seien, diesen verschlagenen Mann nur so lange zu dulden,
als er nicht die Verfassung mit Füßen trete; dann würden sie das
Joch wohl abschütteln.

Die erste That Berka's war ein Handstreich, um die Bewilligung einer starken Kriegs - Contribution durch den Landtag
möglich zu machen. Er setzte es durch, daß Herr Carl von Zierotin
und Herr Georg von Hobitz zu königlichen Landtagscommissären
ernannt wurden, um dieselben von der Discussion und Abstimmung
jener Steuerfrage auszuschließen. Ohne Haupt und ohne Führer
war der Landtag nicht im Stande, der Forderung Berka's zu
widerstehen und bewilligte die Contribution in einer Höhe, wie
es seit drei Jahren nicht geschehen war, was gewiß nicht oder
nicht in dem Umfange durchgesetzt worden wäre, wenn Zierotin
und Hobitz, die für den Frieden gesinnt waren, bei der Debatte
intervenirt hätten.

---

[21]) Bischer an Fleckhammer 7. März 1608. 163. Bruss. Sec. d'Etat d'Alle.
— Instruction für den Landgrafen von Leuchtenberg, als Abgesandten an
Churpfalz. 2. Dec. 1607. Münchner Stadtarchiv 547. 3. 287. — San
Clemente berichtet an K. Philipp, der Kaiser habe auf Liechtenstein den
größten Verdacht, weil der letztere sehr verletzt worden sei. — 29. Feb.
1608. 2474 Sim. — Harlay a. a. O. 21. Juli und 8. Sept. 1607.
K. K. Reg. Nr. 29. 30. März 1607 Cod. VI. 1d. Oct. 1607. Rich.
Stahrenberg.

Dagegen mißlang der hinterlistige Versuch, den Herrn Carl von Zierotin zum zweiten Male aus dem Landrecht zu entfernen, nachdem dieser kurz zuvor über ausdrückliche Einladung dem Landrecht versprochen hatte, an den Sitzungen desselben Theil zu nehmen. Durch Verleumdungen am Hofe gelang es Herrn von Berka den Schlag vorzubereiten. Strahlendorf, welchen der Landeshauptmann durch Geschenke und Vorspiegelung eines falschen Religionseifers gewann, erzählt, daß diese Ausstoßung dem böhmischen Vicekanzler schon vom Kaiser aufgetragen worden sei, doch habe man die Ausführung auf gelegenere Zeiten verschoben. — Mit Landesgeldern befestigte sich Berka in der Gunst des Kaisers. Er hatte diesem versprochen, Alles durchzusetzen, was ihm befohlen werde, wenn man ihm nur die oberste Leitung des Landes anvertraue. Er hielt sein Wort. Er vermehrte sein Ansehen, indem er Aemter nach Gutdünken unter seine Anhänger vertheilte, und seine Creaturen mit Geschenken aus fremdem Sacke erfreute. Die Autorität des Kaisers benützte er, um die Gerechtigkeiten und Freiheiten des Landes mit Füßen zu treten, um die Militärmacht im Lande trotz des erschöpften Zustandes desselben zu vermehren und bei vorkommender Gelegenheit gegen die Anhänger der Religionsfreiheit und des Selfgovernements einen Hauptschlag zu führen. [22])

Die Nachricht verbreitete sich immer mehr und mehr, daß der Kaiser, ungeachtet der Friedensconfirmation, entschlossen sei, Krieg zu führen, und sichere Anzeichen sprachen dafür. Die Schreckbilder einer trostlosen Vergangenheit tauchten wieder auf und es erwachte die Besorgniß, daß das Gespenst des J. 1605 Fleisch und Blut gewinne, daß Despotismus und Anarchie ihren eisernen Scepter über die Häupter Derjenigen schwingen werden, welche in Mähren dem Schwerte der Türken und Ungarn entgangen waren. Als die Worte Rudolph's: „Die Länder mögen sich selbst helfen,

---

[22]) Cod. 14. Sept. 1607 an R. Stahrenb. In dem Schreiben vom VI. Id. Oct. 1607 an denselben wird von der Einführung Berka's gesprochen, wozu ein besonderer Landtag abgehalten werden wird. Leider sind die Protokolle über die Einführungslandtage in den Pamatkenbüchern nicht aufgenommen worden. Cod. Diar. S. 149. Cod. 9. Decemb. 1607. R. Stahrenberg 12. und 13. Dec. 1607 Timino.

wie sie könnten, er seie dazu außer Stand",[23] vom Throne aus
keine Hilfe erwarten ließen, da ermannten sich die Stände Mährens, durch das Beispiel Ungarns ermuthigt, und erwachten aus
dem Traumleben, aus der Erschlaffung der vergangenen Jahre;
die Cavaliere „dröhnten wie ein Panzerhemd," und es begann
für Carl von Zierotin die Stunde zu schlagen, die er die seine
nannte, die Stunde, in welcher das Jammergeschrei des ganzen
Volkes in Mähren an sein Ohr klang. Es war dies jene „Stimme
Gottes", die ihm befahl, jetzt, da das Land einer Horde von geizigen Wüstlingen und blutdürstigen Soldaten anheimgefallen war,
aufzustehen und sich an die Spitze Derjenigen zu stellen, die, auf
die Landfrieden von den J. 1516 und 1579 hinweisend, es als
ihre Pflicht anerkannten, sich gegen die Unterdrücker der Freiheit
des Landes und gegen die Feinde des öffentlichen Wohles zur
Wehr zu setzen. Wenn er aber in diesem feierlichen Augenblick,
in welchem keine Wahl übrig war, als zwischen dem werthlosen
Leben in der Knechtschaft oder dem Tode im Unabhängigkeits-
kampfe, sich für den letztern entschied und den festen Entschluß faßte,
ernsten und entschiedenen Widerstand zu leisten, so geschah die
Ausführung nicht sofort und nicht mehr mit dem alten Ungestüme
und dem frühern jugendlichen Eifer; denn er hatte es mit einem
listigen und mächtigen Feinde zu thun, dem Mähren allein nicht
gewachsen war. Er sammelte seine Kräfte und stand auf der
Warte, um zuvor die Entwicklung der Dinge an der Donau zu
beobachten.

Die Beschlüße des von Mathias einberufenen ungarischen
Landtags, die Haltung Ungarns, welches von den Fehlern der
Politik des Prager Hofes zunächst zu leiden hatte, war für das
Schicksal der Länder Oesterreich's entscheidend. Die Erwartung
und Aufregung stieg in Mähren in Folge des zweimaligen Ver-
schiebens dieses Landtags von Tag zu Tag. Es gab damals nur
einen Gegenstand des Gespräches in den politischen Kreisen des
Landes: wird der ungarische Landtag abgehalten? wie werden
die Beschlüße ausfallen? Nicht allein die Schicksale Ungarns, die
Kriegs- oder die Friedensfrage hingen davon ab; auch die künftige Haltung aller jener Länder, welche die Garanten des Wiener

---

[23] Hurter a. a. O. 5. 120. 231.

Friedens waren.[24]) Nach dem darüber geschlossenen Vertrage verpflichteten sich die Länder, für die Aufrechthaltung des Friedens
zu sorgen. Wenn nun der ungarische Landtag, was nicht bezweifelt
wurde, sich dafür aussprach, so waren die Länder und daher auch
Mähren verpflichtet, mit den Ungarn Hand in Hand zu gehen
und — wie die evangelische Mehrheit dachte — gegen jeden Gegner
des Friedens ohne Ausnahme. Hier springt die Bedeutung
der Wiener Verträge in die Augen. Ein neues staatsrecht-
liches Verhältniß, eine bedeutungsvolle Verbindung nahm den
unscheinbaren Anfang; für Eine Idee, für Einen Zweck standen die
Stände der österreichischen Länder gemeinschaftlich ein. Als dieser
gefährdet erscheint, sind sie bereit, ein Schutz- und Trutzbündniß
zu schließen und mit aller Macht für die Erreichung jenes Zweckes
zu streiten. Indem sie dies in's Werk setzen wollen, treten die
Länder aus der bisherigen Isolirung heraus. Ein großer Schritt
geschieht; die Nothwendigkeit der Einigung der Länder wird damit
gleichsam bewiesen.

Es prägten sich schon damals in dunkeln Umrissen weit
aussehende Gedanken im Lager der protestantisch-ständischen Partei
aus. Man erzählte als sinnvolles Gleichniß den Traum des eri-
lirten Cardinals von Chatillon (Bruder des Admirals Coligny),
welcher den Warnungen der Freunde zum Trotz nach Frankreich
zurückkehren wollte. Es schien dem Cardinal, als er nach den
Erwägungen über die Rückreise einschlief, daß ein Mann eine
silberne Büchse, aus welcher Chatillon Pulver zur Stärkung des
Magens zu nehmen pflegte, ihm mit den Worten vorhielt: „Wenn
Du davon genießest, wirst Du sterben, und wenn Du davon nicht
genießest, wirst Du auch sterben." Chatillon starb an Gift zu Hamp-
ton in England.[25]) Die Häupter der Partei glaubten, daß das
bestehende Regierungssystem in keinem Falle zur Wiederherstellung
der alten Freiheiten führen könne: Wenn der Friede geschlossen
würde, dachte man, wird man uns in ewige Botmäßigkeit stürzen,
der Prager Hof wird die Ruhe benützen, um das spanisch-römische Joch auf unserm Nacken zu befestigen; wenn der Friede nicht
geschlossen wird, dann beginnen die Gräuel des Krieges. In

---

24) Cod. 20. Oct. 1607 Illyeshazy.
25) Cod. III. Non. Oct. 1607 Grynæo.

keinem Falle dachten sie dem Verderben entgehen zu können. Von dieser Zeit ab beginnt die dunkle Einflußnahme, welche der Fürst Christian von Anhalt durch so viele Jahre auf die österreichischen Länder ausübte. Seit dem März d. J. tritt er mit Peter Wok Ursinus von Rosenberg, mit dem er verwandt sein wollte, [25]) in innige Verbindung; nicht allein die Erbschaft des kinderlosen überreichen Magnaten, auch noch Anderes „Höheres" war vielleicht zu erlangen.

Hock, von Anhalt gewonnen, ist hiebei eine wichtige Mittelsperson. Er war der geheime Rath und Secretär Rosenbergs. Durch Hock werden im October 1607 Tschernembl und Zierotin mit dem Gedanken einer Union der protestantischen Fürsten und der protestantischen Interessen bekannt gemacht — also in einer Zeit, welche diese beiden Herren für eine solche Förderung ihrer Pläne sehr empfänglich machte. Rosenberg wird gleichzeitig ein Instrument Anhalts und der österreichisch-mährisch-ungarischen Barone und gab vermuthlich über Anregung des Hock den Anstoß dazu, daß die projectirte Union der evangelischen Reichsstände, deren vornehmste „Saul" Churpfalz ist, auch Böhmen und die Kronländer aufnehmen sollte. [26]) So beschränkten sich die Gedanken der protestantisch-ständischen Partei nicht mehr auf die bloße Erwirkung der Friedens-Confirmation, sie hatten einen Regierungswechsel im Sinne. [27])

Wenn der spanische Staatsrath über die Frage der Absetzung Rudolphs berathen hatte, weil der Kaiser zur Regierung nicht geeignet war, wenn die spanische Politik den Kaiser und sein unbestreitbares Recht fallen ließ, um die gefährdeten Interessen des Gesammthauses zu retten, so war es wohl naheliegend, daß die österreichischen Stände, Angesichts der fortgesetzten Mißhandlungen, welche die Länder von Prag aus zu erdulden hatten, gleiche Gedanken mit dem spanischen Cabinete und dessen Gesandten erfaßt hatten.

[25]) Anhalt, Ascanien und Ursinen seindt eines uhralten geschlechts und Stammes. Rosenb. an Rud. 31. Dec. 1608. A. Reg. I. F. 1. 226/22.

[26]) Cod. III. Non. Oct. 1607 Grynæo.

[27]) Hock an Anhalt. 1. Octob. 1607 und 16. Jänner 1608. Anh. Reg. F. I. 226/104. Rosenb. an Anh. 1. Juli und 9. August 1607. Anh. Cop. und Reg. F. I. 226/85.

Herr Carl von Zierotin trat alsbald handelnd auf; Illyes-hazy setzte ihn von allen Schritten der Ungarn in Kenntniß. Mit dem Hofe des Erzherzogs Mathias stand Zierotin durch seinen Schwager Albrecht Eusebius von Waldstein, der durch seine Vermitt-lung ein Amt daselbst bekleidete, in genauester Verbindung. Mit den Oesterreichern war er in lebhaften Verkehr getreten: mit den beiden Stahrenbergen, vorzugsweise mit Richard, der Zaispitz kaufen, ein Mährer und böhmischer Bruder werden wollte und seine beiden Söhne in Eibenschitz bei den Brüdern erziehen ließ, dann mit Georg Stahrenberg. Vor Allen aber war es Georg Erasmus von Tschernembl, das Haupt der Oberösterreicher, mit welchem Herr von Zierotin Meinungen über die politische Lage unverhohlen und sehr häufig austauschte.

„Wie Oesterreich," schrieb Carl von Zierotin, „werden alle andern Länder behandelt. Wie hielt man den Ungarn das gegebene Versprechen? wo ist die Freiheit der Böhmen? wo sind unsere Rechte und Privilegien? Wir sind alle durch ein gemeinsames Joch der Sclaverei verbunden, an einer Kette werden wir Alle in ein Gefängniß geführt, das Uebel ist zu groß, um es mit ge-wöhnlichen Mitteln zu heilen. Nur Gott kann uns Gelegenheit bieten, um uns zu retten, diese Rettung ist nah; wenn die mensch-lichen Dinge am schlimmsten stehen, kommt Gottes Hilfe. Die Schlechtigkeit der Feinde hat jede Scham verloren, man legt uns den Strick um den Hals. Nicht durch Bitten und Ermahnungen, durch andere Mittel müssen die Uebel geheilt werden, die Krank-heit ist heftig, sie bedarf einer starken Medicin. Ein Moses ist nöthig, um die Israeliten aus Egypten zu führen; denn das Herz der Pharaonen ist taub! Gott hat immer Hilfe gesendet. Abraham vertrieb die Assyrier, Gedeon die Moabithen, Cyrus gab den Juden die Freiheit, und welche Siege hatten nicht die glorreichen Maccabäer erfochten!"

„Jetzt gibt es keinen Mittelweg mehr, entweder siegen oder leiden. Alle Bitten, Beschwerden, Gesandtschaften und Unterhand-lungen haben nichts genützt."[28])

Wie sehr diese Anschauung vom Erzherzog und von seiner unmittelbaren Umgebung getheilt wurde, zeigten die Worte seines

---

[28]) Cod. 9. Dec. 1607 R. Stahrenb.

Gesandten am Grazer Hofe, des Herrn von Harrach: „In Güte
lasse sich bei dem Kaiser nichts ausrichten, man werde sich zu
scharfen Mitteln gezwungen sehen." [29])

Zwar war eine schwache Hoffnung vorhanden, daß der Kaiser
doch Gerechtigkeit und Treue bewahren werde, aber sie hinderte
nicht, daß die „scharfen Mitteln" von den Gesinnungsgenossen
Zierotin's eifrigst besprochen wurden. In einem Briefe an Richard
Stahrenberg bringt Zierotin auf eine Zusammenkunft mit den
österreichischen und mährischen Herren. Ende December 1607 hat
diese Zusammenkunft auf Zierotin's Schlosse zu Rositz wirklich
stattgefunden und es ist dort zur Durchführung jenes bedeutungs-
vollen Programms eine Verabredung geschehen, welche gleichzeitig
wie zu vermuthen, durch einen Eid oder sonst eine feierliche Handlung besiegelt wurde. [30]) Die dabei anwesenden Personen sind
nicht genannt; doch läßt sich aus der Correspondenz Zierotin's
schließen, daß die Häupter der österreichischen Stände seine Gäste
waren, und daß die Initiative bei der gemeinschaftlichen Action
den Oesterreichern übertragen wurde: „Ihr habt," sagte er diesen,
„das Schiff zu führen, qui ad clavum sedetis." Die Oesterreicher
waren unter einander eines Sinns, die Mährer nicht! Zierotin
dachte deshalb: Mähren müsse warten, bis der Entschluß Ungarn's
und Oesterreich's offenkundig wird. [31]) Da die spanisch-römische
Partei durch den Cardinal und Berka in Mähren noch das Ruder
in Händen hielt, war seine Vorsicht nicht überflüssig.

Die Briefe Rudolph's an den Cardinal argwöhnten eine
geheime Verbindung der Ungarn mit den Mährern. Der Oberst
Tilly, welcher sich angeboten hatte, die Mitglieder jenes illegalen
Preßburger Landtages aufzuheben, erhielt geheime Befehle, als er
den Hof verließ, Befehle, welche nach der Ueberzeugung Zierv-
tin's mit den Aufträgen an die kais. Commission des Preßburger
Landtages gleichlautend waren, und dahin gingen die Häupter
der Bewegung zu verhaften. Dieses energische Mittel scheint der

[29]) Hurter a. a. V. 233.
[30]) Cod. XII. Cal. Mart. 1608 an R. Stahrenb.; in diesem Briefe schrieb
Zierotin: sacramenti sanctimonia adductus. — 9. Dec. 1607 an R.
Stahrenb. und Lomb.
[31]) Cod. 5. Jänner 1608 R. Stahrenb.

Kaiſer doch nicht gewollt zu haben. Er konnte ſich dazu eben ſo wenig entſchließen, wie zu dem nicht minder draſtiſchen, welchen ihm Haniwald vorſchlug: die Barone von Oeſterreich, Ungarn und Mähren als Hochverräther zu erklären, ſich mit den Bürgern auf guten Fuß zu ſetzen und die Bauern von den Feudallaſten zu befreien, indem der Kaiſer ſie zu ſeinen unmittelbaren und freien Unterthanen machen würde.

Während der Kaiſer in zaghaftem Schwanken die Zeit verſtreichen ließ, organiſirte ſich raſch und ſicher die Empörung. [32])

Das Ergebniß einer beſonderen Zuſammenkunft der Oeſterreicher, welche bald darauf ſtattfand, war nicht nach dem Sinne des Herrn von Zierotin, ſie wollten durch einen Vertrauten nochmals den Kaiſer auf die höchſt bedenklichen Zuſtände des Reiches und der Länder aufmerkſam machen und den Weg der Vermittlung verſuchen.

Herr von Zierotin iſt jetzt, nachdem ihm das Gerücht bekannt wurde, daß jene Aufträge an Tilly ſogar das Leben der Landherren in Mähren bedrohen, nicht mehr der Anſicht, daß der Sinn des Kaiſers ſich ändern wird, daß Recht und Geſetz beachtet würden; er bringt demnach auf die Anwendung energiſcher Mittel. Als ob der Zufall ihm für dieſe Anſicht, für den unbeugſamen Sinn der Prager Regierung Beweiſe zuführen wollte, ernannte Rudolph einen Ritter zum Landrechtsbeiſitzer, ohne die Landrechtsbeiſitzer zuvor zu vernehmen und den Vorſchlag der Ritter und das Gutachten der Herren abzuwarten. Noch während derſelben Landrechtsſitzung ernannte Rudolph den Herrn Lew Burian Berka in gleicher Weiſe zum Beiſitzer des Landrechts; es war dies das erſte Beiſpiel, daß ein nicht begüterter und nicht anſäſſiger Herr jenes Amt erlangte!

Dieſer unerhörte, nicht einmal durch Worte beſchönigte Bruch der Verfaſſung, das Einführen neuer Geſetze ohne Zuſtimmung der Stände, die Exemtionen vom Landrechte in Civilproceſſen, welche zwiſchen Geiſtlichen und ihren Unterthanen geführt wurden und in Sachen der Verlaſſenſchaftsabhandlungen biſchöflicher Vaſallen, welche der Cardinal im Gefühle ſieghaften Einfluſſes in der Jännerſitzung von 1608 mit aller Rückſichtsloſigkeit durchſetzen

---

[32]) Viſcher an Fleckhammer. 7. März 1608. Sect. d'Etat d'All. Brüſſel. 103.

wollte, dann die Gerüchte über die dunkle Mission Tilly's, steigerten die Aufregung im Lande immer mehr; man besorgte den vorzeitigen Ausbruch eines Aufstandes. Drohende Zeichen, Bürgerkrieg vorbedeutend, wurden am Himmel gesehen, dann erzählte man sich, daß „räuberische Käffer" alle Wälder verderben, daß es Blut geregnet und daß die Erde gebebt hatte.[33])

Es gelang den Anhängern des Erzherzogs die Defensionsfrage des Landes, welche am Olmützer Jännerlandtag 1608 hätte verhandelt werden sollen, bis zum 23. Februar d. J. zu verschieben, um das Ergebniß der Preßburger Verhandlungen abzuwarten und den Beschluß durchzusetzen, den Peter Revay, den ergebenen Freund Illyezhazy's, mit einer Tonne Pulver zu unterstützen.[34]) Erzherzog Mathias wollte sich persönlich auch der Mitwirkung der Mährer versichern. Liechtenstein, welcher für Mathias thätig war, demselben Geld vorgeschossen hatte, um Truppen zu werben,[35]) mochte ihn veranlaßt haben, diesen Schritt zu thun, um den Mährern selbst Bürgschaft zu geben und ihnen seine Absichten zu eröffnen. Er sandte Ludwig Stahrenberg mit Briefen an Zierotin.

Jetzt hielt es letzterer an der Zeit, seine Standesgenossen in Mähren zu bestimmten Erklärungen zu veranlassen. Die Mehrheit derselben, wie das ganze Landvolk, das aller politischer Tendenzen bar sich nur nach Ruhe sehnte, entschied sich für die Aufrechthaltung des Friedens. Herr von Zierotin unterrichtet vorläufig Illyezhazy und Tschernembl über die Erfolge seiner Unterhandlung mit den Ständen und versichert, sein gegebenes Wort halten zu

---

[33]) Landtagsgedenkbuch Jännerlandtag 1608. — Cod. 1. Feb. 1608 Illyezhazy, 1d. Dec. 1607 Budowa. Fast jede gleichzeitige Stadtchronik erwähnt von den Anschlägen Berka's und der Absicht Tilly's, die Häupter des mährischen Adels aus dem Wege zu räumen, so insbesondere Leupold's Chronik von Iglau. S. 255. — Kurze und wahrhaftige Verzeichnuß der böhmischen Geschichte, so in jüngst abgelaufenem Jahr 1608 sich zugetragen. 1609. o. D. 4° 30 S. in meiner Bibl.

[34]) Die Forderung des Cardinals Forgach an die Stände Mährens gerichtet, sie mögen eine Kanone, welche aus Berencz nach Mähren geführt wurde, zurückgeben, wurde aus patriotischen Rücksichten nicht erfüllt, weil diese Kanone die Legende trug: Contra Marchionatum Moraviæ

[35]) Hurter a. a. O. V. 169, 238.

wollen, auch wenn es ihm persönlich von Nachtheil wäre. „Ich werde," schrieb er — auf die Rostitzer December-Zusammenkunft anspielend — „die Verträge, die geschlossen wurden, zu vertheidigen wissen. [30])

Durch diese, an die Häupter der Ungarn und Oesterreicher nach Preßburg gesandten Erklärungen konnten diese Länder auf die Mitwirkung Mährens zählen und zur Entscheidung schreiten. Zugleich rieth Zierotin Herrn Tschernembl nochmals, sich nicht in leere und nutzlose Worte und Vorstellungen bei Rudolph einzulassen. Indem Herr von Zierotin fast jeden Brief an die Austro-Ungarn in diesem Sinne schrieb, nahm er einen bedeutenden Einfluß auf die Bildung des agressiven Programms der Bewegungspartei und auf die entscheidenden Verhandlungen in Preßburg. [31])

Sofort eilte Carl von Zierotin nach Straßnitz, um dem Sitze des ungarischen Landtags näher zu sein und die von dort aus sehnlichst erwarteten Nachrichten früher zu empfangen, dann auch um vielleicht durch seinen Einfluß die wieder beginnenden Einfälle ungarischer Streifparteien nach Mähren zu verhindern.

In Preßburg aber war der Entschluß, nach einigem Sträuben einer Minderzahl katholischer Oesterreicher und einiger ungarischen Prälaten, endlich gefaßt. Bestimmte Zusicherungen der evangelischen Reichsfürsten, die vom Kaiser verlangte Reichshilfe nicht zu leisten, mochten noch die Bedenken des Erzherzogs Mathias, Illyezhazy's und Tschernembl's vermindert haben. Diese Zusicherungen gingen wie die Schreiben der Ungarn an die Reichsfürsten durch die geheime Kanzlei zu Wittingau.

Die Ungarn baten gleichzeitig um die mächtige Intercession Rosenbergs bei Rudolph. Rosenberg säumt nicht, eine Sommation an die Kronbeamten Böhmens zu richten, damit sie den Kaiser bewegen, den Forderungen der Ungarn nachzukommen. Mit allen diesen Schritten macht Rosenberg Churpfalz bekannt. Die Briefe, welche Zierotin an die Oesterreicher und nach Wittingau schrieb, werden dem Fürsten Christian von Anhalt mitgetheilt. Erzherzog

---

[30]) Cod. 29. Jänner und 14. Feb. 1608. XII. Cal. Mart. R. Stahrenb. Hurter V. 170.

[31]) Hurter V. 141. — Cod, 18. Feb. 1608. R. Stahrenb.

Mathias selbst schreibt an Rosenberg und bittet um Unterstützung seiner Sache bei dem Churfürsten.

Als die Forderungen der Ungarn bereits bekannt waren und der Aufstand in Mähren vorbereitet wurde, haben Zierotin, Tschernembl und Budowa durch Rosenberg und Hock Anhalt für die Sache der Länder zu gewinnen gesucht. Der Anstoß geht von diesen Herren aus und Rosenberg erscheint mehr nur wie ein Werkzeug in der Hand seines schlauen Rathes Hock, welcher in voller Uebereinstimmung mit jenen dreien handelt.[38]

Am 1. Februar 1608 wurde die Conföderationsurkunde zwischen Mathias den ungarischen und den ober-österreichischen Ständen besiegelt. Sie verbanden sich zum Vollzuge des Wiener Friedens, dann des Friedens zu Sitwa Torok und gegen jeden, der sich der Verwirklichung des Friedens widersetzen würde. Zugleich schrieben die Ungarn an die Reichsstände und baten um deren Intercession bei Sr. Maj., damit derselbe diesen Frieden doch endlich confirmire, auch luden sie die Reichsfürsten ein, der Preßburger Conföderation beizutreten. Die protestantischen Fürsten auf dem Reichstage, von König Heinrich IV. aufgestachelt, waren geneigt, wenigstens die Forderung der Ungarn, die Reichshilfe dem Kaiser nicht zu gewähren, zu erfüllen.[39] An den Kaiser richteten die Ungarn eine Rechtfertigungsschrift darüber, daß der Landtag wider den, durch Tiburtius Himmelreich überbrachten Befehl nicht auseinander ging; sie erklärten selbst, den Erzherzog Mathias verhalten zu haben, die beiden Frieden gut zu heißen, um das Reich vor Untergang zu bewahren. Andere wichtigere Beschlüsse über die Nachfolge in Ungarn wurden noch geheim gehalten.

[38] Cod. 14. Feb. 1608 Illyeszhazy. — Cod. XII. Cal. Mart. 1608 an Stahrenb. — 1. und 19. Feb. 1608. Anh. Reg. CXIII. 1/150. — Hock an Anh. 27. Feb. 1808. Hock und Rosenb. an Anh. Anh. Cop. 226/85. Bernh. Arch.

[39] Les princes protestants se sont ligués avec les hongrois dans le but de conserver leur religion et privileges. Harlay 238/10. P. 4. 12. Jän. 1608. Der langsame Gang des Reichstags in Regensburg wurde von den Protestanten herbeigeführt. Elles donnent le temp aux Autrichiens et aux hongrois de s'organiser sous la conduite le l'Archiduc Mathias. Ibidem. P. 32. 23. Feb. 1608. S. Hurter V. 139, 157 und 161 bis 162.

An die Garanten des Wiener Friedens, die Stände der
Länder, ergingen Schreiben; das an die Mährer gerichtete erinnerte
an die Leiden Ungarn's, die ihm durch 15jährigen Türkenkrieg
erwachsen sind; wenn der Friede nicht geschlossen würde, dann
müßte diese edle Vormauer der Christenheit zu Grunde gehen.
Sie baten Ladislaw Berka, als Landeshauptmanns-Stellvertreter,
den Kaiser zur Confirmation des Friedens zu vermögen, widrigens sie zu andern Mitteln schreiten müßten.

Carl von Zierotin erhielt ein besonderes Schreiben gleichen
Inhalts, jedoch ohne ostensible Aufforderung zum Beitritt zu der
Conföderation. Vier andere wurden an die vornehmsten Mitglieder
der Stände nach Mähren und mehrere nach Böhmen abgesendet.
Zierotin erbat sich die Namen der Adressaten, um bei denselben
im Interesse der Aufforderung der Ungarn zu wirken.[40]

Carl von Zierotin gab dem Grafen Illyezhazy die Versicherung, vorläufig zustimmend antworten zu wollen, und vermied
es, noch seinen ganzen Plan zu enthüllen. Jene Schritte der
Ungarn schienen dem Herrn von Zierotin noch viel zu schwach,
er war überzeugt, daß der moralische Druck des Preßburger Bündnisses, selbst die gefaßten Beschlüße: zu rüsten, Steuern auszuschreiben und dem Erzherzog eine außerordentliche Vollmacht zu
übertragen, nicht im Stande sein würden, den Prager Hof zu
Concessionen zu bewegen. Er war von der Aufrichtigkeit der Absicht
des Erzherzogs, mit dem Bruder völlig zu brechen, noch nicht ganz

---

[40] Dobner Mor. II. 477. Cod. 16. und 18. Feb. 1608 an Illyezhazy. —
Hurter V. 156. Wenn Haniwald in seiner Relation über das Auffangen
eines Curier's mit den ungarischen Schreiben an die Reichsstände (Hammer
II. B. 209) erzählt, Herr v. Rosenberg und die böhmischen Stände, wie
Carl v. Liechtenstein (nicht wie es bei Hurter V. 159 irrig steht: Zie-
rotin,) und die mährischen hätten die Briefe der Ungarn uneröffnet dem
Kaiser zugeschickt — so ist dies nur eine Verwechslung mit dem Herrn
Christoph v. Lobkowitz, welcher (Harlay 238/10 P. 32. 23. Jänner 1608)
diese Schriften wirklich dem Kaiser zusandte. Sollten Rosenberg und
Liechtenstein wirklich dem Beispiele des Herrn v. Lobkowitz gefolgt sein,
so war dies nur eine lächerliche Farce, um den Kaiser über ihre Ge-
sinnung zu täuschen, da doch Liechtensteins eifriges Werben für den
Erzherzog in Mähren und Rosenbergs Freundschaft für Anhalt jeden
Unbefangenen über die Gesinnungen dieser Herren in's Klare setzen mußte.

überzeugt.[41]) Georg Hobitz, der als Agent der mährischen Anhänger des Erzherzogs zu Wien weilte, schrieb an Herrn von Zierotin, daß die Oesterreicher, besonders die Prälaten Reue empfänden und daß der Erzherzog nicht rasch und entschlossen genug auftrete. Zierotin befürchtete noch im letzten entscheidenden Augenblicke eine Umkehr des Erzherzogs und der Oesterreicher. In der That wollten diese von der Durchführung der beschlossenen Werbung nichts wissen und vorerst den Erfolg der Denkschriften an den Kaiser abwarten. Zierotin schrieb darauf an Richard Stahrenberg: „die Oesterreicher mögen den Frieden, den sie geschlossen, mit aller Macht vertheidigen, und nicht am halben Wege stehen bleiben, sonst sind alle verloren." Er spricht ihnen Muth zu und weist auf sich; er selbst sei mehr als ein anderer verfolgt und bedroht worden und doch trete er jetzt, beseelt von der Gerechtigkeit der Sache und thätig für das öffentliche Beste, zu den Friedensfreunden über.

Da die Mährer ihre Zustimmung zu den Preßburger Beschlüßen nicht förmlich und feierlich erklären wollten, bevor nicht der Erzherzog und die Oesterreicher die Schiffe hinter sich verbrannt und durch eine unzweideutige Handlung die Absicht des aggressiven Vorgehens gegen Prag kundgegeben hatten, so drang er bei den Oesterreichern auf rückhaltloses Vorwärtsschreiten, worauf seine wiederholte Mahnung an dieselben die erwünschten Früchte getragen hat. Von Seite des Erzherzogs wurden, um sein Unternehmen zu motiviren, Gesandte an die Reichsfürsten und an die italienischen Souveraine abgefertigt und durch ein Manifest Rüstungen öffentlich angeordnet; eine frische Thätigkeit bekundete es, daß die letzten Zweifel in Wien beseitigt waren.[42])

Viele Mitglieder der mährischen Stände traten zu Brünn Ende Februar 1608 zusammen, angeblich um über die Vertheibigung des Landes, zufolge des Landtagsbeschlußes vom Jänner

<hr />

[41]) Die Besorgnisse waren nicht ganz unbegründet, wenn wir die Sendung Khlesels im März nach Prag — wovon später die Rede sein wird — in's Auge fassen. Hurter V. 229—230 und 154. — Der Erzherzog lud auch die Mißvergnügten der Nachbarländer zur Versammlung der Oesterreicher. Hurter V. 168.

[42]) Hurter V. 170, 186 und 194.

desselben Jahres, in der That aber um eine Vorberathung über die Art des Anschlußes an die Bewegung zu pflegen. Herr von Zierotin war dadurch gehindert, der Einladung Illyeshazy's, der auch seiner Seits auf eine durch die Mährer zu veranstaltende Demonstration drängte, zu folgen und nach Stampfen zu kommen.

Berka, der Cardinal von Dietrichstein und ihre Anhänger waren inzwischen nicht unthätig. Letzterer reiste nach Prag, um sich Instructionen darüber zu erbitten, wie das Schreiben der Ungarn zu beantworten sei und dem Kaiser zu danken für die Erneuerung des bischöflichen Münzrechtes. Der Cardinal fand jedoch, daß man zu Prag des Rathes eher bedurfte, als daß man von dort aus einen empfangen könnte. Dietrichstein stand hoch in des Kaisers Gnade, er wurde jetzt zum Präsidenten des geheimen Rathes ernannt, und war dem Kaiser und dem Hause treu ergeben.[43] Der Kaiser wollte ihn nach Rom senden, um Subsidien zu erbitten; es kam jedoch davon ab, da des Cardinals Anwesenheit in Mähren jetzt dringend geboten war. Der Cardinal rieth nur Mährens Angelegenheiten nicht aus dem Auge zu verlieren, und theilte einen Plan mit, wegen Errichtung einer regelmäßigen Postverbindung zwischen Prag und Brünn.

Berka nahm von dem Schreiben der Ungarn vorerst keine Notiz, sondern zog die Truppen Tilly's in der Nähe von Brünn zusammen, um auf alle Eventualitäten gefaßt zu sein. Gewiß waren ihm die Bewegung der Friedenspartei, die Verbindungen derselben mit den Ungarn, die Schritte Zierotin's, Hobitz's und Liechtenstein's nicht entgangen. Die Warnungen, welche ihm von Prag aus zukamen über den Charakter der Schritte jener Herren, überzeugten ihn, daß rasches Handeln Noth thue. Er konnte die

---

[43] Landtagspamatkenbuch Jännerlandtag 1608. — Cod. 18. Feb. 1608 Illyeshazy. — Harlay 16. Feb. 1608 238/10. — Boczek Priv. Slg. Pat. 5. Jänner 1608, Nr. 2859, über das bischöfliche Münzrecht. — Der spanische Botschafter lobt den Cardinal und bemerkt, er sei der eifrigste Diener des Kaisers, ganz wie sein Vater Adam. War von Dietrichstein war aber nach Italien gereist, um den Inconvenienzen einer falschen Stellung auszuweichen, welche die Mißhelligkeiten zwischen den kais. Brüdern hervorrief. Clem. al rey 15. März 1608. 2494. Sim. Hurter V. 235.

Gegner am sicherſten treffen, wenn er ihre Häupter unſchädlich machen würde. Es war eine bekannte Sache, daß Berka
und Tilly die Abſicht hatten, ſich der Perſonen und des Eigen-
thumes derſelben zu bemächtigen, ſie als Feinde des Kaiſers zu
vernichten. Gegen die Ungarn wollte man dieſes Verfahren ſchon
früher anwenden. Ein Epigramm war im April 1608 im Umlauf, welches nachſtehende Worte dem „Monſor“ Tilly in den
Mund legte:

> Ich hab die ganze Nacht gearbeitet,
> Meinen Garn auf's gewiss ausbreitet,
> Meine Compagnie zur Hülf angelangen,
> Doch keinen mährischen Herrn können fangen.

Da dieſe Beſchuldigung Tilly's in einer in ganz Deutſchland
colportirten Druckſchrift enthalten war, verfaßte er eine beſondere
Rechtfertigungsſchrift und erklärte in einem Schreiben an Churpfalz dieſe Gerüchte als verleumberiſch.[44]

Erſchreckende Nachrichten kamen aus dem benachbarten Troppau; hier wüthete das Geißbergeriſche Regiment, Bürger ermor-

---

[44] Dieſe Druckſchrift Tilly's, welche im Cod. G. in böhmiſcher Ueberſetzung
mitgetheilt iſt, enthält eine einfache Negirung der vorgebrachten Klagen.
Tilly verſichert, nur immer ſo gehandelt zu haben, wie es ſich einem
Cavalier zieme. Es ſeien ihm keine Klagen über Exceſſe ſeines in
Mähren liegenden Kriegsvolkes zugekommen, welchen er nicht gerecht
geworden wäre; mit Entrüſtung weiſt er die Beſchuldigung zurück, die
Ermordung mähriſcher und öſterreichiſcher Herren in Abſicht gehabt,
und ſtellt es entſchieden in Abrede, dabei blutige Aufträge (von Prag
aus) erhalten zu haben. Die Zeit, in welcher Tilly dieſe Antwort nieder-
ſchrieb, dürfte das Ende Aprils 1608 geweſen ſein. Tilly an Churpfalz
1608. Münchner Staatsarchiv 547/4 F. 267. Tilly oder der dreißigjährige Krieg, von Gf. Villermont. Schaffhauſen. Hurter. 1860. S. 49.
n. 3. — Cod. G. Fol. 113 im Land. Arch. Es enthält dieſer Coder
ein Gedenkbuch der Stadt Brünn, verfaßt von Georg Hovorius, Anfangs des XVII. Jahrhunderts, und iſt eine treffliche Quelle zur Geſchichte der Stadt Brünn in jener Periode. Der Coder enthält Fol. 117
auch mehrere Epigramme über die Perſonen, welche zur Zeit der Differenzen zwiſchen Mathias und Rudolph eine hervorragende Rolle ſpielte.
Wir haben dieſelbe im Beilagenbande Nr. CCLXXXIX. abgedruckt. Das
obige Epigramm über Tilly iſt dieſer Sammlung entnommen. — Hurter
V. 117. 218. 247. 253. 307. — Cod. 15., 19. und 24. März 1608.

benb, Knaben und Mädchen schändend. Gegen die Capitulation mußten die Bürger katholisch werden; der protestantische Gottesdienst wurde eingestellt und als sich einige Bürger zur Wehre setzten, wurden die Vornehmsten öffentlich enthauptet und die Leichen profanirt. [45])

Diese Vorgänge mußten den Ausbruch der Bewegung beschleunigen. Es handelte sich nicht allein um die Friedensconfirmation. Eine Verwaltung, die sich zur Aufgabe gemacht zu haben schien, das Land zu verderben, das Leben und Eigenthum der Bürger zu gefährden, konnte auf die Dauer nicht bestehen.

Freitag am 7. März 1608 wurde eine Landrechtssitzung zu Brünn abgehalten. Eine große Anzahl von Herren und Rittern fuhren nach der Hauptstadt, wiewohl noch Tags zuvor das unheimliche Gerücht herumgetragen wurde: Berka habe bei Nacht und Nebel Truppen in die Stadt eingelassen, um den bekannten blutigen Auftrag Tilly's auszuführen, [46]) auch stehe der Stadtrath völlig auf Seite Berka's. Als die obersten Landesofficiere und die Landrechtsbeisitzer, darunter Herr Carl von Zierotin, sich im Sitzungssaale in Gegenwart einer zahlreichen Zuhörerschaft versammelt hatten, trat plötzlich Herr Carl von Liechtenstein an

---

[45]) Ens Oppaland, 2, 106 und 108. — Harlay a. a. O. 22. März 1608, 238/10.

[46]) Tilly, erzählt eine Zeitung aus Linz, (Anhalter Acten Bernb. CXIII. Fol. 1/213) sei „schlechter Wege halber nicht zeitig gekommen" und habe sein Nichterscheinen durch ein Schreiben an Berka entschuldigt. Der Bote, welcher das Schreiben überbringen sollte, sei an die unrechte Adresse gelangt und der Brief durch einen Herrn erbrochen worden, welcher den Inhalt den Landherren bekannt gab. Dadurch sei der Anschlag Tilly's verrathen worden. Nach dieser Zeitung waren die Wohnungen der Landherren schon dem Herrn v. Tilly bezeichnet, in welchen diese des Nachts überfallen und ermordet werden sollten. Diese Geschichte klingt fast wie eine Fabel. Eine nicht sehr zuverläßige Quelle — eine Zeitung aus Linz, erzählt davon, während den mährischen Berichten die Botengeschichte ganz unbekannt ist. Ebenso ungenau ist die Erzählung, daß, als Berka am zweiten Tage mit lauter Stimme in der Landstube ausgerufen: Wer kaiserlich sei, solle zu ihm treten — nur zwei Herren bei ihm blieben, die andern aber ruhig auf ihrem Platze gestanden seien. Es scheint dies eine Verwechslung mit der Aufforderung Liechtensteins zu sein.

der Spitze von mehr als sechzig bewaffneten Herren und Rittern [41]) lärmend in den Saal, ergriff, an Berka sich wendend, das Wort und erklärte Namens aller Anwesenden, wie die Nachricht von der Bewaffnung der Ungarn und den Werbungen in Oesterreich eine ungemeine Aufregung im Lande verursacht habe. Diese Aufregung sei im steten Wachsen, da fremdes Kriegsvolk, Tilly's Truppen zu dreißig und vierzig Mann in Mähren eingedrungen seien, ohne daß man wisse, wer hiezu die Genehmigung ertheilt habe. Die mährischen Landherren finden es für nothwendig, in dieser höchsten Gefahr für das Land, für Gut und Blut, für Weib und Kind, die Lage Mährens hier zu erwägen und fordern die Herren vom Landrecht auf, die Schranken zu öffnen, damit sie mit den Oberstlandesofficieren und den Landrechtsbeisitzern vereint die nöthigen Maßregeln treffen können. Berka erlangte mit einem Male Gewißheit über die Absichten der Herren und Ritter. Angesichts des Sturmes, der sich, wie er es ahnen mochte, auch gegen ihn erhob, verlor er nicht den Muth und war entschlossen, dem Begehren entschieden entgegen zu treten. In stolzem Tone erwiderte er, seine Kundschaften seien verläßlich, er wisse von keiner Gefahr; übrigens habe sich darum Niemand zu kümmern, als er selbst, er vertrete hier den Kaiser, wolle jenes Begehren Seiner Majestät anzeigen, und nach erhaltener Antwort den Ständen gestatten mit den Landesofficieren zu conferiren. Herr von Berka war formell im Unrechte, denn es war gebräuchlich, daß bei außerordentlichen Zuständen und Gefahren das Landrecht sich mit Ständegliedern verstärkte, wie es seit dem Jahre 1605 häufig geschah. Herr Carl von Liechtenstein wiederholte, sich auf diese Gewohnheit fußend, das Begehren: die Schranken zu öffnen, nachdem die Gefahren für das Land zunehmen, Heiduken und kaiserliche Söldner Einfälle machen; — er frage jetzt den Landeshauptmann, wie er das Land vor dem „Verbrennen und Versengen schützen wolle." worauf Berka erwiderte, „er, Herr von Liechtenstein, habe kein Mandat, im Namen Anderer zu sprechen." Allein es erhoben sofort alle Landherren ihre Stimme, um zu bekräftigen, Liechtenstein sei ihr Wortführer.

Nach dieser Scene zog sich Berka mit den Landrechtsbei-

---

[41]) Es war nicht gestattet, die Landstube bewaffnet zu betreten.

ſtitern in das benachbarte Berathungszimmer zurück. Nach längerer
Zeit kam er heraus und wiederholte seine frühere abweisliche
Erklärung. Die Herren und Ritter forderten darauf, daß die
Landesofficiere heraustreten, sich mit ihnen vereinigen, um Be-
schlüsse zu fassen, da Gefahr am Verzuge sei; Nachts werde Kriegs-
volk in die Stadt eingelassen, die Berathung sei nicht zu verschieben.

Nach einer abermaligen Besprechung mit den Herren des
Landrechtes verkündete Berka den Beschluß: die Landrechtsbeisitzer
wollen in den Functionen ihres Richteramtes nicht gestört sein,
er werde S. M. bitten, einen Landtag einzuberufen. Bis dahin
mögen sich die Herren gedulden. Man sagte es ihm später in's
Gesicht: er habe die Worte des Beschlußes, der dem Begehren
Liechtenstein's gerecht sein wollte, verdreht. Es war Berka vor
Allem darum zu thun, Zeit zu gewinnen, um vor der Zusammentretung des Landtages die nöthigen Truppen sammeln und die
Bewegung mit Gewalt unterdrücken zu können. Noch waren die
Landherren entschlossen, die Form zu wahren, um den Vorwurf
eines revolutionären Vorgangs von sich fern zu halten. Sie
begehrten daher abermals den Einlaß in die Schranken, um in
legaler Weise die Lage des Landes in Erwägung zu ziehen. Nach
einer dritten Berathung, welche bis sechs Uhr Abends dauerte
und wobei die Herren des Landrechtes Berka zwangen, nachzugeben und den Wortlaut ihres Beschlußes genau zu verkünden,
sprach dieser zu den Landherren in büsterem Lakonismus: „Wollet
morgen um acht Uhr in der Landstube erscheinen!“ Die Inter-
pellation über das nächtliche Oeffnen der Stadtthore und Einlassen bewaffneter Männer beantwortete er nicht.

In banger Besorgniß und erzürnt über das erfolglose Mühen
und Ringen, den gesetzlichen Boden zu behaupten, traten die Stände
nach dieser Antwort zu Berka, protestirten in einer öffentlichen
und feierlichen Erklärung gegen dessen Verfahren, lehnten die
unheilvolle Folge seiner Weigerung, den legalen Weg zu öffnen,
von sich ab und erklärten ihn für seine Handlungsweise verantwortlich. Sie schloßen den Protest, indem sie die Schranken gewaltsam öffneten und Herrn von Berka, unter Ausstoßung von
Schimpf- und Drohworten zuriefen, kein Vertrauen in seine Verwaltung zu haben. Schon seit der Zeit des ersten Türkeneinfalls
habe er es verwirkt. Herr von Liechtenstein im hohen Grade auf-

geregt, rief ihm zu: „Du follſt Landeshauptmann fein, Du biſt
aber ein Landesverräther und ein lofer ehrvergeffener Böfewicht,
der nicht werth iſt, neben einem ehrlichen Landherrn zu ſitzen!“

Als Berka hinausging, machte ihm Niemand die „Reverenz“
und die im Vorzimmer wartenden Lakaien ſchrien ſpottend einander zu: „was biſt Du, ſpaniſch oder ſlattiſch?“ auf Berka's
Gefinnung anſpielend. [48])

Die Landherren traten ab und verſammelten ſich Nachts in
einem Gaſthauſe; ſie ſchliefen nicht, das unheimliche Gerücht, daß
Bewaffnete in der Stadt verſteckt ſeien, veranlaßte ſie, fünfzig
der jüngeren Cavaliere die Straßen durchreiten zu laſſen und
Wache zu halten. So brach der Morgen des 8. März heran.
Noch im Gaſthauſe begann die Erwägung der Vorgänge des ge-
ſtrigen Tages. Berka's Weigerung wurde als ein Act des Landesverrathes angeſehen. Alle Beſchwerden, die man gegen ihn hatte,
wurden vorgebracht. Seit ſeiner Ankunft in Mähren hatte er gegen
Recht und Geſetz gehandelt. Er war es, der Zank und Haber
unter die Landherren ſäete und die Verſöhnung hinderte. Sein
Amt beutete er aus, um reich zu werden. Die Geſchichte ſeines
Armeecommando's im J. 1604 kam zur Sprache, nie habe er ſich
Panzer und Schwert angeſchnallt und doch ſich die Beſoldung
und andere Gelder zugeeignet, der Kaiſer ſelbſt habe ſich darüber
beſchwert. Die Gewalt, die das Amt des Landeshauptmanns über
die Waiſen von Standesperſonen einräume, hatte er ſchmählich
gemißbraucht und adelige Jungfrauen wie Bauernmägde auf ſeinem Hofe gehalten. [49]) Durch falſche Angaben bei Hof hatte er
den Kaiſer gegen die Stände geſtimmt, um ſich eine unumſchränkte
Gewalt zu erwirken. Kein Geſetz, keine Landesordnung war ihm
heilig, er vermaß ſich einſt zu erklären, daß, wenn der Kaiſer
Etwas gegen das Recht und des Landes Wohl befehlen werde,

---

[48]) Cod. 19. März 1608 Lomb. — Biſcher an Fleckhammer 12. Auguſt
1608. Sec. d'Etat. Brüſſel 103.

[49]) Ein ſchrecklicher Zuſammenhang Berka's mit dem allmächtigen Kammerdiener Lang drängt ſich hier auf. Dieſer alte Jude war ein ſchamloſer
Wüſtling und Kuppler. Nach ſeiner Gefangennehmung kam es zur
Sprache, daß ſeine „Mercantien“ zum Aufſtand und Abfall der Mährer
viel beigetragen haben. Hurter. P. Lang. 155.

er der Mann sei, dies auszuführen. Die Sequestration der Herrschaft des Grafen Illyezhazy, Göding, welche nach dem Frieden
hätte tractatmäßig aufgelassen werden sollen, wurde zu seinem
Vortheile fortgeführt. Er benahm sich nicht wie ein Beamter des
Kaisers, sondern wie ein Erbherr von Mähren. Außerdem hatten
die Führer der Bewegung: Liechtenstein und Zierotin, ganz besondere Ursachen, dem Landeshauptmann feind zu sein; durch
Berka haben diese Beiden ihre Aemter verloren, in Folge seiner
Ränke sind Processe zu Ungunsten Liechtenstein's entschieden worden. Berka verfolgte eifrigst die Picarditen. Er heiratete eine
Verwandte Zierotin's wider dessen Willen und bewirkte deren
Uebertritt zur katholischen Kirche. — Die Cavaliere faßten jene
Beschwerden in einer schriftlichen Klage zusammen, dann eilten
sie in die Landstube, — Berka war noch nicht anwesend. Endlich erscheint er daselbst doch „unerschrocken und unbewogen"
über die wiederholte Forderung der Landherren, seine gestrige Weigerung erneuernd. Darauf erhob sich Liechtenstein, hielt ihm alle
jene Klagepuncte vor und schloß mit der Erklärung, daß er (Berka)
nicht länger im Amte bleiben könne.⁵⁰)

Liechtenstein bemerkte zugleich, daß eben Nachrichten über die
Excesse der Tilly'schen Reiter einliefen, das Gericht möge sich
vertagen, da wichtigere Dinge auf der Tagesordnung ständen. Berka
mußte über diese Puncte die Umfrage im Landrechte halten, die
erste Waffe gegen sich gleichsam selbst schmieden. Der Beschluß
fiel ganz gegen seine Ansicht aus. Sein Sturz war jetzt unvermeidlich. Als nunmehr Liechtenstein die Landesofficiere und Landrechtsbeisitzer mit dem Ausrufe: Qui amat patriam sequatur me!
aufforderte, aus den Schranken herauszutreten und sich mit ihnen
zu vereinigen, kamen — zwei Personen ausgenommen — alle zu
den Baronen heraus.⁵¹) Es gab nicht mehr eine protestantische
und eine katholische Partei. Alle religiösen Differenzen ruhten; es
gab nur eine Partei, die Partei, welche Recht und Gesetz, Leben
und Eigenthum gegen jeden Feind vertheidigen wollte; die ungeheuere Partei der Ordnung und des Friedens gegen die der Willkür
und der Anarchie. — Durch ihren Beitritt hatte die oberste Ver-

---

⁵⁰) Bischer an Fleckhammer 5. Juli 1608. Brüssel. Sec. d'Etat d'All. 163.
⁵¹) Wahrscheinlich Kawka und Ziampach.

waltungsbehörde Mährens das Vorgehen der Landherren offen
gebilliget.

Anders war die Haltung der k. Städte. Das Patriziat, die
Rathsfreunde waren dem Abel entschieden feindlich gesinnt. „Civitas nobis infesta,“ schrieb Carl v. Zierotin an Tschernembl;[52])
denn so groß war der Haß der Ersteren gegen die Landherren,
daß jene lieber das alte Willkürregiment, das ihrem Wohlstande,
ihrem Gewerbfleiße so tiefe Wunden schlug, erdulden wollten, als
eine neue, die Gewissensfreiheit gewährende Regierung anzuerkennen, nur weil dieselbe vom Adel postulirt wurde. Es waren
dies die Früchte jenes erclusiven Geistes, welcher die Bürger gegen
die bestehenden Verträge vom Ankaufe landtäflicher Güter beharrlich ausschloß. Dieser Haß, den der Stadtrath von Brünn
auch offen zeigte, die Ergebenheit und Anhänglichkeit desselben für
den Landeshauptmann Berka flößte den Cavalieren, die noch in
der Hauptstadt weilten, ein Gefühl von Unsicherheit ein. Sofort
beeilten sich diese den Landesofficieren und Landrechtsbeisitzern mitzutheilen, daß sie von Gefahren umringt seien. Der Hoffecretär
Menzel hatte seinem Schwiegersohne, dem Brünner Bürger, Paul
Hovorius, von Prag aus geschrieben, er möge seine Frau und
Kinder wohl beschützen, in Mähren würden wunderliche Dinge
vorgehen und einige um ihren Kopf kommen. Man erzählte, daß
verdächtige Personen, welche ihr Antlitz im Mantel verbargen,
Nachts von Berka's Pferden geführt, in die Stadt kämen und
mit diesem insgeheim verkehrten, worauf er sie des Morgens entließ. Auf bezügliche Anfragen hatte Berka gar nicht oder nur
ausweichend geantwortet. Die Landherren beschlossen, noch einen
Versuch zu machen, um den Brünner Stadtrath auf ihre Seite
zu bringen und die Unterstützung der Städte überhaupt zu gewinnen, zumal die Landtafel innerhalb der festen Ringmauern
derselben sich befand. Samstag Morgens, als die Landherren
in der Landstube tagten, sandten sie den Herrn Přepicky und einen
anderen jüngeren Ritter zu dem im Rathhause versammelten Brünner
Stadtrathe mit der Aufforderung, in der Landstube zu erscheinen
und mit den andern Ständen gemeinsame Sache zu machen. Der
Stadtrath ermächtigte drei Rathsherren und den Stadtschreiber

---

[52]) Cod. 31. März 1608 Tschernembl.

Georg Hovorius in die Landstube zu gehen und kund zu machen, daß der Stadtrath, nur um sich nicht unwillfährig zu zeigen, diesen Schritt gethan hätte. Der Stadtrath wäre eigentlich dazu nicht verpflichtet, weil kein Landtag ausgeschrieben sei und die Bürger von Brünn nur einen Theil des vierten Standes bilden, daher im Namen des ganzen Standes nicht handeln konnten. Als die Deputirten der Hauptstadt in der Landstube eingetreten waren, ging Herr Carl von Liechtenstein denselben schnell entgegen und lud sie ein, da ihnen die Entschlüsse der Landherren, das Land vor Verderben zu bewahren, bekannt seien, diesem Entschluße beizutreten. „Bleibet bei uns, wir werden Euch nicht verlassen," bemerkte Herr von Liechtenstein, er erwähnte dann, daß ein gewisser Hovorius erzählt habe: ehe acht Tage verstreichen, würde es einigen Adelsherrn übel ergehen. Liechtenstein fordert die Rathsfreunde auf, sich hierüber zu erklären, die Stadt wohl zu bewachen und Niemanden Nachts einzulassen. Georg Hovorius, der ein Mitglied der Deputation war, trat hervor und bemerkte: „er selbst sei der erwähnte Hovorius und habe nichts derartiges ausgesprengt; wohl sei ihm von einem Ritter berichtet worden, daß, ehe acht Tage vergehen, 17,000 Ungarn und Heiduken einmarschiren würden. Man habe seine Worte verdreht." Jenes fatale Gerücht wurde von Paul Hovorius verbreitet und war nicht widerlegt, wenn auch Georg Hovorius wahr gesprochen hatte. Die Bemerkung des Stadtschreibers über die Ungarn machte die Landherren mißtrauisch, sie sahen einander etwas verblüfft an, weil sie wahrnahmen, daß ihre eigenen geheimen Plane und jene der Ungarn schon bekannt waren.

Die Deputation gab keine entscheidende Antwort, da sie die Entschlüsse des Rathes zuvor vernehmen mußte; sie gab aber die Gesinnungen des Rathes kund, indem sie die Ueberzeugung aussprach, daß sich dieser in allen Dingen, die im Interesse des Kaisers und des Landes liegen, von den oberen Ständen nicht trennen würde.[53] Allein der Stadtrath war der Ansicht, daß die oberen Stände im Begriffe waren, sich wider ihren rechtmäßigen Kaiser

---

[53] Cod. G. 43/b. Nach einer hierüber vom Stadtschreiber selbst auf Befehl des Rathes verfaßten Denkschrift über die Vorgänge in Brünn am 8. März 1608.

und Herrn zu empören. Der Stadtrath von Brünn billigte die Vorgänge der Landherren nicht. Diese kannten genau die feindliche Stimmung desselben; sie erwarteten nicht einmal die Beantwortung der an ihn durch die Deputation gestellten Frage und faßten den Beschluß, an einem Orte, wo ihre persönliche Sicherheit nicht bedroht war, über die öffentlichen Angelegenheiten Mährens und die Maßregeln des Widerstandes zu berathen. Hiezu wurde die Stadt Austerlitz erkoren. Noch am selben Tage Samstag Abends den 8. März fuhren die Herren und Ritter in großer Zahl von Brünn nach Austerlitz. Sonntag Morgens am 9. März besuchten sie den Gottesdienst und versammelten sich hierauf im Rathhause. Hier wurden sogleich einige Herren: Herr Carl von Liechtenstein, Weichard Graf von Salm, Georg Martinkowsky und Johann Bukuwky gewählt,[54]) um über die Lage des Landes Bericht zu erstatten; nach dem Vortrage desselben beschlossen die Landherren einstimmig: 1000 Reiter zum Schutze des Landes und zur eigenen persönlichen Sicherheit zu werben, zu diesem Behufe eine Steuer von 120 fl. auf jedes Giltpferd umzulegen und eine Zusammenkunft zu Eibenschitz abzuhalten, angeblich, um den Mitgliedern aller vier Stände die gefaßten Beschlüsse bekannt zu machen. Sonach wurden alle Prälaten, die Herren und Ritter des Landes eingeladen, am Sonntage Quasimodo (13. April), in Eibenschitz zu erscheinen. Die königliche Stadt Brünn erhielt ein besonderes Einladungsschreiben mit der Aufforderung, die andern k. Städte davon in Kenntniß zu setzen.

Auch an den Kaiser schrieben die Landherren (am 10. März) und führten Klage gegen Berka, sie baten, Seine Majestät möge einen andern Landeshauptmann ernennen. Sie erwähnten in diesem Schreiben des Landfriedens vom Jahre 1579, insbesondere jenes Artikels, der das Recht des Widerstandes bei Verfassungsverletzungen gewährleistet.[55]) Nichts konnte deutlicher die Absichten der Landherren zeigen. Sie erklärten sich bereit, wenn der Kaiser einen Landtag nach Eibenschitz für den 13. April ausschriebe, (es war der von den Landherren selbst bestimmte Ort und Tag)

---

54) Cod. G. Fol. 56.

55) S. S. 46, n. 47 und 121 dieses Werkes.

denselben zu beschicken. In jenem Schreiben rechtfertigten sie die eigenmächtige Einberufung einer Zusammenkunft daselbst durch Hinweisung auf Berka's gefährliche Anschläge; sie baten, Seine Majestät möge in der Festsetzung der Zeit und des Ortes des Landtags nicht die Absicht eines Ungehorsams erblicken; Gefahr am Verzuge sei vorhanden und diese habe sie dazu gedrängt. Am Schluße der Schrift traten sie offen mit einem Theile ihrer letzten Absichten hervor: sie baten um endliche Confirmirung der beiden Frieden, welche von Erzherzog Mathias über des Kaisers Anordnung geschlossen, durch die Stände Mährens und anderer Länder garantirt und besiegelt wurden. Auch an die Böhmen und an die Schlesier schrieben die in Austerlitz versammelten Stände; sie entwickelten die Beweggründe ihrer letzten Beschlüsse und baten um Intervention bei Rudolph wegen der Friedensbestätigung, dann wegen Entfernung der kaiserlichen Soldaten aus Mähren. Gleichzeitig forderten sie die Stände jener Länder auf, mit ihnen gemeinschaftlich vorzugehen. Sie bringen in Antrag die Bildung einer engern Union der böhmischen Kronländer, vorerst freilich nur in den weitesten Umrissen. In allen ihren Schreiben beobachten sie genau die legalen Formen. Sie sprechen nicht von sich wie von den Ständen Mähren's; es sind nur die in Austerlitz versammelten Personen des Herren- und Ritterstandes, welche die Briefe und Denkschriften unterzeichnen.[56])

Nach der Ausfertigung jener Beschlüße verließen die Landherren Austerlitz schon am 11. März. Jeder zog nach einem Orte, wo die persönliche Sicherheit nicht gefährdet war, da Berka die Absicht hatte, den Aufstand mit Gewalt der Waffen niederzuhalten. Berka hatte sich auf sein Gut Groß-Meseritsch begeben, um dort in Mitte des Lagers der kaif. Truppen und näher an der böhmischen Grenze zu sein. Wir zweifeln nicht, daß es ihm auch gelungen wäre, die aufrührerische Bewegung zu dämpfen, wenn nicht die bekannte Unentschlossenheit des Hofes dem Landeshauptmann die Mittel dazu entzogen hätte.[57])

---

[56]) Cod. G. 41, dann Cod. Hofer (In Dudik's Geschichtsquellen S. 173 beschrieben) und Cod. D. S. 805 im L. A. Handschriften.

[57]) Berka an die Olmützer 10. März 1608. Olmützer Stadtarchiv-Repertorium L. 1. 10.

Herr Carl von Zierotin, welcher diese Bewegung organisirt, das Programm dafür entworfen hatte,[56]) kehrte über Boskowitz nach Rositz zurück, doch nur auf einen Tag, nur um seine Kinder und Kostbarkeiten abzuholen und in Sicherheit zu bringen, denn nächst Rositz lagerte das Tilly'sche Kriegsvolk. Er fuhr dann am 19. März über Seelowitz nach Straßnitz zu seinem Vetter Johann Friedrich, woselbst er vom 24. März bis 11. April verweilte. Hier war er nicht fern von Ungarn und konnte sich, wenn ihm nachgestellt werden sollte, leicht zu Illyezhazy begeben.

Berka erließ von Meseritsch ein abmahnendes Schreiben an die k. Städte, er befahl denselben sich mit dem Austerlitzer Rumpflandtage nicht einzulassen, keine Soldaten zu werben und die Stadtthore wohl zu bewachen.

Die Stadträthe sandten in Folge dieser Aufforderung die Schreiben der Austerlitzer Herren an Berka und erklärten, den Landtag zu Eibenschitz nicht beschicken zu wollen. Die Stadt Olmütz sprach sich in diesem Sinne aus und überlieferte die Einladung zur Eibenschitzer Versammlung dem Kaiser. Zugleich erinnerte sie den Brünner Rath an die alten Verbindungen und drang jetzt bei so gefahrvollen Zeiten auf die Erneuerung derselben. Berka belobte die treue Haltung der k. Städte und versprach dies loyale Benehmen dem Kaiser zur Kenntniß zu bringen.

Die Gesinnung der herrschenden Partei in den k. Städten konnte die Bedeutung der, dem Hofe feindlichen Beschlüsse jener mährischen Barone nicht abschwächen. Die Größe der Gefahr, die Besorgniß, daß Mähren für den Kaiser verloren gehen könnte, beschleunigte die Entschlüsse des Hradschiner Hofes. Es war nur möglich, den Aufstand mit Strenge zu unterdrücken oder den Forderungen offen und ehrlich nachzugeben. Es war vorauszusehen, daß ein dritter Weg erfolglos bleiben mußte, und doch wurde dieser eingeschlagen.

Der Kaiser sandte seinen vertrauten Rath, den Cardinal Dietrichstein, dessen Stimme in Mähren großes Gewicht hatte, und Wilhelm von Slavata auf Hradek und Teltsch, Burggrafen

---

[56]) Le Baron Charles de Zierotin qui est bien connu du roi, est joint, a ceque j'entende au sieur de Liechtenstein pour les affaires de Moravie. Harlay 238/10 P. 30, 22/3 1608.

von Carlstein, nach Brünn, um den Sturm zu beschwören und die Stände mit Berka zu versöhnen. Diese Herren trafen vor dem 19. März daselbst ein. Sie hatten den Auftrag, einen Landtag auf den 27. März einzuberufen. Berka erließ im Namen des Kaisers das Ausschreiben.[59]) Die Landherren waren nicht in Brünn, und es war nicht anzunehmen, daß sie zum 27. März in die Hauptstadt kommen würden. An sicherem Orte, wahrscheinlich in der Nähe von Ungarn, hatten sie Berathungen mit dem Cardinal. Sie wollten, daß Berka, den sie des Landesverrathes beschuldigten, nicht zum Landtag komme. Tilly's Regiment lagerte nur drei Meilen von Brünn und die feindliche Haltung der Stadt Brünn, in welcher Herr von Berka zahlreiche Anhänger zählte, veranlaßte sie, sich für das Nichterscheinen in Brünn zu erklären. Als aber der Cardinal sein Wort für die persönliche Sicherheit der Landherren verpfändet und Berka die Versicherung gab, nicht zu erscheinen, fuhren sie nach Brünn, um die Proposition zu vernehmen, welche die kaiserlichen Commissäre Wilhelm von Slavata und Johann d. ä. Lukawsky von Lukawetz auf Zamrsk vorzutragen hatten. Der Landtag war zwar auf den 27. März ausgeschrieben; durch jene Unterhandlungen verzögert, wurde derselbe jedoch erst am 29. eröffnet.[60]) Der Kaiser ließ die Stände auffordern, den General-Landtag, welcher am 14. April in Prag zusammentreten sollte, zu beschicken, um die Vertheidigungsmaßregeln für die bedrohten Kronländer zu beschließen.[61]) Zugleich

---

[59]) Mezeritsch 13. März 1608. G. 47 und 49. — Cod. 19. März 1608 Lombardo.

[60]) Cod. Non. Ap. 1608 an Tschernembl. Beil. Nr. LXXXVI. — Landtags-pamatkenbuch a. a.

[61]) Das Diarium Anonymi — in der Ausgabe Dobner's II. 306. eine höchst unzuverlässige Quelle, setzt den General-Landtag auf den 14. März und verwechselt den auf den 14. April ausgeschriebenen General-Landtag mit dem böhm. Provinzial-Landtag, welcher am 10. März in Prag tagte. Der Coder 64. im Blaudaer Archiv enthält eine correctere, obwohl nicht ganz verläßliche böhm. Ausgabe jenes Diariums. In diesem Diarium geschieht des auf dem 14. April ausgeschriebenen General-Landtages Erwähnung. Auf dem böhm. Landtage ddo. 10. März wurden Rüstungen beschlossen. S. Hurter V. 252. — Ueber Dobner's Ausgabe des Diarium Anonymi und Hofer Cod. n. 56 wird der Beilagen-Band Nr. CCXC. Näheres enthalten.

befahl Rudolph, daß auf dem gegenwärtigen Brünner Landtage über keinen andern Gegenstand, als über die fragliche Proposition gesprochen werden dürfte. Eine große Mehrheit erklärte aber dieses kaiserliche Postulat nicht erfüllen zu können.

Die Stände hatten sofort die Politik des Prager Hofes durchschaut; man wollte durch Ausschreibung des General-Landtages Zeit gewinnen, die Sonderlandtage der Länder zu lähmen, und da jedes Land seine besten Männer nach Prag zu jener Reichsversammlung zu schicken pflegte, diese Männer der Bewegung, die in den einzelnen Ländern begonnen hatte, entziehen und als Geißel in Prag zurückbehalten. Als Motive der Ablehnung der Postulate hob Herr von Zierotin hervor die Gegenwart fremder Truppen, welche Leben und Gut der Einwohner bedrohen und daher die Anwesenheit aller Landherren erheischen, um sich gegen diese Angriffe zu schützen, dann die Unklarheit der Aufgabe des Prager General-Landtages und das Eintreten der heiligen Fastenzeit, welche nicht gestattet, die Wahlen für den letzteren vorzunehmen. Zugleich protestirte Zierotin und mit ihm fast alle Landtagsmitglieder gegen das Verbot, im Landtage über anderes zu berathen, als über das, von den kaiserl. Commissären festgestellte Programm; Zierotin erklärte dieses Begehren als ganz verfassungswidrig. Die Antwort des Landtages erfolgte in so dürren und stolzen Worten, daß die k. Commissäre, über das ungewohnte Benehmen der Stände erstaunt und betrübt, keinen der andern Aufträge des Kaisers zur Sprache bringen wollten. Nur versuchten sie noch den Befehl des Kaisers vom 25. März 1608, wegen Vertagung des Eibenschitzer Landtages, bekannt zu machen. Die Stände erklärten jedoch ohne Umschweif, diesen Auftrag nicht befolgen und in die Vertagung nicht einwilligen zu wollen. Wiewohl diese Verhandlungen bis zu einer späten Nachtstunde gedauert hatten, reisten die Landtagsmitglieder noch in derselben Nacht davon. Die kaiserl. Commissäre blieben allein zurück, um mit schweren Herzen die folgenreiche Thatsache zu constatiren, daß im Landtage vom 29. März die Beschlüsse der Austerlitzer Versammlung gebilligt wurden, daß sich nunmehr die gesetzliche Vertretung des Landes Mähren der Auflehnung anschloß.

In der sehr schwachen, dem Kaiser ergebenen Minorität befand sich auch der vierte Stand: die k. Städte; der Kaiser hatte denselben (wie den Prälaten) verboten, die Versammlung zu Eibenschitz zu besuchen. Der Brünner Stadtrath beschloß, dem Befehle des Kaisers pünctlich nachzukommen. Nach Auflösung des Landtages versammelte sich in Brünn Anfangs April der Städtetag und benachrichtigte (1. und 3. April), in Uebereinstimmung mit den Beschlüssen des Brünner Stadtrathes, die drei oberen Stände, daß die Städte in Eibenschitz nicht erscheinen können, weil der Kaiser es ausdrücklich untersagt hatte. Für diese ihre treuen Gesinnungen baten sie den Kaiser, sie mit Einquartirungen zu verschonen. Rudolph gab ihnen hierüber beruhigende Zusicherungen. Die k. Städte waren übrigens viel zu gering an Zahl, als daß ihre Haltung in den Gang der Ereignisse hätte entscheidend eingreifen können. Hier tritt nun deutlicher als bei andern Anlässen die Bedeutung jener Maßregeln hervor, durch welche die Landherren die große Anzahl der königlichen Städte im fünfzehnten Jahrhunderte allmälig auf sechs reducirten. Hätte der Kaiser auf den Beistand von dreißig königlichen Städten zählen können, so würden die Landherren im Jahre 1608 kein so leichtes Spiel gehabt haben.[62])

Es war im Rathe der mährischen Parteihäupter beschlossen, unter dem Schutze des Erzherzogs Mathias, dessen Ankunft damals erwartet wurde, das Land Mähren mit Ungarn und Oesterreich zu verbünden; dies war der eigentliche Zweck der Zusammenkunft zu Eibenschitz. Zugleich sollte Mähren, welches nun offen die Fahne des Widerstandes aufgepflanzt hatte, ein Herd der Agitation für Böhmen und für Schlesien sein. Die Seele dieser Agitation aber war Herr Carl von Zierotin. Er konnte das Versprechen einer Zusammenkunft mit Herrn von Tschernembl nicht zuhalten, weil er durch die Leitung der öffentlichen Geschäfte ganz in Anspruch genommen wurde. Durch Timinus und Hock wirkte er unermüdlich und unablässig auf Rosenberg, um durch diesen und Wenzel von Budowa (welcher damals in Wittingau war), die böhmischen Herren für den Erzherzog zu stimmen. Fürst Christian von Anhalt, welchem sich Mathias auch durch Stahrenbergs Ver-

---

[62]) Landtagspamatkenbuch a. a. — Cod. G. 62. Beil. Nr. LXXXVI. — Cod. H. 60. Cod. G. 59. 94. ddo. 26. März und 2. April 1608; dann 58, 60, 93.

mittlung näheru wollte, wurde von allen Vorgängen in Mähren unterrichtet,[63] ja man glaubte sogar, daß er, wenn es nöthig werden sollte, mit pfälzisch-französischen Truppen zu Gunsten der Bewegung interveniren würde. Schlesische Fürsten: der Herzog von Münsterberg und der Markgraf von Brandenburg und Jägerndorf, unterhielten in der Nähe Carls von Zierotin Agenten, welche über den Stand der Dinge zu relationiren hatten. Gleich nach den Beschlüssen des Landtags vom 29. März schreibt Zierotin in freudiger und gehobener Stimmung an Tschernembl, daß in Folge seiner Bemühungen der General-Landtag zu Prag nicht zu Stande kommen werde; auch die Schlesier, durch das Beispiel Mährens aufgemuntert, würden diesen Landtag nicht mehr beschicken. Er hoffe, daß in Böhmen die Zweifelnden noch schwankender, die Guten und Verständigen, darunter gewiß auch Herr von Rosenberg, durch die Haltung Mährens aufgerichtet werden würden. Die Beschlüsse des Landtags würden in Böhmen sicher mit Befriedigung aufgenommen werden. Die Führer der Bewegung rechneten darauf, daß die Schlesier dem Kaiser untreu werden und die Böhmen wenigstens neutral bleiben würden. Kaum konnte Zierotin den Einmarsch der ungarischen Hilfstruppen zurückhalten; er nahm Anstand, dem Franz Turi, welcher eine Abtheilung ungarischer Truppen an der mährischen Grenze commandirte, 2000 Thaler zu senden, weil diese Geldsendung wohl der Einladung zum Einmarsch gleichkäme. Es mußte jedoch zuvor der Beschluß des Landtags zu Eibenschitz abgewartet werden. Er war besorgt den Schein zu entfernen, als ob man in Eibenschitz unter dem Drucke der Nähe eines Armeecorps Beschlüsse fassen werde.[64]

Er war überzeugt, daß der Kaiser sich jetzt unter keinerlei Bedingung freiwillig entschließen werde, die beiden Frieden zu bestätigen und den Ländern jene Garantien zu geben, welche sie vor Willkür und schlechter Verwaltung und die dem Hofe mißliebigen Personen vor einem Angriffe auf das Leben und Eigenthum schützen konnten.

---

[63] 9. und 18. Feb. 1608. Anh. Reg. Bernb. — Cod. 15. März 1608 Timino. — Hurter. V. 240. 256.

[64] Beil. Nr. LXXXVI. — Cod. 11. April 1608 Tury.

Die Absicht, einen engen Bund mit Oesterreich und Ungarn in's Werk zu setzen, barg den Entschluß der Mährer, die Regierung Rudolph's zu stürzen. Hierin lag der nächste Zielpunct der Politik des Herrn von Zierotin und so dachten selbst die Gemäßigten der ständisch-nationalen Partei. Es ist jedoch nicht zu zweifeln, daß die Ultra's, besonders in Ungarn, mit Projecten der schon vorbereiteten französisch-deutschen Union übereinstimmten und nichts Geringeres im Sinne hatten, als dem regierenden Hause die Kaiserwürde und die Erbkrone zu rauben, dann wie behauptet wird um „das Churfürstenthum Mainz zu säcularisiren und es als Lohn für die guten Dienste, mit der Würde eines Reichserzkanzlers, dem Fürsten Christian von Anhalt zu geben".[65])

Es war jene pfälzisch-französische Faction, welche nicht müde war, gegen Oesterreich zu conspiriren, um es zu schwächen und die Erbschaft in Deutschland und Italien antreten zu können.

Rosenberg schrieb an den Fürsten Christian, in Prag mit dürren Worten verkündet zu haben, daß, wenn Rudolph das Begehren Ungarns, Oesterreichs und des Erzherzogs nicht erfüllen sollte, 40,000 Heiduken vor Prag erscheinen und den Kaiser verjagen würden. Für einen solchen Fall würde Churpfalz zu „hohen Ehren" kommen. Darin lag das letzte Ziel der deutschen Unirten. Diese Absichten machen das falsche, selbstsüchtige Spiel Anhalts klar. Rudolph und Mathias sollten discreditirt, abwechselnd der eine wider den andern unterstützt werden, damit endlich, wenn die Verwirrung am höchsten, Churpfalz sich der Gewalt in den österreichischen Ländern bemächtige. Es war auch Anhalts Streben gewesen, Ungarn in seine Netze zu ziehen. Als gegen Ende des Vorjahrs das Gerücht verbreitet wurde, der Kaiser beabsichtige gegen die Türken und Ungarn den Krieg wieder aufzunehmen, wurde durch Anhalt bei Churpfalz die Frage angeregt, ob nicht an die Einverleibung Ungarns in das deutsche Reich zu denken wäre, weil dann Krieg und Friede nicht ohne Mitwirkung der

---

[65]) Villermont erzählt in Tilly's Biographie I. 93. daß: le but de l'Union etait outre la totale ruine de la maison d'Habsbourg le changement de l'Electorat de Mayence et de la charge Archichancelierè de l'Empire dans une charge et possesion hereditaire qui devrait etre donnée au prince d'Anhalt. Wir fanden nur in Villers Werk diese Behauptung.

Reichsstände geschlossen werden könnten und die Ungarn gern ihre Zustimmung geben würden, wenn sie nur bei ihrer Religion und Freiheit belassen werden.[66])

Die Vorgänge in Ungarn und im Erzherzogthum gaben jener pfälzisch-französischen Partei auf dem deutschen Reichstag eine entschiedene und feste Haltung. In der Absicht, Rudolph zu entthronen, waren die Gemäßigten mit den Ultra's zu gemeinsamer Action noch vereiniget.

Mathias war wie Rudolph unentschlossen und schwankend; allein er war in der Wahl seiner Minister vom Glücke begünstigt. Weder an des Kaiser's noch an Mathias' Hofe gab es Charaktere; aber im Lager des Erzherzogs herrschte Geist und Energie, ein Khlesel, ein Liechtenstein wirkten als geheime Räthe, ein Illyeshazy und ein Zierotin — dieser auch ein Mann von großem Charakter — standen dem Könige zur Seite. Mathias gelangte zur Ueberzeugung, daß die geringe Aussicht, die er früher auf die Nachfolge hatte, von dem Zeitpuncte, in welchem er durch die eigenmächtige Einberufung der Oesterreicher und Ungarn den Rubikon überschritten, vollends geschwunden war.

Als die Gerüchte, daß dem Erzherzog Ferdinand die Nachfolge im Reiche bestimmt sei, eine feste Gestalt 'gewannen, fand er sich tief verletzt. Das Benehmen des Erzherzogs, ganz gegen die Tendenz des Aprilvertrages 1606, empörte ihn und er zauderte nicht, diesen Vertrag, der bis dahin geheim gehalten wurde, zu veröffentlichen, um Ferdinand zu compromittiren, dessen Streben nach der römischen Krone zu vereiteln und seine eigenen Schritte zu rechtfertigen.[61])

Man erzählte sich in diplomatischen Kreisen, daß der Churfürst von Köln dem Kaiser gerathen habe, wie dessen Groß-Oheim abzudanken und sein Leben in einem Kloster zu beschließen. Da der Kaiser von der Abdankung aber nichts wissen wollte, glaubte

---

[66]) Hurter V. 203. n. 227, dann 129, 139. Rosenberg an Anhalt 9. März 1608. Anh. Act. Reg. Cop. im Land. Arch. — Anhalt an Churpfalz 12. Oct. 1607 Münch. Staatsarch. 547/3. 175.

[61]) Hurter V. 127—129, und 248—253. Mathias an Ferd. 4. April 1608, dann 224 und 271. Im J. 1608 war Ferdinand nicht der Candidat Spaniens.

Erzherzog Mathias jetzt das Aeußerste verſuchen zu müſſen: die Gewalt. Dennoch wäre er bei der Ausführung zaghaft und unentſchloſſen geweſen, wenn die Perſonen ſeiner nächſten Umgebung und ſeines Anhanges ſich nicht ſo tief eingelaſſen, Leib und Leben nicht auf's Spiel geſetzt hätten. Sie wußten, daß ihnen keine Wahl blieb, als Sieg oder Tod.

Wie man früher gegen Zierotin und Illyezhazy Capitalanklagen wegen Hochverrath erhob, ſo würden nun Alle, die das Beginnen Mathias' überhaupt unterſtützt oder gefördert hatten, auch als Rebellen angeſehen worden ſein. Aber jetzt würde nur Strenge gewaltet haben, jetzt wären ſie alle rettungslos verloren geweſen, wenn des Kaiſers Autorität in Brünn, Wien und in Ungarn wieder hergeſtellt worden wäre. Verſprechungen einer vollſtändigen Amneſtie, welche von Prag aus jenen Häuptern gemacht wurden, um ſie zu bewegen, Mathias zu verlaſſen und zu Rudolph zurückzukehren, fanden keinen Glauben mehr.[68]) Dieſe Männer, mit welchen der Erzherzog Gut und Blut zu wagen verſprochen hatte, waren jetzt ſein Schickſal und hielten das Ruder in feſten Händen.

Das Schlimmſte für Rudolph war nicht allein die Stärke und Entſchloſſenheit ſeiner Feinde, es war die Schwäche ſeiner Miniſter, es war die Thatſache, daß die Bundesgenoſſen und die Diener das Vertrauen in die Sache ihres Herrn verloren hatten. Die Correſpondenzen dieſer Perſonen überflieſſen von Verſicherungen der Treue bis in den Tod, ſie wechſeln Zuſchriften, welche die Treue und Hingebung in den lebhafteſten Ausdrücken wiederholten. Aſſiſtenz- und geheime Räthe überbieten einander in der Verfaſſung langweiliger und ausgedehnter Gutachten über das Zerwürfniß zwiſchen den kaiſerlichen Brüdern, um zum Schluß nur zu conſtatiren, daß dieſes Zerwürfniß bedauerlich ſei, daß eine größere Einigung erwünſcht wäre. Man warf in den Rathſtuben die ſcharfſinnige Frage auf: ob dieſe Einigung nicht angebahnt werden ſollte? Abmahnende und oft ſtrenge Schreiben wurden von den Erzherzogen Ferdinand und Albert, von der Erzherzogin Maria und Erzherzog Maximilian an Mathias gerichtet; die Herzoge von Baiern unterſtützten dieſe Abmahnungen durch Kundgebung

---

[68]) Hurter V. 170. 292.

der gleichen Meinung.⁶⁹) Zusammenkünfte wurden veranstaltet, bei welchen die Versöhnungsfragen akademisch beantwortet wurden. Die Herzoge forderten vom Kaiser „eine lichtvolle Darstellung, damit Jedermann klar sehe," im selben Augenblick aber ordnete der Erzherzog Mathias in Eile große Rüstungen an. Herzog Max wollte nach Prag kommen, „doch nicht gern". Der Erzherzog Ferdinand schrieb Briefe voll Hingebung an den Kaiser, seiner Mutter aber theilte er mit, er werde nur rathen, wenn er gerufen werde und unterließ es, das einzige Mittel anzuwenden: die Publication jenes kaiserlichen Patentes, das dem Kaiser die Reichshilfe und somit die Aussicht gesichert hätte, mit bewaffneter Hand den Aufstand zu erdrücken.⁷⁰)

Die Erzherzogin Maria empfahl dem Sohne die strengste Neutralität zu halten, Mathias nicht als Feind zu erklären und sich durch des Kaisers Versprechungen auf die römische Krone nicht verlocken zu lassen. Am Hofe zu Graß wurde der Beschluß gefaßt, den Kaiser zu befragen, ob er dem Erzherzog beistehen könne. Der Erzherzog könne keine Hülfe bringen, wenn der Kaiser selbst keine Kriegsmittel habe, das ist, sich nicht selbst zu helfen im Stande sei. Der römische und der spanische Gesandte wie der Churfürst von Köln, schweigen inmitten der höchsten Bedrängniß, als das Feuer schon emporloberte, und des Erzherzogs Mathias Werbetrommel in raschem Tacte ein Regiment um das andere seinen Fahnen zuführte.

Alle jene heftigen Versicherungen der Treue und der Mangel an wirklichen Beweisen dafür, alle starken Ergebenheitsschwüre und thatsächlich eine selbstsüchtige Passivität, der frühere Entschluß der geheimen Räthe, insgesammt wegen des Kaisers Un-

---

⁶⁹) Hurter V. 177—180, dann 204—205.

⁷⁰) Ranke 3. 401. — Hurter sagt: Höher als des Kaisers Recht, als des Hauses Macht stand Ferdinand die Religion. Hurter V. 180. „Ja ich sage es klar," bemerkt Ferdinand, „daß ich eher den Reichstag wolle zerstoßen, als der Religion ein prejudici geschehen lasse." Hurter V. 182. Es sind die Motive, welche den Erzherzog bestimmten, die vom Kaiser schon gewährten Concessionen in Religionssachen nicht zu publiciren — und somit den Kaiser thatsächlich seinem Schicksale zu überlassen. — S. Hurter V. 227, 229, 274, 278, dann 210—213.

tüchtigkeit abzubanken, und dann wieder die Frage dieser: wer es wage, an des Kaisers Untüchtigkeit zu glauben, zeigte nur zu deutlich, daß sich die Anhänger des Kaisers bemühten, den Schein zu retten, daß sie mit Worten voll hingebender Gesinnung verschwenderisch waren, daß sie aber keine Thaten verrichten wollten, weil Niemand geneigt war, sich an ein leckes Schiff anketten zu lassen.

Der Kaiser glaubte durch Decrete und Patente auf die Ungarn und Oesterreicher wirken zu können, diese von ihrem Beginnen abzuhalten, den Preßburger Bund aufzulösen; Rudolph befahl Mathias mit aller Neuerung innezuhalten, da er einen Convent der Erzherzoge berufen, mit diesen die ungarischen Angelegenheiten ordnen wolle, während Mathias mit seinen Bataillonen gegen die mährische Grenze im Anmarsch war.

In der letzten Stunde, nachdem Rudolph durch Verhaftung Seeauers in Regensburg den Aprilvertrag der Erzherzoge bekannt machte und er in den Besitz der Documente über die Plane Mathias' gekommen war, als schon die Truppen des Erzherzog's sich in Bewegung setzten, läßt er durchblicken, daß er „nächstens einen Entschluß fassen werde". Vergeblich ermunterte ihn der Cardinal-Protector Paravicino im Namen des Papstes, rascher zu handeln, schnell die Vertheidigungs- und Angriffsmittel vorzubereiten. Im Februar, im März und dann wieder im April beabsichtigt er die Churfürsten und Erzherzoge einzuberufen, um den Streit gütlich abzuthun, aber es blieb nur bei der Absicht und es geschah nichts Ernstliches dafür. Selbst dann nicht, als die Ereignisse heranbrausten und der Erzherzog den Paß durch Mähren verlangte.[11]) Wenn die Anhänger des Kaisers mehr Hingebung für seine Sache gehabt hätten, so hätten sie ihm Truppen statt nichtssagende Briefe gesendet; Spanien und Rom hätten ihn mit Geld und Mannschaft unterstützen müssen, um die Rebellen zu unterwerfen. Daß aber die römische Curie ihrem Legaten Mellino den Auftrag gab, dem Prager Hofe keine Subsidien in Aussicht

---

[11]) Hurter V. 233, 252, 253, 281. — 164, 206. — 220. — 161, 193. — Rudolph an Mathias 24. Feb. 1608. Münch. Staatsarch. 547/5. Card. Paravicino an Rudolph 19. April 1608. Wiener Reichsarchiv M. S. Nr. 39/315.

zu stellen, daß sie die Forderungen Mathias' unterstützte, führt die vom Nuntius angebotene persönliche Vermittlung auf ihren wahren Werth zurück. Es lag hierin die thatsächliche Anerkennung, daß sich der Kaiser in jenem Gemüthszustande befand, welcher ihn „zur Leitung der Regierungsgeschäfte minder befähigt" machte, ein Zustand, der die Durchführung des Aprilvertrages 1606 empfahl. Selbst Erzherzog Ferdinand, des schläfrigen Ganges der Dinge zu Prag überdrüssig, eilte nach Hause und lehnte es ab, den Kaiser wieder zu besuchen. Die Versicherung, welche Khlesel Rudolph und Dietrichstein in der Mitte des Monats März gab, „daß die Reichsfürsten, Spanien und Rom auf der Seite des Erzherzogs ständen," beruhte auf Wahrheit.

In der That hatte San Clemente Mathias mit Geld unterstützt und dessen Sache vertreten, „da Rudolph zur Regierung vollkommen unfähig ist." Auch der Nuntius in Prag hatte nach Rom berichtet, daß die gänzliche Abdication Rudolphs das Beste wäre. Rudolph schöpfte Verdacht und wollte, der spanische Gesandte solle das Gerücht widerrufen, daß Spanien Mathias unterstütze.

Auf Mathias bauten übrigens diese beiden Diplomaten nicht, sie kannten ihn gut, sie wußten, auch seinem Charakter mangle es an Festigkeit und es sei mit ihm für die katholische Sache nicht viel gewonnen. Mathias werde die Bewegung, die er begünstigt, nicht leiten können. Indeß er war zur Nachfolge gesetzlich berufen, ein Mitglied des Hauses und da er sich lenken ließ, wurde er von jenen Diplomaten unterstützt.

Rudolphs Unschlüssigkeit nahm zu. Endlose Rathssitzungen und kein Beschluß. Der Nuntius und der spanische Botschafter stellten sich zur Verfügung, mit Mathias zu unterhandeln. Rudolph würdigte den Nuntius nicht einmal einer Audienz. Der Papst nahm diese Weigerung Rudolph's sehr übel auf. Bis zu welchem Grade die Unschlüssigkeit des Kaisers, seine Furcht vor einer Vermittlung, vor der möglichen Bestellung eines Nachfolgers im Reiche gediehen war, zeigt seine Bemühung, die Reise des Legaten Mellino rückgängig zu machen. Allein er that es nicht gleich, als ihm Cardinal Paravicino die Nachricht davon gab, sondern erst später, als Mellino schon in Deutschland war und dessen Rückberufung die „Reputation" des heil. Stuhles verletzt

hätte. Des Kaisers Agent in Rom, Renzi, gab sich alle mögliche
Mühe, die Sendung als verspätet und überflüssig nachzuweisen.
Der Papst jedoch, der in Folge der Schilderungen des Gesandten
Mathias', Ridolfi, die Unternehmungen des letzteren als gerechtfertigt betrachtete und des Kaisers Gemüthszustand als bedenklich
ansah, ließ nicht davon ab und trachtete Rudolph damit zu beruhigen, daß er Renzi versicherte, Mellino's Sendung sei nicht
über fremde Anregung beschlossen worden und umfasse nur das
Vermittlungsgeschäft. Die Bitte des Kaisers, den Ridolfi in Rom
zurückzuhalten, erfüllte der Papst nicht. Nur der andere Agent des
Erzherzogs, P. Carillo wird vom Jesuiten-General nach Italien
versetzt. Rudolph sah überall — und in der That nicht ohne
Grund — spanische Intriguen und die verhaßte Frage der Nachfolge im Reiche.[12])

Das Alles zeigt, daß der unvermeidliche Sturz Rudolph's
als König von Ungarn vorausgesehen wurde, und man nichts Ernstliches versuchte, um diese Katastrophe abzuwenden; nur zur äußerlichen Wahrung des kaiserlichen Ansehens, zur Vermeidung eines
Bruder- und Bürgerkrieges und vielleicht um die Lösung rascher her-

[12]) Hurter V. 163, 184, 281 und 309—230. — Aytona, spanischer Gesandte zu Rom, an K. Philipp 20. Mai 1608. 988. — Clemente al
rey 29. Feb. und 17. März 1608. 2494. Leon al rey 22. März 1608
Simancas. — Rücksichtlich der Sendung Millinos scheint es gewiß,
daß Spanien dabei seine Hand im Spiel hatte. Auch K. Philipp wollte,
wie Rom es gethan, einen außerordentlichen Gesandten, Don Pietro de
Toledo, nach Prag zur Vermittlung senden, an seine Stelle erschien jedoch
Zuniga. — Jene Versicherung des Papstes, daß Millino keine andern Geschäfte hatte, wird thatsächlich widerlegt, da er beauftragt war, gerade
die Frage wegen einer röm. Königswahl wieder in Anregung zu bringen.
Der Staatsrath an den K. Philipp 15. März 1608. 709. Sim. —
Card. Paravicino an Rudolph ddo. 12. und 26. April, 17. und 21ten
Mai, 7., 21., 22., Renzi an Rudolph 27. Juni. — Renzi an Bar-
vitius 28. Juni bis 8. Juli 1608. Wien, Reichsarchiv Manuscript.
39/315. 2. Dec. 1607 Münch. Staatsarch. 547/3, 287. S. Mathias
Koch Beiträge zur neuern Geschichte aus unbenützten Handschriften.
Denkschriften der kais. Akademie, worin die Instruction ddo. 12. Mai
1608 für den Cardinal=Legaten Millino abgedruckt erscheint. 1. B.
II. A. S. 141. 1850. Zu vergleichen der oberwähnte Bericht Aytonas
und der Brief Paravicinos vom 21. Mai 1608.

beizuführen, intervenirten die Gesandten der Reichsfürsten, Spaniens und der Curie.

Schon am Schluße des Vorjahrs sandte Rudolph den Landgrafen von Leuchtenberg zu Churpfalz mit einer Klage gegen Mathias, worin das Benehmen deßselben von der Zeit seiner „Flucht" nach den Niederlanden bis zu den Verbindungen mit den rebellischen Ungarn und Oesterreichern gegen des Kaisers Verbot in scharfen Worten hervorgehoben wurde. Der Churfürst versprach, dem Ersuchen Rudolphs zufolge, des Kaisers Ehre und Reputation zu wahren.

Als Mathias zum Aufbruch gegen Böhmen rüstete, wollte Pfalz und Anhalt, daß die Churfürsten die Vermittlung in die Hand nehmen; sie gewannen für diese Vermittlung den Erzherzog Mar, dem der Kaiser die Verwaltung von Tirol entziehen wollte,[13]) und beabsichtigten durch seine Mitwirkung eine rein deutsche Frage daraus zu machen, sie opferten die Einmengung Frankreichs, um jene schon thätige Einflußnahme Spaniens und Roms auszuschließen; sie hofften, ihrem Einfluß und der Religionsfreiheit,

---

[13]) Instruction K. Rudolph's für den Landgrafen von Leuchtenberg ddo. 2. Dec. 1007. Münch. Staats. 547/3. 287. Duncker, Secretär des Erzherzogs Mar, erklärt in einer Audienz, welche ersterer bei Churpfalz hatte, über das Verhältniß Tirols nachstehendes: Als Erzherzog Ferdinand von Tirol gestorben war, habe die Grazer Linie verlangt, daß dieser Besitz zwischen ihr und der Linie Mar II. getheilt werden solle. Damit waren weder der Kaiser noch seine Brüder einverstanden und es wurde entschieden, daß Tirol alternirend von einem Erzherzog der älteren und dann von einem aus der jüngeren Linie administrirt werden solle. Erzherzog Mar war der erste, welcher mit dieser Administration betraut wurde. Zwischenweilig faßte der Kaiser einen Groll gegen ihn und verlangte, daß dieser ihm (dem Kaiser) Tirol zur Verwaltung übergebe, weil er (Kaiser) der älteste Prinz des Hauses ist. Nach langer Verhandlung einigte man sich dahin, daß Erzherzog Mar die Verwaltung bis 1. Jänner 1608 führe, dann aber dem Kaiser abtreten solle. Sobald Rudolph stirbt, sollte wieder die Verwaltung an Mar zurückfallen. 1608. Junius Staats. M. 548/7. 183. Damit stimmt die Angabe bei Hurter überein, V. 254, daß Mar durch den Kaiser verletzt wurde, weil dieser den Entschluß gefaßt haben soll, ihm die Verwaltung von Tirol wegzunehmen, um dieselbe dem Bastard Julius de Austria zu übergeben. Vielleicht mag auch Erzherzog Leopold als Candidat für Tirol aufgetreten sein.

deren Einführung eine Bedingung ihrer Mitwirkung sein sollte, gleichzeitig zu dienen. Falls Rudolph dem Erzherzog Mathias Ungarn und Oesterreich abgetreten hätte, dann möge man sich einer solchen Combination nicht widersetzen und Rudolph nur noch überreden, Böhmen dem Erzherzog Maximilian zu übergeben.

Für das Anerbieten directer Vermittlung durch Anhalt dankten Zierotin und Rosenberg, da die Länder auf Abdicirung Rudolph's drangen und für die Nachfolge Mathias' eingestanden waren, und jeder Schutz, der dem Kaiser gewährt werden wollte, den Ländern sehr unbequem wäre.

Churmainz schrieb in Angelegenheit der Vermittlung einen Collegialtag auf drei Monate aus. Während zwischen Mainz und Churpfalz über den Modus der Intervention berathen wurde, gingen von Erzherzog Max dringende Aufforderungen an die Churfürsten, damit diese zur Vermittlung nach Prag kommen — während Chursachsen und Churbrandenburg ihre Gesandten als Vermittler nach Prag schicken, und eine bewaffnete Intervention ablehnen,[74] enthüllte der Gang und das Ende des Regensburger Reichstags so ganz deutlich die wahren Absichten der reformirten Fürsten.

Sie verweigern dem Kaiser die Türkenhilfe; das einzige ausgiebige Mittel, ihm beizuspringen, wird entschieden abgelehnt, ohne Resultate löst sich der Reichstag auf, es war dies eine anarchische Velleität, ein Zeichen inneren Verfalls. An Stelle jener Hilfe beeilen sie sich, eine werthlose diplomatische Vermittlung anzubieten. Aber während des Reichstages und bald nach Auflösung desselben gedeihen lang genährte Plane zur Reife. Der natürliche gesunde Weg wird verlassen und es ringen die zerstreuten Glieder nach einer parasitischen Gestaltung, um den Son-

---

[74] Brief vom 24. April und 3. Mai Münch. Staatsarch. 547/4. 82. 105. Anhalt an Rosenb. Februar und 13. April 1608 in der Anh. Reg. Stahrenb. an Anhalt 1. Mai 1608 in dem Anh. Cop. v. Bernb. L. A. Erzherzog Max an Churpfalz 6. Mai 1608. Münch. Staats. 547/4. 264. — Hurter 287, 269, 291. — Hanniwald's Bericht an den Kaiser Dresden 27. April 1608. Wien. Staatsarch. Reichstagsacten 66. — Hanniwald sollte den Churfürsten um bewaffnete Hilfe bitten, dieser schlug es jedoch ab. Wegen Außerachtlassung gewisser Formalien verzögerte sich überdies die erfolglose Commission Hanniwalds.

berinteresseu, die am Reichstage nicht durchbrangen, doch Geltung
zu verschaffen. Sie glaubten diese Geltung durch die Union der
reformirten Reichsstäude zu einem Schuß- und Trußbündniß zu
erreichen. Das große Princip der Reformation diente als Vorwand gegen jene, welche das andere große Princip der katholischen Restauration als Deckmantel ihres Ehrgeizes gebrauchten.
Hart neben dem erfolglosen Reichstag entsprang also die Union
der reformirten Fürsten der Pfalz, mit dem brandenburgischen
Markgrafen, dem Fürsten Christian zu Anhalt, dem Landgrafen
von Hessen-Cassel, dem Herzog von Württemberg und den Markgrafen von Baden dann mit deu Gesandten anderer Reichsstände.
In einer Zusammenkunft zu Ahausen am 4. Mai wurde dieser denk-
würdige Bund geschlossen, in welchem die Keime des 30jährigen
Krieges lagen. Die Versammlungen protestantischer Fürsten zu Frankfurt und Heilbronn im XVI. Jahrhundert, die geheime Zusammenkunft dieser Fürsten zu Friedberg im J. 1602, waren die ersten
Zeichen, daß die confessionelle Spaltung nach einem formellen
Ausdruck strebe. Je näher die Zeit heranrückte, in welcher mit des
Kaisers Tode die Reichsnachfolge der Siegespreis des Kampfes
der beiden großen Principien werden sollte, desto eifriger wurde
das Zustandekommen jener Verbindung betrieben. Im J. 1606
wurden zwischen Churpfalz, dem natürlichen Haupte der reformirten Reichsstände, und dem Könige von Frankreich über die
Begründung dieser Union ernstlich unterhandelt. Sie sollte auf
alle protestantischen Souveräne und Länder Europa's, insbesondere
auf England, Dänemark und auch die Generalstaaten, ausgedehnt
werden. König Heinrich IV. wollte sich herbeilassen, zu der Summe,
welche die verbundenen deutschen Fürsten für die Unions-Casse
aufbringen würden, noch einen Beitrag in der Höhe von zwei
Drittheilen derselben zu leisten. Aus diesem Anbote erhellt das
Interesse Frankreichs, in Deutschland ergebene Werkzeuge zu suchen
für die Erniebrigung des Reichs und des Kaiserhauses. Die Fürsten
gewann es durch Förderung ihrer ehrgeizigen Bestrebungen. Als
der brüderliche Zwist emporloderte, war die Einigung jener Fürsten
doppelt nothwendig. So kam nun rasch die Union zu Stande. Außer
Deutschland wurden nun Böhmen und Ungarn in den Bereich
ihrer Action gezogen. — Aber auch von Seite der katholischen deutschen Fürsten, besonders der geistlichen, die eine Mediatisirung durch die

Proteſtanten im Falle des Obſiegens der letzteren zu befürchten hatten, wurde eine Liga angeſtrebt. Baiern erklärte ſich bereit, mit aller Kraft das Zuſtandekommen derſelben zu fördern, und ließ Churmainz auffordern, ſich über dieſen Gedanken zu äußern. [75])

Nach den Kundgebungen der Mährer zu Auſterlitz und Brünn, nach den letzten fruchtloſen Verſuchen Khleſels zu Prag, eine Annäherung zwiſchen den Brüdern zu vermitteln, damit Mathias' Zwecke ohne die gefährliche Mitwirkung der Stände erreicht und die katholiſche Religion nicht gefährdet werde, [76]) ward der Beſchluß in des Erzherzogs Lager gefaßt, ſofort nach Böhmen aufzubrechen, um die Forderungen der verbundenen Länder von Rudolph zu erzwingen. Zur Rechtfertigung dieſes Schrittes ſchrieb Mathias an den König von Spanien, die Reichsfürſten und an den heiligen Vater; auch ſcheint es gewiß, daß der Erzherzog dem Könige von Frankreich ſein Vorhaben mittheilte.

Die häufigen Reiſen, welche Cardinal von Dietrichſtein während des Monats April im Auftrage des Kaiſers zu Mathias unternahm, um das Vordringen deſſelben anfzuhalten, waren von gar keinem Erfolge. Der Erzherzog ſchrieb direct an die vornehmſten Barone von Böhmen und Mähren, um denſelben eine Bürgſchaft für die Redlichkeit ſeiner Abſicht zu geben, er lud ſie ein, ſich ſeiner Sache anzuſchließen. Dieſe raſche Entſchiedenheit

[75]) Churpfalz an Anhalt 14. Juli 1606; Extractprotokoll der pfälziſchen Räthe ddo. 7. und 8. Septemb. 1606; Memorandum von Anhalt an Churpfalz. Unvorgreiflicher Vorſchlag desjenigen, ſo bei königl. Würden in Frankreich anzubringen. 9. Nov. 1606. Münch. Staatsarch. 547/1. 361. 117/4. 62, 74. Hurter V. 136, 139 und 305. Herzog Mar' von Baiern Inſtruction für ſeinen Geſandten am Regensburger Reichstag, 9. Jänner 1608. — Inſtruction des Herzogs Mar von Baiern für Laurenz von Wenſin auf ſeiner Reiſe zu Churmainz. München 24. Mai 1608. — Münch. R. A. 44/1. 1 und 22. Harlay 238. Bericht des franz. Agenten ddo. 23. Februar 1602, worin der Relation Bougars, welcher der Friedberger Verſammlung beiwohnte, erwähnt wird. Cop. im L. A.

[76]) Hurter V. 229, 230. Nach dieſem Tomek in der Abhandlung: O nepokogich stavovských v zemích mocnářstvi rakauského za pánovani Rudolfa II. a Matiáše II. Čas. čes. Mus. 1856. S. 117.

des Erzherzogs konnte zunächst der unermüdlichen Thätigkeit des Herrn von Zierotin zugeschrieben werden. Er hatte die mährischen Stände bestimmt, nach dem Märzlandtag die Herren von Liechtenstein und Hobitz nach Wien abzuordnen, um jener versöhnlichen und vermittelnden Mission Dietrichstein's (und wie man in Mähren glaubte, auch Khlesels) entgegen zu wirken. Er hatte zugleich durch Illyezhazy auf den Erzherzog selbst unmittelbaren Einfluß genommen, ihn gleichsam der Obhut der österreichischen und ungarischen Heere anvertraut, damit dieser seinem Entschluße nicht untreu werde. Zierotin wußte, daß man ihn als den Leiter der ganzen Bewegung ansah; er war daher für die Sicherheit seiner Familie besorgt und schickte seine Tochter nach Wien, er hielt einen Zusammenstoß der ständischen Truppen mit jenen Tilly's, die noch immer bei Brünn lagerten, für unausweichlich.[11]) Nicht allein in Mähren war sein Einfluß maßgebend, auch an der Leitung der Politik der unirten Länder und des Erzherzogs hatte er einen hervorragenden Antheil. In den ersten Tagen des Aprils war er mit Illyezhazy zusammengekommen, um den Vorgang bei der bevorstehenden Verbindung der unirten Länder mit Mähren und die Maßregeln gegen das düster schweigende Böhmen zu erörtern und festzustellen.

Zierotin's Streben ging dahin, den ständischen Staat wieder herzustellen auf Grundlage der Tobitschauer Gesetze: die Restauration der alten Adelssuprematie und der jetzt so sehr bedrohten nationalen Herrschaft. Es war das der Boden, auf welchem die unirten Länder mit dem Erzherzoge gemeine Sache machten; der Preis dafür war, diesem die Krone Ungarn's, den Fürstenhut Oesterreichs und Mährens auf das Haupt zu setzen und ihm bei der Erwerbung der Wenzelskrone behilflich zu sein. Dieselben Forderungen hatten die Ungarn im Jahre 1605 an die Länder Oesterreichs gestellt, so daß behauptet werden kann, die Bewegung

---

[11]) Hurter V. 241. Die Zuschrift der niederösterreichischen Stände war versöhnlichen Inhalts. 15. März 1608. Hurter V. 210, 235—239 und 246; 233 und 247. Harlay a. a. O. 26. April 1608. — Beil. Nr. LXXXVI. — Mathias an Rosenberg, Wenzel Kinsky und Hieronymus Thurn ddo. 5. April 1608. Hurter V. 253, 256. Pirnitzer Arch. K. 3. L. 1. Reg. im L. A. Pirnitz. — Cod. 5. April 1608 Timino.

des Jahres 1608 habe in dem Aufstand Bocskay's ihren Anfang genommen und sei von diesem vorgezeichnet worden. Damals dachten die Länder, daß der Kaiser in eine Aenderung der Regierung durch Wechsel der Personen und des Systems willigen werde. Gewiß hätten die Länder zu jener Zeit nicht mehr verlangt, als das Aufhören der Mißgebahrung in den Finanzen, der Verfassungsverletzungen nnd der Kammerbienerwirthschaft. Die königliche Prärogative, welche sich seit Maximilian's Zeiten sehr vermehrt hatte, wäre nicht weiter beschränkt worden. Sie hätte sich vielmehr durch eine weise Verwaltung gefestet.

Doch es geschah das Gegentheil. Schwachköpfe und böse Herzen herrschten nach wie vor in Prag und das Uebel ward immer ärger. Die Gefahren für die Verfassung sind durch die neu hinzugekommenen Gefahren für das Leben und Eigenthum der Individuen unerträglich gemacht worden.

Als die Bewegung begann, gab es nach den allgemeinen Ueberzeugungen keine andere Garantie gegen das Verderben und den tiefsten Verfall als die, das monarchische Princip eines großen Theils der Gewalt zu entkleiden und mit dieser Gewalt die herrschenden Classen zu umgeben. Das vornehmste Hinderniß, der Träger jener Gewalt und des alten Systems, mußte zuvor entfernt werden.

Mit der Durchführung des zwischen Zierotin und Illyezhazy vereinbarten Programms in Mähren und Böhmen wurde Ersterer betraut, als der Sonntag Quasimodo, der 13. April, heranrückte, die mähr. Stände, Herren, Prälaten und Ritter, ohne Rücksicht auf das kais. Verbot, sich in großer Anzahl (bei 140 Personen) in Eibenschitz versammelten und dadurch den Geist der Verfassung, wie sie zur Zeit des Herrn Towačowsky von Cimburg bestand, thatsächlich wieder aufleben ließen.[78] Einer der ersten Beschlüsse des Eibenschitzer Landtags war die Absetzung des Landeshauptmann-Stellvertreters Ladislaus von Berka und die Ernennung einer provisorischen Regierung. An die Spitze dieser Regierung wurde ein Director berufen, welcher in bringenden Fällen eine Art von Dictaturgewalt ausüben konnte. Mitglieder der provisorischen Regierung waren nebst den Landesofficieren und

---

[78] Tomek a. a. O. S. 125.

Landrechtsbeisitzern auch noch Herr Georg von Wrbna, Herr Georg
Kinecky, Herr Ulrich von Kaunitz und Herr Georg von Hobitz,
dann die Ritter Georg Martinkowsky, Johann Bukuwky, Hans
Peterswaldsky und Wenzel Wanecky. Zum Director wurde Carl,
Herr und Regierer des Hauses Liechtenstein auf Nikolsburg, Eisgrub, Burg Plumenau, Auffee und Czernahora, welcher am 7. März
an die Spitze der aufrührerischen Barone getreten war, einstimmig
gewählt.

In dieser Wahl Liechtenstein's, selbst in der reservirten Haltung
Zierotin's, erkennen wir das staatsmännische Talent, welches diese
merkwürdige Bewegung geleitet hat. Dieselbe sollte nur eine politische sein nicht allein dem Wesen, sondern auch der Form nach, alle
religiösen Differenzen mußten ruhen, um nicht Spaltungen hervorzurufen und Störungen jener Eintracht, welche die Bewegung bisher
gekennzeichnet und gekräftigt hatte. Es handelte sich nur um Wiederherstellung der alten verfassungsmäßigen Freiheit und der nationalen
Herrschaft. Zierotin war tief besorgt, diesen Character aufrecht zu
erhalten. Obwohl der Widerstand zunächst von protestantischer Seite
begonnen, tagt dennoch der Prälatenstand in Eibenschitz und ein
eifriger Katholik und Convertit, Carl von Liechtenstein, ist Director
der provisorischen Regierung. Waren damit den Katholischen wohl
hinlängliche Bürgschaften gegeben, so entzog man andererseits den
Protestanten jeden Anlaß zu Befürchtungen. Khlesel, der so energische katholische Kirchenfürst, weiß sich von März angefangen,
so gut zurückzuziehen, daß man dafür hielt, er der geheimste und
einflußreichste erzherzogliche Rathgeber, den der Kaiser haßt und
fürchtet, stehe auf Seite Rudolph's.

Zierotin geizte nach keinem Amte, er begnügte sich mit der
factischen Leitung. Er hatte die Ernennung zum Director schon
darum abgelehnt, damit dieselbe gegenüber der Absetzung seines
Todfeindes: Berka, nicht den Anschein eines protestantischen Rache-
actes gewinne. Hätte es sich um religiöse Fragen allein gehandelt,
so wäre Zierotin nie zum bewaffneten Widerstande zu bewegen
gewesen. „Für die Sache Gottes," sagte er, „dürfe man kein
Schwert entblößen." Als er diesen Grundsatz später gegenüber
den Horner Ständen geltend machte, erhoben sie die Einwendung,
„daß es Zierotin selbst in Mähren nicht anders gethan habe;"
da protestirte er feierlich, als ob der bewaffnete Widerstand in

Mähren der Religion gegolten hätte, dieser Widerstand war gegen
die Unterdrückung der Rechte und Freiheiten des Landes, gegen
die Fremdherrschaft gerichtet;[19]) seinem innersten Wesen nach war
dieser Widerstand nur ein politisch-nationaler. Wenn auch nicht
zu läugnen ist, daß zu jenen Rechten und Freiheiten auch das der
freien Religionsausübung gehörte, so ist es doch gewiß, daß Carl
von Zierotin des Erzherzogs katholische Treue und Gewissens-
regungen geachtet, und es übernommen hatte, die Religionsfrage
in zweite Linie zu setzen; dafür sprach die Haltung Zierotins auf
dem mährischen Bartholomäus-Landtag des Jahres 1608.

Ein weit größeres Feld als die Leitung der inneren Angelegenheiten der Markgrafschaft eröffnete sich für Carl von Zierotin, als er es sofort nach der Wahl Liechtenstein's zum Director,
dem einstimmigen Ansuchen des Landtags nachgebend, übernommen
hatte, Mähren nach Außen zu repräsentiren, gleichsam der Minister der auswärtigen Angelegenheiten zu sein. Mit den Herren
von Liechtenstein und von Hodiß, dann den Rittern Wenzel Zahradecky, Sigmund von Zastřizl und Johann Czeyka von Olbra-
mowiß hatte er die Forderungen der unirten Länder vor dem
Kaiser und den Ständen Böhmens geltend zu machen und zu
vertreten.

Bisher vermied es Zierotin, die wichtige Stellung, die er
als Haupt der Bewegung inne hatte, auch durch den Glanz eines
großen Amtes sichtbar werden zu lassen. Er hatte alles überdacht
und vorbereitet um den großen Schlag auszuführen; doch die
glänzende Rolle der äußeren Führerschaft lehnte er ab. Der Vorwurf der Zaghaftigkeit konnte ihm sicherlich nicht gemacht werden,
da sein Auftreten seit dem letzten Monate des Jahres 1607 für
Niemanden, am wenigsten für seine erbittertsten Feinde ein Geheimniß blieb. Es war dieses Zurücktreten nur die Folge der wohl-
berechneten Erwägungen über politische Opportunitäten und über
die Nothwendigkeit, die religiösen Fragen vorerst im Hintergrund
zu lassen. Als der Schlag ausgeführt wurde, als es sich darum
handelte, das Werk der politischen Reform durchzuführen, der Bewegung auch in Böhmen Anerkennung zu verschaffen, da stellt er

---

[19]) Dazu hielten sich die Stände verfassungsmäßig berechtigt. S. Landfriede
1516 und 1579. S. S. 46, n. 47, dieses Werkes.

sich an die Breche, auf den vordersten gefährlichsten Punct. Er ist der Redner der mährischen Gesandtschaft, welche mit den unirten Ländern: Oesterreich und Ungarn, verkehrt und die im Vereine mit den Gesandten dieser Länder dem Kaiser die Krone des heil. Wenzel vom Haupte nehmen soll. Zierotin tritt im Rathe des Erzherzogs auf, um dessen Politik, sobald dieser den Boden Mährens betrat, zu leiten, und die wichtigsten Staatsschriften im Cabinete zu verfassen. [80]) — Die provisorische Regierung wurde vom Landtag zu Eibenschütz zu weiteren Truppenwerbungen und Dislocirungen ermächtigt; die nöthigen Geldsummen wurden votirt und die Berufung eines Landesaufgebotes angeordnet. Zugleich wurden scharfe Maßregeln gegen säumige Zahler beschlossen, Hobitz und Zahradecky mit der Finanzverwaltung und der Steuereinhebung betraut.

Der Cardinal und die Herren von Zampach, Johann Kawka von Rican, Mossowsky, die Deputirten der k. Städte, die allein auf des Kaisers Seite standen und daher den Landtag zu Eibenschütz nicht beschickten, sollten, wenn sie eine zweite Aufforderung in Eibenschütz zu erscheinen unbeachtet lassen, als Landfriedenbrecher betrachtet und die strengen Executionsmaßregeln nach dem Landfrieden des Jahres 1579 gegen dieselben angewendet werden. [81])

Mähren war gerüstet, der Widerstand organisirt. In den königl. Städten, welche, wie oben gesagt, noch der alten Regierung anhingen, entwickelten sich jetzt schon die Elemente der Gährung. — Die

---

[80]) Der Erzherzog bedurfte eines stylgewandten Kenners des Böhmischen. Niemand war geeigneter, die Kanzlei zu leiten, als eben Herr von Zierotin. — Vergl. übrigens das Schreiben Cod. 4. Cal. Mai 1608 an Budowa, nach diesem schrieb H. v. Z. Briefe im Auftrage des Erzherzogs.

[81]) Pešina (**Mars.** Mor. S. 432. II. B. Cerr. Slg.) ist dort eine ganz verläßliche Quelle, wo er Auszüge aus Originalstücken mittheilt. Als Belege dieser Nachricht führt er mehrere Briefe und ein MS. Zierotin's, aus dem leider in Verlust gerathenen Lippa'schen Archive. Ganz irrig ist Pešina daran, wenn er den Cardinal Dietrichstein als auf 16. April in Znaim anwesend anführt. Das Diarium Mathiä und die andern Quellen wissen nichts davon. — Schreiben an die obgenannten Anhänger des Kaisers ddo. 18. April 1608. G. 68. und an den Card. nach Boczek's off. Slg. Nr. 1527.

Gesandten des Erzherzogs Mathias, Ungarns und Oesterreichs: Valentin Lepes, Bischof von Vesprim, Peter Revay, Stephan Palffy, Andreas Ostrosich, Jakob Stahrenberg, Schönpichl, Georg Erasmus Tschernembl, Sebastian Altenstelg und Abam Schalburg kamen zum Landtag nach Eibenschütz, um den Beitritt Mährens zu dem Preßburger Bund feierlich zu besiegeln. [82]) Am 17. hielten die Gesandten ihren Vortrag hierüber, sie baten um freien Durchzug für den Erzherzog und um Vereinigung der mährischen Streitkräfte mit jenen der Conföderirten. Am 19. April wurde die Bundesurkunde ausgefertigt. Es wird darin von den Paciscenten erklärt, daß die Ungarn und Oesterreicher zu Preßburg eine Convention schloßen, um die Theilung Ungarns zu verhindern und die benachbarten Länder vor dem äußersten Verderben in dem Augenblicke zu retten, als die Türken und Heiduken, durch die Nichtbestätigung der beiden Frieden gereizt, den Krieg erneuern wollten. Sie hielten es für nöthig, Mähren in diesen Bund aufzunehmen. Sie verpflichteten einander beizustehen, die schon geschlossenen Frieden und die gerechte Sache gemeinsam gegen Jedermann zu vertheidigen, darnach zu leben und zu sterben.

Der Eibenschitzer Bund geht einen Schritt weiter als der Preßburger; nicht allein die geschlossenen Frieden, sondern auch die gerechte Sache, d. i. die Rechte und Freiheiten der Länder sollen gegen Jedermann vertheidigt werden; da auch der Erzherzog Mathias, der künftige Herrscher und nächste Kronanwärter, diesem Bunde beitrat, so glaubte man der Restauration des alten Ständestaats den Charakter makelloser Legitimität bewahrt zu haben.

Der Kaiser erfuhr es bald, daß die Stände Mährens, ohne das Verbot zu achten, den Landtag in Eibenschütz besucht hatten. Er war entschlossen, durch eine kaiserliche Commission diese Versammlung auflösen zu lassen. Dieser Entschluß wurde gefaßt in Folge der unerwarteten Haltung, welche die vornehmsten böhmischen Barone einnahmen. Ungeachtet der Aufforderungen des Erzherzogs, der unabläßigen Bemühungen Carl's von Zierotin, welcher den Böhmen bewiesen hatte, daß die Zeit gekommen sei, das

[82]) Tomek a. a. O. S. 125. Hammers. Khlesel. II. Nr. 216. Dobner. II. 478. Cod. II. 33.

Joch abzuschütteln und das alte verrottete Regiment zu beseitigen, wollten in Böhmen keine Sympathien für die unirten Länder, für die Vorschläge der Mährer aufkeimen. Des Erzherzog's Anhänger hatten sicher darauf gerechnet, daß es nur eines Anstoßes bedurfte, um ganz Böhmen in Aufstand zu bringen. Im Gegentheil, nur eine geringe Anzahl vornehmer Cavaliere hielt es mit Mathias, die große Mehrheit stellte sich der Strömung, die aus Ungarn, Oesterreich und Mähren kam, entgegen. Von allen Anderen verlassen fand der Kaiser gegen Mathias in Böhmen eine unerwartete, energische Stütze.

Nicht etwa die Gefühle der Treue und Ergebenheit für Rudolph, oder die Absicht, das monarchische Princip vor Demüthigungen und Beschränkungen zu bewahren, hatten diesen überraschenden Entschluß dictirt. Wenige Wochen später hatten vielmehr diese Böhmen den Kaiser in eine Zwangslage versetzt, um von ihm Concessionen zu erpressen. Es lagen also der Haltung Böhmens ganz andere Motive zu Grunde. Uns will bedünken, daß es der böhmische Nationalstolz war, der eine von Außen aufgedrungene Reform zurückwies, es war der alt-böhmische Muth, der es nicht ertragen konnte, daß man Drohungen anwende, es war jener specifisch-böhmische Geist, welcher, wie Carl von Zierotin in seiner Apologie schmerzlich hervorhob, in manchem entscheidenden Augenblicke gegen Mähren feindlich auftrat, oder das kleinere Schwesterland vornehm ignorirte.

Erst jetzt begann der Kaiser unter dem Eindruck jener Stimmung Böhmens ernstlich zu rüsten, er ließ Aufgebotpatente in Böhmen und Mähren verkündigen, um diese Länder gegen das eindringende fremde Kriegsvolk (die Truppen des Erzherzogs) zu vertheidigen. Die obersten Landesofficiere Böhmens forderten die Mährer auf, diesem kaiserl. Befehle, wie es in Böhmen geschieht, pünctlich nachzukommen, und erinnerten sie an das Hilfsheer, welches Böhmen im Jahre 1605 zum Schutze der Markgrafschaft auf eigene Kosten unterhalten hatte. Den Ungarn, welche die Böhmen einluden, den Kaiser zur Confirmation der Frieden zu bewegen und Drohungen hiebei fallen ließen, antworteten diese kurz und trocken: „ohne des Kaisers Resolution können sie hierüber keinen Entschluß fassen, übrigens lassen sie sich durch Niemanden Angst einjagen, oder durch Furcht zu Handlungen bewegen."

Es scheint, daß Carl von Zierotin sich über die wahre Stimmung der Böhmen täuschte, daß er der Meinung war, der moralische Druck, den der Hof in Prag ausübte, verbiete den Böhmen eine freie Meinungsäußerung. Es wurde daher im Lager des Erzherzogs beschlossen, daß dieser in Caslau, wo die Böhmen ganz unbefangen unterhandeln könnten, einen Landtag auf den 4. Mai einberufe, um aus Caslau ein zweites Eibenschitz zu machen, und die Böhmen aufzufordern, den unirten Ländern beizutreten. Von Klosterneuburg aus, als Mathias auf dem Marsche nach Mähren war, am 16. April, erließ er an die zehn böhmischen Kreishauptleute und die königl. Städte die Ausschreibungspatente für den Landtag. In diesen Patenten wiederholte er die bekannte Frage der Friedensconfirmation und des Preßburger Bundes und forderte die Böhmen auf, recht zahlreich in Caslau zu erscheinen, um sich der Union anzuschließen. Für die Folgen des Nichterscheinens macht er sie verantwortlich. Es ist gewiß, daß dieses Actenstück, wie alle spätern in böhmischer Sprache, von Carl von Zierotin verfaßt wurde. Er selbst sparte keine Mittel, um seine Freunde in Böhmen zu bewegen, in Caslau zu erscheinen. Seine ganze Ueberredungskunst wandte er auf, um Wenzel von Budowa, das Haupt der Brüder-Unität in Böhmen, für den Erzherzog zu gewinnen. Ein specielles Einladungsschreiben Mathias' an Budowa und an andere böhmische Barone übersendet Carl von Zierotin und hofft auf zuverlässiges Wiedersehen in Caslau. Auch Tschernembl bittet Herrn von Rosenberg, auf dem Caslauer Landtag zu erscheinen, dadurch würde ein großer Theil des böhmischen Adels dahin gezogen.[83]

Durch die scheinbar treuen Gesinnungen der Böhmen ermuthigt, sandte Rudolph Wilhelm von Slavata, Burggrafen von Carlstein, und den Malthefer-Großprior, Theobald von Lobkowitz auf Strakonitz, mit dem Befehle nach Mähren, die Eibenschitzer

---

[83] Cod. H. 47 und 78. ddo. 12. April 1608. Cod. G. 64. — Cod. H. 50. ddo. 14. April 1608. — Cod. 28. April 1608 Budowa. — P. v. Pischer klagt über die Untreue der böhmischen Nation, die es bald mit dem Kaiser bald mit dem Erzherzoge hielt. — Brüssel 14. Mai 1608. 3. 157. — Tschernembl an Hoc. ddo. 30. April 1608. Anh. Act. Bernb. A.

Versammlung, wenn dieselbe schon tagen sollte, als ungesetzlich
berufen, aufzulösen. Er widersprach dem Rechte der Stände, Landtage eigenmächtig auszuschreiben und bezog sich auf das Patent
K. Ferdinands, ddo. Wien, Samstag nach drei König 1539, nach
welchem die Ausschreibung des Landtages vom Könige genehmiget
werden mußte. Der Kaiser blieb, da er der böhmischen Mehrheit
sicher zu sein glaubte, auch diesmal dabei, mit den Ständen bei
einem demnächst auszuschreibenden General-Landtag unterhandeln
zu wollen; falls die Eibenschitzer gehorchen und auseinander
gehen würden, wäre er nicht abgeneigt, nach Anhörung der kaiserl.
Commissäre einen Special-Landtag ausschreiben zu lassen, doch
müßten die Stände ihn mit der Tagesordnung des Landtages
bekannt machen.

Wenn durch die Absendung dieser kaiserl. Commission die Verbindung Mährens mit den unirten Ländern verhindert werden sollte,
so wurde diese Absicht nicht erreicht, weil die Verbindung bereits
eine vollendete Thatsache war. Die Stände von Eibenschitz waren
jetzt bemüht, den bereits geschehenen Schritt zu rechtfertigen und
in einem Antwortschreiben an den Kaiser nachzuweisen, daß dies
so kommen mußte, um, ohne die schuldige Treue zu brechen, die
Länder Seiner Majestät zu erhalten."[84]) Die Stände bemühten
sich zugleich darzuthun, daß sie berechtigt waren, die Versammlung
in Eibenschitz zu beschicken, weil der Landfriede vom Jahre 1579
die Stände verpflichtete, auf den Landtagen zu erscheinen.

Die Stände von Eibenschitz redeten wie ihre Ahnen von
dem alten guten Rechte: Landtage ohne des Königs Bewilligung
auszuschreiben. Leider hatten sie die Landtagsbücher in Eibenschitz
nicht zur Hand, sonst wären sie in der Lage gewesen, Seiner
Majestät hierüber durch Absendung von Abschriften das Wahre
mitzutheilen. Sie verlassen in diesem ihrem Schreiben den Boden
theoretischer Erörterungen, welche das Rechtsmoment doch nicht
sicher gestellt hätten, um den der lebendigen Thatsachen zu betreten.

Um die Gefahren für Leben und Eigenthum abzuwenden,
sich mit Weib und Kind zu schützen, hatten die Stände den Land-

---

[84]) Schreiben des Kaisers vom 9. April 1608. Cod. H. 60. und Instruction für diese beiden Herren. ddo. 11. April 1608. Cod. H. 66.

tag einberufen; „denn es ist Euer Majestät nicht unbekannt, welchen Feind wir an den Grenzen (Türken) und welchen Feind wir im Lande hatten (Tilly), wie schwach die Landesregierung, wie schlecht der Landeshauptmann ist; hätten wir unter solchen Umständen nicht für uns selbst gesorgt, das halbe Land wäre jetzt verödet. Geruhen Euer Majestät selbst zu erwägen, was wir denn hätten thun sollen, um entsetzliches Unglück abzuwenden! Denn die Zusammenkünfte der Stände werden verboten. Es wird verboten, am Landtage von anderem, als dem proponirten Gegenstand zu sprechen. Verka verbot uns, im Landrechte zu sprechen. Alle Mittel und Wege, dem Uebel der Gefahren zu begegnen, wurden uns abgeschnitten, und selbst jetzt, als Euer Majestät die Aussicht auf einen Landtag eröffnet haben, war dieser Entschluß davon abhängig gemacht, daß wir die Berathungsgegenstände Euer Majestät bekannt geben."

„Wenn wir dies zugeben würden, so wären wir ärger baran als unsere Bauern, welche, wie schon unsere Vorfahren dem Kaiser Ferdinand zur Antwort gaben, die Hromaba ohne obrigkeitliche Erlaubniß versammeln, oder ärger als das Vieh die stummen Thiere, die bei Annäherung der Gefahr in einen Haufen zusammenlaufen?"

Nach modernem romanischem Staatsrecht würde man diesen Vorgang einen Act der Spontaneität nennen, um dem Worte Revolution auszuweichen. Es ist jedoch sicher, daß dieser Act der Spontaneität zunächst durch die Regierung in Prag heraufbeschworen wurde. Das Gebot auf dem Brünner Landtag 29. März nur über den General-Landtag und sonst über keinen Gegenstand zu sprechen und zu berathen, berechtigte die Stände einen Zeitpunct zu bestimmen, um doch die so jämmerliche Lage des Landes zu untersuchen. Wäre diese strenge Weisung nicht erlassen worden, und hätten die Stände jene Untersuchung in Brünn vornehmen dürfen, so wären sie wenigstens zu dem Geständnisse gezwungen worden, daß der Eibenschitzer Landtag nur, um die Union in's Werk zu setzen, berufen wurde. Jetzt aber konnten sie die Abhaltung der Tage von Eibenschitz mit der Nothlage des Landes entschuldigen und als Rechtfertigungsgrund anführen, daß man sie zwingen wollte, mit einem Knebel im Munde und mit gefesselten Gliedern die unausweichliche Zerstörung Mährens durch die kaiserlichen oder durch die ungarisch-österreichischen Truppen regungslos zu betrachten.

Nach dem Systeme: sich dem Ziele entschieden, aber besonnen zu nähern, eröffneten die Stände dem Kaiser zwei Tage später (21. April), daß sie einen Bund mit dem Erzherzog Mathias und den unirten Ländern schlossen und demnächst mit ihren Truppen nach Böhmen ziehen werden, mit Vergnügen bereit, dem Kaiser und den Böhmen beizustehen gegen jenes Kriegsvolk, von welchem der Kaiser und die böhmischen Landesofficiere in ihren Schreiben (vom 12. und 14. April) Erwähnung machen.[88]) In bewußter Verwechslung wird hier das Kriegsvolk, welches der Kaiser selbst werben ließ, als das fremde bezeichnet, das die Mährer mit Hilfe der Ungarn bekämpfen wollen. Deutlicher waren die Absichten der Mährer in jenen Schreiben ausgedrückt, welche von Eibenschitz aus an die Stände der benachbarten Kronländer gerichtet waren, deren vornehmste Barone durch Privatbriefe Zierotins und durch erzherzogliche Abgesandte für die Sache der unirten Länder gewonnen werden sollten.

Den böhmischen Landesofficieren und den schlesischen Ständen erklären die Mährer, daß sie die beiden Frieden und die alten Landesfreiheiten, wie sie dieselben von den Altvordern überkommen haben, erhalten und gegen Jedermann vertheidigen wollen. Sie ersuchen durch einen besonderen Abgeordneten, Herrn von Rosenberg, bei den vornehmsten böhmischen Herren, dahin zu wirken, daß die Böhmen sich doch zur Verbindung mit den Mährern bewegen lassen möchten. Ein gleiches Schreiben rücksichtlich Schlesiens wurde an den Herzog von Münsterberg ausgefertigt. An die Stände Böhmens und Schlesiens wurde das Verlangen nach einer Verbindung nicht unmittelbar gestellt, weil zuvor das Ergebniß des Časlauer Landtags, das auch für Schlesien maßgebend war, abgewartet werden mußte.

---

[88]) Cod. H. 53. 9. 75. und D. 603. — Unverkennbar ist Herr Carl von Zierotin der Verfasser dieses Schriftstückes; jener Accent, welcher auf das freie Versammlungsrecht gelegt wird, die Actenstücke, die citirt werden, sind hervorgehoben in den Randglossen einer Abschrift der Landtagspamatkenbücher, welche Zierotin für sich nehmen ließ. Es ist dies jener Codex II., welcher, S. 9 der Brochure über die Tagebücher Zierotin's im VII. Hefte der Sectionsschriften erwähnt wird.

Zugleich entsendeten die Stände, von dem Anmarsch Mathias' unterrichtet, und um die Vereinigung seiner Armee mit jener der Ungarn in Mährens südwestlichen Grenzsäumen zu vollziehen, Marsch-Commissäre nach Straßnitz.

Im Besitze der erforderlichen Mittel, um ihren Befehlen Nachdruck zu geben, fordern die Mährer Herrn von Tilly auf, sich aus dem Lande zu entfernen, da seine Truppen Unruhe und Schaden verursachen. Würde er nicht gutwillig Folge leisten, so müßten andere Mittel angewendet werden. Es scheint, daß Tilly vor der anrückenden Uebermacht sich nach Böhmen zurückzog. Durch Abmarsch dieser Truppen waren die Anhänger des Kaisers in den Städten ohne Stütze. Auf die früher erwähnte energische Aufforderung von Eibenschitz aus, lud Brünn die k. Städte zu einem Städtetage ein, um die Antwort gemeinsam zu berathen. Doch die Zeit drängte zu rascher Entscheidung. Olmütz entschuldigt das Nichterscheinen damit, daß es ohne Befehl von Prag aus nichts unternehmen dürfe. Die Brünner „Gemeine", in ihrer Mehrheit protestantisch und zur Opposition gegen den Stadtrath geneigt, enthüllte jetzt ihre wahre Gesinnung, welche früher durch die Furcht vor den Gewaltthätigkeiten Berka's unterdrückt war. Sie verlangt vom Stadtrathe wie am 2. April, so jetzt eine Gemeinversammlung zu berufen, und verlangt den Anschluß an die ständische Bewegung; dem doppelten Drucke von innen und außen folgend gab der Stadtrath von Brünn nach und unterwarf sich den Beschlüssen der Stände von Eibenschitz. Dem Beispiele von Brünn folgten bald Znaim und Iglau, dann die anderen königl. Städte.[86])

In Mähren war kein offener Gegner der Bewegung mehr vorhanden. Der Eibenschitzer Landtag hatte seine Mission vollendet, und löste sich auf; der Herren- und Ritterstand machte davon

---

[86]) Cod. D. 695. Schreib. 21. April 1608. Cod. G. 75. — Die Stimmung Schlesiens war den Conföderirten nicht ganz günstig, in einigen Fürstenthümern wurden die mährischen Werbofficiere verhaftet. Cod. G. 75. Cod. D. 705. — Cod. G. 69. Schreiben ddo. 18. April 1608. — Cod. G. 91, 92, 93 und 94, dann D. 679. — Iglauer Chronik von Leupold. S. 258. — Boczek off. Slg. L. A. Nr. 2319, 2320 2321. — Schreiben ddo. 22., 28. und 31. Mai 1608.

am 21. April die Anzeige dem Erzherzog, und es nannten sich die Mitglieder dieses Standes „getreue Unterthanen" desselben.[87])
Die provisorische Regierung trat sofort in Wirksamkeit, die Mitglieder derselben, von vielen Landherren begleitet, eilten nach Znaim, um den Erzherzog Mathias daselbst zu empfangen. — Die Markgraffschaft war für Rudolph verloren.

---

[87]) Cod. G. 77.

Capitel VIII.

Erzherzog Mathias in Znaim. — Sein Manifest an die Völker Mährens. — Erfolglose Unterhandlung zwischen den Abgeordneten des Kaisers, der befreundeten Höfe und Mathias. — Dessen Abmarsch nach Böhmen. — Der Landtag von Časlau wird von Niemandem beschickt. — Vergebliche Schritte des Herrn von Zierotin, um die Wahl des Erzherzogs zum König von Böhmen durchzusetzen. — Eröffnung des böhmischen Landtags. — Die Böhmen Herren der Situation. — Die Proposition des Erzherzogs wegen Abdankung Rudolphs durch Zierotin im Landtag vorgetragen. — Die fünfundzwanzig Artikel der Böhmen. — Kriegshoffnungen in Prag. — Zierotin bewirbt sich um die Unterstützung des Königs von Frankreich. — Die Erzherzoge, die Räthe des Kaisers und die Böhmen gegen einen Krieg. — Attentat auf Herrn von Zierotin. — Weitere Unterhandlungen, der Friede gesichert, die Verträge zu Lieben. — Rudolph tritt dem Erzherzog das Königreich Ungarn, das Erzherzogthum Oesterreich und die Markgraffschaft Mähren ab; zugleich wird Mathias zum König von Böhmen designirt. — Die Conföderation zu Stierbohol. — Rückmarsch des Erzherzogs.

Der Erzherzog Mathias war am 15. April, von seinem gesammten Hofstaate begleitet, von Wien abgereist; die ganze Bevölkerung der Stadt war auf den Beinen, um von ihm Abschied zu nehmen und die Theilnahme für sein Vorhaben zu bezeugen. Männer und Frauen wünschten dem Erzherzog Glück und Segen, hoben die Hände empor und bekreuzten sich; das Gefolge des Erzherzogs sah in dieser ungewöhnlichen Demonstration eine gute Vorbedeutung.

Nach kurzen Tagreisen, um den deutschen und ungarischen Truppen Zeit zu geben, sich mit ihm zu vereinigen, traf der Erzherzog über Klosterneuburg, Korneuburg und Gandersdorf am 23. in Kallendorf ein. Nachmittags zog der Erzherzog bis zur Entfernung einer halben Meile vor Znaim, wo er die Wallonen des Herrn Hanns Christoph von Puchheim defiliren ließ. Sofort eilten Herr Carl von Liechtenstein und Herr Carl von Zierotin, jeder dieser Herren mit „einer stattlichen Leibguardia" umgeben, dann viele mährische Landherren in das Lager des Erzherzogs, um ihre Reverenz zu machen. Dieser hielt hierauf mit dem ganzen Gefolge seinen Einzug in Znaim unter dem Jubel der Bevölkerung. Der Stadtrath präsentirte die üblichen Verehrungen. Um nicht den Schein auf sich zu laden, daß er sich jetzt schon für den Erbherrn halte, zog Mathias nicht in die königl. Burg, sondern bewohnte das Haus des Stadtrichters Glöckner.

Gleich nach seiner Ankunft in der Thayastadt erließ Mathias ein Manifest, worin er die bekannten Ursachen seines Anmarsches, den Vollzug der Preßburger Convention und der Eibenschitzer Verbindung bekannt gibt. Er sei zur Erhaltung des Erzhauses dazu veranlaßt worden und gelobte die Artikel des Bündnisses durchzuführen, das Land Mähren im ungeschmälerten Besitz seiner Freiheit, Rechte und Gewohnheiten zu erhalten, diejenigen, die ihm treu dienen, kraft des Aprilvertrages vom Jahre 1606 in Schutz zu nehmen. Er gelobte, ohne Vorwissen der Mährer kein anderes Bündniß einzugehen. Auch will er sich keine Herrschaft über Mähren anmaßen, außer die Stände hätten mit ihm darüber pactirt.[1] Hiermit hatte der Erzherzog Bürgschaften gegeben, welche das mißtrauische Herz der Mährer von ihm forderte, bevor er das Land betrat. Sie waren um die persönliche Sicherheit besorgt und fürchteten, der Erzherzog könnte sich mit dem Kaiser einigen,

---

[1] Reise-Diarium des Erzherzogs Mathias, geschrieben von einem Individuum seines Gefolges. MS. Cod. 7647 der k. k. Hofbibliothek. Pedina. Mars Moravicus a. a. O. — Glöckners Haus hatte die Nr. 46. Hübner's Denkwürdigkeiten a. a. O. — Cod. G. a. a. O. 108/b. 23. April 1608.

in welchem Falle sie der Rache des Prager Hofes preisgegeben
wären. Sie bestanden daher auf die Bekanntmachung jenes Mani-
festes. Nur nachdem der Erzherzog die verlangte genügende Versicherung in dieser Urkunde ertheilt hatte, gaben ihm die Stände
noch vor seinem Eintritt in die Stadt ein Handgelöbniß, treu
bei ihm zu stehen bis in den Tod. Durch diese feierliche Handlung am Felde bei Znaim unterwarf sich Mähren thatsächlich dem
Erzherzog.

Sieben Tage blieb Mathias in Znaim. Die Ursache, welche
die Reise von Wien aus verzögerte: die Sammlung und Vereinigung seiner Kriegsvölker, verlängerte auch den Aufenthalt daselbst.

Der Gesandte von Spanien und der päpstliche Nuntius
trafen am 26. April in Znaim ein, um den Erzherzog zu vermögen, den Marsch nach Böhmen einzustellen und seine Truppen
zu entlassen. Abgeordnete der böhmischen obersten Landesofficiere
und Landrechtsbeisitzer, die Herren: Adam von Sternberg, Oberstkämmerer; Wolf Nowohradsky von Kolowrat, Oberstlandrichter;
Graf Heinrich Mathias von Thurn, Johann von Klenau, Oberstlandschreiber; Dionys von Hrabek, Dr. Erasmus Heydel von
Rotenstein, Appellationshofrath, und Johann Plateis von Plattein-
stein, Hoffecretär, erschienen den folgenden Tag (27.), um die
Botschaft der Böhmen an den Erzherzog und an die provisorische
Regierung: nämlich die Versicherung der Confirmation beider Frie-
densschlüsse durch den Kaiser und die Bitte der Böhmen, um
bewaffnete Mitwirkung zur Vertreibung des fremden Kriegsvolkes
zu überbringen.[2]) Die Antwort, welche der Erzherzog diesen Di-

---

[2]) Das Reise-Diarium des Erzherzogs, oder in der von uns angenomme-
nen Abkürzung das Diar. Math., führt den 27. als den Tag an, an
welchem der Erzherzog die böhmischen Abgesandten empfing, Pedina
S. 439 den 28., und Hurter VI. 9. den Todestag der Erzherzogin
Maria, also den 29. April. Obwohl Cod. G. 82 in Bezug auf dieses
Datum mit Hurter übereinstimmt, so folgen wir den Angaben des Reise-
Diariums, da dieselben von einem Augen- und Ohrenzeugen, der sich in
Mathias unmittelbarer Nähe befand, herrühren. Wenn übrigens nach
dieser Quelle die Abgesandten am 28. abreisten, so müssen darunter der
Nuntius und der spanische Botschafter verstanden werden, weil die böh-
mischen Abgeordneten erst am 30. April Znaim verließen. Der Inhalt
der erzherzoglichen Antwort in G. 82 weicht von Hurters Bericht VI.

plomaten gab, wie das Schreiben desselben an die Churfürsten
des Reichs (der Churfürst von Sachsen hatte ihm selbst nach
Znaim ein abmahnendes Schreiben geschickt,) hatten einerlei Sinn.
Die Botschaften und Versicherungen des Kaisers finden bei dem
Erzherzog und den Unirten keinen Glauben; zu oft seien sie getäuscht worden, der Friede müsse jetzt erzwungen werden; der
Kaiser sei von schlechten Ministern und friedhässigen Leuten umgeben, welche die Rechte und Freiheiten der Länder geschwächt, die
Gerechtigkeit corrumpirt haben. Unehrbare Leute, fremde Männer,
die im Lande nicht ansässig seien, wollten durch Mord und Gift
ihre selbstsüchtigen Zwecke erreichen. Selbst der Erzherzog habe
durch Verleumbungen nicht geringe Verluste an Ehre und Gut
erlitten. Um die Länder dem Hause zu erhalten, habe er sich mit
diesen verbunden, wozu er durch den Vertrag vom Jahre 1606
berechtigt gewesen. Die Länder, zur Verzweiflung getrieben, wollten
sich nicht mehr dem Prager Regiment unterwerfen. Mathias erklärte den böhmischen Abgesandten, daß man durch Intriguen den
geschlossenen Frieden brechen wollte, daß Tilly an der ungarisch-
österreichischen Grenze liege, mit der Absicht, Ungarn von Oesterreich zu trennen, durch Einfälle die Türken zu Gebietsverletzungen
zu reizen, daß dann Tilly ein Blutbad in Mähren hätte ausführen
sollen.[3]) In Privatgesprächen gab Mathias dem churfürstlichen
Gesandten seine Verwunderung darüber kund, daß die Churfürsten
ihn vor diesem Zuge nach Böhmen abmahnen und sein Vorhaben
tabeln, während gerade deren Gesandte es waren, die seit Jahren
unaufhörlich bei ihm die Klage vorbrachten über die Corruption
des kaiserl. Hofes und die schlechte Regierung desselben; jetzt, wo
er Abhilfe bringe, jetzt wolle man ihn daran hindern.

Die böhmischen Abgesandten erhielten von der provisorischen Regierung unverweilt Antwort, sie bezog sich auf das, vom
Erzherzog Dargestellte, und Beklagte, daß die Böhmen von dem
Austerlitzer Schreiben keine Notiz nahmen. Uebrigens sei Mähren
gerne bereit den Böhmen, wenn ihre Rechte und Freiheiten be-

---

9. ab; die böhmischen Abgeordneten verzuckern in ihrer Relation die
Pille; daß jene Antwort sehr scharf gefaßt war, zeigt aber der in G. 82
angeführte Urtert.

[3]) Cod. 64, 18/b. — G. 110/b. Hammer II. 217.

broht wären, Hilfe zu leiften. Gleichzeitig fchrieb die prov. Regierung an Herrn von Rofenberg mit der wiederholten Einladung, fich den Mährern anzufchließen.[4]

Die Maste war gefallen, die unirten Länder hatten den lezten Zweck der Verbündung enthüllt, von einem Vergleiche zwifchen Rudolph und Mathias ist keine Rede mehr, — fie fagen es offen, daß das Prager Regiment geftürzt werden müffe.

Am 30. April um 1 Uhr verließ der Erzherzog, von den Cornetten des Herrn Carl von Liechtenftein und Carl von Zierotin wie von einer Leibwache begleitet, und wohl auch bewacht, die Stadt Znaim. In Eilmärfchen legte die Armee den Weg zurück, einzelne Truppentheile wurden zu Wagen weiter befördert. Die Vorhut, beftehend aus dem Regimente Puchheim's und den Fähnlein Deimlings, war fchon am 29. vorausmarfchirt. Mathias ritt über Winau und Platfch nach Biskupiz, wofelbft er die Nacht zubrachte. Am 1. Mai traf der Erzherzog, Mifliboriz und Lipnik berührend, um 5 Uhr in Trebitfch ein, er wurde hier mit feinem zahlreichen Gefolge (dem fich der Kämmerer Eufebius Khuen angefchloffen hatte) vom Schloßherrn Smil Offowsky von Daubrawiz feftlich bewirthet. Die Armee lagerte außerhalb der Stadt; der 2. Mai war ein Rafttag, am 3. um 10 Uhr nach dem Frühmahl wurde die Reife fortgefezt. Eine Meile weit von Trebitfch, wahrfcheinlich in der Nähe von Okkisko[5]), zeigte fich dem Erzherzog ein herrliches militärifches Schaufpiel. Durch den Anmarfch des Regimentes des Wolf Sigmund von Lofenftein, der ungarifchen Truppen und Grenzhufaren unter Turi und Rabasdy, mehrerer Fähnlein Heiduken des Ladislaus Welen von Zierotin, welcher in prachtvollem Aufzug auch hundert Musketiere und hundert deutfche Reiter anführte, war die Armee des Erzherzogs nun mehr vollzählig. Auf einer Anhöhe, von welcher aus ein großer Theil des waldbedeckten Iglauer und ein Theil des Znaimer Kreifes überblickt werden konnte, hatte der Obrift-Feldmarfchall Hanns Sigmund von Herberftein die Armee in Schlachtordnung

---

[4] D. 713. — H. 82. Znaim 23. April 1608. — Relat. aus Prag an Churpfalz 25. Mai 1608. Münch. Staatsarch. 547/4. 394.

[5] Pefina führt S. 442 an, daß der Fahneneid und die Mufterung bei Olbřidow ftattfanden, offenbar ein corrumpirter Ortsname ftatt Okkisko.

anfgestellt. Es waren die Ungarn unter Georg Thurzo, Nikolaus Zrinyi dem Enkel des Helden von Szigeth, Stephan Pálfy, Valentin Hommonay, Franz Revay; die Oesterreicher unter Gundaker Liechtenstein, Georg Hofffirchen, Christoph Puchheim; die Mährer unter Georg Hobiß, Günther Golz, Rudolph Tieffenbach, Ladislaw Wilim und Dionys von Zierotin. Das ganze Heer in buntfarbiger Rüstung: Heidufen, Kosafen, Hußaren, deutsche Reiter, Wallonen, bot einen höchst malerischen Anblick. Auf den zahlreichen Fahnen waren bedeutungsvolle Sprüche angebracht, so z. B. „der Tapferkeit muß der Haß weichen", „zum Schuße des Vaterlandes", „die Tapferkeit ist immer Beglücker", „ich kämpfe für's Vaterland", „heil. Maria, bitt' für uns." An den meisten Fahnen glänzte in Gold gestickt des Erzherzogs Name. Als dieser herangeritten war, traten die Obersten hervor und leisteten den Fahneneid, worauf der Erzherzog die langen Reihen abritt. Jeder Oberst und Befehlshaber meldete ihm die Stärke seines Haufens. Es stellte sich heraus, daß die Armee aus 20,000 wohl bewaffneten Streitern bestand. Als der Erzherzog sich anschickte die Reise fortzusetzen, ließ der commandirende Feldmarschall drei Salven geben.

Um 4 Uhr war der Erzherzog in Pirniß, hier im Schloße Zbenko's von Waldstein blieb er über Nacht.[6]) Am 4. Mai war Rasttag. Am 5. um 4 Uhr Nachmittags hielt der Erzherzog den Einzug in Iglau, wo seiner gleich wie in Znaim der Jubel des Volkes und die Geschenke des Stadtrathes warteten.

Je mehr sich der Erzherzog der böhmischen Grenze näherte, desto größer wurde die Rathlosigkeit in Prag. Der Anmarsch des Erzherzogs war darauf berechnet, daß er früher in Prag eintreffen mußte, als die Mannschaft, welche die böhmischen Stände aufgeboten hatten. Um für die Rüstungen Zeit zu gewinnen, setzte Rudolph den Weg der Unterhandlung fort und erließ zahlreiche

---

[6]) Pešina 437. — Diarium. Zb. Waldstein in Dudif's Iter Romanum a. a. O. — Nach einem detailirten „Standesausweis" vom 8. Mai 1608, welchen der Churfürst von der Pfalz erhielt, zählte die Armee des Erzherzogs 9450 Reiter und 10,900 Inf., zusammen 20,350 Mann. Sigmund v. Herberstein war Feldmarschall, Georg v. Hobiß Feldwachtmeister, Georg Andreas v. Hoffkirchen, Chef der Artillerie und Georg Graf Thurzo General des ungarischen Volkes. Münch. Staatsarch. 547/1. 163.

abmahnende Sendschreiben an Mathias. Die Concessionen, die
der Kaiser anbot und die sich mit der Annäherung des Erzherzogs
vergrößerten, bestimmten die unirten Länder zu dem einfachen
Mittel, sie nicht anzunehmen, sondern den Marsch zu beschleunigen; sie waren gewiß, daß, wenn sie vor Prag stünden, schon
damit der Zweck erreicht sein und der Kaiser alles zugestanden
haben werde. Da die Unterhandlungen zu keinem Ergebnisse führten, versuchte Rudolph die Unirten zu trennen, zuerst die Oesterreicher abwendig zu machen, durch besondere Concessionen, welche
denselben in Aussicht gestellt wurden, wenn sie die Waffen niederlegen; dann wollte man den Erzherzog befriedigen, um ihn
auf diese Art von dem Bündnisse mit den verhaßten Mährern,
die demselben durch ihren Abfall das Uebergewicht gegeben hatten,
abzubringen. Der Hof wollte den Erzherzog und jenen Mann,
der die Politik Mathias' beherrschte und dem dieser nur das
Sprachrohr war: nämlich den Herrn Carl von Zierotin, isoliren,
selbst um den Preis der Verzichtleistung Rudolph's auf die ungarische Krone.

In Iglau empfing der Erzherzog den Cardinal von Dietrichstein zum vierten Male als kaiserlichen Botschafter. Mathias
ließ sich in keine Erörterung ein, da er auf den bevorstehenden
Landtag zu Caslau hinwies, woselbst die obschwebenden Fragen
zur Entscheidung kommen sollten — offenbar nur ein Vorwand,
um jede Erörterung zu vermeiden, da es der Erzherzog damals
genau wußte, daß dieser Landtag nicht zu Stande kommen würde.

Am 8. verließ der Erzherzog die Stadt Iglau, übernachtete
in Deutsch-Brod, am 9. in Habern, am 10. Mai war er in
Caslau, nachdem er einige neue Truppenabtheilungen, die noch zu
seiner Armee stießen, gemustert hatte.

Anstatt des böhmischen Landtags traf er hier Gesandte des
Kaisers, Dietrichstein an der Spitze, dann die Gesandten der Churfürsten von Sachsen und Brandenburg. In öffentlichen Audienzen,
die fast täglich stattfanden, erneuerten sie das alte Begehren: der
Erzherzog möge entwaffnen. Mährens Wünsche würden auf einem
Landtage berücksichtigt werden. Der Cardinal hatte aber noch eine
geheime Audienz, deren Aufgabe gewesen zu sein scheint, den Erzherzog durch lockende Anerbietungen zu gewinnen. Als solche sind
anzusehen: der Antrag, ihm die Verwaltung von Ungarn und

Oesterreich zu übertragen, dann die Anwartschaft auf die Krone
Böhmens, endlich sogar die Aussicht auf den Rücktritt des Kaisers
und auf die Leitung der Regierungsgeschäfte in Böhmen durch
einen Burggrafen; dafür sollte Mathias seine Truppen sofort
entlassen.¹) Diese Zugeständnisse waren ein Erfolg der vereinten
Bemühungen des spanischen Gesandten Zuñiga und der böhmischen
Landesofficiere. Durch mehr als zwei Stunden hatten sie dem
Kaiser von der Nothwendigkeit dieser Maßregel, d. i. der Abtretung jener Länder, gesprochen. Endlich gab Rudolph nach, und
Zuñiga referirte sofort voll Freude über diesen Sieg seinem Kö-
nige.⁸) Allein die Form, in welcher Rudolph diesen Antrag seinem
Bruder vorbringen ließ, die daran geknüpften Bedingungen würden
denselben völlig entwerthet und die Absichten des spanischen Gesandten, den Kaiser von der Last der Regierung zu entheben, vereitelt haben, wenn nicht Carl von Zierotin die Prager Politik
durchschaut hätte; er kannte die Tactik und ließ sich nicht täuschen.
Dieses diplomatische Manöver mußte daher mißlingen; die Verbindung zwischen Mähren und den unirten Ländern hatte solche
Fälle vorgesehen, und für deren Eintritt gemeinsames und einträchtiges Handeln vorgeschrieben. Der Erzherzog setzte Gut und
Blut an die Aufrechthaltung des Bündnisses und erklärte jede
separate Vertragsabschließung in seinem Manifeste vom 23. April
für unzulässig. Er war von der Politik der unirten Länder so sehr
umfangen, daß er einen freien selbstständigen Entschluß nicht mehr
fassen konnte. Die geheimen Aufträge Dietrichsteins an Mathias
theilte dieser an die Abgeordneten der unirten Länder zur Erwägung mit und die Antwort ward von ihnen dem Erzherzog in
den Mund gelegt. Sie war natürlich eine ablehnende; in drohenden Ausdrücken wird die Uebertragung der Regierung Böhmens
an den Erzherzog verlangt, von der geforderten Abstrafung der
Diener des Kaisers wollte Mathias Umgang nehmen, doch Berka
müsse von der Amnestie ausgenommen bleiben.⁹)

---

¹) Diar. Math. Cod. 64. 20/b. Slavata's hist. Lib. I. Pars II. Chlum. Reg.
  1. 84. 600. D. 719. — Hurter VI. 17. n. 53. Beil. Nr. CCXXX. und
  VI. 18. n. 54. Kais. Handbrieflein ddo. 8. Mai. Hammer II. 219.
⁸) Zuniga a Felipe. 12. Mai 1608. 7494 Sim.
⁹) Auch diese Antwort des Erzherzogs floß aus der Feder Carls von Zierotin. Dies zeigt schon der Umstand, daß die Angelegenheit Berka's,

Diese Antwort zeigt deutlich, welche Aufgabe dem Landtage zu Caslau gestellt war: Mathias hätte auf demselben zum König von Böhmen gewählt und die Gegner hätten durch die Gegenwart der erzherzoglichen Armee eingeschüchtert werden sollen. Dieses Project der Unirten scheiterte an jener feindseligen Haltung der Böhmen, welche den Landtag nicht zu Stande kommen ließen, denn kein böhmischer Landstand erschien in Caslau.

Die Abgeordneten der unirten Länder hatten durch Wort und Schrift auf die vornehmen böhmischen Barone eingewirkt, damit diese für Mathias stimmen und das in Caslau Versäumte in Prag zu Stande komme. Der Erzherzog sollte auf dem Land-tage, welcher für den 19. Mai in Prag einberufen war, zum König von Böhmen gewählt werden. Carl von Zierotin ermahnte Wenzel von Budowa und den gemeinsamen vornehmen Freund (wahr-scheinlich den Herrn Peter von Rosenberg), auf diesem Landtage zu erscheinen und dem Vaterlande ohne Furcht zu dienen; dieß könne aber nur durch die Wahl Mathias' zum Könige, geschehen. Carl von Zierotin sucht den Geist von Tabor heraufzubeschwö-ren: „Gott möge Euch Muth geben, und den alten böhmischen Geist, der durch Hoffart und Wollust beinahe erstickt wurde, er-wecken. Erinnert Euch an Eure Leiden, folgt dem Beispiele Euerer Ahnen! damit man nicht dereinst von Euch das sagen könne, was Tiberius von seinen Römern erzählt: „Sie seien Männer, zur Sclaverei geboren!“ [10])

Nicht vergeblich warf Carl von Zierotin diese zündenden Worte hin. Der Geist von Tabor erwachte aus dem Zauber, der ihn so lange gebannt hielt, — doch nicht in einer, Mähren freund-lichen Absicht. Selbst unter den Brüdern in Böhmen, denen

eine rein mährische, zur Sache der Länder und des Erzherzogs darin gemacht wird; bedurfte es noch eines Beweises, so bietet ihn der Ge-dankengang und der Styl, welcher den berühmten Schreiber verräth. Hammer sagt II. S. 80, daß Khlesel nicht alle Schriftstücke verfaßte. Hurter VI. 15. spricht seine Verwunderung aus, daß in diesen Acten-stücken die Interessen der Länder immer in den Vordergrund treten, der Erzherzog nur wie im Schlepptau erscheine. Dies Alles erklärt sich leicht durch den maßgebenden Einfluß des mährischen Staatsmannes.

[10]) Cod. 10. Mai 1608 an W. v. Budowa.

Rudolph die Wiederholung der Wladislaw'schen Verfolgungen bereiten wollte, regten sich Bedenken gegen das Vorgehen der Unirten. Sie machten den Mährern den Vorwurf der factiösen Auflehnung. Hier kamen schon die Folgen jenes Bündnisses der Brüder in Böhmen mit den andern Protestanten Böhmen's am Landtag 1575 deutlich zum Vorschein, sie durften sich nicht von diesen trennen und diese wollten nun einmal die von Mähren aufgedrungene Reform nicht. Carl von Zierotin fand es für nothwendig, in Mitte seiner wichtigen Geschäfte von Kolin aus ein besonderes Rechtfertigungsschreiben an den Senior Bartholomäus Riemcansky zu richten, worin er nachwies, daß die unirten Länder nur das fordern, was ihnen gebühre. Sie wollen auf legitimem Wege erlangen, was ihnen auf illegale Art entrissen worden. Er beklagt die Böhmen, daß sie sich eher den ärgsten Feinden der Freiheit in die Arme werfen, als daß sie sich mit ihren Befreiern, den Unirten, verbinden möchten.

Peter von Rosenberg war für diese Ansicht Zierotin's gewonnen; er hatte den böhmischen Ständen die Conföderation mit den unirten Ländern dringend angerathen.

Sehr bezeichnend für diese Stimmung der Mitglieder der Unität in Böhmen: die Einigkeit unter allen Protestanten zu wahren, ist ein Gespräch, welches Wenzel von Budowa während des böhmischen Mai-Landtages dieses Jahres mit einigen vornehmen Katholiken geführt hatte. Diese fragten ihn, warum er alle Protestanten vertrete, da man doch wisse, daß er sich nach den „Priestern, so im Pragerischen Consistorium ordinirt worden, nicht regulire? Es sei ein großer Unterschied zwischen den Utraquisten, deren Priester so im Reich ordinirt werden, (Lutheraner, Calvinisten) und den Brüdern." Budowa antwortete hierauf, sie seien doch alle „ein einiger evangelischer Hauf", weil sie sich alle zu jener Confession, welche am Landtag 1575 vereinbart wurde, bekennen. Die Unterschiede seien beiläufig dieselben, welche z. B. zwischen Jesuiten, Franziskanern ꝛc. bestehen, die doch alle Katholiken seien. Alle böhmischen Protestanten wollen einig sein und jeden Versuch, eine Trennung derselben herbeizuführen, zurückweisen.

Noch deutlicher trat dieses Streben nach einer Glaubensunion später hervor bei den Verhandlungen über den Majestätsbrief. So wie der von Budowa eben angeführte Vergleich durchaus unrichtig ist, ebenso gewagt war seine damals abgegebene Erklärung: die Brüderunität wolle zu Gunsten der Glaubenseinheit alle ihre Besonderheiten aufgeben. Es lag hierin die Absicht, jeden Grund der Uneinigkeit unter den böhmischen Ständen zu beseitigen; für die Mitglieder der mährischen Unität war aber kein Anlaß vorhanden, ihre Besonderheiten selbst aus politischen Rücksichten aufzugeben. Thatsächlich und äußerlich gab sich damit eine Divergenz der mährischen von der böhmischen Unität kund.[11])

Kaiserliche Mandate verordneten den bewaffneten Zuzug des Landesaufgebots; die Pezz'schen, Gaisruck'schen und Puchaimb'schen Kriegsvölker wurden aus Schlesien nach Prag commandirt. Der Fall des Eintretens der ultima ratio lag nahe. Doch auch Mathias ließ in Oesterreich werben. Das Regiment Mar Liechtenstein, das als Besatzung in Mähren zurückgeblieben war, und Heidukenschaaren rückten in Böhmen ein. Der Erzherzog begehrte von den mährischen Städten ein Kriegsdarlehen.[12]) Während er nach Kolin zog (am 14. Mai), eilte der Cardinal nach Prag, um über die Forderung der Unirten und des Erzherzogs die kaiserl. Antwort abzuholen. Weder die Instruction, welche er vom Kaiser am 16. Mai erhielt und worin dem Erzherzoge die ungarische Krone angetragen wurde, noch eine spätere, mit welcher der Cardinal am 21. Mai eine neuerliche diplomatische Sendung, die siebente, unternahm, konnte den Erzherzog bewegen, vom weitern Vorrücken abzustehen. Am 19. stand Mathias mit seiner Armee in BöhmischBrod, wenige Meilen von Prag. Der Antrag des Kaisers, nebst

---

[11]) Gindely a. a. O. II. II. 329, 371. Verzeichnuss a. a. O. S. 22. — Cod. 15. Mai 1608 Niemčansky. — Auf den früher erwähnten Rath hatte sich Rosenberg zur Zeit der Debatten über den Majestätsbrief im Jahre 1609 ausdrücklich berufen und die böhmischen Stände erinnert, daß, wenn sie im Jahre 1608 seine Ansichten gutgeheißen hätten, die Gefahren, welche jener Streit im Jahre 1609 hervorrief, beseitigt worden wäre..... a. a.

[12]) Hammer II. n. 223. S. 106. 220. — Slawata a. a. O. II. S. 4. — Pešina 444. — Hurter VI Beil. Nr. CXXXI. Chlum. Reg. Zgl. 602.

der Uebertragung der ungarischen Krone an Mathias auch dessen
Anwartschaft auf die böhmische bei dem Landtag zu bevorworten,
genügte weder dem Erzherzog noch den Unirten; denn über den
Entschluß Mährens, unter dem Prager Regiment nicht länger zu
stehen, war noch nicht entschieden, jene Anwartschaft hätte Mähren
doch noch unter Rudolphs Regiment gelassen. Der Kaiser sprach
nichts über die künftige Stellung dieses Landes, weil er die Hoffnung hegte, daß die böhmischen Stände eine Trennung Mährens
von der Krone Böhmens nicht zugeben würden; dann rechnete
Rudolph darauf, daß nicht alle mährischen Barone auf Seite des
Erzherzogs stehen und daß dieser nicht die Aussicht auf so schöne
Kronen aufgeben würde, um den Prätensionen seiner mährischen
Anhänger gerecht zu werden.

Doch Rudolph kannte nicht die Macht dieser Anhänger und
die Kraft der Bündnisse, welchen Mathias beigetreten war. Die
Antwort des Erzherzogs war bestimmt: der Kaiser möge ihm Böhmen
(und wie natürlich die Nebenländer) gegen billige Vergütung abtreten, dann wolle er einen Revers ausstellen, von Böhmisch-Brod
nicht weiter zu rücken. Schon war für den Fall eines Widerstandes
der böhmischen Stände die Trennung Mährens von der böhmischen Krone von den Gesandten der unirten Länder, wenn auch
nur als letztes Auskunftsmittel erwogen.

Die Erbitterung gegen Böhmen war in diesen Kreisen sehr
groß. Carl von Liechtenstein schwor sogar, sich alle Mühe zu geben,
daß — nach einer alten Prophezeiung — „Mähren ein Königreich werde und Böhmen nur als Herzogthum fortbestehe!"[13]

---

[13] Hurter VI. n. 67 und 68. Antwort des Erzherzogs vom 22. Mai 1608
n. 73, dann S. 30. — Relat. an Churpfalz 25. Mai 1609. Münch.
Staatsarch. 547/4. 394. — Renzi schrieb an Barviz über die mährische
Frage: Delli Moravi ne ancho è Cosi sicuro che (Mathias) possa
disporre di tutti a suo modo, et trovandosi li Boemi armati duranno
da pensare a S. A. di voler aventurare quanto ha ottenuto ovvero
è per ottenere da S. M. senza arme, per dare satisfazione alli suoi
seguaci di Moravia (Zierotin, Liechtenstein etc.) et che non era da
credere che S. A. volesse rompere affatto per queste poche preten-
sioni tanto più che dalli Boemi con infinite raggioni si mostra evi-
dentemente, che questa divisione e separazione non si può fare. Rom
28. Juni 1608. Renzi an Barvitius. Wien. Reichsarch. W. S. 39. 305.

Die diplomatischen Künste des Prager Hofes scheiterten an
der Festigkeit der Unirten; dasjenige, was der Kaiser so sehr ge-
wünscht hatte, die Erledigung der Differenzen vor Zusammentritt
des böhmischen Landtages, war nicht geschehen, denn mit der Eröffnung dieses Landtages trat ein mächtiges und unbotmäßiges
Element auf des Kaisers Seite; er war dann selbst nicht mehr
Herr seines Entschlußes.

Es ist höchst wahrscheinlich, daß die böhmischen Stände,
welche zu dem am 19. Mai mittelst eiliger Schreiben der obersten
Landesofficiere (vom 15. Mai) [14]) einberufenen Landtag eintrafen,
den Kaiser gegen die Unirten nur unter der Bedingung stützen
zu wollen erklärten, daß er ihren alten Beschwerden, insbesondere
rücksichtlich der Religion, gerecht werde. Sie mochten gleichzeitig
Unirten versprochen haben, erst wenn sie den Kaiser zu Concessionen für Böhmen bestimmt hätten, die Politik derselben, wenn
auch indirect, fördern zu wollen. Durch diese kluge Tactik wurden die Böhmen, für den Augenblick wenigstens, Herren der Situation.

Die Unirten begriffen wohl das Gefährliche dieser Stellung;
denn Rudolph konnte den Böhmen Concessionen machen um den
Preis, daß diese ihm dann behilflich werden, die Armee der verbundenen Länder aus dem Lande zu jagen; dann war ein blutiger
Bürgerkrieg in Aussicht. Dagegen konnte ein Einverständniß zwischen Rudolph und den Unirten, um die Forderungen der Böhmen
zurückzuweisen, nicht eintreten, denn die ersteren hätten sich nur
im Falle der Thronentsagung Rudolph's dazu verstehen können.
Es blieb daher den verbundenen Ländern nichts übrig, als die

---

[14]) Hurter VI. am 20. Mai n. 72. — Cod. 64. S. 25. H. 86. 176. —
Relat. an Churpfalz 25. Mai 1608. 547/4 394. Münch. Staatsarch.
Cod. 64. S. 21. — Als Rudolph im J. 1606, der Pest wegen, sich
von Prag nach Brandeis zurückzog, ging er dort auf die Jagd, worüber
eine allgemeine Freude sich kundgab. Schon dachte man, er werde die
Scheu vor Menschen ablegen. Stralendorf erzählte, Rudolph wolle die
Messe öffentlich besuchen. Allein der Kaiser rechtfertigte diese Hoffnung
nicht, er trat wieder in seine düstere Einsamkeit zurück. Bodenius an
Max von Baiern. 21. und 23. Oct. 1606. Münch. Reichsarch. XXI/14.
Um die Ursache seiner Menschenscheu befragt, bezeichnete der Kaiser als
solche die Furcht vor Meuchelmord. Obige Relat. an Churpfalz.

Rolle des treibenden Keiles wider Willen zu spielen, wofür die Hoffnung blieb, daß dann die Böhmen, wenn sie durch Rudolph befriedigt worden wären, gleichsam als Lohn für die indirecte Mitwirkung der Unirten bei der Erledigung der ungarischen, mährischen und österreichischen Frage nicht hindernd in den Weg treten würden.

Der Augenblick der Entscheidung nahte.

Die Stände Böhmens sollten am 19. Mai auf dem in Gegenwart Rudolph's abzuhaltenden Landtag durch den Oberst-hofmeister Christoph von Lobkowitz von der Absicht des Kaisers unterrichtet werden, daß dem Erzherzog Mathias für den Fall, als Seine Majestät ohne Leibeserben stürbe, die Nachfolge zugesichert sein soll, wobei die Proposition gestellt wurde: die Stände mögen diesen Antrag annehmen, die Geleitsbriefe für die Abgeordneten des Erzherzogs ausstellen, damit dieser sein Ansuchen dem böh-mischen Landtage vorbringen könne. Allein Rudolph wollte noch die Rückkunft seiner Gesandten und die Antwort des Erzherzogs Mathias auf die letzte Anfrage abwarten, deshalb wurde die Er-öffnung des Landtags bis zum 22., dann bis auf den 23. ver-schoben.

An diesem Tage zeigte sich der Kaiser seit zehn Jahren zum ersten Male wieder öffentlich. Die böhmischen Stände hatten aus-drücklich das Begehren gestellt, daß Seine Majestät den Landtag persönlich eröffne. Nur mit größtem Widerwillen sagte er zu. Schon bei der Toilette fühlte sich der Kaiser unwohl, er seufzte oft und tief. Als er in die Landrechtsstube trat, ergriff ihn der ungewohnte Anblick vieler Menschen; er wurde blaß wie ein Todter, senkte den Blick und ließ sich nieder, dann erhob er sich und ging schwankenden Schrittes unter Vortritt des Stallmeisters Waldstein, der ihm das blanke Schwert vortrug, nach dem Landtags-saale. Hier wurde er von den zahlreichen Anwesenden mit freudiger Rührung begrüßt, denn es war das Gerücht verbreitet, „die Ma-jestät sei nicht mehr am Leben." Das Aussehen des Kaisers war das eines kränklichen alten Mannes; sein Haar war ganz ge-bleicht, die Knie wankten und die linke Seite des Rückens war fast höckerartig erhoben. Rudolph dankte den Ständen dafür, daß sie sich so zahlreich eingefunden hatten, dann für die Unterstützung, die sie ihm bisher mit Gut und Blut gewährt hatten, und empfahl die Annahme seiner Proposition. Nachdem auch die Stände gedankt hatten, daß er sie mit seiner persönlichen Gegenwart erfreut hatte, verließ er nach kaum einer halben Viertelstunde, ein Unwohlsein vorschützend, den Saal. Die protestantische Mehrheit der Stäube beschloß jedoch auf die durch Lobkowitz vorgebrachte Proposition dem Kaiser keine Antwort zu geben — erst müßten ihre eigenen Forderungen erledigt werden. [16])

Schon am 22. und am 23. Mai hatten sich die evange-lischen Stände im grünen Saale versammelt, um diese Forderungen geltend zu machen. Wenzel von Budowa von der Brüderunität war der Wortführer. Er wies auf die Landtage von 1567 und 1575 hin, in welchen die Religionsfragen entsprechend geordnet worden waren. Er bemerkte, daß die den ungarischen Protestanten nachtheiligen Artikel aus der Friedensurkunde gestrichen worden seien und daß die Böhmen, die dem Kaiser treu gedient, gleiche Behandlung mit den Ungarn verlangen müßten. In einer Audienz bei Seiner Majestät würde man diese Forderungen vortragen und gewiß auch durchsetzen. Bei 200 Herren, 300 Ritter und die königl. Städte (Budweis, Pilsen und Kabau ausgenommen) gaben diesem Antrage unter wildem Lärmen ihre Zustimmung und unterzeich-neten die von Budowa entworfene Petition, die Drohung aus-stoßend, jeden aus dem Fenster hinauszuwerfen, der sich ihren Beschlüssen widersetze; sie würden sich dem Erzherzoge in die Arme werfen, wenn Rudolph das Begehrte nicht sofort erfülle. Jetzt erst, da die Stände mit ihren Absichten und mit der Durch-führung im Klaren waren, fertigten sie die Geleitbriefe für die Abgeordneten Mathias' aus. Es war am 23. Mai. Am 24. überbrachte der Cardinal Dietrichstein diese Briefe in das Lager des Erzherzogs.

Die Petition der böhmischen Stände enthielt fünfundzwanzig Artikel, [16]) durch welche auch in Böhmen die Restauration des

---

[15]) Cod. 64. S. 21.

[16]) Zur Verfassung des Entwurfes dieser Geleitbriefe werden gewählt: Jo-hann Sezima v. Austi, Joh. Wenzel v. Lobkowitz, Theobald Svichowsky, Ferdinand Burggraf von Donin, dann der Landesunterkämmerer Burghard Toczuif. Die 25 Artikel befinden sich in den nachstehenden Quellen: Cod. 64, Fol. 24, führt 22 Artikel an, D. 724, 24 Artikel, H. 185, 25 Art.

ständischen Staates, wie er sich im Beginne der Regierung des Königs Ferdinand entwickelt hatte, durchgeführt werden sollte. Ein durch und durch exclusiv-nationaler Geist wehte in diesem merkwürdigen Schriftstücke, das von denselben autonomen politischen Principien getragen wurde, welche in der Kaschauer Convention zur Zeit Bocskay's zur Geltung kamen.

Die Böhmen wollten durch die in jenen Artikeln erbetene kaiserl. Sanctionirung der böhmischen Confession vom Jahre 1575 Religionsfreiheit für alle Classen der Bevölkerung erlangen, sie begehrten Besetzung der geistlichen Stellen, der Aemter und Würden mit Nationalen und Paritätischen, Abschaffung der Todes- und Confiscationsstrafe, Aufhebung der Ausnahmsgerichte, Freiheit des Landrechtes, Abstellung der Verfassungsverletzungen, Aufrechthaltung der alten Rechte und Gewohnheiten des Landes, worunter das Recht der Stände die Landtage ohne des Königs Genehmigung zu berufen und die Verpflichtung der Regierung, das Landesaufgebot nur mit Zustimmung der Stände anzuordnen, inbegriffen waren. Der Entschluß der Böhmen, die königliche Prärogative überhaupt und insbesondere Rudolph's absolutistische Velleitäten möglichst zu beschränken, trat klar zu Tage. Der Confirmation

Slavata II. Th. Fol. 8. B. histor. sui. temp., dann Pešina a. a. In Slavata's Hist. und Cod. D. ist die correcteste Ausgabe vorhanden, nur fehlt bei D. ein Artikel; H. und C. 64 sind vollständig doch uncorrect. Der Schreiber des Cod. 64 führt allein mit Pešina jene Drohung an, daß sich die Stände in die Arme des Erzherzogs werfen wollen. Die Bemerkung im Cod. 64 und bei Pešina, daß die akatholischen Stände gleich nach Unterzeichnung der Petition um eine Audienz bei Seiner Majestät baten, ist unrichtig, dies geschah, wie die Erzählung zeigt, einige Tage später. Irrig ist die Angabe Slavatas, daß die oben mitgetheilten Verhandlungen der protestantischen Stände erst nach dem 26. Mai, also nach dem Vortrage der Gesandten und nach der Rede Carl's von Zierotin. Offenbar beziehen sich die Verhandlungen der Protestanten, von welchen Slavata Erwähnung macht, auf die allerdings nach dem 26. stattgefundenen Erörterungen der böhm. Stände über die am 19. vorgebrachten kaiserl. Propositionen. Damit stimmen Pešina Cod. 64 und das Diar. Anon. überein. Die Landtags-Debatten des 22. und 23. Mai betrafen rein innere, böhmische Angelegenheiten, die Erörterungen, welche nach dem 26. stattfanden, bezogen sich auf die Nachfolge Mathias', also auf etwas ganz Verschiedenes.

der Friedenschlüsse, worin Gleiches den Ungarn gewährleistet war, wurde daselbst mit keinem Worte Erwähnung gemacht.

Die böhmischen Stände waren um das Schicksal der Nachbarländer und der Standesgenossen in diesen Ländern eben nicht besorgt; man wollte in Prag sich selbst genügen.

Daß aber Ungarn, Oesterreich und Mähren im Lager des Erzherzogs in bewaffneter Geduld harrten, das war den Böhmen ganz recht. Sie wollten den Kaiser nicht absetzen, aber es war ihre Absicht, ihn an Land und Rechten zu schwäbigen. Ein verlassener, ohnmächtiger Herrscher ist ihnen sehr willkommen, sie können dann leichter und ohne Gefahr auf jener Bahn bleiben, die sie eben betreten. Von einem sochen Herrscher war kein Widerstand zu besorgen.

Die fünfundzwanzig Artikel waren wesentlich national-politischen Inhalts. Auch die Katholischen hatten sich denselben angeschlossen. Es liegt darin der Beweis, daß die unheilvolle zwölfjährige Bewegung, welche mit dem 19. Mai in Böhmen den Anfang nahm, eine vorzugsweise politisch-nationale war, daß die Vertheidigung der religiösen Freiheit nur zur Stärkung jener Bewegung benützt wurde, um die königliche Prärogative um so leichter in enge Grenzen zu bannen.

Die Landesofficiere wurden von den drei Ständen beauftragt, die fünfundzwanzig Artikel dem Kaiser zu überreichen; erst nach deren Erledigung wollten sie die kaiserl. Propositionen wegen Mathias' Anwartschaft in Erwägung nehmen.

Die böhm. Stände hofften den Kaiser zu überrumpeln, das, was sie begehrten, im Sturm zu nehmen, da des Kaisers Feinde mit gezücktem Schwerte vor den Thoren Prag's die Abdankung verlangten, während die Böhmen ihm die Krone, wenn auch eine zerbröckelte, am Haupte ließen. Am 24. Mai um 1 Uhr kehrten die Oberstlandesofficiere in die Landstube zu den Ständen zurück mit einer ausweichenden Antwort des Kaisers: die Stäude mögen allembevor den kaiserlichen Propositionen gerecht werden. Mit Unwillen vernahmen sie diese Worte. Stephan von Sternberg erklärte laut und entschieden, bei dem Begehren zu verbleiben. Ein donnernntes Beifallsgeschrei zeigte ihm die Zustimmung. Die protestantische Mehrheit der Stände trat in das grüne Zimmer, beschloß für sich eine Audienz zu erwirken, wählte Herrn Andreas von Schlik zum Sprecher und vertagte die Versammlung auf den nächsten Tag, den 25. Mai.

Noch Abends kamen unter Anführung des Herrn von Zierotin die Gesandten des Erzherzogs und der unirten Länder nach Prag, für die Böhmen im rechten Augenblick.[17] Der Kaiser hatte das Begehren der Letzteren zurückgewiesen —. Wie, wenn man ihm das gezückte Schwert zeigen würde, wenn man das Feuer, das ihn zu verzehren drohte, ganz in seiner Nähe brennen ließe, und dann erst die Forderungen wiederholen würde? Müßten sie nicht hoffen, daß er sich in ihre Arme werfen würde, weil ihm sonst kein Ausweg blieb, als abzudanken?

Sie beschlossen daher die Wirkung, welche der Vortrag der Forderungen des Erzherzogs auf Rudolph ausüben würde, abzuwarten; denn obwohl sie schon am 24. einig waren über die Maßregeln, die zu ergreifen wären, traten sie doch erst drei Tage später (27.), nachdem Zierotin seine berühmte Rede im Landtagssaale gehalten hatte, mit Ungestüm gegen ihren kaiserlichen Herrn auf.

Am 26. Mai erschienen die Gesandten des Erzherzogs und der unirten Länder in dem gedrängt vollen Landtagssaale und überreichten ihre Creditive; darauf erhob sich Herr Carl von Zierotin und faßte im Namen des Erzherzogs und der unirten Länder deren Propositionen und Wünsche in einer glänzenden Rede zusammen.[18]

---

[17] Slavata a. a. O. II. 8. b. Wir citiren Slawata nur nach einer Handschrift des Blaubaer Arch. — Diar. Math. 24. Mai.

[18] Ueber die bedeutungsvolle Stellung, welche Herr von Zierotin während jener Verhandlungen einnahm, sprechen sich die Quellen ganz übereinstimmend aus: Herr Carl von Zierotin, der vergangenen Montag in Begleitung des Bischofs von Vesprim in den Landtag gekommen, hat daselbst eine Stund vortrefflich gesprochen..... Zeit. aus Prag. Münch. Staats. 547/7. 478. — Herr Carl von Zierotin, welcher in allen Handlungen auf den Landtagen und im Läger vor Ihr fürst. Durchlaucht Red und Antwort geben... Verzeichnuss a. a. O. 12. — Matias tiene (bei sich) a un Zerotino persona de gran estado y autoridad en Moravia y gran calvinista, que aunque haze del moderado y ayudó los dias pasados arto a los padres de la compania para que no los echasen de aquella provincia, es muy proprio de esta gente el fingirse y hazer su herida donde mas les importa. Zuniga al rey. Prag 30. Aug. 1608. 2494. Simancas.

In der Hand Zierotins lag nun das Schicksal des Erzherzogs und der Länder: Friede und Gewissensfreiheit waren zu
erringen, wenn er mit der Kraft seiner Argumente durchbringen
würde, — sollte er aber unterliegen, dann müßten Bürgerkrieg,
Anarchie und Knechtschaft die unausbleiblichen Folgen sein. Seine
Aufgabe war eine ungemein schwierige. Er kannte die feindlichen
Gesinnungen der Böhmen und war sich der Rolle bewußt, welche
man die Unirten in diesen Verhandlungen spielen ließ. Wohl
waren Rosenberg, Thurn, Budowa, Kinsky dem Erzherzog ergeben,
aber die Mehrheit der Böhmen trat nicht zu Mathias. Es war
möglich, daß Rudolph den Forderungen der Böhmen nachkomme,
daß diese aus Dankbarkeit aggressiv gegen den Erzherzog vorgehen,
eine Niederlage seiner Truppen hätte Mähren zuverlässig unter die
Botmäßigkeit des Prager Hofes gebracht und wäre das Signal
zum Kampfe mit Ungarn und Oesterreich gewesen.

Wir wenden uns nun zu dieser Rede selbst. Zierotin begann
zunächst mit der Schilderung der Gründe, welche den Erzherzog
bewogen, zur Erhaltung des Hauses und der Länder die beiden
Frieden zu schließen, er zählt alle offenen Wortbrüche und geheimen
Intriguen auf, die vom Hofe gesponnen wurden, um die Friedensconfirmation zu verzögern. Er zeigt damit, wie den abgerun-
genen Concessionen durchaus nicht zu trauen sei, wie der Prager
Hof bei nächst günstiger Gelegenheit bereit sein würde, dieselben
zurück zu nehmen. Der Erzherzog sei genöthigt gewesen, mit den
Ländern Ungarn und Oesterreich zur Sicherung des Friedens einen
Bund zu schließen; Mähren wurde darin aufgenommen, zumal
fremde Kriegsvölker Leben und Gut der mährischen Landleute bedrohten. Zierotin suchte nachzuweisen, daß der Erzherzog für
Böhmen immer eine besondere Vorliebe hatte, daß ihm das Wohl
dieses Königreichs am Herzen liege, wie nur dieses Wohl der
Leitstern seiner Politik sei; daher wünsche er dieses Königreich,
welches durch das bisherige schlechte Regiment verarmt sei und
ausgebeutet wurde, in den Bund aufzunehmen, um dieses Reich
aller Vortheile desselben theilhaftig zu machen. Nun berührt Zierotin die Ereignisse auf der Reise des Erzherzogs, vorzugsweise
die Enttäuschung zu Caslau, die Freude über die Berufung des
gegenwärtigen Landtags. Der Erzherzog habe die Anerbietungen
des Kaisers wegen der Nachfolge angenommen und die Abge-

fandten ermächtigt zu erklären, daß keine ehrgeizige oder unlautere Absicht ihn zu dem Zuge nach Böhmen veranlaßt habe, sondern nur inniges Mitleid mit dem traurigen Zustande des Landes. Der Erzherzog ersuche daher die Stände vor allem, die Confirmation des Friedens zu erwirken.

Hatte Carl von Zierotin in diesem ersten Theile der Rede gesucht, Mißtrauen gegen des Kaisers Worte zu säen, so war es ihm darum zu thun, im weiteren Verlauf derselben den Beweis zu führen, daß der Kaiser gegebene Versprechungen überhaupt nicht halten könne. Durch dieses feine Argument wollte er bei den Böhmen die Haltbarkeit der eventuellen kaiserl. Concession über die fünfundzwanzig Artikel von vornherein verdächtigen, die Erfolglosigkeit derselben in's Klare stellen, um den Schluß herbeizuführen, daß nur Mathias, welcher bereits dem Bunde der unirten Länder beigetreten war, der wahre Hort der Freiheit, daß diesem allein zu trauen sei. Der Plan war in der That gut angelegt, die Ausführung geschickt, die Gründe schlagend.

„Es ist allgemein bekannt," sagte er, „wie schlimm es mit der Regierung am Hofe Seiner Majestät bestellt sei. Man weiß, was für Leute um den Kaiser sich befinden, was für Leute im Rathe und in anderen Aemtern angestellt seien. Man kennt die Schnelligkeit der Expeditionen, die Gerechtigkeit der Gerichtshöfe, den Credit der k. Kammer, man weiß, daß dies alles das Königreich Böhmen zu Grunde richte."

„Mit den Ständen gemeinsam will der Erzherzog Ordnung aus der Unordnung, Recht aus dem Unrechte erstehen lassen!"

„Freilich zeige man sich am Hofe geneigt, den Ständen Versprechungen zu machen, zu vertrösten und Neigung für Reformen zu zeigen, doch dies müsse der Zwangslage, der Anwesenheit des Erzherzogs zugeschrieben werden. Ist dieser nicht mehr in Böhmen, dann kehren die alten Zustände wieder; die Erfahrung vieler Jahre zeigt, daß es dem Prager Hofe unmöglich sei, das Versprochene zu halten.[19]"

---

[19] Einige Monate später erinnerte sich Herr von Zierotin dieser Worte und schrieb, als der Martini=Landtag vertagt wurde und der Kaiser die begehrte Religionsfreiheit nicht concediren wollte, am 16. December 1608 an Wenzel von Budowa: „Ich habe dies Alles als ich bei Euch war (Mai und Juni 1608) vorausgesehen."

„Der Erzherzog wolle Mittel in Vorschlag bringen, nicht allein um das gesunkene Ansehen des Königreiches zu heben, die Corruption abzuschaffen, die Freiheiten aufleben zu lassen, sondern um diese bessern Zustände dauernd zu machen; von der Regierung des Kaisers sei dagegen im Hinblick auf dessen Alter, Kränklichkeit, Naturell und die bekannten Gewohnheiten Seiner Majestät wohl nichts mehr zu erwarten."

„Das einzige Mittel, jenen Uebelständen gründlich abzuhelfen, sei die Wahl des Erzherzogs zum König von Böhmen. Mit der bloßen Anwartschaft, wie der Kaiser es beabsichtigt, sei dem Lande Böhmen und den Kronländern nicht gedient. Carl von Zierotin schilderte mit lebhaften Farben die Annehmlichkeiten, welche ein idyllischer Aufenthalt in Tirol für Rudolph haben müsse; er sicherte im Namen des Erzherzogs dessen Antheil an diesem Lande und einen angemessenen Jahresgehalt dem Kaiser zu."

Carl von Zierotin, treu seinem Grundsatze, der Bewegung den Charakter einer religiösen möglichst zu entziehen, machte der Gewissensfreiheit keine Erwähnung, um die Empfindlichkeit der Katholiken nicht zu berühren. Indem aber Zierotin von der Restauration der alten Freiheiten im Allgemeinen sprach, indem er in seiner beredten Schilderung der milden Regierungsweise Mathias', der als König von Böhmen die Böhmen bei allen ihren Freiheiten, Rechten, Privilegien, guten Sitten und Gewohnheiten erhalten wolle, und Alles, was verändert oder unterdrückt wurde, wieder aufleben lassen würde, Maximilianische Zeiten in Aussicht stellte, mochte er wohl auch die Wiederherstellung der Gewissensfreiheit andeuten. Auf diese Art umschiffte er eine gefährliche Klippe.

Zur weiteren Unterstützung des erzherzoglichen Antrags producirte Zierotin den Hausvertrag vom April 1606, um den böhmischen Ständen zu zeigen, daß auch die Erzherzoge diesen Ausgang billigen würden, und gab nicht undeutlich zu verstehen, daß die Wahl Mathias' zum Könige anderen sonst unausbleiblichen Schwierigkeiten vorbeugen würde, nämlich dem Abfalle derjenigen Kronländer, welche jetzt schon fest entschlossen sind, das Prager Regiment nicht mehr zu dulden. Er drückte die Hoffnung aus, daß die böhmischen Stände sich das Verlangen des Erzherzogs und des ganzen österreichischen Hauses zu Herzen nehmen und eine günstige Gelegenheit zur Lösung der obschwebenden Wirren, welche ihnen die Vorsehung selbst darbietet, nicht zurückweisen würden. [20])

Wiewohl der Vortrag Zierotins ein Meisterstück diplomatischer Beredsamkeit war, so war es doch nicht ganz klug hervorzuheben, daß die eventuelle Concession der fünfundzwanzig Artikel durch den Kaiser nur der Anwesenheit des Erzherzogs und seines Heeres zuzuschreiben sei. Dadurch wurde der Stolz der Böhmen verletzt. Sie waren entschlossen zu beweisen, daß sie den Fremden auch selbst auf indirectem Wege, nichts zu danken brauchen, daß sie allein mit dem Könige ihre Angelegenheiten austragen werden. Darum hatte der Obersthofmeister Christoph von Lobkowitz nur im Sinne der Stände gesprochen, als er nach Beendigung des Zierotinschen Vortrags im Namen derselben erklärte, daß das Verlangen der erzherzoglichen Gesandten ein höchst wichtiges sei und einer längeren Erwägung bedürfe, weshalb denselben die Antwort nicht sogleich ertheilt werden könne. Kein Zeichen der Zustimmung ließ die Gesandten ein günstiges Ergebniß ihrer Mission anhoffen.

Die Aufgabe Zierotins war jetzt darauf gerichtet, die gefürchtete Vereinbarung zwischen Rudolph und den böhmischen

[20]) Pešina I. 459. MS. — Diese Rede Zierotins erscheint in Form einer Instruction des Erzherzogs Mathias im Cod. H. 108 und D. 732, im ersteren mit falschen Datum und fehlerhaft, datirt vom 24. statt 23. Mai. Auch das Manuscript in D. 732 ist mank und uncorrect. Cod. 64. das Blaubaer Archiv Fol. 26 enthält diese Rede genau. Die Anspielung Zierotins auf die besondern Vortheile des austro-magyarisch-mährischen Bündnisses deutet offenbar auf eine geheime Verabredung über den gegenseitig bewaffneten Schutz der Freiheiten. Auch der Erzherzog mochte den Ländern noch andere nicht näher bekannte Garantien gegeben haben, wie schon sein Manifest vom 23. April gezeigt hatte. Durch das Diar. Anon., welchem Pubitschka nachschrieb, verleitet, hat Hurter VI. 46. als Gegenstand der Rede Zierotins jene Artikel angeführt, welche der Anonymus bei Dobner S. 310. P. citirt und S. 481 mittheilt, während diese letztern Artikel erst 14 Tage darauf, am 8. Juni nämlich, von Zierotin vorgebracht wurden; es geschah dies zu einer Zeit, in welcher von der Thronentsagung Rudolphs keine Rede mehr war und man sich beiderseits auf eine Abtretung Mährens vergleichen wollte. Es ist lediglich eine Verwechslung und Vermengung der Unterhandlung vom 8. Juni mit jener vom 26. Mai, die aber zunächst von Pubitschka in die Welt gesetzt wurde. VI. Th. III. B. S. 375.

Ständen zu hintertreiben, damit sich diese beiden nicht mit vereinter Macht gegen Mathias und die Unirten wenden.

Die Rede Zierotins verfehlte nicht den tiefsten Eindruck
auf den Kaiser zu üben. Gestern verlangten die Böhmen von
dem erschreckten Kaiser, er solle die Krone vom guten Golde mit
einer Flitterkrone vertauschen, heute will ihm der eigene Bruder
auch diese rauben. Der Erzherzog droht thatsächlich mit gewaltsamer Vertreibung, die Böhmen mit Abfall, was wohl mit der
erzherzoglichen Drohung gleiches Gewicht hatte. Rudolph mußte
jetzt erkennen, wie er nur zwischen dem Verlust des Reiches und
dem Verlust der Königsmacht, zwischen zwei Feinden, zwei Unter-
werfungen, zwei Niederlagen, zu wählen hatte. Unter diesen
Umständen begann sogar die Flucht für ihn etwas Reizendes zu
haben, sie hatte wenigstens den Character eines freien Entschlußes,
wie ein Schritt, der ihm nicht abgenöthigt wurde, sie war wie
ein feierlicher Protest gegen die Doppelgewalt, die ihn bedrohte
und vernichten wollte.

Es ist immerhin denkbar, daß Rudolph diesen Gedanken
ausgeführt hätte; die Lebensweise des Kaisers hatte sich jetzt in
seinen alten Tagen plötzlich verändern müssen, neue, unliebsame
Gewohnheiten, die seiner innersten Natur widerstrebten, mußte er
annehmen; zu dem moralischen Kampfe gesellten sich physische
Störungen, die ihm die Fähigkeit, klar zu urtheilen, benahmen.

Schon vor dem Einmarsch des Erzherzogs zeigten sich bei
Rudolph Symptome einer tiefen Melancholie. Es verbreitete sich
das Gerücht der Kaiser hätte zweimal Hand an sich legen wollen;
ein andermal hatte er ausgesprochen, daß alle Ungarn unter zwölf
Jahren ermordet werden müssen. Kein Wunder, daß, je mehr
sich die aufregenden Verhandlungen in die Länge zogen, seine
Gemüthsstimmung desto bedenklicher wurde. Unter solchen Umständen war der Wunsch, sich der Zwangslage durch die Flucht
zu entziehen, leicht erklärlich. Man erzählte in Prag, daß zwischen
dem Grafen Sulz, den Mitgliedern des geheimen Rathes und
einigen böhmischen Baronen eine heftige Scene in Gegenwart
Rudolphs stattfand, weil die Räthe des Kaisers Absicht, abzurei-
sen, gebilligt, ja ihn dazu aufgemuntert hatten. Waldstein warf
dem geheimen Rathe Attems Habsucht und das Streben vor, sich
in einen sicheren Hafen zu flüchten, das Königreich aber der

Beutelust fremder Soldaten preißzugeben. Der Kaiser selbst mußte es vernehmen, daß seine Unthätigkeit und Sorglosigkeit an den gegenwärtigen Uebelständen Schuld trage. Als er sich abwenden wollte, um diese Vorwürfe nicht zu hören, ergriff der Oberst-kanzler Lobkowitz seinen Mantel, damit er sich jenen Ermah-nungen nicht entziehe. Es ist sehr wahrscheinlich, daß einige Mitglieder des Rathes die Abreise Rudolphs nach Deutschland als den Weg darstellten, „im Reiche" Truppen zu werben, an deren Spitze er dann zurückkehren und sich an Mathias rächen könnte. [21])

Rudolph wäre in der That abgereist, wenn sein Oberst-Stallmeister, Herr von Waldstein, ihn nicht knieend beschworen hätte zu bleiben, um nicht die königliche Ehre und die Würde der Majestät blos zu stellen. Er mochte dem Kaiser vorgestellt haben, daß die Flucht dem Bruder zu vollem Triumphe rasch verhelfen und Böhmen eine Beute fremder Soldaten werden würde. Der Kaiser gab für dießmal nach, doch mit dem festen Entschlusse, wenn man ihm Gewalt anthun würde, sofort nach Baiern oder nach einem andern sichern Orte zu fliehen. [22]) Am 26. Mai und an den folgenden Tagen waren, wie man sagte, Pferde und

[21]) Zeitung aus Wien Anh. Act. — 25. Mai 1608 Münch. Staatsarch. 547/4 394. Li dico che considerano che potendo V. M. ritirarsi o in Sassonia o in simili paesi non solo vederia distruzzioni e ruina delli suoi contrarii, ma potria intentare altre vendette, ma che nella mente sua buona...non entrano quei pensieri.. Paravicino an Ru-dolph. Rom 31. Mai 1608. Wien. Reichsarch. Nr. 39/315. Geheime Particularien aus Wien, „wessen man sich da gegen Kaiser Rudolph beschwert, findet: 1. Jr Maj. sei ein Epicurus, ... 5. unsinnige Rumor, oft bei der Nacht im Hemb mit bloßem Rapier, meint oft sein Rücken stehe vor und der Bauch hinten. Er hatte sich selbst wollen um-bringen, mit Glasscherben die Gurgel abschneiden, auf ein Hirschen-gestäm sich wollen werfen und Gift zu nehmen preparirt, so von einem Kammerdiener heimlich weggenommen."

[22]) Rudolph hatte schon einmal bei dem Churfürsten von Sachsen ange-fragt, ob dieser ihn in Dresden aufnehmen würde. Rudolph an Chur-sachsen 5. Mai 1608. Münch. Staatsarch. 547/4 157, — Eine andere Nachricht läßt den Oberstkanzler niederknien, und dem Kaiser die ober-wähnte Bitte vortragen.

Kutschen zur Abreise bereit. So wandelte Rudolph am Hradschin wie ein zweiter Montezuma, ein Gefangener seiner Gäste und seiner Kronbeamten.

Nach Abhaltung des oben erwähnten Vortrags hatten Zierotin und die anderen Gesandten häufig Unterredungen mit den Häuptern der Utraquisten. Beiden Theilen war es sehr daran gelegen, den Kaiser zum Aeußersten zu treiben, freilich aus ganz verschiedenen Motiven: dem einen, um den Kaiser zur Flucht, dem andern, um ihn zur rückhaltlosen Annahme der fünfundzwanzig Artikel zu bewegen.

Die utraquistischen Stände wollten, wie es am 25., 26. und 27. Mai verabredet wurde, den Kaiser bestürmen, selbst in den königlichen Palast dringen und so lange an die Thüre des geheimen Cabinets pochen, bis dieselbe aufgethan würde. Sie drangen unangemeldet in die königliche Kanzlei und erklärten dort durch ihren Sprecher, daß sie dem königlichen Aufgebots-Patente nicht Folge leisten, wenn die fünfundzwanzig Artikel nicht confirmirt werden würden.[23]) Sie verlangten sofort eine Audienz bei Rudolph. Anfänglich wurde das Begehren zurückgewiesen, dann die Audienz, jedoch erst nur für zwölf Abgeordnete aus jedem Stande — endlich für alle, bewilligt.

Es war drei Uhr Nachmittags des 28. Mai, als mehrere hundert Barone, Ritter und Bürger zur Audienz gingen; so groß war ihre Zahl, daß nur ein geringer Theil in des Kaisers Zimmer Platz hatte, die anderen aber dicht gedrängt im Vorzimmer und im Rittersaale standen, die Antwort des Kaisers nicht vernehmen und ihn selbst nicht sehen konnten.

Graf Joachim Andreas Schlik trug in deutscher Sprache das Anliegen der Stände vor und überreichte Seiner Majestät die fünfundzwanzig Artikel, dann in prachtvollem Einbande ein Exemplar der böhmischen Confession vom Jahre 1575.

Der Kaiser erwiderte, er wolle die Antwort auf kurze Zeit verschieben und einen Landtag bald einberufen, auf welchem jene Artikel allein berathen werden sollen. Doch die Stände drangen darauf, noch jetzt die Antwort zu erhalten. Der Kaiser wendete ein,

---

eine so wichtige Sache müsse er mit den Landesofficieren berathen, morgen werde die Antwort erfolgen. Die Barone ließen
von ihren stürmischen Bitten nicht ab. Rudolph war über das
kühne, unerhörte Auftreten betroffen und erschüttert. Unwillkürlich rief er mit gepreßtem Herzen aus: was soll ich machen?
„Die fünfundzwanzig Artikel annehmen oder verwerfen," war die
Antwort. Rudolph verlangte eine Frist bis sieben Uhr Abends;
seiner dringenden Bitte wurde willfahrt. Die Stände zogen sich
in die Vorzimmer und in die Ritterstube zurück, um die Antwort
zu erwarten. Doch die Frist verging und noch war dieselbe nicht
erflossen.[24]) Ein wilder Lärm, Stimmen voll Zorn und Drohung,
erhoben sich gegen einige anwesende vornehme Katholiken, die
man als Urheber der Ablehnung ansah, so daß diese ernstlich für
ihr Leben zu fürchten begannen. Der Stallmeister des Kaisers
beschwor sie, sich zu beruhigen. Sie beachteten diese Bitte nicht,
reichten einander die Hände und betheuerten unter Handschlag,
wie Ein Mann einträchtig handeln zu wollen. Ladislaus Berka,
welcher anwesend war, erzählte dem Mengesreiter: die böhmischen
Stände hätten sich jetzt gerade so benommen, wie die mährischen
an dem verhängnißvollen 7. März.[25])

---

[24]) Das Diarium Anonymi läßt die Confession auf Kosten Budowas ein-
binden. C. 64 weiß nichts davon. Das Diarium behauptet, daß der
Kaiser nach Schliks Rede gar nichts geantwortet habe, nach Cod. S. 4
und Slawata hingegen gab Rudolph eine ausweichende Antwort. Dies
bestätigt Pedina, Zierotins Brief anführend. Für die letzte Ansicht sind
also gleichzeitige Zeugen vorhanden, Slawata und Zierotin, für die erste
das ohne hin höchst unzuverlässige Diar. Anon. Pubitschka, welcher l. c.
S. 376 die Vorgänge am 27. und 28. Mai erzählt, schöpfte allerdings
aus Pedina. Doch aus einer wahrscheinlich sehr incorrecten Handschrift,
so wird z. B. hier von einem Hofrath, der Rudolph kniefällig bat,
Prag nicht zu verlassen, erzählt, während in der Handschrift des m.
Landesarchivs, welche von Pedina selbst sorgfältig revidirt wurde, ausdrücklich der stabuli praefectus als derjenige angeführt wird, welcher
Rudolph beschwor ꝛc. Ueberhaupt ist die ganze Schilderung jener Vorgänge durch Pubitschka verworren. Neuere Schriftsteller, die sich an Pubitschka hielten, verfallen natürlich in die Irrthümer ihrer Quelle.

[25]) Hurter erzählt VI. 47., daß diese Demonstration der Stände nach der
Audienz vor sich ging, während Pedina, Zierotin's Brief citirend, dieselbe als vor der Audienz geschehen, mittheilt.

Der Kaiser ließ durch die Herren Stephan von Sternberg und Rudolph Trčka, welcher ungeachtet des protestantischen Glaubens vor Kurzem die Kammerherrnschlüssel erhalten hatte,[20]) die Stände ersuchen, sich zu gedulden und die Antwort erst den morgigen Tag zu erwarten. Diese beiden unterhandelten mit Wenzel von Budowa. Nach Rücksprache mit den Ständen gab dieser in deren Namen die Zustimmung zu diesem Aufschube. Am Morgen des 29. war die Aufregung der Stände nicht mehr so groß, doch waren sie entschlossen, falls der Kaiser die Forderungen nicht gewähren würde, sofort Mathias als König von Böhmen auszurufen. Carl von Zierotin schrieb an Hobiz, welcher sich in des Erzherzogs Lager befand, um diesen zu bestimmen, dem von Gott gegebenen Winke zu folgen, die günstige Gelegenheit zu ergreifen und jene Bedenken zu beseitigen, welche Mathias noch immer gegen die Entthronung des Bruders zu haben schien.[21])

Zierotin gab sich der Hoffnung hin, daß die Stände, über die Weigerung Rudolph's erzürnt, doch endlich von selbst in das Lager des Erzherzogs kommen würden; denn der Kaiser gab die schriftliche Antwort: die fünfundzwanzig Artikel erst auf dem nächsten Landtag erledigen zu wollen. Im ersten Augenblick beschlossen die Stände, den Landtag aufzulösen, Jeder möge nach Hause ziehen und dort sein Recht nach Kräften wahren. Bald jedoch besannen sie sich eines Andern und übergaben dem Kaiser eine Denkschrift, worin sie die Gründe auseinandersetzten, warum sie sich mit dem Aufschube der kaiserl. Antwort nicht befriedigen können. Plötzlich aber, was Niemand vermuthet hätte, ließen sie von einer der wesentlichen Forderungen ab und baten den Kaiser, daß nur kein

---

[20]) Der Oberstkämmerer Adam von Sternberg wurde erst am 28. Mai zum Oberstburggrafen ernannt, Slawata II. 19. Harlay a. a. O. 31. Mai 1608; es war dies eine der Concession des Kaisers in Folge der Genehmigung der fünfundzwanzig Artikel. Dieses hohe Amt war durch dreizehn Jahre erledigt gewesen; vergebens hatten früher die Stände um Besetzung desselben gebeten. Der Oberstlandrichter Wolf v. Kolowrat wurde damals Oberstkämmerer und der Stallmeister Adam v. Waldstein Oberstlandrichter. Auch wurden Krone und Schwert des Standbildes König Georgs von Podiebrad den Pragern zurückgestellt. Sie waren bisher in der k. Kanzlei aufbewahrt und gehörten der Teyner Kirche.

[21]) Pedina 465, Zierotin an Hobiz ddo. 29. Mai 1608.

Landmann in der Ausübung seiner Religion behindert werden
möge; die weiteren Beschlüsse über diese Frage mögen auf dem
nächsten Landtag, welcher sich damit allein zu beschäftigen haben
sollte, verschoben werden.

Diese plötzliche Wandelung mußte dem wieder erwachten
Streben zugeschrieben werden, sich mit Rudolph ohne Zuthun und
ohne Mitwirkung der verhaßten mährischen Gäste zu vereinigen.
Der böhmische Stolz wollte diesen nichts zu danken haben und
zog es vor, sich eher vor dem Kaiser zu beugen, als die brüder-
lich dargebotene, helfende Hand zu ergreifen.

Der Kaiser wurde durch Mathias zur Fassung eines Entschlusses gedrängt; binnen drei Tagen, ließ ihm der Erzherzog
sagen, solle der Kaiser die Stände zur Entscheidung über die
Forderungen des Erzherzogs veranlassen, die Werbungen und Intriguen abstellen, sonst würde er zu scharfen Mitteln greifen, seine
Truppen vermehren und sich der Hauptstadt nähern.

Ein Gleiches eröffnete einige Tage später, am 29., Zierotin
den böhmischen Ständen im Namen des Erzherzogs, insbesondere
beklagte sich dieser bitter über die Versuche des Prager Hofes,
Truppen und Oberofficiere des Erzherzogs zur Desertion zu verleiten. Die Stände erklärten jedoch durch den Oberstburggrafen,
von dieser Intrigue keine Kenntniß zu haben, „die Werbungen
geschehen auf Kosten Seiner Majestät, übrigens können sie auf die
Propositionen wegen der Nachfolge noch keine Antwort geben vor
Erledigung der fünfundzwanzig Artikel."[28])

Rudolph wollte sich die Abtretung des Reiches nicht abbringen lassen. Dieser Gedanke, von seinen Dienern unterstützt, behielt
jetzt die Oberhand, zumal die Böhmen doch den Aufschub der
Religionsfrage bis zum nächsten Landtag zugestanden hatten. Dagegen erfüllte der Kaiser die Forderungen der böhmischen Stände,
wie sie zuletzt gemildert wurden. Der Oberstburggraf hatte vor der
Landtagsversammlung im Namen des Kaisers zu erklären, daß
die Bitten der Stände erfüllt und mit Ausnahme der Religionsfrage der größte Theil der übrigen fünfundzwanzig Artikel gewährt werden sollte. Diese Frage werde aber auf dem nächsten
(Martini-) Landtag definitiv gelöst und keine andere k. Propo-

---

[28]) H. 178 und 181. — Hurter VI. 37., ddo. 27. Mai 1608.

sition vor Erledigung derselben den Ständen vorgelegt werden.
Niemand werde des Glaubens wegen in der Zwischenzeit beunruhigt werden. Die Vornehmsten des Reichs: die Landesofficiere verbürgten sich für den Ausspruch des Kaisers mit Leben
und Ehre.[29]

Die Nachricht dieser Zugeständnisse kam dem Herrn von Zierotin sehr unerwartet. Mit einem Male sah er den ganzen Zweck des
Marsches des Erzherzogs, den Erfolg seiner eigenen Mühen, die
Ruhe und die Wohlfahrt Mähren's in Frage gestellt. Er verlor jedoch
nicht den Muth und griff nach anderen Mitteln. Vorerst versuchte
er, Mißtrauen zu säen in die Zusagen des Kaisers; als Johann
Georg von Schwamberg und Christoph Wratislaw, Burggraf von
Carlstein, ihn besuchten, ermahnte er sie, jenen Versprechungen
nicht zu trauen; er rieth zu bitten, daß die Antwort des Kaisers
schriftlich ertheilt werde und darauf zu bestehen, daß die Religionsfrage schon auf dem gegenwärtigen Landtag geordnet werde,
— in der Hoffnung, der Kaiser würde eher abtreten, als sich jetzt
noch diese letzten Zugeständnisse abtrotzen lassen. Um den Böhmen zu zeigen, daß sich auf die Versprechungen des Prager Hofes
nicht zu verlassen sei, theilte er ihnen den Zweck der Sendung
Khuens mit. Es stand diese Sendung wahrscheinlich im Zusammenhange mit jenen Umtrieben, welche nach dem Schreiben Mathias'
an die böhmischen Stände durch den Prager Hof in Ungarn und
Oesterreich versucht wurden, um den Frieden, dessen Bestätigung
wiederholt zugesichert wurde, gewaltsam zu brechen.

Herr Carl von Zierotin war unermüdlich. Er war entschlossen, da die Aussichten auf die Wahl Mathias' zum böhmischen König schwanden, fremde Bundesgenossenschaften zu suchen,
um die Sache des Erzherzogs und der Unirten zu kräftigen, und
sollte dann doch alles verloren sein, für sich ein ruhiges Asyl
vor der Rache des Prager Hofes zu finden.

Carl von Zierotin verlangte eine Unterredung mit Beaugy,
dem Gesandten des Königs von Frankreich. Um dem Hofe nicht
verdächtig zu werden, bewilligte ihm Beaugy eine nächtliche Zusammenkunft. Sie fand mit Zustimmung des Erzherzogs statt und

---

[29] Zierotin an Hodiß 3. October 1608 bei Pešina 465. Skala in der
„Historie cirkewni." Fol. 73. führt die fünfundzwanzig Artikel an.

ihr Zweck war: durch **Beaugy** dem König von Frankreich darstellen zu lassen, daß Mathias, nicht um persönlichem Ehrgeiz zu
fröhnen, sondern wegen der gänzlichen Unfähigkeit des Kaisers
die Regierung zu führen, und weil die Länder unter der Herrschaft Rudolph's und seiner Minister dem Ruine entgegen gehen,
genöthigt war, die Waffen zu ergreifen. Zierotin wollte durch
Beaugy die Gesinnungen und Ansichten des Königs über den Erzherzog und seine Unternehmung kennen lernen, und zugleich in
Erfahrung bringen, ob Heinrich IV. einen Gesandten Mathias'
gut aufnehmen würde.

Beaugy gab eine ausweichende Antwort, er war der Ansicht,
daß sein König die Zwistigkeiten zwischen den Brüdern überhaupt
bedauern und daß er gewiß, wie er es immer zu thun gewohnt
sei, die Abgesandten des Erzherzogs liebreich empfangen würde.
Um das Zutrauen Beaugy's zu gewinnen, theilte ihm Zierotin
eine Abschrift des Aprilvertrages von 1606 mit.

Die Bitte Zierotin's, ihm im Falle des Mißlingens der Unternehmung des Erzherzogs, in Frankreich Schutz zu gewähren, bevorwortet Beaugy in einem Briefe an Herrn von Puisieur auf das
wärmste. Bezeichnend ist es, daß er als Grund für die Gewährung nicht sowohl die bekannten Dienste, welche Zierotin dem
Könige geleistet hat, in Anschlag bringt, als vielmehr die Verfolgungen geltend macht, welche die Spanier und deren Partei
ihm wegen seiner Anhänglichkeit an den König von Frankreich
durch so viele Jahre zu Theil werden ließen.

Heinrich IV. verhielt sich indifferent in diesem Streite; insofern damit das Haus Habsburg geschwächt würde, konnte derselbe ihm nur willkommen sein. Auf die Politik Spaniens war
allein sein Augenmerk gerichtet, diese sollte Frankreichs fernere
Haltung bestimmen. [30])

Die Vermuthungen Zierotin's über den Ausgang der Un-
terhandlung zwischen Rudolph und den böhmischen Ständen be-
stätigten sich. Die Böhmen befolgten den diplomatischen Rath des
Herrn von Zierotin, sie begehrten vom Kaiser eine schriftliche
Antwort; allein der Erfolg war nicht der von Zierotin erwartete.
Der Kaiser gab auch darin nach, am 31. gab er die Zusage schrift-

---

[30]) Hurter VI. 35. Harlay 238/10. P. 62. Bericht Beaugy's 31. Mai 1608.

lich. Sofort traten die Böhmen zu Rudolph und unterstützten die Vorschläge, welche der Kaiser dem Erzherzog ursprünglich gemacht hatte, da sie jetzt nach den erhaltenen Zugeständnissen an einen Wechsel des Herrschers nicht mehr dachten. Zierotin war mit der jetzt veränderten Situation genau bekannt. So sehr er gegen eine fremde Intervention und insbesondere, bei seinen Gesinnungen in Bezug auf Frankreich und die Franzosen, gegen eine französische Vermittlung eingenommen sein mochte, jetzt war er der Meinung, daß nach der Haltung der Böhmen, die in diesem Augenblicke sogar an bewaffneten Widerstand gegen Mathias dachten, eine auswärtige Hilfe nöthig war.

Diese Erwägung und der drängende Rath, den der Churfürst-Pfalzgraf durch Zierotin und Tschernembl dem Erzherzog ertheilen ließ, vermochten ihn zu bestimmen, die Unterhandlung mit Frankreich wieder aufzunehmen. [31])

Zierotin bat Beaugy um eine zweite Unterredung, welche wahrscheinlich in der Nacht vom 31. Mai auf den 1. Juni stattfand. Er gab deutlich zu verstehen, daß der Erzherzog lebhaft wünsche, die Gunst und die Zustimmung des Königs für seinen Vorgang zu erlangen. Diesmal verließ Beaugy den bisher beobachteten neutralen Standpunct und ergriff Partei für den Erzherzog. Ein neuer Zwischenfall war Ursache dieses plötzlichen Umschwungs. Beaugy hatte durch Geld und gute Worte den wahren Zweck der Sendung Ottavios Visconti nach Prag, eines Cavaliers vom Hofe des Erzherzogs Albrecht, in Erfahrung gebracht. Dieser hoffte den Stritt zwischen Rudolph und Mathias für sich auszubeuten, vielleicht Aussichten auf die römische Königswürde zu erlangen. Die Besorgniß der Zunahme spanischen Einflußes zum Nachtheil Frankreichs, wenn ein dem Hofe zu Madrid so nah verwandter Prinz den deutschen Kaiserthron bestiege, ließ Beaugy jetzt ganz anders mit Zierotin sprechen. Er versicherte diesem, daß der König einen freudigen Antheil an den Erfolgen des Erzherzogs Mathias nehme, um letzteren aufzumuntern, dem Erzherzog Albrecht nicht zu weichen. Beaugy nahm jetzt keinen Anstand dem

---

[31]) Slawata II. 19. b. Gewiß waren Rosenberg und Hock wieder die Vermittler zwischen Churpfalz, Anhalt und den genannten Landherren. Vergl. Hurter VI., 50. n. 133 und 134.

König zu berichten, daß nur die Lebens- und Regierungsart Rudolphs die Brüder genöthiget hatte, gegen ihren Erbherrn aufzutreten.

Die Antwort, welche die Böhmen nach Verlauf der festgestellten Bedenkzeit den Gesandten des Erzherzogs am 2. Juni gaben, lautete ganz im Sinne der ursprünglichen, dem Landtage vorgelegten kaiserlichen Proposition: die Stände würden den Erzherzog nur als Nachfolger und Anwärter der böhmischen Krone ansehen. Sie ersuchten noch den Erzherzog, sein Kriegsvolk, das in Böhmen so viel Schaden thue, zu entfernen. Wenn es zu blutiger Abwehr käme, so müßte er die Stände für entschuldigt halten. Alle gleichzeitigen Nachrichten stimmen darin überein, daß die Truppen des Erzherzogs „2—3000 wilde Tartaren" — dem Landvolke unsäglichen Schaden verursachten, und dieses, besonders das weibliche Geschlecht war erbittert gegen die Soldaten und sagte: die Oesterreicher, Mährer und Ungarn hätten sich ins Land gelogen, so es zum Raufen käme, solle keiner aus dem Lande kommen.[32])

Damit konnten weder der Erzherzog noch die Unirten zufrieden sein. Der Kriegszug war vergeblich, Mähren wäre unter der alten verhaßten Herrschaft geblieben.

Nachdem ihnen der Landtagsbeschluß mitgetheilt worden war, erbaten sich die Gesandten des Erzherzogs eine kurze Bedenkzeit. Als dieselben in den Saal zurückkehrten, ersuchte Carl von Zierotin die Stände, nicht früher auseinander zu gehen, bis sie nicht des Erzherzogs Antwort vernommen, er glaubte jedoch schon jetzt im Namen des Erzherzogs versichern zu können, daß jeder Soldat, welcher Excesse begeht, scharf bestraft, das Gestohlene erstattet werden würde.

Der Prager Hof setzte auf seine Faust die Politik des Minirens fort. Bald nach den Versuchen Casals, Desertionen im erzherzoglichen Lager hervorzurufen, trachtete man die Ungarn von Mathias zu trennen und durch Versprechungen zum Abfalle zu bringen. Des Kaisers Diener, Ferdinand Canzon und Tibur-

---

[32]) Relat. an Churpfalz 25. Mai 1608. 547/4. — Extract. Anh. an Chur. 31. Mai 1608 547/7. Münch. Staatsarch. — H. 88 und 200. — Harlay a. a. O. 7. Juni 1608 und Diar. Mathiæ, welcher den 2. Juni als den Tag der Versammlung des Landtags angibt.

tius Himmelreich, verlangten eine Zusammenkunft (am 30. Mai)
mit den ungarischen Ablegaten, mit dem Bischofe Lepes, und dankten im Namen des Kaisers dafür, daß in dem Landtagsvortrage
Ungarns keine Erwähnung gemacht wurde; wenn die ungarischen
Truppen nach Hause zurückkehren, wolle der Kaiser Ungarns Privilegien nicht antasten, den Landtag einberufen u. s. w. Dieser
Versuch mißlang, da man den Character solcher Versprechungen
zu würdigen wußte und konnte daher die Gesandten der unirten
Länder nur erbittern. Die Letzteren beschwerten sich über die Verlockungen zum Treubruche bei den böhmischen Ständen und verlangten die Auskunft, ob der Schutz der alten Geleitbriefe noch
ausreiche und ob nicht neue nöthig seien, da allerhand dunkle
Gerüchte über verbrecherische Versuche in Umlauf wären. Die
Stände gaben über die Giltigkeit jener Geleitbriefe beruhigende
Erklärung, lehnten die Zumuthung der Theilnahme an den Intriguen ab und dankten für die Bereitwilligkeit Mathias', den
durch seine Soldaten entstandenen Schaden wieder gut zu machen.

Jene Besorgniß der Abgesandten war nicht ohne Begründung. Sie hatten den Landtagssaal verlassen und durchschritten
den Hof der Burg, um heimzukehren, als ein Schütze auf Sebastian Hager anlegte. Glücklicherweise versagte das Gewehr. Dieser
Soldat stieß nun Drohungen gegen die Gesandten aus und frug
sie, ob der Urheber der Bewegung, ob derjenige, welcher den Erzherzog zu dem Kriegszuge vermocht hatte, sich nicht unter den
Gesandten befinde? Der Schuß galt aber dem Herrn von Zierotin, mit welchem Sebastian Hager eine wunderbare Aehnlichkeit
hatte. Der Schütze wurde arretirt, doch verlautete nichts von einer
Bestrafung.[13]) Ein Theil der Gesandten reiste am 2. Juni nach
Böhmisch-Brod, ein anderer folgte Tags darauf. Kein Wunder,
wenn nach solchen Vorgängen der Entschluß des Erzherzogs und
der Unirten, auf ihren Forderungen zu beharren, unerschütterlich
blieb, und der Krieg als nahe bevorstehend angesehen wurde.
Carl von Zierotin mußte nun wohl seinen Scharfsinn und seine
Beredtsamkeit anwenden, um das Ziel zu erreichen, oder diese
Länder, wo der politische Meuchelmord zu herrschen begann, auf
immer verlassen.

---

[13]) H. 200 und 205. Cod. 64, 30. — Harlay a. a. O. P. 65. 7. Juni 1608.

Noch hatte Zierotin das entscheidende Wort, die Bitte um eine pfälzisch-französische Intervention nicht ausgesprochen. Es hatte jedoch den Anschein, als ob die Entschlüsse, welche der Prager Hof jetzt zu fassen im Begriffe war, jenen äußersten Schritt herbeiführen sollten. Die den Gesandten Mathias' (am 2. Juni) gegebene Erklärung der böhmischen Stände erweckte in Rudolph die Hoffnung, daß sie den Erzherzog, sollte er Böhmen nicht verlassen, mit Waffengewalt vertreiben würde. Der Kaiser erblickte schon darin das Mittel, Oesterreich und Ungarn wieder zu gewinnen. Die Kriegspartei am Prager Hofe erhielt jetzt die Oberhand. Gleich nach der Abreise der erzherzoglichen Gesandten (am 3. Juni) begann auf Befehl des Kaisers eine Musterung des Kriegsvolkes und wurde an den darauf folgenden zwei Tagen auf der Königswiese hinter Aujezd in Gegenwart der Oberstlandesofficiere und der Obersten Tilly, Sulz, Althan, Thurn und Hohenlohe fortgesetzt; es waren 18.000 Mann Infanterie und 1500 Pferde, aus sechs Kreisen geworben, in Prag concentrirt, überdies befanden sich in der Hauptstadt 10.000 M. Prager Milizen und 5000 Mann, die von den genannten Feldherren commandirt wurden.

Demungeachtet wurde der versöhnlichere Weg nicht aufgegeben. Der Kaiser machte (am 4. Juni) Eröffnungen im friedlichen Sinne; in Dubeč, einem Orte, welcher am halben Wege zwischen Prag und Böhmisch-Brod liegt, sollten die Unterhandlungen beginnen, der Erzherzog bot hiezu bereitwillig die Hand. Er beauftragte den Herrn von Zierotin seine Antwort auf die Vorschläge der Stände vom 2. Juni zu überbringen. Von dem Entschlusse derselben war das Maß der Forderungen, welche der Erzherzog in Dubeč geltend machen wollte, der Zweck seines Kriegszuges und die böhmische Frage abhängig. Zierotin traf zu Mittag des 6. Juni in Prag ein, von den andern Gesandten begleitet, nur Thurzó blieb wegen Krankheit (Chiragra) zurück; an seiner Stelle wurde Palffy geschickt. Um zwei Uhr fuhren die Gesandten zur Audienz. Zierotin überreichte den Ständen die schriftliche Antwort des Erzherzogs und erläuterte dieselbe in glänzender Rede. Wiewohl Zierotin wußte, daß die Böhmen in die Abtretung der Regierung Böhmens nicht willigen würden, so erneuerte er im Namen des Erzherzogs die frühere Bitte. Er war der

Meinung, nachweisen zu können, wie die Gewährung der bloßen Anwartschaft mit Rücksicht auf die daran geknüpften Bedingungen für Böhmen selbst nachtheilig werden müßte. Nur Mangel an der gewöhnlichsten Voraussicht könne Vorschläge machen, welche die Frage statt zu lösen nur verwirren würden. Man fordere den Erzherzog auf, in seiner Eigenschaft als eventueller Anwärter, sich von jeder Theilnahme an der Regierung zu enthalten und wolle ihn verpflichten, sofort nach Abschluß der Unterhandlungen Böhmen zu verlassen. Im Falle, daß der Kaiser mit Zurücklassung von Erben „dem Erzherzog vorstürbe," könnten aber leicht Conflicte entstehen, denn die Böhmen verwehren dem Erzherzog die Theilnahme an der Regierung, während nach dem Hausgesetze ihm die Vormundschaft obliegt. Die Zeiten der Minderjährigkeit und Thronerledigung wären für Böhmen immer verhängnißvoll gewesen. Die Erfüllung der weiteren Bedingung: in die Regierung des Landes ohne des Kaisers Bewilligung während dessen Lebzeiten sich nicht zu mengen, sei geradezu unmöglich; man denke sich den Fall einer Krankheit des Kaisers, in welcher dieser die Bewilligung nicht geben könne!

Zierotin kannte Rudolphs Wesen genau. Selbst die Eröffnung der Aussicht auf die Anwartschaft war eine abgedrungene. Er sprach die Besorgniß aus, daß eine solche Zusage ohne Bürgschaft zwar nicht von Rudolph, doch aber von seiner friedhäßigen Umgebung verkümmert, wo nicht zurückgenommen werden würde.

Die Bürgschaft bestand jetzt in der militärischen Besetzung des östlichen Theiles von Böhmen. Der Erzherzog war entschlossen, nur dann die Truppen zurückzuziehen, wenn man über die Haupt- und Nebenpuncte einig geworden sein würde. Betrachtet man jenen Vorschlag Böhmens über die Anwartschaft, so glich er ganz dem Troste, welchen einst ein Landmann dem durstigen Wanderer gab, nach einer Quelle zu graben, die der Sage nach einige Klafter unter der Erde floß. Zierotin erklärte daher im Namen des Erzherzogs, den Vorschlag der böhmischen Stände nicht annehmen zu können, und da er wußte, daß die Stände ihrerseits die Entfernung Rudolphs vom böhmischen Throne nicht zugeben wollten, bezeichnete er als Ultimatum die Forderung Mathias' oder eigentlich der unirten Länder und speciell Mährens: „daß die Regierung Mährens, Schlesiens und der Lausitz noch während der Lebensdauer des Kaisers dem Erzherzoge oder wem immer aus dem Hause Oesterreich übergeben und daß Mathias nach des Kaisers Tode zum König von Böhmen gewählt werde." Zugleich war Zierotin ermächtigt, zur Berufung einer Conferenz, welche über die, mit diesen Hauptpuncten zusammenhängenden Nebenpuncte an einem sichern Orte zwischen Prag und Böhmisch-Brod (Dubeč) unterhandeln sollte, die Zustimmung zu ertheilen. Endlich bat Zierotin die Stände, sich über den ungarischen Frieden auszusprechen und diesem beizutreten. Zum Schluß erklärte er, daß, wenn die erzherzoglichen Gesandten nicht binnen drei Tagen Antwort erhielten, sie sich unverweilt nach Böhmisch-Brod zurückbegeben würden.

Die Antwort der Stände war ausweichend, der Oberstburggraf bat in ihrem Namen um eine Frist; doch hoffe er diese Antwort schon morgen (den 7.) mit Genehmigung des Kaisers geben zu können. [34])

Die neuen Vorschläge Zierotin's hatten insofern einen versöhnlichen Character, als der Erzherzog und die Unirten von der Abtretung Böhmens abließen; es war dies eine Errungenschaft, welche der Kaiser den Böhmen zu danken hatte. Dagegen stand neben dem Verluste Ungarn's und Oesterreich's auch jene Mähren's, Schlesien's und der Lausitz in Aussicht. Drei Viertheile des Reiches! Der verhaßte ungarische Friede sollte bestätiget werden; die Erben des Kaisers, wenn er sich vermälen und Kinder erhalten sollte, auf Lebenszeit Mathias' vom böhmischen Throne ausgeschlossen werden.

Die Armee jedoch, die dem Kaiser nun zu Gebote stand, die Gedanken auf eine siegreiche Schlacht, welche allen Prätensionen des Erzherzogs ein Ende machen und die dem Kaiser und seiner Würde gewordene Schmach strafen würde, gaben plötzlich den kriegerischen Entschlüssen die Oberhand und standen jetzt der friedlichen Ausgleichung entgegen.

Es wurde eine Ministerversammlung bei Hofe gehalten, um über die Frage: ob Krieg oder Frieden, zu berathen. Es gab

---

[34]) H. 105. Hurter VI. 49, 50. n. 130. — Cod. 64. 30. — H. 101 und 102. — Das Diarium Anonymi bringt eine ganz unrichtige Erzählung der Ereignisse vom 3. bis zum 6. Juni 1608.

Personen, welche in einem glücklich geführten Kriege die Möglichkeit erblickten, die den Protestanten gemachten Zugeständnisse
zurücknehmen zu können, und dabei auch sich zu bereichern. Der
Kaiser sprach in jener Versammlung die Absicht offen aus, die
dem Erzherzog Mathias mit Zustimmung der böhmischen Stände
gemachten Zusicherungen zu widerrufen, wenn der Krieg erklärt
würde. Ueberläufer kamen aus des Erzherzogs Lager und versicherten, noch andere Schaaren würden folgen. Dies alles belebte
die Hoffnungen der Kriegspartei.[35]) Es eröffnete sich dem besorgten Patrioten die Aussicht auf einen Krieg, der alle Schrecknisse eines wilden Volks- und Religionskampfes über die schon
verarmten Länder verbreiten würde, — es wäre ein Krieg des
formellen Rechtes mit den Forderungen der Nation geworden.

Aber auch diejenigen Personen des Hofes, welche das Heil
der Länder und der Dynastie nur in einer friedlichen Lösung erblickten, waren nicht unthätig. Sie hatten längst wahrgenommen,
daß Spanien und Rom nichts mehr für einen Herrscher wagen,
dessen Anlagen zum Regenten so gering waren. Auch die Erzherzoge und die Reichsfürsten brachten glücklicher Weise im rechten
Augenblick jene Ansichten zur Geltung, welche sie sich vorlängst
über die Männer und das System der Regierung zu Prag gebildet hatten. Sie fanden die Erhaltung des letzteren für das
Wohl des Hauses und der Länder nicht so nöthig, um demselben
das Opfer eines Bürgerkrieges zu bringen. Daß Maximilian, der
milde, maßvolle, von Freund und Feind geachtete Fürst, sich entschieden auf Seite Mathias' neigte, sprach wohl für die Berechtigung der Sache desselben. Alle diese Fürsten waren für den Frieden,
für die Aufrechthaltung der, dem Erzherzog und den Unirten gemachten Zugeständnisse.

Selbst der Churfürst von Sachsen, der treu auf des Kaisers
Seite stand, mahnte den Kaiser, die dem Erzherzog Mathias
gemachten Zusagen zu erfüllen und jesuitischen Rathschlägen nicht
zu folgen.

Charakteristisch war die Haltung Anhalts bei jenen Vorgängen. Er wandte sich jetzt von Mathias ab und erklärte sich
für die Beschützung Rudolphs. Wir sahen, wie langsam die Ver-

---

[35]) Zierotin an Hodiz 8. Juni 1608. Pedina 468. H. 106.

söhnungsfrage erörtert wurde, wie die Churfürsten der Pfalz und von Mainz die Vermittlung des Streites durchführen wollten; es war ihnen zunächst darum zu thun, Spanien und Rom von einer Intervention auszuschließen, weil sie die Vortheile erkannten, die derjenige erringen müßte, welcher einen friedlichen Ausgleich bewerkstelligt; diesem hätten die Länder die Religionsfreiheit, das Haus die ruhige Beilegung der Differenz und Erzherzog Mathias die Krone zu danken, während sich zugleich die Möglichkeit darbot, die Reichsnachfolge im Sinne der vermittelnden Fürsten zu lösen.

Allein auch Spanien und Rom hatten diese Vortheile wahrgenommen und im katholischen und dynastischen Interesse auszubeuten beschlossen. Während die Churfürsten von Mainz und von der Pfalz mit Erzherzog Mar deliberirten, hatten San Clemente und der Nuntius rasch gehandelt; während Couriere und Boten zwischen Heidelberg, Mainz und Amberg trabten, Rangstreitigkeiten und Eifersüchteleien der kleinlichsten Art den Gang der Verhandlung verzögerten, stand der spanische Botschafter im Cabinete des Kaisers und vertrat die Ansprüche des Erzherzogs Mathias. So mochten sich hier die zwei großen entgegengesetzten Principien eine Schlacht anbieten. Spanien hatte jedoch schon das Terrain erobert, bevor die deutschen Fürsten ihre Diplomaten in's Feld sandten. Als die Nachricht davon zu Anhalt kam, sah er, daß ein großer Fehler begangen, eine Gelegenheit für seine Zwecke zu wirken versäumt worden war. Es war ihm nicht gelungen, die Frage zu einer inneren deutschen zu machen und Spanien auszuschließen, vielmehr hatte Spanien die Oberhand behalten. Sein Unmuth wendete sich sofort gegen Mathias, und er war jetzt plötzlich besorgt, daß dieser Fürst sich nicht mehr mit der Confirmation des türkischen und des Wiener Friedens begnügen würde, sondern daß er auch Länder mit Waffenmacht für sich erobern, dem deutschen Reiche und der Reichsfreiheit gefährlich werden könnte; er war besorgt, daß Mathias des Kaisers „Reputation" verletzen und die Reichsnachfolge für sich erzwingen würde. Fürst Christian forderte Churpfalz auf, ein Heer zu sammeln, nach Böhmen zu marschiren, den Streitenden die guten Dienste anzubieten, diesen guten Diensten — der Interposition, wie man sie nannte — mit den Waffen Nachdruck zu geben und den Einfluß der neu begründeten Union dafür zu verwenden.

Um die Verwirrung zu mehren und einen Krieg zu entzünden, gab gleichzeitig der Fürst dem Erzherzog Mathias den
Rath, die Mitwirkung und Hilfe Frankreichs zu erbitten. Gleichzeitig aber schrieb er an des Kaisers geheimen Rath Barvitius,
daß eine Zusammenkunft zwischen dem Erzherzoge Max, Churmainz und Churpfalz verabredet worden sei, um eine friedliche
Vereinbarung zwischen Rudolph und Mathias zu Stande zu bringen. Anhalt bot sich an, dabei den Kaiser zu vertreten; es möge
ihm dieser seine Wünsche bekannt machen. Es war dies aber nur
ein blinder Schachzug, um sich Rudolph zu verpflichten, denn Anhalt sprach sich zur selben Zeit in einem Schreiben an den Churfürsten von der Pfalz gegen diese Zusammenkunft aus, nachdem
Mathias mit Rudolph schon übereingekommen seien.

So lange es in Aussicht stand, daß eine Intervention der
deutschen Churfürsten in Böhmen stattfinden, und daß es denselben gelingen würde, einen wirklichen Einfluß auf die Beilegung
der Wirren zu gewinnen, war Anhalt mit dem Programme Mathias' einverstanden gewesen. Als es sich aber herausstellte, daß
die Nachgiebigkeit des Kaisers und die friedliche Wendung der
Dinge in Prag hauptsächlich eine Frucht der Intervention Spaniens war und daß es den spanischen Diplomaten gelang, die
Einflußnahme der deutschen Fürsten auszuschließen, war Anhalt
verstimmt und gegen Mathias aufgebracht. Obwohl Rosenberg
den Churfürsten von der Pfalz und Anhalt aufgefordert hatte,
sich für die Sache des Erzherzogs zu interessiren, und hiebei es
an mannigfachen Lockungen für den ersteren nicht fehlen ließ, konnte
er diese Fürsten dazu nicht bewegen.

Die hervorragende Wirksamkeit Zuñiga's und sein siegreiches
Vorgehen waren auch die Ursache, daß Churpfalz und Mainz die
Einladung des Erzherzogs Maximilian ablehnten, nach Prag zu
kommen, um an den weitern Vermittlungsverhandlungen daselbst
persönlich Theil zu nehmen. Auch die directen Bemühungen des
Erzherzogs Mathias, Anhalt zu gewinnen, waren erfolglos. Churbrandenburg, das sich mehr zu Sachsen neigte, stand jener Politik
des Churfürsten von der Pfalz und Anhalt noch fern, und begnügte sich mit dem Churfürsten von Sachsen, dem Kaiser rathend
zur Seite zu stehen.

Alle diese Bestrebungen von deutscher Seite liefen zuletzt

In dem Entschluße aus, einen Collegialtag zu Fulda abzuhalten, nahmen aber auf den Gang der Ereignisse nicht den mindesten Einfluß. [36])

Die Stände Böhmens unterstützten die versöhnlichen Bemühungen der Erzherzoge aber freilich aus andern Gründen. Die Worte Zierotins, die Vorhersagung, daß der Prager Hof auch die ihnen gemachten Concessionen zurücknehmen würde, wenn die Gefahr vorüber, drängte sich denselben mahnend auf, als die im Ministerrathe ausgesprochene Absicht des Kaisers, das dem Erzherzog Mathias schon gegebene Versprechen nicht zu halten, bekannt wurde. Gegen eine solche Eventualität gab es keine andere Bürgschaft, als den Kaiser zu schwächen an Rechten und Gebiet, um ihn die Uebermacht der Stände leichter fühlen lassen zu können.

Alsbald trat die Wirkung dieses Umschwungs in der Stimmung der Stände deutlich zu Tage. Am 8. Juni, es war ein Sonntag, beriethen die Stände Böhmens bis spät in den Abend über die Vorschläge des Erzherzogs. [31]) Endlich wurde der Beschluß gefaßt, die Unterhandlungen mit ihm wieder aufzunehmen. Wie der Familien-Rath der Krone hatten sich jetzt auch die Repräsentanten des Landes für die friedliche Lösung entschieden.

Die Vermittlung der deutschen Reichsfürsten wurde auch den Ständen der Länder angeboten, von diesen aber entschieden abgelehnt. Immerhin spielte der Haß gegen die Fremden hiebei eine Rolle und Fürst Christian schreibt es diesem Hasse zu, daß die Vermittlung der Churfürsten „zum Nachtheile der Religionsfreiheit

---

[36]) Hurter VI. 41. — Der spanische Gesandte gab wiederholt seiner Regierung den dringenden Rath, die Vermittlung zwischen den Brüdern in die Hand zu nehmen. 15. und 25. Mai 1608, 709 und 2323. Simancas. — Anhalt an Rosenb. 19. August 1608. Anhalt, Reg. I. F. 1. 217. — Anh. an Churpf. 4. Juni 1608. Münch. Staatsarch. 547/4 436. — Anhalt an Barvitius und Churpf. 25. Mai 1608. Anh. Reg. 1. 228. Rosenb. an Anh. 4. Mai 1608. Anh Cop. Beil. Nr. CCXCVI. S. S. 475, dieses Werkes. Clemente al rey. 11. April 1608 2494, über das Verhältniß der Höfe von Dresden und Heidelberg zu einander. — Anhalt an Churpfalz 12. Nov. 1607. 547/3. F. 282. Münch. Staatsarch. — Churmainz und Pfalz an Erzherzog Mar. 11. Juni 1608. Anh. Reg. F. 1. 220/248. Math. an Anh. 19. Juli 1608. Anh. Reg.

[31]) Diarium Math. a. d.

Böhmens nicht zu Stande kam." Es war viel Wahres in dieser
Behauptung, der eigentliche Grund der Ablehnung war aber die
Besorgniß der unirten Länder, daß die Reichsfürsten für Rudolph
einstehen und den Abschluß des Vergleichs vertagen würden.[33])

Um für jede Eventualität gesichert zu sein, hatte Mathias
dem Herrn von Zierotin schon am 8. Juni, noch vor Bekannt-
werden der frieblichen Gestaltung der Lage, die officiellen Creditive ausgestellt, um mit Frankreichs Gesandten zu unterhandeln.
Als die Friedenspartei die Oberhand gewann und Zierotin am
9. mit Beaugy eine Conferenz hatte, ist von einer materiellen
Unterstützung des Erzherzogs in den innern Fragen keine Rede
mehr, sie erscheint glücklicherweise nicht mehr nothwendig. Es handelt sich bei dieser Conferenz nur um die Nachfolge im Reiche.
Beaugy schrieb an den König, um ihm die Pläne und die Aussichten des Erzherzogs auf jene Nachfolge mitzutheilen. Mathias
rechnete auf die Unterstützung der Churfürsten von Mainz, von
der Pfalz, von Brandenburg und hoffte, daß der König eine Fürsprache zu seinen (des Erzherzogs) Gunsten bei Trier einlegen
werde. Er wollte auch in dieser Angelegenheit Gesandte zu der
Fuldaer Versammlung schicken.

Nach der Conferenz mit Beaugy, fuhr Zierotin um zwei
Uhr Nachmittags zur Burg, um die Antwort der Stände auf
seine letzten Vorschläge zu vernehmen. Als die Landesofficiere im
Landtag erschienen waren, wurde dem Herrn von Zierotin mitgetheilt, daß man dem Wunsche des Erzherzogs, über gewisse Nebenpuncte an einem sichern Orte zu berathen, entsprechen wolle; Seine
Gnaden möge Gesandten abordnen, die des Kaisers werden mit
den böhmisch-ständischen vereint erscheinen. Die Stände wollten
versammelt bleiben, um das Ergebniß der Unterhandlungen abzuwarten. Sie nannten das Schloß des Herrn Adam Zabský in
Dubeč anderthalb Meilen von Prag als den Ort der Unterhandlung, die am 11. um 8 Uhr Früh beginnen sollte, weßhalb
sie für die Abgeordneten Geleitbriefe vom Erzherzog erbaten. Sie
gaben Herrn von Zierotin die Versicherung, daß alle ihre Propositionen vom Kaiser genehmigt seien. Es war dies ein großer
Fortschritt der Friedenspartei; denn damit ist nichts anders gesagt

---

[34]) Hurter VI. 83. — 19. August 1608 Anh. Act.

worden, als daß der Kaiser sein Schicksal in die Hände des böhmischen Landtags gelegt habe. Sowohl die böhmische Frage wie
die wegen Abtretung Ungarns und Oesterreichs sollten jetzt nicht
mehr abgesondert verhandelt werden. Herr von Zierotin empfing
ein Schreiben der Stände für den Erzherzog, dessen Inhalt mit
den mündlichen Eröffnungen derselben gleichlautend war, und eut-
fernte sich dann mit seinem Gefolge. [39])

Am Morgen des 11. Juni erschienen in Dubeč die kaiserlichen und die böhmischen Gesandten, dann jene des Erzherzogs
und der unirten Länder mit einem sehr zahlreichen Gefolge. [40])
Nach Vorweisung der Beglaubigungsschreiben begannen die Unterhandlungen. Die erzherzoglichen Abgeordneten überreichten eine
Denkschrift über die von Zierotin zuletzt mitgetheilten Anträge
(Hauptartikel genannt) und über die daraus fließenden zwölf Nebenartikel. Diese betrafen zunächst eine Geldentschädigung, die der
Erzherzog von den Ständen Böhmens für gewisse, auch im Interesse Böhmens geschehene Auslagen verlangte, nämlich: die Besoldung von Truppen, Geschenke für den türkischen Gesandten, und
die Kosten des gegenwärtigen Kriegszuges. Der Erzherzog drang
auf die Entfernung jener fremden, im Lande nicht ansässigen Räthe,

---

[39]) Cod. H. 234. b.

[40]) Es waren: der Cardinal von Dietrichstein; vom Herrenstande: der
Oberstburggraf Adam von Sternberg auf Bechyně, der Oberstkämmerer
Wolf Novohradský von Kolowrat, der Oberstlandrichter Adam v. Waldstein auf Hradek, Johann Austiěcký, Theobald Švichowský von Riesen-
burg, der Appellationspräsident Ferdinand von Dona, Jaroslaw von
Martinic, Carl Mracký, Carl von Wartenberg, Stephan von Sternberg,
Adam d. ä. von Waldstein, Graf von Thurn, Joachim Andreas Graf
von Schlik, Wenzel von Budowa; vom Ritterstande: der Oberstlandschreiber Johann von Klenau, der Burggraf von Carlstein: Christoph
von Wratislaw, der Landesunterkämmerer: Burghard Točnik, der Burggraf von Königgrätz: Adam Hrzan von Harasow, Friedrich von Bile,
Prokop Dvořecký, Dionys Markwart, der k. Procurator Ulrich Gersdorf,
Adam Zabský. Heinrich Ota, Sigmund Belwic, Georg von Wratislaw,
dann eine Anzahl Personen des dritten Standes. Von Seite des Erzherzogs erschienen die Herren: Carl von Liechtenstein, Carl von Zierotin,
Wilhelm von Ruppa, Georg von Hodiz, Wenzel Zahradecký, Wenzel
Wanecký, Johann Czeyka von Olbramowic, Georg Prakšicky von Zastřizl, endlich die ungarischen und österreichischen Commissäre.

welche im Intereſſe ihrer Stellung und ihres Privatvortheils die
Rechte und Verfaſſungen der Länder verletzten und dadurch Auflehnung und Bürgerkrieg hervorriefen. Der Erzherzog beſtand auf
der Conſirmation des türkiſchen Friedens, auf der Regelung der
Salzausfuhr aus Gmunden, und auf Erörterung der Maßregeln
zur gemeinſchaftlichen Vertheidigung der Länder (wahrſcheinlich
die Einbeziehung Böhmens in die Eibenſchitzer Conföderation),
dann auf der Freigebung des Handels und Verkehrs aus und
nach Böhmen. Die Anhänger des Erzherzogs in Böhmen ſollten
amneſtirt werden. Sobald alle dieſe Puncte die Genehmigung erhalten, und darüber die Vertragsurkunden ausgefertigt ſein werden,
dann müßte der Kaiſer die Truppen entlaſſen, worauf der Erzherzog
ſich mit ſeinem kriegeriſchen Gefolge zurückziehen würde. Vom
Mißtrauen gegen den Kaiſer erfüllt, verlangten der Erzherzog und
die unirten Länder noch die Garantirung des Vertrages durch
den König von Spanien, die Churfürſten und die übrigen Erzherzoge, und die Beſchwörung desſelben durch den Oberſtburggrafen
Böhmens.[41]) Rückſichtlich Mährens forderten die erzherzoglichen Geſandten, daß bei der jetzt ſtattfindenden Trennung dieſes Landes
von Böhmen, der Kaiſer in einem Reverſe erkläre: die Stände
Mährens haben vollkommen correct und nicht wie Rebellen gehandelt, er zähle ſie von der Unterthanenpflicht los und ermächtige
dieſelben, falls er (der Kaiſer) den Erzherzog überlebe, einen
andern Prinzen des Hauſes zum Regenten zu wählen, jedoch nur
auf die Lebensdauer Sr. Majeſtät. Da Mähren durch dieſe Beſtimmung ganz autonom wurde, durften die böhmiſchen Central-
behörden fernerhin keinen Einfluß auf Mähren nehmen; Proceſſe
und Urtheile, welche verfaſſungswidrig gefällt worden waren,
ſollten caſſirt werden. Endlich forderte man die formelle Abſetzung
Verka's und die Vorführung desſelben vor den mähriſchen Landtag, um ihn anklagen und verurtheilen zu können.

Nicht zufrieden mit dieſem Verlangen, übergaben die mähriſchen Abgeſandten der Conferenz eine ſpecielle Denkſchrift, deren
Tendenz es war, nebſt den angeführten Puncten auch noch die Autonomie und Unabhängigkeit des Landes für den Fall der Wiedervereinigung mit Böhmen nach des Kaiſers Tode gewährleiſtet zu

---

sehen. Sie forderten, daß das Antreten von Erbschaften und Gütern in Böhmen durch mährische Herren ohne irgend welche Hindernisse stattfinde. Böhmen soll zum Eibenschitzer Bündnisse beitreten, der Kaiser die Versicherung geben, daß alle von ihm gemachten Schulden bezahlt, und alle Bürgschaften, welche in Mähren zu seinen Gunsten eingegangen wurden, gelöst werden. Se. Majestät müsse ferner einen Revers ausstellen, daß alle von den Mährern in den letzten Jahren dem Kaiser gemachten Zugeständnisse den Rechten und Privilegien des Landes nicht abträglich seien. Der Bischof von Olmütz als Siegler des Landfriedens und Landrechtbeisitzer habe unter der Jurisdiction des Erzherzogs zu bleiben, denn die mährischen Stände waren besorgt, daß der Bischof (nach der Constitution K. Carl IV.) als Kronvasall Böhmens sich von der neuen mährischen Herrschaft eximiren möchte. Endlich wurde die Regelung der Landesgrenze, eine Abschrift der mährischen Privilegien, welche auf dem Carlstein aufbewahrt wurden, und die Vorführung Berka's vor den mährischen Landtagen wiederholt verlangt. Diese Forderungen entsprachen genau den Beschwerden, welche die mährischen Stände in der, dem Jahre 1608 vorangehenden Zeit geltend gemacht hatten. Zudem wollten sie, daß die obersten Regierungsbeamten verantwortlich erklärt würden, und das Klagerecht der Stände gegen diese anerkannt werde.

Es scheint gewiß, daß die Commissarien des Erzherzogs nebst den Nebenartikeln auch noch die Ueberlassung der Regierung Böhmens und aller Kronländer an Mathias wieder zur Sprache brachten. Die Unterhandlungen waren lebhaft, schloßen jedoch damit, daß die kaiserlichen Commissäre außer der bestimmten Erklärung: diese Abtretung nie zugeben zu können, sich zur Abgabe einer definitiven Antwort nicht ermächtigt hielten. Sie versprachen nach eingeholter Genehmigung des Kaisers und der Stände den zweiten Tag zurückzukehren. Darauf reisten die Böhmen nach Prag, die Abgeordneten des Erzherzogs nach Böhm. Brod zurück.

Am 13. Juni erschienen die böhmischen Commissäre wieder in Dubeč, der Oberstburggraf Adam von Sternberg als Wortführer theilte die Antwort der böhmischen Stände mit. Rücksichtlich der Abtretung der Regierung Böhmens war dieselbe mit der früheren gleichlautend: der Erzherzog solle nur Anwärter sein; in Bezug auf die Nebenartikel fiel sie ausweichend oder verneinend

aus, dagegen war die Beantwortung rücksichtlich der in der zweiten
Schrift niedergelegten speciellen Forderungen Mährens befriedigender.
Es wurde den Mährern die Trennung von Böhmen, doch nur
auf die Lebensdauer des Kaisers, zugestanden. Ebenso die Unabhängigkeit von der böhmischen Kanzlei und Kammer, dann von
den böhmischen Gerichten. Nach dem Tode des Kaisers solle das
alte Verhältniß wieder eintreten. Das Mißtrauen der böhmischen
Stände, welche wohl wahrnahmen, daß Mähren diese Gelegenheit benützen wolle, um die volle Autonomie auf immer festzustellen, forderte, daß alle neu erwirkten Privilegien Mährens bei
der Wiedervereinigung der Länder einer Prüfung von Seite der
böhmischen Stände unterzogen werden und diese Privilegien nur
insoferne Geltung haben sollten, als dieselben nicht den Rechten
der böhmischen Krone und den alten Verträgen abträglich wären.
Um Mähren doch in einem Theile abhängig zu erhalten, begünstigten die Böhmen die Forderungen des Olmützer Bischofs wegen
der Exemtion. Die böhmischen Gesandten bezeichneten die gemachten
Zugeständnisse als die äußersten. Würden diese Vorschläge nicht
angenommen, so wären selbst diese Zugeständnisse als nicht geschehen zu betrachten.

Wiewohl die Erledigung jener Gegenanträge, welche Mathias den böhmischen Commissären zukommen ließ, vom versöhnlichen Geiste erfüllt war, konnten die Unterhandlungen doch nicht
zum Abschluße kommen, da die Antwort, welche der Kaiser auf
einige Nebenpuncte ertheilen sollte, noch nicht eingelangt war. Die
Mährer waren mit den Bedingungen der Lostrennung der Markgrafschaft nicht einverstanden, weil einige derselben die völlige
Trennung von der verhaßten Regierung des Kaisers nicht klar
genug aussprachen.

Jetzt in dem entscheidenden Augenblicke offenbarte sich deutlich,
wie die Unirten doch zunächst ihren eigenen Vortheil vor Augen
hatten und die Interessen des Erzherzogs jenem zu opfern bereit
waren. Es scheint, daß auch noch geheime Unterhandlungen zwischen Böhmen und den Abgeordneten der verbündeten Länder
stattfanden, daß die Unirten damit einverstanden waren, dem
Erzherzog nur die Anwartschaft auf die böhmische Krone zu erwirken, wenn den Forderungen der Unirten von Böhmen aus
entsprochen würde. Sie gaben sich keine weitere Mühe mehr, die

durch und durch corrumpirte Regierung in Böhmen zu ändern, sie
begnügten sich, diese Aenderung in Ungarn, Mähren und Oesterreich durch die vollständige Absonderung von Böhmen durchzusetzen und durch Aufstellung von Bürgschaften jeden Versuch, Rudolph's Regiment wieder herzustellen, wirksamst zu unterdrücken.
Mathias jedoch gab die schöne Aussicht, König von Böhmen zu
werben, nicht so leicht auf. Er schrieb an den Erzherzog Mar
und ersuchte ihn dahin zu wirken, daß der Kaiser die Regierung
niederlege; Mathias erwähnt in diesem Schreiben der Treulosigkeit des Hradschiner Hofes, des Versuches Rudolph's, die Zusagen zurückzunehmen und ihm das geworbene Kriegsvolk abwendig
zu machen.

Die beiden kaiserlichen Brüder bewarben sich um die Mitwirkung vermittelnder Mächte. Mathias nahm die guten Dienste
des Königs von Polen und einiger Reichsfürsten in Anspruch.
Rudolph hatte seine Brüder und die baier'schen Fürsten mit dem
Vermittlungs-Geschäfte doch erst jetzt definitiv betraut, während
er sich früher zu einer entschiedenen Aufforderung der letzteren
nicht entschließen konnte. Nochmals wäre es beinahe zum Ausbruch von Feindseligkeiten gekommen, bevor die Diplomaten ihr
letztes Wort gesprochen hatten. [42])

Um zur Entscheidung zu drängen, wollten die Unirten von
den oft bewährten Mitteln wieder Gebrauch machen. Es wurde
beschlossen, das Lager nah' an die Hauptstadt vorzuschieben. Es
scheint, daß der Feldmarschall Herberstein selbst und Oberst Puchaimb, dann einige Officiere des erzherzoglichen Heeres zu diesem
Zwecke am 14. Juni eine Recognoscirung bis unter die Ver-
schanzungen der Stadt vornahmen. Die Besatzung wurde alarmirt

---

[42]) Cod. 64. und Pešina 470. — Mathias blieb nur im Puncte seines
Titels als „Anwärter der Krone Böhmens" und wegen des Processes
gegen Ladislaus Berka, auf den ursprünglichen Forderungen stehen. —
Cod. 15. Juni 1608. — In den Briefen Zierotin's, welche Pešina
citirt, wird auf den geheimen Verkehr der unirten Länder mit den
Böhmen häufig hingedeutet, ebenso in dem von Hammer bezogenen
Zwetler Coder — Hurter VI. 41. n. 104, vom 16. Juni 1608 und
S. 42. n. 110 und 111. — In der Relat. an Churpfalz vom 25. Mai
1608 wird erzählt: Legati electorum hic frustra et otiosi detinentur
ablata auxilia nec acceptantur nec recusantur. Münch. Staatsarch. 547/4.

traf Vertheidigungsmaßregeln und machte einen Ausfall, in der Absicht, die herumschwärmenden Ungarn, diejenigen von den fremden Kriegsvölkern, welche den meisten Schaden verursachten, zu züchtigen. Doch die Ungarn hieben zwanzig Mann der angreifenden Truppen nieder, worauf die Böhmen sich in die Weingärten und nach Prag zurückzogen. Die recognoscirenden Officiere brachten Kleider und andere Dinge in das Lager zurück, die sie den Ausfallenden abgejagt hatten. Nochmals versuchten die Heiduken über die Moldau gegen „den Königssaal zu setzen" und gegen Carlstein, wo die böhmische Krone aufbewahrt wurde, einen „Streich" auszuführen; die Reiter Trautmannsdorff's trieben sie jedoch zurück. Die Ungarn plünderten unaufhörlich. Herr Christoph von Dohna erzählt, daß die Erbitterung gegen die Truppen Mathias in Böhmen so groß war, daß Niemand aus seinem Heere mit dem Leben davon gekommen wäre, wenn der Kaiser zu den Waffen gegriffen hätte.

Ungeachtet des eben erzählten ernsten Zwischenfalls und der am 15. Juni erfolgten Uebertragung des Lagers nach dem nur eine Meile von Prag entfernten Sterbohol, hatte die Kriegspartei am Hofe keine Aussichten mehr, denn die Häupter der böhmischen Stände hatten mit den Gesandten der Unirten die Grundlage der neuen Ordnung der Dinge: die Absonderung Mährens von Böhmen, schon vereinbart. Mit voller Zustimmung der befreundeten Fürsten und ihrer Gesandten gelang es dem Cardinal von Dietrichstein, dem Oberstburggrafen von Sternberg und den andern Oberstlandesofficieren, endlich auch den Kaiser zur friedlichen Ausgleichung mit dem Erzherzog Mathias zu bewegen.

Nach einigen Erklärungen, welche der spanische und römische Botschafter dem Erzherzog in das Lager am 15. überbracht hatten, begannen wieder die Unterhandlungen.

Das Lager des Erzherzogs war so groß wie die Alt- und Neustadt Prag und noch waren ansehnliche Verstärkungen aus Mähren und aus Ungarn angekommen.

Für die Commissäre der unterhandelnden Seiten wurden bei Liben zwei große Zelte errichtet, zwischen beiden stand ein drittes, gemeinschaftliches Conferenzzelt. [43])

---

[43]) Pešina Msf. L. A. 58/b und 68/b. Anh. an Churpf. 21. Juni 1608. Münch. Staatsarch. 547/7. 227.

Wenn wir nun die Unterhandlungen, welche am 18. und 20. in Liben stattfanden, verfolgen, so zeigte es sich deutlich, daß man von Seite des Prager Hofes die Befriedigung der durch den Herrn von Zierotin formulirten Forderung Mährens als ein wesentliches Moment ansah, in den anderen Fragen Gegenconcessionen zu erlangen. Rücksichtlich der Abtretung Ungarn's und Oesterreich's einerseits und Tirols andererseits, der Geldentschädigungen, Familienurkunden, Schuldenzahlung, Reichshilfe, Wegweisung schlimmer Räthe, Entschädigung, Truppenabzug, Confirmation der Verträge durch fremde Fürsten, Amnestien, wurde nichts Festes beschlossen. Den größern Theil dieser Puncte wollten die Böhmen noch dem Kaiser vorgelegt wissen. Ein ähnliches Verfahren wollten die erzherzoglichen Abgeordneten rücksichtlich der böhmischen Gegenforderungen beobachten und diese dem Erzherzog mittheilen, [44]) wiewohl sich der Erzherzog schon mit der Anwartschaft auf die böhmische Krone begnügte, weil er in diesem Zugeständnisse schon die Wahl zum künftigen König von Böhmen erblickte, während die Stände Böhmens die Berufung des Erzherzogs als Anwärter wohl als Wahl, doch nur als Wahl zum Anwärter betrachteten; zugleich lag nach ihren Ansichten in diesem Acte die denselben sehr erwünschte Anerkennung des Rechtes zur Königswahl durch den Kaiser und durch den Erzherzog Mathias.

Dagegen war das Ergebniß der Unterhandlungen rücksicht-

---

[44]) Es ist nicht ganz richtig, wenn in der Abhandlung S. 293 der Časop. česk. Mus. 1845. gesagt wird, daß Rudolph und Mathias am Mittwoch vor Joh. d. Täufer 1608 zusammen kamen. — Auch aus den oben erwähnten Verhandlungen ist zu entnehmen, daß neben den Zusammenkünften zwischen den böhmischen Ständen und den Abgesandten der unirten Provinzen auch zwischen Rudolph und Mathias ein unmittelbarer diplomatischer Verkehr stattfand. Die Antwort, welche der Kaiser am 17. (am 13. von den böhmischen Commissären) angekündigt über die Nebenpuncte mittheilen ließ, setzt voraus das kurz zuvor gestellte Begehren des Erzherzogs wegen der Abtretung der ungarischen Krone. Es ist dies wohl mittelst jenes Memorials ddo. 20. Mai (Hurter VI. S. 50. n. 153), geschehen, dessen Inhalt aber bei den Unterhandlungen am 11. und 14. Juni getrennt wurde; nur der die böhmischen und mährischen Angelegenheiten betreffende Theil wurde von den ständischen Commissären verhandelt, der zweite: Oesterreich und Ungarn betreffend, durch andere Gesandte.

lich Mährens ungemein günstig ausgefallen. Mähren erlangte
die volle Unabhängigkeit von Böhmen; nur rücksichtlich der oben
erwähnten Nebenpuncte, über die künftige Stellung des Bischofs
von Olmütz rc. rc., wollten die böhmischen Commissarien noch des
Kaisers Genehmigung einholen.

Es war ein großer Beweis allgemeinen Vertrauens, daß
die Libner Conferenz den Herrn von Zierotin ersuchte, die Beschlüße vom 18. zu formuliren und am 19. nach Prag zur Prüfung einzusenden. An diesem letzteren Tage, Nachmittags, sollten
die Berathungen in Stierbohol fortgesetzt werden. Obwohl bei
denselben noch immer einige Fragen offen blieben, waren die mährischen Abgeordneten mit den Ergebnissen sehr zufrieden. Der Hauptzweck: die Trennung der Markgrafschaft von dem Lande, in welchem
Rudolph regierte, war erreicht. In ihrer Freude schrieben sie noch
am 18. nach Hause; sie theilten jene günstigen Ergebnisse der provisorischen Regierung mit und hofften die Zufriedenheit aller vier
Stände erlangt zu haben, sie glaubten, daß alle Errungenschaften
demnächst in der besten Form Rechtens werden verbrieft werden.
Der noch offenen Fragen geschieht keine Erwähnung.

Am 20. wurde über den „Titel von Böhmen" für Ma-
thias, dann über die Stellung des Cardinals Dietrichstein, endlich
wegen Berka's Vorladung vor den mährischen Landtag von 9 Uhr
Früh bis 5 Uhr Nachmittags, doch ohne Erfolg, unterhandelt.
Mathias verlangte zuerst den Titel: gewählter König, begnügte
sich dann mit dem Titel: „desiguirter," doch selbst diesen wollten
die böhmischen Commissäre ebenso wenig zugestehen, als die Mährer
die Amnestirung Berka's oder die Exterritorialität des Bisthums
Olmütz.

Um hierüber einen festen Entschluß von Seite des Kaisers
und des Landtages zu erlangen, wurde eine Session desselben auf
den 21. angeordnet. Es war dies zugleich ein willkommener Anlaß, um die Absetzung eines mißliebigen Kronbeamten, des Vicekanzlers von Böhmen, vom Kaiser zu erwirken. Nach einer Audienz,
welche die kaiserlichen und erzherzoglichen Commissäre bei Seiner
Majestät genommen hatten, traten sie wieder zusammen; für Mathias wurde böhmischer Seits der Titel „desiguirter künftiger König"
vorgeschlagen, aber von den erzherzoglichen Abgeordneten nicht angenommen; rücksichtlich des Cardinals wurde dem Begehren Zie-

rotin's, welcher die Immunität des Olmützer Bischofs nicht zugeben wollte, willfahrt. [45]) Für Berka's Amnestirung war jedoch von Zierotin keine Concession zu erlangen, wiewohl die kaiserl. Commissarien die Zusicherung ertheilten: der Kaiser werde jenen Revers ausfertigen, welcher die Zufriedenheit über das bisherige Vorgehen Mähren's laut erklärte. [46]) Zum Schluße wurde Montag der 23. Juni als der Tag bestimmt, an welchem die Verträge entworfen und ausgefertigt werden sollten. Sieben Personen aus dem Herrenstaude, sechs aus dem Ritterstande und drei aus dem Bürgerstande wurden hiezu bestimmt. Um 11 Uhr Nachts kehrten die böhmischen Commissäre nach Prag zurück. [47])

Es ist gewiß, daß der Dringlichkeit wegen, ungeachtet des Sonntags (22.) dem böhm. Landtage über das Ergebniß der Schlußverhandlungen relationirt wurde, und daß jener diese Ergebnisse genehmigte. Der Kaiser selbst mochte zu einem Abschluße drängen, weil die Abgeordneten Schlesien's, welche sich am 21. im

---

[45]) H. 221. — G. 119/b. — Cod. 64. 39/b bemerkt: „wenn der Cardinal als solcher unter den Kaiser stehen wolle, hätten die Mährer nichts dagegen, aber als Olmützer Bischof müsse er unter dem Erzherzog stehen, den Fall ausgenommen, er würde das Bisthum abtreten."

[46]) Der Chronist im Cod. 64. erzählt hierüber Fol. 39/b Nachstehendes: „In Betreff der Ausfertigung des Reverses des Kaisers für Mähren, nach welchen der Zug nach Böhmen und die Unterwerfung unter den Erzherzog Mathias als ein nicht pflichtwidriger Act angesehen werden sollte, wurde zwischen den Commissären viel gestritten. Die Mährer berufen sich jedoch auf den Landfrieden (1579) den der Kaiser mit beschworen hatte und darin stand geschrieben: die Landleute sollen wider denjenigen, der gegen diesen Landfrieden etwas unternimmt oder dazu einen Rath ertheilt, einander beistehen. Der Kaiser habe, durch schlimme Räthe verleitet, gegen diesen Landfrieden gehandelt, durch nicht gebräuchliche Citationen vor das Kammergericht und durch ungesetzliche Befehle der Hofkanzlei seien die Privilegien und Freiheiten des Landes angegriffen worden. Unter solchen Umständen hätten sie (Mähren) nicht ihre Pflicht verletzt, als sie sich dem Erzherzog unterwarfen. Ja hätten sie dies nicht gethan, dann hätten sie sich gegen den Landfrieden und ihre Pflicht versündigt. Dahin müsse der Kaiser die Erklärung abgeben."

[47]) Diese Relation (im Cod. H.) ist von einem Augen- und Ohrenzeugen, wie es scheint von einem Mitgliede der Gesandtschaft, welcher hierüber an Hrn. von Rosenberg berichtet, geschrieben. Die Aussagen dieses Zeugen demnach sehr beachtenswerth.

erzherzoglichen Lager einfanden, Miene machten, dem Beispiele Mähren's zu folgen. Der Kaiser glaubte durch einen raschen Abschluß dem Einverständnisse zwischen Schlesien und dem Erzherzog und eventuellen Transactionen zuvorzukommen.

Es scheint, daß Zierotin sich schließlich rücksichtlich Berka's über Fürbitte der böhmischen Stände und Intercession des Kaisers selbst zu einem Zugeständnisse in der Richtung herbeiließ, daß Berka von dem persönlichen Erscheinen in Mähren losgezählt und ermächtigt werde, einen Stellvertreter zu dem, in seiner Sache niedergesetzten mähr. Ausnahmsgerichte abzuordnen.[48])

Am Sonntag trafen die Gesandten des Erzherzogs in Prag ein, um noch wegen dessen „Titel von Böhmen" zu unterhandeln. Mathias schrieb hierüber an den Cardinal: Seine Majestät möge das Wort „künftiger" auslassen und nur das Wort „bezeichneter König" genehmigen. Dann sollte die Ausfertigung der kaiserl. Reverse wegen Mähren betrieben werden. Diese Reverse wurden in der That am 22. vom Kaiser unterzeichnet und zugleich die so schwierige Titelfrage endlich erledigt. Der erste Revers gestattete den Mährern, den Erzherzog Mathias als gewählten Anwärter (das Wort „künftig" blieb aus) der Krone Böhmens zum Herrn anzunehmen; der zweite bezeugte die volle kaiserl. Zufriedenheit mit der Haltung Mähren's, mit dem Tage zu Eibenschitz zc.; der dritte besagte, daß die Geldbewilligungen Mährens während der Türkenkriege freiwillig geleistet wurden und den Privilegien nicht Abbruch thun können.

Am 23. kamen die beiderseitigen Gesandten in Liben zusammen, um die andere Urkunde zu entwerfen; diese wurde jedoch erst an dem nächsten Tage den 24. Juni um zwei Uhr Nachts beendet.[49]) An diesem Tage nahmen die langwierigen und denk-

---

48) II. 248. Dies wird auch von Beaugy bestätigt. Harlay a. a. O. 28ten Juni 1608. — Der Kaiser schrieb eigenhändig an den Cardinal und ersuchte ihn, auf Berka's Rettung nicht zu vergessen. Coll. Colbert. V. T. 40. Bibl. imp. Gesta Mathiae Austriaci. Cop. im L. A.

49) Diese drei Reverse sind eingetragen im Sessionsprotokolle des mähr. großen Landrechtes Bd. I. Pag. 137 und ff. — Die Reverse sind bei Lünig abgedruckt. Hurter VI. 57. n. 152. Sie sind vom 22. Juni 1608 datirt. D. 761 und D. 782, D. 783. — Hurter erzählt von einem

würdigen Unterhandlungen ein Ende. Die Urkunde, womit die Abtretung Mähren's, Oesterreich's und Ungarn's ausgesprochen wurde, ist am 25. vom Kaiser unterzeichnet worden. Die wesentlichen Bestimmungen derselben waren nachstehende: der Erzherzog erhielt die Anwartschaft auf die böhmische Krone und, im Falle der Kaiser Leibeserben hinterlassen sollte, die Regentschaft. Der Türkenfriede vom Jahre 1606 werde vom Kaiser confirmirt werden. Der Markgraffschaft Mähren wurde das Recht eingeräumt, falls der Erzherzog vorsterben sollte, sich einen Herrn aus dem Hause Habsburg auf die Lebensdauer Rudolph's zu wählen. Da Mähren für diese Zeit von Böhmen getrennt wurde, soll die Regierung und Verwaltung des Landes völlig autonom, daher keinerlei Einflüßen der böhmischen Kanzlei, Kammer und Gerichte unterworfen sein. Rücksichtlich des staatsrechtlichen Verhältnisses zwischen Böhmen und Mähren im Falle der Wiedervereinigung blieb es bei den früher erwähnten Forderungen der Böhmen.

Carl von Zierotin forderte im Namen Mährens die Cassirung der Urtheile, welche von böhmischen Gerichten über mährische Processe gefällt wurden. Ihm selbst hatte dieses ungesetzliche Verfahren den größten Nachtheil gebracht. Der Kaiser willfahrte nicht, da diese Urtheile in Rechtskraft erwachsen waren; es konnte je-

Scharmützel, welches den Erfolg der Unterhandlungen im letzten Augenblick noch in Frage zu stellen drohte. Einige Reiter, welche Mathias als Ehrenescorte seinem Bruder Max am 25. entgegensandte, wurden in einem Augenblick der Waffenruhe von der Prager Besatzung überfallen und theilweise niedergemacht. Der Erzherzog Mathias ging darüber hinaus, bat jedoch den Kaiser, derlei verhindern zu lassen, um das mühsam Errungene nicht auf's Spiel zu setzen. Wir haben keinen Grund, die Richtigkeit dieser Thatsachen in Zweifel zu ziehen, glauben jedoch, daß dieses Scharmützel höchst unbedeutend gewesen sein mußte, da der wohlunterrichtete Schreiber des Diar. Math., ein aufmerksamer, wahrheitsliebender Augenzeuge und Beaugy mit keiner Sylbe davon Erwähnung machen. Max traf nach Diar. M, am 26. 9 Uhr Früh im Lager des Erzherzogs ein, wurde mit allen Ehren empfangen und reiste um 2 Uhr nach Prag. Am 26. waren vier Fähnlein Linz'sche Reiter und drei Kanonen im Lager eingetroffen. Es war dies ein Zeichen, daß Mathias immer auf den Krieg gefaßt und auf Vermehrung der Streitkräfte bedacht war. Ad diem Diar. M. — Hurter VI. 55. n. 146, 148. — Cod. 64. 39.

doch diese Weigerung von keiner Bedeutung sein, da die Mährer jetzt nicht mehr vor böhmische Gerichte geladen werden konnten.

Den Mährern sollen Copien derjenigen (Carlsteiner) Privilegien ausgefolgt werden, welche ihr Land betreffen.

Die mährischen Bevollmächtigten hatten die vom Kaiser angesuchte Uebernahme eines Theils der kaiserl. Schulden abgelehnt; darum behielt sich Rudolph vor, dieses Ansuchen vor dem nächsten mährischen Landtage zu erneuern.

Die Stellung des Olmützer Bisthums sollte nach alten Bestimmungen (Carl IV.) aufrecht bleiben, es war und blieb ein Kronlehen; dagegen übergingen alle Rechte des böhmischen Königs rücksichtlich des Bisthums auf Mathias. Auch hierin war dem Wunsche der Mährer willfahrt worden und diese Stellung des Cardinals auch für den Fall garantirt, als Mathias dem Kaiser Rudolph vorstürbe.

Es wurde den Mährern Amnestie, ruhiger Genuß ihrer Güter und Aemter in Böhmen, dann völlige Verzeihung den Abhärenten des Erzherzogs in Böhmen (darunter vor Allem Wenzel Kinsky) zugesichert, den Schlesiern auf Fürsprache des Erzherzogs und der Unirten die Restituirung ihrer Privilegien gewährt. Der Streit über das Fürstenthum Jägernbors soll vor den schlesischen Fürsten und Ständen ausgetragen werden.

Einer der wichtigsten Puncte des Vertrages zu Liben war die Bestimmung der beiderseitigen Entwaffnung als Bürgschaft für den Frieden und für den ruhigen Genuß der, von den Unirten erworbenen Rechte und Freiheiten.

Die Unirten hegten die Befürchtung, daß ein erzwungenes Zugeständniß nicht zugehalten werden könne. Der Kaiser selbst hatte im Ministerrathe, Anfangs Juni, (S. 485) noch die Zurücknahme aller dem Erzherzog gemachten Concessionen ausgesprochen. Die Unirten hatten ein begründetes und tiefes Mißtrauen gegen die Zusagen des Prager Hofes; darum drangen sie darauf, daß der Kaiser sich verpflichte, nach Auswechslung der Urkunden das Kriegsvolk abzudanken und dasselbe nicht länger zu erhalten oder nach der Entlassung wieder anzuwerben, oder neue Mannschaft werben zu lassen.

Zu größerer Sicherheit für die Unirten erklärten die böhmischen Stände, in dem Falle, als durch jenes Kriegsvolk dem

Erzherzog und seinen Anhängern Schaden erwachsen sollte, mit
ihm gemeinsame Sache machen zu wollen. Die hierüber errichtete
Urkunde war von Rudolph, dem Erzherzog, dem Cardinal, den
böhm. Landesofficieren und Bevollmächtigten und von den mährischen Commissären unterzeichnet.[80])

Diese wie die andern Urkunden wegen Abtretung Ungarns
und Oesterreichs, dann der Revers, welchen Mathias als Anwärter
der Krone Böhmens ausstellte, wurden am 27. in Gegenwart
der Commissäre vorgelesen. Dieser Act dauerte bei fünf Stunden.
Darauf hielten die Herren von Zierotin und Sternberg „zierliche
Wechselreden, denn diese beiden Herren", erzählt das Diarium,
„besaßen ein großes oratorisches Talent; so oft sie im Landtage oder während der Unterhandlungen sprachen, erfreuten sie die
Zuhörer."

Gegen Abend zogen die kaiserl. Abgeordneten, den Cardinal Dietrichstein an der Spitze, in feierlichem Aufzuge aus Prag,
um die ungarischen Reichskleinodien dem Erzherzoge zu übergeben;
eine unzählige Volksmenge war Zeuge des Schauspiels. Ein von
sechs Schimmeln bespannter Hofwagen barg die Schätze. Als der
Zug nahte, war die erzherzogliche Armee in Schlachtordnung aufgestellt und gab drei Salven aus allen Geschützen, während die
Truppen selbst ein Freudengeschrei erhoben. Die Zuschauer ver-

---

[80]) Es waren dies die Herren: Carl, Regierer des Hauses von Liechten-
stein, Carl v. Zierotin, des Erzherzog's Mathias Rath und Kämmerer,
Wilhelm von Ruppa, Burggraf von Znaim; Georg von Hodiß, Ge-
neralwachtmeister; Wenzel Zahradecky, Wenzel Wanecky, Joh. Czeyka,
Oberstlandschreiber; Georg Sigismund von Zastrizl. Der Vertrag ddo.
Mittwoch nach Joh. d. Täufer 1608 wurde in die Landtafel eingetragen.
H. 164. Diese Urkunde wie die frühern vier Reverse sind in Folge
Landtagsbeschlußes Olmütz 16. Juli 1608, der Landtafel Br. Quat.
Nr. 30 Fol. 1—8 und Olm. Quat. Nr. 33 Fol. 1—7 einverleibt
worden; so auch der am Mittwoch nach Aegydi 1608, 3. September,
geschlossene Landfriede, gefertigt von Mathias, dem Cardinal, Lichtenstein, Zierotin, 49 Herren und Rittern, vier Prälaten und den Abgeordneten der sechs k. Städte: Brünn, Olmütz, Iglau, Znaim, Hradisch
und Neustadt. Der obige Landtagsbeschluß macht von einer Antwort
der Schlesier Erwähnung welche sie einer mähr. Gesandtschaft im Jahre
1608 gaben (über deren eventuellen Beitritt zur Union); auch diese Antwort sollte neben den Landesprivilegien aufbewahrt werden.

wunderten sich höchlich, besonders die Prager; „denn eine schönere
Salve hatten sie Zeitlebens nicht gehört." Auch bei der Ueber-
gabe dieser Kleinobien wurden Reden gehalten und ein pomphaftes
Ceremoniell beobachtet. Der Cardinal von Dietrichstein sprach im
Namen des Kaisers den Wunsch aus, der Erzherzog möge diese
Krone lange und mit mehr Ruhe genießen, als der Kaiser selbst.
Die Krone möge den Türken furchtbar werden und der Erzherzog
möge sie zu Ehren und Schutz der katholischen Religion tragen.
Graf Thurzo dankte im Namen des Erzherzogs, worauf der Bischof
von Vesprim im Namen des Königreichs Ungarn eine lange Ora-
tion hielt, worin Mathias' Tapferkeit und Verdienste um Ungarn
hervorgehoben wurden. Die Feierlichkeit wurde durch ein Bankett
geschlossen. Wiewohl an einem Fasttage war die Tafel doch mit
stattlichen Speisen und edlen Getränken besetzt. Zahllose Gesund-
heiten wurden ausgebracht, die erste von Mathias dem Kaiser.[51]
Nachts zu später Stunde kehrten die kaiserl. Commissäre nach
Prag zurück.

Mathias' Heereszug und die Ursachen des Bruderzwistes
wurden von katholischer und protestantischer Seite in Flugschriften
erörtert und erzählt; die in Prag bei Samuel Adam von Weleslavina gedruckte Schrift: Succinta nuperi motus austro - hunga-
rici et Comitiorum in Bohemia anno 1608, habitorum Narratio
4, 16 Bl. — ist vom katholischen, jenes von uns öfter erwähnte
„Verzeichnuß" vom protestantischen Standpuncte geschrieben. Der
bekannte Unitätspriester Petrozelinus veröffentlichte ein Schreiben
an die Stände des Brünner Kreises, worin der eben geschlossene
Friede gepriesen wird.[52]

---

[51] Clem. al rey. 31. Juni 1608. 2494 Sim.

[52] Kurtze vnd warhafftige Verzeichnuss der Böhemischen Geschichte,
so in jüngst abgeloffenen 1608 Jahr sich zugetragen. I. Was sich
von Tag zu Tag bey den Anzuge Erzherzogs Mathiæ in Oestreich und
Böheimb: II. Auch bei den christlichen Stände in selbigen Königreich, underthänigsten Ansuchen, auff damaligen Landtage omb freye
Uebung der Religion: III. Vnd dann bey höchst gedachten Erzherzogen Abzüge, allerseits begeben hat. Durch glaubwürdige Personen,
so alles mit angesehen, mit sonderen Fleiss zusammen getragen vnd
beschrieben. Dem begierigen Leser zu Gut und Druck gegeben. Im
Jahr nach Christi geburt MDCIX. o. D. 4° 30. S. Der Titel der

Das große Ziel, welches Carl von Zierotin verfolgte, war endlich erreicht: Mähren autonom, von der langen Mißregierung befreit. Es handelte sich darum, den neuen Zustand zu festigen und gegen die offenen und geheimen Feinde zu schützen. Eine Frage, die bei allen den Unterhandlungen von den Brünner Märztagen angefangen, bis zum 25. Juni immer nur angedeutet, aber nie ausgesprochen wurde, bedurfte der Regelung: die der freien Religionsübung.

Es war nicht zu zweifeln, daß der Kaiser, welcher zur Abschließung des Libuer Vertrages gezwungen wurde, jede Gelegenheit ergreifen werde, um das Verlorene wieder zu gewinnen.

Der Erzherzog Mathias dagegen war nicht allein bemüht, die neuen Erwerbungen gegen Angriffe zu vertheidigen, sondern er beschäftigte sich auch mit dem Plane, den älteren Bruder auch von der Bürde der römischen und böhmischen Krone zu befreien. [53]) Die unirten Länder hatten die Absicht, nunmehr bei der Durchführung der Libuer Verträge freie Religionsübung zu verlangen.

zweiten Schrift lautet: Pax christiana. To gest Rozgjmanj na pomenutedlne a potéssytedlne Pokogi křestianskem duchovnjm y tělesnem za tiechto boutzliwych a nepokognych časuw čjti potrebno w nowě sepsané, a lidu Božjmu w městě Třebici, podle slow Pana gezu krysta. po geho z Mrtwych wstanj k Učednjkum prohlassenych Pokog wam, předkládané od kněze Jakuba Petrozelina kundsstatskyho, w tomż městě slowa Božjho kazatele. O lesV Dona plIs PaceM, deI Pokog HospoDIne za DnU nassiCh. 8—108 bl. kleine Canon und Mitelswabach zulezt. Wytisssteno w St. M. P. w Impressy Jana Othmara. 1608. Die Kreisverfassung in Mähren (S. K. Tov.) war sehr rudimentär und erreichte nie die Bedeutung der böhmischen oder der ungarischen. Der Kreis war lediglich eine der administrativen Einheiten. Die geringe Ausdehnung des Landes erklärt diese Erscheinung zur Genüge.

[53]) Erzherzog Maximilian war am 26. Juni im Lager des Erzherzogs angekommen, daselbst mit vieler Solennität empfangen, und reiste an demselben Tage um zwei Uhr nach Prag. (Diar. Math.) Hier verfocht er die Forderungen Mathias: die völlige Abdankung des Kaisers zu Gunsten des letztern. Hurter VI. 62 und 63, auch Beaugy in seiner Relation ddo. 5. Juli 1608. Harlay 238/10. Nr. 75. Die Haltung der Erzherzoge nach dem Vertrag zu Liben, die auffallende Annäherung Ferdinands von Steiermark, beweisen zur Genüge, was diese Prinzen von der Prager Regierung, welche zuletzt zu dem Ruin des Hauses führen mußte, hielten.

Sie wußten, daß weder Mathias noch Khlesel Gewissensfreiheit gewähren würden.

Von diesen Gefahren bedroht, schloßen die unirten Länder: Mähren, Oesterreich und Ungarn noch zu Stierbohol das verhängnißvolle geheime Bündniß am 29. Juni 1608. Es war eine nähere Ausführung des Eibenschitzer Schutz- und Trutzbündnisses, insbesondere rücksichtlich der religiösen Sache. Die unirten Länder verpflichteten sich, eher dem neuen Herrscher (Mathias) die Huldigung zu versagen, als den begehrten Beistand einander zu verweigern, wenn wegen Durchführung der Religionsfreiheit Irrungen entstehen sollten. [54]) Carl von Zierotin und Georg von Hobitz waren es, welche für Mähren den Vertrag unterzeichneten. Zierotin wurde dadurch eines der Häupter dieses neuen wichtigen Bundes. Somit empfingen zu Stierbohol der durch den Eibenschitzer Vertrag gelegte Keim zu einer neuen staatsrechtlichen Organisation der österreichischen Länder, aber auch die Verfassungskämpfe der nächsten Zeit eine kräftige Nahrung.

Den Tag nach dem Abschluße dieses denkwürdigen Bündnisses erfolgte der Abmarsch des Erzherzogs und seiner Truppen, die auf verschiedenen Wegen, nicht ohne blutige Excesse zu verüben, ihrer Heimath zueilten. [55])

---

[54]) Hammer II. Nr. 239. Cod. 1. October und 25. December 1608, an Stahrenberg und Tschernembl; in diesen Briefen bezieht sich Zierotin auf das oberwähnte Bündniß.

[55]) Cod. 64 und Diar. Anon. In Pardubitz wäre es bald zu einer Schlächterei zwischen den Ungarn dann den Bürgern und Bauern gekommen. Ein Bauer wollte eine ihm von einem Ungarn geraubte Stute mit Gewalt wieder zurücknehmen. Es entstand ein Streit; ein anderer Böhme kam seinem Landsmann zu Hilfe und nun erschlugen diese den Ungarn. Als die ungarischen Truppen davon hörten, drangen sie in die Stadt, fielen über die Bürger her, diese schossen aus den Fenstern, die Ungarn schossen zurück und begannen zu stürmen. Es wäre ein großes Unglück geschehen, vermuthlich ganz Pardubitz zerstört worden, wenn es nicht dem Generalen Grafen Thurzo, begleitet von den ständischen Marschcommissären, den Herren Caspar von Zierotin und Budowa gelungen wäre, mit eigener Lebensgefahr die Ruhe wieder herzustellen.

Capitel IX.

Zierotin übernimmt als Landeshauptmann die Verwaltung des Markgrafthums. — Umtriebe der römisch-spanischen Partei in Böhmen gegen die Libner Verträge. — Rudolph sinnt auf Wiedereroberung der verlorenen Länder. — Rüstungen in Mähren. — Zierotin verzichtet aus politischen Rücksichten auf die Gewährung der unbedingten Religionsfreiheit. — Mathias läßt sich in Brünn huldigen. — Landtagsabschied. — Betrachtungen über die Restitution des alt-ständischen Staates. — Die Gegensätze in Europa. — Spanien und Frankreich. — Die Frage der Nachfolge im Reiche. — Die Union. — Keime neuer Umwälzungen. — Die Horner Unruhen. — Intriguen des Prager Hofes im Erzherzogthum Oesterreich. — Zierotin fällt die Vermittler-Rolle zu. — Seine Mäßigung, seine Mühen und Erfolge. — Oesterreichische Unionsgedanken. — Verdienste Zierotins um die Dynastie und die Freiheit der Länder. —

Nachdem Carl von Zierotin das Befreiungswerk vorbereitet und zur Vollendung desselben hauptsächlich beigetragen hatte, erwuchs ihm nun die Aufgabe, die Grundsätze der neuen staatsrechtlichen Verhältnisse in Mähren durchzuführen.

Er begleitete den Erzherzog auf der Rückreise nach Wien, und eilte dann zurück nach Olmütz. Hier wartete seiner ein außerordentlicher Landtag, welcher einberufen wurde, um die Relation der mährischen Gesandten über die Unterhandlungen in Böhmen anzuhören und die Libner Verträge nachträglich zu genehmigen.

Die mährischen Stände beabsichtigten sofort die Errungenschaften von Liben zu verwirklichen, insoweit es während des Interregnums nämlich bis zu der Zeit der Huldigung gesetzlich zulässig war. Am 16. Juli wurde der Landtag eröffnet. Es wurde den ständischen Gesandten der Dank für das mühevolle Werk der Befreiung des Vaterlandes votirt und Herr Carl von Zierotin zum Landeshauptmann gewählt. Es lag hierin die Anerkennung seiner großen Verdienste um das Vaterland und der Thatsache, daß zunächst seinem Talente, seiner Energie und Klugheit der Zug nach Böhmen und der Erfolg desselben zugeschrieben wurde. Ein nicht minder sprechendes Zeugniß dafür war der maßlose Haß, womit man ihn als den Urheber des Verlustes der drei Länder von Prag aus verfolgte.[1]

Es ist characteristisch für die Bewegung, daß der Landtag sich ohne Zögern auf den Standpunct des Tobitschauer Buches stellte. Die Stände bezogen sich nämlich bei allen Beschlüßen mit Uebergehung der neueren Landesordnungen auf die alte Verfassung und auf die Landesgewohnheiten. Der Landtag ernannte eine Commission, um den neuen Landesfürsten einzuladen, kraft der alten Satzungen und Privilegien, nach Mähren zu kommen und vom Lande Besitz zu ergreifen. Die Instruction, welche die Mitglieder dieser Commission erhielten,[2] zeigt, daß die Libner

---

[1] „Den 16. Juli 1608 haben die mährischen Stände einen Landtag zu Olmütz gehalten, da ist Herr Carl von Zierotin (der zu erhaltung der Mährischen Freiheiten bei Ihrer Durchlaucht das böste gethan als man mit Ihr Majestät tractirt hat, das Ihr Majestät den Mährern die Unterthänigkeit erlassen, weil sie nimmer unter des Kaisers Regiment sein wollten) zum Landeshauptmann in Mähren erwählt worden. Als er das Jurament gethan und die Worte „Matzo Boži, wssym swatym" verlesen worden hat, hat er die Finger sinthen lassen, auch nicht nachgesprochen. Bei diesem Landtag ist geschlossen, daß ein jeder seiner Religion frei sein und zu den Ayd, der wider sein Gewissen, künftig nicht soll gedrungen werden." Vgl. Ch. a. a. O. S. 262. — Pešina a. a. O. S. 483. Cod. VI. Id. Dec. 1608 Timino. Landtagspamatkenb. a. a. — Zierotin erzählt bescheiden von dem Antheil, den er an diesen Unternehmungen hatte... negocia quibus interfui et quorum pars aliqua fui. Cod. 27. Juli 1608 Jllyezhazy.

[2] Landtagspam.-Supplb. Sig. V. ddo. 26. Juli 1608 — ein Art Original, denn dasselbe ist mit den Originalsiegeln versehen — darunter jenes des Cardinals.

Verträge doch auch ein Sieg der Protestanten waren. Die Bitte um freie Religionsübung war der zweite Punct der Instruction, welcher unmittelbar dem Absatze folgte, welcher die Einladung an den Erzherzog, die Huldigung auf dem am 25. August in Brünn anberaumten Landtag zu empfangen und nach alter Sitte den Landfrieden aufzurichten, zum Gegenstande hatte.

Der Juli-Landtag beschränkte sich auf die Fassung einiger wesentlichen, durch die Lage des Landes motivirten Beschlüsse. Der Landeshauptmann Carl von Zierotin wurde ermächtigt, Vertheidigungsmaßregeln zu treffen und über das Regiment Max Liechtenstein für den Fall zu verfügen, als von Böhmen aus versucht würde, die Verträge von Liben zu brechen, eine Gefahr, die laut der Mittheilung verläßlicher Kundschafter, allerdings zu besorgen war. Zugleich wurde beschlossen, daß der Landesfürst ohne Genehmigung der Stände keinen Krieg erklären oder Frieden schließen dürfe. Man wollte dadurch dem einseitigen Vorgehen des Erzherzogs vorbeugen. Volljährigkeitserklärungen durch den Landesfürsten ohne Beirath des Landrechtes wurden als verfassungswidrig bezeichnet und die Eidesformel, wornach die Mutter Gottes und alle Heiligen angerufen wurden, abgeschafft. Nur Inländer und zwar vorzugsweise Personen aus dem Herren- und Ritterstande sollen Prälaturen erlangen. Die Jesuiten haben als Gutsbesitzer die Competenz des Landesgerichts anzuerkennen. Die Verfügung über die wegen Landesverrathes und Nicht-Theilnahme an dem Eibenschitzer Landtag von der provisorischen Regierung mit Beschlag belegten Güter der Herren von Berka, Johann Kawka Řičan — dieser war überdieß auf Befehl der provisorischen Regierung nach Olmütz internirt worden, — und Zdenkl Zampach, wurden wie die Berathung über den Entwurf einer neuen Landesordnung und über die Eingaben des Ritterstandes und der Städte in der Religionsfrage vertagt und vor den nächsten Landtag gewiesen. Schon jetzt ist jedoch den Bewohnern der k. Städte evangelischen Glaubens zugestanden worden, daß sie in der freien Religionsausübung von Niemanden (das Predigen in der Stadt ausgenommen) behindert werden können. Die Prälaten erhielten dafür die Restitution der alten, von der früheren Regierung verkümmerten Freiheiten. Ausländer, d. i. unbegüterte Personen, durften nicht Mitglieder des Landrechtes werden. (Es wurde beschlossen, den Kaiser zu bitten, jene Schulden zu bezahlen, für welche mährische Herren als Bürgen eingetreten waren, und die ihm dargeliehenen Waisen-Gelder zurückzuerstatten.

Ende Juli löste sich dieser Landtag auf. Zierotin kehrte nach Roßtz zurück.[3])

Mähren im Februar, und Mähren im Juli 1608 — welch' ein Unterschied! Damals noch gemißhandelt, stumm gemacht, jetzt nach kaum drei Monaten, ein Landtagsbeschluß, daß der Landesfürst ohne Genehmigung der Stände weder Frieden schließen noch Krieg erklären dürfe!

Wenn nun der Landtag ungeachtet jenes so raschen Wechsels die Grenzen weiser Mäßigung im Gebrauche der Macht und Freiheit nicht überschritten, so war dies zunächst das Verdienst des Landeshauptmanns. Es gelang Herrn von Zierotin die wichtigsten Angelegenheiten des Landes bis zur Ankunft des Erzherzogs und zum Brünner Landtag zu vertagen. Als der Schöpfer der Verträge von Liben, legte er alles Gewicht darauf, zu zeigen, wie rasch und glücklich sich die neue Ordnung der Dinge gestalten würde. Er wußte, daß eine mächtige Partei am Prager Hofe rastlos an der Auflösung jener Verträge arbeite, daß diese Partei selbst in Mähren vertreten und gerne bereit sei, Intriguen jeglicher Art oder gewaltsamen Umsturz zu fördern. Diese Partei bot alles auf, um das gute Einverständniß zwischen Mathias und seinen neuen Unterthanen zu stören, denn in diesem Einvernehmen allein lag die Garantie des Bestandes der Libner Verträge, der Herrschaft Mathias' und der Freiheit der unirten Länder.

Die Religionsfrage wurde von der römisch-spanischen Partei mit Geschick als Samen der Zwietracht benützt. Es war ein Leichtes, diese Frage in den Vordergrund zu stellen, da die Protestanten nach völliger Gewissensfreiheit rangen und jene Partei in den Libner Verträgen mit Recht eine Niederlage erblickte, deren Folgen möglichst bald unwirksam zu machen ihr Streben sein mußte. Wenn der Stierboholer Vertrag und das darin festgestellte Programm der Protestanten dieser Partei bekannt geworden wäre, so war es nicht schwer, die Huldigung Mathias' durch das Hervorrufen

---

[3]) Landtagsp.-Supplb. V. 1606—1619 Fol. 11. — Landtagsp.-Supplb. 1601—1610. Fol. 106/b. 107/b.

schroffer Forderungen oder durch unbedingte Verweigerungen in
Beziehung auf Gewissensfreiheit zu verhindern und hiemit einen
Krieg zwischen den Unirten und dem Erzherzog zu entzünden, wel-
cher schließlich das zu Liben mühsam aufgerichtete Gebäude in
Schutt und Trümmer verwandelt hätte.

Cardinal Dietrichstein begann im Sinne seiner Partei thätig
zu sein. Er hatte die oben angeführte Instruction des mähr. Landtags ddo. 26. Juli unterzeichnet, worin um Gewissensfreiheit gebeten wurde; an demselben Tage jedoch, um dieses Zugeständniß
auf den wahren Werth zurückzuführen, den katholischen Ständen
die Weisung ertheilt, alle Forderungen der Protestanten über freie
Religionsübung standhaft zu verweigern; er schloß diese Mahnung mit dem Bemerken, daß er selbst lieber sterben, als den
Freiheiten und Vorrechten der katholischen Religion etwas vergeben
möchte. [4]) Nach dem Schluße des Olmützer Landtags sandte der
Cardinal den Dombechant Johann Lobenstein und den Dompropst
Benedict Knauer zu Mathias, um die Bestätigung der Privilegien der Olmützer Kirche zu erbitten, zugleich aber denselben von
der Gewährung der Bitte um Religionsfreiheit abzumahnen. Dem
Bischof von Wien legte er diese Sache besonders an's Herz, und
beschuldigte gleichzeitig den Landeshauptmann, daß er die Bürger von
Olmütz aufwiegle. Der Cardinal übersandte zum Beweis seiner
Behauptung die Copie eines Schreibens Zierotins an den Olmützer
Handelsmann Hirsch (ddo. 28. Juli), worin sich jener für die
freie Religionsübung aussprach. [5])

Aber auch von anderer Seite her wurde auf Mathias in
dieser Richtung eingewirkt. Der päpstliche Legat Millini ermahnte
den Erzherzog, keine den Katholischen nachtheilige Concessionen in
Mähren zu machen; um seiner Sache gewiß zu sein, wollte Millini
noch vor der Abreise des Erzherzogs nach Mähren die Ermahnungen mündlich wiederholen. Indeß wurde er daran verhindert
und der Erzherzog unternahm die Reise, ohne ihn gesprochen zu
haben, bekümmet über den Zwiespalt, in welchen er durch sein
katholisches Herz mit den Unirten gebracht wurde.

---

[4]) Instruction ddo. Olmütz 26. Juli 1608. Olm. Cop. Archiv. B. II.
S. 17/2. Suppl.
[5]) Instruction, Kremsier 6. Aug. 1608. — K. A. im L. A. Pag. 59.

Unter den Mitteln, welche die spanisch-römische Partei anwenden wollte, um die Protestanten zu schwächen, stand obenan der Versuch, den todten Utraquismus ins Leben zu rufen und die Utraquisten mit den Katholischen zu vereinigen, oder doch das Verschmelzen der Ersteren mit den Lutheranern oder Brüdern zu verhindern. Allein die von Prag aus vom utraquistischen Consistorium nach Mähren entsendeten Commissäre erzielten nichts und mußten unverrichteter Sache zurückkehren. Es lag hierin nichts anderes als eine Fortsetzung jenes, auf dem Prager Mailandtage gegen Budowa jedoch erfolglos versuchten Verfahrens, einen Zwiespalt unter den Evangelischen hervorzurufen.[6])

Mit jenem Intriguenspiel zugleich brütete man zu Prag offene Gewalt. Der Kaiser konnte die ihm angethane Schmach nicht vergessen. Er wollte an den bevorstehenden Churfürstentag Gesandte schicken mit der Frage, ob Mathias nicht zu bestrafen und von der Succession auszuschließen sei? Er sann unaufhörlich auf Mittel, das Verlorene zurückzugewinnen. Die Katholischen waren tief ergrimmt über den Sieg der „Ketzer“. Mähren war das Ziel ihrer Rache, weil man wußte, daß Mähren und sein Landeshauptmann die Urheber des Unglücks waren. Es war ein Haß, der nur durch Vernichtung des Gegners gestillt werden konnte. In diesem Streben vereinigten sich Rudolph und die spanisch-römische oder Restaurationspartei am Hofe.[7]) Gerüchte kamen in Umlauf, daß ersterer mit den geheimen Räthen und dem Cardinallegaten Millini berathe, wie die Rache am Besten auszuführen. „Die Seele der Päpstlichen“, erzählt Zierotin, „ist so voll Wuth, daß sie alle Häretiker vernichten wollen, sie sagen es öffentlich, ihr Zweck ist, nach Eroberung und Unterwerfung dieser Provinzen die Protestanten auszurotten, sie wollen Rache

---

[6]) S. S. 445 dieses Werkes. — Harlay 238/10. 5. Juli, 9., 30. Aug. und 6. Sept. 1608. — Cod. 8. August 1608 Tschernembl.

[7]) „Seine (Rudolphs) Stellung zu Mathias durch drei Jahre bis zu dessen „Krönung in der Domkirche zu Prag war eine Verkettung von Ränken, „wie sie nur der bittere Groll in Verbindung mit der Ohnmacht erlauben konnte.“ Hurter Ferd. II. 6. B. S. 75. — Cod. 27. Juli und 5. Aug. 1608 Tschernembl, und 5. Aug. 1608 an Thurzo. — Bischer an Erzh. Alb. 5. Juli 1608. Brüss. 163.

an den Ketzern nehmen, oder es solle kein Katholik mehr eriſtiren." Ramé, ein kaiſerlicher Reiteroberſt, beabſichtigte über den Rath Berka's und Althan's in Mähren und Ungarn einzufallen, ſich hier mit den Heiduken und andern Räubern zu verbünden und einen Bürgerkrieg anzufachen. Briefe deſſelben, worin dieſer Anſchlag angedeutet erſcheint, wurden aufgefangen und von Mathias an die böhmiſchen Stände geſandt. Der Einfall war der geheime Zweck, der zur Schau getragene dagegen, die Intervention zu Gunſten des Woiwoden Markus von Siebenbürgen. Man erfand in Prag einen türkiſchen Demetrius, der ſich für den älteren Bruder des Sultans ausgab und um Intervention zu Gunſten ſeiner Rechte auf den Thron bat. Ein kindiſcher Vorwand der kriegsfreundlichen Partei! Zierotin nennt dieſen Demetrius exclusum ex ovo Jesuitico, um Verwirrung zu ſtiften, er ſchrieb an Thurzo (19. Auguſt) die Türken davon zu aviſiren, damit ſie nicht vermeinen, daß es die Unirten ſind, welche Verrath ſpinnen.

Die Rüſtungen in Böhmen wurden immer ausgedehnter. Man erzählte, daß Soldaten ſich in Prag einſchleichen und dort im Geheimen Sold erhalten, daß der Kaiſer mit Kaufleuten einen Vertrag wegen einer Waffenlieferung für 3000 Mann Infanterie und 1000 Mann Cavallerie abgeſchloſſen hatte. Zum Scheine nur wurden Ramé und Trautmannsdorf entlaſſen, die Reiter des Erſteren wurden unter dem Vorwand nicht abgedankt, daß ſie ſich zu einer neueren Anwerbung nicht herbeilaſſen werden. Der Geſandte des Erzherzogs Albrecht, Biſcher, berichtet ſeinem Gebieter, daß hohe Perſonen dieſen Planen conniviren, obgleich kein Kriegserfahrner die Anſchläge billigen könne. Die geworbenen Truppen wurden an der mähriſchen und oberöſterreichiſchen Grenze dislocirt, um dann leichter Einfälle machen und die Kräfte der Unirten theilen zu können. [8] Es war natürlich, daß Mathias in dieſer Lage Unterſtützung bei den Reichsfürſten ſuchte; weil aber der Erzherzog von ſehr eifrigen Katholiken umgeben war, wurden die evangeliſchen Reichsſtände gegen ihn mißtrauiſch und unwillfährig, zumal Tſchernembl ſich beeilte dem Fürſten von Anhalt von jeder Unter

---

[8] Cod. 6. und 19. Auguſt 1608 Thurzo. — Harlay 238/10 26. Juli und 9. Auguſt 1608. — Pedina a. a. O. 490. — Biſcher an Fledhammer 26. Juli 1608. Brüſſ. 163.

ſtützung abzurathen, ſolange Mathias ſeinen Ländern die Religionsfreiheit nicht gewährte. Auch die Anſichten des Königs von Frankreich über die unirten Länder wollte Mathias bei dem bevorſtehenden Bürgerkriege kennen lernen. Die Reſerve, mit welcher Beaugy im Auftrage Puyſteur die Fragen Zierotins in dieſer Richtung aufnahm, findet ihre Erklärung in der Beſorgniß, welche Frankreich an den Tag legte, vor einem herzlichen Einverſtäniß des Erzherzogs mit ſeinen neuen Unterthanen. Ein durch die Eintracht der Länder ſtarkes Oeſterreich durfte man nicht entſtehen laſſen. Es iſt gewiß, daß man in Paris ſehr erfreut war, daß die Kluft zwiſchen den kaiſerlichen Brüdern und ihren Völkern immer größer und die Macht der Habsburger dadurch geringer werde. Auch die Churfürſten beſchloſſen, in dieſen Fragen indifferent und neutral zu bleiben, weil eine Machtverminderung Rudolphs keineswegs ihre Intereſſen gefährdete.

Es war für die franzöſiſchen Diplomaten nicht ſchwer, die Verwirrung der Dinge zu vermehren, da die Libner Verträge den Keim der Auflöſung in ſich trugen und die Stellung des Erzherzogs wie der Parteien eine falſche war. Die Unirten hatten den Angriff unternommen zu Gunſten ihrer unterdrückten Freiheiten, nicht zu Gunſten des Erzherzogs; dieſer hatte die Auflehnung unterſtützt, um die Krone zu erlangen, nicht um die Zwecke der Unirten zu fördern. Da jetzt die Löſung des gegebenen Wortes für ihn herannahte, warf man allmälig die Maske ab, — ſowohl der Erzherzog wie die Unirten zeigten ſich in der wahren Geſtalt. Ohne Erfolg war der Verſuch Zierotins einen Mann ſeiner Partei in die unmittelbare Nähe Mathias' zu bringen, um den Einfluß der katholiſchen Räthe zu paraliſiren. Zuerſt wurde der Secretär Müller aus Prag, dann Wenzel von Budowa zum mähriſchen Kanzler vorgeſchlagen. Beide lehnten es ab und ſo wurde Mathias' Politik nur von Khleſel geleitet.

Herr von Zierotin war anfänglich entſchloſſen, auf dem bevorſtehenden Huldigungslandtag freie Religionsübung zu verlangen und von dieſer Forderung nicht abzulaſſen, da dieſelbe ein altes Recht des Landes und kein k. Privilegium war.⁹) Allein

⁹) Harlay 5. Juli 1608. — Fuchs an Anhalt 10. Juli 1608. — Mathias an Anhalt 10. Juli 1608. — Tſchernembl an Anhalt 12. Sept. 1608.

es fand dieses Verlangen Widerstand sowohl bei dem Cardinal
als auch bei Mathias. Zierotin war besorgt, daß die „alte
Sclaverei," von welcher er Mähren mit so viel Mühe befreit
hatte, wiederkehren werde. Die Antwort, welche die Gesandten des
mährischen Julilandtags vom Erzherzog Mathias erhielten, war
rücksichtlich der politischen Freiheiten befriedigend, rücksichtlich der
Religion wurde die Entscheidung bis zum Huldigungslandtag vertagt. Der Erzherzog versprach erst am 25. August in Brünn einzutreffen (wie man sagte, weil er das Geld zur Reise noch nicht
aufgetrieben hatte, dann weil er den Cardinallegaten vor seiner
Abreise erwarten wollte). Zierotin war nicht abgeneigt den ungünstigen Erfolg der Gesandtschaft den Gesandten selbst zuzuschreiben. Mit Ausnahme Ulrichs von Kaunitz traute er den
übrigen Abgeordneten, welche Mitglieder des Herren- und Ritterstandes waren, wenig; „es sind Feinde," sagte er, „Zahradecky und
Golz klüger als die andern, Hinconius von Iglau gehört wohl
zu meinen Freunden, die zwei andern Bürger aber hassen uns."

Die ganz begründeten Befürchtungen, daß das Verlangen
nach Einführung der unbedingten Gewissensfreiheit bei Mathias
einen entschiedenen Widerspruch hervorrufen werde, [10] bestimmten

— Plessen an Anhalt 8. und 19. August 1608. Anh. Reg. — Wischer
an Fleckh. 4. August 1608. Br. 163. — Mit Mannschaft, sagten die
Churfürsten, sei der Kaiser nicht zu unterstützen, wenn sich dieser wieder
stark fühlt, dann soll man ihm unter die Arme greifen, doch so, daß
die Churfürsten diese Angelegenheit (die böhmische — Böhmen als
Reichslehen) vor ihr Forum ziehen. — Cod. 8. August 1608 Tschern.
S'il (le baron de Zerotin) me récrit pour decouvrir quel jugement
en fait le roi de france (ainsi qu il me l'a quelquefois demandé de
bouche) ou pour entendre comment seroit recu ceux que mon dit
Sieur Archiduc enverroit vers Sa Majesté, je persisterai en la ré-
ponse générale qua je lui ai deja donné quand nous sommes en-
trevus suivant le que vous me commendez... Harlay 238/10 80.
19. Juli 1608. ...Je me gouvernerai envers Mr. le baron de Zerotin
et les autres qui me pourront parler ou écrire des desseins de l'
Archiduc Mathias, en la facon que vous me ordonnez...et je me
garderai bien d'engager arcunement le nom du roi, s'il ne lui plait
de me le commander expressement. Harlay ibi. 84. 2. August 1608.

[10] Cod. 8. August 1608 Stahr. und Tschern. 19. und 20. August 1608.
Thurzo und Illyez. 27. Juli und 5. August 1608 Tschern. — Wird

Zierotin von diesem Entschluße abzugehen, denn es war ihm die Erhaltung der Eintracht zwischen dem Erzherzog und dem Lande, welche durch jenes Verlangen gestört worden wäre, für die Befestigung der neuen Herrschaft und der politischen Freiheiten von größerem Gewichte, als die Erlangung der freien Religionsübung. Wir kennen den Landeshauptmann als einen tiefreligiösen Mann. In der That, es kann nicht bezweifelt werden, daß er ein sehr eifriger Christ und ein eifriges Mitglied der Brüderunität gewesen war. Aber dennoch ist er entschlossen, bei der Religionsfrage ein Opfer zu bringen, um nicht Anlaß zu neuen Wirren zu geben, welche mit dem Verlust der religiösen auch jenen der politischen Freiheit verbinden mußten; denn es wären diese Wirren für den Prager Hof das Signal gewesen, die Libner Verträge zu brechen, den mit allem Eifer durch Ramé und die andern Kriegsobersten vorbereiteten Streich wirklich auszuführen und mit bewaffneter Macht in Mähren einzufallen.

Kaum hatte man durch Ramé's aufgefangene Briefe über die Absichten des Prager Hofes Gewißheit erlangt, als der Landeshauptmann vor Allem, um diesen Gefahren rasch die Stirne zu bieten und Gewalt mit Gewalt zurückzutreiben, sofort die Oesterreicher, Schlesier und Ungarn, dann den Erzherzog selbst auf den beabsichtigten Einfall aufmerksam machte und den Grafen Thurzo ersuchte, die ungarischen Stände zur Vertheidigung Mähren's, welches zunächst bedroht sei, einzuladen. Zierotin fuhr selbst nach Wittingau, um mit dem Herrn von Rosenberg zur Abwehr dieser Gewaltmaßregeln Verabredungen zu treffen und ihm gleichzeitig zu bestimmen, seinen großen Einfluß geltend zu machen, daß die Huldigungen in den Ländern rasch und ohne Störung vor sich gehen. Auf diese Art allein würde die Herrschaft Mathias'

die Versicherung im Auge behalten, welche Mathias auf dem Brünner Landtage ertheilte: eher die Herrschaft zu lassen, als die unbedingte Religionsfreiheit zu gewähren — (E' vero sagt ein Berichterstatter, Dudik Mat. zur röm. Reise Nr. 24. che l' Arciduca Mathias ora rè ha tenuto sempre saldo con aversi detto assolutamente che più presto voleva lasciare il regno è tutto quanto aveva, che mai concederli cosa alcuna per conto di religione) so ist der König nicht ohne Verdienst, daß die katholische Kirche damals nicht allein nicht unterdrückt wurde, sondern ihre Vorrechte behielt.

befestigt werden. Das Regiment Mar Liechtenstein und anderes Fußvolk lag an der böhmischen Grenze bei Meseritsch und Gewitsch und das ganze Land war in Bereitschaft, um auf Befehl Zierotin's unter Waffen zu treten. Schon hatte er die Absicht, im Nothfalle mit zwanzig hervorragenden Ständegliedern sich zur Armee zu begeben. Ein Netz von Kundschaftern war über die ganze Markgrafschaft ausgebreitet, um sofort dem Landeshauptmann Nachrichten zu ertheilen. Am 27. Juli übersandten die mährischen Stände an die Böhmen ein feierliches Schreiben, worin sie um die Aufrechthaltung der Libner Verträge und um die zugesicherte Entwaffnung ersuchen.

Durch die energischen Maßregeln Zierotin's wurden die unirten Länder in Vertheidigungsstand gesetzt. Ungarn hatte Mähren seine Unterstützung zugesagt. Der Prager Hof sah seine Plane verrathen, die Truppen Ramé's, Trautmannsdorf's und Althann's wurden rasch abgedankt, da die böhmischen Stände selbst argwohnten, die Rüstungen seien gegen ihre Prätensionen in der Religionssache gerichtet und es sei darauf abgesehen, die Anerkennung des Rechtes der Königswahl, das sie durch die Libner Verträge factisch zur Geltung gebracht hatten, durch gewaltsamen Bruch dieser Verträge zu widerrufen. Auch sie nahmen eine drohende Haltung, auch sie rüsteten und kauften Kriegsbedarf an. — Bald nach diesen Demonstrationen schrieben die böhmischen Stände an den Erzherzog und an die Mährer, daß jede Gefahr beseitigt sei, daß die Verträge vom Kaiser genau beobachtet werden würden. Demungeachtet ermahnten ihn die böhmischen Freunde zur größten Vorsicht und Wachsamkeit. In Böhmen waren verläßliche Kundschafter aufgestellt, in Mähren blieb die einheimische Reiterei für alle Fälle in Bereitschaft. Der mährische Landeshauptmann hatte die Genugthuung, am 19. August dem Grafen Thurzo mittheilen zu können, daß alle Umtriebe in Prag sistirt wurden.

Auf diese Art hat der Schlag, den eine leidenschaftliche Politik ersann, bei der Ausführung den Urheber selbst getroffen. Die Unfähigkeit der Prager Regierung trat jetzt noch deutlicher zum Vorschein. Die Unirten standen gerüstet, die Böhmen waren aufgebracht über die Treulosigkeit, über den versuchten Wortbruch und beschäftigten sich ausschließlich mit der Forderung: Rudolph möge Bürgschaften gewähren für die Aufrechthaltung des Friedens,

ſte beſchloſſen, den Martini-Landtag, bei welchem die Religionsfragen erledigt werden ſollten, in Waffen zu halten. [1])

Zierotin hatte dieſe Ereigniſſe wie ein Weiſer beobachtet,
die Lehren, die ſie enthielten, wie ein nüchterner Staatsmann
angewendet. Es war Angeſichts dieſer Politik des Prager Hofes
doppelt nothwendig, das gute Einvernehmen im Lager der Unirten
zu bewahren. Er war bemüht, ein Compromiß zu verſuchen, welches gleichzeitig den Erzherzog und die Proteſtanten befriedigen
ſollte, um ihm die Huldigung ohne Widerſtand darbringen zu
können. Unter den unirten Ländern wurde Mähren dazu aus-
erſehen, das erſte zu ſein, welches die neue Herrſchaft feierlich
anerkennen ſollte. Die Vereinbarung zwiſchen Fürſt und Volk in
Mähren war von höchſter Bedeutung, weil ſie ein aufmunterndes
Beiſpiel werden ſollte für das Zuſtandekommen derſelben in den
andern Ländern.

Der Erzherzog ſelbſt drängte zur Reiſe, um bald die Huldigung zu empfangen, da auch er erfahren hatte, daß der Kaiſer
die Meinung hege: „Verpflichtungen, welche ihm aufgezwungen
wurden, ſei er nicht ſchuldig zu halten.“

Am 22. Auguſt verließ der Erzherzog mit zahlreichem Gefolge
Wien, um nach Mähren zu ziehen. Eine anſehnliche Geſandtſchaft der mähriſchen Stände, mit Herrn Carl von Liechtenſtein
an der Spitze, reiſte dem Erzherzog bis zur Landesgrenze bei

---

[1]) Harlay 2. und 23. Auguſt 1608. — Peſina 486 und 487. Daſelbſt
Zier. an Liecht. 3. und 5. Auguſt 1608. — Cod. 64. Fol. 46/b 48/a,
vom 27. Juli und 2. Aug. — Brünner Stadtcopiar Nr. 119 Fol. 362.
Br. St. Arch. — Cod. 19. Aug. 1608 Thurzo. — Hurter VI. 85. —
Als Repreſſalie wurde das Decret wegen Reſtituirung der confiscirten
Güter Kawka's caſſirt. Cod. VIII. Cal. Aug. 1608 Thurzo. — Der Herzog
von Münſterberg erzählte. Rams ſei beim Herzog von Teſchen geweſen.
Hierüber wundert ſich Zierotin, da dieſer Fürſt doch dem Erzherzog
Hilfe geboten habe. Auch Hurter Ferd. II. 6. 85. erwähnt der Zuſammenkunft Rams und des Herzogs in Teſchen; daß ſchon damals
der Herzog von Teſchen eine zweideutige Rolle geſpielt haben mochte,
wird aus dem nachmals berühmt gewordenen Nicolaus Sarcander'ſchen
Proceſſe klar werden. Cod. 19. Aug. 1608 Thurzo. — Les Bohemes ont
aussi gagné, c'est la renovation et augmentation de leurs privileges
et la confirmation du droit qu' ils ont et que neanmoins on voulait re-
voquer eu doute: d'elire leur roi. Harlay 238/10. Nr. 72. 28. Juni 1608.

Dürnholz entgegen, um ihn zu bewillkommnen und mit den Landesprivilegien bekannt zu machen, damit sich derselbe, wie es
der Brauch war, vor Eintritt in das Land verpflichte, der Verfassung nachzuleben. [12]) Am 25. Nachmittags langte er in Brünn
an und wurde hier auf das feierlichste empfangen. Die Barone
des Landes wetteiferten durch Entfaltung großer Pracht, die Freude
über den Wechsel der Dinge zu zeigen. Die Stadt Brünn miethete
die besten Häuser für den Erzherzog und sein Gefolge; viele
Wochen zuvor wurden bedeutende Vorräthe an Lebensmitteln an-
geschafft, um den Hof glänzend zu bewirthen.

Bis zwei Meilen vor die Stadt zogen Herren und Bürger
an der Spitze eines Heeres von 2000 Reitern und 6000 Fußsoldaten dem neuen Herrscher entgegen. Carl von Zierotin begrüßte Mathias mit einer entsprechenden Anrede. In der Vorstadt
angekommen, traf der Erzherzog den Suffragan des Cardinals
mit der gesammten Geistlichkeit; der Erzherzog stieg aus dem
Wagen, kniete nieder und küßte das ihm dargebotene Kreuz, dann
fuhr er bis zum Stadtthor. Hier bestieg er ein prächtiges Pferd,
das auf 1000 Goldgulden geschätzt war; das Pferd wurde von
Herrn Carl von Zierotin, welcher mit abgesetztem Hute einherging,
am Zaume geführt. Er geleitete den Erzherzog bis zur Jakobskirche
unter Zulauf einer Menge Volkes. Musikbanden spielten und das
Geläute aller Glocken verkündigte dieses freudige Ereigniß, während
die Batterien vom Spielberg zahllose Ehrensalven gaben. In der
Kirche wurde das Te Deum gesungen. Sobann bestieg Mathias
wieder das Pferd und wurde vom Landeshauptmann zur erzherzoglichen Wohnung (es war dies das Zierotin'sche Palais)
geführt. Unten auf dem letzten Stiegenabsatz empfing ihn der

---

[12]) Hock an Anhalt. 29. Aug. 1608. Anh. Reg. Anh. Cop. 3. Aug. 1608.
L. A. Harlay 30. Aug. 6. Sept. 1608. Landtagspamtkenb. 1601 bis
1610. Fol. 11. — Hurter VI. 80. — Ich finde, nach Beaugy, Harlay
238/10 74. ddo. 5. Juli 1608, daß der Erzherzog Willens war, sich
zuerst in Wien huldigen zu lassen. Es ist sehr wahrscheinlich, daß, als
er später die widerhaarige Stimmung der Oesterreicher kennen lernte,
es vorgezogen hatte, mit Mähren den Anfang zu machen, über dessen
mildere und maßvolle Haltung ihm Hodiß, der sich damals in Wien
aufhielt, (Zierot. an Tschern. 27. Juni bis 5. August 1608) genaue
Mittheilung machen konnte.

Carbinal und geleitete ihn in die Gemächer; die Cavaliere küßten knieend die Hand des Erzherzogs.

Am 26. wurde der Landtag eröffnet. Die Sitzungen dauerten vom frühen Morgen bis spät Abends; am 30. wurde der Landtag geschlossen. Die Frage der unbedingten Gewissensfreiheit hatte anfänglich die Gemüther erhitzt, es wurde so sehr darüber debattirt und gestritten, daß sich auswärts das Gerücht verbreitete, der Landtag habe sich, ohne Etwas zu beschließen, aufgelöst. Der Carbinal von Dietrichstein erklärte, die bedingungslose, auf alle Landesbewohner auszudehnende Gewissensfreiheit nicht zugeben zu können; auch des Erzherzogs Widerstand war ein ernstlicher, er versicherte, eher auf die Herrschaft zu verzichten, als dieses Verlangen insbesondere für die königl. Städte förmlich zu verbriefen. Herr von Zierotin und mit ihm die protestantischen Stände gaben ein Beispiel von Mäßigung, indem sie von der Forderung abließen und sich mit der allgemeinen Zusicherung begnügten: daß Niemand wegen der Religion würde verfolgt werden; es sollte jener Zustand factischer Gewissensfreiheit wieder eingeführt werden, wie er unter Maximilian bestanden hatte. Thatsächlich erhielten damit der Adel und seine Hintersassen vollkommene Religionsfreiheit. Den Bürgern der königl. Städte jedoch war die öffentliche Ausübung des evangelischen Gottesdienstes untersagt, dafür blieb ihnen das Recht des freien Bekenntnisses außerhalb der Stadt gewahrt.

Die Größe des Opfers, welches der Landeshauptmann der Eintracht und Ruhe des Landes und der politischen Freiheit durch jenes Zugeständniß brachte, ist nicht zu unterschätzen. Er war einer der Häupter und Wächter des Bundes von Stierbohol. Er hatte es damit übernommen, den Grundsatz unbedingter Gewissensfreiheit selbst um den Preis, dem Erzherzog die Huldigung zu verweigern, in Mähren durchzuführen. Wenn er aber von diesen strengen Bestimmungen abging, so geschah es aus den wichtigsten politischen Rücksichten.

Die Deputirten der österreichischen Stände, welche nach Brünn kamen, um die Vorgänge bei der Huldigung zu beobachten, und auf diese Art ein einheitliches Vorgehen der unirten Länder anzubahnen, waren nun Zeugen, wie gerade die wesentliche Stipulation desselben in Mähren nicht ganz erfüllt wurde. Ein ansehnlicher Theil der Landesbewohner: die Bürger der k. Städte,

denn um diese handelte es sich zunächst, waren von dem Vollgenuße jener religiösen Freiheit ausgeschlossen.

Indessen gelang es Carl von Zierotin durch jenes Compromiß die Protestanten zu beruhigen, ohne die Besorgnisse der,
durch den Einfluß des Hofes und bedeutender Männer, wie Khlesel
und Dietrichstein, noch mächtigen Katholischen zu erwecken. Es
gelang ihm, den maßgebenden Theil der Bevölkerung zu befriedigen,
da die Zugeständnisse, welche der Erzherzog in politischer Hinsicht
gemacht hatte, das Land Mähren völlig unabhängig stellten.

In dem Landtagsabschiede vom 30. August genehmigte der
Erzherzog alle politischen Postulate des Landtages.[13] Er verband
sich, die Landesprivilegien zu confirmiren und die alte Landesverfassung in allen jenen Puncten wiederherzustellen, in welchen
sie durch die frühere Regierung verletzt wurde. Er verpflichtete
sich demnach, die Obersten Landesämter nicht ohne Beirath des
Landrechts zu besetzen, oder deren Träger zu entfernen, offene
Stellen nicht länger als bis zum nächsten Landrechte erlebigt zu
lassen, den alten Wirkungskreis des Landeshauptmanns, welchen
sich die Hofkanzlei angemaßt hatte, aufrecht zu erhalten, insbesondere nicht zuzugeben, daß Klagen der Bauern von jener Cen-
tralstelle entschieden, Durchmarsch-Commissäre von ihr ernannt,
Zeugen vorgerufen werden 2c. Die Urkunde, womit der Landeshauptmann zur Legitimirung geschlossener Gütergemeinschaften[13a]
ermächtigt werden sollte, wurde sofort ausgefertigt. Zwei Landesämter durften nicht mehr von Einer Person verwaltet werden.
Der Erzherzog verpflichtete sich ferner den neuen Landfrieden mit
zu unterzeichnen und nicht zu dulden, daß Mährer vor fremde Gerichte citirt werden. Der Eibenschitzer und die Libner Verträge
sollten noch besonders durch ihn bestätiget werden. Kein Edelmann
und kein Bürger konnte gezwungen werden einen Eid zu schwören,
wenn in der Formel die heil. Mutter Gottes und alle Heiligen
genannt werden. Nur mit dem Beirath des Landrechtes dürfe der
Landesfürst Großjährigkeits-Erklärungen aussprechen. Alle Waisen-

---

[13] Pedina 490, 492. — Harlay 6. Sept. 1608. — Cod. 10. Sept. 1608
Tschern., 1. Oct. 1608 M. Stahr. — Landtagspamb. a. a. F. 40 2.
— S. Beil. Nr. CCXCII.

[13a] S. S. 33 d. Werkes. S. auch kniha Tov., her. v. Demuth. 1858. S. 60.

angelegenheiten des Adels solle in Hinkunft wie von Altersher der Landeshauptmann verwalten; junge, elternlose Damen dürfen ohne Genehmigung ihrer nächsten Verwandten nicht verheirathet werden. Die alten Mauthprivilegien sollen in Kraft bleiben, die Landesgrenzen definitiv geregelt und ständische Deputationen am Hoflager ohne Verzug angehört und abgefertigt werden.

Der mährische Landtag begnügte sich nicht mit der Wiederherstellung der alten Verfassung. Der Augenblick war günstig, neue Rechte zu erwerben, den Kreis der Autonomie und der Privilegien zu erweitern. Obwohl Mathias es aussprach, daß weitere Zugeständnisse auf Kosten der k. Prärogative (Regal) gehen, so bewilligte er doch, daß der Adel in Hinkunft, solange Mathias nicht als König von Böhmen gekrönt wird, nicht verbunden sein soll, königliche Machtbriefe für Testamente zu lösen. Hiemit wurde der letzte dünne Faden zerrissen, welcher den alten Lehennerus repräsentirte und die Fiction des Obereigenthums des Königs aufrecht erhalten hatte. Der König sollte in Person dem Landtag beiwohnen oder Commissäre absenden, die der böhmischen Sprache mächtig waren. Mathias verpflichtete sich, über den ausdrücklichen Wunsch der Stände, seine Kinder die böhmische Sprache lehren zu lassen — ein Versprechen, welches dareinst dem Könige Wladislaw abgefordert worden war. Mathias verband sich, ohne Zustimmung der Stände weder Krieg zu erklären noch Frieden zu schließen. Güter, welche aus Strafe mit Beschlag belegt wurden, haben künftig nicht mehr dem Fiscus, sondern den nächsten Verwandten anheim zu fallen. Der Landtag soll das Recht der Initiative in Landesangelegenheiten ausüben und darüber ohne weitere Sanction Beschlüsse fassen.

Der Erzherzog versprach nach Anhörung einiger vornehmen Herren aus Mähren, eine mährische Hofkanzlei und ein mährisches Appellationsgericht zu gründen, letzteres zur Entscheidung der Recurse, welche gegen Urtheile der Stadtgerichte eingebracht werden. Er gab eine Fristung für Bergwerke auf fünfzig Jahre und ertheilte die Zusicherung, „wiewohl er sich darüber den freien Entschluß vorbehalten müsse", einen geborenen Mährer in den geheimen Rath aufzunehmen. Auf diese Art war Carl von Zierotin bedacht, die Grundsätze der Autonomie bis in den Schooß der Centralregierung und des kaiserlichen Cabinetes zur Geltung zu bringen.

Nach diesen Verfügungen, welche ein Grundgesetz des Landes wurden, ist man in der That verlegen, jene materiellen Regierungsrechte aufzuzählen, die dem Markgrafen noch übrig blieben. Wir sind überzeugt, daß selbst die Aristokratie von Venedig mit der mährischen Verfassung einverstanden gewesen wäre.

Nach der Uebergabe der Urkunde, welche alle jene Zusicherungen enthielt, wurde am 30. August in der Jakobskirche ein solennes Hochamt vom Cardinal celebrirt, worauf der Schwur des Markgrafen und die Ceremonie der Huldigung stattfand. Zugleich erfolgte an diesem Tage die Bestätigung aller Privilegien des Landes durch Mathias und jener Acte der Stände, wodurch Carl von Zierotin zum Landeshauptmanne gewählt wurde. Diese Feierlichkeiten dauerten bis vier Uhr Nachmittags.

Die Stände hatten jedoch noch Forderungen und wollten vor diesen Ceremonien Mathias zur Erfüllung derselben veranlassen. Um jedoch kein Mißtrauen zu zeigen, hatte Herr Carl von Zierotin die Stände vermocht, die Uebergabe dieser zweiten Petition bis nach der Huldigung zu verschieben. Die Stände baten um nähere Aufklärung jener Worte des Landtagsabschiedes, womit der Erzherzog die Religionsfrage erledigte. Sie verlangten die Abschaffung der Ausnahmsgerichte, welche unter dem Namen Commissionen die Güterprocesse schlichteten, die zwischen Prälaten und Städten anhängig waren, und die Zuweisung dieser Processe an das Landrecht. Sie baten die Znaimer Burg der Familie Rupa zu belassen und um Uebernahme jener Schulden des Kaisers, für welche mährische Landherren als Bürgen eingetreten waren, nachdem Rudolph die Bitte des Olmützer Landtags, seine Schulden zu zahlen, unbeantwortet gelassen. Endlich sollte jeder taugliche Mann, ohne Unterschied der Religion, das Bürgerrecht einer Stadt erwerben, und jeder befähigte Bürger Stadtämter erlangen können.

Der Erzherzog bewilligte mit dem Erlasse vom 3. September diese Forderungen, wie es scheint unter der Bedingung, daß die Stände ihm eine Kriegsbeihilfe, dann die Beiträge zur Erhaltung des Hofstaates, zu dem Präsent für den Sultan und die Krönungssteuer flüssig machen. Nur wegen Uebernahme der Schulden Rudolph's erklärte er, die Antwort erst dem nächsten Landtage geben zu wollen. Zugleich ersuchte Mathias, den Herrn Georg von

Hobic wegen seiner vielfachen Verdienste in den alten Herrnstand aufzunehmen.

Merkwürdig ist die Erledigung der Bitte um Auslegung der Worte über die Gewissensfreiheit. „Se. k. Würden," heißt es, „wollen jene Worte nicht anders verstehen, als die Stände es wünschen."

Die Stände genehmigten das Steuerpostulat gegen Aus-stellung der verfassungsmäßigen Reverse, sowie die Aufnahme des Herrn von Hobitz in den alten Herrnstand. [14])

An demselben Tage wurde die Landfriedensurkunde von Ma-thias und den vier Ständen gefertigt. Sie enthielt Bestimmungen zur Aufrechthaltung der öffentlichen Sicherheit und Strafen gegen diejenigen, welche die Verfassung verletzen, letztere nach der Wla-dislav'schen und dem Landfrieden vom Jahre 1579. Hiemit ist die Lehre vom legitimen Widerstand gegen jeden ohne Ausnahme, der die Verfassung bricht, abermals sanctionirt worden. Ueberdies wurde der Zinsfuß auf sechs vom Hundert festgesetzt.

Feste und Bankette waren der Ausdruck der befriedigten hei-teren Stimmung des Königs und der Stände. Schon am 28. August Abend's gab Herr Carl von Liechtenstein eine prachtvolle Tafel, wel-cher der neue Markgraf, der Cardinal und sehr viele Landherren bei-wohnten. Den folgenden Tag lud der Landeshauptmann Carl von Zierotin den Cardinal u. A. zum Speisen ein, bei welchem, obwohl, wie unser Gewährsmann erzählt, Herr Carl ein arger Ketzer war (eretico pessimo) ausgezeichnete Fastenspeisen aufgetischt wurden (dieser Tag fiel nämlich auf einen Freitag). Der Erzherzog wurde nicht geladen, doch überraschte er die Versammlung mit seinem Besuche. Sonntag's darauf kam die Reihe an den Cardinal. Der Erzherzog erschien mit vierzig mährischen und österreichischen Baronen. Dieses Mahl übertraf alle anderen an Glanz, drei-hundert Speisen wurden aufgetragen und die Gäste von achtzehn Baronen und Vasallen des Bisthum's bedient. Es war corte aperta. Jeder Fremde, der darum ansprach, erhielt Speisen und Getränke. Der Cardinal entfaltete einen großen, seiner hohen Würde angemessenen Aufwand. Sein Gefolge bestand aus dreihun-

bert Reitern und achtzehn Wagen, er hatte überhaupt für die Erhaltung von neunhundert Individuen zu sorgen.

Am Montag war Hoftafel, zu welcher nebst den mährischen
und österreichischen Cavalieren, auch Brünner Bürger eingeladen
wurden. Man speiste an drei Tischen, der erste Tisch war für
den Erzherzog, den Cardinal und die obersten Landesoffiziere, der
zweite für die österreichischen und mährischen Barone, der britte
für Ritter und Bürger gedeckt. Eine ausgezeichnete Musik erhöhte
die Tafelfreuden, welche über drei Stunden dauerten.

An jedem dieser Festtage fand zugleich immer ein Ringel-
rennen statt, bei welchem sich der Erzherzog und die Cavaliere
lebhaft betheiligten. Am 4. September erfolgte die Rückreise desselben nach Wien.

Er hatte durch seine Leutseligkeit und Liebenswürdigkeit alle
Herzen gewonnen. Jeder hätte gerne für den „gnädigen Herrn"
das Leben gelassen.

Der mähr. Landtag beschäftigte sich noch mit der Ordnung
der innern Angelegenheiten, mit dem Vollzuge der Vereinbarung
mit dem Erzherzog und insbesondere mit der Ausschreibung der
bewilligten Steuern.[15]) Es wurde ein Sicherheitscomité nieder
gesetzt, welches für die Vertheidigung des Landes gegen Einfälle
zu sorgen hatte, und eine Commission zur Redaction einer Landesordnung ernannt, da die frühere Landesordnung vom Jahre
1604 wesentliche Mängel enthielt. Als Quelle für das neue
Grundgesetz wurde der Commission das Tobitschauer Buch und
Landtagsbeschlüsse bezeichnet. Die Landesordnung sollte vom Landrecht vorberathen und sodann mit dem Markgrafen vereinbart
werden. Die hervorragendsten Persönlichkeiten waren Mitglieder
dieser Commission: der Cardinal, der Landeshauptmann, Ladislaus
Lobkowitz und Max von Rozmital, dann die beiden Zahradecky,
Wilhelm Dubsky und Johann Kobilka. In dieser Wahl spiegelten

15) Brünn, Mittwoch nach St. Gilg (3. Sept.) Landtafel, Brünner Qua-
tern Nr. 30. Fol. 6,b. Dudik röm. Mat. MS. M. 10. Pag. 25. L. A.
Nr. 24. — Das Landtagspamtkb. a. a. unterschreidet die Steuern der
Grundherrn und Grundholden. Erstere besteuerten sich selbst mit einer
entsprechenden Tangente. Nur Geschichtsunkundige können behaupten, daß
damals der Adel in Böhmen und Mähren steuerfrei war.

sich die Früchte jenes toleranten Geistes, den Carl von Zierotin
zur Herrschaft brachte. Die Hälfte dieser Personen gehörte der
katholischen, die andere Hälfte der protestantischen Seite an.
Den Herren von Kawka und von Ziampach wurden die Güter zurückgestellt. Letztwillige Verfügungen, welche bestimmte Confessionen
von dem Antritte der Erbschaft ausschlossen, wurden für ungiltig erklärt. Die Bittschrift der Städte und der in dieser an-
gesessenen Ritterschaft um freie Religionsausübung, wurde vor dem
Landtag nicht berathen, sondern diese Berathung über ausdrücklichen Beschluß desselben an den Ausschlag einer Verhandlung
mit dem Cardinal angeknüpft. Von diesen versöhnlichen Verfügungen wurde nur ein Mährer, Ladislaus Berka, ausgeschlossen.
Ueber Fürbitte des Kaisers, des Markgrafen, des Erzherzog's
Max und der böhmischen Stände wurden zwar Herrn von Berka
die Güter zurückgestellt, doch unter Bedingungen, welche den Groll
der Stände zeigten. Er mußte die Güter verkaufen, durfte keine
Liegenschaften in Mähren erwerben. Aller Aemter verlustig, wurde
er verbannt.

Es war Carl von Zierotin gelungen, ein gutes Einvernehmen zwischen Katholiken und Protestanten herzustellen, wenngleich die tiefeingreifenden Gegensätze nicht versöhnt werden konnten.
Das höchste Ziel seiner Wünsche: daß sein geliebtes Mähren mit
dem größten Ausmaß politischer Freiheiten und Unabhängigkeit
in Eintracht lebe, daß Jeder, geschützt vom Gewissensdruck und
fanatischer Verfolgungssucht, nach seinem Gewissen Gott anbete,
war erreicht, der lang ersehnte Augenblick gekommen, welcher die
Bewegung sanctioniren, ihr den legitimen Character verleihen
sollte. Die Huldigung ward ohne Störung, ja in freudigster Weise
gefeiert, und dadurch erschien die neue Ordnung der Dinge gesichert, die Stellung der Unirten und des Erzherzog's geklärt.

Nach den langen Leiden, nach den mühevollen Kämpfen erfüllt
Carl von Zierotin der Sieg mit edlem Stolze, er fühlte sich gehoben
durch das Bewußtsein, der Erste den Gedanken von Eibenschitz
und Stierbohol, das Programm der Unirten in seinem Mähren
glücklich verwirklicht, die falsche Position, in welcher Mähren vor
der Huldigung zu Mathias stand, durch aufrichtige Zugeständnisse
beiderseits, beseitiget zu haben. Er sprach es aus in Briefen,
welche er nach seiner Rückkehr — er hatte nämlich den Erzherzog

nach Wien begleitet — von Brünn aus an Tschernembl und Illyezhazy schrieb:

„Wir waren die Ersten, die dem neuen Landesfürsten huldigten, nicht aus Ehrgeiz, wie manche glauben, strebten wir darnach; sondern weil wir der Gefahr (den Prager Umtrieben) am nächsten waren, daher einer Garantie zuerst bedurften. Insolange wir keinen Landesfürsten hatten, war den Fremden Thor und Thür geöffnet, neue feindliche Unternehmungen gegen uns zu versuchen, nun stehen wir unter einer legitimen Obrigkeit und benahmen dadurch dem Prager Hofe jeden Vorwand zu neuen Anschlägen und Intriguen. Es gereicht uns zum wirklichen Lobe, daß wir die Ersten waren, unsere Angelegenheit mit Mathias ohne Lärm zu ordnen. Wir erhielten Alles, wie ich glaube, weil wir nichts verlangten, was nicht früher unser war, noch haben wir dort eine Weigerung ertragen, wo wir nachgewiesen haben, daß es uns von den früheren Landesfürsten nicht verweigert wurde. Auf diese Art blieb uns das Wohlwollen des Erzherzog's und unsere Treue für ihn hat sich gefestet. In diesem Zustande trachten wir uns zu erhalten, das andere überlassen wir dem Himmel, dessen Sorge die menschlichen Dinge anheimgegeben sind."[16])

In diesen wahrhaft schönen Worten lag zugleich die ganze Politik, welche Zierotin den Unirten zu befolgen empfahl, die er selbst zu beobachten entschlossen war. Es war dies die Vertheidigung und Befestigung des Errungenen, die Entwicklung der gelegten Keime, die Ausbildung eines friedlichen freien Gemeinwesens, so recht nach der innersten Herzensmeinung eines Anhängers und Verehrers Blahoslaw's. Das Feld seiner Wirksamkeit war nicht auf Mähren beschränkt, es dehnte sich auf das ganze Gebiet der Unirten, auf Ungarn und Oesterreich aus. Durch Befestigung der Herrschaft Mathias in Oesterreich und Ungarn, durch die Union der Länder sollte ein Zustand begründet werden, welcher die neue Errungenschaft gegen jeden Feind erfolgreich zu vertheidigen im Stande war. Es war dies das Streben, eine so treffliche Regierung in diesen Ländern einzuführen und zu befestigen, daß dieselben durch die Ueberzeugung sich unter dieser Herrschaft am

---

[16]) Cod. 10. Sept. 1608. Landtagsamtkb. und Landtagsamtssupplb. V. 1600—1610, Fol. 13 und ff.

Wohlsten zu befinden und die Freiheit garantirt zu sehen, innig
verbunden bleiben mußten.

Wenn jedoch der materielle Character der ganzen Bewegung des Jahres 1608 untersucht wird, wie sich derselbe in den
Schöpfungen des letzten Brünner Landtages ausprägte, so findet
man darin nur die reinste Restauration des ständischen Staates,
die unbedingte Repristinirung der alten Baronenherrschaft; das
Alte wird ohne Unterschied, ohne Kritik wieder eingeführt. Die
absolute Gewalt, nach welcher der Kaiser strebte, ist übertragen
auf die Barone des Landes. Der Herrscher wurde gewechselt, der
Character der Herrschaft blieb. Kein Fortschritt kennzeichnet diesen
Wechsel. Die Leibeigenschaft bestand aufrecht, wiewohl deutliche
Zeichen zu lesen waren, daß sich das Landvolk nach einer Wandlung dieses Zustandes und Regelung der Frohndienste sehnte und
zahlreiche Ablösungen derselben stattfanden. Der schwache Schutz,
welchen die vorige Regierung in ihrem Drange nach centralisiren-
den Gestaltungen diesen Classen gewährte: die Praxis, Klagen
der Bauern nach Prag zu ziehen, wurde aufgehoben. Der einzige
Lichtpunct, die Gewissensfreiheit, war auch verkümmert, — nur ein
Privilegium der Grundherren und ihrer Hintersassen, denn die
Bürger der königl. Städte schloß man von der unbedingt freien
Ausübung der protestantischen Religion aus. Die Städte sind
machtloser, da der k. Schutzherr selbst machtlos geworden war.
In dem Wahlacte Zierotin's zum Landeshauptmann, den die
Barone allein vollzogen, lebt jener oligarchische Geist auf, der die
Epoche der Regierung Wladislaw's so scharf characterisirt.

Es war also die Revolution unn abermals zu Gunsten des
Adels wie im XV. Jahrhundert vollbracht, wir sehen den größten
Theil der Bevölkerung unthätig, ohne Begeisterung. Sie läßt die
Veränderung geschehen, weil der alte Druck der Regierung Rudolph's unerträglich war, Freunde und Feinde gleich mißhandelte.
Wie ganz anders war es am Anfange jenes Jahrhunderts, als
ein ganzes Volk mit Märtyrers-Gedanken in Waffen stand. Auch
damals handelte es sich um Abschüttlung der Fremdherrschaft;
aber die nationale Herrschaft, welche den Sieg erfocht, wollte eine
volksthümliche werden. Die nationale Herrschaft des XVII. Jahrhunderts war nun zu Gunsten der Barone wieder errungen. Es
war der Sieg des Privilegiums, und in der That, es wäre un=

möglich, den Beherrschten zuzumuthen, sich für fremde Vorrechte zu begeistern. Es traten jetzt die unheilvollen Folgen des XV. Jahrhunderts klar zu Tage. Das kostbare Element eines Mittelstandes, des durch Intelligenz und Muth gleich ausgezeichneten niederen Grundadels, war nicht da, das Bürgerthum war zu schwach, um als Gegengewicht der vorwaltenden Macht der Barone entgegenzutreten. Das Wohl der Privilegirten, die Freiheit und Unabhängigkeit derselben war als Wohl, Freiheit und Unabhängigkeit des Landes hingestellt und es war dann ein natürlicher Schluß, daß man das Letztere zu fördern glaubte, wenn man für das Erstere sorgte.

Das durch den Landfrieden vom Jahre 1516 sanctionirte Recht jenes bewaffneten Widerstandes zur Aufrechthaltung der Verfassung, war zu jener Zeit begründet, weil den Bewohnern des Landes unter dem Schutze jener Verfassung Sicherheit des Lebens und des Eigenthums wiedergegeben wurde. Sie war allen Bewohnern des Landes ein kostbares Gut.

Dasselbe Recht im Jahre 1608 gewährleistet, war nur eine Bürgschaft für das verfassungsmäßige Befugniß einer Classe der Gesellschaft, die anderen zu beherrschen.

An der Wiederherstellung der nationalen Herrschaft und der Freiheit des Gewissens war das Supremat des Adels vorerst noch festgeankert. Die Herrschaft der Barone war eine absolute, allein die Ausartungen derselben wurden leichter ertragen, weil sie eine nationale war und weil sie es bewirkte, daß man sich dem Einflusse jener Männer entziehen konnte, welche außerhalb Mähren's über die Alpen hinaus ein anderes, heiligeres Vaterland liebten und welchen man alles Unheil, das über die Länder der böhmischen Krone seit mehr als zwei Jahrhunderten hereinbrach, zuzuschreiben geneigt war.

Das Grundeigenthum konnte sich nicht nach den Gesetzen des Verkehrs, sondern nach octroirten, im Interesse der herrschenden Classen verfaßten Ordnungen bewegen; durch die Gebundenheit desselben, durch Statuirung von Maßregeln, welche eine Capitalbildung nicht zuließen, wurde die Einrichtung des ständischen Staats stabilisirt und jeder gesellschaftliche und politische Fortschritt ungemein erschwert. Die Bande, welche dem Erwerbe und der Arbeit angelegt waren und jetzt, wie wir sahen, noch fester geschnürt wurden, erhielten die Kasten aufrecht: die herrschende sowohl wie die dienende; und da jene ihrem Egoismus fröhnten, ihr Wohl für des Landes Wohl ansahen, mußten die Letzteren nothwendigerweise ignorirt und unterbrückt werden. Wo waren in jenen herben Kämpfen die Interessen der Gesammtheit des Volkes vertreten? Nur die entfesselte Arbeit und der ungehemmte Verkehr konnten das Individuum befreien, und indem diese beiden die ganze Gesellschaft einer aber immer mannigfaltigen, gesunden und natürlichen Disciplin unterwarfen, brachten sie erst allmälig das allgemeine Interesse zur Geltung!

Wenn dennoch der Zustand Mährens durch eine Reihe von Jahren ein gegen die frühere Zeit vergleichsweise glücklicher genannt werden konnte, so ist dies nur der weisen, gerechten und gemäßigten Verwaltung Carl's von Zierotin zuzuschreiben. Er selbst hatte die Bewegung glücklich durchgeführt und stand als gefeierter Sieger an der Spitze der Geschäfte. Seine Erfolge hatten den Einfluß und das Ansehen, welches er in Mähren und auswärts genoß, noch gesteigert und seine Stimme war von größtem Gewicht in Ungarn und Oesterreich, wie im Rathe des Erzherzogs. Die makellose Reinheit seines persönlichen Characters, seine Mäßigung mußte in der That in einer Zeit, wo die Käuflichkeit an der Tagesordnung stand und fanatische Uebertreibung für Ueberzeugungstreue galt, Staunen erregen. Seine Verwaltung war eine patriarchalische und die Uebergriffe der herrschenden Classen im Lande wurden mehr durch seinen persönlichen Einfluß als durch das Ansehen der Gesetze und durch verfassungsmäßige Garantie hintangehalten.

Kamen auch Fälle vor daß ein Grundherr einem Hintersassen den Kopf abschlagen ließ wegen des Diebstahls einer halben Maß Wein, oder die Städte in ihrem Rechte Landgüter zu kaufen, gehindert wurden, oder es dulden mußten, daß Getränke adeliger Grundherren ganz gegen die Verträge in ihrem Weichbilde eingelagert wurden, so mußte es Carl von Zierotin dahin zu bringen, daß sich solche Fälle nicht wiederholten oder ein befriedigendes Compromiß zu Stande kam. Eine ebenso milde Auffassung hatte er in Religionssachen und er war darin oft nachgiebiger, als es von einem strenggläubigen Bruder erwartet werden konnte, weil ihm die Eintracht und Freiheit im

Lande höher stand als die buchstäbliche Erfüllung einer Ceremonie der evangelischen Kirche. Er war tolerant, ohne dem deistischen Indifferentismus zu verfallen, und darin lag die wahre christliche Auffassung der Toleranz.

Hier eilte er seiner Zeit voraus, welche die Duldung nicht begreifen konnte. Kein größerer Beweis hiefür als das Urtheil, welches die österreichischen Protestanten über Zierotin fällten. Als dieser kurz nach dem Brünner Landtage seinem Freunde Tschernembl jene Nachricht von der errungenen bürgerlichen Gleichstellung der evangelischen mit den katholischen Stadtbürgern mittheilte, fügte er noch hinzu: „das Uebrige, so in das Recht der öffentlichen Religionsübung einschlägt, ist nicht so bedeutend, daß ich es gerathen fände, deshalb die öffentliche Ruhe zu stören, es liegt nichts daran, ob ein Bürger in oder außer der Stadt begraben oder ob eine Leiche mit oder ohne Glockengeläute herumgetragen wird." Diese Aeußerungen zogen ihm empfindliche Vorwürfe von den evangelischen Ständen Oesterreich's zu, sie erblickten darin einen Bruch des Stierboholer Bündnisses. Daß man Zierotin's Duldsamkeit nicht verstand, zeigen auch die widersprechenden Ansichten, welche in verschiedenen Lagern über die damaligen religiösen Zustände Mährens laut wurden. Es gab Viele, welche meinten, da den Stadtbürgern jene Zugeständnisse verweigert wurden, es sei ihnen überhaupt keine Gewissensfreiheit gewährt worden. Katholische Berichterstatter des Brünner Landtags jubelten: dieser Landtag sei zur größten Zufriedenheit der Katholischen, zum höchsten Mißvergnügen der Ketzer geschlossen worden.[17]) Andere beklagten, daß in Mähren Jeder glauben dürfe, was er wolle. Da weder der katholische noch der protestantische Fanatismus einen vollständigen Sieg gefeiert oder eine vollständige Niederlage erlitten hatte, waren die Zeloten in beiden Lagern unbefriedigt. In dieser Auffassung lag der Character der Zeit; keine Seite wollte ruhen, bis nicht die andere niedergeworfen, beherrscht, unterdrückt wurde. Den Geist der Toleranz auf religiösem Gebiete übertrug Carl von Zierotin auch auf das politische. Er war entschlossen, die

---

[17]) Cod. 10. Sept. 1608 Tschernembl. — Dudik röm. Mat. a. a. O. La dieta di Brünn si finì con molta contentezza dei catolici e pessima degl' eretici.

erworbenen Rechte zu vertheidigen, aber auch nicht weiter zu gehen, als der constituirende Landtag zu Brünn 1608 mit Mathias die Verfassung vereinbart hatte. Hiemit ist auch der scharfe Gegensatz gezeichnet, in welchem er mit den Parteien seiner Zeit stand. Er war eigentlich isolirt. Er suchte die Erhaltnng der Ordnung und Freiheit im Gleichgewicht der Parteien, in der maßvollen Haltung der herrschenden und in der Ausübung einer werkthätigen christlichen Liebe zum Nächsten; die Parteien hingegen konnten sich keinen befriedigenden Zustand denken, als bis der letzte Gewaltstreich den letzten Gegner vernichtet hätte. Es trugen demnach die öffentlichen Zustände Mährens den Keim gewaltsamer Umwälzungen in sich.

Man kann jedoch in die Getriebe der Parteien in Mähren und den unirten Ländern überhaupt, in ihre wahrhaften Tendenzen und ostensiblen Zwecke nicht eindringen, ohne zuvor einen Blick zu werfen auf die Politik der großen Cabinete und auf die Gestaltung der Charactere der europäischen Verbindungen, die sich äußerlich zumeist nach den confessionellen Schlagwörtern gruppirten und nach der Vorherrschaft strebten. Es standen, der Papst, dessen Primat sich an die Macht eines weltlichen Fürsten anranken mußte, und eine Verbindung jener Staaten, welche sich der dominirenden Einwirkung der römischen Curie ganz entzogen, oder entziehen wollten, im Gegensatz. Die eigenlichen Träger dieses Gegensatzes, das bewegende Princip in den Kämpfen, waren Spanien und Frankreich. Spanien wollte die katholische, Frankreich die protestantische Welt um sich versammeln, beide in der Hoffnung mit Hilfe dieser Bundesgenossen die unausweichliche entscheidende Schlacht zu gewinnen. Allein um eine Berechtigung für ihre selbstische Politik zu gewinnen, müssen Spanien und Frankreich ihre eigentlichen Zwecke: die Machterweiterung, die Vorherrschaft in Europa verhüllen und die Politik der großen, allgemeinsten Interessen vorschieben. Spanien tritt daher im Namen des Katholicismus als defensor fidei auf, Frankreich für die Freiheit der Gewissen, die Freiheit der Stände (doch außerhalb Frankreich's), für die Abschüttlung des spanisch-römischen Joches; jede Frage des spanischen Ehrgeizes wird zu einer Frage der katholischen Interessen, jede französische zu einer freiheitlichen gestempelt.

Durch diese Politik gelingt es den beiden Mächten einen anscheinend legitimen Grund zu finden zur Ausübung ihres Einflußes und zur Durchführung ihrer Intervention überall hin, wo es sich um die großen confessionellen Fragen handelt. Wir müssen sie sofort bei jedem an irgend einem Orte aufkeimenden Zerwürfnisse begegnen, und weil die gegensätzlichen Interessen solidär sind, wird die unbedeutendste Frage, die einen Kampf entzündet, die das eine oder andere Interesse gefährdet, zur europäischen erhoben; sie müssen sich derselben bemächtigen und die Lösung in eigenem Vortheile versuchen. Wir können daher diese Wirren nur dann verstehen, wenn wir auf jene beiden als die bewegenden Ursachen zurückgreifen. Alle europäischen Fürsten — der Papst und der Kaiser nicht ausgenommen — gleichen nur Figuren, die sich mit oder gegen ihren eigenen Willen, doch zuletzt nach dem Tacte bewegen, den die eine oder die andere jener beiden Mächte angibt. Allein es sind die anderen, minder mächtigen Glieder jener Verbindung weit entfernt, den ostensiblen großen Ideen, jenem allgemeinen Interesse aufrichtig zu dienen. Es will das Interesse eines einzelnen Fürsten oder einzelner Länder und Stände damit befriedigt werden. Die Kirche strebt nach Erweiterung ihrer Herrschaft, der Souverain nach absoluter Gewalt und nach Territorialvermehrung, die Stände nach oligarchischer Freiheit; nur um diesen Preis lassen sie sich herbei, in Gemeinschaft aufzutreten. Bei Conflicten zwischen jenen allgemeinen und den Einzelninteressen tragen zunächst diese den Sieg davon. Schmeichelt der Gegner dem crassen Egoismus des Einzelnen, bietet er größere Preise, so wird die alte Verbindung verlassen, um den besseren Anbot anzunehmen. Manchmal geschieht es auch, daß Einzelne in einem oder dem anderen Lager in blinder Ehrsucht hochfliegende Plane allein verfolgen, sich auf Glück und Zufall verlassen.

Nicht immer gelingt es Spanien aus einer spanischen Angelegenheit eine katholische zu machen, nicht immer gelingt es Frankreich seine Herrschsucht unter dem verführerischen Deckmantel der Gewissensfreiheit zu verstecken, und da erheben sich, von der Besorgniß angefacht, daß ein Sieg Spanien's oder Frankreich's von diesen gegen ihre schwächeren Bundesgenossen ausgebeutet werden könnte, im befreundeten Lager selbst energisch waltende Gegensätze, welche im Verein mit den Velleitäten lächerlicher Eitelkeit, mit Ehrsucht und Rangstreitigkeiten die Kraft der Action lähmen und den vorgeschobenen allgemeinen Zweck, der eigentlich doch nur

530

Vorwand ist: die Religion oder die Freiheit dem Auge völlig entrücken.

So kam es, daß damals die gegenseitige vertragsmäßige Garantirung der Rechte eine Verbürgung für die Erhaltung der Particularinteressen einzelner Fürsten, Körperschaften, und Länder war.

Von größter Bedeutung ist es, die Mittel zu kennen, durch welche jene beiden leitenden Mächte ihre gewundene Politik in's Werk setzten; nur durch die Untersuchung derselben ist es möglich, den Schlüssel zur Lösung des verschlungenen Knotens zu finden, der die Fäden der Bewegung verwirrt.

In einer Instruction, welche der spanische Gesandte in Prag, Don Balthasar Zuñiga, für den als Botschafter zu Mathias entsendeten Grafen Oñate entwarf, wird die Erhaltung der katholischen Religion für das höchste und wichtigste Interesse, das allen anderen vorzusetzen ist, erklärt. Der König (Philipp III.) ahmt hierin dem erhabenen Beispiele seines Vater's Philipp II. nach, indem er für die Reinheit und Entwicklung der Religion sorgt. Der Gesandte Spanien's ist immer der treueste Rathgeber und die Stütze der Fürsten des deutschen Zweiges der Casa d' Austria. Insbesondere wird seine Meinung und sein Rath in Sachen der Kämpfe dieser Fürsten mit ihren gewaltthätigen häretischen Unterthanen stets eingeholt; die Aufgabe ist eine sehr schwierige, weil jene Fürsten selbst machtlos sind. Es wird dem Botschafter eingeschärft, in allen diesen Fragen dem päpstlichen Nuncius zu secundiren und eifersüchtig zu sein auf den Ruhm, daß die katholische Religion von Seite Spaniens stets unbefleckt erhalten wird. „Spanien ist die Seele und die Stütze der katholischen Religion in Deutschland. In allen Fragen wenden sich die Bischöfe und Aebte Deutschland's an den spanischen Gesandten, dieser muß ihre Interessen fördern und pflegen; denn der geistliche Stand hatte in Deutschland immer viel Ansehen und Macht. Das Beispiel und die Lehren der Jesuiten trugen dazu viel bei, daher müsse sich der Botschafter diesen besonders geneigt zeigen." [18]

Wir sahen, wie Spanien durch die Gewährung reicher Pensionen die einflußreichen Personen an sich zu ketten weiß. Vom

[18] Zuñiga a Juan de Cirica. 18. Feb. 1616. Sim. 2502.

erſten geiſtlichen Churfürſten bis in die Geſindeſtube des Kaiſer's herab, gibt es Niemanden von einigem Einfluße, der nicht im Solde Spaniens ſtände. Die Bücher des ſpaniſchen Geſandten, in welchen auch Namen von Erzherzogen und Cardinälen vorkommen, ſind die beredten Zeugen des ſpaniſchen Einflußes. Aber auch einige proteſtantiſche Fürſten Deutſchlands ſollen durch den Glanz des Goldes in die ſpaniſchen Netze gefangen werden. Dem Churfürſten von Sachſen, dem Churfürſten und Pfalzgrafen, dem Fürſten von Anhalt, dem Landgrafen von Heſſen ſollen derlei Anträge im geeigneten Augenblick, wenn ihre Dienſte benöthigt würden gemacht werden.

Auch in Rom trachtet der ſpaniſche Botſchafter mit dem Zauber ſeiner Scudi das heil. Collegium zu lenken, und viele Cardinäle ſind Penſionäre Spanien's. Der Papſt ſelbſt kann ſich den ernſt gemeinten Wünſchen des Königs von Spanien zuletzt doch nicht entziehen. Alle Fragen, die von Rudolph oder den deutſchen katholiſchen Fürſten an den Papſt gelangen, werden zumeiſt im ſpaniſchen Sinne beantwortet. Der Botſchafter iſt immer bereit jene Wünſche als Forderungen, als Angelegenheiten der ganzen katholiſchen Welt darzuſtellen, der Papſt muß ſich folgerecht derſelben annehmen, Geld und Truppen dafür verwenden. Aber nicht immer iſt der römiſche Stuhl dazu bereit; denn er ſieht öfters in jenen Forderungen nur die Abſicht Spanien's, ein Territorium zu acquiriren, das Reich zu erweitern oder ein rein ſpaniſch-dynaſtiſches Intereſſe zu fördern, und verſagt die Anerkennung, daß eine Frage wirklich eine katholiſche ſei. Manchmal trat der Entſchluß Spanien's, nach und nach ganz Italien in ſeine Gewalt zu bekommen, gar zu deutlich hervor und es flammte der italieniſche Nationalſtolz und der Fremdenhaß in Rom ſelbſt auf; es wirft ein Mitglied des heil. Collegium's die Frage auf, ob nicht der Augenblick gekommen ſei, jetzt, da König Philipp zu ſchlafen ſcheine, die Spanier aus Italien hinauszuwerfen? Nicht ohne Befriedigung ſieht der Papſt auf König Heinrich IV., den einzigen, der jenem ſpaniſchen Strom, der alles zu verſchlingen droht, wirkſam zu widerſtehen weiß; dann wieder, als der Papſt über Venedig's proteſtantiſche Anwandlungen erboßt, dieſe Republik ganz vernichten möchte, nimmt der ſpaniſche Geſandte die Signoria in Schutz, weil ſie doch dem Papſte zu imponiren weiß; er gibt dem Papſte

als Grund seiner Abmahnung an, daß alle Feinde des spanischen
Königs und Sr. Heiligkeit, insbesondere Frankreich der Republik
helfen und dann große Kriege entstehen würden. Der Gesandte
berichtet nach Hause, daß man den römischen Großen den Hof
machen müsse, um durch diese den Starrsinn der Päpste zu
brechen. [19])

Mehr durch zähes Festhalten an den gefaßten Beschlüssen,
als durch ungestümes Vordringen, mehr durch Ausbeutung jenes
ererbten Prestige der unwiderstehlichen Macht Carls V. und Philipps II., als durch wirklich große Erfolge, mehr durch geschickte Ausbeutung der Situation als durch Ergreifung der Initiative übt
Spanien seinen Einfluß aus; es beobachtet scharf und genau,
scheinbar überläßt es die Dinge ihrem Laufe, aber im rechten
Augenblicke weiß es rasch alle Kräfte auf Einen Punct zu werfen
und durchzubringen. Wenn es zuweilen nachlässig und träg erscheint, so liegt darin immer die Absicht, ein früher in's Auge gefaßtes
Ziel aufzugeben, einen geordneten Rückzug zur rechten Zeit an-
zutreten, um nicht durch einen voreiligen Sieg in Nebensachen die
Hauptsache zu compromittiren. Manchmal gewahrt man jedoch nicht
mehr die alte Sicherheit und häufig eine allzugroße Bedächtigkeit,
welche eher die Folge von Unentschlossenheit, als die Frucht reifer
Ueberlegung erscheint.

Die Action Spanien's ist unmittelbar, während König Heinrich zwar rasch bei der Hand ist, aber doch immer andere vor-
schiebt und diese für sich handeln läßt. Auch Frankreich theilt
Pensionen aus, allein sie sind nicht so glänzend, nicht so häufig wie
die spanischen.

Wie Spanien eigentlich für die Erhaltung und Vergrößerung des Hauses wirkt, wie es diesem alle anderen Zwecke unter-

---

[19]) Clemente al rey 25. Feb. 1608, Aytona al rey 31. Jänner 1609, 990
Sim. Der Papst befürchtete sehr und wohl nicht ohne Grund, daß sich
in Venedig eine protestantische Gemeinde bilde; Giovanni Diodati war
von Genf nach Venedig gereist, um den Anfang zu machen, scheiterte
jedoch an des reformations-freundlichen Fra Paolo Sarpi's Widerstand selbst; dieser berühmte Mann sagte zu D.: Gott kümmere sich
nicht um das Aeußere, sondern um die innere Gesinnung des Menschen.
Diod. an Anh. 12. Nov. 1608. Anh. Reg. F. 1. 23/137—145.

ordnet, — selbst die der katholischen Religion, — wenn ein starres
Festhalten daran das Haus gefährden könnte, so ist das ganze
Sinnen und Trachten Frankreich's gerade auf die Schwächung
der Habsburger gerichtet. Wenn es Frankreich gelungen ist, endlich die Union der reformirten Fürsten zu begründen, so geschah
dies vornehmlich in der Absicht, um dadurch Unordnung und Bürgerkrieg in die österreichischen Länder zu verpflanzen und dann
diese Länder zum Abfall zu bringen. Wie Spanien alles daran
setzte, die Reichskrone dem Hause zu erhalten, so strebt Frankreich
gerade diese Krone einem Fürsten aus einem andern Hause zu
geben. Auch darin wird Frankreich von den reformirten Fürsten
unterstützt. Es ist gezeigt worden, wie sie die Union erweitern
und alle protestantischen Staaten einbeziehen wollten, wie sie
allmälig Frankreich, Dänemark, England und die Niederlande,
Schweden und sogar die Schweiz, dann Venedig dazu einluden,
um dadurch den Papst in Schach zu halten, Erzherzog Ferdinand's
Länder zu bedrohen und den Schlüssel der Pässe aus Italien in
der Hand zu halten [20]) ferner wie das rastlose und rührige Organ
der Union, Fürst Christian von Anhalt, Rudolph und Mathias
gegen einander verhetzte, wie die ungarischen Rebellen schon zu
Bocskay's Zeiten bei den Reichsfürsten eine Stütze fanden.

In der Frage der Nachfolge drang Spanien unaufhörlich
auf den Kaiser, einen römischen König wählen zu lassen, damit nicht
nach seinem Tode das Vicariat eintrete, welches Churpfalz, einem
calvinischen Fürsten, zufallen müßte, und damit nicht durch die
pfälzisch-französischen Intriguen die Frage im Interesse der protestantischen Fürsten gelöst, oder einem Fürsten aus anderm
Hause der Weg zur Reichskrone geebnet würde. In der That,
Spanien hatte allen Grund für diese Besorgniß gehabt.

In ganz gleicher Weise wie das spanische Cabinet, ist
Churpfalz im Verein mit Frankreich in dieser Frage, doch vom
protestantischen Standpuncte vorgegangen, um den Candidaten

---

[20]) Münch. Staatsarch. 118/2. — Ferdinand an Philipp 29. März 1609
1495. Sim. — König Heinrich an den Landgrafen Moriz von Hessen
24. Jänner 1609. Collection de Documents inedits. A. u. d. T. Recueil des lettres missives de Henri IV. publié par Mr. Berger de Xivroy.
Paris. Imp. Imp. 1858. S. 672.

Spaniens, wofür Albrecht oder Ferdinand gehalten wurde, zu verdrängen und einen Fürsten zum römischen König vorzuschlagen, der den Protestanten geneigt sein würde. Spanien und Churpfalz betrieben die Successionsfrage mit allem Eifer als eine höchst dringende Angelegenheit. Anfänglich mieden beide einen Weg einzuschlagen, welcher das Interregnum herbeiführen konnte, weil sie besorgt waren, daß die kaiserlose Zeit benützt werden würde, um mit Gewalt der Waffen vorzugehen. Beide beeilten sich, ihren Candidaten möglichst bald durchzusetzen, um den Intriguen der Gegenpartei zuvorzukommen. Werfen wir nun einen Blick zurück auf die Entwicklung dieser Frage.

Gleich nach den Bocskay'schen Unruhen nimmt Churpfalz die Frage in die Hand und will sich mit Mainz verständigen; doch es wird kein weiterer Schritt unternommen, ohne aus Frankreich Instructionen zu holen. Bezeichnend für die Stellung Frankreich's und der deutschen Fürsten gegen einander war der Vorgang hierbei. König Heinrich hatte nicht allein die Entschlüsse des Churfürsten Pfalzgrafen geleitet, er sollte auch als Vermittler zwischen den Churfürsten auftreten, als Churbrandenburg für die Angelegenheit der Nachfolge von Churpfalz gewonnen werden wollte. Mit Einwilligung Frankreich's wird schon vor dem Aprilvertrag (v. J. 1606) Erzherzog Maximilian als Candidat dieser Partei aufgestellt.

Mit naiver Offenheit erzählt Anhalt, daß der König von Frankreich sich für Maximilian entschieden habe, weil dieser der „bequemste" wäre. Erzherzog Ferdinand wurde als eifriger Katholik gefürchtet und auch Erzherzog Mathias ausgeschlossen, gerade deshalb, weil er als Aeltester des Hauses ein Anrecht darauf zu haben vermeinte, während die Kaiserkrone eine Wahl- und keine Erbkrone sei. Aus diesem nichtigen Ausschließungsgrunde ist jedoch zu entnehmen, wie es jener Partei nur darum zu thun war, die Zwietracht im kaiserlichen Hause zu vermehren, den jüngeren Bruder dem älteren vorzuziehen und dadurch Bürgerkriege und Unordnungen herbeizuführen. Daß auch Frankreich von einer gleich feindlichen Absicht geleitet wurde, ist zweifellos, denn König Heinrich war es, welcher schon im J. 1606 den Rath gab, das Interregnum abzuwarten, dessen Folgen anfänglich auch noch von Churpfalz befürchtet wurden. Maximilian selbst lehnte bescheiden die

Anträge ab, obwohl er sich im März 1606 noch zu Unterhandlungen herbeigelassen hatte. Später, nach dem Aprilvertrag, nachdem Mathias als des Hauses Haupt erklärt wurde, tritt Maximilian
zurück und bedankt sich für die gute Affection Frankreich's und
des Churfürsten. Die weitere Theilnahme des Erzherzogs an den
Schritten des Churfürsten, läßt sich nur daraus erklären, daß er
in die Plane desselben eingeweiht bleiben und den Kaiser überhaupt zur Bestimmung des Nachfolger's bewegen wollte.

So wenig als Spanien war es Churpfalz gelungen, die
Frage um einen Schritt weiter zu führen; durch viele Monate
kamen Churpfalz und Mainz nicht einmal über die Bestimmnng
der Formen hinaus, mit welchen die Churfürsten die Sache in
Angriff zu nehmen hätten. Zuerst wollte man einen Collegialtag
ausschreiben, um einen gemeinsamen Schritt der Churfürsten bei
Rudolph zu versuchen; doch es wurde dieser Plan ebenso verworfen, wie der eines directen Schrittes Churpfalz's bei Rudolph.
Es scheint, daß dann zwischen Maximilian, Mainz und Churpfalz
der Beschluß gefaßt wurde, einen Vertrag zwischen den kaiserlichen Brüdern zu Stande zu bringen, nach welchem dem Successor
im Reiche auch die österreichischen Lande zufallen sollten. Eine
Zusammenkunft zwischen diesen drei Fürsten scheiterte an den Bedenken Churmainz's, welcher Aufsehen nnd die Empfindlichkeiten
der nicht eingeladenen Mitchurfürsten befürchtete, besonders wenn
dieselben vor dem bevorstehenden Reichstag stattfinden sollten.
Diese Sinnesänderung des Churfürsten von Mainz mochte auch
von Spanien bewirkt worden sein. Es scheint, daß sich Churpfalz
in Folge dessen bequemte, keinen Collectivschritt mehr zu thun und
jeden Churfürsten einzeln für seine Absichten zu gewinnen. Im
Spätjahr 1607 wurde Anhalt von Churpfalz mit einer geheimen
Sendung in dieser Absicht zu Churbrandenburg geschickt.

Die Unternehmung des Erzherzog's Mathias gegen Rudolph
zerriß aber die Fäden dieses langgehegten Planes und gab der
Politik des Churfürsten-Pfalzgrafen eine andere Richtung. Unter
den Beschwerden der Churfürsten gegen Mathias nimmt die Störung ihrer Absichten in Bezug auf die Reichsnachfolge wohl nicht
den letzten Platz ein. Daß Mathias der natürliche Nachfolger im
Reich sein sollte und jetzt ein Schützling Spanien's war, genügte,
um Churpfalz gegen Mathias aufzubringen und jenen Weg ein-

schlagen zu lassen, den Frankreich schon 1606 vorgezeichnet hatte; das Abwarten des Todes des Kaisers und des Interregnums. [21])

Wir kennen die Abneigung Rudolph's gegen die Wahl eines Nachfolgers — und je mehr Spanien darauf drang, desto mehr ließen die protestantischen Reichsfürsten durch Anhalt den Kaiser davon abrathen, indem sie ihm begreiflich machten, man wolle ihn bei diesem Anlasse absetzen. In der That war Churpfalz selbst darauf vorbereitet, weil er seinen Gesandten am Collegialtag über die eventuelle Absetzung Verhaltungsbefehle gab.

Jetzt, nachdem das Unternehmen des Erzherzogs Mathias gelungen war, nahm Spanien die römische Curie zu Hilfe, um des Kaisers Widerstand leichter zu besiegen. Der Cardinallegat Mellini, der zu spät nach Prag kam, um an der Vermittlung zwischen Rudolph und Mathias Theil zu nehmen, forderte den Kaiser auf, an die Wahl des römischen Königs zu denken, wiewohl der kaiserliche Agent zu Rom Matteo Renzi die Versicherung erhalten hatte: Mellini sei nur als Vermittler zwischen den Brüdern und zu gar keinem anderen Geschäft nach Prag gesendet worden. Rudolph nahm den Legaten, bald darauf die spanischen Gesandten San Clemente und Zuñiga, welche in derselben Angelegenheit dem Kaiser die Aufwartung machten, sehr ungnädig auf. Der Kaiser war während der Audienz sehr ergriffen, er hatte ein blasses Aussehen und sprach so leise, daß man ihn kaum verstehen konnte. Während Mellini seinen Vortrag hielt, gab der Kaiser Zeichen der Unzufriedenheit und erwiederte dem Cardinal, daß er keineswegs

---

[21]) Der spanische Staatsrath war gegen die Bewerbungen Erzh. Albrechts um die Reichsnachfolge. Consejo al rey 19. April 1606. Sim. — Anhalt an Churpfalz 7. Jänner 1607. Münch. Staatsarch. 547/1 666. — Memorab. 20. Nov. 1605 346/11 348. — Aus einem Briefe Anhalts an Churpfalz ist zu entnehmen, daß Churpfalz gegen den Kaiser in d. J. 1601 und 1603 eine Art Verpflichtung eingegangen sei, Rudolph zur Bestimmung des Nachfolgers nicht zu drängen. 30. Sept. 1606. 547/1 598. 600. Anh. an Churpf. 6. Oct. 1606 547/1. 609. — Anh. an Churpf. 16. und 18. April 1607. 547/3 134, 140. und 3., 21. Juni, 26. Juli 1607 547/3 150—158. — Relat. 2. März 1606 547/1 58. — Heidelb. Prot. 15. März 1606 547/1 14. — Churmainz an Churpf. 1. Juli 1606 547/1 352 und 20. August 547/3 207. — Inst. für Anh. 3. und 9. Oct. 1607 347/3 237.

die Wichtigkeit der Frage der Nachfolge verkenne, er sei selbst
Willens gewesen, dieselbe zu ordnen, doch sei er durch die Unternehmung des Erzherzogs Mathias daran gehindert worden.
Bei diesen Worten wurde Rudolph hochroth, man sah, wie tief
Se. Majestät verletzt worden war, wie er sich jener Vorgänge
schämte. — Der Kaiser ließ sich zu keinem Entschlusse bewegen. Dieser
Starrsinn Rudolph's, angesichts der drohenden Gefahren, die durch
die Begründung und Erweiterung der Union immer näher rückten,
bewog sowohl den Carbinallegaten wie Zuñiga, in den Berichten
an ihre Regierungen die Andeutung zu machen, über die Nothwendigkeit, den Kaiser von der Regierung zu entfernen. [22])

Sowohl für Spanien wie für Frankreich war der Bruder-
zwist von größtem Gewicht. Wir haben beobachtet, wie es Anhalt
mißlungen war, eine deutsche Frage daraus zu machen, Spanien
von aller Einflußnahme auszuschließen und den Streit im Sinne
der reformirten Fürsten zu lösen, wie er dieses Versäumniß tief
bedauerte. Anhalt mußte in den Verträgen von Liben einen Sieg
Spaniens erblicken. Es ist dies kein Paradoxon. Die einflußreichen Persönlichkeiten des Prager Hofes standen im Solde Spaniens und es wurde durch jene Verträge ein vom Könige Philipp und seinen Staatsmännern lang angestrebtes Ziel erreicht:
nämlich die Herrschaft über einen großen Theil der Länder wurde
einer Hand entzogen, die das Haus durch beispiellose Lässigkeit
gefährdet hatte, und einem Fürsten übertragen, der sich von
Spanien leiten ließ. Auch war durch das friedliche Abkommen
die Herrschaft des Hauses in jenen Ländern für den Augenblick
unbestritten. Dieser Erfolg konnte Anhalt nur höchst unwillkommen
sein; denn die Gelegenheit zur Verwirrung, zum Kriege und zur
Intervention war für jetzt vorüber. Es war kein Zweifel, daß,
sobald Spanien den Kaiser als krank und fast unzurechnungsfähig
verlassend und Mathias zu stützen begann, Anhalt und seine Partei
auf Seite Rudolphs treten würden. Schon als Anhalt im Sommer

---

22) Instruct. für Vollrad von Plessen, pf. Ges. bei Churbrand., „ob nicht
das Interregnum abzuwarten?" Münch. Staatsarch. 547/7 342. Barvitius an Rudolph 21. Mai 1608. Wiener St. A. Nr. 39,315. —
Millino an Carb. Borghese 14. Juli 1608. Zuñiga al rey 9. August
1608. 989. 2494. Sim.

d. J. 1608 zu Prag war, um die Abstellung der Beschwerden der
Unirten zu erbitten, hat er den protestantischen Fürsten Deutschlands von der Gewährung des Ansuchens Böhmens um eine Intercession bei Rudolph, damit dieser den Ständen die Religionsfreiheit einräume, abgerathen; der Zweck war offenbar, Anhalt
wollte den Kaiser schonen. Im Geheimen jedoch agitirte der Fürst
gegen ihn und forderte die Böhmen auf, ihre Prätensionen geltend zu machen. Er fand sie aber zu „wollüstig" und um ihre
Freiheiten unbekümmert, und erwartete nur von dem eventuellen
„Losschlagen" der österreichischen Stände ein energisches Auftreten
der Böhmen. Für die ganze letzte Periode der Herrschaft Rudolph's neigte sich Anhalt ihm zu, eröffnete diesem Aussichten
auf Hilfe in seiner Bedrängniß, doch nicht um ihn aus seinen
Verlegenheiten zu befreien, sondern um ihn als Organ der ehrgeizigen Plane und der Oesterreich feindlichen Absicht der pfälzisch-
französischen Partei zu benützen. Anhalt wollte das Versäumte
nachholen, es erübrigte ihm jetzt nichts anderes als die Libuer
Verträge anzugreifen. Er that es an zwei Puncten. Zuerst in
Prag, wo ihm des Kaiser's leidenschaftlicher Haß gegen Mathias,
der Ehrgeiz Erzherzogs Leopold und die Habsucht der Obersten
trefflich dienten; dann in Oesterreich, wo er den oligarchischen
Geist der Stände und ihre Forderungen, daß Mathias vor der
Huldigung völlige Gewissensfreiheit gewähre, anfachte: dies alles,
um die Früchte der Libner Verträge nicht zur Reife kommen zu
lassen, Zwist und Hader zwischen Mathias und seine Stände zu
säen, dann auch um die so sehr gefürchtete Versöhnung zwischen
Rudolph und Mathias und eine Verbindung dieser beiden mit
Rom und Spanien gegen die Protestanten zu verhindern.[23] Was
Zierotin in Mähren so glücklich zu Stande brachte, die Eintracht
zwischen Fürsten und Volk, sollte wenigstens in Oesterreich und Ungarn nicht gedeihen. Die directen Versuche Rudolphs, die verlorenen

---

[23] Ueber die Mittel Rudolph gegen Mathias und diesen gegen jenen aufzubringen in Mem. Anh. an Churpf. Nov. 1608. A. R. B. IV. Vol. XI.
Fol. 1084. — 3., 10., 19. August 1608. Anh. Cop. L. A. Anh. an
Churpf. An Reg. B. IV. a. a. O. 24. und 29. Nov. 1608. — Protokoll des Rothenburger Unionstages 28. Juli bis 5. Aug. 1608 Münch.
Staatsarch. — Bisch. an Fleck. 24. Oct. 1608. Brüss. 163. — Anh. Reg.
1. und 16. Jänner 1609. Die Beschwerden der Unirten, welche Anhalt

Länder zurück zu erobern, mißlangen, Dank der Vorsicht Zierotin's.
Wir werden sehen, wie Anhalt Rudolphs Rachegedanken benützte
und unterstützte, um die Verwirrung im Erzherzogthum Oesterreich
zu vermehren.

Auch auf dem Churfürstentag zu Fulda, der nunmehr nach
den Libner Verträgen alle seine Bedeutung verloren hatte, zeigte
sich jener feindliche Geist Churpfalz's gegen dieselben, da es deren
Assecuration nicht übernehmen wollte, von Seite der geistlichen
Churfürsten und Sachsens, weil sie darin eine Verletzung der
Würde des Kaisers sahen, die nicht gut geheißen werden könne.
Churköln sprach sogar von einem Crimen læsæ Majestatis, dessen
sich Mathias schuldig gemacht hatte. Der Churfürstentag selbst
sprach dennoch nur eine Mißbilligung des Zuges Mathias' aus.

Die geistlichen Churfürsten sandten den Kölner Domherrn
Henot nach Prag, um den Kaiser ihrer Treue zu versichern und
ihm thätigen Beistand anzutragen, falls er die verlorenen Länder
zurückerobern wollte. Allein nachdem der Cardinallegat Mellini
jenem Abgesandten die Lage der Dinge dargestellt hatte, versichert
dieser, er wäre nicht geschickt worden, wenn die Churfürsten diese
Verhältnisse und des Kaisers Unfähigkeit gekannt hätten. Chursachsen, das treu dem Kaiser und dem Hause ergeben war, gab
Rudolph den Rath, die Verträge aufrecht zu erhalten.

Anhalt kannte die Situation in den Ländern, die mit Mathias verbunden waren; er wußte sie geschickt auszubeuten, um
den Funken anzufachen. Allein der Churfürstentag war nicht der
geeignete Boden, sich der österreichischen Fragen zu bemächtigen.
Die Union, zunächst durch die Wirren zwischen Rudolph und
Mathias entstanden, war das wahre Instrument für Anhalt, sie
sollte jetzt ihre Wirksamkeit zeigen. Die Mitglieder derselben waren
bedacht, sich des Beistandes Frankreichs zu versichern. Mit Heinrich wurden die Unterhandlungen wegen seines Beitrittes fortgesetzt und es erhielt der König hiezu die förmliche Einladung,

dem Kaiser vorbrachte, betrafen die Kammergerichtsprocesse, welche von
katholischer Seite, wegen Confiscation geistlicher Güter durch die Reformirten (Nichtbeachtung des geistlichen Vorbehalts) begonnen wurden, dann
die Auflassung der Execution gegen Donauwörth und die Reform des
Reichsregiments überhaupt.

doch wollte dieser kluge Fürst vor seinem Beitritte den Organismus derselben: die Bundesartikel, genau kennen, da er deren
innern Disciplin nicht ohne Grund mißtraute. Auch mit Venedig
kam es schon zu praktischen Schritten. Herr Christoph von Dohna
notificirte im Namen der Union die Constituirung derselben dem
Senate. „Die Union,“ sagte Herr von Dohna, „werde gegen das
unerträgliche Regiment des Papstes wirken, und da die Signoria
diesem Feind sei, biete die Union die Hand zur Verbindung.“ —
Der Unionstag zu Rottenburg zog vornehmlich das Verlangen
der Oesterreicher nach freier Religionsausübung und die Weigerung Mathias', dieselbe zu gewähren, in Erwägung. [24]) Dieser
Zwiespalt war die natürliche Folge jener Gegensätze zwischen dem
Erzherzoge und den Ständen, welche während des Zuges gegen
Rudolph ruhten, aber nach der Beseitigung der augenblicklichen
gemeinsamen Gefahr sich wieder geltend machen mußten. Die Katholischen: der Cardinal und Khlesel hatten nur ein zeitgemäßes
Zugeständniß gemacht, sie waren bereit, die Gewissensfreiheit ein-
zuengen und um diesen Preis zugleich dem Erzherzog in den Bestrebungen zur Vermehrung der königlichen Prärogative treuen
Beistand zu leisten. Die Umgebung des Erzherzogs zu Wien stand
wie die des Kaisers unter dem Einflusse Roms. Der Erzherzog
selbst trug das goldene Vließ, damals ein Zeichen spanischer
Gunst. Auf Andringen der Ungarn versprach er den Orden ab-
zulegen. [25])

Spanien und der heil. Stuhl betrachteten mit tiefer Besorgniß den Sieg der verabscheuten „Ketzer.“ Der Prager Hof
war zwar von derselben Gesinnung beseelt, allein der Haß des

[24]) Churpf. Instruction für Plessen und Ludwig Cammerarius zu dem Fuldaer Churfürstentag, 22. Juli 1608. Münch. Staatsarch. 547/8 95.
Die Churfürsten an Mathias 19. Aug. 1608. A. Reg. F. 1. 228/30.
Millino an Borghese 18. Aug. 1608, 988 Sim. — Relat. Bewink-
hausens über die Gesandtschaft an Heinrich IV. 9. Juli 1608. M. R.
Arch. Mem. nach Frankreich 17. Juni 1608 Münch. Staatsarch. 343/8.
Anh. Cop. 16. Juli 1608 Land. Arch. — Leuck an Ob. Fuchs 9. Aug.
1608 A. Reg. F. 1. 23/74. — Chursachsen gegen die Union. Cammerarius an Chr. v. d. Grün 3. Aug. 1608. M. St. A. 547/7 337.
[25]) Oberst Fuchs an Markgraf J. G. von Brandenburg 28. Juli 1608.
Anh. Cop. Land. Arch.

Kaisers gegen Mathias war stärker als seine Neigung für die katholische Sache. Rudolph schenkte jedem, wenn auch abenteuerlichen Plane gerne Gehör, welcher auf den Sturz des verhaßten Bruders hinzielte. Die protestantischen Stände der unirten Länder waren durch Wiederherstellung ihrer alten Macht für dermal zwar befriedigt, allein sie kannten die Gefahren, welche ihnen von jenen Gegnern drohten und waren entschlossen, das Aeußerste zu wagen, vor keinem Mittel zurückzuschrecken, um das errungene Gebiet zu behaupten.

Zierotin hatte an die Häupter der Stände in Oesterreich und Ungarn die früher erwähnte stolze Mittheilung über die Ordnung der mährischen Angelegenheiten gemacht, in der Absicht, in jenen Ländern eine gleich friedliche Vereinbarung zwischen Fürsten und Ständen zu erzielen, wie in Mähren. Für die erwünschte Gestaltung der Dinge in Oesterreich war jedoch Herr von Zierotin mit Grund besorgt. Im Gegensatz zu den gemäßigten Vorgängen in Mähren hatten die Oesterreicher den Grundsatz aufgestellt: vor der Huldigung gebühre die Verwaltung des Landes den Ständen allein; das Land sei herrenlos. Sie führten Acte landesherrlicher Gewalt aus, proclamirten Religionsfreiheit und erklärten dem von Brünn heimkehrenden Erzherzog, daß sie ihre Wünsche auf einem Landtag vor der Huldigung erörtert und befriedigt wissen wollen. Der Erzherzog hingegen beharrte darauf, daß diese Huldigung vor allen andern Fragen gelöst werden müsse. Die Stände zogen von Wien nach Horn, rüsteten sich, um nöthigenfalls mit den Waffen in der Hand ihre Forderungen zu erzwingen, riefen Ungarn und Mähren, an das Stierboholer Bündniß erinnernd, um Hilfe und verwendeten sich bei den protestantischen Fürsten Deutschlands um eine Intercession bei Mathias.

Tschernembl war der Führer dieser Bewegung. Georg Erasmus Freiherr von Tschernembl, auf Windeck und Schwertberg, war ein ehrgeiziger, höchst energischer Mann. Der reformirten Religion zugethan, hatte er aus den extremsten Lehren des calvinischen Staatsrechtes geschöpft und verband mit einem kalten und düsteren Fanatismus den Starrsinn, durch welchen sich seine Religionsgenossen bemerkbar machten. Rücksichtslos stürmte er auf sein Ziel los. Er gebot über einen reichen Schatz von Kenntnissen, er war, wie Khevenhiller selbst versichert, in der Historie

und classischen Literatur wohl bewandert und zeichnete sich durch
großen Scharffinn und eine seltene Rednergabe aus. Als Publicist
nimmt er einen hervorragenden Platz ein. Seine „Consultationes"
können den Werken Hotmanns oder Languet's an die Seite gestellt werden. Durch jene glänzenden Eigenschaften, durch seine
Verbindungen mit der pfälzisch-französischen Partei, war Tschernembl berufen und befähigt, in den Kämpfen die Führerrolle zu
übernehmen; er wird uns auch von den gleichzeitigen Schriftstellern
als der „allgemeine Vorsprecher und Gewalthaber" der confede-
rirten ober- und niederösterreichischen Stände, geschildert.

Naturgemäß richtet Tschernembl seine Augen auf die deutsche
Union. Er bat um die Aufnahme Oesterreichs in die Union, An-
halt gab darauf eine bedingte Zusicherung und ermunterte die
Oesterreicher zu energischem Widerstande.

Treu seinem Plane, Rudolph durch Mathias und Mathias
durch Rudolph zu verderben, die Anarchie in Oesterreich in Per-
manenz zu erklären, begnügte sich Fürst Christian, jetzt und so
lange kein bewaffneter Zusammenstoß eintrat, für die Oesterreicher
bei Mathias zu intercediren. Allein in einem Briefe an Rosenberg gibt Anhalt zu verstehen, daß dies ein Weg wäre, die von
den protestantischen Reichsfürsten in Böhmen versäumte Gelegenheit nachzuholen. Er entwarf das Programm zur Unterstützung der
österreichischen Stände; dieselbe sollte schrittweise vor sich gehen.
Zuerst eine Intercession, dann Gesandtschaft, Verbot des Durchzu-
ges der Hilfsvölker für Mathias, Gestattung von Werbungen, endlich Geldunterstützungen.

Mit dem Vertrauen Mathias' beehrt und zugleich im Besitze
der höchsten Achtung von Seite der österreichischen Protestanten
und der Ungarn, hatte Herr von Zierotin die Aufgabe erhalten,
zwischen dem Landesfürsten und den durch die unruhigen Köpfe
des Wittingauer Hauptquartiers: Anhalt und Rosenberg, aufgeregten Unterthanen zu vermitteln, eine Rolle, zu welcher seine
eigene Politik und seine Grundsätze, die Aufrechthaltung seines
Programmes und der von ihm geschaffenen neuen Ordnung der
Dinge drängen mußte. Er war wahrhaft unermüdlich bei der Lösung
dieser schweren Aufgabe. Schon auf dem Brünner Landtag bat
Zierotin den Erzherzog, sich gegen die Oesterreicher nachgiebig zu
zeigen. Kurz darauf schrieben die mährischen Stände den Oester-

reichern, den Proteſtanten ſowohl wie den Katholiſchen, „die
Bündniſſe aufrecht erhalten und nicht dulden, zu wollen, daß
wegen Religionsſachen Jemanden Gewalt angethan werde." Als
der Proteſtant Gayer gefangen geſetzt wurde, bat Zierotin den
geheimen Rath, jede Zwangsmaßregel zu meiden, und beſchwor den
Erzherzog den öffentlichen Frieden zu wahren.

In Briefen, welche die Mäßigung als den erſten politiſchen
Grundſatz darſtellten, wandte er ſich an Liechtenſtein und dann
an den Erzherzog, an Richard Stahrenberg, einem der Häupter
der Bewegung zu Horn. In dem Schreiben an den letzteren miß-
billigte er |die eigenmächtigen Vorgänge der Horner, ermahnt
die Stände, dem Kaiſer zu geben, was des Kaiſers, und jeden
Anlaß zum Kriege zu vermeiden. Für die Unteröſterreicher hat
ſich Zierotin bei dem Erzherzog und Liechtenſtein beſonders verwendet. Liechtenſtein war damals ſchon in Differenzen mit Khleſel
verwickelt und neigte ſich mit den andern Mitgliedern des geheimen Rathes: Harrach und Preyner auf die Seite der Deſterreicher, während Khleſel, Meggau und Khuen die katholiſche Partei
repräſentirten. Es war ſeine Abſicht, daß ſich die Deſterreicher mit
allgemeinen Zuſicherungen von Seite Mathias begnügen und ihm
dann huldigen ſollten, daß ſie des öffentlichen Friedens wegen
etwas von dem ſtrengen Rechte nachgeben ſollten.[26] Die Deſterreicher waren jedoch mit dieſer Politik Zierotin's nicht einverſtanden,
ſie verlangten ſofort auf Grund der Bündniſſe von Mähren eine
bewaffnete Hilfe gegen den Erzherzog und beſchuldigten Zierotin
des Bundesbruchs. Dieſer antwortete darauf in einem Briefe

---

[26] Georg Erasmus Freiherr von Tſchernembl, von Jodoc Stülz. Archiv
für Kunde öſt. Geſch. IX. B. S. 169. — 3. Sept. 1608 Anh. Reg.
L. A. — Anh. an Roſenb. 19. Aug. 1608 F. 1. 227/148. — Anh. an
Churpf. 10. Oct. 1608 M. St. A. 547/7. — Bibl. Imp. Par Colbert
V. T. 40, Nouvelles de Prague 1608. — Hurter VI. 111. — Cod.
XII. Cal. Oct. 1606 Thurzo. — An Timius ſchrieb Zierotin: totam
fere diem scribendo consumo. Cod. prid. Kal. Oct. 1608. 1. Oct. und
30. Dec. 1608 Rich. Stahr. — In einem Schreiben an Tſchernembl
ſtellt Zierotin die Frage, ob er T. noch mit Roſenberg verkehre und ob
die öſterreichiſchen evangeliſchen Stände, wie es bisher Gepflogenheit
war, über alle Angelegenheiten Herrn v. Roſenberg Mittheilung machen?
Cod. 111 Non Feb. 1610. — S. Beilage Nr. CCXCIII.

an Richard Stahrenberg und stellte den Grundsatz auf: es sei
ein staatlicher Organismus wohl nicht denkbar, wenn jede Streitigkeit zwischen Fürsten und Unterthanen mit den Waffen in
der Hand entschieden werde. Nichts haßte Zierotin mehr, als das
sofortige Appelliren an die äußersten Mittel. Erst wenn alle Wege
der Verständigung erschöpft sind, könne man die illegitime Gewalt
mit Gewalt zurücktreiben; denn ein Krieg kann nur traurig enden
und den Ruin beider kämpfenden Theile zur Folge haben. Er
protestirte gegen eine Berufung auf das Beispiel Mährens; denn
Mähren hatte im vorigen Jahr nicht wegen der Religion die Waffen
ergriffen, sondern weil Freiheit und Gesetz mit Füßen getreten,
die Verfassung verletzt wurde. „Unsere Güter, unser Leben war
bedroht und wir haben uns gewehrt, weil wir durch's Gesetz,
durch den Landfrieden des Jahres 1516 in diesem Falle hiezu
verpflichtet waren." Auch die Ungarn nahm er in Schutz gegen
die Anschuldigung der Oesterreicher, als hätten jene die Bestimmungen des Bündnisses nicht beachtet. Das Verlangen, die Oesterreicher mit Mannschaft zu unterstützen, konnte verfassungsmäßig
nur vom ungarischen Landtag entschieden werden. Da jedoch derselbe nicht versammelt war, mußte der Palatin und die anderen
Kronbeamten jenes Verlangen ablehnen.

Zierotin widerlegte sodann die weitere Beschwerde, daß
Mähren mit dem Landesfürsten die Vereinbarung getroffen und
dieser gehuldigt hatte, ohne auf die Oesterreicher Rücksicht zu nehmen.
Er wies auf das, was zu Stierbohol unter den Unirten festgestellt wurde: dem Erzherzog unverweilt zu huldigen, den Fall
ausgenommen, wenn diese Huldigung dem Bündnisse der Unirten
nachtheilig sein sollte. Zierotin berief sich auf das Zeugniß aller
Mährer und der bei der Huldigung anwesenden Oesterreicher, daß
er jene bundesmäßige Bedingung vor der Huldigung in einer
Rede deutlich zur Geltung brachte. Es ist zwar wegen Erhaltung
der Rechte des Landes und der Religionsfreiheit kein Schwur
vom Erzherzog verlangt worden, allein diese Forderung wurde
zu Stierbohol nicht aufgestellt. „Es war dies nicht unsere Sache,"
schrieb Herr von Zierotin, „noch verlangen es unsere Verträge,
noch ist dies Sitte, noch hätten es die Oesterreicher gethan, wenn
sie die ersten die Huldigung dargebracht hätten, denn es wurde
zu Stierbohol das Geltendmachen jener Forderung (Eid) öffent-

lich zurückgewiesen." Zierotin hat auch sonst immer und bei jedem Anlasse für die Oesterreicher gewirkt, der Erzherzog hatte ihm und andern versprochen, diese so zu behandeln, daß sie nicht Ursache haben würden, mit ihm unzufrieden zu sein.

Zierotin versprach eine Zusammenkunft der Stände zu Znaim auf den 7. October im Interesse der Oesterreicher berufen zu wollen, um über eine Gesandtschaft an den Erzherzog zu berathen. „Wir werden Euer Recht schützen, allein mehr zu thun sind wir nicht verpflichtet; diejenigen, welche uns bei euch anklagen, sollten uns eher nachahmen, als uns verleumden." Zierotin bat Stahrenberg, jede überflüssige Forderung fallen zu lassen. In dem gleichen Geist schrieb er an Tschernembl, Mährens Vorbild und Mäßigung empfehlend. Der Erzherzog werde nichts verweigern, um dessen Gewährung man bitten würde, nur wolle er sich nichts abbringen lassen. Auf den Erfolg der Waffen sollen sie nicht rechnen. Die mährische oder ungarische Hilfe werde langsam kommen, der Feind im katholischen Lager sei zahlreich.

Mathias forderte Herrn von Zierotin auf, Anfangs October nach Wien zu kommen; er fand den Erzherzog geneigt, die Oesterreicher liebevoll zu behandeln und sich ihnen nachgiebig zu zeigen, wenn sie versprechen würden, ihm zu huldigen und seine Schreiben zu beantworten. Allein die Oesterreicher hatten alle dem Erzherzog schuldige Rücksicht außer Acht gelassen und seine Gesandten Trautson und Fürstenberg durch zwecklose Unterhandlungen zurückgehalten; Tschernembl befand sich in Preßburg, um die Ungarn zum gemeinsamen Widerstand gegen Mathias einzuladen. Zierotin bat ihn, von diesem Begehren abzulassen, nur die Eintracht vor Augen zu haben und den Krieg zu meiden. Im prophetischen Tone sagte er: „wenn ihr Stände besiegt werdet, dann habt ihr keine Hoffnung mehr, Eure alten Freiheiten je wieder herzustellen. Religionswahrheiten lassen sich nicht mit den Waffen behaupten; sie brachten dem sächsischen Herzog, dem französischen Admiral und dem englischen Northumberland nicht blos Niederlage, sondern Untergang. Gebt etwas von Euerem Rechte nach, um die Hauptsache zu retten; seid mäßig und bescheiden."[27])

---

[27]) Cod. 30. Dec. 1608. Rich. Stahr. 15. Octob. 1608 Zll. — 20. Octob. 1608 Tschern.

Am 24. October erſchien Althann im Namen der proteſtan-
tiſchen und gleichzeitig eine Geſandtſchaft der katholiſchen Oeſter-
reicher in Brünn. Letztere hatten ſchon dem Erzherzog gehuldigt.
Die mähriſchen Barone, welche ſich über Einladung Zierotins in
Brünn verſammelt hatten, wollten von bewaffneter Hilfe nichts
wiſſen, boten dagegen den Hornern ihre guten Dienſte in deren
Sache an und verſprachen deshalb eine Geſandtſchaft an den
Erzherzog nach Preßburg abzuordnen. Um den abweislichen
Theil ihres Beſchlußes in mildere Form einzukleiden, verſprachen
ſie die Frage wegen der bewaffneten Hilfe an den mähriſchen
Landtag zu bringen. Da die gegneriſchen Seiten in Oeſterreich
immer größere Streitkräfte ſammelten und der Ausbruch des Krieges
unvermeidlich ſchien, wurde zur Vertheidigung Mähren's das
Landesaufgebot in Bereitſchaft geſtellt und fünfhundert Reiter ge-
worben. Zierotin ſandte ſeinen Agenten Wobitz nach Preßburg,
um die Haltung des ungariſchen Landtags in der öſterreichiſchen
Angelegenheit zu beobachten und ihm Mittheilung zu machen.
Mathias billigte vollkommen das Vorgehen des Landeshauptmanns
und überließ die weiteren Unterhandlungen mit den Hornern dem
Herrn von Zierotin und dem Erzherzog Marimilian, welch' letzteren er ausdrücklich hiezu bevollmächtigt hatte. Die Dinge ſchienen
ſich günſtiger zu geſtalten; von dem Tacte und der Mäßigung
Marimilian's war jetzt das Zuſtandekommen einer Vereinbarung
zu erwarten. Um das Vermittlungswerk energiſcher zu betreiben,
fuhr Zierotin am 30. October ſelbſt nach Horn.

Sein Aufenthalt daſelbſt dauerte nur wenige Tage; am
3. November war er bereits wieder in Mähren. Er hatte ſich
bemüht, alle Gründe, welche für die Erhaltung des Friedens
ſprachen, geltend zu machen; er fand die Horner mehr zur Verſöhnung geneigt, da ſie eben eine zahlreiche Geſandtſchaft an
Marimilian ſandten. Allein darauf beharrten ſie: die Huldigung
zu verweigern, ſo lange Mathias nicht die unbedingte Religionsfreiheit und die verlangten Reformen zugeſtanden haben würde.
Zierotin fand, daß die Gründe, welche die Horner für ihren Widerſtand anführten, allerdings ganz in ihrer alten Landesverfaſſung
wurzelten und daß nur die Unzuverläſſigkeit der erzherzoglichen
Räthe und die Unentſchloſſenheit des Erzherzogs ſelbſt den Anlaß
zu jenem Widerſtande gegeben hatten. Doch verſuchte er durch

Hinweisung auf die allgemein politische Lage diese Gründe zu ent-
kräften und die Frage der bewaffneten Hilfe, welche die Horner
von den Mährern verlangten, dadurch abzuschneiden, daß er den
Zweck seiner Ankunft hervorhob: er sei nämlich gekommen, um
zum Frieden zu rathen, nicht aber um Soldaten zu bringen. Zierotin's Bemühungen scheiterten an den starren Ansichten der Horner,
wiewohl er nichts unterlassen hatte, um sie zur Huldigung zu
bewegen, doch suchte er ihre Forderungen zu verringern, indem er
ihre Hoffnung auf den ungarischen Beistand herabstimmte; und so
schied er von der Einwirkung des milden und gemäßigten Sinnes
Maximilian's auf dem vorbereiteten Boden das Beste hoffend.

Allein neue, bedeutsame Factoren traten dieser ersehnten
Vereinbarung hindernd entgegen. Anhalts Eigennutz und Rudolphs Rachgier drohten das kaum begonnene Vermittlungswerk
zu vernichten. In der zweiten Hälfte Novembers fand eine Zusammenkunft in Wittingau, durch Herrn Peter von Rosenberg
angeregt, zwischen Tschernembl und Anhalt statt. Zierotin wurde
hiezu geladen. Er entschuldigte sich mit Mangel an Zeit; in der
That kein Tag verging, an welchem er nicht Briefe oder Nachrichten aus Oesterreich und Ungarn empfing. Am 17. November
hatte er einige hervorragende Mitglieder der Stände zu einer
Zusammenkunft eingeladen, um die Relation der in Folge der
Bitte der Horner an Mathias abgeschickten mährischen Gesandten
zu vernehmen. Am 19. war Musterung der mährischen Reiterei;
selbst einer Einladung nach Preßburg konnte er deshalb nicht nachkommen, auch erwartete er demnächst von Mathias nach Hof berufen zu werden. Er lehnte daher jene Einladung höflich ab.
In dem Entschuldigungsschreiben bemerkte er ferner, daß er die
Reise nicht unternommen, weniger um den Verleumdungen zu
entgehen, was schwer möglich sei, als um das vom äußern und
innern Feinde bedrohte Land nicht zu verlassen. Es scheint, daß
er die Befürchtung hegte, dem Erzherzog Mißtrauen einzuflößen
und durch den Verkehr mit jenem bekannten Feind des österreichischen Hauses den neutralen Character des Vermittlers zu verlieren. [28])

---

[28]) Beilage Nr. CCXCIV. und CCXCV. — Cod. 27. Oct. 1608 3U. 27. Oct.
1608 Thur. 3U. — K. Math. an Zier. 4. Nov. 1608. — Hurter VI.

In Wittingau machte nun Anhalt nach seiner eigenen Angabe Studien über die österreichischen Verhältnisse und Wirren. Er fand die Oesterreicher mehr zu „Extremitäten" als zum Vergleich geneigt. Es wurde daselbst der Beschluß gefaßt, daß die Oesterreicher um den Preis ausgedehnter Concessionen sich dem Kaiser zu nähern hätten, da man wußte, daß Rudolph, nur um seine Racheplane gegen Mathias durchzuführen, bereit war, jedes Mittel zu erfassen.

Zierotins Abwesenheit hatte Anhalt schon belehren können, daß seine Hoffnungen auf eine bewaffnete Mitwirkung Mährens in der Horner Sache eine vergebliche sei. Dennoch theilte letzterer diese Hoffnung Churpfalz mit.

Die Unterhandlungen zwischen den Hornern und den Mährern dauerten einstweilen fort. Die Horner verlangten, die Mährer sollen eine Gesandtschaft an sie nach Horn absenden. Zierotin erfüllte dieses Begehren nicht, unter dem Vorwand, daß eine nur von einem (dem protestantischen) Theile der österreichischen Stände begehrte Gesandtschaft kein Gewicht hätte, überdies hatte er vernommen, daß binnen kurzem sie sich mit Marmilian doch vereinbaren würden, die Mission wäre dann überflüssig. Durch Abordnung einer Gesandschaft von Seite Mährens hätte Zierotin die Legalität der Horner Vorgänge factisch anerkannt und dieselben in ihrem factiösen Widerstand nur bestärkt.

Nicht glücklicher als in Mähren waren die Oesterreicher jetzt in Ungarn. Vergeblich suchten sie die letzteren kraft der Bündnisse zu bewegen, die Krönung Mathias' nicht eher zu gestatten, als bis er den Oesterreichern alle Forderungen bewilligt hätte. Eine Gesandtschaft der Ungarn, geführt von Thurzo, um zwischen den Oesterreichern und dem Erzherzog zu vermitteln, vertheidigte laut und offen den Zierotin'schen Grundsatz, „daß Christen sich eher der Verfolgung unterziehen müssen, als die Waffen ergreifen." Illyeshazy sprach in ähnlichem Sinne, er war für Mathias im buchstäblichen Sinne gewonnen, denn dieser hatte ihm eine be-

162. — Cod. 19. Nov. 1608 Stahr. — 8. Nov. 1608 Thurzo, XVII. Cal. Dec. 1607 Timino. — Anh. an Churpf. 27. Nov. 1608 M. St. Arch. 547. — Anh. Cop. 17. Oct. 1608. — Rof. an Zier. 14. Nov. 1608 L. A. — 15. und 18. Nov. 1608 Anh. Reg.

beutende Donation — doch mit Gütern der Graner Kirche — gemacht. Hier abgewiesen, wandten sich die Oesterreicher abermals an die Reichsfürsten und bitten um thätige Hilfe.

Inzwischen ging die Krönung in Ungarn zur großen Freude Zierotins anstandslos vor sich. Er sah hierin das wesentlichste Mittel, den neuen Zustand zu consolidiren und die traurigen Folgen, welche der Widerstand der Oesterreicher nach sich ziehen konnte, zu mildern. Durch die glückliche Lösung der Krönungsfrage in Ungarn wurde Mathias geneigter, sich auch den Hornern nachgiebig zu zeigen. Er berief zu diesem Zwecke Zierotin zu sich nach Preßburg. Zierotin fand ihn in einer guten Stimmung und die Räthe bereit zu einer Transaction. Man beschloß im Rathe des neuen Königs, die Horner Ausschüsse, welche Ende November unverrichteter Dinge nach Hause gereist waren, wieder zurückzuberufen, und neue Unterhandlungen anzuknüpfen. Hobiß wurde von Zierotin nach Horn entsendet, um die österreichischen Stände über den Erfolg seiner Preßburger Unterredung und über die daselbst gemachten, für ihre Sache günstigen Warnehmungen zu informiren. Leider hat Zierotin die Basis, auf welcher die neuen Unterhandlungen beginnen sollten, in seinen Briefen nicht mitgetheilt. Da er versichert, daß Stierboholer Bündniß dem Palatin und den kaiserlichen Räthen als Compelle vorgehalten zu haben, so darf man annehmen, daß in Folge seiner Einwirkung den Hornern mehr angeboten wurde, als es im November zu Wien geschehen war.

Dem ungeachtet waren die Oesterreicher nicht müde, Herrn von Zierotin vorzuwerfen, er sei in seinem Vermittlungswerke zu furchtsam und zu kalt! Ja es scheint, als ob man in Oesterreich sich über die Brüderunität lustig gemacht und in ironischer Weise gefragt hätte, ob dieses Handeln Zierotin's ein wahrhaft „brüderliches" sei? Mit Entrüstung protestirte Herr von Zierotin gegen diese Zumuthung, indem er auf sein bisheriges Wirken hinwies und sich auf die Aussagen aller in Preßburg Anwesenden berief, welche Zeugen waren seiner eifrigen Verwendung für die Oesterreicher. Die Früchte der Wittingauer Berathungen traten nun klar an den Tag.

Ungeachtet der Hoffnung Zierotin's, daß der Keim des Friedens und der Eintracht, welchen er in Preßburg gelegt, Früchte

tragen würde, nahm die Gesandtschaft der Horner, in das königliche Hoflager kommend, kurz darauf eine heftige Sprache an,
stellte an den König größere Forderungen und drohte mit der
Wahl des Kaisers zum Schiedsrichter. Zierotin nahm diese Drohung
sehr übel, „nie,“ sagte er, „werden Mähren und Ungarn diese
Vermittlung des nur auf Rache bedachten Kaisers acceptiren.“
Gesandte der mährischen Stände, worunter Zierotin sich jedoch
nicht befand, versuchten es, die Sache der Horner in Wien zu
vertreten, Mathias und gleichzeitig die Horner Ausschüsse zur
Nachgiebigkeit zu stimmen. Sie kehrten unverrichteter Dinge in
der zweiten Hälfte Decembers mit einer ungünstigen Antwort des
Königs, die Zierotin an Tschernembl mittheilte, zurück. Mathias
beklagte sich bei ersteren über den zunehmenden Widerstand der
Horner und über die Erfolglosigkeit jener mährischen Gesandtschaft. Die in Aussicht gestellte Unterstützung Deutschland's, die
Hoffnung, daß auch Schlesien sich mit den österreichischen Ständen
verbinden werde, und die Umtriebe und Versprechungen des Prager
Hofes, „im Falle der Rückkehr unter Rudolphs Herrschaft alles
concediren zu wollen,“ hatten zu dieser plötzlich wiederkehrenden
Halsstarrigkeit der Horner Veranlassung gegeben.

Schon im October d. J. wurde eine Wandlung in den
Gesinnungen des Kaisers wahrgenommen. Die erzwungene Länder-
abtretung an seinen verhaßten Bruder gereute ihn. Seine Rachepläne führten ihn in die Arme der früher verhaßten „Ketzer“ und
des Erzfeindes des österreichischen Hauses (Anhalt). Der Abgesandte des Erzherzogs Albert fand zu seiner Ueberraschung den
Kaiser mehr den Calvinern als den Katholischen geneigt. Selbst
Tschernembl verkehrte jetzt mit Rudolph über die Frage des Zu-
rückkehrens unter seine Herrschaft. Als Khlesel in geheimer Sendung im Februar 1609 in Prag bei Rudolph war, um den von
der spanisch-römischen Partei im katholischen Interesse entworfenen
Versöhnungsplan zwischen Mathias und Rudolph zu fördern, fand
er den Kaiser nur von Rachegedanken beherrscht. Letzterer entließ
den Bischof von Wien mit den Worten: „Wie? wenn ich den
Böhmen und dem Reiche Religionsfreiheit gewähre, dann kann
ich Mathias den größten Schaden zufügen“ (es hatten damals
nämlich in Prag die Kämpfe um den Majestätsbrief begonnen).
Für die Dienste, welche Anhalt in der österreichischen Sache dem

Kaiser erwiesen, ließ dieser durch Leuchtenberg danken. Auch Mähren wurde von Ruboph versucht, von dem neuen Herrn, dem es eben erst gehuldigt hatte, sich abzuwenden. Allein dies Land war fest entschlossen, sich dem Kaiser unter keiner Bedingung zu unterwerfen; die Mission des Grafen Adolph von Althann, welcher im Namen Rudolphs den Mährern goldene Berge versprechen sollte, hatte keinerlei Erfolg. [20])

Die Bestrebungen Rudolph's, die verlorenen Länder durch allerlei Mittel zu gewinnen, wurden, nachdem die Gefahr des böhmischen Martins-Landtages durch dessen Vertagung für den Augenblick beschworen gewesen war, immer deutlicher und ungestümer.

Der Kaiser ließ Anfangs December den Erzherzog Leopold kommen, um ihn zu einer Heirat zu überreden und ihm die Nachfolge im Reich zu sichern.

In der Mitte des Monats December ging Erzherzog Leopold mit einer Gesandtschaft nach Wien und forderte im Auftrage Rudolph's im versöhnlichen Tone die abgetretenen Länder von Mathias zurück, während Tennagel, des Erzherzogs Diener, in geheimer Sendung nach Horn ging und dort Versprechungen ausgedehnter Concessionen gab, im Fall die Oesterreicher wieder zu Rudolph treten würden.

Zu gleicher Zeit hatte Oberst Gunderode, welcher sich rühmte, den Fürsten Christian von Anhalt für den Kaiser gewonnen und

[20]) Gott. Stahr. an Anh. 17. Dec. 1608 a. a. wegen Allianz Schlesiens mit den Hornern. — Die evang. öst. St. 4. Jän.1609 M. St. A. 547/10. 10. Dec. 1608 Anh. Reg. — Bischer an Flech. 24. Octob. 1608. — Bischer an Erzh. Alb. 21. Feb. 1609 Brüss. 163. — 1. Jänner 1609. Anh. Reg. — Dafür, daß Rudolph Althann nach Mähren sandte, um das Land von Mathias abwendig zu machen, wird der Kaiser vom Card. Paravicino außerordentlich gelobt. 21. Feb. 1609 Wiener N. A. 39/248. — Hammer a. a. O. II. 129. — Cod. 19. Nov. 1608 Stahr. — 21. und 22. Nov. 1608 Ill. und Thurzo. — Hurter VI. 116 117 und 1. S. 3. — Cod. VI. Id. Dec. 1608 Tim. 16. Dec. 1608 Budowa. — Hurter VI. 151 und 166. Audienz Tschernembls bei Mathias 22. Dec. 1608. — Cod. VIII. Id. Jan. 1609, Non. Jan. 1609 Illyzzh. — Ein gleichzeitiger Bericht über die Krönung Mathias' ist abgedruckt in der Broschüre: Acta coronationis Mathiæ II. in Regem Hungariæ. In Germania. 1784. S. Beil. Nr. CCCXXI.

von Mathias abwendig gemacht zu haben, die Mission, die Annäherung der Oesterreicher an Rudolph zu vermitteln. Ungeduldig
und zum Abschluß drängend, ließ er unter Vorspiegelung kaiserlicher Belohnung, Anhalt ersuchen, ihm das Ergebniß der Unterhandlungen mit den Oesterreichern bald mitzutheilen. Er sprach
ahnungsvoll die Ueberzeugung aus, man werde ihn wohl nicht
täuschen, er hoffe, „daß die Oesterreicher an dem römischen Kaiser
nicht einen Fückmüller haben werden."

So wurden alle Hebel in Bewegung gesetzt, des Königs
noch unbefestigte Macht zu stürzen. Mathias, im Angesicht der
doppelten Gefahr von Horn und Prag, benachrichtigt gleichzeitig
Zierotin und Illyezhazy von der Ankunft Leopolds, und ersucht
dringend diese beiden Häupter, die Horner zur Nachgiebigkeit zu
stimmen. In diesen argen Verlegenheiten, in der Besorgniß, das
Erzherzogthum in Waffen wider sich zu sehen und einen Bürgerkrieg heraufzubeschwören, warf sich König Mathias, um den Intriguen Rudolphs zu entgehen und den Widerstand der Horner zu
brechen, ganz in die Arme Zierotin's, als des einzigen Mannes,
der durch Talent und Einfluß der schweren Aufgabe, ihn siegreich
aus diesen Verwicklungen herauszuführen, gewachsen war, von dem
sogar Khevenhiller, dem man Befangenheit für Zierotin nicht vorwerfen kann, sagte: „daß er zwar calvinischer Religion sei, in der
Pflicht und Schuldigkeit gegen seinen Landesfürsten aber treu und
ehrbar, auch an Verstand, Erfahrenheit, Respect und Autorität damals allen anderen Ständen überlegen." So ruhte jetzt in der Hand
Carls von Zierotin das Geschick des Königs und der ihm abgetretenen Länder. Die Erfolge seiner Thätigkeit üben ihren Einfluß
weit über die Grenzen seines engeren Vaterlandes hinaus.

Zierotin erhielt von Mathias vorerst die Weisung, Mähren
nicht zu verlassen, um auf den ersten Wink sich reisefertig nach
Wien zu machen.

Zierotin schrieb an Illyezhazy — da eine von beiden gewünschte
Zusammenkunft nicht möglich war — im Interesse des Friedens und
zur Abwendung des unheilvollen Krieges, auf die Horner und
den König Einfluß zu nehmen. Illyezhazy wandte sich sofort an
die Horner, den Rath ertheilend, sich billigen Bedingungen zu
fügen. Auf dem Olmützer Dreikönig-Landrecht ließ Zierotin über
die fernere Haltung Mährens in der österreichischen Frage Be-

rathungen abhalten; das Resultat derselben war der einmüthige Beschluß, den Frieden aufrecht zu erhalten und einen Zusammenstoß mit aller Kraft hintanzuhalten. Zu diesen Landrechtssitzungen waren die Abgesandten der Horner mit der zu Wittingau gereiften Erklärung rechtzeitig in Olmütz eingetroffen, daß sie andere Freunde suchen würden, wenn die Mährer vom Stierboholer Bündnisse abfallen. Gleichzeitig bezeichneten die Gesandten die Grenzen derjenigen Zugeständnisse, welche die zu ernennende mährische Deputation bei Mathias erwirken sollte. Das Landrecht erwiderte darauf, daß es der Vermittlung halber ansehnliche Deputationen nach Wien und Horn in fünf bis sechs Tagen senden werde. Für Horn erhielten Lew Rozmital, Hieronym Thurn, Georg Hodiz und Czeyka die Creditive der mährischen Stände.

In der zweiten Hälfte Jänners wurde das Landrecht geschlossen, weil Zierotin mit anderen mährischen Herren, gleichwie Illyezhazy durch Carl von Liechtenstein, vom König eilends in Angelegenheit der Horner nach Wien berufen worden waren. Liechtenstein, welchen Hock ein Aprilwetter nennt, war Anfangs Jänner nach Mähren gesendet worden, um die Mährer von der Unterstützung der Horner abzubringen; als er sich jedoch von den festen Entschlüssen der ersteren — die unmäßigen Prätensionen der letzteren zwar zurückzuweisen, allein deren billige Forderungen zu unterstützen und keine Vergewaltigung derselben zu dulden, überzeugte, referirte er darüber dem König. Die Folge war eben die Einberufung Zierotins und die Sistirung des schon beabsichtigten Einschreitens der k. Truppen.

Bis zum 28. Jänner hatte Zierotin zwei öffentliche Audienzen in dieser Frage gehabt, überdies öfter in Privataudienzen mit dem König darüber conferirt. Er will Alles für die Horner thun, was sich mit seiner dem König geschworenen Treue verträgt, und er hofft eine Antwort zu erlangen, welche ihren Wünschen gerecht werden würde. Das Ergebniß dieser Conferenzen war die Bestimmung, daß die Horner ihre Gesandten mit unbedingten Vollmachten nach Wien zum Vermittlungswerke abzuordnen hätten.

Die Befriedigung dieses königlichen Wunsches war somit sein Hauptaugenmerk. Zierotin ersucht dringend Herrn von Tschernembl um Willfahrung dieses Begehrens. Der König legte, um zum endlichen Abschluß zu kommen, darauf das größte Ge-

wicht, es war seine Conditio sine qua non. In fünf Tagen schrieb
Zierotin dreimal an Tschernembl und sendet überdies am 3. Februar
den Grafen Hobiß, welcher die Salvaguarbia für die Horner
brachte und sie zu geleiten hatte, nach Horn, um sie zu bitten,
den Gesandten unbedingte Vollmachten zu geben; er beschwört sie,
nicht die Veranlassung zu werden, daß diese letzte Vermittlung
sich zerschlage, er warnt vor dem Krieg, auf den die Oesterreicher
zu hoffen scheinen und wofür beide Theile rüsten. Seine Seele
ist vom aufrichtigsten Schmerze erfüllt, als er die so geringe Neigung der Horner zur friedlichen Ausgleichung wahrnimmt. Er
macht an Illyezhazy Mittheilungen über die Lage der Dinge in
Wien, benachrichtigt ihn von der Gefahr, die von Prag und von
der Türkei drohe, und bittet ihn, den König zu bewegen daß er
nicht um Worte streite, während das Reich in Gefahr ist. Er
warnt zugleich Illyezhazy vor den Umtrieben in Oberungarn,
wohin sich Stahrenberg im Namen der Horner, die dort neue
Hilfe suchten, begeben hatte, was die Besorgniß erregte, daß die
Oberungarn, mit Mathias' Krönung unzufrieden und durch die
Horner aufgewiegelt, die Bocskay'schen Unruhen erneuern würden.

Endlich vermochten die dringenden Bitten Zierotins die Horner zur Nachgiebigkeit zu bewegen. Hobiß kehrte von Horn zurück
mit der Versicherung, daß die für den 22. oder 23. Februar angekündigten Horner Gesandten die unbedingten Vollmachten mitbringen werden. [20]

Daß Zierotins unermüdliche Thätigkeit von diesem Erfolge
gekrönt war, ist nebst seinem persönlichen Einfluße dem Umschwunge

---

[20] Wie groß die Liebe und Freundschaft des damals zum Palatin ernannten
Illyezhazy für Zierotin war, geht daraus hervor, daß jener sonst spar-
same Magnat unserem Carl häufig prachtvolle Geschenke übersandte.
Non. Jan. 1609 Illy. — Hurter VII. 162. 168. — Cod. III. Kal. Jan.
1609, 30. Dec. 1608 Thurzo. — VIII. Non, Jan. 1609, 30, 31. Jän.,
3. und 16. Feb. 1609 Tschernembl. — 8. und 20. Jänner, 6. und
11. Feb. 1609 Illyezhazy. — Harlay 6. und 13. Decemb. 1608. —
Hammer a. a. O. II. 132. — Bei Peßina a a. O. 495. Zierotin an
Hobiß 17. März 1609. — Puchhaimb an Rosenb. 22. Jänner 1609.
A. A. L. A. — Wischer an Erzh. Alb. 13. Dec. 1608 und 31. Jänner
1609 Brüss. 163. — Wischer an Flech. 17. Jänner 1609. Ibi. — Anh.
Reg. 16. Jänner 1609. — Gundcrode an Anh. 13. Feb. 1609 a. a. O.
13. IV./303.

der Stimmung zu verdanken, welche sich in der letzten Zeit in
Horn schon vorbereitet hatte und zunächst durch den Fürsten Christian von Anhalt, doch gewiß wider seinen Willen herbeigeführt
wurde. Zur rechten Zeit merkten nämlich die Oesterreicher, daß die
Annäherung an den Kaiser einerseits, und an die Union anderseits einem reinpersönlichen, ehrgeizigen Zwecke Anhalts dienen
sollte.

Seine Absicht war ganz klar, er wollte, daß gegen Mathias
gewaltthätig verfahren werde, um ihn vom Throne zu stoßen, dann
sollten sich die österreichischen Länder einen neuen Herrn, aus der
Mitte der deutschen Fürsten, wählen. Der hartnäckige Widerstand
der Oesterreicher, die Aufnahme derselben, dann Mährens und
Ungarns in die Union, waren die geeignetsten Mittel, den König
zu isoliren und dann zu besiegen. Um den Zuzug italienisch-spa-
nischer Truppen aus Italien zu verhindern, hatte sich Anhalt der
Zustimmung des Erzbischofes von Salzburg zu seinem Vorhaben
versichert und wollte das Obercommando der venetianischen Truppen
erlangen. Venedig hatte der Union schon die Unterstützung einer
halben Million Thalern zugesichert und sich die Hilfe derselben im
Kriegsfall bedungen.

Die weit aussehenden Plane Anhalts bedurften jedoch der
Billigung König Heinrich's IV. Anhalt ließ durch den Herzog von
Bouillon in Paris darüber anfragen und gleichzeitig die Mittheilung machen, daß, wenn Ungarn mit den Oesterreichern gemeinsame
Sache macht, auch die Mährer und Schlesier nachkommen würden.
Dann wäre die Union stark genug, um einen Angriff zu wagen.
Auch jetzt noch bewahrte Heinrich die Zurückhaltung, die früher
bei den Unterhandlungen mit Herrn von Zierotin beobachtet wurde,
er fand es noch nicht an der Zeit hervorzutreten und wollte es
mit dem Papste, gegen dessen Primat diese Verbindung gerichtet
war, nicht verderben. Die Dinge in Oesterreich waren noch nicht
auf jenen Punct der Zerfahrenheit und Anarchie gediehen, welche
das active Einschreiten Frankreichs leicht und erfolgreich gemacht
haben würden. Ueberdies scheint König Heinrich von der Stimmung der Mährer und Ungarn besser unterrichtet gewesen zu sein
als Anhalt und gestattete nicht, daß dieser das Obercommando
der venetianischen Truppen übernehme.

Obwohl Fürst Christian auf diese Art einer kräftigen Stütze

beraubt war, gab er den Plan, Mathias zu stürzen, nicht auf; nur beschränkte er sich bei der Ausführung auf die inneren Kräfte Oesterreich's und Ungarn's. Es gelang ihm Rosenberg für die Ansicht zu gewinnen, daß Mathias, der von Papisten geleitet werde, seinem Schicksale zu überlassen sei. Nur eine violente Medicin könnte helfen: wenn Mähren und Ungarn die Oesterreicher unbedingt unterstützen würden, wenn des Kaisers Mitwirkung erlangt sein wird; dann müsse Mathias fallen.

Aber auch darin hatte sich Anhalt verrechnet. Wohl war es ihm gelungen, die Oesterreicher zu Unterhandlungen mit Rudolph geneigt zu machen. Auch Tschernembl hatte lebhaft dafür gesprochen. Allein die Schritte, welche Anhalt ins Werk gesetzt, um dem Kaiser das abgefallene Oesterreich zurückzuführen, entzogen ihm die Mitwirkung derjenigen, deren Unterstützung er am meisten bedurfte. Als Tschernembl nach der Sendung des Erzherzogs Leopold nach Wien die Doppelpolitik des Prager Hofes selbst beobachtet und erfahren hatte, wie erbittert die Schlesier gegen Rudolph waren und wie dieser die versprochene Lösung der Religionsfrage in Böhmen immer wieder verschob; als er ferner gesehen hatte, daß der Kaiser mit den Oesterreichern unterhandle und andererseits Erzherzog Leopold eine für Horn bestimmte Waffensendung confisciren ließ, daß ferner eine von den Evangelischen sehr gefürchtete Versöhnung der Brüder, ein Bund der Prager und Wiener katholischen Regierung angestrebt werde, um dann vereint gegen die Protestanten zu Felde zu ziehen, — waren ihm die Unterhandlungen mit Rudolph nicht mehr ein Gegenstand ernstlicher Erwägung; seine Briefe zeigen deutlich, daß es ihm nur darum zu thun war, durch die Schritte bei Rudolph Mathias nachgiebiger zu machen und daher den römischen Kaiser wirklich als „Füchsmüller" zu benützen. Die Rückkehr zu Rudolphs Herrschaft war, wie Tschernembl's spätere Haltung zeigte, nicht mehr ein Zielpunct der Oesterreicher.

Daß Anhalt darauf hingewirkt und sich in dieser Sache mit Rudolph eingelassen, war genug, um dem mährischen Landeshauptmann die Einmengung der Union verhaßt zu machen. Hatte sich doch Carl von Zierotin geäußert, eher den Türken als der Prager Regierung trauen zu wollen! Wie Zierotin, dachten Illyezhazy und Thurzo und ganz Ungarn. Ungarn und Mähren waren fest

entschlossen, zu den Oesterreichern zu stehen, allein unter Mathias'
Herrschaft, denn Rudolphs Regierung in diesen Ländern war
unmöglich. Alles mochte Zierotin eher erdulden als die Widerkehr
der alten Zustände; der Kaiser hätte nach einem Siege nur über
Ruinen und Leichen in Mähren und Ungarn herrschen können.

Ungeachtet der Freundschafts-Versicherungen Mährens und
Ungarns konnten die Oesterreicher wahrnehmen, daß sie in dem
drohenden, wie es schien unvermeidlichen Kampfe allein stehen
werden. Wenn auch die Union, auf ihr Verlangen um thätige
Mitwirkung sich bereit erklärte, sie mit Waffen und Munition zu
unterstützen, so war an die Absendung von Hilfstruppen nicht
zu denken. Die Fürsten der Union konnten sich selbst über das
Maß und die Art der Unterstützung nicht einigen. Sonach hing
jetzt jeder Abschluß dieses unhaltbaren Zustandes, Krieg oder Friede
von Mähren und Ungarn ab und da Illyeshazy und die anderen
Führer in Ungarn sich der weisen Leitung Zierotin's in diesen
Fragen unterwarfen, so beherrschte dieser die Situation und zwar
im Sinne eines friedlichen Ausgleiches. Die feindlichen Truppen
waren schon einander nahe gerückt, es wäre zu einem Zusammenstoß
gekommen, wenn nicht Zierotin seine Vermittlung von der Waffenruhe abhängig gemacht hätte. In Folge der Anregung des chur-
fürstlich-pfälzischen Rathes Lofenius, welcher immer für die friedliche
Ausgleichung gestimmt hatte, nähert sich Anhalt Herrn von Zierotin und versucht diesen für die Rückkehr zu Rudolph zu gewinnen.
Zierotin wies dieses Ansinnen auf das Entschiedenste zurück, doch
dies schreckt den Fürsten nicht ab. Einige Unionsgesandten erhalten
zwar die Vollmacht für den friedlichen Ausgleich mit Mathias zu
plaidiren; allein ein geheimer Sendling hat von Anhalt den Befehl
erhalten, Tschernembl und die Horner in der feindlichen Haltung zu
bestärken, mit Rudolph die Unterhandlung fortzusetzen, nach allen
Kräften gegen Mathias in Oesterreich zu wühlen, die Kriegsobersten
des Königs zu Treubruch und Abfall zu verleiten und den österreichischen Ständen jetzt alle Unterstützung bis auf die Kriegshilfe
zuzusagen. Er hofft, daß durch diesen Schritt die Oesterreicher sich
zu einem extremen Entschluße: zum Kriege nämlich bestimmen
lassen würden. Anhalt sah sich schon als Obercommandant der
österreichischen Truppen. Er ließ sich hiebei durch nichts beirren,
selbst dann nicht, als Duncker, des Erzherzogs Maximilian ver-

trauter Rath, ihm die eindringlichſten Vorſtellungen gegen ſeine
Wühlereien gemacht, ihm das aufrühreriſche Treiben der Horner
unbefangen dargelegt und die Frage aufgeworfen hatte, welchen
Entſchluß wohl ein Reichsfürſt gefaßt hätte, wenn ſeine Unterthanen nur die Hälfte deſſen zu thun gewagt, was die Oeſterreicher jetzt gegen die Erzherzoge unternehmen? In ähnlichem Geiſte
ſchrieb Mathias an die zu Rothenburg verſammelten Unionsfürſten
und forderte ſie auf, „die Union möge in dieſer Streitſache ein
ſolches Benehmen beobachten, wie ſie ſelbſt in einer ähnlichen
Lage behandelt ſein wollte." Den Fürſten Chriſtian erſuchte er, ſich
in die öſterreichiſchen Angelegenheiten nicht einzumengen. Es iſt
ſehr wahrſcheinlich, daß Tſchernembl ſelbſt den Fürſten in jenem
Vorgang, jedoch nur ſcheinbar, beſtärkt haben mochte, denn er
hatte dieſem geſchrieben: daß weder mit Rudolph noch mit Mathias etwas anzufangen ſei, daß man ſich in die Arme der Unirten
werfen und einen Fürſten reformirter Confeſſion als Gubernator
annehmen müſſe. Tſchernembl wollte wie ſchon einmal den Fürſten
Chriſtian und die übrigen Unionsfürſten durch dieſe Mittheilung
offenbar zu weiterer Theilnahme aufmuntern, nur um durch deren
Intervention den König zur baldigen Entſcheidung zu drängen,
keineswegs aber um wirklich eine kriegeriſche Manifeſtation herbeizuführen.

Wie dem Könige und ſeinen Räthen hatte Zierotin den
Oeſterreichern über die wahrſcheinlichen Erfolge eines Krieges
die Augen geöffnet und gezeigt, daß es ſich nur um Befriedigung
des Ehrgeizes des Fürſten Chriſtian handle, wozu Oeſterreich das
Werkzeug ſein und die Koſten bezahlen ſollte. Die immer mehr
zu Tage tretende Sorge des Fürſten, durch den Krieg eine
Stellung in Oeſterreich zu erringen, die Zurückhaltung der Union,
die wohl die Oeſterreicher aufzuregen wußte, allein denſelben im
Kriegsfalle keinen beſtimmten und ſichern Rückhalt bot, anderer-
ſeits die Verſicherungen Zierotin's, daß weder Mähren noch Ungarn den Oeſterreichern bewaffneten Beiſtand geben würden, daß
Mathias den Hornern gerecht werden wolle, bewirkten den Umſchwung der Stimmung. Er wurde durch den Grafen Hobitz im
Februar zu Horn ſelbſt conſtatirt, als eben der Beſchluß daſelbſt
gefaßt wurde, eine Geſandtſchaft mit unbedingten Vollmachten nach
Wien zu ſchicken.

Zierotin stand mit Tschernembl in privater und mit den ober-
und unteröfterreichischen Ständen in officiöfer Correspondenz wegen
Klarstellung der Basis der Unterhandlungen. [31]) Er war beforgt, das
gute Vernehmen nicht zu ftören, und rügte es nicht einmal, daß
Kinsberg wider alle Verfprechungen in Ungarn für die Defter-
reicher und gegen den König werbe, daß die Horner auf die Güter
der Katholifchen fchwere Einquartirungen eigenmächtig einlegten
und fich aus Mähren ohne fein Wiffen Munition kommen ließen.
Die Horner trafen am 22. Februar richtig in Wien ein. Vom
22. Februar bis 19. März, durch volle vier Wochen, dauerten
die Sitzungen der Horner Ausfchüffe mit den mährifchen Gefandten
und die Audienzen bei dem König und dem Kanzler Krenberg.
Nach unfäglichen Mühen gelang es endlich Herrn Carl von Zierotin mit Hilfe Liechtenftein's, Thurzo's und anderer, welche diefes
Vermittlungswerk unterftützten, ein Compromiß zu Stande zu
bringen, nachdem auch noch jene große Schwierigkeit überwunden
wurde, welche die römifch-fpanifche Partei in den Weg legte.

Erzherzog Leopold, Cardinal Dietrichftein, Berka und Khlefel
waren es, die den König zum Widerftand aneiferten. Dagegen
waren faft alle Mitglieder des geheimen Rathes Trautfon, Meggau
Molart und Harrach, insbefondere aber Liechtenftein für die Gewährung. In einer der letzten Sitzungen des geheimen Rathes
kam es zu einer heftigen Scene zwifchen Erzherzog Leopold und
Liechtenftein. Letzterer erhob in Gegenwart des ganzen geheimen
Rathes und im Namen deffelben einen feierlichen Proteft gegen Erzherzog Leopolds Widerftand, fo daß diefer ihn zurechtweifen mußte.
Noch im letzten Augenblick gelang es dem Bifchof von Wien, die

---

[31]) Richius an Anh. 26. Jän. 1609. Relat. des Herrn v. Eyzing an die
Horner. 25. Jän. 1609 M. St. A. 117/3, 12. Anh. an Zier. 20. Nov.
1608. Rofenb. an Anh. 15. Nov. 1608. — Tfch. an Anh. 2. Feb. 1609.
— Anh. an Stahr. 21. Dec. 1608. Anh. Reg. — Die öft. St. an die
Union 17. Jänner 1609. 547/10 156 und 136. — 20. und 31. Jänner
1609 A. Reg. — Hock an Anh., Tfch. an Anh. 29. Jänner, 8. Feb.
1609. Buch. an Rofenb. 22. Jänner 1609 A. R. — Inft. f. Un. Gef.
15. Feb. 1609 M. St. A. 117/3 54. — Anh. an Ob. Sch. 22. Feb.
1609 a. a. O. 12. IV./180. — Dunk. an Anh. 3. Jän. 1609. 547/10.
5. — Math. an Anh. 12. März 1609 547/10 243. — M. St. A.
8. Feb. 1609 a. a. Anh. an Math. 17. Mai 1609 547/3 M. St. A. —

oberösterreichischen Abgeordneten zum Abbruch der Unterhandlungen zu reizen, indem er den König beinahe dazu bestimmt hatte, in der Resolution die Frage gewisser Nebenforderungen wegen des Landhauses und der Gmundner Bürger auszulassen. Zierotin war jedoch so glücklich, den König davon abzubringen und die Gewährung aller Forderungen zu erlangen.

Erzherzog Leopold war im höchsten Grade aufgebracht und bemüht, dem König vom kirchlichen Standpuncte aus zu zeigen, wie sich dieser durch die Concessionen den Weg zur Hölle bahne. Er hatte sich geäußert, daß es eine Ungerechtigkeit Gottes wäre, wenn es „Wien (Mathias) nicht übel ergehen sollte." Er schrieb einen Brief an seinen Bruder Ferdinand, in welchem er über die Nachgiebigkeit des Königs sich in der heftigsten Weise ausdrückte; er beginnt mit den Worten: Tristis est anima mea usque ad Mortem; er apostrophirt darin den König: O Mathias, Mathias, Ihr seid Ursache Eures und unseres Hauses Ruin! Er schließt bald den Brief, weil er vor Trauer und Schmerz nicht weiter schreiben kann und datirt denselben: Vienna in loco damnationis.

Dem König selbst kostete der Entschluß viel Kampf und Ueberwindung, die Nacht, welche dem Sonntag Reminiscere vorausging, brachte er schlaflos zu; er seufzte oft und weinte, in die Klage ausbrechend: daß es schon so weit mit ihm gekommen sei, zwischen Seelenheil und Reich wählen zu müssen. Den ganzen Sonntag und Montag bis acht Uhr brachte er disputirend mit seinem Beichtvater zu, bis er endlich sich entschlossen hatte, alles das zu genehmigen, was ihm vorgetragen werde.

Am 19. März 1609 wurde die königliche Resolution bekannt gemacht, welche den Ständen thatsächlich Religionsfreiheit, den Städten und Märkten die von jenen verlangte landschaftliche Stellung gab. So hatte Zierotin die große ihm gestellte Aufgabe glücklich gelöst!

Ohne daß die Resolution eine bestimmte Erklärung in Bezug auf die landschaftliche Stellung der Städte gegeben hätte, ließ es Mathias bei der hierüber dem Herrn von Zierotin und den mährischen Abgeordneten mündlich mitgetheilten Entschließung bewenden. Kein größeres Zeichen des Vertrauens konnte Mathias dem Herrn von Zierotin geben, als indem er ihn zum Depositar dieser Er

flärung machte. Die österreichischen Stände hatten einen ebenso
klugen, als echt staatsmännischen Schritt gethan, ein erhebendes
Beispiel politischer Weisheit gegeben, indem sie dem Bürgerthum
im Erzherzogthum Oesterreich ausgedehnte politische Rechte einräumten.

Bezeichnend für die Haltung Khlesel's war, daß, als Mathias
und die Räthe in der Osterwoche ihre Andacht verrichten wollten,
der Bischof die Sacramente nicht ertheilte, weil sie die Gewissensfreiheit zugestanden und hiemit ipso facto sich die Excommunication
der Bulle „in Cöna Domini" zugezogen. Wie einst der Oheim in
Steiermark, ließ sich auch Mathias vom Papste von jener Schuld
freisprechen. Erzherzog Leopold machte seinem gepreßten Herzen Luft
in einem zweiten Schreiben, worin er den Erzherzog Ferdinand auffordert, nach Wien zu kommen um noch zu helfen, wiewohl die
Ratification der Forderungen der Horner schon erfolgt war. Er
sagte zum Schluße des Schreibens: Leben und Blut würde ich
eher einsetzen als zugeben, daß in meiner Gegenwart diese ver-
fluchte und verdammte Ratification beschlossen werde."

In der nicht unbegründeten Besorgniß, daß die Absicht vorhanden sei, so wenig als möglich die gemachten Concessionen zu
realisiren, war Tschernembl bemüht, die anderen Königreiche und
Länder und die evangelischen Stände Deutschlands für die Ere-
quirung dieser königlichen Resolution zu interessiren, indem auch
er den Gedanken einer allgemeinen protestantischen Verbindung
aussprach.

Am 29. April und 18. Mai empfing Mathias endlich die
Huldigung der Oesterreicher zu Wien und Linz.

Wenn Carl von Zierotin Amt, Land und Familie fast auf
drei Monate verließ in dieser so bewegten Zeit, wenn er Richard
Stahrenberg schreiben konnte, daß seit Beginn der Horner Differenzen in Mähren öffentlich und in privaten Kreisen nichts anderes
gedacht, gethan und erörtert werde, als eben dieser österreichische
Streit, wenn die fremden Gesandten am Prager Hofe ihrem Cabinete
relationirten, daß dieser Streit allein das Tagesgespräch bilde,
ist es gewiß, daß die Horner Angelegenheit das bedeutungsvollste
Ereigniß jenes Jahres war, daß sich daran die wichtigsten Interessen
der mitteleuropäischen Bewegung knüpften, daß dort ein Kampfplatz
war, auf dem sich spanisch-romanischer und französisch-pfälzischer

Einfluß begegnete, daß die Frage der Gewissensfreiheit in den
Ländern der böhmischen Krone und die Herrschaft Mathias',daß
der Bestand der Dynastie und das Uebergewicht der katholischen
Kirche damit im innigsten Zusammenhange standen.

Die spanisch-römische Partei in Prag war besorgt, daß durch
den Sieg der Protestanten und durch die Zerwürfnisse Rudolph's
mit Mathias die katholische Kirche ihres Einflußes sowohl, wie
in letzter Auflösung die Dynastie ihres Erbes und der Kaiserkrone
beraubt werde. Sie war es, welche durch die Legation Mellinos
und durch die spanischen Diplomaten Rudolph und Mathias in
dem Widerstand gegen die Protestanten bestärkte und alles aufbot,
um Rudolph mit Mathias zu versöhnen. Die Versuche des Erzherzogs Leopold, Khlesel und Althann's vom September 1608 bis
zum Frühjahre 1609 und weiterhin, die Brüder zu vereinigen, war
ihr Werk. Daß Mathias durch ein halbes Jahr standhaft jedes
Zugeständniß verweigerte, daß Rudolph den Martini-Landtag 1608
vertagte, die Forderung der Schlesier um freie Religionsausübung
zurückwies, war die Frucht eines und desselben Einflußes. [32] —
Eigenthümlich ist jedoch in der Durchführung dieser Politik die
Haltung Spaniens und Roms. Don Philipp, sein Staatsrath
und sein Gesandter Zuñiga stehen auf Seite des Königs Mathias und für die Aufrechthaltung der Libner Verträge. Mathias
soll, so beschließt dieser Staatsrath, mit Geld unterstützt werden,

---

[32] Erzh. Leopold an Erzh. Ferdinand 13. und 14. März 1609 2495 Sim.
— Hock an Anh. A. Reg. — Rosenb. an Anh. 14. Feb. 1609 M.
St. A. 547/1. S. Seite 568 dieses Werkes: Khlesels Mittheilung an
Zuñiga, wegen Rücknahme der gemachten Concessionen. — Auf Befehl
Sr. Heiligkeit sind alle, Mathias und die Räthe in Bann gethan wor-
den, mit Ausnahme Christoph Puchhaimb's und Khun's, weil diese
gegen die Ratification gestimmt hatten. Bodenius an Herzog Max von
Baiern 23. April 1609 Münch. R. Arch. 89. Consejo al rey. 25. October
1608. Sim. 769. — Renzi an Barvitz. 1. Oct. 1608 Wien. R. A.
39/318. — Anhalt klagt über die geringe Theilnahme der Böhmen für
ihre heiligsten Interessen, über die „vielfältigen Moras, durch welche die
Stände distrahirt und verwirrt werden." An Churpf. 14. Nov. 1608.
M. St. A. 547/7. — Harlay 15., 20. Sept., 11., 18. Oct., 15. Nov.,
13. Dec. 1608, 3. Jän., 14. Feb., 7. und 14. März, 2. und 13. Mai
1609. — Hurter VI. 184, 187, 191. — Hammer II. 193 ddo. 21ten
März 1609, Tschernembls Bedenken. — Pubička a. a. O. VI. III. 420.

um seine rebellischen Unterthanen im Erzherzogthum zu Paaren
zu treiben. Auf das Verlangen des Gesandten des Königs von
Ungarn, Alessandro Ridolfi, daß ihm zur Bewältigung der österreichischen Protestanten ein Hilfscorps von 3000 Mann Infanterie und 1500 Pferden gesendet, oder die Summe von 30,000
Ducaten bargeliehen werden müsse, beschloß der Staatsrath, dem
Könige Mathias dieses Geld vorzustrecken, dieser muß aber einen
Revers ausstellen, Khlesel die Versicherung geben, daß dieses Geld
direct zur Bezahlung der gegen die Horner „Häretifer" geworbenen
Cavallerie verwendet werden und nicht zur Bedeckung anderer Bedürfnisse in die Cassen der Hoffammer fließen würde.

Auf die Gewährung dieser Summe beschränkte die spanische
Regierung ihre Unterstützung und ihre Einwirkung, sie drängt
den König zum Kampfe gegen die Oesterreicher nicht. Dieses Inne-
halten gegenüber den offenbaren Nachtheilen, welche die katholische
Religion in Oesterreich durch das Nachgeben Mathias' erlitten
hatte, konnte nur durch das Walten größerer Interessen und
durch die Ungunst der Lage gerechtfertigt werden. Der Papst hatte
keine Neigung Mathias mit Geld zu unterstützen. Der spanische
Gesandte zu Rom, Aytona, berichtet, es sei ihm endlich gelungen,
den Papst zu einer Geldaushilfe für Mathias zu bewegen, da er
ihm den Beweis geliefert, daß sonst Mathias zu größtem Nachtheil der Religion, den „Häretifern" unterliegen müsse. Der Papst
verstand sich anfänglich dazu gegen dem, daß Mathias sich die
Interessen des Katholicismus besser, als es bisher der Fall war,
angelegen sein lasse. Allein die späteren Nachrichten Aytona's
lauten anders. Einmal wollte es der Papst nicht thun, um den
Kaiser nicht zu beleidigen; dann aber als Aytona in ihn drang
und ihm bemerkbar machte, daß man kein Recht habe, sich über
Mathias zu beschweren und über die Verluste der katholischen
Religion zu klagen, wenn man für ihn nichts thue, dann trat
der heil. Vater mit einem triftigen Grund hervor: „er habe kein
Geld." Der Papst blieb standhaft bei der Weigerung. Als Aytona
ihn wieder bat zu helfen, gab er zur Antwort: er würde nur dann
eine Geldunterstützung bewilligen, wenn eine Union des Kaisers
mit dem Könige und allen katholischen Fürsten Deutschland's zu
Stande käme. Dieselbe Antwort erhielt der Gesandte, welchen
Mathias unmittelbar an den Papst geschickt hatte, um eine Geld

unterſtützung zu erbitten, damit er die Anmaßung der „Ketzer“ mit Waffengewalt zurückweiſen könne.

Der eigentliche Grund dieſer und ſpäterer ablehnender Antworten des Papſtes war die Rückſicht für Heinrichs IV. ſpaniſche Antipathien; der König nahm der Curie jede Unterſtützung derjenigen, für die ſich Spanien intereſſirte, ſehr übel. Dieſe Ablehnung hatte jetzt den Character einer Gegengefälligkeit des Papſtes für die Bereitwilligkeit Heinrich IV., mit welcher er das Anſuchen des Fürſten Chriſtian von Anhalt, das Obercommando der venetianiſchen Landmacht — der Truppen einer dem Papſte feindlichen Regierung — übernehmen zu dürfen, zurückgewieſen hatte. Es ſcheint übrigens, daß der Papſt dem König Mathias wirklich gram war und zwar wegen der Schenkung von Graner Kirchen-Gütern an Illyeshazy. Der heil. Vater ſoll nach Erhalt dieſer Nachricht laut ſchreiend ausgerufen haben: „und nun begehrt man meine Unterſtützung? Iſt es denn möglich, daß der Kirche Aergeres widerfahre?“

In Wahrheit ſah die Curie ſcharf und richtig in jene öſterreichiſch-deutſchen Verhältniſſe. Wenn damals die von Mathias und ſpäter von Ferdinand verlangte Unterſtützung von Seite derſelben von der Gründung einer Liga abhängig gemacht wurde, ſo lag darin das Zeichen, daß die Curie nur dann mitwirken wolle, wenn die Hilfe eine wirklich fruchtbringende ſein würde, wenn nämlich durch Einigung aller katholiſchen Fürſten die unternommenen Schritte eine Ausſicht auf Erfolg haben würden; während die Hilfe, die Einzelne begehrten, das päpſtliche Aerarium ſchwächt und zerſplittert, ohne irgend etwas zu erzielen. Die Erfahrung, die der Papſt mit der Unterſtützung im Jahre 1605 gemacht, brachte ihn zur Ueberzeugung, daß Geldhilfen, an ſo ſchwankende und ſchwache Regenten wie Rudolph und Mathias geſpendet, völlig nutzlos ſeien; er verweigerte ſie demnach und beſchränkte ſich darauf ein vierzigſtündiges Gebet in allen Kirchen Rom's, für den Sieg der katholiſchen Sache in Oeſterreich anzuordnen.

Spanien konnte daher auf die Mitwirkung des Papſtes jetzt nicht rechnen. Das moraliſche Gewicht dieſer Unterſtützung wäre nicht gering geweſen, weil eine vom Papſte beſchirmte Sache ſchon dadurch zur Angelegenheit der katholiſchen Kirche und der katholiſchen Welt erhoben wurde. Spanien war ſelbſt noch nicht vorbereitet, um schon jetzt einen entscheidenden Schlag zu führen. Die mächtigsten katholischen Fürsten Deutschlands, die geistlichen Churfürsten und der Herzog von Baiern, hatten eine Versammlung zu Mainz abgehalten, um eine katholische Liga der Union gegenüber zu begründen. Die katholische Kirche Deutschlands war in Gefahr: es strebten die Protestanten, die Abteien zu säcularisiren und respectirten nicht den geistlichen Vorbehalt; die Katholiken hätten dadurch viele Stimmen auf dem Reichstage verloren. Die Liga sollte die bedrohten Interessen des Katholicismus in Deutschland wahren. Allein jene Liga ohne Einfluß Spanien's und mit dem ehrgeizigen Herzog von Baiern an der Spitze, war für König Philipp mehr ein Gegenstand der Besorgniß wie der Hoffnung. Zuñiga sagte ohne Umschweife: die Liga sei eine gefährliche Sache für das Haus Oesterreich, wenn Baiern das Haupt derselben werde. Sie durfte daher nur unter dem Protectorate Spanien's zu Stande kommen und hiezu mußten erst die Unterhandlungen begonnen werden. Die Frage war noch nicht reif. Dagegen schienen die Gegner wohl organisirt und vorbereitet. Spanien konnte demnach den Ausbruch eines großen Kampfes, der zwischen Protestanten und Katholiken unvermeidlich schien, unter solchen Umständen nicht herbeiwünschen. Der Erfolg wäre zweifelhaft gewesen. Darum drang es nicht weiter auf den Papst, der Aufforderung Aytona's zu willfahren; was Paul V. endlich gethan haben würde, wenn es König Philipp ernstlich gewollt hätte.

Ein anderes, höchst wichtiges Hausinteresse bestimmte Spanien, für jetzt, die Ordnung der Dinge in Oesterreich, wie sie sich nach der Uebernahme der Herrschaft durch Mathias gestaltet hatte, zu erhalten, diese Herrschaft nicht zu gefährden und Mathias jetzt zu stützen. Der König von Spanien dachte sich nach dem Aussterben der älteren Linie (die Brüder des Kaisers Mathias, Mar und Albrecht waren kinderlos und in reifen Jahren) zur Succession in Böhmen und Ungarn und zur Reichsnachfolge berufen. Er glaubte zwischen diese Linie und dem jüngeren Zweige von Gratz, dessen Haupt Erzherzog Ferdinand war, kraft der Erbrechte seiner Mutter, der Königin Anna, treten zu können. Aytona gab, bei Gelegenheit der Fürsprache für Mathias, dies dem Papste deutlich zu verstehen, indem er anführte, daß alles das, was der Papst für Mathias jetzt thun würde, eigentlich zu Gunsten König

Philipp selbst geschehe, dessen Interesse zugleich das österreichische ist, denn er sei nach dem Absterben der älteren Linie zur Succession in Oesterreich, Ungarn und Böhmen berufen und wolle sich dann zum deutschen Kaiser wählen lassen. Wenn dieser Fall eingetreten sein wird, dann könne Philipp für die katholische Religion dort sehr viel thun. Unter diesen Umständen läßt es sich erklären, daß Zuñiga die Eröffnung Khlesel's, Mathias wolle heiraten, sehr kalt aufgenommen und gerathen hatte, nur mit Spanien's Genehmigung diesen Schritt zu unternehmen; da es dem König von Spanien daran gelegen sein mußte, sein Nachfolgerecht nicht durch andere Combination zu gefährden. Man kannte nämlich den Haß Rudolph's gegen Mathias, des Kaisers Vorliebe für Leopold, dem er, obwohl dieser Erzherzog einer der jüngeren Prinzen des Gratzer Zweiges war, die Reichskrone zuwenden wollte. Würden nun die Libner Verträge, auf welchen Mathias' Herrscherrecht basirte, umgestoßen, der Kaiser die Länder zurückerhalten, und Leopold damit belehnen — oder aber im Falle eines Bürgerkrieges in Oesterreich, die Waffen der Union den Sieg davon tragen und ein fremder Fürst die Kronen der älteren Linie des Hauses erlangen, dann würden selbstverständlich des Königs von Spanien Anrechte verloren gehen oder nur mit großen Opfern beschützt werden können, mit Opfern, welche von dem spanischen Volke nicht gefordert werden könnten, weil es sich doch zunächst nur um ein rein dynastisches Interesse handelte. Da Spanien jetzt mit offener Gewalt gegen die Gegner nicht durchbringen konnte und Mathias' Herrschaft nicht bedroht werden durfte, überließ es diesem die Wahl der geeigneten Mittel, um sich, ohne zu den Waffen zu greifen, auf dem Throne zu behaupten — selbst auf die Möglichkeit hin, daß die katholischen Interessen dadurch gefährdet werden. [33]

Jene geheimen Absichten Spanien's begründen zur Genüge die Bemühungen Zuñiga's, sowohl in Deutschland, wo er nach

[33]) Consejo al rey 11. Oct. 1608, 13. Jänner 1609, 5. und 6. März 1609. 2495. — Aytona a Felipe 26. Aug. und 22. Decemb. 1608 989. — Zuniga al rey 28. Feb. 1609 491. — Aytona al rey 8. Feb. und 31. März 1609 990. — Renzi an Barviz 1. Nov. 1608. Par. an Rudolph. 29. Nov. 1608: Ho detto che tanto è il ponere una con-

eingeholten Weifungen von Madrid fogar Churpfalz durch Mainz und Anhalt gewinnen und in's fpanifche Intereffe ziehen wollte — wie in Prag felbft und die Schritte Aytona's in Rom, die Wahl Mathias zum römifchen König durchzufetzen. Gewiß hat der Umftand, daß Mathias fchon im Befitze des größten Theils der Hausmacht war, dazu beigetragen, daß Spanien fich für feine Bewerbung um die Reichskrone fo warm annahm, denn eine Hausmacht war die Bedingung, die Kaiferkrone mit Würde zu tragen, während Leopold, der keine eigenen Länder hatte, aus diefem Grunde zur Nachfolge nicht geeignet war. Als Mathias noch keine Hausmacht befaß, hatte fich Spanien für ihn nur läffig verwendet. Jetzt beauftragte das fpanifche Cabinet Zuñiga und Aytona, die Wahl Mathias mit aller Energie zu befördern. Anfänglich fagte der Papft zu. Auch die geiftlichen Churfürften baten den heil. Vater, den Kaifer zur Wahl eines römifchen Königs zu beftimmen, weil fich die „Häretiker" immer mehr organifiren, etwas Gefährliches im Schilde führen und der Kaifer in einer völligen Apathie verfunken und unnahbar war. Als fie jedoch auf Albrecht hindeutend, die Ausfchließung Mathias von diefer Wahl verlangten, zeigte fich der Papft fchwierig und gab dem Drängen Aytona's nicht nach, weil Mathias bei den Churfürften unbeliebt fei. Allein auch in der Gunft Paul's felbft hatte Mathias in Folge der Conceffionen an die Oefterreicher und an die Ungarn viel verloren. Der Papft hatte diefelben fehr übel aufgenommen, insbefondere waren es die Preßburger Artikel, nach welchen die Zehentftreitigkeit dem weltlichen Gerichte überwiefen wurde, die ihn fo fehr aufbrachten, daß er Mathias förmlich ermahnen und ihm mittheilen ließ, er fei bis auf's äußerfte zu gehen entfchloffen, wenn nicht fofort Abhilfe gebracht würde. Man erzählte auch zu Rom, es wäre die ganze Horner Differenz eine abgekartete Komödie gewefen, um Rom und Spanien zu einer Geldhilfe zu zwingen. Schon vor acht Monaten hätten fich Mathias und die Stände wegen

---

ditione impossibile come il non volere fare, et che li Prencipi cattolici della Germania non solo sono divisi che è come impossibile l'unirli con particolare lega, ma che se si unissero dariano occasione alli heretici di far il medesimo et saria la ruina maggiore che il commodo.

der Huldigung verglichen. Die Geschichte der Horner Unruhen
zeigt aber, daß diese Nachricht ein plumpes Manöver (der französischen Diplomaten) war, um Mathias bei Paul zu discreditiren.

Mathias erhielt unzweideutige Beweise, daß die Churfürsten
ihm nicht gewogen waren: die drei Geistlichen nicht, wegen der
vorerwähnten Concessionen, Sachsen wegen der durch Mathias
im Vorjahr dem Kaiser angethanen Schmach, Churpfalz und Brandenburg theilten die Anhalt'sche Anschauung, welche dem König
von Ungarn den friedlichen Ausschlag der Wirren sowohl zu Liben,
wie zu Horn nicht verzeihen konnte. Mathias sah, daß er nur
durch Spaniens allgewaltigen Einfluß die geistlichen Churfürsten
umstimmen und nur durch Spanien die Reichskrone erlangen
konnte. Während König Mathias rücksichtlich der Befestigung seiner
Herrschaft und der Nachfolge im Reiche auf die Hilfe Spaniens
angewiesen war, dankte er seine Erhebung den protestantischen
Ständen. Dieser Umstand muß im Auge behalten werden, um
die Haltung des König's von Ungarn, sein Schwanken zwischen
den Rathschlägen Spaniens und den Ansprüchen der Stände zu
verstehen.

Die Concessionen vom 19. März, die Geschichte der Horner
Unruhen blieben jedoch nicht ohne Einfluß auf das bisherige Verhältniß Spaniens zu Mathias. Denn wenn es auch zweifellos
war, daß in der Befestigung der Herrschaft Mathias' ein Sieg
der dynastischen Interessen Spaniens und hiemit eine Niederlage
der Bestrebungen jener pfälzisch-französischen Faction lag, so ist
nicht zu läugnen, daß die Vorrechte der katholischen Kirche durch
jene Concessionen geschmälert wurden, während die reformirte
Kirche durch Anerkennung der Gewissensfreiheit einen großen
Triumph feierte. Die Concessionen vermehrten die Spannung
zwischen den geistlichen Churfürsten und Mathias und machten
auf alle Katholiken einen peinlichen Eindruck, so daß Spanien für
den Augenblick die Bewerbungen des Königs von Ungarn um
die Nachfolge zurückdrängte, ohne sie jedoch ganz fallen zu lassen,
und auch die gewohnte Unterstützung und Verbindung mit Mathias einen gedeckten Weg wandeln ließ. Als sich Zuñiga Verhaltungsbefehle von seinem Könige erbat, falls der Kaiser plötzlich
aus Böhmen entweichen sollte und sich anfragte, ob er (Zuñiga)
ihm zu folgen hätte, erhielt er den Auftrag, dem Kaiser nachzu-

reifen, aber immer mit Mathias ein geheimes Einverständniß zu unterhalten.

Spanien gewann jetzt aus der Geschichte der inneren Kämpfe in den österreichischen Ländern die Ueberzeugung, daß es an der Zeit war, jenem zersetzenden Processe Einhalt zu thun, welcher die Herrschaft des deutschen Zweiges des Hauses ergriffen hatte und daß in Deutschland selbst an die Vorbereitung der Mittel, den Kampf mit den Gegnern aufzunehmen, mit Energie zu gehen war. Hiezu war aber eine starke Organisation aller katholischen Kräfte nothwendig. Es ist zunächst dies eine Frage, die sich jetzt Bahn bricht und für welche Spanien bestimmend eintritt; denn es war zu besorgen, daß Mathias nicht immer so siegreich wie bisher aus jenen Conflicten hervorgehen würde, welche zwischen ihm und den Ständen entstehen mußten, wenn er seine Mission als Katholik und Souverain erfüllen und nicht zu einem Schattenkönige herabsinken wollte. Es thürmten sich ferner auch an einem anderen Puncte des politischen Horizontes Gewitterwolken auf. Der Herzog von Jülich und Cleve war kinderlos, es handelte sich um die Ansprüche katholischer und protestantischer Fürsten auf die reiche Erbschaft; das Land war von vielen Katholiken bewohnt und Rom schien entschlossen, den Kaiser jetzt zur Action in deren Interesse zu treiben. Nachdem jenes Land an die spanischen Besitzungen in den Niederlanden gränzte, konnte dies dem König Philipp nicht gleichgiltig sein, ob ein katholischer oder protestantischer Fürst dort herrsche.

Khlesel empfand zunächst, daß König Philipp die Resolution vom 19. März ungünstig beurtheilen würde. In einem Briefe an Zuñiga, suchte er Mathias zu entschuldigen und alle Schuld auf die geheimen Räthe zu wälzen. Khlesel erklärt ganz offen, er habe dem Könige Mathias gerathen, die Concession bei nächster Gelegenheit zurückzunehmen. Unter den Motiven, welche Mathias zu jener Concession bewogen, hebt Khlesel die feindliche Haltung des Kaisers, welcher die österreichischen Stände unter allerlei Vorspiegelungen zum Abfalle reizte, hervor und bemerkte zugleich, daß die katholische Religion ohne die Concessionen verloren gewesen wäre. Um die Wiederholung solcher Uebelstände vorzubeugen, sei die Versöhnung zwischen dem Kaiser und Mathias, wofür unter Erzherzog's Leopold Einfluß wiederholte Versuche gemacht worden waren, dringend geboten. Zuñiga war damit ganz einverstanden und

erhielt den Auftrag seiner Regierung, den Kaiser und den König
für die Versöhnung zu stimmen. [34]) Die Aussicht auf das Zustandekommen derselben war jedoch eine sehr geringe; denn weder
Rudolph noch Mathias waren mit aufrichtigem Herzen dabei.
Rudolph sann immer nur auf Rache; äußerlich ging er auf die
Vorschläge zur Versöhnung ein, allein er stellte exorbitante For-
derungen an Mathias als Preis der Vergebung, hatte durch
Tennagel in Horn intriguirt und den Oesterreichern die Aussicht
auf ausgedehnte Concessionen eröffnet. Er ließ die böhmischen
Stände auf dem Jännerlandtag 1609 insgeheim fragen, ob diese
geneigt wären, falls der Kaiser dem Verlangen der Böhmen nach
Religionsfreiheit nachgeben würde, dafür Mähren, das so verhaßte
Mähren, zurückzuerobern. Als Preis dafür, daß Rudolph dem Herrn
von Liechtenstein die schon seit mehreren Wochen durch die Vermittlung Peters von Vischer angesuchte Verzeihung ertheile, setzte er
die thätige Mitwirkung dieses Cavaliers zur Wiedergewinnung
Mährens fest.

Mathias selbst hatte Briefe voll Hingebung und Treue an
den Kaiser geschrieben, betrieb aber mit allem Eifer die Beendigung des Horner Streites, da ihm und seinen Räthen kein anderes
Mittel zum ruhigen Genuß des Errungenen vorschwebte, als ein
Kriegszug nach Böhmen, eine Vereinigung mit den schon durch
die Vorgänge auf den böhmischen Martinslandtag höchst malcontenten Ständen, um Rudolph vollends von Haus und Hof zu
verjagen. Diese Stimmungen konnten das Werk der Versöhnung
wohl nicht begünstigen.

Vergegenwärtigen wir uns die Lage der Dinge in den
österreichischen Ländern unmittelbar vor Ertheilung der königlichen
Resolution vom 19. März zu Gunsten der Horner.

Die Calviner, die Partei der Ultras unter den Protestanten
in Oberösterreich und vornehmlich in Oberungarn, drängten nach

---

[34]) Consejo al rey. 11. Oct. 1608. — Renzi an Barviz 8. und 25. Aug.
1609. W. R. A. 39/248. L' esperienza mi fa tenere un opinione per
certa che in tutte le cose di questo mondo il peggio è il non servi
niente. Mit diesen bezeichnenden Worten beginnt Paravicini's Schreiben
an Rudolph, worin er ihn auf die Wichtigkeit der Jülich'schen Erbfolge
aufmerksam macht und um sorgfältige Beschützung der dortigen Katholiken bittet. 29. Nov. 1608. W. R. A. 39/315.

völliger Freiheit der Religion und Republikanisirung der Länder im
aristokratischen Sinne — selbst auf die Gefahr eines Bürgerkrieges.
Offen sprach es Anhalt aus, daß er nur von einer „Extremität",
d. h. von dem „Losschlagen" der Oesterreicher Gutes erwarte, denn
dann würden auch die Böhmen und Ungarn die Waffen ergreifen.
Nur wenn die Gleichgesinnten in Böhmen, Mähren, Schlesien,
Lausitz, Ungarn und Steiermark sich verbünden, von Deutschland,
Frankreich und Venedig unterstützt, den Vernichtungskrieg führen
würden, sei die spanische Liga nicht mehr zu befürchten. Auf den
Wechsel der Dynastie wurde hingedeutet, wenn die Horner von
der Nothwendigkeit gesprochen hatten, neue Freunde zu suchen,
oder wenn Einige den Entschluß kundgaben, das Uebel, „welches
immer bei der gegenwärtigen Herrschaft" bleiben wird, zu ent-
wurzeln.

So hatte sich die Lösung der Horner Differenzen mehr und
mehr verwirrt und erschwert; alle Parteien standen in Waffen —
ein schlimmer Zufall hätte den zündenden Funken schleudern können,
wenn damals das Hauptquartier in Wittingau im Stande gewesen wäre, die Länder zu bewegen, mit den Hornern gemeinsame
Sache zu machen und den Krieg gegen Mathias zu beginnen!

Diese Erwägungen zeigen, wie groß das Verdienst Zierotins
war, als es ihm gelang, die Horner Differenzen zu begleichen,
Frieden zu stiften und seinen gemäßigten Grundsätzen Eingang zu
verschaffen. Einen neuen Triumph feiernd — wir können dies
mit vollstem Rechte sagen — kehrte er Ende März in das Vaterland zurück; denn gerade die Situation nach dem Horner Streite
trug das Gepräge jener vermittelnden, alle Extreme meidenden
Politik Zierotins, welche die Palme davon trug; sie war ein
Kind seines Geistes; weder die Spanier noch die Pfälzer konnten
darin das vollständige Obsiegen ihrer Principien erblicken. Dagegen hatte Zierotin den Oesterreichern Religionsfreiheit erringen
helfen und die Herrscherrechte des legitimen Hauses gewahrt, und
dies Alles ohne fremde Intervention. Herr Carl von Zierotin
hatte die Genugthuung, das Vaterland binnen Jahresfrist zweimal zu retten, er hatte den Ständen die alten Freiheiten erobert
und seiner Lehre über politische und religiöse Toleranz für damals
wenigstens Geltung verschafft. Freund und Feind preisen ihn, sie
sagen, er sei ein „weltweiser, hochverständiger Herr."

Zierotin kehrte nach Mähren zurück, erfreut über den glück=
lichen und ruhigen Zustand des Landes, in welchem es sich bis
dahin befand, aber die Seele voll Mißtrauen gegen Rudolph und
Mathias, gegen die böhmischen und österreichischen Spanier, welche
die beiden Herrscher umgaben, und deren finstere Pläne er bereits
zweimal durchkreuzt hatte. [35])

[35]) Bischer an Fleckh. 9. Mai 1609. Brüff. 163. — Hanniwald an Herzog
von Baiern 20. April 1609. M. St. A. — Anh. an Churpf. 24. Nov.
1608. M. St. A. 547/7. — Anh. an die unirten Fürsten 24. Nov.
1608. a. a. — Le Roi (Mathias) ne negligera sans doute pas cette
occasion (die Majestätsbriefswirren) d'achever ce qu' il commença
l'an dernier. — Zierotin... qui a aqui beaucoup de credit et d'
autorité depuis ces derniers mouvements. Harlay a. a. O. 4. Octob.
1608, 25. Feb., 14. März, 25. April, 27. Juni 1609 und 2. Jänner
1610. — Cod. 5. Mai 1609 Rich. Stahr. — Hurter VI. 146. —
Cod. 8. Nov. 1608 und 8. April 1609. Illyesh., Lomb., Orchi e Sappa
und Budowa. Gedruckte Nachrichten aus den JJ. 1609 und 1610 über
die Horner Unruhen: S. Beil. CCCXXII. — Während des Druckes ist
uns ein Brünner Stadtpamatkenbuch (Histor. stat. Sect. MS. Nr. 3
ad Nr. 263, 1859.) mitgetheilt worden, welches u. A. eine gleichzeitige
Relation über die hier S. 514 und ff. erzählten Vorgänge, während
Mathias' Anwesenheit in Brünn, enthält. Wir entnehmen daraus, daß
das Hochamt und die Huldigung nicht, wie es S. 519 gesagt wurde,
in der St. Jakobs=, sondern in der St. Michaelskirche stattfanden.
Da diese Relation, welche zweifellos von einem Augenzeugen her=
rührt, für die Localgeschichte von Bedeutung ist und einige noch wenig
bekannte Daten über die Ceremonien der mährischen Huldigung mittheilt,
haben wir dieselbe in der Beil. Nr. CCCXXIII. abdrucken laßen.
Vergl. Časopis česk. Mus. 1843.

Capitel X.

Die böhmischen Stände verlangen von Kaiser Rudolph Religionsfreiheit. — Der Kaiser weist diese Forderung zurück. — Die Parteien am Hofe und im Landtage. — Zdenk Ad. von Lobkowitz. — Wenzel von Budowa. — Ausschreibung eines neuen Landtages durch die Stände wider Rudolphs Verbot. — Er nimmt das Verbotsmandat zurück. — Wenzel von Kinsky und dessen Reformvorschläge. — Der Kaiser verweigert auch dem neuen Landtag die verlangte Gewissensfreiheit. — Der Landtag beschließt Rüstungen, um diese Forderungen zu erzwingen, und vertagt sich. — Abermals Unterhandlungen und Unterzeichnung des Majestätsbriefes durch Rudolph. — Anhalts Mission in Böhmen. — Der König von Spanien strebt nach der Nachfolge im Reich. — Organisation der katholischen Liga. — Der Herzog von Baiern und Pater Lorenz von Brindisi. — Erzherzog Leopold beantragt die Werbung einer Armee gegen die protestantischen Reichs-Stände und zur Occupation von Jülich.

Wenn schon der Character der Horner Unruhen und ihrer endlichen Beilegung den Entschluß des Königs von Spanien zur Reife brachte, die Angelegenheiten des katholischen Deutschlands und der Länder des deutschen Zweiges seines Hauses selbst in die Hand zu nehmen und zu ordnen, so wurde er jetzt darin bestärkt durch eine Bewegung, welche alle Augen Europas wieder auf Böhmen lenkte und die in ihren weiteren Folgen die verwegenen

Urheber derselben in den Schutt der alten zusammenbrechenden oligarchischen Verfassung auf immer begrub.

Es entwickelte sich jetzt das Schauspiel eines Kampfes, in welchem die Rathlosigkeit des Schwachen und der Trotz des Uebermüthigen einander gegenüberstanden.

Es ist mit unerhörtem Starrsinn und beispielloser Zähigkeit um einen Preis gestritten worden, welcher für den einen der Kämpfer eigentlich keinen Werth zu haben schien und der dem anderen im Grunde nur zum Vorwand diente, um die Uebermacht fühlen zu lassen und andere Ziele zu verfolgen. Es war ein Kampf, der von Seite der Stände Böhmens die Einleitung zu weiteren Feldzügen gegen die königliche Gewalt bilden und von Seite der königlichen Gewalt zur Demüthigung der stolzen Barone und zum Absolutismus führen sollte.

Dieser Kampf entbrannte, als Kaiser Rudolph zu Anfang des Jahres 1609 den protestantischen Ständen Böhmens die Gewährung der Religionsfreiheit versagte, nachdem die Verhandlungen darüber vom Mailandtage auf den Martins-Landtag 1608 verschoben, und dieser selbst wieder vertagt worden war.

Mehr noch als die Wahrnehmung der böhmischen Stände, daß die Regierung sie durch ein fortgesetztes Temporisiren ermüden wolle, scheint die Erwägung, daß die vom Kaiser abgefallenen Länder nun auch Religionsfreiheit erlangt hatten, während dem „treuen" Böhmen dieses Gut beharrlich vorenthalten wurde, jene Stände zu energischen und rücksichtslosen Schritten bewogen zu haben. Ein Kenner der Verhältnisse aus jener Zeit macht die characteristische Bemerkung: man wolle in Prag ein „böhmisches Horn" aufführen.

Wenn Rudolph auf das im Beginne Februars gestellte Begehren der Stände: um volle Religionsfreiheit nach wiederholten Berathungen im Schoße des kaiserlichen geheimen Rathes, dann zwischen den böhmischen Landesofficieren, dem Erzbischofe und einigen gelehrten Theologen[1]) eine abschlägige Antwort gab, so lag dies vorzugsweise in dem Entschluße, sich nichts abtrotzen zu lassen und nicht in der katholischen Gesinnung Rudolphs und

---

[1]) Hock an Anhalt 19. März 1609. a. a. F. 1. 226. — Zuniga a Felipe 9. Feb. 1609 Simancas.

in seiner Anhänglichkeit an die Kirche. Denn fast gleichzeitig wollte
er, wie wir es gesehen, um den Preis der — den Böhmen verweigerten — Gewissensfreiheit, die Oesterreicher von Mathias abwendig machen und für sich gewinnen; ja man erzählte sich, der
Kaiser wolle, um die Mitwirkung der Böhmen bei der Rückeroberung von Mähren zu erlangen, selbst diesen jene Freiheit gewähren.

In dem viermaligen Austausch von Petition und Antwort
zwischen den Ständen und dem Kaiser kamen sich diese um keinen
Schritt näher. Die ersteren verlangten die Verbriefung der böhmischen Confession, wie sie unter Kaiser Max im Jahre 1575
beantragt wurde und die Anerkennung, daß der alte Utraquismus:
der Katholicismus mit der Communion unter beiderlei Gestalt,
schon seit dem Jahre 1567 zu Grabe getragen worden sei; der
Kaiser erwiederte, die Confession des Jahres 1575 sei nicht der
Landtafel einverleibt worden, durch Aufhebung der Compactate
habe wieder die katholische Religion im Lande allein Berechtigung
gewonnen. Ungeachtet der bestimmten Weigerung des Kaisers vermehrten die Stände ihre Forderungen. Sie beanspruchten die Leitung der Kirchenbehörde: des Consistoriums und der Universität,
nämlich die Leitung des Cultus und Unterrichts. Wenn die Stände
nachweisen konnten, daß sie mehr als sechszehnmal das Recht der
Besetzung des Kirchenrathes ausübten, so erwiderte Rudolph, daß
der König von jeher allein auf die Universität einen Einfluß
geübt habe. Von Rechtsgründen und historischen Nachweisen übergingen beide Theile, als sie damit nicht ausreichten, auf den frischen
und grünen Boden des practischen Bedürfnisses und der Oppor-
tunität. Die Stände wiederholten jene Forderungen, und da sie
für den Anspruch, den Unterricht zu leiten, keine Präjudicate fanden, erklärten sie, daß, wenn die katholische Kirche katholische Lehr-
anstalten leite, kein Grund vorhanden sei, den Protestanten dieses
Recht in Bezug auf protestantische Schulen zu verweigern.

Die Stände unterstützten ihre Forderung mit Anführung
von Thatsachen, welche die Bedrückung der protestantischen Religion erhärten sollten. Je fester der Kaiser auf seiner Weigerung
beharrte, desto mehr erhitzten sich die Gemüther der Protestanten,
sie beschimpften die katholischen Landesofficiere, klagten sie an,
den Kaiser zum Widerspruch aufzustacheln und versuchten es, durch

geräuschvolles Eindringen in die Gemächer der königlichen Kanzlei, durch Verbreitung von Schrecken, eine günstige Antwort von Rudolph zu erzwingen.[2])

Auch jetzt bewahrheitete sich die häufig gemachte Erfahrung, daß zur Zeit heftiger politischer Kämpfe immer die Partei der Entschiedenen, der Vorwärtsstürmenden die Oberhand gewinne, daß sie die verwandten Nuancirungen absorbire und die Männer mit scharfausgeprägter Gesinnung an die Spitze der Bewegung stelle. Die großen Massen, die sich gewöhnlich von Phantasie und Gefühl leiten lassen, finden nur in der schroffsten Form die vollste Befriedigung und nur in den Männern der Extreme den richtigen Ausdruck ihrer Leidenschaften. Mäßigung wird Schwäche, Neigung zu Vermittlungen ist Characterlosigkeit, ja selbst Verrätherei — und kalte Ueberlegung erscheint als Indifferentismus: die größte Sünde in der Zeit der Herrschaft fanatischen Eifers. Es sind dies Vorwürfe, welche die Eitelkeit des Politikers selten ertragen kann, und die ihn zwingen, nach fruchtlosem Versuch seine Ueberzeugung geltend zu machen, sich endlich zu einem der Extreme zu flüchten oder ganz vom Schauplatze abzutreten, nur um sich von dem Verdachte zweifelhafter Gesinnung zu reinigen.

Wie im Rathe des Kaisers, gab es im ständischen Lager zwei Parteien, die eine, die hier nur unbedingte Erfüllung der Forderung der Religionsfreiheit, dort unbedingte Weigerung kannte; die andere, die in beiden Lagern, gleich fern von jenen Extremen, für die Schaffung eines provisorischen Zustandes, eines Interims war, während dessen der Kaiser Niemanden wegen der Religion verfolgen lassen und gewisse administrative Reformen einführen sollte.

Im kaiserlichen Rathe stand an der Spitze der Entschiedenen Zdeněk Popel von Lobkowitz, ein stolzer Mann, in der spanischen Hofluft erzogen, eine Gattung Herzog von Lerma, aber ohne den unbeschränkten Einfluß dieses Ministers. Lobkowitz beherrschte durch seine feste, klare Ueberzeugung, durch Talent und Schärfe des Geistes, alle anderen Offiziere der Krone. Dem spanischen Hofe

---

[2]) Die actenmäßige, vortreffliche Schilderung der Verhandlungen im böhm. Landtag 1609 durch Gindelys „Geschichte des Majestätsbriefes" ist eine der vornehmsten Quellen unserer Erzählung.

war er tief ergeben. Als seine Frau ihm einen Sohn und Erben
gebar, stand der König Philipp durch seinen Gesandten zu Ge-
vatter und schenkte der Mutter einen Schmuck im Werthe von
fünftausend Scudi.[3] Lobkowiß's hervorragende Eigenschaft war
die unerschütterliche und muthige Ergebenheit für die katholische
Sache, er war es, welcher den Kaiser zur Ablehnung der ständischen Forderung bestimmte. Als man den Kanzler aufmerksam
machte, wie Mathias durch die Gestattung der Religionsfreiheit
den Frieden in Oesterreich wiederherstelle, sagte Lobkowiß: „Wenn
Mathias seinen Unterthanen den Weg zur Hölle bahnt, soll es
darum auch Rudolph thun?"

Mit dem Kanzler waren die Herren von Slavata und Martiniß eines Sinnes. Die Stände wußten es und versäumten keinen
Anlaß, diese Männer durch herbe Worte und Drohungen einzuschüchtern. Auf Lobkowiß und Martiniß, beide ultramontan und
daher auch antinational gesinnt, concentrirte sich der Haß. Einige
Landtagsmitglieder ließen die Worte fallen: „Man solle diese da
zum Fenster hinauswerfen". Der Erzbischof und seine Theologen
standen selbstverständlich auf Seite derjenigen, welche sich zur Lehre
bekannten, daß nur der Papst zur Anerkennung der Religionsfreiheit die Erlaubniß geben dürfe.[4] Sie wußten recht wohl, daß
diese Erlaubniß nicht gewährt werden könnte.

Die Leiter der vermittelnden Partei waren im Rathe des
Kaisers, der Oberstburggraf Adam von Sternberg, die geheimen
Räthe Haniwald und Hegenmüller. Sie drangen vorerst nicht
durch, jetzt hatte die Ansicht des Oberstkanzler's unbestritten die
Oberhand.

---

[3] Clemente al rey. 17. Mai 1608 Simancas 2494. — Zuñiga al rey.
18. April 1609 Sim. 709. — Bei dem Taufbankette war der Diplomat
und Kapuziner P. Lorenz von Brindisi zugegen. Dieser rühmte sich
gegen Peter von Bischer durch eine Andacht, die er (P. Lorenz) von
vier Kapuzinern in Jerusalem abhalten ließ, bewirkt zu haben, daß die
Kanzlerin in ihrem fünfundvierzigsten Jahre eben noch eines Knäbleins
genaß. P. Lorenz stellte dem Herrn von Bischer den Antrag, eine gleiche
Andacht zu Ehren der Erzherzogin Isabella anordnen zu lassen, was
Bischer an deren Gemal, Erzh. Albrecht, sofort berichtete. 7. Feb. 1609
Brüss. Arch. 163.
[4] Gindely a. a. O. II. II. 368.

Blicken wir auf das ständische Lager; dort stehen anfänglich einige Städte, dann einige Lutheraner mit den Mitgliedern der Brüder-Unität im Gegensatze. Sobald jedoch die kaiserlichen Antworten Weigerung auf Weigerung häuften und Zwietracht unter den Ständen durch die versuchte Ausschließung der Mitglieder der Brüder-Unität aufkeimte, brachten die Führer rasch eine Einigung zu Stande. Noch zu Anfang der Bewegung war es dem Primas der Altstadt von Prag, Georg Heydel gelungen, die Städte in den dünnen und schwachen Reihen der Katholiken und der Königlichen zu erhalten. Er sagte den Abgeordneten der Städte, daß unter den Lutherischen nur drei oder vier etwas taugen, die anderen seien Heuschrecken, die nicht zu fürchten sind. [5])

Stephan von Sternberg war anfänglich der Sprecher der Protestanten, er war Lutheraner und ein Gegner der Reformirten und Pikarditen. Er beabsichtigte im Verein mit einem geringen Anhang seine Glaubensgenossen von den verhaßten Mitgliedern der Brüder-Unität zu trennen, damit nur jene und nicht diese die Gewissensfreiheit erlangen. Wenzel von Budowa in der Besorgniß, daß diese Bestrebung durchdringe, daß dann Zwiespalt und Parteiungen in dem Körper der Protestanten entstehen und sich befestigen würden, erklärte, die Unität wolle ihre Besonderheiten aufgeben und fest an der Confession des Jahres 1575 halten. [6]) Die Mehrheit der Stände trug mit Budowa die Ueberzeugung, daß nur, wenn dieselben einig sind, das ersehnte Ziel erreicht werden könne. Budowa's Beredtsamkeit gelang es, den Sturm

---

[5]) Dieses unbedachte Wort kam ihm theuer zu stehen. Zu wiederholten Malen drangen zwanzig bis dreißig „vom Adel" in ein dem Primas gehöriges Gasthaus, ließen sich Speise und Trank geben, zechten und aßen weidlich, dann erhoben sie sich und gingen mit den Worten von dannen: „die Heuschrecken fressen aber zahlen nicht." Zeit. aus Prag 7. Feb. 1609. M. St. A.

[6]) Budowa ging ganz consequenten Schrittes vor, wir erinnern an die Landtagsverhandlungen vom J. 1608, welche S. 455 und 508 dieses Werkes mitgetheilt wurden. Auch noch im Herbste des Jahres 1608 hat Budowa an der Herstellung der Union zwischen Utraquisten und Brüdern gearbeitet, es gelang ihm, einen der vornehmsten Führer der ersteren, den Grafen Schlik, für die Union zu gewinnen, obwohl dieser in einem Schreiben an Budowa 9. Sept. 1608 die Bemerkung gemacht: ...sed

zu beschwören, die Städte und die überwiegende Mehrheit der
Stände unter eine Fahne zu schaaren. Durch diesen Zwischenfall,
wie durch den, von Sternberg fälschlich im Namen der gesammten
Stände dem Kaiser vorgelegten Interims-Vorschlag, dessen wir
früher gedachten, verlor Sternberg die Führerschaft; denn das Interim ging nur von einer sehr kleinen, nicht maßgebenden Partei
aus. Die wachsende Aufregung fand in Sternberg nicht mehr ihren
Mann, selbst nicht in dem Grafen Joachim Andreas von Schlik,
dessen entschiedenes Vorgehen im Mailandtage des Jahres 1608
bei den Patrioten in gutem Angedenken stand. Ein anderer, Wenzel
von Budowa, wurde zum Sprecher erwählt. Budowa stand im
vorgerückten Mannesalter, durch seine Gelehrsamkeit, seine reichen,
auf Reisen in Europa und Asien gesammelten Erfahrungen, durch
seine schriftstellerischen Arbeiten erlangte er einen ausgebreiteten
Ruf; seine Schrift gegen den Koran hatte Aufsehen erregt. Schon
im Landtage 1603, als die Religionsfrage nach so vielen Jahren
wieder zur Sprache kam, spielte er als Führer der Ritterschaft
eine hervorragende Rolle. Er versuchte schon damals, wenngleich
vergeblich die Confession des Jahres 1575 in einer Rede, die durch
dialectische Schärfe sich ausgezeichnet hatte, zur Geltung zu bringen.
Seine Wirksamkeit im Mailandtage des verflossenen Jahres und
während der Anwesenheit des Erzherzog's Mathias in Böhmen,
hatte seinen Ruhm erhöht. Budowa war Mitglied der Unität und
auch aus jener Genfer Schule hervorgegangen, welche den Lehren
des calvinischen Staatsrechtes huldigte. Sein Character vereinigte
unbeugsamen Muth und eine Energie, die im Feuer fanatisch-
religiöser Ueberzeugung gestählt war. Er beschäftigte sich mit Vorliebe mit theologischen Controversen, ja er übernahm es oft, seinen
Bauern selbst zu predigen. Er war jetzt schon bemüht, der ganzen
Bewegung einen puritanischen Character zu geben, seine Gesinnungsgenossen zu fanatisiren, um sie mitzureißen überall hin,

cum non tantummodo in ceremoniis ... verum etiam in præcipuis
Fidei Articulis discrepemus plurimum. Budowa beruhigte ihn darüber, indem er schon damals die Erklärung abgab: ...me non modo
omnibus articulis sed et omnibus verbis illius (nämlich der böhmischen Confession 1575) subscribere . Budowa an Schlik. München-
grätz 18. Sept. 1608. Anh. Reg. I. F. 1. 227/170.

vielleicht bis zum politisch-religiösen Märtyrerthum, das er aufzusuchen schien und zwölf Jahre später auch wirklich fand. Jede
Landtagssitzung eröffnete er mit einem Gebet, die ganze Versammlung fiel auf die Knie und sang ein frommes Lied. Gegen das
zuchtlose Gesindel, das als Dienstgefolge des Adels nach Prag
kam, gegen Fraß, Völlerei und Trunksucht führte Budowa ein
eisernes Regiment. Es wurde ihm gleichsam eine sociale Dictatur
übertragen, er war nicht nur der Führer, er war zugleich auch der
Priester jener Versammlung. Es lag etwas von dem alten Hussiten-
geiste in ihm. — Wenn ein sehr reifer, kluger und erfahrener
Mann plötzlich den Strom seiner Leidenschaft wild herausbrausen
läßt, die Ufer verlassend, die Dämme durchbrechend, was sollen
dann die anderen, die jüngeren thun? Können sie wohl zurück-
bleiben? Sie stürzen unter seiner Führerschaft in wilder Begeisterung auf die tausendjährige Anstalt, auf die alte Kirche hin und
wollen ihr in Böhmen den Todesstoß versetzen und auf diese Art
die letzten und festesten Schranken, welche ihren oligarchischen Strebungen gezogen waren, zerstören.

So hatten alle Bewegungen in den österreichischen Ländern
damals denselben Character und Führer verwandter Gesinnung. In
Ungarn war ein Illyezhazy, in Oesterreich ein Tschernembl, in
Mähren ein Zierotin, in Böhmen ein Budowa an der Spitze. Alle
in den politischen Theorien des Calvinismus erzogen, alle im
Dienste des großen Kampfes der privilegirten Freiheit gegen die
absolute Gewalt, der ungebundenen Kritik gegen die Autorität, der
nationalen Besonderheiten gegen den Cosmopolitismus der katholischen Kirche.

Als Rudolph, am Schluße des Monates März, zum fünften
Male die Erklärung gab, auf seiner Weigerung zu beharren, die
Stände mögen die andern Vorlagen der Regierung in Berathung
ziehen, als ferner der Oberstburggraf die Drohung beifügte, bei
fortgesetztem Ungehorsam habe er den Auftrag den Landtag aufzulösen: da erreichte die Aufregung der Stände den höchsten Grad.
Budowa erhob sich und lud die Stände zu einer außerordentlichen
Versammlung ein mit den Worten: „Wer sein Heil, sein Land,
seine Ehre und den König liebt, der erscheine morgen um 6 Uhr
im Landtagssaale!" Budowa entwarf noch in später Nachtstunde
im Auftrage der Stände eine Schrift, mittelst welcher dieselben

erklärten, nicht mehr reden, sondern handeln zu wollen, sie beschlossen, sich in Kampfbereitschaft zu setzen, ferner eine Versammlung auf eigene Faust am 4. Mai in Prag in der Neustadt abzuhalten, die Intervention auswärtiger Fürsten (insbesondere der drei weltlichen Churfürsten) und die Hilfe der incorporirten Länder anzusprechen. Mit der Ausführung des letzten Beschlußes wurden die Grafen von Thurn (an König Mathias nach Wien gesendet) und Schlif, dann der Herr von Ruppa beauftragt. Nach Vorlesung dieser Erklärung, die auf den Oberstburggrafen einen tiefen Eindruck hervorbrachte, löste er im Namen des Kaisers den Landtag auf. Die Mitglieder des Landtags entfernten sich lärmend, nachdem sie den Entschluß kundgaben, jedes Unrecht selbst mit Anwendung äußerster Mittel zurückzuweisen. Schmerzlich berührte sie es, constatiren zu müssen, daß zum ersten Male ein Landtag in Böhmen auseinander gehe, ohne über die Vorlagen und Propositionen Beschlüsse gefaßt zu haben.

Wenn das formelle Recht nach Erschöpfung aller Mittel des geistigen Kampfes der letzte Damm ist, welcher sich den überschäumenden Strömungen und Forderungen der Zeit entgegenstellt, wenn diese den materiellen Gehalt jenes Rechtes zersetzt haben, dann ringen die Parteien nach plastischer Gestaltung des Kampfes, um mit Anwendung der Gewalt jenen Damm zu vertheidigen oder zu durchbrechen. An diesem Puncte entspringen die Revolutionen und die Bürgerkriege, an diesen Punct hatte jetzt Budowa seine Böhmen geführt. Die gemeinsame Gefahr, der gemeinsame Feind, der erste schon gethane Schritt auf dieser gefährlichen Bahn bürgten für die Eintracht und dafür, daß auch der letzte Schritt werde geschehen müssen, — dann hofften sie des Kaisers Widerstand gewiß zu brechen.

Rudolph war jetzt auf eine harte Probe gestellt. Es scheint daß seine Widerstandskraft die äußerste Grenze erreicht hatte; durch jenes tumultuarische und gewaltthätige Vorgehen der Stände eingeschüchtert, neigte er sich schon auf die Seite jener geheimen Räthe, welche für das Nachgeben stimmten, doch bald ging er davon ab und war überhaupt zu keinem entscheidenden Schritte zu bewegen. Er verfiel jetzt nach den so sehr bewegten Tagen abermals in seine alte Melancholie und Nervenaufregung; während dieser Zustände änderte er jeden Augenblick seine Ansichten und

faßte wechfelweife die widerfprechendften Entfchlüffe. Mehrmals
wollte er abreifen, als man ihm aber zu verftehen gab, daß diefer
Schritt als eine Abdication angefehen werden würde, und ihm
vorgeftellt wurde, daß er außerhalb Prag's feine gewohnten Bequemlichkeiten und Zerftreuungen aufgeben müßte, ging er davon
ab. Einige Stunden hieburch befreundete er fich mit der Idee,
daß er und Mathias zu abdiciren, die Reichskrone und die Erbländer einem anderen Prinzen des Haufes zu übertragen hätten;
dann wieder wollte er nichts davon hören. In feiner Bedrängniß
bat er den Churfürften von Köln und den Herzog Max von
Baiern nach Prag zu kommen, um ihn mit ihrem Rath zu unterftützen; ein anderes Mal fandte er Hegenmüller zu Erzherzog
Leopold und abermals zum Herzog von Baiern, dann zu Erzherzog
Max mit der gleichen Bitte. Als jedoch der fpanifche Gefandte in
Prag feine Dienfte, feine Vermittlung und die Hilfe Spaniens
antrug, verbot er ihm zuletzt das Betreten des Hradfchin, weil
feine häufigen Befuche die Proteftanten nur anregen und in ihrem
Starrfinn beftärken würden. Vergeblich befchwören ihn fowohl der
Cardinal Paravicini als der kaiferliche Agent zu Rom, Renzi, er
möge doch den Papft um Unterftützung angehen. Rudolph that
aber keinen Schritt in diefer Richtung. Selbft der Plan der Kriegs-
oberften Ramé, Sulz und Althan Mannfchaft zu werben, den Widerftand der Böhmen zu bewältigen und dann zur Eroberung der
abgefallenen Länder zu fchreiten, fanden unerwarteter Weife damals
bei ihm keinen Anklang.

Peter von Vifcher erklärte dem Erzherzog Albrecht rund
heraus, der Kaifer fei felbft das einzige Hinderniß gegen die Beilegung der Wirren im Haufe und in den Ländern, weil es unmöglich fei, ihn zu einem feften Entfchluße, zu einer beftimmten
Politik zu bewegen. Zudem zeigten fich wieder die bedenklichen
Symptome jener fortfchreitenden Geifteskrankheit des Kaifers; er
trank oft und viel, um fich und feinen Schmerz zu betäuben.
Dem kaiferlichen geheimen Rathe Attems fchlug er einft den Hut
aus der Hand und warf ihn zur Thüre feines Cabinets heraus.
Mehr als zweitaufend Schriftftücke harrten der kaiferlichen Unter-
fchrift, Rudolph war zur Unterzeichnung nicht zu bewegen, obwohl
fie vor feinen Augen auf dem Schreibtifche lagen. — Wenn auch
der größte Theil der Schuld an den Niederlagen und Verluften,

die der Kaiser erlitt, nach den übereinstimmenden Aussagen der
treuesten Diener Rudolph's diesem selbst beigemessen werden müssen,
so darf doch auch nicht vergessen werden, daß die Uneinigkeit
unter den Räthen der Krone, der üble Wille und die zweideutigen Freundschafts-Versicherungen der befreundeten Mächte das
mißtrauische Gemüth des Kaisers nur noch mißtrauischer machen
und in ihm das Gefühl des Verlassenseins erwecken mußten.[1]
Nichts konnte das Schwanken Rudolph's vermehren, als die wech-
selnden Rathschläge in der brennenden Religionsfrage: Hanniwald
und Hegenmüller waren für das Nachgeben, Lobkowitz und Martinitz für standhafte Verweigerung, der Carbinal Paravicini ermunterte ihn Namens Paul V. zum Widerstande, Ramé und Sulz
stimmten für Anwendung der Waffengewalt, die gemäßigten Stephan
von Sternberg und Wenzel von Kinsky für politische Reformen
und Anerkennung factischer Religionsfreiheit. Für eine dieser Meinungen sollte sich nun der Kaiser entscheiden. — Wie konnte
Rudolph auf die Aufrichtigkeit der Zusicherungen fremder Hilfe
vertrauen, wenn Churköln und Max von Baiern dem Rufe des
bedrängten Kaisers eine abschlägige Antwort ertheilen? Der Papst
war nicht zu bewegen, trotz der Vorstellung des spanischen Gesandten in Rom, eine solche Hilfe in Aussicht zu stellen. Paul V.
erklärte, es sei bei Rudolph eine Geldhilfe rein weggeworfen.
Und selbst der Antrag Zuñiga's: der König von Spanien werde
mit seiner ganzen Macht den Kaiser stützen, erhält seine eigentliche
Bedeutung, wenn erwogen wird, daß Zuñiga die Rathschläge Ramé's:
eine Truppenmacht aufzustellen, um den Entschlüssen des Kaisers
Nachdruck zu geben, entschieden mißbilligte. Die Ansicht des gut
unterrichteten und nüchternen Staatsmannes Hanniwald, Nachgiebigkeit zu zeigen, stammte aus der Ueberzeugung, daß Rudolph
sich auf Roms und Spaniens Hilfe nicht verlassen könne. Es
war ihm jetzt, wie schon im Jahre 1608 klar geworden, daß Rom

---

[1] Münch. St. Arch. 20. Mai 1609. — Bischer an Erzherzog Albrecht
18. April und 23. Mai 1609. Br. A. — Münch. Reichsarch. 19. März
und 15. Mai 1609 XV/2. 110. Münch. St. A. 16. Mai 1609 39/77.
Gindelys Bericht über das Arch. zu Sim. MS. in meinem Besitze. —
Br. Arch. 30. Mai 1609. — Bodenius an Herzog Max von Baiern
2. Juni 1609 XV/4, 123. — Bischer an Erzherzog Albrecht 4. Juli
1609 Br. A.

und Spanien, wie nicht minder die anderen katholischen Fürsten,
Rudolph preisgeben wollten; Rudolph war daher nur auf seine
eigenen Hilfsquellen angewiesen; und diese waren in der That
nicht von der Art, um Gewalt mit Gewalt zurücktreiben zu können. [8])

Unter den Staatsmännern, die in jenen trostlosen Zeiten
ihre Dienste dem Kaiser Rudolph anboten, nahm Herr Wenzel
Kinsky von Chinitz und Tettau eine hervorragende Stelle ein. Im
Jahre 1608 war er einer der eifrigsten Parteigänger des Königs
Mathias in Böhmen gewesen. Kinsky war es, welcher jetzt durch
Peter von Vischer und den geheimen Rath Attems dem Kaiser
Festigkeit empfahl und immer wieder darauf drang, den Forderungen der böhmischen Stände nicht nachzugeben. Er gab Peter
von Vischer die Versicherung, er sei gut katholisch und habe sich
— jedoch nicht öffentlich — bereits vor einigen Jahren zu dieser
Religion bekannt; wenn der Kaiser einige der verhaßtesten Kronofficiere entlasse: insbesondere den Oberstkanzler, den Oberstburggrafen und Herrn von Martinitz; wenn er eine Zusicherung ertheile,
die Protestanten ihrer Religion halber nicht verfolgen zu wollen
und gewisse politische Reformen bewillige, dann würde die gemäßigte Partei der Stände sich auf seine Seite schlagen und er
(der Kaiser) könne dann die Vornahme der Defensionsbeschlüsse
und die Abhaltung der illegal beschlossenen Zusammenkunft der
Stände am 4. Mai mit Erfolg verbieten.

Es ist nicht leicht ein Urtheil über den Character Wenzels
von Kinsky zu fällen, den vielfach verschlungenen Wegen seiner
Politik zu folgen; allein sicher ist es, daß er ein treuer Anhänger
des Hauses Oesterreich war, daß er nur in der Durchführung

---

[8]) Der Herzog von Baiern gab dem Kaiser die oben erwähnte abschlägige
Antwort auf Anrathen eines Abgesandten des Königs Mathias. 30ten
Mai 1609. Br. A. — Der Beschluß des geheimen Rathes, daß der
Antrag des Obersten Buchheim, mit seinem Regimente in die Dienste
Kaiser Rudolphs zu übergehen, zurückzuweisen sei, weil Buchheim ein
Protestant war, dürfte doch nur als ein Vorwand der Friedenspartei an-
zusehen sein, um die beabsichtigten Rüstungen zu erschweren. Visch. an
Erzh. Alb. 16. Mai 1609 B. A. — Die Motive des Votums Hanni-
walds über die Nothwendigkeit nachzugeben, theilt Vischer an Erzh.
Alb. mit, ddo. 30. Mai 1609. B. A. und auch Boden. an Max von
Baiern. 16. Mai 1609. M. R. A. XV./2. 110.

von Reformen in der Verfassung und in der corrumpirten Administration, in einer toleranten Politik auf religiösem Gebiete und in der rückhaltlosen Zurückweisung kirchlichen Einflußes auf weltliche Dinge die Möglichkeit der Erhaltung der Herrschaft Rudolphs erblickte. Vischer, welchem Kinsky diese Reformvorschläge mittheilte, erwartete von denselben den ganz gegentheiligen Erfolg: wenn, wie es Kinsky beabsichtige, diese Vorschläge vom Landtage beschlossen würden, dann sei Rudolph nur ein Schattenherrscher, dann würde Mathias in seinen Herrscherrechten präjudicirt und der böhmische König eigentlich ein polnischer werden; worauf Kinsky, Vischer rasch unterbrechend, erwiderte: „Polen und Böhmen seien Brüder." — Vischer war von diesen Mittheilungen wenig erbaut und theilte den Inhalt derselben dem geheimen Rathe Barviz mit.

Um jenes Ziel, die Erhaltung der bedrohten Herrschaft der Habsburger, zu erreichen, griff Kinsky nach Mitteln, welche wir, vom Standpuncte der heutigen politischen Moral betrachtet, nicht immer billigen könnten, die jedoch damals unter den Diplomaten und Politikern als ganz erlaubte Waffen galten. Kinsky war in die Plane der Stände tief eingeweiht, er galt sogar als einer ihrer „Rädelsführer" und kannte wohl auch ihre letzten Absichten. Er selbst hatte sogar zu den extremsten Schritten, zur Bewaffnung, zur eigenmächtigen Einberufung ständischer Zusammenkünfte gerathen. Nur um den Interessen des Vaterlandes und der Dynastie zu dienen, glaubte er es rechtfertigen zu können, daß er in einem Athem dem Kaiser die Gewährung der ständischen Forderungen mit aller Kraft wiederrieth, selbst aber im Landtage diese Forderungen stellte und unterstützte. Was noch auffälliger erscheint, ist das nahe Verhältniß, in welchem er zu Erzherzog Leopold stand. Das Vertrauen dieses Prinzen konnte Wenzel von Kinsky gewonnen haben nur durch Entfaltung katholischer Gesinnungen und durch das Versprechen, die geheimen Racheplane Rudolphs und Leopolds zu fördern. Rudolph entschloß sich sogar, Kinsky zu empfangen, wiewohl er dem spanischen Gesandten selbst keine Audienzen mehr gewährte.[*] Das Benehmen Kinsky's läßt sich leicht erklären,

---

er wollte die Mitwissenschaft in den geheimen Angelegenheiten der gegnerischen Parteien zum Vortheile seines letzten Zweckes und seiner Politik des Jahres 1608: Mathias auch zur böhmischen Krone zu verhelfen, verwerthen. Er blieb sich hiebei immer nur consequent. Er war dem Könige von Ungarn treu ergeben und wollte keinem andern Fürsten sein Böhmen anvertrauen. Das Fernhalten Kinsky's von den pfälzisch-anhalt'schen Intriguen zeigt dies zur Genüge.

Hanniwald hatte Kinsky's Absicht, einen offenen Bruch zwischen Rudolph und den böhmischen Ständen jetzt hervorzurufen, durchschaut und auch deshalb für das Nachgeben im geheimen Rathe gestimmt, um es eben zu diesem Bruche, welcher nach den Planen Kinsky's Mathias auf den böhmischen Thron emporheben sollte, nicht kommen zu lassen.

Die Aufmerksamkeit der benachbarten Länder wurde auf die Vorgänge in Böhmen schon zur Zeit gelenkt, als die Stände mit so vielem Geräusch auseinander gegangen waren und Gesandt- schaften abgeschickt hatten. Der Einfluß, der nun von auswärts sich geltend machte, der alarmirende Character der ständischen Opposition ließen voraussichtlich eine Katastrophe in Prag er- warten, die nicht ohne Einfluß auf die Entwicklung der großen europäischen Gegensätze bleiben konnte. Dieser Einfluß war es auch, welcher Hanniwald und der Vermittlungspartei im kaiserlichen Rathe zu Hilfe kam. Die drei weltlichen Churfürsten hatten dem Kaiser dargestellt, daß die Forderungen der Böhmen billig seien. Ma- thias, dessen Umgebung die Situation damals noch nicht genau kannte, verhielt sich neutral. Sachsen war insbesondere bemüht, den Kaiser zur Nachgiebigkeit zu stimmen. Der Churfürst accre- ditirte einen Gesandten, Dr. Gerstenberger, bei Rudolph. Als Bu- dowa in der Apologie, welche die Stände auf der vom Kaiser wiederholt untersagten aber von ihnen dennoch abgehaltenen Neu- städter Zusammenkunft entwarfen, die Bewaffnung mit dem Grunde motivirt hatte, daß Werbungen im Auftrage des Kaisers in Böhmen stattfinden, daß ihre Freiheit und ihr Leben in Gefahr seien, daß sie sich nur vertheidigen, nur Religionsfreiheit erlangen wollen, keineswegs eine Verkleinerung des kaiserlichen Ansehens beabsich- tigen; als sie ferner unter beredter Darlegung ihres bisherigen Verhaltens die Bitte stellten um Einberufung des Landtages —

hatte Dr. Gerstenberger dem Kaiser den Rath gegeben, den Ständen zu willfahren, weil sonst Mathias daraus Nutzen ziehen, sich mit den böhmischen Ständen verbinden würde, um dem Kaiser die Krone zu nehmen. Bei dem Hasse Rudolphs gegen Mathias war dieses Motiv allerdings ein mit unwiderstehlicher Kraft wirkendes. Eine ähnliche Saite ließ Herr von Rosenberg erklingen. Dieser hatte bald nach der Auflösung des Landtags einen Abgesandten nach Prag geschickt, den Obersten Lucan, einen treuen Anhänger Rosenberg's und Anhalt's zugleich. Die Mission Lucans war, Rudolph vom Papste abwendig zu machen, für Churpfalz zu gewinnen und ihm die Freigebung der Religion, so wie die Besetzung der Rathsstelle zur Hälfte mit Katholiken und zur Hälfte mit Protestanten bringend an's Herz zu legen. Selbst der alte spanische Politiker Granvella, sagte Rosenberg, hätte immer gerathen, die Gewissensfreiheit zu gewähren. Um Rudolph zu bestechen, gab ihm Lucan zu verstehen, Rosenberg werde seinen ganzen Einfluß dahin geltend machen, daß die Lösung der dem Kaiser so verhaßten Nachfolgefrage verzögert werde. Zu diesem Zwecke stellte der alte und schlaue Peter Wock die geheimsten Schriften seines Archives zu Wittingau dem Kaiser bereitwillig zur Verfügung.

Die Gründe Hanniwalds, welche mit Gerstenbergers Meinung über die Absichten des Königs Mathias übereinstimmten, und die Beredtsamkeit des Oberststallmeisters Waldstein, die Ueberzeugung, daß die Versöhnungsversuche (S. 568) zu keinem Ergebnisse geführt haben würden und das Beispiel, welches Mathias durch die Horner Concessionen gegeben hatte, mögen dazu beigetragen haben, den Kaiser jetzt endlich zur Nachgiebigkeit zu bewegen und die Politik des Abwartens aufzugeben. So kam es, daß, nachdem Rudolph Anfangs April feierlich kundmachen ließ, jede eigenmächtige Zusammenkunft der Stände sei Rebellion, und das Verbot gegen die Versammlung derselben auf dem Neustädter Rathhause aussprach, daß, nachdem die Stände unter Verspottung dieses Verbotes sich doch auf dem Neustädter Rathhause versammelten und die früher erwähnte Apologie verfaßt hatten, — der Kaiser jetzt dem gestellten Begehren der Stände: einen Landtag auf den 25. Mai auszuschreiben, unbedingt willfahrte und sogar die Erklärung beifügte, daß das bisherige Verfahren der Stände ein Ausfluß loyaler Gesinnung sei. Dadurch widerrief Rudolph thatsächlich seine noch vor

wenigen Wochen erlassenen Befehle. Diese Zurücknahme, ein Zeugniß der Herabwürdigung kaiserlicher Majestät, wurde von den gemäßigten Männern aller Bekenntnisse und von den Katholiken mit
lauter und schmerzlicher Mißbilligung aufgenommen. Nur nach
wiederholter Weisung Rudolphs konnte der Oberstkanzler Lobkowitz
vermocht werden, das Actenstück zu unterzeichnen, doch that er es
mit der ungewöhnlichen Formel: „auf des Kaisers ausdrücklichen
Befehl." Zur Verwunderung der Prager protestirte auch der
Nuntius gegen diese Landtagsausschreibung, die doch als rein-
weltliche Angelegenheit ganz außerhalb des Wirkungskreises der
römischen Kirche lag.

Gegen Ende Mai, schon nachdem sich Rudolph jenes De-
menti gegeben hatte, kam Erzherzog Leopold nach Prag, der einzige
unter den von Rudolph Berufenen, welcher durch persönliches
Erscheinen den Wunsch des Kaisers erfüllt hatte. Der Churfürst
von Köln ließ sich durch einen Abgeordneten (Henot) repräsentiren und sein Nichterscheinen entschuldigen. Leopold's Ankunft
flößte den Protestanten Besorgnisse ein; man kannte die katholische
Richtung, die Energie dieses Prinzen und fürchtete, daß er die
nachgiebige Stimmung Rudolph's trüben würde; sie waren bemüht,
den Kaiser zur Willfahrung ihrer Forderungen zu bewegen, bevor
noch der Erzherzog den Kaiser gesprochen. Die katholische Partei
dagegen lebte der Hoffnung, Leopold werde auf die Entschließun-
gen des Kaisers einen entscheidenden, ihren Interessen günstigen
Einfluß nehmen.

Die Stände hatten am 29. Mai dem Kaiser ein Memoire,
worin ihre Forderungen zusammengefaßt wurden, überreicht. Fast
gleichzeitig mit diesem Actenstücke kam der Kaiser — gewiß durch
den geheimen Rath Barvitius — in die Kenntniß der durch
Kinsky entworfenen Verfassungsreform, welche Peter von Vischer
mit so großer Besorgniß erfüllt hatte.[10] Rudolph wurde durch
diese Mittheilung aufgeschreckt. Bisher schien die Forderung der
Böhmen nur die Religionsfreiheit zu begreifen, jetzt glaubte er,
daß sie es auch auf die königliche Prärogative abgesehen hatten;
so wenigstens hatte er die Reformvorschläge Kinsky's aufgefaßt.

---

[10] Anh. Act. 4. Mai 1609. — Henot an den Herzog von Baiern 30. Mai
1609. W. St. A. 25/3. 91. — Visch. an C. Alb. 30. Mai 1609 B. A.

Nach diesen Vorschlägen sollten künftighin nur erfahrene, ältere Personen und einheimische, mit den Landesverhältnissen vertraute Landherren und nicht Fremde, ein Kronamt erlangen können. Die Kronbeamten oder Landesofficiere sollten nicht auf Lebenszeit, sondern nur auf drei Jahre, nicht vom König, sondern von den Ständen ernannt werden, und zwar hätte die Hälfte dieser Beamten aus Katholiken und die Hälfte aus Ultraquisten zu bestehen. Gesetze und Statuten sollen nicht mehr vom König und den Kronbeamten, sondern lediglich vom Landtage beschlossen werden, auch das Recht der Interpretation von Gesetzen hätte allein der Landtag auszuüben. Die Bedürfnisse des Hofhaltes sollten nur aus dem Einkommen der Zölle bestritten werden; wenn der König eine Feste baut, wenn er Frieden schließen oder Krieg erklären will, bedarf er der Zustimmung der Stände; die für den Krieg bewilligten Geldmittel sollten nur durch einen von den Ständen gewählten Ausschuß und nicht durch die Hofkammer verwaltet werden. Diese Vorschläge enthielten auch die wichtige Bestimmung, daß die Landtage in periodisch wiederkehrenden Zeiträumen einberufen werden müssen, widrigens die Stände selbst das Recht der Landtagseinberufung hätten. Der Landtag allein sollte befugt sein, über Kriminalanklagen, die gegen dessen Mitglieder erhoben werden, zu entscheiden. Auch die Generallandtage sollten regelmäßig einberufen und — was sie bisher nicht waren — wahre Reichstage für die böhmischen Kronländer werden.

Die vielen Mißbräuche in der Verwaltung, die Verletzungen der Verfassung, deren im Verlaufe dieser Erzählung gedacht wurde, hatten auch die treuesten Diener des Hauses bestimmt, Reformen vorzuschlagen. Kinsky's Anträge beabsichtigten Garantien aufzustellen gegen jene Verfassungsverletzungen, gegen Willkür und Vergewaltigung und waren zugleich eine Fortbildung der böhmischen Verfassung, wir möchten sagen, im englischen Sinne. Es ist jedoch gewiß, daß nach Durchführung dieser Vorschläge die königliche Gewalt um vieles beschränkter und abhängiger geworden wäre, daß viele der Attribute der Executive in die Hände der gesetzgebenden Versammlung übergegangen wären. Es ist sonach begreiflich, daß Rudolph im höchsten Grade alarmirt, das letzte ständische Memorial ignorirend, allembevor die Frage an die Stände (1. Juni) stellen ließ, ob es wahr sei, daß dieselben nach Erledigung des

Religionswesens andere höchſt wichtige Artikel berathen werden?
Der Kaiſer forderte zugleich die Stände auf, ihn mit dem Inhalt
derſelben bekannt zu machen und anzugeben, ob ſie alle Eines Glaubens ſeien.

Am nächſten Tage erfolgte die Antwort der Stände, daß
ſie alle Eines Glaubens ſeien und daß keine anderen Artikel berathen werden ſollen, als einige über das Finanzweſen. Aus dieſer
Antwort war zu entnehmen, daß Kinsky's Anträge bei den Ständen
keine günſtige Aufnahme gefunden hatten. Die durch dieſe Incidenz-
fragen bewirkte Verzögerung in der Beantwortung der Hauptfrage
gab wieder Anlaß zu ſtürmiſchen, gewaltthätigen Scenen im Landtage. „Es iſt ſchon Zeit“, ſagte man zum Oberſtburggrafen Sternberg, „daß ihr (Kronbeamte) euere liſtigen Reden bei Seite ſetzet.“

Die Politik des Herrn von Kinsky hatte jetzt im Landtage
eine Niederlage erlitten. Er beabſichtigte die Vorſchläge dem Landtage zur Annahme zu empfehlen, dafür ſollten die Stände durch
die politiſchen Reformen befriedigt, ſich mit dem Religions-In-
terim begnügen; er hoffte wenigſtens die Lutheraner für dieſe
Anſicht zu gewinnen. Doch die Mehrheit der Stände verwarf
dieſe Vorſchläge. Die von Kinsky vermuthete Spaltung zwiſchen
den Lutheranern und Reformirten trat nicht ein. Aber trotz der
Niederlage war ſein oſtenſibler Zweck erreicht; er wollte dem
Kaiſer ſeinen guten Willen demonſtriren. Die Gründe, welche die
Actionspartei zur Verwerfung jener Vorſchläge beſtimmten, lagen
klar an Tag; ſie genügten ihr nicht. Kinsky hatte allerdings in
ſeinen Vorſchlägen die Macht der Legislative auf Koſten der Macht
des Königs vermehrt und mit Bürgſchaften umgeben, allein er
hatte dieſe Vertheilung geregelt und durch Geſetze normirt, die
Grenzen gezogen und befeſtigt. Die Actionspartei dagegen wollte
von einer geſetzlich geregelten Beſchränkung nichts wiſſen. Die ganze
Leitung des Cultus und Unterrichts, Geſetzgebung und Verwaltung
nahm ſie in Anſpruch und trat in Waffen auf, um jede Forderung
nach Willkühr und Gefallen vom Kaiſer zu erzwingen. Die Verkleinerung der königlichen Gewalt wird nach den Theorien Budowa's keinerlei Schranken unterworfen, ſie liegt vielmehr im
Belieben der Stände. Kinsky hatte allerdings Bürgſchaften aufgeſtellt, aber dieſe waren moraliſcher Natur, während Budowa
materielle Garantien aufbauen wollte: die Militärmacht. Kinsky

enblich beabsichtigte die Union der böhmischen Kronländer, Budowa hingegen strebte nur nach der Conföderation der incorporirten Länder unter einander, um die selbstständige Action Böhmens in keiner Weise zu beschränken.

Nicht nur den Ständen, auch dem Kaiser, in dessen Interesse Kinsky angeblich jenen Antrag stellte, scheint dieser Antrag, freilich aus ganz anderen Gründen, entschieden mißfallen zu haben. Er zeigte dem Kaiser scharf und deutlich die Grenzen seiner Prärogative; dadurch fand sich dieser mehr verletzt, als durch die weit engeren Schranken, welche Budowa zog, die aber in Nebel der allgemeinen Zusicherungen: daß nichts gegen die kaiserliche Hoheit unternommen werden sollte, verschwammen.

Rudolph war jetzt wieder entschlossen, das alte Spiel aufzunehmen, er wies alles zurück, und blieb bei der alten Erklärung stehen: er wolle den Böhmen nur religiöse Duldung gewähren. Die Reden Leopolds, der lang mit dem Kaiser conferirte, die Rathschläge des Cardinals Paravicini, welcher von Rom aus den Kaiser zur Standhaftigkeit aufmunterte, hatten diese Frucht getragen, die Partei des Widerstandes am Hofe wieder gekräftigt.[11])

Durch die Wiederaufnahme der früheren Politik beging die Regierung jetzt in der That einen großen Fehler. Wenn sie den Widerstand anzuwenden entschlossen gewesen wäre, so hätte sie die Mittel dazu vorbereiten sollen, die Zeit vom Monate März bis Mai wäre dazu geeignet gewesen. Es wäre der Kaiser dann in die Lage gekommen, nöthigenfalls mit Waffenmacht den Ständen entgegen zu treten. Nachdem aber jetzt der von den Ständen verlangte Landtag concedirt worden war — welcher nach dem ganz erfolglosen Verlauf der Sessionen des früheren, nur zur Ordnung des Religionswesens nach den Anträgen der ständischen Majorität ausgeschrieben werden konnte — hatte die von Rudolph nun fortgesetzte Politik des Widerstandes keinen Sinn mehr, denn er verstärkte jetzt selbst seine Gegner, indem er eben durch die Landtagsausschreibung denselben ein zur Geltendmachung ihrer Forderungen günstigeres, ein legales Terrain vorbereitet hatte und selbst ohne alle Mittel war, seinem Widerstande Nachdruck zu geben.

---

[11]) Br. A. 30. Mai 1609.

Die auf diesem Landtage im Beginne des Monates Juni 1609 ertheilte abschlägige Antwort des Kaisers überraschte daher die Stände; — die Ausbrüche ihres Unmuthes empfanden zuvörderst die Landesofficiere. Die Stände wollten aus deren Munde erfahren, welcher Kronbeamte den Kaiser zur abschlägigen Antwort gestimmt habe. Budowa zog in einer Rede voll Invectiven und Drohungen den Oberstburggrafen zur Verantwortung. Dann wurde Lobkowitz hart angelassen und als Urheber der ablehnenden Antwort des Kaisers bezeichnet, er mußte es anhören, wie Einzelne verlangten: man möge ihn den Weg durch's Fenster gehen lassen. Die Katholiken, durch das entschiedene gewaltthätige Vorgehen der Protestanten eingeschüchtert, beschlossen, gegen die Ansicht Slawata's und Martinitz' von ihrem Standpuncte aus, gegen die Einführung der Gewissensfreiheit nichts mehr zu unternehmen. Diese Erklärung wurde im Landtage mit Jubel aufgenommen.

Die unter dem Einfluße dieser Stimmung gefaßten Beschlüsse des Landtages konnten nichts anders als der Ausdruck der Absicht sein, mit Gewalt vorzugehen, um den Kaiser zur Nachgiebigkeit zu zwingen oder sich der Zügel der Regierung zu bemächtigen. In dem ersten der von den Ständen jetzt entworfenen Actenstücke erklären dieselben abermals nicht mehr erörtern, sondern handeln zu wollen und sich in Vertheidigungsstand zu setzen. Das zweite Actenstück war eine Gattung offenen Schreibens, worin die bisherige Politik der Regierung einer rücksichtslosen und scharfen Kritik unterzogen und die Anordnung der Bewaffnung und der Steuerausschreibung motivirt wurde: „Könne Rudolph, ohne der eingebildeten Ehre des Papstes nahe zu treten, ihnen das freie Exercitium ihres Glaubens nicht bewilligen, so seien sie trotzdem nicht weiter gewillt, sich bedrücken zu lassen. Es habe sich gezeigt, wohin die bisherige Politik führte: zum Verluste Ungarns, Oesterreichs und Mährens, zur Vernichtung des Credites und zur Plünderung des Landes durch Fremdlinge." Die Böhmen wollten Niemanden außerhalb ihres Landes einen Einfluß auf die Ordnung böhmischer Angelegenheiten zugestehen, es verletzte ihren Nationalstolz, daß der Papst die Erlaubniß zu geben hatte, zu dem, was in Böhmen Rechtens werden sollte.

Das dritte Actenstück enthielt den Entwurf jenes merkwürdigen Privilegiums, welches unter dem Namen Majestätsbrief eine so große Berühmtheit erlangte. Das Verlangen der Stände nach Religionsfreiheit und förmlicher Anerkennung der Confession des Jahres 1575 wurde darin formulirt, dann die Uebergabe des Consistoriums und der Universität an die von den Ständen zu bestellenden Ausschüsse, dessen Mitglieder bezeichnend „Defensoren" genannt wurden, gefordert.

Eine Deputation der Stände unter Schlifs Anführung trug den Inhalt dieser Actenstücke dem Kaiser vor. Rudolph wurde in Folge der Länge des Vortrags und der verwegenen Erklärungen der Stände so betroffen und unwillig, daß er in Mitte des Vortrags den Audienzsaal verließ und in ein Seitenzimmer ging.

Die eben jetzt erfolgte Erneuerung des alten, schon in Vergessenheit gerathenen k. Befehles, daß Universität und Bürgerschaft der bevorstehenden Frohnleichnamsprocession beizuwohnen haben, wurde jetzt, da die protestantischen Stände ihre Entschlüsse in Bezug auf Gewissensfreiheit deutlich genug kundgegeben hatten, wie eine Herausforderung und Verhöhnung derselben angesehen. Auch jetzt hatte Lobkowitz den Muth, die Verantwortung für diesen Befehl nicht von sich zu weisen, obwohl Budowa selbst, von vielen Landherren begleitet, jenen Erlaß als einen revolutionären, in den Gemächen der k. Kanzlei selbst, bezeichnete; der Oberstkanzler wurde ein Störefried genannt und es erklangen abermals Rufe „zum Fenster mit ihm!" — Gerüchte einer Pulververschwörung gegen das Leben der Landtagsmitglieder, Gerüchte über die Verhaftung der Parteihäupter, die sich übrigens als ganz unrichtig erwiesen, erhitzten die Gemüther noch mehr. Im herausfordernden Tone erklärte Budowa, daß, wenn eine zustimmende kaiserliche Antwort nicht binnen drei Tagen einlange, die Stände sofort über die Durchführung der Bewaffnung berathen würden. Der Kaiser, vom Erzherzog Leopold und dem Herrn von Kinsky bestärkt, blieb bei seiner Weigerung. Dieser versicherte, obwohl die Erfahrung der jüngsten Tage das Gegentheil bewiesen hatte, daß mit der Gewährung der Maximilian'schen Religionsconcessionen die Stände Augsburg'scher Confession befriedigt sein würden. Kinsky erklärte, daß die letzteren in diesem Falle von den Picarditen und Calvinern im Landtage abfallen und dafür sorgen würden, daß des Kaisers Ansehen nicht verletzt werde. Um diese seine Partei zu ermuthigen, bat Wenzel von Kinsky, Erzherzog Albrecht möge ihm

Briefe schreiben, worin der Häupter derselben freundlich gedacht
würde, um diese zu gewinnen. Der Erzherzog Albrecht that es,
allein der angehoffte Erfolg trat auch jetzt nicht ein. Offenbar
täuschte Kinsky den Kaiser mit der Hoffnung, eine Spaltung im
Landtage hervorzurufen. Es scheint, daß er damit Rudolph nur
bestärken wollte, dem Begehren der Stände nicht zu willfahren.

In der letzten ablehnenden Antwort versprach der Kaiser
jenen Zustand thatsächlicher Toleranz wieder herzustellen, der unter
Maximilian geherrscht. Wenn die Stände damit nicht zufrieden
sein würden, wolle er den ganzen Gegenstand den sechs Churfürsten zur Entscheidung mittheilen. In dieser Erklärung ist der
Einfluß der Churfürsten nicht zu verkennen. Henot, der als Abgeordneter für Cöln in Prag war, mochte den Kaiser dafür gestimmt haben. Es lag darin die immer wiederkehrende Absicht der
deutschen Fürsten, die Angelegenheit Böhmens zur Reichsangelegen-
heit zu machen; hierin war der katholische, wie der protestantische
Theil dieser Fürsten stets gleicher Ansicht.[12])

Diese Antwort Rudolphs glich einer unbedingten Weigerung. Sie kam jedoch nicht unerwartet und der Sturm, der sich
bei deren Mittheilung im Landtagssaale erhob, war nicht größer
als die früheren. Die Stände schritten jedoch diesmal zur That;
sie ernannten einen Ausschuß, welcher nach längeren Erörterungen
sechs Schriftstücke entwarf. Es waren dies: die sorgfältig aus-
gearbeiteten Motive des Beschlußes, sich in Kampfbereitschaft zu
setzen; Aushebung des fünften Mannes; die Ernennung der Directoren (gewissermaßen eines Executivausschußes) und der Oberbefehlshaber des Heeres; die Entwürfe der Vollmachten für dieselben; die Aufforderung an die Mährer, Kriegshilfe zu leisten,
und die Urkunde der Conföderation zwischen Böhmen und Schlesien.

In diesem letzten gefährlichen Augenblicke, bevor noch jene
Anträge zu Beschlüssen erhoben wurden, versuchten die sächsischen

12) Vischer an Fleckhammer 4. Juli 1609 B. A. Der französische Gesandte
in Prag bemerkt im Berichte ddo. 23. Mai 1609 ...ce sont les fruits
du conseil du Baron Zdenco Poppel Grand Chancelier et qui l'ont
dit être pensionaire du Papo et du Roi d'Espagne et qui a le bruit
de perdre et ruiner les affaires de son maitre, pendant qu'il les
mange au grè et a l'appetit des Estrangers... Harlay 238/10 P. 189.

Gesandten ein Compromiß zwischen Kaiser und Landtag zu Stande zu bringen; allein weder die Vorschläge derselben, noch der Entwurf eines anderen, durch Rudolph selbst den Ständen mitgetheilten Majestätsbriefes genügten, da beiden zufolge die Leitung der Universität und des Consistoriums ein königliches Regale bleiben sollte. Die gemäßigte Partei im Landtag erhob zwar ihre Stimme, allein sie drang nicht durch. Budowa brach alle weiteren Unterhandlungen ab und beantragte nunmehr die Defension, nämlich die Rüstungen ins Werk zu setzen. Dieser Antrag wurde sofort angenommen und zur Ausführung desselben geschritten. In einem Manifeste wurden die Motive dieses Vorganges in heftigen, leidenschaftlichen Ausdrücken dargelegt, alle Bedrückungen, welche die Protestanten bisher erbulden mußten, aufgezählt und insbesondere darauf hingewiesen, daß Gerüchte über Rüstungen und Werbungen, welche in des Kaisers Namen stattfänden, die Bewaffnung der Stände rechtfertigen. Dieses Manifest benannte auch die Mitglieder des Executivausschußes (Directoren) und die Oberbefehlshaber; die letzteren waren: Mathias Graf Thurn, General-Lieutenant, Leonhard Colonna von Fels, General-Feldmarschall, und Johann d. ä. von Bubna, General-Quartiermeister. Nachdem noch der Primas der Altstadt, Heydel, als Landesverräther erklärt und des Landes verwiesen wurde, schwuren die Stände den Defensionsbeschluß bis in den Tod aufrecht zu erhalten; dann lösten sie den Landtag auf.

Bezeichnend für die Stimmung der Landherren war das Benehmen ihres Gefolges. Noch an demselben Abend, an welchem jene Defensionsbeschlüsse gefaßt wurden, als es im Landtagssaale schon finster wurde, erhob dieses Gefolge ein fürchterliches Geschrei mit Pfeifen gemischt, wie um den Kaiser zu verhöhnen; „es heulte nicht anders," sagte ein Berichterstatter, „als wären es lauter Wölfe, Hunde und Katzen."[13] Auch drangen einige Herren

---

[13] Erinnert dieser Vorgang nicht an jene Demonstrationen, die man heut zu Tage Katzenmusiken nennt? An Churpf. 27. Juni 1609. Münch. Staatsarch. 547,8, 194. — Die Behauptung der Stände, daß geheime Werbungen angeblich im Auftrage des Kaisers vorgenommen werden, war begründet. Ramé wurde mit diesem Geschäfte doch nicht von Rudolph, sondern vom Erzherzog Leopold betraut. Die Entdeckung der Sarcander'schen Verschwörung: welche dem Kaiser Truppen zuführen sollte.

mit Ungeſtüm in die Ritterſtube, eben als Rudolph beim Nachtmal ſaß, und begehrten unverweilt Beſcheid wegen des Majeſtätsbriefes.

Die Directoren hatten nach der Selbſtauflöſung des Landtages die Leitung der politiſchen Angelegenheit, die Generale jene der ſtändiſchen Armee, welche theils durch Werbungen, theils durch das Landesaufgebot aufgeſtellt wurde, übernommen. Die Stände hatten ſonach eine proviſoriſche Regierung förmlich eingeſetzt und befanden ſich ganz auf revolutionärem Boden; durch die Entfaltung einer großen militäriſchen Macht hofften ſie jetzt den Kaiſer zu zwingen, ſich ihnen willfährig zu zeigen. Wenn aber der Kaiſer nicht nachgeben würde, wenn er ſelbſt zu Rüſtungen ſeine Zuflucht genommen hätte? Was hätte dann zu geſchehen? — Daß die Stände auch auf dieſen Fall vorbereitet waren, unterliegt keinem Zweifel. Roſenberg's Schriftwechſel mit Anhalt gibt dazu den Schlüſſel. Wir wiſſen, daß Oberſt Lucan im Namen Roſenberg's in Prag wirkte. Dieſer war es, der die Stände vorzugsweiſe dazu trieb, die Bewaffnung in's Werk zu ſetzen; und der es tief bedauerte, daß ſie nicht ſchon längſt, wie er ihnen gerathen, zu dieſem Mittel gegriffen hatten. Wie die Stände bereits im Vorjahre eine günſtige Gelegenheit, um „ihre Libertäten zu feſtigen“, verſäumten, nämlich die Gelegenheit, die ſich ihnen zu einer Verbindung mit Mähren, Ungarn und Oeſterreich und zum Sturze Rudolph's bot, ſo hatten ſie auch jetzt dem Rathe des Herrn von Roſenberg: mit allen Ständen der öſterreichiſchen Länder ein Bündniß einzugehen, nicht ſogleich Folge geleiſtet; indeß waren ſie doch in dieſem Augenblicke auf der Bahn, auf welcher ſie Roſenberg haben wollte. Dieſer theilte auch dem Fürſten Chriſtian ſeine Ueberzeugung mit, daß dem Kaiſer jetzt nichts übrig bleibe, als nachzugeben, widrigens „Dinge der größten Importanz“ geſchehen würden. Es ſollte nämlich die Regierung Böhmens dem Kaiſer entriſſen, mit benachbarten Fürſten und Ländern, mit der deutſchen Union ein Bündniß geſchloſſen, die Päſſe beſetzt und Fürſt von Anhalt zum Generaloberſten ernannt werden. Der Kaiſer

hatte die Stände aufgeſchreckt. Als Graf Thurn davon hörte, warf er die Drohung hin, daß, wenn das Haus Oeſterreich und die katholiſchen Fürſten etwas gegen die Stände unternehmen ſollten, ſofort ganz Böhmen aufſtehen würde! Br. A. 13. Juni 1609.

würde mit einer Entschädigung abgefertigt und als König von Böhmen abgesetzt, worauf nach Feststellung seiner Unfähigkeit das Reich zu regieren, Churpfalz das Reichsvicariat übernehmen würde. [14]) Dies war also das Programm der Stände für den Fall, daß Rudolph bei seiner Weigerungspolitik verharren würde.

Auffällig war auch das Benehmen der sächsischen Gesandten. Wenn die Diener des treuesten Anhängers und Vasallen des Kaisers, des Churfürsten von Sachsen, im Namen des letztern den Beschluß der Stände, die Gewährung ihrer Forderungen mit Waffengewalt zu erzwingen, billigen, wenn sie erklären, der Churfürst werde ihnen dabei helfen, so zeigt dies, daß gewiß nur die wichtigsten Interessen Sachsens dabei im Spiele waren und den Churfürsten bewogen, die alten Bahnen zu verlassen. Es handelte sich ohne Zweifel um die Frage der Thronerledigung, in welchem Falle der Churfürst auf seine Candidatur bedacht sein mußte. — Daß Anhalt jenen eventuellen Entschlüssen der böhmischen Stände nicht fremd war, ist sehr wahrscheinlich. Denkt man an die Rolle, welche er bei den Horner Unruhen spielte, und auf seine Verbindungen mit Rosenberg, so ist anzunehmen, daß der Fürst es war, welcher die Politik seines Vetters auch jetzt beeinflußte. Es war wohl kein bloßer Zufall, daß Anhalt die von der deutschen Union ihm schon vor einem Monat übertragene Mission nicht sogleich, sondern erst dann wirklich antrat, als die böhmischen Stände den revolutionären Boden betraten; früher waren die Dinge in Böhmen noch nicht reif gewesen. Jetzt als es den Anschein hatte, es werde zum Aeußersten kommen, rüstet sich Anhalt zur Abreise nach Prag. Er bekennt selbst, sich damals mit den Böhmen in vertraute Verbindung gesetzt zu haben. Der Fürst wollte vermuthlich hier dieselbe Aufgabe lösen, die er in Horn vergeblich zu erfüllen versucht hatte: die Zwietracht zu nähren, das Haus Habsburg zu schwächen, für

---

[14]) Rosenb. an Anh. 3. Juli 1609. Anh. Reg. I. F. 1. 226 281. — a. a. 7. Juni 1609. — Boden. an Mar v. B. 29 Juni 1609. XV./2, 139 und 143. M. R. A. — B. A. 4. Juli 1609. Wenn Wilhelm von Kinsky, ein Bruder Wenzels, Peter von Vischer die Versicherung gab, daß er und seine Partei wenigstens für das Haus Oesterreich leben und sterben wollen, so läßt sich dieser Ausspruch eines in der ständischen Politik tief Eingeweihten nicht anders deuten, als daß es Leute gab, die von diesem Hause abfallen wollten.

sich und für Churpfalz aus der Verwirrung Amt, Einfluß und vielleicht in Zukunft auch einen Thron zu gewinnen. Schon hatten sich die Stände an ihn gewendet und um Absendung von Munition gebeten; damit war die erste officielle Annäherung geschehen. Der bairische Diplomat Bodenius irrt daher nicht, wenn er die Vermuthung aussprach, daß die Tenacität der böhmischen Stände vom Reiche aus genährt wurde. [15])

Bevor Anhalt die Reise nach Prag unternahm, erbat er sich von einer „vertrauten Person" ein Gutachten über die böhmisch-österreichischen Zustände. Diese Person, die uns unbekannt geblieben, bestärkt Anhalt in seinem Entschluße, ist befriedigt, daß die Union etwas Ernstliches rücksichtlich der Verbindung mit den Ständen der österreichischen Länder beginne. Sie macht ihm eine lebhafte Schilderung der physischen und geistigen Schwäche des Kaisers und des Königs von Ungarn, der Zerfahrenheit und Zwietracht unter den Ministern, des schlechten Regiments in Wien und Prag, so daß Anhalt in seiner Freude nicht anders meinte, als Böhmen werde jetzt wie ein reifer Apfel in seinen Schooß fallen; er war fest überzeugt, daß nunmehr der: „terminus fatalis domus Austriæ" eingetreten sei.

Diese Eindrücke nahm er mit nach Prag. Es schien sich jetzt ein unermeßliches Feld für seinen Ehrgeiz zu eröffnen. Wenn die Böhmen allein, ohne fremde Mitwirkung, so rasch und erfolgreich gegen Rudolph auftraten, was ließe sich nicht erreichen, wenn alle Länder: Böhmen, Ungarn, Mähren, Oesterreich und Schlesien sich conföderiren und mit vereinter Macht nach Einem Ziele streben würden? Diese Conföderation zu Stande zu bringen, war die nächste große Aufgabe Anhalt's. Die Art, wie der Fürst die Initiative bei dieser Frage ergriff, zeigt, daß er auf die Ereignisse in Böhmen ein viel größeres Gewicht legte, als auf die Vorgänge in Horn. Nach Horn wurden fürstliche Beamte als Abgeordnete geschickt, nach Böhmen ein Fürst des Reiches und dazu ein so gewiegter Staatsmann und Feldherr; dort hatten die Gesandten

---

[15]) Die Gesandtschaft Anhalts hätte auch dann ihren Zweck erreicht, wenn dieser die böhmischen Stände in ihren Prätensionen „beherzter" gemacht hätte; so drückt sich Anhalt in einem Schreiben an Churpf. 29. Juni 1609, aus. M. St. A. 46/2, 44 und R. A. XV./2. 143.

gebundene Vollmachten, hier ward die Anknüpfung einer Verbindung mit den Ständen dem Ermessen Anhalts überlassen. Und darin bestand die eigentliche Mission des Fürsten; wenn ihm auch der Unionstag eine Instruction in Betreff der Abstellung der protestantischen Gravamina bezüglich Donauwörth, der Hofprocesse und der Reform des Reichsregimentes (S. 538, n. 23) ertheilte, so war die Anknüpfung der Verbindung mit den Böhmen doch die Hauptsache.

Wir entnehmen aus den Anhalt'schen Correspondenzen, daß Churpfalz abermals eine Intervention des Churfürstentages, zur Schlichtung der böhmischen Wirren beabsichtigte, allein die erwünschte, erfolgreiche Einflußnahme konnte Churpfalz doch nur durch directe Verbindung mit Böhmen und durch die Vermittlung der Union erlangen. Es wurde ein Unionstag Ende Mai 1609 zu Schwäbisch-Hall abgehalten. Hier beschloß man, sich mit den auswärtigen Potentaten, mit England, Dänemark, in gute Correspondenz zu setzen; mit Frankreich jedoch wollte man sich überdieß in noch nähere Beziehungen stellen. Es sollte über die Unionsbeschlüsse dem König Heinrich IV. Vortrag erstattet werden. Wegen Aufnahme dieses Fürsten in die Union faßte man jedoch noch keinen Beschluß, denn es war die Besorgniß vorherrschend, daß dann die unirten Fürsten von dem französischen König ins Schlepptau genommen werden könnten. Dagegen wurde bestimmt, einen besonderen Agenten: Dr. Lenck, nach Venedig abzusenden, der dort „die Occasionen wahrnehmen solle, wie dem Papstthum Abbruch zu thun wäre" und auch mit den Generalstaaten, welche sich in der Unionsfrage so oft an Churpfalz gewendet hatten, in Verbindung zu treten. Die wichtigste Sache war aber die Annäherung an Böhmen und an die Länder des Hauses Habsburg überhaupt; denn die Krone Böhmens war „ein fürnehmes Glied des Reichs." Auf dem Unionstage zu Schwäbisch-Hall erhielt eben Fürst Christian von Anhalt den oberwähnten Auftrag, auf das Zustandekommen einer Conföderation dieser Länder unter einander hinzuwirken.[16] Dadurch sollte ein wesentlicher Schritt zur Gründung des großen evangelischen Bundes in Europa geschehen.

---

[16] Anh. A. F. 1. 228. 4. Mai 1609. — Programm von Churpf. M. St. A. 116,3, 159. — Abschied der Union 30. Mai 1609. Anh. A. —

Diese Absichten der pfälzisch-französischen Partei, wie die Plane der böhmischen Actionsmänner, waren auf dem Hradschin selbstverständlich genau bekannt und dem Herrn von Kinsky nicht minder unverborgen, als jene bedeutsame Haltung der sächsischen Gesandten; es erscheint daher Kinsky's Vorgehen jetzt immer deutlicher als eine gerechtfertigte Fortsetzung der im Vorjahre (1608) von ihm beschlossenen und begonnenen Unterstützung Mathias'. Er wollte die Länder dem Hause Oesterreich erhalten und dies war nur dadurch möglich, wenn — ganz nach der Ansicht des Madrider Cabinets und Zuñiga's — Mathias auch die Herrschaft in Böhmen erlangen würde. Kinsky's beharrlicher, dem Kaiser ertheilter Rath, standhaft zu sein, den Forderungen der Stände nicht nachzugeben, mochte in der That die Entthronung Rudolph's durch die erbitterten Stände bezweckt haben, um den König Mathias an seine Stelle zu erheben. Es erklärt sich also Kinsky's plötzliche Abreise nach Mähren am 7. Juli, das Verlassen des Kampfplatzes im wichtigsten, im entscheidenden Augenblicke. Die Zusammenkunft mit Carl von Liechtenstein, Mathias' Vertrautem, in Mähren, hatte wohl keine andere Absicht, als die, den König von Ungarn auf das Ereigniß der eventuellen Abdication Rudolph's vorzubereiten, damit er als „Designatus rex" seine Ansprüche auf Böhmen rechtzeitig zur Geltung bringen könne.

Der Anblick so vieler Hände, die gierig nach der böhmischen Krone griffen, mußte jetzt den Kaiser zur Entscheidung drängen. Schon seit geraumer Zeit beschäftigten sich die Anhänger des Hauses mit dem Aufsuchen von Mitteln, zur Befestigung seiner bedrohten Herrscherrechte. Liechtenstein schlug eine Union der Erzherzoge zu dem Zwecke vor, damit ein Programm für die Regierung des Kaisers und des Königs beschlossen und durchgeführt werde. Zugleich wäre der alte Versuch, Rudolph mit Mathias zu versöhnen, wieder aufzunehmen. Vischer war derselben Meinung: dem Bunde der Protestanten müsse eine Union der Erzherzoge entgegengesetzt werden. Hanniwald, der wohl der bedeutendste unter den

---

Instruction für Lenck: dieser soll nachforschen, wie für das Evangelium in Venedig zu wirken, die Verhältnisse daselbst studiren, die Signoria bewegen, ein Bündniß mit der Union und mit Ungarn abzuschließen. 29. Juli 1609. A. A.

Staatsmännern Rudolphs war, stimmte auch jenem Unionspro-
jecte bei. Allein eine mächtige Partei am Hofe: die Kriegsobersten
Ramé und Sulz an der Spitze, wiedersetzten sich diesen Vorschlägen
im richtigen Vorgefühle, daß doch nur dann radical abgeholfen
würde, wenn die von allen Parteien anerkannte Nothwendigkeit
der Abdankung des Kaisers eintreten würde; da aber diese Abdankung die Kriegsplane und den Einfluß jener Herren zu nichte
gemacht hätte, erklärten sie sich gegen die Familien-Union und
begründeten ihren Widerstand bei Rudolph mit der Hinweisung
auf die, auch von diesen gefürchtete Möglichkeit, daß die Erzherzoge den Kaiser absetzen würden.

Allein wenn auch diese Union angebahnt worden wäre, so
hätte sie die brennende Frage: ob die Forderungen der böhmischen
Stände zu gewähren oder zurückzuweisen wären, die Beendigung
der böhmischen Wirren nicht fördern können. Hanniwald, von
Rudolph aufgefordert, einen Vorschlag zu machen, um aus dieser
höchst kritischen Lage herauszutreten, stellte drei Anträge: dem
Ungehorsam der Stände mit Waffengewalt entgegenzutreten oder
den Forderungen derselben unbedingt nachzugeben, endlich die Abdankung des Kaisers.

Mittlerweile hatten die Werbungen der provisorischen Regierung rasch ihren Fortgang genommen. Von Mähren aus kam
die Nachricht, daß es den Böhmen zu helfen bereit sein werde.

Die Kronofficiere, welche die Größe der Gefahren für den
Thron ermaßen, drangen nun in Rudolph, einen definitiven Entschluß zu fassen und sich für die Gewährung des ständischen Entwurfes des Majestätsbriefes zu erklären. In dieser Bedrängniß,
dem präpotenten Anstürmen seiner Feinde, dem Rathe der bewährtesten Minister nachgebend, trat endlich Rudolph Hanniwald's
zweitem Antrage bei und unterzeichnete, nach einigen lebhaften
Verhandlungen zwischen Budowa, den Directoren und dem Oberstburggrafen, am 9. Juli jenes Pergamentblatt, das später eine
halbe Welt in Flammen setzte — den Majestätsbrief.

Rudolph hatte den ständischen Entwurf dieses Briefes vollkommen gutgeheißen, auch die Stylisirung wurde beibehalten, nur
dem Worte: „evangelisch" substituirte er das Wort „sub utraque."
Der Oberstkanzler Herr von Lobkowitz war jedoch nicht zu bewegen, diese Urkunde zu contrasigniren. Er wurde hier dem Kaiser

gerabezu ungehorſam. Der ſpaniſche Geſandte konnte dieſem muth=
vollen Entſchluße ſeine Bewunderung nicht verſagen. Er empfahl
dem König Philipp, jenem Cavalier eine „große Gnade" zu erweiſen.

Gleichzeitig ſchloſſen die proteſtantiſchen mit den katholiſchen
Mitgliedern des Landtags einen Vergleich ab, worin dieſe die
durch den Majeſtätsbrief den erſteren ertheilten Rechte und Frei=
heiten rückhaltlos anerkannten. Dieſer Vergleich, auch vom 9. Juli
datirt, war ein ſehr wichtiges Actenſtück, da es als eine Ergän=
zung des Majeſtätsbriefes galt und gewiſſermaßen eine authentiſche
Interpretation deſſelben enthielt.

Budowa, weit entfernt, die Bewaffnung jetzt einzuſtellen,
— wie es der Kaiſer begehrt und zur Bedingung der Conceſſion
gemacht hatte — erklärte, daß nur der Landtag die Entwaffnung
anordnen könne. Unter dieſem Vorwande erhielt er noch die ma=
teriellen Garantien aufrecht, um das eben jetzt Errungene zu ver=
theidigen und deſſen Durchführung zu beſchleunigen.

In offenen Mandaten verkündigten der Kaiſer und die Di=
rectoren die Erlaſſung des Majeſtätsbriefes und letztere luden die
Stände zu einer Zuſammenkunft nach Prag ein.[17])

Der Landtag, welcher in Folge dieſer Einladung die Seſſion
in Prag wieder aufnahm, erlangte, wie gezeigt werden wird, nach
und nach von Rudolph Alles, was zur Verwirklichung der geſetzlichen
Regelung der Rechte der Proteſtanten nothwendig war. Allein
der größte Erfolg der Stände war nicht der Majeſtätsbrief, um
welchen faſt durch ſechs Monate geſtritten worden war, es war
die Thatſache, daß fortan nicht allein das Recht, Geſetze zu geben,
ſondern auch, daß die oberſte vollziehende Gewalt zwiſchen dem

---

[17]) B. A. 13., 27. und 29. Juni 1609. — Erzherzog Leopold wollte einen
feierlichen Proteſt gegen den Majeſtätsbrief veröffentlichen. Als der Kaiſer
davon erfuhr, ſagte er: „Mein Vetter iſt zu jung und hitzig, er verſteht
die Sache nicht." Leopold unterließ ſodann auf Rudolph's Wunſch die
Proteſtation. Biſch. an C. Alb. 4. Juli 1609. — Boden. an Fleckh.
1. Juli 1609 B. A.; derſelbe an Mar v. B. 4. Juli 1609 M. R. A.
XV./2, 141. — Durch beſondere Commiſſarien ließ Rudolph ſowohl bei
dem Nuntius als auch bei Zuñiga „die Nothwendigkeit des Majeſtäts=
briefes" motiviren. Zuñiga al rey 18. Juli 1609. Simanc. 2491. —
S. Gindely a. a. O. insbeſondere die ſehr ſcharfſinnige Unterſuchung
in der Note 105.

König und den Ständen getheilt werden sollte. Die Defensoren waren Minister, die vom Könige nicht abhingen.

Wenige Tage nach Unterzeichnung des Majestätsbriefes trafen schlesische Gesandte in Prag ein. Nach längeren Unterhandlungen erlangten sie eine gleiche Urkunde für Schlesien. Der Landgraf von Leuchtenberg, ein nicht vermöglicher Herr, aber ein einflußreiches Mitglied des Geheimrathes, erhielt von den Schlesiern eine schwere Truhe mit Silber zum Geschenk für seine erfolgreiche Verwendung in ihrer Sache. Bodenius, welcher von diesem Geschenke erwähnt, bemerkt: „Paupertas meretrix," und fügt dann bei: „wollte Gott, das Regiment hörte auf."

Nur wenige Tage vor der Unterzeichnung des Majestätsbriefes, am 4. Juli, war Fürst Christian von Anhalt in Prag angekommen; auch jetzt, zum dritten Male, war ihm die Gelegenheit abhanden gekommen, seine Wirksamkeit mit unmittelbaren Erfolgen zu krönen. Er fand die Böhmen, welche sich nach errungenem Sieg in stolzer Absonderung hielten, nicht mehr zu den früher angestrebten Conföderationen geneigt. Im Gegentheil, als er von der Nothwendigkeit einer innigeren Verbindung der Böhmen mit Ungarn, Oesterreich und Mähren sprach, erklärten ihm die vornehmsten Mitglieder der Stände, daß ein solcher Bund ihnen nicht genehm wäre, weil sie dann zu den Kriegshilfen wider die Türken viel beitragen müßten. Allein Anhalt ließ sich dadurch nicht abschrecken, sein Scharfblick hatte die Stimmung der Böhmen ergründet. Bei dem vorgerückten Alter des Kaisers war der Zeitpunct nicht fern, in welchem die Frage der Nachfolge ein fruchtbares Feld für Intriguen und Interventionen deutscher Fürsten in Böhmen eröffnen würde. Der Fürst erkundigte sich deßhalb bei Tschernembl, ob man in Oesterreich nicht geneigt wäre, die Türkenhilfe bei Abschließung eines Bundes mit Böhmen fallen zu lassen, um dieses Land für die Conföderation zu gewinnen. Anhalt war bemüht, während seines Prager Aufenthaltes die Neigung der Böhmen zu gewinnen; es scheint, daß diese seine Bemühungen nicht ganz ohne Erfolg blieben, denn es verging kein Tag, an welchem er nicht irgendwo zu Gaste geladen war. Allein seinen Hauptzweck, die Anbahnung der Conföderation, erreichte er nicht. [18]

---

[18] Bodenius an Mar von Baiern 9. Oct. 1609. W. R. A. XV./2, 111.

Wenn Rudolph zwar noch nicht entthront wurde und noch kein Pfälzer auf dem Hradschin saß, wenn Anhalt auch eingestehen mußte, daß seine Conföderationsplane in Prag eine Niederlage erlitten haben, so lag doch in der Art, wie in den österreichischen Ländern der Protestantismus anerkannt wurde, und in den Verfassungsänderungen, welche zu Gunsten der ständischen Suprematie durchgesetzt wurden, in der Behauptung, daß die Reiche nur Wahlreiche seien, doch eine sehr bedenkliche Abschwächung der königlichen und der kirchlichen Autorität. Der „Terminus fatalis" war für das Haus noch nicht eingetreten, es trug noch unangefochten alle seine Kronen. Allein, noch ein solcher Sieg! konnte man in Spanien ausrufen, und wir sind verloren. Die Behauptung der Dynastie auf dem Throne geschah doch nur auf Kosten des Königthums.

Der Einfluß, welchen das Madrider Cabinet bald durch seine Gesandte und bald durch die römische Curie auf Deutschland und die österreichischen Länder genommen hatte, war jetzt paralysirt durch die beklagenswerthe Schwäche und Rathlosigkeit jener beiden Fürsten, die in Prag und Wien residirten.

Wir sahen, wie Spanien schon vorlängst den Kaiser für einen verlornen Mann betrachtete! wie Mathias' Credit nach den Horner Unruhen tief gesunken war; es war ein Augenblick eingetreten, in welchem auch dieser in die politischen Berechnungen König Philipps nicht mehr als Factor aufgenommen wurde. Spanien war jetzt genöthigt, nach der Herrschaft in Deutschland und in den Ländern Oesterreichs selbst zu streben, um die „katholischen Interessen und das Erbe des Hauses" vor Untergang zu bewahren. Don Philipp hatte sich jetzt entschlossen, selbst nach der Reichskrone zu trachten, und nach Mathias' Tode sollte ein Infant in Böhmen und in Ungarn succediren (S. 564). Was früher als etwas Fernes in Aussicht stand, jetzt trat es als nächstes Ziel vor Augen. Der unermeßliche Besitz Carls des V. sollte sich abermals in Einer Hand vereinigen, das Schauspiel eines Reiches, in welchem die Sonne nicht untergeht, im XVII. Jahrhundert sich wieder erneuern; die prächtigen Königreiche im Süden, die halbe romanische und die halbe germanische Welt unter Einem Herrscher — das hatte viel Lockendes selbst für einen Fürsten, der nicht den Ehrgeiz und die Kraft eines Carl von Gent besaß. Der erste wichtigste

Weg zu diesem Ziele war aber die Organisation der katholischen Mächte, die Bildung der heiligen Liga unter Spaniens Leitung.

Während jenes Streben Spaniens nach der Herrschaft in Deutschland vorläufig ein tiefes Geheimniß der castilischen Staatsmänner blieb, betrieb Zuñiga jetzt nach der beispiellosen Demüthigung, welche die kaiserliche Majestät zu Prag erlitten hatte, auf das eifrigste die Bildung des Bundes der katholischen Mächte, aber eines Bundes, an dessen Spitze Spanien treten sollte (S. 564). Die höchsten Interessen standen jetzt auf dem Spiele.

Einverständlich mit dem Nuntius in Prag, Antonio Gaetano, Erzbischof von Capua, wurde der P. Lorenz von Brindisi zu dem Herzog Max von Baiern geschickt, damit er durch diesen selbst von den Schritten unterrichtet werde, welche die katholischen Fürsten Deutschlands wegen Begründung der Liga unternahmen. Der Herzog hatte in dieser Frage mit Spanien ein paralelles Interesse, und er allein war im Stande anzugeben, ob man sich auf die Kräfte der katholischen Fürsten verlassen dürfe, dann welche Theilnahme an der Liga überhaupt in Deutschland zu erwarten sei. P. Lorenz konnte dem König von Spanien berichten, daß in einer Conferenz der Gesandten der drei geistlichen Churfürsten zu Cöln der Beschluß gefaßt wurde, dreißigtausend Gulden monatlich auf die Mitglieder der Liga umzulegen, um eine Armee zu besolden, deren Commandant der Herzog von Baiern sein würde. Durch besondere Botschafter sollten der Papst, Spanien, Frankreich, die italienischen Fürsten und Erzherzog Albrecht zum Beitritt eingeladen werden.[19] Von München hatte P. Lorenz Mailand zu berühren, den spanischen Statthalter Grafen von Fuentes dort zu besuchen und über den Stand der Angelegenheit der Liga zu informiren, da dieser zunächst berufen war, wenn es zur Action kommen sollte, die Liga mit Truppen zu unterstützen.

In Madrid war P. Lorenz bei dem Minister Herzog von Lerma gewesen und erbat sich eine Audienz vom König, dem er sowohl durch Erzherzog Leopold wie durch Herzog Max auf das Wärmste empfohlen war. P. Lorenz schilderte dem König die gefährliche Lage der katholischen Kirche und des kaiserlichen Hauses in Deutschland. Das einzige Rettungsmittel wäre jetzt, eine Verbindung

[19] Münch St. A. 18. Juni 1609. 49,2. Coccaglio, Vita del P. Lorenzo.

aller katholischen Fürsten Europa's zur Vertheidigung der Religion unter Spaniens und des Papstes Schutz aufzurichten, da Rudolph weder zur Ernennung eines Nachfolgers noch zur Versöhnung mit Mathias zu bewegen war; die Protestanten wüßten, daß ihnen keine Insolenz verübelt werde, daß sie ihrem Kaiser und dem Könige Mathias ungestraft Gesetze vorschreiben können, und daß sie die Absicht hatten, nach Rudoph's Tode einen „Häretiker" zum Kaiser zu wählen.

P. Lorenz betonte in seinem Vortrage, daß Erzherzog Leopold bei dem Entwerfen dieses Planes mitwirkte und auch der einzige Prinz des Hauses sei, der davon wisse; weder Rudolph noch Mathias und selbst Maximilian seien ins Geheimniß gezogen worden. Erst als fait accompli sollten sie die Sache erfahren und es dürfe dann keine Mühe gespart werden, um die Erzherzoge in den Bund aufzunehmen. Es ist einleuchtend, daß durch die Liga auf diese Fürsten eine Art Tutel ausgeübt werden wollte, sie war ein Mittel, die Fürsten selbst wie ihre Minister zu discipliniren, nachdem diese bewiesen hatten, daß sie sich mehr von einer Politik der Schwäche, als von nüchternen Berechnungen leiten ließen. Allein gerade im Puncte jener Aufnahme wurden große Schwierigkeiten voraus empfunden. Der Herzog von Baiern, der zur Ausführung des Bundesgedankens in Deutschland zuerst die Hand bot und der zunächst dafür thätig war, wurde als Haupt der Liga angesehen. Herzog Max — ein sehr eifriger Katholik, war ein begabter, energischer Fürst, doch stets auf seine eigenen Interessen bedacht, mit Eifersucht und Kraft dieselben bewachend. Er hätte sich nicht leicht herbeigelassen, den Vortritt in der Liga einem andern Fürsten einzuräumen; auch war noch zu berücksichtigen, daß der Kaiser und der König von Ungarn, gegenüber ihren zahlreichen protestantischen Unterthanen, wenigstens nur in einer nicht ostensiblen Form an der katholischen Liga Theil nehmen könnten.

P. Lorenz bat König Philipp im Namen des Herzogs von Baiern, auf Papst Paul V. Einfluß zu nehmen, damit dieser den König von Frankreich von der Unterstützung deutscher Protestanten abmahne. Um König Heinrich zu beruhigen, sollte ihm mitgetheilt werden, daß die Liga nur einen defensiven Character haben würde.

König Philipp nahm den Kapuzinermönch wohlwollend auf und entließ ihn mit günstigem Bescheide.

Auch jetzt noch, nachdem die drohendsten Gefahren durch die großen, den Ständen Böhmens gewährten Concessionen, geschwunden waren, blieb der Hrabschin ein Gegenstand lebhafter Besorgnisse für Zuñiga. Es scheint, daß der spanische Gesandte der Meinung war, der Kaiser werde sich, von Anhalt umgarnt, vielleicht auf Seite der protestantischen Union neigen und dadurch auch die katholischen Interessen Deutschlands empfindlich verletzen, oder daß die böhmischen Stände von Seite der Agenten des Königs von Ungarn und des Pfalzgrafen gedrängt, den Kaiser „auf Deputat setzen" und den Thron als erledigt erklären würden. Auf Einrathen Zuñigas beschließt der spanische Staatsrath, um einem gewaltsamen Vorgang in Prag vorzubeugen, die Initiative hiezu selbst in die Hand zu nehmen. Mathias sollte aufgefordert werden, nach Böhmen einzumarschiren, den Kaiser zur Abdication zu bewegen und sich zum König krönen zu lassen. Der spanische Botschafter drang wiederholt und zugleich mit dem Nuntius in dem an seinen Hof gerichteten Bericht auf die Absetzung des Kaisers. Er sagte: mit dem Kaiser sei nichts mehr zu machen, seine Handlungsweise sei unverantwortlich und nicht zu rechtfertigen. Gegen Mathias, der jetzt mit den Böhmen in geheimen Unterhandlungen stand, ergrimmt — läßt er sich hinreißen, wider sein eigenes Haus zu conspiriren; der Kaiser eröffnete dem Churfürsten von Cöln, er werde auf die Wahl des Herzogs von Baiern zum römischen König bringen. Auch war der Gedanke in Prag aufgetaucht, sich mit den Türken zu verbinden, nur um Rache an Mathias zu nehmen. [20]

Zuñiga war der Ansicht, dem Grafen Fuentes und dem Erzherzoge Albrecht den Befehl zu ertheilen, Truppen für den Fall jenes Einmarsches zur Unterstützung des Königs von Ungarn

---

[20] Zuñiga al rey. 14. Dec. 1609. Sim. 1495. — Instruction para el fray Lorenzo de Brindez; 8. Juni 1609 Sim. 709. — Leopold und Mar an Philipp. 8., 16. und 28. Juni 1609, Sim. 709, 2495. — Cosejo de estado al rey 21. Aug. 1609. — Relat. 27. Octob. 1609 Sim. 2324. — Consejo &c. 30. Oct. 1609 Sim. 709. — Zuñiga al rey 7. und 8. Sept. 1609 Sim.

bereit zu halten. Um auf diese Angelegenheit unmittelbaren Einfluß zu nehmen, beantragte Zuniga, dem König einen spanischen Diplomaten beizugeben.

Die Frage der Liga wurde durch diese brennende in Prag etwas in Hintergrund gedrängt. Nicht lange nach P. Lorenz' Abreise, machten sich in Madrid Bedenken gegen die Liga geltend, welche die unmittelbare Theilnahme Spaniens verzögerten. König Philipp mißtraute dem Herzoge von Baiern und war besorgt, daß dieser seine besonderen Interessen durch die Liga verfolgen wolle. Es tauchte nämlich jetzt wieder das nicht begründete Gerücht auf: Herzog Max strebe nach der Reichskrone und die Liga solle ihm dazu verhelfen.

Aber auch der von Zuniga und dem Nuntius unterstützte Plan: Mathias auf den böhmischen Thron zu erheben, wurde in Madrid vorläufig zurückgelegt. Die Schwierigkeiten, einen Nachfolger für Deutschland zu designiren — Rudolph war für den Erzherzog Leopold gestimmt, Erzherzog Ferdinand von den Protestantischen gefürchtet, Mathias weder bei den katholischen noch bei den protestantischen Churfürsten beliebt — die Gefahren endlich eines Präjudicats, wenn Souveraine in die Absetzung eines Souverains (Rudolphs) willigen würden, bestimmten den spanischen Staatsrath, sich jetzt gegen diese Absetzung zu erklären. Der Staatsrath war der Ansicht, daß die Churfürsten, ohne den Kaiser zu befragen, einen römischen König zu wählen hätten, derselbe solle dann zugleich Coadjutor des Kaisers werden.

Die Nachrichten aus Böhmen über die augenblickliche Situation daselbst und die Stimmung der Stände, hatten zur Fassung jener für Mathias nicht günstigen Entschlüße des spanischen Cabinets wesentlich beigetragen. Die Besorgniß eines Einfalls in Böhmen durch Mathias verschwand. Es ist gewiß, daß Kinsky und die andern Anhänger desselben in der Voraussicht, daß Rudolph sich nicht länger werde behaupten können, selbst nach Erlassung des Majestätsbriefes mit den Ständen unterhandelten, um diese zur Uebertragung des Regimentes an den König von Ungarn zu bewegen. Allein die Stände Böhmens zeigten sich damals dazu nicht geneigt. Die Bedingungen, welche dem Könige gestellt wurden, waren so hart, „daß er mehr Knecht als Herr in Böhmen sein würde."

Auch die Mission des Grafen Fürstenberg, welcher im Namen
des Königs mit Herrn von Rosenberg und dem Fürsten Christian,
der noch in Böhmen war, unterhandeln sollte, war erfolglos.
Es scheint, daß Mathias überdieß versuchen wollte, sich auch mit
den unirten Fürsten auf einen guten Fuß zu setzen. Er wünschte,
daß Anhalt seine Partei ergreife, um die im Reiche gegen ihn
ausgestreuten Verleumdungen, als wolle er die Protestanten verderben 2c. 2c., zu widerlegen.

Obwohl Fürstenberg in Wittingau gewesen war und berichtet hatte, daß dort ein guter Anfang zur Verbindung mit der
Union gelegt worden sei, daß Mathias Aussichten auf die Nach-
folge in Böhmen habe, so erwiesen sich diese Berichte damals
nur als eitle Phrasen. Einige freimüthige Bemerkungen, welche
Fürstenberg aus Weitra an den Minister des Königs, Grafen
Trautson mittheilte, enthalten die Motive des Scheiterns jener
Mission und der Abneigung der Stände gegen Mathias. Fürstenberg empfahl dem Könige durch Trautson, sich Concessionen
niemals abtrotzen zu lassen, sondern freiwillig den Protestanten
Alles zu gewähren; denn abgedrungene Zugeständnisse hätten keinen
Werth. Die protestantischen Stände hatten Fürstenberg darauf
aufmerksam gemacht, daß der König seine Stellung allein denselben zu danken habe, daß er also seine Politik darnach einrichten
möge. Insbesondere war die zweideutige Haltung Mathias' gegen die böhmischen Stände, als sie im Frühjahre dessen Intervention zu Gunsten der Religionsfreiheit in Anspruch nahmen,
die Ursache, daß das Verhältniß der Böhmen zu ihm ein frostiges
wurde. Lucan rieth dem Herrn von Rosenberg, den Faden der
Verbindungen mit dem Wiener Hofe abzureißen, sonst würde
Rosenberg seine Reputation in Böhmen verlieren. [21]

Ein Blick auf die Situation in Böhmen zeigt, daß sie jetzt
sehr ähnlich war jener des Jahres 1608, und zwar zur Zeit, als
König Mathias vor Prag stand. Rudolph hatte nach Unterzeich-

---

[21] Relat. über Churpf. v. Cöln 27. Oct. 1609. Sim. 2432. Zuñiga erbat
sich im September 1609 von seinem Hofe Instructionen für den Fall,
als Rudolph abreisen und Mathias nach Prag marschiren würde. 2495.
Sim. Bischer an Pisport 19. Aug. 1609 B. A. — Lucan an Anhalt
23. Oct. 1609 A. Reg. Fol. 6. L. A. Fürstenberg an Anhalt und an
Math. 25. Sept. und 7. Oct. 1609. A. A.

nung des Majeſtätsbriefes Reue empfunden, er beklagte es, ſeine
Abſicht, fortzureiſen, nicht verwirklicht zu haben. Er zögerte mit
der Erfüllung der Forderungen der Stände in Bezug auf Steuer-
fragen, auf Abſchaffung der Todes- und Confiscationsſtrafe, auf
Abſetzung des Oberſtkanzlers Lobkowitz und Beſetzung der Aemter
mit Perſonen aus beiden Confeſſionen, er zögerte endlich mit der
Beſtätigung des Statuts über die Bewaffnung und Vertheidigung
des Landes, durch welches die Militärmacht in die Hände der
Stände gelegt werden ſollte. Mathias hatte geglaubt, die Böhmen
dadurch zu gewinnen, daß er ſich erbot, willfähriger als Rudolph
zu ſein. Allein die Böhmen, eingedenk ihrer Politik des Jahres
1608, wollten fremden Einflüſſen Nichts zu verdanken haben und
wieſen die Anträge des Königs von Ungarn zurück. Auch jetzt
gelang es ihnen endlich, den Kaiſer faſt in allen Puncten zur
Nachgiebigkeit zu bringen. Nur von dem Verlangen der Abſetzung
Lobkowitz's ſtanden ſie ab.

Die Stände errangen die Siege des Jahres 1609 unter
Führung Wenzels von Budowa und hauptſächlich in Folge der
treuen Mitwirkung der Brüderunität, deren Mitglied Budowa
war. Daß man dieſe Verdienſte der Unitätsmitglieder in Prag
anerkannte, dafür ſpricht die lebendige Theilnahme der Bevölkerung
an dem Brüderfeſt, welches in jener Bethlehem-Capelle, wo Huß
gelehrt, am Schluße des Jahres gefeiert wurde. Unter ungeheurem
Zulaufe des Volkes, mit pomphafter Muſik und Abſingung des
Te Deums wurde der neue Prediger in dieſer, jedem Böhmen ſo
ehrwürdigen Stätte inſtallirt.²²)

Erzherzog Leopold, Biſchof von Paſſau und Straßburg, verfolgte die Bildung der Liga mit höchſtem Intereſſe. Der Erzherzog
war ein heißblütiger junger Herr, ein eifriger Soldat, ein General,
der zuweilen auch Biſchof ſein mußte. Seine katholiſche Geſinnung
war bekannt, er ſtand in dieſer Beziehung dem Erzherzog Ferdinand nicht nach. Er empfand die Abſchwächung der königlichen
Macht in den Ländern ſeines Hauſes ſehr tief. Seine leiden-
ſchaftlichen Briefe an König Mathias, der beabſichtigte Proteſt
gegen den Majeſtätsbrief zu Prag, zeigen, wie ſchmerzlich ihn

---

²²) Boden. an Mar 27. Sept. 1609 R. A. — Chem. an Anh. 1. Nov.
1609. M. St. A. 547. — Bob. an Mar 6. Dec. 1609 M. R. A.

jene Vorgänge berührt hatten. Er war nicht der Mann, dies
ruhig zu ertragen und hatte sich mit dem Gedanken lebhaft beschäftigt, die erlittene Schmach zu rächen, jene Barone zu strafen,
die in seinen Augen doppelte Rebellen waren: — gegen ihren
Gott und gegen ihre Fürsten. Rudolph kannte den Character Leopold's genau, er wußte, daß der junge Prinz sich gerne ehrgeizigen
und hochfliegenden Plänen hingab. In dem Hasse gegen Mathias
begegneten sich beide. Indem Rudolph dem jungen Erzherzog die
Aussicht auf den ersten Thron der Welt, überdieß auf die Nachfolge in Böhmen und Tirol eröffnete, gewann er den Prinzen
für seine unauslöschlichen Rachegedanken. Leopold war somit berufen, der Nebenbuhler Mathias' zu sein. Der Kaiser segnete ihn
und wollte ihn zum Sohne adoptiren. — Noch mehr als die
Aussicht auf jene glänzende Krone, war es Leopold's Herz, welches ihn zu Thaten antreiben mochte. Wenn er durch einen kühnen, außerordentlichen Schlag die Protestanten niedergeworfen und
Mathias gedemüthigt hätte, dann könnte er den geistlichen Stand
verlassen und mit der römisch-königlichen Würde die Hand der
schönen Herzogin Magdalena von Baiern, für welche er eine tiefe
Neigung gefaßt hatte, erlangen. Die Aussicht, durch eigene Kraft
eine Krone und eine Braut zu gewinnen, einen glänzenden Thron
zu besteigen und zugleich eine glückliche Häuslichkeit zu begründen,
hatte für einen gesunden jungen Mann von Leopold's leicht ent-
zündbarem Naturell einen großen Reiz. Es ist natürlich, daß Leopold die Liga, in welcher er Baiern die Führerschaft, sich aber die
Coadjutorstelle zudachte, mit Freuden begrüßte, weil er in derselben ein Instrument sah für seine Zwecke. Sein kriegerischer
Habitus, sein rasches, entschiedenes Vorgehen, sein katholischer
Eifer hatte ihm in Spanien einen Ruf verschafft. Man durfte
von dem Prinzen Großes und Kühnes erwarten. Die Mitwissenschaft in Sachen der Liga gab ihm ein Selbstbewußtsein, er dachte
sich dem Kaiser und den andern Prinzen des Hauses gewissermaßen vorgezogen. Aber auch seine eigene Umgebung spornte ihn
zu kriegerischen Anschlägen an; es waren darunter soldatische Abenteurer, Necromanten, Astrologen, Leute von zweifelhaftem Rufe,
die den leicht erregbaren Prinzen durch Schmeichelreden zu Unternehmungen hinrissen, bei deren Ausführung sie ihre Habsucht und
ihren Ehrgeiz zu befriedigen hofften. Zuñiga und Vischer hatten

ben Erzherzog oft, jedoch vergeblich, vor solchen Leuten gewarnt. Diese waren es, welche schon im Jahre 1608 vor Abschluß der Liebner Verträge für die friegerische Lösung gesprochen hatten. Sie waren es, welche im Sommer 1608 Rudolphs Plan: die Länder dem König von Ungarn zu entreißen, förderten, die für den bewaff- neten Widerstand gegen die böhmischen Stände auch jetzt im Jahre 1609 sich erklärt hatten. Ramé, Sulz und Althann, mit welchen der Erzherzog in fortwährender Verbindung stand, stellten den Antrag, 12,000 Mann zu werben und Böhmen und die Länder der böhmischen Krone mit dieser Armee in Gehorsam zu erhalten.

Erzherzog Leopold, von dem Ramé erzählte, daß er diesen Plan gut geheißen, brachte die beantragten Rüstungen mit der Liga und den Idealen seines Ehrgeizes in Zusammenhang und machte diese Sache zu der seinigen. Ein Ueberfall, eine Niederlage der Protestanten, war der Ausgangspunct seiner Politik und das Ziel der Beutelust eines Ramé. So geheim als möglich sollte das Werk betrieben werden, um den Gegner unvorbereitet zu treffen und um so sicherer zu bewältigen. Es ist kein Zweifel, daß Leopold schon Anfangs des Jahres 1609 zu jenen Zwecken Truppen zu werben begann und zur „Vertheidigung seines Bisthums" von Spanien Hilfe verlangte. Rudolph wollte anfänglich von diesen Planen, welche zunächst gegen Böhmen gerichtet waren, nichts hören; gleichwie er andere ähnliche Anträge abgelehnt hatte, so wies er das Anerbieten des Herzogs von Teschen: ihm mit 6000 Kosaken beizustehen, noch vorläufig zurück. Als er aber den Majestäts- brief unterzeichnet hatte, die Größe der Niederlage übersah, die eben erlittenen Mißhandlungen und Verhöhnungen überdachte, als Erzherzog Leopold den Weg zeigte, wie die beleidigte Majestät sich jetzt Genugthuung verschaffen und ihre Feinde vernichten könnte, — da mag wohl der arme Kaiser den Antrag des Erzherzogs angenommen, dessen Plane genehmigt haben, zumal Rudolph vom Cardinal Paravicini von Rom aus aufgefordert wurde, in Oester- reich Ordnung zu machen und die ehrgeizigen Bestrebungen Ma- thias' zu ahnden, Ungarn von den Türken zu befreien; denn das Reich würde nur helfen, wenn Rudolph wieder in Ungarn Herr sei.[23]

---

[23] Dubif Iter Romanum. I. 47. über den Character Erzherzog Leopolds als Propagator fidei in den: Act. consist. Sum. Pont. Bibl. Valli. I.

Noch am 13. Juli schreibt Leopold dem Herzog von Baiern, im Tone düsterer Verzweiflung, er schloß rasch den Brief, „weil die Materie (der Majestätsbrief) ihm das Herz zersprenge;" am 14. dagegen, einen Tag später, nach einer Unterredung mit Rudolph, ist der Erzherzog voll Freude. Der Kaiser hatte ihn mit einem höchst wichtigen geheimen Auftrage beehrt, der eine rasche Verständigung mit dem Herzog nothwendig macht. — Von diesem Augenblicke an erhielt die verhängnißvolle Thätigkeit Leopold's bestimmte Ziele: die Mission nach Jülich, die Sammlung von Geldunterstützungen, das Werben einer Armee und die Verbindung mit den katholischen Mächten, um deren Theilnahme an der Liga anzuregen. Am 15. Juli reiste Leopold, als Diener verkleidet, über Pilsen nach Cöln, um als kaiserlicher Commissär die Jülich'sche Erbschaft zu verwalten.²⁴)

60. Fol. 189. a. a. 1599. S. Beil. Nr. CCXCVII. — Zuñiga al rey 8. Sept. 1609. Sim. 2495. — Consejo &c. &c. 9. Juli, 23. August und 30. Oct. 1609, 710 Sim. Br. A. 30. Mai 1609. — Sulz und Althann waren jene Kriegsräthe, welchen der Herzog von Braunschweig die Passauer Werbungen in die Schuhe schob. Hurter a. a. O. VI. 410. — Cardinal Paravicini lobte den Kaiser für die auf dem mährischen Jännerlandtag 1609 (freilich fruchtlos) versuchte Wiedergewinnung der Markgrafschaft. Wien. geh. Arch. 21. Feb. und 11. April 1609.

²⁴) Relat. Tennagels 30. Oct. 1609 Sim. — Erzh. Leopold an Mar von Baiern 13. und 14. Juli 1609. M. R. A. — Hurter VI. 344 und 345. — Ueber einige Flugschriften, die durch den Majestätsbrief hervorgerufen wurden, enthält die Beil. Nr. CCXCVIII. Näheres.

Capitel XI.

Der Jülich'sche Erbfolgestreit. — Erzherzog Leopold als kaiserlicher Commissär in Jülich. — Dessen abenteuerlicher Plan, die Protestanten Deutschlands und der österreichischen Länder dem Kaiser zu unterwerfen. — Anschläge der Anhänger Leopold's in Mähren. — Administration Zierotin's und ihre segensreichen Folgen. — Die Horner Wirren tauchen wieder auf. — Anhalt wirkt für eine Conföderation der Stände in Oesterreich mit der deutschen Union. — Die katholische Liga. — Antidynastische Regungen. — Zierotin wider die Union mit Deutschland. — Khlesel will, daß Mathias die Führerschaft der Katholiken in Deutschland übernehme. — Zierotin entwirft den Plan einer Union der Länder, die unter Mathias' Scepter standen. — Mähren verspricht Oesterreich zu helfen im Kampfe gegen Khlesel; es wird dessen Entlassung von Zierotin beantragt. — Die Durchführung des Zierotin'schen Unionsplanes sistirt. — Die Sarkander'sche Verschwörung. — Das Jahr 1609.

Im Frühjahre des Jahres 1609 starb der Herzog Johann Wilhelm von Jülich, Cleve und Berg, ohne Leibeserben zu hinterlassen. Der Kaiser hatte über die Ansprüche einiger Fürstenhäuser auf das Erbe zu entscheiden. Während man in den Kanzleien über den einzuschlagenden Weg debattirte, bemächtigten sich der Markgraf von Brandenburg und der Pfalzgraf von Neuburg, welche sich für die Nachfolger des Herzogs von Cleve hielten, thatsächlich der Länder. Jeder nahm einen Theil. Rudolph, dem der Papst die Jülich'schen Katholiken besonders an's Herz gelegt hatte, beschloß, einzuschreiten und Leopold als kaiserlichen Commissär zur Wahrung seiner jurisdictionellen Rechte nach Jülich zu senden. Man erzählte, daß er dem Erzherzog die Aussicht auf die Erwerbung jener Herzogthümer eröffnete. — Es war eben am 15. Juli, an welchem Leopold zur Ausführung dieses Auftrags schritt. Wenige Tage nachher nahm Erzherzog Leopold, von glücklichen Umständen begünstigt, die Festung Jülich in Besitz. Allein nur Stadt und Festung gehorchten dem kaiserlichen Bevollmächtigten, das Land war von den erwähnten zwei Fürsten, die sich die „Possedirenden“ nannten, beherrscht. Außerhalb der Stadt anerkannte Niemand die Autorität des kaiserlichen Commissärs. Um Jülich zu behaupten, den Kaiser zu befriedigen und sich die Nachfolge im Reiche zu sichern, entwarfen Leopold und seine Räthe einen kühnen, abenteuerlichen Plan. Seinen vertrautesten Rath Tennagel, sandte er nach Spanien und zu den katholischen Fürsten, um sich die Unterstützung dieser Mächte zu erbitten. Dieser Tennagel wird uns von Zuñiga als eine lächerliche Figur geschildert, als ein Projectmacher und Zauberer. — Tennagel ward beauftragt, in Madrid ostensibel für die Liga zu wirken; die Erhaltung der katholischen Religion, der Casa d'Austria und der kaiserl. Autorität waren nach seiner Schilderung die Zwecke derselben. Als tiefstes Geheimniß jedoch enthüllte er die anderen Plane des Erzherzogs und die Mittel zur Ausführung. Es sollen die Länder des Königs von Ungarn, zum Heile der katholischen Religion, dem Kaiser unverweilt zurückgestellt werden, der König von Spanien müsse die Liga und die Unternehmung zur Erwerbung Jülichs kräftig unterstützen. Zu diesem Zwecke hat der Erzherzog Leopold einen geheimen Bund unter den Katholiken Böhmens, Mährens und Schlesiens zu Stande gebracht. Ein Heer von 5000 Mann Infanterie und 1500 Reiter sei in Bereitschaft. Diese Armee gewärtige nur eines Winkes des Erzherzogs. — Wenn nun Tennagel versichert, auch die böhmischen Utraquisten, welche Feinde der Calviner sind, würden sich jenem Heere anschließen, so offenbart sich hier der Zusammenhang zwischen Leopold und Wenzel von Kinsky. Dieser wußte von den Planen des Erzherzogs und mochte seine Mitwirkung versprochen haben. Aus diesem Verhältnisse läßt sich nun die Intimität zwischen dem Prinzen und diesem

Cavalier leicht erklären, ebenso verständlich und glaubwürdig wird die Bemerkung Tennagel's über die Unterstützung, welche dem Erzherzog von Seite der böhmischen Utraquisten (als deren Anführer eben Wenzel von Kinsky galt,) zu Theil werden sollte. Der letzte Zweifel an dem Bestande jenes Zusammenhanges schwindet aber, wenn erwogen wird, daß Erzherzog Leopold in dem vertraulichen Briefwechsel mit Kinsky, in der zweiten Hälfte 1609, diesen auffordern konnte, unter den Ständen Böhmens zwischen den Calvinern und Lutheranern (Mitglieder der Brüder-Unität und Utraquisten) Uneinigkeit zu stiften, um dadurch ihren Widerstand gegen Rudolph zu lähmen.

Der Erzherzog machte den Vorschlag, eine Armee zu werben und dieselbe mit Vorwissen der davon bis jetzt noch nicht unterrichteten drei geistlichen Churfürsten und Sachsens auf vier Puncten des Reiches aufzustellen. Eines dieser Armeecorps sollte bei Straßburg die französischen Streitkräfte beobachten, das zweite in Passau festen Fuß fassen, um Kärnthen im Auge zu behalten, das dritte bei Lüttich sich concentriren, um Jülich zu vertheidigen und das vierte eine Stellung bei Rittberg einnehmen, um die Calviner der Provinzen Mark und Ravensburg, die mit Neuburg und Brandenburg sympathisirten, in Zaum zu halten und die Verbindung derselben mit Churpfalz abzuschneiden. Jedes Regiment sollte, um die Haupttendenz: eine Operation gegen Böhmen nämlich, zu maskiren, die Richtung seines Marsches nach Jülich nehmen.

Ferner sollte ein zweites Heer unter dem Herzog von Baiern (welcher angeblich sich mit dem Projecte einverstanden erklärte,) als Executionsheer aufgestellt werden, das sofort jeden Reichsfürsten oder jede Stadt, die sich den Befehlen des Kaisers widersetzen oder sich gegen ihn auflehnen würde, zum Gehorsam zu bringen hätte.

Nachdem die Jülich'sche Frage geregelt sein würde, was Tennagel als Kinderspiel darstellte, da die Unirten über wenige Streitkräfte gebieten, — würde der Erzherzog Anfangs März 1610 mit einem Heere nach Böhmen marschiren, in demselben Augenblicke hätten die conföderirten katholischen Barone von Böhmen, Mähren und Schlesien unter dem Commando des Herzogs von Teschen, die Grenzen der beiden letztgenannten Länder mit ihrer Mannschaft zu überschreiten und sich mit der Armee des Erzherzogs in

Böhmen zu vereinigen, um die Conföberationen der Stände zu
sprengen, die gesunkene kaiserliche Autorität wieder herzustellen und
die dem Kaiser entrissenen Länder zurück zu erobern. Auch für den
Fall der glücklichen Vollbringung dieser Mission sollte der Kaiser
nach Leopold's Rath die Waffen nicht niederlegen, bis nicht alle
Mitglieder des Hauses sich vereint und über die Aussöhnung
zwischen Rudolph und Mathias, die Erhaltung der katholischen
Religion und der Casa d'Austria Beschlüsse gefaßt haben würden.
Tennagel war nicht müde, die Aufmerksamkeit des Königs auf
die Nothwendigkeit zu lenken, die Liga und den Erzherzog zu
unterstützen, da König Heinrich IV. und die deutschen Rebellen
nicht eher ruhen, bis sie sich nicht der Herzogthümer Jülich, Cleve
und Berg bemächtiget haben würden. Von dem Zustandekommen
der Liga, sagte er, hänge die Erhaltung der Religion, das Wohl
des Hauses und der katholischen Fürsten ab.

Aus der Darstellung Tennagels ist zu ersehen, daß dieser
Staatsmann das Interesse seines Herrn als mit jenem der katholischen Welt ganz und gar identisch zu schildern versuchte, um aus
der Liga ein Organ jener kühnen und abenteuerlichen Unternehmung zu machen, deren Preis die böhmische Krone für Leopold
werden sollte. Der spanische Staatsrath wagte es nicht, dem Könige
ein Gutachten über diesen Vorschlag zu erstatten. Zuñiga wurde
darüber befragt. Er sprach seine Meinung unverhohlen aus und
bemerkt nicht ohne eine Beimischung von Hohn und Verachtung
für Tennagel, daß die Schilderungen des letzteren übertrieben und
unwahr seien und daß der Plan überhaupt nicht ausgeführt werden
könnte. Zuñiga sprach sich entschieden dagegen aus. Der Bund
der katholischen Barone in Böhmen, Mähren und Schlesien sei
ohne Bedeutung, weil in diesen Ländern ein Katholik auf zwanzig
Ketzer komme und die Stütze der Lutheraner ganz illusorisch sei.
Den Marsch des Passauer Armeecorps nach Jülich, betrachte er
als eine Chimäre, weil die protestantischen Länder den Durchzug verweigern würden. Um dem Staatsrathe begreiflich zu machen,
wie ungereimt dieser Plan sei, nimmt er Spaniens Geographie
zu Hilfe. Dieser Vorschlag, sagt er, gleiche dem Antrage: castilische
Garnisonen nach Arragon zu schicken und sie den Weg über
Galicien nehmen zu lassen. Er finde es unbegreiflich, wie dieser
Plan geheim zu halten sei, nachdem das bloße Gerücht der Wer-

bungen Leopold's Böhmen, Oesterreich und den König Mathias
allarmirt hätte, und staunt darüber, daß der Erzherzog von Versöhnung spricht, während man dem Könige von Ungarn Mähren mit
Hilfe des angedeuteten geheimen Bundes wegnehmen wolle. Uebrigens sei der projectirte Einmarsch des Herzogs von Teschen verrathen worden durch Gefangennehmung des Dechants von Troppau
Nicolaus Sarkander, welcher sich bei diesen Intriguen gebrauchen
ließ. — Zuñiga durchschaute sogleich die absichtliche Vermengung
der verschiedenen Fragen, welche Tennagel zur Sprache brachte. Die
Jülich'sche Sache, meinte Zuñiga, hänge mit den Angelegenheiten
der österreichischen Länder, die den Erzherzog nichts angehen, nicht
zusammen. Um den Erzherzog selbst zu schonen, schob der spanische
Gesandte die Urheberschaft des Projectes auf den phantastischen
Kopf Tennagels. — Zuñiga, ein trefflicher Kenner der österreichischen
Dinge, hatte Leopold's Plan sonach verurtheilt. Es läßt sich diesem
Plane eine gewisse Kühnheit nicht absprechen und es lag dem-
selben jener Gedanke zu Grunde, welcher eilf Jahre später durch
Kaiser Ferdinand mit so großem Erfolg ausgeführt wurde.

Jetzt aber war der Plan abenteuerlich, weil die platte
Unmöglichkeit, ihn auszuführen, in die Augen fiel; die Ueberschä-
tzung der eigenen Mittel, die Verachtung der feindlichen Streitkräfte und die Wegleugnung der vorhandenen Schwierigkeit gaben
dem Plane den Character der Unreife; Thatendurst, Phantasie,
und das Herz Leopolds waren im Spiele. Allein gerade, weil jene
Mächte bei Leopold die Vorherrschaft gewannen, war er taub für
unbefangene Rathschläge und verfolgte sein Ziel mit allem Starrsinn
und Feuer der Leidenschaft. Anders urtheilte der spanische Staatsrath. Er gab dem Könige den Rath, sich in so weitwendige und
gefährliche Unternehmungen nicht einzulassen, obwohl der Kaiser
dieselben genehmigt hatte. Er sagte, Leopold sei zwar tapfer, aber
noch jung. Tennagel erfuhr in Madrid, daß Zuñiga mit der ablehnenden Beantwortung der vom Erzherzog gestellten Fragen
beauftragt sei. Nur dafür wollte Spanien etwas thun, daß Leopold
sich in Jülich zu behaupten vermöge.

Nicht viel glücklicher war Tennagel bei anderen katholischen
Fürsten. Von dem Churfürsten von Trier erhielt er eine Unterstützung von 12,000 fl., der Großherzog von Toscana sicherte ein
unverzinsliches Darlehen zu. Auch der Papst ließ sich ebenso

wenig wie Spanien herbei, Leopold zu unterstützen, der erzherzogliche Gesandte in Rom erhielt eine abschlägige Antwort. Der heilige Vater motivirte diese Antwort damit, daß er die Bestrebungen Leopolds in Jülich als nicht im Interesse der katholischen Religion, sondern in jenem Spaniens gelegen, ansehen müsse; er war dagegen nicht abgeneigt, der Liga 20,000 Scudi vorzustrecken.[1])

Die nicht sehr zahlreichen Anhänger Rudolph's in den abgefallenen und in den ihm treu gebliebenen Ländern waren in der That bereit gewesen, vielleicht im Unklaren über die Hilfsquellen des Erzherzogs, dessen Unternehmungen zu unterstützen, um die Länder des Königs Mathias zurück zu erobern. Mähren war der Punct, auf den sich der glühende Haß des Prager Hofes concentrirte und schien vor allen zu diesem gewaltthätigen Versuche auserlesen worden zu sein. Truppenwerbungen, welche der Herzog von Teschen selbst bis nach Ungarn ausdehnte, zogen die Aufmerksamkeit Zierotin's auf sich, er ahnte Schlimmes von dem Manne, der als Protestant von Jesuiten umgeben war und seine eigenen Glaubensgenossen verfolgte, Anstalten zum Uebertritte traf und ein Jahr später auch wirklich zur katholischen Religion übertrat. Zierotin bat Thurzo, welcher nach dem Tode Illyeshazy's der einflußreichste Mann in Ungarn war und die Palatinswürde erlangt hatte, an dem Bund von Eibenschütz und Stierbohol festzuhalten und Werbungen in Ungarn auf ausländische Rechnung ganz zu untersagen, weil ihm bestimmte Anzeigen zugekommen, daß die Gegner der unirten Länder neue, ernste Anschläge im Sinne hätten. Insbesondere auf den Iglauer Kreis hatte Zierotin sein Augenmerk gerichtet, hier lag Mezeritsch a. d. Osla, die Domaine Berka's. Er hatte Nachrichten, daß man in diesem Kreise einen Einfall versuchen wolle, daß Truppen hier heimlich geworben

---

[1]) Consejo de estado al rey. 3. und 30. Oct. 1609 Sim. 709. — Die scheinbare Richtung des Marsches der Regimenter nach Jülich soll stattfinden: para dissimular la intencion principal que ay contra Bohemia. — Der Fürst Christian von Anhalt mochte wohl den Grundgedanken von Leopold's Plan gekannt haben. Vergl. Hurter VI. 347. — Paravicino an Barvitz. 12. Dec. 1609. W. k. k. geh. Arch. — Castro al rey. 16. Nov. 1600 Sim. — Hanka, Corresp. Kaiser Rudolphs, König Mathias ꝛc. in Betreff des Passauer Volkes. Her. v. k. G. d. W. Prag 1845. S. 18.

und die Herren von Zampach, Berka und Kawka für diese Zwecke von Prag Geld erhalten. Auf seinen Befehl marschirte Oberst Golz mit einhundertfünfzig Reitern nach Iglau, um nöthigenfalls Gewalt mit Gewalt zurückzutreiben.[2]

Ladislaus von Berka lebte noch immer in Meseritsch und bemühte sich, den angeordneten Verkauf dieses Gutes zu verhindern. Auf diesem Gute befand sich kein bequemes Schloß, auch war die Gegend nicht reizend genug, um den Gutsherrn dort zu fesseln. Andere Gründe vermochten ihn, den Aufenthalt daselbst zu nehmen. An der Grenze zwischen Mähren und Böhmen war Meseritsch der geeignete Punct, um von da aus in Mähren die Intrigue zu leiten. Berka schuf daraus einen Sammelplatz für die Parteigänger Rudolph's. Johann von Kawka, bekannt als Anhänger des Kaisers, ließ Truppen in Ungarn werben, angeblich gegen seine rebellischen Unterthanen, in Wahrheit jedoch für Rudolph. — Die Vermuthungen Zierotin's wurden zur Gewißheit, als durch aufgefangene Briefe in der Mitte Juni eine Verschwörung entdeckt wurde, die vom Troppauer Dechant, Nicolaus Sarkander, angezettelt ward, um durch Verrath und Gewalt in Schlesien die Gewissensfreiheit zu unterdrücken und Mähren unter Rudolph's Botmäßigkeit wieder zu bringen. Nicolaus Sarkander war früher Pfarrer in Meseritsch und in engster Verbindung mit Berka gewesen. Die Verschwörung begann in Prag, wie man glaubte auf Veranlassung des Prager Hofes und sollte durch Sarkander in Verbindung mit dem Troppauer Landeshauptmann, dem Malteser Felician Moschowsky und Andern in Mähren und Schlesien in's Werk gesetzt werden.[3]

Die Nachricht von der Entdeckung dieser kecken Intrigue, die Vermuthungen über den hohen Urheber derselben, hatten die protestantischen Stände der unirten Länder und Böhmens in Allarm gesetzt. Wir haben gesehen, von welchem Einflusse diese Entdeckung war auf die Vorgänge im böhmischen Landtag, der damals im Begriffe gewesen war, den Majestätsbrief dem Kaiser

[2] Leupold Jgl. Chronik a. a. O. 289. Cod. 5. Mai 1609. Stahr. Biermann Gesch. der evangelischen Kirche in öst. Schlesien. 1859. S. 11. — Cod. 13. Mai 1609 Thurzo.

[3] Cod. 1. Juni 1609 Hincon. 15. Juli 1609 Thur. 26. Juli 1609 Stahr.

abzuringen. Von noch größerer Bedeutung war jedoch diese Entdeckung für die Haltung des Königs von Ungarn, gegenüber
dem eben begonnenen Landtag in Mähren und für diesen selbst.

Jetzt war es für Zierotin nicht mehr so schwer, Vertheidigungsmaßregeln durchzuführen, ohne den Argwohn der böhmischen
Stände zu erregen, da die Entwicklung des Kampfes um den
Majestätsbrief die Gesinnungen der böhmischen Stände gegen den
mährischen Landeshauptmann verändert hatte. Vor dem Ausbruch
des Conflictes zwischen Rudolph und den böhmischen Landherren
wurde Herr von Zierotin wegen seines hervorragenden Antheils
an dem Abfalle der unirten Länder nicht nur vom Hofe, sondern
auch von der ständischen Partei angefeindet. Freunde aus Böhmen
hatten ihm mitgetheilt, daß der Meuchelmörder bereits gedungen
sei, welcher ihm nachzustellen habe. Diese Gefahr war für Zierotin
so ernstlich, daß er Tschernembl um Zusendung von Gegengift
bat. Er durfte sich in Böhmen nicht zeigen. Im October 1608
hatte er die Böhmen ermahnt, nicht mit kaltem Gleichmuth die
österreichischen Wirren zu betrachten, die Intriguen Rudolphs nicht
zu dulden, welche nur auf die gemeinschaftliche Unterdrückung Aller
abzielen, und forderte sie auf, sich mit Mähren zu verbinden. Er
sprach jedoch damals zu tauben Ohren. Auch die Religionswirren
in Böhmen im Herbste 1608, die wieder ausgebrochenen Zwistigkeiten zwischen Utraquisten und Mitgliedern der Brüder-Unität,
schrieben die Stände dem mährischen Landeshauptmann zu. „Wären
die unirten Länder nicht abgefallen," sagte man in Prag, „dann
hätten diese und Böhmen mit vereinter Macht die Feinde am Hofe
angegriffen und schon damals die Gewissensfreiheit erkämpft, dann
hätte der Hof nicht mit dem Einfalle bairischer Truppen gedroht."
Auf diese Art suchte der böhmische Stolz statt in der eigenen
unklugen Selbstüberhebung und Absonderung, nach einer außerhalb Böhmens liegenden Ursache des Mißlingens des damaligen
Feldzuges für Gewissensfreiheit. Es ist nicht schwer, die Richtigkeit der Worte einzusehen, welche Zierotin infolge jener Beschuldigung an Wenzel von Budowa richtete. Wären nicht alle
billigen Wünsche der Böhmen erreicht, wären nicht etwa die un-
seligen Folgen des Majestätsbriefes vermieden worden, wenn die
Böhmen im Mai und Juni 1608, dem Rufe Zierotin's folgend,
mit den unirten Provinzen gemeinsame Sache gemacht und Mathias

sofort auf Grund jener Vereinbarung, welche Zierotin zwischen diesen und den Ständen in Mähren festgesetzt, zum König proclamirt hätten?

Jetzt aber, nachdem Zugeständnisse gemacht und wieder zurückgenommen werden wollten, mit einer Hand der Majestätsbrief ertheilt und mit der andern die Waffe geschwungen wurde, welche diesen vernichten sollte, auf diese Art also die Vorhersagungen des Herrn von Zierotin eintrafen, urtheilten die böhmischen Landherren ganz anders über ihn. Böhmische Deputirte hatten, wie wir es gesehen, um die Intercession der unirten Provinzen und des Königs Mathias gebeten, um Rudolph zur Nachgiebigkeit zu bewegen, und hiebei auf den möglichen Wechsel in der Person des Regenten Böhmens angespielt. Es waren dies die Beschlüsse desselben Landtages, welcher kurze Zeit vorher, zufolge begründeter Gerüchte, die Waffen des Landes dem Kaiser gegen Mähren und Oesterreich antrug. Jetzt beabsichtigten die böhmischen Stände, den mährischen Junilandtag zu beschicken, um die Mährer speciell um Hilfe zu bitten. Eine größere Genugthuung konnte Herrn von Zierotin kaum widerfahren.[1]

Vor der Entdeckung der Sarkander'schen Verschwörung wollte König Mathias die Abhaltung des mährischen Landtages beschleunigen, um nicht in eine Versammlung treten zu müssen, welche voraussichtlich die böhmische Bewegung unterstützen würde. Mathias mochte damals nicht mit dem Bruder offen brechen, da die katholischen Mächte immer noch auf eine Versöhnung drangen. Ueberdies erhielt Mathias ganz unzweideutige Ermahnungen vom heiligen

---

[1] Cod. 30. April 1609 Timino. — 6. Mai 1609 Tschern. — 8. April und III. Id. Oct. 1609 Budowa. — 8. Nov. 1608 Jllyež. — Harlay a. a. O. 21., 28. Feb., 28. Mai und 18. April 1609. — Herr von Zierotin schrieb an Lavinus ddo. Roßß VIII. Cal. Decemb. 1610 über die böhmische Obia: Nosti præterea plerisque Bohemorum exosum me esse, non meo vicio aut culpa, ut qui eos offenderim unquam imo ipsorum causa in multorum offensionem incurerim, sed pertinaci errore quo ducuntur, expeditione nostra in Bohemiam, quam mihi ascribunt, nescio quam ignominiam, quæ damna illis allata, cum potius considerare debuerint me autore et socio illis fuisse emergendi e servitute et in libertatem sese vindicandi si uti occasione voluissent.

Stuhle. Papst Paul V. forderte den König auf, keinem Begehren
der evangelischen Stände Mährens, das der katholischen Religion
nachtheilig werden könnte, zu willfahren.

Jetzt aber nahm der König keinen Anstand, die Beschlüsse
des mährischen Landtages zu genehmigen, welche das Wehrhaft-
machen des Landes und dessen Vertheidigung gegen plötzliche
Ueberfälle bezweckten. Mathias eröffnete in Person den mährischen
Landtag am Jahrestage der Libner Verträge, beauftragte das
nächste Landrecht mit der Abfassung einer Defensionsordnung und
ermächtigte Zierotin, Personen aus der Mitte der Stände dazu zu
berufen. — Eine außerordentliche Commission, bestehend aus den
Herren: Hieronym von Thurn, Georg Hobitz, Wilhelm Dubsky,
Heinrich Zahradecky und den Bürgern: Lilgenblatt von Brünn
und Sprengl von Znaim, wurde ernannt, um die Verzweigung,
die Urheber und Mithelfer des Sarkander'schen Complotes zu erforschen. Dem Landeshauptmanne wurden zur Aufnahme von Kundschaftern 600 fl. für das Jahr 1609 bewilliget, „weil es in den
so gefährlichen Zeiten und da sich Feinde im Lande befinden," noth
thut, daß dem Chef des Landes verläßliche Nachrichten zukommen;
eine gleiche Summe genehmigten die Stände für das verflossene
Jahr 1608, weil der Landeshauptmann für die Sicherheit des
Landes trefflich gesorgt hatte. Alle guten Patrioten wurden aufgefordert, über Vorkommnisse, die dem Vaterlande Nachtheil bringen
konnten, Berichte und Anzeigen einzusenden. Dem Landeshauptmann mit den Landesofficieren ward die unbedingte Vollmacht,
sobald sich Gefahren zeigen, entsprechende Verfügungen zu treffen.
Die mährischen Stände erklärten der böhmischen Gesandtschaft die
vollste Bereitwilligkeit zur Mithilfe, da „sie doch ein Glied des
Königreichs Böhmen sind, sich zwar von Rudolph, nicht aber von
der böhmischen Krone trennten;" sie baten aber auch, wenn Mähren
bedroht werden sollte, um Gegenhilfe. In gleichem Sinne schrieben
die mährischen Stände an die Troppauer, dankten dem Gesandten
derselben — Hinek von Wrbna, der künftige Schwiegersohn Zierotins, war von den Troppauern, um diesem eine Aufmerksamkeit
zu erweisen, dazu gewählt worden — für die Mittheilung über
die aufgefangenen Correspondenzen Sarkanders und ersuchen sie
ferner um freundnachbarliche Unterstützung, die sie selbst auch im
Gegenfalle gewähren wollen. Sie bitten die Troppauer, dann in

besonderen Zuschriften die schlesischen Fürsten und Stände und den Oberhauptmann Herzog Carl von Münsterberg, sie auf die Gefahren, welche das Land Mähren durch Werbungen an der polnischen Grenze bedrohen könnten, aufmerksam zu machen und derlei Werbungen nicht zu dulden. Die mährischen Stände erinnerten sie an die alte Freundschaft und Bundesgenossenschaft," deren man sich jetzt bei den Umtrieben der Feinde besonders bewußt werden soll." Um den Troppauern zu beweisen, wie sehr sie sich zu Dank verpflichtet fühlen, intercediren sie beim Kaiser dafür, daß das Regiment Gaisberg von Troppau sogleich entfernt werde. Das Schreiben des König Mathias zu Gunsten Ladislaus von Berka, um die Zurücknahme des Beschlußes wegen des zwangsweisen Verkaufes von Meseritsch zu bewirken, wurde höflich aber entschieden zurückgewiesen; vielmehr ist die Verbannung Berka's aus Mähren neuerlich ausgesprochen und Herr von Kawka in Olmütz internirt worden. Eine Reiterschaar, welche früher hätte abgedankt werden sollen, wurde bis nach Aufhören der Gefahren in Sold behalten. [5])

Selbst der König, dessen katholische Räthe, vornehmlich Khlesel, auf die Stützen Spaniens und Roms hinweisend, ihn zum Widerstand gegen die Protestanten aneiferten — war den mährischen Ständen sehr gnädig. Das Sarkander'sche Complot scheint ihn von der Nothwendigkeit der den Böhmen versprochenen Mithilfe und der engeren Verbindung mit Schlesien überzeugt zu haben. Gegen eine solche Verbindung erhob er keine Hindernisse, beantwortete willfahrend die Forderungen des Landtages wegen der besonderen mährischen Hofkanzlei und Appellationskammer, dann wegen der Competenz des Landrechtes und Ernennung eines geborenen Mährers zum Mitgliede des geheimen Rathes. Die Stände waren so sehr befriedigt, daß sie ihm bedeutende Geldsummen zur Erhaltung der Grenztruppen und Grenzfestungen, dann für das türkische Geschenk und zur Tilgung der von Rudolph über-

---

[5]) Mathias bewohnte in Olmütz die Residenz des Cardinals. — Zierotin war immer bemüht, sich „gute Zeitungen" zu verschaffen. Cod. 28. Oct. 1609 Molart. — Landtagspam.-Supplb. 1608—1610. Fol. 152 und ff. Landtag 24. Juni 1609. — Cod. III. Cal. Nov. 1609 Polano. — Landtagspam.-Supplb. 1606—1629. Fol. 20 und ff.

nommenen Schulden bewilligten: es betrugen diese Summen über 300,000 fl. mähr. Währung, abgesehen von den, das Jahr zuvor für eine dreijährige Finanzperiode bewilligten Contributionen.

Mathias verließ in guter Stimmung Olmütz. Er hatte Mähren ausgezeichnet, indem er in der Ansprache an die Stände bemerkte: das Markgrafthum sei das erste Land, in welchem er den ordentlichen Landtag nach seiner Thronbesteigung besuche. Der Landtag hatte die zarte Rücksicht für ihn gehabt, die in der vorjährigen Session offen gelassene Frage des Begräbnisses der Protestanten in den Städten abermals zu vertagen und den Cardinal zu bitten, vor Einleitung dieser Verhandlung die Dispens vom Papste zu erwirken.

Ein Jahr war verflossen seit der Uebernahme der Verwaltung durch Carl von Zierotin. Er fand das Land durch Parteiungen zerrissen, blutend aus den Wunden, welche Pest und Krieg zurückließen. Der Landtag 1609 gab ihm wiederholte ehrenvolle Zeichen des unbedingten Vertrauens. Die Stände baten ihn, das von ihm zurückgelegte Amt des Directors öffentlicher Gelder zu übernehmen, und ermächtigten ihn, Darlehen aufzunehmen, um die Landesgläubiger zu befriedigen; ihm wurde der Entwurf der neuen Landesordnung, die Prüfung der Privilegien des Olmützer Bisthums übertragen. Sie dankten ihm, daß er für die Sicherheit des Landes so trefflich gesorgt hatte und bewilligten ihm geheime Gelder. Endlich übertrugen sie ihm in Zeiten der Gefahr die höchste Gewalt. Da die Freiheit des Gewissens wieder eingeführt war, konnte er das segensreiche Werk der Colonisirung veröder Landstriche durchführen. Fleißige Hände aus der Schweiz kamen nach Mähren und nahmen in Zügen von fünfzig bis sechzig Personen von den ihnen angewiesenen fruchtbaren Oedungen Besitz. Durch Befriedigung der Landesgläubiger befreite er die Bürger der königl. Städte und somit den Handel von den so lästigen, den Verkehr lähmenden Bürgschaften und Verhaftungen. Dem Versuch, die Herrschaft fremder Elemente einzuschmuggeln und den Adel zu entnationalisiren, wurde durch die Verordnung vorgebeugt, daß jeder Ausländer, welcher Güter kaufe, seine Kinder geläufig böhmisch lehren lassen müsse und daß nur jenes Kind die Güter erben dürfe, welches dieser Sprache mächtig ist. Zur Regelung des Münzwesens wurde ein Reichscongreß ad hoc in

Wien beantragt, wobei Deputirte aller Länder die geeigneten Beschlüsse sofort zu fassen hatten, ohne hiebei an die Zustimmung
der einzelnen Landtage gebunden zu sein.

Die Sicherheit des Lebens, der Ehre und des Eigenthums
wurde durch eine Defensionsordnung und Jagdpolizei, durch strenge
Bestrafung von Pasquillanten, durch Verbote aufhetzender Predigten und durch die Regulirung streitiger Grenztheile gefestet. Die
Wiedertäufer gedachten mit inbrünstiger Dankbarkeit des Jahres
1609, welches, ungleich den vorigen, die so viel Drangsale gebracht, ruhig vorüberging. [6])

Um den Gefahren, welche die Freiheit der Länder bedrohten,
widerstehen zu können, wollte Zierotin einen lang genährten Gedanken verwirklichen und eine Conföderation aller österreichischen
Länder zu Stande bringen. Die bevorstehenden Hochzeitsfeierlich-
keiten zu Rositz — Hinek von Wrbna auf Freudenthal sollte am
1. September mit Bohunka, der ältesten Tochter Zierotin's, vermält werden [7]) — wurden von ihm ausersehen, um ohne Ver-

---

[6]) Landtagspamtk. 1609 24/6. — Harlay a. a. O. 11. Juli 1607. —
Landtagspamtk.-Supplb. 1606. Fol. 20/b und ff., dann 1601—1610.
Fol. 136. — Zierotin erwähnt, daß er durch Gottes Zulassung den
Untergang seiner Hauptfeinde erlebte: Sigmund v. Dietrichstein, Ruß-
wurm, Christoph von Lobkowitz, Felician Mosowsky, Ladislaus Berka;
der Oberstkanzler Zd. von Lobkowitz wäre abgesetzt worden, wenn die
Böhmen einiger gewesen wären. Cod. III. Cal. Nov. 1609 Pol. —
Gegen Dietrichstein waren viele Pamphlete im Umlauf. Krems. Act.
1609. — Das rührende Zeugniß, welches die Wiedertäufer Herrn von
Zierotin ausstellen, enthält die Wiedertäufer-Chronik von Rottalowitz,
Seite 127. a. a. Mst. im Land. Arch.

[7]) Hinek war zwanzig Jahre, Bohunka achtzehn Jahre alt. Es ist nicht
zu zweifeln, daß nachdem Carl von Zierotin die Hand seiner Tochter
jenem jungen Manne zusicherte, derselbe in jeder Hinsicht dieses Glückes
würdig war. Der Schwiegervater lobte besonders das gesetzte ruhige
Wesen desselben. Der Brief vom 11. Februar 1609, ist im Cod. A. 5. a.
vorhanden, worin der Vater die Zusage macht und den Bräutigam auffordert, nach der Sitte der Zeit den nächsten Verwandten Carls: dem
Bruder Dionys, den Vettern Caspar, Bernhard und Victorin seine Ergebenheit zu bezeugen, gewissermaßen die Zustimmung derselben einzuholen. Bohunka war sehr schüchtern während ihres Brautstandes, aus
lauter jungfräulicher Scham schrieb sie dem Bräutigam nicht; der Vater
versicherte ihn jedoch in ihrem Namen, sie werde dann, wenn sie einmal

dacht zu erregen, die Häupter der protestantischen Stände von
Böhmen, Oesterreich und Mähren in Rostz zu versammeln. Es
sollte daselbst die Durchführung eines engeren Bündnisses zwischen
jenen Ländern erörtert werden, um dieselben wie in „einem Körper
zu vereinigen“ und auf diese Art jedem feindlichen Angriff der
spanisch-römischen Partei die Spitze zu bieten und eine Gewähr
für die Gewissensfreiheit und die politische Freiheit zu begründen.
Auch Ungarn sollte zum Beitritt vermocht werden. Um in Erfahrung zu bringen, wie man diese Unionsidee in Ungarn beurtheilen
würde, wollte Zierotin allem bevor Thurzo's Privatansicht hierüber
kennen. Da es möglich gewesen wäre, die Böhmen zur Absendung
einer Gesandtschaft nach Ungarn zu vermögen, so war es ihm
auch zu wissen nöthig, wie dieselbe in Ungarn aufgenommen werden würde. Wären die Ungarn dieser Union nicht geneigt, so
müßte man jene Gesandtschaft rückgängig machen, um die Böhmen
durch eine Ablehnung nicht zu verletzen. Zierotin bemerkte jedoch
gleichzeitig dem Grafen Thurzo, daß Mähren sich wohl nicht von
einer solchen engeren Verbindung der Länder ausschließen könnte,
wenn dieselbe von Böhmen aus beantragt werden würde. Auf
diese Art bereitete Zierotin Ungarn vor auf die Anerkennung der
Nothwendigkeit des Bundes und auf die Stellung, welche Mähren
in dieser Frage einnehmen müßte.

Glaubte Zierotin dadurch die nationale Herrschaft zu befestigen und die Gefahren der Fremdherrschaft und des Einflußes
der römischen Hierarchie zu beseitigen, so war ihm dieser Bund, worin
er ohne Zweifel die hervorragendste Rolle zu spielen berufen war,
zugleich ein Mittel, jene hochmüthigen, starren und leidenschaftlichen Elemente in der böhmischen (und theilweise der österreichischen) Aristokratie, vor welcher er immer eine tiefe Scheu hatte,
im Zaume zu halten und seinen gemäßigten Grundsätzen zu unterordnen.[8])

Bald konnte er sich jedoch von der Macht dieser Elemente
überzeugen. So lange der Kampf um den Majestätsbrief dauerte

bei Hinko sein werde, ersetzen, was sie jetzt zu vernachläßigen scheine.
Cod. 18. April 1609. — Wrbna III. Non. Jul. 1609 Pol. — 17. Juli
1609 Gian Pietro. — 26. und 27. Juli 1609 Stahr. und Tschern.
[8]) Cod. XV. Cal. Sept. 1609 Budowa. — 19. Aug. 1609 Thurzo. —
20. Oct. 1609 Tschernembl.

und so lange Gefahr vorhanden war, schien Böhmen diesem Bündnisse nicht abgeneigt, nachdem aber die böhmischen Stände glänzende Erfolge errangen, wurde diese Union zum Verbruße Anhalt's,
wie wir sahen, lau behandelt, ja man konnte wahrnehmen, daß
die Stände jene Bundesgedanken plötzlich fallen ließen und sich
mit einer engeren Verbindung zwischen Böhmen und Schlesien
begnügten. Briefe, welche Zierotin an Thurn, Budowa und Rosenberg schrieb, wurden gar nicht oder nur ausweichend beantwortet.
Zierotin erbot sich, jedoch vergeblich, als Vermittler zwischen Böhmen und Ungarn aufzutreten. Dagegen wurde von Oesterreich aus
insbesondere durch Stahrenberg und Tschernembl die Unionsidee
Zierotin's mit Eifer betrieben und getrachtet, auch Steiermark und
Kärnthen herbeizuziehen. Aehnliche Bundesvorbereitungen, aber vom
katholischen Standpuncte, um einen Bruch mit den Protestanten
heraufzubeschwören, sind am Hofe des Königs Mathias und von
den österreichischen Katholiken in Angriff genommen worden. Der
König selbst theilte jedoch, wie Zierotin versichert, in diesem Puncte
die Ansichten seiner Räthe nicht.

Dennoch ging jetzt die Initiative, um die Protestanten zum
Widerstande zu reizen, und zwar über Anregung römischer Diplo-
maten, von Wien aus. In Olmütz schloß der k. Unterkämmerer
Johann Mosch von Moravičan, der Zusage des Königs zum
Trotz, die Protestanten von den Stadtämtern aus; die Erlässe für
Mähren wurden nicht in der böhmischen, sondern in der deutschen
Sprache verfaßt. In Oesterreich wurde das nach den Horner Un-
ruhen gegebene Versprechen rücksichtlich der landschaftlichen Stellung
der Städte nicht erfüllt und die bekannte Resolution vom 19. März
d. J. nicht kund gemacht. Die katholischen Stände, angeeifert durch
Khlesel, der sich der Vollziehung der von Mathias gemachten Zusage, mit aller Kraft widersetzte, behaupteten jetzt mit einem Male,
daß jene Resolution keine Gesetzkraft habe, weil dieselbe ohne ihre
Zustimmung erlassen wurde. [9]) Dieser plötzliche, unbegründete Wider-

---

[9]) Ueber die Thätigkeit Zierotin's als Vermittler einer Conföderation zwischen Böhmen und Ungarn. Cod. XV. Cal. Sept., VI. Non. Oct. 1609,
12. Sept. 1609 Stahr., 27. Juli und VII. Id. Oct. 1609 Tschern.,
14. Oct. 1609 Tschern. — Landtagssupplb. 1609. Fol. 162 und 169.
— Cod. 11. Dec. 1600 Lomb. XIV. Cal. Sept. 1609 Thurzo. — Prid.
Id. Oct. 1609 Tschern. — Hammer a. a. O. II. 144 und 145.

ruf der gemachten Zusagen — denn als solcher wurde dieser
Schritt der Katholiken sofort erkannt — befestigte die Ansicht der
protestantischen Oesterreicher, daß nur die größte Beschränkung der
Macht der Regierung vor den Neckereien der Romanisten und
Papisten sichern könne.

Während die katholischen Mitglieder der österreichischen Stände
eine Verbindung unter einander zum Schuße der Religion wirklich eingingen, und diesen Bund mit der endlich zu München am
10. Juli 1609 unter einigen katholischen Fürsten Deutschlands zu
Stande gekommenen Liga in Zusammenhang bringen wollten, war
Anhalt ungeachtet seines Mißerfolges in Böhmen nicht müde, protestantischer Seits ein Gleiches durchzuführen. Mit Hilfe der
Markgrafen von Anspach und Johann Georg von Brandenburg-Jägerndorf wollte er die Verbindung der protestantischen Stände der
österreichischen Länder unter einander und mit der deutschen Union
in's Werk setzen. Anhalt und Johann Georg riethen dem Herrn
von Zierotin, die Böhmen mit allen Mitteln zum Beitritte zu
jenem Bunde zu vermögen, ja sogar den Weg der Bitte nicht zu
scheuen. Der Markgraf Johann Georg legte diese Sache Herrn
von Zierotin ganz besonders an's Herz, als dieser im October
1609 Jägerndorf besuchte.[10] Die Nachricht dieser nicht ganz erfolglosen Thätigkeit der beiden Fürsten drang in das katholische Lager.
Liechtenstein gab Herrn von Bischer die Versicherung, daß ihm diese
Nachrichten von Mitgliedern der protestantischen Stände, welche
die Herrschaft der Casa d'Austria gerne stützen würden, mitgetheilt
worden war. Allein da es mit Rudolph „sehr übel stehe und
mit dem König von Ungarn nicht viel besser, und zur Grazer'schen
Linie (Erzherzog Ferdinand) keine Lust vorhanden sei," so würde
man das Haus Oesterreich von der Regierung ausschließen und
einen General-Gouverneur ernennen. Fürst von Anhalt und der
Markgraf von Brandenburg-Jägerndorf seien dazu vorgeschlagen.
Auch Tilly, der sich damals zu Prag befand, erzählte Herrn von

---

[10] S. Beil. Nr. CXXXV. — Cod. 27. Juli, VII. Id. Oct. und III. Cal.
Nov. 1609 Tschern. — Vergl. den Brief Khlesel's an Zuniga, worin
sich ersterer anbietet, bei nächster Gelegenheit die den Hornern gemachten
Concessionen vom 19. März 1609 zurückzunehmen. Khlesel an Zuniga
2. Mai 1609. Sim. 2495. S. S. 569 b. W.

Bischer, daß Graf Heinrich Thurn sich für die Conföderation
Böhmens mit den andern Ländern Oesterreichs sehr bemühe, häufig
Reisen nach Mähren, Oesterreich und Steiermark unternehme. Der
Oberstmarschall von Böhmen, Lipa, wurde als Gesandter nach
Böhmen und eine andere Person in der Bundes-Angelegenheit
nach Schlesien geschickt.

Wie jene deutsche katholische Liga nach Erweiterung, nach
Schirmherren suchte und keine Mühe scheute, um des Papstes
und des Königs von Spanien Schutz und Hilfe zu erbitten, so
trachtete die Union sich der Mitwirkung König Heinrichs zu versichern, da es den Anschein hatte, daß der Jülich'sche Erbfolgestreit nur mit den Waffen gelöst werden würde. — Wenn einmal
der Krieg im Herzen Deutschlands beginnen würde — wie leicht
wäre es dann nicht, denselben auch in die Länder Oesterreichs
hineinzutragen — nachdem von dem Augenblicke, in welchem Mathias die den Hornern gemachten Concessionen schmälern wollte,
so viel Zündstoff daselbst angehäuft lag!

Wenngleich Zierotin's Streben dahin ging, die österreichischen
Länder in engeren Verbindungen unter einander zu bringen, so
sprach er sich doch mit aller Entschiedenheit gegen die Conföderi-
rung dieser Länder mit der deutschen Union aus. Denn er hatte
die letzten Zielpuncte der pfälzischen Politik und jene des ehrgeizigen Ascaniers schon während der Horner Unruhen durchschaut.
Der große protestantische Bund sollte den Krieg und dieser die
Vertreibung des Erzhauses ermöglichen. Churpfalz und Anhalt
würden dann die Erben des Nachlasses jenes Hauses in Deutschland werden. Selbst an einem ganz unverblümten Ausdruck dieses
Strebens fehlte es nicht. An Thurn und Zierotin schrieb Anhalt
und bat um das Gutachten wegen seiner Aufnahme in die böhmische Landmannschaft. Zierotin widerrieth, und bei Erörterung
dieser Frage wurde auf die Eventualität der Kron-Candidatur
Anhalt's hingewiesen; der Erstere gab gar keine Antwort.

Zierotin hatte die Zuversicht der extremen protestantischen
Partei nicht, er erschrak vor einer kriegerischen Lösung, da er
immer die Möglichkeit der Niederlage und damit die Vernichtung
aller Freiheit vor Augen hatte; noch immer hielt er ein versöhn-
liches Abkommen der protestantischen Oesterreicher mit Mathias
für möglich und rathsam, da er der Aufrichtigkeit der uneigen-

nützigen Versicherungen Anhalt's, welcher die Oesterreicher nur immer zum Kampfe reizte, mißtraute und von der Verbindung Anhalt's mit dem Kaiser genaue Kunde hatte. Auch die Geschichte der Erlangung des Majestätsbriefes flößte ihm Besorgnisse ein, er fürchtete, „daß die Freiheit in Willkür ausarte, die Zwietracht entflamme und der Character des Anfanges auch das Ende dieses Dramas andeute, nämlich Gewalt und Unterdrückung." Diese Erwägungen und die kühle Aufnahme seines Unionsantrags von Seite der böhmischen Stände stimmten ihn gegen die Ausdehnung der Union auf Böhmen und Deutschland, wie sie von Tschernembl, der zu diesem Zwecke eigens nach Deutschland gereist war, angestrebt wurde.

Die in Rositz am 1. September durch Herrn von Zierotin veranstaltete Versammlung der Häupter der unirten Länder, um über die Ausdehnung der Union zu berathen, fand nicht Statt. Er erklärte die Aufrechterhaltung des Eibenschitzer Bündnisses für ausreichend. Zierotin wollte Niemanden an dem Beitritt zu demselben hindern, allein er verweigerte jede positive Einladung und versicherte den von Anhalt angedeuteten ganz erfolglosen Weg: den Eintritt Böhmens in den Bund zu erbitten, niemals betreten zu wollen, zumal der gegenwärtige Augenblick der Erweiterung der Eibenschitzer Union auch aus anderen Ursachen ·ungünstig sei.[11]) Zwischen Böhmen und Ungarn war nämlich eine Spannung eingetreten. Die Böhmen wollten keine Türkenhilfe gewähren, weil die Ungarn keine böhmischen und deutschen Truppen in den ungarischen Grenzfestungen dulden mochten. Dazu kam das Verbot des Kaisers — welcher gegen Ungarn Haß im Herzen trug — jene Hilfe zu bewilligen. Es scheint, daß den Ungarn zur Bedingung gemacht wurde, den Beschluß wegen der böhmischen und

---

[11]) Bischer an Erzh. Alb. 16. Sept. Sim. und 5. Dec. 1609. B. A. — Anhalt an Zierotin und dieser an jenen: „wegen der Candidatur zu etwas höheren," (nämlich zur böhmischen Krone.) Wittingau 16./26. Sept. 1609 und Brüss. 31. Oct. 1609. a. a. im L. A. Cop. d. Bernb. Arch. F. N. 231. Fol. 5. 29. Zierotin spricht sich daselbst auch gegen das „Bitten um eine Union mit Böhmen" aus. Von diesem Briefe erwähnt Zierotin in einem Schreiben ddo. VI. Id. Nov. 1609 an Lavinus. S. Beilage Nr. CCXCIX. Cod. XIII. Cal. Sept. 1609 Lav., 18. Aug. VI. Non. Oct. 1609 Tschern. — Landtagssupplb. 1601, Fol. 169.

deutschen Truppen zurückzunehmen. Die ungarischen Gesandten waren ob der Weigerung sehr erzürnt. Sie drohten sogar, ein ungarisches Heer werde in Böhmen einfallen und dieses zur Türkenhilfe zwingen — dann verließen sie Prag. [12])

Indem Herr von Zierotin das Zustandekommen der großen Conföderation der Protestanten zu offenbar kriegerischen Zwecken verhindert hatte, sparte er anderseits keine Mühe, um den zwischen König Mathias und den österreichischen protestantischen Ständen wieder ausgebrochenen Streit einer friedlichen Lösung zuzuführen. (Er hoffte, der König würde durch Rudolph's Schicksal belehrt, sich gegen die letzteren nachgiebig und mild zeigen, er hoffte noch immer, Mathias werde aus eigenem Antriebe, jene intolerante Politik verlassen, weil er (der König) aus den bisherigen Früchten derselben die Ueberzeugung gewonnen haben mochte, daß sie zum Verderben seines Hauses führen müsse, was er doch unmöglich wollen könne.

Das mährische Landrecht an Kunigunde 1609 beauftragte über Zierotin's Veranlassung die Herren von Hobiz und Hrabek, den König zu bitten, die den Oesterreichern gemachten Zusagen aufrecht zu erhalten; zugleich hatten sie sich über die Olmützer Rathsernennung zu beschweren, welche ganz gegen die Vereinbarung des Huldigungslandtags ausgefallen war. Um die österreichischen protestantischen Stände milder zu stimmen, machte er denselben begreiflich, daß Rom und Spanien den Krieg heraufbeschwören wollen, um die Gewissensfreiheit desto leichter zu unterbrücken. Mathias sei nur von der spanischen Partei mißbraucht worden, um einen Vorwand zum Kriege zu finden.

Wir sehen, wie Zierotin auch in den gegenwärtigen Conflicten den Standpunct seiner Politik behaupten wollte. Es war seine Absicht, die Restaurationsplane Roms und zugleich die absolutistischen Velleitäten Spaniens zu bekämpfen, allein er bediente sich nicht der Mittel, auf deren Anwendung die Reformirten im Reich und in den österreichischen Ländern drangen. Er wollte keine Conspiration mit den deutschen Fürsten, um das Haus Oesterreich zu verderben, und es war seine Absicht, ohne äußere Mitwirkung,

[12]) A. A. 1. Nov. 1609. — Cod. 9. und 14. Oct. 1609 Tschernembl. — 5. Sept. 1609 Budowa. — Landtagspamatlenbuch 1601. Fol. 128.

durch der Stände eigene Kraft, eine Reform in Verfassung und Verwaltung durchzuführen.

Diese Politik trug jedoch Herrn von Zierotin nur Feind-schaften und lieblose Beurtheilung durch die gegnerischen Seiten ein; denn er widersetzte sich dem durch die Katholischen beabsich-tigten Bruch der Zusagen und zugleich dem ungestümen Drängen der Protestanten. Beide vergaßen auf die großen Dienste, die er der guten Sache durch die Vermittlung zur Zeit der Horner Unruhen geleistet, ja es war zu besorgen, daß man jetzt seine Ver-mittlung gar nicht mehr suchen würde. In einem Briefe an Tscher-nembl rechtfertigte Zierotin die empfohlene Politik der Milde. Er habe selbst Beweise gegeben, daß weder Drang nach Friede um jeden Preis oder Liebe zur Bequemlichkeit, noch die Furcht vor dem Verluste zeitlicher Güter, seines Amtes oder der königlichen Gnade ihn bei seinen Handlungen bestimme. „Es lag darin viel-mehr der Wunsch," schrieb er dem Herrn auf Schwertberg, „Euere Angelegenheiten geordnet zu sehen und die Ueberzeugung, daß die extremen Mittel keinen Erfolg haben werden, weil das Volk leicht und unbeständig ist, die Häupter durch Haß und Neid ent-zweit, die Länder durch lange Kriege entvölkert und verarmt sind, somit der Ausgang traurig sein muß."

Wenn aber Zierotin kurze Zeit nach Darlegung dieser seiner Gesinnungen jetzt unerwartet die Nothwendigkeit anerkennt, den bisher betretenen Weg der Geduld und Mäßigung zu verlassen und an scharfe Mittel zu denken, um den König vor dem Un-tergang, dem er selbst und mit ihm alle seine Länder entgegen-eilten, zu befreien,[13] so war dies die Folge einer unverhüllten Wandelung in der Politik des Königs und seiner Räthe. Bisher hatte es Mathias wenigstens äußerlich mit den Ständen gehalten, die römisch-spanische Partei war am Hofe nicht die alleinherr-schende. In dem Selbsterhaltungstrieb Mathias' erblickte Zierotin eine Bürgschaft gegen die Uebergriffe dieser Partei. Jetzt wurde es anders, die Anhänger Roms und Spaniens waren die vor-waltende Macht am königlichen Hofe, und es erschienen durch jene Wandelung die Rechte der Stände und die Gewissensfrei-heit zunächst bedroht.

---

[13] Cod. 30. Oct. 1609 Tschern.

Die Ursache dieser Veränderung lag klar zu Tage. Es war dies eine Folge jener eigenthümlichen Politik, welche sich der Bischof von Wien zurechtgelegt hatte, um mit seinem Herrn zu steigen. Wie es in den Bürgerkriegen aller Zeiten Familien gab, deren Glieder sich in den feindlichen Lagern befanden, um bei eventuellen Vermögensstrafen wenigstens einen Theil ihrer Habe zu retten, wie selbst jetzt Pucheimbe, Stahrenberge und Lobkowitze auf des Königs und auf des Kaisers Seite standen, so scheint Khlesel in ähnlicher Weise die Rollen zwischen dem König von Ungarn und sich so vertheilt zu haben, daß Khlesel immer eine strengkatholische Politik mit allem Ernste und aller Entschiedenheit verfolgte, während seinem Gebieter gestattet wurde, sich mit den evangelischen Ständen einzulassen.

Würde dieser zu weit gegangen sein, dann erblickten die katholischen Mächte in Khlesels allmächtigem Einfluß auf Mathias eine feste Bürgschaft dafür, daß zuletzt die katholischen Interessen doch nicht aus den Augen verloren werden würden. Hatte Mathias sich Feinde im katholischen Lager gemacht, dann lag in dem katholischen Eifer des Bischofs von Wien ein Anknüpfungspunct, daß Mathias bei den Katholiken wieder zu Ehren komme. Ein ähnliches Verfahren sollte der Sache des Königs von Ungarn die Unterstützung der Protestanten sichern. Mathias hatte sich derselben oft sehr geneigt gezeigt; das ganze Odium von Maßregeln, die gegen die Protestanten gerichtet waren, fiel nicht auf Mathias, sondern auf Khlesel. — Dadurch gelang es diesem häufig, die Unterstützung beider Seiten für seinen Herrn zu erringen, indem er abwechselnd die katholische oder die protestantische Seite der Politik des Königs herauskehrte, je nachdem sich die Unterstützung der einen oder der andern Partei als nothwendig erwies. Freilich war dies ein gefährliches Spiel, eine falsche Stellung, indeß die außerordentliche Gewandtheit Khlesel's verstand es, durch lange Zeit diese Stellung zum Vortheile des Königs von Ungarn und zur Befriedigung seiner eigenen Herrschsucht auszubeuten. Der Bischof von Wien ist mit wenigen Worten zu characterisiren, er war ein sehr schlauer und ein sehr ehrgeiziger Priester.

Wir haben gesehen, wie Mathias bei seinen letzten geheimen Bewerbungen in Böhmen und dann um die Gunst der Union durch den Grafen Fürstenberg nicht sehr glücklich war. Andererseits war sein Credit in Spanien gesunken, bei den Churfürsten war er durchaus nicht beliebt. Auch der Papst selbst mißtraute ihm. Der Haß des Kaisers gegen ihn stieg von Tag zu Tag und daß Leopold als Nebenbuhler Mathias in der Frage der Reichsnachfolge auftrat, war kein Geheimniß. Es war in der That Gefahr vorhanden, daß die Katholischen Mathias fallen ließen in einem Augenblick, in welchem die Protestanten keine Reigung hatten, ihn zu halten.

Eine ausgiebige Unterstützung konnte aber nach der damaligen Situation nur von Spanien ausgehen; eine entschiedene Vertretung der katholischen Sache in diesen Augenblicken der Verwirrung hätte nach Khlesels richtiger Ansicht dem König von Ungarn die halbverwirkten Sympathien der katholischen Welt wieder zugeführt; in der That war Mathias um diese sehr besorgt, er schrieb einen Brief an den Jesuiten P. Carillo nach Madrid, um demselben seinen Gesandten zu empfehlen und zu ersuchen, den falschen Gerüchten, welche Mathias als Katholiken von lauer Gesinnung schilderten, in der spanischen Hauptstadt entgegen zu treten.[14])

Es ist daher sehr wahrscheinlich, daß Khlesel jetzt, nachdem Rudolph (durch Ertheilung des Majestätsbriefes), wie sich eine Denkschrift der katholischen Geheimräthe an Mathias äußert, „um einige Klafter tiefer als der König und ganz in die Hände der Irrgläubigen gefallen war," diesen zu dem Entschluße vermochte, sich an die Spitze der Katholiken Deutschlands zu stellen, auf diese Art den steigenden Einfluß des Hauses Baiern zu paralysiren und sich selbst die Nachfolge im Reiche zu sichern.

Die erwähnte Denkschrift räth Mathias, eher Land und Leute aufzugeben, als diese durch unchristliche Mittel zu erhalten, nicht zu weichen, Gewalt zu brauchen, sich mit Spanien und Rom zu verbinden, Bündnisse unter den katholischen Ständen der Länder zu stiften, um die unerträgliche Abhängigkeit der Herren von Oesterreich von den Ständen abzuschütteln, endlich sich mit dem Kaiser um jeden Preis zu versöhnen. Khlesel selbst sprach und handelte wie ein Spanier; er bekannte in dürren Worten: „seit dem Majestätsbriefe hätte Rudolph das Vertrauen Roms verwirkt, der Papst und Spanien ständen auf des Königs Seite."

14) Hurter VI. 442. 67. — Math. an Carillo 3. Dec. 1609 Sim.

Wir wissen, daß Mathias nicht unmittelbar gegen die Resolution vom 19. März handeln und diese nicht förmlich zurücknehmen wollte; Khlesel bewog daher die katholischen Stände Oesterreichs, den Kampf auf dem österreichischen Septemberlandtage zu eröffnen und die Initiative gegen die Protestanten zu ergreifen, da die Resolution des Königs angeblich keine Gesetzeskraft erlangt hatte. Aus derselben Ursache ist die landschaftliche Stellung der Städte als nicht zu Recht bestehend angesehen worden. Auf diese zwei Puncte concentrirte sich die Forderung der Protestanten und gegen diese kämpften die Katholischen an. Entschieden auf ihrer Seite stand der König und der Bischof. Durch die Hinopferung des königlichen Wortes zu Gunsten der katholischen Sache glaubte Khlesel die Katholiken jetzt wieder vollständig mit Mathias versöhnt zu haben. [15]

Ungeachtet des Drängens der österreichischen Protestanten, blieb der König fest bei seinem Entschluße, den Katholischen Recht zu geben. Die ersteren berichteten hierüber, Hilfe suchend, an die mährischen und ungarischen Stände. Im Namen der mährischen übersandten die Herren und Ritter, die im November in Brünn eine Zusammenkunft (Sgezd) abhielten, eine schüchterne Intercessionsschrift für die Oesterreicher. Sie blieb ohne Wirkung.

Der König Mathias fuhr nach Preßburg zum Landtag, ohne die Denkschrift des 1. November 1609 zu beantworten, welche die österreichischen Stände über ihre Beschwerden verfaßt und ihm vorgelegt hatten. Wie vor einem Jahre während der Horner Differenzen schickten die Oesterreicher auch jetzt Abgesandte an die Ungarn und baten um bundesmäßige Unterstützung. Diese Abgeordneten — auf einer, am 2. December stattgehabten, von Mathias verbotenen Zusammenkunft gewählt — erschienen in Preßburg und hier wiederholten sich abermals im December 1609 die Scenen, welche ein Jahr früher stattgefunden: erfolglose Audienzen, Rücksprachen mit Thurzo und den Ungarn, dann vergebliche Vermittlungsversuche.

Die Oesterreicher, durch die entschiedene Weigerung Mathias'

[15] Hurter VI. 197, 200, 203, 257. — Ueber den häufigen Briefwechsel Khlesel's mit Zuñiga. S. Hammer II. 189. Harlay a. a. O. 7. März 1609. — Cod. 3. Nov. 1609 Lomb.

ermüdet, begannen endlich dem Prager Syrenengesang, den lockenden Versprechungen des Hradschiner Hofes geneigtes Gehör zu
schenken. Dieses Gerücht drang in veränderter Gestalt zu des
Königs Ohren, wie Zierotin vermuthet, durch den Bischof von
Wien selbst. Auch die Mährer, erzählte dieses Gerücht, würden
für den Fall der Nichterfüllung der österreichischen Forderungen
sich an Rudolph wenden. Mathias schrieb in Folge dessen tief be-
kümmert an Zierotin und stellte die Frage, ob denn dieses dunkle
Gerücht begründet sei? Zierotin beeilte sich dem Könige die Un-
wahrheit dieser Nachricht darzulegen und über die Treue Mährens
die bestimmtesten und die bündigsten Versicherungen zu geben,
er glaubte auch für Oesterreichs Treue einstehen zu können. Tschernembl selbst wälzte diesen Verdacht von den Oesterreichern ab,
indem er sich äußerte: „wir haben keine Ursache uns zurück nach
Egypten zu sehnen." Indeß war Zierotin auch nicht ohne Besorgniß, daß die Oesterreicher in ihrer verbitterten Stimmung den
verzweifelten Entschluß der Rückkehr zu Rudolph fassen könnten
und war der Meinung, daß jenes Gerücht durch den Bischof von
Wien als Agitationsmittel benützt wurde, um den König gegen
die Sache der Unirten zu reizen. Zierotin sah sich daher verpflichtet,
Mathias auf die eigentliche Ursache der Differenzen zwischen der
Regierung und den Ständen aufmerksam zu machen, er bezeichnete
die wirre Leitung der Geschäfte und die Schlechtigkeit Khlesels
offen als solche. Gleichzeitig ersuchte Zierotin den Palatin Thurzo,
dessen Einfluß bei Mathias im Steigen begriffen war, dem Könige
die Nichtigkeit des Gerüchtes von dem Abfalle Mährens auch noch
mündlich zu wiederholen.

Auch die Gefahr der Rückkehr der so tief verhaßten Herrschaft Rudolphs, welche bei Ausbruch eines Krieges in Aussicht
stand, war ein Grund für Zierotin, den erfolglosen Weg der diplomatischen Vermittlung und die sanften Bahnen der Geduld jetzt
zu verlassen. Die Besorgnisse desselben mußten sehr lebhaft und
begründet sein, da er sich entschließen konnte, die öffentlichen Zustände, welche er noch vor Kurzem als befriedigend schilderte, jetzt
zu beweinen. Dem holländischen Gesandten in Deutschland, Herrn
von Brederode, schrieb er: „fortuna mutata, sed non in melius."
Den Herrn Richard von Stahrenberg, einen der Führer der Oesterreicher, bat er dringend, sein Ohr den Prager Eingebungen nicht

zuzuneigen, weil dann der Ruin unausweichlich sei. [10]) Zum letzten
Male wollte er noch den Weg der Vermittlung betreten, er sandte
seinen Bruder Dionys zu Mathias und schrieb dem Könige deutlich über die Gefahren, die ihn und die Länder umgeben: Krieg
und Verlust der Krone. Doch Alles war vergeblich. Die Nachrichten, welche Dionys zurückbrachte, darunter Berichte Tschernembls,
welcher am 22. December bei dem Könige eine erfolglose Audienz
hatte, und die Mittheilungen anderer Nachrichten, welche durch
Tieffenbach über die ablehnende Antwort des Königs dem mährischen Landeshauptmanne vor Weihnachten zukamen, zeigten, daß
des Letzteren Sinn unbeugsam war, daß er die Publication der
Entschließung vom 19. März und die Forderung wegen land-
schaftlicher Stellung der Städte energisch zurückwies.

Zierotin gab sich jetzt das Zeugniß, keine Mühe, keinen
Rath, keinen Weg, den seine Treue vorgezeichnet, versäumt zu
haben. Mit Thränen im Auge beklagte er das Schicksal des unglücklichen Herrschers, aber zugleich faßte er den Entschluß, nunmehr
denselben und die Länder auch wider seinen Willen vor Untergang zu bewahren und zur That zu schreiten; eine Zusammenkunft mit Tschernembl an der mährischen Grenze, welche für diese
Schritte maßgebend sein sollte, wurde für die ersten Tage des
Jahres 1610 verabredet.

Daß die starre Haltung des Königs durch Khlesel hervorgerufen war, wußten die Unirten. Es war bekannt, daß Erzherzog
Ferdinand und Khlesel die Versöhnung des Kaisers mit dem
Könige eifrigst betrieben. „Das große Feuer“, schrieb Khlesel an
die Oberin des Klosters Himmelpforte, die im vertrauten Briefwechsel mit Erzherzogin Margaretha in Madrid stand, „habe der
heilige Geist etwas gedämpft, er hoffe, daß man nun Kaiser und
König vergleichen und der Ketzer Kette brechen werde.“ Ferdinand
und der Bischof von Wien waren im November in Schottwien
zusammengekommen. In der That, das Einvernehmen der Höfe
zu Wien und Graz war vollständig und der Kaiser schien endlich
geneigt das Versöhnungswerk zu fördern, an welchem die katho-

---

[10]) Hurter VI. 205, 206. — Landtagsp. Supplb. 1601, 18. Nov. 1609.
— Cod. 27. Nov. 1609 Thurzo und 11. Dec. 1609 Tschern. VII. ld.
Dec. 1609 Stahr. — Archiv der kais. Act. 9. B. S. 218.

lifchen Fürften fo fehr intereffirt waren. Jenes fchmachvolle Erkaufen
der Gunft der Stände durch Conceffionen für die Proteftanten,
in welchen fich die Brüder zum Nachtheil der Religion und der
königlichen Prärogative überboten, würde aufhören, der verlorene
Boden gewonnen, die königliche Autorität geftärkt werden. Die
Nachfolge im Reiche müßte dem Haufe gefichert bleiben. Spanien
würde eine ergiebige Bundeshilfe ftellen und den Papft hiefür
gewinnen. Gegen die Häupter der Proteftanten würden Hoch-
verrathsproceffe eingeleitet werden — kurz eine neue kräftige,
beffere Aera follte für die katholifche Welt in Defterreich beginnen. — Das fpanifche Cabinet betrieb eifrigft diefe Vermittlung,
es veranlaßte die Reife Ribolfis zu Erzherzog Albrecht und
des Churfürften von Cöln nach Prag, um den Kaifer für die
Verföhnung zu ftimmen. Die Abficht der fpanifch-römifchen Partei
war, durch jene Verföhnung einen kräftigen Widerftand gegen die
pfälzifch-franzöfifche Verbindung zu organifiren und Mathias, den
fie ganz zu beherrfchen dachte, die Nachfolge im Reiche zu fichern. [11])

Mathias felbft war für das Verföhnungsproject gewonnen.
Die Ausficht auf die Kaiferkrone, die Abwendung jener Gefahren,
welche ihn von Seite der durch Frankreich unterftützten Ständever-
bindung bedrohten, hatten ihn vermocht, dem römifchen Hofe die
ausgedehnteften Bürgfchaften feiner treuen Gefinnung zu geben und

---

[11]) Etwas von Leopolds abenteuerlichem Plane hatte transpirirt, nur wurde
die Urheberfchaft deffelben dem Grafen von Fuentes zugefchrieben. Zufolge eines Gerüchtes hätte der Graf jedem katholifchen Fürften eine
Rolle zugetheilt: „den Erzherzog Ferdinand beftärkte er, nicht eine Stunde
nachzugeben, Spanien werde ihn mit Geld und Mannfchaft unterftützen.
Dem Erzbifchof von Salzburg werde Oberöfterreich, dem Herzoge von
Baiern die oberen Reichsftände, Böhmen, Brandenburg und Schlefien,
Mathias Mähren und Unteröfterreich zugetheilt. Fuentes würde Kärnthen
und Krain beobachten. Für eine Erecutionsarmee würde Erzherzog Leo=
pold forgen. Dies war das Bild, welches fich die Proteftanten von
dem politifchen Programme des Gefammthaufes entwarfen; es wurden
ohne Unterfchied des Kaifers und des Königs Tendenzen als identifch
bezeichnet, die doch fo fehr entgegengefetzt waren, wiewohl beide dem
Katolicismus zu dienen vorgaben. A. A. 23. Octob. 1609. Fol. 9/2.
L. A. — Cod. 17. Dec. 1609 Thurzo. — Hammer II. 174, 3. Mai
1609. — Harlay 28. Nov. 1609. — Hurter VI. 247 und ff. Menzel
Gefch. d. Deutfch. 5. 373.

in dem Widerstande gegen die Oesterreicher zu verharren. Papst Paul V. hatte nicht allein Mathias wiederholt schriftlich ermahnt, keine Concession den Evangelischen zu machen, er sandte auch den Nuntius Placidus, Bischof von Melfi, um den König durch die Beredsamkeit dieses Mannes in seinen Entschlüssen zu bestärken. Allein die begehrte Geldhilfe versagte der Papst, die Armuth des apostolischen Aerars vorschützend.

Eigenthümlich war die Stellung des Cardinals Dietrichstein in den österreichischen Differenzen. Während sein Name überall unter den verfänglichsten Schriften der mährischen Stände zu Gunsten der österreichischen Protestanten zu lesen war, genoß er das höchste Vertrauen des römischen Stuhles. Er ist es, dem Paul V. seine Absichten offenbart, und er ist es, bei dem sich der Bischof von Wien Raths erholt und der die Ernennung katholischer Männer zu Olmützer Stadträthen befördert. Er klagt dem Papst die Schwierigkeit seiner Stellung, der Papst tröstet ihn und lobt die glückliche Führung seiner bischöflichen Geschäfte. Wenn nun der Cardinal und Ladislaus von Lobkowitz in den Ständeversammlungen den Schritt der österreichischen Katholiken mißbilligen, durch welche diese die Resolution d. J. 19. März 1609 nicht als Gesetz anerkennen wollen, so ist es klar, daß Beide diese Haltung nur mit Zustimmung des heiligen Stuhles beobachteten. Es war eine ostensible Manifestation, von den Umständen geboten, um nicht den Argwohn der protestantischen Stände zu erregen. Dieser Herr von Lobkowitz, ein Bruder des glaubenseifrigen Katholiken Zdenko von Lobkowitz, Oberstkanzlers von Böhmen, war das Haupt der Katholischen in Mähren, Oberstlandeskämmerer und Mitglied des Geheimrathes; seit Khlesel den Umschwung in der Politik des Königs bewirkt hatte, stieg Ladislaus von Lobkowitz in Mathias' Gunst. Papst Paul V. hatte diesen Cavalier gewissermaßen als den katholischen Parteiführer anerkannt, indem er ihn in Angelegenheiten Mährens und der Versöhnung der kaiserlichen Brüder häufig mit Briefen beehrte. [18])

---

[18]) Röm. Mat. L. A. Preß. 3. Juni, VII. Id. Oct. und 9. Decemb. 1609. Nr. 9 und 10. — Hurter VI. 252 und Hammer II. 187. — Archiv d. k. Act. d. W. 9. 195. VII. Id. Jän. 1610. Zier. an Tschern. Cod. 14. Oct. 1606 Tschern. — An Carb. Diet. Rom 20. Feb. 1610. Lettere al Card. Diet. Vol. 93 et Seqq. Reg. L. A.

Den proteſtantiſchen Ständen waren die Verabredungen zwiſchen den katholiſchen Staatsmännern nicht unbekannt geblieben, ſie dachten ſich, daß irgend ein dunkles, drohendes Abkommen zwiſchen Wien und Prag, durch Spanien gefördert, getroffen werden ſollte. Die Seele dieſer gefährlichen Coalition für die Unirten, den Frieden und die Freiheit, war Khleſel, unterſtützt vom Cardinalprimas von Ungarn. Auf das Haupt des Erſteren allein concentrirte ſich der Haß aller Proteſtanten und der proteſtantiſchen Stände der unirten Länder. Und auch nur nach einem Abhilfsmittel drängten Alle, nach der Entfernung dieſes Prieſters aus dem Rathe des Königs. Mathias ſollte das Miniſterium ändern. Konnte man es länger dulden, ſagten die Unirten, daß wegen eines Menſchen Ehrſucht und Eigenſinn Millionen dem Verderben entgegen gehen?

Allein die Schritte wegen Entfernung Khleſels wurden nicht als genügend erkannt, es mußten Gewähren aufgeſtellt werden, welche das Wiederkehren der alten Zuſtände und Gefährdungen der Freiheit, die verkehrte Regierungsweiſe und den Ausbruch von Zwietracht unter den Ländern unmöglich machen ſollten.

Zu dieſem Ende ſchlug Zierotin dem Palatin von Ungarn und Herrn von Tſchernembl die Bildung eines Centralausſchußes der Stände der unirten Länder vor, welcher an einem durch den Grafen Thurzo zu bezeichnenden Orte zuſammen treten, über die gegenwärtige Lage des Reichs berathen und Beſchlüſſe faſſen ſollte. Wenn auf dieſe Art der Weg gemeinſamer Verſtändigung angebahnt würde, dann ließen ſich daran weitere Erörterungen anknüpfen, welche die Erhaltung der Sicherheit des Königs und der Länder, die Abwehr jeglicher Gefahr bezwecken. Die unirten Länder, die dann Einen Körper, Einen Staat bilden, werden mit vereinten Kräften und in einheitlichem Geiſte ſich ſelbſt in dieſer neuartigen Verbindung geſichert erhalten und andere Länder Oeſterreichs geneigt machen, „um die Aufnahme in dieſe Union und Theilnahme an dieſer einheitlichen Leitung der Geſchäfte zu bitten." [19]

---

[19] Cod. VI. Cal. Jan. 1610 — 15. und 19. Aug. 1609, Bud. 27. Dec. 1609. Thurzo und 28. Dec. 1609 Tſchern. B. Beil. Nr. CCC. und CCCI. Hamm. II. 157 und ff. — Archiv. d. k. A. d. W. 9. 200 — Hurter V. 213.

Auch die kleine katholische Partei in Mähren, welche sich bisher neutral verhalten hatte, begann, wenn auch nur im Stillen, sich doch wieder zu regen. Diese war es, welche die Restauration der Herrschaft Rudolph's in Mähren wünschte. Das Versöhnungswerk war auch für sie ein Anknüpfungspunct mit Khlesel, weil durch die Mitwirkung dieses Ministers die Durchführung jener Restauration nach ihrer Meinung immer nur gefördert werden konnte. Khlesel, dem aber eine solche Restauration nie in den Sinn kam, erblickte darin jedoch das Mittel, die Feinde der Versöhnung der kaiserlichen Brüder in Mähren, die auch seine Feinde waren, insbesondere Zierotin, in Schach zu halten. Lobkowitz hatte bereits versucht, die Abhaltung des Landrechts, in welchem Tschernembl erscheinen sollte, zu verhindern. Er reiste nach Wien — während seine Functionen als Oberstkämmerer von Mähren dessen Gegenwart bei dem Landrechte erheischten — um durch seine Abwesenheit die Eröffnung der Sitzungen thatsächlich unmöglich zu machen. Herr von Rozmital conspirirte in Gemeinschaft mit einigen königlichen Städten und Herrn von Berka gegen Zierotin. Der mährische Unterkämmerer Mosch hatte durch Ausschließung protestantischer Bürger aus dem Olmützer Stadtrathe Proben seiner katholischen Gesinnung abgelegt.

Die Protestanten sahen unter solchen Umständen die Gefahren für die Verfassung und die Religion täglich wachsen. Tschernembl erwartete nicht mehr die festgesetzte geheime Unterredung mit Zierotin, sondern erschien, nach der fruchtlosen Verhandlung mit Mathias in Preßburg, auf dem Olmützer Dreikönigs-Landrechte 1610, in Begleitung des Herrn Helmhart von Friedensheim und Hanns Wolfart, Bürger von Wien, als Deputirte der österreichischen Stände. Er forderte am 19. Jänner in offener Landrechts-Versammlung die mährischen Landherren auf, den König zu bewegen, daß er den so berechtigten Forderungen der Oesterreicher nachkomme, zu diesem Zwecke hätten jene eine Intercessionsgesandtschaft an den König abzuordnen. Die Entfernung Khlesels aus dem geheimen Rathe des Königs und die Aenderung der Mitglieder jenes Rathes überhaupt war ein wesentlicher Punct des Verlangens der Oesterreicher. Es sollte ferner ein Ausschuß in Mähren erwählt werden, welcher im Vereine mit den Ausschüssen der anderen Länder (Oesterreich, Ungarn) alles dasjenige wahrzunehmen hätte, was

zur glücklichen Regierung des Königs und der Unirten Wohlfahrt
dienen würde. Die glänzende Rede Tschernembls, welche fast eine
Stunde gedauert hatte, machte einen tiefen Eindruck und verfehlte
nicht ihr Ziel. [20])

Der Landeshauptmann war während des Vortrags Tschernembl's nicht im Sitzungssaale. Ein Unwohlsein hielt ihn ab.
Graf Hieronym von Thurn, der ihn vertrat, vertagte deßhalb die
Berathung. Einige Tage darauf erschien Herr von Zierotin im
Landrechte und übernahm den Vorsitz, er forderte die Mitglieder
desselben auf, sich über das Verlangen der Oesterreicher auszusprechen.

Zuerst hatte der Cardinal von Dietrichstein das Botum
abzugeben. Es war ursprünglich seine Absicht, nicht zu stimmen,
sagte er, weil Herr von Tschernembl ihm nicht die richtige Titulatur gab; da sich aber dieser entschuldigt habe, so wolle er es
jetzt dennoch thun. Der kluge Cardinal sprach dafür, die Bitten
der Oesterreicher in Allem zu erfüllen, doch in einer Art, daß man
nicht die Absicht an Tag lege, über des Königs Handlungen zu
richten. Die Wahl eines Ausschusses sei nicht nothwendig, weil
das Landrecht eben als Ausschuß betrachtet werden könne und der
Landeshauptmann ohnehin verfassungsmäßig berechtigt sei, Mitglieder der Stände bei wichtigen Vorkommnissen und zu bringenden
Schlußfassungen einzuberufen.

Herr Ladislaus von Lobkowitz, der Oberstlandkämmerer, erhob sich darauf und bemerkte, er könne seine Meinung nicht aussprechen, denn er sei auch ein Mitglied jenes geheimen Rathes,
gegen welchen Tschernembl sich beschwere.

Graf Weikhart von Salm, früher ein Anhänger Zierotin's,
hatte sich jetzt an das katholische Lager begeben. Seine Rede war
auf Schrauben gestellt, ohne bestimmte Anträge. Herr von Wrbna
bemerkt, er hätte wie ein Mann gesprochen, dem mehr an der
Gunst Einzelner, als an dem Wohl des Vaterlandes gelegen sei.

Graf Hieronym von Thurn beantragte dem Ersuchen der
Oesterreicher zu willfahren, und begründete diese Meinung mit den
harten Worten: Ich war vor einem Jahre selbst Zeuge, wie falsch
und unredlich sich die geheimen Räthe des Königs benommen haben!

[20]) Hammer II. 192 — Archiv d. k. A. d. W. 9. 200, 213.

Graf Georg von Hobitz motivirte in einer längeren, schwung-
vollen Rede seine volle Zustimmung zu dem Antrage Thurn's, „nicht
etwa," wie er sich ritterlich ausdrückte, „um neue Gründe zu den
meines gelehrten Freundes und Vorredners hinzuzufügen, sondern
damit man von mir nicht sagen könne, ich hätte es nicht gewagt,
meine Meinung hier offen auszusprechen". In scharfen Ausdrücken
verwies er die Haltung jener österreichischen katholischen Landherren, die zugleich als geheime Räthe bei der Resolution vom
19. März thätig mitgewirkt, dann aber im letzten österreichischen
Landtage dagegen sprachen. (Er meinte Trautson.) Alles Uebel,
welches über diese unglücklichen Länder hereinzubrechen drohe, schloß
Herr von Hobitz, ist den Räthen zuzuschreiben. — Dietrich von
Kunowitz, Zdeněk von Waldstein, Friedrich von Zierotin, Peter von
Sedlnicky, Rudolph von Tieffenbach, Friedrich und Albrecht Sedlnitzky, Hinek von Wrbna, Sigmund und Friedrich von Tieffenbach, traten der Meinung des Grafen Thurn bei, die den Wünschen
der Oesterreicher am nächsten kam. Vor der Abstimmung ersuchte
Herr Friedrich von Tieffenbach deutsch sprechen zu dürfen, weil
er des Böhmischen nicht mächtig genug sei. Der Landeshauptmann hielt über diese Bitte die Umfrage, welche bejahend ausfiel;
es wurde jedoch bemerkt, daß diese Bewilligung nur für einmal
gelte, später werde ihm dieselbe nicht gegeben werden, weil in
dieser Gestattung eine Herabsetzung des mährischen Volkes liege.
Lew Burjan von Berka schloß sich der milderen Ansicht des Cardinals an, ebenso Emmerich Doczy. Michael von Hrabek, obwohl
Katholik, trat wie die anderen Mitglieder des Ritterstandes der
Ansicht der Grafen Thurn und Hobitz bei. Hierauf reassummirte
der Landeshauptmann die Debatte und hielt die Schlußrede, in
welcher er sich wie Graf Hobitz für die unbedingte Erfüllung der
Anträge und Bitten der Oesterreicher erklärt. Auch Herr von Zierotin wollte wie Graf Hobitz seine Ansicht offen, ohne Rückhalt
und ohne Schonung aussprechen, da er jetzt den Kampf mit den
Ministern des Königs aufgenommen hatte. Er sprach dafür, daß
die vielgenannte Märzresolution noch vor Eröffnung des nächsten
österreichischen Landtags (3. Feb.) publicirt werde, damit derselbe
Gesetzkraft erlange und durchgeführt werde. Den Antrag der Oesterreicher wegen der Erneuerung des geheimen Rathes behandelte er
erschöpfend; er stimmte aus voller Seele demselben bei. Er habe

sich in Wien überzeugt, wie gnädig und gütig Seine Majestät alle Vorträge der ständischen Deputationen entgegennehme, und wie ganz anders die schriftlichen durch den geheimen Rath verfaßten Erledigungen lauteten. Nicht der König, seine Räthe seien an aller Verwirrung schuld. Ein fernerer Beweis dafür sei die Thatsache, daß im Vorjahre, als alles gut ging, alle zufrieden waren, der König sich des Rathes derjenigen Ungarn, Oesterreicher und Mährer bediente, die ihn nach Böhmen begleitet hatten. Die Stürme begannen erst dann, als der König diese Räthe entlassen hatte. Wie man das Obst nach dem Baum erkennt, so die Regierung nach der Beschaffenheit der Mitglieder des obersten Rathes. Er zählte die verschiedenen Beschwerdepuncte der Länder gegen den Geheimrath auf, die nicht gehaltenen Versprechungen und die zurückgenommenen Zugeständnisse.

Auf Khlesels Wirksamkeit übergehend, bezeichnet er diesen Mann als den Urheber alles Uebels. Es sei eine bekannte Sache, daß er im Vorjahre den Kaiser gegen den König und diesen gegen Rudolph hetzte. Es wurde beschlossen, keinen Priester im Rathe des Königs aufzunehmen und doch wußte sich der Bischof von Wien zum ersten Minister des Königs emporzuschwingen. Einige widersetzten sich Anfangs dieser Ernennung, da sprach Khlesel höhnend: warum beliebt es Euch nicht, Ihr Herren, zu mir in dieser Sache zu kommen, da ihr doch wisset, daß Alles durch meine Hände geht. Für die Richtigkeit dieser Worte Khlesel's berief sich der Redner auf das Zeugniß des Grafen Fürstenberg und des königlichen Oberstkämmerers. Khlesel könne kein Interesse an dem Wohl der Länder haben, da er kein Grundeigenthum besitzt. Einige tausend Gulden, die ihm eigen sind, könne er leicht mitnehmen, seine übrigen Capitalien erliegen in Mailand. Er müsse verbannt oder wenigstens aus des Königs Rath entlassen werden. Zur Unterstützung der Oesterreicher sei Mähren kraft der Eibenschitzer Conföderation verpflichtet — und Mähren sei dies auch dem Könige schuldig — denn würde die gegenwärtige Verwaltung noch lange dauern, dann müßte Mathias bald die Länder verlieren und ein König ohne Land werden, wie der französische Heinrich oder Don Antonio de Portugal. Mähren müsse es mit der Conföderation halten gegen jene Friedensbrecher, die dem Könige die Krone und den Landleuten die Güter rauben wollen. Endlich

müſſe ben öſterreichiſchen Städten bie landſchaftliche Stellung geſichert werben, nachdem Mähren ſich bafür verbürgt hatte. Iſcher-
nembl hatte nämlich Ramens ber Oeſterreicher erſucht, um bie
Ausſtellung eines Zeugniſſes burch jene mähriſchen Geſandten,
welchen ber König im März 1608, bie Gewährung jener Stellung
ber Städte zugeſichert hatte. Auch für bie Ausfertigung eines ſolchen, bie königliche Zuſage bekräftigenben Zeugniſſes, ſprach ſich
Herr von Zierotin aus. [21])

Faſt einſtimmig wurde ber burch ben Landeshauptmann nach
ſeiner Schlußrede verkündigte Beſchluß ber Herren unb Ritter bes
mähriſchen Landrechtes gefaßt: dem Begehren ber Oeſterreicher zu
willfahren. Eine Deputation, beſtehend aus ben Herren: Hieronym
Wenzel Grafen von Thurn, Friedrich Freiherrn von Tieffenbach
unb ben Rittern: Franz Peterswaldsky von Peterswald auf Raĉic
unb Sigmund Wolf Jankowsky von Wlaŝin, Landesburggraf,
wurde unverweilt erwählt. Dieſe ſollten im Namen Mährens
für bie Oeſterreicher bei Mathias intercediren unb bas Vermittlungswerk in Gemeinſchaft unb nach ben Andeutungen bes
Palatins burchführen. Auffallend iſt es, baß Zierotin jetzt nicht,
wie vor einem Jahre bei ben Horner Unruhen ber leitende Vertrauensmann bes Königs unb ber Proteſtanten war, bieſe Rolle
überging auf ben Palatin Thurzo. Es iſt gewiß, baß bie Offenheit,
womit Zierotin dem Könige bie Sachlage ſchilderte unb bas rückhaltlos ausgeſprochene Verlangen nach einer Miniſterveränderung,
eine Mißſtimmung gegen ihn bei Mathias unb offene Feindſchaft
bei Khleſel hervorriefen. Anberſeits hatte Zierotin jetzt ganz entſchieden Partei für bie Oeſterreicher genommen, ſomit nicht mehr
jenen unbefangenen Standpunct behauptet, ber ihm bie Friebens-
unb Vermittlermiſſion in Horn geſichert hatte. Auch verleidete ihm
bas Uebergewicht ber Khleſelianer am Hofe ſelbſt ben Aufenthalt
in Wien.

Die Inſtruction jener mähriſchen Abgeſandten war nur eine

---

[21]) Nach ben eigenhändigen Aufzeichnungen bes Herrn Hynek von Wrbna:
Poznamenany wssech sniemuw &c. Fol. 1 unb ff. Cod. 4º MS. im
Blaubaer Archiv. Sig. 3. a. (?). — Zur Seite 643: ſelbſt bie Vorleſung
von Urkunden in beutſcher Sprache in ben Landrechtsſitzungen war unterſagt. Cod. Diar. 142.

Paraphrase des Beschlußes des Landrechtes. Höchst merkwürdig ist die Motivirung für die Anerkennung der landschaftlichen Stellung der österreichischen Städte. „Sie seie unerläßlich, denn so lange keine Gleichheit, werde keine Eintracht unter den Ständen herrschen." Gleichzeitig wurde den Oesterreichern im Falle der Nothwendigkeit, die Kriegshilfe zugesichert.

Die mährischen Deputirten hatten auch um die Ertheilung eines Befehls an den mähr. Landesunterkämmerer zu bitten, daß er die Stadtämter ohne Rücksicht auf das katholische Bekenntniß besetze. Die Stimmung der österreichischen Unirten pflanzte sich auf die anderen Länder des kaiserlichen Hauses fort. Kurze Zeit nach Abreise der Oesterreicher von Olmütz, erschienen die steierischen Abgesandten: Christoph von Scherfenberg, Carl von Egg und Dietrich von Auersberg in Olmütz; sie waren im Begriffe nach Prag zu reisen, um den Kaiser um Verwendung bei Erzherzog Ferdinand, für die Gewährung freier Religionsübung zu bitten. Zierotin empfing sie freundlich und gab ihnen eine allgemein tröstliche Antwort. Eine Intercession der Mährer bei Ferdinand, hielt Zierotin in practischer Auffassung der Lage und des Characters der Steiermärker, für vollkommen überflüssig, da Ferdinand, selbst auf die Gefahr, die Herrschaft zu verlieren, von seinen Grundsätzen nicht abgehen würde.[22])

Ueberblicken wir die Politik Zierotin's in diesen Perioden. Deutlich leuchtet die Absicht hervor, einen auf den Willen der Nationen begründeten einheitlichen Organismus einzuführen, welcher den Verband der unter Mathias' Herrschaft stehenden Länder fester und inniger gestalten sollte. Zu diesem Entschluße wurde er durch die Wahrnehmung gedrängt, daß ungeachtet der von ihm angestrebten und in den Jahren 1608 und 1609 auch vollkommen durchgeführten Reintegrirung der altständischen Verfassung in Böhmen, Mähren, Oesterreich und Ungarn, doch die Freiheit, der Wohl-

---

[22]) Khlesel hatte nicht allein die Protestanten gegen sich, auch mächtige katholische Barone, die er durch sein hochfahrendes Wesen verletzte, wie z. B. ein Liechtenstein standen in den Reihen seiner erbitterten Gegner. — Cod. VII. Id. Jan. 1610. — Tschern. 28. Jänner 1610. Stahr. III. Nou. Feb. 1610. Tsch. — Hurter VI. 249. — Landtagssupplb. 1601. Fol. 177. — Archiv d. k. A. 9. 222.

ſtand, die Ruhe dieſer Länder unaufhörlichen Gefahren preisgegeben
waren, daß einerſeits die Zwietracht der Länder, die Uebergriffe
der Parteien, ihre ſeperatiſtiſchen Strebungen, und anderſeits die
Unverantwortlichkeit der oberſten Beamten, die auf jene Zwietracht
baſirte Mißregierung als die Urſache jener Gefahren angeſehen
werden müßten. Zierotin gelangte daher zur Ueberzeugung, daß
jetzt nur in der Verſöhnung jener Ländergegenſätze, in dem Heraustreten aus den ſtarren Kreiſen der alten feudalen Staatsver-
faſſung und durch Begründung eines höheren und gemeinſchaftlichen
Organismus, das Glück, die Freiheit und die Macht der unirten
Länder befeſtigt werden könnten. Nicht das dynaſtiſche Band allein,
die ſogenannte Perſonalunion, ſollte dieſe Länder vereinigen, es
mußten Inſtitutionen ins Leben gerufen werden, welche bei voller
Erhaltung der Autonomie derſelben die oberſte Verwaltung und
gewiſſe Zweige der Geſetzgebung gemeinſchaftlich bilden ſollten.
Die zwei Propoſitionen Zierotins, welche dieſer Idee Ausdruck
geben ſollten, waren: das Verlangen, die Verantwortlichkeit der
oberſten Beamten anzuerkennen, zu Miniſtern und Räthen der
Krone nur Männer des allgemeinen Vertrauens der Nationen
zu ernennen, dann die Beſtimmung, daß nicht mehr die Provinziallandtage, ſondern die an einem Orte vereinigten Ausſchüſſe
der Stände der Länder, eine Art Reichs-Senat, die geſetzgebende
Gewalt in den gemeinſchaftlichen Angelegenheiten der Länder auszuüben hätten, wie es practiſch rückſichtlich der Münzgeſetzgebung
ſchon der Fall war.

Zur Ausführung jener Vorſchläge hatte Zierotin, wie wir
wiſſen, ſchon eine Zuſammenkunft mit Tſchernembl und Thurzo
veranſtaltet; doch leider mußte dieſelbe unterbleiben, denn kurz
vor der Eröffnung des Olmützer Landrechtes, während die Katholiſchen in rühriger Thätigkeit die Verſöhnung der kaiſerlichen
Brüder und die Liga zu Stande bringen wollten, hatte die Geſchichte des Prozeſſes, welcher gegen Nicolaus Sarkander wegen
Landesverrath in Mähren anhängig war, den Schlüſſel gegeben
zu den geheimnißvollen Werbungen, welche auf Befehl des Kaiſers
ſtattfanden, und die, in Deutſchland und in den Ländern Oeſterreichs Aufregung und Schrecken verbreitend, den Herrn von Zierotin und die Unirten, raſch auf die Bahn des Widerſtandes
drängten und gleichzeitig die Durchführung jener Reformen, wie

sie von Zierotin erdacht wurden, auf unbestimmte Zeit hinaus-
schoben. ²³)

Es nimmt daher jener Prozeß mit Recht unsere Aufmerksamkeit in Anspruch, da er ein helles Licht wirft auf das Getriebe
der Parteien und auf die Politik der Höfe zu Wien und Prag.
Damit rechtfertigt sich das nähere Eingehen in dem Verlaufe
desselben von selbst.

Die Verschwörung, bei welcher Sarkander eine hervorragende
Rolle spielte, wurde, wie schon früher bemerkt, durch aufgefangene
Briefe entdeckt. Die Troppauer Stände, in deren Hände diese
Schreiben fielen, eröffneten dem Cardinal von Dietrichstein, daß
sie den Troppauer Dechant, Nicolaus Sarkander, zum nächsten
mährischen Landtag, welcher zu Olmütz abgehalten werden wird,
stellen werden, nachdem aus den erwähnten Briefen zu entnehmen
ist, daß er gegen Schlesien und Mähren Feindliches im Schilde
führe. Jene Briefe wurden unterwegs von Prag nach Troppau
sammt dem kaiserlichen Mandate wegen der Rathserneuerung in
dieser Stadt, aufgefangen, waren von Sarkander eigenhändig geschrieben und an den Prior des Wenzelsklosters P. Felix de Vilna
zu Troppau, dann an Wilhelm Brabansky de Gebrzan auf Hat-
schein adressirt.

In dem ersten Briefe vom 12. Mai 1609 erzählt Sarkander,
daß die protestantischen Stände Böhmens im Kampfe um den
Majestätsbrief täglich gewaltthätiger werden und die Katholiken
ermorden wollen. Die Katholiken sind jedoch guten Muthes, denn
sie vertrauen auf Gott. Sarkander beklagt sich über die geringe
Verschwiegenheit des Herrn von Dona, eines Freundes des Herzogs
von Teschen, der das ihm Anvertraute dem Troppauer Landeshauptmann mittheilte, und bemerkt zum Schluße, der Herzog von
Teschen werde zu hohen Ehren kommen. Sarkander erhielt, wie
er ausdrücklich sagt, vom Hofe 1000 fl. — In einem Postscript
bemerkt Sarkander, es sei dem Fürsten (nämlich dem Herzoge
von Teschen) anzudeuten, alle seine Güter daran zu setzen, um

---

²³) Cod. III. Kal. 1609 Polano, 3. Feb. 1610 Thurzo. — Zierotin hatte,
ohne einen Gesetzentwurf zu formuliren, für das Recht des Landtages,
die obersten Beamten zur Verantwortung zu ziehen und deren Absetzung zu verlangen, wiederholt plaidirt.

Geld zu erhalten, insgeheim Mannschaft zu werben und sofort
einen scheinbar giltigen Grund aufzusuchen, um gegen Troppau
vorzugehen: etwa die Verachtung, welche die Bürger gegen die
katholische Osterandacht an Tag legen: die Ueberreichung der Klagen, von Seite der Stadt-Consulen unmittelbar an die Stände
mit Uebergehung des Magistrates u. a. m. Unter einem solchen
Vorwande, gleichsam um des Kaisers Autorität zu schützen und
die Ungehorsamen zu ihrer Pflicht zurückzurufen, habe er sich nach
Troppau zu begeben in Begleitung von zehn bis zwanzig Reitern
und von eben so vielen Heiduken; er möge sodann alle seine Soldaten daselbst sammeln und sie in der Art einquartieren, daß sie
von den Troppauern erhalten und verpflegt werden; worauf dann
der Einfall in Mähren und an anderen Orten, wo Rebellen und
Ungehorsame (nämlich die protestantischen Stände) vorhanden sind,
stattfinden sollte.

Sarkander empfiehlt rasches Vorgehen, stellt Brabansky,
der als Agent des Herzogs von Teschen in diesen Vorgängen
eingeweiht war, die Donation des Gutes Heraletz als Belohnung
in Aussicht und beschwört den Prior Felix, das Geheimniß über
die Mittheilungen strenge zu bewahren. In dem um zwei Tage
später an diesen Brabansky geschriebenen Briefe klagt abermals
Sarkander, daß der Burggraf Botho von Dona, die geheime Angelegenheit ausplaudere, worüber die Herrschaften in Prag sehr
unmuthig sind. Sarkander bemerkt, daß der Herzog in seinen
Hoffnungen (auf Troppau) nicht getäuscht werden würde, nur
müsse er noch einige Zeit gedulden. Den Herren hier zu Prag
scheint es am zweckmäßigsten, wenn Brabansky den Herzog von
Teschen dazu bewege, Olmützer Jesuiten kommen zu lassen, mit
dem Breslauer Bischof gute Freundschaft zu halten und bei günstiger Gelegenheit einige Rebellen zu züchtigen (was darunter
gemeint, zeigt der frühere Brief). Nach Erfüllung dieser Bedingungen hätte der Kaiser dann einen Anlaß, dem Herzoge Gnaden zu
erweisen. Zum Schluße versichert Sarkander, „daß alle unseren
Sachen gut ständen," nur müsse man Geduld haben, mehr dürfe
er dem Papier nicht anvertrauen.

Der dritte aufgefangene Brief, auch von Prag datirt, war
von dem Troppauer Landeshauptmann Felix Moßowsky geschrieben, als Antwort auf jenen Brief Dona's, durch welchen letzterer

die Geheimnisse ausgeplaudert und sich das Mißfallen Sarkander's und der „Prager Herrschaften" zugezogen hatte. In dieser Antwort Mošowsky's wird die Belehnung des Herzogs von Teschen mit Troppau durch den Kaiser offen besprochen, und Mošowsky versichert, obwohl ihm nichts Näheres davon bekannt ist, daß der Kaiser dem Herzoge sehr gewogen sei. Auf die zweite Anfrage Dona's erklärt sich Mošowsky bereit, den jungen Prinzen von Teschen nach Spanien geleiten zu wollen, trotz seines vorgerückten Greisenalters. Ueber die Rückeinverleibung Mährens und Erwerbung Oesterreichs und Ungarns gehen Gerüchte im Umlauf, näheres sei ihm (Mošowsky) jedoch nicht bekannt. Er versichert schließlich, daß der Kaiser in Prag sehr verehrt sei.

Wenn die Tendenzen des Hrabschiner Cabinets, die verlorenen Provinzen um jeden Preis wieder zu erlangen, die Werbungen in Polen, Ungarn und in Passau, und die häufigen Versuche Rudolph's, die Oesterreicher zu gewinnen, mit jenen Briefen Sarkander's in Zusammenhang gebracht werden, so war allerdings ein Grund vorhanden, Herrn von Zierotin die höchsten Besorgnisse einzuflößen.

Alle jene lockenden Versprechungen zu Gunsten des Herzogs wurden im Namen des Kaisers gemacht, Sarkander erscheint hiebei als das vom Hofe bezahlte Instrument. Die Frage der Restitution der abgetretenen Länder, die Bestallung für Zampach und für den Herzog von Teschen wurden in den Briefen des Troppauer Dechants behandelt. Offenbar wurde damals nur eine Abzweigung des großen Restaurations-Complottes entdeckt, nur die Rolle, die einem kleinen ehrgeizigen, tief verschuldeten Fürsten angewiesen war, wurde durch einen Zufall verrathen. Ohne bewaffnete Unterstützung von Außen, ohne die kräftige Unterstützung von Prag aus würde die waghalsige Unternehmung, welche der Herzog von Teschen zu übernehmen hatte und wofür er mit Troppau belohnt werden sollte, keinen Sinn gehabt haben.

Anfangs Juni kehrte Sarkander von Prag nach Troppau zurück, sofort wurde er von den Troppauer Ständen in die Landstube citirt, und mußte, ungeachtet er die Competenz derselben nicht anerkennen wollte, daselbst erscheinen. Hier wurden ihm die Briefe vorgelesen und als er zugab, daß sie von ihm eigenhändig geschrieben waren, das Gelöbniß abgenommen, sich nach Olmütz vor den Cardinal zu stellen.

Jene Enthüllungen erzeugten in Troppau eine gewaltige
Aufregung. Der Inhalt der Briefe Sarkander's, welcher den
Troppauer Protestanten eine Wiederholung der Gaisberger'schen
Blutscenen in Aussicht stellte, wurde rasch bekannt und dies mag
die Ursache jener Excesse gewesen sein, welche der erbitterte Pöbel
im Pfarrhause, in den Klöstern Sct. Michael und zum heiligen
Geiste verübte.

Als die mährischen Stände in Erfahrung brachten, daß
Sarkander sich in Olmütz gestellt habe, gingen Herr von Zierotin
und mehrere Landesoffiziere am 20. Juni 1609 zum Cardinal und
ersuchten ihn, da es sich um eine höchst wichtige Angelegenheit
handelte, den Priester Sarkander in sicheren Gewahrsam zu nehmen;
worauf der Cardinal den Angeklagten im Olmützer Rathhause
einsperren ließ. Am darauf folgenden Tage erschienen die Commissäre der Troppauer Stände: Hinek von Wrbna, Reiswitz und
Bitowsky vor den mährischen Ständen und baten, ein strenges
Verfahren gegen Sarkander einzuleiten; die Stände faßten sodann den Beschluß, Sarkander im Beisein der Commissäre des
Königs und der Stände zu verhören. Zwei den Ständen vorge-
legte Bittschriften, daß Sarkander auf freien Fuß gesetzt werde,
hatten keinen Erfolg; vielmehr begaben sich die Commissäre derselben am 25. Juni in den Kerker, und es wurde ein vorläufiges
Verhör über zehn Puncte mit Sarkander angestellt. Er wurde
aufgefordert, alle die dunklen Stellen jener Briefe aufzuklären.
Was für „Sachen" unter „unsere" verstanden würden? wer die
ansehnlichen Herren? wer die Rebellen oder Ungehorsamen in
Mähren seien? was er rücksichtlich der Restauration der Herrschaft Rudolph's dem Brabansky anvertraut, wie groß die Bestallungen für Zampach und den Herzog von Teschen wären?
wann die Tractirung wegen der Belehnung des Herzogs von
Teschen angefangen und warum Sarkander bei seinen häufigen
Durchreisen durch Olmütz nach Prag auf die Fragen des Cardinals nicht die Wahrheit gesagt und immer Etwas anderes als
Reisezweck vorgeschützt?

Sarkander versuchte in seinen Antworten den Verdacht der
Theilnahme an einem Complotte zu Gunsten der Restauration
der Herrschaft Rudolph's in Mähren, Oesterreich und Ungarn zu
zerstreuen; in diesem Geiste interpretirte er die dunklen Stellen

jener Briefe. Er erklärt, seine häufigen Reisen nach Prag durch
die Nothwendigkeit die finanziellen Angelegenheiten seiner Troppauer Pfründe zu ordnen. Die Troppauer Bürger hatten nämlich,
ungeachtet wiederholter kaiserlicher Mandate, die von altersher
bestehenden Giebigkeiten an die Schule und Pfarre verweigert.
Während seiner Anwesenheit in Prag sei er bei Moßowßky gewesen,
und vom Herzoge von Teschen und dessen Neigung katholisch zu
werden, häufig gesprochen; dies hatte der Oberstkanzler Zdeněk
von Lobkowitz erfahren und sich im Gespräche mit ihm (Sarkander)
über den Glaubenswechsel des Herzogs hoch erfreut. Mit Briefen
des Kaisers und des Kanzlers wurde er zum Herzog geschickt.
Unbekannte Herren hätten ihn in Prag besucht und ihm mitgetheilt, daß, wofern die Böhmen, die damals dem Kaiser den
Majestätsbrief abtrotzen wollten, gegen Rudolph aufstünden, der
Herzog von Teschen eine Bestallung erhalten, und dafür mit
Troppau und Jägerndorf belehnt werden würde. Als Sarkander
wieder in Troppau eintraf, sei er mit Tobias Slowak, dem Stadt-
vogt, und Brabansky zum Herzog von Teschen gereist und habe
dort das Schreiben des Oberstkanzlers dem Herzoge eingehändigt.
Sodann habe er von Moßowßky die Aufforderung erhalten, wegen
Sollicitirung seiner (Pfarr-) Angelegenheiten nach Prag zurückzukehren. Er habe diesen Rath befolgt und Moßowßky besucht;
bei diesem hatte er das Schreiben Dona's gefunden, worin dieser
über gewisse Dinge Auskunft haben wollte, insbesondere über
die Belehnung des Herzogs von Teschen mit Troppau. Sarkander
habe sich über ein solches gefährliches Geschwätz entsetzt und in
diesem Sinne das erwähnte Schreiben vom 12. Mai an Brabansky gerichtet und um diese Sache (die Belehnung) zu verbergen, dieselbe „Heimlichkeiten" genannt. Er habe unter „ansehuliche
Personen" nur Lobkowitz und Moßowßky gemeint und kenne keine
„Ungehorsamen" in Mähren. Rücksichtlich der Restauration der
Herrschaft Rudolph's wußte Sarkander keine Auskunft zu geben.
    Schwieriger war die Rechtfertigung jenes Punctes in dem
Schreiben an den Prior über den durch ihn, dem Herzog von
Teschen, dringend empfohlenen Ueberfall von Troppau. Sarkander
schiebt dies auf Rechnung seiner gereizten Stimmung, welche durch
die Ereignisse der letzten Zeit hervorgerufen wurde.
    Die akatholischen Stände Troppau's hatten nämlich in der

Landstube erklärt, daß sie den katholischen Bürgermeister nicht im Amte dulden wollen; hiebei hatte Herr Hinko der ältere von Wrbna gegen die Katholiken aufrührische Reden gehalten. Herr Bitowsky habe gedroht, den katholischen Stadtschreiber aus dem Fenster zu werfen. Auch gegen ihn (Sarkander) und seine Priester sind Drohungen schrecklicher Art ausgestoßen worden; man werde aus ihrem Rücken Riemen schneiden und ihnen die Gedärme aus dem Leibe reißen. Gerade damals sei ihm die Nachricht zugekommen, daß man seinem Bruder (Johann), der auch Priester ist, nach gestellt und in das Fenster seiner Wohnung in Neustadt geschossen hatte.³²ᵃ) Durch diese Nachrichten und Erlebnisse aufgeregt, habe er zufällig Aeußerungen von vier Gaisberger'schen Kriegsknechten gehört; diese Aeußerungen bezogen sich auf den Ungehorsam der Troppauer und auf den Herzog von Teschen, welcher ein treuer kaiserlicher Diener sei, der in Troppau einrücken und Ordnung machen sollte. Dieselben Knechte hätten über das rebellische und grausame Benehmen der Böhmen gesprochen, die ihre weißen Hutfedern mit dem Blute der Katholiken färben wollen; sie erzählten auch, daß in Mähren gegen die katholische Kirche etwas im Werke sei. Auch gegen die Mährer sollte, nach der Meinung jener Soldaten, der Herzog von Teschen ziehen.

Auf dieses Gespräch sich erinnernd, habe er, obzwar nur in einem Postscriptum an den Prior zu Troppau, doch unbedachtsam, von Einfällen Erwähnung gethan.

Ueber den Beginn der Tractation wegen Belehnung des Herzogs mit Troppau wisse er nichts, er glaube jedoch, daß sie in dem Augenblicke begann, als sich der Oberstkanzler der Schulden des Herzogs annahm. Dem Cardinal theilte er nichts mit, ebenso wenig anderen Priestern, weil er es nicht nöthig erachtete, auch mußte er glauben, daß der Cardinal sich über die katholische Gesinnung des Herzogs von Teschen nur freuen konnte. Sarkander stellte entschieden in Abrede, gesagt zu haben: der Herzog von Teschen werde die Schlesier und Zampach die Mährer im Zaume halten. Auch über seinen Verkehr mit Werka auf der Reise nach

<hr>

³²ᵃ) Es ist dies jener Johann Sarkander, welcher in unseren Tagen selig gesprochen wurde. S. Prochazka's ausgezeichnetes Werk: Život bl. Jana Sarkandra. 1861.

Prag wurde er befragt, er gab zu, einmal dort gespeist zu haben. Die Aeußerung des Herzogs von Teschen über dessen Reise nach Kaschau stellte er in Abrede. — Die Tactik Sarkander's war allerdings klug, er wollte etwas zugeben, um das Ganze und das Wesentliche der Anklage um so leichter abläugnen zu können; er bemühte sich, seiner Haltung den Stempel des Eifers für katholisch-kirchliche Interessen aufzubrücken, um die Aufmerksamkeit von der politischen Seite der gegen ihn zeugenden Documente abzulenken. Allein er gewann damit nichts, weil er dadurch den Argwohn der Stände auf die katholischen Geistlichen überhaupt leitete und den Cardinal, dem diese Verdächtigungen sehr ungelegen waren, zwang, mit Strenge gegen ihn zu verfahren, um unparteiisch zu erscheinen. Anderseits konnte er den Ständen die moralische Ueberzeugung nicht benehmen, daß es sich hier doch um ein Complott zur Restauration der Herrschaft Rudolph's handle, zumal das Streben des letzteren und die Intriguen des Prager geheimen Rathes in dieser Richtung wohl bekannt waren. — Die ständische Commission war durch die Ergebnisse des Verhörs nichts weniger als beruhigt. Da die Unhaltbarkeit der Entlastungsgründe bei der Frage des projectirten Einfalls des Herzogs von Teschen in's Troppauische und nach Mähren, klar wurde, beschloßen die Stände, den Cardinal zu ersuchen, den Priester Sarkander bis zum Beginn des November in strengem Gewahrsam zu halten und den Proceß einzuleiten. Der Cardinal willfahrte dem Wunsche der Stände und versprach, eine gerichtliche Commission einzusetzen, welche über die Klage der Stände gegen Sarkander zu entscheiden hätte. — In der Relation des Cardinals an den Kaiser über diese Vorfälle, wie in dem Schreiben an den Oberstkanzler von Lobkowitz, führt der Cardinal den Grund an, welcher ihn bewogen hatte, jene Wünsche der Stände zu erfüllen; es war die Nothwendigkeit, den Verdacht der etwaigen Mitwissenschaft entschieden von sich abzuwälzen, um die Stände gegen die Katholischen nicht noch mehr zu erbittern.

Der Cardinal bat den Kaiser, den Pfarrposten in Troppau zu besetzen, da voraussichtlich der Prozeß Sarkander's längere Zeit dauern würde. Die Antwort des Kaisers war kurz und gemessen. Der Kaiser will es sich gefallen laßen, daß Sarkander in Gewahrsam des Cardinals sich befinde, obwohl der Kaiser, als Herzog von

Troppau, Sarkander's natürlicher Richter sei. Die Frage wegen Wiederbesetzung der Pfarre umgeht Rudolph, indem er die Hoffnung ausspricht, der Cardinal werde Sarkander schützen und ihn der Heerde, die seiner (des Pfarrers) verlangt, sofort zurückgeben. Es hatten nämlich mehrere katholische Bürger Troppau's um die Befreiung Sarkander's gebeten.

Wie Rudolph, intercedirte auch der apostolische Nuntius für den gefangenen Pfarrer.

Selbst König Mathias nahm einen Einfluß auf die Prozeß-Angelegenheit. Er sandte Herrn Ladislaus Popel von Lobkowitz, den mährischen Oberstkämmerer, zum Cardinal; leider ist der Inhalt seiner Instruction nicht bekannt. Nach der späteren Haltung des Königs Mathias in dieser Sache ist es nicht unwahrscheinlich, daß er sich zu Gunsten Sarkander's verwendet hatte.

Der November war herangerückt, und der Prozeß gegen Sarkander begann. Am 17. des Monats versammelte sich; über Aufforderung des Cardinals, die aus vielen und ansehnlichen Mitgliedern bestehende außerordentliche gerichtliche Commission. Es war 8 Uhr Morgens, als dieselbe in Brünn an dem benannten Tage in der bischöflichen Residenz ihre Verhandlungen begann. Der Cardinal führte den Ehrenvorsitz. Sein Stellvertreter war der uns wohlbekannte Olmützer Domscholaster, Domherr Jakob Wacker von Wackerfeld, dann als Assessoren: die Olmützer Domherren: Dr. Daniel Haylig und Dr. Thomas Ragalius. Beisitzer (assidentes) waren: die Olmützer Domherren: Johannes Lobenstein von Altenwerth, Dombechant; Martin Wenzel von Greyffenthal, Propst; Johann Konopka, Dr. Johann Perger von Perg, Dr. Johannes Valerius, Dr. Julius Cäsar von Pisaurus. Ueberdies wurden vom Cardinal als Votanten beigezogen: Dr. Stephan Bertholdus, Professor der Rechte am akad. Gymnasium zu Wien; Dr. Lucas Bonanus, Rath des Erzherzogs Leopold und Passauer Consistorialrath, dann einige öffentliche Notare.

Unmittelbar, nachdem die Sitzung eröffnet war, erschienen als Kläger die Deputirten der mährischen Stände: Graf Hieronymus Thurn und Graf Georg Hobitz, der Abt von Obrowitz Farkaß und der Prior von St. Thomas Barnabeus, die Herren: Wilhelm von Dubßky, Heinrich von Zahradetzky, endlich Ulrich Lilgenblett, Bürger von Brünn, und Melchior Sprengel, Bürger von Znaim; dann wurde der Angeklagte, Nicolaus Sarkander, Dechant und Pfarrer von Troppau, in den Gerichtssaal geführt.

Nachdem der Cardinal den Intercessionsbrief des Kaisers und die Bitte der Troppauer Katholiken um Freilassung Sarkanders mittheilte, und einige Formalien vorgenommen wurden, begannen die Deputirten der Stände nach Vorlesung der aufgefangenen Briefe den Vortrag der Klage. „Aus diesen Schriftstücken," sagten sie, „gehe mit Bestimmtheit hervor: daß Sarkander den Landfrieden brechen, dieses Markgrafthum dem äußersten Verderben preisgeben und den zwischen dem König und dem Kaiser in Böhmen im Jahre 1608 geschlossenen Vertrag, durch Anwendung von Verrath und Gewalt auflösen wollte; es sei Sarkander daher ein Erzverräther und Majestätsverbrecher." Die Kläger erinnerten, daß diese Verbrechen nach den Constitutionen Carl V. mit dem Galgen, mit dem Schwerte oder mit dem Rade bestraft werden; da sich Sarkander überdieß des geistlichen Amtes unwürdig zeigte, sei er aus dem Priesterstande zu stoßen.

Sarkander wählte zwei Vertheidiger und bat um die Gewährung einer Frist, um die Vertheidigungsschrift verfassen zu können. Die Kläger, welche diesen Prozeß auf höchst summarischem Wege behandeln wollten, bewilligten keine Frist, allein der Gerichtshof entschied, daß ihm eine Frist bis zum folgenden Tag zu gewähren sei.

Am 19. November wurde die Gerichtsverhandlung fortgesetzt, die Bitte Sarkanders, den Prozeß niederzuschlagen, da er sich unschuldig fühle, wurde nicht gewährt. Die Vertheidigung Sarkanders bewegte sich in der Defensionsschrift ganz auf demselben Boden, wie seine, im Verhör auf dem Olmützer Rathhaus gegebenen Antworten. Auch jetzt hob er besonders hervor, daß alle die incriminirten Schritte vom höchsten Eifer für die katholische Kirche getragen seien. Er habe nur immer eine Bestrafung der Ungehorsamen in Troppau und nicht der Ungehorsamen in Mähren gemeint. Hätte er sich schuldig gefühlt, dann würde er sich nicht freiwillig nach Troppau und Olmütz gestellt haben. Die von den Ständen producirten Briefe beweisen nicht die ihm zur Last gelegten Verbrechen. Er bittet, der Cardinal möge ihn freisprechen, da er seit sechs Monaten schon im Kerker schmachte.

Die Ankläger widerlegten diese Behauptung durch Anführung des klaren Wortlauts der Briefe; die Verrätherei liege

Abt Farkaš und Melchior Sprengel von Hailberg, Bürger von Znaim, um die Fragen über das Complott und dessen Urheber an Sarkander zu stellen und denselben mittelst Anwendung der Tortur zu Geständnissen zu zwingen. Als aber die Executionscommission versammelt war, las der Gerichtsnotar, Namens des Cardinals ein kaiserliches (vom Prag 25. November) und ein königliches Schreiben (vom Preßburg 24. November) vor; in beiden wird um Aufschub der Execution ersucht und die Einsicht in die Prozeßacten verlangt. Rudolph erinnerte den Cardinal, daß Sarkander, „der wegen eines intercipirten Schreibens, welches er an einen Religiösen zu Troppau aus Einfalt und heiligem Eifer gethan," sein (des Kaisers) Priester sei und nur von ihm verurtheilt werden könne. Nach Rudolphs Ansicht war das Verfahren zu rasch und unregelmäßig gewesen. König Mathias beruft sich auf den Wunsch des Kaisers und spricht die Befürchtung aus, durch den Prozeß den Papst zu offendiren und das beginnende gute Einvernehmen mit dem Kaiser zu stören. Der Cardinal konnte nicht umhin, das peinliche Verhör (bis zum 4. Jänner 1610) zu verschieben. Nachdem den ständischen Commissären eine Abschrift des Protokolls über die Verlegung der Execution eingehändigt worden war, fuhren dieselben nach Brünn zurück, um über das eben Vernommene den Ständen zu referiren.

Der Cardinal meldete folgenden Tags (5. December) dem Kaiser, daß das peinliche Verhör verschoben worden sei. In diesem Berichte rechtfertigte der Cardinal den bisherigen Vorgang in der Sarkander'schen Sache. Die gerichtliche Commission, welche das Urtheil gefällt, bestand aus vielen ausgezeichneten und erfahrenen Rechtsgelehrten, geistlichen und weltlichen Standes. Der Cardinal hatte sie aus fremden Ländern berufen und hiebei keine Kosten gescheut. Dieses Gericht habe nun, da sich der Angeklagte von dem Verdachte nicht reinigen, die Abfassung der incriminirten Briefe nicht läugnen konnte, zur Tortur verurtheilt. Die bisher durch ihn und seine Familie dem Kaiser bewiesene Treue, war eine Bürgschaft, daß der Cardinal „nicht dem Kaiser zu Spott so gehandelt" und das, was geschehen, aus vielen Ursachen nicht zu vermeiden war. Der Vorgang des Gerichts war so legal gewesen, daß der Cardinal, „wenn nichts Wichtiges, oder eine rechtliche Inhibition einkommt, werde ad executionem (4. Jänner) schreiten müssen." Der Cardinal hätte gerne Sarkander befreit, allein, da man nicht nach der Intention, sondern nach den Worten der Briefe urtheilen mußte, so konnte es nicht geschehen. Er schrieb auch dem apostolischen Nuntius in Wien über die Schuld Sarkander's, über die Unmöglichkeit, ihn zu schützen und über die aufgeregte Stimmung der protestantischen Stände, welche ein unbefangenes Vorgehen in dieser Angelegenheit bringend erheischte, wenn nicht die Freiheit der katholischen Kirche in Mähren gefährdet werden wollte.

In ähnlicher Weise, wie bei Rudolph, rechtfertigt sich Dietrichstein in einem Schreiben an Mathias und wälzte den Verdacht, als ob er Jemandem „zu Lieb vorgegangen wäre," von sich ab. Der Cardinal erklärte, alles thun zu wollen, was absque præjudicio sententiæ latæ ihm möglich sei.

Herr von Zierotin war über jenen Aufschub sehr ungehalten, auch hatte er erwartet, daß die ständischen Commiffäre, als die Prozeß-Sistirung am 4. December ausgesprochen wurde, mit mehr Energie und Entschiedenheit aufgetreten wären; er beklagte deshalb in einem Schreiben an Tschernembl, nicht überall anwesend sein zu können. Gleichzeitig schickte er diesem eine Copie der Prozeßacten.

Je näher der Tag der Erecution kam, desto mehr wuchs die Verlegenheit des Cardinals. Daß sich die beiden Herrscher Rudolph und Mathias doch entschlossen hatten, die Sistirung der Erecution zu begehren, während sie früher nur einfache Verwendungsschreiben zu Gunsten Sarkander's erlassen hatten, zeigte, daß mächtige Einflüsse sich zu Gunsten des gefangenen Priesters geltend gemacht hatten. Der Cardinal mußte wahrnehmen, daß die Häupter der katholischen Welt an diesem Prozesse interessirt waren. Mathias und Rudolph hatten jetzt die Prozeßacten, welche Sarkander's Schuld fast ganz in's Klare stellten, gelesen. Sie wollten den Gang der Justiz nicht hemmen, deshalb mißlang auch der Versuch des Cardinals, einen Cabinetsbefehl von Mathias zu erwirken, um Sarkander seiner (des Cardinals) Jurisdiction zu entziehen. Herr von Meggau, des Königs Oberstkämmerer, antwortete auf jene Bitte Dietrichstein's, „dies gehe wohl nicht an, da Sarkander ein Priester sei."

Es schien keine Aussicht vorhanden, den bittern Kelch vom

Carbinal abzuwenden. Da empfängt derselbe — es war am heil. Chrifttage — von Mathias Rubinsky von Rubinstein, Hauptmann der Herrschaft Wischau, die Nachricht, daß Nicolaus Sarkander in der Nacht vom 24. auf den 25. December 1609, obwohl von sechs Heiduken bewacht, auf unbegreifliche Art aus dem Kerker entflohen sei, gerade zur Zeit, als Rubinsky in der Kirche der Mette beiwohnte. Dieser sandte reitende Boten nach fünf verschiedenen Richtungen, um den Flüchtling einzuholen, und warf die nachläffigen Wächter in's Gefängniß. Sofort machte der Carbinal dem Landeshauptmann die Anzeige über die Flucht Sarkander's durch den Official Sabinus. Zierotin beantwortet kurz und trocken das Schreiben deffelben und drückt darüber kalt das Bedauern aus, auf die mündliche Relation verweisend, welche Sabinus dem Carbinal über die Urfachen dieses Bedauerns erstatten würde. Diese Urfachen waren höchst wahrscheinlich der Verdacht Zierotin's, daß die Flucht nicht ohne Vorwiffen des Carbinals bewerkstelligt worden sei.

Wiewohl die Entfernung Sarkander's allerdings die Weiterführung des Prozeffes unterbrach, so war die Art, wie die Untersuchung abgeschnitten wurde, dem Carbinal höchst unangenehm. Statt der Anwendung eines Mittels, welches die Verantwortlichkeit von den Schultern des Carbinals auf andere gewälzt hätte, haben die mächtigen Beschützer Sarkander's durch diese Flucht die ganze Wucht des Verdachtes, dem Schuldigen zur Flucht verholfen zu haben, auf den Carbinal gehäuft und damit gerade den Argwohn der mährischen Stände gegen diesen angefacht.

Zierotin wurde in der That sehr mißtrauisch, er drückt sein Befremden aus in einem Briefe an Tschernembl über jene Flucht. „Der Dechant (Sarkander) verschwand bei versperrten Thüren, wenn man dem Hauptmann Rubinsky glauben soll. Der Carbinal ist vor Schmerz so sehr ergriffen, daß zu besorgen steht, er werde in eine Trauerweide verwandelt." Zierotin hatte die Ueberzeugung, daß Sarkander nur mit Einverständniß derjenigen, welche ihn bewachten, entfliehen konnte.

Der Carbinal ließ zwar den Hauptmann und die Wächter ins Gefängniß werfen, um die Helfershelfer der Flucht zu ermitteln; nach Ansicht Zierotin's jedoch, um seine Unschuld an's Licht zu stellen. „Die Frage der Schuld und Unschuld des Carbi-

nals," sagte Zierotin, „hätte keine Bedeutung in einer so wichtigen
Sache, welche den König und so viele Reiche angehe." Da dem
Cardinal diese Ansicht Zierotin's und der Stände, wie nicht minder
deren Entschluß bekannt war, die katholische Partei und die Regierung des Königs mit Energie anzugreifen, war es ihm zu thun,
sich von dem Verdachte, Sarkander Vorschub geleistet zu haben,
zu reinigen. Er hoffte durch ein energisches und beispiellos rasches
Vorgehen, Sarkander's habhaft zu werden.

Kaum hatte der Cardinal Kenntniß von der Entweichung
des Gefangenen, als er sofort am 25. December eine Commission,
bestehend aus den Herren Georg Oppl von Bertulowiß und Hanns
Christoph Orlik von Laziska, nach Wischau sandte, um die Umstände der Flucht zu erheben. Aus der Relation derselben, vom
26. December, ist zu entnehmen, daß Sarkander sich im Gefängnisse sehr frei bewegen konnte, insbesondere durfte er Besuche
empfangen. Viele einheimische und fremde Personen gingen bei
ihm Tag und Nacht aus und ein. Kurze Zeit vor der Flucht
waren zwei Brüder bei ihm: Johann aus Neustadt und ein
zweiter aus Freiberg. Am 24., am Vorabende der Flucht, besuchte
ihn ein dritter Bruder, Wenzel, Bürger von Tischnowiß. Die
ersteren fuhren häufig von Wischau nach Preßburg. Am heiligen
Abend gab Sarkander seinen Wächtern zu trinken, noch um Mitter-
nacht überzeugte sich einer derselben, daß Sarkander schlafe. Als
sie ihn des Morgens wecken wollten, fanden sie ihn nicht mehr.
Man dachte, Sarkander habe ihnen Schlaftrunk verabreicht, den
er durch seinen Bruder Wenzel erhalten. Einer der Wächter Sarkander's entfloh, derjenige wahrscheinlich, der ihm bei seiner Flucht
behilflich war. Die Commission ließ sofort den herrschaftlichen
Burggrafen gefangen nehmen, da derselbe, wie der Herrschaftshauptmann, entweder mitschuldig oder in der Erfüllung seiner
Pflichten nachlässig war. Es schien gewiß, daß die Brüder die
Flucht vorbereitet, ihm die Mittel dazu gegeben. Die Thätigkeit des Cardinals richtete sich zunächst auf Habhaftwerdung der
drei Brüder Sarkander's. Aus einer zweiten Relation derselben
Commission ging hervor, daß zwei Personen in Wischau im
Dienste Sarkander's standen. Der eine besorgte die Mittagsküche,
den Ankauf von Getränken und Kleidern, zugleich war demselben
die Casse des Gefangenen anvertraut, für welche sein Bruder

Johannes sorgte; die andere Person übernahm es, Briefbotgänge
zum päpstlichen Nuntius und anderen Herren nach Preßburg zu
machen, von wo aus sie häufig nur mündliche Antworten dem Gefangenen zurückbrachte.

Die Commissäre ließen dann auch den Rentamtsschreiber,
welcher die unmittelbare Aufsicht über Sarkander führte, einsperren und setzten eine Prämie von 300 fl. auf Einbringung
Sarkander's.

Es ist sehr wahrscheinlich, daß Sarkander mit dem päpstlichen
Nuntius in lebhafter Verbindung stand, gewiß ist es, daß der
Papst ein eigenes Breve an den Oberstkämmerer Lobkowitz sandte,
um demselben die Sache Sarkander's zu empfehlen. Dem Nuntius selbst mag die Flucht nicht fremd gewesen sein.

Am Tage nach der Flucht eröffnete der Cardinal sein kummer-
erfülltes Herz dem Olmützer Capitel und fordert es auf, ihm bei
der Zustandebringung des Flüchtlings treu beizustehen. Das Capitel
beantwortete umgehend die Zuschrift noch am selben Tage, und
sichert die eifrigste Mitwirkung zu, da es begreift, „wie sehr
wir alle dadurch gefährdet seien."

Alle Verwandte Sarkander's standen im Verdachte, bei der
Flucht mitgewirkt zu haben, und wurden gefänglich eingezogen.
Das Capitel sandte am 26. einen Official nach Neustadt, um den
Bruder Sarkander's, Johann Sarkander, der Pfarrer daselbst
war, zu verhaften. Der Cardinal suspendirte diesen Priester vom
Amte und ließ ihn verhören. Das Capitel gab dem Cardinal
den Rath, diejenigen, welchen die Bewahrung Sarkander's oblag,
durch Anwendung der Tortur zum etwaigen Geständnisse zu
zwingen und alle Häuser in Wischau durchsuchen zu lassen. Auch
der Olmützer Senat wurde vom Capitel zur Mitwirkung eingeladen. Noch am 29. December erließ der Cardinal ein weitläu-
figes Patent, worin er Sarkander des Majestätsverbrechens an-
klagt, die ganze Prozeß- und Fluchtgeschichte mittheilt, denselben
des geistlichen Standes unwürdig erklärt, und alle Obrigkeiten
und Unterthanen auffordert, diesen ungehorsamen Priester einzu-
liefern. Zugleich excommunicirt der Cardinal alle Personen, die
dem Nicolaus Sarkander Vorschub geleistet haben und noch leisten.
Es ist klar, daß der Cardinal durch diese strengen Maßregeln den
Ständen zeigen wollte, daß er kein Mittel unversucht lasse, um

Sarkander's habhaft zu werden. Auf diese Art glaubte er den Beweis geliefert zu haben, daß er an der Flucht desselben keine Schuld trage.

Wenzel Ostrowsky, Herrschaftsquästor von Wischau, welcher vom Cardinal zur Verfolgung Sarkander's in westlicher Richtung abgesendet wurde, referirte zuerst über den Weg, welchen Sarkander genommen hatte: Von Wischau aus ritt Sarkander gegen Böhmen, am 25. December, am heil. Tage, war er in Lipuwka und stieg bei dem dortigen Pfarrer ab; hier wechselte er das Pferd und ritt nach Meseritsch, offenbar zu Berka. Ostrowsky folgte seiner Spur und ging nach Meseritsch, von hier berichtet er, „daß er Sarkander nicht erfragen konnte." Ohne Aufenthalt eilte Ostrowsky nach Prag, wohin Sarkander, nach den Aussagen des Lipuwker Pfarrers, fliehen wollte. Dieser hatte ihm zugleich mitgetheilt, daß „Sarkander nach Rom pilgern wolle."

Der Cardinal schrieb nach Erhalt dieser Nachricht nach Prag an den Oberstkanzler, ersuchte ihn, Sarkander, der vermuthlich am kaiserlichen Hofe sein Refugium genommen, zu arretiren und verwahrte sich feierlichst, wenn Lobkowitz durch Nichtauslieferung Sarkander's den Lauf der Justiz hemmen wollte.

Kurze Zeit darauf wurde Wenzel Sarkander von Tischnowitz, auf welchem der stärkste Verdacht, seinem Bruder zur Flucht verholfen zu haben, lastete, nach Kremsier eingeliefert.

Der Dechant zu Meseritsch an der Oßla bestätigte die Aussage Ostrowsky's, daß Sarkander auf einem Bauernpferde eine Viertelmeile von dort gesehen worden sei, und daß, einem Gerüchte zufolge, Sarkander sich in Prag befinde.

Ostrowsky konnte Sarkander in Prag nicht finden, und reiste, nach erhaltener Andeutung, gegen Pilsen. An den Bischof von Krakau und Breslau, an den päpstlichen Nuntius in Polen, den Bischof von Foligno, sandte der Cardinal Steckbriefe und ersuchte um Festhaltung Sarkander's. Ein gleiches Ansuchen erging an die Cardinäle Madruzz, Cajetano und Borghese, da man der Ansicht war, Sarkander könne doch auch nach Rom gereist sein. Der Papst gab durch Cardinal Borghese dem Cardinal von Dietrichstein die Zustimmung zu dem Verfahren gegen Sarkander und versprach dessen Verhaftung, falls derselbe nach Rom käme. Die Gründe, welche den Papst hiezu bestimmten, war der von Dietrichstein gelieferte Nachweis, daß durch des Priesters Sarkander pflichtwidriges Benehmen die ganze katholische Geistlichkeit in Verdacht der Mitschuld an seine Verbrechen gekommen und die Freiheit der katholischen Kirche bedroht sei.

Nach den Berichten, die der Cardinal von seinen Polizei-Agenten erhielt, war Sarkander von Prag über Pilsen nach Passau zum Erzherzog Leopold geflohen. Anfangs Februar 1610 ging er nach Teschen zu seinem herzoglichen Freunde und von hier nach Polen, wo die Agenten des Cardinals in allerlei Verkleidung, wie z. B. Herr Christoph Orlik von Laziska in der Tracht eines polnischen Landmanns seine Spur verfolgten, ohne seiner habhaft werden zu können. Im Sommer 1610 befand sich Sarkander wieder in Passau. Noch am 30. Juli 1611 richtete er von da aus eine Bittschrift an den Cardinal, um die straffreie Rückkehr nach Mähren.

Der Cardinal milderte nicht die strenge Behandlung jener Personen, welche Sarkander bei der Flucht behilflich waren, oder die das Gerücht als Mitschuldige bezeichnet hatte. Ungeachtet mannigfacher Verwendung schmachteten schon zehn Monate im Kerker: die Heiduken und die drei Brüder Sarkander's; der Wischauer Hauptmann, ein nicht genannter Pfarrer, der die Flucht Sarkander's beförderte, und der Pfarrer von Lipuwka, welcher Sarkander am heil. Christtage mit Speisen und Trank labte, „der einfältig und an seiner Gesundheit baufällig war, schon als er arretirt wurde." Einige davon starben im Kerker. Der Cardinal war unerbittlich, er wies die Verwendung Erzherzog Leopold's und anderer für die Gefangenen zurück, er schilderte dem Erzherzog die Leiden der eingekerkerten Personen, um ihn durch das Elend, das Sarkander hervorgerufen, und durch Darstellung der Gefahren, welche derselbe über die mährische Kirche heraufbeschworen, zu bewegen, den Dechant auszuliefern. Doch ungeachtet aller Bemühungen gelang es Dietrichstein nicht, die protestantischen Stände von dem gegen ihn gefaßten Argwohn abznbringen.[24]

Die Flucht Sarkander's hatte zwar den richterlichen Spruch über seine Schuld unmöglich gemacht, der Kaiser und der Car-

---

[24] Original-Proceß-Acten gegen Nicolaus Sarcander, Dechant von Troppau, im f. e. Archive zu Kremsier. S. Beil. Nr. CCCII.

dinal waren vor großen Verlegenheiten bewahrt, doch der Inhalt
der eigenhändigen Briefe, der mächtige, energische Schutz Erzherzogs Leopold, der ihn während seiner Gefangenschaft umschwebte,
der ihn der Gefahr der Strafe so rasch entzog, die Personen,
welche ihn nach seiner Flucht aufnahmen und so warm patro-
cinirten, die gleichzeitig in Schlesien und Passau vorgenommenen
Werbungen ließen darüber keine Zweifel aufkommen, daß alle
diese Maßregeln im Zusammenhange standen und daß Sarkander
eine bedeutende Rolle in dem Drama spielte, welches offenbar
die gewaltsame Restauration der Herrschaft Rudolph's zum Zwecke
hatte. Bedürfte es noch eines Beweises hiefür, so genügt die
Hinweisung auf den im Beginne dieses Abschnittes erwähnten
Bericht des spanischen Botschafters, welcher von der Entdeckung
der Verschwörung des Priesters Sarkander spricht. Der Verlauf
des Prozesses — durch welchen der Schleier theilweise gelüftet
wurde, der auf Leopold's abenteuerlichem Plane ruhte — zeigt,
daß der Erzherzog ungeachtet der Warnungen und Abmahnungen Zuñiga's, die Durchführung dieses Planes mit allem Eifer
betrieb.

Daß Rudolph Sarkander unterstützte, ist wohl begreiflich;
wenn aber Mathias ein gleich warmes Interesse für diesen an
den Tag legte, so zeigt dies eben, daß der König damals ein
besonderes Abkommen mit Rudolph im Sinne hatte, welches ihm
auf Kosten des Protestantismus die Herrschaft über die österreichischen Länder sichern sollte und daß er auch durch eifrige Beschützung der priesterlichen Immunität die volle Unterstützung des
päpstlichen Stuhles hiebei zu gewinnen hoffte. Die Intercession des
Königs für Sarkander, der in einem Complotte gegen diesen tief
verwickelt war, sollte auch eine Art Bürgschaft der aufrichtigen
Umkehr des Königs, seiner Absicht, sich mit Rudolph zu versöhnen,
dem Prager Hofe geben. Die Unterstützung der Curie war dem
Könige nothwendig, um die Nachfolge im Reiche zu erlangen. —
Diese Unterstützung zu gewinnen, schien ihm damals kein Opfer
zu groß; in Zuschriften an den Papst nannte er diejenigen, welchen
er die Krone zu danken hatte, sogar seine Gegner und drückte
den Wunsch aus, Sarkander aus den Händen von Personen befreit zu sehen, welche mit Freuden gegen einen katholischen Priester
zu wüthen bereit seien.

Auch in diesem Verhältnisse zur Angelegenheit Sarkander's spiegelt sich der Entschluß Mathias' ab, seinen katholischen Eifer an den Tag zu legen, und es darin den anderen katholischen Fürsten zuvorzuthun.

Fassen wir zusammen die Ereignisse des Jahres 1609; es wird dann leicht sein, die sich vielfach durchkreuzenden Strömungen in der Politik jener, im losen Zusammenhange stehenden Individualitäten, welche an dem Webestuhle der Zeit saßen und welche die Fäden mehr zu verwirren als zu ordnen bestrebt waren, zu begreifen. Den Sieg, den die Protestanten durch die Erlassung des Majestätsbriefes feierten und die Concessionen, welche Mathias im März d. J. gemacht, riefen unter allen Katholiken eine sehr starke Aufregung hervor. Es hatten sich, wie wir schon im Anfange dieses Abschnittes erwähnten, an den Leitpuncten der katholischen Welt die Keime einer Reaction dagegen angesetzt; aber gleichzeitig spaltete sich diese in zwei einander feindliche Factoren: auf der einen Seite standen der Kaiser und Erzherzog Leopold, auf der andern Mathias und Spanien. Diesen, obwohl gegensätzlichen und doch paralellen Bestrebungen gegenüber wollten sich die Protestanten kräftigen, indem sie die Conföderation der österreichischen Stände unter einander und mit der deutschen Union eifrigst betrieben; ihr Kampfziel war jetzt vorzugsweise, den Sturz ihres schlauesten und talentvollsten Gegners, des Bischofs von Wien, herbeizuführen. Es war natürlich, daß jene klaffende Spaltung im Schooße der Reaction, diese selbst schwächen mußte; daher das einmüthige Streben der Katholiken, die Gegensätze, welche in Rudolph und Mathias culminirten, zu versöhnen. Sobald die Protestanten wahrnahmen, daß diese Bemühungen zu einer wirklichen Aussöhnung führen könnten, daß also die Gefahr vorhanden war, die katholische Welt werde mit vereinten Kräften auf dem Kampfplatze erscheinen, begannen sie mit allem Eifer an der Erweiterung jener Gegensätze zu arbeiten, um die Aussöhnung zwischen Mathias und Rudolph zu verhindern.

Damit schloß das Jahr 1609 und gab zugleich der Geschichte des nächsten Jahres die Signatur.

Capitel XII.

Spanien dringt auf die Versöhnung zwischen Rudolph und Mathias. — Liechtenstein's Vorschläge zu Reformen und Befestigung der Herrschaft des regierenden Hauses. — König Heinrich IV. setzt seine Plane gegen das Haus Habsburg in's Werk. — Die deutsche Union im Bunde mit dem Könige von Frankreich. — Schwäche der katholischen Liga. — Rudolph ist der Versöhnung abgeneigt und ordnet Werbungen in Passau an. — Mathias gewährt, von der Gefahr gedrängt, den österreichischen Ständen die gestellten Forderungen. — Zierotin rüstet in Mähren und allarmirt die unirten Länder. — Der Tod des Königs von Frankreich. — Leopold verläßt Jülich. — Beginn der Conferenzen über die Versöhnung. — Rudolph will, daß Mathias die Länder zurückgebe. — Widerstand der Stände. — Mathias und die deutsche Union. — Unterzeichnung des Versöhnungs-Vertrages durch Rudolph und Mathias. — Das Passauer Kriegsvolk wird den Verträgen zuwider nicht abgedankt.

Die Fäden der Ereignisse im Jahre 1610 concentriren sich in der Geschichte der Versöhnung zwischen dem Kaiser und dem Könige von Ungarn. Auf die Versöhnung legten Spanien, der heilige Stuhl und alle Anhänger des Hauses Habsburg jetzt das Hauptgewicht.

Nach den vielfachen und fruchtlosen Versuchen der verflossenen beiden Jahre ergriff das spanische Cabinet in dieser Sache jetzt

die Initiative. Rudolph und Mathias waren eben in dem Kampfe
mit ihren Ständen unterlegen und es erlitt auch jetzt die königliche Gewalt in Böhmen so wie in den Ländern des Königs von
Ungarn wiederholte Niederlagen. Das alte Spiel hatte wieder
begonnen. Der König und der Kaiser wollten sich in Concessionen
überbieten, damit derjenige, der gewissermaßen den Bestbot gibt,
sich die Herrschaft sichere und die Länder gewinne. Nur eine Versöhnung würde diesem Feilschen ein Ende machen, sie würde es
zugleich möglich machen, daß die Conföderationen unter den österreichischen Ständen, nach welchen sowohl die deutsche Union wie die
Stände selbst drängten, gesprengt werden. Die Versöhnung war
daher die Bedingung der Organisation der katholisch-habsburgi-
schen Kräfte.

Carl von Liechtenstein, ein Gegner Khlesels, hatte schon seit
den Horner Verhandlungen den Wiener Hof gemieden, da er
wahrnahm, daß der Einfluß des Bischofs von Wien nicht zu besiegen war. Allein ein Mann wie Liechtenstein, war nicht geschaffen,
in stiller Abgeschiedenheit zu feiern, während so schwierige politische
Probleme zu lösen waren. Er hatte den Entschluß gefaßt, seine
reichen Geschäftserfahrungen, seine Gewandtheit, seinen Einfluß als
einer der vornehmsten Barone Mährens, zur Rettung des Hauses
Habsburg von den imminenten Gefahren zu verwenden. Sein un-
befriedigter, nimmer ruhender Ehrgeiz ließ ihn Großes für sich
erwarten, wenn die katholische Welt ihm die Versöhnung zwischen
Rudolph und Mathias und jene Reformen verdanken würde, durch
welche nach seiner Meinung die Herrschaft des Hauses gesichert
werden könne. Er bot seine Dienste dem spanischen Botschafter
an, im Interesse jener Versöhnung und dem König Philipp für
den Fall, als dieser nach dem Aussterben der älteren Linie seine
Ansprüche auf die Länder Oesterreichs erheben würde. Den Peter
von Vischer gewann er für seine Reformvorschläge, indem er ihm
die Größe der Gefahren und die Leichtigkeit dieselben zu besiegen,
schilderte, wenn nämlich ein „Verein" der Erzherzoge zu Stande
käme und die Verbesserungen des Regiments durchführen würde.
Nach häufigen Besuchen Vischers bei Carl und Gundakar von
Liechtenstein in Eisgrub und Wülfersdorf, hatte er seinen Herrn,
den Erzherzog Statthalter in Brüssel, mit den Planen Liechtensteins
vertraut gemacht. Vischer hatte aber auch zugleich das Programm

Liechtensteins, der sich bei Rudolph insinuiren wollte, mobificirt, indem er den Antrag: den Verein der Erzherzoge zuerst ins Leben zu rufen, um mit deren Hilfe gegen Khlesel und Mathias, für den Kaiser zu wirken, ablehnte und die Versöhnungsfrage voran- stellte. Vischer hatte, so wie Zuñiga vom Könige von Spanien den strengen Auftrag, Mathias die Stange zu halten. Es war daher dem Herrn von Vischer darum zu thun, auch Khlesel mit Liech- tenstein zu versöhnen, weil sonst dieser aus Haß gegen den Bi- schof die Sache Mathias' zu verlassen drohte, um vielleicht jene des Kaisers zu ergreifen. Im Namen Spaniens und des Erzherzogs Albrecht, forderte Vischer ihn auf, sich nicht von Mathias zu tren- nen. Durch Vermittlung des Königs gelang diese Versöhnung, allein sie war nicht von Dauer. Khlesel war Anfangs dem ganzen Vorschlage Liechtensteins beigetreten: mit den Protestanten zu simu- liren, um eine kräftige Action für die Zeit nach der Versöhnung zu verschieben, inzwischen aber auf die Versöhnung und den Verein der Erzherzoge zu wirken und die Reform in der Administration des Hofes, der Justiz, der Finanzen und des Krieges durchzu- führen. — Als aber der Bischof nichts unternahm, um Mathias zu dem ersten Schritt auf der Bahn der Versöhnung mit dem Kaiser zu vermögen, war Liechtenstein gegen Khlesel erbost und klagte laut über dessen Winkelzüge.

Liechtenstein war besorgt, daß unter solchen Umständen die Versöhnung nicht zu Stande kommen würde, da er wußte, daß Barwiz und Hanniwald wenig Hoffnung hegten, den Kaiser für dieselbe zu stimmen. Er hielt die Liga in Deutschland für nicht stark genug, jenen Streich aufzuhalten, der in nächster Zeit das Haus Oesterreich treffen würde, wenn nicht in Oesterreich selbst ein Widerstand organisirt werde. Er schlug daher vor, diejenigen calvinischen Herren, die an das Haus Habsburg hielten, durch Schreiben des Erzherzogs Albrecht noch enger an dasselbe zu fesseln; er nannte darunter Zierotin, Hobiz, den älteren Stahrenberg und Tschernembl.

Erzherzog Albrecht war durch Vischers Schilderung für die Ansicht, daß mit der Versöhnung nicht zu säumen sei, nun vollständig gewonnen. Er und Zuñiga brachten es dahin, daß König Philipp jetzt Ernst zeigte und auf die Versöhnung drang. Der Chur- fürst von Cöln war auf Antrieb Spaniens zweimal bei Rudolph

in Prag gewesen, im December 1609 und im Jänner 1610.
Zuñiga konnte kurz nach der Abreise des Churfürsten dem Könige
melden, daß dessen Bemühungen mit Erfolg gekrönt werden und
daß von der beantragten Zusammenkunft der Reichsfürsten und
der Erzherzoge, welche die Vermittlung bei dem Versöhnungswerke
übernehmen sollten, Früchte zu erwarten ständen. Am 16. Jänner
1610 hatte Barvitius von Rudolph den Befehl erhalten, die Einladungsschreiben an jene Fürsten zu erlassen.

Auch Khlesel widerstand nicht länger den Mahnungen Zuñiga's; denn am Anfange des Jahres erschien ein Abgesandter
des Königs, der Oberstkämmerer von Mähren, Ladislaus von
Lobkowitz in Prag, um den spanischen Botschafter zu ersuchen, die
Geneigtheit Mathias' zu einer Aussöhnung dem Kaiser mitzutheilen. Erzherzog Albrecht sandte den Grafen Ottavio Visconti nach
Prag, um an seiner Statt, bei den Versöhnungs-Verhandlungen
mitzuwirken.[1]) Es hatte den Anschein, als ob wirklich jetzt eine
bessere Zeit heranbreche, — und daß durch diese vereinten Bemühungen die erschütterte Macht des Hauses wieder erstarken würde.

Allein gerade gegen diesen einen Punct, gegen das Aufhören der Zwietracht im Hause Habsburg, erhob sich jetzt plötzlich
offen ein neuer, furchtbarer Feind, der lange Zeit ein scheinbar
theilnahmsloser Beobachter der Entwicklungen in Deutschland war,
den gegenwärtigen Augenblick aber ausersehen hatte, um einen
lang genährten Plan zu verwirklichen und einen vernichtenden
Schlag auszuführen. König Heinrich IV. hielt es an der Zeit,
bevor sich die katholischen Mächte organisiren und die Eintracht
die Kräfte des Hauses Habsburg vermehren, den Stoß zu führen.

Die Fürsten, welche Jülich occupirt hatten und trotz der
Abmahnung des Kaisers noch besetzt hielten und die deutsche Union
erbaten sich in dieser Sache den Schutz Heinrichs und dieser gewährte ihn, da er in der Besetzung Jülichs durch Erzherzog Leopold

---

[1]) Vischer an Ezh. Alb. 16. Sept., 21. Nov., 5. Dec. 1609, dann Visch.
an Fleck. 12. und 19. Dec. 1609. B. A. Harlay. 12. Dec. 1609. —
Zuñ. a. r. 12. Jänner 1610 Sim. — Bob. an Mar 6. Decemb. 1609
M. R. A. XV./2. — Churköln an Mar 13. Jänner 1610 M. St. A.
39/9. — Bob. an M. 16. Jänner 1610 M. St. A. 39/8. — Hurter
VI. 252. — Inst. Ezh. Alb. 29. Feb. 1610. B. A. — Beil. Nr. CCCIII.

nicht die Absicht, jurisdictionelle Rechte des Kaisers zu wahren, sondern das Streben sah, neue Länder für das Haus Habsburg zu erwerben und dessen Einfluß im Norden Deutschlands zu vermehren. Er nannte die Sache der Fürsten eine gerechte, — für diese gerechte Sache wolle er einstehen. Es war dies der Vorwand, der zu dem erwünschten Bruche führen sollte; denn wahrlich das Recht des Kaisers, Eingriffe in seine Jurisdiction abzuwehren, war sonnenklar, und die thatsächliche Besitzergreifung der Herzogthümer durch den Churfürsten von Brandenburg und den Pfalzgrafen von Neuburg, vor Austragung der vielfachen Ansprüche auf das Erbe von Jülich und Cleve, kaum zu rechtfertigen. Wenn König Heinrich auf die, gegen seine Intervention eingebrachte Vorstellung der drei geistlichen Churfürsten antwortete, er wolle durchaus nicht der kaiserlichen Autorität nahe treten, sondern die possebirenden Fürsten vor Gewalt bewahren, so tritt in dieser halb naiven, halb höhnischen Erwiederung die Absicht, den Friedensbruch nicht einmal zu beschönigen, klar zu Tage. Durch die französischen Diplomaten Bongars und Hotmanns, dann durch den Landgrafen Moritz von Hessen wurde Heinrich über alle für ihn jetzt so wichtigen Vorgänge in der Jülich'schen Angelegenheit und der Union unterrichtet. Aber das Hauptaugenmerk richtete der König hiebei auf die Stimmung des Papstes; er war bemüht, ihm durch den Herrn von Breves darzustellen, wie die Spanier bei Jülich katholische Zwecke vorschieben, während es sich doch nur um ihre Machtvermehrung und um die Bedrohung der Generalstaaten handle. Wenn der Papst den Frieden erhalten und als gemeinschaftlicher Vater aller Christen vorgehen wolle, so dürfe er den unersättlichen Ehrgeiz der Spanier nicht unterstützen. Es scheint, daß Paul V. sich durch das so energische Auftreten des Königs bewogen fand, demselben die gewünschten Zusicherungen zu ertheilen; denn es beklagt sich in der That der spanische Gesandte in Rom in gleichzeitigen Briefen an König Philipp darüber, daß der Papst die Jülich'sche Sache nicht unterstützen wolle.

Damit der Papst sich in dieser Frage neutral verhalte, scheint es, daß König Heinrich die Venetianer Signoria bestimmt hatte, sich den Fortschritten der Deutsch-Genfer calvinischen Propaganda in Venedig zu widersetzen. Heinrich versuchte es auch, doch fruchtlos, der innigeren Verbindung der Republik mit den

Generalstaaten indirect Hinderniſſe zu bereiten. Denn gegen die
Republik Venedig war der Papſt ſo ſehr erbost, daß er öfters
von der Nothwendigkeit der Vernichtung derſelben ſprach.[2]

Je energiſcher der Kaiſer und Erzherzog Leopold auf die
Rechte der kaiſerlichen Gerichtsbarkeit ſich ſtützten, je zahlreicher von
Rudolph Mandate und Abermandate, Verbote, Decrete, Edictal-
citationen, mandata avocatoria et cassatoria, von den Poſſedirenden
enbloſe Schreiben, Instrumenta appellationis et provocationis, Ge-
genberichte, appellationes a commissario ad committentem, Ex-
ceptiones fori declinatoriæ &c. &c. bekannt gemacht wurden, —
je geringer die Wirkung des Losbrennens dieſes ſchweren juri-
ſtiſchen Geſchützes war, deſto mehr hatte es den Anſchein, daß die
ſchwebenden Fragen nur eine kriegeriſche Löſung finden würden.
Erzherzog Leopold hatte in Jülich ſehr viel Mannſchaft geworben,
die von Erzherzog Albrecht nicht ohne Abſicht entlaſſen worden war.

Sowohl die Fürſten der Union, welche die Angelegenheit
der poſſedirenden Fürſten zu der ihrigen machten, als auch der
Kaiſer wandten ſich nach Paris, beide um Heinrich für ihre An-
ſchauungen zu gewinnen. Die Union ſchickte den Hyppolyt von
Collibus, der Kaiſer den Grafen von Zollern zu Heinrich IV.
Dem erſteren verſprach der König jeden Schutz, er werde nicht
ruhen, bis Erzherzog Leopold aus Jülich hinausgedrängt werde.
Der Graf von Zollern, dem das lange Hinausſchreiben der Audienz
die Ungunſt des Königs im Voraus empfinden ließ, bemühte ſich,
die Gerechtigkeit der kaiſerlichen Forderungen geltend zu machen:
der König möge die poſſedirenden Fürſten zum Gehorſam mahnen
er möge bedenken, wie es ihm ſelbſt unangenehm ſein müßte,
wenn ſeine Unterthanen rebelliren würden. Heinrich machte darauf
die characteriſtiſche Bemerkung, daß er „abſolut“ regiere und der
Kaiſer nicht. Er (der König) ſei gegen die Depoſſeſſionirung der
Fürſten und müſſe ſie und ihre gerechte Sache als die Sache ſeiner
Alliirten ſchützen.

Schon im December 1609 wurde der Fürſt Chriſtian von
Anhalt von den Unionsfürſten nach Paris geſchickt, um den König

---

[2] Recueil des lettres missives de Henri IV. publié par M. Berger de
Xivrey. Paris. Imp. imp. 1858. S. 960 und ff. — Concept d. J. 1609.
Paris. Arch. du Min. Allem. 5/43. S. Beil. Nr. CCCIV.

zu bitten, sie in dem bevorstehenden Kriege wegen Jülich mit Geld und Mannschaft zu unterstützen; er versprach, der Union eben so viel Truppen zur Verfügung zu stellen, als die Union selbst ins Feld schicken würde. Anhalt sollte mit Zustimmung Heinrich's das Ober-Commando des Expeditions-Corps übernehmen. Der König sandte Herrn von Boissise, um mit der Union ein Schutz- und Trutzbündniß abzuschließen, weil die „Fürsten den König in seinen Nöthen unterstützt hatten" und er sie jetzt nicht verlassen wolle. Zunächst ging das Streben der Union dahin, die Mitwirkung Frankreichs in der Jülich'schen Sache allein zu erwirken und den Krieg gewissermaßen nur auf Jülich zu beschränken. König Heinrich dagegen wollte diesen Anlaß ergreifen, um weiter zu gehen; es handelte sich, wie er selbst sagte, darum, das Haus Habsburg, welches „nach der Weltherrschaft strebt", zu schwächen, nicht eher die Waffen niederzulegen, bis dieser Zweck erreicht sei. Er lobte den König Jakob, weil dieser den Antrag des sächsischen Gesandten Grafen Mansfeld, eine Art Waffenstillstand zwischen Leopold und den Possedirenden abzuschließen, zurückwies. Er war gefaßt, einen großen Krieg zu führen und bereitete sich vor, mit Spanien zu brechen, eine mächtige Coalition gegen dieses Land hervorzurufen, um die Völker von der ungerechten Herrschaft und den unersättlichen Begierden Spaniens zu befreien. Der Haß des Königs Heinrich gegen Spanien war ohne Grenzen. Es scheint, daß die bekannte Liebesgeschichte mit der Prinzessin von Condé, die sich den Nachstellungen Heinrich's durch die Flucht nach Brüssel entzog, hier auch eine Rolle spielte; einen Theil des Hasses, mit welchem er Condé, den Mann der Prinzessin Condé, verfolgte, übertrug er auf die Spanier, die, wie er sagte, diesen „Verräther" beschützten. Er war bedacht, ein Defensivbündniß mit England abzuschließen, und reizte die Generalstaaten unaufhörlich zu einem Kriege mit Spanien. Von diesem Geiste waren die Verhandlungen zwischen Boissise und der Union beseelt. Er wurde ausdrücklich autorisirt, den Unionsfürsten zu erklären, daß er sich ihrer Interessen nicht allein in der Jülich'schen, sondern auch in allen deutschen Angelegenheiten annehmen wolle, und daß es des Königs Wunsch sei, das Haus Habsburg vom Kaiserthrone auszuschließen. Boissise hatte ein friedliches Abkommen zwischen Kaiser und Union mit allen Mitteln zu verhindern. Der König stellte eine große Armee auf, er wollte jetzt nicht vergeblich die Rüstungen in's Werk setzen und einen Angriff unternehmen; daher mochte er von einer friedlichen Vermittlung nichts hören. [3]

Es hatte den Anschein, daß die protestantische Welt nun wirklich im Dienste des Ehrgeizes Frankreichs gegen die katholische auftreten werde. Heinrich IV. übernahm jene Rolle und jenes Programm, dessen Durchführung er selbst dem Hause Habsburg vorwarf. In Deutschland gebrauchte er die Häuser Pfalz und Brandenburg, in Italien Savoyen gegen die Habsburger und prägte dadurch der französischen Politik jenen Character auf, den sie gegenüber von Oesterreich so häufig bewahrte. So oft damals die deutschen Fürsten, um Frankreichs Gunst buhlend, an der Seine Strand gnädig und freundlich empfangen wurden, fand daselbst eine Conspiration gegen Oesterreich Statt.

Boissise fand die unirten Fürsten zu Hall versammelt (Februar 1610) und bereit, auf die Plane und Forderungen des Königs einzugehen, insbesondere ihn bei eventueller Fortführung des Krieges auch über Jülich's Grenzen hinaus, zu unterstützen. Der König ratificirte die Vertragsbedingungen und eröffnete der Union, daß er neuntausend Mann Infanterie und zweitausend Pferde marschbereit halte. Nur darüber war der König sehr ärgerlich, daß Boissise nicht dafür gesorgt hatte, die Fürsten vertragsmäßig zu verpflichten, ihn auch, im Falle innerer Unruhen in Frankreich, zu unterstützen. König Heinrich war unzufrieden, daß Boissise die Unionsfürsten nur zu einem negativen Beistande für diesen Fall vermochte; sie verpflichteten sich nämlich nur dazu, die

[3] Hipp. a Coll. an Churpf. 23. Sept., 19. Oct. 1609 M. A. — Churpf. an Heinrich IV. 7. und 18. Decemb. 1609. Paris. Collect. Dup. 705. S. Beil. Nr. CCCIV. Der Papst ersuchte den König, die deutsche Union nicht zu unterstützen, dieser rechtfertigte jedoch dieselbe, indem er dem Papste antworten ließ, daß ihr Zweck nur „in gegenseitigem Schutz" bestehe, gegen jene kaiserlichen Minister, welche Pensionäre Spaniens sind und die Reichsfreiheiten unaufhörlich verletzten. Berger de Xivrey a. a. O. S. 840. — Sicher ist es, daß oft abenteuerliche Projecte dem Könige Heinrich angedichtet wurden, so war im August d. J. 1609 in Prag das Gerücht verbreitet, er strebe nach der ungarischen Krone. Harlay a. a. O. 1. Aug. 1609. — Instruction du Sieur de Boissise allant en Allemagne. 30. Dec. 1609. Paris. kais. Bibl. MS. 834. St. Germ.

rebellischen Unterthanen Heinrichs nicht zu beschützen. Die Verbindungen der Union mit den aufrührischen Ständen der österreichischen Länder verursachten dem König häufig Unruhe; vor solchen Zufällen, denen der Kaiser und der König Mathias ausgesetzt waren, wünschte er bewahrt zu sein. Diese Besorgniß der französischen Machthaber war übrigens von großer Bedeutung; denn bei allen feindlichen Unternehmungen Frankreichs gegen Oesterreich in jener Epoche lähmte sie in Etwas die Kraft der Action.

Der Unionstag zu Hall begnügte sich nicht mit der französischen Allianz, die Union schickte den Herzog Louis von Wirtemberg als Gesandten zu König Jakob, der sich über den Beitritt zur Union noch nicht deutlich ausgesprochen hatte. Auch bat die Union den König von Frankreich, ihre Anträge bei König Jakob und bei den Generalstaaten zu bevorworten; der König beauftragt hierauf den Herrn de la Broderie und den Herrn von Bethune, den König von England und die Generalstaaten zur Unterstützung der Union einzuladen. Die Antwort Jakob's wie die des Prinzen von Oranien war günstig, ersterer versprach viertausend Mann ins Feld zu schicken, welche mit den Truppen der Union gegen Jülich agiren sollten.

Die im Vorjahre verunglückten Versuche, ein Bündniß mit den Ständen der Länder des Kaisers und des Königs von Ungarn anzuknüpfen, wurden von der Union mit Eifer wieder aufgenommen. Zunächst waren die österreichischen Stände, die sich noch immer im Kampfe mit Mathias befanden, zum Abschluße eines Bündnisses geneigt und hatten bereits durch Churpfalz Waffensendungen erhalten. Anhalt erhielt zu Schwäbisch-Hall Instructionen hierüber; er sollte insbesondere den Böhmen vor Allem empfehlen, ihre häuslichen Zwistigkeiten aufzugeben. Der Versuch des Markgrafen Georg Friedrich von Baden und früher des Churfürsten von Brandenburg, Chursachsen für die Union zu gewinnen, mißlang jedoch gänzlich; der Churfürst hielt treu an dem Kaiser, und ging in der Jülich'schen Sache seinen eigenen Weg. Auch dieser Fürst hatte Ansprüche auf Jülich erhoben und auf einer Versammlung der sächsischen Häuser zu Torgau formulirt. Er erlangte die kaiserliche Belehnung hiefür, welche zu Prag feierlich vollzogen wurde. Dagegen stand der Union ein Bündniß mit Venedig in Aussicht; Fra Paolo Sarpi rieth unaufhörlich zu entscheidenden Schritten,

zu kriegerischem Vorgehen. Er meinte, nur wenn Krieg geführt
werde, „die Papsterei ganz ausgetrieben und nur eine Religion herrschen würde", können sich die Dinge bessern. Fra Paolo
wünschte, daß alle österreichischen Stände sich mit der Union ver-
bänden. Allein eine Verbindung Venedigs mit den Ungarn, worauf
der Agent der deutschen Fürsten in Venedig, Lenck, anspielte,
lehnte die Signoria ab, um nicht das Mißtrauen der Türken
zu erregen.[1]) Duplessis-Mornay, der berühmte Führer der Reformirten in Frankreich, hatte immer ein Auge auf Venedig geworfen, er wollte daselbst eine protestantische Mission errichten,
welche die reformirten Lehren in Italien zu verbreiten hätte.
Venedig war kein unfruchtbarer Boden dafür, da die politischen
Differenzen zwischen der Republik und dem Papste und die Lehren,
zu welchen sich die venetianischen Staatstheologen hinsichtlich des
Verhältnisses der Kirche zum Staate bekannten, die Republik von
Rom entfremdet hatten. Wie die deutsche Union und der König
von England vermocht wurden, Agenten in Venedig zu unterhalten, um jenen Geist zu erwecken und zu kräftigen, wollte Duplessis den Prinzen Moriz von Oranien auch für diese Idee
gewinnen; der Versuch Duplessis' gelang. Der Prinz schickte einen
Gesandten, Cornelius van der Mylen, gegen Schluß des Jahres
1609 nach Venedig und accreditirte ihn bei der Signoria. Van
der Mylen führte besondere Empfehlungsschreiben Duplessis' an
Fra Paolo mit. Die Allianz zwischen den beiden Republiken kam
auch zu Stande.

Wie ganz anders war das Vorgehen der katholischen Fürsten!
Wohl waren sie überzeugt, daß bei dem energischen und muthigen
Vorschreiten der Protestanten eine Erstarkung und Vergrößerung
der Liga Noth thue. Doch wie langsam, wie zaghaft waren die
Schritte! Durch das gegenseitige Mißtrauen, durch das Hervor-
kehren der Sonderinteressen, durch die Divergenz der religiösen
von den politischen Interessen war die Entwicklung der Liga
gelähmt.

Da war ein Churfürst von Cöln, der dem Könige von
Frankreich gestattet, in seinem Staate Werbungen vorzunehmen und
zugleich Pensionen von Spanien annahm; sein Coadjutor, der vom

---

[1]) A. A. 29. Oct. 1609, 1. und 23. Jän. 1610. — S. Beil. Nr. CCCIV.

Könige Heinrich und Könige Philipp subventionirt wurde. Der heilige Vater, dessen Herz die Katholiken an der Seine wie am Manzanares mit gleichen Gefühlen umschloß, versicherte dem Könige von Frankreich, die Jülich'sche Frage nicht als eine katholische Sache ansehen zu wollen, konnte aber nicht umhin, dem spanischen Gesandten nach langem Zögern endlich eine Geldunterstützung für Jülich in Aussicht zu stellen. Spanien selbst war unentschlossen, es war nicht im Klaren, welchem der zwei Mittel seine Interessen zu wahren: ob der Förderung und Erstarkung der Liga — oder der Feststellung der Nachfolge im Reiche der Vorzug einzuräumen sei. Anfangs wurde von den spanischen Staatsmännern das alte Ziel verfolgt: dem Könige Philipp die Reichskrone aufzusetzen, und seinen Sohn, den Infanten Don Carlos, zum Reichsnachfolger vorzuschlagen, da die Candidatur des Königs von Ungarn und der Erzherzoge bald bei diesen, bald bei jenen Churfürsten unbesiegbarer Abneigung begegnete. Allein selbst für den Fall, als sich die Churfürsten geeinigt und für einen Candidaten ausgesprochen hätten, wäre damit nicht geholfen worden, weil der Kaiser sich zur Bestimmung des Nachfolgers noch immer nicht entschließen konnte. Auch mit der Liga ging es nicht recht vorwärts. Obwohl Zuñiga die Nothwendigkeit des Beitrittes Spaniens dem Cabinete in Madrid wiederholt geschildert und der Staatsrath dafür gesprochen hatte, so fürchtete man in Madrid und Wien den Ehrgeiz des Hauses Baiern. Es unterhandelte noch immer ganz ohne Erfolg der Vertrauensmann der geistlichen Churfürsten, Christoph von Söttern, Coadjutor von Speyer, wegen der Aufnahme Spaniens und der Erzherzoge in die Liga. Die Erzherzoge der älteren Linie warnten den Papst vor dem Herzoge Max, der nur seinen Vortheil bei der Liga vor Auge habe. Andererseits hatte Herzog Max Bedenken gegen die Aufnahme des Kaisers und der Erzherzoge in die Liga. Er wollte die Führerschaft derselben nicht aufgeben, und wie war es möglich, daß ein König von Ungarn und ein Erzherzog von Oesterreich sich dem Herzoge von Baiern unterordne?[5] Der Churfürst von Mainz hatte den Grafen Friedrich

<hr>

[5] Nederland en Venetie door Mr. J. C. de Jonge. te' S. Gravenhage, Bij de Gebroeders van Cleef. 1852. 453. 456. Harlay a. a. O. 8. März 1609. — Castro al rey. 16. Feb. 1610 Sim. — Boissise an Neufvrille 4. Mai 1610. Bibl. Imp. a. a. O. — S. Beil. Nr. CCCV.

von Zollern, der Herzog von Baiern, den Grafen Crivelli nach
Rom geschickt, um den Papst zu bitten, die Liga mit Geld und
Mannschaft zu unterstützen, Spanien, Frankreich und die italienischen Fürsten zum Beitritt einzuladen. Der Papst ertheilte
die Zusicherung, dem Begehren der Fürsten willfahren zu wollen,
er werde auch die anderen katholischen Fürsten zur Theilnahme
auffordern. Der Großherzog von Toscana, die Herzoge von Urbino,
Parma, Modena und von Savoyen gaben dem Grafen Crivelli
gleich günstige Antworten.

Dieser Ausspruch Paul's hatte König Heinrich sehr verletzt.
Der Papst davon unterrichtet, wollte die Sache wieder gut machen
und suchte dem spanischen Gesandten begreiflich zu machen, daß
Jülich keine Angelegenheit der katholischen Welt sei, daß er ferner
die Liga wegen Geldmangel nicht unterstützen könne. Der spanische
Gesandte Graf von Castro war darüber so sehr aufgebracht, daß
er seinem Herrn die Mittel aufzählt, dem Papste Schach zu bieten.
Der Papst wußte ihn zuletzt zu beruhigen, mit der Antwort, daß
er doch die Liga zu unterstützen gedenke. So schwankte auch Paul V.
von einem Entschlusse zum andern.

Die Gefahren der Uneinigkeit unter den katholischen Fürsten
wurden vermehrt durch den Kaiser selbst. Kaum war der Schritt
zur Einberufung der vermittelnden Fürsten geschehen, als Rudolph
alles wieder rückgängig machen wollte. Die zur Conferenz eingeladenen Fürsten befanden sich schon auf der Reise und wurden demungeachtet ersucht, nicht jetzt, sondern erst später in Prag einzutreffen.

Rudolph war immer von den Gedanken beseelt, die verlorenen Länder zurückzugewinnen. Um diesen Zweck zu erreichen,
hatte er die widersprechendsten Entschlüsse gefaßt und sich in Unternehmungen eingelassen, welche ihn zuletzt so sehr umstrickten,
daß er keinen jener Entschlüsse ausführen konnte. Allein Rudolph
wollte nicht nur selbst keinen Entschluß fassen, sondern er verbot
auch Andern das entschiedene Handeln. Er versuchte auf entgegengesetzten Wegen zu gleicher Zeit in den Besitz des Verlorenen zu
gelangen; die Vorbereitungen zum Versöhnungswerke selbst wurden
von ihm nur unter dieser Voraussetzung, obwohl immer mit
größtem Widerwillen, derzeit in Angriff genommen.

Als ihm aber mitgetheilt wurde, daß die unirten Länder
um keinen Preis zu ihm zurückkehren würden, dann mochte er

von der Versöhnung nichts wissen. Er war gegen den Papst, Spanien und Baiern erbost wegen der Liga, er sah darin eine Tutel, ein Mittel, gegen ihn Gewalt anzuwenden, um ihn zur Reichsnachfolge zu bestimmen; dann sah er wieder darin einen Weg, um Baiern die römische Krone aufs Haupt zu setzen.

Die deutsche Union benützte diese Stimmung Rudolphs, um ihn noch mehr gegen die Versöhnung einzunehmen.⁶) Anhalt's geheime Correspondenzen sind voll von Andeutungen über die Neigung Rudolphs, den Forderungen der Unirten, seinen Räthen zum Trotz, gerecht zu werden. Sogar ein Darlehen soll in Heidelberg für den Kaiser negocirt werden. Es ist erzählt worden, daß Anhalt als Unionsgesandter im Vorjahre (1609) in Prag war, um dort für die Conföderation der Stände mit der Union zu wirken. Der ostensible Zweck der Sendung war, als Unionsgesandter die Abstellung der Beschwerden der Protestanten vom Kaiser zu erbitten. Es baten die Protestanten, die Execution gegen Donauwörth, das von baierischen Truppen besetzt war, aufzuheben, die Hofprocesse, welche infolge von Klagen der Katholiken gegen die Besitzstörungen von Seite der Protestanten anhängig gemacht worden waren, niederzuschlagen, das Reichsregiment zu verbessern und die Rathsstellen mit Individuen von beiden Confessionen, nicht mit Katholiken allein, zu besetzen. Es ist höchst interessant den Vortrag zu verfolgen, durch welchen Anhalt den Kaiser für den geheimen Zweck seiner Sendung, für die Union zu gewinnen getrachtet hatte. Es ist dieser ein schlaues Gewebe von Lügen und halben Wahrheiten, von perfiden Unterstellungen und naiven Geständnissen, von Bitten und versteckten Drohungen, die des Kaisers Sinn verwirren und umstricken sollten, um seinen Haß gegen Mathias, Spanien und Rom zu entflammen und auf diese Art ihn vielleicht in die Arme der Union zu treiben. Anhalt suchte den Kaiser über den wahren Zweck der Union aufzuklären. Sie — die beharrlich dem Kaiser ungehorsam war — sei in's Leben gerufen worden, sagte der Fürst, um des Kaisers Autorität zu erhalten, als die Erzherzoge die Conföderation (den Vertrag) des

---

⁶) Relazione del Conte Crivelli al Duca di Baviera 6. Juli 1610. M. St. A. — Boden. an Flecth. 11., 16. und 23. Jänner 1610 B. A. S. Beil. Nr. CCCV.

Jahres 1606, um den Kaiser zu stürzen, geschlossen hatten. Hier wußte Anhalt des Kaisers empfindlichste Seite zu treffen. Er schilderte diesen Vertrag und die Unternehmungen Mathias' im Jahre 1608 als Werke Spaniens und Roms, mit der Absicht, den Kaiser um Land und Leute zu bringen. Um Rudolph gegen den Papst einzunehmen, eine förmliche Entzweiung herbeizuführen, erzählte ihm Anhalt, daß letzterer dem Könige von Frankreich Hoffnungen auf die Reichskrone gemacht und auf das Beispiel Carl des Großen hingedeutet hätte, welcher als fränkischer König auch über Deutschland geherrscht. Lucan, der Agent Rosenbergs und Anhalts, trachtete durch ein anonymes Promemoria des Kaisers Mißtrauen gegen die Versöhnung zu nähren; zugleich wurde in diesem Schriftstücke die Drohung ausgesprochen, daß die unirten Fürsten mit den Waffen in der Hand sich Hilfe schaffen werden, da weder die Jülich'sche Sache noch ihre Beschwerden wegen Donauwörth und die Hofprocesse 2c. 2c. erledigt worden sind. Man erzählte, daß der geheime Theil der Sendung Anhalts nicht ohne Resultate geblieben war: um seine Abneigung gegen die katholischen Mächte zu zeigen, wolle Rudolph den Religionsfrieden, der den lutherischen Fürsten im vorigen Jahrhundert zugestanden worden war, jetzt auch zu Gunsten der reformirten Fürsten troß der Gegenrede der geheimen Räthe im Reiche publiciren. Demungeachtet war das Ergebniß der Sendung Anhalts in Angelegenheit der protestantischen Beschwerden nicht günstig. Nach vielen und langwierigen Verhandlungen zwischen dem Kaiser, dem Conseilpräsidenten Leuchtenberg, dann dem Fürsten Anhalt und den ihm beigeordneten Räthen, hatte der Kaiser zwar wegen Donauwörth den Wünschen der Union willfahrt, die anderen Puncte und den Vortrag Anhalt's wegen Anerkennung der Rechte der Possedirenden auf Jülich nur „vertröstend erlediget."

Während Rudolph auf Anbringen der katholischen Mächte mit der Versöhnungsfrage beschäftiget war und andererseits mit den unirten protestantischen Fürsten sich einließ, wandelte er doch auf jener gefährlichen Bahn, welche ihm Leopold's Ehrgeiz und die Habsucht der Obersten vorzeichneten, auf der Bahn der Gewalt. Dieser Weg sollte ihn nach Leopold's Absicht von der Union und dem König Mathias mit Einem Schlag befreien. Die Hoffnung auf eine solche Lösung war der Grund, daß Rudolph,

ungeachtet der verführerischen Reden Anhalts, doch eigentlich für
die Union nichts als schöne Phrasen in die Welt gesetzt hatte.
Ohne Vorwissen des spanischen Gesandten und gegen die Ansichten
des geheimen Rathes handelten Ramé, Sulz, Althann und Trautmannsdorf im Namen des Kaisers. Leopold hatte, nachdem er
Jülich verlassen, um sich nach Verstärkung umzusehen, in Prag
fortwährend Conferenzen mit diesen Kriegsräthen. Des Erzherzog's
Beichtvater war das Instrument, durch welches Abenteurer auf
den letzteren einwirkten und dessen kriegerische Gelüste bestärkten.
Selbst der Nuntius klagte über den Beichtvater, der den Erzherzog
„auf Abwege führe." Die Finanzen waren in so schlechtem Zustande,
daß sogar der Gehalt der kaiserlichen Hofdiener nicht ordnungs-
mäßig ausbezahlt wurde. Hartschire, Trabanten und die Kammer-
parteien versammelten sich zu Anfang des Jahres im Schloßhofe,
meuterten und beschimpften den Kammerpräsidenten — und doch war
für die Kriegsrüstungen Geld vorhanden. Der Kaiser erließ jetzt,
in dem Augenblicke als die Versöhnungsconferenzen beginnen sollten,
einen förmlichen geheimen Befehl, die Werbungen fortzusetzen und
zu vermehren. Der spanische Gesandte beklagte sich bitter über diese
abenteuerlichen Schritte, die man mit Absicht vor ihm geheim halte.[1])

Während die Diplomaten die Mittel, welche die Versöhnung
herbeiführen sollten, erörterten, erscholl jetzt plötzlich ein drohender
Alarmruf, der Anfangs Februar 1610 nach Oesterreich, Mähren,
Schlesien und Ungarn mit Blitzesschnelle drang und die Gemüther
in Angst und Schrecken versetzte. Ein zahlreiches Kriegsvolk, eine
Armee von fünfzehntausend Mann, wurde auf Geheiß des Kaisers zu Passau geworben, — wie man sagte und wie es Erzherzog
Leopold zur Schau trug, in Sachen der Jülich'schen Erbschaft,
doch nach der allgemeinen Meinung, um eine Executionsarmee
für Rudolph zu bilden und die abgefallenen Länder mit Waffengewalt zurückzuerobern.

Die Wirkung des Schachzuges mit den Passauer Truppen
war rasch und gewaltig. Das Werk der Versöhnung zwischen den
kaiserlichen Brüdern gerieth sofort in Stocken und sank zu bloßen

---

[1]) Donnersberg an Mar von Baiern, 17. Juli 1610. M. St. Arch. —
Harlay a. a. O. 20. Jänner 1610. — Relat. Anh. über die Ges. zu
Rudolph. 30. Sept. 1609. 343/16. M. St. A. S. Beil. Nr. CCCV.

formellen Ceremonien herab, sobald die wahren Absichten und die
Hintergedanken des Prager Hofes zu Tage traten. Khlesel, der
jenen Zweck bis dahin so eifrig gefördert und die unirten Länder
Oesterreichs durch zähen Widerspruch zur Verzweiflung, ja fast
zum Aufstande getrieben hatte, weiß jetzt, Angesichts der Gefahr,
die sich gegenwärtig von Prag aus für den König und für die
eigene Stellung drohend erhob, Mathias keinen besseren Rath
zu geben, als sich den Ständen abermals in die Arme zu werfen.
Der König fühlte sich jetzt allmälig verlassen: die Stände seiner
Länder und auch die des Königreiches Böhmen waren durch Khlesel's verhaßtes Regiment dem Könige entfremdet, die Oesterreicher
zum Abfalle geneigt. Der Kaiser selbst hatte, wie wir wissen, versucht, die Oesterreicher dem Könige Mathias abwendig zu machen.
Auch die Männer, welchen Mathias das größte Vertrauen geschenkt, darunter Carl Liechtenstein, durch Khlesel's Präpotenz arg
verletzt, hatten sich bei Rudolph zu insinuiren getrachtet.

Mathias war jetzt rasch entschlossen; von so großen Gefahren
umgeben, fast isolirt, beeilte er sich, dem erbitterten Streite, welchen
er mit den protestantischen Ständen Oesterreichs durch so lange
Zeit führte, ein Ende zu machen. Wir haben einen Theil des
früheren Abschnittes der Schilderung jener Intrigue gewidmet,
durch welche die Promulgirung der vom Könige am 19. März
gemachten Zugeständnisse hintangehalten wurde. Jetzt, nach den
beunruhigenden Nachrichten über die Werbungen zu Passau, wurden
die bekannten Forderungen der protestantischen Stände Oesterreichs zugestanden. Zwar glimmte der Kampf noch fort, welcher
sich zwischen den protestantischen und katholischen Theilen der
Stände entsponnen hatte; allein bald hatte die herannahende Gefahr auch sie versöhnt.[8])

Die Entwürfe Zierotin's für gemeinsame Gesetzgebung und
Verwaltung der unirten Länder mußten den Entwürfen für die gemeinsame Vertheidigung und Kriegsverfassung derselben weichen, um
sich vor der Gewalt Rudolph's zu schützen. Selbst der erbitterte
Kampf gegen Khlesel wird Angesichts des größeren Feindes vertagt.

---

[8]) Anh. Act. im L. A. Fol. 50. 4. Feb. 1610. — Hurter VI. 254. n.
20. 352. n. 26, 353. — Braugy an Villeroi 13. März 1610. Harlay
a. a. O. V. Beil. Nr. CCCVI.

Unseliger Gedanke! Die Erfahrung des Jahres 1608 hatte
Rudolph nicht belehrt, wie damals ließ man sich auch jetzt vom
blinden Hasse leiten, und versuchte die kriegerischen Mittel, ohne
die Kraft zu haben, diese Mittel in's Werk zu setzen, wie damals stützte man sich auf die Stände Böhmens und auf deren
nationalen Stolz, der sie von den anderen Ländern getrennt erhielt, — wie damals erwog man nicht, daß dieses ständische
Element höchst unzuverlässig und selbstsüchtig war, daß die größere
Hälfte der Erbländer gegen Rudolph stand, entschlossen, eher bis
zum letzten Mann zu kämpfen, als das Wiederkehren seiner Herrschaft zu dulden; — wie damals, endete auch jetzt dieser unreife
Entschluß zum völligen Verderben seines Urhebers. Die Maske der
Versöhnungsverhandlung und die der Verwendung der Passauer
gegen Jülich konnte Niemanden mehr täuschen. Deutlich sprach
eine Antwort, welche Althann auf die Frage gab, gegen wen die
Werbungen in Passau gerichtet seien? Er bekannte offen, daß diese
Werbungen „allen Feinden des Kaisers gelten.“ Der Graf von
Zollern, der die Passauer Truppen auf einer Reise nach München
sah, erzählte dem Kaiser, daß die Mannschaft prachtvoll sei und
vor Begierde brenne, ihr Blut für des Kaisers Autorität zu
vergießen.

In grellem Gegensatze zu der allgemeinen Aufregung, welche
jene hervorrief, stand die indifferente Haltung der böhmischen
Stände. Jener Geist, der sich in Böhmen bei den Verhandlungen
des Jahres 1608 mit den unirten Ländern kundgab, herrschte
auch jetzt. Es ist gezeigt worden, wie vor Erlangung des Majestätsbriefes die böhmischen Gesandten die Runde machten, bei den
Unirten Hilfe suchend. Mähren versprach offen und loyal, diese
Hilfe zu leisten. Kaum hatten die Böhmen vom geängstigten Kaiser
den Majestätsbrief erpreßt, als sie ihr Benehmen gegen die unirten
Länder veränderten. Der Verbindung mit diesen wird nicht mehr
erwähnt. Ungarns und Mährens Gesandte, die durch viele Monate um die Grenzhilfe gegen die Türken in Prag sollicitiren, hatten
nach langem Harren und fruchtlosen Audienzen, vom Landtage eine
abschlägige schnöde Antwort erhalten, unter dem lächerlichen Vorwande, daß die böhmischen Stände ohne des Kaisers Genehmigung
nichts beschließen dürfen; der Bischof von Neutra, das Haupt
der ungarischen Gesandtschaft, verläßt Prag, im höchsten Grade

erbittert. Zierotin beleuchtet in einem Briefe an Budowa das un-
kluge Benehmen der Böhmen, schonungslos, deren politische Irrthümer aufdeckend: „Wie", ruft er aus, „wenn es wahr ist, daß
ihr ohne des Königs Willen keine öffentliche Versammlung abhalten und keine Beschlüße fassen könnt, wie kommt es dann, daß
ihr gegen des Königs Willen und Verbot die Stadt Prag besetzt
hieltet, die Landtagsversammlung von der Burg in das Rathhaus
verlegt, wie kommt es, daß ihr Gesandte zu des Kaisers Schmach
an fremde Souveräne geschickt, das Reich mit Soldaten gefüllt,
uns zur Bundeshilfe eingeladen, mit Schlesien einen Bund geschlossen, und endlich die Ausfertigung eines kaiserlichen Diploms
erzwungen habet, in welchem alles dasjenige bestätiget wird, was
ihr begehrt hattet und was vom Kaiser bis dahin beharrlich verweigert wurde?"[*])

Der böhmische Landtag, welcher den Majestätsbrief errungen,
reichte noch in das Jahr 1610 hinein, eine ungewöhnlich lange
Zeit: vom Jänner 1609 bis 23. Februar 1610. Auch die letzten
Landtagsschlüße fielen ganz im Sinne der Stände aus, und es
verdient insbesondere hervorgehoben zu werden, daß dieser Landtag
die Censur aufgehoben hatte.

Die Böhmen begaben sich nach dem Siege zur Ruhe, selbst
dann regen sie sich kaum, als die Passauer Werbungen eine so
gewaltige Bewegung in den angrenzenden Ländern hervorriefen.
Unterrichtete Staatsmänner der Gleichzeit sprechen die Ueberzeugung aus, daß die Böhmen sich durch die Versicherung Rudolph's
einschläfern ließen: die Passauer Waffen gelten nicht ihnen. Eine
sorgfältige Durchsicht der Briefe Zierotin's zeigt, daß die Böhmen im Verdachte standen, von dem eigentlichen Zwecke jener
Rüstungen: gegen Mathias und die Unirten Krieg zu führen,
Wissenschaft gehabt haben. So und nicht anders kann die Gleichgiltigkeit, mit welcher sie die Passauer Werbungen und selbst den
Einfall des Passauer Kriegsvolkes in Oesterreich anfänglich betrachten, dann aber die sich plötzlich entwickelnde, wilde Energie
erklärt werden, als denselben der letzte Zweck der Passauer klar
wurde und Ramé vor den Thoren Prags stand.

---

[*]) Cod. Cal. Dec. und III. Non. Dec. 1609. S. Beilage Nr. CXXIX.,
CXXX. und CCCVI.

Jene bitteren Wahrheiten, welche Zierotin den Böhmen gesagt hatte, ließen das freundschaftliche Verhältniß deßselben zu
Budowa erkalten. Nichtsdestoweniger hielt sich der Landeshauptmann Angesichts der steigenden Gefahr verpflichtet, nochmals in
jenem Sinne zu reden: „da ihn Gott auf eine Warte stellte, sei
es seines Amtes, wie ein wachsamer Wächter ein Geschrei zu erheben, wenn er einen Brand entstehen oder den Ueberfall kommen
sieht!" Er fordert Budowa auf, die Augen offen zu halten; wenn
auch das Passauer Volk gegen deutsche Fürsten bestimmt sei, so
könne Niemand ihm den Argwohn entreißen, daß es auch gegen
Böhmen gerichtet sei, dem müsse man entgegentreten, um nicht
die Länder dem Verderben preiszugeben.

Wie im Jahre 1608, war Zierotin jetzt wieder der Mittelpunct des Widerstandes und der Agitation in den unirten Ländern
gegen die Restauration, welche allem Anscheinen nach von Prag
aus nunmehr mit Waffengewalt durchgeführt werden wollte. Ende
Februar 1610 berief der Landeshauptmann die vornehmsten Barone
des Landes und warb, kraft der ihm vom Landtage eingeräumten
discretionären Gewalt, dreitausend Fußsoldaten und tausend Reiter,
— ein für Mähren sehr starkes Truppencontingent.

Der Landtag, welcher am 10. März zusammentrat, hatte
einstimmig diese Maßregel gutgeheißen, denn das Gerücht bezeichnete das dem Prager Hofe so sehr verhaßte Mähren als das
nächste Kampfziel der Passauer. Herr von Zierotin wurde zum Ober-
general und Hodiß zum Generallieutenant ernannt, drei Fähnlein
in Brünn, drei in Olmütz, zwei in Neustadt, zwei in Hrabisch,
dann vierhundert Pferde in Znaim und sechshundert in Iglau einquartiert; der Iglauer Reimchronist erzählt in harmloser Weise:

> „Sechshundert Reiter ungefähr
> Thaten die Landständ schicken her" —

Ein Zwangsdarlehen wurde eingehoben, doch nur von den Mitgliedern des Herren- und Ritterstandes. So sehr war man von der
Nothwendigkeit dieser Maßregeln und der Größe der Gefahr überzeugt, daß dieser Landtag, wie die später über die Landesvertheidigung ausgeschriebenen, außerordentlich lebhaft besucht war. Die
Mitglieder des Herrenstandes allein occupirten alle Sitze, so daß
die Ritter und Bürger den Verhandlungen nur stehend beiwohnen
konnten. Einzelnen Einwendungen über die durch diese Rüstungen

dem Lande erwachſenden Auslagen wurde raſch begegnet, indem
Zierotin auf die ungeheueren Verluſte hinwies, welche Mähren
erleiden müßte, wenn der Feind in das wehrloſe Land einfallen
würde, wie es die während des Bocskay'ſchen Feldzuges geſam-
melten Erfahrungen lehrten. [10])

Unermüdlich war der Landeshauptmann, die Häupter der
Stände in Böhmen und in den unirten Provinzen zu allarmiren;
die Herren v. Budowa und Tſchernembl, Stahrenberg und Thurzo
fordert er auf, auf die Bewegungen des Feindes Acht zu haben.
Er bittet dringend die Oeſterreicher und Böhmen, ihm verläßliche
Nachrichten über den Prager Hof und die Paſſauer Werbungen
mitzutheilen. Alle Friedens- und Verſöhnungsverhandlungen ſchil-
dert er als falſche Vorſpiegelungen, um die Widerſtandskraft der
Länder einzuſchläfern. Oeſterreich und Ungarn ſollen gleich Mähren
rüſten und im Falle der Noth bewaffnete Hilfe nach Mähren ſchicken.
Ein ſpaniſcher Mönch, welcher in Prag eine hervorragende Stellung
am Hofe bekleidet, hatte jetzt in Brünn ohne Scheu erzählt, daß
die Paſſauer zuerſt in Böhmen einfallen ſollen, um den erzwun-
genen Majeſtätsbrief zurückzunehmen und zu vernichten, die Häupter
der letzten Bewegung unſchädlich zu machen und dann mit den
böhmiſchen Truppen vereint gegen Mähren und die anderen unirten
Länder zu ziehen. „Es waren dies die Netze“, ſagte Herr von Zierotin — doch wie wir ſehen werden mit Unrecht — „welche Spanien
um die ganze Welt ſtellte, um nun auch die unirten Länder darein
zu fangen.“ Auch König Mathias ſah ſich veranlaßt, ein Schreiben
an die böhmiſchen Kronofficiere, an Zuñiga und den Nuntius zu
richten, worin er ſein Erſtaunen ausdrückt, daß, jetzt im Beginn der
Friedensunterhandlungen in Prag Kriegsvorbereitungen gemacht
werden. Für das Unheil, das daraus erwüchſe, erklärt er die kaiſerliche Regierung verantwortlich. — Der König befahl, daß Linz
in Vertheidigungszuſtand geſetzt, eine Donauflottille bemannt und
Werbungen vorgenommen werden. Er ſandte den Grafen Hardegg
an die Schleſier, um dieſe zu Vertheidigungsmaßregeln aufzufordern. — Unter dem Vorwande, daß die neugeworbenen ſtändiſchen
Truppen den Städten, in welchen ſie während des Winters lagen,

---

[10]) Hammer II. 184. Hurter VI. 365. Cod. 11. Feb. 1610. Budowa. —
Skala historie cirkevni. S. 229. — S. Beil. Nr. CXXXII. und CCCVI.

nicht länger läſtig ſein dürfen, wiewohl die Disciplin ſo muſter-
haft war, wie nicht ſeit Menſchengedenken, — wurde ein großer
Theil derſelben an die böhmiſche Grenze: Datſchit, Teltſch, Zlabings geſchoben, weil man von dort oder von Oeſterreich aus den
Einfall beſorgte. Die Böhmen erblickten darin eine, gegen ſie gerichtete Demonſtration und verlangten in gereiztem Tone hierüber
Erklärungen; die mähriſchen Stände verſicherten ſie der treueſten
Freundſchaft und gaben denſelben die beruhigendſten Zuſicherungen.
Zierotin hatte, um Mißverſtändniſſen vorzubeugen, an Budowa
geſchrieben und den Zweck der Dislocation offen und rückhaltlos
bekannt gegeben. Er fand ſich zu dieſen raſchen und energiſchen
Vertheidigungsmaßregeln auch durch das Einverſtändniß beſtimmt,
welches zwiſchen einigen mähriſchen Baronen und dem Hofe zu
Prag unterhalten wurde, und welches den Zweck hatte, in Mähren
Werkzeuge zu gewinnen, die hier für die Reſtauration der Herrſchaft des Kaiſers heimlich wirken ſollten. Man kannte dieſe
Herren: denn Kaiſer Rudolph wollte anläßlich der Unterhandlungen
über die Verſöhnung mit Mathias, die Herren v. Berka und Zampach — des Kaiſers treue Anhänger — in die Amneſtie ausdrücklich
aufgenommen wiſſen. In der That, das Gerücht bezeichnete Herrn
von Berka als denjenigen, der noch mit anderen Baronen Geld
zu den geheimen Werbungen vorſchoß, welche Rudolph und Leopold angeordnet hatten.

Zu dieſer erhöhten Thätigkeit des Häufleins katholiſcher
Landherren in Mähren gaben jedoch die Proteſtanten ſelbſt einen
äußeren Anlaß, indem ſie in der vom Landtage noch offen gelaſſenen
Beerdigungsfrage eigenmächtig vorgingen. Zuerſt waren es Victor
und Friedrich von Zierotin, welche ihre Schweſter im feierlichen Aufzuge in Olmütz begraben ließen. Es gab ſogar harte Worte zwiſchen
den katholiſchen Pfarrern und dieſen beiden Herren. Als der Official der Olmützer Kirche, Herr Jakob Wacker, gegen dieſe Verletzung des beſtehenden Rechtszuſtandes Einſprache erhob, überhäuften
ihn jene Herren mit Schimpf- und Drohworten. Der Landeshauptmann ſuchte den Cardinal, welcher ſich darüber beſchwerte, zu
beſchwichtigen, indem er auf die alte Gepflogenheit hinwies. Dann
folgten die proteſtantiſchen Bürger von Olmütz jenem Beiſpiele. Sie
beerdigten mit Sang und Klang die Leichen der Proteſtanten in
dem katholiſchen Friedhofe. Der Cardinal wandte ſich an Zierotin und

an den König um Abhilfe und drohte selbst zu abdiciren, wenn
ihm nicht Genugthuung geschehe. Zierotin war nicht geneigt, in
dieser aufgeregten Zeit gegen die Protestanten aufzutreten. Er
wollte, so lautete sein Schreiben an den Cardinal, den Olmützer
Bürgern keinen Anlaß geben, zu beklagen, daß die Mährer keinen
„Majestätsbrief“ haben. Er bat den Cardinal, die Sache zu verschieben oder zu ignoriren. Der Gottesdienst protestantischer Landherren in k. Städten gewann durch den zahlreichen Besuch auch
von Seite der Stadtbewohner den Character des öffentlichen, worüber sich der Cardinal mit Recht beschweren konnte, weil dieser
Gottesdienst nur während der Landtagszeit und nur als Privat-
gottesdienst gestattet war. Der Cardinal berichtete über alle diese
Vorgänge nach Rom, der Papst lobte seinen, zur Verhinderung
jenes „Scandals“ bethätigten Eifer und beauftragte den apostolischen Nuntius, den Cardinal zu unterstützen. Jene Uebergriffe der
Protestanten erzeugten wieder Uebergriffe der Katholiken. Wider
alles Recht wollte der Landesunterkämmerer in Iglau nur katholische
Bürger in den Stadtrath wählen lassen. Ungeachtet der Vorweisung
der Privilegien und der Unterstützung des Landeshauptmanns war
die Regierung nicht zu bewegen, von jenem Beschluße abzugehen.

Es scheint, daß der Prager Hof — erschreckt von den Wirkungen, welche die Nachricht der Passauer Werbungen auf Mähren
hervorgebracht und in tiefer Besorgniß über die Rüstungen, die
Zierotin in diesem Lande angeordnet, die Ausführung des lang
gehegten Lieblingsplanes: die unirten Länder unvorbereitet zu überfallen und zu unterjochen, — verschob und dem Könige Eröffnungen
machen ließ, welche diesen beruhigten oder zu beruhigen schienen.
Es ist gewiß, daß der Prager Hof dem Könige die mährischen
Rüstungen als ein von den Protestanten angewendetes Mittel
schilderte, seine (des Königs) Herrschaft abzuschütteln und die
katholische Religion völlig zu unterdrücken. Wir wissen nicht, ob
sich Khlesel von den Prager Staatsmännern irreführen ließ, oder
ob das Gewicht, welches Spanien Angesichts der Entwicklung der
Union und der Rüstungen des Königs von Frankreich auf die
Versöhnung legte, den Bischof von Wien bestimmte, die Rolle fort-
zuspielen und sich für das Zustandekommen dieser Versöhnung zu
interessiren; allein sicher ist es, daß Mathias und Khlesel nach den

Concessionen, die ersterer den Oesterreichern neuerlich gemacht, es für gut fanden, jetzt wieder ganz in dem spanischen Fahrwasser zu schwimmen. Zuñiga erklärte in Folge dessen seinem königlichen Herrn, daß Niemand mehr Ansprüche auf die römische Königskrone und mehr Aussichten, diese zu erringen, habe, als Mathias. Die früher im spanischen Staatsrath genannten Candidaten wichen nun dem Könige von Ungarn, für welchen Spanien jetzt offen und entschieden Partei ergreift, und dieser fühlte sich jetzt berufen, Proben seiner katholischen Gesinnung abzugeben und als katholischer Herrscher gegen die protestantischen Stände Strenge zu üben. Die Mährer empfanden es zunächst.

Man war in Mähren auf ein Einverständniß des Oberstlandrichters Max Lew von Rozmital mit dem exilirten Ladislaus Berka gekommen, auf einen Brief, den der Oberstlandrichter diesem geschrieben hatte, um ihm die Mittel an die Hand zu geben, wie er sich einer Strafe entziehen könnte, wenn er (Berka) nach Mähren zurück käme; nebstbei ließ sich Rozmital in jenem Briefe in Worten voll Hohn und Verachtung gegen das Landrecht aus. Diese Behörde suspendirte ihn sofort von seinem Amte und befahl ihm, sich auf seine Güter zurückzuziehen, bis er vom Könige oder vom Landrechte eine Vorladung erhalten würde. Zugleich wurde Mathias gebeten, die Stelle des Oberstlandrichters neu zu besetzen und eine Untersuchung gegen Rozmital anzuordnen. Zierotin hatte selbst dem Könige die aufgefangenen Briefe mitgetheilt, um ihm den Beweis zu liefern, daß jenes Einverständniß zwischen Berka und Rozmital den Zweck habe, Mähren wieder an Rudolph zu bringen. Statt der erwarteten günstigen Antwort erfolgte ein herber Tadel. Mathias bemerkte darin, das Verfahren des Landrechtes gegen Rozmital gliche einer Execution vor Schöpfung des richterlichen Urtheils.

Der mährische Oberstlandkämmerer Ladislaus von Lobkowitz, von Prag aus inspirirt, bemühte sich, die mährischen Rüstungen als unnütze Geldausgaben darzustellen, da von Böhmen aus keine Gefahr drohe. Herr von Lobkowitz wollte auf diese Weise nicht allein zwischen dem Könige und den Ständen, sondern auch unter diesen Zwietracht säen und dadurch die weisen Vorsichtsmaßregeln Zierotin's lähmen. Die katholische Partei in Mähren wie am königlichen Hofe schilderte die vom Landeshauptmann ohne königliche

Genehmigung, wegen Durchführung der Rüstungen berufene Stände-
versammlung und jenen Vorgang gegen Rozmital als Verletzung
der königlichen Prärogative. Diese Partei wollte offenbar den
alten Kampf zwischen Krone und Ständen in den Formen erneuern, wie zur Zeit des ersten Ferdinand. König Mathias war
jetzt auf die Seite derselben getreten. Den mährischen Gesandten,
welche an ihn abgeschickt wurden, um die Motive der Werbungen
in Mähren zu beleuchten, eröffnete er, daß die Zusammenkunft der
Stände ohne königliche Genehmigung die Prärogative und den
alten Brauch verletzen; das Benehmen des Landrechts gegen Rozmital sei eine politische Justiz, — die Werbungen wären kostspielig
und ganz überflüssig. Ueberdies verlangte der König, daß die mäh-
risch-ständischen Truppen ihm den Eid der Treue leisten sollen.

Die Lage Zierotin's war sehr schwierig, die Regierung des
Königs waffnete damals nicht, ja sie suchte die Rüstungen in
den Ländern zu verhindern. Als Zierotin, von Mathias berufen,
Ende Februar 1610 nach Wien kam, fand er, daß die Stimmung
desselben und seiner Räthe gegen jede Vertheidigungsmaßregel
gerichtet war. Demungeachtet hatten die Stände die Werbung
beschlossen und legten die Unmöglichkeit dar, jene Rüstungen, wie
es die Regierung wünschte, rückgängig zu machen. Aber auch die
Oberösterreicher, der Gefahr so nahe, rüsteten nicht, wiewohl Zierotin dieselben dringend mahnen ließ, auf der Hut zu sein. Wenn
diese, die nächsten Nachbarn der gefürchteten Passauer, wenn der
König, auf dessen Krone es abgesehen, nicht rüsten, was berechtigt
Mähren, sich zum Haupte einer Coalition gegen jenes Passauer
Gespenst aufzuwerfen, alle Welt in Angst zu versetzen und in
Athem zu erhalten?

Diese Erwägungen, die sich fast unwillkürlich Jedermann
aufdrängten, drohten selbst unter denjenigen Mitgliedern der mährischen Stände, welche treue Anhänger Zierotin's waren, Zweifel
und Mißtrauen in seine Handlungsweise hervorzurufen. Allein
jene Antwort des Königs, durch welche die alten Privilegien des
Landes angegriffen wurden, hatte die Meinungsverschiedenheit der
Stände augenblicklich behoben. Thatsächlich wahrten sie ihr Recht,
indem sie in Folge Aufforderung des Landeshauptmanns gegen
den Verbot des Königs sich am 13. Mai in Brünn versammelten,
kraft des ersten Artikels des Landfriedens 1608, welcher sogar die

Pflicht auferlegt, Zusammenkünfte aus eigener Machtvollkommenheit bei drohender Gefahr abzuhalten. Sie weisen in dem Berichte
an den König auf eine ähnliche Differenz unter König Ferdinand
hin, bei welcher die Stände damals ihr Recht behauptet und erklärt
hatten, eher ihr Blut zu verspritzen, als davon abzugehen. Denselben Sinn wollen sie auch jetzt bethätigen. Die Werbung sei
durch die dringende Gefahr gerechtfertigt und sie glauben deshalb
statt des Tadels den Dank Seiner Majestät verdient zu haben.
Der Treuschwur, welchen nach des Königs Wunsch die mährischen
Truppen ihm leisten sollten, wäre eine unerhörte Neuerung und
erscheine ganz überflüssig, da die Mährer Seiner Majestät gehuldigt
und die Truppen zu keinen andern Zwecken als zur Vertheidigung
Seiner Majestät und des Landes geworben seien. Gegen Rozmital
sei das Verfahren gesetzmäßig; für ein ähnliches, doch geringeres
Vergehen sei (1559) Heinrich von Lomnitz, welcher dem Lande
wesentliche Dienste geleistet hatte, viel härter gestraft worden. Sie
wiederholten daher die Bitte: der König möge Commissäre schicken,
um über Rozmital zu richten und die erledigte Stelle eines Oberstlandrichters zu besetzen. Die Stände bekannten offen, daß jener
königliche Erlaß sie an die schlimmsten Zeiten des Prager Regimentes erinnere. Zierotin warf damals sogar die Frage auf, ob
es denn rathsam sei, diese schlechte Regierung, gleichsam eine
fallende Wand, zu stützen? Die Stände ließen sich hinreißen, in
diesem Berichte dem Könige eine Definition dessen zu geben, was
sie unter dem „wahren königlichen Ansehen und unter königlicher
Macht" verstünden; sie sagten: „die Grundlage der Macht und
des Ansehens der höchsten Potentaten sei die Gerechtigkeit, und
diese bestehe darin, jeden bei seinem Rechte zu lassen."
Die feindselige Haltung der Regierung des Königs erweckte
bei Zierotin den Verdacht eines geheimen und aufrichtigen Ein-
verständnisses des Wiener mit dem Prager Hofe; er dachte an
die Durchführung der Politik: den König und einen Theil der
Unirten zu beschwichtigen, um dann den andern Theil angreifen
und auf diese Art die Gegner einzeln unterjochen zu können. In
Mitten der Versöhnungsprojecte erneuerte übrigens Rudolph den
Versuch, die österreichischen Stände gegen Zusicherung eines Majestätsbriefes von Mathias abwendig zu machen. Auch die Absendung offener Schreiben des Kaisers in dieser Richtung an die

Katholiken Mährens ist erwartet worden, der Landeshauptmann verbot jedoch, solche Schreiben zu veröffentlichen oder zu verbreiten, und befahl, ihm dieselben sofort auszuliefern.

Das Mißtrauen Zierotin's gegen die Räthe des Königs, wenn auch gerechtfertigt durch Khlesel's Manteldreherei, durch den Anlauf, den er genommen hatte, die alten Privilegien zu verletzen und die k. Prärogative zu erweitern, war aber in Bezug auf das Verhältniß des Wiener zu dem Prager Hofe und auf ein mögliches herzliches Einverständniß zwischen diesen beiden, in Wahrheit nicht begründet. Es war gewiß, daß Rudolph bei dieser Unterhandlung keinen andern Zweck hatte, als Wiedererlangung der abgefallenen Länder, aber ebenso sicher war der Entschluß des Königs und Khlesel's, niemals dazu die Einwilligung zu geben. Alle Schriftstücke, welche vom Wiener Cabinete aus nach Prag gesendet wurden, stellten sich immer fest auf den Boden der Libner Verträge.

Der Prager Hof glaubte auf keine bessere Art die unheimlichen Gerüchte, die über das Passauer Volk im Umlaufe waren, widerlegen zu können, als durch Wiederaufnahme jener Unterhandlungen, welche zur Versöhnung der kaiserlichen Brüder führen und Mathias von den friedlichen Absichten des Kaisers überzeugen sollten.

Die Fürsten, welche die Leitung dieser Unterhandlungen übernommen hatten, die drei Churfürsten von Köln, Mainz und Sachsen, dann die Erzherzoge Ferdinand, Maximilian und Albrecht, letzterer durch seinen Gesandten vertreten, der Herzog von Braunschweig, die Seele dieser Unterhandlungen, dann der Landgraf Ludwig von Hessen, eröffneten die Conferenzen am 5. Mai 1610 im Hause des Landhofmeisters zu Prag.[11])

Kurz nach Beginn dieser Unterhandlungen kam aber eine erschütternde Nachricht aus Frankreich nach Prag, die für die Geschicke Europa's und insbesondere der Länder des Hauses Habsburg von größtem Einflusse war.

König Heinrich hatte seine Rüstungen vollendet, die Armee, an deren Spitze er selbst zur Ausführung seines Planes schreiten

---

[11]) Landtagspamtß. 1601. Fol. 187. 6. ddo. 12. März 1620. S. Beilage Nr. CCCVI.

wollte, war gegen Jülich zu marschiren bereit, auch die Bundesgenossen von England und der Niederlanden setzten sich in Bewegung und schon hatte der König den Erzherzog Albrecht um freien
Durchzug gebeten. Durch den Fürsten von Anhalt erhielt Heinrich
die beruhigende Zusicherung, daß das Versöhnungswerk in Prag
noch lange nicht zum Abschluße kommen werde und daß über die
Nachfolge im Reiche dort noch nichts entschieden sei. Schon sah
sich Heinrich als das Haupt jener Liga, welche nach seinen san-
guinischen Ideen alle protestantischen Souveraine, dann Venedig,
den Herzog von Savoyen, den Großherzog von Toscana, ja sogar
den unter „dem Joche Spaniens seufzenden Papst" umfassen sollte,
um die Suprematie Spaniens zu brechen und die Casa d'Austria
zu vernichten. Er betrachtete sich als den mächtigsten Herrscher in
der Mitte eines europäischen Bundes kleiner und schwacher Staaten,
dessen Protector und Schiedsrichter er werden wollte, — ein zweites
römisches Reich außerhalb der römischen Kirche. Der erste Schritt
dazu war geschehen, um über die desorganisirten und schwachen
Gegner herzufallen. Spanien selbst, das noch ungebrochen und fest
gegliedert bastand, hatte auffallender Weise keine entsprechenden
kriegerischen Vorbereitungen und Vertheidigungsmaßregeln getroffen,
um dem dräuenden Ungewitter Trotz zu bieten. Die Waffen des
Erzherzogs Leopold waren im Jülich'schen nicht glücklich, er suchte
sogar Friedensunterhandlungen anzuknüpfen. Er hatte in Jülich
nur die Festung Jülich und Bredenbend besetzt. Der König trieb
wiederholt England, die Generalstaaten und die Unirten zu eiligem
Abmarsch. Alles war auf den Beginn eines Weltkrieges gefaßt,
nachdem des Papstes und der geistlichen Churfürsten Plane, eine
Allianz zwischen den Häusern Bourbon und Habsburg durch Heiraten der Kinder Frankreichs mit den Kindern Spaniens zu stiften,
wie auch der Versuch des Kaisers und der Churfürsten, ein friedliches Abkommen mit den possedirenden Fürsten zu treffen, gänzlich
mißlungen waren.

Da traf Heinrich am 14. Mai in Mitten seiner ehrgeizigen
Plane, im Beginne ihrer Verwirklichung — die Hand eines
ruchlosen Mörders.[12])

12) Nederland en Venetie. a. a. O. S. S. 462 und 475. Beil. Nr. CCCV.
und CCCVI.

Tief erschütternd ging die Kunde hievon durch Europa.

König Heinrich IV. hatte, wir wissen es, zum Grafen von Zollern in stolzem Selbstbewußtsein gesprochen, er regiere absolut und sei nicht, wie Rudolph II., genöthigt, auf eine andere Meinung als die seinige zu achten. Furchtbar klangen diese Worte in dem Munde des kühnen und klugen Monarchen; denn in seiner Hand allein lagen alle die Fäden vereint, welche in dem bevorstehenden Kampfe die Kräfte der protestantischen Welt einheitlich und ohne Widerspruch lenken sollten. In dieser Stärke lag aber zugleich der Keim des Mißlingens der Politik Heinrichs. Denn, wenn diese Hand, vom Todeshauch durchzuckt, kraftlos und bleich die gefaßten Fäden fallen ließ, dann mußten diese in wirren Richtungen zurücklaufen und kein belebendes Band war vorhanden, um sie wieder zu vereinigen. Mit dem Schlage, der diese eine Hand traf, war der Gesammtorganismus der beginnenden großen Coalition auf lange Zeit lahm gelegt. Die Schreckbilder des allgemeinen Krieges schwanden für den Augenblick, das Schwert, das gegen das alte und erlauchte Kaiserhaus gezückt war, fiel zu Boden. In Madrid, Prag und Wien athmete man leichter. Aber auch der Papst, wiewohl des Gegengewichts gegen spanische Prätensionen und spanische Herrschsucht beraubt, gewann gegenüber den deutschen Katholiken und der Liga eine freiere Stellung. Spanien und die katholischen Reichsfürsten fanden in der augenblicklichen Situation keinen Anlaß, die kostspieligen Vorbereitungen für ihr Defensionsbündniß fortzusetzen.

Die Conföderation gegen Spanien und gegen Jülich, ihres Hauptes beraubt, schien sich aufzulösen, man hielt ihre Sache in Deutschland schon für verloren. Der Herzog von Wirtemberg wollte die Fürsten der Union bewegen, an die zu Prag tagenden Chur- und Reichsfürsten zu schreiben, um sowohl die Jülich'schen wie die andern Gravamina friedlich beizulegen.

Doch eben aus der Sorglosigkeit und der Langsamkeit in den Bewegungen der katholischen Fürsten schöpfte die Union neuen Muth; wenngleich die großen Plane Heinrichs fallen gelassen wurden, so ist der Kampf wider Erzherzog Leopold nicht aufgegeben worden, vielmehr gelang es dem Gesandten der Union in Paris, die Königin-Regentin zu bestimmen, das von Heinrich IV. gegebene Wort einzulösen. Der spanische Botschafter und der

Nuntius in Paris bemühten sich vergebens, die Königin von diesem Entschluße abzubringen, sie ließ sich durch diese Herren nicht einschüchtern und es wurde die Absendung eines stattlichen Armeecorps von 12,000 Mann unter Marschall von Chastre versprochen. Am 28. Juli vereinigte sich die Armee der Unirten mit den Truppen der Generalstaaten bei Neuß und rückte vor Jülich. Die Belagerten wehrten sich tapfer; als aber im August Marschall Chastre mit seinem Corps eintraf, wurde die Festung so energisch angegriffen, daß sie am 1. September capitulirte.

Ebenso unglücklich waren die Feldzüge desjenigen Armeecorps, welches Leopold seinem Plane gemäß bei Straßburg als Beobachtungscorps gegen Frankreich geworben und aufgestellt hatte. Dieses Kriegsvolk begann Streifereien in die benachbarten Gebiete zu machen; die Städte wehrten sich mit gewaffneter Hand und selbst die Unionsfürsten sahen sich genöthigt, gegen dieses Kriegsvolk ins Feld zu ziehen. Nach mehreren, für die Truppen des Erzherzogs unglücklichen Scharmützeln, insbesondere bei Moltheim und Zabern und nachdem die Truppen der protestantischen Fürsten auf den Gütern geistlicher Stifte einen sehr beträchtlichen Schaden verursacht hatten, wurde zwischen den Streitenden ein Vergleich geschlossen. Erzherzog Leopold suchte vergeblich Hilfe und Unterstützung, er schrieb Briefe im Tone der Verzweiflung an seine Schwester, die Königin von Spanien und bat sie um der „fünf Wunden Christi willen" ihn in der Jülich'schen Sache nicht im Stiche zu lassen; holländische und französische Truppen seien mitten im Reiche, die calvinischen Fürsten stärken sich immer mehr, das Heil der katholischen Kirche und des Hauses hänge von der Behauptung dieses Landes ab. Die Erzherzoge in Brüssel unterstützten die Bitte Leopolds. In einem anderen Briefe an die Königin drückt dieser Prinz sein Staunen darüber aus, daß Spanien diese schöne Gelegenheit zu großen Thaten versäume; er begreife nicht, daß man in Madrid nicht im Stande sei, einen heroischen Entschluß zu fassen. — Der Kaiser ließ sich jetzt plötzlich herbei, den Herzog Max von Baiern zu ersuchen, gegen die rebellischen Fürsten einzuschreiten und die Usurpatoren aus Jülich hinaus zu werfen; denn er wollte nunmehr seinen Befehlen und Mandaten gegen die possedirenden Fürsten Gehorsam verschaffen. Er cassirte die Union als eine illegale Verbindung; die zu Prag vereinigten

Fürsten schrieben an die drei Directorialstädte Straßburg, Nürnberg und Ulm, um dieselben zum Austritt aus der Union zu bestimmen. Dem Kaiser war es übrigens bei Jülich nicht nur um seine jurisdictionellen Rechte zu thun, sondern es war auch seine Absicht, ein Erbland für Erzherzog Leopold, welchen er zu seinem Nachfolger im Reiche bestimmt hatte, zu erwerben, um diejenigen zum Schweigen zu bringen, welche diese Candidatur aus dem Grunde bekämpften, weil Leopold keinen eigenen Besitz hatte.

Der Kaiser verlieh, um Herzog Max zu gewinnen, diesem den Titel „Durchlaucht" und wollte ihn auch zur Würde eines Großherzogs erheben, was Max jedoch ausschlug. Ebenso fand dieser es nicht für gut, diesmal die Mission als Reichserecutor zu übernehmen, er stellte die Bedingung, daß die Fürsten, in deren Interesse er kämpfen würde, die Kosten der Expedition tragen müßten. Diese Weigerung und diese Bedingung deuten darauf hin, daß Max überhaupt nicht gewillt war, zum Vortheile eines anderen Fürsten ein Land zu erobern, dessen Hälfte eben durch ein Mitglied seines eigenen Hauses: Pfalz-Neuburg, besetzt war. Das Familieninteresse gebot ihm daher wenigstens nicht feindlich gegen den possedirenden Pfalzgrafen aufzutreten. Sollte sich aber Max dazu entschließen, dann wollte er die Entschädigung gesichert haben, die wohl in nichts anderem als in der Abtretung von Land und Leuten hätte bestehen können. Daß jene Familien- und Hausrücksichten bei Max gewaltet, zeigt die Sorgfalt, welche von ihm selbst und seinen Diplomaten darauf verwendet wurde, die Frage der katholischen Liga und jene von Jülich, die von Rudolph und Leopold, dann anfänglich von Spanien immer als eine innig verbundene betrachtet wurde, zu trennen und getrennt zu erhalten. Der Gesandte des Herzogs in Rom erklärte dem französischen Gesandten ausdrücklich, daß die Liga sich in die Jülich'sche Angelegenheit nicht einmengen wolle.

Eine gleiche Zurückhaltung beobachtete in der Jülich'schen Sache das spanische Cabinet, auch selbst nach Heinrich's Tode und nachdem der Papst jetzt keine Schwierigkeit gegen eine Unterstützung Leopold's erhoben hatte. Auf die Klagen des Erzherzogs erfolgte aus Madrid die kalte Antwort, daß Zuñiga sich bemühen solle, die Differenz gütlich beizulegen, weil die spanischen Finanzen die begehrte Unterstützung nicht gewähren können. Auch Zuñiga trennte jetzt sorgfältig die Frage Jülichs und die der Liga, — er konnte sich für jene nicht mehr erwärmen.

Vielleicht war Spanien noch nicht gewillt, dem Könige von Frankreich einen Anlaß zum Bruche und zum Kriege zu geben, durch unmittelbare und offene Unterstützung Leopold's. Da aber das spanische Cabinet auch nach Heinrich's Tode dieselbe Haltung beobachtete, so scheint es gewiß, daß es sofort nach Bekanntwerdung der ernsten Absicht des Kaisers, Erzherzog Leopold zum Reichsnachfolger und zum König von Böhmen zu erheben, — diese Absicht durchkreuzen wollte, indem es den Erzherzog mit Absicht ohne Hilfe ließ. Der spanische Botschafter verweigerte geradezu in einem Augenblicke der höchsten Noth die Erfüllung der Forderung Leopold's, daß ein Regiment spanischer Truppen ihm zur Verfügung gestellt werde; während er gleichzeitig der Liga hingegen volles Dispositionsrecht über dasselbe gab. Deutlicher konnte das Mißtrauen Spaniens gegen den Bischof von Passau nicht manifestirt werden. Der spanische Staatsrath und Zuñiga erklärten diese Candidatur Leopold's für etwas höchst gefährliches; es lag in derselben der Same der Zwietracht, das Präjudiciren der Rechte aller Erzherzoge und hauptsächlich der Rechte der spanischen Linie, deren wir früher gedacht. Es lag darin die Vermehrung jenes Uebels, an dessen Besiegung eben Spanien mit aller Macht durch die Versöhnungsfrage arbeitete.

Indeß hatten die glücklichen Ergebnisse des Feldzuges der Unirten, die geistlichen Fürsten Deutschlands aus ihrer Lethargie emporgeschreckt und der große Schaden, welcher auf den bischöflichen Gebieten zu Bamberg, Worms, Speier und Würzburg geschehen war, erschien wie ein thatsächlicher Vorwurf der Lässigkeit und Uneinigkeit. Sie erklärten, wenn die Versöhnung nicht zu Stande käme, wenn Spanien und Rom sich nicht der Liga annähmen, dann würden die Churfürsten sich in Frankreichs Schutz begeben.

Auch von anderer Seite war die Liga bedroht gewesen. Der Herzog von Baiern fand sich durch die Versuche, ihm die Führerschaft der Liga streitig zu machen, verletzt. Maximilian erklärte resigniren zu wollen, um den Beitritt Spaniens und des Erzherzogs Ferdinand zur Liga möglich zu machen; denn keiner der beiden Fürsten Mar und Ferdinand wollten sich einander un-

terorbnen, während Spanien Ferdinands Mitbirectorat der Liga
als Bedingung seines Eintritts gesetzt hatte. Jetzt aber konnte
Spanien nicht länger zögern, ohne den alten Einfluß und das
Ansehen bei den katholischen Fürsten Deutschlands zu verwirken.
Es fesselte die Chur- und Reichsfürsten enger an sich, durch Ge-
währung neuer und Erhöhung bestehender Pensionen. Nach einigen
Unterhandlungen zwischen dem bairischen Kanzler Donersberg, dem
Nuntius, P. Brindisi und Zuñiga, über das Verhältniß Spaniens
und des Erzherzogs Ferdinand zur Liga und zu Herzog Mar,
schloß dieselbe mit dem Könige Philipp einen Allianzvertrag ab.
Nach diesem Vertrage war König Philipp Protector des Bundes,
Erzherzog Ferdinand Viceprotector und der Herzog Mar oberster
Chef desselben. Auf diese Art hatte man den verschiedenen Rang-
ansprüchen genügt, ohne des Herzogs von Baiern factische oberste
Leitung zu beeinträchtigen. Spanien verpflichtete sich der Liga
auf drei Jahre beizutreten, sie mit Geld und Mannschaft zu
unterstützen. Die katholischen Fürsten beschlossen ein Bundesheer
von 15,000 Mann Infanterie und 4000 Pferden aufzustellen und
notificirten diese Beschlüße dem Kaiser. Zugleich erbat sich die
Liga den Schutz des Papstes und die Unterstützung des jungen
Königs von Frankreich. Ueber Vorschlag Baierns ernannte Paul V.
den P. Lorenz von Brindis zum obersten Feldprediger der ligui-
stischen Armee.

Ungeachtet der Verringerung der Gefahren in Folge des
Abtretens Heinrichs IV. vom Weltschauplatze, drängte Spanien
auf Durchführung der Versöhnung und es nahmen die Berathungen der vermittelnden Fürsten zu Prag ihren Fortgang.[13]
Mathias lehnte die Einladung, persönlich nach Prag zu
kommen, ab, insolange das Passauer Volk nicht entlassen werde.
Er versprach eine Gesandtschaft, bestehend aus den Herren: Carl
von Liechtenstein, Leonhard Helfried von Meggau, Richard von

---

[13] Churf. an C. Alb. 26. Juni 1610 Br. A. — Die Königin Marie von
Frankreich an Boissise 20. Mai 1610. Paris. Bibl. a. a. O. Dieser soll
trachten, die Jülich'sche Frage friedlich abzumachen: Jetzt (nach Heinrichs
Tode) sind uns die Flügel so verbrannt. . .que nous ne pouvons plus
voler et exécuter que nous avons projeté. — S. Beil. Nr. CCCVI.

Stahrenberg und den Vice-Kanzler Ulrich von Krenberg dahin abzuordnen, wenn dieselbe ein sicheres Geleite erhalten würde. Am 28. Mai reiste jene Gesandtschaft durch Mähren nach Prag.

Die Forderungen der vermittelnden Fürsten, insbesondere aber die von diesen in's Werk gesetzte Sendung Eggenberg's, welcher beauftragt wurde, den König zu ersuchen, die Länder dem Kaiser abzutreten, die fortgesetzten Verlockungen, mit welchen dieser die Oesterreicher zu gewinnen suchte, die Intriguen der Katholischen in Mähren, characterisirten diese Unterhandlungen. Rudolph wollte eigentlich keine Versöhnung, er verlangte von Mathias Unterwerfung. Es ist nicht leicht zu begreifen, wie der Kaiser bei diesem Vorgang den König und die unirten Länder über den Zweck der Passauer Werbungen und seiner friedlichen Absichten zu beruhigen glaubte. Die diplomatischen Erörterungen in Prag und die Armee in Passau sprachen ganz deutlich zu Mathias: entweder habe der König die unirten Provinzen gutwillig herauszugeben, oder es wird das Passauer Volk dieselben mit Gewalt für den Kaiser zurücknehmen. Die vermittelnden Fürsten fühlten dies; insbesondere der Churfürst von Sachsen, er tadelte laut die kaiserlichen Räthe, welche für die Passauer Werbungen gestimmt hatten.

Aber auch die Gesandtschaft des Königs in Prag hatte zur Förderung der Versöhnung nichts beigetragen, sie war nur zu Aufklärungen, nicht aber zur Beantwortung der Frage, ob der König die unirten Länder zurückgeben wolle, ermächtigt; die Gesandtschaft erbitterte vielmehr die Stimmung des Prager Hofes, da sie kraft ihrer Instruction, demselben den Vorwurf der Mißregierung zu machen hatte.

Der Freiherr von Eggenberg konnte es in Wien von den Ausschüssen der unirten Länder, welche Mathias daselbst um sich versammelt hatte, vernehmen: daß die Länder lieber den Krieg wollen, als die Wiederkehr der Herrschaft Rudolph's. Der Cardinal von Dietrichstein, der, damals auch vom Könige berufen, in Wien war, fand die Stadt „voll Furcht und Waffen" und bemühte sich — doch ohne Erfolg — im Auftrage des Papstes und im Verein mit dem apostolischen Nuntius dem Könige Vertrauen in die redlichen Absichten des Kaisers einzuflößen.

Die Ergebnisse der Prager Conferenzen konnten unter diesen Umständen nichts weniger als befriedigend sein. Mathias und die Unirten hatten abermals und ganz klar des Kaisers feindliche Absichten wahrgenommen. Zierotin wurde in der ersten Hälfte des Monats Juni zu Mathias nach Wien berufen, um bei der Erledigung der verschiedenen Fragen, die durch die Prager Unterhandlungen hervorgerufen werden, dem Könige zur Seite zu stehen.

Einige österreichische Herren, welche im Monat Juni in Prag waren, benahmen sich als Abgeordnete der Stände und machten Anerbietungen wegen Rückkehr des Erzherzogthums unter des Kaisers Botmäßigkeit. Rudolph erließ Patente, in welchen er den Landleuten Religionsfreiheit versprach. Allein jene Herren hatten Rudolph getäuscht und wurden desavouirt, indem die Oesterreicher erklärten, treu bei Mathias bleiben zu wollen. Die Nachrichten, welche über des Kaisers feindliche Gesinnung von Prag aus nach Wien gelangten, worunter die Anzeige, daß Zdeněk von Žampach für Rudolph in Mähren heimlich werbe, ferner die Erfolglosigkeit der Mission der königlichen Gesandten, öffneten endlich dem Könige die Augen, und er fand jetzt das unbesiegbare Mißtrauen Zierotin's gegen Rudolph, so wie die von den mährischen Ständen angeordneten Rüstungen vollkommen begründet und gerechtfertigt.

Ende Juni wurde auf Befehl des Königs ein Landtag in Mähren ausgeschrieben, um über die Landes-Defension Beschlüsse zu fassen; in dem königlichen Einberufungsschreiben wurde des energischen Protestes, welchen die Stände im Mailandtage gegen die Verletzung der Verfassung erhoben hatten, mit keiner Sylbe gedacht, somit konnten sich die Stände im Rechte wähnen. Der Landtag bat die Stände der unirten Provinzen, dann die Schlesier und die Lausitzer, mittelst Schreiben, welche durch besondere Couriere abgesendet wurden, um die Gewährung einer militärischen Hilfe. Die Antworten waren zustimmend; in Folge dessen konnte Mathias den böhmischen Ständen mittheilen, daß die Länder zur Vertheidigung gegen die Passauer wie Ein Mann bereit seien.

Die Prälaten Mährens hatten in letzter Zeit eine verdächtige Haltung angenommen. Zierotin war besorgt, daß diese Herren von Prag aus Instructionen erhalten hätten, da sie an den Berathungen des letzten Landtags hinsichtlich der Landes-Defension keinen Antheil nehmen wollten; er sah sich veranlaßt, dieß zur Kenntniß des Königs zu bringen. Hierauf erhielt der Cardinal den königlichen Befehl, die Prälaten zu versammeln und die Gesinnungen

derselben zu erforschen, was auch wirklich Anfangs August zu
Wischau geschah. Wiewohl die Fragepuncte, welche der König
dem Cardinal gegeben, nicht bekannt sind, ist es sehr wahrscheinlich,
daß sie über etwaige Verbindungen mit Rudolph oder mit den
Werbungen Zampach's und des Herzogs von Teschen, Auskunft
geben sollten; der Herzog hatte nämlich Truppen an die mährische
Grenze vorgeschoben. Die Prälaten wiesen aber diese Zumuthung
mit Entrüstung zurück, erklärten feierlich, bei dem König treu zu
stehen und versprachen, jeden „Praktikanten" auszuliefern.

Der Landtag hatte jetzt auf Wunsch des Königs die Verordnungen wegen der eventuellen Vereinigung der Truppen des
Markgrafthums mit den Königlichen erlassen und zugleich dem
Landeshauptmann außerordentliche Vollmachten rücksichtlich der Verwendung der ständischen Truppen eingeräumt.

Auch auf das Verhältniß des Herrn von Zierotin zu den
Fürsten der deutschen Union hatten die von Passau und Prag
aus drohenden Gefahren einen fördernden Einfluß genommen.

Noch im Anfange des Jahres konnte Herr von Zierotin
nicht bestimmt werden, die Aufnahme Mährens in jene allgemeine
protestantische Conföderation gutzuheißen, welche von den Unionsfürsten in der zu Hall stattgefundenen Versammlung beschlossen
wurde und in welche, wie wir es früher erzählten, die evangelischen Stände Böhmens, Oesterreichs und Schlesiens eintreten sollten.
Die Situation war für diese Plane der deutschen Fürsten günstiger
als zur Zeit der Horner Unterhandlungen, weil der Kaiser jetzt
gegen Mathias energisch auftreten wollte. Zuerst war Fürst Christian
von Anhalt, dann als dieser mit einer Gesandtschaft zu König
Heinrich nach Frankreich betraut wurde, der Markgraf Johann
Georg von Brandenburg-Jägerndorf beauftragt gewesen, die Verbindung mit den österreichischen Ländern einzuleiten. Die Oesterreicher erklärten sich bereit, ein Bündniß abzuschließen. Der Markgraf
berief Zierotin sofort zu sich nach Wien. Zierotin glaubte, ungeachtet der Nothlage der Länder gegenüber den Passauer Gefahren,
auf die Anträge desselben damals nicht eingehen zu sollen, er
fürchtete, daß die deutschen Fürsten die Unirten Oesterreichs im
Stiche lassen und denselben eine untergeordnete Rolle anweisen
würden. Er befürchtete ferner, daß gerade eine solche Conföderation
die wirkliche und aufrichtige Versöhnung zwischen Mathias und

Rudolph herbeiführen würde, welcher dann die österreichischen
Länder, die der vereinten Macht der kaiserlichen Brüder nicht gewachsen sind, um so sicherer zum Opfer fallen müßten. Die Antwort der mährischen Stände an den Markgrafen von Brandenburg
war daher eine ablehnende. Als Entschuldigungsgrund hatte Zierotin in dieser Antwort die Unzulässigkeit der Abschließung eines
Bündnisses von Seite der mährischen Stände ohne die Zustimmung
Böhmens, angeführt. Die Stände versicherten, übrigens der Union
keinen Abbruch thun zu wollen.

Jetzt aber, nachdem sich Rudolph's gewaltthätige Absichten
bei den Prager Conferenzen unverhüllt offenbarten und die Erbitterung Mathias' gegen Rudolph zunahm, war Herr von Zierotin anderer Meinung; er unterstützte das Anerbieten der deutschen
Union. Er bat dringend den König, mit dem Pfalzgrafen und den
unirten Fürsten in Verbindung zu treten, Tschernembl oder Richard
Stahrenberg als Gesandten dahin zu schicken. Dadurch würde Mathias nicht allein seine Herrschaft befestigen, sondern sich die Nachfolge im Reiche sichern. Mathias war für dieses Motiv sehr
empfänglich, denn nach diesem Ziele wären alle seine Wünsche
gerichtet. Damit hatte Zierotin die empfindlichste Stelle berührt; der
König versprach, den Rath zu befolgen. Zierotin verließ sich jedoch
nicht auf die Kraft seiner eigenen Beredtsamkeit allein, er veranlaßte den Pfalzgrafen, dem Palatin Thnrzo zu schreiben, um
auch durch diesen auf Mathias einzuwirken. Das Schreiben, mit
welchem Zierotin den Brief des Pfalzgrafen an Thurzo einbegleitet
hatte, schilderte die Vortheile dieses Bündnisses für Ungarn und
für die Unirten, es schilderte die Verpflichtung Ungarns auch im
Interesse Deutschlands, welches das Blut seiner edelsten Söhne
auf den Gefilden dieses Landes und für dasselbe vergossen hatte,
zu handeln. Zierotin enthüllte zugleich den Zweck dieser Conföderation, nämlich die Veranstaltung einer großen, bewaffneten Demonstration, um den Kaiser zu bewegen, die Waffen niederzulegen,
dieser müßte dann die Ueberzeugung gewinnen, daß er gegen
so mächtige Fürsten und so viele verbundene Länder nicht leicht
im Stande wäre, einen Krieg mit Erfolg zu führen. Thurzo
beantwortete das Schreiben Zierotin's und erklärte, die darin entwickelten Ansichten vollkommen zu theilen. Die Verbindung mit
den unirten Fürsten war jetzt auf legitimem Wege angebahnt,

weil es der König war, der mit dem Pfalzgrafen das Bündniß schließen sollte. Mathias sandte (zwar nicht Tschernembl oder Stahreuberg, wie es die unirten Länder gerne gesehen hätten sondern) den Grafen Heinrich von Harbegg zu dem Pfalzgrafen und zu dem Markgrafen von Brandenburg. Auch den König von England suchte Mathias zu gewinnen. Jetzt, nachdem die Einleitung zu einem Zusammengehen mit den Unirten getroffen war, ertheilte Zierotin dem Könige den Rath, einem Ueberfalle der Passauer zuvorzukommen, selbst den Feind anzugreifen, und als Preis dafür die böhmische Krone sich aufs Haupt zu setzen. Die Politik des Prager Hofes, sagte er, kennt nicht die Unverletzlichkeit der Verträge, erhält einen ewigen Kriegszustand und richtet auf diese Art sich selbst und die Nachbarländer zu Grunde. Die Mannschaft zu Passau und in der Lausitz bildet eine zahlreiche Armee und ist unbezahlt, wie leicht könnte diese, des Harrens müde, endlich plündernd und verwüstend sich selbst zahlhaft machen. Dem Landeshauptmann war es darum zu thun, durch jenen Schritt einen unheilbaren Bruch zwischen Rudolph und Mathias herbeizuführen; er war noch immer besorgt, daß die Räthe des Kaisers und des Königs zum Verderben der Protestanten sich vereinigen und mit den Häuptern der Länder, die sie „die Mohnköpfe" nannten, schonungslos verfahren würden. Es war dieses Mißtrauen auch jetzt noch gerechtfertigt; denn während Mathias geneigt war, sich mit den unirten evangelischen Fürsten in eine Verbindung einzulassen und an dieselben Gesandten abschickte, wollte er, um andererseits die katholische Politik nicht aus dem Auge zu lassen und die Sympathie und Hilfe Spaniens nicht zu verlieren, es mit den katholischen Mächten nicht verderben, mit diesen und jenen, mit Freund und Feind zugleich auf gutem Fuße stehen. In den diplomatischen Noten an katholische Fürsten macht er es sich zum Verdienst, den Protestanten seiner Länder nur nothgedrungen nachgegeben zu haben, empfiehlt eine Verbindung mit Spanien und dem Papste, um den Protestanten und dem Uebermuthe des österreichischen Adels wirksam entgegenzutreten.

Bei der Feilheit der Kanzleien in Prag war es Herrn von Zierotin leicht, einen Beweis für die Doppelzüngigkeit Khlesel's zu erlangen, und es mußte Angesichts dieser Thatsache der Glaube an die Treue und Aufrichtigkeit des königlichen Cabinets und das Vertrauen zur Regierung dann völlig verloren gehen. Diese Wahrnehmungen brachten selbst bei Zierotin den Gedanken zur Reife, den so lange andauernden, ungewissen und unruhigen Zuständen durch Waffengewalt ein Ende zu machen. Der Entschluß war gefaßt, Rudolph, als die Ursache dieser Zustände, vom Throne ganz zu entfernen.[14]) Diesem Entschluße Zierotin's arbeitete Fürst Christian von Anhalt aus anderen Motiven eifrigst, doch wider Willen in die Hände. Kaum hatte Fürst Christian wahrgenommen, daß durch ein einträchtiges Zusammengehen der Union mit Mathias, durch eine gemeinschaftliche bewaffnete Manifestation — Rudolph genöthigt werden würde abzudanken und Mathias nunmehr alle Länder des Hauses, vielleicht die Reichskrone erlangen möchte, erlitt die Politik der Unirten und des Churfürst-Pfalzgrafen einen Umschwung. Um die, diesen Fürsten so erwünschte Anarchie in den Ländern Oesterreichs permanent zu machen, müßte die Zwietracht zwischen den Brüdern immer wach erhalten und selbst ein Bürgerkrieg gefördert werden; wenn Rudolph und Mathias daheim beschäftigt sind, dann erhalte die Union im Reiche freie Hand. Anhalt wie Zierotin waren Gegner der Versöhnung, beide suchten sie zu verhindern, beide drängten zu den Waffen, allein letzterer, um Rudolph nur durch eine Demonstration zu stürzen, ersterer, um einen Bürgerkrieg in Oesterreich hervorzurufen. Churpfalz und Anhalt fielen daher von dem Bundesgedanken mit Mathias ab, denn es hätte eine solche Manifestation die Herrschaft des Königs befestigen können.

Dem Fürsten Christian waren jene Entschlüße Zierotin's ebenso wie der Inhalt der diplomatischen Noten Mathias' an die katholischen Fürsten bekannt, er warnte den Kaiser durch Rosenberg's Vermittlung vor den beiden Feinden (Mathias und den unirten Ländern Oesterreichs), Anhalt wiederholte die im Jahre 1609 mündlich dem Kaiser vorgebrachte Warnung, „sein Leben sei bedroht wie das des Julius Cäsar und Heinrich IV., er (Rudolph) lebe Einigen zu lang," worunter der Fürst den König Mathias verstand. Spanien und der Papst seien mit den katholischen Conföderationen, die Mathias anstrebe, ganz einverstanden,

---

[14]) Cod. 3. und 27. Juli 1610 Tschern. — 8. Juni 1610 R. Stahr. — S. Beil. Nr. CCCVI.

um den Sturz Rudolphs möglich zu machen. Wenn der Kaiser den bösen Räthen Gehör gibt und auf dieser Bahn verharrt, so sei sein Untergang unausweichlich; die bösen Räthe arbeiten, als wollten sie das Haus Oesterreich exterminiren. Rosenberg sollte dem Kaiser darstellen (allerdings eine schwierige Aufgabe), daß alles, was Anhalt unternommen: die Eroberung von Jülich: die Union: die Negociation um französische Bundeshilfe, im Interesse des Kaisers gelegen war und daß Rudolph sich der Union in die Arme werfen solle: es war dies beinahe dasselbe Verfahren, welches Anhalt im Vorjahre bei den Horner Unruhen beobachtet hatte! Der Kaiser schenkte diesen Einflüsterungen Anhalt's geneigtes Gehör. Um diese günstige Stimmung Rudolphs zu erhalten und weil sie besorgten, daß Mathias im Siegesfalle ganz gegen ihre Absichten böhmischer König werden würde, hatten die Fürsten der Union jetzt beschlossen, die Passauer nicht anzugreifen, wiewohl Tschernembl im Namen der Oesterreicher und Mährer den Churfürsten und Pfalzgrafen dringend gebeten hatten, auf dieselben „loszu- schlagen." Durch diese Neutralität wurden die Hoffnungen Zierotin's auf die Vortheile einer Conföderation mit der deutschen Union sehr herabgestimmt; er bedauerte lebhaft, daß der Pfalzgraf so übel berathen war, und nicht sofort nach der Abschließung eines Bünd- nisses mit den Oesterreichern und mit Hilfe derselben und der mit den letzteren verbundenen Mährer über die damals noch zerstreuten Passauer herfiel, um diese zu vernichten. Jetzt, da diese Truppen organisirt und vermehrt wurden, sei ein Angriff schwieriger. — Herr von Zierotin war unermüdlich, Mährens Streitkräfte und Bundes- genossenschaften zu vermehren und die Bewegungen des Feindes an allen Puncten der Kampflinie im In- und Auslande scharf zu be- obachten. Die Böhmen ermunterte er durch Herrn von Budowa, Streitkräfte zu sammeln und auf der Hut zu sein. Den mährischen Landtag konnte er leicht bestimmen, zu den bereits geworbenen viertausend und fünfhundert Mann noch sechshundert Musketiere und tausend mährische Reiter aufzustellen. Das Commando über die ersteren wurde dem jungen Albrecht von Waldstein, über letztere Peter von Sedlnitzky anvertraut.

Herr von Zierotin lenkte die Aufmerksamkeit des Herrn von Tschernembl auf die zunehmende Gefahr, welche daraus entstünde, wenn der Kaiser die Böhmen für sich gewinnen würde. Die

Directorialstädte Ulm und Nürnberg würden aus der Union aus-
scheiden, wenn der Pfalzgraf auf diese Städte und den Herzog
von Baiern nicht Acht habe.

Inzwischen wurden zu Wischau die Landesaufgebote (die tausend einheimischen Reiter) gemustert und gegen Teschens Grenzen
vorgeschoben, an welchen des Herzogs Truppen eine drohende
Haltung eingenommen hatten. Herr von Zierotin erhielt die Zusicherung ungarischer Hilfe von Thurzo und die Nachricht, daß die
drei an Schlesien grenzenden Comitate in Waffen stünden. Endlich
ließen sich die Böhmen herbei, den Mährern, aber nur diesen,
nicht den Oesterreichern und Ungarn, Hilfe zu versprechen. Auch
die schlesischen Fürsten und Stände, durch die Werbungen des
Herzogs von Teschen aufgeschreckt, nahmen dreitausend Mann Infanterie und eintausendfünfhundert Reiter in Sold.

Zierotin dachte wohl nunmehr etwas beruhigt über die Lage,
jetzt könne Mähren, mit den königlichen und ungarischen Truppen
verbunden, den Passauern erfolgreichen Widerstand entgegenstellen,
zumal die Gefahr, die von Teschen gedroht, nun verschwunden
war; die Teschner Soldaten erhielten keinen Sold und entliefen.

Die Sachen standen jetzt auf der Spitze, es war die allgemeine Meinung, daß in wenig Wochen über Krieg oder Frieden
entschieden sein würde.

Es darf uns nicht Wunder nehmen, wenn nach dem so
rastlosen Bemühen, eine allgemeine Coalition gegen Rudolph hervorzurufen, der Prager Hof selbst einen Einfall der Mährer in
Böhmen besorgte und der Haß desselben gegen Zierotin und die
anderen Häupter der Stände in Oesterreich und Ungarn zunahm.
Man legte dem Erzherzog Leopold Worte in den Mund, die er
bei einem Gastmale zu Wien fallen gelassen haben sollte: „Die
Passauer seien ein für die Calvinisten bestimmter todtbringender
Trank." Einige österreichische Katholiken suchten den Beweis zu
führen, daß durch das Abschlagen von nur vier bis fünf Köpfen
des Königs Autorität, die durch die energische Declaration der
Rechte und Privilegien der mährischen Stände am Mailandtage
zu Brünn so empfindlich verletzt erschien, hergestellt werden könne.
Vom Bischofe von Wien erzählte man, er habe bemerkt, daß des
Kaisers und des Königs Macht vereint genügen würde, um die
ketzerischen Stände zu vernichten. Hoffirchen, der in's Lager des

Kaisers übergegangen war, ließ einigen nichtkatholischen Landleuten anzeigen, sie mögen sich in Acht nehmen, nach geschlossenem Vergleiche zwischen Rudolph und Mathias werde man nach ihren Köpfen greifen.

Ein Zufall oder irgend eine böse Absicht führte Zierotin in Verdacht verrätherischer Beziehungen zu Churpfalz; Richius, ein Agent Anhalt's zu Prag, hatte ein anonymes Schreiben an den Churfürsten dem Herzog von Braunschweig und Anderen mitgetheilt; Zierotin wurde als dessen Verfasser genannt. Dieses Schreiben erregte großes Aufsehen. Es ward geschrieben, um das eigentliche Ziel der Passauer Werbungen zu enthüllen: „Krieg gegen die deutschen Fürsten und, nach vollbrachter Versöhnung zwischen Kaiser und König, gegen die evangelischen Stände der Erbländer, dann gegen Mathias selbst", und sowohl den Pfalzgrafen als Mathias gegen Rudolph aufzureizen. Es hatte daher dieses Memoire den offenbaren Zweck, das beginnende früher erwähnte gute Einvernehmen zwischen Rudolph und Churpfalz zu stören, den Kaiser der Stütze der Union zu berauben, und diese mit Mathias zu vereinen. Es war dies ein fein angelegtes Manöver der Oesterreicher. Das Schreiben beunruhigte den König, da es die Kluft zwischen diesem und Rudolph noch zu erweitern geeignet war, und hatte ihn gegen Herrn von Zierotin als den angeblichen Verfasser sehr eingenommen. Dieser vertheidigte sich persönlich, als er den König in Wien im October besuchte, und schilderte das Gerücht als eine Erfindung seiner Feinde. Die Räthe des Königs glaubten indeß seinen Versicherungen nicht, sie gaben sich vielmehr alle Mühe, den Beweis zu liefern, daß Zierotin der Verfasser ist, um seine Stellung in Mähren und sein Verhältniß zu Mathias immer mehr zu untergraben. Es war wohl ein Unterthan des Königs: aber Tschernembl — und nicht Zierotin — der Verfasser jenes Schreibens. Um seinen Freund nicht preiszugeben, ließ dieser wahre Ritter eher alle Folgen der Autorschaft über sich ergehen, als den Autor zu nennen.[15]

---

[15] Landtagsamtkb. 1601. Fol. 213/b. Cod. 9. Juli, 6. und 31. August, 5. Oct., 22. Dec. 1610 Tschern. Aus Zierotin's Briefen an Tschernembl ist deutlich zu ersehen, daß dieser der Verfasser des fraglichen Actenstückes war. Das Actenstück führte die ganz irrige Aufschrift:

Die entschiedene Haltung der Länder, jene durch Zierotin begründete Coalition gegen Rudolph, trugen wesentlich bei, die noch immer schwebenden Unterhandlungen über die Versöhnung der kaiserlichen Brüder zu fördern. Die nach Wien zu Mathias abgesandten Fürsten der Prager Conferenz: der Churfürst von Köln, der Erzherzog Ferdinand und der Herzog von Braunschweig, hatten sich durch den Verkehr mit den Ausschüßen der Länder von der gereizten Stimmung derselben und von deren Entschluß, eher den Krieg zu beginnen, als zu Rudolph zurückzukehren, persönlich überzeugt. Die Gefahr einer Verbindung des Königs mit den unirten Fürsten, die Verluste, welche der katholischen Religion daraus erwachsen könnten, die Erklärung Mathias', jetzt, nach der energischen Kundgebung des Willens der Stände, zu Rudolph niemals zurückzukehren, mit diesen Leib und Leben einzusetzen, bestimmten jene Fürsten, nicht länger einen Zustand zu erhalten, der den Interessen des kaiserlichen Hauses, wie denen der Länder so nachtheilig war, — und in einer geheimen Conferenz einen Vertrag zu entwerfen, welcher die Unterhandlung rasch und friedlich zu Ende führen sollte. Der Herzog von Braunschweig entwarf die Vertragspuncte auf Grund der Prager (Libner) Verträge des Jahres 1608, und nach fünftägiger Debatte, ohne Intervention der Ausschüße der Länder, wurde dieser Vertrag von den Abgeordneten des Kaisers und des Königs genehmigt und gefertigt.

Mathias war selbst wie ein Rohr im Winde; wie wir gesehen, neigte er sich einmal zur Idee des friedlichen Ausgleiches, zur Verbindung seiner und des Kaisers Kräfte, dann wieder, von Rudolph's Prätensionen aufgeschreckt, will er den Kaiser zum Kriege herausfordern. Dann bedurfte es kategorischer Erklärungen der Churfürsten und des spanischen Gesandten, um Mathias auf der Bahn der Versöhnung zu erhalten. Rudolph wieder, beleidigte in seinem Unmuthe den guten und eifrigen Churfürsten von Mainz

---

„Scherntein's (Zierotin's) Anttwort ahn Churpfalz.“ Eine Abschrift dieses merkwürdigen Actenstückes von der Hand des Herzogs Heinrich Julius von Braunschweig erliegt im herzoglichen Archive zu Wolfenbüttel. Nach dieser Abschrift haben wir dieses Schriftstück, Beil. Nr. CCCVII. abdrucken lassen. — Vergl. Häberlin a. a. O. XXIII. 252. n. g. Beil. Nr. CCCVIII.

durch harte Worte, und gab ihm zu verstehen, wie ihm die Unterhandlungen unangenehm seien. In der letzten Julinacht d. J.
sandte der Kaiser den Oberstkämmerer fünfmal zum Erzherzog
Leopold, um ihm zu sagen, daß er den Vertrag mit Mathias
nicht schließen könne, die Churfürsten mögen nach Hause fahren.
Die Angst und die Sorge, wie sich in dem Widerspruche zurecht-
finden, die Unterhandlung über den Friedensvertrag einzuleiten
und dann wieder die Rüstungen in's Werk zu setzen, um die
Länder von Mathias zurückzuerobern, hatten ihn emporgeschreckt
und zu jener abenteuerlichen Anordnung gedrängt. Er konnte es
wohl selbst nicht fassen: mit einer Hand den Freundschaftsbund zu
schließen, mit der anderen das Schwert zu schärfen. Darin ist die
Erklärung zu suchen, der plötzlich während der Unterhandlungen
häufig wiederkehrenden Absicht Rudolphs, dieselben abzubrechen.
Es gelang jedoch, den Kaiser zu beruhigen und zur Fortsetzung
der Unterhandlungen zu bewegen.

Der Herzog von Braunschweig war während der Monate
Juli, August und September die Seele der Vermittlung, er war
bald in Wien, bald in Prag und suchte die Zustimmung für
den von ihm verfaßten, früher erwähnten Entwurf zu erwirken;
er war bemüht, die ungeduldigen, in Wien noch versammelten
Ausschüße der Länder zu begütigen, welche in den Verzögerungen
irgend eine Falle sahen, ein Mittel für Rudolph, um Zeit zu
gewinnen und die Passauer kampfbereit zu machen. Einmal war
es der Kaiser, der vor Hofkirchen und der Kriegspartei, an deren
Spitze Erzherzog Leopold stand, aufgeregt, von der Rückgabe der
Länder nicht ablassen wollte, ein andermal König Mathias, der
vor Allem Entlassung der Passauer begehrte. Die Motive, welche
Mathias in einem Briefe an den Herzog für diese Entlassung
geltend machte, sind ganz im Geiste des Herrn von Zierotin gehalten. Es war ein Zeichen, daß der Einfluß des letztern, für den
Augenblick wenigstens, in Wien gesiegt hatte.

Die in Wien bei Mathias tagenden Ausschüße der Länder
wurden immer schwieriger, sie erinnerten in häufigen Memo-
rialen, daß die geworbenen Truppen Geld kosten und daß die
verzögerte Verhandlung diese Auslagen vermehre; sie begehren Einsicht in alle Protokolle der durch den Herzog von Braunschweig
geleiteten Schlußconferenz. Der König dagegen will durch solche

Mittheilung die Beendigung der Wiener Conferenzen nicht hemmen und verweigert die begehrten Copien; doch verkehrt er häufig mit den Ausschüßen, bittet sie um Rath und erörtert die militärischen Fragen. Am Tage vor der Abreise der Fürsten nach Prag läßt Mathias den Ausschüßen durch Krenberg eine Schrift vorlesen über die Ergebnisse der Conferenzen. Der Inhalt der Schrift berührt zunächst die Nothwendigkeit, daß bei der Vereinbarung und Versöhnung zwischen Kaiser und König die Libner Verträge aufrecht erhalten werden. Sollte der Kaiser dieselben nicht abermals ratificiren, so hielte sich der König zu nichts verbunden; zugleich sprach er selbst gegen die Ausschüße die Zuversicht aus, im Kriegsfalle von den Ländern und deren Truppen unterstützt zu werden. Von dieser Schrift erhielten die Ausschüße durch Krenberg Copien. Mathias wußte dieselben auf diese Art zu beschwichtigen, da der Vertrag noch immer nicht unterzeichnet war. Endlich setzen diese einen Termin fest, um dem Spiele ein Ende zu machen; würde dieser Termin fruchtlos verstreichen und keine versöhnende Erklärung Rudolphs anlangen, dann rathen sie dem Könige, eine Armee aufzustellen und sich mit den deutschen Fürsten zu alliiren.

Der Kaiser aber nahm sich keine Mühe, die Verweigerung seiner Zustimmung zu dem Entwurfe des Herzogs von Braunschweig zu begründen, sondern ließ einfach, sein Cabinet verriegelnd, Niemanden vor und selbst die Fürsten nicht, welche eben von den Wiener Conferenzen zurückgekehrt waren. — Endlich entschloß sich Rudolph, vielleicht durch die starre und entschiedene Haltung der Länder, durch die Rüstungen in Mähren und Oesterreich veranlaßt, oder durch die Aussicht auf irgend einen dunklen Ausweg beruhigt, den erwähnten Entwurf auf Grund der Libner Veträge zu unterzeichnen. Mit dieser Urkunde eilte nun Braunschweig nach Wien und fand hier wieder bei Mathias Bedenken gegen dieselbe, die Ausschüße der Länder hatten ihn auf die nahen Gefahren, die durch das Paffauer Volk drohen, aufmerksam gemacht, weßhalb der König die ungesäumte Abbankung derselben als Bedingung seiner Unterschrift aufstellte. Von Prag aus wurde die Gewährung dieser Bedingung zwar in Aussicht gestellt, allein es war kein directer Abbankungsbefehl des Kaisers zu erlangen gewesen. Als es endlich dem Herzog gelang, die Zusicherung, daß jenes Paffauer

Kriegsvolk binnen kurzer Zeit entlassen werden würde, von Rudolph zu erhalten und er sich Namens des Kaisers dem König dafür verbürgte, als Mathias vernommen hatte, daß der Erzherzog Leopold nach Passau gereist war, um die dort versammelten Truppen abzudanken, erfolgte die Unterzeichnung der Vertragsurkunde durch Mathias.

In diesem Vertrage war festgesetzt worden: „daß König Mathias dem Kaiser Abbitte leiste und von diesem die abgetretenen Länder als Lehen empfange, diese haben dem Kaiser treu, gehorsam und gewärtig zu bleiben; daß Mathias wider den Kaiser nichts unternehme und den Kaiser gegen dessen Feinde unterstütze; daß Mathias sich in keine, das Reich und den Kaiser präjudicirliche Conföderation begeben solle; auch den Ländern seien solche Verbindungen nicht gestattet, wenn aber etwas derartiges geschehen sein sollte, so sei es als ungiltig zu betrachten; daß sich Mathias ohne des Kaisers Wissen in keine Reichssache, in keinen Krieg und Friedenstractat einlassen dürfe, dagegen würde der Kaiser gegen Mathias und die Länder nichts Widerwärtiges unternehmen; daß die früheren Verträge und Amnestien aufrechterhalten bleiben; daß das Kriegsvolk von beiden Seiten binnen Monatsfrist abgedankt werde; sollte das nicht geschehen können, dann dürfe aber dasselbe von den vertragschließenden Theilen nicht gegen einander gebraucht werden."

Am 9. October fand zu Prag in der großen Rathsstube der Burg der Act der vertragsmäßigen, feierlichen Abbitte statt. Als die Erzherzoge Maximilian und Ferdinand die Abbitte im Namen Mathias' beginnen wollten, gestattete der Kaiser nicht die Ausführung dieses Actes, indem er ihn als geschehen annahm.

Die Churfürsten hatten gehofft, daß der Kaiser jetzt nach der Versöhnung zur Feststellung der Reichsnachfolge, zur Reform des Reichshofrathes zu bewegen sein würde. Der Kaiser gab jedoch darauf nur ein allgemeines Versprechen. Er ließ den Churfürsten sagen, er selbst wolle heiraten, sein Sohn solle dann zum römischen König gewählt werden.

Wie die Angelegenheit der Nachfolge nach dieser Erklärung Rudolphs stand, war im Grunde in der Hauptfrage durch die Versöhnung nichts gewonnen. Die Situation war immer dieselbe und die Verwirrung, die Unsicherheit so groß, daß Erzherzog

Ferdinand den König von Spanien bitten mußte, sich der Regelung der deutschen Angelegenheit doch ernstlich anzunehmen.

Unverweilt nach Unterzeichnung des Versöhnungsvertrages übergab König Mathias eine Abschrift desselben den Ausschüssen der Länder. Es handelte sich gegenwärtig darum, diesen Vertrag von den Ständen der österreichischen Länder mitunterzeichnen zu lassen, ein Unternehmen, das mit nicht geringen Schwierigkeiten verbunden war. Schon das Ausschließen ihrer Abgeordneten von den Verhandlungen der Wiener Conferenzen, gab zu Mißtrauen Anlaß. Als es aber Herrn von Zierotin gelang, die Copie eines Schreibens des Erzherzogs Ferdinand an den Kaiser durch einen treulosen Kanzleimann zu erhalten, worin sich eine den Unirten sehr feindselige Gesinnung des Erzherzogs und des Königs kundgab, da betrachteten sich die Stände als die Opfer unaufhörlicher Intriguen.

Im November wurde auf des Königs Geheiß ein Landtag zu Brünn berufen, um jetzt nach der hergestellten Eintracht zwischen Rudolph und Mathias die Entwaffnung durchzuführen und die Relation der von den Wiener Conferenzen zurückgekehrten mährischen Gesandten Hodiß und Thurn entgegenzunehmen. Die mährischen Stände hatten ferner den Friedens- und Versöhnungsvertrag selbst zu bekräftigen und mitzuunterzeichnen. Allein die Fassung desselben war nicht nach ihrem Sinn. Sie argwöhnten mit Hinblick auf das erwähnte Schreiben des Erzherzogs Ferdinand, in den dunkeln, zweideutigen Sätzen eine Falle, um die durch den Libner Vertrag (1608) garantirten Rechte der unirten Provinzen unwirksam zu machen, sie sahen darin den Anfang zu neuen Unterdrückungen. Der Landtag wählte, um in dieser Sache klar zu sehen, eine Gesandtschaft, welche den König zu bitten hatte, die dunkeln Artikel zu erläutern. Mathias hatte die Bedenken der Abgeordneten über deren Ausschließung von der Wiener Conferenz mit der Behauptung beschwichtigt, daß es sich nur um einen Act zwischen Kaiser und König handle, daher sei die Mitwirkung jener Abgeordneten nicht nothwendig: doch zeigte es sich jetzt bei Bekanntwerdung des Vertrages, daß fast in jedem Artikel von den Ländern die Rede war. Die mährischen Gesandten Ulrich von Kaunitz, der Abt von Bruck und Heinrich Zahradecky wurden insbesondere angewiesen, den König zu bitten, die Formel der Abbitte bekannt zu machen, um daraus die Ueberzeugung zu schöpfen, daß diese Abbitte nur im Namen des Königs geschehe; denn die Stände konnten wohl nicht abbitten, da der Kaiser in dem Reverse b. J. 1608 ausdrücklich erklärt hatte, der Zug der Unirten nach Böhmen sei ihm nicht „zuwider" gewesen. Ferner hatte der König die Erklärung mitzutheilen, was unter „gehorsam und dem Kaiser gewärtig zu sein" verstanden werde und wer die in den Artikeln genannten Feinde seien; dann ob unter den verbotenen Conföderationen auch jene, welche mit dem Könige, Oesterreich und Ungarn eingegangen wurde, zu rechnen sei? Die Gesandten hatten auch noch um die Versicherung zu bitten, daß die früheren Verträge durch den gegenwärtigen nicht aufgehoben, daß der König keinen, Mährens Interessen betreffenden Krieg ohne des Landes Zustimmung führen und daß Berka von der Amnestie ausgeschlossen bleiben würde.

Diesem Begehren wurde noch in einer Nachschrift die Bitte beigefügt: daß der König den Vertrag mit einer Clausel ergänzen möge, kraft welcher erklärt würde, daß dieser Vertrag weder den Freiheiten des Landes, den Prag-Libner Verträgen des Jahres 1608, noch den damals erlassenen kaiserlichen Reversen abträglich sei und daß die Unirten nicht gezwungen werden können, jene Versprechen zu halten, welche der König dem Kaiser in geheimen Artikeln etwa gegeben haben sollte.

Von der Antwort des Königs auf diese Anfragen machten die Stände die Annahme oder die Verwerfung des Vertrages abhängig. Zugleich theilte Zierotin diese Beschlüsse den unirten Ländern mit, um gleiche Vorgänge herbeizuführen. Wenn es die Absicht der Regierung des Kaisers gewesen wäre, durch die captiöse Stylisirung des Vertrages einen gedeckten Weg zur Restauration anzubahnen, so war die scharfe und tendenziöse Fassung, welche Zierotin den Bitten um Erläuterung gab, das Mittel, den Prager Hofstylisten zu zeigen, daß man sie verstanden habe und daß Mähren wenigstens nicht in die Falle gehen werde. So bekämpfte Zierotin's Talent die Künste der vereinigten Diplomaten des Wiener und des Prager Hofes mit jenem Erfolge, durch welchen sich die, von ihm rechtzeitig vorgenommenen Rüstungen gegen die gewaltthätigen Absichten der Passauer ausgezeichnet hatten. Wenn auch jene Gesandtschaft die gewünschten Erläuterungen von

Mathias noch nicht erhalten hatte, konnte doch der mährische Landtag nicht umhin, da der König einmal den Vertrag unterzeichnet hatte, die Entwaffnung zu beschließen. Zuerst sollte die Cavallerie, dann die Infanterie entlassen werden. Wiewohl Zierotin die Ueberzeugung hegte, daß durch diese Maßregeln das Land der größten Gefahr preisgegeben werde, so konnte er nicht anders vorgehen, ohne dem von so vielen Churfürsten und Erzherzogen besiegelten, vom Könige von Spanien bekräftigten Friedens- und Versöhnungsvertrage Hohn zu sprechen, zumal selbst die Oesterreicher, die den Passauern so nahe waren, ihre Mannschaft entließen. Auch zwischen der Liga und der Union, sagte man, kam jetzt der Friede zu Stande, nachdem die Waffen der letztern in Jülich und in Elsaß siegreich gewesen waren. Die Liga hatte sich durch die Abschließung des August-Vertrages mit Spanien in tüchtige Wehrverfassung gesetzt und es schien der Union nicht gerathen, mit einem Gegner, dessen Kräfte jetzt organisirt waren, anzubinden. Endlich wurde im Landtag erwogen, daß Mähren allein der Macht des Kaisers keinen Widerstand hätte entgegenstellen können, daß des Kaisers gereiztes Gemüth durch die kecke Voraussetzung der Unlauterkeit seiner Friedensabsichten, welche in der Beibehaltung der Rüstungen thatsächlich lag, noch mehr erbittert worden wäre, daß ferner die Besoldung der Truppen den andern Ländern wie eine Ostentation des mährischen Reichthums erscheinen müßte und deren Eifersucht oder Neid erweckt hätte. Diese Motive vermochten den Landtag, den Beschluß der Entwaffnung zu fassen. Doch nur mit Widerstreben bot Zierotin dazu die Hand, da er überzeugt war, daß die Friedensverhandlungen des Prager Hofes die Absicht hatten, die Unirten wehrlos zu machen, um neue Anschläge desto erfolgreicher zu beginnen.

Wenn auch die Mannschaft der mährischen Armee entlassen wurde, so behielt Zierotin aus jenen Gründen die Obersten noch auf Wartgeld, entweder um neue Truppen rasch werben, oder das Landesaufgebot sofort einberufen zu können. Er unterhandelte sogar mit Lucan, um im eventuellen Falle diesem tapferen Officier ein Commando zu geben.

Die Antwort, welche die mährische Gesandtschaft auf die Bitte um Erläuterung des Versöhnungsvertrages vom Könige erhielt, war keineswegs geeignet, Zierotin's Besorgnisse zu zerstreuen. Mathias versicherte die Abgeordneten seiner Neigung zu den Ländern und zum Frieden und erklärte, die Erläuterungen später mittheilen zu wollen. Doch bemerkte er, andere Länder seien nicht so „neugierig" wie Mähren gewesen.

Bevor Zierotin die Frage der Entwaffnung dem Landtage vorlegte, hatte er Schritte gethan, um noch einen äußeren Anlaß, einen Vorwand zu suchen, welcher Mähren von der Nothwendigkeit jener Truppenentlassung überhoben hätte. Er wandte sich an die böhmischen Stände in der Hoffnung, aus dem stammverwandten Lande durch freundnachbarliche Mitwirkung den erwünschten Vorwand zu holen. Er bat die Stände Böhmens, den mährischen Landtag um Bundeshilfe gegen die Passauer zu ersuchen; die mährischen Stände hätten darin das willkommene Motiv gefunden, bewaffnet zu bleiben. [16])

Diese Schritte blieben jedoch erfolglos, obwohl viele Böhmen befürchteten, daß das „Passauer Ungewitter auf ihren Häuptern niedergehen werde." So tief war Zierotin's Schmerz darüber und über Böhmens feindselige Gesinnung, daß er sich bei der von ihm beabsichtigten Wiederverehelichung zu der Erklärung entschließen konnte: „die Verbindung mit einer Böhmin, auf die ein Freund hinwies, werde er ablehnen und sich um eine Witwe aus erlauchtem deutschen Hause bewerben." Die Böhmen waren ihm gram; was würde eine Versippung mit böhmischer Familie helfen? Dagegen glaubt er, wenn die Restauration der Herrschaft Rudolphs eintreten, oder er bei dem König in Ungnade fallen werde und dann zum zweiten Mal in zehn Jahren ans Exil denken müßte, in Deutschland Schutz und Trost zu finden; dort wäre die Kenntniß der deutschen Sprache seiner Frau nothwendiger als die der böhmischen. Wie schwer mußte Zierotin's Gemüth verletzt worden sein, daß er, dem die Muttersprache so theuer war, sich entschließen konnte,

---

[16]) Donnersberg an Max von Baiern 17. Juli. — Benfin an Max von Baiern 30. Juli 1610 M. St. A. — Rudolph und Leopold versäumten wohl mit Absicht eine günstige Gelegenheit, die Passauer los zu werden; fast gleichzeitig mit der Ertheilung der Abdankungsversicherungen wies Erzherzog Leopold die vom Herzog Max angebotene Uebernahme jener Truppen für die Liga zurück, angeblich weil der Vergleich mit Mathias noch nicht abgeschlossen war. Hannibal von Herliberg an Max 18. Sept. 1610. W. R. A. — S. Beil. Nr. CCCVIII.

diesen Ausspruch zu thun. Es war dies derselbe Mann, welcher dem Olmützer Magistrat jene berühmte Mahnung zukommen ließ, als diese Behörde sich in einer Amtscorrespondenz, wider alle Uebung, der deutschen Sprache bediente: er möge künftig in der Landessprache schreiben, deren der Stadtrath sich nicht schämen dürfe. „Schämen müßten wir uns vielmehr, wenn wir zugeben wollten, daß unsere Landessprache, die so voll Würde und Hoheit, so alt und verbreitet ist, von einer fremden Sprache verdrängt werden würde."[17])

Mit der deutschen Braut blieb es jedoch nur bei der Drohung.

Nur zu bald zeigte es sich, daß Zierotin's Mißtrauen, seine Zweifel in die Aufrichtigkeit des Prager Hofes und des Versöhnungsvertrages, vollkommen begründet waren. Die Passauer, welche tractatmäßig entlassen werden sollten, blieben in Waffen, ungeachtet der eifrigsten Bemühungen des Herzogs von Braunschweig, den Kaiser zur Erfüllung des Versprechens zu bewegen und ungeachtet der dringenden Mahnung des Königs, welcher auf die durch die Länder schon vollzogene Entwaffnung hinwies. Im Gegentheil, die Passauer Armee wurde durch Werbungen noch vermehrt, während doch die Waffenruhe im Reiche von dort aus keine Gefahr besorgen ließ. Die Passauer machten Miene, in Böhmen einzufallen, Erzherzog Leopold, der größte Gegner der unirten Länder, sollte sogar die Leitung des geheimen Rathes und des Heeres in Böhmen übernehmen. Der kaiserliche Kriegsrath, die Anhänger des Erzherzogs hatten gegen den geheimen Rath gesiegt. Ungeachtet der Opposition des Herzogs von Braunschweig entschied sich der Kaiser für die Nichtabbankung des Passauer Volkes. Nachdem dieser Beschluß gefaßt worden war, reiste Erzherzog Leopold nach Dresden, um den Churfürsten dafür zu gewinnen, daß auch er einen Grund geltend mache, die Passauer nicht abzubanken. Der Churfürst ließ sich zur Erklärung herbei, die Passauer Truppen seien für des Kaisers und der Churfürsten Dienst zu verwenden, also nicht zu entlassen. Kaum hatte Zierotin

---

die Nachricht erhalten von der einflußreichen Stellung, welche Leopold in Prag einnahm, als er den Kreisphysikus von Znaim, Dr. Schuchart, einen vertrauten Freund, zu sich berief, um ihn in geheimer Sendung nach Linz zu schicken und dort die Lage der Dinge, die Bewegungen und Absichten der Paffauer genauer zu beobachten und zu erforschen. [18])

[18]) Boden. an Presport. 27. Nov. 1610. B. A. Die deutsche Union beauftragte den Grafen von Naffau, die Paffauer zu beobachten, um sich gegen dieselben nöthigenfalls zur Wehre zu setzen. — Herzog Mar verlangte zuletzt kathegorisch die Abbankung der Paffauer Anhalt. A. 20. und 27. Dec. 1610. Beil. Nr. CCCVIII.

Capitel XIII.

Einfall des Paffauer Kriegsvolkes nach Oberöfterreich und nach Böhmen.
— Zierotin empfiehlt die Wahl Mathias zum König von Böhmen. —
Die Paffauer ftürmen die Kleinseite. — Gräuelscenen in Prag. —
Unterhandlungen zwischen Rudolph und den Ständen in der Altstadt,
wegen Entlaffung der Paffauer. — Abzug derselben. — Anmarsch
des Königs, seine Ankunft in Prag. — Krönung Mathias'. — Wieder-
vereinigung Böhmens mit Mähren. — Zierotin als Schiedsrichter in
den Differenzen zwischen Mathias und den böhmischen Ständen, dann
zwischen Böhmen und Schleslen. — Khlesel's reactionäre Politik. —
Rudolph und Mathias schließen einen Vergleich. — Unterschied zwischen
Zierotin's Realunion und den ständischen Conföderationsplanen. —
Die Reichsnachfolge. — Letzte Versuche Rudolph's gegen Mathias. —
Eine Civillifte für den Kaiser.

Noch vor der Zurückkunft des Agenten Dr. Schuchart löste
sich das Räthsel der nächsten Bestimmung der Paffauer Truppen.
Wenige Wochen nach der Friedensconfirmation, allen Verträgen
und Versicherungen zum Trotze, ohne Rücksicht auf das verpfändete fürstliche Wort und auf heilige Versprechungen, überschritt
das Paffauer Volk in der Nacht des 21. December 1610 bei
Waizenkirchen die Grenze und drang nach Oberöfterreich.

Ein Schrei der Entrüstung und des Schreckens erfüllte die
Länder! Wenn auch die Paffauer vorgaben, ruhig zu den vom

Kaiser angewiesenen Quartieren ziehen zu wollen, — da die bisherigen die Truppen nicht länger ernähren konnte — so zweifelte
doch Niemand mehr daran, daß das Passauer Volk die Ere-
cutionstruppe sei, für die Restaurations-Ideen des Kaisers. Die
Passauer bewegten sich, scheinbar ohne höheren Auftrag; im Gegentheil ein kaiserliches Decret nach dem andern gab den Haltbefehl
oder den Auftrag zur Abdankung, ohne jedoch dafür Geld zu
schicken; das Kriegsvolk, hieß es, wolle gegen den Befehl des
Obersten Laurenz Ramé — welcher an Althann's Stelle das Commando führte und den die oberösterreichischen Bauern wegen der
Raublust seiner Soldaten, bezeichnend „Rammauf" nannten —
fortziehen. Ramé machte, um die Gegner zu täuschen, immer andere Ziele seines Marsches, als die wirklich verfolgten, bekannt,
bald war es Elsaß, bald Tirol, dann wieder Niederösterreich.
Demungeachtet zogen diese Passauer beharrlich nach jener Richtung,
welche die geeignetste war, um durch Ueberraschung und Ueber-
rumpelung das Restaurationswerk durchzuführen. Die fortwährenden
friedlichen Versicherungen, die von Prag aus kamen, hatten nur
den Zweck, die bedrohten Länder zu beschwichtigen und von Rüstungen abzuhalten. Zuñiga hatte alles versucht, um den Kaiser
von diesem Entschluße — den er einen fürchterlichen nannte —
abzubringen, allein sie waren fruchtlos, da er vergeblich um
eine Audienz bei Rudolph sollicitirte. Des Kaisers Sinn war
nur auf Racheplane gegen Mathias gerichtet. Seine Astrologen,
welche voraussagten, Mathias werde von den kaiserlichen Truppen
geschlagen und gefangen werden, sind fürstlich belohnt worden.
Der Erzherzog versuchte auch Zuñiga zu täuschen, indem er von
den Absichten Sachsens, die Passauer gegen Jülich zu verwenden,
sprach, deren wir oben gedachten; der spanische Gesandte war
jedoch zu gut informirt, um sich damit abfertigen zu lassen. Zuñiga's Berichte an den spanischen Staatsrath über die Passauer
Bewegung und den Schrecken, den sie hervorrief, bestimmten denselben, einen eigenen Gesandten an Mathias zu senden, Leopold
als den Urheber der Verwirrung und die katholische Religion in
Gefahr zu erklären.

Die Bevölkerung von Mähren und Oesterreich, von Böhmen und Ungarn, fühlte sich durch den Passauer Einfall an Leib
und Leben bedroht. Die Oberösterreicher baten dringend um Hilfe,

da sie selbst und ihre schwachen Haufen den Passauern, welche dreizehntausend Mann stark waren, nicht widerstehen konnten; sie wandten sich an Mathias, an die Unterösterreicher und an die Mährer. Der König schrieb an den Kaiser, rügte in scharfen Worten den Vertragsbruch und theilte ihm den Entschluß mit, im Verein mit seinen Ländern zu rüsten und sich zu vertheidigen. Mathias sandte den Herrn von Grienthal nach Heidelberg um Truppen und Geld; ein gleiches Begehren stellten die österreichischen Stände an den Pfalzgrafen. Grienthal gab dem Könige die Nachricht, daß der Hof von Madrid Geld in Deutschland angelegt hatte, um den König gegen die unirten Fürsten zu unterstützen. Damit waren wohl nur jene Unterstützungen gemeint, welche Spanien der Liga eben vertragsmäßig zugesichert hatte.

Zierotin beantwortete, in Folge der am Olmützer Dreikönig-Landrechte erhaltenen Ermächtigung, ungesäumt die Zuschrift der Oberösterreicher und sandte Golz mit fünfhundert Reitern nach Linz. Er berief auf den 24. Jänner einen Landtag, um die Vollmacht zu erhalten, die kaum entlassene Mannschaft wieder anzuwerben. Die geheimen Anhänger des Kaisers: der Oberstkämmerer Ladislaus von Lobkowitz, Herr von Kawka und die anderen Katholischen, versuchten die Ausschreibung desselben zu hintertreiben.

Von Böhmen aus erhielt Herr von Zierotin noch immer Nachrichten voll Zuversicht; die Böhmen wollten nicht zugeben, daß er richtig vorausgesehen hatte, als er sein Mißtrauen gegen die Versicherungen des Hofes laut werden ließ. Der Einfall in Oesterreich war für die böhmischen Stände das Zeichen, daß ihr Land verschont bleiben würde. Zierotin, der besser unterrichtet war als jene Herren, warnt Rosenberg's Leibarzt vor dem blinden Glauben an jene Versicherungen, er sei überzeugt, daß die Passauer von Mähren aus nach Böhmen, oder von da aus nach Mähren einfallen würden. Diese scheinbar beruhigte Stimmung der böhmischen Stände war der wiederholten, schon im Vorjahre vom Kaiser gegebenen Versicherung zuzuschreiben, daß diese Werbungen durchaus nicht Böhmen gelten. Jetzt, als die Passauer sich in Bewegung setzten, einen Theil Ober-Oesterreichs so grausam verwüsteten und sich den Grenzen Böhmens näherten, beschwichtigte Rudolph die Besorgnisse der Stände, indem er gegen Ende Jänner einen Landtag einberief und von demselben Schutz ansuchte gegen die Gefahren, die dem Lande durch die Paſſauer drohen. Er wiederholte dem Landtage, was er dem Könige Mathias durch die kaiſerlichen Abgeſandten: Herzog von Braunſchweig und Graf von Hohenzollern mitgetheilt hatte, er habe zwar Befehle ergehen laſſen, das Volk abzudanken, nur könne das Geld nicht ſogleich beigeſchafft werden. Die böhmiſchen Landesofficiere und Defenſoren hatten ungeachtet der Nachricht über den Anmarſch und die Verwüſtungen der Paſſauer nicht genügſam gerüſtet, ungeachtet der im Vertrage des Jahres 1610 übernommenen Garantie, nichts unternommen, um den Oeſterreichern zu helfen; die Geſandten des Königs und der letzteren beſchwerten ſich darüber im böhmiſchen Landtage ſelbſt, warfen den Böhmen vor, daß ſie den Vertrag des Jahres 1610 nicht halten, worauf auch Budowa im Namen der Stände auftrat und die Nachläſſigkeit der Landesofficiere ſcharf rügte. Der Landtag beſchloß, Truppen zu werben, die Krone und die Landtafel in ſicheren Gewahrſam zu bringen. Bei der letzteren wachten Tag und Nacht abwechſelnd je vier Landesofficiere.

Das mähriſche Landrecht dagegen war thätiger geweſen, es hatte unverweilt eine officielle Bitte um Hilfeleiſtung, als die Paſſauer ſich der mähriſchen Grenze näherten, an die Böhmen und Schleſier, dann an den Herzog von Münſterberg gerichtet. Der jetzt einberufene mähriſche Landtag empfing mit Jubel die bundesfreundlichen Zuſicherungen des Palatin's und bat, die Hilfstruppen bereit zu halten, da die Paſſauer leicht die entblößten Grenzen Mährens paſſiren könnten. Der Landtag beſchloß, ein Regiment Fußvolk unter Rudolph von Tieffenbach aufzuſtellen, und wenn es nöthig ſein ſollte, noch fünfhundert Reiter zu werben. Dem König wurden zur Unterhaltung der Oberbefehlshaber zwanzigtauſend Gulden bewilligt und der Landſturm organiſirt. Oberſt Golz, welcher den Oeſterreichern zu Hilfe eilen ſollte, wurde zurückberufen, da mittlerweile die Nachricht kam, daß die Paſſauer nach Böhmen marſchiren.[1] Dieſe Beſchlüſſe wurden ohne Widerrede

---

[1] Cod. 26. und 27. Nov. 1610. Gryn. Caſtiglione. — Kurz, Schickſale des Paſſau'ſchen Kriegsvolkes in Böhmen. Prag. 1831. — Verzeichnuſs was täglich auf der jetzigen behaimbiſchen Landſtändt Zuſammenkunft zu Prag fürgangen und gehandelt worden. 19. Jänner und ff. 1611. k. k. geh. Archiv. C. F. S. 491. S. Beil. Nr. CCCIX.

gefaßt, der Widerstand der katholischen Partei, welchen Zierotin
befürchtet hatte, unterblieb. Im Gegentheil, der Landtag gab ihm
einmüthig Beweise des Vertrauens und der Zufriedenheit, votirte
ihm den Dank für die rasch getroffenen Vertheidigungsmaßregeln
und ermächtigte ihn, die Truppen zu dislociren. Die Stände will-
fahrten auch dem Ersuchen des Königs, die ständischen mit den
königlichen Truppen zur gemeinsamen Action gegen die Passauer
zu vereinigen, doch mit der Bedingung, daß, falls eine Gefahr
für Mähren herannahen sollte, dieselben zur Landesvertheidigung
zurückberufen werden könnten.

Die Nachrichten, welche über das Hausen der Passauer in
Oberösterreich nach Mähren drangen, erfüllten das Land mit
Schmerz und Mitleid. Die Passauer traten wie Räuber und
Mordbrenner auf; — bei Ramé war keine Gnade. Der inferna-
lische Uebermuth der Soldaten fand Aufmunterung in der Grausamkeit der Officiere. Sie gaben Versicherungen, Niemandem Böses
zuzufügen zu wollen, um ihre Opfer sicher zu machen und dann
die Arglosen ungefährdet hinschlachten zu können. In dem harten
Winter zogen sie Männer und Weiber nackt aus, jagten sie aus
den Wohnungen hinaus und schnitten ihren Opfern Nasen und
Ohren ab. Was bei den Schlemmereien nicht verzehrt werden
konnte, wurde zerstört oder ungenießbar gemacht. Sie streuten Asche
unter die Mehlvorräthe, gossen den Wein aus und verwendeten
die Federn der Betten zur Pferdestreu. Nach vollbrachter Plünderung legten sie Feuer an und brannten die Ortschaften nieder.

Nun vollzog König Mathias die Drohung, die er gegen
den Kaiser ausgesprochen hatte. Er berief die Ausschüße der Länder
Ende Jänner nach Wien, um mit diesen die Vertheidigungsmaßregeln zu berathen. Doch das Mißtrauen der Mährer war so
groß, daß sie anfänglich Niemanden absandten. Die Gesandtschaft
des vorigen Jahres, welche bei den Wiener Versöhnungs-Con-
ferenzen intervenirte, hatte über zwölftausend Thaler gekostet und
keinen Erfolg erzielt. Die damals zweifelhafte Haltung des Königs
und Khlesel's erschütterte so sehr den Glauben an deren Redlichkeit,
daß die Mährer auch jetzt irgend eine Täuschung oder Intrigue
vermutheten. Auf wiederholte Einladung des Königs wählten endlich
die mährischen Stände die Grafen Thurn und Hobiß, dann den
Herrn von Czeika, um im Namen Mährens an den Defensions-

berathungen in Wien Theil zu nehmen. Die diesen Herren ertheilte Instruction zeigt, daß die Stände die Wiederholung der Behandlung des Vorjahres nicht mehr dulden wollten. Es wurde ihnen eingeschärft, sofort zurückzukehren, sobald sie merken würden, daß ihr Rath nicht eingeholt wird und empfohlen bei allen Verhandlungen die Verträge des Jahres 1608, die Privilegien und Freiheiten des Landes nie aus den Augen zu verlieren.

Die Mahnschreiben des Königs an Zierotin, in Wien zu erscheinen, wurden immer dringender, da die Stunde der Entscheidung nahte. Zierotin, welcher anfänglich diese Berufung abgelehnt hatte, entschloß sich endlich, den Wunsch des Königs zu erfüllen, und fuhr Mitte Februars nach Wien, woselbst er bis gegen Ende März verblieb.

Der Eindruck des Passauer Einfalls war um so gewaltiger, da man sich nach dem Vertragsabschluße allenthalben friedlichen Hoffnungen hinzugeben begann.

Als Ramé vor Budweis stand, erwachten endlich die Böhmen unsanft aufgerüttelt aus der geträumten Sicherheit. Die hinterlistige und verrätherische Art, durch welche jener sich dieser Stadt bemächtigte, hatte den allgemeinen Abscheu erregt. Er sandte einige seiner Officiere nach der Stadt, die sich für kaiserliche Commissäre ausgaben, um für Ramé Quartiere zu machen. Bei Nacht und Nebel zogen indeß alle seine Truppen vor Budweis. Als der Stadtrath jenes Ansinnen zurückwies und das Offenhalten der Thore, welches jene angeblichen Commissäre verlangt hatten, nicht gestatten wollte, wurde der Stadtschreiber, welcher mit dem Primas und anderen Rathspersonen die falschen Commissäre bis zum Thore geleitet hatte, von einem der letzteren niedergemacht, worauf nach gegebenem Zeichen eine starke Abtheilung von Ramé's Truppen hervorbrach, den Primas und die übrigen Rathsverwandten erschlug und in die Stadt eindrang. Ramé folgte nun mit dem Stabe und seinen Compagnien, bemächtigte sich des Rathhauses und sandte unverweilt den Rittmeister Ulrich Kinsky — einen Bruder Wenzel's — nach Prag, um den Ständen zu eröffnen, daß er wegen Mangel an Proviant nach Böhmen gezogen, hier sich auf die königlichen Güter und Städte einquartieren wolle, bis die Gelder zur Abdankung seines Volkes flüssig gemacht werden würden. — Die Nachricht des Ueberfalls von Budweis und der Ab-

sicht Ramé's, in Böhmen Quartiere aufzuschlagen, endlich seine
unzweideutige Erklärung, daß er den böhmischen Ständen, welche
gegen ihn werben, Tag und Nacht bis „auf den letzten Bluts-
tropfen widerstehen und also Ihrer Majestät Reputation erhalten
würde," erweckte den Zorn und Ingrimm der Stände. Da auf
dem Gebiete des Erzherzogs Leopold, auf dem Stifte Passau das
Kriegsvolk geworben worden war, so brachte man ihn natürlich
mit dessen Einfall in Zusammenhang. Die Stände waren deßhalb
gegen den Erzherzog sehr erbittert und man sprach davon, ihn
scharf zu bewachen, den Grafen Sulz, einen der Passauer Obersten,
zu arretiren, ja es war zu besorgen, daß dem Erzherzog selbst
eine „Unbill" widerfahren möchte, weil man ihn in Verdacht hatte,
dem Kaiser die Hinrichtung einiger Häupter der böhmischen Stände
empfohlen zu haben. Sie beschlossen jetzt, die Kronländer Mähren,
Schlesien und die Lausitz, die Churfürsten, mit welchen Erbeinigungen bestanden, um schleunige Hilfe zu bitten, den Kaiser hingegen nicht zu unterstützen. Sie beschlossen ferner, das Prager
Schloß in Vertheidigungszustand zu setzen und anzuordnen, daß
die Landmiliz (Landesaufgebot) schleunigst nach Prag einrücke.
Endlich zwangen sie den Kaiser, Werbepatente auszustellen. Zugleich wurde die königliche Krone und die Landesprivilegien vom
Carlstein nach Prag überführt und in der St. Wenzelscapelle
auf dem Hradschin aufbewahrt.

Ein großer Theil der Mitglieder des Landtages eilte in
die Kreise, um die Landmiliz selbst zu organisiren. Nach Mähren
sandten sie ihren besten Mann, den Herrn von Budowa.[2]

Der Kaiser glaubte noch immer, durch Decrete und Gesandtschaften, welche die Entlassung der Passauer und seine friedlichen
und versöhnlichen Absichten kundgeben sollten, Mathias und die
Länder einzuschläfern. In naiver Auffassung der Dinge hoffte man
zu Prag, die Länder würden für die Passauer Gefahr Ohr und
Auge verschließen und das Ungeheuer, das sie zu verschlingen drohte,
ungestört wachsen lassen. Nochmals ließ sich der Herzog von Braunschweig herbei, zu Mathias zu gehen, um den Versuch einer Versöhnung zwischen den Brüdern herzustellen und des Königs erbitterte

[2] Landtagspamtlb. 1010—1616. Fol. 50/6. — Bob. an Mar. 6 Feb.
1611. W. St. A. XV/I. 96. — S. Beil. Nr. CCCIX.

Stimmung zu mildern. Tag und Nacht concipirte der fleißige und gemüthliche Herr Briefe, Memoriale und Nebenmemoriale an Mathias und Khlesel, an die Stände der unirten Länder und an den Kaiser; diesen ermahnte er, Ramé abzudanken, jene sich nicht zu kriegerischen Demonstrationen hinreißen zu lassen, „da der Kaiser an dem Passauer Unheil unschuldig sei."

Während der Kaiser den böhmischen Ständen mittheilte, daß er mit Schmerz und Unwillen von dem Einfalle der Passauer in Böhmen vernommen, beantwortet er ihre Bitte um Abdankung Ramé's, mit der Aufforderung, sie mögen ihm (Rudolph) hiefür noch zwölf Tage Bedenkzeit geben, weil das zur Abdankung nöthige Geld nicht vorhanden sei. Er gab übrigens das Versprechen, wenn sich die Passauer der Stadt Prag nähern würden, dieselben als Feinde zu betrachten. Als jedoch Ramé binnen Kurzem wirklich in Prag erschien, Rudolph sich sicher fühlte und eine Armee zu seiner Verfügung hatte, änderte er plötzlich sein Benehmen und erklärte, daß er der Oberherr derselben sei; die Bestallung gehe von ihm aus und „es sei seine Sache, das Königreich zu versichern."

In der That, es ist ein Zeichen selbstgefälliger Bornirtheit und bewußter Selbsttäuschung, wenn man den Passauer Einfall als Werk des Zufalls schildert und darin nicht ganz deutlich die Absicht sehen will, vom Könige Mathias die Länder gewaltsam zurückzunehmen; davon waren der König und die Unirten so sehr überzeugt, daß selbst die eifrigsten Bemühungen des edlen Herzogs von Braunschweig, das Gegentheil nachzuweisen, dieselben nicht wankend machen konnten.

Die Ausschüße der Länder, welche bei Mathias in Wien versammelt waren, entwarfen den Plan des Feldzugs gegen die Passauer. Was Zierotin im Jahre 1608 für nothwendig erachtet und im Februar 1610, als jene unheilvollen Werbungen in dem Bisthumsgebiete des Erzherzogs Leopold begannen, bringend gerathen, was er als Aufgabe der Pfalzgrafen und der unirten Fürsten im Reiche, als sie wegen Jülich und gegen die Liga in Waffen standen, hingestellt hatte, — dies trug er auch jetzt dem Könige vor. Er empfahl ihm, Rudolph zu entthronen und sich die Krone des heil. Wenzel aufs Haupt zu setzen. Mathias wurde jetzt ganz für dieses Programm gewonnen. Zierotin mißtraute jedoch den Zusicherungen, welche der König ihm hierüber gegeben hatte und kehrte erst dann nach Mähren zurück, als er mit eigenen Augen den Befehl las, welchen die Kammerräthe wegen des Königs Abreise nach Böhmen erhielten, und als der Feldmarschall Herberstein beauftragt wurde, die Vorbereitung zu dem böhmischen Feldzuge zu treffen und sich marschfertig zu machen.

Zierotin hatte während seines Wiener Aufenthaltes den König insbesondere darauf aufmerksam gemacht, daß von der gegenwärtigen Haltung der Böhmen das Schicksal aller Länder und des Kaiserhauses abhänge, auf die Böhmen müsse daher Mathias das Augenmerk richten.

Mathias befolgte diesen Rath und versuchte durch seine böhmischen Anhänger sich der Mitwirkung der böhmischen Stände zu versichern. Er schrieb, wie er es im April 1608 gethan, direct an hervorragende Mitglieder derselben. Merkwürdig ist der Brief vom 25. Jänner 1611 an Wenzel von Kinsky. Der König fordert Kinsky auf, die Stände zu ermahnen, an dem Prager Vertrage fest zu halten. Er ließ denselben bedeuten: „Acht zu haben, damit bei dem Mangel an Treue und Glauben, welche der Kaiser durch wiederholte Verletzung der Verträge an den Tag legte, ihnen nicht auch dasselbe (er meinte die Zurücknahme des Majestätsbriefes) widerfahre; dem Kaiser habe dazu bisher nicht der Wille, sondern nur die Gelegenheit gemangelt. Man ist der Privilegien und Zusagen nur insoweit sicher, als es den Passauer Räubern gefällig sei. Er (Mathias) habe das gegebene Wort nie gebrochen, lieber wolle er zu Grunde gehen. Alles, was er den Böhmen zugesagt, will er halten und darauf sterben. Er hofft, die Böhmen werden ihn und sich selbst vor diesen Räubern und jeder anderen Servitut schützen." Dem Herrn Peter Wok von Rosenberg, einem Partisane Mathias', ward durch den Grafen von Fürstenberg die Vermittlung zwischen dem Könige und den vornehmen Landherren Böhmens: Heinrich Grafen von Thurn, Leonhard Fels, Wilhelm von Lobkowitz, Andreas Schlik u. A. zugedacht. — Wiewohl es den Freunden des Königs gelang, eine Partei unter den Ständen zu organisiren, so waren die obersten Landesoffiziere und andere Landtagsmitglieder doch nicht für ihn gestimmt. Die Anhänger des Kaisers, und selbst diejenigen Glieder der ständischen Actionspartei, welche das Haus Habsburg von der Nachfolge in Böhmen ausschließen wollten, hatten anfänglich den Beschluß gefaßt, Mathias

zu erſuchen, nicht nach Böhmen zu kommen. Das oft genährte
Mißtrauen in die zweideutige Politik des Biſchofs von Wien,
die Beſorgniß, daß, wenn Mathias den Thron der Přemysliden
beſteigen würde, nur der Träger der Herrſchaft, nicht aber der
Geiſt des Regiments ſelbſt gewechſelt würde, ſtellte die Sache
Mathias' in Frage. Allerdings hatte ſeine Partei gegen jenen
Beſchluß proteſtirt, indeſſen war ſie noch nicht mächtig genug, die
Mehrheit der Stände auf ihre Seite zu bringen. Der Geſandte
Churſachſens ſtand auf der Seite der Majorität und trachtete den
Status quo des Jahres 1610 unverändert zu erhalten. Mathias
dachte unter ſolchen Umſtänden an einen Kriegsfall und hielt
es für dringend nothwendig, mit dem Churfürſten-Adminiſtrator
durch Fürſtenberg Unterhandlungen anzuknüpfen; in deren Folge
dem Könige die Mitwirkung eines Heeres der Unirten in Ausſicht geſtellt wurde. Des Königs wirkſamſter Bundesgenoſſe war
aber das Paſſauer Volk ſelbſt. Die Ankunft deſſelben in Prag,
die Gräuelſcenen, zu welchen es Anlaß gab, die veränderte Sprache
des Kaiſers, als er ſich ſicher wußte und verläßliche Truppen zu
ſeiner Verfügung hatte, die Stellung Erzherzogs Leopold, der, das
geiſtliche Gewand ablegend, in der Uniform eines Generals den
Oberbefehl über die Paſſauer übernahm, die Sprache der Paſſauer, die den Majeſtätsbrief einen Schalksbrief nannten und die
Berathungen in der Behauſung des Erzherzogs Leopold über die
Art, wie man nach Ramé's Vorſchlag dem Grafen Thurn, den
Herren von Fels und Lobkowitz die Köpfe abſchlagen ſollte, der
Verkehr des Erzherzogs mit den erklärten Feinden der Proteſtanten: mit Berka, Slavata und Martinic, — alle dieſe That-
ſachen entfremdeten die Stände dem Kaiſer und vermehrten die
feindſelige Geſinnung derſelben gegen Leopold, der von dieſen
jetzt als Urheber des Einfalls ſelbſt angeſehen wurde. Als der
Erzherzog wahrnahm, daß die Sachen ſchlecht ſtünden, daß eine
ungeheuere Bewegung gegen die Paſſauer und ihre Gönner beginne, eilte er zu Zuñiga, um dieſen zu vermögen, im Verein
mit dem Nuntius, Mathias mit Rudolph zu verſöhnen, worauf
durch eine Vereinigung der Armeen beider Fürſten die Conföderationen der Länder geſprengt und die katholiſche Religion gerettet
werden könnte. Zuñiga, die Unmöglichkeit der Ausführung vor
Augen, lehnte dieſe Zumuthung zurück. Das Geheimniß, mit wel-

chem Leopold diesen Plan umgab, wurde jedoch nicht gehalten. Kurze Zeit nach dieser Mittheilung war jener Plan Leopold's im Kreise der unirten Länder bekannt und fand, zum Nachtheil für Mathias, Glauben.

Am 14. Februar standen die Passauer vor Prag. Auf Befehl Erzherzogs Leopold besetzten sie (man nannte sie damals die Leopoldiner) die Höhen der Kleinseite und versuchten in die Stadt selbst zu bringen. Die Böhmen wehrten sich tapfer, indeß Verräther, (man sagte, es wären in Prag ansässige Italiener) von den Fenstern aus auf die Böhmen schossen, so daß diese zum Weichen gebracht wurden. Mehrere hundert Mann fielen von beiden Seiten nach einem einstündigen Kampfe, der die Passauer zu Herren der Kleinseite machte. Ein Trupp Passauer Reiter, welche über die Moldau in die Altstadt einrückten, wurden durch Herablassen des Fallgitters von den nachfolgenden Abtheilungen abgeschnitten und bis auf einen Reiter, der durch die Moldau zurückschwamm, niedergehauen. Unmittelbar nach der Besetzung der Kleinseite begann ein Jammer anderer Art, da jeder Soldat sich selbst das Quartier wählte und dabei mit der gewohnten Wildheit vorging. Kein Gebäude wurde verschont, selbst die Häuser der kaiserlichen Hofdiener und Räthe wurden wie die Bürgerhäuser und die Verkaufs-Läden geplündert. Dann sind alle Bewohner der Kleinseite entwaffnet worden. Unbeschreiblich war die Erbitterung der Prager und insbesondere der Bürger der Altstadt gegen die Passauer. Die Alt- und Neustädter Bürger verschanzten sich, richteten gegen die Kleinseite Kanonen und Doppelhaken und verstärkten sich durch den Zuzug der Landmilizen aus den Kreisen. In der Altstadt hatten sich viele und vornehme Mitglieder der böhmischen Stände versammelt und dorthin den Herd der Bewegung gegen Rudolph verpflanzt. An der Spitze desselben stand Wenzel von Kinsky, der eifrige Parteimann des Königs Mathias. Er war es, der das flache Land insurgirte, das Feuer in der Altstadt nährte und die Unterhandlungen zwischen dem Kaiser und den Böhmen leitete. Auch das Schloß, der Hradschin, war von böhmischen Truppen bewacht; Leopold, der so rasch als möglich den Widerstand der Böhmen brechen wollte, suchte einer Vereinigung derselben mit den Hilfstruppen, die aus den Ländern des Königs Mathias erwartet wurden, zuvorzukommen und forderte deßhalb die Besatzung desselben auf, die Waffen zu strecken. Die beigefügte Drohung Leopolds, das Schloß zu stürmen, blieb wirkungslos, die Böhmen wollten nichts von einer Uebergabe hören; die Versuche der Passauer gegen den Hradschin wurden nicht wiederholt. Leopold erließ hierauf an die Altstädter die Aufforderung, sich binnen drei Stunden zu ergeben. Aber auch die Altstädter kehrten sich nicht daran und beschossen sogar die Kleinseite. Es bot sich das seltene Schauspiel zweier Festungen dar, die, von einem breiten Strome getrennt, einander beschossen und wechselweise die Rolle von Belagerern und Belagerten zugleich übernommen hatten.

Nachrichten von den Excessen und Grausamkeiten der Passauer drangen in die Altstadt hinüber. Der lang zurückgehaltene utraquistische Groll gegen Mönche und Nonnen, welche von den Pragern instinctartig mit den Passauern in Zusammenhang gebracht wurden, brach in der Altstadt los. Der fanatisirte Pöbel, mit Picken, Heugabeln und Morgensternen bewaffnet, wüthete gegen die Benedictiner von Emaus, den Wißehrad, den Carlshof und die Jesuiten; sie alle wurden, doch fälschlich, beschuldigt: Passauer und Waffen verborgen zu halten. Dort wurde eine Kirche, hier ein Kloster geplündert, dort ein Frater erschlagen und ein Abt unter Freudengeschrei blutberauschter Weiber entmannt, nachdem ihm die Knochen zertrümmert und der Scalp vom Kopfe gerissen wurde. Die Leiche Rußwurm's und jene des kürzlich verstorbenen Christoph von Lobkowitz wurden geschändet. Als sich das Gerücht verbreitete: die Passauer hätten einen utraquistischen Pfarrer lebendig geschunden und sämmtliche Schuljugend eines Pfarrsprengels hingeschlachtet, mußten es die Franziskaner zu Maria-Schnee entgelten. Vierzehn Patres wurden im Kloster herumgehetzt und dann auf gräuliche Art erschlagen. Dafür wuchs wieder die Erbitterung der Passauer gegen die Altstädter und sie schwuren, nicht einmal das Kind im Mutterleibe zu schonen, wenn sie die Altstadt erobern würden.

Die zwischen dem Kaiser und den Führern der Bewegung in der Altstadt eingeleiteten Unterhandlungen, nahmen einen sehr langsamen Fortgang. Diese suchten Zeit zu gewinnen, um den Succurs aus Mähren, Ungarn und Oesterreich abzuwarten. Aber auch Leopold erwartete Truppen aus Polen und aus dem Elsaß. Der Herzog von Teschen sollte mit zweitausend Kosaken zu den

Paffauern in Krummau stoßen, woselbst sechshundert von diesen lagen. Dann wollte Leopold noch vier Regimenter anwerben laffen.

In Folge wiederholter Aufforderung erklärten die Altstädter, eher die Stadt zusammenschießen zu laffen, als sich dem Erzherzog Leopold und den Paffauern zu unterwerfen; sie seien gut kaiserlich und würden gern Seiner Majestät zweimalhunderttausend Gulden vorschießen, unter der Bedingung, daß die Paffauer sogleich abgedankt und aus Böhmen entfernt würden. Zehn große Kanonen wurden gleichsam als Antwort darauf gegen die Altstadt gerichtet; der Graf von Sulz wie Oberst Clam wollten schon in der Nacht vom 19. auf den 20. Februar die Beschießung beginnen, wenn es nicht der Kaiser verboten hätte. Indeffen begannen die Kleinseite und die Paffauer Mangel an Lebensmitteln zu leiden, da vom Lande aus kein Proviant zugeschickt wurde.

Man erzählte, daß die Altstädter einen günstigen Augenblick abwarten, um in drei Haufen über die Moldau zu setzen, die Kleinseite zu stürmen und mit Einemmale den Paffauern und ihrer barbarischen Wirthschaft ein Ende zu machen. Die streitbare Mannschaft in der Altstadt war sehr groß, man zählte gegen vierzigtausend bewehrte Männer; darunter freilich auch den bewaffneten Pöbel, welcher bandenweise sich auf das flache Land zerstreute und unter dem Namen von Čtweráci (Schelme) — mit dem Vorwande, den Paffauern den Krieg bis an's Meffer zu machen — Jacquerien in Scene zu setzen anfingen. In ihren Fahnen hatten sie einen Stockfisch und einen Hammer eingenäht und die Legende derselben war: „Contra Ramé."

Ein Geist, der an die Stürme der Huffitenzeit erinnerte, erwachte in Böhmen. Die Bauern standen auf, griffen zu den Waffen und es war zu befürchten, daß sie ihre Herren erschlagen würden; der bloße Anblick von Katholiken und Aristofraten reizte schon hie und da die Wuth des Pöbels; agrarische Frevel und Morde wurden begangen. Um Prag herum war die Gegend durch die Čtwerákenbanden so unsicher gemacht, daß Niemand mehr nach oder aus Prag zu reisen wagte.[3]

---

[3] Verzeichnuss a. a. O. — Cod. 5. März 1611 Thurzo. — Welser an Pilep. 19. Feb. 1611 B. A. — S. Beil. Nr. CCCIX.

Je mehr die Anarchie überhand nahm, desto dringender wurde die Nothwendigkeit, die Unterhandlung mit Rudolph und den Passauern zum Abschluße zu bringen. Der Kaiser, durch die Schrecken der wachsenden Bewegung aufgerüttelt, verlor jene ungewohnte Energie, mit welcher er bisher die Durchführung der Passauer Gedanken betrieben hatte. Er gerieth wieder in den Zustand der Unentschlossenheit, die er in den ersten Tagen des Einfalles abgelegt hatte. Er setzte die Unterhandlungen mit den Ständen in der Altstadt fort und trat damit schon auf eine den Tendenzen der Passauer ungünstige Bahn. Die Altstädter kannten keine andere Lösung, als die schleunigste Abdankung der Passauer, dann die Räumung Prags und Böhmens durch dieselben. In den vielfachen Commissionen und Conferenzen, die zwischen dem 14. Februar und 2. März abgehalten wurden, war dies immer ihr erstes und letztes Wort. Der Kaiser hätte dieses Begehren mit Beschießung und Erstürmung der Altstadt, wie es auch wirklich anfänglich angedroht worden war, beantworten, oder aber die Abdankung sofort gewähren sollen. Zu den ersten Maßregeln wollte der Kaiser nicht greifen, zur zweiten ließen es die Kriegsräthe nicht kommen; sie versuchten vielmehr immer wieder, wenn eine Commissionssitzung erfolglos abgelaufen war, durch Aufführung neuer Batterien, durch einzelne Schüße einen Ausfall der Altstädter zu prociviren, um die Waffen entscheiden zu lassen.

Hier tritt uns wieder einer jener so räthselhaften Züge Rudolphs entgegen, die nur durch die Trübung seiner Seelenkräfte erklärt werden kann und in welche der unglückliche Fürst häufig verfiel. Mit seiner Zustimmung ward die Passauer Werbung vorgenommen und der Passauer Zug ausgeführt. Kaum regte sich das Mißtrauen der Böhmen, als er jede Gemeinschaft mit denselben ablehnt, sie als Feinde erklären will und sich an die Stände, die er mit Hilfe der Passauer bekämpfen, deren Hochmuth er brechen will, wendet und diese ersucht, das Königreich und den alten bedrängten König zu beschützen. Wir erleben das sonderbare Schauspiel, daß eine kaiserliche Armee nach Böhmen eindringt, um die kaiserliche Hoheit aufrecht zu erhalten und daß Rudolph auf Verlangen der Stände eine zweite kaiserliche Armee werben läßt, auch zu seinem Schutze und um die erste zu bekämpfen. Rudolph verfolgte mit Eifer ein Ziel, er scheut hiebei selbst nicht einen Vertragsbruch; dann aber, als er diesem Ziele nahe ist, trägt er selbst die Steine zum Aufbau der Hindernisse zusammen, welche die Erreichung des Zieles unmöglich machen. Als die Passauer ankamen, erklärt er sie nicht nur nicht als Feinde, sondern als seine treuen Diener, er ist ihr Oberherr. Er will den Gegensatz ausgleichen und befiehlt die Vereinigung des ständischen Kriegsvolkes mit den Passauern. Diese Vereinigung war mißlungen, und als die Altstädter die Drohung wiederholten, die Kleinseite und die Burg zu stürmen, als die Passauer nicht aufhörten zu plündern und zu morden, als Rudolph seinen Thron in den Abgrund der heraufbeschworenen Anarchie stürzen sah, glaubte er ihn zu retten, wenn er auf die Forderungen der Stände, seiner Gegner, die er aufs tiefste verletzt und erbittert hatte, eingehen würde.

Die Bürger der Kleinseite im Uebermaß der Verzweiflung und von den Passauern bis aufs Mark ausgesogen, machten mit Weib und Kind unter Thränen und Wehklagen dreimal einen Fußfall bei Rudolph. Die Schrecken der Etweráfenbanden mehrten sich, die Altstädter wiederholten ihre Drohungen und kündigten den Sturm des Hrabschin als nahebevorstehend an, wenn die Passauer nicht augenblicklich abgedankt werden. Es kam die Nachricht, daß Mathias an der Spitze einer zahlreichen Armee den Altstädtern zu Hilfe eile. Da scheint der Kaiser die Ueberzeugung erlangt zu haben, daß Rettung nur in der wirklichen Entlassung der Passauer liege. Er verordnete mit dem Mandate vom 2. März auch wirklich deren Abdankung.

Aber auch die Stellung der Leiter der Bewegung in der Altstadt war eine sehr schwierige. Je länger die Ungewißheit dauerte, desto mehr wuchs die Zügellosigkeit des Pöbels, desto zahlreicher wurden jene Züge der Miliz aus den Kreisen, die täglich nach der Altstadt kamen, um sich den Ständen zur Verfügung zu stellen. Die Etweráfen zündeten in Altstadt selbst Häuser an und es mußten neun derselben gehenkt werden, um der Raublust dieses Gesindels Einhalt zu thun. Wenn auch im Gefühle der Uebermacht, mußten sich die Altstädter bedenken, einen Sturm auf den Hrabschin zu wagen. In einem solchen Falle wäre der Kaiser mit der Krone, den Schätzen und den Privilegien entflohen, und ihre Absicht, denselben zur Abdication zu vermögen, wäre unerreicht geblieben, oder es hätte vielleicht der den Habsburgern feindliche Theil der Actionspartei mit Uebergehung Mathias' einen andern fremden Fürsten zum König ausgerufen. Es war also den in der Altstadt versammelten Ständen schwer, einen Schlag auszuführen, solange nicht König Mathias im Lande war und zwar an der Spitze der Armee, um für den Fall, als der Kaiser Böhmen verlassen würde, den Thron als erledigt zu erklären und denselben selbst mit Gewalt in Besitz zu nehmen.

Die Leiter der Bewegung mußten daher den Kampf wie den Abschluß des Vergleichs mit Rudolph hinhalten, wenn die Entlassung der Passauer nicht vor der Ankunft Mathias' gelingen sollte. Diese Aufgabe war keine geringe. Sie beschworen daher den König seine Ankunft zu beschleunigen und begrüßten mit großer Befriedigung das kaiserliche Mandat vom 2. März, mit welchem die Entlassung der Passauer anbefohlen worden war.

Mit diesem Mandate erwuchsen dem Kaiser aber neue Schwierigkeiten; denn die Passauer, welchen Ramé reichen Lohn versprochen hatten, — da sie die Bestimmung hätten, den Kaiser, der von den Ständen gefangen sei, zu befreien — wollten nicht abgedankt werden. Sie schrieen betrogen zu sein und meuterten, so oft ihre Führer die Unterhandlungen darüber begannen. Von der Zurückstellung des Geraubten, wie die Altstädter es verlangt, wollten sie nichts wissen und begingen abermals die brutalsten Excesse, Mord und Todschlag. Als die Bürger der Kleinseite bei den Obersten Vorstellungen gegen diese Barbareien erhoben, antworteten diese: es sei Kriegsgebrauch und es werde noch ärger werden, wenn sich das Elsasser und das neu geworbene Kriegsvolk mit den Passauern vereinige.

In dieser so gefährlichen Lage hatte der Kaiser plötzlich Geld zu schaffen gewußt und zwar aus seinem Privatschatze, da die Hofkammer nur leere Cassen hatte. Die Soldaten begnügten sich anfänglich mit einem dreimonatlichen Sold und mit der Auszahlung des Restes in Budweis nicht, sie verlangten ihren ganzen Sold und drohten selbst Sulz und Ramé zu erschlagen.

In der Altstadt hatte sich jetzt die Situation gebessert. Die Ankunft des Königs Mathias war in Folge seines Mandats vom 21. Februar in sicherer Aussicht, der Vortrab seiner Truppen unter den Feldmarsch. Herberstein, unter Dampierre und Hobitz, hatte bereits den böhmischen Boden betreten. Durch diese Nachrichten sicher gemacht, waren die ständischen Soldaten und das bewaffnete Volk der Altstadt von der Erstürmung der Kleinseite jetzt kaum zurückzuhalten. Die Böhmen konnten es nicht ertragen, daß fremde Truppen ihren König, die böhmische Krone und das königliche Schloß bewachten. Ueberdieß hatten die fremden Truppen durch Eröffnung eines förmlichen Fleischmarktes, auf welchem sie die, im Umkreise von zwei Meilen seit Mitte Februar geraubten Schlachtthiere verkauften, durch Plündern und Brandschatzen große Reichthümer auf Kosten der Nation zusammengescharrt. Während die Passauer Offiziere aus Dankbarkeit für den reichen Gewinn, Leopold als einen zweiten Carl V. priesen, kannte die Wuth der Altstädter keine Grenzen, sie erklärten jetzt den Angriff auf die Passauer beginnen zu wollen, selbst wenn die böhmische Krone und ihre Privilegien bei dem Sturme zu Grunde gehen sollten. Kein Bein der Passauer, sagten sie, soll aus dem Königreich kommen, sie hätten Gold genug, um eine neue Krone anfertigen zu lassen und besäßen getreue Copien ihrer Privilegien.

Die Passauer hatten sich inzwischen in Folge der Bemühungen ihrer Führer mit der Idee der Abbankung befreundet, sie drohten jedoch, wenn man sie nicht augenblicklich befriedige, durch eine allgemeine Plünderung der Kleinseite sich selbst zahlhaft zu machen.

Die Altstädter benachrichtigten die Bürger der Kleinseite, daß sie in der Nacht vom 7. auf den 8. März einen Ausfall machen, die Kleinseite selbst und das Schloß stürmen wollten. Mathias' Truppen waren schon vor Prag angelangt; das Herausdrängen der Passauer war nicht mehr mit der früheren Gefahr verbunden, da der König auf der Reise nach Prag war. Die Etweräken hatten bereits kleine Ausfälle gemacht und den Podskal überfallen. Es war nicht zu zweifeln, daß die Altstädter jetzt ihr Wort gehalten und die Drohung ausgeführt hätten, wenn nicht Ramé in derselben Nacht mit einigen Compagnien Reiter in aller Stille Prag verlassen hätte, um dadurch auch die übrigen Truppen zu bewegen, abzuziehen. Der Kaiser hatte Sulz mit dem gemessensten Abbankungs-Befehle zu den Obersten geschickt und Ramé wahrscheinlich durch Auszahlung einer bedeutenden Summe zu jenem Schritte vermocht. Die in Prag zurückgebliebenen Passauer Soldaten waren über Ramé's Abzug erbost; wieder drohten sie, sich zahlhaft zu machen, klagten, daß man sie betrogen hatte, und verlangten, daß Erzherzog Leopold mit ihnen abziehe. Endlich begnügten sie sich doch mit der sogleichen Auszahlung des dreimonatlichen Soldes und mit der Zusicherung, daß sie den Rest in Budweis empfangen würden. Die Passauer in Prag waren bis auf 5000 Mann zusammengeschmolzen. Am 11. März Nachts um 2 Uhr verließen dieselben, vom Erzherzog Leopold, Sulz und Althann geführt, mit Munition und einigen Feldstücken, aus dem kaiserlichen Zeughause versehen, Prag und verschanzten die Thorbrücke, um die Verfolgung zu erschweren. Morgens verbreitete sich die Nachricht, daß Prag erlöst war. Sofort eilten böhmische und mährische Cornetten zur Verfolgung der Passauer; da sie aber von keiner Infanterie unterstützt waren, wurden sie von den Passauer Musketieren, welche den Rückzug des Hauptcorps deckten, angegriffen und zurückgeworfen. Um die Passauer aus dem Königreich herauszutreiben und ihnen die gemachte Beute abzujagen, marschirten böhmische und österreichische Truppen gegen Budweis, 11.000 Mann stark. Die mährischen und österreichischen Grenzen wurden besetzt, da man einen Ueberfall dieser Länder durch die Passauer befürchtete. Allein auch die Besorgnisse der Bevölkerung von Prag schwanden noch nicht, weil sich viele verkleidete Passauer daselbst aufhielten und das Gerücht verbreitet wurde, daß sie mit neugeworbenen Truppen verstärkt, zurückkehren würden.[1])

Leopold hatte kurz vor seiner Abreise den Häuptern der Stände, Thurn und Wenzel Kinsky eingestanden, einen großen Fehler begangen zu haben und dieselben ersucht, auf seine Jugend Rücksicht zu nehmen.

Ein Rückblick auf den Zug des Passauer Kriegsvolkes, auf seine Genesis und seine Führer zeigt, daß es das Instrument und die Waffe der Reaction gegen den Majestätsbrief und gegen die Präpotenz der Barone gewesen war, um die Freiheit des Gewissens aufzuheben und die ständische Suprematie zu brechen. In zweiter Linie war es die Armee, mit deren Hilfe Mathias entthront und dem Erzherzog Leopold Jülich, Tirol, die Krone von

---

[1]) Oberleitner zur Gesch. der Pass. S. Notizenblatt der K. Af. IX. 422 und ff. — Welser an den Herzog von Baiern 5. März 1611. M. St. A. S. Beil. Nr. CCCIX.

Böhmen, dann die Reichsnachfolge gesichert werden sollte. Es war aber dieser Einfall auch zugleich der Schlußstein in der Reihe jener verunglückten Kreuzzüge, welche Leopold und seine falschen Freunde Tennagel, Sulz, Althann, Ramé, Ubeßky im Jahre 1609 gegen die Protestanten entworfen hatten, um den Weg zur erb- lichen Monarchie, oder wie man sich heute ausdrücken würde, zur Begründung der absoluten Herrschaft des Hauses Habsburg in Deutschland anzubahnen. Von Spanien schon im Jahre 1609, wie wir wissen, ernstlich abgemahnt, obwohl vom Kaiser aufge- muntert, von den katholischen Fürsten aber nicht unterstützt, hatte Leopold dennoch den festen Entschluß gefaßt, diesen Plan zu ver- wirklichen. Am Schluße des Jahres 1610 ließ der Erzherzog durch den Beichtvater der Königin von Spanien, seiner Schwester, auf den Jesuiten P. Richard Haller einwirken, damit dieser dem Könige mittheile, daß der Kaiser nur Leopold und Niemanden andern zum Nachfolger im Reiche und in Böhmen haben wolle. Das Haus Baiern sei dafür, daß Leopold und nicht Mathias die Herzogin Magdalena heirate. Ein anonymer Brief an Erzherzog Ferdinand enthält die merkwürdige Nachricht, daß die drei geist- lichen Churfürsten sich zu Protokoll verpflichtet hätten, Erzherzog Leopold zum römischen Könige zu wählen. Demungeachtet ver- warf der Staatsrath aus den schon vielfach erwähnten Gründen abermals mit aller Entschiedenheit die Candidatur Leopold's. Am Vorabende des Einfalls hatte Zuñiga, die Katastrophe voraussehend, den Erzherzog Leopold gemahnt, nichts Großes ohne Zustimmung Spaniens und des Erzherzogs Ferdinand zu unternehmen. Wie Spanien, sprach sich auch dieser gegen die Bestrebungen Leopold's aus. Allein dieser ließ sich nicht davon abbringen, obwohl die von ihm beabsichtigte Aufstellung der vier Armeecorps in Deutschland durch den Verlust Jülichs schon in ihren Anfängen mißlungen war. Aus Jülich hinausgeworfen, im Elsaß geschlagen, setzte Leopold mit dem Kaiser die letzte Hoffnung auf den Zug nach Böhmen, nachdem die eventuelle Verbindung der Armee des Erz- herzogs mit den katholischen Baronen Mährens und Schlesiens durch Entdeckung der Sarkander'schen Verschwörung vereitelt wor- den war. Nun aber scheiterte selbst der letzte Versuch — der Einfall nach Böhmen.

Der leichtfertige, von kriegs- und beutelustigen Officieren

dem Erzherzog gegebene Rath, rächte sich bitter an diesem. Von
der Höhe seiner Träume, „von Kaiser- und Königskrone" stürzte
er mit Einemmale herab, und mußte bekennen, — einen großen
Fehler begangen zu haben. Von allen Seiten stürmten bittere
Vorwürfe und düstere Anklagen an ihn heran, — die Bilder der
rauchenden Trümmer zahlreicher Ortschaften, der blutigen Leichen
der in dem Bürgerkampfe Gefallenen und Gemordeten, drängten
sich zwischen der Beschuldigung des Bruches des Versöhnungsvertrages, den er selbst wenige Monate zuvor in Prag unterzeichnet
hatte. König Philipp, der König von Ungarn, die Churfürsten
von Sachsen, Mainz und Köln, selbst Erzherzog Ferdinand, der
Gesandte Spaniens und der Nuntius verdammten die unglück-
selige Unternehmung, welche Böhmen und die unirten Länder so
tief verletzt hatten, und versagten ihm ihren Rath und ihre Unterstützung. Mitten unter diesen erhob sich mißbilligend die ehrwürdige
Stimme des heiligen Vaters, den Erzherzog und den Bischof zugleich verweisend, ihn ermahnend, zu seiner Heerde, die er verließ,
zurückzukehren und sich von einem Schauplatz des Ehrgeizes und
des Kampfes zurückzuziehen, den ein gesalbter Diener des Herrn
nicht betreten soll. — Leopold's Name war ein Gegenstand des
Schreckens für die Bevölkerung Prags und Böhmens geworden.
Das Haus des Lazarus Henkel auf der Kleinseite ward vom
Erzherzog Leopold bewohnt. Auf dieses Haus hatten es die Altstädter abgesehen. Streifparteien überfielen dasselbe und wollten
es niederbrennen. Wo sich des Erzherzogs Leute zeigten, da wurden
sie erschlagen. Als einst von der Kleinseite aus seine Diener um
Fische zu kaufen an das Ufer der Moldau gingen, wurden sie
ermordet; der Pöbel hing sie an den Füßen auf, mit dem Kopf
im Wasser und schrie, sie sollen mit dem Maule Fische fangen.
Dasselbe Schicksal erlitten Officiale der päpstlichen Nuntiatur, als
sie, mit Patenten des Erzherzog Leopold versehen, Lebensmittel in
der Nähe Prags ankaufen wollten.

Der Erzherzog war tief erschüttert, er sah sich verlassen und
hatte das Gefühl, seine letzte Karte eingesetzt und das Spiel verloren zu haben. Er wollte ins Kloster gehen und Kapuziner werden.
In einem Briefe an den Papst suchte er sich zu rechtfertigen, die
Schuld von sich abzuwälzen. Der alte Herzog Wilhelm von Baiern
und Leopold's Bruder Erzherzog Ferdinand, waren bemüht, ihm die

Verantwortlichkeit des Einfalls abzunehmen. Allein die letzten
Zweifel an die Miturheberschaft Leopold's schwinden, wenn man
das Schreiben vor Augen hat, welches Zuñiga an Erzherzog Ferdinand in dieser Angelegenheit gerichtet hatte. „Und in Wahrheit
zu sagen," schreibt der spanische Gesandte, „ich bin sehr bereit,
dem Erzherzog Leopold zu dienen, aber mein Verstand kann die
Behauptung nicht fassen, welche Euere Hoheit in dem Briefe angeführt, daß nämlich Erzherzog Leopold den König Mathias nicht
beleidiget, und das Paffauer Volk ohne sein (Leopold's) Wiffen
und sogar gegen seinen Willen in Böhmen eingebrochen sei. Die
schlimmste That des Paffauer Kriegsvolkes ist deffen gewaltsames
Eindringen in Prag, wo es mit Mord und Brand wüthete und
wobei es vom Erzherzog Leopold, angethan in der Kleidung eines
Generals, befehligt wurde. Wie kann man nun sagen, daß das
Paffauer Kriegsvolk ohne seinen Befehl, ja gegen sein Wiffen
eingedrungen? Wenn man nun weiter bedenkt, daß diejenigen,
welche die Werbungen des Paffauer Volkes vorgenommen, dasselbe bei seinem Einrücken in Böhmen und Oefterreich geleitet,
des Erzherzogs begünstigte Diener sind, wie kann man annehmen,
daß ihm alle diese Thaten mißfielen, da er an ihren Urhebern so
festhielt. Ich für meinen Theil, wie schon oben erwähnt, ge-
stehe, daß mein Wille sehr gut ist, aber mein Verstand zu schwach,
die Gründe zu faffen, mit welchen der Erzherzog seine Unschuld
darthun will." Zuñiga macht zum Schluße des Briefes eine Wendung, welche auf Rudolph's Verhältniß zum Paffauer Einfall ein
Schlaglicht wirft und die Theilnahme des Erzherzogs an diesem
Zuge zu mildern scheint, indem er des Kaisers Willen, des Kaifers Befehl als die Quelle jener Wirren darstellt, welchen Befehl
Leopold, als gehorsamer Sohn, nach Zuñiga's Ansicht in über-
großem Eifer nur zu befolgen bestrebt war.

Für die Länder und für das Haus waren die Folgen des
Paffauer Einfalls von größtem Gewichte. Das tiefste Mißtrauen
verfolgte alle Maßnahmen der Regierung. Alles, was mit dem
spanischen oder österreichischen Hause in Verbindung stand, brachte
man mit dem Paffauer Einfall in Zusammenhang. Der Haß gegen
dieses Kriegsvolk war so groß und nachhaltig, daß man nach
den in Prag zurückgebliebenen Soldaten eine allgemeine Hetzjagd
anstellte. Wurde ein Paffauer ergriffen, dann warf man ihn in

die Moldau, und wenn er sich durch Schwimmen zu retten suchte, wurde er durch Schüße erlegt. Das fürchterliche Hausen derselben in Prag, ihre Sendung, die Freiheit zu unterdrücken, hiebei selbst das Kind im Mutterleibe nicht zu schonen, hatte diesen Haß so sehr geschärft. Man betrachtete sie als Feinde des Menschengeschlechtes und laut verlangte das Volk deren Aechtung. Der Zug der Passauer erschien demselben wie ein Ueberfall von Teufeln in Menschengestalt, die sich verschworen hatten, die Protestanten auszurotten. Wenn man den tiefen Eindruck, welchen dieser Ueberfall zurückließ, beobachtet, so kann man behaupten, daß dieser eine der vornehmsten Quellen jener erbitterten Stimmung und jener rücksichtslosen antidynastischen Politik war, welche die ständische Bewegung fortan characterisirte. Zuñiga stellte seinem Gebieter den Antrag, durch irgend eine Demonstration die zugemuthete Mitwissenschaft oder Miturheberschaft Spaniens feierlich zurückzuweisen; — so sehr fürchtete er für den Credit des spanischen Cabinets, wenn das falsche Gerücht, daß Spanien den Passauer Einfall als den Anfang eines Krieges zu Gunsten der katholischen Religion beförderte, Boden gewinnen sollte. Er wollte unverweilt abreisen, um seine tiefe Mißbilligung zu manifestiren. Auch wünschte er, Philipp möge ausdrücklich erklären, daß er keinen Antheil an dieser odiosen Vergewaltigung habe und daß er nur die katholischen Fürsten Deutschlands unterstützen wollte, indem er die Liga subventionire. Damit beabsichtigte Zuñiga zu zeigen, daß der Passauer Zug mit den Zwecken der Liga nichts gemein habe.

In Deutschland hatte sich die Nachricht von dem Einfalle mit Blitzesschnelle verbreitet. Jener Einfall, so heimtückisch und gewaltthätig in der Ausführung, so gefährlich in seinen letzten Zwecken, hatte überall den lebhaftesten Eindruck, die größte Entrüstung hervorgebracht. Allerlei allarmirende Gerüchte, die in den Nachrichten über die dunklen Plane der Passauer Führer Nahrung fanden, kamen in Umlauf. Kein protestantischer Reichsstand hielt sich für sicher in seinem Besitze, und es muß das Gerücht, daß der Kaiser nach Bewältigung Böhmens die Churmark besetzen lassen wollte, so wie, daß Mathias sich mit Leopold verbinden würde, um die Protestanten zu bekämpfen, nicht ohne glaubwürdige Nebenumstände nach Brandenburg gedrungen sein, weil der Churfürst in größter Eile und im tiefsten Geheimniß den Oberst

Meinhart von Schönburg zu Mathias sandte, um die Gesinnungen desselben zu erforschen. Die Nachricht, daß Mathias Gelder aus Spanien bezog, der Einfluß, den der König dem Bischofe Khlesel einräumte, hatten den Churfürsten in der Besorgniß bestärkt, daß Mathias sich in Verbindungen mit Leopold eingelassen und an dem „überaus neuen und unerhörten Prozesse," an dem „barbarischen Werke von Passau" theilgenommen hatte, um eine absolute Herrschaft im Reiche einzuführen. Der Churfürst beschwor Mathias, sich von einer solchen Verbindung, wenn sie bestehen sollte, loszulösen und jenen Makel wegzuwaschen, welcher durch den Passauer Einfall auf dem Hause Habsburg hafte. Wenn Mathias den dringenden Abmahnungen Churbrandenburgs nicht willfahre, dann werde er einen Angriffskrieg aller Protestanten heraufbeschwören, seine und seines Hauses Herrschaft gefährden. Wenn Mathias hingegen die Böhmen gegen Rudolph beschütze, dann könne er der Hilfe der Union versichert sein. Ganz besonders warnte der Churfürst den König vor dem Abschluße eines Separataccords mit dem Kaiser. Der Churfürst besorgte nämlich, daß Mathias und Rudolph sich verbinden würden, um nach dem alten Plane Khlesel's über die Protestanten gemeinschaftlich herzufallen. Es sollten, falls ein solcher Vergleich geschlossen werden wollte, die allgemeinen Reichs- und Religions-Interessen gewahrt werden, weshalb die Gesandten der Churfürsten dabei zu interveniren hätten. Mathias, der sich damals auf der Durchreise nach Böhmen in Mähren befand, gab Herrn von Schönburg die beruhigendsten Zusicherungen. Der Unwille Churbrandenburgs gegen die Passauer und deren Patrone ging so weit, daß er die Aufforderung Sachsens, einen Gesandten zu Rudolph zu schicken, entschieden ablehnte. Aehnliche Besorgnisse wie Churbrandenburg, hegten auch die Unionsfürsten; um Mathias in seinem Vorhaben gegen Rudolph zu bestärken, bot auch Anhalt dem Könige jede Unterstützung der Union gegen diesen an.

In Prag selbst war Gefahr vorhanden, daß die Stände Böhmens mit der Dynastie brechen würden. Bedenklich war es schon, daß sie anfänglich von Rudolph verlangten, er solle sie des Gehorsams entbinden und daß von Mathias hiebei keine Rede war. Sie wollten eine Königswahl vornehmen, ohne Rücksicht auf den schon zum König designirten Mathias. Einige brachten

Churbrandenburg in Vorschlag andere Chursachsen. Das Mißtrauen, welches der Churfürst von Brandenburg gegen Mathias
manifestirte, herrschte in gleicher Weise in Böhmen und auch da
waren die von den Churfürsten angeführten Gründe zu diesem
Mißtrauen bekannt. Die Aussichten Mathias' wurden ferner auch
dadurch getrübt, daß Rudolph sich für Leopold's Nachfolge in
Böhmen entschieden aussprach und daß anderseits die Gegner des
Königs von Ungarn entschlossen waren, den angekündigten Anmarsch nach Böhmen als einen feindseligen Act zu betrachten;
wenn diese Anschauung sich behauptet haben würde, dann wäre
wohl das Anwartschaftsrecht des Königs so gut wie verloren gewesen. Chursachsen suchte Mathias selbst durch Drohungen von
der Veränderung des Status quo 1610 abzuhalten, um die böhmische Krone für Rudolph zu erhalten.

In der That, die Dinge hätten für Mathias und das
kaiserliche Haus eine schlimme Wendung genommen, wenn nicht
ein rechter Mann im rechten Augenblicke erstanden wäre, der mit
außerordentlicher Gewandtheit die Situation in Prag erfaßt und
beherrscht hätte, mit der festen Absicht, die böhmische Krone auf
Mathias' Haupt zu setzen.

Wir wissen es, daß Wenzel Kinsky schon vor drei Jahren
dieses Ziel verfolgte, und daß er im Jahre 1609 dafür beharrlich
gewirkt, wir wissen es, wie er zur Begründung der gegenwärtigen
Situation wesentlich beigetragen hatte. Im Jahre 1610 informirte
er nicht nur Mathias auf das Genaueste über die Werbungen in
Passau und deren Zwecke, so wie über die Anschläge des Kaisers
in Betreff Oesterreichs, sondern er benahm sich wie ein Rathgeber
und Confident des Königs. Er beschwor ihn damals, wenigstens
„dissimulando" den Oesterreichern nachzugeben, damit er sich bei
seinen künftigen böhmischen Unterthanen nicht unbeliebt mache.

Kinsky spielte ein höchst gefährliches Spiel; — allein es
ist im höchsten Grade spannend, diesem Spiele zu folgen, in welchem für Mathias die Krone, für Kinsky Macht und Reichthum,
oder Verbannung und Tod, für die Völker ein blutiger Bürgerkrieg oder Frieden und Freiheit der Preis waren. Er spielte kühn,
aber mit außerordentlichem Glücke und mit außerordentlichem Erfolge. Zu Erzherzog Leopold stand er — wir erzählten es —
im vertrautesten Verhältnisse. Es ist nicht zu zweifeln, daß Kinsky

es war, welcher durch die Zusicherung seiner wärmsten Unterstützung zu den Entschlüßen des Erzherzogs wesentlich beitrug,
jenen Einfall der Passauer in Scene zu setzen. Was dann kommen
mußte, sah Kinsky voraus. Er schrieb im Jahre 1610 dem Könige
ganz deutlich, daß er in den Passauer Umtrieben eine Schickung
des Himmels erblicke, um ihm zu seinem Ziele zu verhelfen. Ein
großer Theil der Gefühle, welche Böhmen gegen die Passauer
hegte, wurde nun auch auf Leopold und Rudolph übertragen. Es
konnten die Böhmen nicht vergessen, daß sie sich durch des Kaisers
wiederholte Versicherungen: die Passauer seien wider seinen Willen
nach Prag gezogen, er wolle sie, sobald sie sich der Hauptstadt
nähern, als Feinde erklären — vollkommen täuschen ließen. Jene
Versicherungen waren nur, wie Zuñiga's unverwerfliches Zeugniß
bekundet, eine Finte Rudolph's, um Zeit zu gewinnen. Schon
1608, noch mehr 1609, wankte die Krone des Kaisers und des
Königs von Böhmen. Wenn Kinsky nunmehr den böhmischen Baronen begreiflich macht, daß es nur Unschlüßigkeit und Schwäche
des Kaisers war, welche diesen verhindert haben mochten, die
Häupter der böhmischen Stände schon im Jahre 1609 zu verhaften,
um dieselben, wie es den Grafen Horn und Egmont in den Niederlanden widerfahren, auf's Schaffot zu schicken, daß aber jetzt
ein junger, resoluter Mann, Erzherzog Leopold, das Heft in
Händen habe und von ihm die Ausführung eines so schrecklichen
Entschlußes allerdings zu erwarten sei, wenn ferner die Passauer
mit der Spitze ihrer Picken den Majestätsbrief „den Schandbrief,"
zerreißen, — dann, rechnete Kinsky, müßten die ergrimmten Stände
das Aeußerste wagen und keine Macht mehr würde Rudolph auf
dem Thron erhalten können, dann wäre der seit drei Jahren heiß
ersehnte Augenblick gekommen, in welchem nach Kinsky's Plane
die Krone Böhmens auf Mathias übergehen müßte. Wie es ihm
gelungen war, früher Leopold zum Aeußersten, zum Einfall nach
Böhmen zu treiben, so wußte er jetzt den Haß, die Wuth der
Prager auf's Höchste zu entflammen, um einen klaffenden, unversöhnlichen Gegensatz zu schaffen zwischen Böhmen und Rudolph.

Wie durch ein Wunder entgeht Kinsky der Gefahr erschlagen
zu werden von den Passauern, welche ihm am Tage des Einfalles auf der Flucht nach der Altstadt nachsetzten. Zuñiga ist es,
der ihn dabei unterstützte; Zuñiga, der offenbar in Kinsky's Plane,

das Haus zu retten, eingeweiht war und selbst Kinsky darin die
Hand bot. Kinsky bemächtigte sich der Leidenschaften der Böhmen,
der Edlen, der Bürger und des Pöbels, er weiß diese Leidenschaften zum Sieden zu bringen. In den ersten Tagen nach dem
Einfalle ritt er in der Altstadt umher, und mahnte das Volk unaufhörlich vom Gehorsam gegen Rudolph ab. In drei Tagen, sagte
er, werde der König kommen, jeder Vergleich mit Rudolph wäre
für Böhmen verderblich! — Auf diese Art war es ihm gelungen,
die Hauptstadt und das Land gegen den Kaiser aufzuwiegeln und
jeden Ausgleich unmöglich zu machen. In ihm sahen die Böhmen
den energischen Mann, der jetzt die Zügel in festen Händen zu
halten wußte; er gewann auch wirklich im Heerde der Bewegung,
in der Altstadt, das höchste Ansehen, er ist einer der dreißig
Directoren, er wird Generaloberster und zugleich der Führer der
Bewegung, wie in der Altstadt so im Landtage. Thurn, Fels,
Wilhelm Lobkowitz, Schlik, Rosenberg waren mit ihm verbunden.
Indem er die Macht an sich gerissen hatte, war er jedoch nur
der Depositär derselben, seine Absicht ging dahin, die fremden
Kroncandidaten fern zu halten, Rudolph zur Abdication zu drängen
und die Passauer zum Abmarsch zu zwingen.

Tausend Gefahren hatte Kinsky glücklich überstanden, die
täglichen für sein Leben, den möglichen Sieg der Passauer, die
Opposition gegen Mathias und das Haus, die demagogische Be-
wegung, die in der Stadt ihr blutiges Haupt erhob und auf das
Land hinaus ihre mächtigen Glieder dehnte. Er wußte diesen Flammen zu gebieten, indem er sie alle auf die Passauer hinlenkte.
Noch war die Gefahr nicht überwunden und schon schrieb er, vom
Erfolge überzeugt, nach Wien, den König beschwörend, eiligst zu
kommen, sich das Kleinod zu holen, das er für ihn in der treuen
Hand bewahrt habe. Er lehnte die Verantwortung eines etwaigen
Mißerfolges ab, wenn Mathias nicht eiligst nach Böhmen
komme. Mit allerlei Diplomatien wußte er indessen die Ver-
gleichsunterhandlungen mit Rudolph zu verzögern, um dem Könige
und seiner Armee zum Einmarsch Zeit gewinnen zu lassen.

Das Verlangen der Prager nach einer Lösung der Wirren,
die doch nur durch Mathias' Wahl zum König erfolgen konnte,
stieg von Tag zu Tag; Mathias! Mathias! war bald nach Kinsky's
Weisung das Feldgeschrei für Alt und Jung. Den Namen Leopold

hingegen konnten die Böhmen nicht hören, ohne ihn mit Schimpfworten zu bedecken. Jetzt (am 11. März) entschlossen sich die Stände den König förmlich einzuladen, nach Prag zu kommen, um sie als künftiger König von Böhmen, zu beschützen.

Der spanische Gesandte, der bei Allem mitgewirkt und der dies alles gutgeheißen, beantragte, daß Mathias' Candidatur durch Spanien kräftigst und unverweilt unterstützt werden solle, da selbst Erzherzog Ferdinand für den König von Ungarn sich erklärte. Ueber Zuñiga's Antrag wurden für Mathias 200,000 fl. in Madrid flüssig gemacht, damit dieser nicht den protestantischen Ständen allein, sondern auch dem katholischen Spanien seine Erhebung verdanken solle. [5])

Allein Rudolph war nicht willens, seine letzte Krone so leichten Kaufes hinzugeben. Herr von Zierotin brachte in Erfahrung, daß der Kaiser die Stände Böhmens durch ausgedehnte Zugeständnisse zu gewinnen suchte. Auch war er besorgt, daß der König, von Khlesel und dem Herzog von Braunschweig beeinflußt, vielleicht den Zug nach Böhmen aufgeben würde. Doch selbst eine Zögerung von wenigen Tagen hielt er wie Kinsky für folgenreich, sie könnte das Ungemach vieler Jahre nach sich ziehen. Zierotin schrieb daher wiederholt an Thurzo, damit dieser den König bei seinem Entschluße erhalte und die Ungarn bewege, die Hilfe rasch zu senden, da sonst die Mährer nicht nach Böhmen marschiren könnten, weil die Markgrafschaft von Truppen nicht entblößt bleiben konnte. Die Besorgnisse Zierotin's gründeten sich auf die wankelmüthige Umgebung des Königs. Kein verläßlicher Mann war in seiner Nähe, Richard Stahrenberg hatte eine Mission an die Reichsfürsten, Liechtenstein durfte nicht mitreisen, da es bekannt war, daß er sich auf des Kaisers Seite neige. Tschernembl befand sich bei Rosenberg, um dort mit diesem vereint für des Königs Vorhaben in Böhmen zu wirken und die Passauer zu beobachten. Doch die Befürchtungen Zierotin's waren unbegründet, der König wankte diesmal nicht. Schon am 1. März erhielt die böhmische Gesandtschaft in Wien von Mathias die Versicherung ausgiebiger

[5]) Zuñiga al Arch. Ferdinando. Ebr. 1612. Sim. 2498/67. — Hansa Correspondenz a. a. O. 26. 28. — Akta a Kopie et. Prag. 1611. P. 147. S. Beil. Nr. CCCX.

Hilfe; am 8. März brach Mathias auf, nachdem er zuvor den
Papst und Spanien über die Absichten seines Zuges unterrichtet
und ein Manifest an seine Länder und die Reichsfürsten erlassen
und die Motive des Einmarsches nach Böhmen kundgegeben hatte:
nämlich den Bruch der Verträge durch die Regierung des Kaisers,
die Anwerbung von Truppen, um die unirten Länder zu unterjochen und die Umtriebe des Hofes, um diese Länder zum Abfalle
von ihm, ihrem Herrscher, zu reizen. Der König fand Herrn von
Zierotin in Hollabrunn. Am 9. März war der König schon in
Znaim eingetroffen, begleitet von der mährischen Reiterei unter
Golz und Albrecht von Waldstein.

Mathias hielt sich fünf Tage in Znaim auf, um den böhmischen Ständen Zeit zu geben, Abgesandte wählen und ihn in
entsprechend feierlicher Weise empfangen zu können. Während dieser
Zeit wurde eine Zusammenkunft der mährischen Landherren daselbst abgehalten. Es hatte nämlich der Februarlandtag die obersten
Landesoffiziere und andere Ständemitglieder ermächtigt, allenfälligen
Forderungen des Königs in Znaim in Berathung zu nehmen. Mathias forderte in der That die Landesoffiziere auf, da er sehr
wenig Cavallerie mitführe, ihm durch die mährische schwere Reiterei
das Geleite geben zu lassen, zwei bis drei Fähnlein deutscher
Knechte zu werben, 80,000 fl. zu votiren und ihm, anstatt des bei
der Armee in Verwendung stehenden Grafen Hobiz einen anderen
ständischen Bevollmächtigten beizugeben. Tags darauf (12. März)
erwiederten die Landesoffiziere, daß sie nicht allein dem Obersten
Golz mit fünfhundert Reitern, sondern auch dem Obersten Peter
von Sedlnitzky befohlen hatten, Seine Majestät nach Böhmen zu
begleiten. Ersterer sollte sich mit der königlichen Armee vereinigen,
Letzterer hingegen sollte baldigst wieder nach Mähren zurückkehren;
die Werbung eines Infanterieregimentes wurde zwar genehmigt,
doch nicht für den König, sondern für die Landesvertheidigung
selbst. In der Geldfrage waren die Landesoffiziere schwieriger, die
postulirten Summen wurden nicht votirt, allein eine andere Maßregel dafür in Antrag gebracht; sie versprachen nämlich, die mährischen Gläubiger Seiner Majestät, welche aus dem Landesschatze
befriedigt werden sollten, zu ersuchen, noch zuzuwarten, damit Seine
Majestät noch durch einige Zeit mit ihren Geldern verfügen könne.
Zur Bevollmächtigung eines anderen Landherrn an Stelle des Grafen

Hobitz, hielten sie sich nicht berufen, zumal Hobitz doch immer bei der Armee und nicht fern von Mathias sei und überdies Herr Ladislaus von Lobkowitz, der Oberstkämmerer von Mähren, sich im Gefolge des Königs befinde. Die Ergebnisse dieser Berathung zeigen, wie sehr seit dem Jahre 1608 das Mißtrauen der Stände gegen die Regierung des Königs gewachsen war.

Während seines Aufenthalts in Znaim fertigte Mathias Gesandte an die katholischen und protestantischen Reichsfürsten, dann an seine Anhänger in Böhmen: Thurn, Fels, Schlik, Lobkowitz, ab. Von den Reichsfürsten verlangte er werkthätige Hilfe, da diese sich, nach dem Prager Vergleiche vom Jahre 1610, verpflichtet hatten, gegen den Vertragbrüchigen die Waffen zu führen. Die Instructionen der Diplomaten, welche nach Deutschland geschickt wurden, trugen das Gepräge der Politik, die den König oder eigentlich den Bischof von Wien characterisirt. Ostensibel stellt sich Mathias über die Parteien. Der König, dessen Unterthanen Katholiken und Protestanten sind, kann sich weder zur Union, noch zur Liga neigen; allein die geheimen Weisungen lauten dahin, den katholischen Fürsten zu zeigen, wie Mathias alles für die katholische Religion zu thun, bereit sei. Es war aber den Katholischen schwer, dies zu glauben, weil Mathias noch jetzt Hilfe von den protestantischen Fürsten Deutschlands in Anspruch nahm und durch Wenzel Kinsky den böhmischen Ständen die Aufrechthaltung der Religionsfreiheit zugesichert hatte.[6])

Aber auch Rudolph trachtete nach auswärtiger Hilfe; den durch Mathias herannahenden Sturm ahnend, verlangte er von den Churfürsten von Mainz und Sachsen Unterstützung und suchte selbst die Häupter der Stände für sich zu gewinnen; so ertheilte er der Familie Kinsky den Freiherrnbrief, welchen dieselbe früher durchaus nicht erlangen konnte. Er versicherte, das Passauer Kriegsvolk sei nicht zur Unterdrückung der evangelischen Religion oder der ständischen Privilegien berufen worden. Er beschwerte sich über die Undankbarkeit der böhmischen Stände. Je sicherer diese sich vor dem Passauer Volke geglaubt hatten, desto größer war aber die Erbitterung, als sie wahrgenommen, man habe sie getäuscht,

---

[6]) Landtagspamtkb. IV. 540,/b. Cod. 20. Feb. 1611 Thurzo. — S. Beil. Nr. CCCX.

es sei eigentlich gegen sie gemünzt und auf den Majestätsbrief abgesehen. Die Stände übten allein die Herrschaft zu Prag aus, der Kaiser war wie ein Gefangener und man sprach von der beabsichtigten Flucht desselben. Als die Gesandten der Churfürsten von Mainz und Sachsen, die böhmischen Stände ermahnten, mit Rudolph glimpflicher umzugehen, antworteten einige: Wenn die Churfürsten es verlangten, würden sie ihnen den Kaiser und den Churfürsten von Böhmen zugleich in einem Sacke zusenden. Jene Churfürsten hörten bereitwillig und theilnahmsvoll die Klagen des Kaisers, doch schickten sie ihm, wie gewöhnlich, statt Kanonen Kanzleiräthe und statt Geld guten Rath.

Dies bezeichnete die wahre Lage Rudolph's: von Allen verlassen, ohne Bundesgenossen, ohne Armee, von Spanien vernachlässigt, von Rom ausdrücklich aufgegeben, ergab er sich endlich seinem Verhängnisse; durch Herrn Adam von Waldstein ließ er dem Könige Mathias eröffnen, „daß dessen Reise nach Böhmen ihm nicht zuwider sei."

Der König war von Znaim nach Iglau gereist und empfing hier die Gesandten der böhmischen Stände, an deren Spitze Wenzel Kinsky stand; sie begrüßten ihn als Befreier und schilderten ihm, wie sehnlich er zu Prag erwartet werde. Zugleich bestärkten Briefe seiner Anhänger den König in seinem Vorhaben. Rosenberg ermahnte ihn, keinen Vergleich einzugehen und selbst den äußersten Schritt, die Entthronung zu wagen. Zwar versuchten der Herzog von Braunschweig, der, wie es vor drei Jahren Cardinal Dietrichstein gethan, unermüdlich von Prag zu Mathias ab- und zureiste, dann der spanische Botschafter (dieser letztere um den Schein zu wahren) ihn von der Weiterreise aufzuhalten, doch ohne den mindesten Erfolg. Am 17. März fertigte Mathias, ehe er den Boden Böhmens betrat, einen feierlichen Revers aus, daß er die böhmischen Stände „bei ihren Freiheiten und Rechten wolle verbleiben lassen."

Die Reise Mathias' glich einem Triumphzuge, das Volk von Prag, die vornehmen Barone zogen ihm jubelnd entgegen; der Einzug in die Hauptstadt, bei welchem er ein ungarisches Scharlachkleid trug, war der eines siegreichen Liberators, eines regierenden Königs. In seiner Herzensfreude schrieb er darüber umständlich an Herrn von Zierotin: „so kalt die Aufnahme im

Jahre 1608 war, so herzlich, so enthusiastisch war der jetzige Empfang." Aber auch der König suchte dem Volke Böhmens seine Neigung und Hochachtung zu bezeugen, indem er demselben in einem Manifeste folgende verführerische Worte zurief: „Und jene edle und ruhmvolle Nation, welche die Zierde von Haus Oesterreich war und diesem Hause bei so vielen Gelegenheiten mit ihrem Leben und Vermögen so ersprießlich diente, ist nun (durch den Passauer Einfall) einem fremden Volke schutzlos preisgegeben!"

Zierotin war während des zehntägigen Aufenthalts Mathias' in Mähren in seiner Umgebung und es ist wahrscheinlich, daß er die böhmischen Correspondenzen und die Geschäfte des Königs wie im Jahre 1608 auch diesmal geleitet hatte. Als dieser die Grenze bei Iglau überschritt, kehrte Zierotin nach Rositz zurück. Der Oberstkämmerer von Mähren, Ladislaus von Lobkowitz, der hoch in des Königs Gunst stand, blieb in seinem Gefolge und hatte das Amt eines Translators übernommen, da Seine Majestät sich in der böhmischen Sprache nicht gewandt ausdrückte.[1]

Mathias konnte jedoch die Dienste Zierotin's nicht entbehren. Kaum war dieser von Iglau zurückgekehrt, als er vom König am 28. März ein ebenso bringendes als freundliches Einladungsschreiben, unverweilt nach Prag zu reisen, erhielt. Sofort bestellte er in der Person des Burggrafen von Znaim, des Freiherrn von Ruppa, einen Stellvertreter der Landeshauptmannschaft. Dieser Baron war ein Mitglied der Brüderunität, ein Mann von nicht gewöhnlicher Klugheit und Umsicht, und ein vorzüglicher Kenner des mährischen Rechtes. Zierotin konnte ihm mit Beruhigung die Leitung der Geschäfte in Mähren anvertrauen. Da er immer noch einen Einfall des Herzogs von Teschen und polnischer Truppen zu Gunsten Rudolphs (König Sigismund war ein naher Verwandter des Kaisers) besorgen konnte, so empfahl er Herrn von Ruppa, die östliche Grenze im Auge zu behalten; achthundert Reiter und fünfzehnhundert Fußsoldaten waren daselbst aufgestellt; überdies wurden die ungarischen Hilfstruppen, deren Absendung seit dem Abzuge der Passauer von Prag nicht mehr nöthig war, für den Fall eines feindlichen Angriffes von Schlesien aus, von Thurzo angeboten.

---

[1] Akta a Copie. a. a. O. S. 126. — Castro al rey 24. April 1611. Sim. S. Beil. Nr. CCCX.

Zierotin verließ ungern Mähren, da ihm die Vertheidigung der von Außen gefährdeten Sicherheit des Landes vor Allen am Herzen lag, während er sich von seiner Wirksamkeit in Prag selbst wenig versprach.

Da Mathias jetzt Aussichten hatte, wirklicher König von Böhmen zu werden, ließ er sich ein Gutachten über die Art, wie dieses Land zu regieren sei, vorlegen; der Geist dieser Denkschrift stimmt mit jenen politischen Grundsätzen überein, welche Zierotin zur Geltung bringen wollte. Der geheime Rath soll aus erfahrenen Personen (die aus den Ländern, ohne Unterschied der Religion, zu berufen sind) bestehen, die Reform der Justiz und der Finanzen, die Lösung der Verbindungen des Königs mit Baiern und der steier'schen Linie (Erzherzog Ferdinand ist hier gemeint) soll durchgeführt werden, die den unirten Ländern gemachten Zusagen rücksichtlich ihrer Privilegien und der Religionsfreiheit müssen aufrecht erhalten, und der Bischof Khlesel aus dem geheimen Rathe entfernt werden.

Bald nach der Ankunft des Königs in Prag, forderten die Stände Böhmens von Rudolph die Ausschreibung eines Landtages, um „die Reform der Regierung“ durchzuführen, und fügten die Drohung bei: daß sie im Weigerungsfalle selbst den Landtag ausschreiben würden. Der Kaiser genehmigte dieses Verlangen und setzte die Eröffnung des Landtages am 11. April fest.

Mathias' Anwesenheit in Prag und dessen brüderlichste Versicherung änderten nichts an der unwürdigen Behandlung des Reichsoberhauptes von Seite der Stände. Es ist nicht schwer den Zweck dieser Tactik zu finden. Mathias, wie die Stände Böhmens suchten den Kaiser durch Drohungen und Mißhandlungen zur Niederlegung der böhmischen Krone zu zwingen. Die Wachen auf dem Hradschin wurden vermehrt, der Raum der Spaziergänge Rudolphs eingeengt, die Bewachung selbst geschah nicht durch jene böhmischen Truppen allein, die ihm den Eid geleistet hatten, auch fremde Soldaten, die mährischen, bewachten den Kaiser. Rudolph war tief verletzt darüber, denn man hatte, wie er sagte, seine Person seinen Feinden übergeben. Einmal näherte er sich einer Schildwache und diese legte sogar das Gewehr auf die römisch-kaiserliche Majestät an. Seine Gegner suchten ihn zu isoliren, die Diener und Rathgeber von dem Verkehr mit dem Herrn abzuschrecken ober ganz zu entfernen, um die Qualen des Kaisers zu vermehren und ihn zu bestimmen, sich ohne Widerstand in die Hände seiner Gegner zu überliefern. Der Herzog von Braunschweig wurde sowohl von den Böhmen, wie von Mathias hart angelassen dafür, daß er als Fremder sich in die böhmischen Angelegenheiten einmenge, die ihn nichts angingen. Rudolph's vertrauteste Räthe: der geheime Rath Hanniwald, der Reichshofrath Hegenmüller, Welser, Heydel und andere Beamte sind kurz nach Mathias' Ankunft angeblich im Auftrage der Stände Böhmens arretirt und eraminirt worden. Tennagel, des Erzherzogs Leopold geheimer Rath, schon während des Passauer Einfalls von den Böhmen gefangen, wurde der „scharfen Frage" unterzogen und mußte unter den Qualen der Tortur über den Zweck der Passauer Werbungen und deren Urheber Antwort geben. Aehnliche Fragen hatten Hanniwald und Hegenmüller zu beantworten. Die Fragstellungen an die letzteren zeigen, daß es den Böhmen nicht allein um Sicherstellung der Theilnahme Leopolds und seiner Anhänger an den Passauer Einfall zu thun war, sondern daß sie auch eine Schuld des Kaisers constatiren wollten, um denselben für die unsäglichen Leiden des Volkes, die unerhörten Schandthaten der Passauer und das unschuldig vergossene Blut verantwortlich zu erklären, ihm den Proceß zu machen. Beinahe hätte Europa das Schauspiel erlebt: einen römisch-deutschen Kaiser, das weltliche Oberhaupt der Christenheit, von seinen Unterthanen angeklagt und verurtheilt zu sehen. Dann hätten freilich am schnellsten Mathias und die Böhmen ihren Zweck erreicht. Allein Zuñiga und die Gesandten der Churfürsten von Mainz und Sachsen, milderten durch ihren Einfluß die wilden Entschlüße der Stände und des Königs. Der Churfürst von Sachsen war es, der durch Schreiben an den König und insbesondere durch seine Gesandten Gerstenberger und Lüttichau, die Führer der Stände zum Gehorsam gegen den Kaiser und zu einer glimpflichen Behandlung desselben mahnte. Der Churfürst von Mainz betrachtete das schonungslose Vorgehen gegen des Reiches Oberhaupt als eine dem Reiche und der deutschen Nation selbst angethane Schmach. Er war entrüstet, daß die Stände während der Unterhandlungen dem Kaiser keine Bedenkzeit einräumten, daß man ihm nicht gestattet hatte, sich ins Reich zu begeben und ihn nach Pilsen interniren wollte. Der Churfürst beklagte es tief, daß Wenzel von

Kinsky, der es selbst sagte, der Urheber dieser Wirren zu sein, sich immer eines trotzigen Tones gegen den Kaiser und gegen den Herzog von Braunschweig bediene. „Es ist eine gemeinsame Sache aller Souveraine, daß ein solches Benehmen von Unterthanen nicht weiter geduldet werde." Der Churfürst vermuthete, daß fremder Einfluß, insbesondere jener der Holländer, deren Gesandter damals in Prag war, im Spiele sei. — Während Mainz und Sachsen dem Kaiser treu zur Seite standen, neigten sich Brandenburg und Churpfalz zu Mathias.

Rudolph war in keinem Zweifel darüber, daß die von den Böhmen begehrte „Reform" auf Kosten seiner Krone gewaltsam durchgeführt werden sollte, er sprach daher selbst seine Abbication thatsächlich aus, indem er den Ständen kurz vor Beginn des Landtages bekannt machte, er habe gegen die Krönung Mathias' als König von Böhmen und gegen die Einführung einer besseren Regierung nichts einzuwenden. Der Kaiser ließ einige Artikel formuliren, die er als Bedingung seiner Abbication aufstellte; sie betrafen die Beibehaltung des Titels als König von Böhmen, das Geld- und Naturaldeputat zur Erhaltung seiner Hofhaltung, die freie Residenz, Schuldenbezahlung, der Genuß aller Krongüter, Anerkennung der von ihm gewährten Gnaden, Eintreibung der Steuerrückstände und Amnestie. Die böhmischen Stände beriethen darüber lange Zeit und in geheimer Sitzung. Ihre Beschlüsse sind merkwürdig. Sie sind von Kautelen umgeben, welche vom Geist des tiefsten Argwohns gegen Rudolph erfüllt sind; sie zielen dahin ab, dem Kaiser jede Möglichkeit zu benehmen, einen zweiten Passauer Einfall ins Werk zu setzen. Sie sind mit den Forderungen einverstanden, doch dürfe Rudolph, wenn Mathias vorstürbe, nie mehr König von Böhmen werden, der Kaiser könne im Lande, aber nicht auf dem Hradschin residiren. Seine Schulden würden nur durch den Verkauf seiner Güter bezahlt werden können, die übrig gebliebenen Domainen dürfe er genießen. Nur die von ihm vor dem Einfall ertheilten Gnaden werden anerkannt. Das Deputat würde nur in einer Geldsumme bestehen. Die Stände theilten ganz die Besorgnisse Zuñiga's, als sie dem Kaiser die Entfernung aus Böhmen nicht gestatten wollten. Der spanische Gesandte sagte es offen, daß der Kaiser außerhalb Böhmens mit Leopold vereint, wieder auf Rachepläne brüten und Unruhen stiften würde. Böhmen, das bis jetzt sein Königreich war, sollte ihm daher fürder zu seinem Gefängniß dienen.

Obwohl der Kaiser über den Verlust der böhmischen Krone sich seinen Täuschungen hingeben konnte, suchte er, nach seiner alten Gewohnheit, die eben zugestandene Krönung Mathias' mit allen Mitteln zu vereiteln oder wenigstens zu verschieben. Nach den Mißhandlungen, die ihm widerfahren waren, kannte sein Haß gegen Mathias und gegen die Stände keine Grenzen. Diese Leidenschaft erreichte jetzt einen sehr hohen Grad und seine Umgebung hatte davon genaue Kenntniß; ein Hofmedicus, Dr. Hanser, konnte sich unterfangen, dem Kaiser die Proposition zu machen, König Mathias zu vergiften und ein Hofcaplan durfte es wagen, seinen Hund „Mathias" zu nennen. Die Hofastrologen bestärkten den Kaiser in seinen Racheplanen, da sie wußten, daß Orakelsprüche, welche einen Sieg des Kaisers über Mathias vorhersagten, fürstlich belohnt werden würden. Bald dachte Rudolph an die Flucht nach Tirol, bald, wie man sagte, an neue Rüstungen. Dieses Gerücht gewann an Wahrscheinlichkeit, da Erzherzog Leopold und Ramé die Abdankung der Passauer, die zu Budweis lagerten, zu hindern versuchten; überdies empfing der Kaiser Briefe aus dem Reiche, mit der Aufforderung, die Passauer in Eid und Pflicht zu behalten. Auch beabsichtigte der Kaiser, den Herzog von Savoyen, der für den Augenblick keine Gebietserweiterung durch Frankreich mehr zu erwarten hatte, zum Einmarsch nach Deutschland einzuladen und seine Truppen mit dem Elsaßer und Passauer Volke vereinigen zu lassen; Leopold und Ramé unterhandelten häufig mit dem Herzog, und es war von einem Heirathsprojecte zwischen dem Erzherzog und einer savoyischen Prinzessin ernstlich die Rede.

Bald war es die Frage über des Kaisers künftigen, von den Ständen zu gewährenden Unterhalt, bald die Nothwendigkeit, den mit Mathias abzuschließenden Vertrag den Churfürsten und Erzherzogen zuvor zur Beurtheilung mitzutheilen, welche zum Vorwande dienten, die Krönung zu verschieben. Der Kaiser begehrte zuletzt noch Erläuterungen der Propositionen der Stände über sein „Deputat" und stellte das sonderbare Verlangen an König Mathias, mit ihm (dem Kaiser) die Regierung zu theilen. Mit dem Gedanken des Aufgebens der Herrschaft in Böhmen,

wie er sich ausdrückt, konnte er sich nimmer befreunden. Er ließ
Zuñiga zu sich rufen, der seit Jahr und Tag keine Audienz erlangen
konnte, und theilte ihm seinen Kummer mit; die letzte Hoffnung,
an welche er sich klammere, sei die Mitregierung, er bat Zuñiga,
den König zu diesem Zugeständnisse zu bewegen. Es gelang jedoch
der Ueberredungskunst Zuñiga's, auch jetzt, wie im Jahre 1608,
nicht allein den Kaiser von jenem Gedanken abzubringen, sondern
ihn zu bestimmen, sich dem Unvermeidlichen nicht weiter zu widersetzen. Ein letzter Versuch Rudolph's, wenigstens Schlesien und
die Lausitz für sich zu erhalten, mißlang. Es waren nämlich diese
Länder und die Markgrafschaft Mähren von Böhmen aufgefordert worden, dem Generallandtag beizuwohnen, um die Mittel
zu erwägen, wie das Königreich Böhmen und die damit incorporirten Provinzen vor Untergang zu bewahren seien und auf
welche Art Ordnung und Friede dauernd begründet werden könnte.
Doch von der Erörterung der Frage der Krönung und der Nachfolge wurden die Abgeordneten der incorporirten Länder (Mähren,
Schlesien und der Lausitz) ausgeschlossen, denn die böhmischen
Stände hielten sich de jure und de facto allein für die „König-
macher." Die Abgeordneten Mährens gaben wohl deutlich zu
verstehen, daß sie die in jener Ausschließung liegende Zurücksetzung empfanden, indem sie es den Böhmen anheimstellten, die
Ruhegenüße des Kaisers ohne Concurrenz Mährens zu bestreiten,
weil sie ohne Concurrenz Mährens die Krönungsfrage erledigen
wollten; sie ertheilten aber dennoch den Vergleichspropositionen der
Böhmen über die Abdankung des Kaisers die Zustimmung. Allein
die Schlesier und die Abgeordneten der Lausitz, welche gleiches
Recht mit den Böhmen in Bezug auf die Königswahl präten-
dirten, gaben sich nicht so leicht zufrieden. Der Streit war hart-
näckig, endlich unterwarfen sich beide Theile dem Schiedsspruche
Zierotin's. Dieser hatte immer nur die Abdication des Kaisers
vor Augen, und da eine von der böhmischen abweichende Meinung Schlesiens in der Krönungsfrage diese Abdication hätte
in Frage stellen können, fällte Zierotin den Spruch, daß diese
Streitfrage auf gelegene Zeit zu verschieben sei, jetzt aber, ohne
Präjudiz der beiderseitigen Rechtsansprüche, die Schlesier den Vergleichspropositionen beitreten sollten; damit waren die Schlesier
einverstanden. Sonach verschwand der letzte Hoffnungsschimmer

Rudolph's, der auf die Empfindlichkeit der Schlefier und auf die daraus entspringenden Differenzen gerechnet hatte. Es gelang ihm nicht einmal, das Mitleid für „den armen, alten, verlassenen Herrn" bei ihnen zu wecken.

Nachdem die Hindernisse, welche der widerstrebende, noch mit beiden Händen nach seiner Krone haschende Kaiser und die Eifersucht der incorporirten Länder der Krönung Mathias' bereitet hatten, überwunden waren, erhoben sich auch noch bei der Vereinbarung zwischen Mathias und den böhmischen Ständen zuletzt große Schwierigkeiten, welche die Krönung, — den ersehnten Zeitpunct des Abschlußes der Bewegung, abermals hinauszuschieben drohten.

König Mathias und sein gewandter Minister, der Bischof von Wien, waren fest entschlossen, die böhmischen Stände für sich zu gewinnen und schlugen jenen Weg ein, welchen Kinsky so oft empfohlen hatte: freigebig zu sein mit der Versprechung, die Freiheiten und Rechte zu schützen und ein besseres Regiment einzuführen; damit würde Mathias die Anhänger Rudolph's aus dem Felde schlagen und die Krone erringen. Khlesel hatte noch Weiteres vor Augen. Die Härte, mit welcher der Kaiser behandelt wurde, hatte die Abneigung der Churfürsten gegen Mathias vermehrt und doch bedurfte der König ihrer Mitwirkung, um künftig Kaiser zu werden. Vor Allem war es ihm zu thun, die weltlichen Churfürsten über seine Politik ins Klare zu setzen und zu beruhigen, — rücksichtlich der geistlichen konnte er sich auf den bewältigenden Einfluß Spaniens zu seinen Gunsten verlassen. Wir haben früher erwähnt, wie rückhaltlos sich Mathias schon auf der Reise nach Prag gegen den Churbrandenburg'schen Gesandten aussprach und ihm versicherte, alle seine Versprechungen in Betreff der Religionsfreiheit aufrechthalten zu wollen. In Prag selbst besuchte Khlesel diesen Gesandten, um ihm die Erklärung Mathias' mitzutheilen, daß dieser nicht ruhig regieren könne, wenn er nicht die Religionsfreiheit in seinen Ländern aufrichtig anerkenne. Khlesel stellte ein so paradiesisches Regierungssystem für Deutschland und Böhmen in Aussicht, daß Schönburg ihm unumwunden erwiderte: würde nur die Hälfte dessen effectuirt, was er da sage, so müßte man ihn für die nützlichste Person im Reiche halten. Schönburg traute jedoch dem Bischofe von Wien nicht und erkundigte sich bei

Zierotin, wie weit seinen Auslassungen zu glauben sei. Ohne
Mathias zu compromittiren, führte dieser die Versprechungen
Khlesel's auf das richtigste Maß zurück.

Der König war willens, den deutschen Protestanten auch
Beweise seines guten Willens geben zu lassen. Fürst Christian
hatte durch einen Abgeordneten — es war derselbe, dessen sich
Brandenburg bediente — dem Könige Unterstützung zusichern und
mittheilen lassen, daß Mathias, um eine „Benevolenz bei den
Reichsständen zu wecken," welche schon wiederholt auf Veränderung des kaiserlichen Regiments gedrungen hatten, eine Demonstration gegen die kaiserlichen Räthe Hanniwald und Hegenmüller
vornehmen müsse. In diesen Worten Anhalt's findet eine Bestätigung der Angabe Zuñiga's, daß die Verhaftung dieser beiden im
Auftrage des Königs geschah, eben um den Unirten im Reiche
eine Satisfaction zu geben und gleichzeitig den früher erwähnten
Zweck: die Ermittlung der Theilnahme Rudolph's an dem Paf-
sauer Einfall zu erreichen. Ein anderer unverfänglicher Beobachter
erzählte, daß Mathias damals eine Gesandtschaft, an deren Spitze
Anhalt stand, erwartete und daß dieser zu Ehren mehrere Räthe
abgesetzt werden sollten. Man war jetzt zu der Annahme verleitet,
daß Khlesel mit der alten Politik brechen und eine neue Aera der
Toleranz und Gerechtigkeit in der Regierung Mathias' einführen
wolle. Ein Theil der böhmischen Stände wiegte sich in der sichern
Hoffnung, daß, wenn der leutselige und gütige Mathias, der
sich ihnen bisher so willfährig gezeigt, die böhmische Krone tragen
würde, kein Hinderniß mehr vorhanden sein wird, in kürzester
Zeit eine Adels-Republik zu errichten. Wie groß aber war ihr
Erstaunen, als Mathias Anstand nahm, die ihm vorgelegten acht
Puncte, von deren Genehmigung die Stände die Krönung abhängig machten, zu bestätigen. Ebenso wurden die acht Artikel
der Prager Städte: darunter das Verlangen, die Juden auszu-
treiben, beanständet. Vier von den ständischen Puncten betrafen
die Bestätigung der Privilegien Böhmens und die Ernennung
der Kronbeamten; Mathias wollte sich herbeilassen, diese Forderungen zu gewähren. Allein die vier letzten, nämlich: das Befugniß der Stände, Kreisversammlungen auch ohne des Königs
Zustimmung abhalten und Truppen zur Landesvertheidigung anwerben zu dürfen, das Recht, mit den incorporirten Ländern einen

Defensionsvertrag abzuschließen, dann mit Ungarn und Oesterreich eine Conföderation einzugehen, endlich das Begehren, die alten Erbeinigungen mit den weltlichen Churfürsten zu erneuern, — verwarf der König unbedingt. Auch die Abgeordneten der incorporirten Länder, die an dem böhmischen Landtage theilgenommen hatten, begehrten ein Gleiches. Diese Forderungen überzeugten Khlesel, daß die Stände Böhmens nur einen Herrn dem Namen nach haben wollten. Auch Zuñiga theilte diese Ansicht und stellte dem Könige vor, daß jene vier Artikel der katholischen Religion nachtheilig seien und nur Schmach, Schande und Erniedrigung für seine königliche Person zur Folge haben würden. Um auf Mathias bestimmend einzuwirken, erklärte Zuñiga, daß Spanien seine Unterstützung von der Zurückweisung der vier Artikel abhängig mache.

Ueber diese vier Puncte wurde lange gestritten. Der König war bei den Conferenzen durch den Bischof von Wien vertreten; Dieser suchte nachzuweisen, daß die Stände Forderungen stellen, welche in der Verfassung nicht begründet waren. Als er jedoch wahrnahm, daß diese von ihrem Begehren nicht abgehen wollten und die Krönung deshalb vielleicht nicht zu Stande kommen würde, beantragte er die Beschlußfassung über diese Fragen auf einem nach der Krönung einzuberufenden Landtage, bei welchem die Forderungen der Stände ausnahmsweise vor den kaiserlichen Postulaten erörtert werden sollten. Auch bei diesen Verhandlungen entwickelte Herr von Zierotin als Vermittler zwischen dem König und den Ständen eine außerordentliche Thätigkeit. Er arbeitete bis tief in die Nacht hinein, sowohl um jene Differenzen auszugleichen, als auch, um im Namen Mährens die Wiedervereinigung mit Böhmen, die durch die Krönung des Markgrafen zum König von Böhmen factisch vollzogen werden sollte, anzubahnen. Den Bemühungen der Anhänger des Königs von Böhmen und vorzüglich Zierotin's gelang es, die Stände zur Erklärung zu bewegen, daß sie sich auch in diesem Streitpuncte dem Schiedspruche Zierotin's unterwerfen. Geleitet von denselben Gründen, die er bei den schlesischen Differenzen geltend gemacht hatte, beantragte Zierotin nach Khlesels Andeutung, daß jene nachmals berühmt gewordenen „vier Puncte" auf dem nächsten Landtag verhandelt werden sollten; worauf die Böhmen diesen Vorschlag acceptirten. Nur die Conföderation der protestantischen Stände Böhmens mit den schlesischen, mußte Mathias noch vor der Krönung gutheißen.[8]

Khlesel glaubte auf diese Art die böhmischen und die mährischen Stände überlistet zu haben. Der Kampf mit den Ständen mußte jetzt um jeden Preis verschoben werden, denn er wollte vor Allem Rudolph entfernen und Mathias als König von Böhmen sehen, dann würden sich wohl Vorwände finden lassen, um die Berathungen über die Forderungen der Böhmen: über die „vier Puncte" auf lange Zeit hinauszuschieben.

Endlich erfolgte, nachdem Rudolph mit Schmerz und Ingrimm Böhmen und die Nebenländer von der Unterthanenpflicht entlassen hatte, nachdem die Stände Böhmens auf die dreimalige Frage des Oberstburggrafen, ob sie Mathias zum König in Böhmen erwählen, ein lautes, begeistertes Ja! geantwortet, durch Carbinal von Dietrichstein am Pfingstmontag die lang ersehnte Krönung Mathias' zum König von Böhmen.

Der Churfürst von Sachsen hatte seinem Gesandten untersagt, der Feierlichkeit beizuwohnen und wollte dadurch seine Anhänglichkeit an Rudolph zeigen. Dieser flüchtete sich während des Krönungsactes in die fernsten Theile seines Fasangartens, um den Lärm der Musikbanden und das Jubelgeschrei des Volkes nicht zu hören. Man erzählte, daß der Kaiser in dem Augenblicke, als er die Urkunde, mittelst welcher er die Krönung des Königs genehmigte, unterzeichnen sollte, die Feder nicht mit den Fingern, sondern mit der Faust ergriff und mit unleserlichen Zügen seine Unterschrift beisetzte, dann warf er den Hut zur Erde und zerbiß die Feder, einen furchtbaren Fluch über das undankbare Prag ausstoßend. Pubitschka erzählt: daß der Kaiser, als ihm die Beendigung der Feierlichkeit gemeldet wurde, vom Stuhle aufgesprungen sei und ausgerufen hätte: Prag, du undankbares Prag! durch mich bist Du erhöht worden und nun stoßest Du Deinen Wohlthäter von Dir! Die Rache Gottes solle Dich verfolgen und der Fluch über ganz Böhmen kommen!

Zu solchem Schluße führte der Passauer Einfall, den der französische Gesandte in Prag le prologue d'une grande tragedie

[8] Hammer über die Verhandlungen mit Herrn von Rosenberg während des Passauer Einfalls. Prag 45, 36. — Prado al rey 5. Mai 1611. Sim. 2497. — S. Beil. Nr. CCCX.

nannte, im Gegensatz zu dem, was seine ungeschickten und unbesonnenen Urheber gehofft: Rudolph gewann nicht nur keine der abgetretenen Kronen zurück, er verlor auch seine eigene! Daß diese Krone nicht von fremden Fürsten, nicht von dem heißblütigen, zur Erbfolge nicht berufenen Erzherzog Leopold, sondern von dem nach der Successionsordnung des Hauses berechtigten Mathias aufgehoben wurde, daß nicht durch die Wahl Leopolds zum König und Nachfolger in Böhmen vom Kaiser selbst das unbedingte Wahlrecht der Stände agnoscirt wurde, daß es nicht zwischen Rudolph und Mathias zu einem, „das Haus und die Religion ruinirenden" Bürgerkriege, welcher durch die Theilnahme der Union und Liga ein europäischer geworden wäre, gekommen war, ist das unbestreitbare Verdienst des Herrn Wenzel von Kinsky.

Der König Mathias und die Erzherzoge Albrecht, Mar und Ferdinand bezeugten es ihm; der König durch fürstliche Güterdonationen und durch den Ausdruck des Dankes, den er ihm öffentlich im Landtage darbrachte; Ferdinand und Albrecht durch werthvolle Geschenke. Kinsky's Benehmen und Politik erscheint sonach nur als die consequente aber rücksichtslose Durchführung der einen Idee, der er sein Leben gewidmet, des Sturzes Rudolph's und der Erhöhung Mathias' auf den Přemysliden-Thron.

Der Bischof von Wien, welcher nach der Krönung keine Rücksichten gegen die Stände beobachten zu müssen glaubte, enthüllte sofort die leitenden Gedanken seiner inneren Politik: die Vermehrung der königlichen Macht; er stellte den Antrag, den böhmischen Landesoffizieren eine Anzahl von Personen beizuordnen, welche vom König ernannt werden sollten und deren Aufgabe es gewesen wäre, die Vorschläge zur Besetzung der Landesämter dem Könige zu erstatten. Auch erneuerte er das Mandat gegen die Brüderunität in Böhmen. Der Bischof von Wien glaubte den Landrechtsbeisitzern eine Freude zu bereiten und dieselben fester an den Hof zu ketten, indem er ein kaiserliches Patent bekannt machen ließ, nach welchem sich jeder Landrechtsbeisitzer des Titels eines königlichen Rathes bedienen durfte. Es war dies ein erster Anfang jenes Processes, welcher die unabhängigen Landesoffiziere und Beisitzer des Landrechtes allmälig in Hof- und Staatsbeamte verwandelte.

Die Stände Böhmens antworteten auf diese Forderungen

Khlesel's, welche zur Kräftigung der Centralregierung wirken sollten, durch den Antrag, das Ministerium des Königs zu wechseln. Khlesel und Khuen sollten vor allem andern daraus entfernt werden. Die Vermehrung der Prärogative durch die beantragte Ernennung vorschlagender Räthe, um den Ständen den Einfluß auf die Besetzung der Landesoffizierstellen zu nehmen, wiesen sie insbesondere als eine schimpfliche Neuerung mit Entrüstung zurück.

Nach der Krönung des Königs zu Prag herrschte wieder ein und derselbe Landesfürst in Böhmen und in Mähren; nach kurzer Trennung traten nun diese Länder nach der Bestimmung des Vertrages von Liben 1608 in die alten Verhältnisse zurück. Commissäre der beiden Länder entwarfen in kurzer Zeit die Wiedervereinigungsurkunde. Zierotin war bemüht, in diesem Instrumente Bürgschaften aufzustellen, zur Wahrung der Autonomie und Unabhängigkeit des Landes Mähren und um die offenen Verfassungsverletzungen hintanzuhalten, welche von den geheimen Räthen in Prag ausgegangen waren.

Die Commissäre, welche Mähren bei den Unterhandlungen über die Wiedervereinigung und auf dem Generallandtag vertraten, wurden in einer außerordentlichen Versammlung der Stände, am 19. April 1611 zu Brünn abgehalten, gewählt, darunter befanden sich auch die Herren von Zierotin, Hobitz, Thurn, Lobkowitz und Czeyka. Die Gesandschaft erhielt ausgedehnte Instructionen, und es muß hiebei besonders hervorgehoben werden, daß derselben eingeschärft wurde, die Ansichten, welche die schon früher in Prag anwesenden, eben erwähnten Herren über jene hochwichtigen Fragen den böhmischen Ständen mitgetheilt hatten, zur Richtschnur zu nehmen. Es war dies ein Zeichen des unbedingten Vertrauens Mährens in die Einsicht und Erfahrung des Landeshauptmanns, welcher eben auf die Krönungsunterhandlungen den leitenden Einfluß genommen hatte.

Am 26. Mai erfolgte die Unterzeichnung der Wiedervereinigungsurkunde Mährens mit Böhmen durch die genannten mährischen Bevollmächtigten und durch eine gleiche Anzahl Deputirter der böhmischen Stände. Da aber diese Urkunde ausdrücklich besagt, daß sie die Bedingungen enthalte, unter welchen der König von Böhmen die Regierung wieder übernehmen sollte, mußte diese Urkunde auch vom böhmischen König agnoscirt werden. Dieselbe war daher für die Geschichte unserer Landesverfassung. von der höchsten Bedeutung, sie regelte die Grenzen zwischen königlicher und ständischer Gewalt und das staatsrechtliche Verhältniß zwischen Böhmen und Mähren. Die Versuche, welche die Regierung Rudolphs in Scene gesetzt hatte, das Markgrafthum Mähren nicht mehr autonom, sondern durch die böhmische Hofkanzlei administriren zu lassen, war der Beginn eines Centralisirungssystems, welches durch die Bestimmungen jener Urkunde dauernd beseitiget werden sollte. [9])

[9]) In dieser Urkunde wurde festgestellt: 1. daß kein Befehl im Namen des Königs aus der böhmischen Kanzlei bei sonstiger Ungiltigkeit zu erfließen habe, welcher den Rechten, der Freiheit und der Autonomie des Landes zuwider wäre. Auch darf kein Erlaß ungewöhnlich und in sich widersprechend stylisirt sein. Vor allem müsse derselbe — an wem immer gerichtet — in achtungsvollen Worten gefaßt sein, wie dies bis zum fünfundzwanzigsten Regierungsjahre des Kaisers Rudolph immer der Fall gewesen war. (Es war dies ein Mißtrauensvotum gegen den Oberstkanzler Zdeněk Popel von Lobkowitz, welcher kurz vor jenem Regierungsjahre das Kanzleiamt übernahm.) — 2. Kein Mährer darf weder vor die Person des Königs, noch vor irgend ein böhmisches Gericht durch die Hofkanzlei citirt werden, bei sonstiger Ungiltigkeit. Der einzige Fall wird ausgenommen, wenn es einen Mährer treffen würde, welcher in Böhmen begütert ist, jedoch nur dann, wenn die Klage dingliche Rechte dieses Gutes oder ein in Böhmen begangenes Verbrechen betreffen würde. — 3. Kein böhmischer Landesofficier darf einen Mährer wegen einer, Mährens Rechte berührenden Sache zur Abgabe einer Bürgschaft verpflichten. Wenn ein Böhme in Mähren auf der That ertappt würde, dann soll gegen ihn nach böhmischem Rechte verfahren werden, ebenso im umgekehrten Falle. — 4. Ueberhaupt darf keine Citation eines Mährers durch die Hofkanzlei vor die Person des Königs stattfinden, weil dies mit großen Auslagen und Zeitverlust verbunden ist. Geschehe dies aus giltigen Gründen, dann soll der Vorgeladene nicht länger als vierzehn Tage aufgehalten werden. — 5. Es soll in der Kanzlei demselben mit Achtung und Höflichkeit begegnet werden. Es darf ihm nicht verwehrt werden, Freunde mitzunehmen, welche bei mündlichen Mittheilungen des Kanzlers an ihn zugegen sein und Rath ertheilen können. — 6. In Rechtsangelegenheiten dürfen keine außerordentlichen Commissionen von der Hofkanzlei im Namen Seiner Majestät nach Mähren abgesendet werden. Wenn aber eine Commission von Seiner Majestät ernannt wurde, dann solle sie nur aus mährischen Landleuten bestehen und nur in Mähren jurisdictionirt sein. Kein Mährer ist gezwungen, sich derselben zu unterwerfen; es steht jedem frei, sich auf

Mähren war mit Böhmen nach dem Geiste derselben fast nur durch das dünne Band einer Personalunion verbunden.

Man merkte es dem Vertrag an, daß die Stände die Uebergriffe der Regierung Rudolphs II. in lebhafter Erinnerung hatten, und in den Garantien, welche Zierotin gegen Wiederholungen derselben darin aufstellte, spiegelt sich das tiefeingewurzelte Mißtrauen der Stände gegen die Beamten der Krone. Um den Mißbrauch der Macht derselben zu verhindern, wurde die Macht selbst auf das äußerste beschränkt. In der Wiedervereinigungsurkunde aus

seinen verfassungsmäßigen ordentlichen Gerichtsstand zu berufen, oder falls ihm ein Commissionsmitglied befangen erscheinen würde, die Competenz derselben zu bestreiten. — 7. Die Hofkanzlei darf ohne Wissen und Bewilligung des Landeshauptmanns und der Stände keine Currenden, keine Aufträge wegen Ausstellung von Zeugenschaften, Vorladung von Zeugen, Vorlagen von Urkunden, wegen Bürgschaftsleistung oder wegen irgend einer anderen ähnlichen gerichtlichen Amtshandlung an einen Mährer erlassen. Wer dergleichen illegal ausgefertigte Aufträge überbringt oder davon Gebrauch macht, ist unnachsichtlich zu bestrafen. Auch sollen im Namen Seiner Majestät keine Mandate in Mähren erlassen werden, es sei denn, daß sie zuerst von den Ständen erwogen und gutgeheißen würden. Auch keine Geleitsbriefe dürfen vom Könige ohne Genehmigung des Landeshauptmanns oder bei sitzendem Landrechte ohne Genehmigung des letzteren ausgefertigt werden, bei sonstiger Ungiltigkeit. Keinem mährischen Landmann darf durch ein Hofdecret irgend etwas befohlen werden. Wäre die Ertheilung eines Befehles nothwendig, so möge dies durch ein Schreiben Seiner Majestät selbst geschehen. — 8. Königliche Nachtbriefe, um testiren zu dürfen, müssen besonders während des Herrschens der Pest ohne Verzug und gegen Entrichtung von vierzehn Schock Mährisch durch die Hofkanzlei ausgefertigt werden. Würde ein Bewerber mit der Erledigung aufgehalten werden, so soll er nach Erlag der Taxe das Testament machen und dieses die Giltigkeit haben, als hätte er den Nachtbrief wirklich erhalten. 9. Die Hofkanzlei darf in den Gang der Justiz des Markgrafthums Mähren nicht eingreifen. Insbesondere soll sie dem General-Procurator nicht auftragen, für den einen oder den andern der processirenden Theile Partei zu nehmen. — 10. Unterthanen der mähr. Landleute dürfen von dem Hofkanzler nicht empfangen und denselben keine Befehle ertheilt werden. Wenn diese Unterthanen zu Seiner Majestät mit einer Bitte oder Beschwerde Zuflucht nehmen würden, so mögen sie an den Landeshauptmann und das Landrecht verwiesen werden. — 11. Wenn eine Injurienklage verfassungsmäßig vor den Landeshauptmann und die obersten Landesoffiziere vorgebracht würde und ein Theil gegen das gefällte Erkenntniß an den König

der heiligen Geistwoche 1611 waren die kostbarsten Rechte und Freiheiten des Landes gesichert: sie war eine Art Habeas-Corpus-Acte; durch sie wurde das Selfgovernement und die Unabhängigkeit garantirt. In der That, die Regierung des Königs beeilte sich, den Beweis zu liefern, daß jenes Mißtrauen, das in den Cautelen der Wiedervereinigungsurkunde den Ausdruck fand, auch jetzt gerechtfertigt war. Wenige Wochen nach der Krönung erließ

appellirt, so muß diese Appellation zuvor dem Landeshauptmanne und den obersten Landesoffizieren zur Kenntniß gebracht werden, dann möge Seine Majestät nach der alten Gewohnheit mit dem Beirathe der mährischen Landesoffiziere, welche nach Prag auf Kosten des Appellanten zu berufen sind, darüber entscheiden oder den Streit dem mährischen Landrechte zur Entscheidung überweisen. — 12. Streitigkeiten, die vor die Stadtgerichte gehören, sollen nicht an die Hofkanzlei, an das Appellationsgericht oder an eine außerordentliche gerichtliche Commission, den alten Gewohnheiten zuwider, übertragen werden. — 13. Die rechtskräftigen Urtheile der Stadtgerichte, besonders wenn sie vom Appellationsgerichte confirmirt wurden, sollen geachtet und aufrecht erhalten werden. — 14. Kein Befehl, welcher die Rechte der Städte verletzt, solle ertheilt werden; die Städte sind nicht gehalten, einem solchen Befehle zu gehorchen. — 15. Die Hofkanzlei darf keinem bürgerlichen Schuldner zum Nachtheile der Gläubiger Moratorien bewilligen oder dem Gläubiger die Proceßführung untersagen. Wenn ein Gläubiger sich mit seinem Schuldner nicht vergleichen wollte, darf die Hofkanzlei den ersteren wider seinen Willen zu einem Vergleichsschluße nicht zwingen. — 16. Wenn gegen einen Befehl der Hofkanzlei, welcher die Freiheit, die Privilegien und die Landesverfassung verletzt, eine Einwendung, Widerspruch oder Protest erhoben würde, so soll über diesen Protest durch böhmische und mährische Landesoffiziere unter dem Vorsitz des Königs entschieden werden. (Hiemit wurde eigentlich ein Gericht in's Leben gerufen, welches über die Klagen wider die Hofkanzlei zu entscheiden hatte.) — 17. Zum Vicekanzler von Böhmen soll eine von den Ständen Böhmens und den mährischen Bevollmächtigten vorgeschlagene Person vom Generallandtage gewählt werden. Der Oberstkanzler hat dafür zu sorgen, daß die Hofkanzleibeamtenstellen mit tauglichen Personen ohne Unterschied der Religion besetzt werden. — 18. Das Appellationsgericht hat seine Urtheile auf Grund des, bei dem betreffenden Stadtgerichte geltenden besonderen Stadtrechtes zu schöpfen. — 19. Es dürfen keine Urtheile oder Erkenntnisse böhmischer Gerichte und Commissionen über mährische Landleute (mit Ausnahme der in Böhmen begüterten) gefällt werden, die früher geschöpften sollen nicht als Präjudicat dienen. — 20. (Hier folgt eine Bestimmung über die Rechtskraft der Appellations-

die Hoffanzlei eine Vorladung nach Mähren, welche ganz verfaſſungswidrig war.

Als jene Urkunde dem Könige zur Beſtätigung vorgelegt
wurde, erſuchte derſelbe um eine Bedenkzeit von vierzehn Tagen;
es war aber dies die Andeutung, daß jene Beſtätigung nicht ſo
bald erfolgen würde.

Nachdem Zierotin mehr als zwei Monate in Prag zuge-

und Reviſionsurtheile.) — 21. Da der Prälatenſtand und die königlichen
Städte durch die Bürgſchaften, die ſie für den König übernommen, viel
gelitten haben, ſo ſollen dieſelben nicht mehr hiezu verpflichtet werden,
würde deren Bürgſchaft von der Regierung ferner noch verlangt werden,
ſo muß ſie freiwillig gegeben und darf nicht durch Drohungen erzwungen
werden. — 22. Um den Staatscredit zu erhalten und für die Zukunft
davon einen zweckmäßigen Gebrauch zu machen, möge der König alle
alten Schuldurkunden des Kaiſers erneuern und ſich darüber mit deſſen
mähriſchen Gläubigern ausgleichen. — 23. Alle Vorladungen böhmiſcher
Behörden ſolcher mähriſcher Landleute, die in Böhmen begütert ſind,
dürfen nicht über die Grenzen Böhmens nach Mähren geſendet, ſondern müſſen auf das böhmiſche Gut jener vorgeladenen mähriſchen
Landherren zugeſtellt werden. — 24. Mähriſche Landherren und deren
Unterthanen dürfen Zeugenſchaftshalber vor kein böhmiſches Gericht
citirt werden; die Böhmen, die ſolcher Zeugenſchaften bedürfen, haben
ſich dieſelben nach mähriſchem Rechte zu verſchaffen. — 25. Weil die
Mährer keine Ausländer ſind, ſo ſollen ſie bei Ankauf von Gütern in
Böhmen zur Zahlung keiner größeren Neverstare verpflichtet werden,
als zur Entrichtung von 100 fl. für den Oberſtlandſchreiber. Recipro-
cität wird zugeſichert. — 26. Wegen der Ausfolgung von Abſchriften
ſolcher mähriſchen Privilegien, welche ſich auf dem Carlſtein oder in
der böhmiſchen Landtafel befinden, werden die böhmiſchen Stände die
Verordnung erlaſſen. — 27. Wenn geborene Mährer in Böhmen begütert ſind, ſo ſollen ſie wie bisher befähigt ſein, böhmiſche Aemter zu
erlangen, dieſelbe Begünſtigung wird den Böhmen in Mähren zugeſtanden.
— 28. Landesverräther ſollen nicht geduldet und gegenſeits ausgeliefert
werden. — 29. Wegen der Rangordnung der böhmiſchen und mähriſchen
Landesoffiziere, wenn dieſelben offiziell zuſammenkommen, wurde kein
Beſchluß gefaßt, es iſt jedoch einer Commiſſion die Ordnung dieſer Angelegenheit überlaſſen worden. — 30. Da alles, was das Verhältniß
der Regierung zu den Ständen, dann der böhmiſchen und mähriſchen
Stände unter einander betrifft, durch dieſes Uebereinkommen nicht er-
ſchöpft wurde und überhaupt in beſtimmte Artikeln nicht gefaßt werden
kann, ſo iſt jedes der beiden Länder bei ſeinen Rechten, Freiheiten und
Privilegien zu erhalten. — S. Beil. Nr. CCCXI.

bracht hatte, kehrte er nach Mähren zurück. Doch kaum angekommen, mußte er auf Befehl des Königs wieder nach Prag zurückreisen, wie es scheint, um über das Wiedervereinigungsinstrument die Ent= schließung des Königs zu vernehmen und der Verhandlung über Rudolphs künftige Stellung und dessen Unterhalt beizuwohnen. Die Ursache jedoch, warum Herr von Zierotin nach kaum acht= tägigem Aufenthalte wieder nach Mähren fuhr, ist nicht bekannt. Wahrscheinlich war es eine ungünstige Entschließung des Königs über die Confirmation der Wiedervereinigungsurkunde und der Umstand, daß Zierotin's Anwesenheit in dem seiner Leitung an= vertrauten Lande, Angesichts der Intriguen der römisch-spanischen Partei nothwendig war, welche seine Rückkehr beschleunigten.

Der Oberrstlandrichter Herr von Rozmital, kühn gemacht durch die thatsächlichen Weigerungen des Königs: die Untersuchung gegen ihn einzuleiten, und auf Khlesel's Schutz vertrauend, ward nicht müde, Ränke gegen das Landrecht zu schmieden. Er fügte Witwen und Waisen einen unersetzlichen Schaden zu, indem er die Abhaltung des Landrechtes, daher die Erledigung vieler Ver= lassenschafts-Abhandlungen, Prozesse ꝛc., unmöglich machte. Die Mitglieder des Landrechtes waren in Olmütz bereits versammelt. Wilhelm von Ruppa vertrat in Folge königlicher Entschließung bis zur Austragung des Prozesses Rozmital's, die Stelle des Oberstlandrichters. Auf Befehl des Königs wurde immer ein Mit= glied der Stände zu Rozmital nach Teötitz abgeschickt, um die Schlüssel der Landtafel, welche Rozmital als Oberstlandrichter in Verwahrung hatte, abzuholen und nach dem Schluß des Gerichtes demselben zurückzustellen. Diesmal verweigerte aber Rozmital unter einem nichtigen Vorwand die Ausfolgung des Schlüssels an den dazu bevollmächtigten Herrn Hynek von Nachod. Die Folge dieser Weigerung war, daß das Landrecht sich vertagen mußte, weil nach den strengen Vorschriften über die Verwaltung der Landtafel der Schrein, dessen Schlüssel Rozmital nicht ausfolgen wollte und in welchem sich die ehrwürdigen Landbücher befanden, auf andere Weise nicht geöffnet werden durfte.

Da zu besorgen war, daß durch die Bosheit Rozmitals auch noch andere Gerichtssitzungen unmöglich gemacht werden würden, beschloß das Landrecht, die dem Könige schon häufig vorgebrachte Bitte zu erneuern, die Untersuchung gegen Rozmital doch endlich anzuordnen. Es bat zugleich, der König möge, da viele andere wichtige Landesangelegenheiten zu erörtern sind, demnächst einen Landtag ausschreiben, wenn möglich noch vor dem Monate September. Khlesel befürchtete jedoch, daß der Landtag Mährens factisch vorgehen und die Wiedervereinigungsurkunde auch ohne königliche Sanction in die Landtafel eintragen lassen würde. Um diesen eigenmächtigen Act zu verhindern, hatte der Bischof von Wien dem Könige gerathen, damals noch keinen Landtag in Mähren auszuschreiben und die Abhaltung desselben hinauszuschieben, bis die erwartete Reichshilfe von den deutschen Fürsten bewilligt werden würde. Er dachte, daß Mathias, sobald er durch diese Hilfe in den Besitz von Geld und Truppen gelangt sein würde, er von den Ständen unabhängig würde und gegen deren ungebührliches Begehren entschieden auftreten könnte. Die Stände Mährens erriethen diese Absicht und drangen eben deshalb, bei jedem sich darbietenden Anlasse, auf die Einberufung des Landtags. Das Landrecht verweigerte noch in derselben Session die Flüssigmachung des Soldes für das Kriegsvolk, welches unter den Befehlen des Königs noch in Böhmen stand, angeblich weil kein Geld vorhanden war und bemerkte zugleich, daß nur der Landtag eine neue Steuer bewilligen könne, daß aber der König im Falle der Einberufung einer solchen auf die Steuerbewilligung rechnen dürfe.

Der spanische Gesandte hatte von seinem Hofe den Auftrag erhalten, abermals eine Versöhnung zwischen dem Kaiser und dem Könige zu Stande zu bringen, weil sonst das alte Spiel Rudolph's von Neuem anfangen würde. Damit konnte der letztere aber doch nur formell gebunden werden, weil Zuñiga und das spanische Cabinet wohl wußten, daß des Kaisers Racheplane jetzt neue Nahrung erhalten hatten und daher von einer wirklichen Versöhnung nie die Rede sein konnte, zumal es eine Anzahl deutscher Fürsten und fremden Abenteurern gab, welche die Rachegefühle Rudolph's in ihrem Privatinteresse ausbeuten wollten.

Der Herzog von Braunschweig, den der Kaiser zum Lohne seiner treuen Dienste zum Conseil-Präsidenten ernannte, und der seine Tochter dem Kaiser zur Ehe geben wollte, war, wie der einflußreiche Kammerdiener Ericius, gegen jede Aussöhnung; der Herzog wünschte, daß Rudolph sich in's Reich begebe, oder aber

im Falle der Aussöhnung, daß Rudolph und Mathias gemeinschaftlich in Böhmen regieren. Der Kaiser versuchte daher den
Abschluß des Versöhnungsvertrages auf alle mögliche Weise zu
hintertreiben; er ließ dem Churfürsten von Sachsen sagen, daß
er wünsche, den Entwurf des Vertrages auf den Churfürstentag
zu Mühlhausen berathen zu lassen.

Ericius verhinderte die von Mathias angesuchte Belehnung
und war überhaupt so sehr als ein Hinderniß der Versöhnung
angesehen, daß man dessen damals erfolgten plötzlichen Tod einer
auf Khlesel's Befehl geschehenen Vergiftung zuschrieb. Um den
Kaiser zu einem Entschluße zu drängen, drohte Mathias die sehr
unvortheilhaften Anträge der Stände über des Kaisers Unterhalt
sofort zu exequiren. Diese Drohung und noch mehr, der freundliche
Zuspruch des Churfürsten von Sachsen, die Vergleichsurkunde zu
zeichnen, bewog den Kaiser, nachzugeben. Am 11. August eröffnete
Mathias dem Papste, dem Könige von Spanien und den Churfürsten, daß Rudolph den Vertrag unterschrieben habe. Der Kaiser
sollte nach diesem Transacte in Prag residiren, die Gerichtsbarkeit
über seine Hofleute behalten, freien Auf- und Abzug haben. Es
wurde für ihn eine Apanage von 300,000 fl. jährlich und der
Genuß einiger Herrschaften ermittelt; der König trat dem Kaiser
seinen Erbantheil an Tirol ab. Dafür versprach der Kaiser, den
König dem nächsten Churfürstentage als Nachfolger im Reiche zu
empfehlen, für eine Grenzhilfe aus dem Reiche sich zu verwenden
und ihn als Churfürst von Böhmen mit dem Erbschenkenamte zu
belehnen.[10] Kurze Zeit nach der Unterzeichnung jenes feierlichen
Actes verließ Mathias Prag, um in der Lausitz und in Schlesien
die Huldigung zu empfangen.

Wiewohl die Dinge sich äußerlich friedlich anließen, so
blickte doch Herr von Zierotin mit Besorgniß in die Zukunft. Er
hatte es wahrgenommen, wie ein Versuch der Stände Böhmens,
den König zur Einberufung des versprochenen Landtags zu bewegen, um die noch unerledigten „vier Puncte" über Defension
und Conföderation zu ordnen, vollständig scheiterte. Mathias ließ

---

[10] Cod. 17. Juli 1611 Budowa. — Harlay a. a. O. 20. Juli 1611. —
Hurter VI. 527. — S. Beil. Nr. CCCXI.

ſich eher den Entgang der vom Landtage erwarteten Geldhilfe
gefallen, als ſich der Gefahr einer ungünſtigen Erledigung jener
„vier Puncte" preiszugeben. Vor der Ausſchreibung eines böhmiſchen Landtags war der König im Intereſſe des monarchiſchen
Principes entſchloſſen, mit den Churfürſten über eine Maßregel
Berathungen zu pflegen, durch welche die ſtändiſchen Confördera-
tionen, die zunächſt das königliche Anſehen verkleinerten und des
Königs Macht beſchränkten, aufgelöst werden könnten. Die Erklärung des Königs, daß die proteſtantiſchen Einwohner einer
geiſtlichen Schuß-Stadt Böhmens ungeachtet des Majeſtätsbriefes
nicht berechtiget ſind, eine Kirche zu bauen, — die feindſelige
Geſinnung Khleſel's gegen Zierotin ſelbſt, das Nichteinberufen der
verfaſſungsmäßigen Landtage in Mähren und Ungarn, die Be-
ſeßung der oberſten Landesämter mit Katholiken allein, während
die Stände auf Entlaſſung Slavata's, Martiniß' und des Oberſtburggrafen gedrungen hatten, — überzeugten den Landeshauptmann,
daß Khleſel jetzt den Kampf gegen die Stände energiſch wieder
aufgenommen habe. Der ſpaniſche Geſandte war es, welcher dieſe
Ernennungen durchſeßte und dem Könige verſicherte, daß ſpaniſche
Geldunterſtüßungen nicht ausbleiben würden, um die katholiſche
Reſtaurationspolitik fortzuſetzen. Zierotin betrachtete Khleſel wie
einen innern Feind, der ſich gegen die Freiheit und Ruhe der
Länder verſchworen hatte. Schon konnte man Zeichen gewaltthätigen
Troßes unter den Gegnern der proteſtantiſchen Stände Mährens
wahrnehmen. Der katholiſche Herr Kawka von Řičan überfiel mit
bewaffneter Hand ſeinen Nachbar, als ob die Zeiten des Fauſt-
rechtes in voller Blüthe ſtänden, ein Fall, der, wie Zierotin ſagt,
ſeit zwei Jahrhunderten unerhört war.

Khleſel hatte ſchon eine Frage vorbereitet, welche in ihren
weiteren Entwicklungen geeignet war, die Situation zu Gunſten
ſeiner Politik zu geſtalten. Sie ſollte ſeine Plane für Reſtauration
der königlichen Autorität unterſtüßen und zugleich ein Land, deſſen
Beſiß für Oeſterreich wichtig war, in den Schooß der katholiſchen
Kirche zurückführen.

Eine Verſchwörung katholiſcher Primaten wurde in Siebenbürgen entdeckt, Gabriel Bathory beſtrafte dieſe und verjagte die
Jeſuiten. Andere Thyranneien Bathory's und die Mißhelligkeit mit
dem wallachiſchen Woywoden Radul, machten ihm die Sachſen

und Wallachen zu Feinden; der Woywode hetzte dem Bathory die
Türken auf den Hals, wogegen dieser das Land um Szathmar
durch die Heiduken verwüsten ließ. Der Woywode Radul und
die Sachsen gewannen jedoch die letzteren und schlugen Bathory
bei Kronstadt. Dieser glückliche Erfolg war dem Palatin Thurzo
zuzuschreiben; Zierotin ließ ihm für die rasche Beendigung dieser
gefährlichen Bewegung danken; denn er hatte die schlaue Politik
Khlesel's durchschaut, — das Feuer in Siebenbürgen mußte nach
Khlesel's Meinung erhalten werden, früher oder später würde
daraus ein Türkenkrieg entstehen. Dieser wäre dann das Mittel:
Geld und Waffen dem Könige zu verschaffen, ohne diese unent-
behrlichen Instrumente der Restauration durch weitere Zugeständnisse von den Ständen erkaufen zu müssen.

Wenn das königliche Cabinet und seine Anhänger Alles
aufboten, solche Verwicklungen herbeizuführen, so arbeitete Zierotin
mit aller Kraft, deren Keime zu unterdrücken. Die Länder waren
noch erschöpft von dem letzten Türkenkampfe, von den unaufhörlichen Rüstungen, und jetzt war abermals zu befürchten, daß die
Geißeln des Krieges geschwungen werden würden. Von nun
an wandte Zierotin seine ganze Aufmerksamkeit auf die Entwicklung der Dinge in Ungarn und Siebenbürgen, und nahm in
dieser Frage sowohl auf Thurzo, wie auf die protestantischen
Fürsten Deutschlands einen entscheidenden Einfluß. Vor Allem
suchte Zierotin den Palatin, welcher von Khlesel für die Eroberung in Siebenbürgen gewonnen war, von diesem Entschluße
abzubringen. Der Landeshauptmann schrieb an Thurzo, daß Siebenbürgen der Erisapfel sei, welcher Ungarn und Oesterreich nur
Nachtheil brachte; wenn Bathory die türkische Hilfe verlangen
würde, dann ist der Krieg mit allen seinen Schrecknissen heraufbeschworen. Zierotin ersuchte ihn daher, seinen Einfluß bei Mathias
geltend zu machen, um den Frieden zu erhalten. Da Zierotin den
Palatin in dieser Frage, und nicht mit Unrecht, für befangen
hielt, so setzte er sich mit anderen ungarischen Herren in Verkehr
und forderte von Peter Revay die Auskunft, ob die Stände Ungarns mit jenem Kriege einverstanden sein würden. Er wußte
wohl, daß sich die ungarischen Stände über diese Frage nicht
äußern konnten, weil der ungarische Landtag seit anderthalb Jahren
nicht einberufen war. Zierotin wollte dadurch Revay und Thurzo

erinnern, daß es gegen die ungarische Verfassung verstoße, diesen Krieg ohne Genehmigung des Landtags zu führen.

Der König ließ sich jedoch von dem gefaßten Entschluße nicht abhalten und verwarf die friedlichen Rathschläge Zierotin's. Das königliche Heer unter Sigmund Forgacz machte einen Einfall in Siebenbürgen, um Bathory zu verjagen und das Land zu unterjochen. Der Erfolg war ein kläglicher. Die Heiduken des Generals Forgacz verließen die Fahnen, weil sie erfahren hatten, daß der Kriegszug der Restauration des Katholicismus gelte. Die Armee Forgacz's wurde abgeschnitten und mußte mit ungeheuerem Verluste durch die Wallachei und durch Polen nach Ungarn zurückkehren. Nach dieser Niederlage wandte sich Thurzo kraft der Conföderation an die unirten Länder um schleunige Absendung von Hilfsvölkern.

Herr von Zierotin trug in der nächsten Landrechtssitzung das Begehren des Palatin vor. Der Cardinal von Dietrichstein hielt eine längere Rede, worin er darlegte, daß Mähren den Ungarn nur in justis und legitimis bellis, nicht aber bei dem bevorstehenden illegalen Kriege zu helfen verpflichtet sei, überdies würde der Siebenbürg'sche Krieg den Türkenkrieg herbeiführen. Das Land sei jetzt verarmt, es müßte ein solcher Krieg Mähren und die andern Länder nur zu Grunde richten. Er beantrage daher die Absendung einer Gesandtschaft, welche den König zu bitten hätte, den Frieden zu erhalten. Auch wünschte er, es möge dem Könige bemerkbar gemacht werden, daß er überhaupt nicht berechtigt sei, ohne Zustimmung der Stände Mährens einen Krieg zu führen, bei welchem dieses Land interessirt sei. Der Cardinal hatte sich durch diese Rede in die Reihen der Opposition gegen die Regierung und eigentlich gegen Khlesel gestellt.

Darauf erwiederte der Oberstkämmerer Ladislaus Popel von Lobkowitz: die Siebenbürger seien Rebellen, es solle gegen dieselben offener Krieg geführt und den Ungarn Hilfe gewährt werden. So habe er im geheimen Rathe des Kaisers als Mitglied desselben gesprochen; wie dort, sei dies auch hier seine Meinung.

Auch Herr von Zierotin erklärte mit der Ansicht Dietrichstein's einverstanden zu sein. Das Landrecht beschloß hierauf nach dem Antrage des Cardinals, eine Gesandtschaft an das königliche Hoflager abzuordnen, deren Instruction nur eine Umschreibung der Rede Dietrichstein's war. Die Gesandtschaft, bestehend aus den Herren: Dionys von Zierotin und Oberst von Golz, reiste zu Mathias nach Breslau, woselbst der König eben (am 18. September) den Einzug hielt.[11]) Das Landrecht beantwortete gleichzeitig das Schreiben des Grafen von Thurzo. In dieser Antwort erklärte es, daß die Stände nur für einen legitimen Krieg Hilfe gewähren würden, nämlich für einen vom ungarischen Landtag gebilligten Krieg. Zierotin wußte nämlich, daß für den Fall der Einberufung des ungarischen Landtags dieser die Motive des Königs sofort durchschauen und sich beeilen würde, den Frieden zu schließen. Zugleich verständigte der Landeshauptmann die Statthalter des Königs in Böhmen von diesen Beschlüßen und bat sie, auf die Erhaltung des Friedens hinzuwirken.

Der fluchtähnliche Rückzug des Sigmund Forgacz, die Verwüstungen der Heiduken scheinen auch auf Thurzo einen tiefen Eindruck gemacht zu haben.

Die Politik, welche Spanien und Frankreich, Protestanten und Katholiken zugleich befriedigen, eine Provinz erobern und Deutschlands Krone erlangen, die ständische Macht brechen und den Katholicismus restauriren wollte, ließ sich ohne Geld, ohne Waffen, ohne Anhänger und ohne Kraft im Innern nicht behaupten. Thurzo, durch Zierotin auf diese Lage der Dinge aufmerksam gemacht, mochte das Gefährliche derselben eingesehen haben. Nur befürchtete der Palatin die Vorwürfe der Inconsequenz, wenn er jetzt seine Meinungen über die Kriegsfrage ändern würde. Um dem Palatin goldene Brücken zu bauen, definirte Zierotin in einem Schreiben an demselben die politische Consequenz folgendermaßen: der Staatsmann," sagte er, „hat unbedenklich von einer Meinung abzugehen, sobald er überzeugt ist, daß sie dem Staate gefährlich wird; auf derselben Meinung, unter allen Umständen zu beharren, ist eine Eigenschaft des Eigensinnigen und Unerfahrenen. Nur Gott allein irrt nicht."

Ungeachtet des Mißgeschickes der königlichen Waffen wankte die Kriegspolitik des Hofes nicht. Khlesel war entschlossen, um

---

11) Landtagsamtkb. 1610—1636. Fol. 58, 59. — Wrbna's Diar. a. a. O. ddo. 14. Sept. 1611. — Zierotin Cod. Diar. Nr. 5, 54. — S. Beil. Nr. CCCXI.

jeden Preis Geld herbeizuschaffen, um neue Truppen zu werben und den Krieg zu gelegener Zeit wieder anzufangen. Auf dem Churfürstentage zu Nürnberg, wohin Mathias ihn gesendet hatte, bat er um Hilfe wider die Türken wegen der durch den Erbfeind dem Reiche drohenden Gefahren. Um die Fürsten der Union für diesen Krieg zu gewinnen, bot Khlesel dem Fürsten Christian von Anhalt sogar das Obercommando der königlichen Armee in Ungarn an. Allein es waren diese Fürsten durch Zierotin und Tschernembl in die geheimen Motive der Kriegsführung eingeweiht. Ungeachtet der beredten Darstellung der echt katholischen Gesinnung des Königs durch Khlesel, wurden die katholischen Fürsten für die Kriegsidee und Geldhilfe auch nicht gewonnen. Mit nichtssagenden Vertröstungen, ohne Aussicht auf Bundeshilfe, verließ Khlesel den Nürnberger Tag. Der ungünstige Ausschlag desselben bewog wahrscheinlich den König, mit Bathory einen hunderttägigen Waffenstillstand, der am 21. December 1611 von diesem confirmirt wurde, zu schließen. Während dieser Zeit hoffte Khlesel andere Mittel zu finden, um die Rüstungen zu bewerkstelligen.

Die Stände waren in der Zwischenzeit thätig und entschlossen die Wiederkehr Rudolphinischer Zustände mit aller Energie hintanzuhalten. Die zu Prag gemachten Erfahrungen, insbesondere die durch eine Ueberlistung bewirkte Verschiebung des böhmischen Landtags und der Berathung der „vier Puncte," die noch immer nicht erfolgte Bestätigung der böhmisch-mährischen Wiedervereinigungs-Urkunde, übten einen für Mathias nachtheiligen Einfluß selbst auf die sonst gemäßigte Haltung der schlesischen Stände. Nur nach bedeutenden Zugeständnissen, die denselben gemacht wurden, entschlossen sie sich, dem König in Breslau zu huldigen.

Herr von Zierotin suchte die Gesinnungsgenossen in den unirten Ländern zu einmüthiger Thätigkeit anzuspornen, er forderte den Landeshauptmann der Lausitz, Mecerode, auf, sich dem offenen Streben Khlesel's, die Freiheit zu unterdrücken, zu wiedersetzen und mit den andern Ländern gemeinsam zu handeln; er (Zierotin) sei entschlossen, „eher zu sterben, als in dem unterjochten Vaterlande zu leben."

Zierotin schrieb einem seiner Freunde, daß er eben mit Tschernembl und Richard Stahrenberg einen Beschluß gefaßt habe, dessen Verwirklichung allein zum Heile führe. Es wird zwar nichts Bestimmtes in dem Briefe Zierotin's ausgesprochen, aber es ist nicht zu zweifeln, daß er den Sturz Khlesel's meint: nec enim video, qua ratione bonus princeps consistere possit, qua ratione regna et provinciæ hæ conserventur salvis illis vel integris saltem, qui nos et illum data, ut puto opera eunt perditum. Zierotin bezeichnete jetzt, an seine im Jahre 1610 mit Tschernembl und Thurzo verabredeten Anträge anknüpfend, die Berufung eines Centrallandtages, um über die schwebenden Beschwerden, über Krieg und Frieden zu entscheiden, als Gebot der dringendsten Nothwendigkeit. Auf diesem Landtage, sagte er, werde sich der Privatehrgeiz Einzelner nicht geltend machen können, vielmehr werde sich der wahre Wille aller Nationen Bahn brechen. Dieser sei aber auf den Frieden gerichtet.

Die Stimmung der Stände war diesem Gedanken nicht ungünstig, denn jetzt, nach der abermaligen Wendung der Khlesel'schen Politik, waren die Stände aller österreichischen Länder entschlossen, die bedrohte Religionsfreiheit zu vertheidigen und für ihre Rechte und Freiheiten einzustehen, freilich zunächst nur durch den Abschluß eines Schutz- und Trutzbündnisses, einer Conföderation, welche die Aufstellung von Truppen allein vor Augen hatte. In Zierotin's Absicht lag hingegen die Begründung einer Gesammtvertretung aller Länder, welcher die Minister des Königs verantwortlich sein sollten und deren nächste Aufgabe der Sturz des Bischofs Khlesel werden mußte. Der wesentliche Unterschied dieser beiden Bestrebungen ist in die Augen springend. Während Zierotin die Bürgschaften der Freiheit in positiven gemeinsamen Einrichtungen suchte, worin der Gesammtwille der Nationen sich geltend macht, und an diese gemeinsamen Einrichtungen etwas von der Selbstständigkeit der Einzelländer abgibt, wollen die Stände und vorzugsweise jene Böhmens, nur mit einander in ein Bündniß, in ein internationales Verhältniß treten, welches die Gesetzgebungs- und Verwaltungsrechte der Einzelländer unberührt läßt. Zierotin versuchte die Versöhnung der Gegensätze: König und Stände mittelst Begründung eines Gesammtorgans für alle Länder zu Stande zu bringen, die anderen Führer der Stände aber verschärften diese Gegensätze, indem sie nicht nach Versöhnung, sondern nur nach den Waffen griffen.

Immerhin betrachtete Zierotin in der jetzt wieder allgemein

verlangten Conföberation ein erstes Rubiment, aus welchem seine
Ideen keimen sollten.

Angesichts der Gefahren, daß durch Khlesel's Politik die alte
Willkür und Mißregierung wieder zurückkehren könnte, stimmte Herr
von Zierotin auch für eine Annäherung der Länder des Königs
an die deutsche Union; er spricht die Befürchtung aus, daß die
Länder allein und ohne auswärtige Hilfe unterliegen würden. Er
unterrichtet Anhalt über die Politik des Cabinets in Bezug auf
Siebenbürgen und über die damit verbundenen Restaurationsideen.
Die deutsche Union, die durch den Tod Heinrich's IV. und des
Churfürsten-Pfalzgrafen, durch häufige Directorialstreitigkeiten an
Kraft verloren hatte, fand jetzt an König Jakob von England
und seinem Minister Robert Cecil eine Stütze; Jakob betrachtete
sich jetzt als das Haupt der antispanischen Partei in Europa. Er
ergriff die Initiative zur Fortbildung der Union und richtete an
die Häupter der evangelischen Stände Oesterreichs, an Zierotin,
Stahrenberg, Tschernembl, Thurzo eigenhändige Schreiben, worin
er sie zur Festhaltung der allgemeinen protestantischen Verbindung
aufmunterte.

Zuweilen aber, inmitten seiner großen Arbeitslast, — wenn
er im Geiste den Kampf sieht, der auszukämpfen war, um zu
einer aufrichtigen Verständigung zwischen Hof und Ständen zu
gelangen, eine Verständigung, die den extremen Parteien, welche
nicht Versöhnung, sondern nur Unterdrückung des Gegners wollten, vielleicht nicht einmal erwünscht war — wenn er von seinen
Feinden im Lande und am Hofe mit Nadelstichen gequält wird
und all sein Mühen erfolglos sieht, übermannt Zierotin ein Gefühl von Müdigkeit und Erschöpfung und wir begegnen da zum
erstenmal dem Wunsche, jenem nutzlosen Kampfe auszuweichen,
Amt und Würde niederzulegen.[12]) Er sah mit Schmerz, daß die
Erhebung Mathias auf den böhmischen Thron nicht zu dem erwarteten Ergebniß, zur Befestigung der Freiheit geführt hatte!
Das spanische Cabinet war durch die Uebertragung der
böhmischen Krone auf Mathias nicht beruhigt; die feindseligen

---

[12]) Cod. 1. Dec. 1612 Tschern. — 8. Sept. 1611 Hopp. a. Coll. und
11. Dec. 1611 L. Cammer. — S. Beil. Nr. CCCXI.

Gesinnungen der Stände traten immer deutlicher zu Tage. Auch über die Frage der Nachfolge im Reiche schwebte ein tiefes Dunkel und noch war derjenige Prinz des Hauses nicht designirt, welcher Mathias in Böhmen und Ungarn succediren sollte. Im Grunde waren die schwierigsten Fragen nur vertagt, nicht gelöst. Besaß Spanien durch Organisirung der Liga eine Erecutionsarmee im Herzen Deutschlands, so war es selbst noch nicht im Klaren über die Bahn, welche in der Frage der Nachfolge zu betreten war und wofür nöthigenfalls jene Armee eintreten sollte; und doch war keine Zeit zu versäumen, denn Rudolph und Mathias waren alt und kinderlos; auf die Minister des letzteren durfte sich König Philipp keineswegs verlassen, ersterer war jetzt sogar in Händen von Rathgebern entschieden antispanischer Gesinnung. Zuñiga hatte eingesehen, daß die bisherige Politik der Höfe von Prag und Wien viel dazu beigetragen hatte, die Zwietracht unter den Ständen verschwinden zu lassen und jene so gefürchteten Conföderations- ideen zur Geltung zu bringen. Eigentlich war die Gefahr vor- handen, daß nach so vielen Mühen, Kämpfen und Geldopfern von Seite Spaniens der Fürst aus dem Habsburg'schen Stamme, welcher in Deutschland regierte, machtloser denn je da stehen würde und ohne die sichere Aussicht: die anderen zahlreichen und schönen Kronen einem Mitgliede des Hauses zurückzulassen. Daher stand bei Zuñiga das Eine fest: ein römischer König müsse jetzt auch gegen Rudolph's Willen gewählt werden; denn man wußte zu Madrid, daß Rudolph den letzten Schein von Autorität, den ihm die Kaiserkrone gab, zur Befriedigung seiner verzweifelten Rache- entschlüße verwenden würde. Zuñiga war vor Allem bemüht, seinen Hof zu bewegen, sich für e i n e n Candidaten mit aller Entschie- denheit auszusprechen und auf e i n Ziel loszusteuern. Wir wissen, daß Mathias allerdings der Candidat Spaniens war, allein es liefen zu Zeiten Nachrichten in Madrid ein, welche das Ver- trauen des Königs Philipp in Mathias und dessen Aussichten auf die Reichsnachfolge erschütterten. Bald hieß es, Mathias habe sich im Jahre 1608 eigentlich des Hochverraths schuldig gemacht, bald wieder, er habe Frieden und Gewissensfreiheit den „Häretikern" zugestanden. Unverkennbar war hiebei der Einfluß der geistlichen Churfürsten, deren Antipathien in dem Grabe zunahmen, als Mathias seit dem Passauer Einfall gegen den römischen Kaiser rücksichtslos aufgetreten: sie waren geneigt, den König für die unehrerbietige Behandlung verantwortlich zu machen, welche die Böhmen dem Kaiser zu Theil werden ließen. Sie waren es, welche ihren Gesandten den Auftrag gaben, die Krönung Mathias' nicht zu befördern, der Krönungs-Feierlichkeit selbst nicht beizuwohnen. Sie waren es, welche Rudolph einluden, sich in's Reich zu begeben, wiebald die Krönung Mathias' erfolgen würde. Zuñiga hingegen bemühte sich, die Besorgnisse, welche jene Einflüsterungen in Madrid hervorriefen, zu zerstreuen und dem König Philipp zu versichern, daß nur ein Ignorant das Benehmen Mathias' im Jahre 1608 als Crimen læsæ Majestatis ansehen konnte. Selbst ein Carl V., glorreichen Angedenkens, gestand den Protestanten das Interim zu. Endlich machte der Gesandte seinem Herrn bemerklich, daß, wenn auch die Religion Sache Seiner katholischen Majestät sei, sie vielmehr eine Angelegenheit des Papstes sein müsse, — und doch hätten sich drei Nuntien und ein Legat für die Candidatur Mathias' ausgesprochen. Einige Diener des Königs von Spanien, deren Eifer für ihren Gebieter größer war, als die Kenntniß der deutschen Verhältnisse, brachten den alten Gedanken in Anregung, jetzt, da die Antipathien Sachsens und der deutschen Churfürsten gegen Mathias sich so scharf ausprägten, Don Carlos, den Sohn Philipp's, zum römischen König vorzuschlagen. Der Infant solle unverweilt nach Deutschland geschickt werden und Rudolph müsse abdanken, weil dieser sich nie entschließen würde, die Wahl eines Nachfolgers zu gestatten. Es gelang jedoch Zuñiga, die Unzweckmäßigkeit auch dieses Vorschlags darzuthun. Die Ansprüche Leopold's, obwohl die drei geistlichen Churfürsten sich im Jahre 1610 zur Wahl desselben verpflichtet hatten, wurden zwar von Spanien immer, doch vorzugsweise seit dem Passauer Einfalle, mit aller Entschiedenheit zurückgewiesen. Auch jene des Erzherzogs Ferdinand, der in Spanien als Muster eines Fürsten galt — man nannte ihn dort den tüchtigsten des deutschen Zweiges — wurden ignorirt. Nicht allein wäre Ferdinand's Candidatur gleich der des spanischen Infanten Don Carlos der ausgesprochenen Abneigung der deutschen Protestanten begegnet, sondern Ferdinand hätte als Kaiser die Rechtsansprüche leichter bekämpfen können, welche König Philipp auf die Nachfolge in Böhmen und Ungarn jetzt neuerlich geltend zu machen beschloß. Erzherzog Mar lehnte die Candidatur ab und jene des Erzherzogs Albrecht, eines so nahen Verwandten des Königs von Spanien und zugleich Statthalters der Niederlande, würde der königlichen Regierung von Frankreich Anlaß zu entschiedenem Widerspruch geboten haben. Zuñiga mußte durch diese Gründe seine Regierung zu bestimmen, Mathias als den Nachfolger im Reiche zu bezeichnen.

Schwieriger war die Aufgabe Zuñiga's, die Churfürsten für Mathias zu gewinnen. Der Churfürst von Mainz konnte sich erst spät mit der Idee befreunden, daß Mathias der wirkliche Candidat Spaniens sei. Eine Pension von siebentausend Scudi für Churmainz unterstützte hiebei die Beredtsamkeit des spanischen Diplomaten. Zuñiga mußte nach Hause berichten, daß die geistlichen Churfürsten ungeachtet aller seiner Bemühungen noch immer für Erzherzog Albrecht und gegen Mathias gestimmt seien, worauf er den Auftrag erhielt, in erster Reihe Mathias dann Albrecht als Candidaten aufzustellen, doch so, daß selbst die Wahl Don Philipp's nicht ausgeschlossen würde. Dringender als die Frage der Person des Nachfolgers war die Fassung des Beschlußes, daß die Wahl des römischen Königs jetzt unverweilt eintreten müsse. Unaufhörlich drangen in dieser Richtung Spanien und der Papst auf die Churfürsten. Es wird zu diesem Zwecke endlich ein Collegialtag ausgeschrieben, der im October in Nürnberg abgehalten werden sollte. Das Benehmen Rudolph's, nach der Abdication als König von Böhmen, erheischte in der That die rasche Vornahme eines Actes, welcher allein im Stande war Deutschland und Europa vor dem Ausbruche eines Krieges zu bewahren.

Die Energie, womit von Rom und Spanien aus diese Nachfolgefrage betrieben wurde, verletzte den ohnehin tief beleidigten Kaiser noch mehr. Er sann nur darauf, diesen beiden die ärgsten Verlegenheiten zu bereiten, ihren Interessen den größten Schaden zuzufügen und scheute sich nicht, zu diesem Zwecke selbst im eigenen Fleische zu wühlen. Er beklagte sich tief über den Papst und den König von Spanien und erklärte gegen den Markgrafen von Ansbach, daß er den letzten Vertrag mit Mathias nicht halten, ja daß er den Namen Habsburg nicht mehr hören wolle. Wie damals nach den Demüthigungen, die ihm die Libner Verträge und der Majestätsbrief bereitet hatten, so faßte er jetzt, nach dem

Verlust der böhmischen Krone, einen Entschluß, der abermals von den Gefühlen des glühendsten Hasses und der Rache dictirt war.

Die Stimmung des Kaisers wurde noch dazu aufgestachelt von einer Rotte verworfener Höflinge und schamloser Lakaien, die ihn ausbeuteten. Man machte ihm den Vorschlag, bald sich mit der Königin von Frankreich zu vermälen, wodurch einem französischen Prinzen der Weg zur Succession im Reiche angebahnt würde, bald die Pfalzgräfin-Witwe heimzuführen; ein Mittel, um sich den Reformirten in Deutschland geneigt zu zeigen. Er hatte dieser Dame schon nahmhafte Prätiosen zum Geschenke gemacht. Auch nannte man die Tochter des Herzogs von Braunschweig als des Kaisers Braut. Ein Kammerdiener reformirten Glaubens, Namens Ericius, war es, welcher Rudolph's feindliche Gesinnungen gegen Mathias zu verschärfen suchte und wie wir wissen, ersteren bestimmt hatte, den Act der Belehnung Mathias' mit dem Königreiche Böhmen immer wieder zu verschieben. Andere niedere Hofdiener, Namens Fröschl und Haßtal, entwarfen Instructionen für Personen ähnlichen Gelichters, die der Kaiser als Gesandte verwenden wollte. Günterod, ein glücklicher Landsknecht, welcher sich schon im Jahre 1608 und 1609 zu Missionen polizeilicher Natur gebrauchen ließ, hatte sogar Hoffnung, kaiserlicher Kämmerer zu werden, weil Rudolph zu jedem Entschluße geführt werden konnte. Günterod und Geizkofler standen jetzt bei Rudolph sehr in Gnaden und übernahmen die Vermittlung zwischen dem Kaiser und der Union. Der eigentliche Postillon dieser Intriguen war aber Günterod, der es jetzt dahin brachte, daß der Kaiser sogar seines treuesten Rathgebers, des Herzogs von Braunschweig, überdrüssig ward. Diese Leute waren es, welche dem Kaiser einen neuen Racheplan entwarfen. Der Kaiser möge sich mit der Union verbinden, den Religionsfrieden (für die Reformirten) proclamiren, um mit den Truppen derselben und Ramé's vereint, seine Feinde zu exterminiren. Günterod vermochte den Kaiser, den Markgrafen von Ansbach und den Grafen von Hanau kommen zu lassen; auch Anhalt, des Winks nach Prag zu kommen, gewärtig, hielt sich bei Rosenberg auf. — Auf diese Art conspirirte Rudolph mit den ärgsten Feinden seines Hauses.

Die Union selbst kann nicht davon freigesprochen werden, seine Leidenschaften und seine Geisteszerrüttung mißbraucht zu haben.

Die kaiserlichen Hoffecretäre Wacker und Härtl standen seit lange im Solde von Churpfalz, der eine davon hatte sogar einen pfälzischen geheimen Rathstitel erhalten. Die vornehmsten und thätigsten Glieder der Union verkehren jetzt mit Rudolph; das Unerhörte geschieht: er, der jahrelang den Nuntius und Zuñiga nicht empfangen hatte, hält fast täglich mit dem Markgrafen Joachim Ernst von Brandenburg-Ansbach Conferenzen. Er will ihn an Sohnesstatt annehmen, beschenkt ihn reichlich mit Geschmeide, mit kostbaren Gemälden und Pferden, endlich betraut er ihn mit einer offiziellen, dann aber auch mit einer sehr wichtigen und geheimen Mission für den Churfürstentag nach Nürnberg und an den Pfalzgrafen Johann, Administrator der Churpfalz. Der Markgraf hatte dem Kaiser die Ueberzeugung beigebracht, daß wenn er in das Reich käme und dort Einigkeit zwischen Protestanten und Katholiken stiften würde, sein Ansehen, seine Hoheit steigen würden. Man erzählte, Rudolph wolle Anhalt zum Chef des geheimen Rathes machen, die Union confirmiren und zuletzt selbst Protestant werden. Die Union hatte den gewissenlosen Antrag gestellt, ihm Truppen zu geben und den Grafen Moriz von Nassau zum commandirenden General zu ernennen, um von Mathias die Länder zurückzuerobern. Die Thatsache, daß Erzherzog Leopold einen Abgesandten zu dem Rothenburger Unionstage abordnete, hängt mit dieser Erneuerung des alten Rachegedankens Rudolph's ohne Zweifel zusammen. Für des Kaisers Stimmung war die Antwort bezeichnend, welche er dem geheimen Rathe Barvicius gab, als dieser ihm von Differenzen zwischen dem Herzog von Baiern und dem Erzbischof von Salzburg erzählte. „Es schade nicht,“ sagte Rudolph, „daß die Pfaffen sich mit einander etwas raufen.“

Die Verbindung Rudolphs mit den Fürsten der Union wurde durch eine sehr lebhafte Correspondenz und durch häufige Missionen unterhalten; wöchentlich gingen Handschreiben von Prag aus nach Deutschland; Rudolph erwartete in Bälde von den Grafen von Hanau und Oldenburg die zu den neuen Rüstungen nöthigen Geldmittel. Günterod hatte bereits eine Summe von zwanzigtausend Gulden, vermuthlich aus der Unionscasse, für Rudolph erhoben und nach Prag gebracht.

Diese Verbindung mit Rudolph war aber nur eine Episode in der Kette von Intriguen, welche das pfälzische Haus, die Union, der Herzog von Bouillon und neuerlich die wetteranischen Grafen gegen Oesterreich gesponnen hatten; des Kaisers Autorität sollte diesen Intriguen zum Werkzeug und zum Deckmantel dienen. Unter solchen Umständen war die Nachricht, welche das französische Cabinet aus Ulm erhielt, daß man im Frühjahr den Ausbruch eines Krieges mit Sicherheit erwarte, daß Kaiser Rudolph nach Deutschland ziehen und dann von da aus die österreichischen Länder, die Länder seines eigenen Hauses angreifen würde, wohl begründet.

Ungeachtet des Versuches Rudolph's die Wahl des Nachfolgers zu verschieben, beschloß der Churfürstentag zu Nürnberg, daß eine solche Wahl stattzufinden habe, auch dann, wenn der Kaiser damit nicht einverstanden wäre. Rudolph nahm diesen Entschluß sehr ungnädig auf; als der churmainz'sche Gesandte Brömser ihm von der Nothwendigkeit der Benennung des Successors sprach und seine Worte fünf bis sechsmal wiederholte, wurde Rudolph so sehr davon ergriffen, daß er bleich und kraftlos im Stuhle zusammensank. Als er sich etwas erholt hatte, versprach er seine Entschließung über den Vortrag der Gesandten bald mitzutheilen. Man erzählte, daß der Kaiser nach dieser Audienz, in einem vertraulichen Gespräche mit dem Oberstkämmerer über gewisse Leute (Churmainz) klagte, die ihn früher unterstützten und nun, als ob sie mit Gott im Rath gesessen, wissen wollen, daß er bald sterben werde, daß also die Bezeichnung eines Nachfolgers so bringend nothwendig sei!

Rudolph gab den Gesandten des Churfürsten zur Antwort, sie mögen die Wahl bis zum künftigen Reichstag verschieben und Mathias' Candidatur nicht unterstützen. Er glaubte durch Abhaltung eines Reichstages, der dem Wahlacte vorangehen würde, die Wahl selbst zu verhindern, denn in dem Wahlacte sah er, vielleicht nicht mit Unrecht, ein Attentat, — das letzte auf seine letzte Würde. Die Absichten, welche der Kaiser mit der Abhaltung eines Reichstages verband, erhoben sich drohend in dunklen Umrissen. Das Vorschieben desselben war ein wichtiges Moment für seine Angriffsplane auf Rom und Spanien. Es sollten daselbst für die reformirten Fürsten eine Reihe von Concessionen publicirt werden und Rudolph an die Spitze dieser Fürsten treten; als Anerkennung dafür würde er eine wahrhaft kaiserliche Civilliste erhalten; dann entfiele die Wahlfrage, weil es im Interesse der Reformirten lag, ein

Interregnum eintreten zu laffen, welches zu Gunften der nichtkatho-
lifchen Candidaten der Kaiferwürde ausgebeutet werden könnte.

In der That war die Idee einer Civillifte für den Kaifer
von Deutfchland klug erfonnen. Einestheils wäre dadurch die Bedingung einer bedeutenden Hausmacht, um die kaiferliche Würde
mit Glanz zu repräfentiren, entfallen und mithin der Kreis der
Candidaten fehr erweitert worden fein, dann wäre ein fo ganz
machtlofer, ein befoldeter Kaifer gar nicht mehr im Stande gewefen, die Factionen im Reich und die verrätherifchen Velleitäten
der Reichsftände im Zaum zu halten.

Der Churfürftentag wollte von der Abhaltung des Reichstags vor der Wahl nichts wiffen nnd gehorchte dem Kaifer diesmal
nicht. Der Wahltag wurde von Chur-Mainz auf den Montag
nach Cantate (21. Mai) des nächften Jahres zu Frankfurt am
Main ausgefchrieben und dem Kaifer eröffnet, daß wenn er einen
Reichstag abhalten wolle, er denfelben nach dem Wahltage, etwa
auf Montag nach Trinitatis (18. Juni) einberufen möge. Der
Kaifer conftatirte in Gegenwart feiner Vertrauten, daß diefe ihm
fo feindlichen Befchlüße des Collegialtages vornehmlich dem fpanifchen Gefandten und dem Churfürften von Mainz zuzufchreiben feien.

Zuñiga ließ auch eine andere Nachfolgefrage nicht aus den
Augen. Im Auftrage feiner Regierung, nachdem er felbft die Anregung dazu gegeben, fammelte er Behelfe, um die Anfprüche
der fpanifchen Linie auf Böhmen und Ungarn zur Geltung bringen
zu können, wenn Mathias kinderlos ftürbe. Für Erzherzog Ferdinand, der in feinen Rechten dadurch beeinträchtigt worden wäre,
follte eine Entfchädigung ermittelt werden. [13])

Doch auch Mathias dachte an die Nachfolge in feinen Ländern, aber er wollte auf natürliche Art dafür forgen. Obwohl im
vorgerückten Alter, befchloß er dennoch, fich zu vermälen.

Die Hochzeit des Königs mit der Erzherzogin Anna wurde
Anfangs December zu Wien gefeiert. Der Cardinal Dietrichftein,
zum päpftlichen Legaten für diefe Feier ernannt, vollzog die kirchliche Trauung. Die Mährer fandten den Oberftkämmerer Herrn

---

[13]) Collect. Harlay Com. 238/13. 26. Extrait d' Ulm et de Heidelberg
1. Feb. 1612. — Zuñiga 10. Feb., 25. Mai und 28. Oct. 1610 Sim.
— Churcöln an M. 1. Juni 1611 M. A. — S. Beil. Nr. CCCXI.

von Lobkowitz, dann den Oberstlandschreiber Czeyka von Olbramowitz nach Wien, um ihre Glückwünsche darzubringen und dem Könige ein Präsent von 20,000 fl. und der Königin von 10,000 fl. zu überreichen. Die böhmischen Stände verehrten dem Könige 80,000 fl. und ein Kästlein mit Prätiosen im Werthe von 20,000 fl., ein Theil der österreichischen Stände die Summe von 100,000 fl. Diese Hochzeitsfeier drängte nur auf kurze Zeit die große politische Frage in den Hintergrund. Bald darauf wurden die Vorbereitungen getroffen für den Wahltag. Als König von Böhmen und des heiligen römischen Reichs Churfürst, wurde Mathias eingeladen, in Frankfurt zu erscheinen. Rudolph hatte dem Könige eine Exclusive gegeben, die protestantischen Fürsten waren für Maximilian, die katholischen für Albrecht.

Wenn Mathias troß der spanischen Bemühungen, wie es den Anschein hatte, die Wahl nicht durchsetzen würde, dann hatte er es in der That nur der schillernden Politik des Bischofs von Wien zu danken.

Diese Politik hatte ihm nicht nur die Stände seiner Länder in letzter Zeit völlig entfremdet und die Churfürsten nicht gewonnen, sondern auch Spaltungen am eigenen Hofe und unter den österreichischen Baronen hervorgerufen. Der Kaiser stand abermals in Waffen wider ihn. Die Versöhnung mit Erzherzog Leopold, die Abbitte, welche dieser leisten mußte, war nur abgedrungen worden. Die Spaltungen am Hofe selbst waren gefährlich. Es waren dort zwei Liga's begründet worden, die eine, an deren Spitze der herrschsüchtige Khlesel stand, war allgewaltig, die andere, von dem nicht minder ehrgeizigen Liechtenstein geführt, drohte mit Abfall, wenn nicht die Macht Khlesel's beschränkt, mit den Protestanten vorläufig „dissimulirt" und Reformen in der Administration durchgeführt würden. Liechtenstein, über die vielen durch Khlesel erlittenen Zurücksetzungen erbittert, hatte keinen Beitrag zur Heiratsdonation des Königs geleistet; ja er wollte sich anläßlich des bevorstehenden Reichstags dem Kaiser zur Verfügung stellen, um zum Lohne seiner Dienste vielleicht in die Fürsten-Matrikel eingetragen zu werden.

Die Lage war für den König voll Schwierigkeiten der ernstesten Art, denn offenbar lag der Schwerpunct der Gegensätze im Innern seiner Länder, die nach kräftiger Organisation rangen und den

Kampf mit der Krone jetzt ohne offene Divergenzen wieder aufnahmen, während sie früher ihre Kraft im Einzelnkampfe: in Ungarn (1605), Oesterreich (1608 und 1609) und Böhmen (1609)
zersplittert hatten. Wäre die Union dem Könige Mathias, der
jetzt auf die spanische Stütze allein angewiesen war, ein kräftigerer
Feind gewesen und hätte die Selbstsucht der Fürsten und Stände
derselben, nicht die Selbstsucht der anderen nichtunirten deutschen
Fürsten in Schach gehalten, so wäre der rechte Augenblick gekommen, ihn eben so leicht vom Throne herabzuwerfen, als er darauf
gehoben wurde. Die Landherren seiner Königreiche und Länder
hätten für Mathias nichts unternommen.

Da trat in diesem Augenblicke ein unerwartetes Ereigniß
ein, welches die Situation, jedoch ohne sein Zuthun, zu Gunsten
des Königs veränderte. [14])

---

[14]) Münch. Act. 28. Jänner 1612. — Landtagspamtk.-Supplb. 1610 bis
1636. Fol. 68. — S. Beil. Nr. CCCXI.

Zu bemerken ist, daß nach Confirmation der Wiedervereinigungs-
urkunde zwischen Böhmen und Mähren die Hofkanzlei, welche für Mähren
in Wien bestand, — Herr Ladislaus von Lobkowitz war Director derselben — aufgelöst wurde und die königl. böhmische Kanzlei die alte
Jurisdiction über Mähren wieder übernahm. Cod. Dox. 1612. 155.
Landtagspamtksuplb. 1610—1636. Fol. 100 und ff.

Capitel XIV.

Tod Rudolph's. — Familienübereinkommen der Erzherzoge. — Zierotin's Maßnahmen zur Verhinderung des Türkenkrieges. — Mathias wird Kaiser. — Die Troppauer Frage. — Landtag 1612 in Mähren. — Die Reactionspolitik des Hofes. — Der Regensburger Reichstag. — Mathias gegen die Union und gegen die Liga. — Wandlung in Khlesel's Politik. — Spanien und die Nachfolge in Böhmen und Ungarn. — Siebenbürger Unruhen und Türkengefahr. — Budweiser Landtag. — Vorbereitungen zu Gewaltmaßregeln. — Zierotin vermält sich zum vierten Male. — Der Linzer Convent erklärt sich für den Türkenfrieden. — Zustände der kaiserlichen Finanzen. — Zierotin's Vorschlag über die Realunion scheitert. — Er legt das Amt als Landeshauptmann von Mähren nieder. — Ende seiner öffentlichen Laufbahn, er tritt in das Privatleben zurück. — Ausschlag des böhmischen Generallandtages. — Schlußbetrachtungen.

Nach kurzem Krankenlager, durch den Seelenkampf der verflossenen Jahre im innersten Mark des Lebens erschüttert, starb Kaiser Rudolph am 20. Jänner 1612. Seine unmittelbare Umgebung, der Oberstkämmerer Proskowsky, einige geheime Räthe und die Kammerdiener, suchten den Tod des Kaisers geheim zu halten, um in der Zwischenzeit „desto besser aufräumen und sich bereichern zu können." Der Tafeldecker wurde beauftragt, seinem Amte auch jetzt obzuliegen, als ob die Majestät noch am Leben wäre. Allein Wenzel Kinsky, des Königs Mathias vornehmster Rath, und Trautmannsdorf, der Oberst der Hartschiere, welche gekommen waren, um sich nach des Kaisers Befinden zu erkundigen, mochten an der Bestürzung der Diener wahrgenommen haben, daß es mit ihm zu Ende gehe. Sie ließen sich nicht abweisen und drangen fast mit Gewalt in das kaiserliche Schlafgemach; hier fanden sie Rudolph todt im Bette. Trautmannsdorf und Kinsky waren, in Voraussicht einer baldigen Auflösung des Kaisers, vom König mit Vollmachten versehen worden, um für diesen Fall in seinem Namen die nöthigen Vorkehrungen zu treffen.

Wie ein Lauffeuer verbreitete sich die Todesnachricht durch die Stadt. Man erzählte, daß der Kaiser Früh um fünf Uhr nach dem Schloßcaplan, dem Canonicus Georg, geschickt und um sechs ein halb Uhr sich von seinem Kammerdiener Hans König ein frisches Hemd anlegen ließ, er machte noch diesem seinen Lieblingsdiener sanfte Vorwürfe, daß er ihn etwas unzart an den wunden Beinen angefaßt hatte; hierauf reichte ihm Dr. Ravoret einen Löffel mit Bezoar und Ambra; um 7 Uhr schon war er ohne schweren Kampf entschlafen. Personen von Bedeutung erkundigten sich bei dem Schloßcaplan, ob der Kaiser gebeichtet und communicirt? Derselbe erwiederte, es sei ihm unter Beichtsiegel verboten, etwas darüber auszusagen. Nachmittags erfolgte die Section der Leiche in Anwesenheit des Herzogs von Braunschweig, des Markgrafen von Braunschweig, des Markgrafen von Ansbach und anderer vornehmer Herren. Hirn und Herz waren gesund, Leber und Lunge krank, die unteren Extremitäten vom Brande angegriffen. Die Aerzte waren geneigt, den tödtlichen Ausgang der Krankheit dem zuzuschreiben, daß Rudolph nicht rechtzeitig gegen das Fußübel Heilmittel angewandt. Uns scheint jedoch, daß der schwere Kummer und die unaufhörlichen Gemüthsaufregungen allmälig seine Lebenskräfte aufzehrten und das Blut zersetzten.

Des Kaisers Leiche wurde einbalsamirt und aufgebahrt; sie war mit „dem Schlafpelz angekleidet und trug ein schwarzsammt-spanisch Hütlein mit schwarz und grauen Federlein." Eine große Menge Volkes wogte ab und zu, um des unglücklichen Kaisers irdische Ueberreste anzusehen.

Bald nach dem Verscheiden Rudolph's wurden sein geheimer Kammerdiener Rucky, dann noch andere Diener und einige Künstler, Alchimisten und Astrologen, welche Rudolph besonders bevorzugte, auf

Befehl Trautmannsdorf's verhaftet und an die kaiserlichen Zimmer, an die Schatz- und Kunstkammer Siegel angelegt. Man vermuthete und nicht ohne Grund, daß diese Leute des Kaisers Schwäche mißbraucht hätten, um sich Geld und Kostbarkeiten anzueignen. Auch glaubte man dadurch rascher auf die Spur jener Verbindungen zu kommen, welche Rudolph mit den Protestanten im Reiche neuerlich angeknüpft hatte. Noch eine Stunde vor seinem Tode hatte er davon gesprochen und Rucky zu Günterode gesendet. Auch dieser hätte verhaftet werden sollen, er bekam jedoch rechtzeitig einen Wink und entfloh. Die vorgefundenen Papiere und Correspondenzen Rudolph's lieferten Anhaltspuncte, die das Vorhandensein jener Verbindungen außer Zweifel setzten. Des Kaisers Stubenheizer, welcher von diesem beauftragt wurde, zwei Kisten mit Gold zu verscharren, sagte aus: daß Seine Majestät kurz vor seinem Erkranken ins Reich reisen wollte, um dann an der Spitze einer Armee zurückzukehren. Rucky's bewegliche Habe, mehrere hunderttausend Thaler in Geld und Verschreibungen, Pferde, Equipagen, kostbare Pelze, Ringe und Halsketten, wurden mit Beschlag belegt; man konnte daraus entnehmen, wie stark er den Kaiser bestohlen hatte.

Auf die Nachricht von Rudolph's Hinscheiden waren Mathias, seine Gemalin und der Bischof von Wien sogleich nach Prag geeilt. Schon am 30. Jänner war Mathias in Prag angelangt, um die Verlassenschaft nach dem Kaiser, der keine letztwillige Verfügung getroffen hatte, zu ordnen. An barem Gelde war nicht viel vorhanden, dagegen wurden die Kostbarkeiten, die Juwelen und Kunstwerke auf mehrere Millionen geschätzt.

Khlesel examinirte den Kammerdiener Rucky in Person, er glaubte durch diesen, als des Kaisers vertrautesten Günstling, die Fäden der letzten Anschläge gegen Mathias leichter auffinden zu können. Die unzweideutigen Drohworte des Bischofs, die Anspielung auf Leiter und Galgen, erschütterten Rucky dermaßen, daß er sich bald, nachdem Khlesel ihn verlassen hatte, in seinem Gefängnisse am Hrabschin erhängte. Wie begreiflich, brachte der Selbstmord einer dem Kaiser so nahe gestandenen Persönlichkeit, und zwar im königlichen Schlosse selbst begangen, einen höchst peinlichen Eindruck hervor, denn nach den Anschauungen der Zeit hatte sich Rucky eines der größten Verbrechen schuldig gemacht.

Der Henker trat in sein Gefängniß, warf den Leichnam durch das Fenster auf einen Mistwagen und fuhr damit auf den Richtplatz, nachdem er alles, was er im Zimmer des Selbstmörders fand, als ein ihm verfallenes Gut mitgenommen hatte. Der Nachrichter trennte hier das Haupt vom Rumpfe, riß ihm Herz und Eingeweide heraus und schlug damit das Antlitz, dann brach er zweimal jedes Glied. Die einzelnen Theile wurden in eine Grube geworfen. Eine unabsehbare Menschenmenge war Zeuge dieses gräßlichen Schauspiels. Einige Tage später wurden diese Stücke ausgegraben und zu „Pulver verbrannt," weil Rucky als Gespenst im Schlosse umgehend gesehen wurde, auf einem Bocke reitend und von sechs grauen Katzen begleitet, in welchem Gethier das Volk sogleich die sechs anderen gefangenen Diener Rudolph's erkannt hatte.

Der König und die Königin gefielen sich so wohl in Prag, daß sie beschlossen, ihre Residenz daselbst aufzuschlagen; insbesondere war das Klima der Königin sehr zusagend, von der man versicherte, daß sie guter Hoffnung sei. Damit sie sich nicht „versehe," mußte Herr von Meggau, welcher ein „indianisches Hahnenmahl" im Gesichte hatte, vom Hofe entfernt werden. Die Königin war bemüht, die Herzen der Prager zu gewinnen. Aus Demuth und Leutseligkeit ließ sie in ihrem Vorgemache ein eigenes Küchlein erbauen, wo sie mit aufgestreiften Aermeln und aufgeschürztem Rock, mit einem Wischtuch und in gewöhnlicher Kleidung, die Speisen zubereitete und das Gemüse zurichtete, um es dann mit zur Tafel zu nehmen. Dabei empfing sie auch Suppliken und Supplikanten, sprach mit denselben in anmuthiger Herablassung über ihre Angelegenheiten und tröstete sie mit frohem Bescheid. Den Prager Damen ging sie mit gutem Beispiele voran und hörte täglich drei Messen. Und doch war sie nicht beliebt, wie ein Zeitgenosse erzählt, „den Evangelischen sogar trefflich zuwider," weil es bekannt war, daß sie ihren königlichen Gemal zu überreden suchte, die freie Religionsübung zu untersagen.[1])

Der unvermuthete Tod des Kaisers hatte auf die Politik des Königs einen großen Einfluß genommen. Die Furcht, daß

---

[1]) Verzeichnuss a. a. O. 25. Jänner 1610 und ff. k. k. geh. Archiv. — Skala a. a. O. 325. — S. Beil. Nr. CCCXII.

der Kaiser durch Concessionen seine früheren Unterthanen hätte gewinnen und vom König abwendig machen können, zwang diesen,
die protestantischen Stände wenigstens insofern zu befriedigen,
als deren ungestümes Verlangen nach Reformen, die den Vorrechten der katholischen Kirche und der königlichen Autorität nachtheilig waren, durch Versprechungen, halbe Zusicherungen und
beruhigende Worte eingeschläfert wurde. War die Gefahr, die
vom Prager Hofe aus drohte, groß, wie zur Zeit des Passauer
Einfalls, so nahm in demselben Maße die Geduld und Nachgiebigkeit des Königs zu. Er widerlegte nicht die Behauptung
der mährischen Stände, daß sie Zusammenkünfte ohne königliche
Genehmigung halten durften und ließ sie thatsächlich gewähren.
Minderte sich jene Gefahr, wie nach der böhmischen Krönung
des Königs, dann vindicirte er sich gleich selbst ganz neue Rechte,
wie die Ernennung von Räthen, welche ihm den Vorschlag zur
Besetzung der Kronämter erstatten sollten. Kurz das Verhältniß
Mathias' zu Rudolph erzeugte jene schwankende Politik des Bischofs
von Wien, welche Alle befriedigen wollte, in ihren Erfolgen jedoch
sich Alle zu Gegnern machte. Jetzt war dieser Nebenbuhler, welcher
Khlesel auf die unruhigen und falschen Bahnen trieb, nicht mehr.
Mathias und der Bischof von Wien athmeten hoch auf.

Aber auch die Häupter jener Bewegung, die dem alten
Kaiser den Thron raubte, waren erst jetzt innerlich beruhigt. Wenn
auch macht- und kraftlos, konnte doch Rudolph einmal die Gewalt
wieder erlangen; diese Möglichkeit eröffnete denselben eine Aussicht
voll Gefahren für Leben und Eigenthum, so daß nur das Ereigniß
vom 20. Jänner 1612 ihnen die volle Sicherheit gab. Es ging
das Gerücht durch Böhmen und Mähren, daß, wenn der Kaiser
noch gelebt hätte, die Leichenfeierlichkeiten für Peter Wok von
Rosenberg (welcher im Monate November 1611 starb), die Veranlassung gewesen wären, die fürchterlichen Scenen der Pariser
Bluthochzeit in Böhmen zu wiederholen. Die Häupter der Bewegung in den Provinzen waren damals in Wittingau versammelt.
In einer Nacht, erzählte man, hätte sie alle die Rache des schwer
beleidigten Hofes erreicht. Auch war die Ansicht verbreitet, daß,
wenn Mathias bei Rudolph's Tode nicht schon gekrönter König
gewesen wäre, er den böhmischen Thron nur nach blutigen Kämpfen
errungen hätte, denn für diesen Fall wären Churpfalz, Anhalt

und die anderen Bewerber um denselben in Waffen aufgetreten.
Zierotin sagte es offen: es seie ein wahres Glück, daß der Kaiser
nicht mehr lebe. Ein Steostichon auf dessen Tod, in der Lausitz
gedruckt, erschien dem Landeshauptmann wie eine poetische Uebertreibung; „denn Rudolph's Leben," sagte er, „habe nur Allen zum
Nachtheil gedient." Es ist gewiß, daß, wenn Jemand, der durch Rudolph nicht beunruhigt oder verfolgt worden wäre, dieses Urtheil
ausgesprochen hätte, dasselbe als ganz unbefangen und richtig
gelten müßte. Die Politik der Regierung Rudolph's ist hier so
häufig erörtert worden, daß wir dem Urtheile des Herrn von
Zierotin nichts beizufügen haben. Nur eines ist zu bemerken. Es
unterliegt keinem Zweifel, daß, wenn Rudolph nur eine Privat-
stellung innegehabt hätte, sein Ruf als Alterthumssammler, war-
mer Kunstfreund und freigebiger Mäcen sehr groß geworden wäre;
so aber, da ihn das Schicksal auf den ersten Thron der Welt erhob, kann nicht geläugnet werden, daß man ihn als guten Regenten nicht betrachten kann und daß er grenzenloses Unheil über
Oesterreich heraufbeschworen hatte.

Der Tod des Kaisers gab nicht allein der Politik des Königs einen festern, innern Halt, ein deutliches Ziel, er veränderte
auch, für den Augenblick wenigstens zu seinen Gunsten, die Plane
der Gegner in dem alten Kampfe zwischen der Krone und den
Ständen, zwischen Katholicismus und Protestantismus. Die ganze
Thätigkeit Zierotin's zur Befestigung der religiösen und politischen
Freiheit des Landes zielte dahin, Garantien gegen die Ausschreitungen der Regierungsgewalt aufzustellen, die er in der Realunion
zu finden glaubte. Tschernembl und die Oesterreicher stimmten jenen
Ansichten bei, aber sie suchten weitere Bürgschaften auch noch in
dem Schutz- und Trutzbündnisse mit den Fürsten der deutschen
Union. So lange Rudolph lebte, — der unruhige Gegenstand der
tiefsten Besorgniß für Mathias und die Stände, — konnte das
Aufsuchen dieser Garantien als gerechtfertigt angesehen werden.
Selbst Zierotin stimmte in den Tagen der größten Noth dafür,
obwohl er sonst dieser Verbindung abhold war. Eine Denkschrift,
die Zierotin vor Rudolph's Tode für Churpfalz und auf dessen
Verlangen verfaßte, schilderte unumwunden die Mißregierung in
Wien und die Gefahren, welche Religion und Eigenthum bedrohen.
Hieraus geht hervor, daß der Plan, welcher zwischen Zierotin

unb Tschernembl Enbe 1611 verabrebet wurbe, beffen wir früher gebachten, nebst den Sturz Khlefel's auch noch das Abschließen eines geheimen Bündniffes mit ber beutschen Union umfaßte, bann die Organifation einer engen Verbindung ber Länber Oesterreichs unter einanber, welche Zierotin zu Stanbe zu bringen hoffte, unb vielleicht auch Erörterungen über die Nachfolge, für ben Fall des finberlofen Absterbens Mathias'. — So lange Kaifer Rubolph lebte, mußte fogar die Hoffnung vorhanben gewefen fein, Mathias zu bewegen, einen Theil biefer Verabrebungen, nämlich: die Bunbesibee mit ber Union, gutzuheißen, um sich vor ben nicht ruhenben Eroberungsibeen bes schwer verletzten Kaifers zu schützen. Als aber zur Ausführung geschritten werben follte, als Zierotin einen Brief an ben Fürsten von Anhalt unb jene Denkschrift an ben Pfalzgrafen einfenben wollte, um bas „große, wichtige Unternehmen" einzuleiten, starb Rubolph. Tschernembl unb Zierotin beschloffen fofort, bas „Unternehmen" aufzuschieben, wenn auch jene Briefe unb Denkschriften inzwischen schon abgegangen waren. Wie rücksichtslos Zierotin die Zustänbe ber Höfe in Prag unb Wien barin bargelegt hatte, geht aus ber von ihm geäußerten Beforgniß hervor, baß ber Pfalzgraf in biefem Actenstücke revolutionäre Regungen, nämlich: ben Wunsch nach einer Veränberung in ber Perfon bes Lanbesherrn unb nach Freiheit wahrnehmen könnte, was boch, wie Zierotin schrieb, „jebem Herrscher verhaßt ist." Es wurde die Ausführung vertagt, bis zu jener Zeit, in welcher die Gegner felbst burch Fehler unb Gewaltschritte Anlaß zur Wiederaufnahme bes Planes geben, unb bis es flar würbe, wohin sich die beutschen unirten Fürsten neigen.

Bei ber Behanblung biefer Frage trat ber Unterschied in bem Character jener beiben Staatsmänner beutlich hervor. Bei Zierotin waltete immer die Rücksicht für die Ehre unb Würde bes Königs. Er befürchtete, baß feine Denkschrift bem Könige nachtheilig werden könnte, ba sie die Schäben feines Regiments unb die Ränke feines Ministers aufbeckt unb baburch ben Churfürsten, welche ohnehin ihm nicht geneigt waren, neue Grünbe zuführen würbe, ihn zum römischen König nicht zu wählen. Tschernembl kannte bagegen keine Schonung, er war eine glatte, unbeugfame, republikanische Natur, voll Feuer unb Berebtfamkeit, voll Muth, Scharfblick unb practischem Wiffen. Grünbe ber Politik, nicht aber eine Deferenz für das kaiserliche Haus oder für Mathias, bestimmten ihn, in die Vertagung jenes Planes einzuwilligen.

So war für den König und für Khlesel eine Gefahr, die sie nicht einmal ahnten, vorübergezogen und für eine gewisse Zeit wenigstens beseitiget.

Von größter Bedeutung war jedoch für die Befestigung seiner Herrschaft das Familien-Uebereinkommen der Erzherzoge, welches kurz vor des Kaisers Tod abgeschlossen worden ist. Es sollte dieses Uebereinkommen die Zwistigkeiten, wie sie zwischen Rudolph und Mathias bestanden hatten, durch disciplinäre Bestimmungen für immer unmöglich machen. Wie leicht, da auch Mathias kinderlos war, hätten sich Zank und Haber wiederholen und die Frage der Nachfolge, welche die Ursache des Bruderzwistes war, jetzt noch einmal Aehnliches im Hause hervorrufen können. Davor war Mathias durch jenes Uebereinkommen gesichert. Auf diese Bestimmungen beschränkte sich das Ergebniß der Berathungen eines, wie wir wissen, schon vor längerer Zeit von Liechtenstein und Khlesel gestellten Antrags, einen Familien- und zugleich obersten Regierungsrath zu gründen, welcher nicht allein den Streitigkeiten unter den Gliedern des Hauses vorbeugen, sondern auch die nothwendigen Regierungsreformen durchführen sollte. Liechtenstein, welcher sich mit der Ausführung dieser Idee beschäftigt hatte, entwarf den Plan. Nach diesem sollte des Königs Autorität befestiget werden und er die Liebe seiner Unterthanen zu gewinnen trachten, Khlesel's Macht müßte beschränkt werden; Ordnung und Sparsamkeit im Haushalte der Regierung wäre einzuführen, ein Repräsentant der Erzherzoge hätte sich bei Mathias aufzuhalten und wenn er Uebergriffe wahrnehmen würde, dem König und seinen Räthen Vorstellungen machen. Höchst merkwürdig sind die letzten Puncte dieses Planes. Liechtenstein sagt es ganz deutlich, daß die directe Zurücknahme der Religionsconcessionen nicht möglich sei, allein er schlägt ein indirectes Mittel vor: zuvörderst unter dem Präterte von Türkengefahren die Aufstellung einer „continuirlichen" Armee, dann die Trennung des Adels vom gemeinen Volke, welch' letzteres die Regierung für sich zu gewinnen trachten sollte. Dieser Gedanke tauchte jetzt häufiger auf.

Es ist gewiß, daß sich damals das Streben im Landvolke kundgab, auch seine gesellschaftliche Stellung zu verbessern, dies

bezeugten die damals häufigen Frohn-Ablösungen. Schon Hanui-
wald hatte den Kaiser auf das „gemeine Volk" aufmerksam gemacht, es gegen die Aristokratie zu gebrauchen. Graf Thurn fand
es im Jahre 1609. bei der aufgeregten Stimmung des Landvolkes
nicht gerathen, dasselbe zu bewaffnen. Im Vorjahre hatten bereits
Anfänge einer agrarischen Bewegung in Böhmen stattgefunden
und Symptome einer solchen zeigten sich auch in Mähren. Jetzt
weist Liechtenstein geradezu auf dieses Element hin und will es
als einen wesentlichen Factor bei den politischen Combinationen
in den Vordergrund stellen.

Allein Liechtenstein's Todfeind, Khlesel, sah in diesem Entwurfe den Hebel, der ihn stürzen sollte, hintertrieb dessen Ausführung (die Werbung ausgenommen), wiewohl die Erzherzoge Max
und Ferdinand dem Herrn von Liechtenstein danken ließen und an
diesen Vorschlägen Gefallen gefunden hatten. Es beschränkte sich
der Familienrath auf die Vereinbarung eines inneren Hausge-
setzes, dann darauf, daß König Mathias als Candidat des Hauses
für die Reichskrone aufgestellt wurde. Eigentlich war dieser Pact,
geschlossen am 27. December 1611, nur eine Erneuerung des bekannten Vertrages der Erzherzoge vom Jahre 1606, welcher wie
damals, auch jetzt vornehmlich gegen Rudolph und seine Anschläge
gerichtet war.[2]

Eine nicht minder große Stütze als in dieser Erklärung der
Erzherzoge, lag für Mathias in den damaligen öffentlichen Zu-
ständen und in der Politik Frankreichs. Mit dem Tode Hein-
rich's IV. wurden die weitausgreifenden Pläne dieses Königs
aufgegeben. Die Regentin neigte sich mehr zu Spanien. Die
Unternehmungen, welche Heinrich in Deutschland und Italien
erdacht hatte, um das Haus Habsburg zu schwächen, fanden von
Paris aus keine Unterstützung mehr. Im Gegentheil, es sollten
Familienheiraten jene beiden Häuser aneinander ketten. Das Auge
Europa's war mehr auf das Frankreich zu Hause als auf das
Frankreich im Ausland gerichtet. Condé und mehrere Große des
Reichs verschworen sich gegen Maria und hofften schon die Herr-

---

[2] Cod. Dox. Nr. 95. 1612 an Casp. Bierot. — Cod. III. Id. Feb. 1612
Tschern. — Bisch. an Erzh. Alb. 14. Dec. 1611 B. A. — S. Beil.
Nr. CCCXII.

scher zu spielen. Mathias hatte unter solchen Umständen von
Frankreich nichts zu befürchten, ja eine in beiden Reichen gleich-
artige aristokratische Bewegung gegen die Krone näherte beide
Regierungen einander.

Es ist ein denkwürdiger Brief des Ministers Mariens vorhanden, wahrscheinlich an den französischen Agenten in Prag gerichtet, welcher das damalige Verhältniß zu Mathias beleuchtet.
Villeroy tadelt darin das Vorgehen Mathias' gegen Rudolph,
dieses Vorgehen werde nach seiner Meinung von den schlimmsten
Consequenzen begleitet sein und er (Mathias) selbst würde es noch
bitter bereuen müssen; denn die Macht, welche er, um seinen
Zweck zu erreichen, den Ständen einräumte, wird die seine so
sehr herabmindern, besonders rücksichtlich der Religion, daß er
ganz von deren Rath und Entschluß abhängen wird; dieselben
zielen aber nur auf die Unterdrückung der katholischen Religion.
Die Stände (Böhmens) werden noch immer weiter fortschreiten,
und seien darin nicht allein von den deutschen Protestanten, sondern auch noch von den protestantischen Ständen Ungarns, Oesterreichs und Mährens unterstützt, die alle insgesammt Einen Körper
bilden werden, der mächtig sein und durch die Mitwirkung Englands, der Niederlande und selbst der Hugenotten nicht allein
dem Reiche und den Erbländern Oesterreichs, sondern auch ihren
Nachbarn Gesetze geben wird. Mit Frankreich hat Spanien, Italien
und Flandern ein gleiches Interesse; denn jenes Feuer, das die
Einen zerstören wird, richtet auch die Anderen zu Grunde; wenn
nicht jetzt, doch später, da Niemand daran denkt, dasselbe zu
löschen. Villeroy spricht von der Nothwendigkeit, daß die letztgenannten Länder gemeinschaftlich gegen die Feinde der katholischen
Religion vorzugehen hätten, und bedauert, daß man sich auf den
Papst so wenig verlassen könne, da dieser nur fortwährend an
sich und seine Familie denke. Er wollte Mathias mit den Gesinnungen des französischen Cabinets bekannt machen, damit dieser
sie wohl beherzige. Er drückte ferner die Hoffnung aus, daß Mathias seinen Ideen ein geneigtes Gehör schenken werde, da er
(Mathias) selbst wisse, was der Ungehorsam von Unterthanen
gegen den Fürsten sei und daher trachten müsse, Oesterreich aus
der gefährlichen Lage zu befreien, in welcher es sich gegenwärtig
befindet.

In diesen Ansichten der französischen Regierung fand Khlesel eine Aufmunterung, auf der Bahn der kirchlichen Restauration und der Begründung monarchischer und einheitlicher Institutionen zu verharren.

Unter diesen Umständen konnten die Schritte, welche Duplessis schon im Jahre 1611 angebahnt, um die kirchliche Reform in Venedig zu kräftigen, Italien, den Sitz des Papstthums, in den Strom der reformatorischen Bewegung zu ziehen, dieses Papstthum mit Hilfe Savoyens und Venedigs an seinem Sitze selbst in Italien anzugreifen und das Band der Protestanten Osteuropa's mit jenen Westeuropa's zu befestigen, von keinem Erfolge begleitet sein.

Duplessis sandte einen polnischen Edelmann, Namens Rey, zu Zierotin, „dem vornehmsten Barone und Stellvertreter des Königs in Mähren." Er kam unmittelbar aus dem papstfeindlichen Venedig, und überbrachte mit den schriftlichen Credentialen Duplessis' dessen Aufforderung an Zierotin, für den großen evangelischen Bund, — jenem idealen Ziele Duplessis', — auch in den Ländern Oesterreichs zu wirken.

Duplessis war unermüdlich in der Vereinigung der protestantischen Mächte. Er forderte König Jakob auf, die Feder wegzuwerfen und dafür das Schwert zu ergreifen; er suchte seine Königin zu überreden, eine Allianz zwischen Venedig, den Generalstaaten und der deutschen Union zu stiften. Er hatte eingesehen, daß den Protestanten ein energischer Fürst fehlte, der gleich Heinrich IV., die anderen um sich versammeln würde. Als Frankreich in Folge der spanischen Heiraten diese Rolle nicht übernehmen konnte, ruhte seine Hoffnung bald auf Jakob und bald auf Churpfalz.

Rey hatte Herrn von Zierotin berichtet, wie er die Lage der Dinge in Venedig fand, er theilte ihm Fra Paolo's Ansichten mit. Dieser widerrieth, wie schon einmal, die Durchführung eines formellen Glaubenswechsels in Venedig, auch wäre jetzt kein günstiger Moment dazu, weil Venedig entschlossen war, sich mit dem Papste zu versöhnen.

Zierotin entwarf in dem Antwortschreiben an Duplessis ein Bild der Zustände Oesterreichs und lehnte jede Mitwirkung in der Bundesangelegenheit als zwecklos und unausführbar ab. Er sagte, daß auf die Verbreitung der Reform nach Süden durch

Steiermark, Kärnthen und Krain hinzuarbeiten ganz verzichtet werden müsse, denn Erzherzog Ferdinand hatte die Ausführung solcher Versuche daselbst unmöglich gemacht. Die Bewohner jener Länder sind so eingeschüchtert, daß die Muthigsten nicht wagen würden, für jenes Vorhaben den Mund zu öffnen. Die deutschen Fürsten sind nicht einig und verfolgen vorzugsweise ihre eigenen Interessen. Die Länder des Königs Mathias haben zwar den Herrscher gewechselt, aber ihr Unglück ist, daß sich der König von Khlesel beherrschen lasse, welcher alles zerstören will, was die Stände aufgeführt haben. „Wir sind,“ schließt Zierotin, „fast in der gleichen Lage, wie unter Rudolph; auch die Gefahren eines Kriegs bedrohen uns, eines Krieges, den wir so sehr befürchten, daß der Entschluß des Kaisers Rudolph, denselben zu führen, als die eigentliche Ursache des von uns durchgeführten Herrscherwechsels angesehen werden muß. Der König will jetzt den Türkenkrieg um seines Ansehens willen; die königlichen Räthe, geleitet von ihrem Privatinteresse, sind damit einverstanden. Wir können daher der Sache (Duplessis') keinen Vorschub leisten, da wir uns selbst schützen müssen. Gott wird jener Sache die Bahn brechen durch die Fehler der Gegner.“

Wenn auch Zierotin zu Unternehmungen zu Gunsten der Reformation, weil die Aussicht auf Erfolg gering war, nicht die Hand bieten wollte, so hatte er doch den festen Entschluß gefaßt, die Gegner zu bekämpfen, die errungene Freiheit zu vertheidigen; doch immer nur durch österreichische Mittel und Kräfte.

Die Unruhen in Siebenbürgen, welche der Kriegspartei neue Hoffnungen gaben, waren nicht beendet. Bathory war mit Bethlen zerfallen, die Sachsen und die Heiducken im Aufstande. Es war jener Partei nicht schwer, den König zu dem Entschluße zu bewegen, diesen Zeitpunct zu benützen, um Siebenbürgen den Türfen zu entreißen. Um für die Rüstungen Zeit zu gewinnen, beabsichtigte der König vorläufig eine Gesandtschaft nach Konstantinopel zu schicken, um auf diplomatischem Wege kraft des Sytvatoroker Friedens Siebenbürgen zu verlangen.

Herr von Zierotin durchschaute diesen Plan. „Ohne Scheu trat ich jenen Umtrieben entgegen,“ schrieb er an Lombardo. „Welche Ausgaben hatten nicht in den letzten drei Jahren die unaufhörlichen

Rüstungen dem Lande Mähren allein verursacht! Nach einer Berechnung überstiegen sie die Summe von 7½ Millionen Gulden!" Auch jetzt wandte er seine frühere Tactik an, er fuhr fort, die Stände Mährens und die unirten Länder gegen den Krieg zu stimmen. Am Johannilandrecht zu Olmütz beschlossen die Landesoffiziere auf Zierotin's Antrag eine Vorstellung gegen die Kriegserklärung an Mathias zu richten und ihn dringend zu bitten, den Funken, der leicht zur Flamme werden könne, zu löschen. Von diesem Beschluße machten sie den böhmischen Statthaltern und dem Herzog von Münsterberg Mittheilung.[3])

An den Palatin schrieb Zierotin unumwunden, daß vor allem der ungarische Landtag über die Siebenbürger und über die türkische Frage zu vernehmen sei. Herr von Zierotin kam auf diese Frage immer wieder zurück, da er überzeugt war, der Landtag würde sich für den Frieden aussprechen. Als Thurzo ihm geantwortet, daß er nach einer erfolglosen Unterredung mit den Ministern über die Landtagsausschreibung von Wien unwillig nach Ungarn zurückgekehrt sei, bemerkte Herr von Zierotin, daß vom Hofe nichts zu erwarten und man auf die eigenen Kräfte allein angewiesen sei.

Allein die bevorstehende Kaiserwahl drängte für einige Zeit die Kriegs- und Friedensfrage zurück. Mathias hatte an Erzherzog Albrecht einen gefährlichen Rivalen. Dieser wurde von den katholischen Churfürsten unterstützt, jener nur von Churpfalz und Brandenburg. Schon früher hatte der Pfalzgraf durch Anhalt bei Zierotin um seine und der Länder Meinung über die Wahlfrage ersuchen lassen. Ein Beweis des großen Einflußes und des Ansehens, welches der mährische Landeshauptmann im Reiche besaß. Unbedenklich spricht sich Zierotin für Mathias aus. „Die Fürsten," sagte er, „könnten keine bessere Wahl treffen, von keinem Anderen hätten sie mehr zu hoffen und weniger zu fürchten." Die Besorgniß, daß Albrecht, den die Protestanten irrthümlich für den Candidaten des verhaßten Spanien hielten, oder Ferdinand die Kaiserwürde erlangen könnten, mochte Herrn von Zierotin bestimmt haben, den König so warm anzuempfehlen.

[3]) Ranke Franz Gesch. II. 152—161. — Collect. Dupug. Bibl. Imp. T. 10. S. 64. 1612. Memoires et Correspondences de Duplessis. — Mornay. T. XI. 415. — Cod. III. Cal. Mart. et Caj. Cap. 1612 Tsch. 12. März 1612. Dupl. Morn. — S. Beil. Nr. CCCXII.

Mathias zog am 2. Mai durch Mähren nach Frankfurt.
Die mährischen Barone Labislaus von Lobkowitz und Zdeněk von
Waldstein, der Marschall von Böhmen, Lipa und Leo Burian von
Berka begleiteten ihn. Khlesel's Beredtsamkeit, sein diplomatisches
Talent und seine Rührigkeit zu Gunsten der Bewerbungen des
Königs, hätten aber keine Siege gefeiert, wenn nicht Spanien mit
aller Kraft für Mathias eingestanden wäre. Zuñiga vernachlässigte
kein Mittel, um die Antipathie der geistlichen Fürsten zu überwinden. Er hatte seinen Secretär zu den Churfürsten geschickt,
um für Mathias zu sprechen, doch anfänglich ohne sonderlichen
Erfolg. Noch im Beginne des Jahres war die Candidatur Mathias'
fast ohne Aussicht. Allein nachdem Erzherzog Albrecht selbst für
Mathias geworben hatte, der Papst durch den Nuntius seine Fürsprache zu Gunsten Mathias' bei den Churfürsten vorbringen ließ
und auch die Königin von Frankreich den König von Ungarn empfohlen hatte, war bei den geistlichen Churfürsten die Stimmung
für denselben eine günstigere. Zuñiga gewann endlich, doch erst in
Frankfurt, den Churfürsten von Mainz vollständig. Er mußte sich
aber dafür verbürgen, daß Spanien die katholische Religion gegen
Jedermann, auch gegen Mathias vertheidigen würde. Die geistlichen
Churfürsten waren nämlich besorgt gewesen, daß Mathias, der mit
Brandenburg und Churpfalz jetzt auf sehr gutem Fuße stand, ihr
Gebiet säcularisiren und den Religionsfrieden auch auf die Re-
formirten ausdehnen würde.

So kam der Wahltag heran, der Mathias die ersehnte und
so schwer errungene römisch-königliche Würde brachte. Wenige
Tage darauf ist er als deutscher Kaiser gekrönt worden. Gleich
nach der Wahl nahm Zuñiga eine Audienz, um Mathias an den
Preis zu erinnern, welchen Spanien für die so wirksame Unterstützung verlangt: die Wahl eines Nachfolgers in der römisch-
königlichen Würde. Die Scenen, zu welchen unter Rudolph die
Nachfolgefrage Anlaß gegeben, durften sich nicht wiederholen.

Den protestantischen Gedanken, welcher Mathias' Wahl
förderte, sprach Duplessis aus: Mathias werde zwar das wahre
Licht nicht erfassen, allein er werde seiner Leuchte nicht entgegentreten. Während Mathias' Regierung gewännen die Protestanten
Zeit, sich zu organisiren und die nächste Wahl in ihrem Sinne
zu beherrschen.

Als Zierotin dem Erzherzog Mar in Wien aufgewartet, erzählte der letztere dem erstern, daß die Wahl am 13. Juni vor
sich gegangen. Albrecht hätte mit Hilfe der geistlichen Churfürsten
und Sachsens beinahe obgesiegt, doch wären Pfalz und Brandenburg für Mathias gewesen und hätten endlich die Anderen auf
Seite des Königs gebracht.

Mathias war Kaiser und Khlesel war jetzt sein erster Minister.
Das von den böhmischen Ständen behauptete Recht der
freien Königswahl, die Ausschreibung von Landtagen ohne kais.
Bewilligung, die unabhängige Stellung des Palatins in Ungarn,
die Anmaßung aller Gewalten des Oberherrn durch die Oesterreicher verursachten dem Bischof von Wien tiefe Sorgen. Es war
sein Streben, den nunmehrigen Kaiser Mathias auch zum wirklichen
und erblichen Herrscher der Länder zu machen und dem Katholicismus das alte Uebergewicht wieder zu geben. In Unterösterreich
schritt er energisch gegen die Protestanten ein, welche sich Ein-
griffe in seine Gerichtsbarkeit erlaubten. Er schilderte dem Kaiser
und dem Erzherzog Mar, daß die Wiedervereinigungs-Urkunde
Böhmen's und Mähren's dem König von Böhmen jede Autorität benehme. Der mährische Landtag, auf welchem die kaiserliche
Ratification dieser Urkunde erfolgen sollte, wurde deßhalb immer
verschoben. Als Mathias am 2. Mai auf der Frankfurter Fahrt
durch Znaim zog, bat Herr von Zierotin, der ihm entgegen-
gereist war, um Festsetzung eines Tages für die Abhaltung jenes
Landtages. Mathias war zu keinem Entschluße zu bewegen, er
versprach jedoch, von Prag aus die Resolution mitzutheilen; aber
auch von dort aus kam die ersehnte Antwort nicht, denn der
neue Granvella, wie Zierotin Khlesel nannte, war nicht bei Mathias und ohne Khlesel faßte dieser keinen Entschluß. Wenn es
nicht dazu gekommen, daß das Fastenlandrecht die Einberufung
des Landtages eigenmächtig beschlossen hatte, so war dies den
Bemühungen des Herrn von Zierotin allein zuzuschreiben.

Der Cardinal von Dietrichstein, welcher seit 1608 immer
mit der Mehrheit der mährischen Stände gestimmt, in allen Fragen auf Seite der letzteren stand, erhob jetzt, da die Situation
den Bestrebungen der katholischen Partei immer günstiger wurde
und die Regierung die Bildung einer ihr ergebenen katholischen
Partei in den Ländern begünstigte, die alten Ansprüche des Ol-

mütter Bischofs auf die Civil- und Kriminalgerichtsbarkeit über alle Kleriker und deren Güter. Er verlangte ein gleiches exceptionelles Recht, rücksichtlich der Gerichtsbarkeit über die Waisen seiner Vasallen. Der Landeshauptmann bewies jedoch, daß verfassungsmäßig die mährischen Landleute nur dem König von Böhmen unterthan sind und keiner anderen Gerichtsbarkeit unterstehen, als der, die der Landeshauptmann, als des Königs Stellvertreter, ausübt. Um auf dieser reactionären Bahn sicherer wandeln zu können, erbat sich der Cardinal von der spanischen Regierung die Erhöhung der Pension, welche er von dort aus bezog, um 2000 Ducaten. Der Hof unterstützte den Cardinal in der Verfolgung seiner Absonderungsgelüste, denn darin lag eben die alte Tendenz der Regierung, den Einfluß und die Kraft der mährischen Stände auch durch Verkleinerung ihres geographischen Gebietes zu schwächen. Dieser Geist beherrschte sie, als dieselbe die alte Frage der Trennung des Herzogthumes Troppau von Mähren und Troppaus Verbindung mit Schlesien jetzt wieder in Anregung brachte. Die Mährer waren unbeugsam, auf ihren alten Rechten und Freiheiten beharrend, — die Schlesier dagegen gefügiger und schon durch die Zersplitterung in viele Fürstenthümer zu energischen Actionen weniger fähig.

Den Schlesiern wurde auch auf anderen Wegen die Absonderung von Böhmen erleichtert, indem der Kaiser auf ihren Wunsch den Herrn von Schönaich zum schlesischen Vicekanzler ernannte, — ein Schritt, der verfassungswidrig war und gegen den selbst der Oberstkanzler von Böhmen, doch vergeblich, protestirte.

Der alte Kampf um Troppau wurde jetzt wieder mit aller Entschiedenheit aufgenommen. Die Troppauer oberen Stände hielten es mit den Mährern. Die Verwandtschaftsbande zwischen Hynek von Wrbna mit Zierotin trugen nicht wenig dazu bei, diesen letztern für die Sache der Troppauer Stände lebhaft zu interessiren; die Troppauer Stände machten aber auch keinen Schritt, ohne die Meinung Zierotin's zu hören und dieser wieder widmet ihren Angelegenheiten die größte Sorgfalt. Er stellte den Grundsatz auf, daß die Troppauer Stände in dieser Sache für sich allein nichts unternehmen, sondern immer gemeinschaftlich mit Mähren auftreten sollten. Die Bürger von Troppau hingegen waren für den Anschluß an Schlesien, sie besuchten daher das schlesische Oberrecht in Breslau; nicht so die Troppauer drei oberen Stände welche das mährische Landrecht beschickten.

Es handelte sich eben um den Kauf der Burg von Troppau durch die Bürger dieser Stadt. Zierotin gab den Ständen die Mittel an die Hand, um den Beweis zu führen, daß die Bürger gesetzlich nicht befugt wären, diesen Kauf abzuschließen. „Es sei klug, sagte er, das Zustandekommen des Geschäftes zu verhindern, weil der Besitz der Burg den Widerstand der Bürger gegen die Stände erleichtern würde."

Die Troppauer Stände entsendeten den Herrn Hynek von Wrbna, Carl von Haugwitz, Unterkämmerer von Mähren, den Landrichter Bartl Ludwig von Reyswitz und Wenzel Bitowsky zum mährischen Landrechte, um mit den Mährern über die Maß-regeln zur Schlichtung der Differenzen wegen des Burgankaufes zu berathen. Das Landrecht beschloß eine Beschwerde gegen die Ein-griffe der Schlesier an den Kaiser und an den Oberhauptmann von Schlesien, den Herzog von Münsterberg, zu übersenden. Der Kaiser bewilligte hierauf zur Beendigung jener Streitigkeiten eine Tagsatzung auf den 25. Jänner 1613. Dagegen führte die gleich-falls beschlossene Bitte um die Entscheidung des Hauptprocesses wegen Annexion Troppau's an Mähren oder an Schlesien, zu keinem Resultate. Als die mährischen Gesandten, der Cardinal und Zierotin, welche zur Beschleunigung dieser Angelegenheit an das Hoflager abgeordnet waren, mit den Troppauer Gesandten ver-eint vor Seiner Majestät in Prag im September 1612 erscheinen wollten, wurde denselben bedeutet, daß der Kaiser die mährische Gesandtschaft nur abgesondert von der Troppauer empfangen würde. Man wollte durch Gewährung einer Collectivaudienz kein Prä-judicat zu Gunsten Mährens schaffen.

Die Reformirung protestantischer Unterthanen durch katho-lische Grundherren, die Gründung von Marienbruderschaften, die Jesuiten-Missionen, die seit mehreren Jahren unterblieben waren, wurden mit Eifer wieder aufgenommen, und zwar: in Aussee und Altwasser, Habrowan, Zbannek und Lultsch (einem Sitze der mährischen Brüder), in Brumow und Klobauk, in Brünn und Olmütz, in Dub und Wsetin. In Wsetin wurde P. Dingenauer des Olmützer Collegiums, von Albrecht Wenzel Eusebius von Walbstein, später Herzog von Friedland und Mecklenburg, berufen, und dieser führte daselbst die Restauration mit so großer militärischer Energie durch, daß Herr von Zierotin, sein Schwager, kraft des Amtes als Landeshauptmann, ihm die in Wsetin angewendeten Glaubensexecutionen durch Soldaten, verbieten mußte. Auch auf die Güter des Bisthums sandte der Cardinal Missionäre, und zwar nach Kremsier, Müglitz, Zwittau, Libau und Brüsau. Die Aufgabe derselben war, insbesondere die verwahrlosten Gebirgsbewohner zu unterrichten und die religiösen Grundbegriffe, die an manchen Orten völlig abhanden gekommen waren, dem rohen, verwilderten Volke wieder beizubringen. Viele, die sich Katholiken nannten, wußten nicht einmal das Zeichen des Kreuzes zu machen. Es war dies eine Folge der Glaubensanarchie und des Priestermangels, der im letzten Viertel des XVI. Jahrhunderts in Mähren geherrscht hatte.

Jene Wandlung in der Politik des Cardinals ließ Herrn von Zierotin nicht von den Grundsätzen der unbefangensten Toleranz abweichen, er trat gleichmäßig den Uebergriffen der Katholiken und Protestanten entgegen; so drohte er den ungestümen Protestanten von Brünn seinen Schutz zu entziehen, wenn sie fortfahren würden, durch ihr Benehmen die Empfindlichkeit der Katholiken zu reizen.[4])

Das tiefe Pflichtgefühl, das Bewußtsein der Größe seiner Mission hielten Herrn von Zierotin in Mitte äußerer und innerer Kämpfe allein aufrecht. Krankheit oder Tod hatten ihn der bewährtesten Freunde und Mitkämpfer beraubt: Zastřizl, Hobitz, Zahradecky und Thurn waren heimgegangen. Sein Ruhm, seine Autorität hatten ihm unversöhnliche Feinde im Lande selbst unter den Standesgenossen geschaffen; denn es ist eine Eigenthümlichkeit aristokratischer Gemeinwesen, daß deren Mitglieder gegen ihre hervorragenden Größen äußerst mißtrauisch sind und daß sie unter einander die vollste Gleichheit anstreben.

Zierotin dachte abermals daran, das Amt niederzulegen, das ihm erschwert wurde von denjenigen, die ihn unterstützen sollten — von dem Oberstkämmerer Lobkowitz, dem Oberstlandrichter Lew Rozmital und dem Unterkämmerer Haugwitz; diese

---

[4]) Schmidl Hist. Soc. Jes. II. 631. — Cod. Dox. 3. Mai und 16. Dec. 1612 Haugwitz und Reyswitz. — S. Beil. Nr. CCCXII.

machten ihm vielmehr eine principielle Opposition. Doch die Liebe zum Vaterlande hielt ihn davon ab. Er allein trug die ganze Last der Geschäfte.

Doch seine häufigsten und bittersten Klagen betrafen die Zustände des Hofes und der Regierung. Unfähigkeit, Zwietracht, Eigennutz üben die Herrschaft aus und würden, wie er sich ausdrückte, „große Veränderungen nach sich ziehen müssen;" durch das Getriebe der Anarchie sah er ein Zeitalter blutiger Revolutionen und Bürgerkriege voraus. „Barone und Edelleute, Katholiken und Protestanten sind entzweit, aber auch die Protestanten sind unter einander nicht einig, ebenso wenig die Katholiken; da ist eine Partei Liechtenstein's, welche der Partei Khlesel's feindlich entgegentritt und Khlesel selbst ist es, der durch seinen Hochmuth Alle beleidigte." Dieser habe sich herausgenommen, in des Kaisers Gegenwart dem Herrn von Khuen zu sagen, ihm habe Seine Majestät Alles zu danken. — Unter solchen Umständen freute sich Zierotin, daß der Hof nicht in Mähren sei. „Wir," sagte er, „sind fern von der Sonne. Wir werden zwar nicht erwärmt, dafür sind wir der Gefahr, zu erfrieren, nicht ausgesetzt."

Der Bischof von Wien war Zierotin's unversöhnlichster Feind. Dieser allmächtige Minister fand in ihm den stärksten Gegner seiner Restaurationspläne; er faßte den Entschluß, ihn zu stürzen. Zierotin wußte dies und empfand es schwer, daß er bei Mathias in Ungnade gefallen. Er klagte einmal, doch nur ein einziges Mal, daß er, ungeachtet der vielen und wesentlichen Dienste, die er dem Kaiser und seinem Hause erwiesen, nicht ein Zeichen seiner Gunst erlangte.

Die nächste Ursache der Ungnade war die gewaltige Opposition, welche Zierotin gegen die Kriegspläne jetzt erhoben hatte. Es gelang dem Bischofe von Wien, durch eine nicht näher bekannte unwahre Angabe, auch den Erzherzog Max gegen Herrn von Zierotin einzunehmen und die so sehr ersehnte Abhaltung des mährischen Landtags hinauszuschieben. Wahrscheinlich hatte Khlesel dem Kaiser und dem Erzherzog die Vermuthung ausgedrückt, daß neue Attentate auf das kaiserliche Ansehen im mährischen Landtage unternommen werden sollten.

Glücklicherweise war Zierotin in der Lage, jene Intriguen dem Erzherzoge aufzudecken, worauf dieser beauftragt wurde, den

mährischen Landtag im August dieses Jahres als Stellvertreter des
Kaisers persönlich zu eröffnen. Zierotin eilte nach Wien, um mit
dem Erzherzog über diese Angelegenheit Rücksprache zu nehmen.
Seine Unterredung mit Maximilian ließ ihn mit Grund hoffen,
daß die bösen Rathschläge des neuen Granvella, den auch Maximilian haßte, unwirksam bleiben würden.

Das Ergebniß des Landtags, welcher am 13. August begann,
übertraf die Erwartungen Zierotin's. Der Erzherzog bestätigte kraft
seiner Vollmacht, als des Kaisers Stellvertreter, nicht allein die
Wiedervereinigungsurkunde, wie dieselbe zwischen Böhmen und
Mähren vereinbart worden war, einige unbedeutende Aenderungen
ausgenommen, sondern resolvirte genehmigend noch andere Bitten
der Stände. Er bewilligte denselben eine vidimirte Abschrift jener
Urkunde, mittelst welcher er zum kaiserlichen Stellvertreter ernannt
wurde, bestätigte alle Privilegien, welche Mähren seit dem Prager
Vertrag im Jahre 1608 erhielt, versprach die Zuhaltung der Artikel
des Landfriedens des Jahres 1609 und die Ausfertigung eines
Reverses über die von den Ständen geleistete Geldhilfe; er genehmigte die Ernennung von Commissionen wegen Feststellung der
Grenzen zwischen Ungarn und Mähren und zur Beendigung von
Streitigkeiten zwischen den oberen Ständen und dem Bürgerstande.
Nach des Erzherzogs Zusage sollten die Protestanten in den königlichen Städten Aemter erlangen dürfen und die mährischen Stände
von den so lästigen Bürgschaften für die kaiserlichen Schulden befreit werden. Hinsichtlich der Bitte der mährischen Stände, daß
denselben, gleich den Böhmen, ein Majestätsbrief über die Aufhebung der Strafe der Güterconfiscation ertheilt werden möge,
berief sich der Erzherzog auf die vom Kaiser gegebene Zusage.

Ein einziges dringendes Verlangen des Landtages konnte
er nicht erfüllen: die Aburtheilung Max Lew's von Rozmital,
weil die Ordensregel — der Erzherzog war Deutschmeister — ihm
nicht gestattete, einem Gerichte vorzusitzen, das möglicherweise auch
ein Todesurtheil hätte fällen können.

Ungeachtet der nachgiebigen und wohlwollenden Haltung des
Erzherzogs erwies sich der Landtag selbst den kaiserlichen Postulaten nicht sehr willfährig. Die vom Kaiser geforderte Türkenhilfe,
welche die so sehr gefürchtete Kriegführung in Siebenbürgen vielleicht hätte erleichtern können, wurde von den Ständen geradezu

verweigert und nur die Ablohnung der Befatzung in den Grenz-
schlössern bewilligt; doch sollte die Auszahlung an die Mannschaft
durch mährische Beamte geschehen und bei herannahender Feindes-
gefahr gar nicht erfolgen, da die hiefür bestimmten Gelder zur
Vertheidigung des Landes verwendet werden müßten. Die Unterstützung der neuen Postanstalt und die Beiträge zum Bau der
Festung Neuhäusel wurden ebenso wie die Einführung des Salz-
monopols und Salniterpropoles abgelehnt. Aus diesem geht hervor,
daß die Stände fest entschlossen waren, alle Mittel zur Kriegführung dem Hofe zu verweigern. Als die Regierung auf diesem
Landtage die Einführung einer Controle über die Bräuhäuser versuchte, schnitten die Stände auch hier diese Versuche ab, indem
sie eine Aversualsumme statt des Biergroschens anboten. Diese
Beschlüsse des Landtags waren im Sinne der Friedens- und Un-
abhängigkeitspolitik des Landeshauptmanns und wurden auf dessen
Antrag gefaßt. Es wurde ihm nicht allein diese Befriedigung zu
Theil, sondern er empfing auch andere Beweise des öffentlichen
Vertrauens. Als er die Stelle eines Directors des Landesärars
niederlegen wollte, ersuchte ihn der Landtag, dieses Amt zu behalten
und wurde ihm als Gehilfe Ladislaus von Schleinitz beigegeben;
zudem erklärte der Landtag, daß Zierotin und seine Erben von
jedem Ersatz und jeder Vertretung durchaus frei sein sollten. Auch
die Redaction der neuen Landesordnung, die dem Landtag zur
Schlußfaffung vorzulegen war, wurde ihm überlassen.

Dieser Landtag faßte auch noch einen sehr characteristischen
Beschluß: die Frist, welche bei jedem Landrechte für die Austragung
von Streitigkeiten zwischen Obrigkeiten und Unterthanen auf zwei
Tage festgesetzt war, wurde auf acht Tage ausgedehnt. Zugleich
wurde eine allgemeine Entwaffnung der Unterthanen angeordnet.
Wiewohl auf sehr vielen Domänen die Robot- und Zehentleistungen
abgelöst waren, mehrten sich jene Streitigkeiten und insbesondere
zeigte sich unter dem Landvolke das Bestreben, ihre Klagen unmittelbar an den Kaiser oder an die königliche Hofkanzlei gelangen zu lassen. Dies war jedoch ein Vorgang, welcher die Stände
sehr beunruhigte; sie hatten in der Wiedervereinigungs-Urkunde
den Bauern diesen Weg ausdrücklich abgeschnitten. Jeder Versuch
eines unmittelbaren Verkehrs der Bauern mit dem Hofe erschien
nach den Bestimmungen jener Urkunde wie ein Hochverrath und

wurde als Verfaſſungsbruch angeſehen, vom Landrechte mit bitterem Ernſt geſtraft. So hatten ſich die Bauern der Gemeinde Willimowitz gegen die Grundherren verſchworen und in Prag ihre Beſchwerden vorgebracht. Die Gemeinde verſuchte Gewaltthätigkeiten, worauf die Rädelsführer vom Landrechte verurtheilt und zu Olmütz mit dem Schwerte hingerichtet wurden.

Die mähriſchen Stände theilten die Ergebniſſe des Landtags nicht ohne Befriedigung den ober- und niederöſterreichiſchen Ständen mit.[5] Die Confirmation der Wiedervereinigungs-Urkunde durch den Erzherzog, als Vollmachtsträger des Kaiſers, war Herrn von Zierotin eine Bürgſchaft gegen die Uebergriffe und Verfaſſungsverletzungen. „Die königliche Gewalt iſt in früheren Jahren mißbraucht, das Leben und Vermögen der Bevölkerung bedroht worden; dieſe Gewalt des Königs von Böhmen wurde,“ ſchrieb er, „in Mähren jetzt mit Schranken umgeben.“

Die Perſönlichkeit des Erzherzogs Mar hatte zu den günſtigen Reſultaten weſentlich beigetragen. Er hatte ſich raſch bei den Ständen beliebt gemacht, ſie waren ihm für ſein leutſeliges Benehmen ſehr dankbar. Man wußte, daß er ſich weder zu Rom noch zu Spanien neige, — genug, um den Prinzen in der Stände Achtung zu heben. Erzherzog Mar war tolerant und ein echter deutſcher Patriot, ein offenes, frankes Gemüth. Er beſaß keinen Ehrgeiz; als man ihm einſt die Reichskrone antrug, lehnte er dieſelbe mit den Worten ab: er habe mit ſeinem Tirol genug. Die Uneinigkeit der Deutſchen ſchmerzte ihn tief, er beſorgte, daß durch dieſe Zwietracht fremde Mächte Stücke von Deutſchland an ſich

---

[5] Um den Nachkommen ein deutliches Bild der Art, wie die Landtage wirklich abgehalten wurden, zu geben, und den Unterſchied zwiſchen den Landtagsprotokollen (die in den Pamatkenbüchern erſcheinen), den gedruckten Landtagsſchlüßen und den wirklichen Verlauf eines Landtags hervorzuheben, hat Herr von Zierotin eine ganz genaue, höchſt intereſſante Schilderung des Landtags 1612 niedergeſchrieben, welche wir Beil. Nr. CCCXIII. mittheilen. Es exiſtirt nur dieſes eine koſtbare Document, welches uns mit der inneren und äußeren, ſehr complicirten Geſchäftsführung auf den altſtändiſchen Landtagen bekannt macht. — Cod. Dox. 1613 Zdenėk Lobkowitz. — Landtagspamtkb. 1612. Fol. 16 und 17. — Anh. an Churpf. 24. April 1615. M. A. — S. Beil. Nr. CCCXIV.

reißen würden. Ein junger deutscher Fürst erzählte, der Erzherzog, hätte ihm gesagt: er frage nicht nach den Religionen, wenn Deutschland nur einig wäre! Sein Bruder Albrecht sei ein Sclave Spaniens. Dem Fürsten von Anhalt bemerkte er: wer vom Herzen gut deutsch sei, der würde weder Spanier noch die Holländer ins Reich begehren; er meinte, die Deutschen sollen ihre Sache ohne fremde Hilfe ausfechten.

Die vom Landtage gewählte Gesandtschaft, um vom Kaiser selbst die Confirmirung der durch den Erzherzog den mährischen Ständen gemachten Zusagen in der Form eines feierlichen Majestätsbriefes zu erbitten, hatte den Zweck der Sendung nicht erreicht. Der Kaiser ließ den Gesandten eine Antwort zustellen, wie sie keiner seiner Vorgänger gegeben hatte. Er ließ nämlich die Bitte um Erfolgung eines Majestätsbriefes über die Wiedervereinigungs-Urkunde ganz unbeantwortet, obwohl derselbe in einem Decrete (ddo. 10. October 1612) die Bestätigung jener Urkunde durch Erzherzog Max und andere, zwischen diesem und dem Landtage vereinbarten Beschlüsse früher gutgeheißen hatte.

Der Kaiser ging noch weiter und gab der Gesandtschaft sein Mißfallen zu erkennen, weil das Landrecht (zu Kunigunde) ohne seine Genehmigung, ganz wider die Verfassung, auf eine spätere Zeit verlegt wurde. Da diese Verlegung auf Antrag Zierotin's geschah, so war jener kaiserliche Ausspruch abermals ein deutliches Zeichen der Ungnade, welches den Samen der Zwietracht unter die Stände Mährens säete und der dem Landeshauptmann feindlichen Partei eine starke moralische Stütze gab.

Eine schwache Hoffnung belebte den Landeshauptmann, daß der Kaiser bei der Rückreise von Prag nach Wien durch Mähren (wo er am 16. und 17. November sich aufhielt) gnädiger sein und die schwebenden Fragen ordnen werde. Aber auch diese Hoffnung schwand, als der Kaiser incognito durch Mähren fuhr. Obwohl Zierotin drei Tage in seiner Nähe war, kamen jene Geschäfte nicht zur Sprache.

Diese wiederholten Zeichen der Ungnade konnten Zierotin nicht von seinem Entschlusse abbringen: zu thun, was seines Amtes war, auszuführen, was der Landtag in den innern Fragen und in der Angelegenheit des Friedens beschlossen hatte. Mit furchtloser Energie trat er gegen seine Gegner auf. Als eine Urkunde in die Landtafel im Auftrage des Hofes ungesetzlich eingetragen wurde, riß er die betreffenden Blätter aus diesem heilig gehaltenen Buche heraus, — was noch kein Landeshauptmann vor ihm zu thun gewagt hatte.

Die Gefahren, welche die Freiheit bedrohten, schärften Zierotin's Auge; er hatte ein lebhaftes und feines Gefühl erlangt, für jeden Versuch jenes Gut zu unterdrücken oder zu mißbrauchen.

Er hatte vernommen, daß das böhmische Landrecht ein von der sachfälligen Partei angefochtenes landrechtliches Urtheil der Prüfung des Kaisers unterwarf. Mit tiefer Entrüstung spricht sich Zierotin über diesen argen Fehler des Landrechtes gegen Wenzel von Budowa aus. Es war anfänglich sein Vorsatz, zu schweigen, „doch da er ein Böhme sei, von Geschlecht, Abstammung und Gesinnung, kann er nicht bergen, daß er von der unwürdigen Rolle, die das Landrecht spielte, tief ergriffen war, als diese einzige Stütze der Würde und Freiheit Böhmens vor die Schranken eines anderen Richters vorgeladen wurde."

Die Beleuchtung dieses Vorfalls durch Zierotin zeigt, welche hohe Bedeutung unsere Altvordern dem Landrechte beimaßen; es war ein Cultus, den sie der Magistratur widmeten, die in ihren Augen nicht als der Abglanz, sondern als ein Theil der Majestät selbst erschien. Er versichert, daß man immer gewohnt war, das Landrecht dem Könige vorzusetzen, da jenes von Niemanden gerichtet werden konnte, wohl aber über den König selbst zu richten berechtigt war. König und Landrecht seien nicht zwei Gewalten, sondern nur eine, so innig mit einander verbunden, daß selbst in Abwesenheit des Königs die Autorität und Majestät bei dem Landrechte verbleibe; es war Wratislaw von Pernstein, welcher diese kühne Antwort dem Kaiser Maximilian gegeben hatte. Der oberwähnte Vorgang des böhmischen Landrechts widerspach dieser seiner Stellung, indem es vor den Schranken eines andern Richtercollegiums erschien. Nichts änderte an diesem Fehlgriff, daß der König von Böhmen jenem Collegium vorsaß, denn immer hatte das Landrecht durch den Revisionsbeschluß im Könige nicht sein Haupt, sondern seinen Herrn anerkannt.

Zierotin war besorgt, daß daraus sich die Gewohnheit festsetze, gegen Ansprüche und Urtheile des Landrechts an den König zu appelliren, wodurch die alte Würde und das Ansehen desselben

vollends zerstört werden würde. „Die Unabhängigkeit der Gerichtshöfe," sagte er, „war das Palladium der Freiheit; würde
die erstere angegriffen, dann ist die letztere auch in Gefahr."

Die Regierung des Kaisers ging jetzt unverwandt auf das
Ziel los, den Schwerpunct der Verwaltung der Länder ins Centrum zu stellen, die k. Prärogative auszudehnen und zugleich mit
diesem Streben der katholischen Religion das Uebergewicht zu sichern.

Die Ernennung der Landrechtsbeisitzer, welche bisher vom
König in Folge eines Ternovorschlages des Landrechts ausging,
versuchte man jetzt ohne diese Vorschläge durchzuführen.

Der Majestätsbrief für die Wiedervereinigung, welcher in
einem an das Olmützer Dreiköniglandrecht gerichteten kaiserlichen
Schreiben, Montag nach Dreikönig 1613, jedoch nur in Form
eines Privilegiums, zugesagt wurde, war nun im Concept Herrn
von Zierotin zugekommen; nicht allein strotzte derselbe von sinn-
störenden Sprachfehlern, es wurde durch Weglassungen und Zusätze
der Sinn des Vertrages zu Gunsten der k. Gewalt abgeändert.
Der Landeshauptmann protestirte gegen den Ausdruck Privilegium;
denn in der Wiedervereinigungs-Urkunde seien nur Rechte und
nicht Vorrechte der mährischen Stände enthalten, sandte das corri-
girte Actenstück dem Oberstkanzler zurück, und konnte nicht umhin,
auch die dabei angewendete kleinliche List hervorzuheben.

Die Katholiken am Hofe waren so mächtig, daß sie den
Kaiser bestimmten, sich des Herrn von Berka kräftig anzunehmen,
während doch Berka im Jahre 1608 der Erhebung Mährens zu
Gunsten Mathias' die größten Hindernisse in den Weg gelegt
hatte. Der Kaiser genehmigte nämlich, daß gewisse Forderungen
Berka's an den Herrn von Schleinitz aus dem Verkauf von Meseritsch ihm (dem Kaiser) cedirt werden. Der Betrag dieser Forderungen wurde von Schleinitz bezahlt, die Valuta jedoch nicht
an Berka ausgefolgt, sondern in Folge Anordnung des Landrechtes
deponirt. Durch jene Cession hatte aber das Landrecht nicht mehr
mit Berka, sondern mit einem ganz andern mächtigen Gläubiger
(dem Kaiser) zu thun, den das Landrecht nicht acceptiren wollte.
Indeß ein höherer Richter griff bestimmend in diese neu auftauchenden Wirren ein. Berka, der einst so viel Unheil über
Mähren heraufbeschworen hatte, starb Ende 1613 unbeweint im
fremden Lande.

Die Regierung wollte den Herrn von Zierotin bewegen, sogar einen Beschluß des Landtages unbeachtet zu lassen; sie verlangte, daß er die auf die Grenzvertheidigung im Vorjahre bewilligte Summe von 50,000 fl. vorausbezahle und der Hoffammer übergebe, während der Landtag die directe Ausbezahlung dieser Gelder an die Truppen angeordnet hatte.

Da die vom Erzherzog Maximilian auf dem Landtage ge- machten Zusagen von der Regierung nicht zugehalten wurden, sah sich das Landrecht veranlaßt, abermals eine Gesandtschaft unter Leitung des Herrn Hynek Bruntalsky von Wrbna nach Hof zu senden, um die endliche Erfüllung jener Zusagen und einen defini- tiven Entscheid in der Troppauer Sache zu erbitten. Die Ge- sandtschaft erfuhr durch den Oberstkanzler Lobkowitz, dann auch unmittelbar vom Kaiser, daß in der Troppauer Sache abermals ein Aufschub eingetreten sei, weil die schlesischen Stände gegen die anberaumte Tagsatzung protestirten.

Aber auch in den anderen Puncten der Instruction war Herr von Wrbna nicht glücklicher. Die Erledigung der Bitte der Stände wegen der Fristung und Erlassung der Confiscationsstrafe wurde von der Hoffanzlei verschoben, weil die nöthigen Voracten in der Registratur nicht zu finden waren. Rücksichtlich der von den Ständen gewünschten Zurücknahme der verfassungswidrigen Ernennung Jankowsky's zum Landrechtsbeisitzer, erklärte jene Be- hörde, darüber antworten zu wollen, sobald sie das Verfahren, wie es unter Ferdinand, Max und Rudolph bei solchen Ernen- nungen beobachtet wurde, untersucht haben würde.

Aber auch das Landrecht zeigte sich unwillfährig; es ver- weigerte die Installation Jankowsky's vorzunehmen, insolange die Ernennungs-Formel nicht in verfassungsmäßiger Weise geändert werde, das ist, insolange der Kaiser darin nicht erklärt, diese Ernennung über Vorschlag der Stände verfügt zu haben. Das Beispiel Rudolph's, auf welches sich der Oberstkanzler in einem Schreiben an Zierotin berief, wurde verworfen und bemerkt, daß man sich eben, weil er die Verfassung verletzt, seiner Herrschaft entzogen hatte. Zierotin bittet um Erfüllung seines Ansuchens um Abänderung der allerhöchsten Entschließung, da doch Mathias versprochen hatte, die Stände bei ihren Privilegien zu belassen. Dennoch beharrte die Regierung darauf, in dem Schreiben sowohl

über die Ernennung Friedrichs Jankowsky zum Obersthoflehen-
richter und Wilhelm's von Ruppa, an Stelle Lew's von Rozmital,
zum Oberstlandrichter der von den Ständen gemachten Vorschläge
nicht zu erwähnen.

Um den Kaiser nicht sehr zu erzürnen, versteht sich endlich
das Landrecht dazu, sowohl diese Ernennungen anzuerkennen, wie
auch Wolf Krinetzky und Wenzel von Zastrizl als Beisitzer im
Landrechte aufzunehmen; es motivirte diesen Beschluß mit der
Fiction, daß nur ein Expeditionsfehler von Seite der Kanzlei
geschehen war; es bat aber, die Regierung möge künftighin die
Verfassung und Gebräuche genauer beobachten.⁶)

Erst jetzt wurde eine kaiserliche Commission, bestehend aus
einigen der vornehmsten böhmischen Reichsbeamten: dem Oberstburggrafen von Böhmen, Adam von Sternberg, dem kaiserlichen
Obersthofrichter und Kammerpräsidenten Wilhelm von Slavata, dem
Oberstlandschreiber Johann von Klenau, Herrn Carl von Mraczek,
Georg von Gersdorf und Prokop Dworecky von Olbramowitz, um
den Proceß des Oberstlandrichters Lew von Rozmital zu Ende
zu führen, nach Mähren gesandt. Schon die Zusammensetzung der
Commission zeigt, daß man bei Hofe dem Herrn Lew von Rozmital
wohlwolle, denn Wilhelm von Slavata war ein sehr eifriger
Katholik und ein entschiedener Gegner der ständisch-protestanti-
schen Partei. Die Commission hatte den Auftrag: das Mißver-
ständniß und die Zerwürfnisse zwischen den mährischen Ständen
und Herrn von Rozmital auszugleichen. Gegen diese Formulirung
protestirte Herr Carl von Zierotin, denn der mährische Landtag,
sagte er, hatte beschlossen, daß über jenen ungehorsamen Landes-
offizier strenges Gericht gehalten werde. Die Stände hatten ein
lebhaftes Interesse daran, Würdenträger, die ihre verfassungsmäßigen Rechte zu Gunsten der k. Prärogative verletzten und die
es mit dem Hofe hielten, zu strafen, der Hof dagegen beeilte sich
dieselben in Schutz zu nehmen. Nachdem die Commissäre mehrere
Tage über diese Fragen mit dem damals versammelten Landrechte
Erörterungen gepflogen, erklärten dieselben, daß nach der Landes-

---

⁶) Cod. Diar. Nr. 5. Fol. 72. — Cod. V. Id. Dec. 1612. W. v. Budowa. S. Beil. Nr. CXXXXV. — Cod. Dox. 7. Jänner 1613, Iden,
Lobkowitz. — S. Beil. Nr. CCCXIV.

verfaffung vor jedem Proceß in Ehrenfachen ein Vergleich vor-
ausgehen müffe und daß diefer Vergleich nicht zwifchen den
Ständen Mährens und Rozmital, fondern zwifchen diefen Ständen
und den kaif. Commiffären feftgeftellt werden würde; das Landrecht nahm diefen Vorfchlag an, wiewohl es nachgewiefen hat, daß
das Vorausfchicken der Vegleichsverhandlung nicht verfaffungs-
mäßig fei. Die Bedingungen, unter welchen das Landrecht erklärte,
von der gerichtlichen Verhandlung gegen Rozmital abzugehen,
waren: 1. die Niederlegung des Amtes als Oberftlandrichter;
2. eine öffentliche Abbitte; 3. ein Revers, daß er das Landrecht
niemals mehr beleidigen werde; 4. Arreft am Rathhaus durch eine
gewiffe Zeit.

Die kaiferl. Commiffäre verfuchten die Formel der Abbitte,
worin Lew zu bekennen hatte, daß er den Tod verdient, zu mildern;
was denfelben jedoch nur theilweife gelang.

Die feierliche Abbitte vor dem Landrechte erfolgte, nachdem
Lew der erften und dritten Bedingung Genüge geleiftet.

Als aber Herr von Zierotin dem Herrn von Rozmital verkündigte, daß er noch im Rathhaus durch einige Zeit gefangen
gehalten werden müffe, bat er „um Gotteswillen," man möge auf
feine zerrütteten Vermögensverhältniffe Rückficht nehmen und ihn
fofort entlaffen, da die vernachläffigte Bewirthfchaftung feines
Gutes feine Anwefenheit dafelbft dringend verlange. Das Landrecht
verkürzte hierauf diefe Arreftftrafe und beendete auf diefe Art eine
Streitigkeit, welche mehr als drei Jahre dauerte und deffen Gefchichte den Beweis lieferte, wie auch das Strafverfahren von den
Parteileidenfchaften influenzirt war, wie die Cabinets- und ftän-
difche Juftiz einander Schlachten lieferten. Es war allerdings Lew's
Entfernung ein Sieg der Proteftanten und der ftändifchen Partei;
allein aus dem Gange des Proceffes konnten die Gegner diefer
Partei doch die Ueberzeugung fchöpfen, daß fie gerade als folche
auf den Schutz des Hofes zählen konnten.

Ein wichtiger und für die Gefchichte Oefterreichs folgen-
reicher Befchluß wurde gegen Ende des Jahres 1612 vom Hofe
gefaßt: die Verlegung der kaiferlichen und königlichen Refidenz
von Prag nach Wien. Diefer Befchluß kam unvermuthet, da Prag
dem Herrfcherpaare gefallen hatte. Allein Gründe von befonderem
Gewichte traten für die Ausführung jenes Wechfels ein. Man

fagte, daß der Kaifer näher bem Schauplaße der Türkenkriege
fein wolle. Es fcheint aber, daß er fich in Wien ficherer fühlte vor
jenen ftürmifchen Vergewaltigungen durch die Stände Böhmens,
deren Opfer Kaifer Rudolph zu wiederholten Malen gewefen
war. Sonach ift diefe Refidenzverlegung unter die Maßregeln
Khlefel's zu zählen, welche die Regierungsgewalt freiftellen und
concentriren follte. Daß fie nicht die unbedeutendfte war, zeigt
das lebhafte Befremden, das die Böhmen über diefen Wechfel ma-
nifeftirten und das einer völligen Mißftimmung Plaß machte, als
fie wahrnahmen, daß der Inhalt des königlichen Zeughaufes, die
Kanzleien und Regiftraturen nach Wien überfiedelten, daß Seine
Majeftät Entfchlüffe in böhmifchen Angelegenheiten in Wien faßte,
wiewohl der Oberftkanzler von Böhmen ftets am Hoflager lebte.
Diefe Mißftimmung fand ihren Ausdruck in dem Entfchluße der
Böhmen, Werbungen vorzunehmen und in dem ungeftümen Verlangen der Stände nach Einberufung eines General-Landtages,
um die bekannten „vier Puncte", die Garantien der ftändifchen
Freiheiten zum Befchluße zu erheben und durchzuführen.

Es war aber gerade diefer Befchluß, den Khlefel um jeden
Preis verhindert oder doch nicht eher gefaßt wiffen wollte, als
es der Regierung möglich wäre, fich zuvor Geld und Mannfchaft
zu verfchaffen. Der bevorftehende Türkenkrieg war der Vorwand,
um beides von den Ländern zu begehren und dann zum Schuße
der kaiferlichen Autorität anzuwenden.

Aus diefem Grunde waren die Haltung und die Befchlüffe
des ungarifchen Landtags von erhöhter Bedeutung. Eben jeßt,
im Anfange des Jahres (1613) wurde zur Krönung der Königin
ein Landtag nach Preßburg berufen. Herr von Zierotin richtete
fein Augenmerk auf den Gang diefes Landtags und fuchte durch
feinen vertrauten Agenten in Preßburg, Paul Wolbram, einen
indirecten Einfluß auf die Verhandlungen zu üben; er fordert
diefen auf, ihm über die Stimmungen der Parteien, die wahren
Abfichten der polnifchen Gefandtfchaft, die fich in Preßburg ein-
fand, und über die Urfache der Anwefenheit Khlefel's Bericht
zu erftatten. Auch wollte Zierotin wiffen, ob fich die Nachricht
bewahrheite, daß Erzherzog Ferdinand die Statthalterfchaft während des Kaifers Reife zum deutfchen Reichstage übernehmen
werde. Die Befchlüffe des Landtags in der fiebenbürgifchen und

türkischen Frage waren maßgebend; davon hing der Krieg oder
Frieden, das Wohl oder Weh' der übrigen Länder ab. — Zierotin
schrieb, Wolbram möge die Führer des Landtages in ihrem Vor-
satze, sich die letzten Vorgänge in Oesterreich zum warnenden Exempel
dienen zu lassen, bestärken. Dort ließ man sich geduldig mit leeren
Worten abspeisen. Die Ungarn hingegen mögen durchaus keine
königliche Proposition in Erwägung ziehen, bevor ihre Beschwerden
nicht erlediget wären. Die Verbindung mit dem ungarischen Landtage war Herrn von Zierotin so bedeutungsvoll und wichtig, daß
er Wolbram, der sich nach Hause sehnte, eine ansehnliche Summe
versprach, wenn er bis zum Ende des Landtags in Preßburg
ausharren würde, um ihm noch ferner Nachrichten einzuschicken.
Die Besorgnisse des Herrn von Zierotin waren jedoch nicht begründet; denn der Landtag durchschaute die Zwecke, welche der Hof
mit der Führung eines Krieges verband und mißbilligte den Vorgang gegen Siebenbürgen. Der Landtag schloß einen für dieses
Land günstigen Vergleich, wobei das Recht Siebenbürgens, den
Landesfürsten frei zu wählen, anerkannt wurde. Gleichzeitig wurde
beschlossen, daß der König keinen bewaffneten Zug gegen Siebenbürgen ohne Zustimmung des Landtags unternehmen dürfe.

Ungeachtet dieser Niederlagen ließ sich der Hof nicht beirren in den Versuchen, die Autonomie der Länder zu beschränken
und durch directen Verkehr mit einzelnen Körperschaften die Autorität der autonomen Behörde abzuschwächen. Die Stadträthe
von Brünn und Olmütz erbaten sich, mit Umgehung des Landeshauptmanns, unmittelbar vom Kaiser Verhaltungsbefehle gegen
ihre Bürger; denn es hatten Ungehorsam und Mißachtung der
Stadtobrigkeit, besonders unter dem protestantischen Theile (die
Mehrheit) der Stadtbevölkerung zugenommen, weil gegen die Zusage, daß auch Protestanten zu den Stadtämtern zugelassen werden,
nur Katholiken in den Stadtrath zu Brünn und Olmütz berufen
wurden. Der Hof ermunterte die Stadträthe, die Ungehorsamen zu
bestrafen und die Gefügigen zu belohnen, und versprach sie in der
Ausübung ihres Amtes gegen was immer für Einsprache — damit
waren jene gemeint, welche verfassungsmäßig die Landesoffiziere
erheben konnten — zu beschützen.

Von diesem Augenblick an benahmen sich Brünn und Olmütz
wie reichsunmittelbare Städte, die verhaßte Macht des von den

katholischen Patriziern angefeindeten Landeshauptmanns und des
Adels wurde völlig ignorirt, die Befehle des letzteren nicht beachtet. Zierotin hätte dafür, wie er selbst in den Sitzungen des
Fastenlandrechtes bemerkte, die Städte bestrafen, ihnen Beistand und
Rechtshilfe verweigern sollen, er zog jedoch den loyalen und
milderen Weg der Beschwerde vor. Das Landrecht bat über Zierotin's Antrag den Kaiser, die Städte auf den verfassungsmäßigen
Boden, auf die in der kaiserlichen Vollmacht dem Landeshauptmann ertheilten jurisdictionellen Rechte und Befugnisse hinzu-
weisen. „Dieser sei des Königs Statthalter; die Regierung Seiner
Majestät möge keine Klage der Städte annehmen, wenn der Landeshauptmann zuvor nicht ein Erkenntniß geschöpft hatte." In
dieser Beschwerde bat ferner das Landrecht, die Rechte und Freiheiten des Landes, die nun so häufig ein Gegenstand des Angriffes sind, zu beschützen. — Die Stände erhielten hierüber keine
Antwort und die Stadträthe beharrten auf der verfassungswidrigen Bahn.

Die königl. Städte waren dem Hofe stets ein willkommenes
Gegengewicht gegen den Adel und wurden jetzt des ersteren verläßliche Werkzeuge. Brünn und Olmütz waren schon gewonnen,
auch die übrigen sieben königl. Städte wären wahrscheinlich den
gleichen Weg mit diesen gewandelt, wenn die Regierung in der
Religionsfrage tolerant gewesen wäre. Aber gerade hierin glaubte
der Hof die lang geübte Nachsicht aufgeben und gegen die Andersglaubenden in den Städten mit aller Strenge verfahren zu müssen.
Durch diese, der römischen Curie und Spanien gemachte Concession
schwächte die Regierung selbst jene Maßregel ab, von welcher sie
eine Kräftigung ihrer Autorität erwartet hatte, indem die Regierung der treuen Unterstützung des größten Theils des Bürgerstandes beraubt wurde.

Die factisch erlangte Immunität der Stadtobrigkeit in Brünn
und Olmütz von der Jurisdiction des Landeshauptmanns, wurde
nun angewendet, um den protestantischen Bürgern den sonst erlaubten Besuch des Hausgottesdienstes protestantischer Barone in den
Städten zu untersagen. Dieses Verbot erbitterte die Stimmung
der Protestanten. Um ihren Widerstand gegen diesen Druck nachhaltig zu machen, organisirten sich dieselben als Gemeinden, hielten
Versammlungen, wählten Directoren, welche eine Gerichtsbarkeit

sich anmaßten und Schreiben im Namen der Gemeinde erließen.
Es war dies ein protestantischer Stadtrath neben dem katholischen. So tief drang im bürgerlichen und öffentlichen Leben
die Glaubensspaltung! In Brünn war es der Hausprediger des
Herrn Andreas von Puchheim, welcher in einer Vorstadt öffentlichen Gottesdienst hielt. Bürger Hirsch mit noch anderen Olmützer
Bürgern wurden wegen des Besuches des Gottesdienstes im Hause
des Herrn Bernhard von Zierotin vor den Kaiser nach Wien
citirt. Der Landeshauptmann versuchte es, sich für diese zu verwenden, weil sie als Gewerbsleute durch die Abwesenheit vom
Hause namhafte Verluste in ihren Geschäften erleiden und nicht die
Urheber der Abhaltung des protestantischen Gottesdienstes waren.
Zierotin schrieb in dieser Sache wiederholt an den Oberstkanzler
und führte den Beweis, daß in Wien kein Tribunal vorhanden sei,
welches berechtiget wäre, über mährische Bürger Recht zu sprechen.
Er erwähnte, daß die Stände sich auch um diese Sache annehmen
würden und durch Nichterfüllung seiner Intercession zu Gunsten
jener Olmützer Bürger das Gebäude der Eintracht und Gleich-
berechtigung, welches er mit so vielen Mühen und Kämpfen in
Mähren aufgerichtet, zusammenstürzen würde; er ruft Gott zum
Zeugen an über die Reinheit und Treue seiner Absichten. Er
sagte, daß in diesen Vorgängen gegen die Protestanten keine gleiche
Behandlung liege. Er sah vielmehr darin eine Unterdrückung,
„wenn die eine Partei ißt und trinkt, die andere nur zusieht!"
Gegen die Anordnung des Kaisers, nach welcher den Pro-
testanten zu Olmütz und Brünn der Besuch eines protestantischen
Privat-Gottesdienstes untersagt wurde, hatte er eine Vorstellung
vorgebracht und zugleich die Bemerkung gemacht, er wolle diese
Fragen auf die Tagesordnung des Landtags bringen, damit aus
„einem geringen Anfang nicht Aergeres und Größeres entstehe."
Diese straffe Durchführung der Restaurationspolitik erweckte
den Zorn der Protestanten. Sie rächten sich durch Pasquille und
Karrikaturen. In Schönberg wurden auf jenem Galgen, welchen
Oberst Peß zur Aufrechthaltung der Disciplin seiner Truppen
am Platze errichtet hatte, sechs Bilder angenagelt gefunden. Es
waren die Porträts des Carbinals von Dietrichstein, des Bischofs
von Neisse (Breslau) und anderer fürstlicher Personen. Diese
Frevel wurden bald im Lande ruchbar und es war Sitte unter

ben Feinden der Katholiken — sogar in der bischöflichen Stadt Kremsier, wenn man einander begegnete, auf die Frage, wo ist der Bischof von Olmütz? zu antworten: er hängt zu Schönberg am Galgen; wo ist der Bischof von Reiffe? er hängt zu Schönberg am Galgen, und so fort bei allen in Effigie Gehängten.

In einer anderen Stadt, welche durch zwei Jesuiten-Missionäre besucht ward, sang der Nachtwächter:

> Ihr lieben Herren last Euch sagen,
> Der Teuffel hat zwey Wölff eingeschlagen;
> Bewahrt den glauben und das liecht,
> Undt werdet doch katholisch nicht,
> Behütte Euch Gott der Herre.

In Sternberg wurde die Todaustreibung, welche gewöhnlich zu Mittfasten stattfand, parodirt, indem man der Figur des Todes, jene des Papstes substituirte, und diesen „zur Stadt austrieb;" auch das Lied, welches hiebei gesungen wurde, ward travestirt, und begann mit der Strophe:

> So treiben wir den Pabst aus
> Durch Unsere Statt zum thor hinaus
> Mit seinen betrug und listen
> Als den rechten Antichristen . . .

Die katholischen Stadträthe von Brünn und Olmütz ließen sich durch jene Vorstellung Zierotin's in ihrem Verfahren nicht beirren, sie übten gegen ihre protestantischen Mitbürger eine eiserne Strenge aus, es wurden deren so viele eingekerkert, daß kein Platz mehr in den Gefängnissen der Stadt vorhanden war.

Zierotin konnte in dieser Frage nichts weiter thun, weil sich die Stadträthe seiner Jurisdiction factisch entzogen hatten. Es stand ihm kein anderes wirksames Mittel zu Gebote, da sie in diesen ihren Ausschreitungen vom Hofe unterstützt wurden, als die Gewalt und diese wollte er nicht anwenden.

Mathias berief in Folge der erwähnten Vorstellung Herrn von Zierotin nach Wien, um ihm seine (des Kaisers) Ansichten in Religionssachen unmittelbar mitzutheilen. Zierotin vermuthete, seine Feinde wollten ihm einen Schimpf bereiten, und glaubte, daß darin die eigentliche Ursache seiner Berufung zu suchen sei. Allein es war dies nicht der Fall. Der Kaiser war ihm gnädig und empfahl ihm das Land während seiner Fahrt zum Reichstag

Er forderte ihn dringend auf, die kirchlichen Neuerungen hintanzuhalten. Der Kaiser theilte ihm mit, daß Erzherzog Ferdinand sein
Statthalter in Oesterreich sei, mit diesem solle Zierotin gute Correspondenz halten. Zierotin entwickelte darauf Seiner Majestät,
was als Neuerungen und was als altes Recht rücksichtlich der
Religion anzusehen sei. Die protestantischen Barone waren nach
dem alten Rechte befugt, in ihren Stadtwohnungen Gottesdienst
abhalten zu lassen, nur dürfte dieser nicht öffentlich sein. Der
Kaiser schien in Folge dieser Darstellung beruhigt. Der Oberstkanzler dagegen gab ihm den strengen Auftrag, die deutschen
Prediger nicht zu dulden, worauf Herr von Zierotin erwiderte,
darüber keine Zusage machen zu können.[1]) Zierotin war mit seinem
Aufenthalt in Wien zufrieden und reiste zurück; er zweifelte jedoch,
daß man dort durch seine Erklärungen befriedigt worden sei.

Der Stadtrath von Brünn entließ jetzt nach Rückkunft Zierotin's die gefangenen Protestanten gegen Bürgschaft und gab
sich den Anschein, als ob es über Zierotin's und des Cardinals
Fürbitte geschehen wäre. Dies war jedoch ganz unrichtig. Zierotin
hatte dem Stadtrathe, wie er sich ausdrückte, die Ehre der Fürbitte nicht erwiesen. Wahrscheinlich mag die Darstellung der Eigen-
mächtigkeiten desselben durch Herrn von Zierotin in Wien das
für die gefangenen Bürger günstige Ergebniß hervorgebracht haben.

Die Restaurationspolitik des Hofes wurde gleichmäßig auch
auf die andern Länder ausgedehnt. In Unterösterreich sind Zusammenkünfte der Stände, wenn die königliche Genehmigung hiezu
nicht zuvor eingeholt wurde, als unstatthaft erklärt worden. Die
Oesterreicher hielten dennoch eine Versammlung ab, die aber von
den katholischen Ständen nicht besucht wurde.

Den Oberösterreichern wurde die jetzt wieder begonnene Correspondenz mit den Unionsfürsten untersagt; sie entschuldigten sich
mit der Angabe, daß diese Correspondenz nur mit denjenigen

---

[1]) **Cod. Dox.** 17. Juni 1613 Georg Nachod. — 2. Juni 1613, Lipa über
die Merowitzer Wiedertäufer. — **Cod. Blaud.** Fol. 272. Bericht der
Stadt Schönberg ddo. 23. April 1613. — Geschichte der Glaubens-
reformation in der Stadt Sternberg. Fol. 3. Cerr. Slg. MS. L. A.
Nr. 141. Das ganze Lied vom Todaustreiben ist in der Beilage Nr.
CCCXIV. abgedruckt.

Unionsfürsten stattfinde, welche die Stände dem Könige im Jahre 1608 benannt hatten; damals habe Seine Majestät keine Einwendung dagegen erhoben.

Zu Raab und Skalic in Ungarn wurde kein evangelischer Prediger geduldet und die Turoczer Propstei thatsächlich den Jesuiten durch Cardinal Forgách eingeräumt.

Ungeachtet der deutlichen Meinungsänßerung des ungarischen Landtags hatte der immer kriegerisch gesinnte Hof jetzt abermals einen Anlaß gefunden, in Siebenbürgen einschreiten zu lassen. Die Türken boten selbst die Gelegenheit, indem sie zu Gunsten ihres Schützlings, des Bethlen Gabor, aggressive Bewegungen machten. Dieser hatte den Fürsten Bathory aus Siebenbürgen verjagt und mit Hilfe der Türken, welche im September 1613 in das Land eingedrungen waren, sich selbst auf den Thron emporgeschwungen. Mathias wollte Bethlen nicht anerkennen und sollte, wie er sich ausdrückte, selbst der Friede mit den Türken gebrochen werden.

Diese Kriegsgefahr bestimmte die mährischen Stände, Rüstungen vorzunehmen. Carl von Zierotin wurde ermächtigt, ein Darlehen auf Rechnung des Landes abzuschließen. Zierotin's Absicht war es, die Truppen mehr gegen allenfällige Gewaltmaßregeln der Regierung im Innern, als gegen die Türken aufzustellen. Die römisch-spanische Partei hatte diese Absicht aus den Dispositionen Zierotin's erfaßt und ihm ihre Unzufriedenheit zu erkennen gegeben. Da dieselbe dem Landeshauptmanne nichts anhaben und gegen ihn nicht offen und direct auftreten konnte, versuchte sie es, ihn durch Schmälerung seiner Autorität zu bewegen, das Amt als Landeshauptmann niederzulegen. So gelang es dem Cardinal in Mähren, Gelder, welche Zierotin und der Landtag zum Behufe der Einführung der Posten nicht bewilligen wollten, ohne Wissen des Landeshauptmanns und auf andern Wegen herbeizuschaffen. Der Cardinal erbat sich zu diesem Zwecke von der Regierung die Erlaubniß, von den Prälaten Mährens eine Geldbewilligung zu erlangen. Der Cardinal wandte sich auch an die königlichen Städte, um diese seine, den „Practiken dienende Erfindung" (wie Zierotin die Posten nannte), durchzuführen. Die Opposition, welche die Stadt Iglau im Schooße des Städtetags dagegen erhob, war ohne Erfolg, weil die Mehrheit der Städte und die Prälaten den

Anträgen des Cardinals zustimmten. Es war dies ein Zeichen
des stark entwickelten Selbstvertrauens der Hofpartei, da durch
jene curiatim und ohne Intervention der oberen Stände gefaßten
Beschlüsse die Prälaten und Städte sich von diesen geradewegs
trennten. Die Ersteren waren auf den Punct gelangt, die Letzteren
zu ignoriren, sie nicht zu fürchten.

Es ist übrigens beachtenswerth, daß eine für das Gemeinwohl
so nützlich gewordene Anstalt, wie die Post, die ihren Ursprung
dem Interesse verdankt, welches der Hof und dessen Anhänger
an eine schnelle und regelmäßige Verbindung der Länder mit dem
Sitze der Centralregierung hatten durch die Anhänger der Landes-
und Gewissensfreiheit und der nationalen Unabhängigkeit bekämpft
wurde. Je mehr Fäden zum Centrum führten, desto leichter, dachten
diese, sei die Unterdrückung. Jener Schritt, welcher auf der Bahn
der Centralisation gemacht wurde, war aber zweifellos ein Fortschritt auf dem Felde der Gesittung.

Nachdem die erwähnte Geldbewilligung stattgefunden hatte,
kam diese verfassungswidrige Procedur durch den Iglauer Bürger
Hinconius zur Kenntniß des Landeshauptmanns! Darauf antwortete
ihm Herr von Zierotin: „Die Hand Gottes ist wider Mähren
gerichtet, die Feinde stärken sich, der lateinische und griechische
Antichrist wenden sich gegen uns."

Die Hoffammer ertheilte den ständischen Finanz-Beamten
directe Befehle in Executions-Angelegenheiten, statt diese Aufträge
dem Landeshauptmann mitzutheilen. Zierotin gab dem Herrn von
Schleiniß zur Vermeidung von Verantwortungen vor dem Landtage den Rath, sich um diese verfassungswidrigen Befehle nicht
zu kümmern. In derselben Zeit wurde ein kaiserliches Mandat
erlassen, welches die gerichtliche Verhandlung gewisser privatrechtlicher Klagen gegen Lew Burian Berka zu vertagen befahl, —
ein Eingriff in den Lauf der Justiz, der bisher ohne Beispiel war.

Auf diese Vorgänge hinweisend, bemerkte Herr von Zierotin
in einem Briefe an Wrbna, „daß von dem Zeitpuncte, in welchem
Mähren sich der Jurisdiction der böhmischen Hofkanzlei wieder
unterwarf, zahllose Zerwürfnisse entstanden seien, so zwar, daß
man die Wiedervereinigung mit Böhmen tief beklagen müsse."

Wenn auch die Regierung auf dem Wege der Reaction
nicht ohne Erfolg gewandelt war, so hatte doch Khlesel erkannt,

daß der Geist der bisherigen inneren Politik, nämlich die Restauration, sich weiter nicht behaupten lasse, ohne denselben nöthigenfalls mit Gewaltmaßregeln Nachdruck zu geben. In allen Ländern wuchs die Unzufriedenheit, der Widerstand. Khlesel war daher bedacht, sich Geldhilfe zu verschaffen, um Truppen zu werben. Der ostensible Grund war die Bedrohung Ungarns, der gesammten Christenheit durch die Türken; der Krieg in Siebenbürgen ward hervorgerufen, wie bekannt, um den Anlaß zu finden, der Truppenanwerbungen rechtfertigen sollte. Allein die Landtage der Länder kannten jene Absichten des Hofes genau, und hatten, wie der ungarische und der mährische, statt Hilfe zu genehmigen, auf Abschluß eines Friedens hingewiesen. Die Unterhandlungen des Kaisers mit fremden Mächten waren auch nicht von Erfolg gekrönt. Spanien war zu einer Unterstützung geneigt, allein nur unter gewissen Bedingungen, wenn nämlich sich Mathias in der Nachfolgefrage willfährig zeigen würde. Die römische Curie hingegen schlug das Verlangen ohne Umschweife ab. Es blieb ihm nur noch die Hoffnung auf deutsche Hilfe.

Der Reichstag, welcher die gewünschten Bewilligungen aussprechen sollte, begann im August 1613. Der Kaiser hatte es schon früher unternommen, den Reichsfürsten die Nothwendigkeit der Türkenhilfe zu schildern, da der Erbfeind Einfälle in Siebenbürgen mache und die Christenheit bedrohe. Er hatte sich umfassende Gutachten von der Hofkammer und vom Hofkriegsrath über die Nothwendigkeit der Errichtung einer „continuirenden Miliz" (stehendes Heer) vorlegen lassen, welche die Grundlage der kaiserlichen Reichstagspropositionen werden sollten. Die reformirten Reichsstände mißtrauten jedoch der Schilderung des Kaisers und ließen durch Anhalt bei Zierotin anfragen, ob sich die Angaben Mathias' bewahrheiten und ob die Länder bereits Geldhilfe bewilligt hätten. Herrn von Zierotin's Antwort ging dahin, daß diese Hilfen nicht zu gewähren seien, weil es sich nicht um Unterjochung der Türken, sondern um Unterdrückung der Religion und Freiheit in den Ländern handle. Diese Antwort ist es, welche schon in vorhinein das Schicksal des Reichstags entschieden haben mochte. — Die reformirten Reichsfürsten hatten sich durch bessere Organisation der Union und durch den Abschluß eines Bündnisses mit König Jakob von England, der sich als Nachfolger in der Politik

Heinrich's IV. wider Spanien, Rom und das Haus Habsburg betrachtete, im Vorjahre so weit gekräftigt, daß sie noch die letzten Bande der Reichsdisciplin vollends sprengen konnten. Ueberdies gab es auch persönliche Ursachen der Animosität jener Fürsten gegen Mathias. Dahin gehörte vornehmlich die Verweigerung des Indultes für den weltlichen Administrator des Erzbisthums Magdeburg, nachdem dieser, wie es scheint, ein bezügliches Versprechen von Mathias erhalten hatte; der Papst und der König von Spanien gaben, ungeachtet des Kaisers wiederholten Bitten, der Ertheilung des Indultes ihre Zustimmung nicht und hatten dadurch die allgemeine Verwirrung noch vermehrt. Es war ein schlimmes Vorzeichen, daß die reformirten Fürsten zum Reichstag nicht in Person kamen und entschlossen waren, sich nicht mehr majorisiren zu lassen, keine Hilfe zu gewähren, wenn nicht ihre altbekannten Beschwerden zuvor erlediget werden würden.

Die unerhörte Theorie, daß nicht immer die Stimmenmehrheit im Reichstage zu entscheiden habe, rief natürlich die Erbitterung des katholischen Theils hervor. Der Kaiser sah darin nur den Vorwand, um sich vom Reichsverbande völlig loszulösen und dem Reichsoberhaupte den Gehorsam aufzusagen. Das Bewußtsein der Zusammengehörigkeit war abhanden gekommen und die Particularinteressen der Reichsstände gewannen auch formell die Oberhand über jene des Reichs. Die Nichtanerkennung der Stimmenmehrheit war eine verkappte Kriegserklärung der föderirten deutschen Staaten unter einander. Bevor es zu einer gewaltsamen Entscheidung kommen sollte, versuchte der biedere Erzherzog Max einen versöhnlichen Weg. Es sollte nämlich eine Commission aus katholischen und protestantischen Reichsfürsten zusammengestellt werden, welche die Beschwerden beider Religionstheile untersuchen und Vorschläge zu deren friedlicher Lösung entwerfen sollte. Sie erhielt den Namen des „Compositionstages" und Speier wurde vom Kaiser als der Ort bezeichnet, wo diese Commission ihre Arbeiten beginnen sollte.

Diese Aussicht auf einen friedlichen Weg zur Lösung konnte den großen Riß im Reichstage nicht mehr heilen. Nur die Katholischen bewilligten dem Kaiser einige Hilfe, die Reformirten nicht, ja sie protestirten gegen den Reichstagsabschied, da sie nicht mitvotirt, und versagten den Beschlüssen des Reichstages die Anerkennung, obwohl Zuñiga mit großen Summen die Opposition zum Schweigen zu bringen suchte. Es scheint aber, daß es weder den reformirten Fürsten, noch dem kaiserlichen Hofe um den Frieden Ernst war; denn der Compositionstag wurde unter allerlei Ausflüchten immer verschoben, obwohl der bekannte, geschäftserfahrene Reichspfennigmeister Geizkofler, der jetzt häufig von Mathias zur Begutachtung wichtiger Fragen aufgefordert wurde, dem Kaiser rieth: sich weder um den Papst noch um andere Potentaten zu bekümmern und im Geiste seines erlauchten Großvaters Ferdinand diesen Composttionstag so bald wie möglich in Wirksamkeit treten zu lassen.

Die deutschen Fürsten der Union hatten durch die Bündnisse mit England und mit Holland auch die Politik dieser Länder mit in ihr Programm aufgenommen, sie begegneten sich in dem gemeinsamen Ziele, die Reichskrone keinem Habsburger mehr zu geben. Jakob, der durch Vermählung seiner Tochter mit dem jungen Churfürsten von der Pfalz ein unmittelbares Interesse an den deutschen Fragen nahm, hatte schon von Königskronen für den Churfürsten laut geträumt und gesagt, daß die Zeit nicht fern sei, in welcher Friedrich die Krone von Böhmen erlangen würde.

Diesen Bestrebungen gegenüber war der Kaiser entschlossen, die Frage nur mit dem Schwerte zu entscheiden, denn bei den Reformirten fand er keinen Gehorsam mehr. Besonders verhaßt waren dem Kaiser die Union und die Liga; er sah darin mit Recht Anstalten zur Verkleinerung seiner Autorität; die Gegensätze zwischen Katholiken und Protestanten wurden dadurch verschärft, die Reichsstände zur Tragung der Reichssteuer weniger geneigt, weil die Unionscassen viel Geld in Anspruch nahmen. Er bewarb sich überall um Gutachten über die Art, wie diese anarchischen Verbindungen aufzulösen wären. Leider war dieses Uebel so weit vorgeschritten und so tief eingewurzelt, daß der treue Churfürst von Sachsen wohl des Kaisers Ansichten über die Unionen theilte, aber auf die Auflösung nicht einrathen konnte. Auch Rom und Spanien sprachen sich im Sinne Mathias' aus, doch dürfe, sagten sie, die katholische Liga nicht aufgelöst werden, insolange die Union noch bestehe. Spanien war sogar entschlossen, den Vertrag mit der Liga zu erneuern, um nicht durch seinen Rücktritt „die Häretiker" zu ermuthigen. Mathias verfiel auf den Gedanken, die Auflösung jener Verbindung dadurch factisch durchzuführen, daß er eine dritte Liga, eine Liga zur Aufrechthaltung der kaiserlichen Autorität im deutschen Reiche vorschlug und auf ein rasches Zustandekommen derselben hoffte, weil Fürsten beider Confessionen keinen Anstand nehmen würden, dieser Liga als Mitglieder beizutreten.

Seit Jakob's Beitritt wurden die Bemühungen der Union, die Stände der österreichischen Länder zur Abschließung einer Conföderation zu bewegen, immer lebhafter. Tscheruembl war der Ansicht, daß eben der rechte Augenblick gekommen war, den im Vorjahre zurückgelegten Plan einer Verbindung mit den unirten Fürsten in Verhandlung zu nehmen. Er forderte Zierotin auf, einen entscheidenden Schritt zu thun; doch auch jetzt konnte sich dieser nicht dazu entschließen, denn er erwartete keine Erfolge von jenem Bunde und machte die früher oft angeführten Motive geltend: die Uneinigkeit der deutschen Fürsten, ihre Gewohnheit, aus Oesterreichs inneren Unruhen Vortheile für sich zu ziehen. Diese Bundesgedanken flößten ihm ferner die Besorgniß ein, daß durch eine solche Conföderation die Katholiken zur Ergreifung der Waffen gereizt würden, daß die Spaltung, welche im Reiche klaffe, auch die anderen Länder ergreifen würde, daß ein zerstörender Krieg dann die Folge sein müßte. Die Conföderationen, welche Herr von Zierotin anstrebte, waren die der Stände Oesterreichs unter einander, zunächst eine Verbindung der Oesterreicher mit den Böhmen, um darauf seine Ideen einer Realunion weiter zu bauen. Einer oberösterreichischen Gesandtschaft, die an ihn abgeordnet war, gab er die nöthigen Instructionen in dieser Richtung. Von diesem Gesichtspuncte billigte er es, daß ein Ausschuß der oberösterreichischen Stände zu dem niederösterreichischen Landtag abgeordnet wurde; er sprach hiebei die Hoffnung aus, daß die Unterösterreicher, welche durch das Hofleben verweichlicht waren, dadurch ermanut würden.

Nicht alle Häupter der Stände Oesterreichs hatten die Sachlage so richtig erfaßt, wie Zierotin; es scheint vielmehr, daß Unterhandlungen von Böhmen und Oesterreich aus mit den Unirten stattfanden, weil König Jakob mit so großer Zuversicht von der Wahl seines Schwiegersohnes zum König von Böhmeu sprach, und durch englisches Gold, welches seine Agenten in Prag ausstreuten, die Sympathien der protestantischen und der Brüderbevölkerung Prags zu gewinnen suchte. Auch der englische Gesandte in Wien stand mit den vornehmsten Landherren Oesterreichs in lebhaftem brieflichem Verkehre.

Das Gefühl, eine Niederlage im Reichstage erlitten zu haben, erweckte in Khlesel nicht die gleichen Gedanken wie bei Mathias. Als scharfer Beobachter der Situation entdeckte er bald, daß seine Stellung nur dann gesichert sei, wenn er das bisherige schroffe Benehmen gegen die protestantischen Stände des Reiches und der Länder aufgeben und durch ein schlaues „Laviren" den Status quo erhalten würde. Er wurde eine Art „Politicus," ein „Trimmer" doch mit katholischer Farbe. Man nannte nach den Parteibildungen jener Zeit diejenigen, welche die weltlichen Inter-essen den geistlichen vorzusetzen geneigt waren, „Politiker." Die-jenigen, welche keine Toleranz kannten und nur in schroffster Weise ihr Programm durchführen wollten, die „Extremisten." Von Zie-rotin, der auch eine Art Politiker war, unterschied sich Khlesel dadurch, daß jener ganz und gar Protestant war und ein klares, deutliches Programm hatte, während Khlesel ohne irgend welche Principien um den Preis der Erhaltung seiner Stellung mit Jedermann transigirte.

Folgen wir der Entwicklung der Thatsachen, welchen die mildere und versöhnlichere Auffassung der ständischen Dinge von Seite Khlesel's zugeschrieben werden muß.

Wir wissen, daß König Philipp auf Mathias drang, einen Nachfolger zu bestimmen, daß Spanien seinen starken Arm nur um den Preis, daß Mathias sich in der Nachfolgefrage willfährig zeigen würde, leihen wollte. Zugleich war aber Don Philipp unter allen Umständen entschlossen, die österreichischen Länder für das Haus und die Religion zu retten. Der Papst ermahnte ihn unmittelbar nach der Wahl Mathias', mit fester Hand in Deutsch-land und in Böhmen einzugreifen; er habe dem König zu Willen sich für Mathias entschieden, jetzt möge der König thun, was in Sachen des Katholicismus seines Amtes ist. Zuñiga war genau unterrichtet von der gefährlichen Lage der Dinge in Böhmen, er gab es fast auf, nach dem Tode Mathias wieder einen Habs-burger an der Spitze dieses Königreichs zu sehen. Er war über-zeugt, daß man nach Mathias' Tode die Wahl des Erzherzogs Max nur mit größter Anstrengung zum König von Böhmen durch-setzen würde. Er benöthigte zu diesem Zwecke viel Geld und bat deßhalb den König um schleunige Absendung der nöthigen Summen. Spanien hatte aber auch andere dynastische Zwecke vor Augen; wir wissen, daß es die Linie Philipps und nicht die Grazer auf den böhmischen Thron erheben wollte. Erst als Zuñiga den Haus-vertrag vom December 1611 nicht gleich unterzeichnen wollte, schöpfte Ferdinand Verdacht und war darüber sehr verstimmt. Es fanden nun lange Unterhandlungen statt, in der Absicht, Mathias für die spanischen Ideen zu gewinnen. Der Bischof von Wien war jedoch überzeugt, daß wenn irgend ein Nachfolger ernannt werden würde, möge es nun ein Infant oder Erzherzog Ferdinand sein, sein Einfluß schwinden müßte. Er wendete daher alles daran die Lösung dieser Frage zu verschieben. Er war bemüht, die Hilfe Spaniens überflüssig zu machen, damit die Nachfolgefrage nicht erlediget werde, denn jene Hilfe war nur um diesen Preis zu erkaufen. Die Hilfe Spaniens war in der That zu entbehren, wiebald sich die Lage der Dinge in Oesterreich friedlich gestalten würde. Daher erklärt sich das plötzliche und versöhnlichere Auf-treten Khlesels. Schon auf dem Reichstage war seine Nachgiebigkeit aufgefallen, so daß man ihm den Vorwurf machte, er begünstige zu sehr die Protestanten. Zu den sinnreichen Mitteln, diese dem Bischof von Wien und seinem Einflusse drohende Gefahr für kurze Zeit zu beseitigen, gehörte die von Khlesel erfundene Schwanger-schaft der Kaiserin; es gelang ihm, einst diese Täuschung bis zu dem Augenblicke zu erhalten, in welchem Vorbereitungen zur bevorstehenden Niederkunft getroffen werden sollten und die Tauf-geschenke für das kaiserliche Kind schon angekommen waren. Es ist jedoch diese Wendung des Bischofs von Wien nicht so zu verstehen, als ob derselbe die Restaurationspolitik aufgegeben und nicht auf die Unterstützung einer Armee gedacht hätte. Er wollte nur die Erreichung seines Zieles zuerst durch List und Corruption versuchen und wenn seine Kunstgriffe erfolglos geblieben wären, zur Gewalt die Zuflucht nehmen; daher vernachlässigte er nicht jene Wege, die zur Errichtung eines stehenden Heeres führen konnten. Kein besserer Ausdruck für diese Politik, als das von Geizkofler ausgesprochene „Laviren."

Am Hofe des Kaisers gab es daher jetzt zwei Parteien: die eine, deren Seele Zuñiga, später Erzherzog Ferdinand war, an welche sich der Graf von Zollern und Buquoi u. A. anschloßen,

war die Partei der Extremisten, und die andere, an deren Spitze
Khlesel stand, war die Partei, welche für versöhnlichere Maßregeln
den Ständen gegenüber stimmte. Von jetzt an machten sich zwei
entgegengesetzte Strömungen in Wien geltend, die einander bekämpften. Es war aber Mathias durch Khlesel so beherrscht, daß
schließlich dieser immer Recht behielt und seine Politik entscheidend
durchdrang, wenn auch die Erzherzoge und Zuñiga das Project
der Truppenanwerbungen aufrecht erhielten und wie es die nächste
Folge zeigen wird, theilweise in's Werk setzten.

Es war nun für Mathias eine sehr peinliche Sache, die
so oft zugesicherte und verschobene Ausschreibung des böhmischen
Landtages jetzt abermals zu vertagen. In seinen Erwartungen
ausgiebiger Hilfe durch fremde Potentaten, fand sich Mathias
getäuscht, die letzte Hoffnung, der Reichstag, hatte der kaiserlichen
Autorität einen Schlag versetzt, deren Folgen durch die Bewilligungen der katholischen Stände nicht aufgewogen werden konnten.
Mit diesem entmuthigenden Bewußtsein hätte Mathias vor einen
Landtag in Böhmen treten müssen, welcher durch Beschließung
der „vier Puncte" ihm den Rest des königlichen Ansehens genommen haben würde. — Es bot sich indeß für Mathias ein
Anlaß zu neuen Verzögerungen; in Prag herrschte die Pest. Der
von den Böhmen gewünschte Landtag konnte nur ein General-
landtag sein; in Prag konnte derselbe nicht tagen, in einer anderen
Stadt Böhmens war kein hinreichender Platz, um die Abgesandten
der incorporirten Länder, dann Oesterreichs und Ungarns und
die vielen Landtagsmitglieder zu empfangen und unterzubringen;
es wurde daher nur ein böhmischer Landtag und zwar in der
Stadt Budweis, ausgeschrieben und abgehalten. Die Stadt war
dem Kaiser ergeben, katholisch gesinnt und man konnte hier, von dem
Einfluß der Massen unbelästigt, ruhiger als in Prag verhandeln.

Die böhmischen Stände waren damit sehr unzufrieden, hielten
Budweis für eine Mausfalle, worin sie gefangen werden konnten.
Das böse Gewissen, die Gerüchte von Werbungen hielten viele
vom Besuche Budweis' ab; auch erzählte man sich, es werde da
ein Nachfolger in der Person Leopolds den Ständen aufgedrungen
werden, da der Kaiser in Budweis die Macht hatte, sie zu beliebigen Beschlüssen zu nöthigen. Das wirkliche Ergebniß des
Landtages war indeß ein ganz anderes. Die Stände zeigten sich

schwierig und aufgeregt, sie wollten von der kaiserlichen Proposition wegen der Türkenhilfe nichts hören, bevor nicht die vier
Puncte bewilligt werden würden. Doch nach einer Unterredung mit
den Häuptern der Stände, Graf Schlik, Wilhelm von Lobkowitz
und Wilhelm von Ruppa wobei sie der Kaiser ersuchte, den Landtag
nicht ohne Resultate ablaufen zu lassen, da es der erste Landtag
sei, den er in Böhmen eröffnet, wurden sie nachgiebiger. Sie
mußten zugestehen, daß ohne die Anwesenheit der Abgesandten
der incorporirten Länder die vier Puncte nicht erörtert werden
konnten und begnügten sich daher mit einem Reverse des Kaisers,
kraft welchem diese Puncte auf einem für den Jänner 1615 nach
Prag einzuberufenden Generallandtage vor allen kaiserlichen Propositionen berathen werden sollten. Hierauf wurde dem Kaiser
eine geringe Geldhilfe bewilligt: nämlich die doppelte Haus- und
Biersteuer; allein die verlangte Aufstellung von 6000 Mann Infanterie und 2000 Mann Cavallerie wurde zurückgewiesen, weil
die Stände den Frieden mit den Türken als aufrecht bestehend
ansahen. In ihren Privatversammlungen sagten es die Mitglieder
der Actionspartei gerade heraus, daß die Türkenhilfe versagt worden sei, weil die aufzustellende Armee nicht den Türken sondern
den Böhmen selbst gelte. Das Mißtrauen der Stände war so
groß, daß sie die Erklärung abgaben, selbst die schon gegebene
Steuerbewilligung zurückzuziehen, wenn ein fremdes Kriegsvolk
ins Land einrücken würde. Sie begnügten sich aber nicht einmal
mit dieser Erklärung, sondern bestellten sogar ein Sicherheitscomité,
welches in Prag seinen Sitz nehmen sollte und die Ermächtigung
erhielt, wenn sich Gefahren zeigen (sie befürchteten einen zweiten
Passauer Einfall), Werbungen einzuleiten. Sie verließen sich in
einem solchen Falle auf die eigenen Kräfte, auf die Munitions-
vorräthe der Städte und auf die Unterstützung eines benachbarten
Herrn (Anhalt). Auch versagten sie ungeachtet des kaiserlichen
Ersuchens ihre Zustimmung zur landtäflichen Eintragung des königlichen Tafelgutes Kolin, welches Mathias Herrn Wenzel von
Kinsky zum Lohn seiner Verdienste um das Haus und das Land
geschenkt hatte.

Die bisherige Politik der Regierung, wie sie durch den
Bischof von Wien vorzugsweise repräsentirt war, characterisirt sich
durch die Abwesenheit jeglicher Initiative auf dem legislativen

und administrativen Gebiete. Sie versucht Veränderungen in der
Verfassung thatsächlich einzuführen, um ihre Macht zu vermehren,
aber auch darin zeigte sie nicht die nöthige Kraft. Der Oppo-
sitionsgeist der Stände wuchs, der Widerstand organisirte sich und
die Regierung zauberte in der Beschaffung der Mittel, diesen
Widerstand zu brechen. Sie verschlimmerte das Uebel noch mehr.
Sie reizte ihren Gegner, ohne ihn niederzuwerfen. Es ist nicht
möglich, in diesem Vorgehen einen anderen staatsmännischen Gedanken zu entdecken, als den der Selbsterhaltung und der Abwehr
feindlicher Einfälle, aber es war auch nicht möglich, diesen Gedanken ungeschickter durchzuführen, als es die Regierung that.
Hatte sie etwa versucht die Finanzen, die Justiz, die Kanzleien
überhaupt zu reformiren? durch eine entsprechende Verwaltung
wenigstens die Wunden zu heilen, welche die Kriege den Ländern
geschlagen hatten? Nichts von jenen allgemeinen Anschauungen,
von dem Aufdämmern der Idee des öffentlichen Wohles, von der
Regenten-Sorgfalt, durch welche sich die Epoche des ersten Ferdinands ausgezeichnet hatte, ist wahrzunehmen. Sie kannte die
Uebel und that nichts dagegen. Was war geschehen, um die socialen
Potenzen in's Gleichgewicht zu bringen, Schranken gegen die Mißbräuche ständischer Gewalt aufzustellen? — Als endlich die Regierung, nachdem die Gefahren sich mehrten, einen Anlauf dazu nahm,
sich dem Bürger und dem Landmann zu nähern, ließ sie erschrocken
davon ab, sobald sie wahrnahm, daß sie denselben Concessionen
in Religionssachen machen müßte, wozu die römische Curie die
Erlaubniß nicht ertheilen konnte.

Das Ringen nach jener Kraft, welche aus der Anerkennung
einer jeden Rechtssphäre hervorwächst, die Befestigung der Macht
und des Rechtes durch maßvolle Ausübung beider, waren weder
den Ständen noch dem Hofe geläufig.[a]

In einem Memoire, welches der Graf Thurn und der Herr
von Fels zur Zeit des Budweiser Landtags dem Kaiser überreichten,
bezeichnen diese Herren als Ursache des Falles des verstorbenen

[a] Castro al rey. 13. Oct. 1603 — 22. Dec. 1612 Verzeichnuss a. a. O.
k. k. geh. Arch. — Häberlin a. a. O. XXIII. — Cod. Dox. 31. Jänner
und 27. Feb. 1613 Nr. 9 und 18 an Wrbna über den englischen Gesandten. 679. — S. Beil. Nr. CCCXIV.

Kaisers: die Aufstellung einer Armee, um absolut regieren zu können, die Versuche, das Wahlrecht der Stände zu verkümmern und den Bruch des Türkenfriedens. Thurn und Fels warnen den Kaiser vor ähnlichen Beginnen, erklären sich gegen den Türken= krieg und bitten ihn, die Werbungen einzustellen. Merkwürdig sind in diesem Schriftstücke die Betheuerungen von Treue und Er= gebenheit und die sentimentalen Wünsche für des Kaisers Wohl. „Ach! wie betet man aller Orts und Enden — sagen jene beiden Herren — so herzlich und eifrig um Euer kaiserlichen Majestät und Dero hochlöblichsten kaiserlichen Gemalin langes glückseliges Leben, Frieden und freudenreichen Regierung und sonderlich um den Ehesegen, welchen wir von der Barmherzigkeit Gottes zu erlangen hoffen." Wie anders dachten aber diese Herren, wie ver= schieden war der wirkliche Ausdruck ihrer Gesinnung von jener heuchlerischen Manifestation.

Nur wenig Wochen nach Ueberreichung jenes Memoriales, erklärte Graf Thurn einem sächsischen Agenten, Carl von Khra, wie lebhaft er wünsche, daß die böhmische Krone von einem solchen Herrn getragen werde, wie es der Churfürst sei. Bei der gegenwärtigen Regierung des Kaisers sei der spanischen Intri= guen kein Ende, man halte weder Zusage, Brief, noch Siegel, man würde getäuscht und wolle die Böhmen knechten. Die Stände werden aber dies nicht länger dulden; sie wollen zwar den An= fang nicht machen, sondern warten, bis sie gebissen werden, dann aber würden sie sich einen andern Herrn suchen müssen und keiner wäre dazu so geeignet, wie der Churfürst von Sachsen.

In ganz gleicher Weise sprachen sich die übrigen Häupter der Stände: Schlik, Budowa, Lobkowitz, Fels und mehre Andere aus. Erstere fügten noch bei, da die Regierung ihre Versprechen und Eide nicht halte, seien es die Unterthanen auch nicht schuldig, man habe kein Herz und Vertrauen zum Hause Oesterreich mehr. Ein anderer erzählte, die spanischen Intriguanten wollen, um Prag desto leichter bezwingen zu können, Castelle bauen, am Laurenzi= berg und auf dem Wischehrad. — Khra berichtete ferner dem Churfürsten, daß Bürger und Bauern von gleichem Gefühle be= seelt seien.

Allein die hochverrätherischen Gesinnungen der genannten Herren waren kein Geheimniß. Der spanische Gesandte Zuñiga berichtete davon ohne Umschweife seinem König: die Lösung der Nachfolgefrage sei dringend nothwendig, weil die Böhmen und Ungarn offen darauf losgehen, einen König außerhalb des Hauses zu wählen. Dann werden vier protestantische Churfürsten den römischen König wählen und dieser selbst ein Protestant sein. Die Frage der Nachfolge müsse daher an den nächsten Landtag gebracht und nöthigenfalls mit Gewalt durchgesetzt werden. Spinola, welcher über diesen Gegenstand mit Zuñiga Briefe wechselte, ist mit ihm einverstanden, doch wünscht er nicht die Gewalt der Waffen, sondern die friedliche Macht des Goldes angewendet.

Den Umtrieben der Stände, die einen Wechsel der Dynastie herbeiführen wollten, gegenüber, beeilten sich nun Spanien und der kaiserliche Hof, einen Nachfolger in der Person eines österreichischen Erzherzogs aufzustellen.

Die Ansprüche Spaniens auf Böhmen und Ungarn, welche Erzherzog Ferdinand von der Nachfolge auszuschließen beabsichtigten und welche dieser durchaus nicht anerkannte, warfen wieder einen Zankapfel zwischen die Glieder des Hauses. Diese Zwietracht wäre jetzt geradezu verderbenbringend geworden. Zuñiga erklärte daher freimüthig, daß diese Differenz aufhören und daß die Candidatur Erzherzog Ferdinands auch von Spanien unterstützt werden müßte. Weder Erzherzog Max noch Erzherzog Albrecht seien geeignet und gewillt, die Last der Regierung nach des Kaisers Tode zu übernehmen, Ferdinand hingegen sei ein energischer und frommer Character und würde von der katholischen Partei getragen; überdies stände er in den besten Jahren und besitze Nachkommenschaft. Für ihn warben mit allem Eifer die Mitglieder der deutschen Zunge des Hauses. Nach mehrfachen Unterhandlungen und durch die revolutionären Regungen in Oesterreich, Böhmen, Ungarn und Deutschland gedrängt, resignirte Don Philipp auf seine Ansprüche hinsichtlich Böhmens und Ungarns gegen Abtretung von Elsaß und Tirol und beschloß die Bewerbungen des Erzherzogs zu unterstützen, jedoch nicht eher, als bis diese Abtretungsfrage gelöst sein würde. Erzherzog Ferdinand wurde von Mathias als Sohn adoptirt und demselben eine gewisse Theilnahme an den Regierungsgeschäften eingeräumt. Es war aber jetzt eine Zeit, in welcher durch Zuñiga's energisches Auftreten Khlesel's Einfluß für einen Augenblick gelähmt und die Grundlage zu einer resoluten und aggressiven Politik gelegt wurde. Der Graf von Zollern drang immer darauf, Churbrandenburg und der Union den Krieg zu erklären und den kaiserlichen Befehlen mit den Waffen in der Hand Nachdruck zu geben.

Unter dem Einfluß dieser Strömung scheint eine Instruction verfaßt worden zu sein, welche der Kaiser einem nach Spanien reisenden Agenten übergab. „Nur auf diesem Wege (jenem der Gewalt,) sagt Mathias, sei es möglich, die Stände zum Gehorsam zu bringen. Die Wahrnehmung, daß seine Brüder betagt seien, daß die Nachfolge auf eine andere Linie (die spanische) kommen könnte, die Furcht einer Religionsveränderung bestärkte sie (die Stände) in ihrem Widerstande. Schon hatten sie sich durch einen leiblichen Eid verbunden, einer Zusage der Regierung keinen Glauben mehr zu schenken und nur dann sich für gesichert zu halten, wenn sie das fürstliche Ansehen und die fürstlichen Befugnisse in ihre Hand gebracht hätten, so daß der Landherr von ihnen abhängig sein müßte und blos noch des Namens und der äußerlichen Ehrerbietung sich erfreuen konnte. Weder Nachdenken noch Versuche hatten zu einem gewünschten Ziele geführt. Ihm an Gewalt überlegen, werden sie täglich trotziger und stärker, er dagegen schwächer. Nur Waffenmacht könne helfen, ohne diese vollführten die Länder was sie wollten und warteten nur auf seinen (Mathias) Tod. Besäße er Waffen, dann würde auch die Liga der Union besser gewachsen sein, diese eher von Anschlägen auf die Katholischen zurückgehalten werden."

Mathias schloß eine Allianz mit dem seinem Hause verwandten König von Polen. Die noch immer drohende Haltung der Türken motivirte die Werbungen, welche Trautmannsdorf, wiewohl sich der ungarische Landtag gegen den Krieg aussprach, in diesem Jahre veranstaltete. Die Werbungen wurden später zu Wien, dann durch die Brüder Kinsky in Böhmen fortgesetzt. Der Graf von Buquoi erhielt eine Bestallung als Generallieutenant, und wir finden, daß die Böhmen in diesem Kriegsmanne ahnungsvoll den künftigen Chef einer Executionsarmee erblickten.

In Deutschland selbst kam es jetzt schon zu bewaffneten Executionen; mehr auf Andringen Spaniens, als auf Antrieb der kaiserlichen Regierung, marschirte der spanische General Spinola mit 30,000 Mann gegen Aachen und Mühlheim, um die kaiser-

lichen Mandate, welche gegen die von der Union und Churbrandenburg in ihrem Ungehorsam unterstützten protestantischen Bürger
dieser Städte erlassen worden waren, in Vollzug zu setzen. Mühlheim's Mauern und viele Häuser wurden der Erde gleich gemacht.

Die Mission Spinola's ist wie der Anfang eines Kreuz-
zuges gegen alle Protestanten Deutschlands — der Plan Leopold's
des Jahres 1609 — aufgefaßt worden. Ein historisches Lied:
„die spanische zehn Gebot“, hat uns den Geist dieser Auffassung
überliefert:

Dies sind die heiligen zehen Gebot
Die Pabst Paulus gegeben hat
Sein lieben Sohn, dem Spinola,
Eins Kaufmanns Sohn von Genua:
Brich die Union!
Der Markgrafen Güter und Land
Such heim mit Gwalt, durch Schwert und Brand,
Und thu dieselben raumen ein
Leopold, dem liebsten Sohne mein:
Brich die Union.

——————————————

Gleichzeitig wurde in Böhmen die katholische Restauration
durch die Regierung kräftigst unterstützt. Die in Folge Landtagsschlußes vom Jahre 1610 gewährte Preßfreiheit wurde im Jahre
1613 factisch aufgehoben und der königlichen Kanzlei das Cen-
soramt wieder übertragen.

Ein Jesuit predigte gegen den Majestätsbrief. Merkwürdig
ist der Weg, den er ging, um die Autorität des Kaisers zu
schonen. Es sei ein Unterschied, sagte er, zwischen dem, was der
Kaiser gestattet und dem, was er anbefehle. Aber nicht alles,
was er gestattet, ist gut; nur was er anbefiehlt, dies sei recht.
Der Kaiser gestattet, daß Phrynen ihr schändliches Gewerbe treiben, nur deshalb, damit andere ehrliche Menschen in Frieden
leben. So wenig nun diese Erlaubniß ein Recht begründe, so
wenig hat der Majestätsbrief ein Recht geschaffen, er war nur
ein Mittel, Blutvergießen zu verhindern, und wurde ihm abgetrotzt.

Der Prager Erzbischof, dem die Pfarr-Collatur auf den
kaiserlichen Gütern übertragen wurde, restaurirte frischweg, trotz
des Majestätsbriefes, indem er protestantische Pfarrer verjagte

und an ihre Stelle katholische Priester einsetzte. Auch ließ er die nachmals so berühmt gewordene protestantische Kirche zu Kloster-grab schließen, untersagte den Besuch derselben und gab damit den äußern Anlaß zu dem später erfolgten Ausbruch der böhmischen Empörung. Durch diese Vorgänge wurden die Häupter der Stände in Böhmen und Schlesien in ihrer feindseligen Haltung bestärkt und machten sich immer auf einen Staatsstreich gefaßt. Durch die Velleitäten der Gewalt auf das tiefste verletzt, brachten sie die schlimme Saat zur Reife. Jetzt schon wählten Einzelne zum Wahl-spruch: „flectere si nequeo superos, Acheronta movebo!"

Den kriegerischen Vorbereitungen der Regierung gegenüber setzte auch das mährische Landrecht die Rüstungen fort. Zierotin wurde zum commandirenden General, Golz zum Generallieu-tenant ernannt, vier Rittmeister und fünf Hauptleute für den ständischen Dienst gewonnen, der Oberst Peter Sedluicky und sein Regiment wieder auf Rechnung des Landes besoldet.[*])

Wenn unter solchen Umständen ein Zusammenstoß nicht früher geschah, die gewaltsame Lösung auf sechs Jahre hinausge-schoben wurde, so konnte dies zunächst der schwankenden Politik Khlesel's zugeschrieben werden. Der ehrgeizige Bischof von Wien betrachtete den Erzherzog Ferdinand, wir wissen es, als einen ge-fährlichen Nebenbuhler und befolgte jetzt selbst jenes Verfahren, welches Rudolph in der Nachfolgefrage beobachtet hatte: er ließ sie nämlich nicht zur Erledigung kommen. Weil Erzherzog Ferdinand der vorwaltenden Macht der Stände entgegenzutreten geneigt war, beeilte sich jetzt Khlesel, durch Nachgiebigkeit in formellen Dingen, die Stände zeitweise zu befriedigen. Während der Erzherzog Max und Ferdinand für den Türkenkrieg, folglich für Rüstung stimmten, sprach sich Khlesel jetzt gegen den Krieg aus. Besonders klar wird uns diese Haltung Khlesel's in der ungarischen Angelegenheit. Thurzo und andere Magnaten Ungarns hatten die vor Kurzem erfolgte Besetzung Neuhäußel's mit deutschen Truppen und mit

---

*) Cod. Dox. 13. Aug. 1614. 8. Octob. 1613 an Albrecht. — Carl von Khra an den Obersten Pflug 30. April 1614 Sächs. Act. XV./289. Div. — Der dreißigjährige Krieg. Eine Sammlung von historischen Gedichten ꝛc. ꝛc. von Julius Opel und Adolph Kohn. Halle. 1862. S. 6. — S. Beil. Nr. CCCXIV.

einem deutschen Commandanten als einen Bruch der kaiserlichen
Zusagen angesehen, und ihre Mißbilligung unverhohlen darüber
geäußert. Auch Khlesel tadelte es, daß man wegen Neuhäußel die
ungarischen Räthe nicht angehört, das Wort nicht gehalten hatte
und gab der illegalen, durch Erzherzog Ferdinand vorgeschlagenen
Absetzung des Palatin Thurzo, den das Gerücht als einen der
geheimen Bewerber um die ungarische Krone bezeichnete, seine Zustimmung nicht. Erzherzog Max war bemüht, den allmächtigen
Minister selbst vom Hofe zu entfernen, allein dieser stand fest in
des Kaisers Gunst.

Herr von Zierotin konnte sich keinen Augenblick über die
Zukunft seines Vaterlandes täuschen. Der Grundsatz der Mäßi-
gung und Duldung, für welchen er so oft sein Vermögen, sein
Leben eingesetzt hatte, fand weder von Seite der Regierung noch
von jener der Stände Anerkennung, ja er wurde von beiden
Theilen angefeindet und verlassen. Der Hof trachtete ihn vom
Amte zu entfernen, die Gesinnungsgenossen vertheidigten ihn
nicht mehr.

Es trat jetzt ein Augenblick des Stillstandes in seiner öffentlichen Thätigkeit ein. Wichtige Familien-Angelegenheiten nahmen
ihn zu Anfang des Jahres 1614 ganz in Anspruch. Die jüngste
Tochter Helena war mit Herrn Georg von Nachod verlobt, die
Hochzeit hatte im Herbste des verflossenen Jahres stattfinden
sollen, mußte jedoch wegen der herrschenden Pest auf den 3. Februar verschoben werden. Die übliche officielle Bewerbung fand
Montag nach Dreikönig Statt. Die Hochzeitsfeier war noch nicht
verklungen, als sein Schwiegersohn Hinek von Wrbna, der Mann
der älteren Tochter Bohunka, am 10. Februar plötzlich starb. Herr
von Zierotin hatte nun in der Verlassenschaftsangelegenheit häufig
in Schlesien zu thun, für die Tochter und die Enkeln zu sorgen.
Sein Haus war seit Helena's Vermälung vereinsamt. Bohunka
mit den Kindern lebte auf den Gütern des verstorbenen Mannes.
Alter und zunehmende Kränklichkeit, das Vorgefühl des Rücktrittes
vom öffentlichen Schauplatze ließen ihn die Einsamkeit schwerer
als sonst empfinden.

Ein Gefühl des Verlassenseins bemächtigte sich seiner und
er faßte den Entschluß, das Band der Ehe zum viertenmale einzugehen. Er wählte eine Gefährtin, im Alter mit ihm gleich, die

mit reifer Lebenserfahrung und hohem Verstande begabt, eine Glaubenstreue, wie es die seinige war, verband und das reiche Gemüthsleben auffassen konnte, das er ihr zu bieten hatte. Es war dies Katharina Waldstein, die Witwe des Herrn Smil Osowsky von Danbrawitz auf Trebitsch. Sie war eine geistreiche Frau, ein eifriges Mitglied und eine Patronin der Brüderunität. Eine Sammlung eigenhändiger Briefe, welche bis vor Kurzem im Franzensmuseum in Brünn aufbewahrt wurde und die im mährischen Landesarchive vorhandenen Ueberreste des Trebitscher Schloßarchives, worunter sich mancher Brief von Katharina und an sie vorfindet, sind die Zeugen der ungewöhnlichen Bildung und Thatkraft dieser Dame.

Mit dem Bruder Katharinens, dem böhmischen Landhofmeister Adam von Waldstein auf Hradek, und einem andern nahen Verwandten, dem Marschall von Böhmen, Berthold Bohobud von Lippa, ordnete Zierotin zuvor die Vermögensfragen. Hierauf erfolgte am 22. Juni 1614 die Trauung.

Der Hof gewann durch die vom Budweiser Landtag genehmigte Vertagung der „vier Puncte" vorerst Zeit und diese wurde benützt, um Geld zu suchen und eine Armee auf die Beine zu bringen. Es war wieder die türkische Frage, welche die Möglichkeit bot, Beides von den Ländern zu verlangen. Die Lösung der Frage im kriegerischen Sinne war dringend, weil jener gefürchtete Generallandtag schon für den Jänner 1615 ausgeschrieben war und die Regierung gleich bei der Eröffnung desselben in der Lage sein mußte, über Geld und Mannschaft verfügen zu können. Erzherzog Ferdinand gehörte zu jener Partei am Hofe, welche in der Wahl Bethlen's zum Fürsten von Siebenbürgen einen Verlust der österreichischen Oberhoheit über Siebenbürgen erblickte. Bethlen wurde als Vasall der Pforte angesehen, den der Kaiser auf die Gefahr hin, den Türkenfrieden zu brechen, nicht anerkennen dürfe. Wenn die Türken im Besitze Siebenbürgens sind, sagte die Kriegspartei, dann würde die Kriegsgefahr für die Christenheit bleibend werden. Diese Partei gab sich der Hoffnung hin, daß eine solche Darstellung der siebenbürgischen Frage die Länder bewegen würde, ansehnliche Geldbewilligungen zu machen. Während Ferdinand und insbesondere der Hoffkriegsraths-Präsident

Molart für den Krieg stimmten, neigte sich jedoch Khlesel mehr auf Seite derjenigen, welche den Frieden erhalten wollten und ließ die Stände von dieser seiner Gesinnung unterrichten. [10]

Um rasch zum Ziele zu gelangen, beschloß die Regierung einen Convent sämmtlicher Länder, eine Art Reichstag abzuhalten und die Friedens- und Kriegsfrage von diesem entscheiden zu lassen; sie verbarg jedoch nicht die Hoffnung, daß sich der Convent für den Krieg werde bewegen lassen. Es sollten Abgeordnete aller Länder der deutschen Linie des Hauses im Juli zu Linz versammelt werden.

Es erfolgten unverweilt die Einladungen an die Landtage, Abgeordnete für diesen Convent nach Linz zu schicken. Da in Böhmen eben kein Landtag versammelt war, wurden durch die Oberstlandesofficiere Vertrauensmänner gewählt. In Mähren wurde von der Regierung zur Wahl der Conventabgeordneten ein Landtag ausgeschrieben, der vom Erzherzog Ferdinand eröffnet werden sollte. Daß im Vorjahre der milde Erzherzog Max, jetzt aber der strenge Erzherzog Ferdinand des Kaisers Stelle vertrat, war in den Augen der Stände bezeichnend. Damit wurde nach ihrer Meinung die künftige Politik des Hofes angedeutet.

Der Erzherzog kam im Frühjahre 1614 nach Mähren und trug den versammelten Ständen die kaiserlichen Postulate vor, er begründete die Erhaltung Siebenbürgens, das unter Bethlen's usurpirter Herrschaft eine türkische Provinz würde, mit dem strategischen Motive, daß es der Schlüssel Osteuropa's und gegenwärtig allen Gewaltthätigkeiten der Türken preisgegeben sei. Er verlangte im Namen des Kaisers eine ausgiebige Geldhilfe, um dreitausend Mann Infanterie und eintausend Pferde auf sechs Monate zu erhalten. Es war der eigene Schaden der Ungarn, sagte er, daß sie im Jahre 1613 keine Waffenmacht aufgestellt hatten, denn die Türken sind sofort, ohne Rücksicht auf den Frieden, in Siebenbürgen eingefallen, was gewiß nicht geschehen sein würde, wenn man in Ungarn gerüstet gewesen wäre. Diese Forderung wurde jedoch von den mährischen Ständen rundweg abge-

---

[10] Hammer III. 47. — Hurter VII. 16 und ff. — Gedruckter böhmischer Landtagsschluß, IV. 1614. Schumawsky. — Cod. Dox. 22. Feb. 1613 an Katharina Osowsky geb. Waldstein. Nr. 15. — S. Beil. Nr. CCCXIV.

schlagen; sie bemerkten, daß zur Abwendung des ersten Anpralls die einheimischen Truppen Ungarns und Mährens hinreichen, würde dann die Gefahr steigen, dann sei zu weiteren Maßregeln und größeren Rüstungen noch immer Zeit vorhanden. Statt der verlangten Haussteuer bewilligten die Stände nur ein Aversum von 50,000 fl., jedoch mit der Bedingung, daß sie dieses Geld zurückbehalten würden, wenn es zu einem Türkenkriege kommen sollte, daß überhaupt diese Summe, welche zur Bezahlung der Mannschaft der Festungsbesatzungen zu verwenden sei, nicht der kaiserlichen Kammer ausgefolgt werde, sondern daß die Ausbezahlung durch mährische Landesbeamte zu geschehen habe. Die gewöhnlichen Beiträge zur Bezahlung der kaiserlichen Schulden, zur Erhaltung des Hofes, wurden sehr verringert und jene wegen Organisirung der Briefposten abermals verweigert.

Als die Städte in diesem Landtage eine Unterstützung zur Bezahlung jener kaiserlichen Schulden verlangten, wofür sie sich verbürgt hatten und für welche sie schon als Zahler eingetreten waren, wurden sie mit ihrem Begehren zurückgewiesen. Es war dies eine Antwort auf die früher erwähnten Beschlüsse, welche die Städte mit den Prälaten, ohne Wissen der anderen zwei Stände, in Angelegenheit der Post gefaßt hatten. — Obwohl die kaiserliche Bestätigung der Privilegien des Landes und der lang ersehnte Majestätsbrief über die dreißig Artikel der Wiedervereinigungs-Urkunde Mährens mit Böhmen, dann die Aufhebung der Confiscationsstrafe und einige Reverse über Geldbewilligung eben eingelangt und dem Landtage vorgelegt worden waren, so äußerten sie doch keine Wirkung auf die Beschlüße desselben. Diese Zugeständnisse verloren durch die Verspätung ihren Werth, zumal die Absicht des Hofes, die Stände dadurch zu Geldbewilligungen geneigt zu machen, durchschaut wurde. Der Erfolg war gerade ein entgegengesetzter, der Landtag kehrte, wie wir sahen, die oppositionelle Seite heraus. Auch in der Frage des Linzer Convents zeigte sich der Landtag nicht sehr willfährig. Er nahm zwar die Wahl der Bevollmächtigten vor, allein die Persönlichkeiten, welche aus dieser Wahl hervorgingen, zeigten deutlich, daß der Landtag denselben nichts Wichtiges anzuvertrauen hatte, daß er dieser Mission keine Bedeutung beilege. Diese Abgeordneten waren: der bekannte gewaltthätige Baron Johann Rzicansky, Kawka von

Rzican und auf Brumow, Georg von Nachod auf Tulleschitz, der
Schwiegersohn Zierotin's, ein noch junger, unerfahrener Herr,
Günther von Golz, und einige andere unbekannte Herren. Es
wurde den Abgeordneten untersagt, im Namen Mährens irgend
einem Beschluße des Convents beizutreten.

Dagegen erkannte der Landtag die Beschickung des General-
landtags zu Prag (1615) für dringend nöthig und bedeutungsvoll
an; in dem Ergebnisse der Wahlen für diese Versammlung, in
den Namen von Klang, welchen die Vertretung Mährens übertragen wurde, spricht sich dies aus. Unter den Abgesandten des
mährischen Landtags befanden sich der Cardinal, Carl von Zierotin,
Dietrich von Kunowitz, zwei Prälaten, dann Friedrich von Blašim,
Johann Czeyka von Olbramowitz und Heinrich Zahrabecky, der
Stadtschreiber von Brünn Georg Hovorius und Andreas Juritka
von Olmütz.

Mit der Kundmachung dieser Wahlen hatte der mährische
Landtag seine Aufgabe beendet. Bald darauf trat der Linzer Congreß, welchem der Hof mit größter Spannung entgegensah, zusammen.

Dieser Congreß bot ein seltenes Schauspiel dar. Abgeordnete
der Stände, nicht bloß der alt-österreichischen, sondern aller Länder
des Hauses (deutschen Zweiges) waren vertreten — ein wahrer
österreichischer Tag, in der Geschichte ohne Beispiel. Die Eröffnung desselben war anfänglich auf den 27. Juli bestimmt; theils
Rangstreitigkeiten und theils schlechte Wege verzögerten jedoch die
Eröffnung bis zum 11. August.

Der Kaiser erschien persönlich von den Erzherzogen begleitet
im Convente, der Reichs-Vicekanzler von Ulm trug die kaiserliche Proposition vor, nämlich die Frage, auf welche Art ein
dauernder Friede mit den Türken zu schließen sei. Darauf wiederholte Seine Majestät den Inhalt der vorgetragenen Proposition
mit kurzen Worten und überließ sodann die Leitung der Convent-
geschäfte den Erzherzogen Mar und Ferdinand, denn der Kaiser
war durch den bevorstehenden deutschen Reichstag verhindert, selbst
die Leitung des Convents zu übernehmen. Der königlich-spanische
Gesandte und Graf Buquoi, als Repräsentant des Erzherzogs
Albrecht, waren gleichfalls anwesend.

Die Regierung legte dem Congresse sämmtliche Actenstücke
und Correspondenzen (ein Blaubuch würde man heutzutage die-

felben nennen) vor, woraus der Nachweis geliefert wurde, daß:
1. die Türken den Frieden brachen; 2. Bethlen Gabor im Einverständnisse mit den Türken sich widerrechtlich auf den Siebenbürgischen Fürstenstuhl empor schwang; 3. Siebenbürgen, welches
vom Sultan beansprucht werde, dem Kaiser als der Schlüssel
Osteuropa's zu erhalten sei.

Aus dieser Darstellung war die Absicht des Hofes, die
Türken mit Gewalt zur Haltung des Friedens, zur Herausgabe
Siebenbürgens und zur Entfernung Bethlen's Gabor zu zwingen,
deutlich herauszulesen. Hierauf wurden, auf die kaiserliche Proposition gestützt, dem Congresse sechs Fragen vorgelegt: 1. Ob
die Länder den durch dieselben ratificirten Türkenfrieden halten
oder brechen wollen? 2. Was dem Sultan über Siebenbürgen
zu antworten sei? 3. Wie mit denjenigen siebenbürgischen Ständen, welche erklärt haben, auf christlicher Seite zu stehen, zu unterhandeln sei? 4. Wie sich mit den türkischen Gesandten, welche
keine Geschenke dem Kaiser überreichten (was gegen den Wortlaut
des Vertrags war), zu benehmen sei? 5. Ob man dem türkischen
Sultan in Allem nachgeben solle, um den Frieden um jeden Preis
zu erhalten? Die sechste Frage behandelte die Defensionsordnung
und Kriegsbereitschaft, falls die Türken jählings einfallen würden.
Wichtig und entscheidend war der Beisatz zu dieser Frage. Es pro-
ponirte nämlich die Regierung, daß für den jähen Kriegsfall die
Erörterung über die Mittel der Kriegsführung auf dem Convente
selbst stattfinden sollte, da bei einem plötzlichen Ueberfalle zur
Einberufung der Landtage keine Zeit mehr vorhanden sein würde.
Damit sollte ein neues Organ begründet, ein Reichstag, auf welchem das Recht der Steuerbewilligung, das noch ausschließlich
den Landtagen zustand, übertragen werden. Diese wirklich staatsmännische Idee der Regierung ward leider seither nicht wieder
aufgegriffen. Don Baltasar Zuñiga, vom spanischen Despotismus
erfüllt, fand sogar, daß der Linzer Convent ein Symptom sei der
geringen Autorität des Kaisers.

Aus der Fassung jener sechs Fragen ist die Tendenz zu entnehmen, den Convent-Abgeordneten die der Regierung erwünschte
Antwort in den Mund zu legen: denn wollten die Abgeordneten
den demüthigenden Entschluß, den Frieden um jeden Preis zu
erhalten, nicht fassen und sich der Willkür des Sultans mit ge-

bunbenen Händen nicht hingeben dann mußten sie sich für die Durchführung von Rüstungen entscheiden. Diese Aufgabe sollten aber nicht die schwierigen und oppositionell gesinnten Landtage, sondern die Mitglieder des Conventes unter dem ernsten Eindruck des Gehörten durchführen; die Conventsmitglieder, fern vom heimatlichen Boden, durch die Anwesenheit des Kaisers und der Erzherzoge und von der Größe der geschilderten Gefahren befangen, hätten sich wahrscheinlich nicht entschlagen können, einen raschen, die Länder bindenden Entschluß zu fassen.

Jetzt bewährte sich die Voraussicht Zierotin's. Die mährischen Abgeordneten erklärten, vor Allem den sechsten Punct beantwortend, nur ad referendum gekommen zu sein; sie konnten daher, da sie dazu nicht bevollmächtigt, kein Gutachten im Namen der Stände Mährens über die gestellte Frage abgeben. Doch als Privatpersonen und getreue Unterthanen Seiner Majestät wollen sie ihre Meinung mittheilen. Dieser Unterschied war sehr practisch, an der Festhaltung desselben scheiterte der Convent. Der Kaiser hoffte ganz Oesterreich in Linz tagen zu sehen, jetzt waren es aber nur einige vierzig ehrenwerthe Edelleute und Bürger, welche allein den Eingebungen ihrer Privatpolitik folgten. Aber selbst die Manifestationen dieser Politik waren vielsagend; denn auch als Privatpersonen durften wohl die Abgeordneten von der Ansicht ihrer Mandanten nicht abweichen. Der Hof wollte Soldaten, die dem Kaiser allein den Eid der Treue leisten; blos zur Bezahlung dieser Soldaten, sollten die Länder das Geld bewilligen. Und eben dieses mochten die Stände nicht zugestehen, weil sie darin den Kunstgriff merkten, eine von den Ständen unabhängige Armee aufzustellen. Die Gutachten aller Abgeordneten, mit Ausnahme des willfahrenden Ausspruches der niederlausitzer Deputirten lauteten daher zu Gunsten des Friedens um jeden Preis und wiesen auf die Entscheidung der Provinzlandtage hin, wenn diese Gutachten nicht genehm und nicht genügend sein sollten.

Am deutlichsten sprachen sich die Ungarn aus, die, wie es scheint, eine bestimmte meritorische Instruction hatten. Es waren die Bischöfe: Naprágyi, Lepes und Demitrowitz, dann die Magnaten Peter Revai, Niki Esterházy und andere als Deputirte anwesend. In einer Rede, die als Muster politischer Beredtsamkeit der damaligen Zeit gelten konnte, entwickelte Bischof Naprágyi vor „der hochberühmten Versammlung," wie er diese nannte, die Ansicht Ungarns. Er sprach sich mit vieler Emphase für den Frieden aus und citirte dafür sogar den alten Seneca:

Licet omne tecum Græciæ robur trahas,
Licet arma longe miles ac late explices,
Fortuna belli semper ancipiti in loco est.

Wenn jedoch Vertheidigungsmaßregeln einmal unerläßlich werden sollten, bat der Bischof nur um Vermehrung und Erhaltung der Grenzfestungen von Seite der Regierung, für die Mannschaft würden die Ungarn selbst sorgen; denn für Ungarn sei nur der Eingeborne ein tauglicher Soldat, fremde Truppen saugen nur das Mark des Landes aus und geben Anlaß zu blutigen Aufständen, wie zum Beispiel zur Zeit Bocskay's. Schon Cäsar Augustus liebte die im Vaterlande gebornen und nicht die fremden Truppen. Wenn die Gefahr steigt und durch Ungarns Kräfte allein nicht beseitigt werden kann, dann wird Ungarn mit den anderen Ländern, nach der Reichsconstitution des Jahres 1609, gemeinsame Vertheidigungsmaßregeln treffen. — Mit der Abgabe dieses Votums sprach der ungarische Bischof die Meinung aller Abgeordneten aus, „denn", wie sich der Gewährsmann ausdrückt, „es haben auch die Länder auf Hungarn großen Respect."

Der Hof mußte daher den Linzer Convent als mißlungen betrachten. Mit diesem schmerzlichen Gefühle entließ der Kaiser die Abgeordneten ohne jedoch die Formalbedenken, welche dieselben gegen ihre Competenz erhoben hatten, gelten zu lassen. Bei den öffentlichen Audienzen dankte er für ihr Erscheinen und für die freimüthig ausgesprochene Ansicht, den Frieden in jedem Falle aufrecht zu erhalten.

In einer besonderen Audienz am 2. September empfing der Kaiser die mährischen Deputirten und gab die Versicherung, es werde der Friede erhalten werden. Die Deputirten dankten Seiner Majestät und machten noch der Kaiserin und den beiden Erzherzogen Mar und Ferdinand die Abschiedsaufwartung. Die kaiserliche Erledigung der anderen Puncte, welche die mährischen Abgeordneten nach ihrer Instruction vorzubringen hatten, bekundete die Stimmung des Hofes. Es wurde den Ständen eröffnet, daß sie sich in Dinge nicht mengen dürfen, welche sie nichts angehen: der Kaiser konnte die Verwahrung des Landtags gegen den von ihm einem mährischen Landherrn ertheilten Verweis nicht gutheißen, weil er dazu berechtiget sei. Die Commissionen zur Regelung der Landesgrenzen wurden abermals nur in Aussicht gestellt und nicht wirklich ernannt.

Die Ansichten, welche auf dem Linzer Convente laut wurden, waren von der größten Bedeutung. Der Türkenfriede war jetzt gesichert und es konnten die Angelegenheiten Siebenbürgens mit Bethlen Gabor im diplomatischen Wege geordnet werden. Dieser Fürst wurde anerkannt, er gebot jetzt über die Türkenmacht und die ungarischen Malcontenten. Er war ein Freund und eine Stütze der Feinde des Kaisers.

Der Linzer Convent hatte aber noch andere, unmittelbar und unverweilt wirkende Folgen. Er entschied über das Schicksal des bevorstehenden böhmischen Generallandtages. Da der Hof die ersehnten Mittel zur Aufstellung einer Armee durch den Linzer Convent nicht erlangt hatte und auf anderen Wegen keine hinreichende Militärmacht aufstellen konnte, um den Beschlüssen des General-Landtages, wenn diese auf einen revolutionären Weg führen sollten, mit Ernst zu begegnen, — so mußte der Hof Alles aufbieten, um diesen Generallandtag oder die auf diesem zu berathenden vier Artikel zu vertagen und wenn dies nicht durchzusetzen war, wenigstens die Verhandlungen in einer Art zu beherrschen, daß keine dem Hofe offenbar feindlichen Beschlüsse gefaßt würden.

Auch die auswärtigen Hilfen, um welche Mathias wiederholt sollicitirte, konnten nur spät anlangen. Dem Ersuchen des Kaisers an die Königin von Frankreich, die Alliancen mit Deutschland aufzugeben, konnte diese nicht willfahren. Der kaiserliche Botschafter in Rom, Graf Romboald Collalto, wurde mit seiner an den Papst gerichteten Bitte um die Unterstützung des Kaisers zuerst rundweg abgewiesen, obwohl er deutlich gesagt hatte, daß die Türkenhilfe ein Vorwand war, um die Truppen gegen den innern Feind, die protestantischen Stände verwenden zu können; später entschloß sich der Papst, eine Türkenhilfe in Aussicht zu stellen, doch gegen einen von Mathias zu unterzeichnenden Revers, worin der Kaiser das Lehen Comachio, als zu dem Patrimonio Petri gehörig, anerkennt und seine Ansprüche darauf aufgibt, und sich verpflichtet, in einer gewissen Zeit einen Nachfolger zu ernennen. Erzherzog

Albrecht und Spanien hatten ausgiebige Hilfe versprochen, um die Union und die rebellischen Unterthanen zu Paaren zu treiben, allein der Zeitpunct der Erfüllung dieses Versprechens war nicht firirt. Zudem waren diese beiden jetzt mit der Execution in Aachen und Mühlheim beschäftigt.[11])

Die Idee, mit Anwendung äußerer Gewalt einzuschreiten, mußte also für jetzt in den Hintergrund treten, zumal die kaiserlichen Finanzen selbst in großer Verwirrung und zugleich die Quelle der Hilflosigkeit und Abhängigkeit der Regierung waren.

Die Kammermittel selbst waren sehr gering. Mathias hatte einen großen Schuldenstand vom Bruder übernommen und in der kaiserlichen Kammer selbst herrschte die größte Unordnung. Ein Kenner des Zustandes derselben entwirft uns ein klares Bild der Zustände des Schatzes. Der Bischof von Wien nämlich ist es, welcher seinem kaiserlichen Herrn berichtet, daß alle Gesandten und Botschafter es ansehen müssen, wie dieser und seine Offiziere nicht genug Brot haben, daß die Rosse aus Mangel an Futter umfallen, die Stallknechte betteln, Geschirre, Zäume und Sattel mit Stricken gebunden sind, wie bei Bauern. Keines Handwerksmannes Kinder gingen so schändlich zerrissen einher, wie die Edelknaben. Selbst die Bedienten geringerer Edelleute seien besser gekleidet als die Leiblakaien. Der Kaiser galt als Liebhaber der Musik, die Capelle war zur Zeit, als der Kaiser noch Erzherzog war, besser als jetzt bestellt. Kein Capellmeister und keine Sängerknaben wären vorhanden, während doch die Prälaten einige Tausend Gulden für die Hofmusik zusammengeschossen hätten. Woran soll dem römischen Kaiser mehr liegen als an der Verwaltung der Gerechtigkeit? nie ist der Reichshofrath mit weniger Personen besetzt gewesen; Niemand will sich dabei brauchen lassen, weil er nicht bezahlt wird. Die kaiserlichen Gesandten können aus Mangel an Geld nicht abreisen, Hofkriegsräthe und Secretäre bleiben unbezahlt. Eine Bittschrift jedoch eines Hofkammerrathes, der seine Besoldung nicht erhalten hätte, kommt nie vor. Die Victualien für die Hofküche würden auf Credit genommen, die Hofeinkäufer zankten sich mit großem Geschrei wegen Petersilie am Markte.

---

[11]) Cod. III. Blaud. Fol. 230. 1. Sept. 1614. Consejo al rey 26. Sept. 1614 Sim. — S. Beil. Nr. CCCXV.

Schlechter Wein werde als guter aufgerechnet. Um die Herrschaften des Kaisers kümmere sich Niemand, die einen aus Respect, die andern, um ihre Verwandten nicht zu verletzen, die dritten aus Nachlässigkeit. Zum Erbarmen sei es, daß der Kaiser schwerlich tausend Gulden zum Ankleiden erhalten könne. Mangel an Geld wurde sonst durch Vorschüsse ersetzt, aber die Kammer habe Treue und Glauben verloren, halte keinem Menschen das Wort zu, greife an alle Gefälle, mache ein Loch zu und reiße dafür wieder zehn andere auf, — pure Flickerei, so daß aller Credit geschwunden sei. Bei diesem Mangel an Geld und Credit können nur Anleihen mit 30—40 pCt. Verzinsung geschlossen werden. — Thatsache war es, daß man Forderungen an den Hof wie Bon's am Markte veräußerte, mit Verlust von 90 pCt., Hofwechsel wurden mit 20 pCt. escomptirt. Diese wurden der Hofkammer präsentirt, welche sie jedoch um den vollen Nennwerth einlösen mußte oder doch einlösen sollte. Die Herren von der Kammer wurden von Khlesel als unverbesserlich geschildert. Wollten sie ihre Baukette, Spaziergänge und Gesellschaften abstellen, Vormittag und Nachmittag zusammenkommen, sitzen, arbeiten und berathschlagen, so würde sich die Ordnung einstellen. — In der That, die muthvolle Darstellung der Krebsschäden der Finanzen war dem Bischof von Wien nicht abzusprechen.

Bei dem geschilderten Zustande des Schatzes, konnte aus den Mitteln desselben selbst nicht eine sehr kleine Armee aufgestellt werden.

Es ist gewiß, daß die Absichten des Hofes, die „vier Puncte" nicht zur Entscheidung kommen zu lassen, nicht zu sanctioniren und somit den Generallandtag scheitern zu machen, den Führern der Stände bekannt waren. Herr von Stitten, der Kanzler des Markgrafen Johann Georg von Brandenburg-Jägerndorf, traf jetzt eben mit Zierotin in Rößnitz zusammen. Der Landeshauptmann eröffnete ihm während der Unterredung die Besorgniß, es werde der Generallandtag zu keinem erfreulichen Ergebnisse führen. Damit sei der letzte Weg einer friedlichen Vereinbarung zwischen dem Kaiser und den Ständen abgeschnitten. Er war überzeugt, daß bei der gegenseitigen Erbitterung und weil die extremen Ansichten auf beiden Seiten, ungeachtet der vermittelnden Politik Khlesels, die Oberhand gewannen, kein Ausgleich mehr möglich sei. Es war die

Anſicht der Stände, daß bei der gegenwärtigen Regierung kein friedlicher Genuß der Rechte und Freiheiten möglich ſei, die Meinung der Regierung dagegen war, daß durch die Erfüllung der ſtändiſchen Forderungen, die kaiſerliche Autorität und die katholiſche Religion untergehen müßten.

Aber noch andere und näher liegende Urſachen verſchlimmerten die Stimmung der mähriſchen Stände und entfremdeten Herrn Zierotin dem Hofe gänzlich. Es war dies die Troppauer Angelegenheit, welche wegen der dabei von beiden Seiten, vom Hofe und den Ständen, geltend gemachten Grundſätze, eine der wichtigſten Tagesfragen ward. Auch hier ſtanden Oligarchie und Monarchie im Kampfe. Die Abſicht des Hofes, Troppau mit Schleſien zu vereinigen und von Mähren zu trennen, war bekannt. Der Bruderzwiſt hatte dieſe Frage in den Hintergrund gedrängt. In dem Maße aber als nach dem Tode Rudolphs die Reſtauration an Boden gewonnen hatte, dachte der Hof daran, dieſen Streit zu Gunſten Schleſiens zu entſcheiden. Man wollte Mähren ſchwächen, deſſen Stände ſtets zu energiſchen Schritten und zur Oppoſition geneigt waren, während das ſtark germaniſirte Schleſien ſchon durch die vielen Fürſtlichkeiten daſelbſt, zur Zeit des Bruderzwiſtes dem Hofe anhänglicher war, als die Stände der übrigen Länder. Zu dieſem geſellte ſich noch der Umſtand, daß die ſchleſiſchen Fürſten einen Anhang im Reiche beſaßen, der jedenfalls bedeutungsvoller war, als die Beziehungen Mährens oder Böhmens zu Deutſchland. Durch eine für Schleſien günſtige Entſcheidung hoffte die Regierung ſich dieſes Land und einen Theil der Reichsfürſten zu verpflichten. Noch auf andere Weiſe ſuchte der Hof Schleſien zu gewinnen; man wußte, daß es nach Selbſtſtändigkeit ſtrebe, nach Lockerung des Verbandes mit der böhmiſchen Krone. Ja es ſtellte die Behauptung auf, daß nur das Band der Perſonaluuion ſie mit Böhmen verbinde; ſo wenigſtens legten die Schleſier den Begriff der böhmiſchen Krone aus; auf das Anſuchen Schleſiens gab der Kaiſer dieſem Lande eine eigene Kanzlei. Gegen dieſe Bewilligung erhoben die böhmiſchen Stände energiſche Beſchwerden, doch ohne Erfolg. Dafür bewieſen ſich die Fürſten von Schleſien in dem Kampfe zwiſchen der Krone und den Ständen der übrigen Länder, treu und dankbar.

Die Regierung hatte einen Hoftag verſprochen, um den

Proceß zwischen Böhmen, Mähren und Schlesien zu entscheiden,
allein die Bestimmung des Tages selbst wurde immer noch verschoben. Während dieser Zeit suchten die schlesischen Fürsten die
Troppauer Stände zu gewinnen, sie stellten denselben eine Steuer-
erleichterung in Aussicht, für den Fall, als sie der Vereinigung Troppaus mit Schlesien keine Hindernisse mehr entgegensetzen würden.

Herr von Zierotin hielt das Recht Mährens auf Troppau
für zweifellos; nach seiner Auffassung war für ihn und für Mähren
keine größere Schmach denkbar, als der Verlust Troppau's; denn
in diesem Falle hätte man gesagt: unter Herrn von Zierotins
Verwaltung ist Mähren um ein Recht ärmer geworden. Aus
diesem Grunde nahm er sich der Troppauer Stände mit aller
Energie an, sowohl in der Hauptfrage rücksichtlich des Anschlußes
an Schlesien, wie auch in dem Nebenprocesse, welcher zwischen den
Oberen Ständen, die mährisch, und der Stadt Troppau, die
schlesisch gesinnt war, wegen der Beschickung des schlesischen Ober-
rechtes und den Ankauf der Troppauer Burg, — noch in Verhandlung stand.

Diese Fragen wurden noch verwickelter, als der Kaiser den
Fürsten Carl von Liechtenstein mit dem Herzogthume Troppau
belehnte, die schlesische Kanzlei und eine kaiserliche Commission
mit der Durchführung dieses Actes betraute. Der Herzog von
Troppau war Mitglied des schlesischen Fürstentages und Ober-
rechtes. Durch diese Belehnung wurde jener Streit thatsächlich zu
Gunsten Schlesiens entschieden. Die Stadt Troppau huldigte dem
Fürsten, die drei Oberen Stände dagegen legten Verwahrung
ein und stellten an die Stände Böhmens und Mährens das Au-
suchen, ihren Protest werkthätig zu unterstützen.

Merkwürdig war übrigens die Spaltung und die Zwietracht
in den obersten Verwaltungsbehörden selbst; die Idee der Autonomie der Länder, bis zu den Stufen des Thrones consequent
durchgeführt, beherrschte selbst die kaiserl. Kanzleien. Während
die schlesische Kanzlei den Troppauer Ständen befahl, dem neuen
Fürsten zu huldigen, gab die böhmische den Troppauer Bürgern den
strengen Auftrag, keinem anderen Bescheide oder Weisung, als
jener der königl. böhmischen Kanzlei, nachzukommen.

„Eine Hand soll nicht wissen, was die andere thut," gilt
beim Wohlthun. Die Hofkanzleien gingen über diesen passiven

Gegenſatz hinaus; denn nach dieſer wurde dasjenige, was die rechte Hand erbaute, durch die linke wieder zerſtört. Der eine Fuß machte einen Verſuch rechts auszuſchreiten, der andere blieb hart- näckig am Platze ſtehen und doch ſollten es Glieder eines Körpers ſein; denn der König von Böhmen und der ſchleſiſche Oberherzog waren Eine Perſon. Ein berühmter Römer wollte die Folgen der Zwietracht ſchildern und verglich den Organismus des Körpers mit jenem eines Gemeinweſens. Die Geſchichte des Menenius Agrippa, von dem Körper und von ſeinen Gliedern, war immer nur eine merkwürdige Fabel. Die Kanzleien des Königs Mathias verſuchten es im Jahre 1614 dieſes ·Gleichniß practiſch zu machen.

Die mähriſchen Stände ſchrieben, nachdem die Stadt Troppau dem neuen Herrn die Huldigung dargebracht hatte, eine außer- ordentliche Verſammlung aus, um dem Hilferufe der Troppauer Stände gerecht zu werden. Die Mährer fanden ſich aufs tiefſte verletzt, denn die Integrität der Markgraffſchaft war jetzt ernſtlich bedroht. Am 3. Juni 1614 verſammelten ſich die Stände zu Brünn. Die Troppauer hatten die Herren Carl Haugwitz von Biskupitz und Wenzel Bitowsky dahin abgeſendet, um dieſelben mit dem Acte der Entlaſſung der Troppauer aus dem Unterthansverbande des Kaiſers und mit dem Befehle, dem Fürſten Liechtenſtein zu hul- digen, bekannt zu machen. In dieſer Verſammlung erklärte man die Belehnung Liechtenſteins als einen Act der Willkür und übertrug die Durchführung der weiteren Schritte, um das Geſchehene rück- gängig zu machen, dem nächſten Landtage. Zugleich ſandten die Stände von Troppau Abgeordnete nach Hof, um dort eine feier- liche Verwahrung auszuſprechen. Der mähriſche Landtag, welcher im Juli abgehalten wurde, erklärte, daß Mähren nöthigenfalls Gewalt anwenden wolle, wenn die Troppauer Stände gezwungen werden ſollten, ſich der neuen Herrſchaft zu fügen. Es wurde die Drohung beigefügt, daß in jenem Falle die von den Ständen bewilligten Gelder nicht flüſſig gemacht werden würden. Zugleich ernannte der Landtag den Cardinal Dietrichſtein als Specialbe- vollmächtigten, um vom Kaiſer die Feſtſetzung eines Tages zur Entſcheidung des Streites über die Frage, ob Troppau nach Mähren oder Schleſien gehöre, zu erbitten. Nach langem Harren erhielt der Cardinal endlich den Beſcheid, es ſolle dieſe Tagſatzung am 24. November ſtattfinden. Die mähriſchen Stände wählten

Abgeordnete, welche das Land bei dieser Tagsatzung vertreten sollten. Selbstverständlich war der Landeshauptmann dabei.

Characteristisch für die Auffassung der Frage durch die Regierung ist die Aeußerung des schlesischen Vicekanzlers von Schönaich: „die Mährer führen diesen Proceß mehr aus Uebermuth und geringer Achtung vor dem Kaiser, als aus Rechtsgründen, dagegen vertheidigen die Schlesier des Kaisers Regale und Hoheit."

Geheime Reichshofräthe, Räthe des k. böhmischen Appellationsgerichtshofes, andere königl. Räthe und Oberstlandofficiere aus Böhmen, Mähren, Schlesien, Ober- und Niederlausitz, waren als Spruchrichter, — Abgeordnete aus diesen Landschaften als Parteien in Wien anwesend, um den Proceß zu Ende zu führen. Mehrere Wochen vergingen in nutzlosen Berathungen und aufgeregten Debatten. Endlich entschloß sich der Kaiser auf Ansuchen der böhmischen Abgeordneten, die Entscheidung dem böhmischen Generallandtag zu überweisen. Der Hof und besonders Khlesel ermuthigte offen die Schlesier, bei ihrem Begehren zu verharren. Der Uebermuth der letzteren war in Folge dieser Aufmunterung so groß, daß sich Zierotin mit tiefer Entrüstung darüber aussprach.

Diese neuerlichen Erfahrungen, welche Zierotin über die letzten Zielpuncte der Politik des Hofes in Wien gemacht, im Zusammenhange mit häufig erlittener Unbill und mit der Ueberzeugung der gänzlichen Erfolglosigkeit seiner Bestrebungen, brachten endlich den Entschluß zur Reife, sein Amt als Landeshauptmann von Mähren in die Hände des Kaisers zurückzulegen.

Georg Sigismund von Lamberg berichtet am 17. December 1614 an Erzherzog Albrecht nach Brüssel, daß Herr von Zierotin eben um die Enthebung vom Amte schriftlich gebeten habe.

Zierotin erhielt die begehrte Entlassung und entsagte förmlich der Landeshauptmannschaft am 26. Februar 1615.[12)]

<hr/>

[12)] Lamberg an Erzh. Abrecht 17. Decemb. 1614 B. A. — Cod. XIV. 4. März 1615 an Stitten. Beilage Nr. CXXXXVI. — Dubsk über Troppau a. a. O. 167. — Cod. Dox. 22. 1614. — Notizenblatt der k. A. 1857, 293 über die Finanzlage. — Gutachten der Hofkammer 8. October 1607. Reichstagsacten 68. k. k. geh. Archiv. — S. Beil. Nr. CCCXV.

Zierotin und seine Zeit. 54

Wiewohl die Motive des Rücktritts Zierotin's sich nicht ur=
kundlich nachweisen lassen, so wird eine Ueberschau der Ereignisse
der letzten Zeit dieselben wohl ins Klare stellen.

Zuvor aber sei es uns gestattet, noch einen Blick auf den
General-Landtag vom Jahre 1615 zu werfen, weil eben auch
die durch Zierotin vorausgesehenen Resultate desselben ihn zur
Abdankung bestimmt haben mochten. Er hatte die Gewißheit er=
langt, — wie es sein Brief vom 16. October 1615 an Stitten
zeigt, — daß ihm durch den Ausschlag der Sessionen jenes Land=
tages jede Möglichkeit benommen werden würde, sein Programm
auszuführen.

Der Generallandtag, ursprünglich für den Monat Jänner
einberufen, wurde vertagt und erst im Monat Juni abgehalten.
Wenn wir das energische Streben der Union: die durch den
Beitritt Englands, Hollands und anderer protestantischen Länder
ohnehin vermehrte Kraft der protestantischen Reichsfürsten auch
noch durch Verbindungen mit Böhmen und den anderen Ländern
Oesterreichs zu verstärken, — dann die Intriguen, welche Chur=
pfalz während des Generallandtages in dieser Richtung einfädelte,
in's Auge fassen, wenn wir uns jenes ungeduldigen und unge=
stümen Drängens erinnern, mit welchem die böhmischen Stände
Kaiser Mathias an das zu Prag 1611 und Budweis 1614 ge=
gebene Wort: doch endlich die „vier Puncte" zur Berathung
zuzulassen, mahnten, — so wäre jetzt zu erwarten gewesen, daß die
böhmischen Stände nach dem Vorbilde der Verhandlungen über
den Majestätsbrief und nachdem ihre antidynastischen und regie=
rungsfeindlichen Gesinnungen durch die auf Geheiß des Kaisers
begonnenen Werbungen neue Nahrung gewannen, mit aller Kraft
und Energie, vor keinem Widerstande zurückschreckend, vom Kaiser
Mathias die Sanction ihrer Beschlüsse erkämpft hätten und daß
der Kaiser sich den Ständen auf Gnade und Ungnade würde er=
geben oder aber den Landtag auflösen müssen.

Doch nichts von Allem dem geschieht. Ja das Unglaubliche
sogar tritt ein: der Kaiser und die Regierung erfechten einen
vollkommenen Sieg, die Partei der Extremisten unter den Stän=
den erleidet eine vollkommene Niederlage. Die so gefährliche Ver=
bindung aller Stände der österreichischen Länder zu Schutz und
Trutz, — sie zerfließt in Nebel und dient nur noch dazu, an die

Stelle der Eintracht — Zerwürfnisse unter den Ständen selbst hervorzurufen.

Die Abgesandten der incorporirten Länder Mähren, Schlesien und Lausitz waren erschienen, ebenso die Gesandten Oesterreichs; denn mit dem Erzherzogthum und mit Ungarn hätte eine Conföderation geschlossen werden sollen; nachdem jedoch die Ungarn, ungachtet der an diese ergangenen Einladung, in Prag nicht eingetroffen waren, wurde der Landtag eröffnet und mit der Berathung des ersten jener berühmten vier Puncte begonnen. Obwohl gerade am Tage der Berathung — nach Slavata's Angabe war es der 12. August — einige sehr einflußreiche und oppositionell gesinnte Landherren, darunter Herr von Zierotin, Graf Thurn u. a. abwesend waren, wurden dennoch auf Beschluß der Mehrheit die Verhandlungen gepflogen. Der erste Punct betraf das Bündniß mit Oesterreich und Ungarn. Da aber die Ungarn nicht erschienen waren, so wendete man ein, daß mit diesen nicht abgeschlossen werden könne. — Dann kam die Frage des österreichischen Bündnisses zur Berathung. Allein die böhmischen Herren wollten es mit der Würde der böhmischen Krone nicht verträglich finden, die Abschließung eines Bündnisses von einem andern Lande zu erbitten; wenn nicht die Oesterreicher eine Sehnsucht darnach hätten, Böhmen habe sie nicht oder dürfe sie doch nicht zuerst zeigen. Als die österreichischen Gesandten im Landtage erschienen, fragte der Oberstburggraf, was eigentlich ihr Begehren sei? die Böhmen hätten keines! Die österreichischen Abgeordneten, welche von Böhmen aus die Aufforderung erhalten hatten, nach Prag zu kommen, um sich über das Bündniß auszusprechen, konnten ihr Befremden, ihre Verwunderung über diese Frage und über diese Behandlung nicht unterdrücken, wiesen auf die erhaltene Einladung hin und versicherten, daß ihre Committenten sie hieher gesandt hätten, um die Wünsche der Böhmen zu vernehmen, nicht aber um Wünsche auszusprechen. Tief verletzt entfernten sie sich. — Der erste Punct war auf diese Art beseitigt. Da die Ungarn nicht gekommen waren und die Oesterreicher kein Verlangen stellten, so sei von einer Conföderation mit diesen Ländern keine Rede mehr. Was den zweiten Punct anbelangt: die freie Zusammenkunft in den Kreisen, so wurde hervorgehoben, daß diesem Puncte durch die bestehenden Einrichtungen Genüge gethan sei. In jedem Kreise waren nämlich

Perfonen aufgeftellt, welche die Landesvertheidigung dafelbft zu
leiten hatten; da einige diefer Perfouen geftorben waren, wurden
Neuwahlen vom Landtage vorgenommen; Weiteres fei in diefer
Sache nicht zu befchließen. Zur Erneuerung der Erbeinigungen
mit den weltlichen Churfürften ift ein Comité, beftehend aus einer
Anzahl von f. Beamten und Mitgliedern der Stände, ernannt
worden. Indem man den beiden letterwähnten Puncten einen
andern Sinn unterftellte, als es derjenige war, welcher dem-
felben von dem Landtage 1611 beigelegt wurde, (denn es handelte
fich nach diefem um Zufammenkunft der Kreisftände ohne f. Bewilligung und wahrfcheinlich um neue Pactirungen mit den weltlichen Churfürften) find auch diefe Beftimmungen, die für die
Krone hätten gefährlich werden können, mittelft des eben gefaßten
Landtagsbefchlußes unfchädlich gemacht worden.

Die Deputirten der Länder Schlefien und Laufitz famen
mit bedingter Vollmacht und mit der Abficht im Herzen, fich von
der Krone Böhmens loszureißen. Der vierte und der letzte Punct
wegen eines Defenfionsvertrages mit den incorporirten Ländern,
fand daher feine definitive und erfchöpfende Erledigung; nur Mähren
verpflichtete fich, wenn Böhmen angegriffen werden würde, ein
Contingent zu ftellen und ebenfo Böhmen für den Fall eines
feindlichen Einfalls in Mähren. Die Böhmen waren jedoch mit
den Ziffern der mährifchen Anträge nicht einverftanden; Mähren,
fagten fie, fei ein reiches Land und könne größere Opfer bringen. [1]

Durch diefe Befchlüffe war die von einem Theile der Stände
fo heiß erfehnte Verbindung zum Schutze ihrer größten und hei-
ligften Intereffen, ihrer Freiheit und ihrer Religion, jene Verbindung, welche eine furchtbare Waffe gegen den Abfolutismus werden
follte, plötzlich vernichtet und die Hoffnungen Zierotin's auf ein
organifches, einträchtiges Zufammengehen der Länder mit Einem
Male eingefargt. Er hatte es vorausgefehen, daß es dort auf dem
Generallandtag fein Material gab zur Schaffung eines höheren
politifchen Organismus; das vorhandene war anbrüchig und faul.

[1] Häberlin a. a. O. XXIII. 679, 726, 738. — Slavata's Hist. s. temp.
9. Th, Art. IV. — Verzeichnuss a. a. O. 25. Juli, 12. und 22. Sept.
1615 f. f. geh. Archiv. — Cod. XIV. Zierotin an Stitten 26. Oct.
1615. — Beil. Nr. CCCXVI.

Nichts konnte zum Vorwand dienen, diesen so jämmerlichen Ausschlag des Landtages zu beschönigen: die Länder im Besitze ihrer
politisch-nationalen Autonomie, trotz der vielfachen und beharrlichen
Versuche der Regierung, dieselbe zu beschränken, — keine beeugen-
den, centralisirenden Institutionen, — nur Einheimische an der
Spitze der Verwaltung, — kein nennenswerthes, fremdes Militär
im Lande und das Parlament in Prag (extra quam non est
salus) selbst tagend in Mitte der mit ihm tief sympathisirenden
Stadtbevölkerung!

Und dennoch wurde es in diesem letzten, von der Vorsehung
gebotenen Augenblick versäumt, selbst den dürftigsten Rahmen eines
für die Länder gemeinsamen Organismus und zugleich eines Ausgleiches zwischen der Krone und den Ständen auf verfassungsmäßigem
Wege zu schaffen. Es will uns bedünken, daß weder dem Bischofe
Khlesel oder dem erbärmlichen Mittelchen des 12. August, noch
Zuñiga und seinem Golde jener Ausschlag imputirt werden kann,
sondern mehr den ehrgeizigen und hochfahrenden böhmischen Baronen,
welche die Oesterreicher eben an jenem Augusttage wie „Narren"
behandelten und Schlesiens Selbstgefühl empfindlich verletzten,
indem sie dieses Land, dann Mähren und die Lausitz von der
Theilnahme an der böhmischen Königswahl wiederholt und beharrlich ausschlossen; es fällt denjenigen die Verantwortung zu,
welche den klaffenden Riß zwischen Ungarn und Böhmen noch
erweitert, indem sie, wie wir berichtet, die Monate lang in Prag
harrenden Gesandten Ungarns abgewiesen hatten, so daß diese
sich wuthentbrannt entfernten und als die dringende Einladung
jetzt von Böhmen aus gekommen war, nicht mehr in Prag erschienen. Wahrlich, einen empfindlicheren Racheact hätten die Magyaren
nicht ausüben können.

Die Ursachen dieser so folgenreichen Differenzen zwischen
Böhmen und Ungarn werden die Unzulänglichkeit des staatsrechtlichen Bandes, welches diese Länder damals zusammenhielt,
anschaulich machen. Wenn die Ungarn nur ungarische Truppen als
Besatzung im Lande dulden und die Böhmen dann keine Kriegs-
steuer bewilligen wollen, wenn sich die Ungarn nicht die Einquartierung böhmischer Regimenter in den ungarischen Festungen
gefallen ließen, so lag ein Widerspruch vor, der durch den Bestand
der Personalunion und des föderalen Organismus nicht zu lösen

war. Es gab nur das Dilemma: entweder war der König genöthigt, die Verfassung von Böhmen oder die Verfassung von
Ungarn zu verletzen, er war genöthigt, die Steuern ohne Zustimmung des böhmischen Landtags zu erheben, oder gegen den
ungarischen Landtagsbeschluß böhmische Regimenter nach Ungarn
zu schicken, — oder, wollte er die Verfassung dort und da unangetastet lassen, dann mußte er den Willen beider Länder erfüllen
und aus Mangel an Geld und Truppen die höchsten Interessen
aller seiner Länder, nämlich die Sicherung derselben vor türkischen
Einfällen, aufgeben und sich das Austreten Ungarns aus der Per-
sonal-Union mit Oesterreich und das Eintreten desselben unter
türkische Schutzherrschaft ruhig gefallen lassen. Freilich gab es noch
ein drittes Mittel: die bewaffnete Execution des Königs von Ungarn gegen den König von Böhmen, die von Ungarn auch schon
angedroht worden war, — oder umgekehrt.... — So bekämpfte
die Lehre von der Unabhängigkeit der Länder, über welche das
Haus Habsburg herrschte, die neuere Staatsidee und erklärte die
Verletzungen der Verfassung, Anarchie und den Krieg in Per-
manenz. Weder Krone noch Stände hatten das Mittel, welches
Zierotin zur Versöhnung dieses Gegensatzes vorgeschlagen hatte,
erfassen wollen.

Es ist selbstverständlich und einleuchtend: Länder, die nur
durch das zufällige und dünne Band der Personalunion zusammen-
hängen, lassen sich zu einer gemeinsamen Action nicht discipliniren.
Die böhmische Krone oder wie wir jetzt sagen würden, der böhmische Staat, eine Schöpfung Podébrad's, zerbröckelte nach und
nach bei diesem losen Organismus; Schlesien und die Lausitz neigten
zum Abfall, Mähren war schon getrennt gewesen. Georg Podébrad,
ein König und ein Genius, hatte mit seiner schöpferischen Kraft
die Grundlage zur Einherrschaft, zur modernen Staatsidee gelegt,
aber die Stände, die Vielherrschaft, zertrümmerten nach und nach
seinen kühnen Bau und öffneten hiebei jeglicher Intrigue Thür
und Thor.[14]

[14] Auch noch andere Beschlüsse wurden vom Generallandtage gefaßt, welche
die Niederlage der Actionspartei mildern sollten und die zugleich die
Situation scharf charakterisiren. Die Bedeutendsten sind jene, welche wir
hier noch mittheilen zu müssen glauben. Zuerst der Protest des Land-

Die Katastrophe am weißen Berge war eine natürliche Folge der ständischen Lehre vom Rechte zum bewaffneten Widerstande, von der Ausfechtung der Differenzen mit der Krone, dem wahren Symbol staatlicher Einheit, mit den Waffen in der Hand. Zierotin hatte schon anläßlich der Horner Unruhen jene Lehren offen verdammt und sich mit den Grundsätzen, welche er in dem ersteren

---

tages gegen die vom Prager Erzbischof angeordnete Sperrung der protestantischen Kirche von Klostergrab und gegen das Verbot des Baues einer protestantischen Kirche in Braunau. Es wurde ferner ein Gesetz zum Schutze der böhmischen Sprache und Nationalität erlassen. Dieses Gesetz zeigt, welche raschen Fortschritte der Germanisirungs-Proceß in Böhmen damals gemacht hatte. Es ist erzählt worden, daß die erste protestantische Predigt nach Erlaß des Majestätsbriefes unter Zulauf einer großen Menge Volkes in deutscher Sprache gehalten wurde, daß die zwei deutschen Kirchen die deutsche Bevölkerung Prags nicht fassen konnten. In den Jahren 1612 und 1613 fanden Reibungen zwischen deutschen und böhmischen Predigern statt, welche die Ursache von Tumulten wurden und den bekannten sächsischen Hof-Prediger Hoe, damals Seelsorger in Prag, zwangen, diese Stadt zu verlassen. Wir erinnern an die Klagen des Herrn von Zierotin über die starke Verbreitung der deutschen Sprache. Aus den Bestimmungen des früher erwähnten Gesetzes geht hervor, daß man sich in Böhmen häufig bei Gericht der deutschen Sprache bediente und es scheint, daß sich diese Sprache sogar im Landtage und im Landrechte Geltung zu verschaffen gewußt hat. Die böhmische Sprache wurde in Böhmen überhaupt nicht mehr so in Ehren gehalten, wie es in früheren Zeiten geschah, es war daher — sagt jenes Gesetz — jetzt höchste Zeit, eine Maßregel zu treffen, weil sonst die böhmische Nationalität ernstlich gefährdet worden wäre. Aus jenem Gesetze geht ferner hervor: „daß sehr viele Fremde nach Böhmen eindrangen, hier ihrem Erwerbe nachgingen, viel liegende Güter ankauften und insbesondere Stadtämter erlangten, ohne drei Worte böhmisch zu kennen." Das Gesetz bestimmte, „daß die Kinder der Fremden böhmisch lernen sollten und daß nur diejenigen unter mehreren Kindern das unbewegliche Vermögen der Eltern besitzen durften, welche der böhmischen Sprache mächtig waren. Ein Fremder, welcher diese Sprache nicht kennt, kann weder das Incolat noch ein Bürgerrecht erlangen. Ein solcher kann überhaupt kein Amt in Böhmen erlangen, erst seine Nachkommen in der dritten Generation dürfen eine öffentliche Stellung bekleiden. Im Landtage und im Landrechte darf nur in böhmischer Sprache verhandelt werden. In solchen Kirchen und Schulen, in welchen noch vor zehn Jahren böhmisch gepredigt und gelehrt wurde und wo dies jetzt in deutscher Sprache geschieht, soll die Sprache, welche vor zehn Jahren gebraucht wurde, wieder eingeführt

Theile seiner Laufbahn befolgt hatte, in sieghaften Gegensatz gestellt; denn er hatte es erkannt, daß in diesen Lehren ein revolu-
tionär-destructives Princip lag. Nun hatten sich die Stände dieses
Princip dienstbar zu machen gewußt, schon von der Zeit angefangen,
in welcher sie sich der Reformation in die Arme geworfen und auch
diese beherrscht hatten.

werden; deutsche Prediger und Lehrer, welche innerhalb der zehn Jahre
in diesen Kirchen= und Schulsprengeln eingesetzt waren, sollen entfernt
werden. Es hatten sich viele Böhmen aus hohem und niederem Stande
das Wort gegeben, böhmisch nicht zu sprechen; wenn solche Personen
ferner nicht böhmisch sprechen wollen, so sollen sie binnen einem halben
Jahre des Landes verwiesen und als Friedbrecher angesehen werden.
Die Deutschen in Prag und in andern böhmischen Städten dürfen
sich nicht Glieder „der deutschen Gemeinde" nennen, denn im Königs
reich Böhmen sind andere Gemeinden als böhmische gänzlich unbe=
kannt." Skala historie cirkevni. P. 341. S. Beil. Nr. CCCXVII. —
Endlich faßte der Landtag einen Beschluß, welcher auf das Verhältniß
Böhmens zum deutschen Reiche ein merkwürdiges Licht wirft. Als
Mathias, König von Böhmen und des heil. röm. Reiches Churfürst,
die Churfürstentage im Jahre 1611 und 1612 besuchte, wurde er von
den Mit=Churfürsten von den Berathungen — die Wahlfrage ausge=
nommen — ausgeschlossen, ungeachtet der lebhaften Protestation des
Königs und seiner Räthe, die sich auf die goldene Bulle beriefen. Die
Churfürsten setzten der Bulle das lange Herkommen entgegen, nach
welchem der König von Böhmen als Churfürst an den Berathungen
nicht theilgenommen hatte. Den Churfürsten galten „die Krone Böh=
mens" und „die österreichische Krone" nur als „Schirmverwandte" des
Reiches. Doch nicht allein der König, auch das Königreich Böhmen,
die Stände Böhmens fanden sich durch jenes Benehmen der Churfürsten
tief verletzt und es sah sich der Landtag 1615 veranlaßt, den Kaiser
zu bitten, daß bei dem nächsten Reichstage die Rechte des Königs von
Böhmen als Churfürst vom Kaiser und den Churfürsten geregelt werde,
weshalb die Oberstlandoffiziere zu ermächtigen wären, ständische Abge=
ordnete zu wählen, welche die Rechte des Königs von Böhmen zu
wahren hätten; denn dieser hatte nach der goldenen Bulle Kaiser Carl IV.
als vornehmster Churfürst nicht allein bei der Wahl des römischen Kö=
nigs zu interveniren, sondern auch an allen churfürstlichen Berathungen
und Verhandlungen theilzunehmen. Mathias dankte den Ständen für
ihre Vorsorge und versicherte, daß er, „als durch Gottes Gnaden
römisch-deutscher Kaiser und König von Böhmen zugleich, die Rechte des
letzteren allein zu vertreten gedenke." Skala a. a. O. 339. — S. Beil.
Nr. CCCXVIII.

Wir wollen hier einen Augenblick bei dem zweiten Theile
der Laufbahn Zierotin's verweilen und deren Hauptmomente zu-
sammenfassen, weil diese Betrachtung auch noch andere Ursachen
seiner Abdankung deutlich machen wird.

Als der Bischof von Wien, durch den Tod Rudolph's und
die Wahl Mathias' zum römisch-deutschen Kaiser sichergemacht,
die gefährlichen ständischen Freunde der Jahre 1608 und 1611
nicht mehr schonen zu dürfen vermeinte, verfolgte er mit Entschiedenheit die katholische Restaurationspolitik. Von da ab hatte
sich Herr von Zierotin mit dem Rücktrittsgedanken, den er jetzt
durchgeführt hatte, vertraut gemacht. Er hatte der Dynastie große
und außerordentliche Dienste geleistet, sein Einfluß und sein
Anhang in Mähren, Ungarn und Oesterreich war bedeutend,
sein Name in Deutschland, Frankreich, Italien und England hoch
geachtet. Die Häupter der Reformirten aller Länder Europa's
blickten mit Vertrauen auf ihn, wie auf eine feste Burg des
„reinen" Glaubens. Auch selbst die Katholischen, obwohl sie ihn
„eretico pessimo" nannten, mußten seinem Gerechtigkeitssinne,
seiner Mäßigung, seinem großen Talente Anerkennung zollen. Es
war für den Hof keine leichte Sache, einen solchen Mann einfach
abzusetzen, wiewohl der Bischof von Wien und die anderen „Geheimen" es gerne gethan hätten; um das Ziel dennoch zu erreichen, wurde ein indirecter Weg versucht, — man wollte ihm
das Amt verleiden. Wir haben gesehen, wie ihm eine Reihe
persönlicher Demüthigungen bereitet wurde, wie man sein Ansehen, seine Autorität in Mähren selbst zu untergraben drohte.
Häufig zeigte es der Kaiser ganz deutlich, daß er ihm nicht mehr
gnädig sein wolle. Zu Anfang des Jahres 1614 wurde durch-
ziehendes Militär auf seinen Gütern einquartiert; eine Sendung
Musketen, die er mit Genehmigung des Kaisers für Mähren
bestellt hatte, wurde trotz des kaiserlichen Passes in Oesterreich
confiscirt. Es gelang den Katholiken, selbst das Landrecht zu bestimmen, ihm in jüngster Zeit ein Mißtrauensvotum zu geben. Der
Oberstkämmerer Ladislaus von Lobkowitz ging so weit, ihn in den
öffentlichen Sitzungen persönlich anzugreifen. Die absichtliche und
tendenziöse Bevorzugung der Schlesier in der Troppauer Sache
durch den Kaiser, während Zierotin die Erhaltung Troppaus für
Mähren als Ehrensache betrachtete und sie zu einer Cabinetsfrage

erhob, hatte den Verdacht rege gemacht, daß ihm das Schicksal bereitet werden soll, welchem der Palatin Graf Thurzo vor Kurzem kaum entgangen war: das Schicksal, einfach entlassen zu werden. An seiner Stelle würde der Hof dann ein ergebenes Werkzeug finden: einen zweiten Berka, um die Restauration in Mähren leichter durchzuführen. Er wollte dem Acte der Absetzung zuvorkommen und beschloß, selbst zu gehen. Den Beweisen offenen Mißtrauens des Kaisers gegenüber, glaubte er nicht länger das Amt eines Statthalters desselben verwalten zu können. Nach zahlreichen fruchtlosen Versuchen war er überzeugt, daß seine Politik nicht mehr zur Geltung kommen werde. Selbst unter seinen Anhängern, unter seinen Standes- und Glaubensgenossen fand er keine Gesinnungsgenossen mehr. Die Meisten waren Reider und Nebenbuhler, selbstsüchtige Menschen, zu Acten der Gewalt geneigt, voll Leidenschaft, Eitelkeit und Ehrgeiz und darum leicht in Abhängigkeit gerathend und unzuverlässig. Während ihm sein öffentliches Wirken nur bittere Enttäuschungen bereitete, hatte er jetzt die Aussicht, nach langer Vereinsamung wieder ein glückliches Familienleben zu führen. So ward endlich der Gedanke, die öffentliche Laufbahn, das Amt zu verlassen, zur That.

Allein mehr noch als diese äußeren Gründe mochten ihn andere, tiefer liegende bestimmt haben.

Als die Horner sich zum Kampfe gegen Mathias rüsteten, als die Böhmen den Majestätsbrief von Rudolph erzwangen, war Herr von Zierotin besorgt, daß der gewaltthätige Sinn der Stände, welcher sich hiebei offenbarte, daß das Streben, nur den momentanen particulären Vortheil des Landes vor Augen zu halten, zur Herrschaft der Willkür, zu blutigem Bürgerkriege führen müßte. Dieser konnte, nach der wiederholt ausgesprochenen Ueberzeugung Zierotin's, nur mit der Unterjochung der Stände und Unterdrückung der Freiheiten der Länder enden; denn die Regierung war entschlossen, Waffengewalt anzuwenden, um die Präpotenz und den Starrsinn der stolzen Barone zu beugen. Es war kein Zweifel, daß die römisch-spanische Welt sich zu diesem großen Schlage vorbereitete.

Herr von Zierotin sah eine Zeit blutiger Revolutionen voraus, in welchen die nationale Herrschaft, die Freiheit des Gewissens untergehen würden. Er sah mit tiefem Kummer, wie in den Ständen langsam, aber immer stärkere Wurzel schlagend, der Gedanke aufkeimte, gegen die Uebergriffe der Regierung sich durch den Wechsel der Dynastie zu sichern und alle öffentlichen Gewalten in der Hand der Stände zu vereinigen. Er nahm wahr, wie die Regierung den revolutionären Sinn auf keine andere Art abwehren wollte, als durch Vernichtung der Freiheiten der Stände, und dann den ernsten Mahnungen der römischen Curie nachgebend, durch Unterdrückung der freien Religionsübung. Während der ganzen Zeit seiner öffentlichen Wirksamkeit, welche den Horner Unruhen folgte, war er bemüht, einen anderen Gedanken, zwischen jenen beiden gegensätzlichen Bestrebungen liegend, zu verwirklichen, einen Gedanken, der den Absolutismus der Monarchie und den Absolutismus der Oligarchie hintanhalten und Bürgschaften anderer Art aufstellen sollte, um Freiheit und Wohlstand in den Ländern Oesterreichs dauernd zu begründen.

Mit der größten persönlichen Aufopferung, mit Anwendung seines ganzen Einflußes, mit seiner seltenen staatsmännischen Begabung, gelang es ihm, zur Zeit dieser Horner Unruhen, den Ausbruch der Empörung und des Bürgerkrieges zu verhüten und die ehrgeizigen Plane deutscher Fürsten zu durchkreuzen. Er hatte sich hier ein unvergängliches Verdienst erworben, weil er dadurch den Frieden wenigstens in der Zeit erhielt, in welcher Heinrich IV., der bitterste Feind Oesterreichs, noch lebte. Wäre es im Jahre 1608 oder 1609 zum Kampfe gekommen, dann hätte vermuthlich der König von Frankreich an der Spitze eines zahlreichen Heeres (wie er es selbst noch kurz vor seiner Ermordung im Jahre 1610 in's Werk setzen wollte) das berühmte Project eines unabhängigen Ungarns, einer westslavischen Republik verwirklicht und das Haus Habsburg blos mit dem Erzherzogthume abfinden wollen. In dieser so kritischen Zeit erhielt er die innere Ruhe und mit dieser Oesterreich und die Herrschaft des allerdurchlauchtigsten Hauses.

Sein durchdringender Geist hatte bald die Ursachen jener gefährlichen Zerwürfnisse ergründet. Die Länder des Königs Mathias und das Königreich Böhmen hatten, in Folge der Bewegung des Jahres 1608, alle ihre alten Freiheiten wieder erlangt. In diesen Blättern ist ein großer Theil des Kampfes dargestellt worden, welcher zur Wiederherstellung des altständischen Staates und der Unabhängigkeit der Länder führte; es ist auch von

dem wesentlichen Antheil erzählt worden, welchen Herr von Zierotin selbst gerade an dieser Restitution, an der Befestigung, ja
Vollendung derselben nahm. Allein er hatte alsbald die schmerz-
liche Wahrnehmung gemacht, daß die Königreiche und Länder,
im Vollgenuße ihrer ausgedehnten Rechte und Verfassungen, dennoch nicht in der Lage waren, dem anarchischen Processe Widerstand zu leisten, welcher durch die Intriguen der Gewalt, des
Ehrgeizes und der Selbstsucht hervorgerufen wurde. Er hatte die
Wahrnehmung gemacht, daß die Zwietracht, der lose Zusammenhang der Länder unter einander, der Mangel eines einigenden
Bandes die Quelle der seit 1608 permanenten revolutionären
Bewegungen und die immer wiederkehrende Ursache der abso-
lutistisch-ultramontanen Reactionen waren. Indem Zierotin dieses
erkannt und ausgesprochen hatte, fand er zugleich die Mittel der
Abhilfe: er stellte die allgemeinen Interessen in den Vordergrund
und als deren Wächter die innere Reform und die Ausbildung
der Verfassung.

Er beabsichtigte nämlich, wie wir wissen, Institutionen in's
Leben zu rufen, welche eine Bürgschaft für die Freiheit und nationale Entwicklung geben und gleichzeitig ein gemeinsames, starkes
Band, alle Länder einigend, schaffen sollten, um die Macht des
Hanses Habsburg und dessen Länder zu befestigen. Er verschmähte
die Hilfe von Außen, er war entschieden gegen das Zustandekommen eines Organismus durch fremde Vermittlung und unter
fremdem Schutze. Durch die eigene Kraft der Länder, durch ein
friedliches, einträchtiges Zusammenwirken mit der Krone, sollten
jene Institutionen zu Stande kommen. Ein Centralrath — ein
Ministerium — aus den Männern, welche das Vertrauen ihrer
Länder besaßen, hervorgehend, sollte dem Kaiser zur Seite stehen
und ein Centralausschuß — ein Reichssenat — von allen Landtagen
beschickt, die höchsten Interessen der Länder vertreten. Diesem
Reichssenate sollten die Minister und obersten Beamten verantwortlich gemacht werden.

Wer möchte läugnen, daß in diesem Streben Zierotin's ein
entschiedener Fortschritt, ein großartiger Gedanke, ein Schritt zur
Bildung eines österreichischen Staates lag! Es lag darin aber
auch ein unwillkürliches, gleichsam nothwendiges Heraustreten
aus jenem starren Kreise von Landesrechten und Landesprivilegien,

welche eigentlich die Rechte und Privilegien einer bestimmten
Kaste waren. Es hatte sich diese, um andere Classen ausschließen
zu können, mit einer Legitimitäts-Gloriole umgeben und aus den
höchsten politischen und socialen Gütern ein kostbares Patrimonium
geschaffen, welches, indem ihm der unveräußerliche Character des
Privateigenthums aufgedrückt wurde, dem Einfluße der Gesetze der
Geschichte, der Gesetze des ewigen Werdens zu entgehen vermeinte.
Und umgekehrt; die Stände stellten ihre privatrechtlichen Titel
unter den Schutz der Landesverfassung, um sie zur Bedeutung
eines öffentlichen Rechtes zu erheben. Hieburch war die Fiction
möglich, daß sie für die Landes-Verfassung zu streiten vorgaben,
während sie doch nur für ihre Corporationsinteressen kämpften.
Indem Zierotin es vermochte, jenen particulären Standpunct zu
verlassen, den er früher selbst eingenommen und vertheidigt hatte,
an welchen er durch die Bande der Erziehung und der Vorliebe,
durch ehrwürdige Traditionen und durch Standesgenossenschaft ge-
fesselt war, schwang er den Blick empor weit über seine Zeit und
Umgebung. — Darin liegt die historische Bedeutung Zierotin's,
das Zeugniß einer waltenden genialen Kraft!

Zierotin hätte den Grundstein eines Organismus gelegt,
welcher Oesterreich ohne Zweifel groß und frei gemacht haben
würde. Schon hatte Herr von Zierotin die einflußreichsten Männer
Ungarns und Oesterreichs für seine Ideen gewonnen, schon dachte
er dieselben demnächst practisch wirken zu sehen, als Kriegsgefahren,
die bald durch Rudolph, bald durch die Regierung Mathias'
heraufbeschworen wurden, diese Verwirklichung aufhielten.

Die Ereignisse seit 1610, die Intentionen der Regierung,
die Stimmung der Stände, vorzugsweise aber die schroffe und stolze
Absonderung der böhmischen Barone, entmuthigten ihn und er hatte
auf die Durchführung seines Planes fast verzichtet. Das einzige
Rettungsmittel war ihm noch der Generallandtag des Jahres 1615.
Vielleicht, da jetzt die Idee der Verbindung von Böhmen ausging, wäre eine Aussicht auf Erfolg vorhanden gewesen. — Allein
schon während der Unterhandlungen über die Troppauer Sache
in Wien, als Herr von Zierotin die Politik des Hofes, die er
immer noch zu bemeistern glaubte, ganz genau kennen lernte, und
gegenüber der steigenden Macht der antinationalen Potenzen er das
Geltendmachen seines Einflußes aufgeben mußte, — als er das

particularistische Streben der einzelnen Länder und die Unmöglichkeit eines aufrichtigen, gemeinsamen Zusammengehens derselben
wahrnahm, — da verschwand auch die Aussicht auf ein günstiges,
einigendes Ergebniß des Generallandtags und mit dieser sein letzter
Hoffnungsschimmer. Ein großer Theil der Barone war geneigt,
das Gemeinwohl den Interessen der einzelnen Stände zu unterordnen und die Sache der Freiheit dem unbeugsamen nationalen
Abschließungs-Principe zu opfern. Der maßlose Ehrgeiz einiger
mächtigen Magnaten griff überall entscheidend ein.

Den kühnen und stolzen Cavalieren gegenüber erhob sich jetzt
die energische Gestalt Erzherzogs Ferdinand, der mit der sichern
Aussicht auf die Nachfolge in den Ländern des Kaisers schon jetzt
einen Einfluß auf die Regierung gewonnen hatte. Mit Erzherzog
Ferdinand war keine Transaction möglich, in Steiermark hatte
er den Protestantismus mit raschem Erfolge unterdrückt, nicht
anders würde er künftig als Regent mit den Ländern des Kaisers
verfahren.

Ohne Mitwirkung seiner Mährer und der Führer in den
andern Ländern, konnte Herr von Zierotin seine Grundsätze und
Ideen nicht verwirklichen. Der niedere Adel, der zu den Hussitenzeiten der Bewegung so viel Kraft und Schwung verliehen hatte,
war verschwunden, das Bürgerthum in sich gespalten — Patriciat
und Gemeinde in lebhaften und engherzigen Gegensätzen — war
nicht zahlreich genug, die Massen bildeten nicht das Element einer
politischen Partei, an deren Spitze Herr von Zierotin sich hätte
zwischen Krone und Stände, zwischen die ultramontan-absolutisti-
schen und aristokratisch-nationalen Parteien werfen können, um
seinem Programme Nachdruck und Geltung zu verschaffen. Unter
diesen Umständen hatte er nur die Alternative: ein gefügiges Organ
der römisch-spanischen Partei zu werden, wie Herr Ladislaus von
Lobkowitz, der nach ihm zum Landeshauptmann ernannt wurde, oder
aber sich rückhaltlos der ständischen Bewegung anzuschließen, welche
offen der Revolution entgegeneilte. Herr von Zierotin, der glaubensstarke Ritter, der treue Anhänger des kaiserlichen Hauses, der
entschiedene Feind turbulenten Ehrgeizes und der blutigen Wege
der Gewalt, konnte sich weder zu dem einen noch zu dem andern
entschließen. Er dankte ab, und mit seinem Abtreten erlosch auch
der Gedanke der Reform der Länder Oesterreichs.

Es war ein tragisches Geschick, das über die Länder der böhmischen Krone gewaltet. Kaum war durch Georg von Podebrad die Idee einer Monarchie außerhalb des päpstlichen Primates angeregt, als sie im Conflicte mit diesem und den großen Baronen für lange Zeit zurückgedrängt wurde. Von der böhmischen Bewegung blieb nur noch die nationale Unabhängigkeit lebenskräftig. Mit Carl von Zierotin erlosch in seinen ersten zarten Keimen der Gedanke einer Realunion, abermals im Conflicte mit den spanisch-römischen Interessen und in dem weiteren Gegensatze mit particularistischen Bestrebungen der Stände und einiger ehrgeizigen Großen; dann wurde aber auch die nationale Unabhängigkeit, wie als Sühne dafür, daß sie sich der Freiheit nicht zu unterordnen wußte, unterdrückt. Wie die Barone nach dem Tode König Georg's, so erbte nach dem Zurücktreten Zierotin's die Monarchie alle Gewalt und an die Stelle des Absolutismus Vieler trat der Absolutismus eines Einzelnen.

Indem Herr von Zierotin das Amt niederlegte und in das Privatleben zurücktrat, entzog er sich, aber nicht ganz, der öffentlichen Wirksamkeit. Er übernahm von jetzt ab das schwierige und undankbare Geschäft des Vermittlers zwischen der Krone und den Ständen. Ohne Scheu trug er seine Rathschläge dem Kaiser vor und war immer bereit, den Ueberschwänglichkeiten der Böhmen entgegenzutreten. Er war bald in Wien, bald in Prag und nahm an den Landtagen lebhaften Antheil. Die Saat der Zwietracht und der Selbstsucht war in Deutschlands Gauen üppig aufgegangen, sie trug nun ihre Frucht. Die Revolution hatte schon ihr Haupt erhoben und das Signal zum dreißigjährigen Kriege gegeben, nachdem Khlesel's zweideutige Politik den Ausbruch des Uebels auf einige Zeit hinausschob, dem Uebel selbst aber nicht zu steuern vermochte. Herr von Zierotin konnte die Katastrophe des Jahres 1619 wohl nicht abwenden, aber er trat ihren Urhebern und ihren Folgen muthig entgegen. Für seine Anhänglichkeit an die Dynastie wurde er in jenem Jahre in Brünn eingekerkert. Dem Winterkönige gab er kaltblütig und ohne Umstände den Rath, auf die böhmische Krone zu verzichten. — Nachdem die kaiserlichen Waffen gesiegt und die Rebellen abgeurtheilt waren, bewirkte er es, daß die Strafen gemildert wurden. Allein er konnte die gewaltsamen Vorgänge gegen die Protestanten nicht hintanhalten. Auswanderung oder

Glaubenswechsel war für die Anhänger der evangelischen Lehre die Losung. Als Kaiser Ferdinand zu seinen Gunsten eine Ausnahme machte, wollte er nicht anders behandelt werden als seine zahlreichen Glaubensgenossen. Er wollte nur mit dem Vaterlande glücklich sein, oder das Unglück desselben theilen. Seine großen Güter verkaufte er seinem Schwager, dem Herrn Albrecht Eufeb von Waldstein, Herzog zu Friedland; nur die Herrschaft Prerau blieb in seinem Besitze. Dann theilte er freiwillig mit anderen Glaubensgenossen das Exil und lebte zu Breslau.

Als er nach mehreren Jahren sein Ende nahe fühlte, wollte er noch einmal das geliebte Mähren sehen und dort sterben. Er fuhr nach Prerau; vom Schloßthurm aus übersieht man einen großen Theil des Landes: südöstlich das Marchthal bis zur ungarischen Grenze hin, dann die Ebene der gesegneten Hanna bis gegen Brünn und das böhmisch-mährische Hochland, nördlich die Sudetenberge und Olmütz, dann die Beczwa und die Karpathen in das Oderthal auslaufend. Es lag dort so recht das Herz des Marchlandes. Von hier aus segnete er nochmals dieses Land und segnend hörte sein großes Herz zu schlagen auf. Aber sein Wirken und sein Name werden unvergeßlich bleiben.[15])

Wie Georg von Podébrad der Repräsentant war des böhmischen Genius, des böhmischen Volks im Zenith seiner Macht und Entwicklung, so fand das böhmische Volk in Herrn Carl von Zierotin alle die eigenen edlen und hervorragenden Eigenschaften noch einmal wieder, er wurde eine Lieblingsgestalt seiner Nation, weil diese Nation in ihm ihr Ideal verwirklicht sah. Er war ein leuchtendes Gestirn, aber ein Gestirn im Niedergang, welches noch helle Lichtstrahlen hinwarf, bevor die Nacht hereinbrach, welche lang und tief auf den Gefilden Böhmens und Mährens ruhte.

[15]) Zierotin starb am 9. October 1636, 72 Jahre alt. S. Bienenberg Versuch über einige merkwürdige Alterthümer. 2. III. 48. — S. Beilage Nr. CCCXIX. und sein Testament. Beil. Nr. CCCXX.

Berichtigungen.